# SCHÜLER DUDEN

## Die Musik

# DUDEN für Schüler

**Rechtschreibung und Wortkunde**
Vom 4. Schuljahr an

**Grammatik**
Vom Aktiv bis zum zweiten Futur

**Wortgeschichte**
Sprachgeschichte und Etymologie für den modernen Sprachunterricht

**Bedeutungswörterbuch**
Weil viele Wörter mehrdeutig sind

**Fremdwörterbuch**
Von relaxed bis marginal

**Die richtige Wortwahl**
Auf einen Schlag den inhaltlich und stilistisch treffenden Ausdruck

**Lateinisch-Deutsch**
Die Neufassung des »Taschen-Heinichen«

**Die Kunst**
Von der Farbenlehre bis zur Aktionskunst

**Die Musik**
Bach und Bebop, Farbenhören und farbiges Rauschen

**Die Literatur**
Absurdes Theater, Naturalismus, Hinkjambus: die Literatur in ihrer Vielseitigkeit

**Die Chemie**
Von der ersten Chemiestunde bis zum Abiturwissen

**Die Ökologie**
Klassische Ökologie und moderne Umweltproblematik

**Die Pflanzen**
Vom Gänseblümchen bis zum Mammutbaum: Antwort auf Fragen, die im Unterricht offenbleiben

**Die Biologie**
Auf dem neuesten Stand der Forschung

**Die Tiere**
Rötelfalken und Rötelmäuse. Für kleine und große Biologen

**Die Physik**
Die wichtigsten Begriffe und Methoden der Physik

**Die Astronomie**
Von hellen Sternen und schwarzen Löchern. – Stern-Stunden verständlich gemacht

**Die Geographie**
Von der Geomorphologie bis zur Sozialgeographie

**Die Geschichte**
Ob Merkantilismus oder UN: alles Wissenswerte leicht zugänglich

**Die Wirtschaft**
Vom Break-even-point bis zur Schattenwirtschaft

**Politik und Gesellschaft**
Vom Bruttosozialprodukt bis zur Pressefreiheit

**Die Religionen**
Aberglaube, Christentum, Zwölfgöttersystem: die Welt der Religion auf einen Blick

**Die Philosophie**
»Logik des Herzens« und kategorischer Imperativ: die wichtigsten Modelle und Schulen

**Die Psychologie**
Vom Alter ego bis zur Zwillingsforschung

**Die Pädagogik**
Alles zum Thema Schule, Ausbildung und Erziehung

**Die Informatik**
Algorithmen und Zufallsgenerator: das Informationszentrum für Anfänger und Fortgeschrittene

**Die Mathematik I**
5.–10. Schuljahr

**Die Mathematik II**
11.–13. Schuljahr

**DUDEN-Schülerlexikon**
Ein Lexikon nicht nur für die Schule

# SCHÜLER DUDEN

## Die Musik

Herausgegeben und bearbeitet
von Meyers Lexikonredaktion
unter Leitung von Gerhard Kwiatkowski

2., überarbeitete Auflage

**DUDENVERLAG**
Mannheim · Leipzig · Wien · Zürich

Redaktion: Ines Groh

Mitarbeiter:
Dr. Günter Birkner, Zürich
Dr. Hanns-Werner Heister, Berlin
Professor Dr. Ekkehard Jost, Gießen
Professor Dr. Wolfgang Ruf, Mainz
Professor Dr. Peter Schnaus, Hannover
Professor Dr. Wolfgang Martin Stroh, Oldenburg

CIP-Titelaufnahme der Deutschen Bibliothek
**Schülerduden »Die Musik«/**
hrsg. u. bearb. von Meyers Lexikonred.
unter d. Leitung von Gerhard Kwiatkowski. –
2., überarb. Aufl.
Mannheim; Wien; Zürich: Dudenverl., 1989
ISBN 3-411-02241-8
NE: Kwiatkowski, Gerhard [Hrsg.]; Die Musik


Satz: Bibliographisches Institut & F. A. Brockhaus AG,
Mannheim (DIACOS Siemens)
und Zechnersche Buchdruckerei, Speyer
Druck: Hans Rappold Offsetdruck GmbH, Speyer
Bindearbeit: Schöneberger Buchbinderei, Berlin
Printed in Germany
ISBN 3-411-02241-8

## Vorwort zur 2. Auflage

Der Schülerduden Musik erschien erstmals im Jahr 1979. Seither haben sich auf vielen Gebieten der Musik neue Entwicklungen ergeben, die sowohl die sogenannte „ernste Musik" als auch besonders Rock- und Popmusik betreffen. Daher sieht sich der Verlag veranlaßt, eine neue Auflage des Schülerdudens Musik herauszubringen.

Die vorgenommenen Erweiterungen betreffen einerseits Artikel des zeitgenössischen Musikgeschehens wie Musiktheater und Musical, andererseits den weiten Bereich der Elektroakustik, dessen sich das vorliegende Lexikon schon in der ersten Auflage besonders angenommen hatte, wozu zum Beispiel die Artikel Plattenspieler und Schallplatte gehören.

Auch das ausführliche Literaturverzeichnis mit der weiterführenden Literatur zu den verschiedenen Sachgebieten wurde auf den neuesten Stand gebracht.

Eine nützliche Neuerung zur bequemen zeitlichen Einordnung von Stilen, Epochen und Ereignissen ist die im Anhang wiedergegebene ausführliche synchronoptische Tabelle, die einen Überblick der Musikgeschichte von Christi Geburt bis 1988 gibt.

Mannheim, im Frühjahr 1989 Herausgeber und Bearbeiter

## Vorwort zur 1. Auflage

Der vorliegende Band in der Reihe „Schülerduden“ bietet ein Nachschlagewerk über die Musik an, das dem Schüler als Orientierungshilfe dienen soll und ihm die Möglichkeit gibt, seine im Unterricht erworbenen Kenntnisse zu ordnen, zu ergänzen und zu vertiefen.
Dabei wurde versucht, alle Bereiche der Musik einzubeziehen, von der einstimmigen Musik des Mittelalters bis zur elektronischen Musik des 20. Jahrhunderts, von der Musik antiker und fremder Kulturen bis zu Jazz, Rock- und Popmusik, wobei die populäre Musik entsprechend ihrem Anteil am Musikmarkt stärker berücksichtigt wurde, als dies in Nachschlagewerken bisher üblich war. Besonderes Gewicht wurde auch auf die Erklärung technischer Vorgänge und die heute gebräuchlichen Geräte zur Musikverarbeitung, -aufnahme und -wiedergabe gelegt.
Der lexikalische Hauptteil enthält etwa 2 500 Sachstichwörter; der Umfang der Artikel reicht von der einfachen Worterklärung, z. B. bei Vortragsbezeichnungen, bis zu lexikalischen Großartikeln, z. B. bei Epochen, Stilen, Gattungen, Artikeln über außereuropäische Musik und bei dem großen Übersichtsartikel Musikgeschichte.
Notenbeispiele, Zeichnungen, Bilder ergänzen den Text und machen komplizierte Zusammenhänge durchschaubar. Das Personenregister am Ende des Bandes dient mit den Angaben von Geburts- und Todesjahr dazu, die zeitlichen Zusammenhänge herzustellen. Der Anhang bringt ferner eine Tafel mit den in der Notenschrift gebräuchlichen Abkürzungen und ein Literaturverzeichnis der großen Standardwerke, mit deren Hilfe sich der Leser über den hier dargebotenen Stoff hinaus informieren kann.

Mannheim im Herbst 1979 Herausgeber und Bearbeiter

# Zur Einrichtung des Buches

## 1. Alphabetisierung

Der Text ist nach Stichwörtern alphabetisch geordnet, die halbfett gedruckt am Anfang der ersten Zeile des betreffenden Artikels stehen. Die Alphabetisierung berücksichtigt diakritische Zeichen grundsätzlich nicht und ordnet Umlaute wie die einfachen Selbstlaute ein: ä wie a, ö wie o usw. Komplexe Stichwörter, die mehrere halbfett gedruckte Wörter umfassen, werden ohne Rücksicht auf die Wortgrenze durchalphabetisiert: G-Schlüssel steht zwischen Grundton und Gudok.

## 2. Schreibung

Die Schreibung richtet sich grundsätzlich nach den Regeln der Duden-Rechtschreibung. Fachwörter mit eingedeutschter Endung werden in jedem Falle eindeutschend geschrieben (k bzw. z statt c usw.). Bei Begriffen aus Sprachen mit einer anderen Schrift als der lateinischen wurde eine vereinfachte Transkription verwendet, die die Laute annähernd in lateinischen Buchstaben wiedergibt. Andere, ebenfalls gebräuchliche Transkriptionen werden als Schreibvariante in Klammern angeführt, z. B. Dithyrambus (Dithyrambos). Zusätzlich werden beim Stichwort bzw. im Text die folgenden diakritischen Zeichen verwendet:

- ´ (Akzent auf Vokal): Betonung der Silbe. Im Altnordischen und Ungarischen Längung des Vokals. Im Französischen accent aigu.
- ` (Akzent auf Vokal): im Griechischen Betonung der Silbe (wenn ein weiteres griechisches Wort folgt); im Französischen accent grave.
- ˜ (Zirkumflex auf Vokal): im Griechischen Kennzeichnung einer langen, betonten Silbe, auf die nur eine kurze Silbe folgt.
- ˜ (Tilde): Kennzeichnung der Nasalierung des Lautes.
- ˆ im Französischen accent circonflexe.

## 3. Betonung

Der untergesetzte Punkt unter Vokalen bedeutet, daß der Vokal kurz und betont ist; untergesetzter Strich unter Vokalen bedeutet, daß der Vokal lang und betont ist. Bei mehreren möglichen Betonungen erfolgt die Betonungsangabe nur in der Lautschrift in eckigen Klammern.
Wenn das Stichwort neben der Aussprache noch eine Herkunftsangabe (Etymologie) erhält, erscheint die jeweilige Sprache nur einmal, nämlich bei der Herkunftsangabe (Etymologie). Beispiel:

Divertissement [divɛrtisˈmã; französisch „Zerstreuung“]

## 4. Ausspracheangaben in Lautschrift

In den Fällen, in denen die Aussprache nicht oder nur unvollkommen aus dem Stichwort erschlossen werden kann, wird in eckigen Klammern die Aussprache mit den folgenden Zeichen des Internationalen Phonetischen Alphabets (IPA) wiedergegeben:

| Zeichen | Beschreibung | Beispiel |
|---|---|---|
| a | helles bis mittelhelles a | hạt [hat], Rạd [ra:t] |
| ɑ | dunkles a | Fạther *engl.* ['fɑ:ðə] |
| æ | sehr offenes ä | Catch *engl.* [kætʃ] |
| ʌ | abgeschwächtes dunkles a | Butler *engl.* ['bʌtlə] |
| aɪ | ei-Diphthong | reit! [raɪt] |
| aʊ | au-Diphthong | Haut [haʊt] |
| b | b-Laut | Bau [baʊ] |
| ç | Ich-Laut | ich [ɪç] |
| d | d-Laut | Dạmpf [dampf] |
| ð | stimmhafter englischer th-Laut | Fạther *engl.* ['fɑ:ðə] |
| dʒ | dsch-Laut („weich") | Gịn [dʒɪn] |
| e | geschlossenes e | lẹbt [le:pt] |
| ɛ | offenes e | hạ̈tte ['hɛtə] |
| ɛ̃ | nasales [ɛ] | Teint [tɛ̃:] |
| ə | Murmellaut | hạlte ['haltə] |
| f | f-Laut | fạst [fast] |
| g | g-Laut | Gạns [gans] |
| h | h-Laut | Hạns [hans] |
| i | geschlossenes i | Elịsa [e'li:za] |
| i̯ | unsilbisches [i] | Mạrio *italien.* ['ma:ri̯o] |
| ɪ | offenes i | bịst [bɪst] |
| ɨ | zwischen [i] und [u] ohne Lippenrundung | Gromỵko *russ.* [gra'mɨkɐ] |
| j | j-Laut | jụst [jʊst] |
| k | k-Laut | kạlt [kalt] |
| l | l-Laut | Lạst [last] |
| ʎ | lj-Laut | Sevịlla *span.* [se'βiʎa] |
| m | m-Laut | mạn [man] |
| n | n-Laut | Nẹst [nɛst] |
| ŋ | ng-Laut | lạng [laŋ] |
| ɲ | nj-Laut | Champạgne *frz.* [ʃã'paɲ] |
| o | geschlossenes o | Lọt [lo:t] |
| õ | nasales o | Bon [bõ:] |
| ɔ | offenes o | Pọst [pɔst] |
| ø | geschlossenes o | mọgen ['mø:gən] |
| œ | offenes ö | kọ̈nnt [kœnt] |
| œ̃ | nasales ö | Parfum [par'fœ̃:] |
| ɔʏ | eu-Laut | heute ['hɔʏtə] |
| p | p-Laut | Pạkt [pakt] |
| pf | pf-Laut | Pfau [pfaʊ] |
| r | r-Laut | Rạst [rast] |
| s | ß-Laut („scharf") | Rạst [rast] |
| ʃ | sch-Laut | schạlt! [ʃalt] |
| t | t-Laut | Tau [taʊ] |
| θ | stimmloser englischer th-Laut | Cọmmonwealth *engl.* ['kɔmənwɛlθ] |
| ts | z-Laut | Zẹlt [tsɛlt] |
| tʃ | tsch-Laut | Mạtsch [matʃ] |
| u | geschlossenes u | Kụr [ku:r] |
| u̯ | unsilbisches [u] | Cạpua *italien.* ['ka:pu̯a] |
| ʊ | offenes u | Pụlt [pʊlt] |
| v | w-Laut | Wạrt [vart] |
| w | konsonantisches u | Wịnston *engl.* ['wɪnstən] |
| x | Ach-Laut | Bạch [bax] |
| y | ü-Laut | Tụ̈te ['ty:tə] |
| ʏ | offenes ü | rụ̈ste ['rʏstə] |
| ɥ | konsonantisches ü | Suịsse *frz.* [sɥis] |
| z | s-Laut („weich") | Hạse ['ha:zə] |
| ʒ | sch-Laut („weich") | Genie [ʒe'ni:] |
| : | Längezeichen, bezeichnet Länge des unmittelbar davor stehenden Vokals | bạde ['ba:də] |
| ' | Hauptbetonung, steht unmittelbar vor der betonten Silbe; wird nicht gesetzt bei einsilbigen Wörtern und nicht, wenn in einem mehrsilbigen Wort nur ein silbischer Vokal steht. | Ạcker ['akər], Apothẹke [apo'te:kə]; Haus [haʊs]; Jọhnson *engl.* [dʒɔnsn] |
| - | Bindestrich, bezeichnet Silbengrenze | Wịrtschaft ['vɪrt-ʃaft] |

## 5. Herkunftsangabe (Etymologie)

Ist eine Information über die Herkunft und die ursprüngliche Bedeutung eines Stichworts nicht nur wortgeschichtlich, sondern auch inhaltlich bedeutsam, erhält das betreffende Stichwort eine Herkunftsangabe in eckigen Klammern (nach der Ausspracheangabe in Lautschrift, soweit vorhanden). Die Herkunftsangabe wird im Normalfall mit der Sprache eingeleitet, aus der das Wort stammt, es folgt die Bedeutung des Wortes in dieser Sprache in Anführungszeichen. Sofern das Wort eine abgeleitete Bildung ist oder nicht mehr mit seiner ursprünglichen Lautung übereinstimmt, wird diese ebenfalls in einer vereinfachten Transkription eingeführt, gegebenenfalls unter Verwendung der unter 2. angegebenen diakritischen Zeichen:

Beispiele:
Dirigieren [von lateinisch dirigere „leiten"]
Diskothek [von griechisch dískos „Scheibe" und thē̃ke „Behältnis"]
Dulzian [von lateinisch dulcis „süß"]

Ist die Erschließung der ursprünglichen Lautung inhaltlich nicht von Bedeutung, erscheint nur die Sprache, der dieses Wort entstammt.

## 6. Bedeutungsgleiche oder bedeutungsähnliche Wörter (Synonyme)

Gibt es für einen Sachverhalt mehrere Begriffe, so werden diese in runden Klammern wiedergegeben. Sie stehen nach der Aussprache- und Herkunftsangabe.

Beispiel:
Drehorgel (Leierkasten)
Drehleier (Radleier; französisch vielle)

## 7. Abkürzungen

In diesem Buch werden nur allgemein bekannte und gebräuchliche Abkürzungen verwendet, zum Beispiel: z.T. = zum Teil, u.a. = unter anderem, und andere, und anderes, u.ä. = und ähnliche, und ähnliches, v.a. = vor allem, z.B. = zum Beispiel, Abk. = Abkürzung, svw. = soviel wie.

# A

**A** (a): Tonbuchstabe zur Bezeichnung für die 6. Stufe der Grundtonleiter C-Dur. Der Gebrauch von Buchstaben zur Bezeichnung bestimmter Tonhöhen geht auf die Buchstabentonschrift des Mittelalters zurück; im romanischen Sprachbereich haben sich dagegen die Solmisationssilben (↑Solmisation) als Tonnamen durchgesetzt, für den Tonbuchstaben a die Silbe *la*. In den verschiedenen Oktavlagen (↑Tonsystem) wird unterschieden zwischen A (gesprochen: groß a, = tiefstes a der männlichen Baßstimme), a (klein a), a′ (eingestrichenes a, auch a¹), a″ (zweigestrichenes a, auch a²), ₁A (Kontra-A, auch ₁A) usw. Durch ♭-(b-)Vorzeichnung wird das a erniedrigt zu as (französisch la bémol, englisch A flat), durch ein ♯ (Kreuz) erhöht zu ais (französisch la dièse, englisch A sharp). Beim Zusammenspiel mehrerer Instrumente dient das a als ↑Stimmton und wird im Orchester allgemein von der Oboe angegeben. – A dient auch als Abkürzung für Alt[us].

**à battuta** [italienisch] ↑Battuta.

**Abblasen:** vom späten Mittelalter bis teilweise ins 19. Jahrhundert das [Herab]blasen von Signalen, Fanfaren, Chorälen und sogenannter ↑Turmmusik vom Turm des Stadttors, dem Kirchen-, Rathaus- oder Schloßturm. Das Abblasen erfolgte zu bestimmten Tageszeiten oder Anlässen und gehörte zum Dienst der Türmer, später der Stadtpfeifer oder Ratsmusiker.

**Abbreviaturen** [von lateinisch brevis „kurz"]: Abkürzungen in der Notenschrift sind aus Gründen der Raumersparnis oder der besseren Übersicht üblich. Daneben werden auch viele Wortabkürzungen z. B. für Tempo- und Vortragsbezeichnungen sowie für Instrumentennamen verwendet (siehe Anhang Seite 441), während die Zeichen für die ↑Verzierungen nur bedingt zu den Abbreviaturen gerechnet werden. Die wichtigsten Abbreviaturen in der Notenschrift sind:

1. Die Wiederholungszeichen fordern die Wiederholung mehrerer Takte oder eines ganzen Abschnitts (↑Reprise, ↑da capo):

2. Zeichen für die Wiederholung gleicher Tonfiguren:

auch geschrieben:

3. Zeichen für Tonwiederholungen oder wiederholten Wechsel verschiedener Töne:

4. Wiederholte Akkordbrechungen können durch ↑arpeggio, ↑segue oder ↑simile angezeigt werden:

5. Das ↑Glissando oder die Fortsetzung einer Passage werden folgendermaßen notiert:

6. Das Oktavzeichen zur Vermeidung vieler Hilfslinien:

7. Die Bezeichnung con (coll') ottava oder con ottava bassa steht anstatt ausgeschriebener Oktaven:

8. In Partituren kann das Ausschreiben der Noten unterbleiben, wenn verschiedene Instrumente dasselbe zu spielen haben:

9. Mehrere Takte von ↑Pausen in Orchester- oder Chorstimmen werden mit Zahlen vermerkt:

**Abendmusik**: im 17./18. Jahrhundert in großen Handelsstädten gepflegte Form des öffentlichen, von der wohlhabenden Bürgerschaft getragenen Kirchenkonzerts mit Orgelmusik und Oratorien. Bedeutende Abendmusiken stellte D. Buxtehude für die alljährlichen 5 großen, mit vielen Mitwirkenden ausgeführten Konzerte in Lübeck zusammen. Die Lübecker Abendmusiken wurden Ende des 19. Jahrhunderts wiederbelebt und sind noch heute Teil des Musiklebens an der Marienkirche.

**a bene placito** [a bene'pla:tʃito; italienisch]: nach Belieben, frei im Vortrag. – ↑auch ad libitum.

**Abgesang** ↑Bar.

**absolute Musik**: Begriff des 19. Jahrhunderts zur Kennzeichnung der „reinen“ Musik, die, z. B. im Gegensatz zur ↑Programmusik, frei von außermusikalischen Inhalten (Bilder, Ideen, Geschehnisse, Stimmungen) allein in musikalischen Gesetzen begründet ist. Der Begriff entstand Mitte des 19. Jahrhunderts (E. Hanslick), als die Instrumentalmusik durch die Wiener Klassik und ihre Nachfolger in der Romantik (v. a. R. Schumann, J. Brahms) zu höchster Bedeutung gelangt war. Er wendet sich zugleich gegen die Forderung der ↑neudeutschen Schule nach einer von poetischen oder philosophischen Inhalten wesentlich bestimmten Musik.

**absolutes Gehör**: die besondere musikalische Fähigkeit, einen gegebenen Ton richtig ohne jegliche Hilfsmittel bezeichnen (passives absolutes Gehör) oder jeden gewünschten Ton innerhalb des individuellen Stimmumfangs singen zu können (aktives absolutes Gehör). Diese im wesentlichen auf einer Gedächtnisleistung beruhende Fähigkeit ist relativ selten anzutreffen; häufiger bei Musikern ist das Erkennen bestimmter Töne. Für die Musikausübung entscheidend ist das ↑relative Gehör.

**Absorption** [von lateinisch absorbere „verschlucken“]: in der Physik allgemein die Schwächung der Intensität bzw. Energie einer Strahlung beim Durchgang durch Materie. Absorption von Schallenergie findet bei jeder Art von Schallausbreitung statt (↑Dämpfung); ein Teil der Schallenergie wird in Wärme umgewandelt. Große Absorption kann erwünscht (z. B. Lärmschutz, ↑schalltoter Raum) oder unerwünscht sein (z. B. „trockene Akustik“ eines vollen Konzertsaals).

**Abstrahlung:** der Körper eines Musikinstruments ist physikalisch gesehen eine Vorrichtung, die der Abstrahlung des Schalls dient, den der ↑Schwingungserreger erzeugt hat. Eine Gitarrensaite strahlt sehr wenig Schall ab; erst wenn sich ihre Schwingung auf den sogenannten Resonanzkörper übertragen hat, wird diese abgestrahlt. Eine

↑Stimmgabel ist praktisch unhörbar, da sich die beiden von den Zinken ausgesandten Wellen durch ↑Interferenz auslöschen; hält man die Stimmgabel auf einen Tisch, so hört man sie, weil die Tischplatte einen Teil der Schwingung abstrahlt.
Ideale Abstrahlung soll kugelförmig (in alle Richtungen des Raums) und unabhängig von der Frequenz sein. Dies stellt für den Bau von ↑Lautsprechern bis heute ein unlösbares Problem dar.

**Abstrich** (französisch tiré): beim Streichinstrumentenspiel der Bogenstrich vom Frosch (Griff) zur Spitze; Zeichen ⊓. – ↑auch Aufstrich.

**a cappella** [italienisch „nach Art der Sängerkapelle"]: Musik für einen Vokalchor, bei dem Instrumente nicht ausgeschlossen sind, wenn sie ohne eigene Gestaltung nur die Singstimmen verstärken. Darin unterscheidet sich A-cappella-Musik von der instrumentalbegleiteten Vokalmusik, wie sie am Ende des 16. Jahrhunderts aufkam. Die Satztechnik ist die des strengen Kontrapunkts, der durch melodische und rhythmische Selbständigkeit der Stimmen und Imitation gekennzeichnet ist. Im 19. Jahrhundert wurde die Bezeichnung a cappella irrtümlich als Forderung nach einem reinen Vokalchor verstanden und bei Neukompositionen v. a. im kirchenmusikalischen Bereich (↑Cäcilianismus) in diesem Sinne verwendet. In den Partituren von Werken des 17. Jahrhunderts wurde mitunter bei der Gegenüberstellung eines vokalen Solistenensembles und des Gesamtchors der letztere mit a cappella angegeben.

**accelerando** [atʃe...; italienisch], Abk. accel.: allmählich schneller werdend, beschleunigend.

**Accentus** [lateinisch „Klang, Betonung"]: Vortragsart der vom Sprech- oder Leseton bestimmten einstimmigen liturgischen Gesänge (z. B. Lesungen, Evangelien, Orationen, Psalmen) im Unterschied zu den im ↑Concentus melodisch gestalteten Stücken. Während der größere Teil des Textes auf einem festgehaltenen Rezitationston (↑Psalmodie) vorgetragen wird, werden Anfang und Schluß sowie Einschnitte im Satzbau mit formelhaften Melodiefloskeln versehen, die den Aufbau und die Gliederung dieser Prosatexte verdeutlichen.

**Acciaccatura** [atʃakatu:ra; italienisch „Quetschung"]: eine Verzierung in der Klaviermusik des 17./18. Jahrhunderts, bei der zu der Hauptnote die untere (meist kleine) Sekunde angeschlagen und sofort wieder losgelassen wird.

**Accompagnamento** [akɔmpanja'mento; italienisch] ↑Akkompagnement.

**Accompagnato** [akɔmpan'ja:to; italienisch]: Kurzform von *Recitativo accompagnato*, die im Unterschied zum *Recitativo secco* nicht nur vom Generalbaß, sondern vom Orchester begleitete und daher ausdrucksfähigere Form des ↑Rezitativs.

**Accompagnement** [akõpaɲ'mã; französisch] ↑Akkompagnement.

**Accordatura** [italienisch]: die normale Stimmung der Saiteninstrumente, im Gegensatz zur ↑Scordatura.

**Achtelnote** (Achtel): Zeichen ♪, ↑Noten.

**Achtelpause**: Zeichen 𝄾, ↑Noten.

**Acid-Rock** ['æsɪd,rɔk; englisch, von acid „Säure", für die Droge LSD] (Psychedelic Rock): Stilbereich der Rockmusik in der zweiten Hälfte der 1960er Jahre. Der Begriff spielt darauf an, daß Acid-Rock häufig unter dem Einfluß von Drogen gespielt wurde oder drogenähnliche Erfahrungen (Halluzinationen) vermitteln sollte.

**Actus** [lateinisch]: musikalisch ausgestaltete Feierlichkeit, auch Bezeichnung für deren Musik, z. B. J. S. Bach, „Actus tragicus" (Kantate „Gottes Zeit ist die allerbeste Zeit", BWV 106).

**adagio** [a'da:dʒo; italienisch „langsam, gemächlich"]: Tempovorschrift für einen langsamen, gemächlichen Vortrag, ruhiger als andante, aber bewegter und behutsamer als largo. *Adagio* bezeichnet ein Musikstück in diesem Tempo. Der Superlativ *adagissimo*, sehr langsam, wird selten verwendet. Dagegen kommt das Diminutiv *Adagietto* als

Bezeichnung für einen kürzeren Satz in einem ziemlich langsamen Tempo vor.

**Adjuvantchor** [von lateinisch adjuvare „helfen"]: Bezeichnung für den früher v. a. in kleineren Orten gebildeten Chor musikkundiger Laien, der dem Kantor bei kirchlichen Anlässen eine reichere musikalische Gestaltung ermöglichte.

**ad libitum** [lateinisch „nach Belieben"], Abk. ad lib.: bedeutet einerseits, daß Tempo und Vortrag freigestellt sind, andererseits daß ein Instrument weggelassen oder durch ein anderes ersetzt werden kann.

**a due** [italienisch „zu zweit"]: Spielanweisung, eine Stimme doppelt zu besetzen.

**Aerophone** [a-e...; von griechisch aḗr „Luft" und phōnḗ „Stimme"]: in der ↑Instrumentenkunde Sammelbezeichnung für Instrumente, bei denen die Luft als Mittel der Tonerzeugung dient; neben den Blasinstrumenten im engeren Sinne auch Orgel und Akkordeon.

**Affektenlehre** [von lateinisch affectus „Gemütsbewegung"]: die besonders im Barock vertretene Lehre von den Wirkungsmöglichkeiten der Musik auf das Empfinden und Fühlen des Menschen. Sie geht auf die griechische Antike (v. a. Platon) zurück und besagt, daß sich Affekte (Freude, Trauer, Schmerz, Zorn) musikalisch ausdrücken lassen und daß andererseits Musik solche Gemütsbewegungen beim Hörer hervorrufen kann. Seit dem Mittelalter wurden den verschiedenen Tonarten bestimmte gefühlsmäßige Eigenschaften zugeschrieben (↑Tonartencharakter), die heute noch nachwirken in der Gleichsetzung von Dur mit heiter, fröhlich und Moll mit traurig, düster. In der Vokalmusik (z. B. im Madrigal) seit dem ausgehenden 15. Jahrhundert und v. a. in der neugeschaffenen Oper des Barock stand die Darstellung typisierter Leidenschaften im Mittelpunkt des musikalischen Schaffens, dem alle musikalischen Mittel, wie Melodik, Rhythmik, Tempo, Dynamik, Klangfarbe dienstbar gemacht wurden. Davon ausgehend entwickelte die mittel- und norddeutsche (protestantische) Tradition, beeinflußt von R. Descartes' Schrift „Traité des passions de l'âme" (1649) ein System musikalisch-rhetorischer Figuren (↑Figurenlehre). Mit bestimmten Tonwendungen verbanden sich darin festgelegte Sinngehalte, mit denen auch die reine Instrumentalmusik zu einer eigenen, für den Kenner verständlichen Tonsprache werden konnte. Mit dem Aufkommen von Empfindsamkeit und Sturm und Drang verlor sich die Affektdarstellung. Die Musik wollte nun den persönlichen ↑Ausdruck des Komponisten wiedergeben.

**affettuoso** (con affetto) [italienisch]: ausdrucksvoll, mit innerer Bewegung, leidenschaftlich.

**affrettando** (affrettato) [italienisch]: beschleunigend, eilend.

**afrikanische Musik:** unter afrikanischer Musik wird die Musik Schwarzafrikas verstanden, die nicht unter dem Einfluß arabisch-islamischer Musik steht. Sie hat sich besonders bei den Bantu, bei den Pygmäen Äquatorialafrikas, bei den Buschmännern und Hottentotten Südafrikas erhalten. – Für das afrikanische Musikleben ist wesentlich, daß es sich weitgehend unter der Mitwirkung der Gemeinschaft abspielt. Nicht voneinander zu trennen sind Gesang, Instrumentenspiel und Tanz. Dabei ist Musik noch stark in Magie und Kultus verwurzelt; sie begleitet Ereignisse des persönlichen und gemeinschaftlichen Lebens (Geburt, Initiation, Hochzeit, Tod) und jahreszeitliche Ereignisse (Aussaat, Ernte, Beginn der Regenzeit). Bestimmte Gesänge und Tänze dürfen nur zu bestimmten Anlässen gesungen bzw. getanzt werden; Musikinstrumente, z. B. die Trommel, können Symbol- oder Fetischcharakter haben. Für die Musizierweise ist der wechselweise Vortrag von zwei Sängern oder Chorgruppen bzw. von Vorsänger und Chor charakteristisch. Die Melodik zeichnet sich durch Kurzgliedrigkeit und geringen Tonumfang aus; vielfache Wiederholung und Variierung der Melodien führen zu einer besonderen Wirkungssteigerung. Die Tonordnung beruht vorwiegend auf Heptatonik und

Pentatonik. Einfache Mehrstimmigkeit ergibt sich aus der Überschneidung von Solo- und Chorpartien; gelegentlich kommen Parallelführung der Stimmen oder bordunartige Bildungen vor. Außerordentlich hoch entwickelt ist die Rhythmik, die häufig bis zur Polyrhythmik gesteigert ist.

Für die Mehrzahl der Instrumente ist kennzeichnend, daß klare Töne bewußt vermieden werden. Sie werden entstellt, durch verschiedenste Nebengeräusche angereichert und farbiger gestaltet. Im Vordergrund stehen zahlreiche, aus unterschiedlichsten Materialien hergestellte Trommeln und andere Rhythmus- und Geräuschinstrumente (Schwirrhölzer, Rasseln, Klappern, Holz- und Metallglocken). Weitverbreitet sind die xylophonartige ↑ Marimba und die ↑ Zanza. Die Saiteninstrumente umfassen Formen des archaischen, einsaitigen Musikbogens mit und ohne Resonatoren bis zu hochentwickelten Bogenharfen sowie Zithern, lauten- und zitherartige Harfen, teilweise bis zu einer Länge von 2 m und mit mehr als 20 Saiten. Die Blasinstrumente reichen von ausgehöhlten angeblasenen Fruchtkörpern über Flöten, Pfeifen, Hörner und Rohrblattinstrumente bis zu Holz- und Metalltrompeten, die längs oder quer geblasen werden.

Der eng mit der Musik verbundene afrikanische Tanz äußert sich als Gruppen- oder Einzeltanz; er dient der Magie und Geisterbeschwörung oder er drückt persönliche Gefühle aus und stellt körperliche Leistungen dar. Einfache Bewegungsvorgänge wie Schritt, Sprung, Fall usw. werden variiert und kombiniert und bringen den großen Formenreichtum des afrikanischen Tanzes hervor. Durch Islamisierung und Christianisierung ist die ursprüngliche afrikanische Musik teilweise stark verändert oder ganz zurückgedrängt worden.

**afroamerikanische Musik:** Sammelbegriff für die musikalischen Ausdrucksformen der amerikanischen Neger. Zu den wichtigsten Gattungen, die aus der Verschmelzung von afrikanischer und abendländischer Musikkultur entstanden, gehören Spiritual, Work-Song, Blues und Jazz.

**afrokubanischer Jazz** [... 'dʒæz; englisch]: eine Stilrichtung des Jazz, die sich zu Ende der 1940er Jahre aus einer Verbindung von Elementen des ↑ Bebop mit kubanischen Rhythmen entwickelte. Zu den wichtigsten Vertretern des afrokubanischen Jazz gehörte der Trompeter und Bandleader Dizzy Gillespie.

**Agende** [von lateinisch agenda „was getan werden soll"]: v. a. im evangelischen Bereich gebrauchte Bezeichnung für das liturgische Buch, in dem Ritus, Gebete und mitunter einzelne Gesänge für den Gottesdienst und gottesdienstliche Handlungen (z. B. Taufe, Trauung, Bestattung) aufgezeichnet sind. Im katholischen Bereich entspricht der Agende das ↑ Rituale.

**agitato** [adʒi...; italienisch]: aufgeregt, getrieben.

**Agnus Dei** [... 'de-i; lateinisch „Lamm Gottes"]: der fünfte und letzte Teil des ↑ Ordinarium missae, eine an Johannes 1, 29 anschließende dreimalige Anrufung Christi vor der Kommunion. Seine Einführung in die Meßliturgie soll schon im ausgehenden 7. Jahrhundert durch Papst Sergius I. († 701) erfolgt sein. Die heute noch gebräuchlichen Agnus-Dei-Melodien finden sich bei den Ordinariumsgesängen im Graduale wie auch im Kyriale.

**Agogik** [griechisch]: die Lehre von den in der Notenschrift nicht faßbaren, aber vom Interpreten bewußt eingesetzten Differenzierungen des Tempos, mit denen eine ausdrucksvolle Gliederung der Komposition und eine Belebung des Vortrags erreicht werden soll. Zum Bereich der Agogik gehört auch das ↑ Tempo rubato. Die Bezeichnung Agogik wurde 1884 von H. Riemann in die musikalische Fachsprache eingeführt. Das Gegenstück zur Agogik ist die ↑ Dynamik mit ihren Abstufungen der Tonstärke.

**Agogo** [afrikanisch]: Schlaginstrument der lateinamerikanischen Tanz- und Volksmusik westafrikanischer Herkunft. Das Agogo besteht aus 2 trichterförmigen Metallglocken unterschiedlicher Stimmung, die fest miteinander verbunden sind und mit einem Metall- oder Holzstäbchen angeschlagen werden.

**Agréments** [agre'mã; französisch] ↑Verzierungen.

**ägyptische Musik:** das Musikleben der ägyptischen Dynastien in vorchristlicher Zeit ist durch Schrift- und Bilddokumente seit dem 3. Jahrtausend verhältnismäßig gut zu verfolgen. Während die Quellen ein relativ intensives Musikgeschehen bezeugen, ist eine Klangvorstellung nur schwer möglich. Schon für diese frühe Zeit sind so hochentwickelte Instrumente wie die Bogenharfe, die Längsflöte und die Doppelklarinette nachweisbar. Auch Rasseln (Sistrum), Klappern aus Holz oder Elfenbein und Trompeten waren bekannt. Seit der 4. Dynastie (um 2570–2460) ist die Scheidung zwischen magisch-kultischer Musik und profaner Hofmusik festzustellen. Die bildlichen Darstellungen weisen sowohl solistische Darbietungen mit Instrumentalbegleitung als auch Ensemblespiel auf, das oft auch der Begleitung von Tänzen diente. Die Ensembles wurden von einem Cheironomen (↑Cheironomie) geleitet, der mit Handzeichen den Melodieverlauf und die rhythmische Gestaltung angab. Der erste namentlich bekannte Berufsmusiker war Chufu-Anch. Lückenlos ist von da an die Reihe von Musikerpersönlichkeiten über mehr als zwei Jahrtausende zu benennen. Im mittleren Reich wurden die Musizierformen klangfreudiger und die Tänze bewegter. An Instrumenten traten jetzt die Leier, die Röhrentrommel und eine zierlichere Harfenform, die Schulterharfe, auf, deren Resonanzkörper gegenüber der früheren Harfe wesentlich vergrößert war. Um 2000 tauchte erstmals die Laute auf. Die Instrumente wurden im Laufe der Jahrhunderte weiter entwickelt und durch Importe aus anderen Kulturen bereichert. Aus dem Neuen Reich (1551–1070) sind größere, reicher besaitete Harfen (Standharfen), viereckige Rahmentrommeln sowie die Doppeloboe bekannt. Im Grab des Tutanchamun († 1322) fand man kostbare Trompeten aus Bronze, Silber und Gold. Mit Hilfe der erhaltenen Flöten wurde das Tonsystem erschlossen; sie ergaben großstufige, wahrscheinlich ganztönige Intervalle, während auf den Lauten wohl halbtönige Skalen spielbar waren. Für Harfen und Doppelblasinstrumente, deren Rohre durch Zustopfen einzelner Grifflöcher mit Wachs umgestimmt wurden, wird bordunartiges Spiel (↑Bordun) angenommen.
Mit dem Christentum wurde die traditionelle altägyptische Musik mit fremden Praktiken (↑koptische Musik) konfrontiert und trat seit der Islamisierung Ägyptens durch die Araber gänzlich in den Hintergrund.

**Aida-Trompete:** in Verdis „Aida" (1871) zuerst verwendete lange, schlanke Fanfarentrompete in den Stimmungen C, B, H, As mit 1–3 Ventilen.

**Air** [ɛːr; französisch „Lied, Melodie"] (englisch ayre): eine vorwiegend vokale, aber auch instrumentale Komposition von einfacher Anlage und liedhaftem oder tanzartigem Charakter. In England bezeichnete Ayre seit dem 16. Jahrhundert (J. Dowland) ein mehrstimmiges, volkstümliches Lied oder einen Sologesang mit Lauten- oder Streicherbegleitung, im 17. Jahrhundert auch ein polyphones oder tanzartiges Instrumentalstück. In Frankreich trat das Air bereits in der Mitte des 16. Jahrhunderts als homophoner Vokalsatz mit melodisch geführter Oberstimme auf, bald danach als solistisches [Liebes]lied zur Laute (*Air de cour*, Gesellschaftslied; in schlichter Form auch *Air à boire*, in kunstvollerer *Air sérieux* genannt). Das orchesterbegleitete Air wurde in Frankreich im 17./18. Jahrhundert im Ballet de cour, in Ballettoper und -suite und in der Oper eingesetzt und gelangte auch in die deutsche Suite und Partita (z. B. bei J. S. Bach und Händel).

**Air de cour** [ɛːr də kuːr; französisch] ↑Air.

**Akademie** [griechisch]: 1. in der Renaissance eine nach dem Vorbild der Philosophenschule Platons gegründete

Vereinigung von Künstlern und Gelehrten, die sich vielfach auch mit Musik befaßte. Eine solche Akademie war die Florentiner Camerata um den Grafen G. Bardi (um 1600; Mitglieder waren u.a. die Komponisten V. Galilei, G. Caccini, J. Peri und der Dichter O. Rinuccini), die an der Entstehung von Monodie und Oper entscheidend beteiligt war. – 2. im 18. Jahrhundert war Akademie eine Bezeichnung für institutionalisierte Träger von Opern- und Konzertveranstaltungen (z. B. die Londoner „Royal Academy of Music"), später für Konzerte allgemein und für große Chorvereinigungen (Singakademien, nach der 1791 von C. F. Fasch gegründeten und von Zelter fortgeführten Berliner Singakademie). – 3. heute wird unter Akademie eine Lehranstalt für Künste, auch für Musik, verstanden.

**Akklamationen** [von lateinisch acclamatio „Zuruf"]: begrüßende, huldigende, zustimmend bestätigende Zurufe einer Versammlung, die aus der weltlichen Tradition der Antike bei Papst-, Bischofs- und Kaiserwahlen übernommen wurden und schließlich auch in die christliche Liturgie Eingang fanden als melodisch einfach gestaltete Rufe der Gemeinde. Ursprüngliche Akklamationen sind z. B.: Amen, Deo gratias, Dominus vobiscum, ↑Alleluja, ↑Kyrie eleison. Im Hinblick auf eine stärkere Beteiligung der Gemeinde beim Gottesdienst gewannen die Akklamationen in den Bestrebungen einer liturgischen Erneuerung in der Gegenwart erhöhte Bedeutung.

**Akkolade** [von französisch accolade „Klammer"]: in der Notenschrift die Klammer, die mehrere Liniensysteme zusammenfaßt, z. B. in der Klaviernotation zwei, in Partituren mehrere Liniensysteme; in übertragener Bedeutung Bezeichnung für diese Systeme als Ganzes.

**Akkompagnement** [akɔmpanjəˈmɑ̃; französisch] (französisch accompagnement; italienisch accompagnamento): die Begleitung einer solistischen Gesangs- oder Instrumentalpartie, speziell in der Generalbaßzeit die Begleitung durch den Akkompagnisten (französisch *Accompagneur*) mit einem Akkordinstrument (Cembalo, Orgel) auf der Grundlage einer bezifferten Baßstimme (Generalbaß).

**Akkord** [von spätlateinisch accordare „übereinstimmen"]: der Zusammenklang von mindestens drei Tönen verschiedener Tonhöhe (↑Dreiklang); er wird in der Vierstimmigkeit als Akkord in enger, weiter oder gemischter ↑Lage unterschieden. Der Akkord gehört zum Bereich der ↑Harmonik und gewann zunehmende Bedeutung, seit um 1400 (von Italien und England ausgehend) neben die bis dahin beherrschende horizontal-melodische Führung mehrerer Stimmen nebeneinander immer stärker die Auffassung einer vertikal-harmonischen Ordnung des musikalischen Satzes trat. Während in Werken des 14. Jahrhunderts z. B. bei Guillaume de Machault, von gewissen Schwerpunkten (z. B. Taktanfängen, Abschnittsenden) abgesehen, die ↑Dissonanz als Ergebnis des Zusammenklangs von selbständig geführten Stimmen stark im Vordergrund steht, zielt die Stimmführung im 15. Jahrhundert bereits durchgehend auf die ↑Konsonanz, d. h. auf den harmonischen Zusammenklang im Akkord. Mit der Bedeutung der Harmonik wächst auch das Bedürfnis, das Wesen und die Ordnung der Akkorde zu ergründen. Die entscheidenden Erkenntnisse dazu brachten die Untersuchungen von G. Zarlino, J.-Ph. Rameau und von H. Riemann (↑auch Funktionstheorie). Für das harmonische Verständnis des Akkords ist wesentlich, daß er auf einen ↑Grundton bezogen wird, der mit dem tiefsten Ton des Akkords identisch sein kann (z. B. c-e-g: Grundton c). In den ↑Umkehrungen des Akkords sind Grundton und tiefster Ton nicht identisch (z. B. e-g-$c^1$ oder g-$c^1$-$e^1$: Grundton c). Nach ihrem Intervallaufbau können einzelne Akkorde eigene Bezeichnungen erhalten wie etwa ↑Quartsextakkord oder ↑Septimenakkord. In Zahlen ausgedrückt erscheint ein solcher Akkordaufbau als Bezifferung im ↑Generalbaß (z. B. $\substack{6\\4}$ für den Quartsextakkord).

**Akkordeon** [lateinisch-französisch]: ein besonders in der Volks-, Tanz- und Unterhaltungsmusik verwendetes gleichtöniges, chromatisches Harmonikainstrument, das seinen Namen den vorbereiteten, in ihrer Lage feststehenden Akkorden (sogenannten Bässen) der Baß- oder Begleitseite verdankt. Der

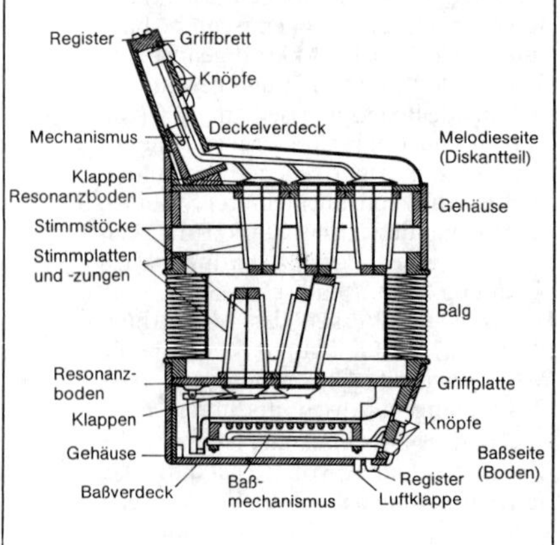


Ton wird durch freischwingende (durchschlagende) Zungen erzeugt. Durch Bewegung des Faltenbalgs entsteht Druck- oder Saugwind, der mit Hilfe einer Tastenmechanik und daran gekoppelter Ventile zu den entsprechenden Stimmzungen gelangt und sie in Schwingungen versetzt. Auf der Diskant- oder Melodieseite verfügt das sogenannte Pianoakkordeon (Tonumfang f-a$^3$) über Tasten, das heute seltenere Knopfgriffakkordeon (Tonumfang E-cis$^4$) über 3–5 Reihen Knöpfe. Auf der gegenüberliegenden Baßseite sind bei beiden Typen je nach Größe des Instruments 8-140 Knöpfe in Schrägreihen angeordnet, mit denen die im Quintabstand stehenden Grundbässe und die um eine Terz versetzten Wechselbässe, sowie die Akkordbässe (Dur-, Moll-, Septimenakkorde und verminderte Dreiklänge) bedient werden. Neuere Akkordeons sind mit Registern ausgestattet, die eine Veränderung und Koppelung der Tonhöhenlagen und das Einbeziehen des Tremolo (Schwebungen durch geringfügige Tondifferenzen) ermöglichen. Eingestellt werden die Register durch Schieber oder heute meist durch Kipptasten. – ↑ auch Handharmonika.

**Akt** [lateinisch] (Aufzug): Hauptabschnitt eines Theaterstücks oder einer Oper. Die italienische und deutsche Oper ist meist in 3, die französische Tragédie lyrique in 5 Akte gegliedert. Werke des Musiktheaters im 20. Jahrhundert sind häufig einaktig.

**Akustik** [von griechisch akustikós „hörbar“]: die Lehre vom Schall. Zu unterscheiden ist die physikalische Akustik, die ein Teil der ↑ Mechanik ist, die sich v. a. mit der Schwingungs- und Wellenlehre befaßt, von der musikalischen Akustik, die sich mit den psychischen Wirkungen elementarer musikalischer Reize auseinandersetzt und eine Teildisziplin der systematischen Musikwissenschaft ist (↑ Musikwissenschaft).

**Akzent** [von lateinisch accentus „das Antönen, Beitönen“]: 1. die in der Musik seit dem ausgehenden 16. Jahrhundert geregelte Betonung in den Takten (im 4/4-Takt: 1 = schwere Betonung, 2 und 4 = leichte Taktteile, 3 = mittlere Betonung) und Perioden (leichtere Akzente an den Taktanfängen 2 und 6, Akzent bei Takt 4, schwerer Akzent bei Takt 8; ↑ Metrum). Abweichungen von diesem Schema wurden von den Komponisten besonders vorgeschrieben. – 2. in der Musik des 17./18. Jahrhunderts gebrauchte Verzierung, die aber bei den Komponisten in verschiedener Bedeutung (Vor-, aber auch Nachschlag) und mit wechselnden Zeichen verwendet wurde. Meist handelt es sich um einen Vorschlag aus mehreren Zwischennoten innerhalb eines Intervalls.

**Akzidentien** [lateinisch] ↑ Vorzeichen.

**Albertische Bässe:** nach D. Alberti benannte, gleichförmig sich wiederholende Akkordbrechungen im homophonen Klaviersatz, besonders der Vorklassik und Klassik.

**Albumblatt:** musikalischer Eintrag in ein Stammbuch, daraus abgeleitet ein ↑Charakterstück, das den Eindruck einer flüchtigen Skizze hervorruft; als Titel zu finden bei R. Schumann, M. Reger, A. N. Skrjabin und F. Busoni.

**Aleatorik** [von lateinisch alea „Würfel, Zufall"]: Kompositionsart innerhalb der Neuen Musik nach 1950. Die Aleatorik entwickelte sich folgerichtig aus der ↑seriellen Musik und ist zugleich deren genauer Gegensatz. Aus der Beobachtung, daß es unmöglich ist, das Klangbild eines Werkes in all seinen ↑Parametern seriell genau zu bestimmen, erwuchs die Idee, die musikalische Endgestalt von vornherein dem Zufall zu überlassen. Aleatorik räumt den Ausführenden eine z.T. sehr weit gehende Freiheit ein. Sie können z.B. Teile eines Stücks weglassen oder austauschen, an einer beliebigen Stelle anfangen oder aufhören, Tondauern, Tonhöhen, Klangfarben usw. aus einem gegebenen Vorrat selbst wählen u.a. In extremen Fällen gibt der Komponist nur allgemeine Spielanweisungen oder graphische Anregungen, die fast unbegrenzte Möglichkeiten der musikalischen Verwirklichung offenlassen.

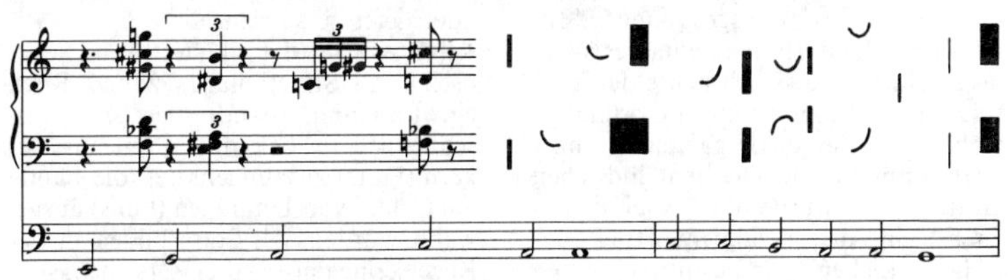

Aleatorik. W. Stockmeier, „Te Deum" für Orgel (1966)

**Aliquote** [lateinisch]: Obertöne, die ohne den Grundton realisiert werden, bei Streichinstrumenten das ↑Flageolett, bei Blasinstrumenten die Überblastöne, bei der Orgel (*Aliquotstimmen*) Register, die zusätzlich zu einem Grundregister einen seiner Obertöne erzeugen und sich mit ihm zu einem Mischklang vereinigen. *Aliquotsaiten* sind Resonanzsaiten, die beim Streichen oder Anschlagen anderer Saiten mitklingen (z.B. bei der ↑Viola d'amore, beim ↑Baryton, beim doppelt in Oktaven bezogenen Aliquotflügel).

**alla breve** [italienisch]: der 2/2- (oder 4/2-)Takt, in dem die halbe Note und nicht die Viertelnote als Schlag- und Zählzeit gilt. Name (↑Brevis) und Zeichen (₵) stammen aus der mittelalterlichen ↑Mensuralnotation.

**alla marcia** [... 'martʃa; italienisch]: nach Art eines Marsches, marschmäßig.

**alla polacca** [italienisch]: nach Art einer Polonaise.

**allargando** [italienisch]: langsamer, breiter werdend.

**alla siciliana** [...tʃi...; italienisch]: nach Art eines Siciliano.

**alla tedesca** [italienisch]: nach Art eines deutschen Tanzes.

**alla turca** [italienisch]: nach Art der türkischen Musik, d.h. der ↑Janitscharenmusik.

**alla zingarese** [italienisch]: nach Art der Zigeunermusik.

**allegretto** [italienisch; Verkleinerungsform zu allegro]: Tempovorschrift für ein ziemlich lebhaftes Zeitmaß, aber langsamer als ↑allegro. *Allegretto* bezeichnet einen musikalischen Satz in diesem Tempo.

**allegro** [italienisch „lustig, heiter"]: hat als Vortragsanweisung z.B. bei W.A. Mozart die Bedeutung von lustig, heiter; wird seit dem Anfang des 17. Jahrhunderts v.a. als Tempobezeichnung verwendet für ein schnelles Zeitmaß, seit dem 18. Jahrhundert bedeutet allegro schneller als ↑andante und langsamer als ↑presto. *Allegro* bezeichnet einen musikalischen Satz in diesem Tempo.

**Alleluja** [hebräisch „preiset Jahwe!"]: einer der Gesänge des ↑Proprium missae, hervorgegangen aus den ↑Akklamationen. In der Messe erklingt das Alleluja vor der Verkündigung des Evangeliums. Es wird während der vorösterlichen Fastenzeit, an gewöhnlichen Werktagen und in Totenmessen nicht gebraucht (↑Tractus). Als liturgischer Gesang ist das Alleluja der Messe ein ↑Responsorium, das von einem Sänger, der die solistischen, meist sehr ausgezierten Partien ausführt, und dem antwortenden Chor vorgetragen wird. Charakteristisch ist der ausgesponnene ↑Jubilus über dem Schlußalleluja des Wortes Alleluja, an den sich heute der Vortrag eines Psalmverses (ursprünglich mehrere Verse oder gar ein ganzer Psalm) anschließt. Aus dem jüdischen Gottesdienst wurde das Alleluja zunächst in den Psalmenvortrag der frühchristlichen Kirche übernommen und gegen Ende des 4. Jahrhunderts in die Messe eingeführt.

**Allemande** [alə'mã:də; französisch „deutscher (Tanz)"]: ein geradtaktiger Tanz des 16.–18. Jahrhunderts. Allemanden sind zuerst 1550 in Frankreich und Anfang des 17. Jahrhunderts in Deutschland überliefert. 1588 wurde sie von Th. Arbeau als geschrittener Paartanz beschrieben. Ihre Musik war von mäßig schnellem Tempo und bestand aus 2 oder mehr verschieden langen Teilen, die wiederholt wurden. Ihr folgte meist ein schneller Springtanz, eine Recoupe oder ein Saltarello, an deren Stelle später die Courante trat. Seit Anfang des 17. Jahrhunderts war die Allemande mit anderen Tänzen Teil der englischen und deutschen Ensemblemusik. In der französischen Lautenmusik erhielt sie ihre zweiteilige Form, nahm stark polyphone Züge auf und trat an den Anfang einer Folge mehrerer stilisierter Tänze, der ↑Suite. In der italienischen Musik ist dagegen ein mehr kantabler, homophoner Typ vertreten. In die deutsche Klavier- und Orchestermusik bis zu J. S. Bach sind beide Typen der Allemande übernommen worden.
Allemande ist in Schwaben und in der Schweiz auch Bezeichnung für den ungeradtaktigen ↑deutschen Tanz.

**allentando** [italienisch] ↑rallentando.

**all'ottava** [italienisch], Abk. $8^{va}$: Anweisung in der Notenschrift (über oder unter den Noten), eine Oktave höher oder tiefer zu spielen.

**All-Star-Band** ['ɔ:l 'stɑ: 'bænd; englisch] (All Stars): im Jazz und Rock ein Ensemble (Band), das sich ausschließlich aus bekannten Spitzenmusikern (Stars) zusammensetzt, die häufig auf Grund von Umfragen (Polls) ausgewählt wurden. All Stars bilden in der Regel keine dauerhaften Gruppen, sondern werden zu besonderen Anlässen zusammengestellt (Konzertserien, Schallplattenaufnahmen).

**Alphorn:** in den europäischen und außereuropäischen Gebirgsländern beheimatete Holztrompete, meist mit nach oben abgebogenem Schallbecher. Die bis zu 10 m lange Röhre ist aus den Hälften eines ausgehöhlten Baumstamms zusammengesetzt. Das Alphorn besitzt keine Grifflöcher und verfügt daher nur über ↑Naturtöne (der zu hohe 11. Naturton wird Alphorn-fa genannt). Wegen seines durchdringenden Klangs wird es als Signalinstrument, aber auch zum Spielen einfacher Lied- und Tanzweisen eingesetzt.

**al segno** [al'zɛnjo; italienisch], Abk. al s.: Anweisung in der Notenschrift, ein Stück vom Anfang „bis zum Zeichen" 𝄋 zu wiederholen.

Allemande. J. S. Bach, „Französische Suite" Nr. 5 (BWV 816, 1722)

**Alt** [von lateinisch altus „hoch, tief"] (lateinisch altus; italienisch contralto, alto; französisch haute-contre), Abk. A: Stimmlagenbezeichnung für die tiefe Frauenstimme (Umfang a-$f^2$, bei Berufssängerinnen f-$h^2$). Die Bezeichnung entwickelte sich im 15. Jahrhundert, als der ↑Contratenor in eine höhere Stimme, den Contratenor altus und eine tiefere, den Contratenor bassus aufgespalten und der Satz vierstimmig wurde. Der Contratenor altus (kurz Altus) wurde in der polyphonen Musik des 16./17. Jahrhunderts meist von falsettierenden Männerstimmen (Männeralt) gesungen. – Bei Instrumentenfamilien sind Altinstrumente die zweithöchsten Vertreter; sie sind meistens eine Quarte oder eine Quinte tiefer gestimmt als die entsprechenden Sopraninstrumente.

Alphorn

**Alta** [lateinisch; Kurzform von alta musica „laute, helle Musik"]: Bläserbesetzung des 15. Jahrhunderts, die aus „starken" Instrumenten (französisch *instruments hauts*) wie Schalmeien, Pommern, Trompeten, Hörnern, Posaunen bestand und zur Tanz-, Turnier- und Freiluftmusik eingesetzt wurde. Im Gegensatz hierzu wurden die „stillen" Instrumente (französisch *instruments bas*) wie Flöten, Lauten, Harfen, Fideln u. a. bevorzugt im geschlossenen Raum vor kleinerem Hörerkreis gespielt.

**Alteration** [von lateinisch alteratio „Änderung"]: 1. die chromatische Veränderung eines oder mehrerer Töne in einem Akkord (z. B. c-e-g zu c-e-gis). Alteration bewirkt verstärkte Leitton- und Dissonanzspannung. Sie ist ein zentrales Element romantischer Harmonik, dessen extreme Häufung gegen Ende des 19. Jahrhunderts unmittelbar an die Grenzen der Atonalität geführt hat. – 2. in der Mensuralnotation bedeutet Alteration die (an bestimmte Regeln gebundene) Wertverdoppelung der zweiten von zwei nebeneinander stehenden Noten gleicher Form zu dreizeitiger Mensur.

**alterierte Akkorde** ↑Alteration.

**alternatim** [lateinisch „wechselweise"]: Bezeichnung für eine wechselweise Aufführungspraxis v. a. im Bereich der Liturgie und der Kirchenmusik, zunächst in einer abwechselnden Gegenüberstellung von ein- und mehrstimmigem Gesang, später auch verwendet für den Wechsel von gesungenen und rein instrumental gespielten Partien (z. B. in der ↑Orgelmesse).

**Altschlüssel** (Bratschenschlüssel): der C-Schlüssel auf der 3. Notenlinie, früher für die Altlage schlechthin, heute nur noch für einige Orchesterinstrumente (Bratsche, Altposaune u. ä.) gebraucht.

**altslawischer Kirchengesang** (glagolitischer Kirchengesang): der auf der Übersetzung der lateinischen Bibel und liturgischen Bücher durch die aus Saloniki kommenden Brüder Kyrillos (* 826/27, † 869) und Methodios (* zwischen 816 und 820, † 885) basierende Kirchengesang in slawischer Sprache. Nach ihrer Missionstätigkeit im Großmährischen Reich (Erzdiözese Salzburg) setzten ihre Schüler ihr Werk mit dem Kirchengesang in der Volkssprache zunächst im südslawischen Bereich fort, von wo aus er seit dem 10. Jahrhundert auch von den ostslawischen Völkern übernommen und dabei vom byzantinischen Gesang (↑byzantinische Musik) beeinflußt wurde (Bulgarien, Rußland). In Böhmen wurde der altslawische Kirchengesang im 11. Jahrhundert verboten, doch bemühte sich Kaiser Karl IV. (* 1316, † 1378) um seine Wiedereinführung. Das „Missale Romanum Slavonico idiomate" (Rom 1905) enthält die heute noch in Böhmen und Kroatien gepflegte Tradition, auf die auch die 1926 komponierte „Glagolitische Messe" von L. Janáček zurückgeht.

**amabile** [italienisch]: liebenswürdig, freundlich.

**Ambitus** [lateinisch „Ausdehnung, Umfang"]: der vom tiefsten bis zum höchsten Ton gemessene Umfang einer Melodie. Die Bestimmung des Ambitus war v. a. für die Unterscheidung von authentischen und plagalen ↑Kirchentonarten wichtig und wird heute noch vielfach bei Liedkompositionen zur Bezeichnung der Stimmlage (hoch, mittel oder tief) verwendet.

**Amboß:** wird, mit Metallhammer angeschlagen, als Effektinstrument verwendet, häufig jedoch durch Stahlplatte oder -stäbe ersetzt. Er wird z. B. bei G. Verdi („Troubadour", 1853) u. R. Wagner („Rheingold", 1869) eingesetzt.

**Ambrosianischer Gesang** (Mailänder Gesang): die Gesänge der seit dem 8. Jahrhundert nach Bischof Ambrosius von Mailand (* 339[?], † 397) benannten Liturgie. Er blieb neben dem ↑Gregorianischen Gesang bis heute erhalten, während die gleichzeitig verbreiteten Traditionen des ↑gallikanischen Gesangs und des ↑mozarabischen Gesangs schon im Mittelalter verdrängt wurden. Der Ambrosianische Gesang zeigt Verbindungen zur frührömischen Fassung des Gregorianischen Gesangs, weist aber sowohl in der Psalmodie als auch in den Gesängen der Messe und des Offiziums (vielfach mit unterschiedlichen Benennungen, z. B. „Ingressa" für „Introitus") eine eigene Gestaltung auf. Er wird noch heute in der mailändischen Kirchenprovinz wie auch in einigen Tälern des Tessins (Schweiz) gepflegt. Die für ihn heute verbindlichen liturgischen Bücher sind das „Antiphonale Missarum ..." (erschienen Rom 1935) und der „Liber Vesperalis ..." (erschienen Rom 1939).

**amoroso** [italienisch]: liebevoll, zärtlich.

**Amplitude** [von lateinisch amplitudo „Größe, Weite"]: der größtmögliche (absolute) Wert, den die sich periodisch ändernde physikalische Größe (z. B. die Lage einer Saite oder der Luftdichteunterschied) bei einer ↑Schwingung annimmt. Bei ↑Sinusschwingungen gilt: je größer die Amplitude, desto lauter erscheint der ↑Sinuston. Am Oszillographen läßt sich die Amplitude (y) folgendermaßen bestimmen:

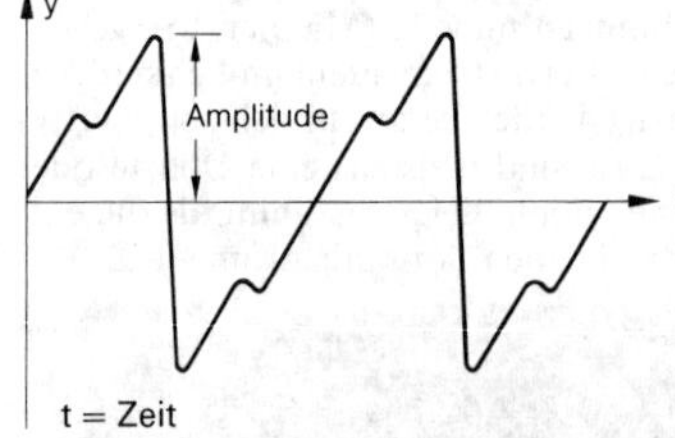


**Analyse** [griechisch]: allgemein die Zerlegung eines Ganzen in seine Teile; unter musikalischer Analyse versteht man die Untersuchung und Beschreibung einzelner Merkmale einer Komposition und deren Zusammenhänge. Im Unterschied zur ↑Hermeneutik beschränkt sie sich auf die Struktur, die Bauelemente und Bauprinzipien eines Werkes, wobei sie in erster Linie formale, harmonische und motivische Zusammenhänge untersucht. Die Analyseverfahren müssen dem jeweiligen geschichtlichen Stand kompositorischer Regeln und Gewohnheiten angepaßt werden, dem das zu analysierende Werk entstammt. – ↑auch Interpretation.

**Anblasen:** die Meldung und Begrüßung ankommender Fremder durch Turmbläser (Türmer, Stadtpfeifer, Hoftrompeter), ähnlich dem ↑Abblasen.

**Andamento** [italienisch „Gang, Verlauf"]: 1. eine Bezeichnung für das themafreie Zwischenspiel in der Fuge. – 2. ein Fugenthema, das durch eine Zäsur in zwei deutlich kontrastierende Teile gegliedert ist.

**andante** [italienisch „gehend"]: Tempovorschrift für ein ruhig gehendes, mäßig bewegtes Zeitmaß, langsamer als allegro und schneller als adagio. Durch Zusätze kann das Zeitmaß beschleunigt (*andante con moto*, beschleunigt gehend) oder verlangsamt (*andante moderato*, mäßig gehend) werden. *Andante* bezeichnet einen musikalischen Satz in diesem Tempo.

**andantino** [italienisch; Verkleinerungsform von ↑andante]: tritt als Tempovorschrift sowohl in der Bedeutung von schneller als auch langsamer als andante auf und bedeutet v.a. einen leichter akzentuierten Bewegungscharakter. *Andantino* bezeichnet einen musikalischen Satz dieses Charakters.

**Angelica** [an'dʒɛːlika; italienisch]: eine theorbierte Laute (d.h. ein Instrument mit dem Resonanzkörper einer ↑Laute und dem Hals eines ↑Chitarrone), mit 17 diatonisch gestimmten Saiten, davon 8 Bordun- und 9 Spielsaiten (Tonumfang C–d²). Sie war im 17./18. Jahrhundert wegen ihrer im Vergleich zur Laute leichteren Spielbarkeit bei Amateuren besonders beliebt.

**angewandte Musik:** bezeichnet Musik in Verbindung mit anderen Künsten und Kulturäußerungen. Der zu Beginn der 1920er Jahre aufgekommene Begriff bezeichnet Bestrebungen v.a. französischer (E. Satie), deutscher (K. Weill, P. Hindemith, H. Eisler) und sowjetischer (D. Schostakowitsch) Komponisten, die der Musik unter Wahrung des Bildungs- und Kunstanspruchs soziale Nützlichkeit und breite, allgemeine Verständlichkeit wiederzugewinnen suchten (↑auch Gebrauchsmusik, ↑funktionale Musik).

**Angklung** [indonesisch]: javanisches Schüttelinstrument, bei dem meist 2–3 in einem Rahmen aufgehängte, in Oktaven gestimmte Bambusröhren gegen eine Stange schlagen. Ein Angklungorchester besteht aus 9 oder 14 Instrumenten, die nach der Slendro-Skala (↑Slendro) abgestimmt sind.

**Anglaise** [ɑ̃'glɛːzə; französisch „englischer (Tanz)"]: ein meist geradtaktiger Tanz des 17.–19. Jahrhunderts, der in Frankreich seinen Namen erhielt und auf in England gebräuchliche Tänze (↑Contredanse) zurückgeht, von denen er die Vielfalt seiner Formen ableitet.

**anglikanische Kirchenmusik:** die Musik der englischen Kirche seit deren Loslösung von Rom unter Heinrich VIII. (* 1491, † 1547). Unter seinem Nachfolger Eduard VI. (* 1537, † 1553) kam es zu protestantisch beeinflußten Reformen, bei denen die englische Sprache in die Liturgie eingeführt wurde. Sie fanden ihren ersten Niederschlag im „Common Prayer Book" (1549) und der einstimmigen Vertonung der Liturgie durch J. Merbecke („The booke of common praier noted", 1550). Bei der Säkularisierung der Klöster wurden einige von ihnen zu Kathedralen, die neben der königlichen Kapelle und denen der alten Universitäten eine lebendige Kirchenmusiktradition bis heute weiterführten. Im Mittelpunkt der Liturgie der anglikanischen Kirchenmusik stehen Morgen- und Abendgottesdienst sowie der Communion service (↑Service). Die für sie bestimmten ein- und mehrstimmigen Kompositionen wurden durch das nichtliturgische, von der Motette ausgehende ↑Anthem ergänzt. Die Hauptvertreter in der Blütezeit im 16./17. Jahrhundert waren W. Byrd, Th. Morley, Th. Tomkins, Th. Weelkes und O. Gibbons. Am Ende des 17. Jahrhunderts traten v.a. J. Blow und H. Purcell hervor, an deren Tradition sich auch G.F. Händel in seiner Londoner Zeit mit zahlreichen Werken anschloß.

**animato** [italienisch]: beseelt, belebt.

**Anlage:** Kurzbezeichnung für ein aus mehreren Teilen bestehendes elektroakustisches Wiedergabesystem; insbesondere die aus Rundfunkempfänger, Plattenspieler, Kassettenrecorder und Lautsprecherboxen bestehende Hi-Fi-Anlage, die bei stereophonischer Wiedergabe auch als Stereoanlage bezeichnet wird.

Die aktive Aufnahme- und Wiedergabeanlage einer Pop-, Rock- oder sonstigen Musikgruppe, die mit elektronisch verstärkten Instrumenten (E-Instrumenten) arbeitet, besteht aus Instrumentalverstärkerboxen für alle E-Instrumente, deren Klang über Mikrophone zu einem im Zuhörerraum aufgestellten aktiven ↑Mischpult (mit einigen zusätzlichen Effektgeräten) gelangt, und weiteren Mikrophonen für die akustischen Instrumente (Schlagzeug, Blasinstrumente, Klavier) und die Sänger; an den Ausgang des Mischpults angeschlossen sind die Leistungsverstärker mit den Lautsprecherboxen und einige zum Zwecke der musikalischen Rückkopplung den Spielern zugewandte Monitorlautsprecher.

**Ansatz:** 1. beim Spiel von Blasinstrumenten die Stellung und Spannung der Lippen. – 2. beim Singen die Einstellung der Stimmorgane und der Ein- und Ausschwingungsvorgang (Ein-, Absatz) der Stimmlippen, der z. B. hart oder weich sein kann.

**Anschlag:** 1. beim Spiel auf Tasteninstrumenten die Art der Tongebung, d. h. die Bewegung der Finger (im Zusammenhang mit Hand-, Arm- und Körperhaltung) auf die Tasten, die den Ton auslöst. – 2. Doppelvorschlag, beste-

hend aus einer unteren und einer oberen Nebennote, die auf den Schlag der Hauptnote gespielt werden.

**Anthem** ['ænθəm; englisch, von griechisch antíphōnos „entgegentönend, antwortend"]: in der englischen Kirchenmusik seit dem 16. Jahrhundert gepflegte nichtliturgische Chormusik auf volkssprachliche (englische) Bibeltexte, gesungen am Ende des Morgen- oder Abendgottesdienstes. Unterschieden wurden das ausschließlich chorische, meist a cappella ausgeführte *Full Anthem,* das im homophon durchsetzten polyphonen Satz geschrieben ist (bei dem es v. a. auf Textverständlichkeit ankam), und das *Verse Anthem,* bei dem Chorpartien mit Solopartien (verses) für eine oder mehrere Stimmen mit Instrumentalbegleitung abwechseln. Zur Zeit der Restauration (2. Hälfte des 17. Jahrhunderts) näherte sich das Anthem unter italienischem Einfluß der Kantate mit ihrem Wechsel von Solo-, Chor- und Instrumentalsätzen an. Im 19. Jahrhundert nahm es einfachere Formen und sentimentalen Charakter an und beschränkte sich nicht mehr auf Bibeltexte. Anthems schrieben u. a. Th. Morley, O. Gibbons, W. Byrd, H. Purcell, G. F. Händel und S. S. Wesley. – *National Anthem* ist die englische Bezeichnung für Nationalhymne.

**Antiphon** [von griechisch antíphōnos „entgegentönend, antwortend"]: liturgischer Gesang der christlichen Kirche, seit dem 4. Jahrhundert im Vortrag von Psalmen und Hymnen als Kehrvers verwendet. Mit der Antiphon antwortete die Gemeinde einer Vorsängergruppe. Die Texte der Antiphonen können der Bibel entnommen oder frei geschaffen sein. Im liturgischen Gesang der katholischen Kirche werden Antiphonen sowohl in der Messe (↑Introitus, ↑Communio) als auch im Stundengebet (↑Offizium) gebraucht. Während die Antiphonen des Offiziums eine schlichtere Melodik aufweisen, die z. T. noch ihre Nähe zu den Formeln der ↑Psalmodie erkennen läßt, zeigen eine reichere Gestaltung die Antiphonen der Messe ebenso wie die sogenannten „Marianischen Antiphonen" des Offiziums („Alma redemptoris mater", „Ave regina coelorum", „Regina coeli laetare", „Salve regina").

**Antiphonar** (Antiphonale) [griechisch]: das liturgische Buch der katholischen Kirche, das die Gesänge des ↑Offiziums enthält. Im frühen Mittelalter wurde zunächst auch das ↑Graduale mit den Gesängen der Messe als „Antiphonale missarum" bezeichnet.

**Antizipation** [von lateinisch anticipatio „Vorausnahme"]: 1. in der Harmonielehre die Vorwegnahme eines oder mehrerer Töne eines nachfolgenden Akkords. Im Gegensatz zum ↑Vorhalt stehen die vorausgenommenen Töne auf

dem leichten Taktteil. – 2. eine Verzierung, die in der Vorausnahme der folgenden Melodienote besteht, wodurch der Wert der vorangehenden Note vermindert wird.

**äolisch** [griechisch]: nach dem griechischen Volksstamm der Äolier benannte ↑Kirchentonart, die erst im 16. Jahrhundert den bestehenden Kirchentonarten hinzugefügt wurde und Vorläufer des heutigen ↑Moll ist.

**Äolsharfe** [von Äolus (Aiolos), in der griechischen Mythologie der Beherrscher der Winde] (Windharfe, Wetterharfe, Geisterharfe): ein seit der Antike bekanntes Saiteninstrument, dessen über einen Resonanzkasten gespannte Darmsaiten verschiedener Dicke im Luftzug verschiedene Obertöne des gemeinsamen Grundtones erklingen lassen.

**a piacere** [a pia'tʃe:re; italienisch „nach Belieben"]: Vortragsbezeichnung, die wie ↑ad libitum Tempo und Vortrag dem Interpreten freistellt.

**appassionato** [italienisch]: leidenschaftlich, stürmisch.

**Applikatur** [lateinisch]: der ↑Fingersatz beim Instrumentenspiel.

**Appogiatura** [apɔdʒa'tu:ra; italienisch] ↑Vorhalt, ↑Vorschlag.

**Äquallage** [von lateinisch aequalis „gleich"]: bei der Orgel die der menschlichen Stimme entsprechende Achtfußlage. Sie umfaßt dasjenige ↑Register, das auf einer [Labial]pfeifenlänge des Tones C von 8 Fuß (etwa 2,40 m) basiert. Äqual heißt sie, weil bei ihr die klingende Tonhöhe mit der notierten übereinstimmt.

**Arabeske** [von französisch arabesque „Rankenornament"]: Ornament der bildenden Kunst, in der Musik ein ↑Charakterstück mit reicher Figuration oder freiem Spiel der Melodielinien; als Titel zu finden bei R. Schumann und C. Debussy.

**arabische Musik:** die Geschichte der arabischen Musik ist eng mit dem Aufkommen des Islams im 7. Jahrhundert und mit der Blütezeit des islamischen Weltreichs verbunden. Sie ist gekennzeichnet durch die Verschmelzung einst isolierter Länderstile. Ihre bedeutendste Zeit hatte sie vom 7.–13. Jahrhundert. Seit der Eroberung Spaniens (713) und noch während der Omaijadenherrschaft (661–750) zeichnen sich drei Musikzentren ab: 1. Persien und Mesopotamien, 2. Syrien und Ägypten, 3. Spanien und Nordwestafrika. Seit der Gründung Bagdads (763) als Residenz des Abbasidischen Ostreiches (749–1258) beginnt die Symbiose persisch-arabischer Kultur. Besonders die Hofmusik der Kalifen wird von der verfeinerten Kunsttradition der persischen Oberschicht bestimmt. Seither ist die theoretische und praktische Musiklehre des Islams nur noch als arabisch-persische Ideenverbindung zu fassen. Weitreichende Einflüsse gingen auch von der griechischen Musiklehre aus. Im muslimischen Spanien lassen sich manche Züge christlicher Musiktradition erkennen, Reste spanischer Lieder finden sich im volkstümlichen arabischen Gesang; umgekehrt wanderten arabisch-maurische Rhythmen und Melodien in das spanische Lied.

Die arabische Musik ist eine primär melodisch bestimmte Kunst. Als eigentlich originelle Leistung ist die Lehre des ↑Maqam (Plural: Maqamat) anzusehen. Die Maqamat sind Melodiemodelle, die als Grundlage der Improvisation dienen. Auch der Rhythmus ist an bestimmte Modelle gebunden, die in der Frühzeit dem sprachlichen Metrum der dichterischen Vorlage entnommen waren. Später, als die Instrumentalbegleitung eine größere Bedeutung gewann, wurden diese rhythmischen Modelle dem Versmetrum bewußt entgegengesetzt. Formen der religiösen Musik sind die Korankantillation, die Gebetsrufe des Ausrufers (Muezzin) auf den Minaretten der Moscheen, die spätere religiöse Hymnodik (meist verbunden mit Chorrefrain) und die Sufi- und Derwischmusik der klösterlichen Orden des Islams. Aus dem Hofzeremoniell entwickelte sich eine große zyklische Form, die Nuba, eine Vokal- oder Instrumentalsuite, deren Kernstück das gesungene Gedicht ist. Der Taqsim ist dagegen die instrumentale Darstellung eines Maqam.

Durch die frühe Symbiose persischer und arabischer Musikinstrumente ist ein hochentwickeltes Instrumentarium entstanden. Der höfischen und großbürgerlichen Kunstmusik gehören die Großlaute Ud, die Zither Kanun, die mit Klöppeln geschlagene Trapezzither Santur, das Streichinstrument Kamandja, die Langhalslaute Tanbur, die Flöte Naj und die Schellentrommel Duff an. Zur Fellachenmusik gehören die Flöte Zummara, die Doppelklarinetten Arghul und Migwis, die Vasentrommel Darabukka und, als Hauptinstrument, das Streichinstrument Rebab. – Die klassische arabische Musik kennt keine Orchester, sie ist ihrer Natur nach Kammermusik, in der die Sololeistungen einzelner Künstler beherrschend sind.

**Arbeiterlied:** das ↑politische Lied der Arbeiter. Es entstand um die Mitte des 19. Jahrhunderts und hatte seine Hochblüten zur Zeit der Formierung der Arbeiterbewegung um 1860 und während der Krisenjahre nach dem 1. Weltkrieg. Mit Vorliebe benutzte es vertraute Melodien von Volks-, Freiheits- oder Soldatenliedern, denen neue, vielfach auf den jeweiligen Entstehungsanlaß direkt bezogene Texte unterlegt wurden. Von Arbeitervereinigungen und -parteien wurden häufig auch Neukompositionen mit mehr programmatischer Aussage verbreitet. Bekannte deutsche Arbeiterlieder sind z. B. das „Lied der schlesischen Weber“ (1844), das „Leunalied“ (1921) u. das „Solidaritätslied“ (Brecht/Eisler 1932).

**Arbeitslied:** in fast allen Kulturen vorkommende Lieder, die während der Arbeit gesungen werden und die durch ihren Rhythmus zur Koordination der Arbeit und zur Steigerung der Leistung beitragen sollen. In Arbeitsliedern wird oft die Freude am handwerklichen Tun besungen; es kann aber auch ansatzweise dem Gefühl der Ausbeutung Ausdruck verliehen sein (Arbeitslieder der Afroamerikaner, die zur Entstehung von Blues und Jazz geführt haben). Mit zunehmender Industrialisierung hat das Arbeitslied seine Funktion eingebüßt; es ist durch Hintergrundsmusik am Arbeitsplatz ersetzt worden. – ↑auch funktionale Musik, ↑Work-Song.

**Arbeitsmusik:** Musik, die zur Leistungs- oder Umsatzsteigerung über Lautsprecher an Arbeitsplätze in Fabriken und Büros, in Kaufhäusern oder Restaurants übertragen wird. Sie wird von hierauf spezialisierten Herstellern ihrem Zweck als Anregungsmittel entsprechend hergestellt und besteht meist aus arrangierter Schlager- oder Popmusik. Die Verbreitung erfolgt über UKW-Sender, Kabel, Plattenspieler oder Tonband. – ↑auch funktionale Musik.

**archaischer Jazz** [dʒæz; englisch]: Bezeichnung für die frühesten [Vor]formen des Jazz, insbesondere die Musik der schwarzen Marschkapellen.

**arco** ↑coll'arco.

**Arghul** [arabisch]: alte ägyptisch-arabische Doppelklarinette, mit einer Bordunpfeife (links), die durch Einsatzstücke verlängert werden kann, und einer Melodiepfeife (rechts) mit meist 6 Grifflöchern.

**Arie** [lateinisch-italienisch; eigentlich Weise (des Auftretens)] (italienisch aria; französisch air): instrumentalbegleiteter Sologesang in Oper, Oratorium und Kantate, mit festem, in sich geschlossenem Formaufbau, im 18. Jahrhundert auch als selbständiges, oft bravouröses Konzertstück (Konzertarie) beliebt. Das Wort *aria* begegnet zuerst im 15. Jahrhundert in Italien als Bezeichnung einer bestimmten Art und Weise des Gesangsvortrags strophischer Texte; im 16. und frühen 17. Jahrhundert hat es die Bedeutung eines rhythmisch-melodischen Gerüsts für den epischen Stegreifvortrag oder eines Baßmodells für instrumentale Variationen. Noch im 18. Jahrhundert bezeichnet Arie außer der Gesangsform auch instrumentale Spiel- und Tanzstücke oder zur Variation bestimmte Melodien (z. B. sind J. S. Bachs Goldbergvariationen als „Aria mit verschiedenen Veränderungen“ bezeichnet).

Die Vokalform Arie entwickelte sich um 1600 mit der italienischen ↑Monodie und der Oper, wo sie durch einen zu jeder Textstrophe gleichbleibenden Baß und eine variierte oder frei durchkomponierte Oberstimme gekennzeichnet ist (z. B. bei G. Caccini, J. Peri). Durch

Monteverdi wurde sie in folgerichtiger Ausweitung des den Übergang bildenden ↑Arioso als melodischer Gegenpol zum deklamatorischen Sprechgesang des Rezitativs ausgeprägt. Die Strophenbaßarie und andere einfache Liedformen wurden seit etwa 1640 in der römischen und venezianischen Oper den volkstümlichen Nebenrollen zugewiesen, während die Arie der Hauptpersonen sich zur stilisierten Kunstform mit wechselnden Arienteilen, virtuosen Passagen, Textwiederholungen und eingearbeiteten Rezitativpartien entwickelte. Das Grundschema der dreiteiligen Da-capo-Arie mit wiederkehrendem Anfangsteil und thematisch selbständigem Mittelteil (ABA) blieb in der italienischen Oper bis in die 2. Hälfte des 18. Jahrhunderts gültig, häufig durch zugefügte Dominantabschnitte in den Eckteilen auf 5 Teile erweitert (AA′BAA′). Je nach der Instrumentalbegleitung gab es die Cembaloarie (Orchester nur bei Ritornellen eingesetzt), die reine Orchesterarie oder die Arie mit obligaten Instrumenten, z. B. die Trompetenarie. Im dramaturgischen Gefüge der Oper war die Da-capo-Arie der Ort, wo die Handlung ruht und der Gefühlszustand des Akteurs in der Darstellung eines bestimmten Affektes (z. B. Wut-, Rachearie) oder eines Naturbilds (Gleichnisarie) konzentriert ist; daneben bot sie Gelegenheit zur Entfaltung gesanglicher Virtuosität (Bravourarie). Bei den jüngeren Vertretern der neapolitanischen Schule (z. B. G. F. Händel, N. Jommelli), den Meistern der Opera buffa (z. B. N. Piccinni, G. Paisiello) und besonders bei Ch. W. Gluck und W. A. Mozart wurden die Stereotypen der steten Abfolge von Rezitativ und Arie, der Da-capo-Form und der Affektdarstellung aufgegeben zugunsten einer dem dramatischen Geschehen angepaßten unschematischen Form- und Ausdrucksgestaltung. Bei R. Wagner und G. Verdi ist die Scheidung von Rezitativ und Arie und die Arie als festes Gefüge in der durchkomponierten Form aufgehoben. Im Musiktheater des 20. Jahrhunderts lebte die Arienform des 18. Jahrhunderts vielfach im Sinne eines gewollten Rückgriffs wieder auf (z. B. bei P. Hindemith und H. W. Henze).

**Ariẹtte** [italienisch]: 1. Arie kleineren Umfangs. – 2. in der französischen Oper des 18. Jahrhunderts zunächst Bezeichnung für die großangelegte italienische ↑Arie im Unterschied zum einfach gebauten ↑Air, sodann für das populäre Lied der ↑Opéra comique.

**Ario̲so** [italienisch]: 1. kurzes Gesangsstück, in der Oper des 17. Jahrhunderts als Zwischenform zwischen Sprechgesang und Arie beliebt; vom ↑Rezitativ durch liedmäßige Melodik und feste Taktgebung, von der Arie durch lockeren Formaufbau unterschieden. – 2. als Vortragsbezeichnung fordert *arioso* arienhaften Ausdruck.

**arpeggio** [ar'pɛdʒo; italienisch, von arpa „Harfe"]: Spielanweisung, derzufolge die auf einem Instrument normalerweise gleichzeitig hervorgebrachten Töne eines Akkords „in der Art einer Harfe" nacheinander, d. h. in Form eines gebrochenen Akkords zum Erklingen gebracht werden sollen. Im allgemeinen ist der Tonablauf von unten nach oben gerichtet.

**Arpeggione** [arpɛ'dʒoːnə; italienisch, von arpa „Harfe"] (französisch guitarre d'amour): wie ein Cello gespieltes 6saitiges Streichinstrument, dessen Korpus, Griffbrett und Bünde der Gitarre entlehnt sind (Stimmung E A d g h e[1]). Es wurde 1823 von J. G. Staufer (Wien) gebaut und ist heute noch durch die Sonate a-Moll für Arpeggione und Klavier von F. Schubert (1824) bekannt.

**Arrangement** [arɑ̃ʒə'mɑ̃ː, französisch; ə'reindʒmənt, englisch]: Bearbeitung eines Musikstücks für eine bestimmte Besetzung, insbesondere in der Tanzmusik und im Jazz. Während sich im frühen Jazz das Arrangement im allgemeinen auf mündliche Absprachen über die Reihenfolge von Soli und Ensembleteilen beschränkte (sogenannte *head arrangements*), gewann es im Zusammenhang mit den ↑Big Bands des ↑Swing als eigenständige Kunst zunehmend an Bedeutung. Zu den wichtigsten Arrangeuren des Jazz gehören Fletcher Henderson, Duke Ellington, Gerry Mulligan und Quincey Jones.

**Ars antiqua** [lateinisch „die alte Kunst, alte Lehre"]: Bezeichnung für die mehrstimmige Musik des Zeitraums von etwa 1230 bis 1320, in dem die Mensuralmusik ausgebildet wurde und die Motette entstand. Der Musiktheoretiker Jacobus von Lüttich verteidigte vor 1330 die Ars antiqua gegen die ↑Ars nova; Papst Johannes XXII. (*1244, †1334) genehmigte 1324/25 die Kompositionen im Stil der Ars antiqua als einzig zulässige mehrstimmige Musik im Bereich der christlichen Kirche.

**Arsis-Thesis** [griechisch „Hebung-Senkung"]: im altgriechischen Tanz das Heben und Senken des Fußes, in der Metrik die Kürze und Länge der Silben. In der Musik (v.a. im 16.–18. Jahrhundert) bezeichnet Arsis den unbetonten (leichten) Taktteil, beim Dirigieren den Aufwärtsschlag, und Thesis den betonten (schweren) Taktteil bzw. den Niederschlag.

**Ars musica** [lateinisch „musikalische Kunst"]: im Mittelalter Bezeichnung für die Musik und Musiklehre im Rahmen der 7 freien Künste, der „Septem artes liberales". Diese für das Mittelalter verbindliche Wissenschaftseinteilung umfaßte im *Quadrivium* die mathematischen Fächer Arithmetik, Geometrie, Astronomie, Musik und im *Trivium* die grammatisch-literarischen Fächer Dialektik, Grammatik, Rhetorik.

**Ars nova** [lateinisch „die neue Kunst, neue Lehre"]: Titel einer um 1322/23 in Paris verfaßten Schrift von Philippe de Vitry, in dem die neue Art der ↑Mensuralnotation wie auch die neue musikalische Kunstrichtung von der ↑Ars antiqua abgehoben wurde. Von H. Riemann wurde dieser Titel als Epochenbezeichnung für die mehrstimmige französische Musik des 14. Jahrhunderts übernommen und später auch auf die Musik des italienischen ↑Trecento ausgeweitet. In der Musik der Ars nova tritt neben die bisher vorherrschende dreifache Unterteilung der Notenwerte gleichberechtigt die zweifache Unterteilung. Durch weitere Teilung der Notenwerte wurde es möglich, rhythmische Verfeinerungen in der Notation zu erfassen und die Kompositionen mit größerer rhythmischer Feinheit zu gestalten. Die wichtigsten Formen der Ars nova in Frankreich waren die isorhythmische Motette (↑isorhythmisch), Ballade, Rondeau und Virelai (Hauptvertreter Guillaume de Machault), in Italien die Liedformen Madrigal, Caccia und Ballata (Hauptvertreter F. Landini).

**Artikulation** [lateinisch]: die Bindung oder Trennung von Tönen. Die Artikulation wird erst seit dem 18. Jahrhundert notiert, u.a. durch Bögen, Striche und Punkte über oder unter den Noten, oder durch ↑legato, ↑staccato, ↑portato, ↑marcato u.ä. gefordert.

**assai** [italienisch „genug, ziemlich"]: verstärkt eine Tempo- oder Vortragsbezeichnung, z.B. *allegro assai*, recht schnell.

**a tempo** [italienisch „zur Zeit; im Zeitmaß"]: Spielanweisung, das Anfangstempo wiederaufzunehmen.

**atonale Musik** (Atonalität) [griechisch]: Kompositionsprinzip innerhalb der Neuen Musik, das nicht mehr auf den herkömmlichen Gesetzen der ↑Tonalität beruht. Die nach 1910 aufgekommene Bezeichnung war ursprünglich polemisch gemeint und richtete sich gegen die Kompositionen der Wiener Schule (Schönberg, Berg, Webern). Obgleich auch die damit gemeinten Komponisten diesen Begriff ablehnten, hat er sich dennoch durchgesetzt. – Die atonale Musik ist letztlich nur eine Fortsetzung der im 19. Jahrhundert einsetzenden Erweiterung und Auflösung der Tonalität. Während hier die Beziehung der harmonischen Abläufe durch Spannung und Auflösung, Konsonanz und Dissonanz geregelt und funktional (Dominante–Tonika) einander zugeordnet bzw. auf ein tonales Zentrum bezogen war, ist in der Atonalität die Beziehung auf einen Grundton verlorengegangen, der Gegensatz Konsonanz–Dissonanz

besteht nicht mehr. Dies bedeutete, daß der durch die Tonalität garantierte Zusammenhang in der Musik (z. B. auf Grund bestimmter Intervallstrukturen) neu geschaffen werden mußte. In der sogenannten freien Atonalität, erstmals gültig ausgeprägt in den fünf George-Liedern op. 3 (1907/08) von A. Webern und den drei Klavierstücken op. 11 (1909) von A. Schönberg, wird die Beziehung der Töne und Klänge untereinander in jedem Werk auf neue, nicht wiederholbare Weise hergestellt. Die Instrumentalstücke dieser Zeit sind fast immer kurz und verdichten sich auf eine einzige, intensive Ausdrucksgeste. Daneben wurde die Gattung des Liedes, in der der Text den formalen Zusammenhang garantiert, charakteristisch für die freie Atonalität.
Mit dem Beginn der 1920er Jahre verfestigte sich die freie Atonalität zur Methode der ↑Zwölftontechnik (sogenannte gebundene Atonalität). Die nach 1950 entstandene ↑serielle Musik basiert auf den Prinzipien der gebundenen Atonalität.

**attạcca** [italienisch „falle ein"]: Aufführungsanweisung, den folgenden Satz oder Satzteil ohne Unterbrechung anzuschließen.

**Attack-Generạtor** [əˈtæk...; englisch]: elektronisches Gerät zur Steuerung des Einschwingvorgangs eines Signals. Der Attack-Generator wird meist als Bestandteil des ↑Envelope-Generators verwendet.

**Aubade** [oˈbad; französisch, von aube „Morgendämmerụng"]: im 17./18. Jahrhundert ein instrumentales Morgenständchen, das zu Ehren einer Person unter deren Fenstern musiziert wurde, als Gegenstück zu der abendlichen ↑Serenade. Im 19./20. Jahrhundert wurde Aubade zum Titel von Charakterstükken, z. B. bei G. Bizet und M. Ravel.

**Aube** [o:b; altfranzösisch „Morgendämmerung"] (altprovenzalisch alba): Gattung der Troubadourlyrik; in der Aube wird der Abschied der Liebenden im Morgengrauen besungen. Im deutschen Minnesang entspricht ihr das ↑Tagelied.

**Aufführungspraxis:** generell die Art und Weise, wie ein vom Komponisten festgelegter Notentext durch den Interpreten klanglich realisiert wird, im besonderen die Erforschung und Rekonstruktion der Aufführungsform älterer Musikwerke in der Epoche ihrer Entstehung. Bis ins 17./18. Jahrhundert gab es keine das Klangbild ausreichend fixierende Notenschrift und keine verbindliche Form der Wiedergabe. Viele Momente des tatsächlich Erklingenden wurden nicht aufgezeichnet, sondern vom Spieler oder Sänger improvisatorisch ergänzt, und die Besetzung richtete sich nach den gerade verfügbaren Kräften. Aufgabe der Aufführungspraxis als wissenschaftlicher Disziplin ist es daher, das im Schriftbild nicht Erfaßte, z. B. Spiel- und Gesangsweise, Verzierungen, Besetzung, Art der Begleitung, Tempi, Dynamik, auf Grund von schriftlichen oder bildlichen Zeugnissen festzustellen und so die Bedingungen für eine historisch getreue Interpretation zu schaffen. Die erstrebte Werkgerechtigkeit bleibt freilich ein Ideal, da bestenfalls die einstige akustische Erscheinung, nicht aber der gesamte zur Komposition gehörende soziale und kulturelle Wirkungszusammenhang erschlossen werden kann.

**Aufgesang** ↑Bar.

**Auflösung:** nennt man sowohl das Fortschreiten von einem dissonanten Akkord zu einem konsonanten bzw. weniger dissonanten als auch von einer Dominante in die Tonika oder von einem alterierten Akkord in den Zielakkord. Die Auflösung kann schließende (z. B. Dominante–Tonika) oder fortschreitende Wirkung haben (z. B. ↑Trugschluß), oder sie kann ganz unterbleiben (wie z. B. häufig in der Harmonik des 19. Jahrhunderts).

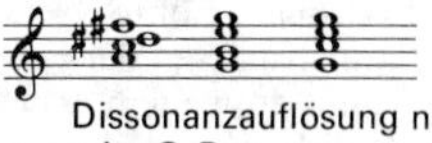

Dissonanzauflösung nach e-Moll oder C-Dur

**Auflösungszeichen** (französisch bécarre; italienisch bequadro): das Zeichen ♮, das die Geltung der Versetzungs- oder Vorzeichen (♯, ♭, × oder 𝄫) auf der angegebenen Tonhöhe aufhebt.

**Aufsatz** (Becher): bei der Orgel der trichterförmige oder zylindrische Schallbecher der ↑Lingualpfeifen. Er beeinflußt die Obertonbildung und dient so der Veredelung des Klanges.

**Aufstrich** (französisch poussé): beim Streichinstrumentenspiel der Bogenstrich von der Spitze zum Frosch (Griff); Zeichen V. – ↑auch Abstrich.

**Auftakt:** der Einsatz einer Melodie auf unbetontem, unmittelbar vor dem ersten Volltakt liegenden Taktteil. Er kann aus einem oder mehreren Notenwerten bestehen, die in der Regel den entsprechend verkürzten Schlußtakt zu einem ganzen Takt ergänzen. Beim Dirigieren heißt Auftakt der den Einsatz der Musik vorbereitende Taktschlag.

**Augmentation** [von lateinisch augmentatio „Vermehrung"]: 1. seit der Mensuralnotation die Verlängerung einer Note um die Hälfte ihres Wertes, angezeigt durch einen nachgestellten Punkt. – 2. in der Mensuralmusik die Vergrößerung der Notenwerte (angezeigt durch Bruchzahlen oder andere Mensurzeichen) um das Doppelte oder Dreifache ihres Wertes, meist nach vorangegangener ↑Diminution. – 3. die Vergrößerung der Notenwerte eines Kanons oder des Themas einer Fuge oder Sonate (meist um das Doppelte ihres Wertes).

**Auletik** [griechisch, von ↑Aulos]: in der griechischen Antike die Kunst des unbegleiteten, solistischen Aulosspiels.

**Aulodie** [griechisch, von ↑Aulos]: in der griechischen Antike der vom Aulos begleitete Gesang.

**Aulos** [griechisch „Röhre"]: bedeutendstes Blasinstrument der griechischen Antike, mit doppeltem oder auch einfachem ↑Rohrblatt und einer Röhre aus Schilf, Holz oder Bronze, mit zunächst 3 oder 4, später bis zu 15 Grifflöchern. Der scharf klingende Aulos wurde meist paarweise von einem Spieler, dem *Auleten*, zu Reigentänzen, Chorliedern, bei dionysischen Kulten und musischen Wettkämpfen gespielt.

Aulos

**Aurresku** [baskisch „Vorderhand"]: alter baskischer Kettentanz, angeführt vom Aurresku, beschlossen vom Atzesku („Hinterhand") genannten Tänzer; wird mit Einhandflöte und Trommel (Txistu und Tamboril) begleitet.

**Ausdruck:** allgemein die Darstellung innerer Empfindungen, die vom Komponisten oder auch Interpreten in einer Komposition bzw. ihrer Aufführung wiedergegeben wird, im besonderen das beabsichtigte „Bedeuten" von Musik, z. B. das Nachahmen von dinglichen oder seelischen Zuständen oder Vorgängen. – ↑auch Affektenlehre, ↑Figurenlehre.

**Ausweichung:** ein kurzer, vorübergehender Wechsel in eine andere Tonart, der sofort wieder zurückgenommen wird, so daß eine eigentliche ↑Modulation nicht zustande kommt.

**authentisch** [griechisch]: werden seit dem 9. Jahrhundert die Haupttonarten des 1., 3., 5. und 7. Kirchentons im Gegensatz zu den plagalen (abgeleiteten) Kirchentonarten genannt. – In der Harmonielehre heißt authentisch die ↑Kadenz mit der Klangfolge Dominante – Tonika.

**autonome Musik:** Gegenbegriff zu ↑funktionale Musik; er bezeichnet Musik, die um ihrer selbst willen geschaffen und rezipiert wird. Als primär soziologisch bestimmter Begriff meint er von äußeren Zwecken (↑Arbeitsmusik) freie Musik und umfaßt damit im besonderen die (nichtliturgische) europäische Kunstmusik seit dem späten 18. Jahrhundert.

**Auto sacramental** [spanisch; eigentlich „religiöse Handlung"]: im 16./17. Jahrhundert in Spanien eine dramatisch-musikalische Darbietung religiösen Charakters, die an kirchlichen Feiertagen (besonders Fronleichnam) im Freien (auf öffentlichen Plätzen) auf Festwagen („carros") veranstaltet wurde. Für die groß ausgestatteten Autos sacramentales dichteten u. a. Lope de Vega, Tirso de Molina und Calderón de la Barca.

**Azione sacra** [italienisch „geistliche Handlung"]: im 17./18. Jahrhundert besonders in Wien in der Karwoche dargebotenes geistliches Schauspiel mit Musik in Form des ↑Oratoriums. Textdichter waren u. a. A. Zeno und P. Metastasio, Komponisten A. Draghi, Kaiser Leopold I. und W. A. Mozart („La Betulia liberata", KV 118, 1771).

**Azione teatrale** [italienisch „theatralische Handlung"]: opernartiges Huldigungsstück für fürstliche Personen, z. B. Mozarts „Ascanio in Alba" (KV 111, 1771) und „Il sogno di Scipione" (KV 126, 1772).

# B

**B** (b): Tonbuchstabe zur Bezeichnung der durch ♭-Vorzeichnung erniedrigten 7. Stufe der Grundtonleiter C-Dur. Im Mittelalter war B der 2. Ton der von A ausgehenden Grundtonleiter (ABCDEFG); er wurde unterschieden in B durum oder B quadratum (♮, dargestellt durch die Drucktype h, unser heutiges H) und das um einen Halbton tiefere B molle oder B rotundum (♭, unser heutiges B). Aus den Zeichen ♮ und ♭ entwickelten sich die Vorzeichen (♯, ♭ und ♮). Der Ton B heißt im Englischen B flat, im Französischen si bémol, im Italienischen si bemolle (si wurde seit dem 16. Jh. in der ↑Solmisation verwendet). – B dient auch als Abkürzung für die Stimmbezeichnung Bass[us].

**babylonische Musik:** umfaßt die Musik der Hochkulturen Mesopotamiens, der Sumerer, Akkader und Assyrer, vom 4. Jahrtausend vor Christus bis zum Beginn des Hellenismus (331 Eroberung durch Alexander den Großen). Sie ist nur durch bildliche Darstellungen, Keilschrifttexte und einige Instrumentenfunde zu erschließen. Demnach erklang Musik zum Kult, zur Rezitation religiöser Dichtungen, umrahmte das Festmahl und begleitete den Tanz. Die Musiker gehörten dem Bereich des Tempels an und unterlagen einer hierarchischen Ordnung. An Instrumenten sind Leier, Bogen- und Winkelharfe, Langhalslaute, Trompete, einfache und doppelte Rohrflöte, Handtrommel und Pauke bezeugt. Texte von Hymnen, Gebets-, Klage- und Bußliedern sind erhalten. Die bruchstückhafte Überlieferung zur Musiktheorie ist schwer zu erschlüsseln; fest steht, daß die Konsonanzen Oktave, Quinte und Quarte Grundlage des Tonsystems waren.

**Bachtrompete:** moderne Bezeichnung für die Clarintrompete (↑Clarino).

**Background** ['bækgraʊnd; englisch „Hintergrund"]: im Jazz Bezeichnung für den Klanghintergrund des Ensembles, vor dem der Solist improvisiert. Die Bedeutung des Backgrounds wächst mit der zunehmenden Herauslösung des Solisten aus der kollektiven Chorusimprovisation des New-Orleans-Jazz im Chicago- und Kansas-City-Jazz. Seine Ausgestaltung reicht von einfacher akkordisch-harmonischer Begleitung bis hin zu komplizierter kompositorischer Ausarbeitung.

**Badinerie** (Badinage) [französisch „Spaß, Tändelei"]: Bezeichnung für einen schnellen tanzartigen Satz im geraden Takt, der gelegentlich in Suiten des 18. Jahrhunderts vorkommt (z. B. in J. S. Bachs Orchestersuite BWV 1067).

**Bagatelle** [französisch „Kleinigkeit"]:

kleines Instrumentalstück, meist für Klavier, in 2- oder 3teiliger Liedform. Der Titel „Les Bagatelles" begegnet schon bei F. Couperin (1717). Im 18./19. Jahrhundert heißen Bagatelles oder Kleinigkeiten zyklisch nicht gebundene Einzelstücke, die gesammelt herausgegeben werden (F. Boivin, um 1753; G. S. Löhlein, vor 1780); die berühmtesten waren Beethovens op. 33 (1803), op. 119 (1823), op. 126 (1825). Bagatellen schrieben im 20. Jahrhundert u. a. B. Bartók (für Klavier op. 6, 1908) und A. Webern (für Streichquartett op. 9, 1913).

**Bagpipe** ['bægpaıp; englisch „Sackpfeife"] ↑Dudelsack.

**Baiao** [portugiesisch]: vermutlich nach der Stadt Bahia benannter brasilianischer Volkstanz im 2/4-Takt, der um 1950 in Europa Gesellschaftstanz wurde.

**Balalaika** [russisch]: volkstümliches russisches Zupfinstrument, seit etwa 1700 bekannt. Die Balalaika hat einen dreieckigen Schallkörper mit bauchigem Boden und ein Schalloch in der

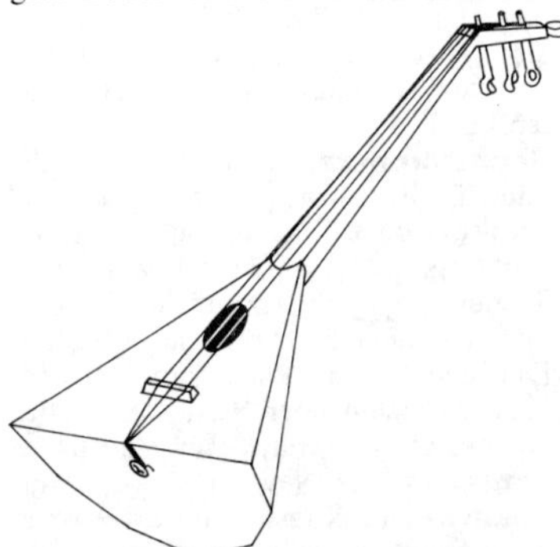

Decke. Der lange Hals trägt Bünde und läuft in ein Wirbelbrett mit hinterständigen Wirbeln aus. Die 3 Saiten sind entweder in Quarten gestimmt oder zwei sind auf denselben Ton, die dritte eine Quarte höher gestimmt (z. B. Piccolobalalaika $h^1$ $e^2$ $a^2$, Primbalalaika $e^1$ $e^1$ $a^1$) und werden mit einem Plektron angerissen oder mit den Fingern gezupft. Das Instrument wird in 6 Größen, von der Piccolo- bis zur Kontrabaßbalalaika, gebaut.

**Balg:** bei Instrumenten (z. B. Dudelsack, Orgel, Akkordeon) der Luftbehälter, der die angesogene Luft durch Druck an einen schwingenden Körper abgibt. Er bestand ursprünglich beim Dudelsack aus einer vollständig abgezogenen Tierhaut (Balg), heute auch aus anderen Stoffen. – Im Orgelbau verwendete man früh den Falten- oder Schmiedebalg, der den Wind jedoch nur unregelmäßig abgab. Er wurde im späten 14. Jahrhundert durch den keilförmigen Spanbalg ersetzt, dessen zusammengefaltete Seitenwände aus Brettern (althochdeutsch span) bestanden, die mit Leder verbunden waren. Im 19. Jahrhundert bürgerte sich der faltenlose Kastenbalg ein, bei dem ein Kasten sich in einem feststehenden zweiten bewegt, danach der Schöpfbalg mit Magazin, der wie ein Spanbalg aufgezogen und zugepreßt wird und seine Luft erst über einen Vorratsbalg (Magazin) abgibt. – Faltenbälge finden sich bei Positiv, Regal, Portativ, Harmonium und den Handharmonika-Instrumenten.

**Balginstrumente:** Instrumente, deren Tonerzeugung durch Abgabe von Luft aus einem ↑Balg erfolgt.

**Ballade** [französisch, von altprovenzalisch balar „tanzen"]: im Mittelalter zunächst ein volkstümliches strophisches Tanzlied, dann eine der Hauptformen der einstimmigen Troubadour- und Trouvèrekunst. Auch in der mehrstimmigen Musik des 14. Jahrhunderts tritt die Ballade in den Vordergrund (u. a. bei Guillaume de Machault) und erscheint hier als solistisch vorgetragenes Lied mit Melodie in der Oberstimme und zwei oder drei instrumentalen Begleitstimmen (Kantilenensatz). Die formale Ordnung ist Stollen, Stollen, Abgesang und Refrain. Im 15. Jahrhundert, noch vertreten bei Meistern wie G. Dufay und G. Binchois, ging die Ballade in der Chanson auf.

Die im Bereich des Volksliedes durchlaufende Tradition der epischen Ballade wurde nach 1770 unter englischem Einfluß in Deutschland wieder aufgenommen und führte zu zahlreichen solistischen Vertonungen der neu gedichteten Balladentexte sowohl in strophischer als auch in durchkomponierter Form. Dabei nimmt die Klavierbegleitung häufig tonmalerische Züge an, die der Stimmung der Texte entsprechen. Neben J. R. Zumsteeg sind aus Goethes Umkreis J. F. Reichardt und C. F. Zelter zu nennen, die beide auf C. Loewe, den Hauptmeister der Gattung, entscheidenden Einfluß ausübten. Die Dichter der Romantik und die an sie anschließenden Komponisten führten die Ballade als klavierbegleitetes Sololied sowie (seit R. Schumann) als Chorballade weiter.

In der Instrumentalmusik wurde im 19. Jahrhundert seit Chopin die Klavierballade als eine Art „Lied ohne Worte“ gepflegt, die von bestimmten Dichtungen ausging oder musikalische Stimmungen im Balladenton zeichnete und schließlich eine Ausweitung zur Orchesterballade erfuhr.

**Ballad-opera** ['bæləd,ɔpərə; englisch „Liederoper“]: spezifisch englische Form des Singspiels, bestehend aus gesprochenen Dialogen und Liedern, in denen auf volkstümliche Weisen (*ballad tunes*) und bekannte Opernmelodien lebensnahe, auch sozialkritische Texte gesungen wurden. Sie wurde in der 1. Hälfte des 18. Jahrhunderts gepflegt, häufig in der Absicht, die erstarrten Formen und das Pathos der italienischen Oper zu parodieren. Berühmt wurde die „Beggar's opera“ (1728; Text von J. Gay, Musik von J. Ch. Pepusch), die im 20. Jahrhundert mehrfach neu bearbeitet bzw. komponiert wurde, so von B. Brecht und K. Weill („Die Dreigroschenoper“, 1928).

**Ballata** [italienisch]: ein volkstümliches, zweiteiliges Tanzlied, aufgebaut aus Ripresa (Refrain), Stanza (Strophe) und Ripresa, das in Italien seit dem 13. Jahrhundert bezeugt ist und noch im selben Jahrhundert durch die Bologneser und Florentiner Vertreter des Dolce stil nuovo (u. a. G. Cavalcanti und Dante) zur literarischen Blüte geführt wurde. Im 14. Jahrhundert wurde die Ballata neben Madrigal und Caccia zur zentralen Form der weltlichen Musik Italiens. Im 13. Jahrhundert war sie noch ein einstimmiges Tanzlied für Vorsänger und Chor mit Begleitung von Instrumenten (Laute, Viola); im 14. Jahrhundert wurde sie mehrstimmig im Kantilenensatz komponiert und in rein solistischer Besetzung ausgeführt. Die zweistimmige Ballata ist meist vokal, bei Dreistimmigkeit tritt eine instrumentale Mittelstimme hinzu. Im musikalischen Aufbau unterscheidet sie sich von der französischen Ballade und entspricht formal dem Virelai. Hauptmeister der Form ist F. Landini, von dessen 154 überlieferten Kompositionen 141 Ballate sind. Im 15. Jahrhundert ging die Ballata in der Lauda und der Frottola auf.

**Ballet de cour** [ba'lɛ dɛ ku:r; französisch „Hofballett“]: ein seit etwa 1580 und bis zur Mitte des 17. Jahrhunderts v. a. am französischen Hof gepflegtes Festballett mit Vokal- und Instrumentalmusik, Maskeraden und Pantomimen in prachtvoller Ausstattung. Das erste bekannte Ballet de cour ist das „Ballet comique de la Reine“, das 1581 mit Musik von L. de Beaulieu und J. Salmon, choreographiert von Baltazarini, aufgeführt wurde. Das Ballet de cour bestand aus einer Ouvertüre, mehreren ↑Entrées und einem abschließenden großen Ballett. Die tänzerischen Darstellungen mythologischer Stoffe wurden von Chansons begleitet und durch gleichfalls gesungene ↑Récits miteinander verknüpft. Beim Ballet de cour wirkten neben Berufstänzern auch Mitglieder der höfischen Gesellschaft (darunter Ludwig XIV. [* 1638, † 1715]) mit.

**Ballett** [italienisch, von spätlateinisch ballare „tanzen“]: heißt sowohl der künstlerische Bühnentanz allgemein als auch die einzelne szenische Tanzdarbietung mit Musik. Ferner wird Ballett die den Tanz ausführende Truppe oder die eigens zum Tanz komponierte Musik genannt. – Seinen Ursprung hat der Bühnentanz in der italienischen Renaissance, wo bei Festlichkeiten an Fürstenhöfen prachtvolle Aufzüge, allegorische

Darstellungen und Maskenspiele mit Pantomime und Tanz geboten wurden. Den Tänzen lag noch das Schrittmaterial des höfischen ↑Gesellschaftstanzes zugrunde. Zum Ausgangspunkt für das moderne Ballett wurde das ↑Ballet de cour, das mit dem „Ballet comique de la Reine" (1581) am französischen Hof begründet wurde und sich an fast allen europäischen Fürstenhöfen verbreitete. Zu gleicher Zeit wurde in Tanzbüchern (M. F. Caroso, 1581; Th. Arbeau, 1588; C. Negri, 1602) die Schrittechnik ausgebaut. Ludwig XIV. (* 1638, †1715) berief erstmals Berufstänzer in sein Hofballett und gründete 1661 in Paris die „Académie royale de danse", an der die komplizierten Ballettschritte auch Laien gelehrt wurden. Im späten 17. und im 18. Jahrhundert trugen bedeutende Komponisten (J.-B. Lully, A. Campra, J.-Ph. Rameau), Tänzer (N. Blondy) und Ballerinen (Françoise Prévost, Marie Sallé, Marie-Anne Camargo) zum hohen Rang des französischen Balletts bei. Um die Mitte des 18. Jahrhunderts wurde v. a. durch J. G. Noverre (in den „Lettres sur la danse et les ballets", 1760) das *Ballet d'action* („Handlungsballett") entwickelt, bei dem eine dramatische Handlung in Pantomime und Tanzbewegungen übersetzt wurde. Schöpfer berühmter Handlungsballette waren G. Angiolini („Don Juan ou le festin de pierre", Musik von Ch. W. Gluck, 1761), Noverre („Les petits riens", Musik von W. A. Mozart, 1778), J. Dauberval („La fille mal gardée", 1786) und S. Viganò („Die Geschöpfe des Prometheus", Musik von L. van Beethoven, 1801).

Das romantische Ballett des 19. Jahrhunderts erstrebte den tänzerischen Ausdruck seelischer Empfindungen und bevorzugte übernatürliche und exotische Themen. Entscheidende Werke waren das Märchenballett „La Sylphide" (Choreographie F. Taglioni, Musik J. Schneitzhoeffer, 1832), in dem Maria Taglioni den Spitzentanz und das spätere Standardkostüm der Ballerinen, das Tutu (ein aus mehreren Schichten Tüll gearbeiteter Rock) einführte; daneben v. a. das phantastische Ballett „Giselle" (Choreographie J. Coralli und J. Perrot, Musik A. Adam, 1841), dessen Hauptrolle von Carlotta Grisi kreiert und von den großen Zeitgenossinnen Fanny Elßler, Fanny Cerrito, Lucile Grahn und Maria Taglioni übernommen wurde. Als weiteres Ballett der französischen Romantik hat sich bis heute „Coppélia" mit der Musik von L. Delibes (1870, Choreographie A. Saint-Léon) im Repertoire gehalten.

Einen neuen Höhepunkt erlebte das Ballett im späten 19. Jahrhundert in Sankt Petersburg, wo M. Petipa für das kaiserliche Marientheater (heute Kirow-Theater) P. I. Tschaikowskis „Dornröschen" (1890), „Nußknacker" (1892), „Schwanensee" (2. Fassung 1895) u. a. choreographierte. Ruhm erlangte die 1909 von S. Diaghilew gegründete Truppe „Ballets Russes" in Paris mit M. Fokins Choreographien von I. Strawinskis „Feuervogel" (1910), „Petruschka" (1911), „Le sacre du printemps" (1913), M. Ravels „Daphnis und Chloë" (1912) und R. Strauss' „Josephslegende" (1914). Mit Diaghilew arbeiteten noch andere herausragende Tänzer und Choreographen zusammen (W. Nijinski, Anna Pawlowa, L. Massine, Bronislava Nijinska, G. Balanchine), ferner bedeutende Komponisten (C. Debussy, M. de Falla, S. S. Prokofjew, D. Milhaud, F. Poulenc), Dichter (J. Cocteau) und Maler (L. Bakst, P. Picasso, H. Matisse, G. Braque, M. Utrillo). – Die wichtigsten Vertreter des modernen, verschiedenste Richtungen ausprägenden Balletts waren oder sind in der UdSSR: Agrippina Waganowa, Galina Ulanowa, J. Grigorowitsch; in den USA: Isadora Duncan, Martha Graham, Agnes de Mille, Ruth Page, J. Robbins, T. Bolender, M. Cunningham; in Frankreich: S. Lifar, Janine Charrat, R. Petit, M. Béjart; in England: Marie Rambert, Ninette de Valois, F. Ashton, K. MacMillan, A. Tudor, Margot Fonteyn, R. Nurejew; in Deutschland: R. von Laban, Mary Wigman, K. Jooss, H. Kreutzberg, Tatjana Gsovsky, J. Cranko, G. Tetley, J. Neumeier, G. Bohner, Pina Bausch, Marcia Haydée; in den Niederlanden H. von Manen und R. van Dantzig, J. Kylián. Von den Komponisten des 20. Jahrhunderts, die für das Ballett schrieben, seien noch genannt: B. Bartók, A. Honegger, P. Hindemith, G. Gershwin, A. Copland, H. Reutter, K. Weill, W. Egk, B. Blacher, A. I. Chatschaturjan, L. Dallapiccola, D. D. Schostakowitsch, W. Fortner, S. Barber, J. Françaix, B. Britten, B. A. Zimmermann, L. Nono und H. W. Henze.

**Balletto** (Ballo) [italienisch]: seit dem 15. Jahrhundert waren beide Bezeichnungen für Tanz, Ballett, Folge von Tänzen geläufig, speziell Balletto seit dem Ende des 16. Jahrhunderts bis Anfang des 17. Jahrhunderts für ein mehrstimmiges zweiteiliges Tanzlied, in geradem Takt, von raschem Tempo. Im 17. Jahrhundert gab es Balletti auch als Instrumentaltänze, z. B. in der Suite.

**Band** [bænd; englisch]: im Jazz und Rock Bezeichnung für eine Instrumentalgruppe beliebiger Größe und Besetzung. Eine Sonderform der Band bildet die ↑Big Band.

**Banda** [italienisch] (französisch bande): Bezeichnung für ein Instrumentalensemble, speziell für die Blaskapelle, im Orchester für die Gruppe der Blechbläser. *Banda turca*, die ↑Janitscharenmusik.

**Bandleader** ['bænd,li:də; englisch]: Leiter einer ↑Band, der häufig auch die Rolle eines Solisten wahrnimmt.

**Bandoneon** (Bandonion, Bandonium): ein um 1846 von H. Band (* 1821, † 1860) in Weiterentwicklung der ↑Konzertina geschaffenes Harmonikainstrument. Von der Handharmonika unterscheidet es sich dadurch, daß die Baßseite nur aus Einzeltönen besteht und Akkorde erst durch Drücken mehrerer Knöpfe zustandekommen. Ein weiterer Unterschied besteht in der Form des Gehäuses, das beim Bandoneon quadratisch oder achteckig ist, und in der Haltung des Instruments auf den Knien. Bei diatonischer Tonanordnung ist das Instrument wechseltönig (d. h. verschiedene Töne erklingen auf Druck und Zug des Faltenbalgs), bei chromatischer gleichtönig (d. h. auf Druck und Zug erklingen gleiche Töne). Das 1924 festgelegte, diatonische „Einheits-Bandonion" hat 144 Töne.

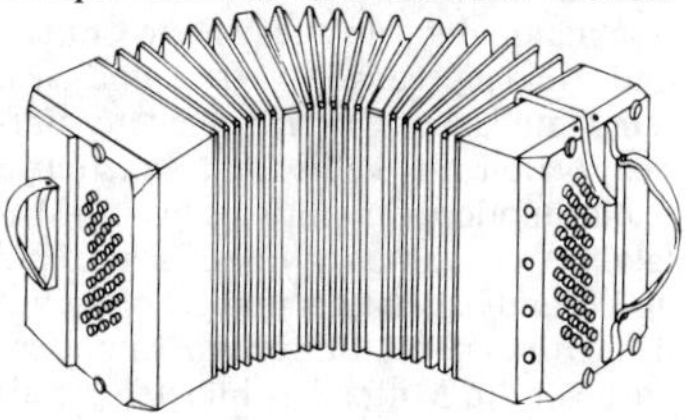

**Bandpaß** ↑Filter.

**Bandura** [griechisch-russisch]: lautenartiges, mit Plektron gespieltes Zupfinstrument mit ovalem Schallkörper

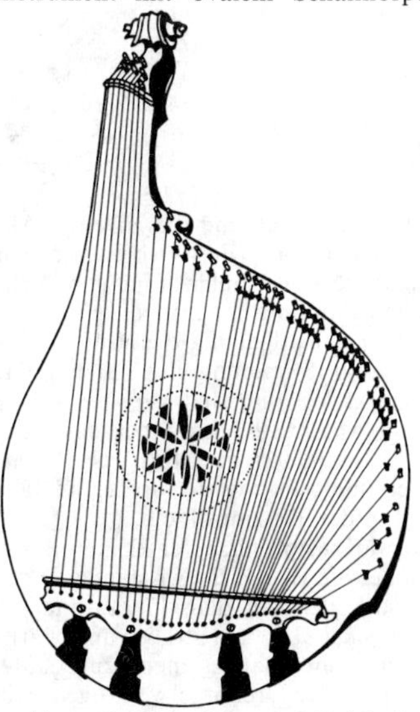

und kurzem Hals. Seine 6–8 Spielsaiten laufen über ein Griffbrett zum Wirbelkasten mit Schnecke, daneben sind weitere (bis zu 40) unverkürzbare Begleitsaiten über die Decke gespannt. Die Bandura stammt wahrscheinlich aus dem Orient und ist in Rußland, besonders in der Ukraine, verbreitet.

**Bandurria** [griechisch-spanisch]: ein in Spanien bis ins 18. Jahrhundert verbreitetes Zupfinstrument, eine Diskantcister (↑Cister) mit 3–6 doppelchörigen Saiten.

**Banjo** ['bɛndʒo; englisch]: Zupfinstrument mit einem dem Tamburin ähnlichen, fellbezogenen Schallkörper und einem langen Hals. Von den 4–9 Saiten wird die mit dem Daumen gespielte Melodiesaite über den flachen Steg zu einem seitlich am Hals angebrachten Wir-

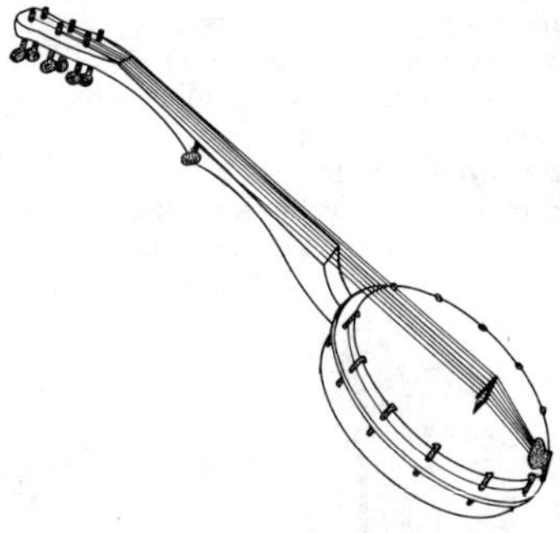

bel geführt, während die längeren Akkordsaiten bis zur Wirbelplatte am Halsende weiterlaufen. Eine gebräuchliche Stimmung ist $g^2 | g\ d^1\ g^1\ h^1\ d^2$. Daneben wird häufig das 4saitige Tenorbanjo (Stimmung $c^1\ g^1\ d^2\ a^2$), das keine Melodiesaite hat, verwendet. Das Banjo war im 19. Jahrhundert das wichtigste Instrument der Minstrelsy (↑Minstrel) und bürgerte sich später im Jazz und in der Tanzmusik ein.

**Bänkelsang** [nach der kleinen Bank, auf der die Bänkelsänger standen]: der Gesang, den seit dem 17. Jahrhundert die *Bänkelsänger* auf Straßen und Märkten auf einer Bank stehend zur Laute, Violine oder Drehorgel vortrugen. Die Texte behandelten in Liedform mit eingeschobenen Prosaerläuterungen schauerliche Aktualitäten (Verbrechen, Katastrophen) und wurden auf Zetteln (fliegende Blätter) gedruckt verkauft. Der Bericht wurde unter Hinweis (mit einem Stock) auf große Bildtafeln unterstrichen und durch eine moralische Nutzanwendung ergänzt. Infolge der Genehmigungspflicht durch die Landes- und Stadtherren waren kritische Themen ausgeschlossen. Die einfachen Melodien wurden oft von volkstümlichen Liedern entlehnt. In der 2. Hälfte des 18. Jahrhunderts wurde der Bänkelsang von der Kunstdichtung aufgegriffen; in seiner Art dichteten J. W. L. Gleim und G. A. Bürger, später A. von Chamisso, F. Wedekind, Ch. Morgenstern, J. Ringelnatz und B. Brecht. Als Moritat wurde er bis ins 20. Jahrhundert von Schaubühne und Kabarett gepflegt.

**Bar:** in der Sprache der Meistersinger ein Lied mit mindestens drei Strophen, die auch unterschiedlich gebaut sein können. Unter *Barform* wird in neuerer Zeit, entgegen der ursprünglichen Bedeutung, eine Strophenform verstanden, die aus ↑Stollen, metrisch gleichem Gegenstollen (die zusammen den *Aufgesang* bilden) u. metrisch abweichendem *Abgesang* gebildet wird. Die melodische Anlage folgt dem metrischen Schema, das heißt im Gegenstollen wird die Melodie des Stollens wiederholt, der Abgesang hat eine eigene Melodie (AAB). *Reprisenbar* heißt die Form, bei der nach dem Abgesang die Melodie des Stollens (auch variiert) wiederholt wird (AABA oder AABA').

**Barbershop-Harmonik** ['bɑbəʃɔp...; englisch „Barbierladenharmonik"]: eine einfache Form der harmonischen Gestaltung in der amerikanischen Unterhaltungsmusik, die ihre Entstehung den während der Pionierzeit in Barbierläden auftretenden Gesangsgruppen (Männerquartetts) verdankt.

**Barbitos** (Barbiton) [griechisch]: eine antike ↑Leier asiatischer Herkunft, der Lyra ähnlich, jedoch schlanker gebaut und tiefer klingend. Barbitos nannte man im 17. Jahrhundert verschiedene tiefklingende Saiteninstrumente (z. B. Baßlaute, Theorbe).

**Barde** [keltisch]: keltischer Sängerspielmann, der selbstgedichtete Götter- und Heldengesänge vortrug und sich selbst auf dem ↑Crwth begleitete. Barden waren in keltischer Zeit (etwa 5. Jahrhundert vor Christus bis ins Mittelalter) in Gallien, Wales, Schottland und Irland beheimatet und gehörten mit den Druiden der führenden Literatenkaste an. Im Mittelalter bildeten sie als höfische Dichter einen eigenen Stand und trafen sich alljährlich beim ↑Eisteddfod. Ihre Nachfahren wirkten in Irland bis 1690, in Schottland noch bis 1748.

**Bariolage** [bario'la:ʒə; französisch, von lateinisch variolagium „Abwechslung"]: beim Violinspiel die Technik, in schnellem Saitenwechsel höhere Töne auf der tieferen Saite und tiefere Töne auf der höheren Saite zu spielen. Ihr Reiz liegt in der Veränderung der Klangfarbe.

**Bariton** [italienisch; von griechisch barýtonos „voll tönend"]: 1. die männliche Singstimme zwischen Baß und Tenor mit einem Stimmumfang von etwa A–$e^1$ ($g^1$). Die Benennung als Stimmlage ist seit dem 16. Jahrhundert bekannt. Bariton bezeichnet auch bei Musikinstrumenten die Tonlage in diesem Bereich (z. B. Baritonsaxophon). – 2. ein Blechblasinstrument von weiter Mensur, auch Euphonium, Baritonhorn oder Tenorhorn genannt. Es wird in ovaler Form mit seitlich gerichteter Stürze oder in Tubaform mit aufrechter Stürze gebaut, besitzt 3–4 Ventile und steht meist in B, seltener in C. Das weich und voll klingende Instrument wird in der ↑Harmoniemusik verwendet.

**Baritonschlüssel:** sind der F-Schlüssel auf der 3. Notenlinie und der C-Schlüssel auf der 5. Notenlinie. – ↑auch Schlüssel.

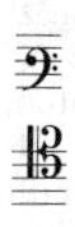

**Barkarole** [von italienisch barca „Barke"]: Lied der venezianischen Gondolieri, im wiegenden 6/8-Takt. Seit dem frühen 18. Jahrhundert findet sie sich in der Oper (z. B. A. Campra, „Les fêtes vénitiennes", 1710; später C. M. von Weber, „Oberon", 1826; J. Offenbach, „Hoffmanns Erzählungen", 1881), im 19. Jahrhundert auch in der Klaviermusik (z. B. Mendelssohn Bartholdy, „Lieder ohne Worte", 1830–45; F. Chopin, „Barcarolle" op. 60, 1846).

**Barock** [italienisch-französisch; von portugiesisch barroco „unregelmäßig, schief"]: bezeichnet in der Musik die Epoche vom Ende des 16. bis zur Mitte des 18. Jahrhunderts. Das Wort wurde um 1800 zunächst abwertend gebraucht und auf die – wie man damals meinte – schwülstigen und unnatürlichen Kunstäußerungen des 17. und frühen 18. Jahrhunderts bezogen. Im späten 19. Jahrhundert wurde es zunächst für die bildende Kunst, dann für die Literatur und für die Musik als positiv charakterisierende Epochenbezeichnung verwendet.

Zwei Merkmale sind der Barockmusik durchgängig eigen: die Generalbaßpraxis und das Concertoprinzip. Man hat die Epoche daher auch das Generalbaßzeitalter oder die Zeit des konzertierenden Stils genannt.

Innerhalb des gesamten Zeitraums lassen sich mehrere Phasen unterscheiden: 1. Frühbarock (etwa 1580–1620), 2. Hochbarock (etwa 1620–1680), 3. Spätbarock (etwa 1680–1750).

Während die klangprächtige Mehrchörigkeit der ↑venezianischen Schule (ab etwa 1560) unmittelbar aus der franko-flämischen Vokalpolyphonie hervorging, bedeutet die ↑Monodie der Florentiner ↑Camerata (um 1600) einen radikalen Neubeginn, der auch mit den Gegenbegriffen wie „musica moderna" und „musica antica" in der Zeit so verstanden wurde. Auf der Grundlage dieses neuen, sprach- und affektbezogenen Sologesangs entstand die ↑Oper als repräsentative Gattung des Barock, daneben das Oratorium, die Kantate, das (kleine) geistliche Konzert und das Sololied. Auch das instrumentale Musizieren wird weitgehend von dem Kontrast solistisch führender Oberstimmen zum selbständigen Baßfundament bestimmt. Hierfür ist v. a. die ↑Triosonate repräsentativ. Auf nahezu allen musikalischen Gebieten blieb Italien bis ins 18. Jahrhundert hinein führend, auch wenn sich in Frankreich, Spanien, England (Händel) und Deutschland bedeutende Nebenzentren bildeten. In Deutschland vollzog sich eine Umwandlung weltlich italienischer Anregungen zu einer eigenständigen protestantischen Kirchenmusik, die im Werk J. S. Bachs gipfelt.

Aus der farbenreichen Vielfalt früh- und hochbarocken Musizierens bildeten sich zum Spätbarock hin feste, oft schematisierte Gattungs- und Formtypen: in der Vokalmusik aus dem frei fließenden Sprachgesang der Monodie die Extremformen ↑Rezitativ und ↑Arie, in der Instrumentalmusik aus wechselndem Gruppenmusizieren das ↑Concerto grosso, aus improvisiert zusammengestellten Tanzformen die ↑Suite, aus dem freien ↑Ricercar die strenge ↑Fuge. Der harmonische Zusammenhang wird zunehmend bestimmt von einer klaren Dur-Moll-Tonalität, in der alle Akkorde aufeinander beziehbar sind, der rhythmische Impuls vom modernen ↑Takt mit seinen abgestuften Schwerpunkten (der Taktstrich wird erst im Barock allgemein verwendet). Der kompositorische Einheitsablauf innerhalb eines Stückes (z. B. einer Arie oder eines Suitensatzes) spiegelt die ästhetische Grundforderung nach der Einheit des Affekts. Gattungsübergreifend bilden sich abgegrenzte, funktionsbestimmte Stilbereiche aus, so der Kirchen-, der Kammer- und der Theaterstil. Der Komponist ist auf diese Weise vorgegebenen Hörerwartungen verpflichtet. Er ist darüber hinaus fast durchweg gebunden an den Auftrag, der sich aus seiner (zumeist dienenden) Stellung oder – wie in der Oper – aus fest umrissenen örtlichen Bedingungen und Gattungstraditionen ergibt.

Das Ende des Barockzeitalters ist, besonders in Italien, gekennzeichnet durch mannigfache Veränderungen klanglicher und formaler Art, die, als Ausdruck einer allgemein sich wandelnden Zeitsituation (Spätzeit des Absolutismus), kompositorisch eine neue, zur Wiener Klassik hinführende Phase der Musikgeschichte einleiten.

Seit dem Beginn des 20. Jahrhunderts ist die Barockmusik nach und nach wiederentdeckt und weiten Kreisen bekannt geworden. Ihre Wiedergabe erfordert allerdings die Kenntnis damaliger ↑Aufführungspraxis, da das barocke Klangbild (andere Instrumente, andere Besetzung, andere Vorschriften für Tempo, Dynamik und Phrasierung) von dem des 19. Jahrhunderts erheblich abweicht.

**Barockrock:** Stilbereich der Rockmusik, in dem Gestaltungsprinzipien der klassischen Musik (insbesondere der Barockmusik) mit Rhythmik und Klangvorstellung des Rock gekoppelt wurden. Barockrock wurde u. a. von Gruppen wie Deep Purple, Nice, Emerson, Lake & Palmer, Procol Harum gespielt.

**Barré** [ba're:; französisch]: beim Lauten- und Gitarrenspiel das Querlegen des Fingers über mehrere Saiten, wodurch ein künstlicher Sattel entsteht, der das Akkordspiel in höheren Lagen ermöglicht.

**Barrelhouse-Stil** ['bærəlhaʊs; englisch, von barrel „Faß“, „Bierhaus-Stil“]: einfache Klavierspielweise, die in den Kneipen der Südstaaten der USA entwickelt wurde und als Vorläufer des ↑Boogie-Woogie gilt.

**Baryton** [griechisch (↑Bariton)] (italienisch viola di bordone): Streichinstrument der Violenfamilie, das auf die ↑Viola bastarda zurückgeht, mit der Größe und Stimmung der Tenorgambe ([$_1$A] D G c e a d$^1$, oder jeweils ein Ganzton höher). Neben den 6–7 Griffsaiten besitzt es 9–28 diatonisch oder chromatisch gestimmte Resonanz- und Begleitsaiten, die von einem eigenen Saitenhalter unter dem Steg und dem Griffbrett hindurch zum Wirbelkasten laufen. Zur Melodiebegleitung können

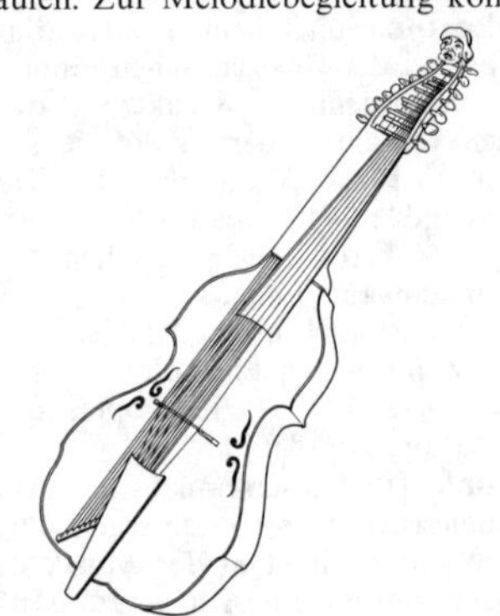

sie an der offenen Rückseite des breiten Halses angezupft werden. Das Baryton war im 17./18. Jahrhundert im süddeutsch-österreichischen Raum beliebt. J. Haydn schrieb für den Fürsten Nikolaus II. Esterházy (* 1765, † 1833) zahlreiche Trios für Baryton, Viola und Baß.

**bas** [ba; französisch „niedrig", bei Instrumenten „leise, still"]: bezeichnet im 15. Jahrhundert die „stillen" Instrumente (französisch *instruments bas*) im Gegensatz zu den „starken" (*instruments hauts;* ↑Alta). Die *basse musique* wurde in der höfischen Kammer und bei Mysterienspielen eingesetzt.

**baskische Trommel:** Bezeichnung für die ↑Schellentrommel (Tamburin), die jedoch nicht baskischer Herkunft ist.

**Baß** [von lateinisch bassus „niedrig"] (lateinisch bassus; italienisch basso; französisch basse), Abk. B: Stimmlagenbezeichnung für die tiefe Männerstimme (Umfang E–d$^1$, bei Berufssängern bis f$^1$). Der tiefe Baß (italienisch basso profonde) reicht bis zum Kontra-B, der hohe Baß (italienisch basso) reicht nur bis zum A hinab. Die Bezeichnung entstand im 15. Jahrhundert, als der ↑Contratenor in den Contratenor altus (↑Alt) und den Contratenor bassus aufgespalten und dann abgekürzt Bassus genannt wurde. – Der Baß als tiefste Stimme trägt und bestimmt die harmonische Anlage einer Komposition und folgt daher in der Stimmführung seinen eigenen Gesetzmäßigkeiten. Der ↑Basso seguente diente dem Organisten für die auf der Orgel auszuführende Begleitung einer motettischen Komposition; er ist eine Vorform des Basso continuo, des ↑Generalbasses. Die ↑Basse fondamentale ist dagegen eine abstrakte Stimme, die aus den Grundtönen der Akkorde gebildet wird. – Bei Instrumentenfamilien ist Baß die Bezeichnung für die tiefsten Vertreter, z. B. Baßgeige, Baßposaune, Baßtrompete. Baß wird auch bedeutungsgleich für Kontrabaß gebraucht.

**Baßbuffo** ↑Buffo.

**Basse danse** [bas'dã:s; französisch] (italienisch bassa dansa): 1. langsamste Schritteinheit der Tänze des 15. Jahrhunderts (neben Quadernaria, Saltarello, Piva). – 2. langsamer, geradtaktiger Schreittanz, der etwa 1450–1530 besonders an den Höfen Frankreichs und Italiens getanzt wurde. Als Springtanz folgte der Basse danse oft eine Galliarde oder ein Saltarello.

**Basse fondamentale** [ba:s fõdamã'tal; französisch „Fundamentalbaß"]: nennt J.-Ph. Rameau in seiner Harmonielehre („Traité de l'harmonie", 1722) eine gedachte tiefste Stimme, die aus den Grundtönen aller Akkorde gebildet ist. Sie stimmt mit der tatsächlichen Unterstimme, die ja nicht nur Grundtöne enthält, nur stellenweise überein. Die Basse fondamentale ist eine theoretische Hilfe zur Erklärung korrekter Harmoniefolgen.

**Bassett** [von italienisch bassetto „kleiner Baß"] (Halbbaß): im 18. Jahrhundert ein in der Tonlage zwischen Violoncello und Kontrabaß stehender Streichbaß mit 3–6 Saiten.

**Bassetthorn** [italienisch/deutsch] (italienisch corno di bassetto): eine um 1770 aufgekommene Klarinette in Altlage, zunächst mit gebogener, später (ab 1800) mit geknickter Röhre und einer

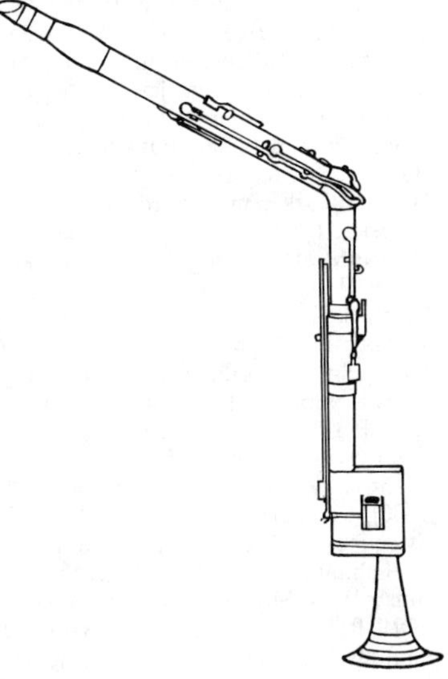

dreifachen, durch einen Kasten („Buch") verdeckten Knickung vor der Stürze. Das moderne Bassetthorn hat eine gerade Röhre mit leicht abgewinkeltem Mundstück und einem wie beim Saxophon aufgebogenen Schalltrichter aus Metall. W. A. Mozart verwendete das dunkel klingende Instrument öfters (z. B. im „Requiem", 1791). Nach kurzer Blütezeit wurde es in der Mitte des 19. Jahrhunderts von der Altklarinette verdrängt, später durch R. Strauss (z. B. in „Elektra", 1909) neubelebt.

**Baßgeige:** populäre Bezeichnung für das Violoncello oder den Kontrabaß.

**Basso concertante** [...kontʃer'tantə; italienisch „konzertierender Baß"] ↑Basso ripieno.

**Basso continuo** [italienisch „ununterbrochener Baß"] (Kurzform Continuo), Abk. B. c. ↑Generalbaß.

**Basso ostinato** [italienisch „hartnäckiger Baß"] ↑Ostinato.

**Basso ripieno** [italienisch „voller Baß"] (Ripienbaß): in der Musik des 17./18. Jahrhunderts der durch Registrierung (Cembalo, Orgel) oder Besetzung (Orchester) verstärkte Baß der Tuttipartien, im Gegensatz zum *Basso concertante* der solistischen Partien.

**Basso seguente** [italienisch „folgender Baß"]: im ausgehenden 16. Jahrhundert die aus den jeweils tiefsten Tönen der Stimmen einer motettischen Kompostion gebildete Baßstimme. Der Basso seguente ist eine Frühform des ↑Generalbasses und wurde wie dieser ausgeführt.

**Baßschlüssel:** der F-Schlüssel auf der 4. Notenlinie: 𝄢 ↑auch Schlüssel.

**Battaglia** [ba'talja; italienisch „Schlacht"]: musikalische Schilderung eines Kampfes mit Mitteln der Tonmalerei. Berühmte Beispiele finden sich in Chormusik (C. Jannequin, „La Guerre", 1515; C. Monteverdi „Canti guerrini", 1630), Klaviermusik (W. Byrd, J. P. Sweelinck, G. Frescobaldi, F. Couperin, J. Kuhnau), Oper (J.-B. Lully, „Cadmus"; W. A. Mozart, „Die Zauberflöte", 1791; R. Wagner, „Siegfried", 1876) und sinfonischer Musik (L. van Beethoven, „Wellingtons Sieg oder die Schlacht bei Vittoria", 1813; P. I. Tschaikowski, Ouvertüre „1812", 1880).

**Battement** [bat'mã; französisch „Schlagen, Klopfen"]: in der Instrumentalmusik des 18. Jahrhunderts eine Verzierung, die aus dem ein- oder mehrfachen Wechsel einer Note mit ihrer kleinen Untersekunde besteht.

**Batterie** [französisch]: französische Bezeichnung für das ↑Schlagzeug, auch für Trommelwirbel und -signale.

**Battuta** [italienisch „Schlag"]: italienische Bezeichnung für den Taktschlag (Tactus), später auch für den Takt; *a battuta* ist eine Spielanweisung, die die Wiederaufnahme des vorübergehend verlassenen strengen Taktmaßes (z. B. nach vorangegangenem *ad libitum*) fordert.

**B. c.:** Abk. für ↑**B**asso **c**ontinuo.

**Beantwortung:** von Beantwortung spricht man in der Fuge, wenn nach dem ersten Auftreten des Themas (Dux) der zweite Einsatz des Themas (Comes) kommt. Die Beantwortung erfogt meistens im Quintabstand und kann intervallgleich (real) oder – um die Tonart nicht zu verlassen – intervallverschieden (tonal) sein.

**Bearbeitung:** im engeren Sinn die Veränderung eines originalen Musikwerkes, um es einem bestimmten Zweck anzupassen, z. B. die ↑Instrumentation eines Klavierwerkes. Im weiteren Sinne fällt unter den Begriff der Bearbeitung jede Neugestaltung einer bestehenden musikalischen Gestalt (z. B. Lied, Choral, Cantus firmus) etwa mit den Mitteln von Variation, Figuration, Kolorierung, Durchführung. Bearbeitungen dieser Art sind z. B. Organum, Choralbearbeitung, Motette, Fuge, Variation, Parodie, Kontrafaktur.

**Beat** [bi:t; englisch „Schlag"]: 1. Bezeichnung für den Fundamentalrhythmus (Grundschlag) im Jazz. – 2. britische Rockmusik der 1960er Jahre, wie sie u. a. von Gruppen wie den Beatles und den Rolling Stones gespielt wurde. Der Begriff wird v. a. auf dem europäischen Kontinent verwendet, während man in Großbritannien und den USA im allgemeinen von *rock music* oder *rock 'n' roll* spricht.

**Bebisation:** von D. Hitzler (* 1575, † 1635) 1628 veröffentlichtes Tonsilbensystem, bei dem die chromatischen Töne durch den Vokalwechsel von e zu i angezeigt werden. Die Bebisation ist benannt nach den Tonsilben be und bi für die Töne b und h (↑Solmisation).

**Bebop** ['bi:bɔp; englisch]: ein zu Beginn der 1940er Jahre von schwarzen Musikern entwickelter Stilbereich des Jazz, der durch eine sprunghafte Melodik und eine hektisch-nervöse Rhythmik gekennzeichnet ist. Mit dem Bebop gibt der Jazz erstmals seine Funktion als Tanzmusik auf. Zu den wichtigsten Musikern des Bebop gehören Charlie Parker, Dizzy Gillespie und Thelonious Monk.

**Bebung:** charakteristische Verzierung beim Klavichord. Durch wechselnden Fingerdruck auf die angeschlagene Taste wird ein leichtes Schwanken der Tonhöhe und -intensität erreicht. Seit C. Ph. E. Bach wird die Bebung durch mehrere Punkte und einen sie überspannenden Bogen über der betreffenden Note angezeigt.

**bécarre** [be'ka:r; französisch] (italienisch bequadro) ↑Auflösungszeichen.

**Becher:** heißt bei Holzblasinstrumenten (z. B. Klarinette) das erweiterte Ende der Röhre (Schalltrichter), bei der Orgel der Aufsatz der Lingualpfeifen.

**Becken** (italienisch cinelli oder piatti; englisch cymbals; französisch cymbales): Schlaginstrument, bestehend aus einem Paar tellerförmiger Metallscheiben, deren Ränder durch Gegeneinanderschlagen und Vorbeireißen oder, bei Einzelaufhängung, durch Anschlag mit Schlegel oder Besen in Schwingung versetzt werden.

Die nicht schwingende Mitte ist durchbohrt und mit Halteriemen oder einer Aufhängung versehen. In der Militärmusik wird meist eines der Becken auf der großen Trommel befestigt, damit der Spieler gleichzeitig Becken und Trommel bedienen kann. In der Tanzmusik werden kleinere Becken häufig horizontal auf einem Ständer angebracht und mittels Pedaltritt gegeneinander geschlagen (Hi-hat oder die kleinere Charleston-Maschine).

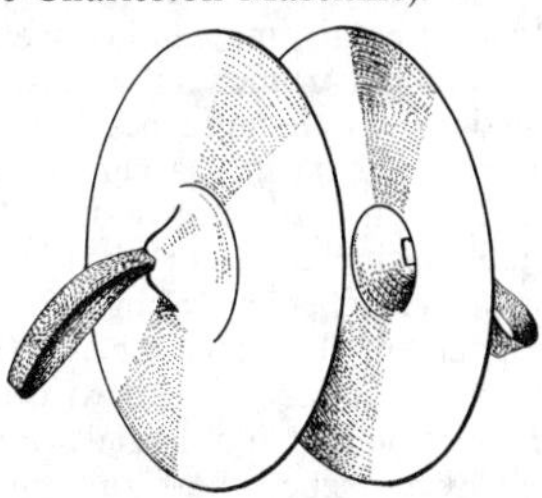

Unterschieden werden der Form nach die flachen, von der Mitte gleichmäßig zum äußeren Rand verlaufenden *türkischen Becken* (Durchmesser 40–50 cm) und die kleineren (35 cm) und sehr dünnen *chinesischen Becken* mit nach oben gebogenem Rand und einem Buckel in der Mitte. Die türkischen klingen voll und rauschend, die chinesischen schärfer. Die Becken stammen aus den asiatischen Hochkulturen und waren in der Antike und im Mittelalter als Kymbala verbreitet (auch in Form von Gabelbekken, die am Ende zweier Gabeln befestigt sind und beim Schütteln aufeinanderschlagen). Im 18. Jahrhundert gelangten die Becken über die Janitscharenmusik in die Militärmusik und in das Orchester. – ↑auch Crotales.

**Begleitung:** wird bei einem mehrstimmigen Musikstück all das genannt, was außer den melodieführenden Stimmen erklingt. Aufgabe der Begleitung ist es, den metrischen und harmonischen Aufbau der Komposition zu verdeutlichen, die Melodie zu untermalen, sie auszudeuten oder zu bekräftigen. Frühe Formen der Begleitung waren das Taktschlagen bei Arbeitsliedern und Tänzen, die Umspielung einer Melodie in der ↑Heterophonie oder das Mitklingen unveränderter Töne oder Klänge bei Instrumenten mit Bordunsaiten oder -pfeifen (z. B. Drehleier, Dudelsack). Die mittelalterliche Musik ging grundsätzlich von der Gleichrangigkeit der Stimmen aus, so daß hier nur bedingt von

Begleitung gesprochen werden kann (etwa bei Verdopplung einer Vokalstimme durch ein Instrument). Erst mit dem ↑Generalbaß entstand um 1600 eine echte Begleitung zur führenden Vokal- oder Instrumentalstimme in Form eines tiefen Melodieinstruments zur Verdeutlichung der Baßlinie und eines Akkordinstruments zur harmonischen Ausfüllung. Diese zum Teil improvisierte Generalbaßbegleitung weicht ab 1770/80 dem ausgeschriebenen, ↑obligaten Akkompagnement, bei dem die Melodie auf mehrere Stimmen verteilt wird und zwischen Melodie- und Begleitstimme vielfach nicht mehr scharf zu trennen ist. In der Oper und im Solokonzert stellte sich fortan die Gesamtheit des Orchesters als Begleitung neben die Solostimme. Im 19. Jahrhundert wurde der Begleitpart im klavierbegleiteten Kunstlied (F. Schubert), in der Oper (R. Wagner) und im Konzert (J. Brahms) zunehmend zur Illustration von Text und Stimmung herangezogen und an der thematisch-motivischen Arbeit beteiligt. Hierdurch wurde die Trennung von Melodie und Begleitung allmählich ganz aufgehoben.

**Béguine** [be'gin; französich „Flirt"]: lebhafter, geradtaktiger Tanz, eine Abart der ↑Rumba. Die Béguine kam etwa 1930 aus Martinique und Santa Lucia (Kleine Antillen) nach Europa.

**Belcạnto** [italienisch „schöner Gesang"]: seit dem 19. Jahrhundert Bezeichnung für eine Gesangskunst, die in Italien um 1600 mit dem Aufkommen der Oper entwickelt wurde. Der Belcanto ist auf Klangschönheit, Beweglichkeit und Ausgewogenheit der Stimme ausgerichtet, außerdem muß der Sänger die Verzierungskunst und die Improvisation beherrschen. Die italienische Oper war bis Verdi und Puccini vom Belcanto geprägt.

**bémọl** [französisch] (italienisch bemolle) ↑Erniedrigungszeichen.

**Benedicamus Dọmino** [lateinisch „laßt uns den Herrn preisen"]: Entlassungsformel der römischen und ambrosianischen Liturgie am Schluß der einzelnen Horen des Offiziums; bei der Meßliturgie ursprünglich in Messen, die das ↑Gloria in excelsis Deo nicht haben; heute nur noch in Messen, an die sich eine gottesdienstliche Handlung anschließt. Das Benedicamus Domino spielte im Mittelalter eine große Rolle im Zusammenhang mit den Tropen und der frühen Mehrstimmigkeit.

**Benedịctus** [lateinisch „gepriesen"]: 1. „*Benedictus Dominus Deus Israel*", der Lobgesang des Zacharias (Lukas 1, 68–79), der als neutestamentliches ↑Canticum in der lateinischen Liturgie u.a. beim Abschluß der ↑Laudes verwendet wird. – 2. „*Benedictus, qui venit*", zweiter Teil des ↑Sanctus in der Messe. Bei längeren Gregorianischen Melodien und in mehrstimmigen Messen wurde es oft vom Sanctus getrennt und erst nach der Wandlung gesungen. Nach der Liturgiereform des 2. Vatikanischen Konzils ist es wieder fest mit dem Sanctus verbunden.

**Berceuse** [bɛr'søːzə; französisch]: ein Wiegenlied, das Volks- oder Kunstlied (z.B. von J. F. Reichardt, 1798) sein kann; auch ein lyrisches Instrumentalstück, meist für Klavier, mit wiegender Bewegung und im 6/8-Takt, zu finden bei F. Chopin, R. Schumann, F. Liszt, C. Debussy, M. Ravel und I. Strawinski.

**Bergamạsca** [italienisch] (Bergamasco, Bergomask): im 16. Jahrhundert ein Tanzlied in bergamaskischem Dialekt; vom 16.–18. Jahrhundert ein schneller Tanz im geraden Takt. Zunächst war die Bergamasca wohl nur mit einem festen harmonischen Schema verbunden, während man später darunter eine bestimmte Melodie verstand, die auch als Grundlage für viele Variationswerke diente (z. B. bei J. S. Bach das Quodlibet der „Goldbergvariationen" [um 1742]

Bergamasca

mit dem Text „Kraut und Rüben haben mich vertrieben"). Im 19. Jahrhundert wurde ein der ↑Tarantella ähnlicher Tanz im 6/8-Takt als Bergamasca bezeichnet.

**Bergerette** [bɛrʒəˈrɛtə; französisch, von berger „Schäfer"]: im 16. Jahrhundert ein ländlicher Tanz, im 18. Jahrhundert ein Lied mit pastoralem oder amourösem Text, der ↑Brunette verwandt.

**Bergreihen** (Bergkreyen): im 16./17. Jahrhundert Lieder der Bergleute, meist aus dem sächsischen Erzgebirge, mit geistlichem oder weltlichem Text. Der erste Druck war W. Meierpecks „Etliche hübsche Bergreihen" (Zwickau 1531, ohne Melodien); ihm folgten zahlreiche andere, z. B. die auch mit Musik versehenen von E. Rotenbucher (1551) und M. Franck (1602).

**Berliner Schule** (Norddeutsche Schule): Name für eine Komponistengruppe in der zweiten Hälfte des 18. Jahrhunderts, die eng mit dem Hof Friedrichs II. (* 1712, † 1786) verbunden war. Zu ihr gehörte, wenigstens zeitweise, einer der bedeutendsten Komponisten vor der Wiener Klassik, C. Ph. E. Bach, ferner J. J. Quantz, die Gebrüder Graun, F. W. Marpurg, J. Ph. Kirnberger u. a. Das Erbe J. S. Bachs, eine kontrapunktisch strenge Schreibweise, verbindet sich in der Berliner Schule mit den neuen Klang- und Ausdrucksvorstellungen des ↑galanten Stils, v. a. auf dem Gebiet der Orchester- und Kammermusik, die sich deutlich abhebt von der der gleichzeitigen ↑Mannheimer Schule.
Auf dem Gebiet des Liedes unterscheidet man eine erste (Ch. G. Krause, Marpurg u. a.) und eine – bedeutendere – zweite Berliner Liederschule (J. A. P. Schulz, J. F. Reichardt), die durch Einfachheit, Natürlichkeit und Volkstümlichkeit wesentliche Akzente für die Liedauffassung der Goethezeit setzten.

**Besen** (Jazzbesen): besteht aus dünnen, an einem Stil befestigten Stahldrähten und dient zum Anschlagen von Trommel oder Becken; wird besonders im Jazz verwendet.

**Besetzung:** die für eine Komposition oder für eine bestimmte musikalische Gattung vorgesehene Zusammensetzung des vokalen und instrumentalen Klangkörpers. Bis ins 17. Jahrhundert hinein gibt es keine verbindliche Festlegung bezüglich Art und Zahl der Singstimmen und Instrumente, die eine Musik darbieten. Die jeweilige Weise der Aufführung richtete sich nach außermusikalichen Faktoren, z. B. dem Anlaß, dem Raum und der verfügbaren Zahl an Musikern. Ein Vokalstück konnte von Sängern, von Instrumentisten oder gemischt vokal-instrumental vorgetragen werden; einzelne Vokalparts wurden bei Bedarf durch verschiedenste Instrumente allein ausgeführt oder durch sie unterstützt (↑Aufführungspraxis).
In der Instrumentalmusik bildeten sich bereits im 15. Jahrhundert für bestimmte Anlässe einzelne Besetzungstypen heraus (↑Alta, ↑bas). In der Renaissance gab es außer den gemischten Ensembles auch solche von Instrumenten derselben Familie (↑Consort). Neben die Einzelbesetzung, bei der jede Stimme des Satzes von einem Instrument anderer Art ausgeführt wird, trat im 17. Jahrhundert die für das ↑Orchester kennzeichnende chorische Besetzung, d. h. eine Stimme wird von mehreren gleichen Instrumenten gespielt. Solistische Besetzung mit gleichmäßiger Beteiligung der einzelnen Melodieinstrumente wurde zum Merkmal der ↑Kammermusik mit oder ohne Generalbaß (z. B. in der Triosonate oder im Streichquartett). Eine Mischung von chorischer und solistischer Besetzung findet sich im ↑Concerto grosso und im Solokonzert (↑Konzert). – Die Vokalmusik unterscheidet die reine oder instrumental begleitete Chorbesetzung mit gemischten (Frauen und Männer) oder gleichen Stimmen (Männer-, Frauen-, Kinderchor) und die Einzelbesetzung in Arie, Duett, Terzett und im Ensemble.

**Bezifferung:** in der Generalbaßpraxis der instrumentalen Baßstimme hinzugefügte Zahlen und Zeichen, die dem Spieler die zu greifenden Akkorde angeben.

**Bezug:** die Gesamtheit der Saiten eines Saiteninstruments; auch die Bespannung eines Bogens der Streichinstrumente.

**Bicinium** [lateinisch „Zweigesang“]: zweistimmiger kontrapunktischer Vokal- oder Instrumentalsatz, der im 16. Jahrhundert, besonders in Deutschland, gepflegt wurde. Seinen Ursprung hat er in den kurzen zweistimmigen Abschnitten von ansonsten 4–5stimmigen Messen und Motetten, wie sie häufig bei H. Isaac, Josquin Desprez, Th. Stoltzer, L. Senfl u. a. begegnen. Gattungsmäßig gehören die vokalen Bicinien der lateinischen Motette, dem deutschen Lied, der französischen Chanson oder dem italienischen Madrigal an. Bedeutende Sammlungen veröffentlichten G. Rhau (1545), C. Othmayr (1547), E. Rotenbucher (1551), E. Bodenschatz (1615) und außerhalb Deutschlands die Drukker P. Attaingnant (1535), J. Moderne (1538), A. Gardano (1539) und P. Phalèse/J. Bellère (1571).

**Big Band** ['bɪgbænd; englisch „große Band“]: in der Tanzmusik und im Jazz Bezeichnung für ein großes Orchester. Die Standardbesetzung der Big Band hat sich während der Swing-Epoche in den 1930er Jahren herausgebildet. Sie umfaßt 4 Trompeten, 4 Posaunen, 5 Saxophone sowie die Rhythmusgruppe (*rhythm section*) mit Klavier, Gitarre, Baß und Schlagzeug.

**binaural** [lateinisch]: zweiohrig bzw. zweikanalig. Binaurales Hören ermöglicht es, die Richtung zu bestimmen, aus der eine Schallinformation kommt. Sinngemäß wird auch die zweikanalige elektroakustische Schallübertragung binaural genannt. – ↑auch monaural.

**Birne:** heißt bei der Klarinette das ausgebuchtete Verbindungsstück zwischen Mundstück und Röhre.

**Bitonalität** [lateinisch-griechisch]: häufige Form der ↑Polytonalität, eine harmonische Struktur, in der zwei Tonarten zugleich und mit gleicher Gültigkeit auftreten.

aus I. Strawinski, „Petruschka“ (1911)

**Biwa** [japanisch] ↑Pipa.

**Black-Bottom** ['blæk'bɔtəm; englisch „schwarzer Boden“, nach der Erde an den Ufern des Mississippi]: amerikanischer Modetanz vom Ende der 1920er Jahre im synkopierten 4/4-Takt, gehört musikalisch zur Gattung des ↑Ragtime.

**Blasinstrumente:** wird jene Gruppe der Aerophone genannt, bei denen der Ton durch Einblasen von Luft entsteht. In der Musikpraxis werden ↑Blechblasinstrumente, ↑Holzblasinstrumente und ↑Rohrblattinstrumente unterschieden.

**Blaskapelle** (Blasorchester): ein Orchester mit reiner Blechbesetzung (↑Blechmusik) oder mit gemischter Besetzung aus Holz- und Blechblasinstrumenten sowie Schlagzeug (↑Harmoniemusik). Das Spielgut der Blaskapelle ist die ↑Blasmusik.

**Blasmusik:** bezeichnet eine ausschließlich von Bläsern ausgeführte Musik; im speziellen Sinne die auf großräumige Wirkung abgestimmte, meist volkstümliche Musik für Blasorchester und Militärkapellen, im Unterschied zur künstlerisch anspruchsvolleren, kammermusikalischen *Bläsermusik.* Blasmusik ist vielfach Freiluft- und Volksfestmusik und besteht vorwiegend aus Märschen, Potpourris, Charakterstücken und Arrangements von Unterhaltungs- oder auch sinfonischer Musik. Bläsermusik ist Kunstmusik und bevorzugt kleine Besetzungen; Standardbesetzungen sind am Ende des 17. Jahrhunderts Flöte, Oboe, Horn, Fagott, um 1770 Oboe, Klarinette, Horn und Fagott, seit dem 19. Jahrhundert das Quintett mit Flöte, Oboe, Klarinette, Horn und Fagott. Bedeutende Bläsermusik für diese oder andere Besetzungstypen schrieben W. A. Mozart, L. van Beethoven, R. Strauss, A. Schönberg, I. Strawinski, P. Hindemith, F. Poulenc, D. Milhaud und J. Françaix. – Vorläufer der Blasmusik waren die Stücke der Alta-Ensembles (↑Alta) und der Turm- und Ratsmusiken des späten Mittelalters und die Bläsersätze des 16./17. Jahrhunderts (L. Senfl, J. Walther, G. Gabrieli, H. Schütz, J. Pezel). Im 17. Jahrhundert entstand eine ↑Militärmusik, deren Repertoire auch zum Kernbestand der Blasmusikvereine gehört. Diese wurden im 19. und frühen 20. Jahrhundert vornehmlich in Süddeutschland, Österreich und der Schweiz gegründet und erfreuen sich bis heute großer Popularität.

**Blasquinte:** das Intervall, das beim Überblasen eines gedackten Rohres als Quinte über der Oktave des Grundtons entsteht (Duodezime); die Blasquinte ist etwas kleiner als die reine Quinte.

**Blechblasinstrumente** (Kurzbezeichnung Blech): wird in der Musikpraxis die Gruppe der Instrumente aus Metall mit Kesselmundstück genannt, die der Gruppe der Holzblasinstrumente gegenübersteht. Unterschieden werden weit mensurierte Instrumente mit konisch gebohrtem Schallrohr, deren Klang weich ist (Bügelhörner), und eng mensurierte, zylindrisch gebohrte Instrumente, die schärfer und edler klingen (Trompete, Posaune, Waldhorn).

**Blechmusik:** eine Blaskapelle mit Blechblasinstrumenten (Bügelhörner, Trompeten, Posaunen), auch mit Trommeln oder Pauken, jedoch ohne Holzblasinstrumente.

**Blockflöte** (Schnabelflöte; italienisch flauto dolce; französisch flûte douce, flûte à bec; englisch recorder): eine Längsflöte mit konisch gebohrtem, nach unten sich verjüngendem Rohr, das am

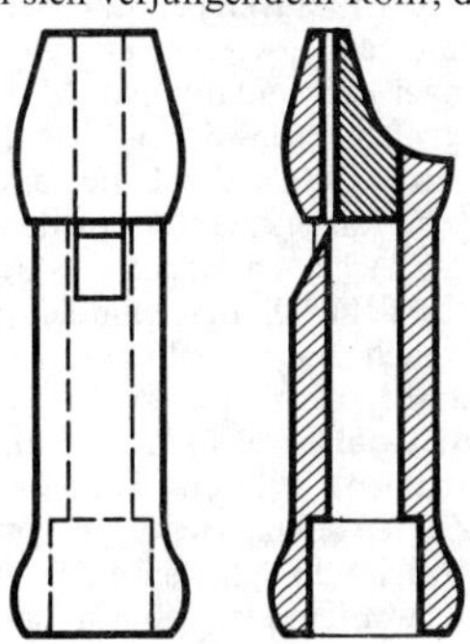

schnabelförmigen Mundstück durch einen Block (Kern) abgeschlossen wird. Der Block läßt nur einen engen Schlitz (Kernspalte) frei. Die durch den Schlitz einströmende Luft bricht sich an der scharfen Kante des fensterartigen Rohraufschnitts, wodurch die Luftsäule im Rohr in Schwingung versetzt wird. Das in mehreren Größen und Stimmungen gebaute Instrument hat 7 Grifflöcher auf der Vorder- und ein Überblasloch auf der Rückseite des Rohrs, bei tiefen Lagen auch einzelne Hilfsklappen zum leichteren Greifen. Die gebräuchlichen Stimmlagen sind: Sopran in C (Tonumfang $c^2$–$c^4$), Alt in F ($f^1$–$g^3$), Tenor in C ($c^1$–$c^3$) und Baß in F (f–$b^1$). Der Ton ist obertonarm und daher weich, still und etwas dumpf. Er spricht leichter an als bei der Querflöte, ist jedoch kaum dynamisch zu beeinflussen. Diese Ausdrucksarmut führte dazu, daß die seit dem 11. Jahrhundert in Europa bekannte, bis in die Barockzeit unter den Flöten führende Blockflöte um 1750 der Querflöte weichen mußte. Im frühen 20. Jahrhundert wurde sie als Instrument der Haus- und Schulmusik wieder entdeckt und setzte sich mit der Neubelebung der Barockmusik auch wieder im Konzert und in der Kammermusik durch.

**Bluegrass** [blu:'grɑ:s; englisch]: ein Stilbereich der ländlichen amerikanischen Volksmusik (↑Country and western). Die bevorzugten Instrumente sind Geige, Banjo und Mandoline.

**Blues** [blu:z; englisch]: wichtigste Gesangsform in der Volksmusik der nordamerikanischen Neger. Daneben auch Bezeichnung für ein 12taktiges Formschema des Jazz. – Der Blues entstand in der zweiten Hälfte des 19. Jahrhunderts in den Südstaaten der USA. Im Gegensatz zum geistlichen Spiritual bezeichnet der Blues eine weltliche Musik, deren Texte persönliche Probleme der Sänger, soziale Mißstände und Rassendiskriminierung behandeln und auf die afrikanische Tradition der Spott- und Anprangerungslieder zurückgehen. – Zunächst ausschließlich eine improvisierte Vokalmusik, wurde der Blues später auch instrumental ausgeführt und bildete eines der wesentlichsten Elemente bei der Entstehung des Jazz. In den 1960er Jahren setzte eine Wiederbelebung des Blues ein, die v.a. von weißen Musikern ausging. – Als Standardform des Blues entwickelte sich zu Anfang des 20. Jahrhunderts die sogenannte *Bluesformel*, ein Akkord- und Taktschema, das sich dem Aufbau der Bluestexte entsprchend in drei viertaktige Teile gliedert (A1–A2–B). Die Melodik des Blues ist gekennzeichnet durch die *Bluestonalität*, in der die 3. und 7. Stufe (Terz und Septime) neutral intoniert werden *(Blue notes)*. Die Bluestonalität geht auf eine siebenstufig-temperierte Tonskala der afrikanischen Musik zurück.

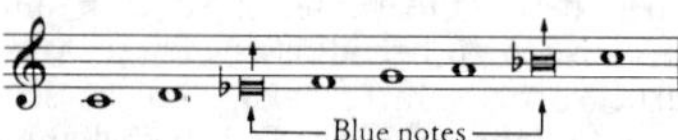


**Bobisation** ↑Bocedisation.

**Bocedisation** (Bobisation): Bezeichnung für eine wahrscheinlich auf den flämischen Komponisten und Musiktheoretiker H. Waelrant (* um 1517, † 1595) zurückgehende Skala von sieben Tonsilben (bo ce di ga lo ma ni), mit denen anstelle der ↑Solmisation nach Hexachorden eine durchgehende Skala im Oktavumfang gelehrt wurde. Der Vorteil dieser sogenannten „Voces belgicae" lag darin, daß mit dem Vokal i jeweils die Halbtonstufen bezeichnet wurden.

**Bockstriller:** in der Gesangspraxis Bezeichnung für einen „meckernden" Triller auf der Prime, der einen Sekundtriller vortäuscht.

**Bogen:** 1. Zeichen in der Notenschrift

a) bei Noten gleicher Tonhöhe für die Verlängerung des ersten Tons durch den Wert des angebundenen folgenden, b) bei Noten verschiedener Tonhöhe für das Legato, d.h. die Bindung mehrerer Noten im Bogenstrich (Streichinstrumente), im Anschlag (Tasteninstrumente), im Ansatz (Blasinstrumente) oder in einem Atem (Gesang), c) für die Verdeutlichung musikalischer Sinnglieder (↑Phrasierung). – 2. Werkzeug des Streichers, mit dem die Saiten durch Reiben zum Klingen gebracht werden (Streichbogen; nicht zu verwechseln mit dem eigenständigen Musikinstrument ↑Musikbogen). Der Streichbogen besteht heute meist aus einer dünnen, konkav gekrümmten Stange aus Pernambukholz, zwischen deren Spitze und unterem Ende (Frosch) ein bandartiger Bezug aus (bis 250) Roßhaaren gespannt ist. Die Stangenlänge beträgt bei der Violine 75 cm, beim Cello 73 cm. Zur Regulierung der Haarspannung kann der Frosch mittels Spannschraube verstellt werden. – Der Streichbogen kam im frühen Mittelalter durch die Araber nach Europa, wo verschiedene Größen und Formen (konvex halbkreisförmig, gerade mit Krümmung an beiden Enden oder nur mit gekrümmter Spitze) entwickelt wurden. Die Haarspannung wurde bis ins 17. Jahrhundert hinein durch Fingerdruck am unteren Ende geregelt, danach mit einer kleinen Zahnreihe und ab dem frühen 18. Jahrhundert in der modernen Form mit Schraube. Form und Maße des heutigen Bogens legte der Franzose F. Tourte um 1780/1790 fest.

Die moderne Bogenführung erfolgt mit Obergriff der rechten Hand, d.h. der Daumen sitzt im Froscheinschnitt, während die übrigen Finger über oder auf der Stange liegen. Beim Kontrabaß wird teilweise noch der für Gamben charakteristische Untergriff benutzt, bei dem das Stangenende zwischen Daumen und Zeigefinger liegt und mit dem Mittelfinger umgriffen wird, während Ringfinger und kleiner Finger die Unterseite des Froschs berühren. – Unterschieden werden die Stricharten ↑legato, ↑staccato, ↑portato, ↑détaché, ↑martellato, ↑spiccato und nach der Streichrichtung ↑Abstrich und ↑Aufstrich.

**Bogenflügel** (Streichklavier): ein Klavierinstrument, dessen Saiten nicht durch Zupfen oder Anschlagen, sondern durch rotierende Scheibenräder „angestrichen" werden. Das früheste bekannte Instrument stammt von 1575. Der Bogenflügel, der vereinzelt bis ins 20. Jahrhundert gebaut wurde, konnte sich nicht durchsetzen.

**Böhmische Brüder** (Böhmische und mährische Brüder): vorreformatorische Glaubensbewegung, die sich ab 1467 zur *Unitas Fratrum* („Brüderunität") zusammenschloß, ihre größte Wirksamkeit im 16. Jahrhundert entwickelte und deren Eigenständigkeit nach der Schlacht am Weißen Berge (1621) verlorenging. Im Bereich der Hymnologie sind die Gesangbücher der Böhmischen Brüder bedeutend. Während die ersten tschechischen Ausgaben mit Melodien (1505, 1519) verschollen sind, läßt die von Jan Blahoslav (* 1523, † 1571; seit 1557 Bischof der Böhmischen Brüderunität) 1541 mit 308 Melodien herausgegebene Ausgabe die Bedeutung dieser Tradition für den deutschen Kirchengesang erkennen. Sie dokumentiert sich in dem deutschsprachigen Gesangbuch der Böhmischen Brüder von Michael Weiße (Jungbunzlau 1531) und dessen erweiterten Neuausgaben der Jahre 1544 und 1566. Zahlreiche dieser Lieder wurden in die Gesangbücher der evangelischen Kirche aufgenommen.

**Bolero** [spanisch]: spanischer Tanz im mäßigen 3/4-Takt, der einzeln oder paarweise getanzt wird und von den Ausführenden mit Gesang und Kastagnetten begleitet wird. Er ist Ende des 18. Jahrhunderts als eine Abart des ↑Fandango entstanden. Aus der Kunstmusik ist v. a. der (zunächst als Ballett komponierte) „Bolero" (1928) von M. Ravel bekannt. – Der langsame kubanische Bolero (eine Variante der Rumba) im 2/4- oder 2/2-Takt entstand Mitte des 19. Jahrhunderts; er wird von zwei Singstimmen mit Begleitung von Gitarren und Maracas ausgeführt.

**Bombarde** (Bombart, Bomhart) ↑Pommer.

**Bombardon** [von französisch bombarde „Donnerbüchse"]: eine frühe Art der Baßtuba in Es (Umfang $_1$Es–$c^1$), die 1835 aus der Baßophikleide (↑Ophikleide) entwickelt und in Blaskapellen verwendet wurde.

**Bonang** [javanisch]: javanisches Gongspiel, bestehend aus 10 oder 14 tiefrandigen Gongs, die waagrecht in 2 Reihen zu jeweils 5 oder 7 in einen Rahmen eingehängt sind. Sie werden in der ausgebuchteten Mitte mit einem stoffumwickelten Holzklöppel angeschlagen. Der Bonang kennt verschiedene Größen und Stimmungen und ist Bestandteil des ↑Gamelan.

**Bongo** [spanisch]: Schlaginstrument afrokubanischer Herkunft, bestehend aus 2 kleinen, einfellig bespannten und unten offenen Trommeln verschiedener Größe (etwa gleiche Zargenhöhe, verschiedener Durchmesser) und Stimmung. Sie sind miteinander fest verbunden und werden mit dem Handballen oder den Fingern geschlagen. Das Bongo wird in der Tanzmusik und im Jazz verwendet.

**Boogie-Woogie** ['bʊgi'vʊgi; englisch]: jazzverwandter Klavierstil des ↑Blues. Die erste Blütezeit des Boogie-Woogie liegt in den zwanziger Jahren in Chicago, später wurde er als Stilmittel in die orchestralen Formen des ↑Swing einbezogen (Count Basie, Tommy Dorsey). Die wesentlichen Kennzeichen des Boogie-Woogie sind rollende Baßfiguren in punktierten Achteln und stark off-beat rhythmisierte Melodieformeln im Diskant. Wichtige Boogie-Woogie-Pianisten: Clarence Lofton, Jimmy Yancey (frühe Phase), Pine Top Smith, Meade Lux Lewis und Albert Ammons (sogenannte klassische Periode um 1930).

**Bordun** [italienisch] (französisch bourdon): ein tiefer Begleit- oder Halteton, auch die diesen Ton hervorbringende Saite oder Pfeife. Manche Streichinstrumente (z. B die Drehleier) besitzen tiefe Bordunsaiten, die neben dem Griffbrett liegen und nicht gegriffen, sondern nur angerissen oder angestrichen werden und in gleichbleibender Tonhöhe ständig mitklingen. Ähnlich gibt es bei Blasinstrumenten (z. B. Dudelsack) außer der Griff- oder Spielpfeife unverändert mitklingende Bordunpfeifen. Bordun heißt ferner bei der Laute ein tiefer Saitenchor, bei der Orgel ein tiefes Gedacktregister von enger Mensur.

**Bossa Nova** [portugiesisch „neue Welle"]: eine um 1962 aus der Verschmelzung von brasilianischer Samba und Jazz entstandene musikalische Stilrichtung (Jazz-Samba), in der sich Elemente der lateinamerikanischen Musik mit den Ausdrucksmitteln des ↑Cool Jazz verbinden. Die Bossa Nova, deren Entstehung u. a. als Reaktion weißer Jazzmusiker auf den sich zur gleichen Zeit ausbildenden „schwarzen" ↑Free Jazz zu verstehen ist, erwies sich als kurzlebige Modeerscheinung. Im Rahmen der Populärmusik wurde sie zum Gesellschaftstanz standardisiert. Hauptvertreter der Bossa Nova sind Antonio Carlos Jobim in Brasilien und Stan Getz in den USA.

**Boston** ['bɔstən; englisch, nach der amerikanischen Stadt Boston] (Valse Boston): amerikanischer langsamer Walzer, der um 1870 aufkam und um 1920 in Europa Modetanz wurde. Er wird mit gleitenden Schritten in Vorwärtsbewegungen getanzt. Kennzeichnend sind starke Temposchwankungen und eine oft ans Sentimentale grenzende Melodik.

**Bourrée** [bu're:; französisch] (italienisch borea): alter französischer Volkstanz, der wahrscheinlich aus der Auvergne stammt. Er ist teils im zwei-, teils im dreiteiligen Takt überliefert. 1650–1750 wurde er als Gesellschaftstanz getanzt und war gleichzeitig auch in Oper und Ballett (J.-B. Lully) und in der Instrumentalmusik (G. F. Händel, J. S. Bach) vertreten. Ende des 19. Jahrhunderts wurde er von französischen Komponisten (C. Saint-Saëns, A. E. Chabrier) wieder aufgegriffen. – Der *Pas de bourrée* ist einer der Grundschritte im Ballett.

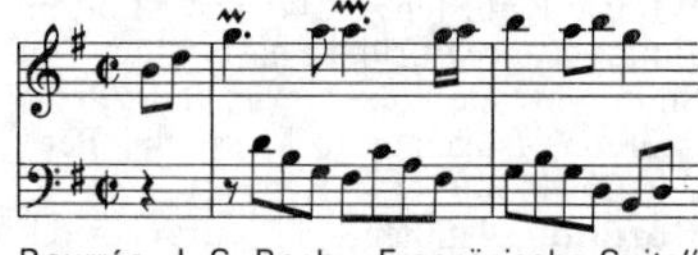

Bourrée. J. S. Bach, „Französische Suite" Nr. 5 (BWV 816, 1722)

**Branle** ['brɑ̃:l; französisch, von branler „schwanken, wanken"] (bransle; italienisch brando): im 15./16. Jahrhundert eine Schritteinheit am Schluß der Basse danse; im 16./17. Jahrhundert ein beliebter Gesellschaftstanz. Meist wurde eine Folge von langsamen geradtaktigen Schreittänzen (Branle double, Branle simple) und schnellen ungeradtaktigen Springtänzen (Branle gay, Branle de Champagne) zusammengestellt. Diese Branles sind Vorläufer der französischen Tanzsuite.

**Brass-Band** ['brɑ:s,bænd; englisch „Blechkapelle"]: Bezeichnung für eine Marschkapelle, die ausschließlich aus Blechblasinstrumenten und Schlagwerk zusammengesetzt ist. Die Musik der Brass-Bands im New Orleans des 19. Jahrhunderts gehört zu den wichtigsten Vorläufern des ↑Jazz.

**Brass section** [brɑ:s 'sɛkʃən; englisch]: in der ↑Big Band die Gruppe der Blechbläser, d. h. Trompeten und Posaunen.

**Bratsche** [von italienisch viola da braccio, eigentlich „Armgeige"]: die ↑Viola, das Altinstrument der modernen Violinfamilie.

**Break** [brɛɪk; englisch „Pause, Unterbrechung"]: im Jazz Bezeichnung für eine kurze, rhythmisch-melodische „Kadenz", die vom improvisierenden Instrumentalisten oder Sänger solistisch dargeboten wird, während das Ensemble pausiert. Breaks werden gemeinhin an den formalen Einschnitten eines Jazzstückes eingefügt, wobei sie für kurze Zeit den Grundrhythmus aufheben und dadurch ein wesentliches Moment der Spannung schaffen.

**Brevis** [lateinisch „kurze Note"]: Notenwert der ↑Mensuralnotation, bis zum 15. Jahrhundert mit dem Zeichen ■, danach □ geschrieben; heute noch verwendet als doppelter Wert der ganzen Note. Brevis versteht sich als Wertdifferenzierung gegenüber der Longa (die lange Note). – ↑auch alla breve.

**Brillenbässe:** Spottname für die in Achtel oder Sechzehntel aufzulösenden ↑Abbreviaturen, wie:

**brio** (con brio) [italienisch]: mit Feuer, mit Schwung, lebhaft.

**Bruitismus** [bryi'tısmʊs; von französisch bruit „Lärm, Geräusch"]: eine Richtung in der Musik, die das Geräusch als Material in die Komposition einbezieht. In seiner speziellen Form, nämlich als musikalische Spielart des ↑Futurismus, besaß der Bruitismus (v. a. vertreten durch L. Russolo und F. B. Pratella seit etwa 1910) kompositorisch wenig Durchschlagskraft und blieb eine kurzlebige Sensation. Jedoch hat das allgemeine Prinzip des Bruitismus, die von der Technik beherrschte Welt sich akustisch im Kunstwerk spiegeln zu lassen, auf viele Komponisten des 20. Jahrhunderts, namentlich nach 1950, deutlich eingewirkt.

**Brummeisen** ↑Maultrommel.

**Brummton:** durch nicht ausreichende Abschirmung von Kabeln oder Tonköpfen kann sich die Netzfrequenz (50 Hertz) bei elektroakustischer Übertragung „hörbar" machen. Das Ergebnis heißt [Netz]brummton.

**Brunette** [bry'nɛtə; französisch]: ein- oder mehrstimmiges französisches Liedchen mit oder ohne Instrumentalbegleitung. Die schlichten Texte handeln von Schäferidylle und Liebe. Brunettes waren im 17./18. Jahrhundert beliebt und wurden gesammelt herausgegeben, so von Ballard (Paris 1703), der die Bezeichnung von einem Liedanfang („Hélas, Brunete, mes amours") herleitet. Brunettes gelangten in die Klaviermusik (J. Ch. de Chambonnières) und in die Oper (J.-B. Lully, J.-Ph. Rameau).

**Bruststimme** (Brustregister): die tiefe Lage der menschlichen Stimme, bei der hauptsächlich die Brustwand in Schwingung versetzt wird.

**Brustwerk:** im Orgelbau bis zum 18. Jahrhundert eine Registergruppe mit kleinen Lingualpfeifen und einer eigenen Windlade, die in der „Brust" der Orgel unter dem Hauptwerk, direkt über dem Spieltisch, aufgestellt wurde. Es ging aus dem im 15. Jahrhundert in die Orgel eingegliederten ↑Regal hervor.

**Buchstabentonschrift:** musikalische Notierung unter Verwendung von Buchstaben, die sich erstmals um 200 vor Christus in der griechischen Musik nachweisen läßt. In lateinischen Traktaten findet sie sich zunächst zur Bezeichnung der Saitenteilungen am Monochord, dann allgemeiner als Instrumentalnotation. Seit dem Ende des 9. Jahrhunderts setzte sich zunehmend die mit einem Halbtonschritt bei C–D unserem C-Dur entsprechende Siebentonreihe ABCDEFG durch. Von der Neumenschrift verdrängt, fand die Buchstabentonschrift seit dem 14. Jahrhundert neue Verwendung in der Orgeltabulatur (andere Bedeutung in der Lautentabulatur). Sie ist heute noch in den Tonbezeichnungen lebendig, die im 19. Jahrhundert durch die Unterscheidung von Groß- (= Dur; z. B. A = A-Dur) und Kleinschreibung (= Moll; z. B. a = a-Moll) der Buchstaben zusätzliche Akkordbedeutung erhielt.

**Bucina** (Buccina) [lateinisch]: Metallblasinstrument, das bei den Römern als bäuerliches, später als militärisches Signalhorn verwendet wurde. Es hatte zunächst die Form eines Tierhorns, später

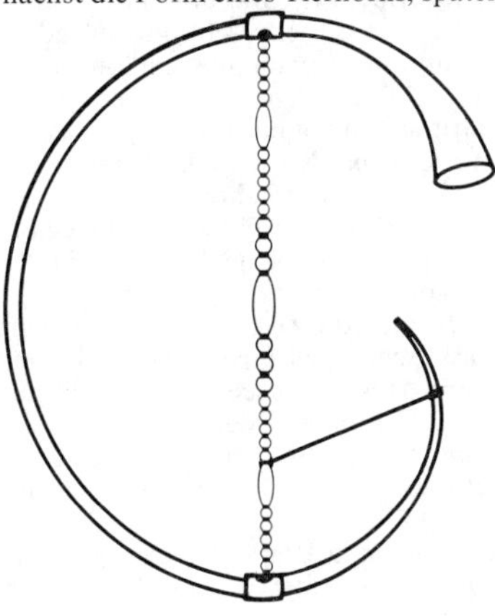

war es ein langes, nahezu kreisförmig gebogenes Horn mit einer hölzernen Querstange (als solches mit dem ↑Cornu identisch).

**Buffo** [italienisch]: Sänger komischer Rollen in der Oper (Opera buffa); nach Stimmlagen wird unterschieden in Baßbuffo (z. B. die Rolle des Bartolo in Rossinis „Barbier von Sevilla", 1816) und Tenorbuffo (z. B. Basilio in Mozarts „Hochzeit des Figaro", 1786).

**Buffonistenstreit** (französisch querelle des bouffons): eine 1752 in Paris durch den Auftritt einer italienischen Operntruppe (mit G. B. Pergolesis „La serva padrona", 1733) entfachte ästhetische Debatte zwischen den Anhängern der von J.-Ph. Rameau repräsentierten französischen Operntradition und den Verfechtern der neuen italienischen Opera buffa. In der volkstümlichen Buffa sahen J.-J. Rousseau, D. Diderot u. a. ihr Natürlichkeitsideal verwirklicht. Der jahrelange Streit führte zur Entstehung der ↑Opéra comique.

**Bugaku** [japanisch]: in der japanischen ↑Gagaku Bezeichnung für die Tänze und ihre Musik. Die Tänze werden von einem Bläserensemble begleitet und musikalisch in solche für Links- und Rechtsdrehung unterschieden. Sie waren schon in der Heianzeit (9.–12. Jahrhundert) bekannt und sind teilweise heute noch lebendig.

**Bügelhörner:** Blechblasinstrumente mit weitem, konisch verlaufendem Schallrohr. Zur Familie der Bügelhörner gehören Flügel-, Alt-, Tenorhorn, Bariton, Euphonium und die Baßinstrumente Tuba, Kaiserbaß, Helikon und Sousaphon. Wegen ihres weichen, etwas groben Klanges werden die Bügelhörner mit Ausnahme der Tuba nur in der Blasmusik verwendet.

**Bühnenmusik:** die zu einem Bühnenwerk (Schauspiel, Oper, Operette) gehörende Musik, die selbst einen Teil der Handlung bildet oder in enger Beziehung zu ihr steht. In der Oper und Operette wird unter Bühnenmusik eine auf der Bühne gespielte Musizierszene verstanden (z. B. die Tanzszene in W. A. Mozarts „Don Giovanni", 1787), im Schauspiel die „Inzidenzmusik", d. h. eine für den Handlungsablauf unentbehrliche musikalische Beigabe wie Fanfaren, Märsche, Tanz- oder Liedeinlagen (z. B. Gesang der Ophelia in Shakespeares „Hamlet", 1603/04). Bühnenmusik wird auf oder hinter der Bühne oder, wenn das Musizieren auf der Szene vorgetäuscht wird, im Orchesterraum gespielt. Zur Bühnenmusik wird meist auch die *Schauspielmusik* gezählt, die die Akte eines Dramas mit Ouvertüre, Zwischenakts- und Schlußmusik umrahmt und Teile der Handlung untermalt oder ausdeutet (z. B. L. van Beethovens Musik zu Goethes „Egmont", 1809/10). Schauspielmusik wird stets im Orchesterraum ausgeführt und ist, da vom Autor nicht eingeplant, austauschbar und entbehrlich.

Musik als Element der Handlung findet sich in antiken Tragödien, liturgischen Dramen und geistlichen Spielen des Mittelalters, in italienischen Renaissancedramen und englischen Maskenspielen des 16. und 17. Jahrhunderts. Bühnenmusiken entstanden im 17. Jahrhundert zu den Dramen Shakespeares, der selbst vielfach Lied- und Tanzszenen und Instrumentalmusik vorsah, ferner zu Werken von P. Calderón de la Barca, F. Lope de Vega, P. Corneille, J. Racine und Molière, für den J.-B. Lully schrieb. In der 2. Hälfte des 18. Jahrhunderts erhoben J. Ch. Gottsched, G. E. Lessing u. a. die Forderung, daß die bei Schauspielen üblichen Musikumrahmungen auch in innerer Beziehung zum Drama stehen müßten. Seither entstanden bedeutende Schauspielmusiken, so von J. Haydn, J. André, J. F. Reichardt, W. A. Mozart („Thamos", 1779), im 19. Jahrhundert von L. van Beethoven, E. T. A. Hoffmann, C. M. von Weber, F. Schubert („Rosamunde", 1823), R. Schumann („Manfred", 1848/49), F. Mendelssohn Bartholdy („Sommernachtstraum", 1842), G. Bizet („L'Arlésienne", 1872), E. Grieg („Peer Gynt", 1874/75) und H. Pfitzner. Bühnenmusik wird auch im modernen Drama gefordert (z. B. bei F. García Lorca, Th. Wilder, J. Anouilh); sie findet sich als „Musik in der Musik" in der Oper des 20. Jahrhunderts (z. B. in R. Strauss' „Rosenkavalier", 1911) und wird bisweilen zu klassischen Theaterstücken neu komponiert (z. B. C. Orff, „Sommernachtstraum", 1952, 1964).

**Bünde** (Einzahl das Bund): auf dem Griffbrett von bestimmten Saiteninstrumenten im Halbtonabstand angebrachte Querleisten aus Holz oder Metall, die dem Spieler das Greifen und damit ein exaktes Spiel erleichtern. Sie bestanden urspünglich aus Darmsaiten, die um den Hals des Instruments gebunden wurden. Bünde tragen z. B. Balalaika, Gitarre und Viola da gamba, bundfrei sind z. B. Violine und Violoncello.

**bundfrei:** wird ein Instrument ohne ↑Bünde genannt, ferner ein ↑Klavichord, das für jeden Ton eine eigene Saite besitzt, im Unterschied zum gebundenen Klavichord, bei dem auf einer Saite durch Veränderung der Berührungsstelle verschiedene Töne erzeugt werden.

**burgundische Musik** ↑niederländische Musik.

**Burleske** (Burletta, Burla) [von italienisch burla „Spaß, Spott"]: ein Instrumentalstück heiteren oder komischen Charakters, meist für Klavier. Die Burleske findet sich z. B. bei J. S. Bach (Partita III in a-Moll, BWV 827), R. Schumann (Burla in „Albumblätter" op. 124, 1832–45), ferner bei M. Reger und B. Bartók.

**Busine** [altfranzösisch, von lateinisch ↑Bucina]: eine lange Trompete mit Stürze und Mundstück. Sie stammt aus Arabien und besaß im europäischen Mittelalter einen hohen Rang als Heroldinstrument der Fürsten. Aus ihr entwickelten sich im 15. Jahrhundert die Posaune und die moderne Trompete.

**Busuki** [griechisch]: griechisches Lauteninstrument, das in der Volksmusik Griechenlands eine wichtige Rolle spielt. Es ist wahrscheinlich türkisch-arabischer Herkunft.

**BWV:** Abk. für **B**ach-**W**erke-**V**erzeichnis, mit vollem Titel: Thematisch-systematisches Verzeichnis der musikalischen Werke von Johann Sebastian Bach, herausgegeben von W. Schmieder, 5. Auflage 1973.

**byzantinische Musik:** die Musik des Byzantinischen Reiches (330/395-1453) umfaßt die weltliche höfische Musik und die byzantinische Kirchenmusik. Von der weltlichen Musik ist wenig bekannt. Vokal- und Instrumentalmusik erklang beim Hofzeremoniell. Erhalten sind einige Akklamationen zu Ehren der Kaiser. Die Orgel war das Symbol des Kaisers, des Stellvertreters Christi auf Erden. Die streng vokale, aus der altchristlichen Musik hervorgegangene Kirchenmusik ist in Handschriften seit dem 10. Jahrhundert überliefert; ihre Notation läßt sich jedoch erst seit dem 12. Jahrhundert eindeutig übertragen. Die Liturgie der byzantinischen Kirche beruht nicht nur auf der Heiligen Schrift, sondern auch auf einem sehr breiten Repertoire religiöser Hymnendichtung. Wichtige Hymnendichter waren der Melode Romanos († kurz nach 555), Andreas von Kreta (7./8. Jahrhundert), Johannes von Damaskus (8. Jahrhundert), Kosmas von Jerusalem (8. Jahrhundert) und Theodoros Studites (* 759, † 826). Die Formen der Messe, die weitgehend auf die Kirchenlehrer Basilius den Großen (* um 330, † 379) und Johannes I. Chrysostomos (* um 350, † 407) zurückgehen, übten etwa bis zur Jahrtausendwende einen mächtigen Einfluß auf die Kultur des Ostens und des Westens aus. So haben die Südslawen und Russen bei ihrer Christianisierung im 9. bzw. 10. Jahrhundert auch die byzantinischen Gesänge übernommen, die ins Kirchenslawische übersetzt wurden. Zahlreiche Gesänge wurden ins Lateinische übersetzt und in die Liturgie der Westkirche aufgenommen. Vielfache Beziehungen verknüpfen die mittellateinische mit der byzantinischen Musiktheorie. Von Byzanz hat der Westen wahrscheinlich die Lehre von den Tonarten und die Choralnotation (↑ekphonetische Notation) übernommen.

# C

**C** (c): Tonbuchstabe zur Bezeichnung für die 1. Stufe der Grundtonleiter C-Dur, so benannt nach der mittelalterlichen Buchstabentonschrift; im romanischen Sprachbereich hat sich dagegen die Solmisationsilbe (↑Solmisation) ut erhalten. Durch ein ♯ (Kreuz) wird C erhöht zu cis (französisch ut dièse, englisch C sharp), durch ♭ - (b-)Vorzeichnung erniedrigt zu ces (französisch ut bémol, englisch C flat). Auf einer Notenlinie des Liniensystems dient der Tonbuchstabe bzw. das aus ihm entwickelte Zeichen als Schlüssel für die Festlegung der Tonhöhen (C-Schlüssel):

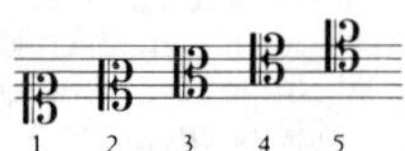


(1: Sopranschlüssel; 2: Mezzosopranschlüssel; 3: Alt- oder Bratschenschlüssel; 4: Tenorschlüssel; 5: Baritonschlüssel):
Die Taktvorzeichnungen **C** (4/4-Takt) und **¢** (2/2- oder 4/4-Takt, ↑alla breve) sind nicht vom Buchstaben C abgeleitet, sondern entstammen als „unvollendete“ Kreise (imperfectum) der Mensuralnotation.

**c. a.:** Abk. für ↑coll'arco.

**Cabaletta** [provenzalisch-italienisch]: seit dem 18. Jahrhundert eine kleine kurze Arie, im 19. Jahrhundert auch der Stretta-Schluß (↑Stretta) von Arien und Duetten in italienischen Opern.

**Caccia** ['katʃa; italienisch „Jagd“]: Gattung der italienischen Musik des 14. Jahrhunderts (↑Trecento), bei der zwei lebhafte, gesungene Oberstimmen, die im Kanon geführt sind (sich „jagen“), von einer ruhigen, meist instrumentalen Unterstimme gestützt werden. Auch die Texte der Caccia beziehen sich auf die Jagd oder ähnliche bewegte Szenen.

**Cäcilianismus** (Caecilianismus) [tsɛ...]: eine Bewegung in der katholischen Kirchenmusik des 19. Jahrhunderts. Der Cäcilianismus wandte sich v. a. gegen die großen Konzertmessen des 18./19. Jahrhunderts und sah das Ideal mehrstimmiger vokaler Kirchenmusik im Palestrina-Stil des 16. Jahrhunderts mit seiner Ausgewogenheit der Stimmführung und der klaren Textverständlichkeit. Zahlreiche neue Kompositionen entstanden unter Berücksichtigung dieser Gesichtspunkte. Träger dieser Bemühungen um eine neue Verwirklichung der kirchenmusikalischen Reformen des Konzils von Trient (1545–63) war der Allgemeine Cäcilien-Verband (Abk. ACV).

**Cajun-Musik** ['keɪdʒən; englisch] (Zydeco): Anfang des 19. Jahrhunderts entstandene franko-amerikanische Volksmusik aus Louisiana. Cajuns sind Frankokanadier, die nach dem Siebenjährigen Krieg (1756–63) aus der kanadischen Landschaft Acadia (daher auch Akadier) vertrieben wurden und sich dann im Mississippi-Delta ansiedelten. Wie in die Sprache, so gingen auch in die Musik englische und westafrikanische Elemente ein. Die klanglich von Akkordeon, Geige und Triangel geprägte Cajun-Musik beeinflußte Stile des Country and western und wurde im Swamp-Rock aufgegriffen.

**Cakewalk** ['kɛɪkwɔːk; englisch]: seit etwa 1870 durch die Minstrelsy (↑Minstrel) in den USA verbreiteter afroamerikanischer Tanz. Sein synkopischer 2/4-Takt ging in den ↑Ragtime ein. Der Cakewalk wurde um 1900 auch in Europa Modetanz.

**calando** [italienisch, von calare „sinken“]: gleichzeitig an Tonstärke und Tempo abnehmend.

**calmato** (calmando) [italienisch]: beruhigt (bzw. beruhigend), ruhig.

**Calypso** [ka'lıpso; Herkunft unsicher]: seit etwa 1900 bekannter, gesungener Tanz der Schwarzen aus Trinidad im 2/4- oder 4/4-Takt mit rumbaartigen Kreuzrhythmen. Der Calypso wurde in den 50er Jahren (H. Belafonte) Modetanz.

**Cambiata** [italienisch; Kurzform von nota cambiata „vertauschte Note, Wechselnote"]: in der Kontrapunktlehre eine dissonierende Note, die an Stelle einer konsonierenden steht; und zwar ist damit einerseits eine „relativ betonte" Dissonanz gemeint, als auch die sogenannte *Fuxsche Cambiata* (nach J. J. Fux). Diese ist eine unbetonte Dissonanz, die mit einem Sekundschritt abwärts eingeführt wird und zur Terz abspringt.

**Camerata** [italienisch]: Name eines Kreises von Musikern, Dichtern, Philosophen und gelehrten Angehörigen des Adels, der Ende des 16. Jahrhunderts in Florenz zusammentrat und – in Anlehnung an den antiken griechischen Gesang – eine auf Textverständlichkeit und Ausdruck gerichtete [Sprech]gesangsmusik anstrebte. Zu den Mitgliedern der Camerata gehörten u. a. V. Galilei, G. Caccini, J. Peri und O. Rinuccini. Ihre (gegen die herrschende mehrstimmige Musik gerichteten) Bemühungen führten zur Ausbildung des monodischen Stils (↑Monodie) und damit der ↑Oper.

**Campana** [italienisch]: italienische Bezeichnung für Glocke; die Verkleinerungsform *Campanella* heißt das Glöckchen; *Campanelli* ist die italienische Bezeichnung für das Orchesterglockenspiel (↑Glockenspiel).

**Canarie** [kana'ri; französisch]: ein wahrscheinlich von den Kanarischen Inseln stammender Paartanz in raschem 6/8- oder 3/4-Takt. Sie wurde im 16. Jahrhundert in Frankreich Mode und bis ins 18. Jahrhundert auch in der Kunstmusik verwendet.

**Cancan** [kã'kã; französisch]: vermutlich aus Algier nach 1830 in Paris eingeführter rasanter, galoppartiger Tanz im 2/4-Takt. Als erotischer Schautanz wurde der Cancan Attraktion in Varieté und Offenbach-Operetten.

**Cancionero** [kanθio'nero; spanisch, von canción „Lied"] (portugiesisch cancioneiro): Bezeichnung für portugiesische und spanische Liederhandschriften des 13.–17. Jahrhunderts, in denen lyrische Gedichte, zum Singen bestimmt, aber nur z. T. mit Noten versehen, aufgezeichnet sind.

**cantabile** [italienisch „singbar"]: eine Vortragsbezeichnung v. a. in der Instrumentalmusik, die einen gesangvollen Ausdruck fordert.

**Cantatille** [kãta'tij; französisch „kleine Kantate"]: im 18. Jahrhundert in Frankreich beliebte Form der Kammermusik für eine Solostimme und Begleitung (Cembalo, Soloinstrument oder kleines Instrumentalensemble) mit kurzen Rezitativen und Arien.

**Cantatorium** [lateinisch]: im Mittelalter Bezeichnung für das liturgische Buch mit den Gregorianischen Sologesängen der Messe.

**Canticum** [lateinisch „Gesang"]: die Lieder des Alten und des Neuen Testaments mit Ausnahme der Psalmen. Die Verwendung der Cantica geht schon auf die jüdische Liturgie zurück. Sie finden sich sowohl im Offizium als auch in der Messe (z. B. Magnificat oder Benedictus).

**Cantiga** [spanisch und portugiesisch „Lied, Lobgesang"]: allgemein Bezeichnung für Volks- und Kunstlieder aus Spanien und Portugal. Im engeren Sinn sind damit die weltlichen und geistlichen volkssprachlichen Lieder des 12.–14. Jahrhunderts gemeint, die in den ↑Cancioneros überliefert sind.

**Cantilena** [lateinisch „Lied, Melodie, Gesang"]: bezeichnet im Mittelalter liedhafte Teile im liturgischen Gesang (z. B. Tropus und Sequenz), auch das weltliche einstimmige Spielmannslied und das populäre Tanzlied oder -stück; im 13.–15. Jahrhundert auch den mehrstimmigen Liedsatz. – ↑auch Kantilene, ↑Kantilenensatz.

**Cantio** [lateinisch]: im Mittelalter ursprünglich Bezeichnung für ein Gesangsstück allgemein, später, v.a. im 15. und 16. Jahrhundert für ein schlichtes, volkstümliches Lied, dessen Text dem Prinzip von Hebung und Senkung folgt und dessen Melodie häufig von Dreiklangsbewegungen geprägt und im Dreiertakt verläuft (Beispiel: „Resonat in laudibus / Joseph, lieber Joseph mein"). Hauptverbreitungsgebiet der Cantio waren Böhmen, Österreich und Süddeutschland.

**Cantiones sacrae** [lateinisch]: Sammelbezeichnung und häufiger Titel für mehrstimmige geistliche Vokalkompositionen, v.a. Motetten, im 16. und 17. Jahrhundert (z.B. H. Schütz, „Cantiones sacrae", 1625).

**Canto carnascialesco** ['kanto karnaʃa'lesko; italienisch „Karnevalslied"]: volkstümliches Strophenlied in einfachem drei- oder vierstimmigem Satz, das bei Florentiner Karnevalsumzügen des späten 15. und des 16. Jahrhunderts gesungen wurde.

**Cantor** [lateinisch] ↑Kantor.

**Cantus** [lateinisch „Gesang"]: in der mehrstimmigen Musik des ausgehenden Mittelalters gebrauchte Bezeichnung für die vorgegebene oder zuerst erfundene Stimme, meist die Oberstimme; seit dem 15. Jahrhundert in derselben Bedeutung verwendet wie Diskant oder Sopran.

**Cantus figuratus** [lateinisch, von figurae „Notenzeichen"] ↑Cantus mensurabilis.

**Cantus firmus** [lateinisch „feststehender Gesang"], Abk. c. f.: seit dem Mittelalter zunächst Bezeichnung für den einstimmigen Gregorianischen Choral, seit dem 18. Jahrhundert für eine vorgegebene, meist in größeren Notenwerten geführte Melodiestimme einer mehrstimmigen Komposition. Der Cantus firmus bildet die Grundlage der mittelalterlichen Komposition. Im weiteren Verlauf der Musikgeschichte tritt v.a. die *Cantus-firmus-Bearbeitung* (u.a. in Messe, Motette, Choralbearbeitung) hervor. Für den Cantus firmus wurden zunächst Melodien oder Melodieabschnitte des liturgischen Chorals, später auch geistliche und weltliche Melodien verwendet.

**Cantus mensurabilis** [lateinisch „meßbarer Gesang"] (Musica mensurabilis „Mensuralmusik"; später Cantus figuratus oder Musica figurata „Figuralmusik"): hieß die mehrstimmige Musik des Mittelalters, die sich durch die Verwendung rational gegliederter Notenwerte vom (rhythmisch) „ebenen Gesang" des ↑Cantus planus unterschied.

**Cantus planus** [lateinisch „ebener Gesang"] (Cantus choralis): Bezeichnung für den einstimmigen Gregorianischen Choral mit seiner gleichrhythmischen Bewegung, im Unterschied zu ↑Cantus mensurabilis, der unterschiedliche Notenwerte verwendet.

**Capotasto** [italienisch „Hauptbund"] (Kapodaster): bei Saiteninstrumenten mit Bünden (Laute, Gitarre) ein verschiebbarer Sattel, bestehend aus einer mit Tuch oder Leder bezogenen Holzleiste, die, auf die Saiten gepreßt, deren Länge verkürzt und so eine Höherstimmung des Instruments ermöglicht. Der den Barré-Griff (↑Barré) ersetzende Capotasto erleichert das Spiel in schwierigen Tonarten.

**Cappella** [italienisch] ↑Kapelle, ↑a cappella.

**Capriccio** [ka'prɪtʃo; italienisch „Laune, Einfall"]: in der Musik Bezeichnung für ein „einfallsreiches" Stück mit freier Form. Im 16. Jahrhundert hießen Capricci Vokalstücke im Madrigalstil, später auch Instrumentalstücke, besonders für Tasteninstrumente (G. Frescobaldi, J. S. Bach). Seit dem 18. Jahrhundert entstanden meist tonmalerische und virtuose Capricci für Violine (P. Locatelli, G. Tartini, N. Paganini). Im 19. Jahrhundert war das Capriccio eine Art Charakterstück mit überraschenden Wendungen oder national gefärbten Stilzügen (C. M. von Weber, J. Brahms; P. I. Tschaikowski, „Capriccio italien", 1880).

**Carillon** [kari'jõ; französisch]: 1. aus mehreren Glocken zusammengesetztes Musikinstrument (↑Glockenspiel). – 2. ein Musikstück, das für das Glockenspiel bestimmt ist oder seinen Klang nachahmt. – 3. in der Orgel ein Mixturregister (auch Glockenton).

**Carioca** [indianisch]: in Rio de Janeiro entstandener afroamerikanischer Tanz in bewegtem Tempo und geradem Takt. Er kam um 1930 nach Europa.

**Carmen** [lateinisch]: 1. in der römischen Antike zunächst Zauberspruch, dann allgemein Gedicht und Gesang. – 2. im 14./15. Jahrhundert hieß die das Gedicht singende Stimme in mehrstimmigen Sätzen Carmen. – 3. im 15./16. Jahrhundert bezeichnete Carmen mehrstimmige, textgebundene Sätze verschiedener Art.

**Carol** ['kærəl; englisch]: volkstümliches englisches Weihnachtslied (↑Noël; ↑Lullaby). Bis zum 16. Jahrhundert hießen volkstümliche Lieder zu Rundtänzen mit solistischen Strophen und chorischem Kehrreim Carols. Die Ende des 14. Jahrhunderts entstandene Gattung war bei jahreszeitlichen Festen, v. a. an Weihnachten, gebräuchlich.

**Cassa** [italienisch „Kiste"] ↑Trommel; *gran cassa*, große Trommel; *cassa chiara*, kleine Trommel.

**Cassation** ↑Kassation.

**Catch** [kætʃ; englisch „das Fangen"]: gesellige Kanongattung im England des 17. und 18. Jahrhunderts. Die drei- und mehrstimmigen Catches mit ihren meist recht zweideutigen Texten waren ein beliebtes Unterhaltungs- und Stimmungsmittel in Klubs und Männerrunden. Bekannte Sammlungen sind „The musicall banquett" von J. Playford (1651) oder „Catch that catch can" von J. Hilton (1652). Im späten 18. Jahrhundert lösten die harmloseren ↑Glees diese Art des Rundgesangs bei Herrenabenden ab; Pflege der Catch bis ins 20. Jahrhundert.

**Cauda** [lateinisch „Schwanz, Schweif"]: 1. in der Modal- und Mensuralnotation der nach oben oder unten gerichtete Hals einer Note oder Ligatur. – 2. seit dem 13. Jahrhundert Bezeichnung für einen musikalischen Anhang, später mit ↑Koda identisch.

**Cavata** [von italienisch cavare „ausgraben, herausnehmen"]: im 18. Jahrhundert der arios gestaltete Schlußabschnitt eines Rezitativs, der dessen Textinhalt (kurz und treffend) zusammenfaßt; häufig in Kantaten von J. S. Bach zu finden; Vorläuferin der ↑Kavatine.

**Cavatina** ↑Kavatine.

**CD:** Abk. für **C**ompact **D**isc (↑Schallplatte).

**Celesta** [tʃe'lɛsta; italienisch „die Himmlische"]: ein äußerlich dem Harmonium ähnliches Stahlstabklavier, dessen abgestimmte Stäbe auf Resonanzkästchen aus Holz lagern und über eine Tastatur mit einer Hammermechanik angeschlagen werden. Der Klang ist ätherisch zart und weich (Tonumfang $c–c^5$, kleinere Instrumente $c^1–c^4$ oder $c^2–c^5$). Notiert wird eine Oktave unter dem tatsächlichen Klang. Die Celesta wurde erstmals 1886 von A. Mustel (Paris) gebaut und gelangte schnell in das Orchester (z. B. bei Tschaikowski, Puccini, Mahler, R. Strauss).

**Cello** ['tʃɛlo; italienisch]: Kurzform von ↑Violoncello.

**Cembalo** [tʃɛmbalo; italienisch, Kurzform von Clavicembalo (aus mittellateinisch clavis „Taste" und griechisch-lateinisch cymbalum „Zimbel, Schallbecken")] (Kielflügel; französisch clavecin; englisch harpsichord): ein Tasteninstrument mit Zupfmechanik, im Unterschied zu den verwandten Kleinformen ↑Spinett und ↑Virginal in Flügelform und mit einer in Verlängerung der Tasten liegenden Besaitung. Die Tonerzeu-

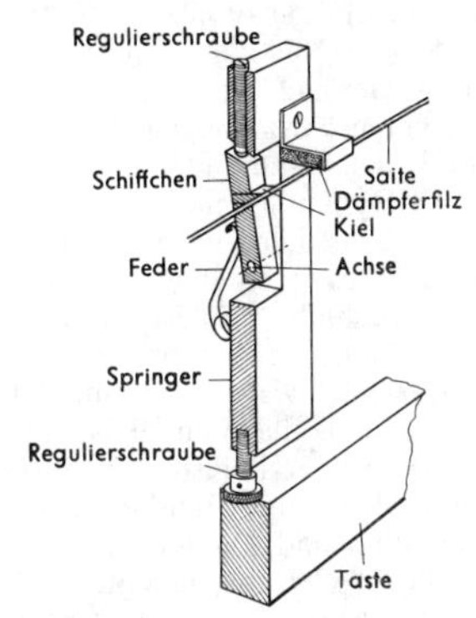


Cembalomechanik

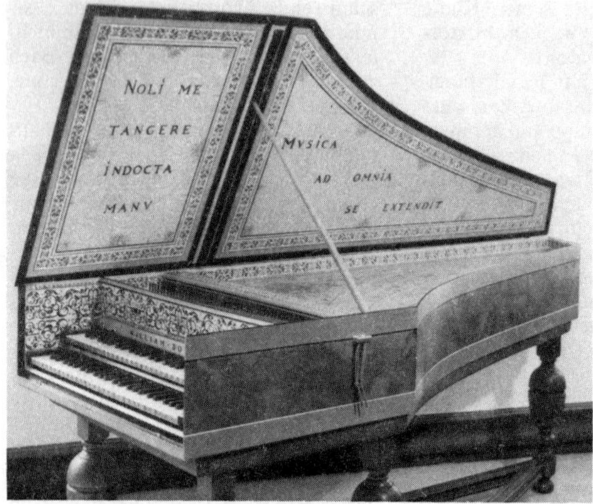


Cembalo nach J. Ruckers (um 1620) aus der Sammlung F. Neumeyer, Bad Krozingen

gung erfolgt durch Anreißen von dünnen Messing-, Bronze- oder Stahlsaiten verschiedener Länge und Stärke, die über einen Resonanzboden mit Schalloch und Stegen gespannt sind. Die Tasten der Klaviatur wirken als Hebel; beim Drücken einer Taste wird der auf dem hinteren Tastenende stehende Springer (auch Docke genannt) angehoben, dadurch reißt der im Springer beweglich angebrachte Feder-, Leder- oder (heute) Kunststoffkiel die Saite an und hebt gleichzeitig einen Dämpferfilz ab. Beim Loslassen der Taste fällt der Springer, ohne anzureißen, in seine Ausgangslage zurück, der Dämpferfilz legt sich wieder auf die Saite und stoppt die Saitenschwingungen. Anders als beim Klavier ist die Lautstärke und somit die Dynamik beim Cembalo kaum beeinflußbar. Um eine Klangänderung während des Spiels zu ermöglichen, besitzen deshalb größere Instrumente zwei, seltener 3–4 terrassenartig angeordnete Klaviaturen (Manuale) und mehrere in Tonlage und Klangcharakter verschiedene Register, die durch Pedal oder Knie- und Handhebel zu- oder abschaltbar sind. Die Klaviatur umfaßt $4^{1}/_{2}$, bei großen Instrumenten 5 Oktaven bzw. 56 oder 61 Tasten. Der tatsächliche Tonumfang wird durch die (nach historischem Vorbild mit Sechzehn-, Acht- und Vierfuß bezeichneten) Register um je eine Oktave in die hohe und tiefe Lage erweitert, so daß große Instrumente von ${}_{2}F$ bis $f^{4}$ reichen. Durch Manualkoppel können die Tasten der Klaviaturen mechanisch verbunden werden. Eine zusätzliche Klangfarbenveränderung ermöglicht der Lautenzug, bei dem sich durch einen über die Saiten gelegten Filzstreifen ein lautenartiger Klang ergibt. Cembali werden heute meist nach der temperierten zwölftönigen Stimmung eingestimmt.

Das Cembalo entstand in der 2. Hälfte des 14. Jahrhunderts, als das Psalterium mit einer Mechanik versehen wurde. Der Umfang der Klaviatur betrug zunächst drei, im 17. Jahrhundert vier (meist mit ↑kurzer Oktave) und erreichte im 18. Jahrhundert fünf Oktaven. Schon früh wurde es zur Klangverstärkung mit einem mehrfachen, bald auch die genannten Tonlagen (Register) umfassenden Saitenbezug versehen. Ein zweites Manual ist seit dem 16. Jahrhundert üblich. Auf Grund seines obertonreichen, vollen und rauschenden Klangs und seiner rhythmisch präzisen, klar zeichnenden Tongebung war das Cembalo neben der Orgel das wichtigste, gleichermaßen als Solo- wie als Generalbaßinstrument einsetzbare Tasteninstrument der Barockzeit. Für Cembalo schrieben die größten Komponisten der Zeit (Byrd, Frescobaldi, Chambonnières, Louis und François Couperin, Purcell, Scarlatti, Rameau, Händel, J. S. Bach). – Der Cembalobau blühte im 16. Jahrhundert in Italien und den damaligen Niederlanden (Familie Ruckers in Antwerpen) und gelangte von da nach Frankreich (Blanchet und Taskin in Paris), England (Shudi, Broadwood, Kirkman in London) und Deutschland (J. H. Silbermann in Straßburg). Gegen Ende des 18. Jahrhunderts kam das Instrument außer Gebrauch, da sein starrer, wenig beeinflußbarer und durchsichtiger Klang dem Ausdrucksideal der Zeit nicht mehr entsprach; an seine Stelle trat das Hammerklavier. Mit der um 1900 einsetzenden Wiederbelebung alter Musik wurde auch das Cembalo nach historischem Vorbild neu gebaut oder für die Verwendung in großen Sälen und im Orchester weiterentwickelt. Es wird heute vorwiegend für die Interpretation älterer Klavierwerke und als Generalbaßinstrument, aber auch in der neuen Musik und im Jazz eingesetzt.

**Cent,** Abk. C: ein „logarithmisches" Maß für Intervalle. Da Intervallen Verhältnisse und nicht Differenzen von Frequenzen entsprechen, wurde ein Maß eingeführt, bei dem gleichen Intervallen die gleiche Anzahl von Maßeinheiten entsprechen. Als Grunddistanz ist ein temperierter Halbton (↑Temperatur) gleich 100 Cent gesetzt; eine Oktave entspricht somit 1200 Cent und einem Cent entspricht ein „hundertstel Halbton" (siehe Tabelle).

Das Intervall mit dem Frequenzverhältnis $f_1/f_2$ hat, allgemein ausgedrückt, x Cent, wenn $x = \frac{1200}{\lg 2} \lg(f_1/f_2)$ ist (lg ist die Abk. für Logarithmus).

**Cento** [lateinisch „Flickwerk"]: ein aus Versen oder Versteilen bekannter Dichter neu zusammengestelltes Gedicht. In der Antike wurden besonders Werke Homers und Vergils zu parodistischen oder spielerischen Zwecken so verwendet. Christliche Dichter benützten die Centotechnik, um antiken Versen christlichen Sinn zu unterlegen. – Cento heißen auch aus vorhandenen Melodieteilen zusammengesetzte Choralmelodien; heute werden auch Stimmen, die verschiedene Melodieteile aneinanderreihen, z. B. in Motette, Chanson, Quodlibet, so bezeichnet. Im 18. Jahrhundert waren Cento und ↑Pasticcio gleichbedeutend.

**Cephalicus** [griechisch-lateinisch] ↑Neumen.

**c. f.:** Abk. für ↑Cantus firmus.

**Cha-Cha-Cha** ['tʃa'tʃa'tʃa]: Modetanz aus Kuba in mäßigem Tempo und geradem Takt. Er wurde Anfang der 1950er Jahre aus dem ↑Mambo entwik-

| Tonhöhe: | Frequenz: (ca.) | Intervall: | Frequenz-differenz: (ca.) | Frequenz-verhältnis: (ca.) | „Distanz" in Cent: |
|---|---|---|---|---|---|
| c | 128 | kleine Sekunde | 7,6 Hz | 1,0597 | 100 |
| cis | 135,6 | | | | |
| | | kleine Sekunde | 8,1 Hz | 1,0597 | 100 |
| d | 143,7 | | | | |
| | | kleine Sekunde | 8,5 Hz | 1,0597 | 100 |
| es | 152,2 | | | | |
| | | kleine Sekunde | 9,1 Hz | 1,0597 | 100 |
| e | 161,3 | | | | |
| c | 128 | große Sekunde | 15,7 Hz | 1,1225 | 200 |
| d | 143,7 | | | | |
| c | 128 | kleine Terz | 24,2 Hz | 1,1892 | 300 |
| es | 152,2 | | | | |
| c | 128 | große Terz | 33,3 Hz | 1,2599 | 400 |
| e | 161,3 | | | | |

Cent

kelt und gehört heute zu den 4 lateinamerikanischen ↑Standardtänzen.

**Chaconne** [ʃa'kɔn; französisch] (spanisch chacona; italienisch ciaccona): zunächst ein mäßig bewegter Tanz im 3/4-Takt, wahrscheinlich aus Spanien, wo schon im 16. Jahrhundert Lieder und Instrumentalstücke so bezeichnet sind. Die Chaconne wurde eine der Hauptformen im Ballet de cour und in der Oper Frankreichs im 17./18. Jahrhundert. In der Instrumentalmusik dieser Zeit erscheint die Chaconne wie die langsamere Passacaglia als Variationskomposition über einem meist viertaktigen ostinaten Baßthema (J. S. Bach, Chaconne in der Solo-Parita d-Moll für Violine, BWV 1004, um 1720); im 19. Jahrhundert wurde sie erneut aufgegriffen (u. a. durch Brahms und Reger).

Chaconne aus der Suite d-Moll (etwa 1705–10) von G. F. Händel

**Chalumeau** [ʃaly'mo; französisch]: 1. ein kleines Holzblasinstrument mit einfachem Rohrblatt, zylindrischer Bohrung und geringem Tonumfang ($f^1 - a^2$). Es war seit dem Mittelalter bis ins 17. Jahrhundert hinein ein gebräuchliches Volksinstrument, wurde im frühen 18. Jahrhundert technisch verbessert und so zum Vorläufer der Klarinette. – 2. französische Bezeichnung für die ↑Schalmei (mit Doppelrohrblatt). – 3. im französischen Orgelbau ein seit dem 13. Jahrhundert bekanntes Zungenstimmenregister.

**Chanson** [ʃã'sõ; französisch „Lied"]: im französischen Mittelalter zunächst jedes singbare Gedicht in der Volkssprache, danach v. a. das bis in das 14. Jahrhundert gepflegte Minnelied der Trouvères. Waren diese Lieder noch einstimmig, so tritt seit dem Ende des 13. Jahrhunderts neben die Formen von Ballade, Rondeau und Virelai die bald im Vordergrund stehende mehrstimmige Chanson. Am Anfang des 15. Jahrhunderts war sie überwiegend eine dreistimmige Komposition mit liedhafter, gesungener Oberstimme und zwei instrumentalen Begleitstimmen. In rein vokaler Form weitete sie sich zur Vierstimmigkeit aus und fand ihren Höhepunkt in den Kompositionen von Josquin Desprez. Charakteristisch ist ihr von den Texten geprägter leichter Charakter mit dem Wechsel von homophonen und polyphonen Partien sowie die häufige Verwendung von Tonmalerei. In die Instrumentalmusik übertragen wurde die Chanson zur ↑Kanzone. Im 17. und 18. Jahrhundert stand die Chanson mit galanten, tändelnden Inhalten im Vordergrund, doch finden sich daneben auch politische Texte mit z. T. beißender Kritik an der herrschenden Adelsschicht. Im 19. Jahrhundert wurde P. J. de Béranger mit 5 bedeutenden Chansonsammlungen (1815–33) der wichtigste Vertreter der Gattung sowohl im politischen als auch im sentimentalen Bereich. Ohne Bruch wurde diese Tradition auch im 20. Jahrhundert weitergeführt und hatte eine weltweite Ausstrahlung nicht zuletzt dank Interpreten wie M. Chevalier, G. Brassens, Ch. Aznavour, G. Bécaud, E. Piaf, J. Gréco. In Deutschland wurde das Chanson (jetzt meistens sächlich gebraucht) zunächst über das Kabarett eingeführt und gehört jetzt zum Standardrepertoire von Rundfunk, Film und Fernsehen. Besondere Bedeutung gewannen hier politische und sozialkritische Chansons, z. B. von W. Biermann, D. Süverkrüp, F. J. Degenhardt und R. Mey und K. Wecker.

**Chanson de geste** [ʃãsõd'ʒɛst; französisch]: französisches Heldenepos des Mittelalters, in dem Stoffe aus der nationalen Geschichte, besonders aus der Karolingerzeit (8.–10. Jahrhundert) dargestellt sind. Obgleich keine Melodien erhalten sind, wird angenommen, daß die Epen von einem Sänger *(jongleur)* zur Begleitung von *viële* (Fidel), seit dem 14. Jahrhundert der *cifonie* (Drehleier) vorgetragen wurden.

**Chansonnier** [ʃãsɔni'e:; französisch]: 1. im 12.–14. Jahrhundert Bezeichnung für französische Liederdichter, den Troubadour oder Trouvère, im Gegensatz zum Ependichter; in neuerer Zeit auch für Sänger von Chansons. – 2. Bezeichnung für die Liedersammlungen der Troubadours und Trouvères, in denen sowohl Texte als auch Melodien, gelegentlich auch mehrstimmige Sätze überliefert sind.

**Chanterelle** [ʃã'trɛl; französisch] (Sangsaite): bei Saiteninstrumenten Bezeichnung für die höchste Saite (Violine, Laute) oder für die Melodiesaite (Drehleier, Banjo).

**Chanty** ['tʃɑ:ntɪ; englisch] ↑Shanty.

**Charakterstück** [ka...]: kurzes Musikstück, meist für Klavier, das einen bestimmten lyrischen Zustand, einen Eindruck oder eine momentane Situation musikalisch einzufangen sucht. Es ist oft mit kennzeichnenden Titeln versehen, jedoch der ↑Programmusik nur in einem weiten Sinne zuzuordnen. Nach Vorläufern in Barock und Vorklassik wurde das Charakterstück im 19. Jahrhundert zu einer wesentlichen musikalischen Gattung, vor allem bei Schubert („Impromptus", 1827; „Moments musicaux", 1823–28), Mendelssohn Bartholdy („Lieder ohne Worte", 1830–45), Schumann („Papillons", 1829–32; „Kinderszenen", 1839), Grieg, Liszt, Brahms, Reger, Debussy. Oftmals wurden mehrere Charakterstücke zu inhaltlich u. kompositorisch zusammengehörigen Zyklen zusammengestellt.

**Charivari** [ʃari'va:ri; französisch, lautmalerisch „Durcheinander"]: scherzhaft-ungeordnetes Musizieren („Katzenmusik") bei fröhlichen Anlässen, mit falschen Klängen, bizarren Melodieschritten und Geräuschen von Lärminstrumenten.

**Charleston** ['tʃarlstən; englisch]: 1. nach der Stadt Charleston in South Carolina benannter amerikanischer Modetanz der 1920er Jahre. Der anfangs als Schautanz sehr rasche Charleston (↑Foxtrott) mit seiner typischen, nach einer Pause einsetzenden Synkope (↑Ragtime) wurde in etwas langsamerem Tempo zum Gesellschaftstanz.

**Charlestonmaschine** ['tʃarlstən...; englisch]: in den 1920er Jahren verwendetes Rhythmusinstrument im Tanz- und Jazzorchester, bestehend aus zwei waagrecht auf einem Ständer montierten Becken, deren oberes durch Pedaltritt gegen das untere geschlagen wird; sie war Vorläufer der Hi-hat-Maschine (Hi-hat), mit höherem Ständer zum Spielen auch mit Schlegeln.

**Chasse** [ʃas; französisch „Jagd"]: kommt allgemein als Titel von Musikstücken vor, die das Jagdleben schildern (↑auch Caccia). Als spezielle Form der französischen Musik des 14. Jahrhunderts ist Chasse ein dreistimmiger gesungener Kanon.

**Chazozra** [hebräisch]: hebräische Blechtrompete mit engem, geradem Rohr, die als Kult- und Militärinstrument verwendet wurde. Sie wird im Alten Testament öfter erwähnt.

**Cheironomie** [çaɪ...; griechisch]: in der altgriechischen und frühchristlichen Musikübung die Handbewegungen, mit denen dem Sängerchor melodischer Verlauf, Rhythmus und Tempo eines Gesanges angezeigt wurden. Die Praxis der Cheironomie läßt sich aber für Ägypten bereits im 3. Jahrtausend vor Christus nachweisen.

In der antiken Tanzkunst umfaßt Cheironomie die mimischen Bewegungen und die Gebärdensprache von Händen und Füßen zum Ausdruck von Handlungen, Gedanken und Empfindungen. Über die römischen Mimen wurde diese Tradition bis in das ausgehende Mittelalter weitergeführt. Die Ursprünge der Cheironomie in der Tanzkunst dürften in Ostasien liegen, wo sie (z. B. in Indien, Japan oder Java) noch heute praktiziert wird.

**Chiamata** [kia'ma:ta; italienisch

„Ruf"]: Sammelsignal vor oder nach der Jagd, nachgeahmt in gleichnamigen Instrumentalstücken der venezianischen Oper des 17. Jahrhunderts.

**Chiavette** [kia'vɛtə; von italienisch chiavetta „Schlüsselchen"]: Bezeichnung für die in der Vokalmusik des 15.–17. Jahrhunderts gegenüber ihrer Normalstellung auf den Linien versetzten Schlüssel, womit v. a. die Verwendung von Hilfslinien vermieden werden sollte.

**Chicago-Stil** [ʃi'ka:go...]: im Jazz Bezeichnung für eine zu Anfang der 1920er Jahre in Chicago entwickelte Variante des ↑Dixieland-Jazz. Der Chicago-Stil verdankt seine Entstehung der Auseinandersetzung weißer Musiker mit dem Jazz der aus dem Süden der USA zugewanderten Negermusiker. Dem „schwarzen" ↑New-Orleans-Jazz gegenüber unterscheidet sich der Chicago-Stil u. a. durch eine geringere Aggressivität der Tonbildung, ein Zurücktreten der Kollektivimprovisation zugunsten des Solos und durch die Einbeziehung neuer Instrumente; an die Stelle des Banjos tritt hierbei die Gitarre, und die Tuba wird durch das Baßsaxophon oder den Kontrabaß abgelöst. Historisch gesehen stellt der Chicago-Stil das Bindeglied zwischen dem sogenannten klassischen Jazz und dem ↑Swing dar. Hauptvertreter des Chicago-Stils sind Bix Beiderbecke, Jimmy McPartland, P. W. Russell und Eddie Condon.

**chinesische Musik** [çi...]: die Herausbildung der chinesischen Musikkultur erfolgte um die Mitte des 3. vorchristlichen Jahrtausends unter dem Einfluß älterer Kulturzentren Zentralasiens. Der Mythos berichtet, daß auf Veranlassung des Sagenkaisers Huang Ti (angebliche Regierungszeit 2697–2597 vor Christus) das Maß des Grundtons Huang-chung (die gelbe Glocke) des chinesischen Tonsystems aus dem Westen ins chinesische Reich geholt wurde. Während der Shangdynastie (1766–1122 vor Christus) wurde auf diesem Grundton eine pentatonische Tonleiter erstellt. Durch 4 Quintschritte ($f^1$–$c^2$–$g^2$–$d^3$–$a^3$) vom Ton Huang-chung aus (etwa unser heutiges $f^1$) erhielt man die in Bezug auf die Tonhöhen relativen Stufen einer halbtonlosen pentatonischen Gebrauchsleiter (f–g–a–c–d), die als Tonqualitätenreihe im Sinne des Hexachords der ↑Solmisation zu verstehen ist. Diese pentatonische Tonleiter bestimmt bis heute die Melodiebildung der chinesischen Musik. Da jeder der 5 Töne auch Grundton eines Modus sein kann, ließen sich aus dieser Leiter bereits 5 Tonarten bilden, die auch für die ältesten bekannten Hymnen bestimmend sind. Etwa im 2. Jahrhundert vor Christus war die aus 12 Halbtönen (Lü) innerhalb der Oktave gebildete Materialleiter absoluter Tonhöhen allgemein bekannt. Von den 12 Lü waren je 6 dem auf den Himmel bezogenen Yang und dem auf die Erde bezogenen Yin zugeordnet. Da auf jedem der 12 Halbtöne wiederum 5 pentatonische Modi errichtet werden konnten, war die Zahl der Modi (Tiao) nunmehr auf 60 angewachsen; diese waren jeweils mit bestimmten Himmelsrichtungen, Jahreszeiten, Gemütsbewegungen usw. verbunden. Als am Ende der Choudynastie (1122–249) unter dem Einfluß nördlicher und westlicher Völker heptatonische Melodien nach China drangen und dadurch die pentatonischen Leitern um 2 Halbtöne (Pien) erweitert wurden, standen der chinesischen Musik theoretisch 84 Modi zur Verfügung. Die mathematische Durchdringung des Tonsystems wurde immer genauer, bis 1596 die Temperatur der 12 Lü vollzogen wurde (ein Jahrhundert vor der entsprechenden Erfindung in Europa).

Der große Gelehrte der Chouzeit, Konfuzius (* 551, † 479) ließ im „Shi-ching" (Buch der Lieder) 300 Hymnen und Lieder sammeln, von denen heute noch einige gesungen werden. Im „Li-chi" (Buch der Riten des Konfuzius) werden 40 Musikinstrumente genannt und nach ihrem Material eingeteilt in solche aus Metall (Hand- und Hängeglocken), Stein (Klingsteine), Fell (Trommeln), Kürbis (Mundorgel), Bambus (Flöten), Holz (Holztrommel), Seide (Wölbbrettzither), Erde (Gefäßflöte). Mit der Heptatonik kam u. a. die Laute Pipa ins

Land. Die früheste Erwähnung einer musikalischen Notation stammt aus der Zeit um 100 vor Christus; notierte Musik ist zuerst aus der Tangdynastie (618–907) erhalten.
Die Musik galt den Chinesen als Abbild von Harmonie und Ordnung sowohl des Menschen als auch des Staates und darüberhinaus des Kosmos. Zur Überwachung der Reinerhaltung der Musik errichteten bereits die Choukaiser ein Musikministerium. Zu ihrer Zeit bestand die Hofmusik noch aus zwei Abteilungen, der kultischen und der profanen Hofmusik. In der Handynastie (206 vor bis 220 nach Christus) wurde die Zahl der Hofmusiker auf über 800 erhöht und zusätzlich ein Orchester für die Musik in den Frauengemächern und eines für die Militärmusik gebildet. In der Tangzeit (618–907) wurde das Musikamt auf 10 Abteilungen und die Zahl der Bediensteten auf 1 200 erweitert. In der Tangzeit drangen verstärkt Fremdeinflüsse in die chinesische Musik ein. Der aufkommende Buddhismus bewirkte neue Musikarten; es entstand eine neuartige Unterhaltungs- und eine Bankettmusik. Während sich unter westlichem Einfluß die Ritualtänze in eine Art Ballettpantomime wandelten, entwickelte sich der dramatische Bühnentanz zur Oper, die als eine Synthese von Gesang, Mimik und Tanz bis heute eine Hauptgattung chinesischer Musik darstellt. – Die chinesische Musik kennt keine Mehrstimmigkeit im europäischen Sinn; sie ist durch Einstimmigkeit, Heterophonie und eine gewisse Parallelbewegung der Stimmen gekennzeichnet. Die Instrumente klingen oft laut und schrill; für die Singstimmen ist der vibratolose, gequetschte Ton charakteristisch. – Neben der vom Adel getragenen Kunstmusik gab es ein reiches Repertoire an Volksmusik, das bis heute die Basis allen neuen Musikschaffens bildet.

**Chitarra battente** [ki...; italienisch „schlagende Gitarre“]: eine Art Gitarre mit stark gewölbtem Boden, hohen Zargen und einem Schalloch in der Decke. Die meist 5 doppelchörigen Metallsaiten (in Quart-Terz-Stimmung) laufen vom Zargenrand über den Steg und das Griffbrett mit Bünden zur schwach zurückgezogenen Wirbelplatte. Das Volksinstrument war im 18. Jahrhundert in Italien und den an der Adria gelegenen Balkanländern verbreitet und wird noch heute in Kalabrien gespielt.

**Chitarrone** [ki...; italienisch; Vergrößerungsform von chitarra]: eine Baßlaute (Erzlaute) mit langem Hals (Gesamtlänge bis 2 m) und 2 Wirbelkästen, von denen der zweite am Ende des geradlinigen Halsfortsatzes sitzt und für die neben dem Griffbrett geführten Bordunsaiten bestimmt ist. Der Chitarrone hat 6 meist doppelchörige Griffbrettsaiten (Stimmung G c d f g a) und 8 diatonisch gestimmte Bordunsaiten

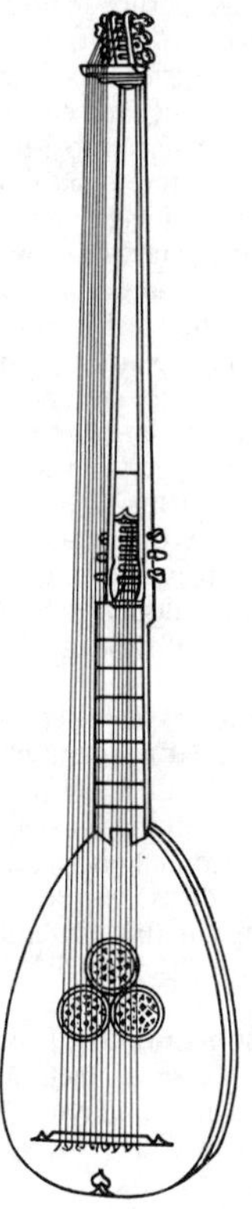

($_1$F–F). Er wird auch Römische Theorbe genannt, unterscheidet sich jedoch von der verwandten ↑Theorbe v. a. durch ein kleineres Korpus und den erheblich längeren Doppelhals. Er ist das größte und tiefste Lauteninstrument und wurde im 17. und 18. Jahrhundert beim Generalbaßspiel eingesetzt.

**Chladni-Figuren** ['kla...; nach E. F. F. Chladni] (Chladnische Klangfiguren): werden Platten, Stäbe oder Membranen in Schwingung versetzt, so gibt es Stellen, die stark, und Stellen, die kaum schwingen. Chladni machte diese oft sehr komplizierten Schwingungsstrukturen dadurch sichtbar, daß er den schwingenden Gegenstand (z. B. Metallplatte) mit feinem Pulver bestäubte. Das Pulver sammelte sich an den Stellen an, an denen die geringsten Schwingungen stattfanden.

**Chor** [ko:r; griechisch]: eine Gruppe von Sängern, die eine einstimmige oder mehrstimmige Komposition so vortragen, daß mehrere von ihnen dieselbe Einzelstimme singen; auch ein für diese Ausführung gedachtes Musikstück. Die Standardbesetzung ist der vierstimmige gemischte Chor aus 2 Frauen- (Sopran und Alt) und 2 Männerstimmen (Tenor und Baß). Doch sind alle denkbaren anderen Besetzungen möglich, ferner Spezialisierungen wie Männer-, Knaben-, Frauen-, Mädchen- und Kinderchor. – Im übertragenen Sinne bezeichnet man auch eine Familie gleicher Instrumente (Blockflöten, Gamben u. a.) verschiedener Größe und Stimmlage als Chor.

**Choral** [ko...; von mittellateinisch cantus choralis „Chorgesang"]: seit dem späten Mittelalter gebrauchte abkürzende Bezeichnung für den Gregorianischen Choral. Seit dem Ende des 16. Jahrhunderts wurde die Bezeichnung auch für das einzelne volkssprachige evangelische Kirchenlied übernommen.

**Choralbearbeitung** [ko...]: Bezeichnung für alle Arten mehrstimmiger vokaler oder instrumentaler Kompositionen, die von einer Choralmelodie aus dem katholischen oder einem Kirchenlied aus dem evangelischen Bereich ausgehen.

**Choralbuch** [ko...]: eine seit dem 18. Jahrhundert übliche, für den evangelischen Organisten bestimmte Sammlung von Kirchenliedern zur Begleitung des Gemeindegesangs. Die Lieder wurden am Anfang mitunter nur mit der Melodie und einem bezifferten Baß, dann aber allgemein in einem schlichten vierstimmigen Satz notiert.

**Choralfantasie** [ko...]: eine im 17./18. Jahrhundert beliebte und jetzt wieder aufgegriffene Art der Choralbearbeitung v. a. für die Orgel, bei der die kirchliche Melodie in der Art einer freien Fantasie verarbeitet wird.

**Choralnotation** [ko...]: die aus den Neumen entwickelte Notenschrift zur Aufzeichnung des Gregorianischen Gesangs. Die auf Linien gesetzten Noten-

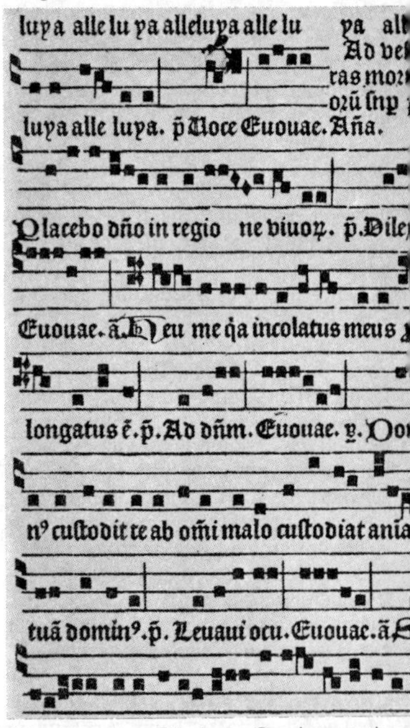

Choralnotation. Römische Quadratnotation aus dem „Psalterium cum hymnis", gedruckt bei U. Gering und B. Remboldt (Paris 1494)

köpfe zeigen den Melodieverlauf nach Höhe und Tiefe und die Verteilung der Noten auf die einzelnen Textsilben ohne Angaben über den wahrscheinlich freien Rhythmus. Liegen die Anfänge dieser Choralnotation am Beginn des 11. Jahrhunderts, so teilt sich diese seit dem 12. Jahrhundert in die (römische) *Quadratnotation* (aus der die Modal- und die Mensuralnotation hervorgingen) und die (gotische oder deutsche) *Hufnagelnotation* (äußerlich parallel zur gotischen Schrift).

**Choralvorspiel** [ko...]: eine Art der Choralbearbeitung v. a. in der evangelischen Orgelmusik zur Einstimmung des Gemeindegesangs. Das Kirchenlied wird im Orgelspiel formal frei behandelt und vielfach improvisierend vorgetragen. Bedeutende Choralvorspiele schrieben Buxtehude und Bach.

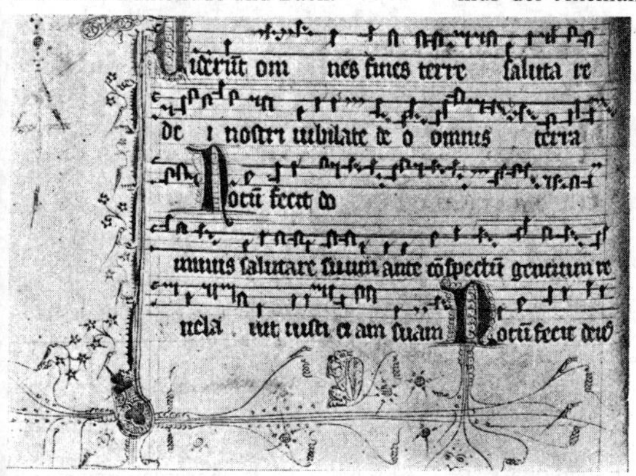

Choralnotation. Gotische Hufnagelnotation aus einem Graduale des 15. Jahrhunderts, geschrieben für das Kloster Sankt Peter in Baden (heute in Karlsruhe)

**Chorbuch** [ko...]: vom 15. bis 17. Jahrhundert ein großformatiges Notenbuch, in dem auf zwei gegenüberliegenden Seiten die Stimmen eines Chorsatzes nacheinander in großen Noten und Textbuchstaben geschrieben wurden. Häufig enthielt die linke *(verso)* Seite des aufgeschlagenen Buchs den Sopran (Diskant) und den Tenor, die rechte *(recto)* Seite den Alt (Contratenor altus) und den Baß (Contratenor bassus). Das Buch wurde so auf ein Pult gestellt, daß alle Sänger gemeinsam daraus singen konnten. Die oft prächtig ausgestatteten Chorbücher wurden handschriftlich, seit dem 16. Jahrhundert auch gedruckt angelegt.

**Chordometer** [kɔr...; griechisch]: Saitenmesser, bei dem die Saite zwischen die Schenkel eines spitzen Winkels geschoben wird und die Dicke der Saite an einer Skala abzulesen ist.

**Chordophone** [kɔr...; griechisch „Saitentöner"]: in der ↑Instrumentenkunde Sammelbezeichnung für Instrumente, bei denen der Ton durch das Streichen (Streichinstrumente), Anreißen (Zupfinstrumente) oder Schlagen (Hammerklavier, Hackbrett) gespannter Saiten erzeugt wird.

**Chorea** [ko...; lateinisch, von griechisch choreía „Tanzen, Reigen"]: mittelalterliche Bezeichnung für Tanzlied; wiederverwendet im 16./17. Jahrhundert für Tanzlieder besonders im Rhythmus der Allemande oder der Pavane.

**Choreographie** [ko...; griechisch]: die Tanzschrift, mit der die Stellung und Haltung des Tänzers, auch die Bewegungsabläufe eines Tanzes oder Balletts schriftlich festgehalten werden. Dazu dienen eigens entwickelte Zeichen, Bewegungssymbole, musikalische Notenzeichen oder eine Kombination dieser Aufzeichnungsverfahren; seit dem 15. Jahrhundert wurden zahlreiche Systeme entwickelt. – Seit dem 18. Jahrhundert heißt Choreographie auch die vom Choreographen als Regie eines Balletts festgehaltene Ordnung von

Schritten, Figuren und Ausdruck sowie gelegentlich auch das Libretto eines Balletts.

**Chormusik** ['ko:r...]: umfaßt allgemein alle Kompositionen, in denen Chöre vorkommen. Speziell sind damit jedoch Musikstücke gemeint, die nur für Chor geschrieben sind. Durch die Beschränkung auf die Möglichkeiten der menschlichen Stimme sind der Chormusik weit engere Grenzen gesetzt als gemischten oder rein instrumentalen Gattungen. Andererseits entwickelt Chormusik eine sonst nirgends erreichte elementare Ausdruckskraft. Ihre erste vollkommene Verwirklichung fand Chormusik in der franko-flämischen Vokalpolyphonie, die besonders im 16. Jahrhundert den ausgewogenen Klang gleichberechtigter Chorstimmen zum Stilideal erhob. Während in den großen Chorwerken des 17. und 18. Jahrhunderts (↑Oratorium, ↑Passion, ↑Kantate; teilweise auch in der ↑Motette) Instrumente wesentlich beteiligt waren, wurde im 19. Jahrhundert der reine Chorklang, nun in seiner romantischen Färbung, wiederentdeckt. Im 20. Jahrhundert zeigt die Chorliteratur das Bestreben, die Prinzipien der älteren Chormusik mit den Forderungen der zeitgenössischen Klangsprache in Einklang zu bringen.

**Choro** ['ʃoru; portugiesisch, von chorar „weinen, klagen"]: Gattung der volkstümlichen brasilianischen Musik. Der Choro entstand in der 2. Hälfte des 19. Jahrhunderts als improvisierte Instrumentalmusik mit synkopischen Rhythmen und melancholischer Grundstimmung. Verarbeitet wurden Elemente von Tänzen wie Polka, Schottisch, Maxixe. Ursprünglich spielte ein Trio (Chorões) mit Oberstimmenmelodie in der Flöte, Akkorden im Chavaquinho (kleine Gitarrenart) und Baßlinien in der Gitarre. In Besetzung, Material und Ausdrucksbereichen wurde der Choro weiterentwickelt und mit verschiedensten, auch vokalen Gattungen der brasilianischen Musik verschmolzen. Mit Ausbreitung der Massenmedien seit Ende der 1920er Jahre schwand seine Bedeutung; seit einigen Jahren wird er als typisch brasilianische Musik wiederbelebt. Zahlreiche kunstmuskalische Choros schrieb H. Villa-Lobos.

**Chorus** ['kɔ:rəs; englisch „Chor, Refrain"] (Mehrzahl Chorusse): 1. im Jazz Bezeichnung für das einer Komposition zugrundeliegende Form- und Akkordschema, das zugleich die Basis für die Improvisation bildet. Im ↑Free Jazz der 1960er Jahre wurde die Chorusform durch die taktschematisch nicht gegliederte „offene Form" abgelöst. – 2. in der Tanz- und Unterhaltungsmusik bezeichnet Chorus im Gegensatz zum einleitenden „Vers" den Hauptteil oder Refrain eines Stückes.

**Chorus-Effẹkt** ['kɔ:rəs; englisch]: elektronische Musikinstrumente können zwar ebenso laut, aber in der Regel nicht so „voll" wie ein Orchester oder ein Chor klingen. Die „Fülle" kommt dadurch zustande, daß die einzelnen Musiker nicht ganz exakt dieselben Töne spielen, auch wenn sie es wollten (↑Rauhigkeit). Diese natürliche Ungenauigkeit kann elektronisch nachgeahmt werden. Entsprechende Moduln werden in kostspieligen Elektronenorgeln als Chorus-Effekt eingebaut.

**Chromatik** [kro...; von griechisch chrõma „Farbe"]: die „Verfärbung" der Tonstufen des diatonischen Tonsystems durch Versetzung um einen Halbton: z. B. a zu as oder ais.

Chromatische Töne werden immer auf diatonische Ursprungstöne bezogen; in Es-Dur ist a ein chromatischer Ton (Erhöhung von as), in B-Dur ist a kein chromatischer Ton.

Durch Chromatik werden Melodik und Harmonik bereichert, indem die Intervalle verändert, die Tonart aber nicht verlassen wird. Nehmen chromatische Veränderungen überhand, so kann die Ursprungstonart verwischt oder aufgelöst werden. Die Einführung eines chromatischen Tons kann aber auch den Übergang in eine neue Tonart signalisieren (↑Modulation). Nicht alle

„Verfärbungen" diatonischer Töne müssen chromatisch sein; wichtigstes Beispiel sind die „Blue notes" (↑Blues). Die Chromatik als Teil des Tonsystems hat ihren Ursprung in der griechischen Musik. Im späten Mittelalter, dessen Musik im wesentlichen auf Diatonik beruht, kamen chromatische Töne über die ↑Musica ficta in die mehrstimmige Musik; etwa im 15. Jahrhundert war die vollständige chromatische Skala erreicht, indem das ♭ fa ♮ mi der ↑Solmisation auf alle Tonstufen übertragen wurde. Die expressive Harmonik der italienischen Madrigalkunst und der Monodie des 17. Jahrhunderts basiert auf chromatischer Erweiterung. Die Erfindung der gleichschwebenden ↑Temperatur zu Beginn des 18. Jahrhunderts wurde Voraussetzung für die Entwicklung der neueren Harmonik, die im ausgehenden 19. Jahrhundert zur chromatischen Alterationsharmonik führte. In der atonalen Musik verliert der Begriff Chromatik seinen Sinn, da hier der qualitative Unterschied von diatonischen und chromatischen Tonstufen aufgehoben ist. – *Chromatische Tonleiter* heißt die aus 12 Halbtönen innerhalb der Oktave gebildete Tonleiter.

**Chromdioxidband** ['kro:m...] ($CrO_2$-Band oder Cr-Band): durch die Beschichtung von Tonbändern mit Chromdioxid anstatt mit Eisenoxid läßt sich die Qualität (Wiedergabe hoher Frequenzen, Aussteuerbarkeit) verbessern. Da Chromdioxidbänder höhere Vormagnetisierung und größere Löschspannung benötigen, können sie nicht auf jedem beliebigen Tonbandgerät eingesetzt werden. In Kassettenrecordern, bei denen das Qualitätsproblem wegen der niedrigen Bandgeschwindigkeiten besonders vordringlich ist, wird daher oft eine Umschaltmöglichkeit von Eisenoxid- auf Chromdioxidbänder bzw. ↑Ferrochrombänder eingebaut.

**Chromonika** [kro...] ↑Mundharmonika.

**Chrotta** ['krɔta] ↑Crwth, ↑Rotta.

**Ciaccona** [tʃa'ko:na; italienisch] ↑Chaconne.

**Cimbalom** ['tsimbɔlom; ungarisch] (Cimbal) ↑Hackbrett.

**Cinelli** [tʃi'nɛli; italienisch] ↑Becken.

**Cister** [französisch] (Sister, Cither, Zitter): ein im Mittelalter aus der Fidel entstandenes Zupfinstrument mit einem birnenförmigen Korpus, von oben nach unten schmaler werdenden Zargen und einem Schalloch in der Decke. Die 4–12 doppelten Metallsaiten laufen von den Haltenägeln an der unteren Zarge über einen breiten Steg und einen Hals mit Bünden zu einer Wirbelplatte (später Wirbelkasten). Einzelne Arten (Baß-, Erzcister) besaßen zusätzlich zu den Griffbrettsaiten frei schwingende Bordunsaiten. Eine Diskantcister war das ↑Cithrinchen. Die Cister verbreitete sich ab dem 16. Jahrhundert in verschiedenen Größen und Stimmungen in ganz Europa und setzte sich gegen die im Klang schwächere Laute durch. Im

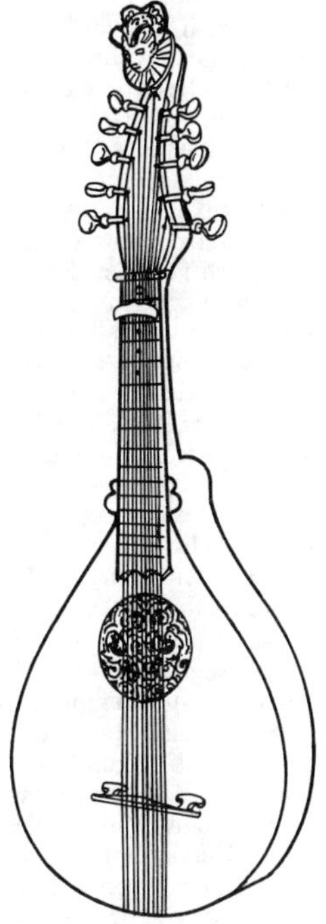

18./19. Jahrhundert wurde sie von Mandoline und Gitarre verdrängt. Als Volksinstrument hat sie sich in Form der 4–5chörigen *Harzer* oder *Thüringer Zither* (auch *Waldzither*) bis heute erhalten, die mit der flachen alpenländischen ↑Zither nicht verwandt ist.

**Cithrinchen** [italienisch-deutsch]: im 17. Jahrhundert eine Diskantcister. Eine norddeutsche Sonderform war das *Hamburger Cithrinchen* mit glockenförmigem Korpusumriß und 5 Saitenchören in der Stimmung c e g h e[1].

**Clairon** [klɛ'rõ; französisch]: französische Bezeichnung für 1. das klappenlose Signalhorn (Bügelhorn). – 2. ein trompetenartiges, hell klingendes Zungenregister der Orgel im 4-, seltener 2-Fuß (auch Clarino genannt). – 3. die Clarintrompete (↑Clarino).

**Clarino** [italienisch, von lateinisch clarus „hell"]: 1. im 17. und 18. Jahrhundert Bezeichnung für hochliegende Trompetenpartien, die von der langen, gewundenen Clarintrompete vorgetragen wurden. Sie besaß im Unterschied zur tieferen [Prinzipal]trompete ein engeres und flacheres, breitrandiges Mundstück und erforderte eine virtuose Fertigkeit des Spielers. Für die Clarinopassagen der Barockmusik wird heute neben historisch getreuen Rekonstruktionen der alten Clarintrompete die kürzere und gerade Bach-Trompete mit Ventilen verwendet. – 2. ein trompetenartiges Orgelregister (↑Clairon).

**Clarsach** ['klɛəsæk; gälisch]: alte irische Rahmenharfe von breiter, gedrungener Form, mit gebogener Vorderstange und Tierkopfverzierung.

**Clavecin** [klav'sɛ̃; französisch]: französische Bezeichnung für ↑Cembalo. Als *Clavecinisten* gelten die Vertreter der französischen Klavier- (d.h. Cembalo)-Musik zwischen 1650 und 1750; die wichtigsten waren Chambonnières, L. und F. Couperin und Rameau.

**Claves** [spanisch] (Rumbastäbchen): afrokubanisches Schlaginstrument, bestehend aus 2 Hartholzstäbchen, von denen das eine in der hohlen Hand liegt und mit ihr einen Resonanzkörper bildet, während das andere dagegen geschlagen wird. Der Klang ist hell und durchdringend. Claves gehören zum Instrumentarium der lateinamerikanischen Tänze.

**Clavicembalo** [klavi'tʃɛmbalo; italienisch] ↑Cembalo.

**Clavichord** ↑Klavichord.

**Clavicytherium** ↑Klavicitherium.

**Clavis** [lateinisch „Schlüssel"] (Mehrzahl Claves): im Mittelalter ursprünglich die mit einem Buchstaben bezeichnete Tonstufe. Da der Tonbuchstabe auf die Orgeltaste geschrieben wurde, ging die Bezeichnung Clavis auch auf die Taste über; die Namen Klaviatur und Klavier für Tastatur bzw. Tasteninstrumente gehen hierauf zurück. Später hießen Claves die dem Notensystem vorangestellten Buchstaben, durch die die Tonhöhe bestimmter Notenlinien festgelegt wurde (↑Schlüssel).

**Climacus** [griechisch-lateinisch] ↑Neumen.

**Clivis** [mittellateinisch] ↑Neumen.

**Cluster** ['klʌstə; englisch „Klumpen, Traube"; eigentlich tone cluster „Tontraube"]: eine von dem Komponisten H. Cowell eingeführte Bezeichnung für Akkorde, die aus übereinandergeschichteten großen oder kleinen Sekunden oder kleineren Intervallen bestehen:

Die Klangstruktur des Clusters wird nicht mehr harmonisch, sondern nach eher akustisch-hörpsychologischen Merkmalen bestimmt: Lage, Dichte, Breite, Intensität. Der Cluster ruft eine Hörempfindung hervor, die zwischen Klang und Geräusch liegt. Er eignet sich daher zur ↑Klangfarbenkomposition, ist auch in diesem Zusammenhang in der Musik um 1960 vielfach benutzt worden (Ch. Penderecki u.a.). Chromatische Cluster werden oft als schwarze Balken notiert, um das graphische Bild (↑musikalische Graphik) dem Höreindruck anzupassen:

K. Penderecki, „Lukaspassion" (1965)

Es können stationäre (wie Seite 66 unten), bewegliche und mit innerer Bewegung versehene Cluster unterschieden werden.

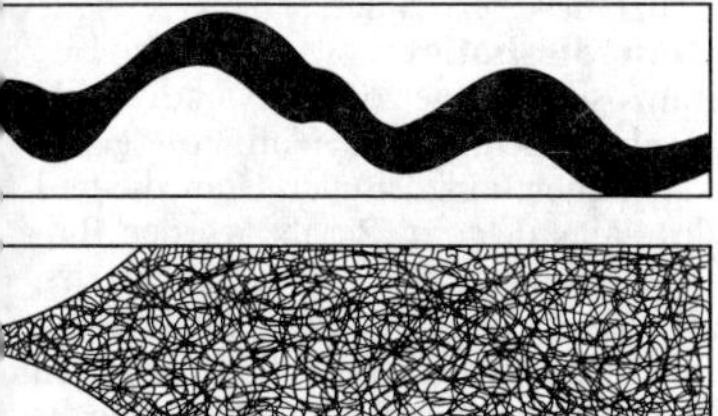

Oben: Cluster mit beweglichen Konturen. Unten: Cluster mit inneren Bewegungen innerhalb mehrerer Oktaven

**Cobla** ['kobblə; katalanisch]: katalanische Tanzkapelle, die v. a. den Reigentanz ↑Sardana spielt. Sie setzt in Spielweise und Besetzung die Tradition des Alta-Ensembles (↑Alta) des 15. Jahrhunderts fort. Hauptstimme ist nicht, wie in der modernen Tanzkapelle, das Diskant-, sondern das Tenorinstrument. Die heute übliche Zusammensetzung geht auf den Komponisten J. Ventura (* 1817, † 1875) zurück: Einhandflöte (Fluviol), Trommel (Tamboril), je 2 Diskantschalmeien (Tiples), Tenorschalmeien (Tenoras), Kornette und Flügelhörner, Posaune und Kontrabaß (letzterer anstelle der Sackpfeife Gaita).

**Coda** ↑Koda.

**Colascione** [kola'ʃo:nə; italienisch]: eine in Italien seit dem 16. Jahrhundert belegte Art der Laute orientalischen Ursprungs (↑Tanbur), mit langem Hals, kleinem Schallkörper, 2–3 Metallsaiten und bis zu 24 Bünden. Im 17./18. Jahrhundert war der Colascione in Deutschland beliebt, hier mit 6 doppelchörigen Saiten in der Stimmung D G c f a d[1].

**Colindă** [kɔ'lində; rumänisch]: von den rumänischen Bauern bei Umgängen an Weihnachten gesungenes Lied. Wie bei der verwandten slawischen ↑Koleda reichen die Anfänge ins Mittelalter zurück. Im Unterschied zum westeuropäischen und angelsächsischen Weihnachtslied überlebt in den Colindătexten heidnisches, mythisches und märchenhaftes Kulturgut. B. Bartók hat Colinde gesammelt und verarbeitet (z. B. in der „Cantata profana", 1930).

**colla destra** [italienisch], Abk. c. d.: beim Klavierspiel die Anweisung, „mit der rechten" Hand zu spielen.

**Collage** [kɔ'la:ʒə; französisch „das Leimen"]: eine Kompositionstechnik, die darin besteht, daß der Komponist musikalisches Material (Zitate aus bekannten Musikstücken, Alltagsgeräusche, Worte oder assoziationshaltige Klänge) so zusammensetzt, daß ein neuer musikalischer Sinn entsteht. Klanglich-musikalische und inhaltlich-semantische Kriterien der Materialzusammenstellung müssen sich entsprechen: ein Klangkontrast kann beispielsweise auf den inhaltlichen Widerspruch zwischen einem Wortzitat und dem durch ein Alltagsgeräusch ausgedrückten Alltag hinweisen. Der Komponist setzt dabei voraus, daß der Hörer die einzelnen Bestandteile, aus denen die Collage zusammengesetzt ist, versteht. Die Collagetechnik bietet sich für Tonbandkompositionen an. Sie kann mit Mitteln elektronischer Musik (L. Nono) verfeinert werden.

**colla parte** [italienisch]: Anweisung für die Begleitung, sich bei einer rhythmisch frei vorgetragenen Stelle der

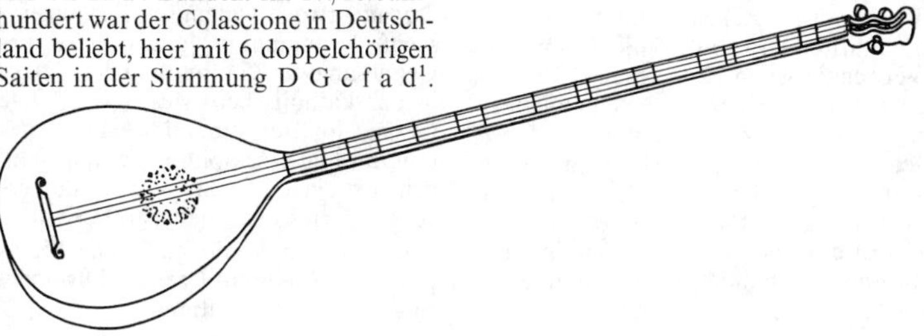

Hauptstimme anzupassen. Die Rückkehr zum normalen Tempo wird mit *a battuta* gefordert.

**coll'arco** [italienisch „mit dem Bogen"] (arco), Abk. c. a.: beim Streichinstrumentenspiel die Anweisung, nach vorangegangenem ↑pizzicato wieder die Saite zu streichen.

**colla sinistra** [italienisch], Abk. c. s.: beim Klavierspiel die Anweisung, „mit der linken" Hand zu spielen.

**colla voce** ['vo:tʃə; italienisch]: in Vokalsätzen die Anweisung, die Stimmen durch Instrumente zu verdoppeln.

**Collegium musicum** [lateinisch]: eine freie Vereinigung von Musikliebhabern. Im 16.–18. Jahrhundert waren die Collegia musica wichtige Träger der Musikkultur. Ihre Veranstaltungen bilden eine direkte Vorstufe zum öffentlichen bürgerlichen Konzertwesen des 19. Jahrhunderts (z. B. die Aufführungen des Collegium musicum in Leipzig unter J. S. Bach). Collegium musicum nennen sich heute häufig die Musikvereinigungen an Universitäten.

**col legno** [kɔl 'lɛnjo; italienisch „mit dem Holz"]: beim Streichinstrumentenspiel die Anweisung, die Saiten mit der Bogenstange zu schlagen oder zu streichen.

**Color** [lateinisch „Farbe"]: im Musikschrifttum des 13.–15. Jahrhunderts gebrauchte Bezeichnung für die als konstruktives Element eingesetzte Wiederholung einer Tonfolge. Diese erscheint bei der Wiederholung allgemein in einem veränderten rhythmischen Ablauf (Talea). Die sich überschneidende Folge von melodisch und von rhythmisch gleichen Partien liegt dem Kompositionsprinzip der Isorhythmie zugrunde.

In der musikalischen Notation des 14.–17. Jahrhunderts wird mit Color die Verwendung von Noten bezeichnet, die sich in ihrer Farbe von den üblichen unterscheiden (z. B. rote Noten in sonst schwarzer Notation). Mit dem Color war eine Wertänderung der jeweiligen Noten angezeigt.

**Combo** [von englisch combination „Zusammenstellung"]: Bezeichnung für ein kleines Jazz- oder Tanzmusikensemble (bis zu acht Musiker), in dem die einzelnen Instrumente solistisch besetzt sind. Der Begriff entstand in den 1940er Jahren und wird heute nur noch in der Tanzmusik verwendet.

**Comédie-ballet** [kɔmediba'lɛ; französisch]: eine von Lully und Molière ab 1664 gepflegte Verbindung der klassischen französischen Comédie und des Ballet de cour. Bei ihr wurden Ballette und Musikstücke (Rezitative, Airs, Duette usw.) in das Sprechstück eingefügt und mit dessen Handlung inhaltlich verknüpft; berühmt ist „Le bourgeois gentilhomme" (1670).

**Comes** [lateinisch „Begleiter"]: in der ↑Fuge dem ↑Dux folgender 2. Einsatz des Themas, in einer anderen Stimme und auf einer anderen Tonstufe.

**come sopra** [italienisch]: wie oben, wie vorher.

**come stà** [italienisch]: wie es dasteht, d. h. ohne Verzierungen vorzutragen.

**Commedia in musica** [italienisch „Komödie mit Musik"]: in der 2. Hälfte des 17. und im 18. Jahrhundert Bezeichnung für die italienische komische Oper, deren Themen und Figuren auf die Commedia dell'arte zurückgingen. Zentrum ihrer Pflege war Neapel.

**Commune sanctorum** [lateinisch „das Gemeinsame der Heiligen"]: ein in den liturgischen Büchern von Messe und Offizium enthaltener Abschnitt mit den Texten und Gesängen für solche Heiligenfeste, für die das Proprium de sanctis (↑Proprium missae) keine oder nur unvollständige Formulare (festgelegte Texte und liturgische Handlungen) verzeichnet. Im Missale kommen dazu die Formulare für die Votiv- und Totenmessen sowie 35 Orationen.

**Communio** [lateinisch „Gemeinschaft, Kommunion"]: liturgischer Begleitgesang zur Kommunion des Volkes in der katholischen Messe, der letzte Gesang des Proprium missae. Die Communio ist eine Antiphon, die ursprünglich mit einem Psalm oder Psalmvers vorgetragen wurde (daher früher „Antiphona ad communionem"). Die Melodien der Communio zeigen allgemein eine schlichte Gestaltung.

**comodo** (commodo) [italienisch]: gemächlich, behaglich, ruhig.

**Compact Disc** [engl. kəm'pækt 'dɪsk] ↑Schallplatte.

**Computermusik** [kɔm'pju:tə...; englisch; zu lateinisch computare „berechnen"]: die informationstheoretische Analyse von Musik (↑Informationstheorie) hat gezeigt, daß es bestimmte musikalische Regeln gibt, die als Computerprogramme formuliert werden können. Solche Programme vermögen allerdings nur formale Eigenschaften von Musik zu erfassen oder sehr globale inhaltliche Zuordnungen treffen (z. B. „Sentimentalität" ergibt große Häufigkeit von Sexten in der Melodie). Computermusik ist Musik, die dadurch zustandekommt, daß derartige Programme durchlaufen werden und alles, was diese Programme nicht erfassen, dem Zufall überlassen bleibt. Computermusik ist ein konsequentes Produkt des musikalischen Formalismus: ihr Sinn ist eine Musik, die als „reines Spiel" erscheint.

**Complet** ↑Komplet.

**con affetto** [italienisch]: mit Leidenschaft, ausdrucksvoll, bewegt.

**con anima** [italienisch]: mit Seele, mit Empfindung, beseelt.

**con brio** [italienisch]: mit Feuer, mit Schwung, lebhaft.

**Concentus** [lateinisch]: Bezeichnung für die ausgeprägt melodisch gestalteten Gesänge der Liturgie (z. B. Antiphonen, Responsorien, Hymnen) im Unterschied zu den Stücken des ↑Accentus im Sprech- oder Leseton. Im Concentus wird neben dem Textvortrag dem musikalischen Element eigene Geltung eingeräumt.

**Concertante** [kõsɛr'tã:t, französisch; kontʃer'tante, italienisch] ↑Sinfonia concertante.

**Concertina** ↑Konzertina.

**Concertino** [kɔntʃɛr'ti:no; italienisch „kleines Konzert"]: im Barock die Sologruppe aus meist drei Instrumenten (z. B. 2 Violinen und Violoncello) innerhalb des ↑Concerto grosso. – Im 19. und 20. Jahrhundert bezeichnet Concertino oft eine kürzere freie Komposition für ein Soloinstrument mit Orchester.

**Concerto** [kɔn'tʃɛrto; italienisch von concertare „etwas miteinander vereinigen"]: grundlegendes Stil- und Klangprinzip des musikalischen ↑Barock, daher auch ein häufiger Werktitel. Concerto bedeutet allgemein das Zusammenwirken gegensätzlicher Klangträger, wie es erstmals auftritt in der prächtigen, vokal und instrumental gemischten ↑Mehrchörigkeit der ↑venezianischen Schule und weitergetragen wird über H. Schütz („Psalmen Davids", 1619) bis zu J. S. Bach (Motetten, Chöre der „Matthäuspassion", 1729). Eine ganz andere Ausprägung des Concertoprinzips zeigt sich nach 1600 im „Kleinen geistlichen Konzert" (H. Schütz 1636, angeregt durch L. Viadanas „Cento concerti ecclesiastici", 1602). Hier treten ein oder mehrere Sänger einem harmonietragenden Instrument gegenüber (↑Generalbaß). In der Instrumentalmusik führt dies zur Entstehung der Solo- und v. a. der ↑Triosonate. Beide Formen des Concertoprinzips, das chorisch wechselnde und das solistische Musizieren, wirken gemeinsam noch Ende des 17. Jahrhunderts bei der Herausbildung der orchestralen Großform des ↑Concerto grosso nach. – ↑auch Konzert.

**Concerto grosso** [kɔn'tʃɛrto; italienisch „großes Konzert"]: die vorherrschende Gattung hoch- und spätbarokker Orchestermusik, gekennzeichnet durch den Klanggruppenwechsel zwischen (meist drei) Solisten (↑Concertino) und dem vollen Orchester (Tutti, Ripieno, auch als solches Concerto grosso genannt). Der erste bedeutende Meister der Gattung war A. Corelli. Seine zwölf „Concerti grossi" op. 6 (etwa 1680) stehen teils in der Form der Sonata da chiesa (mit 4–7 Sätzen und zusätzlich häufigem Tempowechsel in einem Satz), teils in der Form der Sonata da camera mit einleitendem Preludio (↑Sonate, ↑Triosonate). Seit A. Vivaldi ist die Dreisätzigkeit (schnell-langsam-schnell) die Regel, allerdings nicht bei G. F. Händel und J. S. Bach, dessen „Brandenburgische Konzerte" (1721) höchst eigenwillige Weiterentwicklungen der Gattung darstellen. Mit dem Ende des Barockzeitalters verschwand das Concerto grosso zugunsten der ↑Sinfonie, wurde jedoch im 20. Jahrhundert in betonter Anknüpfung an die ältere Klang- und Spieltechnik wieder aufgegriffen (Kaminski, Křenek, Hindemith, Strawinski). – Besteht das Concertino nur aus einem Solisten (oft bei Vivaldi), wird das Concerto grosso zum Solokonzert.

**Concerts spirituels** [kõsɛrspiri'tɥɛl; französisch „geistliche Konzerte"]: Name einer der frühesten öffentlichen Konzertreihen überhaupt, 1725 von A. Philidor in Paris gegründet und bis 1791, dann von 1805 bis 1828 fortgeführt. Die Konzerte wurden zunächst in der Karwoche mit geistlicher Musik, später an opernfreien Tagen veranstaltet.

**concitato** [kɔntʃi'ta:to; italienisch]: erregt, aufgeregt.

**con dolore** [italienisch]: mit Schmerz, klagend, trauervoll.

**Conductus** [mittellateinisch „Geleit"]: ein seit dem 12. Jahrhundert nachweisbares einstimmiges, allgemein mehrstrophiges Lied des Mittelalters mit vorwiegend geistlichen, aber auch weltlichen Texten. Der Conductus hatte ursprünglich die Funktion eines Begleitgesangs in der Liturgie wie auch im liturgischen Drama und im Mysterienspiel. Eigene Bedeutung gewann seit etwa 1200 der im allgemeinen zwei- und drei-, seltener vierstimmige Conductus neben der Mehrstimmigkeit der Organa und Motetten. Von diesen unterscheidet er sich durch eine frei komponierte, also nicht dem Gregorianischen Gesang entnommene Grundstimme sowie durch den für ihn charakteristischen gleichzeitigen Vortrag der Textsilben in allen Stimmen.

**con espressione** [italienisch]: mit Ausdruck.

**con forza** [italienisch]: mit Kraft, wuchtig.

**con fuoco** [italienisch]: mit Feuer, feurig bewegt.

**Conga** [spanisch]: 1. eine längliche, nach unten sich verjüngende Trommel afrokubanischer Herkunft, die mit nur einem Fell bespannt, also unten offen ist. Sie wird zwischen den Knien gehalten und mit den Fingern und Handballen in der Fellmitte und am Rand geschlagen. Die Conga wird, oft in 2 oder 3 verschiedenen Größen, bei den

lateinamerikanischen Tänzen und im Jazz verwendet. – 2. ein afrokubanischer Tanz in raschem Tempo und geradem Takt, mit synkopiertem Rhythmus, wahrscheinlich nach der Congatrommel benannt.

**con moto** [italienisch]: mit Bewegung, bewegt.

**Conservatoire** [kõsɛva'twa:r; französisch]: die staatliche französische Musikschule in Paris, die 1795 (im Anschluß an vorher aus der Zeit Ludwigs XIV. [*1638, † 1715] bestehende Musikschulen) von B. Sarrette gegründet wurde. Das Conservatoire, das dem Erziehungsmisterium direkt unterstellt ist, ist etwa den deutschen Musikhochschulen gleichzusetzen. Sein offizieller Name ist seit 1957 „Conservatoire national supérieur de musique".

**con sordino** [italienisch]: mit ↑Dämpfer zu spielen.

**Consort** ['kɔnsɔ:t; englisch]: im späten 16. und im 17. Jahrhundert in England ein Kammermusikensemble und dessen Musik. Das Consort kann aus 3–6 Instrumenten der gleichen Familie (*whole consort*, z. B. nur aus Blockflöten oder nur aus Violen bestehend) oder verschiedener Familien (*broken consort*, z. B. gemischt aus Bläsern und Streichern) zusammengesetzt sein. Consort-Musik, meist aus Fantasien (↑Fancy) und Tanzsätzen bestehend, schrieben Th. Morley, W. Lawes, Th. Simpson, M. Locke und H. Purcell.

**con spirito** [italienisch]: mit Geist, geistvoll, feurig.

**Continuo** [italienisch]: Kurzform für Basso continuo, ↑Generalbaß.

**Contralto** [italienisch]: 1. Kurzform für Contratenor altus (↑Alt). – 2. eine von J.-B. Vuillaume 1855 konstruierte, in der Höhe und Breite vergrößerte Bratsche mit vollerem Ton.

**Contrapunctus** [lateinisch] ↑Kontrapunkt.

**Contratenor** [lateinisch] (Contra): in der Musik des 14. und frühen 15. Jahrhunderts die dem Gerüstsatz von Tenor und Diskant hinzugefügte dritte Stimme, die v. a. die Aufgabe hatte, die Harmonien zu vervollständigen und sich daher oft in großen Sprüngen bewegt. Beim Übergang von der Drei- zur Vierstimmigkeit um 1450 wurde der Contratenor in einen *Contratenor altus* („hoher" Contratenor, ↑Alt) und einen *Contratenor bassus* („tiefer" Contratenor, ↑Baß) aufgeteilt.

**Contredanse** [kõtrə'dã:s; französisch „Gegeneinandertanz"]: im 18. Jahrhundert in Frankreich und Deutschland (hier auch Contretanz, Kontertanz) ein beliebter Gesellschaftstanz, eine Übernahme des englischen ↑Country-dance. Die verschiedenen Formen der Contredanse entwickelten sich zu ↑Quadrille, ↑Cotillon, ↑Anglaise, ↑Française und ↑Ecossaise. Als geradtaktiger Tanz mit 2 wiederholten 8taktigen Phrasen (oft auch mit Trio) wurde sie häufig in der Opéra-ballet verwendet und war mit Menuett und deutschem Tanz einer der führenden Tänze der Wiener Klassik.

**Contretanz** ↑Contredanse.

**Cool Jazz** ['ku:l 'dʒæz; englisch „kühler Jazz"]: Jazzstil der 1950er Jahre. Die Entstehung des Cool Jazz ist als Reaktion weißer Jazzmusiker auf den vorwiegend von farbigen Musikern entwickelten ↑Bebop zu verstehen. Diesem gegenüber zeichnet sich der Cool Jazz durch eine Abkehr von der ↑Hot intonation und der Off-Beat-Rhythmik (↑Off-Beat) der traditionellen Jazzstile aus. An die Stelle einer stark akzentuierenden Phrasierung tritt dabei eine dynamisch wenig differenzierte Legato-Spielweise. Die Harmonik erfährt im Cool Jazz durch Anlehnung an Vorbilder aus der abendländischen Kunstmusik eine erhebliche Ausweitung, doch bleibt Atonalität die Ausnahme. Die wichtigsten Vertreter des Cool Jazz sind Lennie Tristano, Miles Davis, John Lewis, Lee Konitz, Gerry Mulligan, Stan Getz.

**Cor** [kɔ:r; französisch „Horn"] ↑Horn.

**Corda** [italienisch „Saite"]: in Spielanweisungen zu finden 1. bei Streichinstrumenten: *corda vuota*, leere Saite; *sopra una corda*, auf einer Saite (d. h. ohne Saitenwechsel). – 2. beim Klavier: *una corda, due corde*, mit (nur) einer, zwei Saiten; diese Vorschrift verlangt die sogenannte Verschiebung durch das ↑Pedal, d. h. die Verringerung der anzuschlagenden Saiten anstelle des vollen Saitenchors *(tutte le corde)*.

**Cornamusa** [italienisch] ↑Cornemuse.

**Cornemuse** [kɔrnə'my:z; französisch] (italienisch cornamusa): seit dem späten Mittelalter Bezeichnung für den Dudelsack, nach 1600 zur Unterscheidung von der ↑Musette für einen einfachen Typus der Sackpfeife mit Mundrohr und gleichbleibenden Bordunstimmen.

**Cornet à pistons** [kɔr'nɛt a pis'tõ; französisch „Ventilkornett"] (Kurzform Piston) ↑Kornett.

**Cornetto** [italienisch „kleines Horn"] ↑Zink.

**Corno** [italienisch „Horn"] ↑Horn.

**Cornu** [lateinisch „Horn"]: in der römischen Antike ein langes, halbkreisförmig gebogenes Metallhorn mit einer Querstange zum Auflegen auf die Schulter, Signalinstrument des römischen Heeres.

**Coro spezzato** [italienisch „geteilter Chor"]: nennt man die um 1550 in Venedig von A. Willaert eingeführte räumliche Trennung zweier oder mehrerer Klanggruppen (Chöre), die miteinander abwechselnd und sich vereinend vielstimmige Werke ausführen (↑Mehrchörigkeit, ↑venezianische Schule).

**Corps de ballet** [kɔrdəba'lɛ; französisch]: die Gruppe der nicht solistischen Ballettänzer, die auf der Bühne den Rahmen und Hintergund für die Einzeltänzer bildet.

**Corrente** [italienisch] ↑Courante.

**Cotillon** [kɔti'jõ; französisch „Unterrock"]: zu Beginn des 18. Jahrhunderts in Frankreich als Übernahme des englischen Round (↑Country-dance) entstandener Gesellschaftstanz (↑Contredanse). Ende des 18. Jahrhunderts wurde er als zweiteiliger Tanz von 4 Paaren ausgeführt. Seit dem 19. Jahrhundert wurde der Cotillon mit scherzhaften Einlagen und Modetänzen wie Polka, Walzer, Galopp, Mazurka angereichert und diente als Abschluß von Bällen, so gelegentlich noch heute, besonders im Rahmen von Tanzstunden.

**Country and western** ['kʌntrɪ ənd 'wɛstən; englisch „(Musik) vom Lande und aus dem Westen"]: ein aus der volkstümlichen Musik der USA (↑Bluegrass, ↑Hillbilly) seit den 1940er Jahren hervorgegangener Schlagerstil mit melodisch und harmonisch unkomplizierten Songs. Die Instrumentierung mit Banjo, Fiedel, Dobro, Schlagzeug und die hohe, etwas nasale Singstimme sind charakteristisch für den sogenannten *Nashville Sound*.

**Country-Blues** ['kʌntrɪ 'blu:z; englisch]: ländliche Variante des Blues. Die bedeutendsten Interpreten des Country-Blues sind Big Bill Broonzy, Leadbelly und Blind Lemon Jefferson.

**Country-dance** ['kʌntrɪ 'dɑ:ns; englisch]: englischer Gesellschaftstanz. Der Country-dance war als figurenreicher Volkstanz in geradem Takt seit dem Ende des 16. Jahrhunderts gebräuchlich. Man unterscheidet zwei Grundtypen: 1. Longways (Reihentänze), bei denen sich die Partner in zwei Reihen gegenüberstehen; 2. Rounds (Rundtänze), bei denen die Tänzer paarweise einen Kreis bilden. Außerdem gibt es Squares (Karreetänze) für 4 Paare und Tänze für 2 Paare. Der Country-dance wurde auf dem Kontinent als ↑Contredanse übernommen; seit dem 19. Jahrhundert überlebt er in Schottland, England und den USA durch bewußte Pflege.

**Country-music** ['kʌntrɪmjuzɪk; englisch „ländliche Musik"]: die Volksmusik im Süden und Mittelwesten der USA.

**Country-Rock** ['kʌntrɪ 'rɔk; englisch]: ein Stilbereich der Rockmusik, der an ländliche Musizierweisen des nordamerikanischen Westens anknüpft, wobei auch auf volkstümliche Instrumente wie Banjo, Akkordeon und Fiedel zurückgegriffen wird.

**Couplet** [ku'plɛ; französisch „Strophe, Vers"]: allgemein Strophe in Liedern (mit wechselndem Text) oder Instrumentalstücken (mit wechselnder Musik), die einen wiederkehrenden Teil (Refrain) haben. Seit dem späten 18. Jahrhundert ist Couplet ein – meist satirisch-aktuelles – schlagerhaftes Strophenlied mit Kehrreim in Vaudeville, Operette, Kabarett.

**Courante** [ku'rã:t; französisch, von courir „laufen"] (italienisch corrente): alter französischer Tanz in raschem Tempo und ungeradem Takt. Blütezeit der seit Mitte des 16. Jahrhunderts bekannten Courante war 1610–1660; im Tanzrepertoire (z. B. in den Balletten am Hof Ludwigs XIV. [* 1638, † 1715]) hielt sie sich bis etwa 1700. – In der Lauten- und Klaviermusik bildete sich nach 1650 die Spätform der französischen *Courante* mit meist mäßigem Tempo und Wechsel zwischen $^3/_2$- und $^6/_4$-Takt heraus. Dieser durch kunstmusikalische Stilisierung und in Abhebung vom direkten Tanzgebrauch entstandenen französischen Courante steht als zweiter stilisierter Typus die italienische *Corrente* gegenüber mit lebhafter, gleichmäßiger Bewegung im $^3/_4$- oder $^3/_8$-Takt Die Courante wurde seit 1600 in die englische und deutsche Tanzmusik übernommen und zum festen Bestand-

Courante. J. S. Bach, „Französische Suite" Nr. 2 (BWV 813, 1722)

teil der ↑Suite. J. S. Bach verwendet in seinen „Englischen Suiten" den französischen Courante-Typ, in den „Französischen Suiten" den italienischen Corrente-Typ.

**Cracovienne** [krakovi'ɛn; französisch] ↑Krakowiak.

**Credo** [lateinisch „ich glaube"]: das Glaubensbekenntnis, in der katholischen Messe der 3. Teil des Ordinarium missae. Mehrstimmige Credokompositionen setzen erst mit den Worten „Patrem omnipotentem" ein, da der vorausgehende Text („Credo in unum Deum") vom Priester angestimmt wird.

**Creole Jazz** ['kri:oʊl 'dʒæz; englisch]: Bezeichnung für eine Stilvariante des ↑New-Orleans-Jazz, die von Kreolen, d. h. den Nachkommen von Einwanderern romanischer Herkunft und Negern, gespielt wurde. Die Kreolen bildeten innerhalb der farbigen Bevölkerung von New Orleans eine eigenständige soziokulturelle Gruppe. – Im Creole Jazz verbinden sich die Gestaltungsprinzipien des New-Orleans-Jazz mit Elementen der lateinamerikanischen Musik und einer z. T. europäischen Instrumentaltechnik. Zu den bedeutendsten Musikern des Creole Jazz zählen Sidney Bechet, Albert Nicholas, Alphonse Picou und Kid Ory.

**crescendo** [krɛ'ʃɛndo; italienisch „wachsend"], Abk. cresc.: an Tonstärke zunehmend, lauter werdend. Zeichen $<$. Gegensatz ↑decrescendo.

**Cromorne** [italienisch] ↑Krummhorn.

**Crotales** [krɔ'tal; französisch, von griechisch krótala] (französisch cymbales antiques; deutsch Zimbeln): sehr kleine Becken (Durchmesser 5–10 cm) mit einer kleinen, halbkugeligen Wölbung in der Mitte und einem breiten, flachen Rand. Sie wurden von Berlioz ins Orchester eingeführt und sind im Instrumentarium der neuen Musik oft zu finden (z. B. bei I. Strawinski und C. Orff).

**Crwth** [kru:θ; kymrisch „bauchig"] (altirisch crott, latinisiert chrotta, englisch crowd): eine seit dem 6. Jahrhundert belegte keltische Leier mit Griffbrett und einem ovalen, achtförmigen oder viereckigen Korpus mit Zargen. Die 3–4 Melodie- und 2 Bordunsaiten wurden gezupft und seit dem 11. Jahrhundert auch mit dem Bogen gestrichen. Der Crwth war das Instrument der Barden und in Irland, Wales und der Bretagne bis ins 19. Jahrhundert hinein anzutreffen.

**Csárdás** ['tʃardaʃ; ungarisch, von csárda „Pußtaschenke"]: ungarischer Nationaltanz. Einem langsamen, pathetischen Kreistanz der Männer *(lassú)* in Moll folgt der wilde, sich steigernde geradtaktige Haupttanz der Paare in Dur *(friss* oder *friska)*. Der Csárdás geht auf den mittelalterlichen Hajdútánc (Heiduckentanz) zurück; seit 1835 verbreiteten ihn Zigeunerkapellen auf Bällen. Blütezeit war 1848–1880.

**C-Schlüssel** ↑C, ↑Schlüssel.

**Cueca** ['kuɛka; spanisch]: argentinischer Tanz in bewegtem, synkopiertem $^3/_4$-Takt. Die Cueca ging aus der chilenischen ↑Zambacueca hervor.

**Custos** [lateinisch „Wächter"]: in der (älteren) Notenschrift ein Zeichen am Ende der Zeile, das die Lage der Note am Beginn der neuen Zeile anzeigt.

**Cymbala** [griechisch-lateinisch]: 1. in der Antike und im Mittelalter Bezeichnung für kleine Becken (↑Kymbala). – 2. im Mittelalter Bezeichnung für abgestimmte Glöckchen, die zu mehreren (oft 4–9) nebeneinander aufgehängt und mit einem Hammer oder Stäbchen angeschlagen wurden.

**Cymbelstern** ↑Zimbelstern

**Czakan** ['tʃɔkɔn; ungarisch]: eine Stockflöte, d. h. eine in einen Spazierstock eingebaute und von ihm abschraubbare Blockflöte, die im 19. Jahrhundert in Österreich-Ungarn beliebt war.

**Czimbal** ['tʃimbɔl; ungarisch] ↑Hackbrett.

# D

**D** (d): Tonbuchstabe zur Bezeichnung für die 2. Stufe der Grundtonleiter C-Dur (im romanischen Sprachbereich hat sich dagegen die Solmisationssilbe re [↑Solmisation] durchgesetzt); durch ein ♯(Kreuz) wird erhöht zu dis (französisch ré dièse, englisch D sharp), durch ♭-(b)-Vorzeichnung erniedrigt zu des (französisch ré bémol, englisch D flat).

**da capo** [italienisch „vom Anfang"], Abk. d. c.: die Anweisung, ein Musikstück vom Anfang an zu wiederholen und bis zu der mit „fine" (Ende, *da capo al fine*), bis zum Zeichen 𝄋 *(da capo al segno)* oder bis zur Fermate (𝄐) zu spielen.

**Da-capo-Arie** [italienisch]: Form der ↑Arie des 18. Jahrhunderts.

**dal segno** [dal'zenjo; italienisch „vom Zeichen"], Abk. dal S.: die Anweisung, ein Musikstück vom Zeichen 𝄋 ab zu wiederholen.

**Dämpfer:** bei verschiedenen Musikinstrumenten eine Vorrichtung zum Abschwächen oder Ersticken des Tons oder auch zur Veränderung der Klangfarbe. Beim Klavier legen sich nach dem Loslassen der Taste Filze auf die Saiten und verhindern deren Weiterschwingen. Wünscht man das Fortklingen der angeschlagenen Töne, kann diese Dämpfung mit dem rechten Pedal aufgehoben werden. Eine andere, die Tonstärke vermindernde Dämpfung, die „Verschiebung", wird mit dem linken Pedal betätigt; dabei werden Klaviatur und Mechanik etwas verrückt, so daß der Hammer nicht den vollen (3- oder 2fachen) Saitenchor trifft, sondern eine Saite weniger. – Bei Streichinstrumenten wird ein kleiner Holzkamm *(Sordino)* auf den Steg geklemmt, bei Blechblasinstrumenten werden die Hand *(Stopfen)* oder Kegel aus Holz oder Leichtmetall in die Stürze geschoben. Trommeln und Pauken werden durch Auflegen eines Tuchs oder der Hand auf das Fell gedämpft.

**Dämpfung:** eine Schwingung ist gedämpft, wenn ein Teil der Schwingungsenergie in (musikalisch unbrauchbare) Wärme umgewandelt wird. In einem ↑schalltoten Raum wird der auf die Wände fallende Schall vollständig gedämpft. Die ↑Dämpfer bei Streich- oder Blasinstrumenten beeinflussen im allgemeinen nur die Schallabstrahlung des Instruments.

**Danse macabre** [dãsma'ka:br; französisch] ↑Totentanz.

**Darabukka** [arabisch]: eine arabische Handtrommel vorislamischen Ursprungs, mit vasenförmigem, unten offenem Schallkörper aus Ton oder Holz, der mit Hammelfell oder Pergament bespannt ist. Die Darabukka ist ein noch heute gebräuchliches Volksmusikinstrument.

**Dasia-Notation:** Notenschrift des ausgehenden 9. und beginnenden 10. Jahrhunderts, die in theoretischen Schriften zur Darstellung von Mehrstimmigkeit (Organum) gebraucht wird. Es ist anzunehmen, daß ihre Zeichen im Anschluß an die Akzentzeichen der griechischen Prosodie gebildet wurden. Mit vier Grundzeichen, die in ihrer graphischen Stellung variiert werden, verfügt die Dasia-Notation über 18 Tonzeichen (vier Tetrachorde und zwei zusätzliche Töne).

**dB:** Abk. für ↑Dezibel.

**d. c.:** Abk. für ↑da capo.

**Déchant** [de'ʃã; französisch]: französische Bezeichnung für ↑Discantus.

**deciso** [de'tʃi:zo; italienisch]: bestimmt, entschieden.

**decrescendo** [dekre'ʃɛndo; italienisch „abnehmend"], Abk. decresc. oder decr.: an Tonstärke abnehmend, schwächer werdend, Zeichen ⟩. Gegensatz ↑crescendo.

**deficiendo** [defi'tʃɛndo; italienisch]: an Tonstärke und Tempo nachlassend, abnehmend.

**Deklamation** [lateinisch „Vortrag“]: der gehobene, kunstgerechte Vortrag, besonders von Dichtungen, wie er schon in der griechischen und römischen Antike gepflegt wurde. In der Musik v.a. die ausdruckshafte Wiedergabe bei Vokalwerken unter Beachtung von Wort- und Sinnakzenten sowie der syntaktischen Gliederung des Textes, wobei die ↑Agogik eine bedeutende Rolle spielt.

**Delay** [dɪ'lɛɪ; englisch „Verzögerung“]: beim ↑Envelope-Generator Bezeichnung für die Abklingzeit bzw. den Abklingvorgang eines Signals. Als Delaygeräte werden auch Echo- oder Hallgeräte bezeichnet, wie sie in der Popmusik Verwendung finden.

**démancher** [demã'ʃe; französisch]: beim Spiel von Streichinstrumenten Bezeichnung für den Lagenwechsel (↑Lage), bei Tasteninstrumenten für das Übergreifen (Kreuzen) der Hände.

**De profundis** [lateinisch „aus der Tiefe“]: Anfangsworte des Psalmes 130 (129 in der Vulgata), des sechsten der altkirchlichen Bußpsalmen, der einer der am häufigsten vertonten Psalmen in der mehrstimmigen Musik ist.

**Descort** [provenzalisch „Zwiespalt“]: Gattung der provenzalischen, später auch der nordfranzösischen Lyrik vom 12. bis zum 14. Jahrhundert. Ohne strophische Gliederung wie der ↑Lai, soll im Descort die Zerrissenheit des nicht erhörten Troubadours durch Unregelmäßigkeiten in Aufbau, Versart und Sprache sowie durch inhaltliche Ungereimtheiten zum Ausdruck gebracht werden.

**Dessus** [də'sy; französisch „darüber“]: ältere französische Bezeichnung für die Oberstimme (Diskant) in der Vokal- und Instrumentalmusik.

**détaché** [deta'ʃe:; französisch „getrennt“]: beim Spiel von Streichinstrumenten eine Strichart, bei der die einzelnen Töne sowohl durch einen straffen Ab- bzw. Aufstrich, als auch durch eine merkliche Zäsur beim Strichwechsel voneinander abgesetzt werden.

**detonieren** [von französisch detoner „verstimmen“]: die Stimmung verlassen, unrein singen, besonders in A-cappella-Chören das Herunterziehen oder Hinauftreiben des Tons.

**Deuteros** [griechisch „der Zweite“]: Bezeichnung für die zweite (phrygische) der vier authentischen ↑Kirchentonarten, so bis in das 9. Jahrhundert gebräuchlich.

**deutscher Tanz:** 1. Obergriff für deutsche Volkstänze, die aus einem ruhigen Vortanz (z. B. Reigen) in geradem Takt (↑Allemande) und einem raschen Nachtanz (z. B. Hupfauf, Dreher) im Dreiertakt bestehen. – 2. im engeren Sinn der aus diesem Nachtanz Ende des 18. Jahrhunderts in Süddeutschland und Deutschösterreich entstandene deutsche Tanz. Er ist ein volkstümlicher Drehtanz für Einzelpaare im $^{3}/_{4}$- oder $^{3}/_{8}$-Takt mit einfachem musikalischem Aufbau aus zwei wiederholten Achttakten. Haydn, Mozart und Beethoven schrieben deutsche Tänze meist für Orchester, Schubert nur für Klavier. Anfang des 19. Jahrhunderts ging der deutsche Tanz unter Beschleunigung des Tempos in den ↑Walzer über.

F. Schubert, „Deutsche Tänze“ op. 33, Nr. 7 (1825)

**Devise** [französisch „Wahlspruch, Kennzeichen“]: der einem Motto vergleichbare Anfang einer Barockarie, in dem die Singstimme den Themenkopf zunächst unbegleitet vorträgt; meist wird nach einem instrumentalen Zwischenspiel der Themenkopf wiederholt, um danach fortzufahren. Die Devise gibt den Charakter der Arie, ihren Affekt an (*Devisenarie*). Die Devise findet sich auch in der Instrumentalmusik.

**Dezett** [von lateinisch decem „zehn“]: ein Musikstück für 10 Soloinstrumente;

auch Bezeichnung für die Gruppe der Ausführenden.

**Dezibel:** [...'bɛl, ...beːl; von lateinisch decem „zehn" und Bel, nach A. G. Bell, d. h. $^1/_{10}$ Bel], Abk. dB: logarithmisches Maß für die Schallintensität. Zwischen Schallintensität (↑Intensität) und Lautstärkeempfindung besteht folgender empirischer Zusammenhang (siehe unten Tabelle 1):
Etwa „gleichen" Schritten im Empfindungsbereich (z. B. von pp auf p oder von mf auf f) entspricht jeweils eine Verzehnfachung der Schallintensität. Man hat daher die Dezibelskala folgendermaßen definiert (siehe Tabelle 2):
Einem Schritt von 10 Dezibel entspricht also die Zunahme auf die zehnfache Schallintensität.

**Dezime** [mittellateinisch; von lateinisch decem „zehn"]: das Intervall im Abstand von 10 diatonischen Stufen, eine (große oder kleine) Terz über der Oktave.

**Diabolus in musica** [lateinisch „der Teufel in der Musik"], im Mittelalter gebräuchliche Bezeichnung für das Intervall aus drei Ganztönen, den ↑Tritonus, vor dem sowohl bei aufeinanderfolgenden Tönen als auch im Zusammenklang gewarnt wird. Der Satz: „Mi contra Fa, diabolus in musica" wurde als Merksatz in der Solmisationslehre (↑Solmisation) gebildet und bedeutete, daß beim Übergang von einem Hexachord in ein anderes der Schritt h mi – f fa („h gegen f") verboten war.

**Dialog** [von griechisch diálogos „Zwiegespräch"]: in vokaler wie instrumentaler Musik wird eine Formanlage oder Themengestaltung, die der literarischen Wechselrede vergleichbar ist, Dialog genannt. Er findet sich in allen Epochen, so im Gregorianischen Gesang, im liturgischen Drama, im Minnesang, in Motetten des 16. und 17. Jahrhunderts, im Madrigal, in den Lauden, im Oratorium, im geistlichen Konzert, in der Oper und in der Instrumentalmusik des 18. Jahrhunderts. Besonders gepflegt wurde er in der protestantischen Kirchenmusik des 17. Jahrhunderts in Form einer lehrhaften Darbietung biblischer und freier Texte innerhalb des Gottesdienstes.

**Diapason** [von griechisch dià pasõn, eigentlich der im Durchgang „durch alle" (acht) Töne erreichte Zusammenklang]: in der antiken griechischen und in der mittelalterlichen Musiktheorie Bezeichnung für die Oktave als dasjenige Intervall, das alle anderen Intervalle

Tabelle 1

| Empfindung: | Schallintensität in Watt/m²: |
|---|---|
| Hörschwelle | 0, 000 000 000 001 |
| ppp | 0, 000 000 001 |
| pp | 0, 000 000 01 |
| p | 0, 000 000 1 |
| mf | 0, 000 001 |
| f | 0, 000 01 |
| ff | 0, 000 1 |
| fff | 0, 001 |
| Schmerzschwelle | 1, 0 |

Tabelle 2

| | | |
|---|---|---|
| 0 Dezibel entsprechen | 0, 000 000 000 001 | Watt/m² |
| 10 Dezibel ... | 0, 000 000 000 01 | Watt/m² |
| 20 Dezibel ... | 0, 000 000 000 1 | Watt/m² |
| 30 Dezibel ... | 0, 000 000 001 | Watt/m² |
| usw. | | |
| 110 Dezibel ... | 0,1 | Watt/m² |
| 120 Dezibel ... | 1,0 | Watt/m² |

umfaßt und zugleich proportional bestimmt. – In Frankreich Bezeichnung für die Mensur von Orgelpfeifen oder Blasinstrumenten, für den Stimmton und auch die Sttimmgabel. – In England Bezeichnung für das Prinzipalregister der Orgel. Allgemein gebräuchlich auch als Registerbezeichnung beim Harmonium.

**Diapente** [von griechisch dià pénte „durch fünf"]: seit der antiken griechischen Musiktheorie gebrauchte Bezeichnung für das Intervall der Quinte.

**Diaphonia** [griechisch „Auseinanderklang"]: in der antiken griechischen Musik Bezeichnung für die Dissonanz im Gegensatz zur Konsonanz (griechisch Symphonia, d. h. die Oktave, Quinte und Quarte), so z. T. auch noch in der mittelalterlichen Musiktheorie. In der frühen Mehrstimmigkeit des Mittelalters weitgehend gleichbedeutend mit ↑Organum, später auch in der Bedeutung von ↑Discantus.

**diastematisch** [von griechisch diástēma „Intervall"]: eine Notenschrift, die die Tonabstände nach Höhe und Tiefe unterscheidet, ist diastematisch. Die früheste diastematische Notation entstand im ausgehenden 10. Jahrhundert, als ↑Neumen (zunächst noch ohne Linien) in der Höhe unterschiedlich über dem zu singenden Text notiert wurden. Diese Notierungsweise war vereinzelt bis in das 14. Jahrhundert gebräuchlich. Sie führte zu der vorher nicht üblichen Bezeichnung der Töne als „hoch" oder „tief" und schließlich auch zur Einführung der Notenlinien.

**Diatessaron** [von griechisch dià tessáron „durch vier"]: seit der antiken griechischen Musiktheorie gebrauchte Bezeichnung für das Intervall der Quarte.

**Diatonik** [von griechisch diátonos „durch Ganztöne (gehend)"]: heißt die Einteilung der Oktave in 5 Ganz- und 2 Halbtonschritte, wie z. B. in der Durskala, im natürlichen und melodischen Moll und in den Kirchentonarten. Intervalle, die sich aus diatonischen Skalen ableiten lassen, werden diatonische Intervalle genannt: reine Quarte, Quinte, Oktave, große und kleine Sekunde, Terz, Sexte, Septime. Eine Ausnahme bildet der Tritonus, der als übermäßige Quarte zu den chromatischen Intervallen zählt. – Die Diatonik bildete zusammen mit der Chromatik und der Enharmonik die Grundlage des griechischen Tonsystems (↑griechische Musik). Während hier das Tetrachord (die Quarte) den Rahmen für die diatonische Skala abgab, war es seit dem Mittelalter das ↑Hexachord der ↑Solmisation und die Oktave. Diatonik beherrscht seit dem frühen Mittelalter die abendländische Musik. Im 16. Jahrhundert wurde als Mittel der Textausdeutung die Chromatik eingeführt. Im 19. Jahrhundert begann durch zunehmende Chromatisierung (R. Wagner, „Tristan und Isolde", 1859) die Auflösung der Diatonik, deren Schlußpunkt die Atonalität mit ihrer qualitativen Gleichwertigkeit diatonischer und chromatischer Tonstufen bildet.

**dièse** [di'ɛ:z; französisch] (italienisch diesis): das ↑Kreuz.

**Dies irae** [lateinisch „Tag des Zornes"]: Sequenz der Totenmesse (Requiem). Die heute verbreitete Form des Textes entstand im 13. Jahrhundert in italienischen Franziskanerkreisen und wurde 1570 in das römische Meßbuch aufgenommen. Das Dies irae wurde in der Liturgie mit seiner Gregorianischen Melodie gesungen; diese ist auch Grundlage zahlreicher mehrstimmiger Vertonungen, von denen die von Mozart und Verdi am bekanntesten sind.

**Diesis** [griechisch „Abtrennung"]: in der griechischen Musiktheorie bezeichnet Diesis 1. den aus einem diatonischen Halbton 256:243 der pythagoreischen Skala bestehenden Überschuß der Quarte über zwei Ganztöne. – 2. seit Aristoxenos die weniger als einen kleinen Sekundschritt umfassenden Intervalle. Marchettus von Padua verwendete Diesis für das Leittonintervall. Danach wurde Diesis (italienisch diesis, französisch dièse) zur Bezeichnung für das Kreuz ( ♯ ) bzw. für die vorzunehmende Erhöhung um einen Halbton, die damit angezeigt wird. – In der Akustik wird unterschieden zwischen *kleiner Diesis* als dem Verhältnis bzw. der Differenz von einer Oktave und drei großen Terzen:

$\frac{2}{1}:\left(\frac{5}{4}\right)^3=\frac{128}{125}$, entsprechend 41,1 Cent,

und *großer Diesis* als dem Verhältnis bzw. der Differenz von vier kleinen Terzen und der Oktave:

$\left(\frac{6}{5}\right)^4:\frac{2}{1}=\frac{648}{625}$, entsprechend 62,6 Cent.

**Diferencia** [dife'renθi̯a; spanisch „Veränderung"]: in der spanischen Lauten- und Klaviermusik des 16. Jahrhunderts (z. B. bei A. de Cabezón) Bezeichnung für ↑Variation.

**Differenzen** [von lateinisch differentia „Unterschied"]: die melodischen Schlußformeln der Psalmtöne in der Psalmodie von Offizium und Messe. Sie haben den Sinn, den jeweiligen Psalmton mit dem Anfang der folgenden Antiphon musikalisch zu verbinden.

**Differenzton:** erklingen zwei Sinustöne mit den Frequenzen $f_1$ und $f_2$, so kann man unter bestimmten Bedingungen den ↑Kombinationston mit der Frequenz

$$f_1 - f_2$$

hören. Er kann im Innenohr oder in elektroakustischen Übertragungssystemen entstehen.

**Diffusität** [lateinisch]: Begriff der Raumakustik, der die mehr oder minder gleichmäßige Ausfüllung eines Raumes durch ein Schallfeld bzw. mit Schallenergie kennzeichnet. Die Diffusität eines Raumes ist um so größer, je stärker seine Begrenzungsflächen gegliedert sind und schallzerstreuend wirken und je weniger gerichtete Reflexionen und Schallfokussierungen (wie bei Kuppeln) möglich sind. Eine große Diffusität ist besonders für musikalische und sprachliche Darbietungen wichtig, da z. B. das Auftreten von Echos die Klarheit der Wiedergabe empfindlich stört. In modernen Räumen müssen oft besonders schallzerstreuende Einbauten *(Diffusoren)* angebracht werden.

**Dilettant** [von italienisch diletto „Vergnügen"]: nach heutigem Sprachgebrauch der Nichtfachmann, der Laie auf dem Gebiet der Kunst, und zwar im negativen Sinne jemand, der ohne das notwendige Können und Wissen Kunstwerke interpretiert oder sich darüber äußert. Der Ausdruck Dilettant erhielt erst im 19. Jahrhundert seine negative Bedeutung, davor wurde er für den musikausübenden Laien verwendet.

**diluendo** [italienisch, von lateinisch diluere „auflösen"]: immer leiser werdend, verlöschend.

**dim.** (dimin.): Abk. für ↑**dim**inuendo.

**diminuendo** [italienisch], Abk. dim. oder dimin.: an Tonstärke abnehmend, schwächer werdend; gleichbedeutend mit ↑decrescendo.

**Diminution** [von lateinisch diminutio „Verkleinerung"]: 1. in der Mensuralnotation die Verkürzung von Notenwerten um die Hälfte, ein Drittel oder ein Viertel, angezeigt durch Veränderung der Mensurzeichen (Umkehrung, Durchstreichung), durch Hinzufügung von Zahlen oder durch abweichende Färbung der Noten (↑Color). – 2. die Verkürzung der Notenwerte eines Kanons oder des Themas einer Fuge oder Sonate (meist um die Hälfte des ursprünglichen Wertes; ↑auch Augmentation). – 3. die vom 14. bis in das 19. Jahrhundert von Sängern und Instrumentalisten geübte Praxis der ↑Verzierung einer Melodielinie, wobei größere Notenwerte in eine Folge kleinerer Noten zerlegt werden.

**Dirigent** [lateinisch] ↑Dirigieren.

**Dirigieren** [von lateinisch dirigere „leiten"]: das Leiten eines musikalischen Ensembles durch den *Dirigenten*, der durch Gestik und Mimik den Mitwirkenden z. B. Takt, Tempo, Lautstärke, Phrasierung eines aufzuführenden musikalischen Werkes angibt. Bis ins 19. Jahrhundert hinein beschränkte sich Dirigieren auf einfache Handbewegungen, z. B. Auf- und Niederschlag. Oft, v. a. im Barock, wurde ein Ensemble nur von einem Instrument (Cembalo, Orgel, Violine) aus geleitet. Erst die zunehmende Differenzierung aller musikalischen Elemente seit der Wiener Klassik machte ebenso differenziertes, selbständiges Dirigieren notwendig, das zunächst mit einer Notenrolle, später allgemein mit dem Taktstock ausgeführt wurde. Grundschlagarten für den 1er-, 2er-, 3er- und 4er-Takt sehen (schematisch dargestellt) so aus:

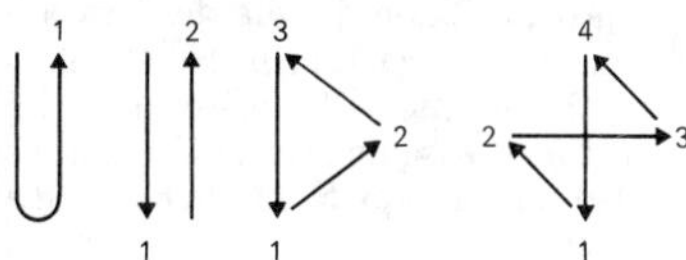


Doch ist Dirigieren nicht nur Taktschlagen, sondern Vermittlung sämtlicher im Werk angelegter Absichten des Komponisten (Dynamik, Agogik, Klangcharakter, Ausdrucksqualitäten usw.). Jede Art zu dirigieren führt daher zu einer anderen, persönlich gefärbten Werkinterpretation.

**Dirty tones** ['dəːtɪ 'tounz; englisch „schmutzige Töne"]: in der afroamerikanischen Musik Bezeichnung für unrein und mit starken Geräuschanteilen intonierte Töne, die als Mittel der gefühlshaften Steigerung eingesetzt werden.

**Discantus** [mittellateinisch, eigentlich „Auseinandergesang"]: mittelalterliche aus dem griechischen Wort ↑Diaphonia übersetzte Bezeichnung zunächst für die über einen ↑Cantus gesetzte Gegenstimme, die weitgehend zu diesem in Gegenbewegung verlief. Schließlich wurde eine solche Komposition selbst Discantus genannt. Den Satz Note gegen Note hat der Discantus mit dem ↑Conductus gemeinsam, unterscheidet sich aber von diesem durch die Verwendung eines melodischen Abschnitts aus dem Gregorianischen Gesang als Grundstimme. Von Discantus ist die Bezeichnung der Stimmlage ↑Diskant als der höchsten Stimme in einem mehrstimmigen Satz abgeleitet.

**Disco-Sound** ['dɪskosaʊnd; englisch]: Ende der 1970er Jahre aufgekommene Bezeichnung für eine weitverbreitete Variante der Popmusik, die v. a. für Diskotheken konzipiert ist; gekennzeichnet durch „gefällige" Arrangements, die die Aggressivität und den Elan von Rock- und Soulmusik überspielen sowie durch äußerst einfache Rhythmik und Anspruchslosigkeit der Texte, die den Disco-Sound als Tanzmusik ausweisen.

**Diskant** [von mittellateinisch discantus, eigentlich „Auseinandergesang"]: vom 15. bis 17. Jahrhundert gebräuchliche Stimmbezeichnung für die höchste Stimme eines mehrstimmigen Vokalsatzes (gleichbedeutend mit Superius, ↑Sopran); seit etwa 1600 auch für das höchste Instrument von Instrumentenfamilien (z. B. Diskantviole, Diskantpommer, Diskantblockflöte) verwendet. Die Sänger der Diskantpartien hießen *Diskantisten.*

**Diskantlied:** eine in den musikwissenschaftlichen Sprachgebrauch im 20. Jahrhundert eingeführte Bezeichnung für den ↑Kantilenensatz.

**Diskantschlüssel** (Sopranschlüssel): der C-Schlüssel auf der untersten Notenlinie:
↑auch Schlüssel.

**Diskographie** [von griechisch dískos „Scheibe" und gráphein „schreiben"]: Schallplattenverzeichnis mit allen zur Ermittlung einer Schallplatte nötigen Angaben.

**Diskothek** [von griechisch dískos „Scheibe" und thē̆kē „Behältnis"]: 1. Bezeichnung für Schallplattensammlung, -archiv, auch für Tonbandsammlung. – 2. für ein Tanzlokal mit Schallplatten- bzw. Tonbandmusik (auch verbunden mit Lichteffekten).

**Disposition** [lateinisch]: hieß im Orgelbau ursprünglich der Kostenvoranschlag, heute wird darunter der Aufbau einer Orgel nach der Art der Register, ihrer Verteilung auf die Manuale und das Pedal und den Registerkombinationen verstanden. Die Disposition wird von den jeweiligen wirtschaftlichen und räumlichen Möglichkeiten, besonders aber vom Klangideal einer Epoche bestimmt.

**Dissonanz** [von lateinisch dissonantia „Auseinandertönen"]: in tonaler Musik ein Klang (Intervall oder Akkord), der im Gegensatz zur ↑Konsonanz Spannungscharakter besitzt und einer Auflösung zustrebt (Beispiel: der ↑Dominantseptakkord, der sich in die ↑Tonika auflösen will). Der Grad der Dissonanzschärfung kann sehr verschieden sein (z. B. kleine Septe mit schwächerem, große Septe mit stärkerem Dissonanzgrad; umgekehrt bei der Sekunde). Selbst der gleiche Klang hat je nach seiner Umgebung unterschiedlichen Dissonanzcharakter (Beispiele hierzu im Artikel ↑Konsonanz). Schließlich hat sich das Dissonanzempfinden in der Musikgeschichte mehrfach gewandelt. So zeigt etwa die Vokalpolyphonie des späten 16. Jahrhunderts ein konsonanzbetontes Satzbild, das nur streng geregelte Dissonanzen zuläßt (↑Durchgang, ↑Vorhalt, ↑Wechselnote). In der Barockmusik dagegen führt der freie Gebrauch der affektbetonten Dissonanzen zu großem Farbreichtum bis hin zu den harmonischen Kühnheiten im Werk J. S. Bachs. Um die Mitte des 18. Jahrhunderts setzt sich wiederum ein betont einfaches, dissonanzarmes Klangideal durch (↑galanter Stil). Von da an nimmt der Dissonanzgebrauch stetig zu. V. a. in romantischer Musik wird die Dissonanz zu einem psychologischen Ausdrucksmittel von mitunter stärkster Suggestionskraft. Zugleich verbraucht sich die Spannungs- und Reizwirkung der Dissonanz mehr und mehr und fordert immer weitergehende Klangschärfungen. Dies führt zu Beginn des 20. Jahrhunderts zu einer „Emanzipation der Dissonanz“ im Sinne einer Befreiung von der konsonanten Auflösung und damit zu einer Verselbständigung aller möglichen Klänge überhaupt, die nun nicht mehr unter dem Verhältnis Dissonanz–Konsonanz miteinander in Beziehung treten müssen.

**Dithyrạmbus** (Dithyrambos) [griechisch]: mit dem Dionysoskult verbundenes enthusiastisch-ekstatisches Chorlied, das seine klassische Form um 600 vor Christus bei Arion erreichte. Bedeutende Dichter von Dithyramben waren im 5. Jahrhundert Bakchylides und Pindar. Durch die Einbeziehung epischer Stoffe entwickelte sich aus dem Dithyrambus die Tragödie. Nach 470 vor Christus wandelte sich der chorische zum solistischen Vortrag, das Sprachliche wurde dem Musikalischen untergeordnet.

**D̲itonus** [lateinisch, von griechisch dítonos „Zweiton“]: seit der griechischen Antike gebräuchliche Bezeichnung für ein Intervall, das sich aus zwei Ganztönen zusammensetzt (Verhältnis 81:64) und die (pythagoreische) große Terz ergibt.

**Divertimẹnto** [italienisch „Vergnügen“]: seit Ende des 17. Jahrhunderts eine Bezeichnung für unterhaltsame Musik verschiedenster Art; in der 2. Hälfte des 18. Jahrhunderts ein meist mehrsätziges (häufig 6–10 Sätze), suiten- oder sonatenartiges Instrumentalstück für solistische (Klavier), orchestrale oder vorwiegend kammermusikalische Streicher-, Bläser- oder gemischte Besetzung. Eng verwandt mit anderen Formen gehobener Gesellschaftsmusik wie ↑Serenata und ↑Kassation, stellt das Divertimento eine Vorform des Streichquartetts dar. Nach seiner Glanzzeit in der Wiener Klassik (Haydn, Mozart) verlor es rasch an Bedeutung und wurde eine Form der Salonmusik (oft gleichbedeutend mit Potpourri).

**Divertissement** [divɛrtɪsˈmã:; französisch „Zerstreuung“]: eine Bezeichnung sowohl für ↑Divertimento als auch für Ballett- und Gesangseinlagen in der Comédie-ballet und Tragédie lyrique des 17. Jahrhunderts (Lully), die sich um 1700 zur ↑Opéra-ballet verselbständigten.

**divi̲si** [italienisch „geteilt“]; Abk. div.: in Orchesterstimmen Spielanweisung für Streicher, nach der mehrstimmige Stellen „geteilt“, d. h. von zwei Musikern (am gleichen Pult), und nicht z. B. als Doppelgriff gespielt werden sollen.

**Division** [dɪˈvɪʃn; englisch „Teilung“]: englische Bezeichnung für die ↑Diminution und die daraus entwickelte Gattung von Variationen. Divisions wurden zunächst über einem ↑Ground (*Division on a ground*) improvisiert, d. h. über einem Baßmodell oder einer Baßmelodie (seit dem 17. Jahrhundert auch Lied-

und Tanzmelodien); später wurden sie auch komponiert, z.B. für Viola da Gamba oder Klavier. Bei der Besetzung mit mehreren Instrumenten erklang der Ground auf einem ↑Fundamentinstrument.

**Dixieland-Jazz** ['dɪksɪlænd 'dʒæz; englisch]: ein zu Ende des 19. Jahrhunderts aus der Nachahmung des „schwarzen" ↑New-Orleans-Jazz durch weiße Musiker entstandener Jazzstil, dessen Name sich aus der volkstümlichen Bezeichnung für die Südstaaten der USA ableitet. Der Dixieland übernimmt die allgemeinen Gestaltungsprinzipien und die instrumentale Besetzung des New-Orleans-Stils, unterscheidet sich diesem gegenüber jedoch in seiner rhythmischen Grundhaltung und durch das Ausbleiben der Bluestonalität (↑Blues). – Als die erste bekannte Dixieland-Formation gilt die um 1890 gegründete „Reliance Band" des Schlagzeugers „Papa" Jack Laine. Zur Popularisierung der Musik trug v.a. die von dem Trompeter Nick La Rocca geleitete „Original Dixieland Jazzband" bei, von der 1917 die erste Jazzschallplatte aufgenommen wurde. In den 20er Jahren mündete der Dixieland in den ↑Chicago-Stil. – Anknüpfend an die zu Anfang der 40er Jahre einsetzenden Dixieland-Renaissance (Revival, Wiedergeburt) wird Dixieland heute vorwiegend von Amateuren gespielt.

**do:** seit dem 17. Jahrhundert die erste der Solmisationssilben anstelle des mittelalterlichen ut. In Italien und Spanien Bezeichnung für den Ton C (in Frankreich vorwiegend ut genannt).

**Docke** (Springer): beim ↑Cembalo der auf dem hinteren Tastenende sitzende kleine Holzpflock, in dem der [Anreiß]-kiel beweglich angebracht ist.

**Dodekaphonie** [griechisch] ↑Zwölftontechnik.

**Doină** ['do̯inə; rumänisch]: rumänisches Volkslied, ursprünglich ein Hirtenlied; auf einen schwermütig-getragenen Klagegesang folgt ein heiterer, tänzerischer Teil.

**Dolby-System** Ⓦ: ein von R. M. Dolby erfundenes elektronisches Verfahren zur Rauschunterdrückung bei Tonbandaufnahmen (↑Rauschen): bei der Tonaufnahme wird das Signal so verzerrt und bei der Wiedergabe entzerrt, daß 1. das Ausgangssignal getreu reproduziert wird und 2. Rauschen, das sich bei Aufnahme, Überspielung und Wiedergabe einstellt, unterdrückt wird.

**dolce** ['doltʃe; italienisch]: süß, sanft, lieblich, weich.

**Dolcian** ↑Dulzian.

**dolendo** (dolente) [italienisch]: traurig, schmerzlich, klagend.

**Dolzflöte** [von italienisch dolce „süß"]: 1. um 1600 eine seitlich angeblasene, zylindrisch gebohrte Blockflöte mit sanftem Ton. – 2. ein sanft klingendes Flötenregister der Orgel im 8-, seltener 4-Fuß.

**Dominante** [von lateinisch dominans (Genitiv dominantis) „herrschend"]: 1. im Gregorianischen Gesang eine in ihrer Bedeutung schwankende Bezeichnung, einmal für die fünfte Stufe bei authentischen und die vierte bei plagalen ↑Kirchentonarten, zum andern für die Repercussa, den Rezitationston der Psalmtöne. – 2. (Oberdominante) einerseits der fünfte Ton einer Dur- oder Molltonleiter, andererseits der auf diesem Ton aufgebaute Durdreiklang. In der funktionalen Harmonielehre benennt Dominante das Verhältnis des Dreiklangs der fünften Stufe zu dem der ersten (Tonika) beziehungsweise dem der vierten Stufe (Subdominante). Die Dominante ist mit Tonika und Subdominante eine der drei Hauptfunktionen in der ↑Kadenz.

**Dominantseptakkord:** der Akkord auf der Dominante, dessen Spannung und Tendenz zur Auflösung in die Tonika durch das Einfügen der kleinen Septime über dem Grundton der fünften Stufe verstärkt wird.

**Domra** [russisch]: eine Laute mit langem Hals, ovalem, bauchigem Korpus und 3 mit Plektron angerissenen Saiten. In Rußland war sie im 16. und 17. Jahrhundert als Soloinstrument gebräuchlich, danach wurde sie zeitweise von der Balalaika verdrängt. Heute ist sie ein beliebtes Volksinstrument, das in 6 Größen, mit 4 Saiten in Quinstimmung, in Domraorchestern gespielt wird.

**Doppel-B:** Versetzungszeichen, das die Erniedrigung eines Tones um zwei Halbtöne vorschreibt (durch das Doppel-B wird c zu ceses, f zu feses usw.); Zeichen 𝄫.

**Doppelchor** [...ko:r]: ein in zwei selbständige, meist vierstimmige Chorgruppen aufgeteilter Chor (↑Coro spezzato), die häufigste Form der ↑Mehrchörigkeit.

**Doppelflöte** (Doppelpfeifeninstrument): in der Instrumentenkunde Oberbegriff für die Verbindung zweier [Block]flöten oder Schalmeien zu einem einzigen Instrument. Die beiden Pfeifen können voneinander abstehen (↑Aulos) oder eng verbunden, sogar in dasselbe Stück Holz gebohrt sein (↑Dvojnice). Aus der Anordnung der Grifflöcher ergibt sich entweder ein unabhängiges Spiel der beiden Pfeifen (Löcher voneinander getrennt liegend, für jedes Loch ein Finger) oder parallele Mehrstimmigkeit (Löcher paarweise nebeneinander, jedes Paar mit einem Finger abzudecken). – In der Orgel ist Doppelflöte (auch Duiflöte) ein ↑Register im 4- oder 8-Fuß mit doppelten Labien und Kernspalten.

**Doppelfuge:** eine ↑Fuge, in der zwei unterschiedliche Themen durchgeführt werden. Man unterscheidet dabei Doppelfugen, bei denen beide Themen zunächst einzeln und anschließend zusammen verarbeitet sind von Doppelfugen, bei denen beide Themen von Beginn an kombiniert auftreten. Auch Mischformen zwischen diesen beiden Typen sind möglich.

**Doppelgriff:** beim Spiel von Streichinstrumenten das gleichzeitige Greifen von Tönen auf zwei oder mehr Saiten. Der moderne Bogen gestattet mehr als zweistimmiges Spiel nur durch scharfes Aufsetzen oder in der Form gebrochener Akkorde.

**Doppelkanon:** ein ↑Kanon, der mit zwei unterschiedlichen Melodien zugleich einsetzt, die beide später in anderen Stimmen kanonartig fortgesetzt werden.

**Doppelkonzert:** Konzert für zwei Soloinstrumente und Orchester. – ↑auch konzertante Sinfonie.

**Doppelkreuz:** Versetzungszeichen, das die Erhöhung eines Tones um zwei Halbtöne vorschreibt (durch das Doppelkreuz wird c zu cisis, f zu fisis usw.); Zeichen 𝄪 früher ✖, ♯♯, ✱.

**Doppelrohrblatt:** das von 2 aufeinander gepreßten Rohrblättchen (aus Schilf- oder Zuckerrohr) gebildete Anblasröhrchen bei bestimmten Holzblasinstrumenten. Doppelrohrblattinstrumente (auch „Oboeninstrumente“) sind Oboe, Fagott, Englischhorn, Schalmei, Pommer, Krummhorn, Rankett, Dulzian und (teilweise) Aulos.

**Doppelschlag** (italienisch gruppetto; französisch doublé; englisch turn): eine Verzierung, bei der die Hauptnote in einer Viererfigur durch die Ober- und Untersekunde umspielt wird; Zeichen ∾ :

Durch Über- oder Unterschreiben von ♯ oder ♭ können die Nebennoten chromatisch verändert werden.

**doppelter Kontrapunkt** ↑Kontrapunkt.

**Doppeltriller:** ein ↑Triller, der auf einem Instrument zweistimmig (meist in Terzen oder Sexten) ausgeführt wird.

**Doppelzunge** ↑Zungenstoß.

**Doppler-Effekt** [nach dem österreichischen Physiker und Mathematiker Christian Doppler, * 1803, † 1853]: bewegt sich eine Schallquelle auf einen Hörer zu, so hört dieser einen höheren Ton, als wenn sich die Schallquelle vom Hörer wegbewegt. Analog hört ein sich auf eine Schallquelle zubewegender Hörer einen höheren Ton, als wenn er sich von der Schallquelle wegbewegt. Ursache dieses Effektes ist die Tatsache, daß den Beobachter im ersten Fall mehr Schwingungen in der Zeiteinheit erreichen als bei ruhender Schallquelle, im zweiten Fall hingegen weniger; die Frequenz des wahrgenommenen Tons ist also bei Annäherung höher, bei Entfernung geringer.

**dorisch** [griechisch]: in der griechischen Antike die vom Stammesnamen der Dorier abgeleitete Bezeichnung für die absteigende Leiter $e^1$–e, die dem mittelalterlichen phrygischen Kirchenton entspricht. Im mittelalterlichen System der ↑Kirchentonarten die auf dem Grundton d stehende Haupttonart, die sich vom späteren Moll durch die große Sexte und das Fehlen des Leittons von der 7. zur 8. Stufe unterscheidet.

**Double** ['du:bl; französisch, von lateinisch duplus „doppelt"]: in der französischen Musik des 16.–18. Jahrhunderts (z. B. bei F. Couperin) die durch Verzierung (v. a. ↑Diminution) veränderte Wiederholung eines Satzes. Um 1760 ersetzte man die Bezeichnung Double durch ↑Variation.

**Doxologie** [von griechisch doxología „Lobpreisung"]: in der Liturgie Formeln zur Lobpreisung der göttlichen Dreifaltigkeit. Die kleinere Doxologie „Gloria Patri et Filio et Spiritui Sancto" (Ehre sei dem Vater und dem Sohn und dem Heiligen Geist) wird in der römischen Liturgie als Schlußvers der Psalmen gebraucht. Die größere Doxologie, das „Gloria in excelsis Deo", wurde als zweiter Teil des Ordinarium in die Messe aufgenommen.

**Drame lyrique** [dram lir'ik; französisch]: ein nach 1850 aus einer Verschmelzung von Grand opéra und Opéra comique entstandener Typus der französischen Oper, der Chor, Ballett und gesprochenen Dialog (später Rezitativ) einschließt und stark sentimentale Züge trägt. Berühmte Beispiele sind Ch. Gounods „Faust" (1859), A. Thomas' „Mignon" (1866), J. Massenets „Manon" (1884) und „Werther" (1886) sowie C. Debussys „Pelléas et Mélisande" (1902).

**Dramma per musica** (Dramma in musica) [italienisch]: im 17. und im 18. Jahrhundert häufige Bezeichnung für ernste Opern, bei J. S. Bach auch für weltliche Kantaten.

**Drehleier** (Radleier; französisch vielle): ein Streichinstrument mit fidel-, lauten- oder gitarreähnlichem Korpus, dessen Saiten von einem Scheibenrad (anstelle eines Bogens) gleichzeitig angestrichen werden. Das Scheibenrad ragt aus dem Korpus heraus und wird mit einer Kurbel angedreht. Die Drehleier besitzt 1 oder 2 Melodiesaiten, die nicht gegriffen, sondern durch Tangententasten abgeteilt werden, daneben 2 oder 4 in Quinten gestimmte, ständig mitklingende Bordunsaiten. Die seit dem 10. Jahrhundert bekannte Drehleier stand im Mittelalter unter den Bezeichnungen *Organistrum* oder *Symphonia* in hohem Ansehen und wurde ab dem 16. Jahrhundert ein Volks- und Bettlerinstrument. Im 18. Jahrhundert erlebte sie mit der französischen Schäfermode eine Nachblüte in der Kunstmusik (u. a. Werke von J. B. de Boismortier, M. Corrette). Als Volksinstrument hielt sie sich bis heute in Südfrankreich; neuerdings wird sie auch in Deutschland wieder gespielt.

Drehleier aus dem 18. Jahrhundert

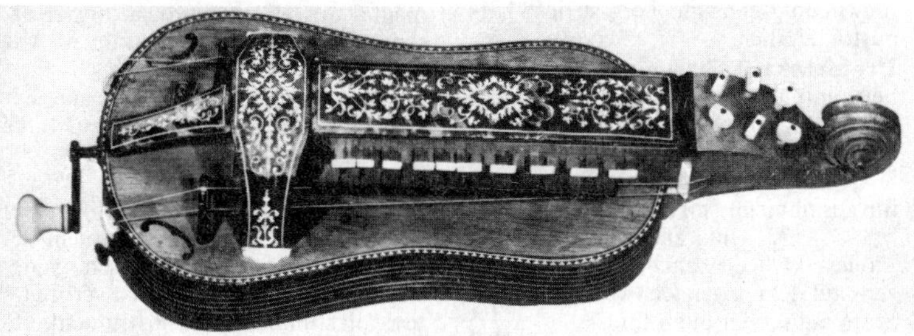

**Drehorgel** (Leierkasten): eine kleine, trag- oder fahrbare Orgel mit gedackten Pfeifen oder Zungenpfeifen, häufig auch mit Trommeln, Schellen und beweglichen Figuren. Durch mechanischen (Kurbel), später auch elektrischen Antrieb wird gleichzeitig ein Blasebalg betätigt und eine Stiftwalze oder Lochscheibe in Gang gesetzt, die die Ventile zu den Pfeifen öffnet. Die Drehorgel, seit ihrer Entstehung um 1700 ein Instrument der Bänkelsänger und Straßenmusikanten, fand im 18. Jahrhundert auch Verwendung als kleine Vogelorgel *(Serinette)* zum Anlernen singender Käfigvögel und im 19. als größere *Barrel-organ* in der englischen Kirchen- und Hausmusik. Sie zählt zu den ↑mechanischen Musikinstrumenten. – ↑auch Orchestrion.

**Dreiecksschwingungen:** von speziellen Tongeneratoren, insbesondere in ↑Synthesizern erzeugte ↑Schwingungen von dreiecksförmigem Verlauf (Amplitude y; Zeit t):

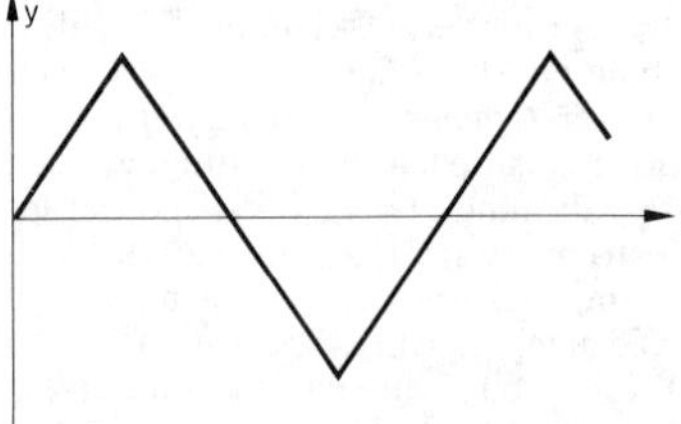


Dreiecksschwingungen gehören neben ↑Sinusschwingungen, ↑Rechteckschwingungen und ↑Sägezahnschwingungen zu den Grundschwingungen elektronischer Musik. Der von einer Dreiecksschwingung erzeugte Ton ist dem ↑Sinuston ähnlich.

**Dreiertakt:** Taktart mit einer als Einheit empfundenen Zusammenfassung von drei Zeitwerten, von denen allgemein der erste akzentuiert wird. Beispiele für einfache Dreiertakte: $^3/_2$, $^3/_4$, $^3/_8$, – für zusammengesetzte Dreiertakte: $^6/_2$, $^6/_4$, $^6/_8$, $^9/_8$. Im zusammengesetzten Dreiertakt liegen nach dem Hauptakzent auf dem ersten Zeitwert Nebenakzente auf 4 oder auf 4 und 7.

**dreigestrichen:** Bezeichnung für den Tonraum $c^3$–$h^3$ (dreigestrichene Oktave, auch geschrieben c‴–h‴). – ↑auch Tonsystem.

**Dreiklang:** Bezeichnung für einen Akkord aus drei Tönen, die in ihrer Normallage Grundton, Terz und Quinte sind. Die tonale Musiklehre unterscheidet a) den Durdreiklang, b) den Molldreiklang sowie c) den verminderten und d) den übermäßigen Dreiklang:

Ein Dreiklang kann e) durch die Lage seines Spitzentons und f) durch die Stellung seines Baßtons (Umkehrung) variiert werden, ohne daß seine Eigenschaft sich wesentlich ändert.

**Drive** [draɪv; englisch „Antrieb, Triebkraft"]: bezeichnet im Jazz den aus der rhythmischen Spannung und der vorgezogenen Off-Beat-Akzentuierung erwachsenden subjektiven Eindruck des Schnellerwerdens bei objektiv konstantem Tempo.

**Drums** [drʌmz; englisch „Trommeln"] (Drum-Set): im Jazz das Schlagzeug, zu dem meist große und kleine Trommel, Hi-hat, 2 Becken, 2–3 Tomtoms und Wood-block gehören. Der Schlagzeuger wird *Drummer* genannt.

**Ductia** [lateinisch]: mittelalterliche Bezeichnung für einen Tanz, dessen Melodie allgemein textlos war und instrumental ausgeführt wurde. Formal erscheint die Ductia als eine kürzere Variante der Estampie.

**Duda** [slawisch]: im Slawischen Bezeichnung für den Dudelsack, auch für die Doppelflöte oder -schalmei.

**Dudelsack** [von türkisch düdük „Flöte"] (Sackpfeife; englisch bagpipe; schottisch lilt; französisch cornemuse; spanisch gaita; serbokroatisch gajde; slawisch duda): ein in Europa verbreitetes, volkstümliches Blasinstrument, bestehend aus einem Windsack (Balg) aus Tierhaut, in dem 1–2 Spielpfeifen, meist mit Doppelrohrblatt, und 1–3 Bordunpfeifen mit einfachem Rohrblatt stekken. Der Spieler füllt über ein kurzes Mundrohr (Blaspfeife) den Windsack mit Luft und preßt ihn mit dem Arm gegen den Oberkörper, wodurch die gespeicherte Luft in die Pfeifen tritt. Zu der auf der Spielpfeife gespielten Melodie erklingen ununterbrochen die auf Grundton und Quinte gestimmten Bordunpfeifen, auch Stimmer, Brummer, Hummel genannt. Der Klang ist scharf und durchdringend. – Der seit dem 1. Jahrtausend vor Christus in Asien nachweisbare Dudelsack war im Mittelalter hochgeschätzt und wurde später ein Volks-, Hirten- und Bettlerinstrument. Im 17. und 18. Jahrhundert erlebte er in der verfeinerten Form der ↑Musette eine neue Blüte. In Schottland gilt er als Nationalinstrument und wird dort in der Militärmusik gespielt.

**Dudka** [russisch]: russische Bezeichnung für eine kleine Spaltflöte, ein südrussisches Hirteninstrument.

**due** [italienisch „zwei"] ↑a due.

**Duett** [italienisch, von due (lateinisch duo) „zwei"]: seit dem 17. Jahrhundert eine Komposition für zwei Singstimmen und Instrumentalbegleitung. Das formal der Arie nahestehende konzertante (lyrische) und das dramatische Duett wurden wichtiger Bestandteil der Oper. Im kontrapunktischen Stil gesetzt sind die Kirchen- und Kammerduette des 17./18. Jahrhunderts. Häufig findet sich die Bezeichnung Duett auch bei Stücken für zwei Instrumente (↑Duo).

**Dulcimer** ['dʌlsimə; englisch] ↑Hackbrett.

**Dulzaina** [von spanisch dulzor „Süße"]: volkstümliches spanisches Schalmeieninstrument, oft zusammen mit dem Tamburin gespielt.

**Dulzian** [von lateinisch dulcis „süß"]: 1. im 16. und 17. Jahrhundert ein in mehreren Größen gebautes Doppelrohrblattinstrument, bestehend aus einer Holzröhre mit U-förmig gebogener, konischer Innenbohrung, Metallanblasrohr, 7–8 Grifflöchern (davon 1–2 mit Klappen) und 1–2 Daumenlöchern; Frühform des Fagotts. – 2. (Dolcian) seit dem 16. Jahrhundert ein nasal (fagottartig) klingendes Zungenregister der Orgel im 16- oder 8-Fuß.

**Dumka** (Duma) [ukrainisch]: lyrisch-episches Volkslied und -ballade der Westukraine. Mollfärbung, langsames Tempo und klagender Charakter der Dumka wurden im 19. Jahrhundert in balladesken Instrumentalstücken slawischer Komponisten verarbeitet; z. B. schrieb A. Dvořák ein Klaviertrio „Dumky" (1891).

**Duo** [italienisch, von lateinisch duo „zwei"]: allgemein eine Komposition für zwei Instrumente, daneben aber auch Bezeichnung für Duett. Das Duo kann für zwei gleiche oder verschiedene Instrumente geschrieben sein, z. B. Duo für 2 Violinen, für 2 Flöten, oder für Flöte und Violine, Viola und Violoncello, früher häufig auch für Violine und Klavier. Duos waren v. a. im ausgehenden 18. und beginnenden 19. Jahrhundert beliebt und wurden dann zunehmend Gegenstand der Unterrichtsliteratur.

**Duodezime** [lateinisch]: das Intervall von 12 diatonischen Tonstufen (Oktave und Quinte).

**Duole** [italienisch]: eine Folge von zwei Noten, die für drei Noten gleicher Gestalt bei gleicher Zeitdauer eintreten:

neuere Schreibung häufig:

**Duplex longa** [lateinisch „doppelt lange (Note)"] ↑Mensuralnotation.

**Duplum** [lateinisch]: die über dem Cantus geführte Gegenstimme im zwei-, drei- oder vierstimmigen Organum. – ↑auch Triplum, ↑Quadruplum.

**Dur** [von lateinisch durum „hart"]: Bezeichnung des sogenannten „harten" oder „männlichen" Tongeschlechts im

Bereich der tonalen Musik. Der Begriff Dur ist aus der mittelalterlichen Hexachordlehre abgeleitet, die den Tonraum G–e als „hexachordum durum" bezeichnete (↑Solmisation), da der dritte Ton dieses Hexachords ein „b durum" (= h) war. Eine Durtonart ist (ausgehend vom Grundton) durch die Intervalle große Terz, große Sexte und große Septime charakterisiert. Der auf dem Grundton einer Durtonart stehende Dreiklang (z. B. c–e–g in C-Dur) heißt *Durdreiklang*. – Die Ausbildung der Tongeschlechter Dur und Moll, die mit einem stetigen Zurücktreten der bis dahin gültigen Kirchentonarten verbunden war, läßt sich im 16. und 17. Jahrhundert auf dem Hintergrund neuer, v. a. harmonisch ausgerichteter Klangvorstellungen beobachten.

**durchbrochene Arbeit:** nennt man eine Kompositionstechnik, besonders der Instrumentalmusik, bei der eine Melodielinie in ihren Partikeln (Motiven) auf verschiedene Instrumente verteilt ist. Beispiel:

L. van Beethoven, 3. Sinfonie („Eroica"), 1. Satz, Takt 45–49

Die durchbrochene Arbeit hängt eng zusammen mit dem ↑obligaten Akkompagnement und kennzeichnet wie dieses die sinfonischen und kammermusikalischen Kompositionen von der Hochklassik bis zur Spätromantik. Durchbrochene Arbeit findet sich voll ausgebildet zuerst um 1780 bei J. Haydn (Streichquartette op. 33). Sie kann als eine Verbindung frühklassischer homophoner Setzweise mit älterem kontrapunktischem Denken aufgefaßt werden.

**Durchführung:** bezeichnet allgemein in der Instrumentalmusik die Entwicklung und Verarbeitung eines Themas und seiner Motive (↑thematische Arbeit). – 1. in der Fuge heißt Durchführung eine zusammengehörige Abfolge mehrerer Themeneinsätze in verschiedenen Stimmen. Mehrere Durchführungen einer Fuge werden durch Zwischenspiele voneinander getrennt. – 2. dagegen bezeichnet Durchführung in der ↑Sonatensatzform der Klassik und Romantik den mittleren Formteil zwischen ↑Exposition und ↑Reprise. Die Themen der Exposition werden in der Durchführung auf verschiedenste Weise umgeformt, in ihre Bestandteile zerlegt, neu kombiniert und oft in ihrem Charakter ganz verändert. Seit und nach Beethoven ist die Durchführung nicht nur der wichtigste Formteil des ersten Sonatensatzes, sondern ihr Prinzip greift auf die übrigen Formteile über, bestimmt dann auch andere Formtypen wie Lied- und Rondoform. Im Extremfall (Schönberg-Schule) hat die ganze Komposition Durchführungscharakter, so daß die Bezeichnung Durchführung für einen Formteil nicht mehr angewendet werden kann.

**Durchgang:** ein auf unbetontem Taktteil gelegener, akkordfremder Ton, der eine Terz im Sekundgang ausfüllt.

**durchkomponiert:** nennt man Kunstlieder, deren Melodie sich nicht, wie im Strophenlied, wiederholt, sondern jeweils dem neuen Text entsprechend andersartig gestaltet ist. Das durchkomponierte Lied ermöglicht die reichhaltigsten musikalischen Textausdeutungen, entfernt sich allerdings auch vom ursprünglich schlichten Lied-Prinzip. Goethe lehnte es aus diesem Grunde ab. – Durchkomponiert nennt man auch eine Oper, in der keine gesprochenen Partien den musikalischen Verlauf unterbrechen.

**Dux** [lateinisch „Führer"]: in der Fuge die Grundgestalt des Themas, dem als Beantwortung der ↑Comes folgt.

**Dvojnice** ['dvɔjnitsɛ; serbokroatisch]: eine in ein Holzstück gebohrte ↑Doppelflöte. Die eine Spielröhre für die Melodie besitzt 4–5, die andere für die Begleitung (im Terzabstand) 3–4 Grifflöcher. Das Volksinstrument ist in Jugoslawien, Bulgarien und Albanien verbreitet.

**Dynamik** [von griechisch dýnamis „Kraft"]: der Gebrauch verschiedener, relativer Tonstärkegrade, die abhängig sind von dem lautesten und leisesten Ton eines Instruments. Als Bezeichnungen verwendet man: pp (pianissimo), p (piano), mp (mezzopiano), mf (mezzoforte), f (forte), ff (fortissimo), fp (fortepiano), sf (sforzato) sowie cresc. ( $<$ , crescendo) und decresc. ( $>$ , decrescendo) oder dim. (diminuendo) beim gleitenden An- und Abschwellen. Die Tonstärke wurde erst im 18. Jahrhundert neben Tonhöhe und Tondauer zu einer eigenwertigen Klangkomponente. Bis dahin war Dynamik im wesentlichen Ergebnis des Vortrags oder der Besetzung (z. B. die Terrassendynamik des Barock). Erst seit der ↑Mannheimer Schule (Orchestercrescendo) wird Dynamik als strukturbildender Faktor in die Komposition einbezogen; die dynamischen Angaben werden zunehmend verfeinert. In der Reihentechnik (↑Reihe) ist sie ein gleichwertiger ↑Parameter neben Tonhöhe, Tondauer; in der elektronischen Musik erstmals auch exakt meßbar. – ↑auch Lautstärke.

# E

**E** (e): Tonbuchstabe zur Bezeichnung für die 3. Stufe der Grundtonleiter C-Dur (im romanischen Sprachbereich hat sich dagegen die Solmisationssilbe mi [↑Solmisation] durchgesetzt); durch ♯ (Kreuz) wird e erhöht zu eis (französisch mi dièse; englisch E sharp), durch ♭ (b-)Vorzeichnung erniedrigt zu es (französisch mi bémol; englisch E flat).

**East-Coast-Jazz** ['i:stkoʊstdʒæz; englisch]: Bezeichnung für einen Stilbereich des Jazz der 1950er Jahre, die zur Abgrenzung des überwiegend an der Ostküste der USA von schwarzen Musikern gespielten ↑Hardbop gegenüber dem an der Westküste (Kalifornien) von weißen Musikern produzierten ↑West-Coast-Jazz dient.

**Echo** [von griechisch ēchḗ „Schall“]: trifft Schall auf Hindernisse, so kann es vorkommen, daß ein Hörer neben dem direkten noch den reflektierten Schall hört, der gegenüber dem direkten zeitlich verzögert ist. Einen auf diese Weise zeitlich um mindestens $^1/_{20}$ Sekunde verzögerten Schall nennt man Echo des direkten Schalls. – Echowirkungen werden heute meist künstlich erzeugt. Im Prinzip muß dem Ausgangssignal ein möglichst gleiches Signal zeitlich verzögert überlagert werden. Zum Beispiel:

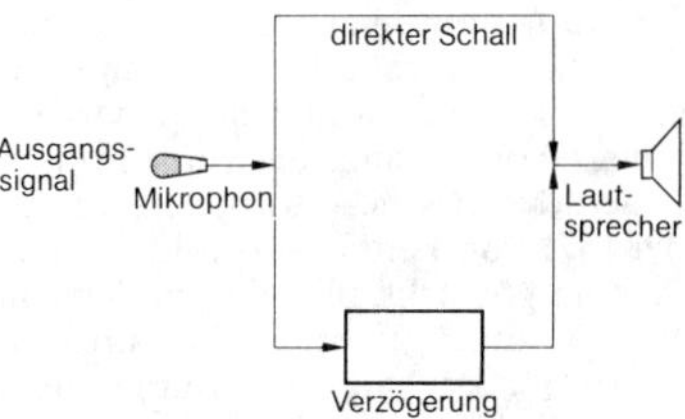


Die Verzögerung wird entweder rein elektronisch oder mittels eines Tonbandgeräts mit getrenntem Aufnahme- und Wiedergabekopf hergestellt:

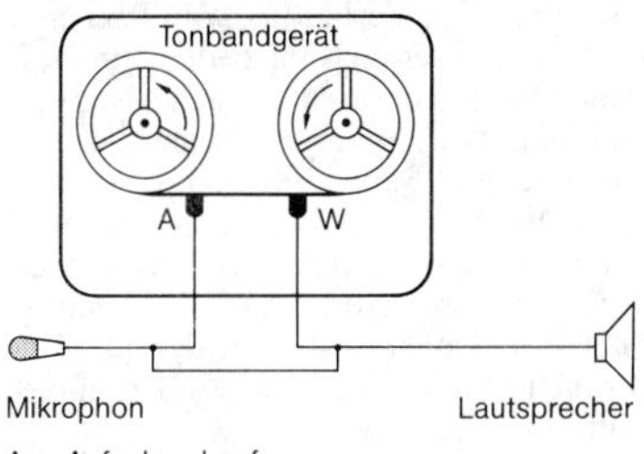


A = Aufnahmekopf
W = Wiedergabekopf

Die zeitliche Verzögerung Δt hängt von der Bandgeschwindigkeit v und dem Abstand d zwischen Aufnahme- und Wiedergabekopf ab:

$$\text{Verzögerung } \Delta t = \frac{d}{v}.$$

Mehrfachechos können entsprechend durch Bandschleifen erzeugt werden. Kompliziertere Echowirkungen werden als ↑Hall bezeichnet.

**Echowerk:** bei der Orgel eine Gruppe von Pfeifen, die den Klang wichtiger Register echoartig wiederholen. Sie sind in einem Holzkasten untergebracht und werden mit einem besonderen Manual bedient.

**Ecksatz:** der erste oder letzte Satz eines mehrsätzigen Werkes.

**Ecossaise** [ekɔ'sɛːz; französisch „(die) Schottische"]: ursprünglich ein schottischer Volkstanz im Dreiertakt, eine Art des ↑Country-dance. Die Ecossaise wurde um 1700 in Frankreich als ↑Anglaise ein höfischer Tanz in raschem Tempo und $^2/_4$-Takt. Um 1800 war sie ein Modetanz; Beethoven, Schubert, Chopin schrieben Ecossaisen für Klavier.

**Editio Medicaea** [lateinisch]: die bedeutendste Ausgabe des nach dem Konzil von Trient reformierten Gregorianischen Choralgesangs. Sie wurde 1614/15 in der Mediceischen Druckerei (gegründet 1575 von Ferdinando I de' Medici) in Rom gedruckt, blieb bis zu der von Pius X. durchgeführten Choralreform (1903) maßgebend und wurde dann durch die ↑Editio Vaticana ersetzt. Die Fassung der Melodien in der Editio Medicaea ist gegenüber der früheren Überlieferung stark vereinfacht. Melismen wurden weitgehend gekürzt oder ganz beseitigt, das Verhältnis von Text und Melodie wesentlich nach den humanistischen Forderungen nach Textverständlichkeit sowie nach Beachtung der Akzent- und Satzstrukturen ausgerichtet. Die Melodien der einzelnen Kirchentonarten begannen jetzt einheitlich auf der Tonika oder der Dominante, aus der Kunstmusik wurde der Gebrauch von ♭ (b) und ♯ (Kreuz) eingeführt.

**Edition** [lateinisch]: allgemein Bezeichnung für die Ausgabe eines literarischen, musikalischen oder wissenschaftlichen Werkes; dann auch zur Benennung einer von einem Verlag herausgegebenen Serie oder Reihe, mitunter auch synonym für Verlag gebraucht.

**Editionstechnik:** die Gesamtheit der für die Ausgabe eines – hier musikalischen – Werkes maßgebenden Gesichtspunkte. Da es sich bei Fragen der Editionstechnik überwiegend um Werke älterer Musik handelt, steht hier die Umschrift und Deutung früherer Notierungsweisen in die heute gebräuchliche Notation im Vordergrund. Am Anfang steht der Vergleich aller erhaltenen Quellen eines Werkes (z. B. autographe Niederschrift, Abschrift, Druck, Nachdruck) und die sich daraus ergebende Erstellung eines vom Herausgeber als verbindlich angesehenen und im positiven Fall wirklich verbindlichen Notentextes, der die Absichten des Komponisten in der bestmöglichen Weise wiedergibt. Wenn die Frage der Editionstechnik sowohl bei praktischen Musikern als auch bei Musikwissenschaftlern stark umstritten ist, dann v. a. deshalb, weil viele Selbstverständlichkeiten früherer Musikpraktiken verlorengegangen sind und der Herausgeber somit bei der Erstellung des Notentextes auf Deutungen angewiesen ist.

**Editio Vaticana** [lateinisch]: die seit der Gregorianischen Choralreform von Pius X. (1903) maßgebende und, von einigen Ausnahmen abgesehen, für die gesamte römisch-katholische Kirche verbindliche Ausgabe der Gregorianischen Melodien. Die Editio Vaticana löste damit alle vorausgehenden Ausgaben, v. a. die ↑Editio Medicaea, ab. Die in der letzteren stark vereinfachten und gekürzten Melodien erscheinen hier wieder in ihrer ursprünglichen Gestalt. Dabei ist aber zu beachten, daß die melodische Fassung der Gesänge in den Einzelheiten nicht auf eine bestimmte ältere Tradition zurückgeht, sondern vielfach das Ergebnis von Kommissionsabstimmungen ist, bei denen verschiedene Choraltraditionen, v. a. der romanische und der germanische Choraldialekt, miteinander im Wettstreit lagen. Von der Editio Vaticana, die in der Vatikanischen Druckerei in Rom gedruckt wurde, erschienen das Kyriale (1905), das Graduale (1908), das Totenoffizium (1909), das Antiphonar ohne

Matutin (1912) und das Offizium der Karwochen (1923).

**effettuoso** [italienisch]: effektvoll, wirkungsvoll.

**E-Gitarre** ↑Elektrogitarre.

**eingestrichen:** Bezeichnung für den Tonraum $c^1$–$h^1$, die eingestrichene Oktave (auch geschrieben c′–h′). – ↑auch Tonsystem.

**Einhandflöte** (Schwegel; provenzalisch galoubet; baskisch txistu; spanisch flabiol oder fluviol): kleine, zylindrisch gebohrte und eng mensurierte Schnabelflöte mit zwei Grifflöchern und einem Daumenloch. Sie wird mit der linken Hand gehalten und gegriffen und klingt scharf und durchdringend. Sie kommt zuerst im 13. Jahrhundert bei französischen Spielleuten vor und war bis ins 17. Jahrhundert zusammen mit einer kleinen Trommel in ganz Europa verbreitet. Das Trömmelchen hing am linken Arm des Flötenspielers und wurde von der rechten Hand mit einem Schlegel geschlagen. Oft wurden auch beide Instrumente getrennt von zwei Musikern gespielt. Die Einhandflöte ist in der Provence und im Baskenland noch heute als Volksinstrument gebräuchlich.

**Einklang** (italienisch unisono): der Zusammenklang von zwei oder mehr Stimmen auf gleicher Tonhöhe oder in Oktaven.

**Eisteddfod** [aɪsˈtɛðvɔd; walisisch] (Mehrzahl Eisteddfodau): in Wales alljährliche Feste nationaler Kunst mit Dichter-, Sänger- und Instrumentalwettbewerben, Chor- und Tanzdarbietungen. Sie werden seit der 2. Hälfte des 19. Jahrhunderts regelmäßig in Anlehnung an die seit dem 10. Jahrhundert belegten Wettkämpfe der Bardensänger und -dichter durchgeführt.

**Eitzsches Tonwort:** ein nach seinem Schöpfer Carl Eitz benanntes Tonwortsystem, das v. a. in den 1920er Jahren im deutschen Schulunterricht verbreitet war. Der Unterschied des Eitzschen Tonworts zu den Tonsilben der Solmisation liegt darin, daß Eitz mit den von ihm verwendeten Buchstaben die diatonischen und chromatischen Beziehungen der Töne festhielt. Die Grundtonleiter auf C: bi-to-gu-su-la-fe-mi-bi. Bei diatonischen Halbtönen wird derselbe Vokal beibehalten (e–f = gu–su, h–c = mi–bi), bei enharmonischen Tönen derselbe Konsonant (cis/des = ro/ri, dis/es = mu/mo).

**ekphonetische Notation** [von griechisch ekphṓnēsis „Ausruf, lautes Vortragen“]: in der ↑byzantinischen Musik verwendete Notation für den ekphonetischen, d. h. sprechend-singenden Vortrag der liturgischen Lesungen. Die ekphonetische Notation entwickelte sich im 5./6. Jahrhundert aus den prosodischen Zeichen des griechischen Alphabets. Ihre (linienlos) über den Text geschriebenen Zeichen geben Intervallschritte, Rhythmus und Vortragsart an; die ekphonetische Notation gilt als Vorläufer der ↑Neumen.

**Electric Jazz** [ɪˈlɛktrɪk ˈdʒæz; englisch]: Stilbereich des Jazz der 70er Jahre. Der Electric Jazz nimmt zahlreiche Stilelemente der ↑Rockmusik auf, wobei nahezu das gesamte Instrumentarium „elektrifiziert“, d. h. elektro-akustisch verstärkt und verfremdet wird. Bedeutende Vertreter des Electric Jazz sind die Pianisten Herbie Hancock und Chick Corea, der Gitarrist John McLaughlin und die Gruppe Weather Report.

**Electronic Rock** [ɪlɛkˈtrɔnɪk ˈrɔk; englisch]: Stilbereich der Rockmusik, in dem ausgiebig von den Mitteln der elektrischen Klangerzeugung Gebrauch gemacht wird (Synthesizer, Generatoren usw.). Zu den bekanntesten Gruppen des Electronic Rock gehören Pink Floyd und Emerson, Lake & Palmer.

**Elegie** [von griechisch élegos „Klagelied“]: in der griechischen Antike eine Versform für Gedichte verschiedensten Inhalts, ein Zweizeiler (Distichon) aus Hexameter und Pentameter. Die römische Dichtung verwendete die Elegie v. a. als Liebes- und Klagelied. Seit der Renaissance war nicht mehr die Form, sondern der Inhalt für die Elegie charakteristisch; Elegie bedeutet nun allgemein Klagelied, auch Totenklage (Kompositionen z. B. von J. F. Reichardt, J. A. P. Schulz, F. Schubert, L. van Beethoven und J. Brahms). Seit dem 19. Jahrhundert gibt es Elegien mit trauernd-klagendem Charakter auch in der Instrumentalmusik, als Kammer- oder Orchesterwerk, v. a. aber für Klavier. H. W. Henze schrieb eine Oper „Elegie für junge Liebende" (1961).

**Elektroakustik** [griechisch]: derjenige Teil der ↑Akustik, der die Vorgänge bei der Erzeugung, Verarbeitung, Übertragung und Speicherung von Schall mit elektrischen oder elektronischen Hilfsmitteln untersucht. Die Geschichte der Elektroakustik begann 1861 mit der Erfindung des Telefons und erreichte einen ersten Höhepunkt durch die Entwicklung der Elektronenröhre als Mittel der elektronischen Verstärkung von Schwingungen (etwa 1910–30). Seither hat sich zwar die Technik verbessert (Transistor statt Röhre usw.) und es ist auch eine Art „Logistik" hinzugekommen (Computer, Synthesizer), einen qualitativen Sprung hat die Elektroakustik aber nicht mehr erfahren. Verglichen mit den akustischen Fragen, die die Klangerzeugung bei Musikinstrumenten und der menschlichen Stimme, oder den Problemen, die die Raumakustik aufwirft, behandelt die Elektroakustik relativ einfache Probleme. Gerade die Tatsche, daß elektrische und elektronische Schwingungen leichter zu handhaben und zu beschreiben sind als die mechanischen, hat elektroakustische Geräte so interessant gemacht.

**Elektrogitarre** (E-Gitarre): Gitarre mit fest am Korpus angebrachtem elektromagnetischem Tonabnehmer oder (seltener) Kontaktmikrophon. Die Schwingungen der [Stahl]saite, deren Form auch vom Korpus der Gitarre abhängt, wird vom Tonabnehmer „abgegriffen" (durch die Bewegung der Saite ändert sich das den Tonabnehmer umgebende Magnetfeld). Entsprechende elektrische Schwingungen gelangen dann über einen Verstärker zum Lautsprecher. – Im Unterschied zur „akustischen" Gitarre strahlt nicht das Instrumentenkorpus, sondern der Lautsprecher ab. Das Korpus ist meist aus „solidem" Holz (solid body) gebaut. Ohne Verstärkung erklingt nur ein kläglich zirpender Ton. Einige Filter zur Klangfarbenänderung, ein Vorverstärker, ein Vibrato- und Hallgerät können im Gitar-

Elektrogitarre

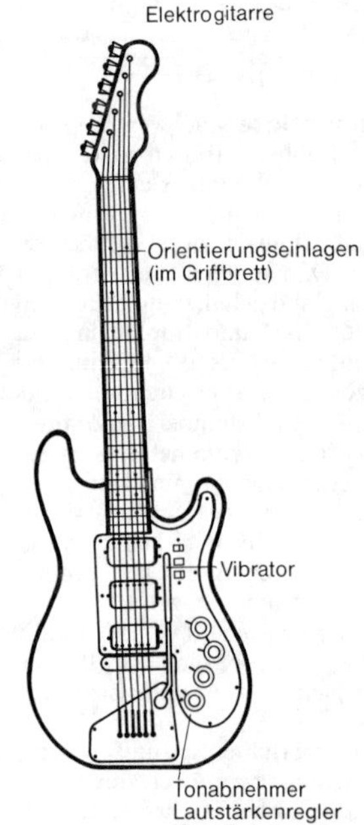


renkorpus fest eingebaut sein. Mit einem Vibratohebel läßt sich die Spannung der Saiten manuell verändern. Rückkopplungen zwischen Lautsprecher und Gitarre kommen dadurch zustande, daß der aus dem Lautsprecher austretende Schall die Saite erregt und diese somit auf den Tonabnehmer rückwirkt.

Erst nachdem die Gitarre elektrisch verstärkt werden konnte, hat sie im Jazz um 1940 einen akustisch wie musikalisch gleichwertigen Platz neben Trompete und Saxophon erringen können (Charlie Christian). Bei der Verstärkung der Gitarre über ein Luftmikrophon

(↑Mikrophon) machte sich störend bemerkbar, daß die Lautstärke von dem Abstand der Gitarre vom Mikrophon abhing und somit während des Spiels schwankte, sobald sich der Musiker bewegte. Die Lösung des Problems brachten Kontaktmikrophone und der elektromagnetische Tonabnehmer. Aus klanglich-akustischen Gründen liegt es nahe, auf der E-Gitarre überwiegend melodisch zu spielen, während die „akustische" Gitarre überwiegend als Harmonie- bzw. Akkordinstrument gebraucht wird. – In Pop- und Rockmusikgruppen wird neben der E-Gitarre (Leadgitarre, Melodiegitarre) mit der Saitenstimmung E A d g h $e^1$ noch die Baßgitarre (E-Baß) mit der Saitenstimmung $_1$E $_1$A D G verwendet.

**Elektroklavier** (E-Piano): Sammelbezeichnung für elektronische Musikinstrumente mit mechanischer Schwingungserzeugung und für spezielle, kleinere Elektronenorgeln. Letztere haben die Größe einer Klaviatur, besitzen nur ganz wenige Register, keine Pedale und werden meist über einen fremden Verstärker oder eine Gesangsanlage wiedergegeben. Sie werden heute überwiegend als ↑Tongenerator im Rahmen einer komplexeren Musikanlage, oft in Verbindung mit Synthesizern, eingesetzt.

**Elektronenorgel** (E-Orgel): das gebräuchlichste der ↑elektronischen Musikinstrumente mit rein elektronischer Schwingungserzeugung. Das Instrument sieht wie der Spieltisch einer Pfeifenorgel aus und wird auch entsprechend gespielt (mehrere Manuale, Register, Pedale). Obgleich auch die Klangfarbenregister meist wie diejenigen der Pfeifenorgel benannt sind, unterscheidet sich doch der Klang erheblich von dem der Pfeifenorgel. Mit Hilfe vieler Effektregister (↑Chorus-Effekt, Hall, Hawaii-Effekt, ↑Percustain, ↑Percussion, ↑Mandolineneffekt, ↑String-Effekt, ↑Sustain, ↑Vibrato) und der Rhythmus-Schlagzeug-Automatik lassen sich bei relativ geringem Aufwand relativ große Klangwirkungen erzielen. Die tragbaren Elektronenorgeln unterscheiden sich nicht qualitativ vom ↑Elektroklavier. Ursprünglich als Ersatz für Kirchenorgeln gedacht, hat das Instrument heute einen festen Platz in der Unterhaltungs- und Hausmusik. Doch gibt es kaum spezielle Kompositionen für Elektronenorgel, vielmehr werden darauf fast ausschließlich Bearbeitungen gespielt.

**elektronische Musik:** um 1950 Bezeichnung für eine im Studio produzierte und auf Tonband festgehaltene Musik, deren Klangmaterial weder von herkömmlichen Musikinstrumenten, noch von ↑elektronischen Musikinstrumenten, noch von auf Tonband aufgenommenen Umweltgeräuschen (↑konkrete Musik) herstammt. Diese Bezeichnung war zusammen mit den ersten elektronischen Kompositionen ein konsequentes Produkt des damaligen musikalischen Avantgardismus, der sich vehement von allen Formen realistischer Kompositionsweise abzusetzen suchte. Bald wurde als Klangmaterial aber alles „zugelassen", was sich auf Tonband aufnehmen oder mittels Tongeneratoren erzeugen ließ: Sprache, Geräusche, Nationalhymnen, Vogelgesänge, Fabriklärm usw. Das entscheidende Kriterium für elektronische Musik war nun nicht mehr das „reine" Material, sondern die elektronische Verarbeitungsweise des Materials. Nachdem die Tonbandmusik hinter der ↑Live-Elektronik zurücktreten mußte, wurden die Grenzen zwischen elektronischer Musik und Musik, die auf elektronischen Instrumenten oder auf herkömmlichen „E-Instrumenten" (E-Gitarre, E-Piano) gespielt wurde, immer mehr unscharf. „Elektronisch" war, v. a. im Zusammenhang mit Popmusik, eher ein Zauberwort, das einen Verkaufserfolg sichern sollte (Electronic Rock, Electronic Jazz usw.).

Heute (1979) ist der Begriff elektronische Musik ein Sammelbegriff, der ein größeres Spektrum von Kompositions- und Spielweisen umfaßt: 1. Alle Arten von Tonbandmusik, sofern es sich nicht nur um reine ↑Collagen handelt, sondern das Klangmaterial elektronisch verarbeitet worden ist. – 2. Vom Synthesizer produzierte oder verarbeitete Musik, sofern der Synthesizer nicht bloß wie ein E-Piano gespielt wird. – 3. Elektronisch verarbeitete, auf herkömmlichen – auch elektronischen – Musikinstrumenten produzierte Musik, sofern die elektronische Verarbeitung als wichtiger kompositorischer Bestandteil gelten kann und nicht eine relativ äußerliche Klangverfremdung oder -verzerrung ist.

Nicht zur elektronischen Musik in diesem Sinne und nach heutigem Sprachgebrauch zählt Musik, die auf einem konventionellen elektronischen Tasteninstrument (E-Piano, E-Orgel, reiner Tastensynthesizer) hergestellt wird; ebenso zählt nicht dazu Musik, die eine E-Gitarre herstellt, so verzerrt, gefiltert und rückgekoppelt der Ton auch sein mag – dies ist alles noch Bestandteil des Gitarrenspiels. – Es ist gleichwohl nicht ausgeschlossen, daß die Bezeichnung „elektronische Musik" im Laufe der Zeit inhaltsleer wird, weil zu viele musikalische Erscheinungen durch sie erfaßt werden.

**elektronische Musikinstrumente:** es gibt zwei Gruppen elektronischer Musikinstrumente: 1. Die Instrumente mit elektronischer Schwingungserzeugung enthalten außer dem Tasten- und Schaltermechanismus keinerlei mechanisch-schwingenden Teile mit Ausnahme der Lautsprechermembran, die den Schall abstrahlt. – 2. Die Instrumente mit mechanischer Schwingungserzeugung (Zungen, Saiten, Platten usw.) und elektronischer Schwingungsverarbeitung. Die wesentlichen Bausteine zeigt die Graphik auf dieser Seite.

Bei Gruppe 1 wird die Schwingung in ↑Tongeneratoren erzeugt, die Verarbeitung erfolgt überwiegend in ↑Filtern und Verzerrern; bei Gruppe 2 wird die primäre, mechanische Schwingung von einem Tonabnehmer, Mikrophon, oder einer Photozelle in eine elektrische Schwingung umgewandelt.

Seit den 1930er Jahren gibt es eine Fülle elektronischer Musikinstrumente und eine ebensolche Fülle von Bezeichnungen: Neo-Bechsteinflügel, Elektrochord, Wurlitzerorgel, Pianet, Cembalet, Guitaret, Superpianino, Welte-Lichtton-Orgel, Hammondorgel, Ondes Martenot, Hellertion, Trautonium, Mixturtrautonium, usw.

Obgleich heute noch einige dieser Instrumente auf dem Markt sind (Clavinet, Cembalet und Neo-Bechsteinflügel), haben doch die Elektronenorgeln und Synthesizer fast alle anderen Instrumente verdrängt. Man unterscheidet heute: ↑Elektronenorgeln, ↑Elektroklaviere, ↑Stringensembles und Tastensynthesizer (↑Synthesizer). Grenzfälle elek-

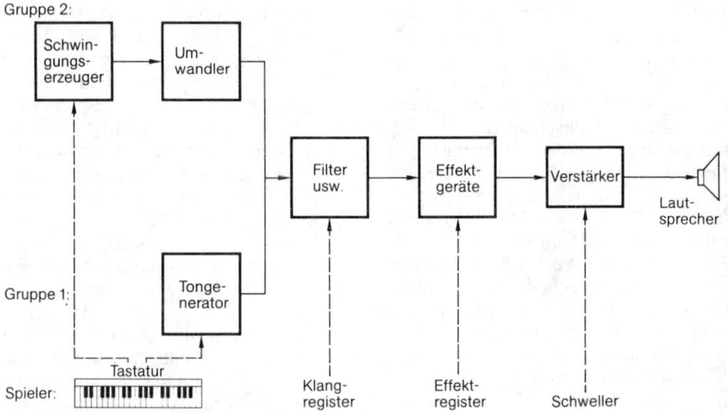

tronischer Instrumente sind der Studiosynthesizer – eventuell sogar ohne Tastatur –, der ↑Gitarrensynthesizer, elektronische Akkordeons und elektronische Klarinetten. Eine ↑Elektrogitarre gehört streng genommen ebenfalls zu den Instrumenten der Gruppe 2, wird aber im allgemeinen nicht als elektronisches Musikinstrument bezeichnet, weil ein Teil der Elektronik nicht im Gitarrenkorpus eingebaut ist.

**Elektrophone** [griechisch]: Die von H. H. Dräger 1948 erweiterte, auf E. von Hornbostel und C. Sachs (1914) zurückgehende musikwissenschaftliche Einteilung der Musikinstrumente unterscheidet nach der Art der Schwingungserzeuger Saiteninstrumente (Chordophone), Luftklinger (Aerophone), Fellinstrumente (Membranophone), Selbstklinger (Idiophone) und Elektrophone. Streng genommen sind daher nur solche ↑elektronischen Musikinstrumente Elektrophone, bei denen die Schwingung elektronisch erzeugt wird. Im musikwissenschaftlichen Sprachgebrauch werden aber auch elektronische Instrumente mit mechanischer Schwingungserzeugung (Wurlitzerorgel, Hammondorgel, Cembalet usw.) als Elektrophone bezeichnet.

**empfindsamer Stil:** musikalische Stilrichtung um 1750, die stark von gefühlsbetonten Ausdruckselementen getragen wird und v. a. durch protestantische Komponisten Nord- und Mitteldeutschlands (u. a. C. Ph. E. Bach) vertreten ist. Der empfindsame Stil entwikkelte sich aus und neben dem ↑galanten Stil. Beides sind Erscheinungen des musikalischen Rokoko, die, zusammen mit dem musikalischen Sturm und Drang, die Wiener Klassik vorbereiten.

**E-Musik:** Abk. für „ernste Musik"; im Sprachgebrauch von Rundfunk, Tonträgerindustrie und musikalischen Verwertungsgesellschaften als Gegensatz zu U-Musik (Abk. für ↑Unterhaltungsmusik) verwendete Bezeichnung.

**energico** [e'nɛrdʒiko; italienisch]: energisch, kraftvoll, entschlossen.

**enge Lage** ↑Lage.

**Engführung** (lateinisch restrictio): die dichte Aufeinanderfolge und polyphone Verschränkung zweier Einsätze des gleichen Themas oder Motivs, wobei der Einsatz der zweiten Stimme erfolgt, ehe das Thema in der ersten beendet ist. Engführung ist ein wichtiges kontrapunktisches Steigerungsmittel innerhalb der Fuge.

**Englisch Horn** (italienisch corno inglese; französisch cor anglais): eine in der 1. Hälfte des 18. Jahrhunderts aus der Oboe da caccia entwickelte Altoboe in F (Umfang es–b$^2$, eine Quinte über dem realen Klang notiert) mit einem birnenförmigen Schallbecher (↑Liebesfuß). Das Englischhorn besaß zunächst ein gebogenes, seltener ein geknicktes Rohr und bekam nach 1820 seine heutige gerade Form mit abgebogenem Mundstück und Klappen. Seither wird das Instrument im Orchester verwendet. Sein Name ist irreführend, da es weder ein Horninstrument ist, noch aus England stammt.

**English-Waltz** ['ɪŋglɪʃ 'vɔ:ls; englisch]: langsamer Walzer in ruhigem, gleichmäßigem $^3/_4$-Takt und mit meist sentimentaler Melodik. Er wurde um 1915 in den USA aus dem ↑Boston abgeleitet, war in den 1920er Jahren in Europa Mode und gehört seitdem zu den Standardtänzen.

**Enharmonik** [griechisch]: in der griechischen Musik ein Tongeschlecht (neben ↑Diatonik und ↑Chromatik), in dem neben der großen Terz zwei kleine, etwa vierteltönige Tonabstände vorkommen. Seit dem Mittelalter und bis heute bezeichnet Enharmonik das Verhältnis zweier Töne, die durch Erhöhung bzw. Erniedrigung zweier benachbarter Stammtöne gebildet werden, z. B. fis-ges (fis als Erhöhung von f, ges als Erniedrigung von g). Mit der temperierten Stimmung (seit dem Beginn des 18. Jahrhunderts) fallen enharmonisch unterschiedene Töne in einem zusammen (fis = ges). – *Enharmonische Verwechslung* ist die bloß schreibtechnische, zum Lesen praktischere Vertauschung zweier solcher gleichklingender Töne. – *Enharmonische Umdeutung* dagegen findet statt, wenn die andere Schreibweise des gleichen Tons eine ↑Modulation in eine andere Tonart anzeigt (z. B. fis in D-Dur wird zu ges in Des-Dur).

**Ensalada** [ensa'laða; spanisch „Salat, Mischmasch"]: musikalische Form, die aus der Reihung populärer Melodien besteht (ähnlich ↑Quodlibet und ↑Potpourri). Die Ensalada war in der 1. Hälfte des 16. Jahrhunderts in Spanien verbreitet; z. B. wurden Ensaladas für die Weihnachtsfeiern am herzoglichen Hof von Kastilien geschrieben.

**Ensemble** [ã'sã:bəl; französisch „zusammen"]: das Zusammenwirken einzeln besetzter Instrumente oder solistischer Vokalstimmen, im Unterschied zum Solo- oder Orchesterspiel und zum Solo- oder Chorgesang. In der Oper heißen Ensembles die Abschnitte, an denen mehrere Gesangssolisten mit Orchesterbegleitung und oft auch der Chor beteiligt sind; sie finden sich in der ↑Introduktion, an Aktschlüssen (↑Finale; wegen seiner dramatischen Anlage bisweilen begrifflich unterschieden vom eher statischen Ensemble) und auch im Aktinnern. Der Begriff umfaßt ferner jegliche Kammermusikvereinigung, die kleine Besetzung in Unterhaltungsmusik und Jazz sowie die Gesamtheit der an einem Theater oder einer Opernbühne engagierten Schauspieler beziehungsweise Sänger.

**Entracte** [ã'trakt; französisch]: Zwischenaktsmusik in Opern und Schauspielen (↑Bühnenmusik).

**Entrada** [en'traða; spanisch] (italienisch entrata) ↑Intrada.

**Entrée** [ã'tre:; französisch]: im ↑Ballet de cour des 16./17. Jahrhunderts der einzelne Szenenauftritt der Tänzer innerhalb einer Handlung, die aus mehreren Bildern zusammengesetzt ist. Entrée hieß ferner das die Auftritte einleitende oder begleitende Musikstück. Instrumentale Entrées oder Sätze in ihrer Art wurden auch in die Suite aufgenommen.

**Envelope follower** ['ɛnvəloʊp 'fɔloʊə; englisch „Hüllkurvennachzeichner"]: Modul eines ↑Synthesizers, der Spannung proportional zur ↑Hüllkurve eines eingegebenen Signals erzeugt. Mit dieser Spannung lassen sich andere Moduln steuern. Da die Hüllkurve wesentlich den Klangcharakter (z. B. eines Musikinstruments, der Sprache) bestimmt, läßt sich mit dem Envelope follower der Klangcharakter eines eingeführten Signals I auf ein zweites Signal II teilweise „übertragen"; zum Beispiel:

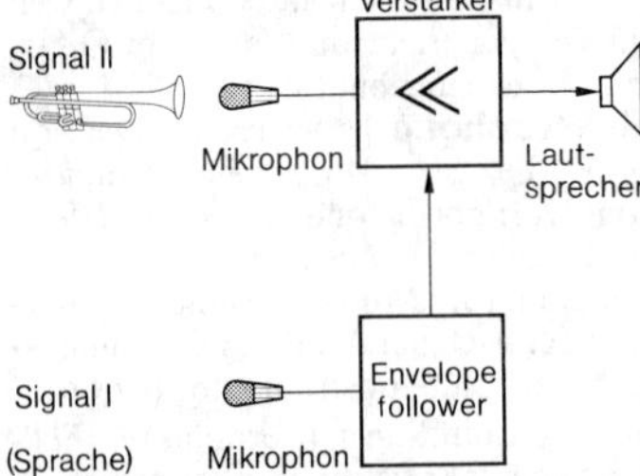


Die Hüllkurve der Sprache wird vom Envelope follower abgetastet und auf das von einer Trompete herrührende Signal übertragen.

**Envelope-Generator** ['ɛnvəloʊp 'dʒɛnərɛɪtə; englisch „Hüllkurvengenerator"]: Modul eines ↑Synthesizers, mit dem im einfachsten Fall der dynamische Verlauf eines Signals gesteuert werden kann. Dieser Verlauf bestimmt wesentlich den ↑Klangcharakter des Instruments. Der einfachste Envelope-Generator erzeugt eine elektrische Spannung in vier Phasen, die getrennt eingestellt werden können:

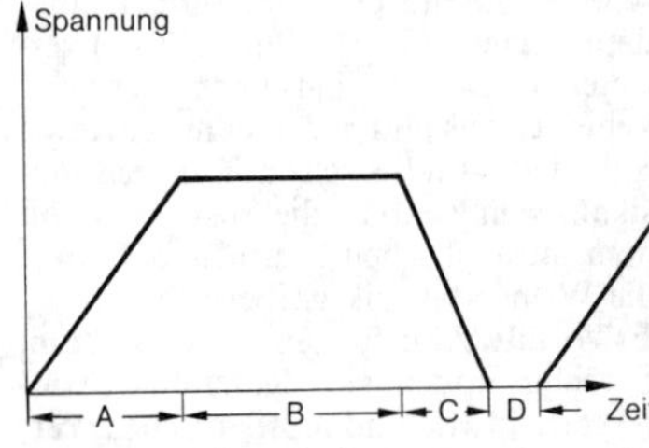


Phase A: steigende Spannung („attack-time").
Phase B: konstante Spannung („on-time").
Phase C: abfallende Spannung („decay-time").
Phase D: keine Spannung („off-time").

Soll dieser Envelope-Generator ein Signal „einhüllen", so muß mit der von ihm erzeugten Spannung ein Verstärker gesteuert werden, durch den das Signal geführt wird:

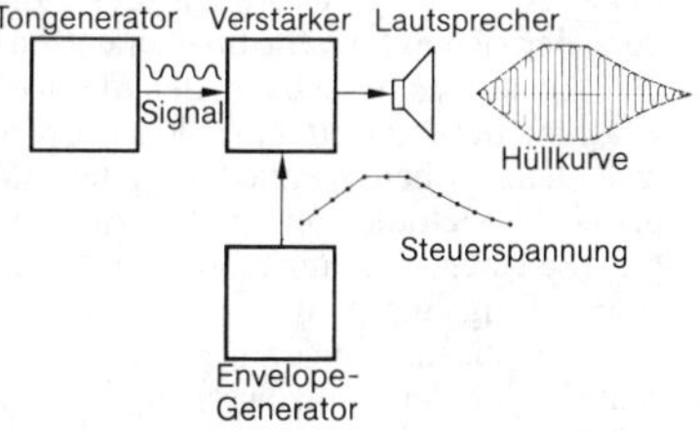


In diesem (häufigsten) Fall ist Phase A die Einschwingzeit (englisch attack „Anschlag, Einschwingvorgang"), Phase B die Dauer des stationären Signals, Phase C die Abklingzeit (englisch decay „Abfall, Abklingen") und Phase D die Zeit, in der das Signal gesperrt ist.
In Verbindung mit einer Tastatur wird beim Niederdrücken einer Taste sowohl ein Tongenerator, der die Tonhöhe des Signals bestimmt, als auch der Envelope-Generator, der den Klangcharakter des Signals bestimmt, angesteuert („Triggerung" [von englisch trigger „Auslöser"]).

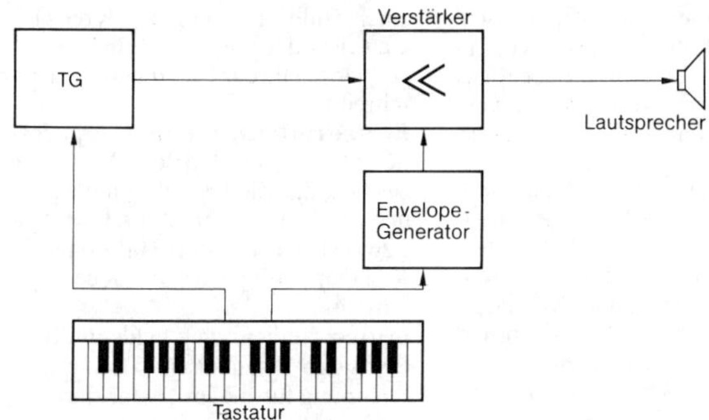


Mit dem vom Envelope-Generator erzeugten Spannung können auch andere Moduln des Synthesizers gesteuert werden, z. B. Tongenerator, Filter usw.

**Environment** [ɪn'vaɪərənmənt; englisch, von französisch environ „um herum"] ↑Multimedia.
**E-Orgel** ↑Elektronenorgel.
**E-Piano** ↑Elektroklavier.
**Epilog** [von griechisch epílogos „Nachwort, Nachspiel"]: allgemein in Instrumental- und Vokalmusik (Oper) ein angehängter, nicht fest mit dem Übrigen verbundener Schlußteil. Spezielle Bedeutung hat der Begriff Epilog in der Sonatensatzform. Hier bezeichnet er den Schlußteil der ↑Exposition, der in der ↑Reprise wiederkehren kann. In den Sinfonien von Bruckner und Brahms weitet sich der Epilog oft zu einem dritten, eigenständigen Themenkomplex aus.
**Epinette** [epi'nɛt; französisch]: französische Bezeichnung für das Spinett. Die *Epinette des Vosges* ist ein zitherartiges Zupfinstrument (Scheitholz); sie besteht aus einem länglichen Resonanzkasten mit einer Melodie- und 4 Begleitsaiten.
**Epiphonus** [griechisch] ↑Neumen.
**episches Theater:** eine Theaterform, deren Dramaturgie stark epische (berichtende und kommentierende) Elemente aufweist, etwa die Mitwirkung eines Erzählers, den Verzicht auf durchgängigen Handlungsablauf, Einschub von Liedern und Songs, Einsatz von Spruchbändern und Textprojektionen. Die Illusion der in sich geschlossenen

Welt des Dramas soll durchbrochen und Vertrautes in einem fremden, herausfordernden Licht gezeigt werden, um eine distanzierte, kritische Haltung des Publikums zum Dargestellten zu bewirken. Wichtigster Vertreter ist B. Brecht, der die Grundsätze des epischen Theaters v. a. an der Oper entwickelte und sie u. a. in den Stücken „Die Dreigroschenoper“ (1928) und „Aufstieg und Fall der Stadt Mahagonny“ (1930) mit Musik von K. Weill zu verwirklichen suchte. Epische Elemente finden sich auch in anderen Werken des modernen ↑Musiktheaters, so in Strawinskis „Histoire du soldat“ (1918), Milhauds „Christophe Colomb“ (1930) und in der Gattung des ↑Lehrstücks.

**Episode** [griechisch „Einschaltung“]: ein in eine Komposition eingeschobener Teil, der mit der herrschenden Thematik nicht oder nur lose zusammenhängt. In der Fuge werden die Zwischenspiele auch Episoden genannt; in der Sonate neue thematische Gebilde, die z. B. erst in der Durchführung auftauchen (Beethoven, Klaviersonate c-Moll op. 10, Nr. 1, erster Satz, Takt 118 ff.).

**Epistel** [von lateinisch epistola „Brief“]: in der katholischen Meßliturgie die dem Evangelium vorausgehende Lesung, deren Text sehr oft (an Sonntagen immer) den Apostelbriefen (daher Epistel) entnommen ist. Musikalisch wird sie im Epistelton vorgetragen, einem rezitierenden Leseton (↑Accentus), der mit kleinen melodischen Ausweichungen v. a. den Satzaufbau des Textes unterstreicht.

**Epithalamion** [griechisch „das zum Brautgemach Gehörige“]: in der griechischen Antike, später auch bei den Römern ein Hochzeitslied, das von einem Chor von Mädchen oder Mädchen und Jünglingen vor dem Schlafzimmer der Brautleute gesungen wurde.

**Epos** [griechisch „Wort, Rede, Erzählung, Lied, Gedicht“]: eine Großform der erzählenden Dichtung; in gleichartig gebauten Versen oder Strophen (Versepos) umfaßt das Epos meist mehrere Teile (Gesänge, Bücher, Aventiuren). In der frühen griechischen Musik wurden die Epen Homers („Ilias“, „Odyssee“, 8. Jahrhundert vor Christus) mit ständig wiederholten melodischen Formeln vorgetragen und von Kithara oder Phorminx begleitet. Später unterschied man den Vortrag des Aöden (des Sängers, der sich auf einem Instrument begleitet) und den des Rhapsoden (des Rezitators). Bei den mittelalterlichen Epen (z. B. dem „Nibelungenlied“) wiederholte sich die Melodie von Strophe zu Strophe. Seit dem 15. Jahrhundert war der Epengesang meist nur noch in der Volksmusik und im Bänkelsang anzutreffen. Für den französischen Bereich ↑Chanson de geste.

**Equale** [von lateinisch aequalis „gleich“]: eine Komposition für gleiche Stimmen (↑Äquallage); z. B. schrieb Beethoven (1812) drei Trauermusiken für 4 Posaunen mit dem Titel „Equale“.

**Equalizer** ['i:kwɪlaɪzə; englisch „Ausgleicher“]: eine spezielle Kombination von ↑Filtern zum Ausgleich von Klangfarbenänderungen, die sich in elektroakustischen Übertragungssystemen ergeben. Der Graphic Equalizer ist eine Filterbank, mit der Frequenzbereiche getrennt verstärkt oder abgeschwächt werden können (Abbildung Seite 97).

**Erhöhungszeichen** (französisch dièse; englisch sharp): das Versetzungszeichen, das die Erhöhung eines Tones um einen Halbton (durch ♯ [Kreuz] wird c zu cis) oder um zwei Halbtöne (durch × [Doppelkreuz] wird c zu cisis) vorschreibt.

**Erniedrigungszeichen** (französisch bémol; englisch flat): das Versetzungszeichen, das die Erniedrigung eines Tones um einen Halbton (durch ♭ [B] wird c zu ces) oder um zwei Halbtöne (durch 𝄫 [Doppel-B] wird c zu ceses) vorschreibt.

**eroico** [italienisch]: heldenmütig.

**Erzlaute** (italienisch arciliuto): Bezeichnung für die im 16. Jahrhundert in Italien entwickelten Baßlauten ↑Chitarrone, ↑Theorbe, theorbierte Laute (mit 2 getrennten Wirbelkästen) und ↑Angelica. Ihnen gemeinsam sind zwei Wirbelkästen, je einen für die Griff- und für die Bordunsaiten.

**espirando** [italienisch]: verhauchend, ersterbend.

**espressivo** [italienisch]: ausdrucksvoll.

**Estampie** [französisch] (italienisch istampita; lateinisch stantipes): weltliches, vorwiegend instrumentales, ein- oder mehrstimmiges Vortrags- oder Tanzstück des 13. und 14. Jahrhunderts. Die Estampie ist musikalisch ähnlich wie ↑Sequenz und ↑Lai nach dem Prinzip der fortschreitenden Wiederholung gebaut (AABBCC usw.), wobei die Schlußwendungen der ersten gleichen Abschnitte (Doppelversikel) verschieden sind und in den folgenden Abschnitten reimartig wiederkehren. Im weiteren Verlauf des Stückes kann auch noch eine neue Schlußmelodie auftreten.

**étouffé** [etu'fe; französisch „erstickt"]: Vorschrift beim Spiel von Pauke, Becken, Tamtam und Harfe, den Ton sofort nach dem Schlag bzw. nach dem Anzupfen zu ersticken.

**Etüde** [von französisch étude „Studium"]: ein Instrumentalstück, das zum Studium eines bestimmten technischen Problems (z. B. Tonleiterspiel, Akkordbrechungen, Staccato) bestimmt ist, gleichwohl aber – im Gegensatz zur bloßen Übung – eine gewisse kompositorische Ausformung zeigt. Die Etüde entstand zu Beginn des 19. Jahrhunderts (J. B. Cramer, M. Clementi), als die Spieltechnik aller Instrumente immer komplizierter wurde. Neben der nur für den Unterricht bestimmten Etüde wurden bald auch anspruchsvolle, virtuose Konzertetüden komponiert (Chopin, Liszt, Debussy, Skrjabin, Messiaen).

**Euphon** [von griechisch eúphonos „wohlklingend"]: ein von dem Physiker E. Chladni (1790) konstruiertes Musikinstrument von hohem, ätherischem Klang. Es bestand aus langen, dünnen Glasröhren, die mit den Fingern angestrichen wurden und ihre Schwingungen an Stahlstäbe abgaben.

**Euphonium** [griechisch]: ältere Bezeichnung für das Blechblasinstrument ↑Bariton.

**Eurhythmie** [von griechisch eũ „gut" und rhythmós „geregelte Bewegung, Gleichmaß"]: ist ein Begriff der griechischen Architektur- und Musiktheorie und bedeutet: rhythmische Ordnung, Gleichmaß der Bewegung, richtige Proportion der Teile in einem Ganzen. In der Pädagogik der Waldorfschule des Anthroposophen R. Steiner ist Eurhythmie (Steiners Schreibweise: Eurythmie) eine rhythmisch-gestische Ausdruckskunst, die Sprache und Musik in Bewegung umsetzt.

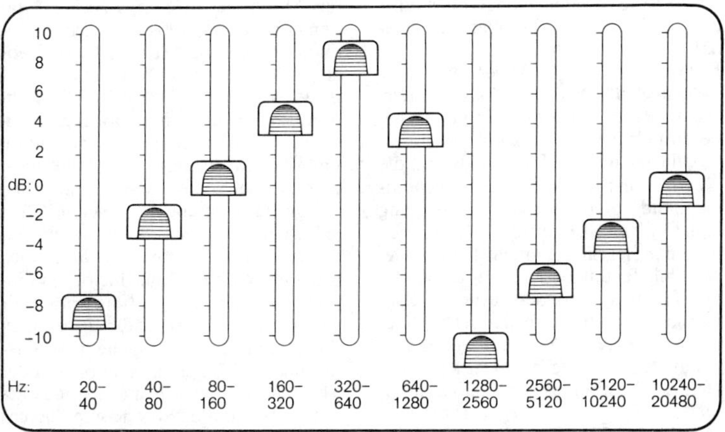


Equalizer mit Schiebereglern zum Regeln unterschiedlicher Frequenzbereiche

**Europahymne:** zur europäischen Hymne wurde 1972 von der Beratenden Versammlung des Europarates Beethovens „Hymne an die Freude“ aus der 9. Sinfonie (1822–24) erklärt.

**Evangelist** [griechisch]: in Passionskompositionen seit dem Barock (z. B. J. S. Bach, „Matthäuspassion“, 1729) gebrauchte Bezeichnung für den Interpreten, der (neben den von anderen Solisten und vom Chor gesungenen betrachtenden Arien, Chorsätzen und den Chorälen) den biblischen Text des jeweiligen Evangeliums vorträgt.

**Evangelium** [von griechisch euangélion „frohe Kunde, Heilsbotschaft“]: in den christlichen Liturgien eine den vier kanonischen Evangelien entnommene Lesung, die als letzte Lesung (in der katholischen Messe nach der Epistel) den Lesegottesdienst abschließt. Der musikalische Vortrag in der Liturgie (Evangelienton) ist weitgehend durch eine schlichte Rezitation gekennzeichnet, in der kleine melodische Ausweichungen Sinnzusammenhänge und Satzaufbau des Textes unterstreichen. Mehrstimmige Kompositionen über Evangelientexte finden sich in den Formen von Motette, Kantate und Passion.

**Evergreen** [ˈɛvəgriːn; englisch „immergrün“]: ein Schlager, der unabhängig von wechselnden Moden über Jahrzehnte hinweg seine Popularität beibehält.

**Exequien** [von lateinisch exsequiae „Totengeleit“]: in der katholischen Kirche die Riten, mit denen der Verstorbene zum Grabe geleitet wird. Sie umfassen die Segnung im Sterbehaus und die Überführung in die Kirche, Totenoffizium und Totenmesse (Requiem), Gang zum Grab und Bestattung. Musikalisch wird der Begriff gebraucht für die Gesamtheit der mit diesen Riten verbundenen Gesänge. Aus dem evangelischen Bereich sind die „Musikalischen Exequien“ (gedruckt 1636) berühmt, die H. Schütz 1635 zur Beerdigung des Fürsten Heinrich Posthumus von Reuß komponierte.

**exotische Musik:** vom Standpunkt der europäischen Kunstmusik aus gebildeter Begriff für Musik fremder, außereuropäischer Völker. Deren Musikkultur wird in ihrer Eigenwertigkeit von der ↑Musikethnologie erforscht. Im engeren Sinn werden darunter Kompositionen verstanden, in denen als besondere Zutat und als Reiz Elemente außereuropäischer Musik sowie auch Musik aus europäischen Randgebieten oder historisch weit zurückliegende, archaische Musik verarbeitet werden. Zur nachahmenden Darstellung des Pittoresk-Fremden dienen Mittel wie Pentatonik, Zigeuner- u. Ganztonleiter, Parallelklänge in Quarten oder Quinten, Mixturen, Verzierungen, Rhythmen oder Besetzungs- u. Instrumentationseffekte (↑Janitscharenmusik). Besonders häufig erscheint exotische Musik in angewandter Musik (Oper, Ballett, Tanz) und in der Programmusik des 19. Jahrhunderts, heute v. a. in der Unterhaltungsmusik. Bei vertiefter Auseinandersetzung mit nichteuropäischer Musik wird exotische Musik, statt bloßer Reiz zu sein, wesentlicher Bestandteil von Material und Musiksprache (B. Bartók, O. Messiaen). – Werke mit exotischer Musik sind u. a.: Rameau, „Les Indes galantes“ (1735); Gluck, „Le cinesi“ (1754); Mozart, „Die Entführung aus dem Serail“ (1782); Borodin, „Eine Steppenskizze aus Mittelasien“ (1880); Puccini, „Madame Butterfly“ (1904); G. Bialas, „Indianische Kantate“ (1951); H. W. Henze, „El Cimarrón“ (1969).

**experimentelle Musik:** Bezeichnung für Versuche in der avantgardistischen Musik nach 1945, Produktion und/oder Realisation von Musik nach dem Modell einer wissenschaftlichen Versuchsanordnung vorzunehmen. Da jedoch in der Kunstproduktion mit Experimenten weder etwas bestätigt noch widerlegt werden kann, bleibt der Begriff stets vieldeutig und umstritten. Er wurde auch kaum dafür verwendet, durch planmäßige Versuche neue Satztechniken, Klangkombinationen oder Themen ausfindig zu machen, da dies seit je Bestandteil des Komponierens ist. Allgemein versteht man positiv unter experimenteller Musik das bewußte Bestreben, Neues zu schaffen; negativ das Unabgeschlossene, Unfertige vieler Stücke. Im engeren Sinn experimentell heißt Musik, deren endgültige (erklingende) Gestalt nicht genau vorgeplant und voraussehbar ist, sei es durch Einführung von Zufallsoperationen (J. Cage), durch ↑ Aleatorik oder durch Einbeziehung von Publikumsreaktionen in die „Komposition".

**Exposition** [von lateinisch expositio „Aufstellung"]: nennt man das erste Auftreten des oder der Themen eines Musikstücks. In der ↑ Fuge ist Exposition gleichbedeutend mit der ersten ↑ Durchführung. In der ↑ Sonatensatzform bezeichnet Exposition den ersten Formteil, dem sich Durchführung und ↑ Reprise anschließen. Die Exposition gliedert sich in ↑ Hauptsatz (mit dem ersten Thema), Überleitung, ↑ Seitensatz (mit dem zweiten Thema, meist in der Dominante), es folgt eine Schlußgruppe, der ↑ Epilog; dieser führt in klassischen Sonaten und Sinfonien gewöhnlich zu einem vorläufigen Abschluß in der Dominanttonart, worauf die ganze Exposition wiederholt wird. In romantischer Musik entfällt diese Wiederholung zumeist, und die Exposition geht oft nahtlos in die Durchführung über. Dieser von seiner Idee her auf zwei (kontrastierenden) Themen beruhende Formteil kann vielfach variiert werden und auch drei oder mehr Themen enthalten.

**Expression** [ɛksprɛ'sjõ; französisch]: im ↑ Harmonium ein mittels Kniehebel bedientes Register, bei dem der Wind vom Schöpfbalg unter Umgehung des Magazinbalgs direkt zu den Pfeifen gelangt. Dadurch ist dem Spieler eine unmittelbare dynamische Tonbeeinflussung möglich.

**Expressionismus** [von lateinisch expressio „Ausdruck"]: eine Kunstrichtung des ersten und zweiten Jahrzehnts des 20. Jahrhunderts, die, in Reaktion auf den ↑ Impressionismus in der Malerei und Dichtung entstanden, auch die Musik dieser Zeit wesentlich prägte. Grundlegend ist das Streben nach freiestem, spontanem Ausdruck innerlich-subjektiver Zustände. Entsprechend treten alle musikalischen Elemente in einer bis dahin nicht gekannten Loslösung von überkommenen Bindungen auf. Rhythmik und Dynamik lassen extrem gesteigerte Bewegungskräfte hervortreten (Strawinski, „Le sacre du printemps", 1913), Melodik und Harmonik lösen sich endgültig von der Tonalität (A. Schönberg; frühe ↑ atonale Musik), Form wird zum jeweils individuellen Gestaltungsproblem, neuartige Instrumentation führt zu erregenden Klangfarben (Schönberg, „Fünf Orchesterstücke" op. 16, 1909), textgebundene Musik erweitert die Ausdrucksbereiche der Singstimme (Sprechgesang, Flüstern, Schreien usw.). Dennoch ist solche extreme Ausdruckssteigerung immer mit der Suche nach extremer Stimmigkeit der Struktur, nach genauester Durchbildung des Details gekoppelt. – Insgesamt ist der Expressionismus keine einheitliche Stilphase. Schönberg und seine Schüler, Strawinski, Hindemith, Bartók u. a. haben ihn durchlaufen und sind dabei jeweils zu außerordentlich verschiedenen kompositorischen Ergebnissen gelangt.

**extemporieren** [von lateinisch extemporalis „aus dem Augenblick"]: etwas aus dem Stegreif tun (reden, dichten, musizieren), also gleichbedeutend mit improvisieren.

**Extravaganza** [ekstrævə'gænzə; englisch]: in den USA seit etwa 1860 bis 1930 beliebte, aufwendige Bühnenproduktion mit Musik und spektakulären Zirkus- und Varieténummern. Sie gilt als Vorläufer des ↑ Musicals.

# F

**F** (f): Tonbuchstabe zur Bezeichnung für die 4. Stufe der Grundtonleiter C-Dur (im romanischen Sprachbereich hat sich dagegen die Solmisationssilbe fa [↑Solmisation] durchgesetzt); durch ♯ (Kreuz) wird f erhöht zu fis (französisch fa dièse; englisch F sharp), durch ♭-(b-) Vorzeichnung erniedrigt zu fes (französisch fa bémol; englisch F flat). – Auf einer Notenlinie des Liniensystems dient der Tonbuchstabe bzw. das aus ihm entwickelte Zeichen als Schlüssel für die Festlegung der Tonhöhen (F-Schlüssel):

1 2 3

1: Baritonschlüssel, 2: Baßschlüssel, 3: Subbaßschlüssel.

**f:** Abk. für ↑forte.

**fa:** die vierte der Solmisationssilben (↑Solmisation); in den romanischen Sprachen Bezeichnung für den Ton F.

**Faburden** ['fɑːbəːdən]: in der englischen Musik des 15. und 16. Jahrhunderts eine improvisierte Unterstimme, die in Terzen oder Quinten zu dem über ihr liegenden Cantus firmus geführt wurde. Dreistimmigkeit ergab sich dabei durch eine in Quartparallelen zum Cantus firmus geführte Oberstimme (Treble). Die Beziehungen dieses dreistimmigen Singens zur Satztechnik des ↑Fauxbourdon sind noch nicht geklärt, desgleichen auch nicht der noch umstrittene sprachgeschichtliche Zusammenhang beider Begriffe.

**Fado** ['faðu; portugiesisch „Schicksal"] (Fadinho): volkstümliches städtisches [Tanz]lied in Portugal. Vielleicht ist der seit Beginn des 19. Jahrhunderts bekannte Fado brasilianisch-afroamerikanischen Ursprungs. Seine stark synkopierte, im Aufbau zweiteilige Melodie wird zu Gitarrenbegleitung gesungen; der Text wurde früher oft aus dem Stegreif erfunden. Die Grundstimmung ist melancholisch.

**Fagọtt** [italienisch] (italienisch fagotto; französisch basson; englisch bassoon): tiefes Holzblas-(Doppelrohrblatt-)Instrument mit sehr langer (etwa 260 cm), daher zerlegter Röhre, deren verschieden lange Teile (der kürzere, abwärts führende *Flügel* und die längere, aufwärts führende *Baßröhre* mit Schallstück) nebeneinander liegen und durch ein U-förmig gebohrtes Unterstück (*Stiefel*) verbunden sind. Die Bohrung ist eng und schwach konisch. Der Flügel trägt ein S-förmiges Metallanblasröhrchen, dem das Doppelrohrblatt aufgesteckt wird. Das Instrument ist mit einigen Grifflöchern und einem komplizierten Klappenmechanismus versehen. In den verschiedenen Lagen seines Tonumfangs ($_1$B-es$^2$) ist der Klangcharakter sehr unterschiedlich: voll und dunkel in der Tiefe, anmutig in der Mittellage, etwas gepreßt und näselnd in der Höhe (gern für komische Effekte ausgenutzt). Notiert wird im Baß- oder Tenor-, auch im Violinschlüssel. Das Instrument wird an einer um den Hals gelegten Schnur getragen und schräg nach rechts unten gehalten.

Das Fagott entstand im 16. Jahrhundert und bestand zunächst aus einem einzigen Holzstück mit zweifacher Bohrung. Im 17. Jahrhundert setzte sich die Knickung durch. Es war zunächst Generalbaßinstrument, übernahm ab der 2. Hälfte des 18. Jahrhunderts im Orchester die Baßlage der Holzbläser und war zeitweise ein beliebtes Soloinstrument (Konzerte von A. Vivaldi, J. Ch. Bach, W. A. Mozart, C. M. von Weber). Seine heutige Form erhielt das Fagott im 19. Jahrhundert durch J. N. Savary, C. Almenräder und J. A. Heckel. Es wird im Orchester sowie auch kammermusikalisch eingesetzt.

Das Kontrafagott in der 1877 von W. Heckel geschaffenen Form ist über das Doppelte länger als das Fagott und erklingt eine Oktave tiefer (Tonumfang $_2$B/$_1$C–f, eine Oktave höher notiert). Es ist in 4 parallel geführte Rohrteile mit abwärts gerichtetem Metallschalltrichter zerlegt und wird beim Spielen mit einem Stachel auf den Boden gestellt.

**Falsett** [Verkleinerungsform von italienisch falso „falsch"]: ein ↑Register der männlichen Singstimme, bei dem die Kopfstimme (↑Fistelstimme) durch die Resonanz des Brustraums verstärkt und klanglich verfeinert wird. *Falsettisten* sangen in der geistlichen Chormusik v.a. des 16. und 17. Jahrhunderts die zweitoberste (heute Alt genannte) Chorstimme, weil Frauen in der Kirche nicht singen durften (die oberste Stimme sangen Knaben). Diese Praxis wird heute mitunter bei Aufführungen alter Musik durch ausgebildete Altus-Sänger wieder aufgegriffen.

**Falsobordone** [italienisch]: die italienische Bezeichnung für ↑Fauxbourdon. Seit dem ausgehenden 15. Jahrhundert wurde die Bezeichnung für musikalische Sätze gebraucht, in denen bei syllabischer Textierung die Stimmen gleichrhythmisch in Akkordketten geführt wurden. Die strenge Satztechnik des Fauxbourdon ist aber für den Falsobordone nicht verbindlich.

**Fancy** ['fænsı; englisch]: englische Art der ↑Fantasie, von etwa 1575–1680 Hauptform der Kammermusik. Die Fancy entwickelte sich aus dem instrumentalen Vortrag von Motetten, indem die Komponisten in den einzelnen Abschnitten statt Motiven aus dem Gregorianischen Choral selbsterfundene Motive durchführten. Ursprünglich war die Fancy noch im imitierenden Stil der Motette gehalten; später bildeten sich homophone Abschnitte heraus, und die Fancy nahm Elemente aus Tanz- und Variationsformen in sich auf. Fancies schrieben u.a. W. Byrd, Th. Morley und H. Purcell.

**Fandango** [spanisch]: spanisches Tanzlied in mäßig bewegtem bis lebhaftem Dreiertakt und mit scharf akzentuiertem Rhythmus. Es wird hauptsächlich von Gitarre und Kastagnetten begleitet; rhythmisch freie, gesungene Improvisationsteile unterbrechen den Tanz. Der Fandango stammt vermutlich aus Lateinamerika und ist seit dem frühen 18. Jahrhundert bekannt. Lokale Sonderformen heißen *Rondeña, Malagueña, Granadina, Murciana.* Der Fandango wurde öfter in der Kunstmusik verarbeitet, z.B. in M. de Fallas Ballett „Der Dreispitz" (1919).

**Fanfare** [französisch]: 1. lange, ventillose Trompete, zu finden in der Militär-, Volks-(Fanfarenzüge) und Bühnenmusik (Aufzüge). – 2. Trompetensignal aus Tönen des Dreiklangs. – 3. kurzes Musikstück für Trompeten oder Hörner und Pauken in der Militär- und Kunstmusik (Orchestersuite). – 4. französische Bezeichnung für Blechmusik und speziell für Militärkapelle.

**Fantasie** [griechisch-italienisch]: allgemein ein Instrumentalstück von betont freier Gestaltung, das seine Herkunft aus improvisierter Musik noch mehr oder weniger erkennen läßt. In der Lautenmusik des frühen 16. Jahrhunderts entsteht die Fantasie aus dem freien Präludieren, nimmt aber bald, v.a. in der Musik für Tasteninstrumente, polyphone, imitatorische Techniken auf und wird mit dem ↑Ricercar, in anderen Fällen der ↑Tokkata, weitgehend identisch. Höhepunkt der Gattung im Spätbarock ist J. S. Bachs „Chromatische Fantasie und Fuge" (um 1720, endgültige Fassung 1730) mit ihrer harmonischen Kühnheit und rezitativartigen Melodik. C. Ph. E. Bach greift diese Techniken auf und wandelt sie im Sinne des neuen empfindsamen, stark subjektiven Stilideals, das auch Mozarts Klavierfantasien noch kennzeichnet. In der Musik des 19. Jahrhunderts bestimmt der romantische Drang nach Regelfreiheit häufig die Wahl des Titels Fantasie bei Werken, die die ↑Sonatensatzform in freier Weise handhaben (Schubert, Schumann) oder sich über bestimmte Themen, z.B. aus Opern, frei ergehen (Liszt). Auch die freie Anknüpfung an die ältere Technik der ↑Variation kann als Fantasie bezeichnet auftreten (Reger).

**Farandole** [französisch] (provenzalisch farandoulo): alter, heute noch lebendiger provenzalischer Volkstanz in lebhafem $^{6}/_{8}$-Takt. Ein Spieler begleitet mit Einhandflöte und Tamburin; ein Anführer leitet eine Kette von Paaren durch die Straßen.

**Farbenhören:** bestimmte musikalische Erscheinungen wie Tonhöhen, Klangfarben, Musikinstrumente, Harmonien usw. können bei bestimmten Personen immer wiederkehrende Assoziationen von Farben hervorrufen. Einen physikalisch-physiologisch begründbaren Zusammenhang, etwa über den Begriff der ↑Frequenz, der in Akustik und Optik auftritt, gibt es aber nicht.

**Farbenmusik:** Bezeichnung für die künstlerische Verbindung von Farblicht und Musik. Grundlage ist einerseits das ↑Farbenhören, andererseits sind es theoretische Spekulationen über die auf Zahlen gegründete Entsprechung von Farbkombinationen und Konsonanzen in der Musik. Dies führte zu der Idee einer Farbenharmonie bei A. Kircher und I. Newton. Davon ausgehend konstruierte der französische Mathematiker L.-B. Castel (* 1688, † 1757) ein Clavecin oculaire (französisch „Augenklavier"), dem erst Anfang des 20. Jahrhunderts neue Versuche mit Farbenklavieren von A. N. Skrjabin und A. László folgten. Eine weniger starre, aber auch theoretisch fundierte Verbindung von Farbe und Ton unternahm W. Kandinsky in seiner Bühnenkomposition „Der Gelbe Klang" (1912). Seit dieser Zeit werden Farbe-Ton-Kombinationen z. B. in Kinos oder bei Wasserkünsten angewendet, in neuerer Zeit auch in Popshows und Multimediaveranstaltungen (↑Multimedia).

**farbiges Rauschen:** ein ↑Geräusch kann durch Schwingungen, deren Frequenzen statistisch schwanken, hervorgerufen werden. Wird der Bereich, innerhalb dessen diese Frequenzschwankungen stattfinden können (z. B. durch einen ↑Filter oder Resonator) eingegrenzt, so spricht man von farbigem Rauschen. Einem farbigen Geräusch kann oft annäherungsweise ein [Ton]-höheneindruck zugeordnet werden. Verschiedene farbige Geräusche unterscheiden sich, je nach Breite und Lage des Frequenzbereichs, in ihrer Klangfarbe.

**Fauxbourdon** [fobur'dõ:; französisch]: in der französischen Musik des 15. Jahrhunderts eine Aufführungsanweisung, die einen zweistimmig notierten Satz durch eine improvisierte, aber in ihrem Verlauf festgelegte dritte Stimme klanglich ausweitete. Der Unterschied zum ähnlichen englischen ↑Faburden liegt darin, daß hier der Cantus firmus in der Oberstimme liegt, die Unterstimme (Tenor) in Sexten und Oktaven zu ihm geführt ist und die improvisierte Mittelstimme in Quartparallelen zur Oberstimme verläuft. Die Fragen eines unmittelbaren Zusammenhangs von Fauxbourdon und dem englischen Faburden sind umstritten.

**Feedback** ['fi:dbæk; englisch] ↑Rückkopplung.

**Fermate** [von italienisch fermata „Halt, Aufenthalt"]: Zeichen der Notenschrift ( 𝄐 ) über einer Note oder Pause, das deren Aushalten über den angegebenen Zeitwert hinaus vorschreibt. Die seit dem 15. Jahrhundert gebrauchte Fermate wirkt einschnitts- oder schlußbildend. In Solokonzerten hat sie über dem Dominantquartsextakkord vor Abschluß des letzten Solos eine besondere Bedeutung: sie schiebt den Abschluß hinaus und gibt dem Solisten Gelegenheit, eine ↑Kadenz zu spielen oder zu singen. – Die Fermate ist die musikalische Entsprechung der Fermate in der Verslehre, die eine das metrische Schema sprengende Dehnung der letzten oder vorletzten Silbe eines Verses bezeichnet.

**Fernsehoper:** eine eigens für das Fernsehen geschriebene und dessen technische Möglichkeiten nutzende Oper. Fernsehopern schrieben u. a. G. C. Menotti („Amahl and the night visitors", 1951, die erste Fernsehoper überhaupt; „Labyrinth", 1963), E. Křenek

(„Ausgerechnet und verspielt“, 1962; „Der Zauberspiegel“, 1966), I. Strawinski („Noah and the flood“, 1962), H. Sutermeister („Das Gespenst von Canterville“, 1964; „Der Flaschenteufel“, 1971) und B. Britten („Owen Wingrave“, 1971).

**Fernwerk:** bei der Orgel ein vom Hauptwerk getrennt aufgestellter, aber mit ihm elektrisch verbundener Teil des Pfeifenwerks, mit dem besondere Klangwirkungen, z. B. Echoeffekte, erzielt werden können.

**feroce** [fe'ro:tʃe; italienisch]: wild, ungestüm, stürmisch.

**Ferrochromband** [...'kro:m...] (Ferrichromband, Doppelschicht- oder Zweischichtenband): ein Tonband, bei dem sich auf dem Trägermaterial eine Schicht aus Eisen-(Ferri-)oxidteilchen zur Aufzeichnung v. a. der tiefen Frequenzen und darüber eine dünnere Schicht aus Chromdioxidpartikeln befindet, in der bevorzugt die hohen Frequenzen aufgezeichnet werden. Auf diese Weise ergibt sich neben der Erweiterung des Frequenzbereiches nach oben (wie beim ↑Chromdioxidband) ein optimaler Frequenzgang bei sehr geringem Rauschen.

**Festmusik:** wird eine Musik genannt, die zu einem außergewöhnlichen dynastischen oder politischen Anlaß (Hochzeit, Geburt, Totengedenken, Krönung, Staats- oder Friedensvertrag, Siegesfeier, Einweihung u. a.) geschrieben und entsprechend aufwendig und kunstvoll gestaltet wurde. Berühmte Festmusiken verschiedenster Gattungen sind: G. Dufay, Motette „Nuper rosarum flores“ (Domweihe in Florenz 1436); O. Benevoli, Messe (Domweihe in Salzburg 1629); P. A. Cesti, Oper „Il pomo d'oro“ (Hochzeit Leopolds I. 1667); J. H. Schmelzer, Roßballett (gleicher Anlaß); G. F. Händel, „Feuerwerksmusik“ (Frieden von Aachen 1749); W. A. Mozart, Serenata drammatica „Il sogno di Scipione“ (Huldigung für den Fürsterzbischof von Salzburg, Hieronymus Colloredo-Waldsee 1772); L. van Beethoven, „Missa solemnis“ (Inthronisation des Erzbischofs von Olmütz 1820); H. Berlioz, „Grande messe des morts“ (Gedenken für die Gefallenen der Revolution von 1830); R. Wagner, „Kaisermarsch“ (deutscher Sieg über die Franzosen 1871).

**Festspiel:** meist periodisch wiederkehrende Veranstaltung von festlichen Tagen oder Wochen zur Pflege von Musik, Oper, Tanz, Theater, Film u. a. (auch *Festival* genannt). Durch Verpflichtung bedeutender Interpreten („Starbesetzungen“) wird versucht, exemplarische Aufführungen von hoher künstlerischer Qualität darzubieten und internationales Publikum anzulocken. Vorläufer der heutigen Festspiele sind mittelalterliche Aufführungen anläßlich kirchlicher Feiertage und höfische Feste v. a. des Barockzeitalters. Festspiel wird auch ein eigens für eine Festspielaufführung verfaßtes bzw. komponiertes Bühnenwerk genannt. – ↑auch Festmusik.

**ff:** Abk. für fortissimo (↑forte).

**fff:** Abk. für forte fortissimo (↑forte).

**Fidel** (Fiedel): wichtigste Gruppe bogengestrichener Saiteninstrumente des Mittelalters, nachweisbar seit Ende des 8. Jahrhunderts, wahrscheinlich ein Abkömmling eines vorderasiatischen Instruments. Aus den nach Größe, Form (Spaten-, Flaschen-, Birnenform) und Saitenzahl sehr unterschiedlichen Arten entwickelte sich im 13. Jahrhundert ein fünfsaitiger Typus mit ovalem, oft eingebuchtetem Körper, Zargen, geradem, abgesetztem Hals, Wirbelplatte und zwei Schallschlitzen. Gehalten wurde sie vor der Brust, am Knie, im Schoß oder an der linken Schulter. Das im 16. Jahrhundert von der Lira und der Viola abgelöste Instrument gilt als ein Vorläufer der Violine. Diese wird volkstümlich auch *Fiedel* genannt. – Die im 20. Jahrhundert für das Jugend- und Laienmusizieren gebauten Fideln (4–6saitig in Quint- oder in Quart-Terz-Stimmung) folgen nur zum Teil historischen Vorbildern.

**Fiedel** ↑Fidel.

**fiero** (fieramente) [italienisch]: stolz, wild, heftig.

**Figuralmusik** [von lateinisch cantus figuratus oder figuralis]: Bezeichnung für die mehrstimmige Musik im kontrapunktischen Satz, im Gegensatz zum einstimmigen Gregorianischen Gesang (Cantus planus). Die lateinische Benennung geht von den Figuren der Noten in der Mensuralmusik aus. Im 17./18. Jahrhundert bezeichnet Figuralmusik auch die melodische Auszierung einer vorgegebenen Melodie (z. B. in der Choralfiguration).

**Figuration** [lateinisch]: Auflösung einer Melodie oder eines Akkords in rhythmisch und meist auch melodisch gleichartige, formelhafte Wendungen. Die Figuration entstand aus der vokalen und instrumentalen Improvisationspraxis (↑Verzierung, ↑Diminution, ↑kolorieren) und wurde v. a. bei Kompositionen für Tasteninstrumente vom 16.–19. Jahrhundert zum häufig verwendeten Stilmittel. Man löste einen Cantus firmus figurierend auf, umspielte ein harmonisches Modell (*Figuralvariation*) mit gleichgebauten Spielfiguren, figurierte einen Choral durch Verwendung seiner Motive in allen Stimmen oder brach – besonders seit dem Klaviersatz der Kassik – die Grundharmonien melodisch *(Akkordfiguration)*.

**Figurenlehre:** in der deutschen Musik des Barock die Anwendung musikalischer Figuren als Mittel der Textausdeutung. Sie gründet in der Auffassung von der Wechselbeziehung von Musik und Sprache und kommt u.a. darin zum Ausdruck, daß die Musik im System der Sieben freien Künste (lateinisch Septem Artes liberales; ↑Ars musica) nun den sprachgebundenen Disziplinen zugeordnet war. Wie die rhetorischen Figuren Abweichungen von der normalen Art zu sprechen sind, so sind die musikalisch-rhetorischen Figuren Abweichungen vom strengen kontrapunktischen Satz. In der Kompositionslehre des Barock, der ↑Musica poetica (u. a. beschrieben von J. Burmeister, Ch. Bernhard, J. G. Walther), spielt die Kenntnis der Figuren eine große Rolle; sie dienen der Erfindung und Ausarbeitung der Musik gemäß dem Sinn- und Affektgehalt des Textes. Eine große Gruppe nehmen die abbildhaften Figuren ein, z. B. auf Wörter wie Himmel, Erde, Tod, Grab, Wasser, laufen, schreien usw.; daneben wurden aber auch musikalische Verzierungen (z. B. der Doppelschlag) und Satztechniken (Pausen, Wiederholungen, Modulationen) im Sinne der musikalischen Rhetorik eingesetzt. Die musikalisch-rhetorischen Figuren gingen dann auch in die Instrumentalmusik ein (z.B. bei J. S. Bach) und ließen diese damit zu einer Art „Klangrede" werden.

**Filmmusik:** von Beginn der Stummfilmzeit an wurde versucht, die Wirkung der stummen Bilder durch Musik zu erhöhen und wohl auch die Abspulgeräusche zu übertönen. Zunächst blieb es Klavierspielern, kleinen Ensembles oder Salonorchestern überlassen, die Vorführung mit Arrangements bekannter Melodien und realistischen Geräuscheffekten zu begleiten. Originale Filmmusik schufen später z. B. C. Saint-Saëns („L'assassinat du Duc de Guise", 1908), D. Milhaud („Le bœuf sur le toit", 1913), A. Honegger („La roue", 1922), E. Meisel („Panzerkreuzer Potemkin", 1925), P. Hindemith („Kater Felix", 1927). – Der erste deutsche Tonfilm mit Musik war „Melodie der Welt" (1929, Musik W. Zeller). Wertvolle Tonfilmmusik, die Handlung und Dialog untermalt, kommentiert und psychologisch vertieft, wurde vereinzelt von namhaften Komponisten geschrieben, so von G. Auric, A. I. Chatschaturjan, A. Copland, P. Dessau, W. Egk, H. Eisler, W. Fortner, H. W. Henze, J. Ibert, S. S. Prokofjew, D. D. Schostakowitsch, M. Theodorakis, W. Zillig. Zur Werbung und Finanzierung der Filmprojekte werden Filmmusiken seit 1950 auch auf Schallplatten, als sogenannte „Soundtracks" verkauft, insbesondere die Titelmelodien.

**Filter** [von mittellateinisch filtrum „Durchseihgerät aus Filz"]: sind elektroakustische Geräte oder Moduln, die eine eingegebene Sinusschwingung durchlassen oder unterdrücken können. Je nach Einstellung des Filters werden Schwingungen hoher Frequenz (*Hochpaß*) oder tiefer Frequenz (*Tiefpaß*) durchgelassen. Durch Kombination eines Hoch- und Tiefpaßfilters kann man einen Filter herstellen, der Sinusschwingungen nur in einem bestimmten Frequenzband durchläßt (*Bandpaß*). – Wird eine beliebige Schwingung einem Filter eingegeben, so läßt dieser nur solche Sinusschwingungen durch, die zu jenen Obertönen des Eingangssignals gehören, deren Frequenzen im Durchlaßbereich des Filters liegen (↑Fourier-Analyse). Daher verändert ein Filter in der Regel die Klangfarbe eines Tons; bei Geräuschen verändert ein Filter die „Farbe" des Geräuschs (↑farbiges Rauschen). Impulse versetzen einen Filter in Eigenschwingungen, so daß aus einem klangneutralen ↑Knall ein klang„farbiger" Knack wird.

Filter findet man als Höhen- und Tiefenregler in jedem Verstärker. Filter sind unentbehrliche Hilfsmittel der Studiotechnik zur Beseitigung unerwünschter Nebengeräusche. Filter werden in elektronischen Instrumenten als Klangfarbemodulatoren verwendet.

**Finale** [italienisch, von lateinisch finalis „das Ende betreffend"]: der Schlußsatz mehrsätziger Kompositionen wie Sinfonien, Sonaten und Konzerte, in Rondo-, Sonatensatz- oder Variationenform. Es ist dem Charakter nach ein schneller, heiterer Kehraus (z. B. Sinfonien von Haydn, Mozart) oder ein ausdrucksmäßiger Höhepunkt des Zyklus (Sinfonien von Beethoven, Brahms, Bruckner, Mahler). – In der [Nummern]oper des 18./19. Jahrhunderts heißt Finale die den Akt beschließende Szene. Ausgehend vom Arien- oder Chorfinale ohne fortschreitende Handlung entwickelte sie sich zum durchkomponierten Finale, in dem die Handlung fortgesetzt wird, und wurde schließlich zur großangelegten Steigerungsform des Kettenfinales ausgebaut, in dem mehrere musikalisch in sich geschlossene Abschnitte aneinandergereiht sind. Als Vollendung des dramatischen Opernfinales gelten die Finali in Mozarts „Hochzeit des Figaro" (1786) und „Don Giovanni" (1787).

**Finalis** [lateinisch]: seit der mittelalterlichen Musiktheorie übliche Bezeichnung für den die Tonart bestimmenden Schlußton einer kirchentonalen Melodie.

**Fine** [italienisch, von lateinisch finis „Ende"]: kennzeichnet das Ende einer Komposition (d. h. es folgen keine weiteren Sätze) oder innerhalb von Sätzen die Stelle, bis zu der wiederholt werden soll (d. h. das Ende des Satzes). – ↑auch da capo.

**Fingersatz** (Applikatur): heißt beim Instrumentenspiel der zweckmäßige Gebrauch der Finger sowie die entsprechende Anweisung in Ziffern. Er soll den technischen Anforderungen des Stückes angemessen sein und die Interpretation (Dynamik, Artikulation) erleichtern. Die Angabe erfolgt bei Streichinstrumenten von 1 bis 4 (Zeigefinger bis kleiner Finger) und bestimmt mit dem Finger zugleich die Lage. Der Fingersatz beim modernen Klavierspiel wird für beide Hände mit 1 bis 5 (Daumen bis kleiner Finger) bezeichnet.

**Fioriturren** (Fioretten) [von italienisch fioritura „Blüte, Ausschmückung, Koloratur"] ↑Verzierungen.

**Fistelstimme** (Fistel): die hauchige, wenig klangschöne Kopfstimme (↑dagegen Falsett).

**Fistula** [lateinisch „Röhre, Pfeife"]: mittellateinische Bezeichnung für Flöte, später auch für Orgelpfeife.

**Flabiol** (Fluviol) [spanisch] ↑Einhandflöte.

**Flageolett** [flaʒoˈlɛt; von französisch flageolet, Verkleinerungsform von altfranzösisch flageol „Flöte"]: 1. kleine Blockflöte mit schmalem Schnabel, 4–6 Grifflöchern und 2 rückseitigen Daumenlöchern, im 19. Jahrhundert auch mit Klappen; Tonlage etwa eine Quinte über der Sopranblockflöte. Das Flageolett kam im 16. Jahrhundert in Frankreich auf und wurde in der Tanz- und Volksmusik verwendet, im 18. Jahrhundert auch in der Kunstmusik (z. B. in Mozarts „Entführung aus dem Serail", 1782) unter dem Namen „Flauto piccolo" (der damals noch nicht die ↑Pikkoloflöte bezeichnete). – 2. bei der Orgel ein hohes, engmensuriertes

Flötenregister im 2-Fuß oder 1-Fuß. – 3. *Flageolettöne* heißen bei Streichinstrumenten hohe, pfeifende Töne, die durch Teilschwingungen (Obertöne) einer Saite entstehen. Sie werden erzeugt durch leichtes Aufsetzen des Fingers an den Teilungspunkten von $^1/_2$, $^1/_3$, $^1/_4$ usw. der gesamten („natürliches Flageolett") oder der durch festen Griff verkürzten Saitenlänge („künstliches Flageolett").

**Flamẹnco** [fla'mɛŋko; spanisch]: reich entwickelte Gattung volkstümlicher andalusischer (südspanischer) Tanzlieder. Der Flamencotanz, ein Solo- oder Paartanz, begleitet den Gesang oder eröffnet ihn nur. Den elegischen, stark formelgeprägten und reichverzierten Gesang (spanisch cante flamenco) unterstützt die Gitarre; Stampfen, Klatschen oder Kastagnetten bekräftigen den rasch wechselnden Rhythmus. Man unterscheidet zwei Stilarten des Flamenco. Der *Cante jondo* (auch Canto grande) ist sehr virtuos und von der Persönlichkeit des Sängers geprägt; Unterarten sind Seguidillas, Canas, Polos, Soleares, Martinetes. Der *Cante chico* ist demgegenüber schlichter und weiter verbreitet; Unterarten sind Bulerías, Solearíllas, Alegrías, Sevillanas, Fandangillos, Tangos. Die Herkunft des Flamenco ist umstritten; maurische und jüdische Einflüsse sind anzunehmen. Seit dem 19. Jahrhundert verbreiten hauptsächlich Zigeuner den Flamenco.

**Flanger** ['flɛɪndʒə; englisch]: ein elektroakustisches Effektgerät *(Flanging-Effekt)*. Das eingegebene Signal wird um maximal 16 Millisekunden verzögert und dem originalen Signal überlagert. Die hierbei auftretenden Phasenverschiebungen führen zur Auslöschung bestimmter Frequenzen, im Endeffekt zu Klangfarbenänderungen. Da man die Verzögerungsdauer periodisch verändern kann, entsteht der Eindruck, der Klang drehe sich in sich.

**flat** [flæt; englisch]: englische Bezeichnung für das Erniedrigungszeichen ♭ (B); als Zusatz bei Tonnamen bezeichnet flat die Erniedrigung um einen chromatischen Halbton (z. B. E flat; englisch „Es").

**flatted fifth** ['flætɪd 'fɪfθ; englisch]: englische Bezeichnung für die verminderte Quinte, die im Jazz seit dem Bebop eine wichtige Rolle spielt.

**Flatterzunge:** Bezeichnung für das ↑Tremolo bei Quer- und Blockflöten, Klarinetten, Saxophonen, Trompeten und Posaunen. Es entsteht durch schnelle Flatterbewegungen der Zungenspitze (rollendes Zungen-R).

**flautạndo** (flautato) [italienisch „flötend"]: Spielanweisung für Streicher, die Saiten nahe dem Griffbrett zu streichen; durch den Wegfall der geradzahligen Obertöne ergibt sich hierbei eine flötenartige Klangfarbe.

**Fl<u>au</u>to** [italienisch] ↑Flöte.

**Flẹxa** [mittellateinisch] (Clivis) ↑Neumen.

**F-Löcher:** Schallöcher in f-Form (ʃ) bei Streichinstrumenten, neben dem Steg in die Decke eingelassen.

**Flöte** (französisch flûte; italienisch flauto): wahrscheinlich eines der ältesten Blasinstrumente, das bereits mit Knochenfunden im Jungpaläolithikum (etwa 40 000 bis 8 000 vor Christus) bezeugt und in allen Kulturkreisen vertreten ist. Allen Flöten gemeinsam ist diese Tonbildung: Beim Anblasen wird ein Luftstrom gegen eine scharfe Kante geführt, wodurch die im zylindrischen oder konischen Rohr oder im Gefäß befindliche Luft in Schwingung versetzt wird. Ein Wechsel der Tonhöhe wird teils durch Veränderung der Rohrlänge mittels Öffnen und Schließen von Grifflöchern, teils durch ↑Überblasen erreicht. Man unterscheidet Flöten nach der Spielhaltung (Längs- und Querflöten) oder nach der Anblasevorrichtung (z. B. Kerb-, Kernspalt-, Block- oder Schnabelflöten). Eine Sonderart ist die Gefäßflöte (↑Okarina). Längsflöten kommen auch gedoppelt (↑Doppelflöte) oder gereiht (↑Panflöte) vor.

Die Längsflöten gelten als älteste Form und spielten v. a. im Alten Orient eine Rolle. Querflöten sind zuerst im 9. Jahrhundert vor Christus aus China überliefert. In Europa sind Längs- (als Blockflöten) und Querflöten seit dem 10./11. Jahrhundert bekannt. Bis zur

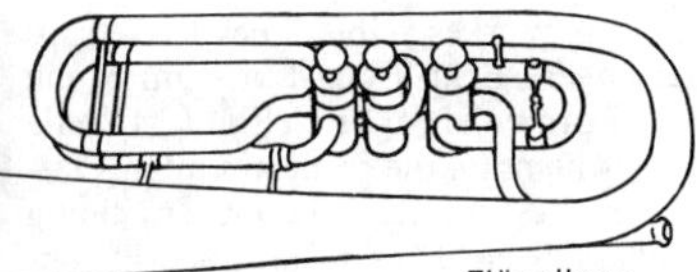
Flügelhorn

Mitte des 18. Jahrhunderts verstand man unter Flöte die bis dahin in der Musik führende ↑Blockflöte, seither jedoch meist die ↑Querflöte. – Bei der Orgel ist Flöte der gemeinsame Name für alle ↑Labialpfeifen, z. B. Quer-, Schweizer-, Zart-(Dulz-), Hohl-, Doppel-, Rohrflöte.

**Flötenuhr:** eine Spieluhr mit Orgelpfeifen (Flötenstimmen), die durch einen Blasebalg mit Wind versorgt und mittels Stiftwalze, die die Pfeifenventile öffnet, zum Klingen gebracht werden. Stücke für dieses im 16. Jahrhundert entstandene und in der 2. Hälfte des 18. Jahrhunderts besonders beliebte mechanische Musikinstrument schrieben C. Ph. E. Bach, J. Haydn, W. A. Mozart und L. van Beethoven.

**Flötenwerk:** 1. eine kleine Orgel, die nur Flötenstimmen hat. – 2. die Gesamtheit der Flötenstimmen einer großen Orgel.

**Flugblattlieder:** Lieder, die auf Flugblättern gedruckt und wie solche verbreitet werden. Als die ersten Flugblattlieder sind die Ende des 15. Jahrhunderts als sogenannte Einblattdrucke herausgebrachten geistlichen Lieder anzusehen. Ihnen folgten dann weltliche Lieder, die oftmals sensationelle Ereignisse zum Thema hatten. Viele Lieder des ↑Bänkelsangs sind als Einblattdrukke überliefert. – In neuerer Zeit werden v. a. politische Lieder als Flugblattlieder verbreitet, so z. B. die Lieder bekannter Liedermacher, aber auch solche Lieder, die, aus aktuellem Anlaß entstanden, an eine größere Menge zum Mitsingen verteilt werden sollen.

**Flügel:** Bezeichnung für Klavierinstrumente, bei denen die Saiten in Richtung der Tasten verlaufen. Wegen der zum Diskant hin abnehmenden Saitenlängen haben sie eine Form, die dem Vogelflügel ähnlich ist. Flügelform begegnet beim Cembalo („Kielflügel“) und beim Pianoforte (in den verschiedenen Größen Kleinflügel, Stutzflügel und Konzertflügel); aufrechte Flügel sind das ↑Klavicitherium, der Giraffenflügel, Lyraflügel, Pyramidenflügel, Schrankflügel. – ↑auch Klavier.

**Flügelhorn:** das Sopraninstrument der Bügelhornfamilie, in der Form der Trompete, jedoch weiter mensuriert und stärker konisch verlaufend, dem Kornett verwandt, in B-, C- und Es-Stimmung. Wegen seines weichen und etwas glanzlosen Tons wird das Flügelhorn nur im Blasorchester als Melodieinstrument verwendet.

**Folia** [portugiesisch]: nach portugiesischen und spanischen Beschreibungen im 16. und 17. Jahrhundert eine lebhafte, lärmende Mischung von Tanz, Gesang und Mummenschanz. – Seit dem 17. Jahrhundert wird der Tanz Folia an ein Satzmodell Folia gebunden, das der ↑Romanesca und dem ↑Passamezzo antico ähnelt. Das Folia-Modell war v. a. als Baßformel Grundlage für Lied- und Tanzsätze sowie weitverbreitetes Thema von Variationen.

**Folklore** [fɔlk'lo:rə; von englisch folk „Volk“ und lore „(überliefertes) Wissen“]: zunächst die mündliche Volksüberlieferung (z. B. Märchen, Sage, Sprichwort), besonders Volksmusik, Volkstanz und Volkslied; im weiteren Sinne die gesamte volkstümliche Überlieferung; im angelsächsischen Bereich Bezeichnung für Volkskunde.

**Folk-Rock** ['foʊkrɔk; englisch, von

Folia. Baßformel mit sarabandenartiger Oberstimme von M. Farinel (1685)

folk „Volk“ und rock „Rockmusik“]: Stilbereich der Rockmusik, in der Elemente der amerikanischen oder englischen Volksmusik (Folksong) mit der Rhythmik und Instrumentation des Rock verschmolzen werden. Bekannte Folk-Rock-Gruppen sind Fairport Convention und Stealers Wheel.

**Folksong** ['foʊksɔŋ; englisch]: Parallelbegriff zum deutschen ↑Volkslied; ursprünglich nur als wissenschaftliche Bezeichnung der angelsächsischen Volksliedforschung verwendet, bezeichnete er das gedächtnismäßig überlieferte, anonyme Lied, das aus mündlichem Besitz von Einzelsängern und Singgemeinschaften aufgezeichnet werden kann. Heute sind viele Folksongs mit politischen und sozialen Bewegungen verknüpft und haben Protestsongcharakter.

**Forlana** [italienisch] (Furlana, Friauler): schneller Tanz im $^6/_8$-Takt, im 17. Jahrhundert auch im $^6/_4$-Takt, dem ↑Kolo und der ↑Tarantella ähnlich. Die Forlana war ursprünglich ein Werbetanz (für 1 oder 2 Paare) aus Friaul, und wurde im 18. Jahrhundert beliebter Volkstanz in Venedig. Forlanasätze schrieben u. a. A. Campra, J. S. Bach und M. Ravel.

**Form:** der Begriff der Form wird in der Musik unter verschiedenen Aspekten gesehen. Erstens ist alles Musikalische, vom kleinsten Motiv bis zum längsten Werk, geformter Klang, dessen sehr unterschiedliche Formdimensionen sich obendrein vielfältig übereinanderschichten (Motiv, Thema, Satzteil, Satz usw.). Zweitens ist zu unterscheiden, was eigentlich in Tönen geformt wird, also was der Form als ihr „Inhalt“ zugrundeliegt. Das kann ein musikalisches Thema selbst sein, das sich in der Gesamtform der Komposition auf verschiedene Weise entfaltet; es kann aber auch eine außermusikalische Idee, eine Vorstellung, eine Bildanregung sein, die in der musikalischen Form zur Erscheinung kommt. Drittens meint Form sowohl das einem Werk zugrundeliegende Gestaltungsprinzip (den Formgedanken) als auch den Bau und die Struktur des fertigen Werkes selbst. Dies letztere ist der engere Begriff der Form im Sinne der ↑Formenlehre. Er zielt auf Modelle und Schemata, die in bestimmten Gattungen bestimmter Stilepochen häufig wiederkehren. Dieser Formbegriff fungiert jedoch allenfalls im Sinne einer Konvention, von der die Komposition in ihrer individuellen Gestaltung durchweg abweicht.

**Formant** [lateinisch]: im Spektrum fast aller Musikinstrumente und der menschlichen Stimme gibt es Frequenzbereiche, in denen unabhängig von der Tonhöhe des jeweiligen Tons verstärkte Obertöne auftreten. So hat beispielsweise der Vokal „a“ verstärkte Obertöne im Bereich zwischen 800 und 1200 Hz, unabhängig davon, ob das „a“ hoch oder tief gesungen wird. Diese Bereiche heißen Formantbereiche. Der Klangcharakter eines Musikinstruments hängt in hohem Maß vom Formantbereich des Instruments ab; fällt dieser Bereich mit dem eines Vokals zusammen, so hat das Instrument einen vokalen Klangcharakter.

**Formenlehre:** die Beschreibung und Systematisierung schematischer Gestaltmodelle besonders der Instrumentalmusik (z. B. Sonate, Fuge, Rondo, Liedform). Die Formenlehre entstand in Ansätzen im 18. Jahrhundert, entfaltete sich aber erst im 19. Jahrhundert zu einem eigenständigen (an Hochschulen auch gelehrten) Lehrfach, als Musiktheoretiker, auf die Wiener Klassik zurückblickend, die von Haydn, Mozart und Beethoven entwickelten ↑Formen zu ordnen und zu beschreiben versuchten. Dabei wurden gewisse Gestaltmuster formuliert, von denen jedoch das einzelne Werk fast stets durch charakteristische Besonderheiten abweicht. In der Musik des 19. Jahrhunderts spielt die Erfüllung oder Umgehung der in der Formenlehre dargelegten Typen eine wichtige Rolle. In der Musik des 20. Jahrhunderts tritt die Bedeutung der Formenlehre für die Erfassung der Kompositionstechnik angesichts der Vielfalt neuer Gestaltungsmöglichkeiten zurück.

**forte** [italienisch], Abk. f: laut, stark, kräftig (Gegensatz ↑piano); *fortissimo*, Abk. ff, sehr stark; *forte fortissimo*, Abk. fff, mit allerhöchster Lautstärke; *mezzoforte*, Abk. mf, mittelstark; *fortepiano*, Abk. fp, laut und sofort wieder leise; forte kommt auch in Verbindung mit *meno*, weniger; *molto*, sehr; *poco*, etwas vor.

**forte fortissimo** [italienisch], Abk. fff: ↑forte.

**fortepiano** [italienisch], Abk. fp: ↑forte.

**Fortepiano** (Pianoforte) [italienisch] ↑Klavier.

**fortissimo** [italienisch], Abk. ff: ↑forte.

**forza** ↑con forza.

**fp:** Abk. für fortepiano, ↑forte.

**forzato** (forzando) [italienisch], Abk. fz: ↑sforzato.

**Fourier-Analyse** [französisch fu'rje; nach dem französischen Physiker J. Baron de Fourier, *1768, †1830] (Frequenzanalyse): jede Schwingung läßt sich als Summe von ↑Sinusschwingungen, deren Frequenzen ganzzahlige Vielfache einer Grundfrequenz sind, darstellen. Demzufolge wird in der Fourier-Analyse eine Schwingung in die ihr zugrundeliegenden Sinusschwingungen zerlegt. Musikalisch bedeutet das: Jeder Ton ist als Gemisch harmonischer ↑Sinustöne darstellbar. Die Anzahl und Intensität dieser Sinustöne kann nicht den Eindruck der ↑Tonhöhe, sondern nur den der ↑Klangfarbe beeinflussen. Diese Sinustöne (↑Obertöne) sind auch nicht einzeln hörbar, sie können jedoch durch geeignete Vorrichtungen (↑Filter, Resonatoren usw.) akustisch herauspräpariert werden. Das Ergebnis einer Fourier-Analyse wird als ↑Spektrum dargestellt.

**Foxtrott** [von englisch foxtrot „Fuchsgang"]: Gesellschaftstanz im $^4/_4$-Takt, leicht synkopiert durch Verbindung mit einem dreizeitigen Gehschritt (2 lang, 2 kurz). Der Foxtrott wurde zum Grundtyp des heutigen Schrittanzes. Er entstand um 1910 in den USA aus ↑Ragtime und ↑Onestep, verbreitete sich vor dem 1.Weltkrieg in England, danach im übrigen Europa und gehört heute zu den Standardtänzen. Neben der mäßig schnellen Grundform („amerikanischer Foxtrott") gibt es den rascherern *Quickstep* (seit Mitte der 1920er Jahre) und den langsameren *Slowfox*).

**Française** [frã'sɛ:z; französisch „französischer (Tanz)"]: in Deutschland übliche Bezeichnung für die im 18. Jahrhundert von Frankreich aus sich auf dem Kontinent verbreitenden Formen des englischen ↑Country-dance (↑auch Contredanse). Die Française war im 18./19. Jahrhundert ein als Ballabschluß beliebter figurenreicher Kolonnentanz.

**franko-flämische Musik** ↑niederländische Musik.

**Frauenchor** ↑Chor.

**Frauenlieder:** dem ↑Protestsong zuzurechnende, speziell von Frauen für Frauen gemachte Gruppe von Liedern, die mit der Frauenbewegung im 19. Jahrhundert aufkamen. Von den amerikanischen Frauenliedern des 19. Jahrhunderts ist am bekanntesten „Housewife's lament" (Hausfrauenklage) von Sara Price. 1912 kam bei einem Textilarbeiterinnenstreik in Massachusetts „Bread and roses" (Brot u. Rosen) auf. In der deutschen Frauenbewegung seit 1968 entstanden Frauenlieder in verschiedenen Frauengruppen und wurden u. a. auch als Schallplatten verbreitet, z. B. „Frauen gemeinsam sind stark" (Frauenzentrum Frankfurt), „Schneewittchen, zerschlag deinen gläsernen Sarg" (Frauengruppe Schneewittchen).

**Free Concert** ['fri: 'kɔnsət; englisch „freies Konzert"]: bezeichnet in der Regel ein Rockkonzert, in dem die Gruppen ohne Gage auftreten und kein Eintritt erhoben wird. Hinter der vordergründigen Menschenfreundlichkeit von Free Concerts verbirgt sich häufig Werbung für die Schallplatten der auftretenden Gruppen.

**Free Jazz** ['fri: 'dʒæz; englisch „freier Jazz"]: ein um 1960 entstandener Stilbereich des Jazz. Der Free Jazz stellt den radikalsten stilistischen Bruch in der Geschichte des Jazz dar, da in ihm alle herkömmlichen Gestaltungsprinzipien aufgehoben werden: An die Stelle der bis dahin gültigen harmonisch-metrischen Formschemata tritt die „offene Form“, die tonalen Bezüge werden verschleiert oder negiert, der den Rhythmus regulierende ↑Beat wird weitgehend aufgehoben und die Tonbildung führt durch starke Geräuschanteile z.T. zu amelodischen, klanglichen Improvisationsverläufen. – Seit 1965 beginnen sich im Free Jazz drei auseinanderstrebende Entwicklungen abzuzeichnen: 1. Der sogenannte ↑Mainstream des Free Jazz, der an die Musik der Wegbereiter Coleman, Taylor und Coltrane anknüpft und bluesbetont ist, 2. ein an der europäischen Neuen Musik orientierter Stil und 3. ein an die außereuropäische („exotische“) Musik angelehnter Stil. – Die wichtigsten Vertreter des Free Jazz sind Ornette Coleman, Cecil Taylor, John Coltrane, Archie Shepp, Albert Ayler, Don Cherry und Sun Ra.

**Frequenz** [von lateinisch frequentia „Häufigkeit“]: die Frequenz einer Schwingung ist definiert als der Quotient der Anzahl n der ↑Perioden und der dazu erforderlichen Zeit t:

$$f = \frac{n}{t}$$

Wird die Zeit, wie üblich, in Sekunden gemessen, so ergibt sich als Einheit der Frequenz $\frac{1}{s}$ oder 1 Hertz (Hz). Die Empfindung ↑„Tonhöhe“ ist insofern von der Frequenz der entsprechenden Schwingung abhängig, als bei größerer Frequenz der entsprechende Ton „höher“ erscheint.

**Frequenzanalyse** ↑Fourier-Analyse, ↑Spektrum.

**Friktionsinstrumente** [von französisch friction „Reibung“]: Instrumente, bei denen der Ton durch Reiben erzeugt wird (z.B. bei Glasharmonika, Reibtrommel).

**Friss** [friʃʃ; ungarisch „frisch, munter“] (Friska): der schnelle Paartanz des ↑Csárdás.

**Frosch:** das Griffende des ↑Bogens von Streichinstrumenten. Er enthält ein Gewinde, mit dem die Bogenhaare (der Bezug) gespannt werden.

**Frottola** [italienisch]: weltliche, mehrstimmige strophische Liedform; wurde zwischen 1450 und 1530 in den ober- und mittelitalienischen Stadtstaaten (Mantua, Verona, Modena, Padua, Venedig, Florenz) vom gebildeten Bürgertum und von der Aristokratie gepflegt. Die Frottola war ursprünglich von Gauklern u. Fahrenden getragene Volksdichtung, wurde dann seit Ende des 14. Jahrhunderts zur Kunstform. Die vertonten Texte haben meist die Liebe zum Thema. Haupttyp der literarischen Vorlagen ist die aus einer Vereinfachung der ↑Ballata hervorgegangene *Frottola barzelletta;* weiter ist Frottola ein Sammelbegriff für vertonte Dichtungsformen wie Strambotto, Capitolo, Oda, Sonetto, Canzona, die sich in Silbenzahl der Verse, Reimschema und Strophenbau stark voneinander unterscheiden. Zur Frottola gehört auch das Florentiner Karnevalslied *(Canto carnascialesco)* der 2. Hälfte des 15. Jahrhunderts. – Die Frottola ist meist vierstimmig mit einem volkstümlich-schlichten homophonen, akkordischen Satz; die Melodie liegt in der Oberstimme. Sie wurde sowohl chorisch wie solistisch mit Instrumentalbegleitung ausgeführt. Hauptkomponisten waren M. Cara und B. Tromboncino; bekannt wurde die Frottola durch 11 Sammelbände (1504–14) des venezianischen Druckers Petrucci. Nach 1530 ging sie in Madrigal, Villotta und Villanesca auf.

**frühchristliche Musik:** die Musik und Musikübung der christlichen Kirche vom 1. bis 6. Jahrhundert; sie ist hervorgegangen aus Elementen des jüdischen Synagogalgesangs (↑jüdische Musik) und der antiken ↑griechischen Musik. Abgesehen von dem als Fragment erhaltenen sogenannten Oxyrhynchos-Hymnus (benannt nach dessen Fundstelle, einer altägyptischen Stadt am Westufer des Josefkanals) beruht die Kenntnis der frühchristlichen Musik allein auf literarischen Zeugnissen. Danach dürften weniger festgefügte Melodien als Melodiemodelle im Gebrauch gewesen sein. Im Gegensatz zum jüdischen Kult war die Verwendung von Musikinstrumenten im Gottesdienst verboten und nur vereinzelt in häuslichen Privatandachten gestattet. In den grundsätzlich einstimmigen Gesängen herrschte zunächst das Griechische als Kultsprache vor. Die Vortragsformen lassen sich scheiden in ein psalmodisches Rezitieren, einen melodisch reicher entwickelten, dabei aber noch einfachen und weitgehend syllabischen Gesang sowie das kunstvoll improvisierende melismatische Singen der Solisten (↑Responsorium). Mit dem Aufschwung des antiphonischen Singens (↑Antiphon) und des Hymnus im 4. Jahrhundert fällt das Auseinanderbrechen der frühchristlichen Musik zusammen in die Traditionen des Ostens (koptische und byzantinische Musik, syrischer Kirchengesang) und des lateinischen Westens, wo das Griechische als Kultsprache aufgegeben wird. – ↑auch Gregorianischer Gesang, ↑Ambrosianischer Gesang, ↑gallikanischer Gesang, ↑mozarabischer Gesang.

**F-Schlüssel** ↑F, ↑Schlüssel.

**Fugato** [italienisch „fugiert“]: fugenähnlicher Abschnitt (oft nur die Exposition) innerhalb einer nicht als Fuge angelegten Komposition (z. B. in Sinfonie, Sonate, Steichquartett).

**Fuge** [von lateinisch fuga „Flucht“]: ein Instrumentalstück zu mehreren Stimmen (mindestens 2, normalerweise 3 oder 4, gelegentlich mehr), die alle gleichberechtigt, kontrapunktisch-linear geführt und imitatorisch einander folgend, ein zunächst „vorgestelltes“ Thema in verschiedenster Weise variierend und kombinierend durchführen. Auch in der Vokalmusik kommen häufig fugenähnliche Abschnitte vor, eine vollständige, streng durchgeführte Fuge jedoch nur selten.

Das lateinische Wort „fuga“ bezeichnete seit dem 14. Jahrhundert den ↑Kanon, später auch ganz allgemein die Satztechnik der ↑Imitation. Frühe Formen der Fuge treten seit dem 16. Jahrhundert unter verschiedensten Bezeichnungen (z. B. ↑Kanzone, ↑Fantasie) auf, v. a. unter der des ↑Ricercars, aus dem sich die Fuge direkt entwickelt, indem dessen viele Themen auf eines beschränkt, dies jedoch ausführlich abgehandelt wird. Die Fuge im engeren Sinne entwickelte sich v. a. bei Sweelinck, Frescobaldi, Buxtehude, Pachelbel, Händel, bis sie ihren Höhepunkt im Werk J. S. Bachs erreichte („Das Wohltemperierte Klavier“, 1722–44; „Die Kunst der Fuge“, 1749/50). Auf diese bei Bach erreichte Endstufe ihrer Entwicklung bezieht sich das heute noch gelehrte Formenmodell der Fuge, das jedoch, wegen der unübersehbaren Vielfalt der Ausprägungen im einzelnen, nur in ganz allgemeiner Weise wie im Beispiel unten dargestellt werden kann.

Regulären Bau zeigt stets der Beginn einer Fuge. Das Thema (Subjekt) erscheint nacheinander in allen Stimmen abwechselnd in seiner Grundgestalt (*Dux*, lateinisch „Führer“) auf der I. Stufe und als Beantwortung (*Comes*, la-

| 1. Durchführung (Exposition) in der Haupttonart Thema einmal in jeder Stimme z. B.: | Zwischenspiel oft aus dem Thema abgeleitet | Weitere Durchführungen (mit Zwischenspielen) unregelmäßig gebaut, schwankende Zahl der Einsätze, in andere Tonarten modulierend, Thema teils freier, teils höchst kunstvoll verarbeitet | Schluß (letzte Durchführung) in der Haupttonart oft klanglich gesteigert (z. B. Orgelpunkt) |
|---|---|---|---|

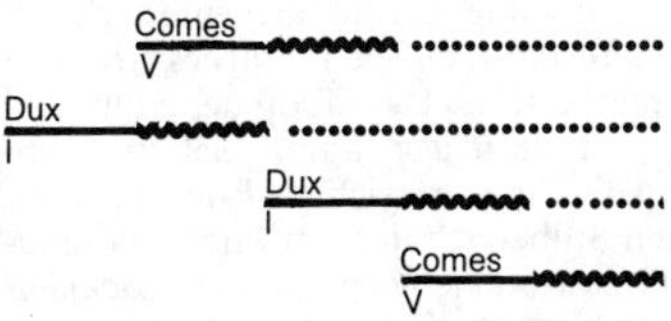

teinisch „Gefährte") auf der V. Stufe. Diese Beantwortung ist entweder „real", d. h. intervallgetreu eine Quinte höher (oder eine Quarte tiefer), oder „tonal", d. h. mit bestimmten intervallischen Abweichungen, um die Ausgangstonart zu erhalten. Häufigster Fall der tonalen Beantwortung ist folgender: Der Quintton im Dux (z. B. g in C-Dur) wird nicht durch dessen Quintton (d) sondern durch den Grundton der Haupttonart (c) beantwortet.

Beispiel (J. S. Bach, Fuge C-Dur aus dem „Wohltemperierten Klavier", 2. Teil, 1744):

Thema

tonale Beantwortung

reale Beantwortung

Nach ihrem Themeneinsatz werden die einzelnen Stimmen entweder in frei wechselnden kontrapunktischen Linien oder in einem gleichbleibenden, stets zum Thema einer anderen Stimme erklingenden Gegensatz (*Kontrasubjekt*, im Schema mit ∿∿∿ angezeigt) weitergeführt. Nach einem Zwischenspiel können weitere Themeneinsätze, oft wieder zu Durchführungen zusammengefaßt, in verschiedensten Gestaltungen auftreten. Hier ist der Ort für besondere kontrapunktische Künste (↑Engführung, ↑Augmentation, ↑Diminution, ↑Umkehrung, ↑Krebs, rhythmische Veränderungen u. a.). Der Schluß mündet in die Tonika, oft als Ergebnis einer großen zusammenfassenden Steigerung.

Außer der einfachen Fuge gibt es eine Anzahl besonderer Fugentypen, wie ↑Gegenfuge, ↑Spiegelfuge, ↑Permutationsfuge, ↑Doppelfuge, ↑Tripelfuge.

Mitte des 18. Jahrhunderts (↑galanter Stil) geriet die Fuge – außer in der Kirchenmusik – als veraltete „Künstelei" in Verruf und fast in Vergessenheit, wurde jedoch bereits in der Wiener Klassik als Ergänzung des neuen homophonen Stils, später v. a. von deutschen romantischen Komponisten (Schumann, Mendelssohn Bartholdy) wieder aufgegriffen und in vielfältiger Weise mit der jeweils modernen Klang- und Ausdruckssprache verschmolzen (Brahms, Reger). Auch im 20. Jahrhundert (Hindemith, Strawinski) gewann sie gelegentlich neue Bedeutung, namentlich als bewußter Rückgriff auf den polyphonen Stil des Spätbarock. Da das Kompositionsprinzip der Fuge Tonalität voraussetzt, spielt sie in der atonalen und seriellen Musik, wie überhaupt in der Komposition der letzten Jahrzehnte, keine Rolle mehr.

**Fughẹtta** (Fughette) [lateinisch-italienisch]: eine kleine ↑Fuge, im Vergleich zu dieser kürzer (bis hin zur Reduzierung auf nur eine Durchführung), weniger anspruchsvoll, mitunter auch weniger streng gearbeitet.

**Füllstimmen:** Bezeichnung für die zusätzlichen Stimmen eines mehrstimmigen Satzes, die nur der klanglichen oder harmonischen Verstärkung dienen.

**Fundamentalbaß** ↑Basse fondamentale.

**Fundamẹntinstrumente:** hießen im 17. Jahrhundert die Instrumente, die zur Ausführung des ↑Generalbasses dienten, so die zum Akkordspiel geeigneten Instrumente Orgel, Cembalo, Laute Theorbe, Chitarrone und auch andere (Viola da gamba, Violoncello, Violone, Fagott), soweit sie nur die Baßstimme unterstützten und nicht als ↑Ornamentinstrumente die Melodiestimme übernahmen.

**funebre** [fy'nɛbr, französisch; 'fu:nebre, italienisch]: traurig, düster.

**Funk** [fʌnk; englisch]: im Jazz ein aus dem afroamerikanischen Slang (funky „stinkig") abgeleiteter Begriff für eine bluesbetonte und auf Elemente der Gospelmusik (↑Gospel) zurückgreifende Spielweise des ↑Hardbop der endfünfziger und sechziger Jahre. – Seit den siebziger Jahren bezeichnet Funk auch einen Stilbereich der schwarzen Popmusik sowie eine Variante des Rockjazz.

**Funkoper:** eine eigens für den Hörfunk geschriebene und dessen technische Möglichkeiten und Beschränkungen (Verzicht auf das Optische) berücksichtigende Oper. Funkopern schrieben u. a. G. Kneip („Christkindleins Erdenreise", 1929; die erste Funkoper überhaupt), W. Egk („Columbus", 1933), H. Sutermeister („Die schwarze Spinne", 1936), W. Vogel („Thyl Claes", 1942), H. W. Henze („Ein Landarzt", 1951; „Das Ende einer Welt", 1953), I. Pizzetti („Ifigenia", 1950; „Cagliostro", 1952) und H. Badings („Orestes", 1954). Durch die ↑Fernsehoper hat die Funkoper an Bedeutung verloren.

**funktionale Musik:** Gegenbegriff zu ↑autonome Musik. Da auch diese gesellschaftliche Funktionen wie Bildung, Unterhaltung, Repräsentation u. ä. erfüllt, läßt sich funktionale Musik nicht schlechthin als zweckgebundene Musik bestimmen. Sie ist vielmehr ein Sammelbegriff für Musikarten, die direkt in praktische Lebenszusammenhänge einbezogen und in ihrer Gestalt durch ihre jeweiligen Zwecke entscheidend mitgeprägt sind. Dazu zählen v. a. Arbeits-, Tanz- und Marschmusik, Kinder-, Wander- oder patriotische Lieder, Musik zu öffentlichen Anlässen und Festen, für die Schule, am Arbeitsplatz, in Warenhäusern, Warteräumen, in Werbesendungen (↑Tonsignet). Dem Gegensatz von funktionaler und autonomer Musik entspricht H. Kretzschmars (1903) Gegenüberstellung von Musik als „freier" und als „dienender" Kunst.

**Funktionstheorie:** ein musiktheoretisches System von Begriffen und Symbolen (Buchstaben und Zahlen), das den harmonischen Zusammenhang von Klängen innerhalb der dominantisch-tonalen Musik beschreibt, also für Kompositionen etwa vom frühen 18. bis zum Ende des 19. Jahrhunderts sinnvoll angewendet werden kann. Grundlage der Funktionstheorie ist die Erkenntnis, daß die Musik des genannten Zeitraums stets von einem tonalen Zentrum her bestimmt ist und daß alle Akkorde eines solchen Musikstücks auf dieses Zentrum, die Tonika (*T*), zu beziehen sind. Primär ist die Akkordbeziehung zwischen quintverwandten Klängen. Die beiden wichtigsten Funktionen neben der ↑Tonika sind daher die ↑Dominante (*D*), das ist der Dreiklang auf der Oberquinte (in C-Dur g–h–d), der den zur Tonika strebenden ↑Leitton (h) enthält, und die ↑Subdominante (*S*), das ist der Dreiklang auf der Unterquinte (in C-Dur f–a–c). Daneben steht die Akkordbeziehung terzverwandter Klänge, aus der die sogenannten Parallelen hervorgehen: die Tonikaparallele (*Tp*, in C-Dur a–c–e), die Subdominantparallele (*Sp*, d–f–a) und die Dominantparallele (*Dp*, e–g–h). Vier- und Fünfklänge sowie Klänge mit „akkordfremden" Tönen werden zusätzlich durch Ziffern bezeichnet.

Beispiele:

Dominantseptakkord von C-Dur

Subdominante mit zugefügter Sexte („sixte ajoutée") von C-Dur

Die erstmals von H. Riemann (1893) in ein System gebrachte Funktionstheorie geht über die hier beschriebenen Beispiele weit hinaus. Sie ist in der Lage, die kompliziertesten tonalen Strukturen adäquat zu beschreiben und in ihrer kompositorischen Bedeutung sinnfällig zu machen.

**fuoco** ↑con fuoco.

**Furiant** [lateinisch-tschechisch]: wilder böhmischer Volkstanz mit charakteristischem Wechsel von $^2/_4$- und $^3/_4$-Takt (ähnlich dem ↑Zwiefachen); er wird in der Kunstmusik des 19. Jahrhunderts (Dvořák, Smetana) im $^3/_4$-Takt mit Schwerpunktverschiebungen notiert.

**furioso** [italienisch]: erregt, wild, rasend.

**Furlana** ↑Forlana.

**Fusa** [lateinisch]: Notenwert der ↑Mensuralnotation, geschrieben ♪.

**Fußtonzahl:** gibt bei der Orgel die Tonlage eines ↑Registers an (ein Fuß hat etwa 30 cm; abgekürzt mit dem Zeichen ′ bei der Zahl). Ausgegangen wird von dem Fußmaß einer offenen Labialpfeife, die den Ton C (die tiefste Taste der Orgel) ergibt; ihre Länge beträgt 8′ (etwa 2,40 m, nach Ort und Zeit schwankend). Dieses Fußmaß wird auf das ganze Register übertragen; somit heißen alle Register achtfüßig, die auf der tatsächlichen Pfeifenlänge, d. h. ein 8′-Gedacktregister ist nur 4′ lang. Die Fußtonzahlen wurden auch auf das Cembalo übertragen. Der normal gestimmte Saitenbezug ist achtfüßig, der 4′-Bezug erklingt bei halber Saitenlänge eine Oktave höher, der 16′-Bezug bei doppelter Saitenlänge eine Oktave tiefer.

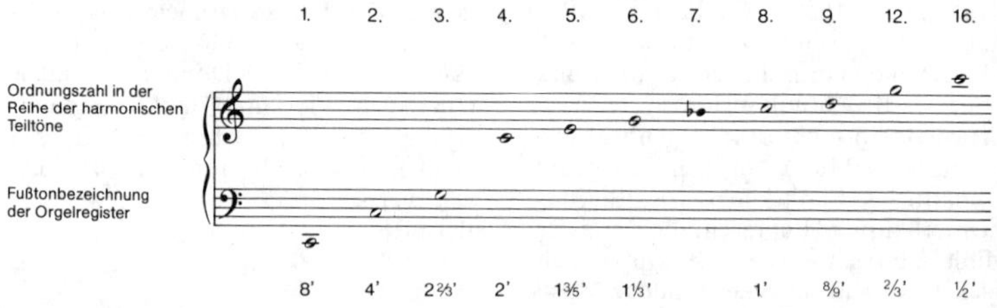


Harmonische Teiltöne und Fußtonbezeichnung der Orgelregister

der Taste C den Ton C bringen. Die 8′-Tonlage wird auch äqual genannt, weil die Töne in der gleichen Höhe erklingen, wie sie notiert und gespielt werden (↑Äquallage). Wird durch die gleiche Taste C der eine Oktave höhere Ton c ausgelöst, dann ist seine Pfeife halb so lang; das Register gehört der 4′-Lage an (4′-Register). Erklingt dagegen mit der Taste C der eine Oktave tiefere Ton $_1$C, dann hat die Pfeife die doppelte Länge (16′-Register). Entsprechend werden die sich anschließenden Oktavlagen nach der Höhe hin mit 2′ oder 1′, nach der Tiefe hin mit 32′ bezeichnet. So ergeben sich folgende Fußtonbezeichnungen: $_2C = 32'$; $_1C = 16'$; $C = 8'$; $G = 5\,^1/_3{}'$; $c = 4'$; $g = 2\,^2/_3{}'$; $c^1 = 2'$; $g^1 = 1\,^1/_3{}'$; $c^2 = 1'$.
Da die gedeckten Pfeifen für den gleichen Ton nur die halbe Länge benötigen, entspricht ihre Fußtonzahl nicht

**Futurismus** [lateinisch]: ist allgemein in der Literatur und bildenden Kunst eine weltanschaulich-künstlerische Erneuerungsbewegung zu Beginn des 20. Jahrhunderts, die überkommene kulturelle Traditionen zerstören wollte und das moderne Leben, insbesondere die Dynamik der neuen Technik, in die Kunstdarstellung hineinnahm. In der Musik äußert sich der Futurismus v. a. als ↑Bruitismus, allgemein in der Ablehnung traditioneller Musikformen (Sinfonie, Sonate, Konzert) und der Verherrlichung von Technik und Krieg. Hauptvertreter des Futurismus sind F. B. Pratella und L. Russolo. Trotz seines geringen direkten Einflusses hat der Futurismus indirekt auf E. Varèse („Ionisation", 1931) und weiter auf die Komponisten nach 1950, die das Geräusch in ihre Werke einbezogen, eingewirkt.

**fz:** Abk. für forzato (↑sforzato).

# G

**G** (g): Tonbuchstabe zur Bezeichnung für die 5. Stufe der Grundtonleiter C-Dur (in den romanischen Sprachen hat sich dagegen die Solmisationssilbe sol [↑Solmisation] durchgesetzt); durch ♯ (Kreuz) wird g erhöht zu gis (französisch sol dièse: englisch G sharp), durch ♭ (B) erniedrigt zu ges (französisch sol bémol; englisch G flat). – Auf einer Notenlinie des Liniensystems dient der Tonbuchstabe bzw. das aus ihm entwickelte Zeichen zur Festlegung der Tonhöhen (G-Schlüssel):
1. französischer Violinschlüssel,
2. Violinschlüssel.

**Gabelgriff:** bei Holzblasinstrumenten ohne Klappen (z. B. Blockflöte) ein für bestimmte Töne erforderlicher Griff, bei dem die Grifflöcher nicht in ununterbrochener Reihenfolge abgedeckt werden.

**Gagaku** ['ga,ŋaku; japanisch]: die im 7. Jahrhundert vom asiatischen Festland eingeführte und besonders seit der Heianzeit (ab 9. Jahrhundert) am Kaiserhof gepflegte vornehme Musik Japans. Die Gagaku besteht aus Instrumentalmusik und zugehörigen Tänzen (↑Bugaku) und wird in Linksmusik (chinesischer Herkunft) und Rechtsmusik (koreanischer Herkunft) aufgeteilt. Bei der Aufführung wird je ein Links- und ein Rechtstanz zusammengestellt. Das Gagaku-Orchester besteht aus Querflöte, Oboe und der Mundorgel Scho (Melodieinstrumente) sowie Trommel und Gong (zur Takt- und Formgliederung); bei reiner Instrumentalmusik treten ↑Koto oder Biwa (↑Pipa) hinzu.

**Gagliarda** [ga'ʎarda; italienisch] ↑Galliarde.

**gaiement** (gaîment) [ge'mã; französisch]: lustig, fröhlich, heiter.

**Gaillarde** [ga'ja:rd; französisch] ↑Galliarde.

**Gaita** [spanisch] ↑Dudelsack.

**Gajde** [serbokroatisch] ↑Dudelsack.

**galanter Stil:** Stilrichtung der Übergangszeit zwischen Barock und Klassik im zweiten Drittel des 18. Jahrhunderts, bildet zusammen mit dem ↑empfindsamen Stil das musikalische ↑Rokoko. Kennzeichnend für den galanten Stil sind kleine Formen, häufige Motivwiederholungen, stets führende, kantable Melodik, sparsame, harmonisch einfache Begleitung. Hierin spiegelt sich das ästhetische Ideal der Zeit, das Anmut und Zierlichkeit, Verständlichkeit und Natürlichkeit der ausgedrückten „Empfindungen" fordert und sich gegen die kompliziertere, kontrapunktisch „gearbeitete" Musik des Hochbarock wendet. Die Komponisten dieser Zeit (F. Couperin, D. Scarlatti, G. Ph. Telemann, G. B. Pergolesi, G. Sammartini, J. J. Quantz) sind immer nur teilweise dem galanten Stil zuzuordnen, da diesem oft in ein und demselben Werk elegische, empfindsame Elemente gegenübertreten. Das gilt in besonderem Maße für C. Ph. E. Bach, der die Ausdrucksweise des galanten Stils zunehmend vertiefte und kontrapunktisch bereicherte und so über einen expressiven Sturm-und-Drang-Stil zum überragenden Anreger der Wiener Klassik wurde.

**Galliarde** [von italienisch gagliardo „stark, rasch"] (französisch gaillarde; englisch gaillard): lebhafter Tanz, wahrscheinlich aus Italien, vom späten 15. bis zum Ende des 17. Jahrhunderts gebräuchlich. Dieser Paartanz, ein Werbetanz, basiert auf den gleichen 5 Grundschritten (4 Schritte und Sprung in die Ausgangsstellung) wie der Saltarello; seine Bewegung ist aber stärker, der Sprung höher. Wie der Saltarello war die Galliarde schneller Nachtanz im Dreiertakt zu einer geradtaktigen, meist melodisch verwandten Pavane oder ei-

Galliarde für Streicher- oder Bläserensemble von P. Peuerl (1611)

nem Passamezzo. Im 17. Jahrhundert gehörte sie mit der Pavane zum Grundbestand der Suite. Nach 1648 wurde sie selbständiger Tanz, oft dann auch in geradem Takt. Ihr Tempo wurde als Gebrauchstanz rascher, als stilisierter Kunsttanz langsamer.

**gallikanischer Gesang:** die Gesamtheit der Gesänge in der Liturgie des vorkarolingischen Gallien, die sich wahrscheinlich vom 4. bis 7. Jahrhundert ausgebildet haben dürften. Der gallikanische Gesang zeigt Eigenständigkeit gegenüber der Tradition des liturgischen Gesangs in Rom wie auch die ihm verwandten Überlieferungen des Ambrosianischen und des mozarabischen Gesanges. Im Zuge der Bestrebungen nach einer liturgischen Vereinheitlichung versuchte bereits Pippin III., der Jüngere (* 714 oder 715, † 768), ihn durch den Gregorianischen Gesang zu ersetzen. Diese Bemühungen wurden von Karl dem Großen (* 747, † 814) konsequent weitergeführt. Ein um 700 entstandener Traktat über die alte gallikanische Liturgie („Expositio brevis antiquae liturgiae gallicanae") gibt einen relativ umfassenden Überblick über den Aufbau von Messe und Stundengottesdiensten in dieser Tradition. Eine ausreichende Charakterisierung des gallikanischen Gesanges ist bisher aber nicht möglich, da nur ganz vereinzelt (v. a. südfranzösische) Handschriften erhalten geblieben sind.

**Galopp** [französisch]: um 1820 aufkommender schneller Rundtanz im $^{2}/_{4}$-Takt nach Art der Schnellpolka; bis gegen Ende des 19. Jahrhunderts beliebt und auch in Oper und Operette verwendet. Bekannt ist der „Galop infernal" (Cancan) aus J. Offenbachs „Orpheus in der Unterwelt" (1858).

**Galoubet** [galub'bɛ; provenzalisch] ↑Einhandflöte.

**Gambe** [italienisch]: Kurzform von ↑Viola da gamba.

**Gamelan** [javanisch]: vorwiegend aus Idiophonen gebildetes Instrumentenensemble auf Java und Bali, das bei rituellen Handlungen, Tempelfesten und Schattenspielen eingesetzt wird. Die Instrumente des Gamelanorchesters werden gegliedert in 1. solche, die die Kernmelodie in langen Noten vortragen, 2. solche, die die Kernmelodie verzieren und umspielen, 3. solche, die das Stück in Abschnitte gliedern. Zu ihnen gehören v. a. eine Anzahl senkrecht aufgehängter ↑Gongs verschiedener Größe, andere Gongspiele mit waagrechter Anordnung der Klangkessel (↑Bonang), Metallophone, bei denen große Bronzeplatten auf einem hölzernen Resonanzkasten ruhen (↑Saron) oder kleinere Platten jeweils eine eigene Resonanzröhre besitzen (↑Gender), und ein Xylophon (Gambang). Hinzu kommen eine Längsflöte (Suling), eine zweisaitige Laute (Rebab), eine Zither (Tjelempung) und drei Handtrommeln, ferner Chor- und Einzelsänger.

**ganze Note:** Zeichen 𝅝, ↑Noten.

**ganze Pause:** Zeichen 𝄻, ↑Noten.

**Ganzschluß:** im Gegensatz zum ↑Halbschluß und ↑Trugschluß eine harmonische Folge (↑Kadenz), die eindeutig auf eine ↑Tonika zielt und diese auch erreicht und bestätigt. Der Ganzschluß wird in seiner Wirkung oft durch rhythmische und melodische Schlußformeln verstärkt.

**Ganzton:** nennt man den Tonabstand der großen ↑Sekunde (kleine Sekunde ↑Halbton). In der ↑reinen Stimmung gibt es zwei geringfügig unterschiedene Arten von Ganztönen, den großen (Proportion 8:9; in C-Dur c–d, f–g, a–h) und den kleinen (9:10; d–e, g–a). In der gleichschwebend temperierten Stimmung (↑Temperatur), die solche Unterschiede ausgleicht, ist der Ganzton ein Sechstel der Oktave.

**Ganztonleiter:** die Aneinanderreihung von ↑Ganztönen zu einer Oktavskala, z. B. c d e fis gis ais (=b) c. Da in der Ganztonleiter alle Abstände gleich groß sind, ist sie in sich nicht gegliedert (wie etwa die Dur- oder Molltonleiter) und besitzt keinen ↑Grundton. Sie kann also auf jedem ihrer Töne beginnen und schließen. Das verleiht ihr einen schwebend exotischen Klangcharakter, der erstmals in der russischen Musik des 19. Jahrhunderts (M. I. Glinka, M. P. Mussorgski), dann bei F. Liszt und v. a. im ↑Impressionismus (C. Debussy, M. Ravel) bewußt und als Gegenelement zur traditionellen dominantischen ↑Tonalität eingesetzt wurde.

**Gassenhauer:** war ursprünglich Bezeichnung für nächtliche Bummler, dann (im 16. Jahrhundert) auch für die von ihnen gesungenen Lieder (Ch. Egenolff, „Gassenhawerlin und Reutterliedlin", 1535). Erst gegen Ende des 18. Jahrhunderts wurde das Wort Gassenhauer mehr und mehr in abwertendem Sinne gebraucht, und zwar für Lieder (z. B. aus Opern und Singspielen), die nicht so wertvoll und beständig schienen wie das ↑Volkslied, dessen Bedeutung damals entdeckt (Herder, Goethe, deutsche Romantik) und betont herausgestellt wurde. Im frühen 20. Jahrhundert nannte man Gassenhauer Schlager, die schnell bekannt (in allen Gassen gepfiffen) und ebenso schnell vergessen wurden.

**Gattung:** unter dem Begriff der Gattung werden Musikwerke zusammengefaßt, für die übergeordnete gemeinsame Kennzeichen zutreffen (z. B. Oper, Oratorium, Kantate, Sinfonie usw.). Auch ↑Form kann Definitionsmerkmal einer Gattung sein, sie ist es in jedem Fall kombiniert mit anderen Merkmalen. Bis ins 18. Jahrhundert waren es v. a. Funktion, Textgehalt und -struktur sowie Kompositionstechnik, die eine Gattung ausmachten; danach traten Besetzung, Form, ästhetischer Anspruch und „Ton" stärker hervor. Mit der wachsenden Individualisierung der Werke in der Kunstmusik (↑Opus) verlieren Gattungen an prägender Kraft.

**Gavotte** [ga'vɔt; französisch, wahrscheinlich von altprovenzalisch gavot „Lümmel" (Spottname für die Gebirgsbewohner in der Provence)]: mäßig bewegter Volkstanz (Paartanz in Reihen) im $^2/_2$-Takt mit charakteristischem zweiteiligem Auftakt, heute noch in baskischen und bretonischen Gebieten gepflegt. Die Gavotte wurde im 17. Jahrhundert Hoftanz und war bis ins 19. Jahrhundert als Gesellschaftstanz beliebt. J.-B. Lully bezog den damals neuen Modetanz in die Orchestersuite ein; über das Ballett gelangte sie in die Oper bei Rameau, Händel, Gluck, Grétry; Corelli und Vivaldi verwandten sie in der Kammersonate, F. Couperin und J. S. Bach in der Klaviersuite.

Gavotte. J. S. Bach, „Französische Suite" Nr. 5 (BWV 816, 1722)

**Gebrauchsmusik:** der von dem Musikforscher H. Besseler 1925 geprägte Begriff meint Musik, mit der man gleichsam selbstverständlich und alltäglich „umgeht" (↑funktionale Musik). Der Begriff Gebrauchsmusik drückt im Rahmen der musikalischen Jugendbewegung entstandene Wunschvorstellungen aus, die von einer Verklärung der Vergangenheit ausgehen und auf unmittelbare [Wieder]einbindung der Musik ins Leben zielen; mitgemeint sind auch neu komponierte „Spielmusiken" für Hausmusik und Musizierkreise, die zu keinem anderen Gebrauch bestimmt sind als eben dem, gespielt zu werden. – ↑auch angewandte Musik.

**gedackte Pfeife** (Gedackt): eine Orgelpfeife, die am oberen Ende verschlossen ist. Da hierdurch die Länge der schwingenden Luftsäule verdoppelt wird, erklingt die gedackte Pfeife eine Oktave tiefer als die gleich lange offene Pfeife. Gedackte Pfeifen benötigen weniger Raum als offene, sind jedoch obertonarm u. klingen hohler u. dumpfer. Ihre ↑Fußtonzahl richtet sich nach der Tonhöhe, nicht nach der realen Pfeifenlänge.

**Gegenbewegung** (lateinisch motus contrarius): Begriff aus der musikalischen Satztechnik. Zwei Stimmen sollen in ihrer Richtung auseinander- oder aufeinander zulaufend geführt werden. Im vierstimmigen Satz wird v.a. Gegenbewegung der Außenstimmen (Sopran und Baß) gefordert.

**Gegenfuge:** eine ↑Fuge, bei der die Themenbeantwortung (↑Comes) die melodische ↑Umkehrung der Themenaufstellung (↑Dux) bildet.
Beispiel: J. S. Bach, „Kunst der Fuge", Contrapunctus 5 (BWV 1080, 1749/50):

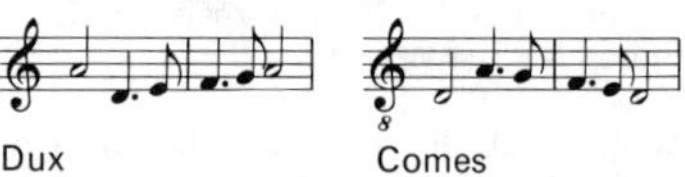

Dux Comes

**Gehörbildung:** allgemein die Schulung des musikalischen Gehörs, insbesondere das Bewußtmachen musikalischer Abläufe mit dem Ziel, das Gehörte (Töne, Intervalle, Akkorde, Rhythmen) erkennen, benennen und aufschreiben zu können. Gehörbildung spielt als unerläßlicher Bestandteil der musikalischen Berufsausbildung im Studiengang der Musikhochschulen und Konservatorien eine wichtige Rolle und sollte daher schon früh neben jedem Instrumentalunterricht betrieben werden. Im Musikunterricht der allgemeinbildenden Schulen dagegen tritt Gehörbildung heute gegenüber früher stark zurück zugunsten einer weitergefaßten Hörerziehung zur kritischen Wahrnehmung der akustischen Umwelt.

**Gehörphysiologie:** die Wissenschaft von den organischen Funktionen des Gehörs (↑Hören).

**Gehörpsychologie** (Hörpsychologie) ↑Hören.

**Geige:** im Mittelalter Bezeichnung für bogengestrichene Saiteninstrumente, oft bedeutungsgleich mit ↑Fidel. Seit der Entwicklung der drei Familien ↑Viola da braccio, ↑Viola da gamba und ↑Lira aus dem gemeinsamen Grundtyp der Fidel im 16. Jahrhundert wurde die Bezeichnung eingeengt auf die Viola-da-braccio-Familie und heute auf deren Diskantinstrument, die ↑Violine.

**Geigenprinzipal:** in der Orgel ein hell klingendes Labialregister im 8- oder 4-Fuß; von der Barockzeit bis heute gebaut.

**geistliches Konzert:** musikalische Gattung des 17. Jahrhunderts, die sich aus der Umbildung der mehrstimmigen und mehrchörigen Motette zu solistischem Singen mit Generalbaß-, später auch mit Orchesterbegleitung in der Solomotette entwickelte. Bedeutende Vertreter des geistlichen Konzerts waren L. Viadana (erstmals 1602), J. H. Schein, S. Scheidt und H. Schütz. In der 2. Hälfte des 17. Jahrhunderts ging das geistliche Konzert in der Kantate auf, wurde aber im 20. Jahrhundert im Rückgriff auf die ältere Tradition wiederaufgenommen.

**geistliches Spiel:** das im Rahmen der kirchlichen Liturgie entstandene Drama des europäischen Mittelalters, das den Gläubigen christliches Heilsgeschehen in dramatischer Gestaltung vorführte. Es entwickelte sich seit dem 10. Jahrhundert im Rahmen kirchlicher Feiern aus dem ↑Tropus. Der älteste und für die Entwicklungsgeschichte bedeutendste Typus ist das Osterspiel, an dessen Anfang der dialogisierend aufgebaute Ostertropus steht. Anfänglich in der Kirche aufgeführt, verselbständigte sich das geistliche Spiel im 14. Jahrhundert und kam auf Marktplätzen wie auch in öffentlichen Sälen zur Wiedergabe. Mit dieser Verselbständigung war gewöhnlich auch der Übergang von der lateinischen zur Volkssprache verbunden. Daraus ergaben sich Sonderentwicklungen in den verschiedenen Sprachbereichen mit einer jeweiligen Bevorzugung bestimmter Formen. In Deutschland war dies nach dem noch lateinischen Spiel vom Antichrist („Ludus de Antichristo") das spätmittelalterliche Passionsspiel, in England das Fronleichnamsspiel, in Frankreich das ↑Mysterienspiel, in den Niederlanden das Mysterienspiel (Mirakel) und das allegorische Sinnspiel, in Italien das Prozessionsspiel („lauda drammatica"), das Predigtspiel („devozione") und die ↑Rappresentazione sacra, in Spanien das großangelegte ↑Auto sacramental, von dem allein in den 50 Schaffensjahren Lope de Vegas schätzungsweise 2000 Stücke entstanden. Durch Renaissance, Humanismus und die Reformation wurde das geistliche Spiel in der 1. Hälfte des 16. Jahrhunderts zunehmend verdrängt, blieb aber in streng katholischen Gebieten noch längere Zeit lebendig. In Deutschland werden heute noch (1634 eingeführten) Oberammergauer Passionsspiele aufgeführt.

**GEMA** ['ge:ma]: Abk. für **Ge**sellschaft für **m**usikalische **A**ufführungs- und mechanische Vervielfältigungsrechte. Mitglieder sind Komponisten, Textdichter, Verleger, Arrangeure. Bei allen tantiemenpflichtigen Veranstaltungen oder Veranstaltern (Konzerte, Rundfunk, Diskotheken, Kinos usw.) zieht die GEMA im Auftrag ihrer Mitglieder Gebühren ein, die nach einem bestimmten Schlüssel abgerechnet werden, der sowohl die Leistungen der einzelnen Beteiligten als auch die Musikarten unterschiedlich bewertet. Zum Beispiel: Ein Orchesterwerk von 10 Minuten Dauer erhält 960 „Punkte", wenn es zur E-Musik, 36 „Punkte", wenn es zur U-Musik zählt. Ein arrangierter Schlager wird folgendermaßen aufgeschlüsselt: $^{4}/_{12}$ für den Komponisten, $^{1}/_{12}$ bis $^{2}/_{12}$ für den Arrangeur, $^{3}/_{12}$ für den Texter, $^{3}/_{12}$ bis $^{4}/_{12}$ für den Verleger. – Die GEMA geht auf ein Konzept des Komponisten Richard Strauss zurück und ist in ihrer heutigen Form 1947 gegründet worden.

**gemischter Chor** ↑Chor.

**gemischte Stimmen:** sind in der Orgel Register (wie ↑Mixtur, ↑Kornett, ↑Rauschpfeife, ↑Scharf, ↑Sesquialtera, ↑Tertian, ↑Zimbel), die aus mehreren Aliquotstimmen zusammengesetzt sind. Sie verstärken, im Unterschied zu den einfachen ↑Aliquoten, mehrere Obertöne einer Grundstimme und haben für jede Taste mehrere Pfeifen.

**Gemshorn:** 1. im 16. Jahrhundert eine Schnabelflöte in Form eines Tierhorns. – 2. in der Orgel ein Labialregister im 8-, 4- oder 2-Fuß, das hornartig klingt.

**Gender** [javanisch]: ein Metallophon des ↑Gamelan, bestehend aus 10–12 dünnen, frei hängenden Bronzeplatten, unter denen jeweils ein gleichgestimmter Resonator aus Bambusrohr angebracht ist.

**Generalmusikdirektor,** Abk. GMD: ↑Musikdirektor.

**Generalbaß** (italienisch basso continuo): in der Musik des 17. und 18. Jahrhunderts die Bezeichnung für die fast allen damaligen Kompositionen zugrundeliegende durchlaufende Baßstimme, nach der auf einem Tasteninstrument (Orgel, Cembalo) zusätzlich harmonische Füllstimmen und -akkorde improvisierend ausgeführt wurden. Der Generalbaß ist so kennzeichnend für die Stilperiode des ↑Barock, daß man diese auch *Generalbaßzeitalter* genannt hat. Der Generalbaßspieler hat (außer den Stimmen der anderen Instrumentalisten und Sänger) für sein Instrument stets nur die eine [Baß]stimme vor sich und erfindet dazu das übrige nach festgelegten Regeln. Hierzu helfen ihm die unter die Generalbaßstimme gesetzten Ziffern, die charakteristische Intervalle, vom Baßton aus gerechnet (4 für Quarte, 6 für Sexte usw.), bezeichnen. Baßtöne ohne Ziffern erhalten einen Dreiklang, in welchem durch ♯, ♮ oder ♭ die Terz erhöht oder erniedrigt sein kann.

Beispiele (unteres System: notierte Stimme, oberes System: mögliche Ausführung):

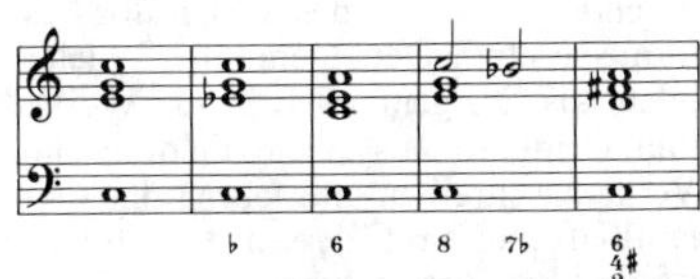


Da hierdurch nur die Klangtypen (Harmonien) als solche festgelegt waren, konnte (und sollte) der Generalbaßspieler seine Begleitung je nach dem musikalischen Zusammenhang phantasievoll und frei ausgestalten. Bei heutigen Aufführungen wird diese Möglichkeit selten genutzt, zumal die gebräuchlichen Ausgaben den Generalbaß „aussetzen", d. h. die rechte Hand des Tasteninstruments ebenfalls notieren und damit v. a. den Laien auf eine meist recht stereotype Generalbaßfassung festlegen.

Das Generalbaßspiel kam gegen Ende des 16. Jahrhunderts in Italien in der Kirchenmusik auf und war zu Beginn nichts weiter als eine abgekürzte Schreibweise bereits vorhandener vielstimmiger Vokal- und Instrumentalwerke zum Gebrauch des mitspielenden Organisten. Erst L. Viadanas ↑geistliche Konzerte (1602) sind neu komponierte Werke für Singstimmen und Generalbaßbegleitung. Entscheidend für die weitere Ausbreitung war die Entstehung der ↑Oper um 1600 in Florenz auf der Grundlage der ↑Monodie. Dieser freie, affektvolle Gesang zu halb improvisierter Generalbaßbegleitung war auch das Vorbild für die jetzt hervortretende instrumentale Solosonate sowie auch für die bald führende Triosonate. Der Generalbaß wurde häufig von einer ganzen Gruppe von (akkordfähigen) Instrumenten (neben Cembalo und Orgel auch Laute, Theorbe, Harfe), den sogenannten Fundamentinstrumenten ausgeführt, zu denen meist ein Streich- oder Blasinstrument (Viola da gamba, Violoncello, Fagott, Posaune) als Verstärkung der Baßlinie hinzukam. Im Hochbarock wurde in fast allen Gattungen der Instrumentalmusik (Sonate, Suite, Concerto grosso) und Vokalmusik (Lied, Kantate, Oper mit Rezitativ und Arie) die stützende und zusammenhaltende Funktion des Generalbasses vorausgesetzt. Der Generalbaßspieler leitete als Dirigent auch große Werke vom Cembalo aus. Viele theoretische Werke beschreiben und lehren das Generalbaßspiel und dessen hauptsächliche Akkordverbindungen. Die Generalbaßlehre galt daher als Anfang des Kompositionsstudiums überhaupt und wandelte sich allmählich zur ↑Harmonielehre (J.-Ph. Rameau).

Am Ende des Barockzeitalters verlor die Generalbaßpraxis nach und nach an Bedeutung, v. a. durch die zunehmende Individualisierung der Mittelstimmen in der Kammer- und Orchestermusik, wodurch die nun als starr empfundene Akkordfüllung überflüssig wurde. Dennoch hielt sich die Generalbaßtradition v. a. in der Kirchenmusik, aber auch in der Instrumentalkomposition bis in die Wiener Klassik hinein, was sich etwa noch in frühen Klavierkonzerten Haydns und Mozarts darin zeigt, daß der Klavierpart bei Tuttistellen wie eine Generalbaßstimme begleitend weitergeführt ist.

**Generalpause,** Abk. G. P.: in Werken für mehrere Instrumente eine ↑Pause für alle Stimmen. Die Generalpause hat eine stark zäsurbildende Wirkung und ist häufig mit einer ↑Fermate versehen.

**Género chico** ['xenero 'tʃiko; spanisch „kleine Gattung"]: eine volkstümliche einaktige Komödie mit Musik (in operettenartigem Stil). Der Género chico steht wie die ↑Zarzuela in der Tradition der ↑Sainete und war besonders beliebt in der 2. Hälfte des 19. Jahrhunderts bis etwa 1910.

**Geräusch:** eine auditive Empfindung, die durch eine streng nichtperiodische Bewegung des Trommelfells hervorgerufen wird. Geräuschempfindungen können von ↑Schwingungen hervorgerufen werden, deren ↑Frequenz statistisch schwankt. Am Oszillograph erscheint ein Geräusch folgendermaßen:

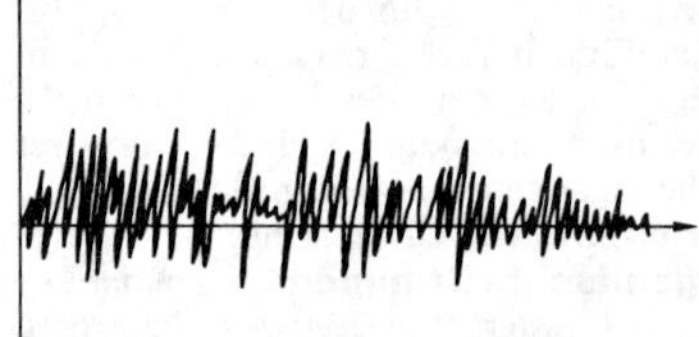

Auf Grund der Frequenzschwankungen kann einem Geräusch keine ↑Tonhöhe, jedoch eine ↑Klangfarbe im weiteren Sinne zugeordnet werden (↑farbiges

Rauschen). Musikinstrumente erzeugen neben Tönen auch geringfügig oder erheblich Geräusche. In der ↑elektronischen Musik gehört das Geräusch neben dem ↑Sinuston zum elementaren musikalischen Baustein. In sogenannten Rauschgeneratoren werden die statistischen Bewegungen von Elektronen in Gasen oder in Materie hörbar gemacht.

**Gesamtkunstwerk:** ein Kunstwerk, in dem mehrere Künste (Dichtung, Musik, Tanz- und bildende Kunst) zu einem Werkganzen vereinigt sind. Bereits das antike Drama mit seiner engen Verbindung von Sprache, Musik und Tanz, aber auch die frühbarocke ↑Oper, in der die Musik nur eine beigeordnete Rolle spielte, können als Gesamtkunstwerke angesprochen werden. Die programmatische Forderung nach Vereinigung aller Künste entstammt jedoch dem Gedankengut der deutschen Romantik. Daran anknüpfend hat R. Wagner die Idee des Gesamtkunstwerkes in seinen Schriften theoretisch entwickelt und in seinen Musikdramen seit der Trilogie „Der Ring des Nibelungen" (1854–74) praktisch zu realisieren versucht. Weil jedoch die Eigengesetzlichkeit der Einzelkünste stets zu Kompromissen zwingt, bleibt jeder Versuch, ein Gesamtkunstwerk zu schaffen, problematisch. So steht bei Wagner, entgegen seiner eigenen Forderung, die Musik im Vordergrund, bei späteren verwandten Bestrebungen die Dichtung (z. B. bei M. Reinhardt und L. Dumont) oder die Architektur (im „Bauhaus"). In heutigen Multimediaveranstaltungen (↑Multimedia) ist die Gesamtkunstwerkidee, wenngleich in wesentlich veränderter Form, wieder vorhanden.

**Gesang** (Gesangskunst; englisch song; französisch chant; italienisch canto; lateinisch cantus, canticum): Bezeichnung für Tätigkeit und Vorgang des Singens wie auch für deren Ergebnis, eine vergegenständlichte, in sich abgeschlossene musikalische Einheit (Gesangsstück, Lied). Gesang kann sowohl von mehreren Singenden gemeinsam *(Chorgesang)* als auch von einem einzelnen *(Sologesang)* ausgeübt werden. In der Regel ist Gesang an Worte bzw. Texte mit deutlich geprägtem Sinnzusammenhang gebunden; es ist aber auch möglich, auf für sich genommen sinnlose Laute oder Silben zu singen (↑Jodeln, ↑Vokalise, ↑Scat). Geschichtsepochen, Völker bzw. Kulturen und soziale Schichten haben verschiedene Klangideale des Gesangs; ebenso erfordern musikalische Gattungen und Formen jeweils besondere Weisen des Gesangs (z. B. Volks- oder Kunstlied, Belcanto-Oper, Chanson). – Gesang kann seiner Entstehung und seiner Funktion nach als emotionale Vertiefung, ausdrucksvolle Überhöhung, als künstlerische Stilisierung des Sprechens gelten. Vom gehobenen Deklamieren oder Rezitieren unterscheidet er sich durch Verwendung fester, geregelter, wiederholbarer Tonhöhen und Tonschritte (Minimum: Gesang auf einem Ton); außerdem vielfach durch Gliederung des Tonhöhenverlaufs in rhythmische Werte von bestimmten zeitlichen Verhältnissen. („Melodie" ist die Einheit von Tonhöhenverlauf und Rhythmus.)

Gesang ist eine ganz ursprüngliche kulturell-soziale Äußerung der Menschheit. Er findet sich auf allen historischen und kulturellen Entwicklungsstufen, ist in der biologisch-sozialen menschlichen Natur angelegt (Stimmapparat) und entsteht höchstwahrscheinlich bereits im Prozeß der Menschwerdung (Anthropogenese) im Zusammenhang von Arbeit, Kommunikation und Sprache und Zusammenschluß zur Gesellschaft. Dabei bildet sich eine Art Funktionsteilung zwischen Sprechen und Gesang heraus, und zwar derart, daß beim Gesang gegenüber der Benennung von Gegenständen und Sachverhalten der Wirklichkeit und der sachbezogenen Verständigung über sie deren emotionale Bewertung überwiegt. – Daß Gesang älter ist als Instrumentalmusik, gilt als zweifelhaft. Allerdings wird Gesang als Arbeits-, Tanz- oder Kultgesang auch von denen ausgeübt, die selbst unmittelbar in diesen Situationen sich betätigen, während Instrumentalmusik eher bereits spezialisierte Ausführende ver-

langt. Gesang war ursprünglich jeweils spezifischen sozialen Situationen in Alltag und Fest, in Arbeit, Tanz und Kult zugeordnet; er ist es, etwa bei sogenannten „Naturvölkern" oder in Institutionen wie der Kirche, heute noch. Er wurde mündlich überliefert – gerade als Kultgesang mit großer Genauigkeit.
Der europäische *Kunstgesang* beginnt in der griechischen Antike. Ein Neuansatz im frühen Mittelalter ist die Pflege des ↑Gregorianischen Gesangs (u. a. auch in Sängerschulen) mit einer Entfaltung kunstreicher Melismen (↑Jubilus) und Entwicklung von Notation und Mehrstimmigkeit (↑Organum). Ein zweiter Strang des Kunstgesangs ist der Vortrag volkssprachlicher Dichtung (häufiger Lyrik als Epik), u. a. durch ↑Troubadours, Trouvères und Minnesänger (↑Minnesang), in Spätmittelalter und Frührenaissance mit Zentren an Höfen in der Provence und Italien; eine bürgerliche Fortsetzung des Minnesangs war der ↑Meistersang. Die neuzeitliche Gesangskunst entfaltete sich im Spannungsverhältnis von schriftlich festgelegter Komposition und Aufführung, von Werk und Vortrag: im Augenblick des Erklingens ergänzt der Sänger den Notentext durch Abwandlungen der Melodie, Verzierungen u. ä. und deutet den Gehalt subjektiv aus. Dabei verlagert sich der Schwerpunkt der Gesangskunst historisch immer mehr von improvisatorischer Hinzufügung zu werkgebunden schöpferischer, ausdrucksvoller Interpretation. – Einen Entwicklungsschub in Kunstgesang und Gesangskunst brachte die von Italien seit etwa 1600 ausgehende Ausbreitung der neuzeitlichen Oper (↑Monodie, ↑Arie). Hier wie in den neuen Vokalgattungen Oratorium oder Kantate wurde der Widerspruch zwischen enger Bindung an Wort und Sinn und verselbständigter Entfaltung des Gesangs (↑Belcanto, ↑Koloratur) wirksam; dazu zählt u. a. die Differenzierung von Rezitativ und Arie. Im Kastratenwesen der höfischen Oper im 17./18. Jahrhundert erreichte die Künstlichkeit des Gesangs einen extremen Höhepunkt, der dann das Ideal der „Natürlichkeit" in Spätaufklärung und Klassik antwortete. Neue Anforderungen (lyrische Vertiefung, Genauigkeit in Textdeklamation und Ausdrucksdeutung) stellte das deutschsprachige Kunstlied seit Beginn des 19. Jahrhunderts (Schubert, Schumann, Brahms). Ein weiterer Traditionsstrang von Kunstgesang und Gesangskunst ist der dem Ideal der Leichtigkeit verpflichtete Vortrag des französischen Chansons und Couplets, der bis in die Gegenwart weiterlebt. – Die Umwälzung der Musik seit Beginn des 20. Jahrhunderts hat die Vielfalt von Gesangsformen erweitert und das Spektrum von Typen zwischen Sprechen und Singen stark differenziert: Sprechgesang, Singen mit festen rhythmischen Werten und nur angedeuteten Tonhöhen, Sprechchor u. a. (A. Berg, Oper „Wozzeck", 1925; A. Honegger, Oratorium „Johanna auf dem Scheiterhaufen", 1938). Die neueste Musik seit 1945 verzichtet zugunsten eines unmittelbaren Affektausdrucks oft auf Worte und zusammenhängende Texte oder verwendet Sprachelemente primär als Klänge (B. Blacher, „Abstrakte Oper Nr. 1", 1953; G. Ligeti, „Aventures", 1962). Diese Abkehr vom europäischen Ideal des Kunstgesangs und Schönklangs wird ergänzt durch Strömungen aus der angloamerikanischen Pop- und Rockmusik, in der unter dem Einfluß von afroamerikanischem Blues und Jazz unstilisierte Ausdruckswerte des Gesangs betont werden.

**Gesangbuch:** die für eine Glaubensgemeinschaft bestimmte Sammlung kirchlicher, zum Teil auch nur geistlicher Lieder. Seine Entwicklung ist an die Geschichte des Buchdrucks gebunden und beginnt mit einem (heute verschollenen) tschechischen Gesangbuch der Böhmischen Brüder von 1501. M. Luther erkannte die Bedeutung des Kirchenliedes für die Verbreitung seiner Lehre und beteiligte sich deshalb direkt an der Veröffentlichung des Erfurter „Enchiridion" (1524) und des im selben Jahr erschienenen „Geystlichen gesangk Buchleyns" mit mehrstimmigen Sätzen

von J. Walter, dann auch der Gesangbücher von J. Klug (1529) und V. Babst (1545). Ältestes katholisches Gesangbuch ist das „New Gesangbuchlin" von M. Vehe (1537), dem 1567 die bedeutenden, auch auf ältere Tradition zurückgreifenden „Geistlichen Lieder und Psalmen" von J. Leisentritt fogten. Die Gesangbücher wurden in den darauffolgenden Jahrhunderten, z. T. in vielen Neuauflagen, allgemein verbreitet. In manchen dieser Gesangbücher sind mehr als tausend Lieder enthalten. Die Gesangbücher unterscheiden sich in solche, deren Liedern auch die Melodie beigegeben ist, und solche, die nur die Liedtexte enthalten, was für den Gebrauch die Kenntnis der Melodie voraussetzte.
Der Niedergang des Kirchenliedes im 18. Jahrhundert und die Bemühungen um seine Erneuerung im 19. führten dann im 20. Jahrhundert zu vereinheitlichten Gesangbuchfassungen zunächst im „Evangelischen Kirchengesangbuch" (Abkürzung: EKG) von 1950 mit einem Kernbestand von 394 Liedern und jeweiligen Anhängen der Landeskirchen, 1973 im „Einheitsgesangbuch" (Abkürzung: EGB) der katholischen Kirche mit eigenen Anhängen für die einzelnen Diözesen. Die Entwicklung führt weiter zum ökumenischen Gesangbuch, dessen Kernbestand an Liedern von den christlichen Kirchen deutscher Sprache bereits fertiggestellt wurde.

**Gesellschaftslied:** eine von Hoffmann von Fallersleben 1844 geprägte Bezeichnung für ein Lied, das weder als ↑Volkslied noch als ↑Kunstlied zu definieren ist, sondern das von vorneherein für eine bestimmte Gesellschaftsschicht zum Gebrauch z. B. bei Fest- und Tanzveranstaltungen angelegt ist. Diesem Verwendungszweck entsprechend repräsentiert das Gesellschaftslied das Denken und Fühlen einer breiten Mittelschicht und beschränkt sich auf einige wenige geläufige Themenkreise, wie z. B. Liebe, Geselligkeit, Wein. Gesellschaftslieder wurden in sogenannten Gesellschaftsliederbüchern vom 16.–19. Jahrhundert herausgegeben, deren Titel oft Rückschlüsse auf die soziale Zusammensetzung der Gruppe erlaubten, für die sie bestimmt waren: „Studentengärtlein" (1613), „Musicalisches Convivium" (1621), „Augsburger Tafel-Confect" (1733–46; komponiert von V. Rathgeber und J. C. Seyfert), „Singende Muse an der Pleiße" (1736–45; herausgegeben von Sperontes). Während die Verfasser der Texte meist unbekannt blieben, stammt die überwiegend mehrstimmige musikalische Bearbeitung nicht selten von namhaften Komponisten, wie M. Franck, G. Forster, H. L. Haßler, J. H. Schein, I. de Vento. Die bevorzugten Liedformen sind ↑Kanzone, ↑Kanzonette, ↑Villanelle sowie das ↑Quodlibet.

**Gesellschaftstanz:** Bezeichnung für die Tanzarten, die im Unterschied zu Volks-, Sakral- und Bühnentanz im wesentlichen der Geselligkeit und Unterhaltung dienen. Sie sind in ihren Grundschritten festgelegt und werden von einem oder mehreren Paaren getanzt. Der Gesellschaftstanz wurde zuerst von höfisch-aristokratischen Kreisen gepflegt, unterlag seit dem 18. Jahrhundert einer fortschreitenden Verbürgerlichung und ist spätestens seit Ende des 19. Jahrhunderts allen Bevölkerungsschichten zugänglich. Er kam an den italienischen Fürstenhöfen des 15. Jahrhunderts auf, wo auch die ersten Tanztheorien und -lehrbücher entstanden. Nach spätmittelalterlichem Vorbild bevorzugte man Doppeltänze (langsamer Vor- bzw. Schreittanz im Zweiertakt und rascher Nach- bzw. Springtanz im Dreiertakt), so Estampie (oder Basse danse) mit Saltarello, Pavane mit Gagliarde, Passamezzo mit Gagliarde, Courante oder Canarie. Im 16./17. Jahrhundert wurden der spanische und der französische Hof Zentrum des Gesellschaftstanzes; von hier aus verbreiteten sich die Tänze Branle, Bourrée, Gavotte, Allemande, Chaconne, Gigue, Sarabande, Courante und Menuett an allen europäischen Höfen. Bezeichnend ist die strenge Stilisierung der volkstümlichen oder exotischen Tänze und der Reprä-

sentationscharakter des Tanzens (Paradetanz); dafür sorgte u. a. die 1662 gegründete Académie de Danse Ludwigs XIV.
Im 18. Jahrhundert entwickelten sich, getragen vom Bürgertum, lockerere Formen des Gesellschaftstanzes (Passepied, Musette, Rigaudon, Contredansearten, Ländler). Seit 1716 gab es in der Pariser Oper öffentliche Bälle für die gehobene Gesellschaft. Nach der Französischen Revolution kamen in Paris und Wien (nach englischem Muster) gegen Entgelt allgemein zugängliche Ballsäle, Tanz- und Gartenlokale auf, ebenso auch öffentliche Tanzkurse. Die „vornehme" Gesellschaft bevorzugte demgegenüber private Formen wie Thé dansant oder Soirée dansante (französisch „Tanztee", „Tanzabend"). Im 19. Jahrhundert breitete sich der Walzer aus, der andere Gesellschaftstänze wie Polka, Galopp, Cancan, Rheinländer überlebte. Seit Beginn des 20. Jahrhunderts kamen neue Anstöße von anglo- und lateinamerikanischen Tänzen, so z. B. Boston und besonders Tango. Nach dem 1. Weltkrieg wurden Foxtrott, Charleston und Black Bottom Mode; nach dem 2. Weltkrieg folgten u. a. Boogie-Woogie, Mambo, Cha-Cha-Cha, Rock 'n' Roll, Twist, Beat. – Als Wettkampfsport wurde der Gesellschaftstanz zuerst in den USA, seit etwa 1900 auch in Europa betrieben (↑Standardtänze). C. de Rhynal veranstaltete 1907 in Nizza das 1. europäische Tangoturnier und 1909 in Paris die 1. Tanzweltmeisterschaft. 1912 fand in Berlin das 1. deutsche Tanzturnier statt. Der Pflege des Gesellschaftstanzes diente seit 1921 der Reichsverband für Tanzsport, nach 1945 der Deutsche Tanzsportverband. Deutsche Meisterschaften für Standardtänze der Amateure und Professionals werden seit 1947 ausgetragen. 1973 gab es etwa 650 Tanzschulen mit 1000 Lehrern in der Bundesrepublik Deutschland. Die Neigung zum Gesellschaftstanz nimmt, nach Abebben der Beatwelle, heute (1979) gerade auch bei Jugendlichen wieder zu.

**Gigue** [ʒi:k; französisch] (englisch jig; italienisch giga): um 1635 in Frankreich aus der irisch-schottischen ↑Jig abgeleiteter lebhafter, vorwiegend instrumentaler Tanz; war im 17./18. Jahrhundert weit verbreitet und Grundbestandteil der Suite. Auf dem Kontinent entwickelten sich verschiedene Ausprägungen.

Gigue. J. S. Bach, „Französische Suite" Nr. 2 (BWV 813, 1722)

Der in der französischen Lautensuite (Abfolge: Allemande, Courante, Sarabande, Gigue) üblichen Gigue liegt ein punktierter $^4/_4$-Takt zugrunde; sie beginnt einstimmig und wird homophon oder imitierend fortgesetzt. Die Gigue der französichen Klaviersuite steht im Dreiertakt, ist kunstvoll ausgeziert und hat imitierende oder fugierte Stimmführung. Daraus entstand unter Weiterentwicklung der Fugentechnik u. a. durch Froberger die Fugengigue (besonders bei J. S. Bach). Die nichtfugierte italienische Giga steht in sehr schnellem $^{12}/_8$- oder $^6/_8$-Takt, hat glatt durchlaufende Rhythmik, Sequenzmelodik und Violinfigurationen.

**giocondo** [dʒo...; italienisch]: heiter, fröhlich, anmutig.

**giocoso** [dʒo...; italienisch]: scherzhaft, freudig.

**gioioso** [dʒɔ'jo:zo; italienisch]: freudig, fröhlich.

**Giraffenflügel** (Giraffenklavier): ein Hammerflügel mit vertikal verlaufenden Saiten, dessen aufrecht stehendes Gehäuse unsymmetrisch ist und im Umriß an eine Giraffe erinnert.

**Gitarre** [von griechisch ↑Kithara] (ältere Form Guitarre; italienisch chitarra; spanisch guitarra): Zupfinstrument mit 8förmigem Korpus, flachem Boden und flacher Decke, in die ein Schalloch eingelassen ist, breitem Hals mit chromatisch angeordneten Metallbünden und abgeknicktem Wirbelkasten. Die 6 an

einem Querriegel befestigten Einzelsaiten der modernen Gitarre sind auf E A d g h e[1] gestimmt (Notation eine Oktave höher als klingend). Eine 4saitige Frühform („guitarra latina") ist seit dem 13. Jahrhundert in Spanien nachweisbar; im 16. Jahrhundert bildete sie, nunmehr mit 5 Saitenpaaren („Chören"), das volkstümliche Gegenstück zur gleichgebauten, 5–7chörigen Vihuela der spanischen Kunstmusik. Als „guitarra española" gelangte sie nach Italien und Frankreich und wurde in ihrer Blütezeit im 17. Jahrhundert gleichermaßen von Künstlern wie Amateuren gespielt. Im 18. Jahrhundert erhielt die Gitarre die heute übliche Bespannung mit 6 Einzelsaiten. In der Folge nur selten von Virtuosen gepflegt (z. B. F. Sor, N. Paganini), erlebte sie im 20. Jahrhundert mit der Erneuerung der Spieltechnik durch F. Tárrega und A. Segovia eine künstlerische Wiederbelebung (u. a. durch Gitarristen wie N. Yepes, J. Bream, S. Behrend), die sich in einer anspruchsvollen Literatur niederschlug (u. a. von M. de Falla, J. Turina, A. Roussel, H. Villa-Lobos, H. W. Henze, C. Halffter). Die deutsche Jugendbewegung der 1. Hälfte des 20. Jahrhunderts machte die leicht zu spielende Gitarre (auch Klampfe, Zupfgeige genannt) zu ihrem Standardinstrument.

Breite Verwendung findet die Gitarre in der modernen Unterhaltungs-, Jazz- und Popmusik als Melodie- und Begleitinstrument, besonders in Form der ↑*Elektrogitarre*. Die als Rhythmusinstrument dienende *Schlaggitarre* wird mit einem Plektron angerissen; bei der 6- bis 10saitigen ↑*Hawaiigitarre* wird durch eine besondere Griffart (Saitenverkürzung mittels Metallstab) ein charakteristischer Glissando- und Vibratoeffekt erzielt. Die modernen Gitarrearten haben häufig eine asymmetrische Korpusform mit eingebuchtetem oberem Zargenteil (zur Erleichterung des Spiels in hohen Lagen).

**Gitarrensynthesizer** [...zʏntəsaɪzə]: ein ↑Synthesizer, der speziell der Modulation von Signalen, die eine E-Gitarre erzeugt, dient. Er wird vom Gitarristen und nicht von einem Keyboardspieler bedient.

**giusto** ['dʒʊsto; italienisch „richtig, angemessen"]: im angemessenen, normalen Zeitmaß; *allegro giusto*, normales Allegro.

**glagolitischer Kirchengesang** ↑altslawischer Kirchengesang.

**Glasharfe** ↑Glasspiel.

**Glasharmonika:** ein 1762 von B. Franklin aus dem ↑Glasspiel entwickeltes Musikinstrument, bestehend aus verschieden großen Glasglocken, die ineinandergeschoben auf einer horizontalen Achse lagern und durch Pedalantrieb in Umdrehung versetzt werden. Der Spieler berührt die Glasglockenränder mit befeuchteten Fingerspitzen. Der Tonumfang betrug anfangs $2^1/_2$, später bis zu 4 Oktaven (chromatisch). Eine Abart mit Tastatur war die *Klavierharmonika*. Die Glasharmonika war besonders in Deutschland während der Empfindsamkeit (etwa 1730–1800) beliebt und hielt sich bis etwa 1830; für sie komponierten Mozart, Beethoven

u. a. Ein Wiederbelebung erfolgte durch R. Strauss, der sie in der Oper „Die Frau ohne Schatten“ (1919) einsetzte.

**Glasspiel** (Gläserspiel; französisch verillon; englisch musical glasses): Musikinstrument aus Gläsern, die durch Reiben zum Klingen gebracht werden. Eine einfache Art ist aus Trinkgläsern zusammengesetzt, die abgestimmt werden, indem man verschiedene Mengen Wasser einfüllt; die Gläser werden mit benetzten Fingern am oberen Rand angerieben. Solche Glasspiele waren im 18. Jahrhundert besonders in Großbritannien beliebt. Ihre Vorläufer sind (seit dem 13. Jahrhundert belegte) persisch-indische Instrumente aus Porzellanschalen; diese auch mit Wasser abgestimmten Schalen wurden mit einem Stöckchen angeschlagen (so das Jaltarang) oder auch mit den Fingern angerieben. Ein Glasspiel in entwickelter Form ist die *Glasharfe* (1929 von B. Hoffmann gebaut), die aus aufrecht auf einem Resonanzboden angebrachten Glasglocken verschiedener Größe und Wandstärke besteht (Tonumfang d–$c^4$). Werke für die Glasharfe schrieben J. N. David, H. Genzmer, H. Sutermeister u. a. – Aus dem Glasspiel wurde die ↑Glasharmonika entwickelt.

**Glee** [gli:; englisch, von altenglisch glēo, glīw „(musikalisches) Vergnügen“]: geselliges Chorlied in England vom 17.–19. Jahrhundert, meist dreistimmig und ohne instrumentale Begleitung. Das zur Unterhaltung in Herrenklubs dienende Glee (Blütezeit 1750–1830) löste den ↑Catch ab; es ist stilistisch durch homophonen Satz und periodische Gliederung gekennzeichnet. Wichtigster Komponist war S. Webbe.

**glissando** [italienisch „gleitend“] (glissicando, glissicato), Abk. gliss.: die gleitende Ausfüllung eines größeren Intervalls, in der Notation durch eine Verbindungslinie zwischen Anfangs- und Endton angezeigt. Das Glissando wird auf dem Klavier durch schnelles Gleiten mit der Nagelseite des Fingers über die Tasten hervorgebracht, bei Streichinstrumenten durch Herauf- oder Heruntergleiten des Fingers auf der Saite. Das Glissando kann auch auf Blasinstrumenten, Pedalharfe und Pedalpauken ausgeführt werden.

**Glocke** [keltisch]: hohler, in Form eines umgekehrten Kelches gegossener Klangkörper aus Metall (meist Bronze, auch Eisen, Stahl), der von innen oder außen am unteren Rand mit einem metallenen Klöppel angeschlagen wird. Die Glocke begegnet sehr früh in allen Kulturen der Erde als Kultinstrument. Erste (kleine) gegossene Glocken sind durch Funde aus Mesopotamien und Ägypten seit dem 9. Jahrhundert vor Christus belegt. Als Vorläufer gelten aus Eisenblech zusammengebogene oder geschmiedete Glocken (heute noch als Viehglocke verwendet) sowie – aus noch früherer Zeit – Glocken aus Fruchtschalen oder Holz. Von Vorderasien, dem Ursprungsland der gegossenen Glocke mit Klöppel, verbreitete sie sich nach Osten (Indien, China) und Westen (Griechenland, Rom). Sie fand sowohl im magisch-kultischen als auch im profanen Bereich Verwendung, z.B. als Amulett, Schmuck, Zeitglocke, bei rituellen Handlungen. Von den Klöstern des Orients kam die Glocke über die Ostkirche nach Nordeuropa und verbreitete sich von dort aus im 6.–8. Jahrhundert über ganz Europa. Bereits im 7. Jahrhundert ist die Vereinigung mehrerer Glocken zu einem ↑Glockenspiel bekannt. Der Glockenguß wurde zunächst in privilegierten Klöstern von Mönchen betrieben; die Zunft der berufsmäßigen Glockengießer bildete sich im 13. Jahrhundert heraus. Im 14. Jahrhundert wurden erstmals Glocken in großen Formen gegossen. Damals setzte sich die Kelchform durch; zuvor waren die Glocken am unteren Rand nur wenig nach außen verbreitert, also fast zylinderförmig (Bienenkorbform). In christlichen Gebieten regeln die Glokken zum Teil bis heute den Ablauf des Alltags (z. B. Angelusläuten, Zwölfuhrläuten, Vesperglocke), sie laden zu kirchlichen Feiern ein und verkünden Ereignisse des religiösen und profanen Lebens der Gemeinde (Beicht-, Meß-, Bet-, Seel-, Armsünder-, Brautglocke;

Markt-, Gerichts-, Rats-, Feuer-, Mord-, Sturm-, Notglocke); weiteste Verbreitung hat die Zeit-(Uhr-)Glocke gefunden. Bei der Zusammenstellung (Disposition) eines Geläutes wird wegen der meist unharmonischen Obertöne der Glocken und der damit verbundenen Gefahr von Überschneidungen das Nacheinanderklingen dem akkordischen Zusammenklingen vorgezogen.

**Glockenspiel** (französisch carillon): ein altes, bereits im 7. Jahrhundert in Frankreich belegtes Musikinstrument, das aus verschieden gestimmten Glokken zusammengestellt ist. Die frühen Glockenspiele bestanden aus nebeneinander aufgehängten Glöckchen, die mit Hammer oder Stäbchen angeschlagen wurden (↑Cymbala); sie wurden zu Intervallstudien und zur Begleitung liturgischer Gesänge verwendet. Seit dem 12. Jahrhundert gab es Glockenspiele in Kirch- und Stadttürmen, später in eigenen Glockentürmen zum Stundenschlag der Uhren. Bereits im 14. Jahrhundert kam das mechanische Glockenspiel auf, das mit einer Stiftwalze arbeitet und dessen Glocken von außen mit Klöppeln angeschlagen wurden. Die vergrößerte Zahl von Glocken (oft 2–4 Oktaven, chromatisch gestimmt) und die Einführung einer mit den Fäusten geschlagenen Klaviatur (ab 1510) erlaubten ein selbständiges Musizieren, wobei hier der Glockenanschlag von innen erfolgte. Im 16.–18. Jahrhundert waren die Glockenspiele im Gebiet der heutigen Niederlande, Belgiens und Nordfrankreichs weit verbreitet, später gelangten sie auch nach Deutschland, England und den USA. Eine Wiederbelebung wurde im frühen 20. Jahrhundert von Mecheln (Belgien) aus versucht.

Seit dem 17. Jahrhundert kennt man sogenannte Glockenspiele, bei denen die Glocken durch Metallplatten oder -röhren ersetzt waren. Beim modernen *Orchesterglockenspiel* (Kastenglockenspiel) sind die Stahlplatten in 2 Reihen klaviaturartig angeordnet (Umfang $g^2$–$e^5$); sie liegen in einem flachen Resonanzkasten und werden mit Hämmerchen angeschlagen. – Das Glockenspiel der Militärkapellen besteht aus abgestimmten Metallplättchen, die in einem Lyrarahmen aufgehängt sind und ebenfalls mit einem Metallhämmerchen angeschlagen werden.

**Gloria in excelsis Deo** [lateinisch „Ehre sei Gott in der Höhe“]: Beginn eines christlichen Lob- und Bittgesangs, der im 4. Jahrhundert im östlichen Mittelmeerraum entstanden ist. Der Text enthält den Lobpreis der Engel (Lukas

Glockenspiel von einer Buchminiatur aus dem Jahre 1340 (Prag, Universitätsbibliothek)

2,14), neutestamentalisch geprägte Akklamationen (Lukas 19,38) und Christusrufe. In der weströmischen Kirche wurde das Gloria im 6. Jahrhundert in die Meßfeier aufgenommen und ist dort nach dem Kyrie der 2. Teil des Ordinarium missae. Es ist an fast allen Sonntagen, an Hochfesten und den bedeutenderen Heiligenfesten gebräuchlich. Das Gloria wurde auch in den evangelischen Gottesdienst aufgenommen.

**Glottis** [griechisch]: das aus den beiden Stimmlippen (Stimmbändern) bestehende Stimmorgan im Kehlkopf; auch die von beiden Stimmlippen gebildete Stimmritze (der Zwischenraum zwischen den Stimmlippen). *Glottisschlag* heißt beim Sprechen oder Singen der harte, plötzliche Ansatz von Vokalen.

**GMD:** Abk. für **G**eneral**m**usik**d**irektor, ↑Musikdirektor.

**Gong** [malaiisch-angloindisch]: ein Schlaginstrument asiatischer Herkunft, bestehend aus einer Bronzescheibe, die mit einem Filzschlegel angeschlagen wird. Die Schlagstelle in der Scheibenmitte ist entweder flach oder gebuckelt. Der Rand ist nach innen gebogen, bisweilen so weit, daß eine gefäßartige Form (Kesselgong) entsteht. In seiner Größe kann der Gong von kleinen, meistens auf eine feste Tonhöhe abgestimmten Formen bis zum großen Gong (↑Tamtam, bis 1,50 m Durchmesser) mit unbestimmter Tonhöhe variieren. Der weit hallende Klang ist meist tief und dunkel, kann aber auch (wie beim chinesischen Gong) helltönend sein. Gongs treten einzeln, paarweise, auch als Orchestergruppe (↑Gamelan) auf; sie werden vertikal aufgehängt oder ruhen waagrecht in einem Rahmen (↑Bonang). In einen vertikalen Rahmen sind die 10 (früher bis 24) abgestimmten Platten des chinesischen Gongspiels Yün-Lo eingehängt. – Der Gong war ursprünglich in Ostasien (China bis Indonesien) beheimatet, verbreitete sich von dort aus nach Zentral- und Westasien und weiter nach Afrika und Europa. In das europäische Orchester fand er Ende des 18. Jahrhunderts Eingang.

**Gopak** [russisch] ↑Hopak.

**Gospelsong** [ˈgɔspəlsɔŋ; englisch]: religiöse Liedform der nordamerikanischen Neger. Der Gospelsong wird solistisch und chorisch dargeboten, wobei die für die afroamerikanische Volksmusik und den Jazz typischen Ruf-Antwort-Muster (Vorsänger und Chor) eine bedeutsame Rolle spielen. – Über den unmittelbaren Gebrauch in den Negergemeinden hinaus wurden die Stilmerkmale und Ausdrucksmittel des Gospelsong v. a. für den ↑Hardbop und den ↑Soul einflußreich.

**G. P.:** Abk. für ↑**G**eneral**p**ause.

**Graduale** [lateinsch]: 1. der zweite Gesang des ↑Proprium missae, ein auf den Stufen (lateinisch gradus, daher Graduale „Stufengesang") zum Ambo vorgetragenes ↑Responsorium, das nach der ↑Epistel gesungen wird. Ihm folgen ↑Alleluja oder ↑Tractus. Es entstammt dem synagogalen Gesang und diente dem vollständigen Vortrag eines Psalms zwischen den Lesungen, wurde aber schon früh auf einen einzigen Vers reduziert. Der Aufbau des Gesanges: Responsorium (Solisten, Wiederholung durch den Chor), Psalmvers (Solisten) und Responsorium (Chor, seit dem 12. Jahrhundert häufig entfallen). – 2. seit dem 12. Jahrhundert übliche Bezeichnung für das liturgische Buch mit den Gesängen der Messe *(Liber gradualis,* ursprünglich *Antiphonale missarum),* das heißt denen des Proprium und des Ordinarium missae.

**Grand opéra** [grãtɔpeˈra; französisch „große Oper"]: der im 19. Jahrhundert vorherrschende Typus der ernsten französischen Oper, mit bevorzugt historischen Stoffen, aufwendiger Bühnenausstattung, großen Massen- und Ballettauftritten, vielfältigsten musikalischen Formen und effektvoller Instrumentation. Wichtigster Textdichter war E. Scribe, Komponisten waren D. F. E. Auber („La muette de Portici", 1828), G. Meyerbeer („Robert le diable", 1831; „Les Huguenots", 1836), J. F. É. Halévy („La juive", 1835). Auch einzelne Werke von H. Berlioz („Les Troyens", 1859), R. Wagner („Rienzi", 1842) und

G. Verdi („Les vêpres siciliennes“, 1855) stehen der Grand opéra nahe.

**graphische Notation** ↑musikalische Graphik.

**grave** [italienisch „schwer“]: Charakter- und Tempobezeichnung für einen schweren, bedächtigen, majestätischen Vortrag, im Tempo langsamer als ↑adagio. *Grave* bezeichnet einen so zu spielenden Satz oder Satzteil.

**grazioso** [italienisch]: anmutig, lieb.

**Gregorianischer Gesang** (Gregorianischer Choral): der von Chor oder Solisten ausgeführte einstimmige liturgische, mit der lateinischen Sprache verbundene Gesang der römischen Kirche mit seinen Formen von ↑Oration, ↑Lektion, ↑Antiphon, ↑Responsorium, ↑Hymnus und ↑Sequenz, die v.a. in der Liturgie von Messe und Stundengebet Verwendung finden. Seine schon frühe Benennung nach Papst Gregor dem Großen geht auf dessen um 600 erfolgte Neuordnung der Liturgie zurück. Es ist jedoch unsicher, ob diese schon den heutigen Gregorianischen Gesang oder aber den altrömischen Gesang betraf. Die Wurzeln des Gregorianischen Gesangs liegen im östlichen Mittelmeerraum. Um die Mitte des 9. Jahrhunderts war er allgemein aufgenommen und verdrängte zunehmend die damals noch lebendigen Sondertraditionen des gallikanischen Gesangs und des mozarabischen Gesangs. Nur die Tradition des ↑Ambrosianischen Gesangs ist bis heute erhalten geblieben.

Das heutige Repertoire des Gregorianischen Gesangs stellt keinen geschichtlich einheitlichen Bestand dar, sondern wurde bis in neuere Zeit durch Neukompositionen erweitert. Bei diesen trat die ursprüngliche, von melodischen Modellformeln ausgehende Gestaltung zunehmend zurück, wodurch die neuen Melodien mehr oder weniger stark dem jeweiligen musikalischen Zeitstil unterworfen waren. Davon unberührt blieben die an ein festes Grundgerüst gebundenen modellartigen Singweisen in der Psalmodie.

Die schriftliche Aufzeichnung der Melodien setzt erst im 9. Jahrhundert ein, wo die Texte der Gesänge mit (linienlosen) Neumen versehen sind, die nur die Verbindung der Textsilben mit einem oder mehreren Tönen und in gewissem Umfang auch die Melodierichtung anzeigen. Nachdem die Tonhöhenverhältnisse durch die diastematische Notation deutlicher gemacht waren, wurde der Verlauf der Melodien durch die Notierung im Liniensystem mit Terzabstand eindeutig festgelegt. Der bis dahin rhythmische Vortrag der Gesänge verflachte schnell. Da zwischen verschiedenen Längen und Kürzen im Vortrag der Noten kaum noch unterschieden wurde, erhielt der Gregorianische Gesang nun die Bezeichnung *cantus planus* (lateinisch „ebener Gesang“) im Unterschied zum *cantus mensurabilis* (dem – auch in der Notation sichtbar – nach verschiedenen Notenwerten „gemessenen Gesang“ der mehrstimmigen Musik). Tausende von Handschriften und auch spätere Drucke in römischer Quadrat- oder gotischer Hufnagelnotation überliefern das Repertoire des Gregorianischen Gesangs. Beim Konzil von Trient (auch Tridentinum, 1545–63) wurden Reformbestrebungen wirksam, die unter Einfluß des Humanismus ein neues Wort-Ton-Verhältnis in den Gesängen forderten. Die Melodien wurden in der Folge stark verändert, sei es durch z.T. radikale Kürzungen oder Umbildungen der melodischen Gestalt. Diese Neufassung des Gregorianischen Gesangs fand ihren Niederschlag in der 1614/15 gedruckten ↑„Editio Medicaea“, an der die italienischen Komponisten F. Anerio und F. Soriano wesentlich beteiligt waren. Diese Ausgabe behielt maßgebende Bedeutung, bis im 19. Jahrhundert die Benediktiner des Klosters Solesmes in Frankreich eine auf frühere, mittelalterliche Überlieferung zurückgreifende Ausgabe von Graduale (1883) und Antiphonar (1891) vorlegten. Die hier eingeleitete Wiederherstellung der alten Gesangstradition wurde 1903 in der nach ihren Anfangsworten benannten Enzyklika „Motu proprio“ (lateinisch „Aus eigenem Antrieb“) von Papst Pius X. (* 1835, † 1914) gutgeheißen und führte zu der für die gesamte römisch-katholische Kirche bis heute verbindlichen Fassung der Gesänge in der ↑„Editio Vaticana“ (u. a. Kyriale, 1905; Graduale, 1908; Antiphonar, 1912). Eigene Choralüberlieferungen wurden nur den Orden der Zisterzienser, Dominikaner und Prämonstratenser sowie dem Ambrosianischen Traditionskreis zugestanden. Das 2. Vatikanische Konzil bestätigte 1963 den Gregorianischen Gesang als den Gesang der römischen Liturgie, förderte aber gleichzeitig mit der Genehmigung anderer Kirchenmusik und v. a. der Volkssprache in der Liturgie eine zunehmende Einschränkung seiner Verwendung.

**griechische Musik:** im weiteren Sinn die Musik der Griechen in Vergangenheit und Gegenwart, deren rund 3000jährige Geschichte die altgriechische Musik, die ↑byzantinische Musik und neugriechische Musik umfaßt. Im engeren Sinne versteht man unter griechischer Musik die Musik der alten Griechen (ausgenommen die ↑frühchristliche Musik). Die griechische Musik wird ihrem Erscheinungsbild nach zu den überwiegend melodisch orientierten Musikkulturen gerechnet und somit von der andersartigen klanglich-mehrstimmigen Musik des Abendlandes prinzipiell unterschieden.

Einzige Quelle blieb für lange Zeit die literarische Überlieferung, deren Wirkungsgeschichte sich zum Beispiel in Lehnwörtern (Musik, Harmonie, Melodie, Rhythmus) spiegelt. Archäologische Funde und musikwissenschaftliche Beobachtungen brachten zusätzliche Einsichten. – Der griechische Begriff *„mousikḗ“* ist mit dem modernen Begriff Musik nicht identisch. Die griechische Begriffsbildung läßt drei Stufen erkennen: 1. Anfangs erfaßte die Sprache nur anschauliche Einzelmomente des noch unbenannten Ganzen, z. B. singen, Gesang, Phorminx spielen, Reigen tanzen (8.–6. Jahrhundert vor Christus); 2. in klassischer Zeit fand die Einheit von Poesie, Musik und Tanz ihren gültigen Ausdruck in der Wortprägung *„mousikḗ“* (die „Musische“; 5./4. Jahrhundert); 3. mit der allmählichen Verselbständigung des musikalischen Bestandteils gegenüber Dichtung und Tanz verengte sich der Begriff zu dem der Tonkunst (seit dem 4. Jahrhundert, Aristoteles). Entscheidend für die griechische Sonderentwicklung der orchestisch-musikalischen Erscheinungsform war das zunehmende Gewicht der Sprache. Die klar ausgeprägten Silbenlängen (lang, kurz) drängten in gehobener Rede zu musikalisch-rhythmischer Gestaltung. Dichter waren daher stets Musiker. Frühestes Dokument ist die Leier, das Instrument Apollons und des thrakischen Sängers Orpheus. Meist viersaitig dargestellt und im Zusammenhang mit Reigentänzen bezeugt, diente sie (bei Homer ↑Phorminx genannt) auch dem Epossänger zur Begleitung. Die von Hermes „erfundene“ Lyra kam im 7. Jahrhundert vor Christus auf. Terpandros (um 675), der die Zahl der Saiten auf sieben vermehrte, schuf als erster kitharodische Nomoi, d. h. mehrteilige, auf der ↑Kithara begleitete Sologesänge. *Nomos* bezeichnete eine Weise, deren Melodieverlauf nur umrißhaft feststand und Gelegenheit zu „variierender“ Ausführung bot. Bei gleichzeitiger instrumentaler Ausführung ergab sich die von Platon beschriebene Erscheinung der ↑Heterophonie. Mit dem ↑Aulos soll der Phrygier Olympos (um 700?) die ältere Form der ↑Enharmonik nach Griechenland gebracht haben. Neben Aulodie (Gesang mit Aulosbegleitung) entstand solistische Instrumentalmusik (Kitharistik und Auletik). Anders als die monodische Lyrik waren Chorlyrik und Chorlieder des attischen Dramas an Tanz gebunden. Das musikalische Element erhielt seit dem Ende des 5. Jahrhunderts zunehmendes Übergewicht über das Wort. Vermehrte Saitenzahl der Kithara, Berufsvirtuosentum, Preisgabe von Strophengliederung und herkömmlichem Versbau (Phrynis, Timotheos, später Euripides) sind Merkmal eines Prozesses, der im 4. Jahrhundert zur Aufspaltung der alten *„mousikḗ“* in Dichtung und Musik führte.

Der mathematische Ursprung der Musiktheorie hat deren Geschichte weithin bestimmt. Bei Pythagoras (6. Jahrhundert) und seinen Schülern blieb das Denken über Zahl und Harmonie mit philosophisch-mystischen Lehren verbunden (↑Sphärenharmonie). Bei Platon und Aristoteles waren *„mousikḗ"* bzw. Musik Gegenstand ihrer Staatsphilosophie. Erst seit dem 4. Jahrhundert entstand eine eigene musiktheoretische Fachliteratur, u. a. von Aristoxenos, Kleoneides, Euklid, Ptolemäus, Aristides Quintilianus und Alypios. Bei den unterschiedlichen Intervallberechnungen des Tonsystems gingen die Pythagoreer von den exakten Maß- und Zahlenverhältnissen der ↑Konsonanzen aus. Die Vierstufigkeit des Quartintervalls, das Tetrachord, war die Basis der Tonordnungslehre. Aus gleichgebauten Tetrachorden setzt sich das zwei Oktaven umfassende, von oben nach unten dargestellte Tonsystem zusammen, z. B.

$a^1$ $g^1$ $f^1$ $e^1$ $d^1$ $c^1$ h a g f e d c H A

(absolute Tonhöhen kannte man jedoch nicht). Die Oktavreihe des zentralen Tetrachordpaares $e^1$–e entsprach der Tonstufenordnung des Dorischen, $d^1$–d der des Phrygischen, $c^1$–c der des Lydischen. Die drei Tongeschlechter weisen deutlich voneinander abweichende Intervallverhältnisse innerhalb des Tetrachords auf: diatonisch 1–1–$^1/_2$ (a g f e), chromatisch $1^1/_2$–$^1/_2$–$^1/_2$ (a ges f e), enharmonisch 2–$^1/_4$–$^1/_4$ (a geses Viertelton e). Die griechische Musiktheorie verfügte über zwei Tonzeichensysteme (aus Buchstaben), die heute Instrumental- und Vokalnotenschrift genannt werden. Entzifferbar sind vereinzelte hellenistisch-kaiserzeitliche Musikaufzeichnungen, darunter fünf vollständige Stükke: ein Lied auf der Grabsäule des Seikilos (1. Jahrhundert vor Christus), von Mesomedes zwei Prooimien sowie je ein Hymnus an Helios und Nemesis (2. Jahrhundert nach Christus); von den Fragmenten bieten zusammenhängende Partien: zwei Apollonhymnen vom Schatzhaus der Athener in Delphi (inschriftlich 138/128 vor Christus) und einige Stücke auf Papyri. Hinzu kommen drei unveröffentlichte Inschriften in Baltschik (Bulgarien). Die Melodie zu Pindars 1. Phythischer Ode gehört zu den Fälschungen.

**Griffbrett:** bei Streich- und Zupfinstrumenten ein auf den Hals aufgesetztes Brettchen, auf das der Spieler die Saiten zur Veränderung der Tonhöhe niederdrückt. Es ist aus Ebenholz gefertigt oder schwarz gebeizt und trägt bei bestimmten Instrumenten die ↑Bünde.

**Ground** [graʊnd; englisch „Grund"]: englische Bezeichnung für den Basso ostinato (↑Ostinato). Ground im engeren Sinn ist eine ständig wiederholte Tonfolge (meist im Baß) von wenigen Takten Umfang als Fundament von Variationen; beliebt bei den englischen Virginalisten (um 1600) und in der Oper (z. B. bei Purcell).

**Growl** [graʊl; englisch „Brummen"]: im Jazz Bezeichnung für einen Effekt instrumentaler Tonbildung. Als Nachahmung vokaler Ausdrucksmittel wird Growl auf Blasinstrumenten durch gleichzeitiges Singen und Spielen und den Einsatz spezieller Dämpfer hervorgerufen.

**Grundstimmen** (Hauptstimmen): heißen bei der Orgel die Prinzipale aller Oktavlagen von 1- bis 64-Fuß. Hingegen gelten die Aliquotstimmen (↑Aliquote) und ↑gemischten Stimmen als unselbständige „Hilfsstimmen", weil sie lediglich die Grundstimmen unterstützen und deren Obertöne verstärken.

**Grundton:** 1. im Generalbaß und in der Harmonielehre der Ton, auf dem ein Akkord aufgebaut ist. Der Grundton liegt in der Akkordgrundstellung im Baß, in der ↑Umkehrung in einer anderen Stimme. – 2. gelegentlich auch Bezeichnung für die ↑Tonika. – 3. in der Akustik der tiefste Teilton eines ↑Klanges.

**G-Schlüssel** ↑G, ↑Schlüssel.

**Gudọk** [russisch]: altrussisches volkstümliches Streichinstrument mit ovalem Korpus und gewölbtem Boden, das in Brust- oder Kniehaltung gespielt wurde. Von den 3 Saiten diente die höchste als Melodiesaite, die übrigen waren im

Quintabstand gestimmte Bordunsaiten.

**Guidonische Hand:** eine dem italienischen Benediktiner und Musiktheoretiker Guido von Arezzo (* um 992, † 1050) zugeschriebene Darstellung der Tonbuchstaben oder Solmisationssilben auf der geöffneten linken Hand. Sie diente im Musikunterricht bis in die Neuzeit als Hilfsmittel zur Veranschaulichung von Ganz- und Halbtönen und deren Abfolge.

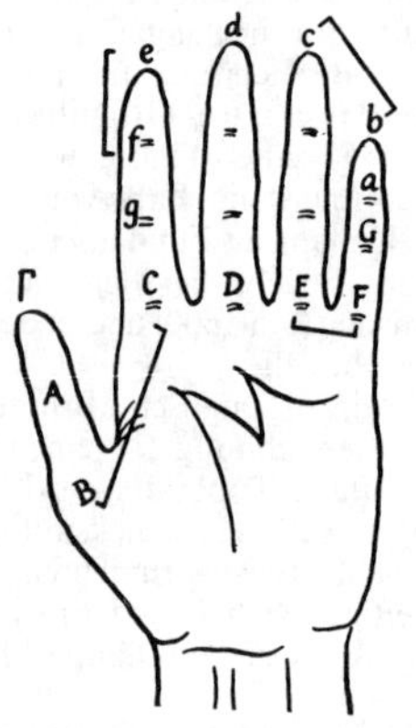


**Guiro** ['gu̯iro; spanisch „Flaschenkürbis"] ↑Schraper.

**Guitarre** [gi...] ↑Gitarre.

**Gusla** (Gusle) [serbokroatisch]: jugoslawisches Streichinstrument, mit ovalem Korpus, gewölbtem Boden, einer Decke aus Fell und einem griffbrettlosen, mit geschnitztem Tierkopf verzierten Hals. Die einzige, über einen Steg laufende Saite aus Roßhaar wird mit einem halbmondförmigen Bogen angestrichen und mit den Fingern nicht von oben, sondern von der Seite her abgeteilt. Mit der in Kniehaltung gespielten Gusla begleitet sich der *Guslar* beim Vortrag epischer Gesänge.

**Gusli** [russisch]: eine seit dem 6. Jahrhundert nachweisbare russische Zither, mit zunächst 5–7, seit dem 14. Jahrhundert bis zu 32 Saiten, die über einen flachen, trapezförmigen oder rechteckigen Resonanzkasten gespannt sind. Die Gusli ist in der Sowjetunion heute noch ein verbreitetes Volksinstrument und wird in verschiedenen Größen gebaut.

**Gymel** ['dʒɪməl; englisch, von lateinisch gemellus „Zwilling"]: im späten 15. Jahrhundert aufgekommene Bezeichnung für eine frühe englische Form der Mehrstimmigkeit (seit dem späten 13. Jahrhundert bekannt); zwei Stimmen werden unter Gebrauch von Gegenbewegung im Abstand von Terzen, Sexten und Dezimen geführt. Gymel nennt man auch einen zweistimmigen Satz in parallelen Terzen.

# H

**H** (h): Tonbuchstabe zur Bezeichnung für die 7. Stufe der Grundtonleiter C-Dur (in den romanischen Sprachen hat sich dagegen die Solmisationssilbe si [↑Solmisation] durchgesetzt, während im Englischen der Ganzton über A noch heute ↑B heißt); durch ♯ (Kreuz) wird h erhöht zu his (französisch si dièse; englisch B sharp), durch ♭ (B) erniedrigt zu b (französisch si bémol; englisch B flat).

**Habanera** [haba'ne:ra; spanisch, nach der Stadt Havanna (spanisch La Habana)]: im frühen 19. Jahrhundert in Kuba aufgekommener Tanz. Die Habanera steht in geradem Takt, ist von langsamer Bewegung und hat den Rhythmus $\frac{2}{4}$ 𝅘𝅥𝅮. 𝅘𝅥𝅯 𝅘𝅥𝅮 𝅘𝅥𝅮. Sie wurde nach 1850 über Spanien auch in Europa verbreitet und z. B. von G. Bizet in „Carmen" (1875), C. Debussy in „Estampes" (1903) oder M. Ravel in der „Rhapsodie espagnole" (1907) verwendet.

**Hackbrett** (englisch dulcimer; französisch tympanon; italienisch salterio tedesco; ungarisch cimbalom): zitherartiges Saiteninstrument, das mit Klöppeln angeschlagen wird, mit meist trapezförmigem Schallkasten. Von den etwa 25 Saitenchören (bis 4 oder 5 Metallsaiten je Ton) läuft jeweils die Hälfte über einen von zwei Stegen. Der linke Steg ist häufig so angebracht, daß die durch ihn abgeteilten Saitenabschnitte im Quintverhältnis stehen. Die Saiten des rechten Stegs laufen frei durch Öffnungen des linken und umgekehrt. Der Tonumfang reicht von g bis $g^2$ oder $g^3$. Die Klöppel sind aus Holz und zur Erzielung unterschiedlicher Klangfarben häufig auf der einen Seite befilzt. – Eine Sonderform stellt das ungarische *Cimbalom* (auch Cimbal, Cymbal, Czymbal) dar, das Hackbrett der Zigeunerkapellen. Es wurde Ende des 19. Jahrhunderts mit Baßsaiten, voller Chromatik und Dämpfungspedal ausgebaut und wird zunehmend auch in der Kunstmusik und in osteuropäischen Volksmusikensembles verwendet.
Die gesicherte Geschichte des europäischen Hackbretts beginnt im 15. Jahrhundert; möglicherweise geht es auf das vorderorientalische ↑Santur zurück. Zunächst unterschied sich das Hackbrett nur durch die Art der Tonerzeugung vom Psalterium. Die Zahl der Saitenchöre lag zwischen sechs (beginnendes 17. Jahrhundert) und 25 (ab 18. Jahrhundert). Schon seit dem 16. Jahrhundert gilt das Hackbrett (mit Ausnahme des ↑Pantaleon) vorwiegend als Volksinstrument; als solches wird es heute noch in den Alpenländern und in Südosteuropa gespielt.

**Hajdútánc** ['hɔjdu:ta:nts; ungarisch]: seit dem Mittelalter bekannter Tanz der Heiducken (ungarische Hirten, später Söldner), der in Hockstellung ausgeführt wurde; aus dem Hajdútánc entwickelte sich im 19. Jahrhundert der Csárdás.

**halbe Note:** Zeichen 𝅗𝅥, ↑Noten.

**halbe Pause:** Zeichen 𝄼, ↑Noten.

**Halbschluß:** eine harmonische Folge (↑Kadenz), die auf einen Akkord zielt, der mit der Tonika nah verwandt ist (meist die Dominante), dort einerseits zur Ruhe kommt und andererseits weiterstrebt zu einen ↑Ganzschluß. – ↑auch Periode.

**Halbton:** nennt man den Tonabstand der kleinen Sekunde (große Sekunde ↑Ganzton). In der reinen Stimmung unterscheidet man drei Halbtöne, den natürlich-harmonischen Halbton (Proportion 16:15), das große Chroma (Proportion 135:128) und das kleine Chroma (Proportion 25:24), in der gleichschwebend temperierten Stimmung entspricht der Halbton $^1/_{12}$ Oktave. Die Musikpraxis kennt den diatonischen Halbton (die kleine Sekunde, z. B. e–f), den chromatischen Halbton (die übermäßige Prime, z. B. c–cis) und den enharmonischen Halbton (die doppelt verminderte Terz, z. B. cis–eses).

**Half-valve-Technik** ['hɑ:fælv; englisch „Halbventil"]: eine Trompetenspielweise im Jazz, bei der die Ventile des Instruments nur halb herunter gedrückt werden, wodurch ein gequetschter Klang mit unsauberer Tonhöhe entsteht.

**Hall** (Nachhall): in hinreichend großen Räumen wird Schall diffus reflektiert, so daß sich Echoeffekte (↑Echo) überlagern. Der Höreindruck hierbei ist, daß ein primärer Schall längere Zeit nachklingt. Im Unterschied zum Echo kann beim Hall der primäre Schall nicht getrennt vom reflektierten gehört werden. Nachhallzeiten bis zu 2 Sekunden wirken musikalisch günstig. In elektronischen Instrumenten und bei elektroakustischen Übertragungsanlagen wird daher Hall oft künstlich erzeugt (Hallspirale, Hallplatte, Hallgitter u. a.). Durch Veränderung der Nachhallzeit läßt sich Raumbewegung simulieren; wird ein Schallsignal immer stärker verhallt, so scheint es sich immer weiter vom Hörer weg zu bewegen.

**Hals:** heißt bei Instrumenten der Lauten- und Geigenfamilie die schmale, stielartige Verlängerung des Schallkörpers, auf der das ↑Griffbrett aufgeleimt ist und über die die Saiten zu den Wirbeln verlaufen.

**Hammerklavier** ↑Klavier.

**Hammondorgel** ['hæmənd...; englisch]: ein von L. Hammond 1934 gebautes mechanisch-elektronisches Tasteninstrument. Tonerzeugung: Insgesamt 91 von einem Elektromotor gleichzeitig angetriebene „Tonräder" (Metallzahnräder mit sinusförmigem Zahnprofil) induzieren in ebenso vielen kleinen Spulen mit stiftförmigem Magnetkern sinusförmige Wechselspannungen (Frequenz entsprechend der Drehzahl und Zahl der „Zähne"). Beim Drücken der Taste (Schalter) wird der entsprechende Spulenstrom elektronisch verstärkt und über Lautsprecher hörbar gemacht. Obertöne (z. B. Oktaven, Quinten und Terzen) können in verschiedenen Lautstärken jeweils zugemischt und so das typische Klangbild z. B. einer Flöte nachgeahmt werden. Die Hammondorgel wurde früher v. a. in der Unterhaltungsmusik verwendet.

**Handharmonika:** ein Harmonikainstrument, bei dem im Unterschied zum ↑Akkordeon auf Druck und Zug des Faltenbalgs verschiedene Töne erklingen und die Knopftasten diatonisch angeordnet sind. Im besonderen wird unter Handharmonika das mit einer Gleichtontaste und Hilfstasten für chromatische Töne versehene Instrument („Klubmodell") verstanden, während als Ziehharmonika die einfacheren „Wiener Modelle" bezeichnet werden. – ↑auch Harmonika.

**Hardangerfiedel** [nach der norwegischen Landschaft Hardanger] (norwegisch hardingfele): ein volkstümliches norwegisches Streichinstrument in Violinform (etwas kleiner als die Violine) mit vier Griff- und vier darunter verlaufenden Resonanzsaiten. Sie wird mit vielen Doppelgriffen gespielt.

**Hardbop** ['hɑ:dbɔp; englisch]: Jazzstil der 1950er und 1960er Jahre, der an der Ostküste der USA v. a. von schwarzen Musikern als Gegenpol zum „weißen" West-Coast-Jazz ausgeprägt wurde. Der Hardbop stellt in stilistischer Hinsicht die Fortsetzung des ↑Bebop dar, gleichzeitig jedoch dessen Glättung und z. T. Verflachung. Eine bedeutende Rolle im Hardbop spielten Rückgriffe auf traditionelle Modelle der afroamerikanischen Folklore, besonders Gospelsong und Blues. Die zunehmende Schematisierung führte um 1960 zum ↑Free Jazz. – Als wichtige Vertreter des Hardbop gelten Julian Adderly, Art Blakey, Donald Byrd und Horace Silver.

**Hard Rock** ['hɑ:d 'rɔk; englisch]: ein Stilbereich der Rockmusik, der häufig auch als *Heavy Rock* oder *Heavy Metal Rock* (Schwermetall-Rock) bezeichnet wird. Typisch für den Hard Rock sind seine sehr einfache harmonische und rhythmische Struktur und extreme Lautstärke.

**Harfe** (englisch harp; französisch harpe; italienisch arpa) : ein gezupftes Saiteninstrument, dessen Saitenebene senkrecht zur Decke des Resonanzkörpers verläuft. Bei der europäischen Form der Harfe (*Rahmenharfe*) sind die Saiten in einen Rahmen gespannt, der aus einem schräg nach oben geführten und sich verjüngenden Schallkasten, einem spitzwinklig anschließenden, gebogenen Hals (Saitenträger mit Stimmwirbeln) und einer Hals und Schallkasten verbindenden Vorderstange zusammengesetzt ist. Die heute gebräuchliche Doppelpedalharfe (1811 von S. Érard entwickelt) besitzt mit fast 7 Oktaven etwa den gleichen Tonumfang wie das Klavier. Die 46–48 Saiten aus Darm, Nylon oder Perlon werden mit den Fingerkuppen beider Hände angezupft. Das Instrument wird in Ces-Dur eingestimmt; die sieben Doppelpedale ermöglichen es, durch Einrasten in verschiedenen Stellungen jeden einzelnen Ton der Ces-Dur-Leiter um entweder einen Halb- oder einen Ganzton zu erhöhen, so daß alle Töne der temperierten Stimmung erzeugt werden können. Die ältesten Belege für die Harfe stammen aus Ägypten (ab 2703 vor Christus); es handelt sich zunächst um 6saitige *Bogenharfen* (Hals und Schallkörper bilden einen Bogen). Aus dem Neuen Reich (ab 1580 vor Christus) sind auch Abbildungen von *Winkelharfen* bekannt (Hals und Schallkörper stehen im Winkel zueinander); sie hatten bis zu 14 Saiten. Daneben kam im Alten Orient auch die Rahmenharfe (Hinzufügung einer Vorderstange) vor. In dieser Gestalt tauchte die Harfe im 8. Jahrhundert auf den britischen Inseln auf und wurde um 1000 auf dem europäischen Festland bekannt. Die Zahl der Saiten lag im Mittelalter zwischen 7 und 25; sie waren gewöhnlich diatonisch gestimmt, doch gab es vom 16. Jahrhundert an auch chromatische Anordnungen. Seit der 2. Hälfte des 17. Jahrhunderts konnte die diatonische Harfe durch drehbare Haken schnell von Hand umgestimmt werden (Tiroler Hakenharfe). Das Umstimmen während des Spiels ermöglichte G. Hochbrucker um 1720 durch 5, später 7 Pedale, von denen jedes einen bestimmten Ton jeder Oktavlage um einen Halbton erhöhte.

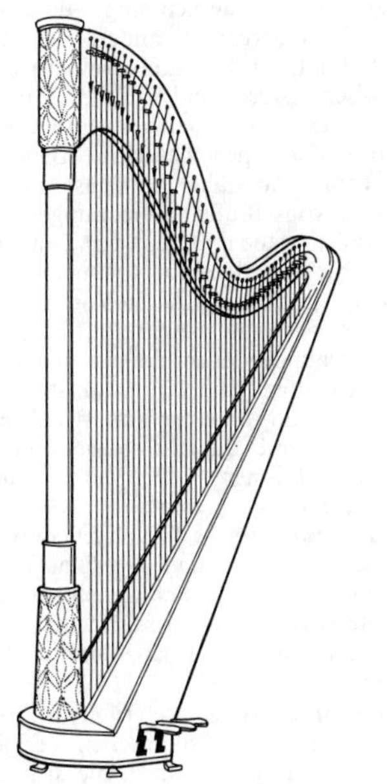

Außer in den Hochkulturen wird die Harfe in Afrika und Asien angetroffen. Verwendet wird sie im Ensemblespiel (in Afrika), zur Gesangsbegleitung und als Generalbaß-, Solo-, Konzert- und Orchesterinstrument (einziges ins Orchester aufgenommenes Zupfinstrument). Sie genoß vielfach ein hohes Ansehen und hatte symbolische Bedeutung (seit dem Mittelalter Attribut Davids und Orpheus'; eine Harfe befindet sich im irischen Landeswappen). Im 19. Jahrhundert war sie auch Instrument von Straßenmusikanten; in Tirol ist sie heute noch als Volksinstrument gebräuchlich.

**Harfenẹtt** ↑Spitzharfe.

**Harlem-Jump** ['hɑ:ləm 'dʒʌmp; englisch]: ein in den 30er Jahren im New Yorker Negerviertel Harlem entstandener Tanz, dessen charakteristische Bewegung der Sprung bildet. Musikalisch ist der Harlem-Jump als Vorläufer des ↑Rhythm and Blues anzusehen.

**Harmonie** [von griechisch harmonía „Fügung, Ordnung"]: eine aus der griechischen Antike übernommene Bezeichnung in der allgemeinen Bedeutung von geordneter Fügung, von Übereinstimmung, in der die Unterschiede oder Gegensätze der Teile eines Ganzen in einer übergeordneten Gesetzmäßigkeit in Einklang gebracht werden. Es betraf dies in der damals noch einstimmigen Musik die richtige Tonhöhe in der festgelegten Folge der Töne, bezog sich aber gleichermaßen auch auf „harmonische" Bezüge in anderen Bereichen, so v.a. auf die in mathematisch-musikalischen [Zahlen]ordnungen gesehene Gesetzmäßigkeit des Weltalls, die sogenannte ↑Sphärenharmonie. Die mittelalterliche Musikanschauung übernahm die Idee der Sphärenharmonie als *musica mundana* und unterschied sie von der Harmonie zwischen Leib und Seele des Menschen *(musica humana)* und der erklingenden Musik *(musica instrumentalis)*. In dieser anfänglich ebenfalls einstimmigen „musica instrumentalis", zu der vorrangig der Gesang, die später so bezeichnete Vokalmusik gehörte, war Harmonie wieder die geordnete Tonfolge. Mit dem Aufkommen der mehrstimmigen Musik wurde der Begriff auch auf zusammenklingende Töne angewandt. Mit der zunehmenden Ausrichtung der Musiklehre an der Kompositionstechnik und an der gehörsmäßigen Wahrnehmung verlor die alte Anschauung weitgehend ihre Bedeutung, wenn sie gelegentlich auch noch nach dem Mittelalter bei einzelnen Theoretikern aufscheint. Der Begriff Harmonie wurde gleichbedeutend mit Akkord als Zusammenklang und mit Harmonik und wird in diesem Sinn noch heute so verstanden.

**Harmonielehre:** die Lehre von den Akkorden und Akkordfolgen innerhalb der Dur-Moll-Tonalität, also ein musiktheoretisches System, das die Musik des 18. und 19. Jahrhunderts harmonisch erklärt. Das Grundelement der Harmonielehre ist der aus zwei Terzen geschichtete ↑Dreiklang. Dessen Grundton bestimmt die Stelle des Akkords im System (z. B. **c**–e–g als C-Dur-Akkord), dessen Terz das Geschlecht, Dur oder Moll (in C-Dur: e, in c-Moll: es). Der Grundton kann zugleich der tiefste Ton sein (sogenannte Grundstellung, z. B. c–e–g), er kann aber auch höher im Akkord liegen (sogenannte ↑Umkehrung, z. B. e–g–$c^1$ oder g–$c^1$–$e^1$). Weitere Töne im Terzabstand können den Dreiklang zum Septakkord (z. B. c–e–g–b) und Nonakkord (c–e–g–b–$d^1$) ergänzen oder ihm als „harmoniefremde Töne" spezifische Färbungen verleihen. Akkordbeziehungen werden in erster Linie nach dem Intervall ihrer Grundtöne bestimmt, wobei als wichtigstes Intervall die Quinte gilt (Quintbeziehung zeigen z. B. C-Dur und G-Dur). Häufige und grundlegende Akkordfolgen stellt die Harmonielehre in ↑Kadenzen dar, die zugleich in abgekürzter Form tonale Flächen repräsentieren. Sie bilden so den Ausgangspunkt einer harmonischen Analyse, die allerdings auch kompliziertere Zusammenhänge umgreift, etwa den Übergang in andere Tonarten (↑Modulation), die Unterscheidung harmonisch festerer und lockerer Partien u. ä. Die Harmonielehre entwickelte sich aus der Generalbaßlehre (↑Generalbaß) und trat daher zunächst als ein System von ↑Stufenbezeichnungen auf, das allen sieben Stufen der Tonleiter Akkorde zuordnet (in C-Dur: **c**–e–g, **d**–f–a, **e**–g–h usw.) u. deren Vorkommen und Anordnung beschreibt. Erst im 19. Jahrhundert entwickelte sich als Alternative dazu die ↑Funktionstheorie, die alle Akkorde einer Tonart auf eine ↑Tonika und die ihr beigeordneten Hauptfunktionen ↑Dominante und ↑Subdominante bezieht.

**Harmoniemusik:** die von einem Blasorchester (Blech- und Holzblasinstrumente, meist auch Schlagzeug) ausgeführte Musik, so die Militärmusik; auch Bezeichnung für das ausführende Ensemble.

**Harmonik** [griechisch]: nennt man das Ganze der musikalischen Verhältnisse und Erscheinungen, die sich aus dem Zusammenklang mehrerer Töne ergeben. Dazu gehört der Aufbau von Zusammenklängen, deren Wertigkeit und Bedeutung sowie deren Verbindungsmöglichkeiten untereinander. Harmonik ist als Begriff prinzipiell auf jede mehrstimmige Musik anwendbar (im Gegensatz zur enger gefaßten ↑Harmonielehre). Sie bildet eines der musikalischen Hauptelemente neben Melodik und Rhythmik, mit denen sie zumeist aufs engste verbunden zu sehen ist. – Die Geschichte der Harmonik beginnt mit der Entstehung der abendländischen Mehrstimmigkeit im Mittelalter. Aus der sich hier zunächst entwickelnden Zweistimmigkeit wuchs um 1200 die Dreistimmigkeit hervor. Deren Hauptklanggebilde war der Quint-Oktav-Klang (z. B. c–g–$c^1$), dazu traten (jedoch nicht an Anfängen und Schlüssen) Klänge, die aus Terzen und Sexten und gelegentlich auch anderen Intervallen gebildet waren. Die tiefste Stimme bewegte sich zumeist in Sekundschritten. Erst im 15. Jahrhundert wurde allmählich der ↑Dreiklang zum Bauelement der Harmonik und die Quintbewegung der Baßstimme zur Grundlage der Akkordverbindungen. Mit dem Generalbaßzeitalter trat die Harmonik erstmals als bestimmender musikalischer Faktor, aufbauend auf dem neu empfundenen Schwergewicht der Akkordgrundtöne, in Erscheinung. Parallel dazu entstanden Lehrwerke zum Verständnis und zur Anwendung der Harmonik. Fülle und Reichtum der Harmonik im Barock wurde um die Mitte des 18. Jahrhunderts teilweise auf eine sehr einfache, klare Akkordik reduziert (↑galanter Stil), um von da an über die Klassik und Romantik in einen erneuten Prozeß stetiger Differenzierung und Komplizierung zu geraten, der konsequent zu Beginn des 20. Jahrhunderts in die Auflösung der ↑Tonalität mündete. Wesentlich für diesen Prozeß war die Zunahme der Zahl der Töne im Akkord, die Verstärkung der Reizwirkung der Dissonanz (↑Alteration) und die erhöhte Leittonstrebigkeit zwischen den Akkorden durch mehrfache chromatische Stimmfortschreitung (Krisenpunkt dieses Prozesses: R. Wagners „Tristan und Isolde", 1859). Im 20. Jahrhundert lassen sich keine verbindlichen Normen mehr für die Harmonik angeben. Die Komponisten müssen sich eine je individuelle harmonische Gesetzlichkeit erst schaffen (so A. Schönberg mit der ↑Zwölftontechnik). Zum Teil – wie etwa bei Kompositionen mit starker Geräuschkomponente – wird überhaupt fraglich, ob von Harmonik noch sinnvoll gesprochen werden kann.

**Harmonika** [griechisch]: im 18. und 19. Jahrhundert Sammelname für Instrumente mit aufeinander abgestimmten Röhren, Platten, Stäben u. ä., auf denen mehrstimmiges Spiel möglich war (z. B. die ↑Glasharmonika). Heute versteht man unter Harmonikainstrumenten kleine Aerophone mit durchschlagenden Zungen, wie die Mund- u. Handharmonikas. Die Handharmonikas lassen sich nach zwei Gesichtspunkten einteilen: 1. nach der Abhängigkeit der Tonhöhe von der Balgführung (gleiche oder verschiedene Töne auf Zug und Druck), 2. nach der Funktion des einzelnen Knopfes (Erzeugung eines Einzeltones oder eines Akkords auf der Baßseite). Einzel- und gleichtönig sind die englische ↑Konzertina und das chromatische ↑Bandoneon. Einzel- und wechseltönig sind die deutsche Konzertina und das diatonische Bandoneon. Gleichtönig mit Akkorden ist das ↑Akkordeon; wechseltönig mit Akkorden sind ↑Handharmonika und Ziehharmonika.

**harmonische Teilung:** in der Musiktheorie die Unterteilung eines Intervalls durch Angabe einer Saitenlänge b als arithmetisches Mittel zweier das Intervall festlegenden Saitenlängen a und c:

$$b = \frac{(a + c)}{2}.$$

Die harmonische Teilung einer Oktave (Verhältnis der Saitenlängen c:a = 1:2 bzw. 2:4) ergibt das Verhältnis 2:3:4 der Frequenzen und damit die Quinte (2:3) und die Quarte (3:4), die harmonische Teilung der Quinte ergibt das Verhältnis 4:5:6 eines Durdreiklangs mit großer Terz (4:5) und kleiner Terz (5:6).

Der Molldreiklang ergibt sich durch Bildung des harmonischen Mittels $\frac{1}{f} = \frac{1}{2}(\frac{1}{a}+\frac{1}{c})$, wobei sich c:a wie 2:3 verhält und also einer Quinte entspricht.

**Harmonium** [griechisch]: ein im 19. Jahrhundert entwickeltes Tasteninstrument, das zu den ↑Aerophonen gehört. Es hat eine Klaviatur von meist $4^1/_2$ Oktaven (52 Tasten). Mit zwei Pedalen werden Blasebälge betätigt, die Druck- und Saugwind erzeugen; zur Stabilisierung des Winddrucks dient ein Magazinbalg. Unter jeder Taste befindet sich ein Ventil, das beim Niederdrücken der Taste den Wind zu den eigentlichen Tonerzeugern, den Zungenstimmen, freigibt. Die Tonentstehung ist die gleiche wie beim Akkordeon: Durch den Luftstrom werden die Zungen in Schwingungen versetzt, die den Luftstrom mit der Frequenz ihrer Eigenschwingung unterbrechen; die dadurch entstehenden periodischen Druckschwankungen breiten sich als Schall aus. Größere Instrumente besitzen mehrere ↑Register, die wie bei der Orgel mit 16-, 8- oder 4-Fuß bezeichnet werden und sich in der Tonlage um jeweils eine Oktave unterscheiden. Besondere Vorrichtungen sind Expression und ↑Prolongement. Der dynamisch fein abzustufende Ton ist durchdringend, auch etwas scharf. Das Harmonium fand besonders Verwendung in der Unterhaltungsmusik.

**Harpsichord** ['hɑ:psikɔ:d; englisch]: englische Bezeichnung für ↑Cembalo.

**Harschhorn:** ein dem Stierhorn nachgebildetes metallenes Signalhorn, im Mittelalter in schweizerischen Kriegsheeren geblasen.

**Hauptsatz:** innerhalb der ↑Sonatensatzform der erste Teil der ↑Exposition. In der Wiener Klassik besteht der Hauptsatz vorwiegend aus einem Thema, dem sogenannten 1. Thema. Er mündet zumeist ohne stärkere Zäsur in eine Überleitung, die den ↑Seitensatz vorbereitet. In der Instrumentalmusik Beethovens und mehr noch des weiteren 19. Jahrhunderts besteht der Hauptsatz, entsprechend der generellen Tendenz zur Weitung der Sonatensatzform, vielfach aus einer umfangreichen Themengruppe oder einer größeren zusammenhängenden Themenfläche.

**Hauptstimmen** ↑Grundstimmen.

**Hauptwerk:** in der Orgel das vom Hauptmanual aus gespielte Werk mit den wichtigsten ↑Registern, in der Regel einem vollständigen Prinzipalchor, Mixturen, Zungenstimmen und Aliquoten. Das Hauptwerk bildet den klanglichen Grundstock der Orgel, dem sich vom 14. Jahrhundert an weitere „Werke" (↑Brustwerk, ↑Rückpositiv, ↑Fernwerk, ↑Schwellwerk) verbanden.

**Hausmusik:** die wesentlich von Laien getragene Musikausübung im kleinen Familien- oder Freundeskreis. Hausmusik ist das spätestens seit Beginn des 17. Jahrhunderts deutlich ausgeprägte bürgerliche Gegenstück zur aristokratischen ↑Kammermusik sowie zur öffentlichen (städtisch-staatlichen oder kirchlichen) Musikpflege; später grenzen sich Begriff und Ausübung der Hausmusik (seit 1848 oft polemisch) auch gegen Oper, Konzert und schließlich gegen Massenmedien ab. Charakteristisch sind kleine Besetzung, intimer Charakter und spieltechnisch nicht allzu hohe Anforderungen. Neben der ästhetisch hochbewerteten Gattung des Streichquartetts pflegte man seit dem ausgehenden 18. Jahrhundert vereinfachende Bearbeitungen von Opern und Sinfonien (meist für Klavier zu zwei oder vier Händen). Die Jugend- und Singbewegung seit Beginn des 20. Jahrhunderts mit ihren laienmusikalischen und pädagogischen Bestrebungen brachte eine bereits rückwärtsgewandte Nachblüte der Hausmusik (↑Gebrauchsmusik, ↑Spielmusik). Seit 1932 gibt es jeweils im November Tage für Hausmusik.

**Hautbois** [obo'a; französisch]: französische Bezeichnung für die ↑Oboe. *Hautboisten* oder *Hoboisten* wurden in Deutschland bis zum 1. Weltkrieg die Militärmusiker der Infanterie genannt.

**Haute-contre** [ot'kɔ̃:tr; französisch, von lateinisch contratenor altus, ↑Alt]: französische Bezeichnung für die höchste Männerstimme, den männlichen Alt;

auch Bezeichnung für die Altlage bei Instrumenten.

**Hawaiigitarre** [ha'vaii...; nach den Hawaii-Inseln]: eine als Standtisch ausgebildete Elektrogitarre, deren Korpus aus massivem Holz besteht. Manche Modelle haben zwei bis drei Griffbretter, auf denen 6 bis 10 Saiten aufgezogen sind. Die Saiten werden nicht mit den Fingern, sondern mit quer über den Hals gehaltenen Stäben aus Holz oder Metall verkürzt.

**Head arrangement** ['hɛd ə'rɛɪndʒmənt; englisch]: im Jazz Bezeichnung für eine lockere, meist nur mündliche Vereinbarung über den formalen Ablauf eines Stückes, d.h. die Folge der Soli, ↑Riffs und Stimmführung bei der Themenvorstellung. Das Head arrangement stellt besonders bei ↑Jam-Sessions häufig die Basis für die spontane Improvisation dar.

**Heckelphon:** eine von W. Heckel 1904 erstmals gebaute Baritonoboe mit ↑Liebesfuß, eine Oktave unter der Oboe stehend. Das Heckelphon wurde zuerst von R. Strauss in der Oper „Salome" (1905) verwendet.

**Helikon** [griechisch]: ein zur Familie der Bügelhörner gehörendes Blechblasinstrument der Militärmusik (besonders in den USA), das der Kontrabaßtuba (↑Tuba) entspricht, sich jedoch von ihr in der Form unterscheidet. Es ist kreisrund gewunden und wird beim Spiel über die Schulter gehängt. Eine Abart mit nach vorn gewendeter Stürze ist das ↑Sousaphon.

**Hemiole** [von griechisch hēmiólios „anderthalb"]: Bezeichnung für einen meist kurzen Wechsel in der Gliederung der Akzente von Takt und Rhythmus. Dabei wird in den Ablauf von geraden Takten mit dreifacher Unterteilung der Schlagzeit (z.B. $^6/_4$- oder $^6/_8$-Takt mit Akzenten auf dem ersten und vierten Viertel oder Achtel: ♩ ♩ ♩ ♩ ♩ ♩ oder ♪♪♪ ♪♪♪) ein ungerader Takt mit nur zweifacher Unterteilung der Schlagzeit eingeschoben (z.B. $^3/_2$- oder $^3/_4$-Takt). So kommt es zu einer (seit dem 15. Jahrhundert vielfach angewandten) Akzentverschiebung der Art:

gerade Takte

123456    12 34 56    123 456

ungerader Takt

**Heptatonik** [von griechisch heptátonos „siebentönig"]: Bezeichnung für eine siebenstufige Skala im diatonischen Tonsystem, etwa im Unterschied zur Pentatonik mit einer fünfstufigen Skala.

**Hermeneutik** [von griechisch hermēneúein „auslegen, erklären"]: in Übertragung von der Texthermeneutik auf die Musik die Kunst der Auslegung und die Theorie über die Bedingungen des Verstehens von Musikwerken. Zu diesen Bedingungen zählt in erster Linie die historische Distanz zwischen Komponist und Betrachter bzw. Hörer, die die Hermeneutik offenlegt in der Darstellung der jeweiligen zeitgeschichtlich bedingten Interessen an einem Musikwerk.

**Hertz** [nach dem deutschen Physiker Heinrich Hertz (* 1857, † 1894)], Abk. Hz: die gebräuchlichste Maßeinheit der ↑Frequenz.

**Heterophonie** [von griechisch heterophōnía „Verschiedenstimmigkeit"]: ein von C. Stumpf in die Musikwissenschaft eingeführter Begriff zur Bezeichnung einer Musizierpraxis, die zwischen Ein- und Mehrstimmigkeit liegt. Eine meist gesungene Melodie wird gleichzeitig von einem oder mehreren Instrumenten ausgeführt, dabei aber auf mannigfaltige Weise verziert und umspielt. Diese Praxis ist schon in der altgriechischen Musik nachzuweisen; sie findet sich noch heute in außereuropäischer Musik und als türkisches Erbe in den Ländern Südosteuropas.

**Hexachord** [...'kɔrt; griechisch] (lateinisch hexachordum): die von dem Musiktheoretiker Guido von Arezzo (* um 992, † 1050) festgelegte diatonische Sechstonskala mit den Tonschritten Ganzton-Ganzton-Halbton-Ganzton-Ganzton; die einzelnen Tonstufen wurden mit den Silben der ↑Solmisation (ut re mi fa sol la) benannt. Auf den Ausgangstönen c *(Hexachordum naturale)*, f *(Hexachordum molle)*, g *(Hexachordum durum)* und ihren Oktaven einsetzend, konnte damit der ganze im Mittelalter gebrauchte Tonraum in eine sinnvoll überschaubare Ordnung gebracht werden. Die Hexachordlehre als Grundlage des Tonsystems wurde durch die Einführung weiterer Halbtonschritte seit dem späten Mittelalter immer komplizierter und durch die sich im 15./16. Jahrhundert ausbildende Dur-Moll-Tonalität mit ihrer Ordnung der Töne in einer Achttonskala (Oktave) abgelöst.

**Hifthorn:** ein mittelalterliches Signalhorn aus Metall, dem Stierhorn nachgebildet. Es wurde meist am Gürtel getragen. Aus ihm entstand durch Biegung der Röhre das ↑Jagdhorn.

**High-Fidelity** [haɪfi'dɛlɪtɪ; englisch „hohe (Wiedergabe)treue"], Abk. Hi-Fi: Bezeichnung für eine Technik der (stereophonischen, quadrophonischen) Aufnahme und Wiedergabe von Schallereignissen, die höchsten Qualitätsansprüchen genügt: Der vom Wiedergabegerät erzeugte Klang soll sich von dem des Originals [im Aufnahmestudio] nur noch mit Hilfe exakter Messungen unterscheiden lassen, d. h., die Differenzen sollen unterhalb der Unterscheidungsfähigkeit des menschlichen Gehörs liegen (die Mindestanforderungen sind festgelegt nach DIN 45500).

**Hi-hat-Maschine** (Hi-hat) ['haɪhæt; englisch] Charlestonmaschine.

**Hilfslinien:** die über oder unter den 5 Linien des Liniensystems zugefügten kurzen Linien zur Notierung der darüber hinausgehenden Töne. Es werden in der Regel nicht mehr als 5 Linien verwendet; bei längeren Abschnitten werden Oktavversetzungszeichen (ottava bassa, ottava sopra, ↑Abbreviaturen) gesetzt.

**Hilfsstimmen** ↑Grundstimmen.

**Hillbilly** ['hɪlbɪlɪ; amerikanisch „Hinterwäldler"]: als musikalischer Begriff bezeichnet Hillbilly die weiße (euroamerikanische), ländliche Volksmusik. – ↑auch Country-music.

**Historia** (Historie): im 16./17. Jh. Bezeichnung für die Vertonung von v. a. deutschsprachigen Evangelientexten mit verteilten Rollen, Chor- und Instrumentalbegleitung. Als Historia wurde insbesondere die Vertonung der Passions-, Auferstehungs- und Weihnachtsgeschichte bezeichnet.

**Hit** [englisch „Stoß, Treffer"]: ein Verkaufs„schlager". Im Bereich der populären Musik wird ein Hit nicht qualitativ, sondern quantitativ nach dem Schallplattenumsatz, genauer, dem Platz in der ↑Hitliste bestimmt. – ↑auch Evergreen.

**Hitliste** (englisch chart): eine Reihen- bzw. Rangfolge von Musikstücken des U-Musikbereichs, die deren Bekanntheit oder Beliebtheit widerspiegeln soll. Hitlisten kommen auf unterschiedliche Weise zustande: 1. Die „Querschnittsrechnung" ordnet z. B. nach der Anzahl der ausgelieferten, nicht nach der der verkauften Schallplatten. 2. Hitlisten können nach der Anzahl der Abspielungen eines Titels in den Musikboxen ermittelt werden; dies ist jedoch davon abhängig, wieviele Automatenaufsteller den Titel in ihrem Programm haben. 3. Hitlisten können durch Umfragen der Rundfunkanstalten und *Hitparaden* im Fernsehen zustande kommen. Diese geben deshalb kein repräsentatives Bild, weil sie z. B. einerseits durch Fanklubs beeinflußbar sind (auf die Befragung antworten meist nur Hörer, die mit ihrer Antwort ihrem Star einen guten Platz sichern wollen), andererseits gerade Ursache und Wirkung vertauschen. Wenn in einer Hitparade ein Hit vorgeführt wird, so ist dieser Titel in den auf die Vorstellung folgenden Tagen außerordentlich stark gefragt und steigt entsprechend in der Hitliste. – Die Kritik an den Hitlisten entzündet sich nicht nur an den genannten Punkten sondern verweist auch darauf, daß sie eine musikalisch konservative Wirkung haben, indem sie die Musiker dazu verleiten, ihren nächsten Titel mit ähnlichen Mitteln zu produzieren und es neuen Titeln erschweren, einen guten Platz auf der Hitliste zu bekommen. Daher gehen einzelne Rundfunkanstalten dazu über, sogenannte Anti-Hitparaden zu senden.

**Hochschule für Musik** ↑Musikhochschule.

**Hofweise:** eine um 1500 verbreitete Liedgattung, die in wesentlichen Zügen an die Liedkunst des Minnesangs anschließt, daneben aber auch starke Verbindungen zum gleichzeitigen Meistersang erkennen läßt. Im Aufbau benutzt die Hofweise häufig die Barform, verwendet Halb- und Kurzverse und durchgehend jambisches Versmaß. Hofweisen sind (mehrstimmig gesetzt) im „Lochamer Liederbuch" (1452/53–60), im „Schedelschen Liederbuch" (1460/1462–1466/67), im „Glogauer Liederbuch" (um 1480) und in den „Frischen teutschen Liedlein" (5 Bände, 1539 bis 1556) von G. Forster enthalten.

**Hohlflöte:** ein weit mensuriertes, zylindrisch offenes, seltener gedecktes Labialregister der Orgel im 16-, 8-, 4- oder 2-Fuß.

**Hoketus** ↑Hoquetus.

**Holzblasinstrumente** (kurz Holz): in der Musikpraxis Bezeichnung für die Gruppe der Flöten- und Rohrblattinstrumente (wie Querflöte, Oboe, Englischhorn, Klarinette, Fagott, Saxophon), die der Gruppe der Blechblasinstrumente gegenübersteht. Diese Instrumente waren früher vorwiegend aus Holz gefertigt, sind heute jedoch oft aus Metall.

**Holzblock** (Holzblocktrommel): ein Schlaginstrument, bestehend aus einem rechteckig-länglichen Hartholzblock mit schlitzartiger Aushöhlung an beiden Längsseiten; der Anschlag erfolgt mit Schlegeln. Meist werden mehrere, auf einem Ständer sitzende Holzblöcke verschiedener Größe verwendet. Das Instrument kommt in der Tanz- und Unterhaltungsmusik und auch im modernen Orchester vor.

**hölzern Gelächter** (Strohfidel): eine vom 16. bis zum 19. Jahrhundert vorkommende Bezeichnung für das ↑Xylophon. Die Namen beziehen sich auf die hölzernen Klöppel (Gelächter, von oberdeutsch glächel) und hölzernen Stäbe oder auf deren Strohunterlage.

**Homophonie** [von griechisch homophonía „Gleichklang"]: im Gegensatz zur ↑Polyphonie eine Satzweise, bei der alle Stimmen gleichrhythmisch in Akkorden geführt sind, bzw. eine Melodiestimme, meist die Oberstimme, von den übrigen Stimmen mit Akkorden begleitet wird.

**Honky-tonk** ['hɔŋkɪˌtɔŋk; englisch]: Bezeichnung für billige Lokale der afroamerikanischen Unterschicht in den Südstaaten der USA. Der daraus abgeleitete Honky-tonk-Stil bezeichnet die Spielweise der in diesen Lokalen beschäftigten Blues- und Ragtimepianisten.

**Hopak** [ukrainisch] (russisch gopak): ein v. a. in der Ukraine und in Weißrußland volkstümlicher Tanz in schnellem Zweiertakt. Er wird meist akrobatisch ausgeführt. Den Hopak verwendeten z.B. M. P. Mussorgski in der Oper „Der Jahrmarkt von Sorotschinzy" (1876–81) und A. I. Chatschaturjan im Ballett „Gajaneh" (1942).

**Hoquetus** [...'ke:tʊs; mittellateinisch, von altfranzösisch hoqueter „zerschneiden"] (Hoketus; italienisch ochetto): eine von etwa 1200 bis um 1400 gepflegte Setzweise in der mehrstimmigen Musik, bei der zwei Stimmen so geführt werden, daß die eine pausiert, während die andere einen einzelnen Ton oder eine kurze Tonfolge vorträgt, dann ihrerseits pausiert und von der anderen Stimme abgelöst wird. Der Stimmfluß ist auf diese Weise zwischen den beiden Stimmen verschränkt:

Beispiel aus einer Motette von Guillaume de Machault (* um 1300, † 1377).

Unabhängig von dieser historischen Praxis fand diese Technik unter der Bezeichnung „Interpunkt" neue Verwendung in zahlreichen Werken A. N. Tscherepnins.

**Horen** [von lateinisch horae canonicae „kanonische (kirchenrechtlich festgelegte) Stunden"]: die Gesamtheit der Gebetsgottesdienste des Stundengebets (Offizium). Sie umfassen die nach Tagesstunden geordneten sieben oder acht kirchlichen Tagzeiten der römischen Liturgie: Matutin, Laudes, (Prim), Terz, Sext, Non, Vesper und Komplet. Nach bestimmten Regeln zusammengesetzt, enthalten sie jeweils Psalmen, Schriftlesung und Gesänge (Antiphonen, Responsorien, Hymnen). Die Texte der Horen finden sich im Brevier, die Melodien der Gesänge sind im Antiphonar enthalten.

**Hören:** im Zusammenspiel mit anderen Arten der menschlichen Wahrnehmung eine spezielle Form der Aneignung von Wirklichkeit. Die *Gehörphysiologie* untersucht die organische Funktion des Gehörs: Reizaufnahme und erste Verarbeitung im Ohr, Weiterleitung und Auswertung der im Ohr verarbeiteten Information sowie Speicherung und Reaktivierung von Information im Gehirn. Die *Hörpsychologie* (auch Gehörpsychologie), ein Teilgebiet der Musikpsychologie, untersucht, wie es zu Gehörsempfindungen kommt und wie diese musikalisches Verhalten bestimmen. Im 20. Jahrhundert hat die Hörpsychologie die Fragestellungen der klassischen ↑Psychophysik nach dem Zusammenhang von Reiz und Empfindung (wie z. B. Frequenz eines Signals und Tonhöhenempfindung) auf Grund empirischer Beobachtungen stark erweitert. Sicher ist, daß Hören kein passiver Vorgang, sondern eine durch akustische Signale stimulierte und teilweise gesteuerte Tätigkeit des Menschen ist, die sowohl der raumzeitlichen Orientierung (↑Richtungshören) als auch der sozialen und kulturellen Selbstbestimmung dient.

**Hörfeld:** nur Schwingungen zwischen etwa 16 Hz und (je nach Alter) 5000 bis 16000 Hz rufen Tonempfindungen hervor; zudem müssen die Schallintensitäten einen minimalen Wert, der frequenzabhängig ist, überschreiten. Der Bereich des Frequenz-Schallintensitäts-Koordinatensystems, in dem die Schwingungen liegen, die Tonempfindungen hervorrufen, heißt Hörfeld:

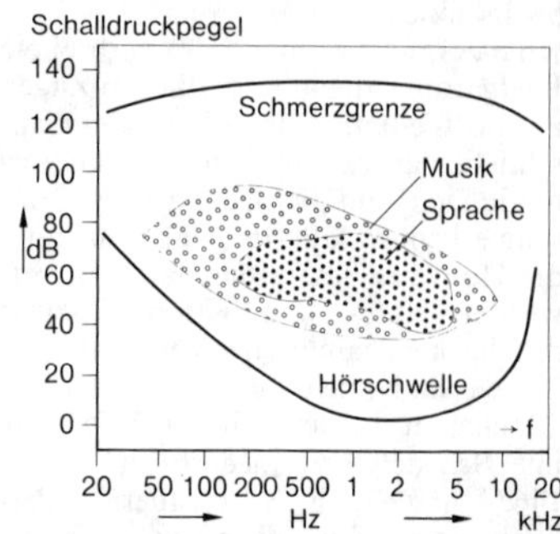


Die untere Begrenzung des Hörfelds ist die Hörschwelle, die obere die Schmerzgrenze. Musik und Sprache nutzen im allgemeinen nur einen Teil des Hörfeldes aus.

**Horn:** gewöhnlich eine Kurzform für ↑Waldhorn. Daneben ist Horn in der Instrumentenkunde ein Oberbegriff für Blasinstrumente, deren Ton durch die schwingenden Lippen, häufig mit Hilfe eines ↑Mundstücks, erzeugt wird. Hierzu zählen sowohl Instrumente mit vorwiegend konischer Röhre (z. B. ↑Bügelhorn, ↑Kornett, ↑Waldhorn) als auch solche mit vorwiegend zylindrischer Röhre (↑Trompete, ↑Posaune). Hörner einfacher Bauart finden sich bereits in vorgeschichtlicher Zeit. Sie verbreiteten sich als Kult-, Signal- und Repräsentationsinstrumente über die ganze Erde. Auf dem urtümlichen Horn wurden nur wenige Töne geblasen; später wurden durch Ausnutzung der Naturtöne auch Melodien möglich. Die Lücken zwischen den Naturtönen wurden spätestens seit dem Mittelalter durch Tonlöcher, später durch einen Zug und durch Ventile überbrückt. Als Material wird Tierhorn, Stoßzahn, Holz und, heute vorwiegend, Metall verwendet.

**Hornpipe** ['hɔːnpaɪp; englisch]: 1. ein v. a. aus Wales bekanntes Blasinstrument mit einfachem oder doppeltem Rohrblatt, sechs Grifflöchern sowie Schallstück und Windbehälter aus Tierhorn oder -huf (auch Pibgorn genannt). – 2. ein seit dem späten Mittelalter auf den britischen Inseln verbreiteter Volkstanz im $^3/_2$- oder (seit dem 18. Jahrhundert) $^4/_4$-Takt. Er ist in den einzelnen Landschaften unterschiedlich ausgeprägt. Purcell und Händel übernahmen ihn in die Kunstmusik.

**Hornquinten:** im zweistimmigen Hörnersatz durch die Naturtöne bedingte verdeckte Quintparallelen.

**Hörpartitur** (Lesepartitur): eine ↑Partitur, die Musik in anderer als der üblichen Notation visuell verdeutlicht. Sie benutzt dazu graphische Zeichen und Farben und setzt bei dem, der sie anlegt, eine gewisse Analyse des so darzustellenden Musikwerkes voraus. Die Hörpartitur (z. B. R. Wehingers 1970 geschaffene Hörpartitur von G. Ligetis „Artikulation", 1958) soll es dem Hörer (während des Anhörens eines Werkes) erleichtern, die Struktur der Musik zu erkennen.

**Hörspielmusik:** Musik, die einem eigens für den Rundfunk geschriebenen Sprechstück beigegeben ist und seine Handlung untermalt. Hörspielmusik schrieben unter anderen G. Bialas, B. Blacher, W. Egk, A. Honegger, M. Lothar, G. Petrassi und B. A. Zimmermann.

**Hörpsychologie** (Gehörpsychologie, Tonpsychologie) ↑Hören.

**Hörsamkeit:** Begriff aus der ↑Raumakustik zur subjektiven Bewertung der akustischen Eigenschaften von Räumen. Die Hörsamkeit wird u. a. bestimmt durch Raumgröße, Halligkeit, Klangfärbung, Sprachverständlichkeit usw.

**Hosịanna** [von hebräisch hoschiah-na „hilf doch!"] (Hosanna; griechisch osanná): zunächst ein Flehruf an Gott oder den König (z. B. Psalm 118, 25), später ein Jubel- und Huldigungsruf (z. B. Matthäus 21, 9; Johannes 12, 13). In dieser Bedeutung ging das Hosianna auch in das Sanctus der Messe ein (vor und nach dem Benedictus).

**Hot intonation** [englisch 'hɔt ıntə'nεıʃən]: Bezeichnung für die spezifische Tonbildung des traditionellen Jazz. Charakteristisch sind ein quasi explosives Einsetzen und abruptes Abbrechen des instrumentalen oder vokalen Tones.

**Hot Jazz** ['hɔt 'dʒæz; englisch „heißer Jazz"]: Sammelbegriff für die älteren Stilbereiche des Jazz (New Orleans, Dixieland usw.).

**Hüllkurve:** die ↑Amplitude einer Schwingung als Funktion der Zeit betrachtet wird als Hüllkurve bezeichnet, weil sie den Verlauf der Schwingungskurve „einhüllt". Hüllkurven werden in Synthesizern durch eigene Moduln erzeugt (↑Envelope-Generator, Hüllkurvengenerator).

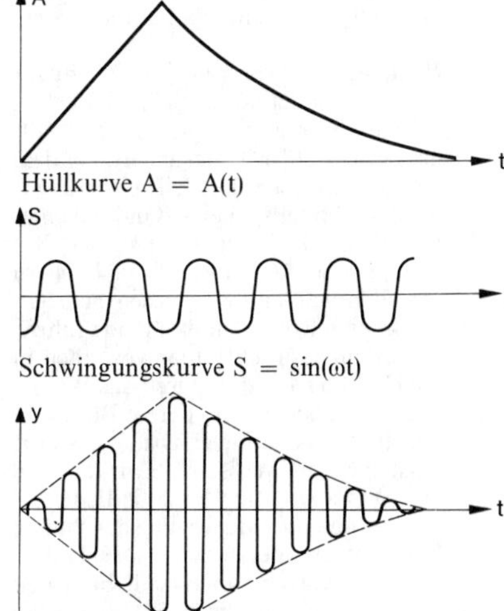


Hüllkurve A = A(t)

Schwingungskurve S = sin(ωt)

Eingehüllte Schwingungskurve Y = A sin(ωt)

**Hummel** [schwedisch] (dänisch humle): volkstümliche skandinavische Zither mit langem, schmalem, auch seitlich gebogenem Korpus, Wirbelkasten oder -platte und Schnecke und mit wenigen über Bünde laufenden Melodiesaiten und mehreren Resonanzsaiten, die in Oktaven und Quinten gestimmt sind. Die Hummel ist eng verwandt mit dem norwegischen ↑Langleik und dem ↑Scheitholz.

**Humoreske** [lateinisch]: instrumentales Charakterstück mit mehrteiliger Anlage und starken Kontrasten in Ton und Stimmung, die sich zwischen Empfindsamkeit und Scherz bewegen. Die Bezeichnung verwandte erstmals R. Schumann für sein Klavierstück op. 20 (1838). St. Heller, E. Grieg, A. Dvořák (berühmt die Humoreske Ges-Dur op. 101 Nr. 7, 1894) übernahmen sie für Klavierstücke; für Stücke in anderer Besetzung u. a. C. Loewe und E. Humperdinck.

**Hupfauf:** volkstümlicher deutscher Typ des lebhaften, ungeradtaktigen ↑Nachtanzes (Springtanz).

**Hurdy-gurdy** ['hə:dɪ 'gə:dɪ; englisch]: englische Bezeichnung für die ↑Drehleier.

**Hydraulis** [von griechisch hydór „Wasser" und aulós „Schalmei, Pfeife"] (lateinisch organum hydraulicum): altgriechisches Musikinstrument, bei dem das Gebläse aus einem teilweise wassergefüllten Metallsockel bestand mit einer metallenen Halbkugel auf dessen Boden, die am unteren Rand mit Löchern versehen war und von deren Scheitelpunkt eine Röhre zur Windlade führte. Eine Pumpe drückte Luft von oben in die Halbkugel und dadurch das Wasser aus den Löchern an deren Boden in das äußere Gefäß. Der Druck des dort aufsteigenden Wassers bewirkte, daß der Winddruck in der Windlade bei ungleichmäßiger Betätigung der Pumpe konstant erhalten wurde. Die Tasten, etwa 2 Oktaven umfassend, bewegten eine mit Löchern versehene Schiene, die die Luft zu den entsprechenden Pfeifen durchließ. Neben mehreren Bruchstükken aus römischer Zeit sind Beschreibungen von Vitruv (1. Jahrhundert vor Christus) und Heron von Alexandria (1. Jahrhundert nach Christus) erhalten.

**Hymnar** [griechisch-mittellateinisch]: eine im Mittelalter gebräuchliche Zusammenstellung der Hymnen aus dem Stundengebet. Sie sind darin nach dem Kirchenjahr und der Folge seiner Feste geordnet.

**Hymne** [von griechisch hýmnos] (lateinisch ↑Hymnus): in der allgemeinen Bedeutung eines Lob- und Preisgesanges in allen entwickelten Kulturen verbreitet, so schon in der sumerisch-akkadischen Zeit, in Ägypten („Sonnenhymnus" des Echnaton) und in den hebräischen Psalmen. In der griechischen Antike wurden Hymnen als Preislieder der Heroen und Götter von einzelnen Sängern zur Kithara, von Chören oder im Wechselgesang vorgetragen. Von dieser reichen Dichtung ist nur ein geringer Teil erhalten, darunter aus dem 2. Jahrhundert vor Christus zwei delphische Apollon-Hymnen mit der ältesten bekannten Aufzeichnung einer Melodie. Die römische Literatur folgte seit dem 1. Jahrhundert vor Christus in den Formen und Motiven der griechischen Hymnendichtung und ordnete sie in ihrem Bereich unter der Bezeichnung Carmen (lateinisch „Lied") ein. Aus den verschiedenen früheren Quellen schöpfte auch das Christentum und schuf – v. a. in der weströmischen Tradition – die gesonderte Gattung des ↑Hymnus mit eigener Geschichte. Die Hymnodik der byzantinischen Kirche ist eine der wichtigsten Formen ↑byzantinischer Musik. In der Neuzeit suchte die Hymnendichtung als zunächst rein literarische Gattung wieder den Anschluß an die Antike und übernahm, bei strophischer Gestaltung, weitgehend die inhaltlichen Motive der Frühzeit. Nach einer weiteren Neubelebung durch den Pietismus entwickelten im 18. Jahrhundert Klopstock und die Dichter des Göttinger Hains (u. a. J. H. Voß, L. Hölty, J. M. Miller) einen neuen Stil der Hymne, der sich hier und auch in der Folgezeit nicht mehr eindeutig von dem der Ode trennen läßt. Wie diese Hymnentexte, gehen auch die des 19. und 20. Jahrhunderts, wo sie musikalisch vertont wurden, weitgehend im allgemeinen Bereich des Liedes auf. Daneben entwickelte sich ein eigener Zweig der Hymnenkomposition, der durch eine oratorische Ausweitung der musikalischen Mittel (Verwendung z. T. von Solisten, Chor und Orchester) gekennzeichnet ist. Sein Grundzug ist eine weihevolle, allgemeinmenschliche Erhebung, weitgehend losgelöst von religiöser Bindung auch dort, wo geistliche oder gar liturgische Texte oder Melodien Verwendung finden. Bekannte Beispiele dafür sind Beethovens Vertonung der Schillerschen Dithyrambe „An die Freude" („Freude, schöner Götterfunken") im Schlußsatz der 9. Sinfonie (1823), G. Mahlers 8. Sinfonie (1907) unter Verwendung des Hymnus „Veni, creator spiritus" und Texten aus der Schlußszene von Goethes „Faust" (2. Teil) sowie H. Suters „Le laudi di San Francesco d'Assisi" (1924). – ↑auch Nationalhymnen.

**Hymnus** [lateinisch]: bezeichnet gegenüber der ↑Hymne der anderen und z. T. auch früheren Traditionen, auf denen er gründet, den Lobgesang der weströmischen Kirche, wie er sich in der Art der Psalmen schon in der Urgemeinde ausgebildet hat (Beleg im Neuen Testament, z. B. Epheser 1, 3–14; Philipper 2, 6–11; Kolosser 1, 15–20; Apokalypse 11, 15–18). Abgesehen vom freirhythmischen Lobgesang, z. B. dem sogenannten „hymnus angelicus" (das ↑Gloria in excelsis Deo) oder dem „hymnus sanctorum Ambrosii et Augustini" (das ↑Te Deum) wird die Bezeichnung allgemein verwendet für das im 4. Jahrhundert entstandene religiöse, streng metrische bzw. rhythmische Strophenlied, das seinen liturgischen Ort im Stundengebet (Offizium) gefunden hat. Der von Hilarius von Poitiers (* um 315, † 367) unternommene Versuch einer Einführung des Hymnus in die westlichen Liturgien blieb wegen schwieriger formaler Anlage und schwer verständlicher Inhalte der Texte ohne Erfolg. Zum Vater des lateinischen Hymnus wurde schließlich Ambrosius von Mailand (* wahrscheinlich 339, † 397), von dessen Dichtungen mehrere noch heute im Stundengottesdienst gebraucht werden (darunter „Deus creator omnium" und „Jesu redemptor gentium"). Die römische Kirche widersetzte sich zunächst der Einführung des Hymnus und ließ ihn erst im 13. Jahrhundert offiziell in der Liturgie zu, obwohl schon Benedikt von Nursia (* um 480, † 547) ihn in das Stundengebet seiner Mönchsgemeinde von Montecassino aufgenommen hatte. Zentren der Hymnendichtung waren Mailand, Spanien (Prudentius, Isidor von Sevilla), Gallien (Venantius Fortunatus) und England (Beda Venerabilis). Die Karolingische Renaissance brachte eine Blüte kunstreicher Dichtung im Rückgriff auf hellenistisch-byzantinische Formen. Spätere Zentren im deutschsprachigen Bereich waren Fulda, Sankt Gallen, Reichenau. Die Ausstrahlungskraft des Hymnus war im 12. und 13. Jahrhundert so stark, daß sie in der Struktur der Texte (nicht aber in der Form der Melodien) auch die Sequenz beeinflußte. Mindestens für das frühe Mittelalter ist durch Augustinus eine Ausführung der dem weltlichen Liedgesang wahrscheinlich nahestehenden Hymnenmelodien im Dreiertakt bezeugt. Der jambischen Akzentstruktur folgend, setzt sich jede der vier Melodiezeilen einer Strophe aus der vierfachen Folge von Kürze und Länge zusammen (𝅗𝅥 ♩), was somit für jede Melodiezeile 12 Zählzeiten ergibt. Im Gegensatz zur Sequenz blieb die Neuschöpfung von Hymnen durch die Verordnungen des Konzils von Trient (1545–68) weitgehend unberührt und führte bis in die neueste Zeit die Tradition dieser für die abendländische Literatur grundlegenden Form weiter.

Die mehrstimmige Bearbeitung von Hymnenmelodien reicht bis in das 12. Jahrhundert zurück. Ausgehend von zweistimmigen Sätzen der frühen Mehrstimmigkeit unterliegt die Gestaltung in den folgenden Jahrhunderten dem jeweiligen musikalischen Zeitstil von homophoner bis zu polyphoner Bearbeitung, seit der Zeit um 1600 auch mit Instrumenten; seit dem 15. Jahrhundert auch als Orgelbearbeitung.

**Hz:** Abk. für ↑**Hertz**.

# I

**Idée fixe** [ide'fiks; französisch „fester, beibehaltener Gedanke“]: nennt H. Berlioz die Leitmelodie seiner „Symphonie fantastique“ (1830), die als Symbol für die Geliebte des jungen Künstlers alle Sätze dieses Werkes durchzieht und dabei entsprechend dem vorgegebenen Programm jeweils verändert auftritt. Als poetisches Ausdrucksmittel neuer Art war Berlioz' Idée fixe von bedeutendem Einfluß auf die Gestaltung der ↑sinfonischen Dichtungen F. Liszts sowie auf die Leitmotivtechnik (↑Leitmotiv) in R. Wagners Musikdramen.

**Idiophone** [von griechisch ídios „eigen“ und phōnḗ „Klang“]: in der ↑Instrumentenkunde Sammelbezeichnung für Instrumente, bei denen der schwingende Instrumentenkörper selbst und nicht etwa eine Membran oder eine Saite den Ton erzeugt. Idiophone können durch Schlagen, Schütteln, Zupfen, Schrapen und Reiben zum Schwingen gebracht werden. Nach dem Material werden Idiophone aus Stein (↑Lithophone), Holz (↑Xylophon), Metall (↑Metallophone) oder Glas (↑Glasspiel) unterschieden.

**Ikonographie** [von griechisch eikṓn „Bild“ und gráphein „schreiben“]: ein Zweig der Musikwissenschaft, der musikbezogene Bilddarstellungen der Vergangenheit als Quellen für die Erkenntnis der Musikgeschichte (Musikanschauung, Instrumentengeschichte, Aufführungspraxis, musikalische Sozialgeschichte und Künstlergeschichte) sammelt und auswertet.

**Imbroglio** [ɪm'brɔljo; italienisch „Verwirrung“]: eine rhythmische Verwicklung, die durch Übereinanderschichten und gleichzeitiges Erklingen verschiedener Taktarten entsteht. Das Imbroglio dient v.a. in der Oper zur Darstellung vielschichtiger Situationen. Berühmt ist das Imbroglio im 1. Finale von Mozarts „Don Giovanni“ (1787) mit dem gleichzeitigen Erklingen eines höfischen (Menuett, $^3/_4$-Takt), bürgerlichen (Kontertanz, $^2/_4$-Takt) und plebejischen (Deutscher, $^3/_8$-Takt) Tanzes.

**Imitation** [von lateinsch imitatio „Nachahmung“]: eine Satztechnik polyphoner Musik, und zwar die gleichartige oder ähnliche Aufnahme eines Motivs oder einer längeren melodischen Linie nacheinander in verschiedenen Stimmen. Imitation bildete sich innerhalb der spätmittelalterlichen Musik des 13. Jahrhunderts allmählich aus, erreichte ihren Höhepunkt um 1500 in der dritten Generation der franko-flämischen Schule (Josquin Desprez) und blieb deren zentrales Stilmittel bis zu Orlando di Lasso und Palestrina. In unterschiedlicher Form und Bedeutung prägt Imitation auch die Satztechnik späterer Stilepochen, etwa die ↑Fuge bei J. S. Bach oder die ↑thematische Arbeit der Wiener Klassik.

**imperfekt** [von lateinisch imperfectus „unvollkommen“]: in der Mensuralnotation des Mittelalters gegenüber der als grundsätzlich perfekt („vollkommen“) geltenden Dreiteiligkeit die Bezeichnung für den zur Zweiteiligkeit (Zweizeitigkeit) wertverminderten Notenwert. Als imperfekt gilt dementsprechend auch der Zweiertakt: Die den gesamten Takt ausfüllende Note hat eine zweifache Unterteilung (zum Beispiel $^4/_4 = 2 \times 2$; aber auch $^6/_4 = 2 \times 3$, wobei im letzteren Fall jede Unterteilung der Gesamtnote 𝅝. = 𝅗𝅥. 𝅗𝅥. in sich wieder perfekt, also dreiteilig ist).

**impetuoso** [italienisch]: stürmisch, ungestüm, heftig.

**Impressionismus** [von französisch impression „Eindruck“]: eine Stilrichtung der französischen Musik um 1900. Der Begriff wurde aus der Malerei übernommen. Seine Übertragung auf die Musik ist nicht ganz unbedenklich, weil damit nur der unmittelbare Eindruck jener Musik angesprochen wird, andere Kriterien, wie etwa die strukturelle Qualität oder die neuartige Materialbehandlung, unbeachtet bleiben. Zum eigentlichen Impressionismus zählen hauptsächlich Kompositionen C. Debussys, und zwar aus seiner mittleren Schaffensperiode („Prélude à l'après-midi d'un faune", 1894; „Trois nocturnes", 1899; „Pelléas et Mélisande", 1902), ferner mehrere Werke M. Ravels (Streichquartett, 1902/03) und einiger anderer französischer Komponisten. Nur im erweiterten Sinne lassen sich außerhalb dieses Kreises einzelne impressionistische Züge an einer Reihe von Werken des 19. und beginnenden 20. Jahrhunderts aufweisen: an einigen Liedern F. Schuberts („Die Stadt"), an Klavierwerken R. Schumanns und F. Chopins, an Opern R. Wagners („Tannhäuser", 1845) und G. Puccinis („La Bohème", 1896; „Madame Butterfly", 1900) oder am Ballett „Der Feuervogel" (1910) von I. Strawinski.

Wesentliche Stilmerkmale des Impressionismus sind: reich differenzierte Klangfarben; freie formale Gestaltung; verwischte melodische und rhythmische Konturen; fein verästelte, assoziativ verbundene Motivik; Loslösung von der traditionellen dominantischen ↑Tonalität (frei schwebende Akkorde, Klangverschiebungen und -rückungen z. B. paralleler Septakkorde, Pentatonik, Ganztonleiter-Akkordik und andere leittonlose Harmoniebildungen). Der Impressionismus entstand z.T. als Gegenreaktion auf die Musik R. Wagners und seiner Nachfolger. In seiner stimmungsbetonten Naturzuwendung ist er ein letzter Ausläufer der musikalischen Romantik. Zugleich bildet der Impressionismus durch die Verwendung neuartiger musikalischer Mittel, v. a. im Bereich der Harmonik, einen Wendepunkt von der tonalitätsgebundenen Kompositionsweise des 17.–19. Jahrhunderts zur freitonalen oder tonalitätslosen Neuen Musik ab etwa 1910.

**Impromptu** [ɛ̃prɔ̃'ty:; französisch, von lateinisch in promptu „zur Hand, zur Verfügung (stehen)"]: bezeichnet im 17. und 18. Jahrhundert ein der Improvisation nahestehendes, schnell geschriebenes Gebrauchsstück. Seit dem frühen 19. Jahrhundert nennt man Impromptu ein kürzeres, an keine bestimmte Form gebundenes Charakterstück für Klavier (Schubert, Schumann, Chopin, Liszt).

**Improperien** [von lateinisch improperia „Vorwürfe"]: in der Karfreitagsliturgie (Anbetung des Kreuzes) gesungene, vorwurfsvolle Klagelieder, in denen Jesus die Wohltaten Gottes den Übeltaten seines Volkes gegenüberstellt. Sie werden abwechselnd von zwei Vorsängern und zwei Chören ausgeführt. Die gegenwärtig in der römischen Liturgie übliche Fassung ist teilweise schon im 7. Jahrhundert greifbar, voll ausgebildet jedoch erst 1474 bezeugt. Die Verwendung der Improperien ist in der heutigen Liturgie freigestellt.

**Improvisation** [italienisch, von lateinisch improvisus „unvorhergesehen"]: als Gegenbegriff zur schriftlichen Komposition, die von der Darbietung getrennt ist, bezeichnet Improvisation das spontane Erfinden und gleichzeitige Darbieten von Musik. Vor allem im Jazz, aber auch im Rock, in einigen Bereichen der europäischen Neuen Musik und in den meisten außereuropäischen Musikkulturen spielt die Improvisation eine wichtige Rolle, wobei jeder dieser Bereiche spezielle Gestaltungsprinzipien ausgebildet hat. Insofern gibt es kein völlig voraussetzungsfreies, „spontanes" Improvisieren, sondern nur eines, das bestimmte Regeln berücksichtigt und auf Lernprozessen basiert.

**Impuls** [von lateinisch impellere „stoßend in Bewegung setzen"]: die kurzzeitige Wirkung einer Kraft, ein Kraftstoß, z. B. ein akustischer Energiestoß ähnlich dem ↑Knall. In der elektronischen Musik lassen sich aus periodischen Impulsfolgen Schwingungen zusammensetzen und damit Tonempfindungen erzeugen.

**Incipit** [lateinisch „es beginnt"]: in Handschriften und frühen Drucken die

Eingangsformel (später ersetzt durch den Titel), auf die Musik bezogen, der Anfang einer Melodie oder einer Komposition. In thematischen Katalogen (z. B. von Haydn, Mozart, Beethoven) wird das Incipit einer Komposition wiedergegeben, um diese eindeutig identifizieren zu können. Ein *Incipitkatalog* ordnet Musikstücke (z. B. Volkslieder) nach deren Intervallfolge (unter Berücksichtigung der metrischen Schwerpunkte). Dabei müssen alle Stücke auf eine einheitliche Tonart, bzw. einen Grundton gebracht, d. h. transponiert werden.

**indeciso** [inde'tʃizo; italienisch]: unbestimmt, unentschlossen, nicht streng im Zeitmaß.

**indische Musik:** die indische Musik wird allgemein eingeteilt in musikalische Hochkunst, Volksmusik und Stammesmusik. Bei der Hochkunst – meist als indische Musik im engeren Sinne aufgefaßt – unterscheidet man nach Stilkriterien die Hindustanimusik Nordindiens und Pakistans von der karnatischen Musik Südindiens. Ähnlichkeiten von Hochkunst und Volksmusik sind auf das Vorhandensein gleicher Vorbilder oder auf die Übernahme aus der einen Schicht in die andere zurückzuführen. Dagegen hat jeder Stamm sein eigenes Musikrepertoire, das häufig nur wenige, oft altertümlich wirkende Melodien umfaßt, die zahlreichen Texten zu verschiedenen Gelegenheiten angepaßt werden können.

Als Ausgangspunkt für die Entwicklung der Kunstmusik wird der „Samaweda" (der Weda der Gesänge) betrachtet. Der Musikpraxis hat eine siebenstufige Tonskala als Richtschnur gedient. Zur Bestimmung der Tondistanzen wurde im „Natjaschastra" (Lehrbuch der Schauspielkunst) ein Maßintervall festgelegt. Man fand es durch Zerlegung der Oktave in 22 Schruti genannte Mikrotöne. Vier solcher Schruti ergaben den großen Ganzton (8:9), zwei Schruti den Halbton (15:16). Die Intervallreihe des Sagrama, der älteren siebenstufigen Grundskala, wurde als Folge von 4 3 2 4 3 4 2 Schruti interpretiert. Dabei ergab sich zunächst die Skala eines d-Modus, später eine unserem C-Dur vergleichbare Skala, auf deren Grundton auch die modernen Skalensysteme Nord- und Südindiens basieren. Neben dem Sagrama benutzte das ältere Tonsystem als grundlegende Skala den Magrama, der von der 4. Stufe des Sagrama ausging. An diesen beiden Skalen war die Stimmung der Musikinstrumente orientiert. Indem man auf jedem ihrer Töne eine siebenstufige Modalleiter errichtete, erhielt man das System der 14 Murtschana, aus denen sieben als Gebrauchsleitern für die Praxis ausgewählt wurden. Diese sieben Murtschana dienten zur Bestimmung der Tonhöhen in den Leitern der 18 als Dschati bezeichneten Melodietypen. Die Haupttöne verliehen der Melodie ihre besondere „Stimmung" oder „Farbe" (↑Raga) und diese entsprach jener Gemütsstimmung (Rasa), welche die betreffenden Töne bei der Textrezitation in Bühnenspielen ausdrückten. Metrum und Rhythmus wird mit dem Wort Tala (wörtlich „Klatschen, Schlagen") umschrieben. Eine Liste von 120 Schlagperioden der älteren Zeit ist im „Samgitaratnakara" des Scharngadewa (1. Hälfte des 13. Jahrhunderts) mitgeteilt. Heute sind die Tala-Perioden überwiegend Vorlagen für die Metrisierung von Musikstücken. An den Tala-Perioden ist die Länge der Melodieperioden orientiert, und aus den Tala-Schlägen werden die Grundzeitwerte für Melodie und Trommelspiel gewonnen. Die rhythmische Gestaltung der Melodie, d. h. die Gruppierung und Akzentuierung der einzelnen Töne, ist vom Tala-Metrum weitgehend unabhängig und kann von einer Melodieperiode zur anderen wechseln. Noch größere Freiheit zur Rhythmisierung wird dem Trommelspiel eingeräumt.

Der Vortrag von Melodie und Trommelpart ist oft durch hohe Virtuosität ausgezeichnet. Zudem spielt die Improvisation eine überragende Rolle. Verwirklicht wird diese Kunst in kleinen Ensembles, die nur Solopartien kennen. Den höchsten Rang nehmen Ensembles mit einem Gesangssolisten ein. Seine Melodie wird in der Regel vom Klang der Bordunlaute Tambura gestützt, von einem Streichinstrument (Sarangi in Nord-, Violine in Südindien) umspielt und von der Trommel (Tabla in Nord-, Mirdanga in Südindien) begleitet. Zur Darbietung der tragenden Melodie eines Musikstücks sind ferner beliebt: gezupfte Lauteninstrumente wie Sitar und Sarod in Nordindien sowie die Wina in Südindien, daneben Oboen und Flöten.

Die Eigenart der beiden Stilbereiche indischer Musik zeigt sich auch in den gegenwärtig geläufigen Skalensystemen. Das System Südindiens umfaßt 72 Grundtonleitern (Melakarta), die einer 12stufigen chromatischen Skala entwachsen sind. Im Anschluß an das Melakarta-System wurde Anfang des 20. Jahrhunderts zur Systematisierung der nordindischen Raga das That-System entwickelt. Es enthält jene 10 Skalen, die für die Musikpraxis besonders wichtig sind. Schließlich sind sehr viele metrisierte Stücke der karnatischen Musik textierte, in Melodie und Tala-Metrum weitgehend festgelegte Schöpfungen bekannter Komponisten, besonders des Dichter-Musikers Tyagaraja (* 1767, † 1847).

**indonesische Musik:** im 1. Jahrtausend nach Christus haben indische und chinesische, danach arabische Einflüsse die Musikkulturen Indonesiens in unterschiedlichem Maße bestimmt. Daneben wirkte sich auch der abendländische Einfluß aus, der sich seit dem 16. Jahrhundert v. a. in portugiesischer und niederländischer Ausprägung geltend machte. Als gemeinschaftliche Basis für weite Regionen Indonesiens sind insbesondere die ↑Gamelan genannten, vorwiegend aus Gongspielen und Xylophonen bestehenden Ensembles javanischen Ursprungs charakteristisch. In Java selbst und v. a. auf Bali ist im Laufe der Jahrhunderte ein fürstliches bzw. rituales Repertoire an orchestralen Stücken entstanden und bewahrt worden. Verschiedene Gattungen der Gamelanmusik erklingen auf Bali noch heute im Rahmen der großen Tempelfeste, als Begleitung ritueller und dramatischer Tänze sowie des Schattenspiels. Während Bali sich dem Islam gänzlich verschlossen hat, sind Sumatra und die umliegenden kleinen Inseln stark vom Islam und von der persisch-arabischen Musik beeinflußt worden. Dies zeigt sich an manchen hier gebräuchlichen Instrumenten wie Zupflaute (Gambus), Rahmentrommel (Rebana), Holzschalmei (Serunai) oder der auf Nias gestrichenen Spießlaute (Lagija). Neben Xylophonen und Gongs gelten in Indonesien als eigenständige Musikinstrumente verschiedene Arten von zweifelligen Membranophonen (Trommeln mannigfacher Bauart, häufig Kendang genannt), Maultrommeln (Gengong), Rasseln, Schwirrhölzer, Bambusflöten und -schalmeien, Bambuszithern, Stampfrohre, Klangstäbe u. a.

Die Reliefs an dem um 800 errichteten Stupa von Borobudur in Zentraljava enthalten Darstellungen von Musizierenden und von Musikinstrumenten, die einen Einblick in die Musikpraxis der Regierungszeit der Shailendradynastie (8./9. Jahrhundert) geben. Von dieser indischen Herrscherfamilie leitet eines der Tonsysteme, das ↑Slendro seinen Namen her (eine Skala, die in 5 gleiche Intervalle aufgeteilt ist, so daß benachbarte Töne im Abstand von 1 1/4 Ganzton aufeinander folgen). Das 2. Tonsystem, das ↑Pelog, besteht aus einer siebenstufigen Materialleiter, aus der fünftönige Modi entwickelt werden, in denen kleine und große Intervalle miteinander abwechseln.

Die besondere Vielgestaltigkeit der einzelnen Musikregionen hängt auch stark mit der jeweiligen Religionszugehörigkeit der Bewohner zusammen. Kalimantan (Borneo) ist an den von Malaien bewohnten Küsten besonders starken Fremdeinflüssen ausgesetzt gewesen, während sich bei den Dajak im Innern der Insel sehr einfache rezitativische Gesänge von hohem Alter erhalten haben. Aus Celebes kennt man einerseits epische Heldenlieder, die vom Sänger auf einer zweisaitigen Streichlaute begleitet werden, andererseits – aus Zentralcelebes – bezüglich des Tonumfangs äußerst bescheidene, monotone Gesänge, während im Süden dieser Sundainsel noch heute von Volkspriestern mit Lärm- und Schreckinstrumenten böse Geister vertrieben werden. Auf Madura begleiten zahlreiche Perkussionsinstrumente die Stierrennen. Auf Sumba ist der grelle Freudengesang der Frauen bei der Rückkehr ihrer Männer von der Kopfjagd erwähnenswert. Auf den Molukken stößt man heute indes nur noch gelegentlich auf letzte Reste einer angestammten Musikkultur.

**Informationstheorie:** mit informationstheoretischen Methoden untersucht die Musikwissenschaft, welche Aspekte der Musik sich mathematisch-statistisch erfassen und erklären lassen, ob beispielsweise die Häufigkeiten bestimmter Intervalle oder Melodiestücke musikalische Stilcharakteristika darstellen. Die ↑Computermusik kehrt die informationstheoretische Analyse um und verwendet deren Ergebnisse als Grundlage von Kompositionsprogrammen. Begriffe und Modelle der Informationstheorie können der terminologischen Klärung musikalischer Sachverhalte dienen, z.B. Ordnung, Komplexität, Aufnahmefähigkeit (des Gehörs) usw.

**Ingressa** [von lateinisch ingredi „hineingehen“]: im Ambrosianischen Gesang Bezeichnung für den ↑Introitus.

**Initium** [lateinisch „Anfang“]: bei den ↑Psalmtönen die aus zwei Tönen bestehende Eingangsformel.

**innocente** [inno'tʃɛntə; italienisch]: unschuldig, anspruchslos.

**In nomine** [lateinisch „im Namen“]: Bezeichnung für Instrumentalkompositionen der englischen Musik des 16./17. Jahrhunderts, denen als Cantus firmus der Choralabschnitt zugrunde liegt, den J. Tavener im Benedictus der Messe „Gloria tibi Trinitas“ zu den Worten „In nomine Domini“ verwendet. Dieser Abschnitt einer Vokalkomposition wurde für Instrumente übertragen und leitete die etwa 100jährige Geschichte der In-nomine-Kompositionen ein, an der sich alle englischen Komponisten der Zeit beteiligten.

**instrumentales Theater:** im Unterschied zum musikalischen Theater geht das instrumentale Theater vom Instrumentalspiel aus und entwickelt dies relativ eigenständig „theatralisch“ weiter. In diesem Sinne sind bereits die Gebärden eines Pultvirtuosen instrumentales Theater; so hat z. B. M. Kagel, von dem die Bezeichnung stammt, darauf aufbauend Stücke „komponiert“ (u. a. „Sur scène“, 1959/60; „Match für drei Spieler“, 1964). In jedem Fall muß beim instrumentalen Theater eine Identität sowohl zwischen Instrumentalisten und Schauspieler, als auch zwischen Instrumentalspiel und Schauspiel bestehen. Von Kagel wurde das Prinzip des instrumentalen Theaters auch auf den Film übertragen („Hallelujah“, 1968).

**Instrumentalmusik:** die ausschließlich mit Musikinstrumenten auszuführende Musik im Gegensatz zur ↑Vokalmusik. Instrumentalmusik im weiteren Sinne gibt es seit der Erfindung der Musikinstrumente in europäischer und außereuropäischer Musik. Instrumentalmusik im engeren Sinne abendländischer Kunstmusik erst seit etwa 1600. – Die vom Frühchristentum bis um 1000 aus dem Kult verbannte Musik fand mit Orgeln zunehmend Eingang in den Kirchenraum; daneben gab es eine eigene Tradition von Instrumentalmusik bei den Gauklern, Spielleuten und den späteren Stadtpfeifern. Seit der Mitte des 15. Jahrhunderts werden in Lauten- und Orgeltabulaturen Vokalwerke aufgezeichnet und belegen damit die Verwendung von Instrumenten bei deren Aufführung. Diese Praxis führte im 16. und v. a. im 17. Jahrhundert zur Ausbildung eigener Instrumentalformen. Aus den Bereichen von Tafel und Tanz löste sich die Instrumentalmusik mit ihrer gegenüber der Vokalmusik gewonnenen Autonomie im Laufe des 18. Jahrhunderts und entwickelte die eigenen Gattungen der Klavier-, Kammer- und Orchestermusik. Spätestens seit der Wiener Klassik wird Instrumentalmusik zum Inbegriff „autonomer“ Musik; diese Vorrangstellung ist ihr bis ins 20. Jahrhundert erhalten geblieben. In der elektronischen Musik ist der Gegensatz vokal-instrumental aufgehoben.

**Instrumentation** (Instrumentierung) [lateinisch]: die Ausarbeitung einer Komposition für die Stimmen verschiedener Instrumente. Die Instrumentation setzt die Kenntnis der akustischen und spieltechnischen Gegebenheiten, der Klangfarben und Dynamik der einzelnen Instrumente voraus sowie der sich aus dem Zusammenspiel ergebenden Möglichkeiten: Entweder entstehen neue Klangfarben (Klangverschmelzung) oder die Einzelklangfarben sind hörbar und bilden Kontraste (Spaltklang). – Erste Besetzungsvorschriften stammen aus dem 17. Jahrhundert (C. Monteverdi, H. Schütz); im Barock bilden die Streichinstrumente den Kern des Orchesters. Die Instrumentation zwischen Ch. W. Gluck und Beethoven ist bei Vorherrschaft der Streicher durch ein ausgewogenes Verhältnis von Klangverschmelzung und Hörbarkeit aller Instrumente gekennzeichnet. Bei H. Berlioz stehen die Blasinstrumente gleichbedeutend neben den Streichinstrumenten. Die Instrumentation R. Wagners erreicht vollständige Klangverschmelzung im Tutti und in den Teilgruppen, das Orchester wird eine mannigfaltigst differenzierbare Einheit. Mit der weiteren Vergrößerung des Orchesters nach Wagner wird sowohl das Klangvolumen gesteigert als auch die Differenzierbarkeit erweitert (besonders bei R. Strauss und G. Mahler). Im Impressionismus wird Klangfarbe zu einem der wichtigsten Strukturelemente, in A. Schönbergs ↑Klangfarbenmelodie Träger des musikalischen Geschehens. Die Neue Musik akzentuierte einerseits die Klangfarbe in der ↑Klangfarbenkomposition (G. Ligeti, „Atmosphères“, 1961), griff andererseits auch die sich bei einzelnen Instrumenten als typisch herausgebildete Motivik heraus (E. Varèse, „Ionisation“, 1930/31). Darüber hinaus haben die elektronischen Musikinstrumente dem klanglichen Geschehen neue Dimensionen eröffnet.

*Instrumentationslehren* gibt es ansatzweise schon um 1600 (M. Praetorius, „Syntagma musicum“, 1615–19), die erste eigentliche und zugleich grundlegende Instrumentationslehre stammt von H. Berlioz (1843), mit zahlreichen späteren Bearbeitungen (u. a. von R. Strauss, 1905); weitere Instrumentationslehren gibt es von N. Rimski-Korsakow (1913), E. Wellesz (1928/29), H. Kunitz (1956–61).

**Instrumente** [von lateinisch instrumentum „Ausrüstung, Werkzeug“]: Geräte zum Hervorbringen musikalisch verwendbaren Schalls (Töne, Klänge, Geräusche). Sie werden in der ↑Instrumentenkunde gegliedert in Idiophone, Membranophone, Chordophone, Aerophone und Elektrophone, in der musikalischen Praxis ungenau in ↑Saiteninstrumente, ↑Blasinstrumente und ↑Schlaginstrumente.

Die lückenhafte Überlieferung durch Funde erlaubt es nicht, die Entstehung der Instrumente im einzelnen zu datieren. Nach der (nicht mehr voll anerkannten) Theorie von C. Sachs besteht diese Reihenfolge: In prähistorischer Zeit entstanden Schlagidiophone, in der Altsteinzeit Schraper und Knochenpfeife, in der Jungsteinzeit Grifflochflöte, einfellige Trommel, Panflöte, Musikbogen, Xylophon, Maultrommel und Rohrblattpfeife, in der Metallzeit Zither und Glocke. Seit der Jungsteinzeit verfügen die Instrumente über wechselnde Tonhöhen. – Über das Instrumentarium der frühen Hochkulturen können schon verhältnismäßig genaue Angaben gemacht werden. Rekonstruierbare Funde, Abbildungen und schriftliche Zeugnisse lassen für das 3. Jahrtausend vor Christus in Mesopotamien den Schluß auf den Gebrauch von Harfe, Leier und zweifelliger Trommel zu. Ein Jahrtausend später sind in Ägypten Laute, Becken, Trompete und Doppelrohrblattpfeife bezeugt. Das griechische Instrumentarium im 1. Jahrtausend vor Christus ist aus dem Vorderen Orient übernommen und brachte an Neuerungen Sackpfeife, Kastagnetten und Hydraulis. Wahrscheinlich über die Etrusker und Kelten gelangten Harfen, Leiern und Hörner ins mittelalterliche

Europa; aus dem Orient kamen weitere für die Folgezeit wichtige Instrumente wie Orgel, Psalterium, Fidel, Rebec, Laute, Schalmei und Trompete. Eine bedeutende Neuerung des Mittelalters war die Einführung von Tasten bei Saiteninstrumenten (Monochord, Psalterium), wodurch spätestens im 14. Jahrhundert die Vorformen von Klavichord und Cembalo entstanden. In der Renaissance wurde das Instrumentarium stark ausgeweitet; der Tonraum erweiterte sich um 2 Oktaven nach unten, es entstanden viele Instrumentenfamilien (d.h. Bau des gleichen Instruments in Diskant-, Alt-, Tenor- und Baßlage). Neue Typen wurden entwickelt, besonders bei den Blasinstrumenten (z.B. Rackett, Sordun, Rausch- und Schreierpfeife, Dulzian, Krummhorn, Pommer, Zink). Aus Fidel und Rebec entstanden die drei Gruppen der Streichinstrumente, die Liren, Violen und die Violinfamilie. Das 16. Jahrhundert unterschied die akkordfähigen „Fundamentinstrumente" wie Orgel, Cembalo und Laute von den in der Regel einstimmigen „Ornamentinstrumenten". Im 17./18. Jahrhundert bildete sich das Orchester mit dem Streicherchor als Kern heraus. Bedeutsam war im 18. Jahrhundert die Entwicklung des Hammerklaviers und die Einführung der temperierten Stimmung. Die allgemeine Technisierung führte im 19. Jahrhundert im Instrumentenbau zur Verbesserung vorhandener Instrumente (z.B. Einführung der ausgereiften Klappenmechanik bei Flöten und Rohrblattinstrumenten, von Ventilen bei Blechblasinstrumenten, der Repetitionsmechanik beim Klavier). Daneben entstanden neue Instrumente wie Saxophon, Harmonium, Mund- und Handharmonika. Neue Klangmöglichkeiten erschlossen im 20. Jahrhundert die Elektrophone.

**Instrumentenkunde:** Fach der Musikwissenschaft, das sich mit den ↑Instrumenten als den Geräten zur Erzeugung von Schall und zur Verwirklichung musikalischer Klangvorstellungen befaßt. Sie beschreibt Bau, Akustik, Klangcharakter, Spieltechnik und Verwendung der Instrumente, ordnet sie nach gemeinsamen Merkmalen (Klassifikation) und erforscht die Geschichte ihrer baulichen Entwicklung und die jeweilige Stellung in der Musik und im Denken einer Epoche. Darüber hinaus gibt die Instrumentenkunde Hinweise für die Rekonstrukton historischer Instrumente, die Interpretation alter Musik und den Wandel des Klangideals; zugleich vermittelt sie Anregungen für instrumentenbauliche Verbesserungen und die Verwirklichung neuer Klangvorstellungen. – Ansätze zur Gruppierung der Instrumente finden sich bereits bei S. Virdung („Musica getutscht und ausgezogen", 1511), M. Praetorius („Syntagma musicum", Band 2, 1619) und M. Mersenne („Harmonie universelle", 1636). Als Wissenschaft ist die Instrumentenkunde im 19. Jahrhundert entstanden, auch aus dem Bedürfnis heraus, die Bestände der damals angelegten Instrumentensammlungen (bedeutend die in Berlin, Brüssel, London, New York, Nürnberg, Paris, Wien) systematisch zu ordnen. Die bis heute mit gewissen Einschränkungen und Ergänzungen gültige Klassifikation wurde im Anschluß an V.-C. Mahillon (1888) von E. M. von Hornbostel und C. Sachs (1914) aufgestellt. Sie gliedert die Instrumente nach der Beschaffenheit des vorrangig schwingenden Teils. Danach werden folgende 5 Gruppen unterschieden:

1. *Idiophone* (Selbstklinger), wie Kastagnetten, Becken, Xylophon, Glocken, Rasseln, Maultrommel, Glasharmonika;
2. *Membranophone* (Fellklinger), wie Trommel und Pauke;
3. *Chordophone* (Saitenklinger), wie Musikbogen, Zither, Psalterium, Harfe, Klavichord, Cembalo, Klavier, Laute, Gitarre, Viola, Violine;
4. *Aerophone* (Luftklinger), wie Trompete, Flöte, Rohrblattinstrumente, Orgel, Harmonium, Mund- und Handharmonika;
5. *Elektrophone* (elektronische Musikinstrumente), wie Hammondorgel, Ondes Martenot, Trautonium und Synthesizer.

**Inszenierung** [lateinisch]: die Einrichtung und Einstudierung eines Bühnenstücks; bei der Oper ist die szenische und musikalische Realisierung (Aufführung) Ergebnis der Inszenierung. Die Inszenierung umfaßt die Herstellung einer Bühnenfassung bzw. bühnengerechten Bearbeitung des jeweiligen Werks durch den Dramaturgen, die Besetzung der Rollen, ihre musikalische Einstudierung durch den Korrepetitor und szenische durch den Regisseur, die Herstellung von Bühnenbild und Kostümen und schließlich die Zusammenfassung des Produktionsprozesses der Inszenierung und der einzelnen Elemente der Oper durch Regisseur und Kapellmeister im Rahmen einer vorher ausgearbeiteten Aufführungskonzeption. Die Inszenierung vermittelt zwischen Werk, aufführungspraktischen Bedingungen des Musiktheaters und Publikumsgeschmack und unterliegt daher selbst geschichtlichen Stilwandlungen.

**intavolieren** [lateinisch-italienisch] (intabulieren; absetzen): eine in Stimmen notierte Komposition in ↑Tabulatur (Griffschrift) übertragen.

**Intendant** [lateinisch-französisch]: der für die künstlerische Gestaltung und Verwaltung verantwortliche Leiter eines Theaters, einer Rundfunk- bzw. Fernsehanstalt; er wird vom Verwaltungsrat gewählt. *Generalintendant* ist der Leiter eines Theaterbetriebes mit mehreren Gattungen der darstellenden Kunst (Oper, Ballett, Schauspiel).

**Intensität** [von lateinisch intensus „gespannt, aufmerksam, heftig"]: in der Physik ein Maß für den Energiefluß, d.h. die je Zeiteinheit durch eine Einheitsfläche ein- bzw. ausgestrahlte Energie. Intensität ist demnach bei einem musikalischen Sender die pro Zeiteinheit abgestrahlte Schalleistung (↑Schallenergie), bei einem Empfänger die pro Fläche (z.B. des Trommelfells oder der Mikrophonmembran) auftreffende Leistung. – ↑auch Dezibel.

**Interferenz** [von lateinisch inter „zwischen" und ferire „schlagen, treffen"]: Bezeichnung für die Gesamtheit der charakteristischen Überlagerungserscheinungen, die beim Zusammentreffen zweier oder mehrerer Wellenzüge mit fester Phasenbeziehung untereinander am gleichen Raumpunkt beobachtbar sind.

**Interludium** [lateinisch „Zwischenspiel"]: ein Zwischenspiel zwischen zwei Szenen oder Akten der Oper, entweder szenisch (auch *Intermedium* genannt) oder rein instrumental (auch *Intermezzo*). In der Orgelmusik bezeichnet Interludium ein zunächst meist improvisiertes, später auch komponiertes Zwischenspiel zwischen Versen oder Strophen eines Kirchengesanges. Als selbständige Stücke finden sich Interludien auch in der Lauten- und Klaviermusik.

**Intermedium** [von lateinisch intermedius „in der Mitte befindlich"]: eine im 15. Jahrhundert in Italien aufgekommene Zwischenaktsunterhaltung, die rein instrumental, vokal-instrumental oder szenisch sein konnte. Sie diente der Überbrückung der für den Szenenwechsel in Bühnenwerken notwendigen Pausen. Besonders beliebt waren Intermedien komischen Charakters in Form von Maskeraden, Pantomimen und Tänzen, häufig mit exotischen Kostümierungen und vielfältigen Bühneneffekten. Das Intermedium verselbständigte sich zunehmend und gewann entscheidenden Einfluß auf die Ausbildung der Opera buffa (Beispiel: G. B. Pergolesis Intermezzo „La serva padrona", 1733).

**Intermezzo** [italienisch, von lateinisch intermedius, ↑Intermedium]: im Zusammenhang mit der Oper gleichbedeutend mit *Intermedium.* In der Klaviermusik seit dem 19. Jahrhundert Bezeichnung für ein selbständiges Charakterstück, gelegentlich auch für den Mittelteil eines dreiteiligen Satzes oder für einen [Mittel]satz im Sonatenzyklus verwendet.

**Interpretation** [von lateinisch interpretatio „Erklärung, Deutung, Übersetzung"]: das Umsetzen einer als Notentext vorliegenden Komposition in klingende Musik. Dabei muß der *Interpret* versuchen, das in Form und Inhalt eines Werkes vom Komponisten Gemeinte zu verstehen und das Werk auf der Grundlage dieses Verstehens in klanglicher Gestalt zu realisieren. Je nach dem historischen Stil, der Gattung usw. gibt es verschiedene Möglichkeiten und Notwendigkeiten (↑Aufführungspraxis) der Interpretation, die trotz objektiver Anforderungen stets auch subjektive Ausdeutung des Interpreten bleibt. Während im Laufe der Musikgeschichte die Komponisten durch zusätzliche Angaben (Tempovorschriften, Verzierungen usw.) die Ausführung ihrer Werke immer stärker festlegten, trat v.a. in solistischer Musik der Interpret als Dirigent, Instrumentalist und Sänger (Interpret wird oft gleichgesetzt mit ausübendem Musiker überhaupt) immer stärker in den Vordergrund (↑Virtuose), die Leistung des Komponisten in der Bewertung durch das Publikum hinter der des Interpreten zurück. In neuerer Musik wird einerseits Interpretation gänzlich ausgeschaltet, indem das Werk nur in einer vom Komponisten auf Tonband aufgenommenen Form existiert (konkrete Musik, elektronische Musik), andererseits in offenen Formen, Aleatorik, Live-Elektronik dem Interpreten eine dem Komponisten ebenbürtige Rolle eingeräumt. – Interpretation heißt auch die begrifflich-analytische Deutung musikalischer Kunstwerke.

**Intervall** [von lateinisch intervallum „Zwischenraum"]: der Unterschied zwischen zwei Tönen kann empfindungsmäßig durch den „Abstand" der beiden Tonhöhen „gemessen" werden. Dabei werden „Abstände" zwischen zwei Tönen dann als gleich groß empfunden, wenn die [Grund]frequenzen der beiden Töne im gleichen Verhältnis stehen. Kleinere Abweichungen, die in der musikalischen Praxis überhört werden, ergeben sich auf Grund der jeweiligen ↑Stimmung; in gewisser Annäherung gelten die in der Tabelle unten dargestellten Bezeichnungen und Beziehungen:

Auf Grund dieses psychophysikalischen Sachverhalts nennt man sowohl den Tonhöhenunterschied, als auch das entsprechende Verhältnis zwischen zwei gleichzeitig oder nacheinander erklingenden Tönen Intervall.

Intervalle sind die Strukturelemente aller melodisch und harmonisch konzipierten Musik: Die Struktur einer Melodie beispielsweise ist durch die Intervalle zwischen den sie konstituierenden Tönen, nicht durch die Tonhöhen selbst festgelegt, da sich zwar die Tonhöhen-, nicht jedoch die Intervallfolge beim ↑Transponieren ändert (die Melodiestruktur gilt hierbei als transpositionsunabhängig). „Reine" Intervalle, die ganzzahligen Frequenzverhältnissen entsprechen, kommen in der ↑Obertonreihe vor. „Alterierte" Intervalle sind in der musikalischen Praxis tonaler Musik Stellvertreter reiner Intervalle, die durch Halbtonversetzung der das Intervall bildenden Töne zustandekommen, zum Beispiel:

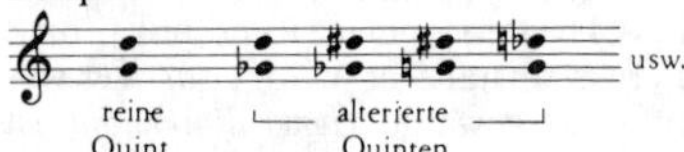


Neben einer quantitativen Bestimmung von Intervallen durch Angabe der „Größe" kennt die tonale Musiklehre noch eine qualitative, derzufolge die Intervalle in ↑Konsonanzen und ↑Dissonanzen eingeteilt werden. Diese für die Kompositionstechnik bedeutsame Einteilung hat sich historisch zugunsten

Musikalische Bezeichnung:

| | Prim | Sekunde | | Terz | | Quart | Quint | Sext | | Septime | Oktav |
|---|---|---|---|---|---|---|---|---|---|---|---|
| | | kleine | große | kleine | große | | | kleine | große | große | |
| Notenbild (im Beispiel vom Ton $c_1$ ausgehend): | | | | | | | | | | | |
| „Abstand" in Halbtonschritten gemessen: | 0 | 1 | 2 | 3 | 4 | 5 | 7 | 8 | 9 | 11 | 12 |
| Entsprechende Frequenzverhältnisse ca.: | 1:1 | 16:15 | 10:11 | 6:5 | 5:4 | 4:3 | 3:2 | 8:5 | 5:3 | 15:8 | 2:1 |

der Konsonanz verändert und ist nach der „Emanzipation der Dissonanz" in der ↑atonalen Musik hinfällig geworden.

**Intonation** [von lateinisch intonare „losdonnern, erdröhnen"]: 1. das Anstimmen eines Gesanges, um dessen Tonart und Tonhöhe anzugeben, z. B. im Gregorianischen Choral; auch soviel wie instrumentale Einleitung oder Vorspiel, v. a. in der Kirchenmusik, z. B. die Orgelintonation zum nachfolgenden Gemeindechoral. – 2. im weiteren Sinn soviel wie ↑Stimmung (englisch intonation), im engeren Sinn Bezeichnung für die Reinheit einer instrumentalen und vokalen Interpretation. – 3. in der materialistischen Musikästhetik ist Intonation ein Schlüsselbegriff, der jene Züge von Kunstmusik bezeichnet, die sich auf allgemeine Merkmale von Volks- und Gebrauchsmusik zurückführen lassen.

**Intrada** [italienisch, von lateinisch intrare „eintreten"] (italienisch entrata; spanisch entrada; französisch ↑entrée): eine seit dem 16. Jahrhundert verwendete Bezeichnung für Einleitungs- und Eröffnungsmusik, als Fanfare, Marsch und als Einleitung zu Vokal- oder Instrumentalstücken.

**Introduktion** [von lateinisch introductio „Einführung"]: ein meist langsamer Einleitungsteil zu ersten Sätzen von Sinfonien oder Kammermusikwerken zumal der Wiener Klassik. Bei Opern heißt manchmal auch die erste, direkt der Ouvertüre folgende Gesangsszene oder die einen Akt eröffnende Einleitung Introduktion. Die Introduktion ist wohl von dem langsamen Anfangsteil der französischen Ouvertüre herzuleiten.

**Introitus** [lateinisch „Eingang, Einzug"] (im Ambrosianischen Gesang Ingressa): der Eröffungsgesang der römischen Messe, der den Gang des Priesters zum Altar begleitet. Er besteht aus einer Antiphon, einem Psalmvers, der kleineren Doxologie („Gloria Patri...") und der Wiederholung der Antiphon. Wahrscheinlich fand er schon am Anfang des 5. Jahrhunderts Eingang in den Meßritus. Der ursprünglich übliche Vortrag eines ganzen Psalms wurde in der Zeit vom 8.–11. Jahrhundert immer mehr verkürzt bis auf den noch heute üblichen Psalmvers. Nach dem 2. Vatikanischen Konzil (1962–65) können auch andere Gesänge an die Stelle des Introitus treten.

**Invention** [von lateinisch inventio „Erfindung"]: seit dem 16. Jahrhundert in Titeln und Vorworten von Kompositionen verwendete Bezeichnung für Stücke, die durch eine (meist im Titel mitgeteilte) besondere Art der musikalischen Erfindung gekennzeichnet sind. In den musiktheoretischen Schriften des Barock erscheint der Begriff analog der Terminologie der Rhetorik: Die „inventio" – oft als Findung des musikalischen Themas verstanden – geht der „elaboratio" (Ausarbeitung und Durchführung der Invention) und der „executio" (musikalische Aufführung) voran. In diesem Sinne verwendet J. S. Bach den Begriff Invention für seine zweistimmigen Inventionen und dreistimmigen Sinfonien. Im 20. Jahrhundert wurden Inventionen von A. Berg, A. N. Tscherepnin, E. Pepping, B. Blacher, W. Fortner und G. Klebe komponiert.

**Inventionshorn:** ein Waldhorn, bei dem im Unterschied zum Naturhorn der Windkanal durch Zusatzbögen („Setzstücke") verlängert und somit die Stimmung vertieft werden konnte. Es wurde 1753 erfunden, verschwand aber mit der Einführung der ↑Ventile.

**Inversion** [von lateinisch inversio „Umkehrung"] ↑Umkehrung.

**Invitatorium** [mittellateinsch „Aufforderung"]: am Beginn der Matutin des Stundengottesdienstes gesungene Antiphon mit der Aufforderung zur Anbetung Gottes („Venite exsultemus Domino"). Sie wird mit dem Psalm 94 verbunden, wobei die Antiphon vom Chor, der Psalm von Solisten gesungen wird. Die Verwendung von Psalm 94 mit einer Antiphon als Einleitung der Matutin findet sich schon in der Regel des heiligen Benedikt von Nursia († 547).

**Inzidenzmusik** [von lateinisch incidere „einfallen"]: im Schauspiel eine in bestimmten Situationen der Handlung einsetzende und mit ihr untrennbar verbundene Musik (Fanfaren, Märsche, Ständchen). – ↑auch Bühnenmusik.

**ionisch** [griechisch]: nach dem griechischen Volksstamm der Ionier benannte ↑Kirchentonart, die erst im 16. Jahrhundert den bestehenden Kirchentonarten hinzugefügt wurde und Vorläufer des heutigen ↑Dur ist.

**isometrisch** [von griechisch ísos „gleich" und métron „Maß"]: in der musikwissenschaftlichen Literatur gebrauchte Bezeichnung für die gleichrhythmische Führung der Stimmen in einem mehrstimmigen Satz. – ↑auch Homophonie.

**isorhythmisch** [von griechisch ísos „gleich" und rhythmós „Rhythmus"]: musikwissenschaftlicher Fachbegriff, mit dem ein Kompositionsprinzip gefaßt wird, das v. a. in der Motette des 14. und 15. Jahrhunderts (besonders im Tenor) angewandt wurde. Melodisch gleiche Teile (↑Color) und rhythmisch gleiche Teile (↑Talea) werden unabhängig voneinander zusammen kombiniert, wobei sich allgemein die melodischen und die rhythmischen Phasen überschneiden (z. B. Aufteilung von zwei Colores auf drei Taleae).

**Ite, missa est** [lateinisch „Gehet hin, ihr seid entlassen"]: Schlußformel, mit der die Gläubigen am Ende der römischen Messe entlassen werden. Von ihr ist die Bezeichnung „Messe" abgeleitet. Das Ite missa est wird seit dem 2. Vatikanischen Konzil auch in Messen gebraucht, die das „Gloria in excelsis Deo" nicht aufweisen. – ↑auch Benedicamus Domino.

# J

**Jagdhorn** (italienisch corno da caccia): das zur Jagd geblasene, kreisförmig gewundene ↑Horn aus Metall, im späten Mittelalter aus dem ↑Hifthorn entstanden und wie dieses ein Signalhorn (im Unterschied zum modernen ↑Waldhorn). Das Jagdhorn wird heute in der Form des kleinen, lederumwickelten Pleßhorns in B (nach Herzog Hans Heinrich XI. von Pleß, * 1833, † 1907) und des großwindigen Parforcehorns in der Jägermusik verwendet.

**Jagdmusik:** allgemein die Bezeichnung für musikalische Signale, die bei der Jagd benutzt werden. Sie gehen auf Rufe und Locklaute der Jäger zurück und finden sich bereits auf frühen Kulturstufen fast aller Völker. Zunächst auf einfachen Blasinstrumenten und bloß auf einer Tonhöhe rhythmisch artikuliert, gehört Jagdmusik zu den ursprünglichsten musikalischen Äußerungen des Menschen. Mit der Erweiterung der Spieltechnik finden sich seit dem 17. Jahrhundert ausgeprägte Signalfolgen in den Intervallen der Naturtonreihe (↑Naturtöne), die je nach ihrer Zusammenstellung eine bestimmte Bedeutung haben („Die Jagd beginnt", „Der Hirsch ist tot" usw.). Von nun an verwendete auch die Kunstmusik solche und ähnliche Signalfolgen, v. a. für Hörner, um die charakteristische Atmosphäre der Jagd, des Waldes usw. in der Oper oder in reiner Instrumentalmusik im Hörer wachzurufen (C. M. von Webers Oper „Der Freischütz", 1821; W. A. Mozarts Hornkonzerte).

**Jaltarang:** persisch-indisches ↑Glasspiel.

**Jalousieschweller** [ʒalu'ziː...; französisch]: bei der Orgel ein an der Vorderseite mit verstellbaren Klappen (Jalousien) versehener Kasten, in dem die Register eines Manuals untergebracht sind. Durch Öffnen und Schließen der Klappen werden Crescendo- und Decrescendowirkungen erzielt.

**Jam-Session** [dʒæm 'sɛʃən; englisch]: ursprünglich Bezeichnung für eine zwangslose Zusammenkunft von Jazzmusikern, bei der aus dem Stegreif (ohne ↑ Arrangement) gespielt wird; später auch organisiert und Programmteil von Jazzkonzerten.

**Janitscharenmusik** (türkische Musik): die Militärmusik einer ehemaligen türkischen Spezialtruppe, der Janitscharen (gebildet im 14. Jahrhundert, 1826 aufgelöst), für die bestimmte Instrumente (große und kleine Trommel, Becken, Pauke, Tamburin, Triangel, Schellenbaum) und marschartige Rhythmen charakteristisch sind. Durch die Türkenkriege wurde die Janitscharenmusik in Mitteleuropa bekannt und Anfang des 18. Jahrhunderts in eigenen Militärorchestern nachgeahmt. Die Kunstmusik benutzte den für damalige Hörer eigenartigen, grell metallischen und „barbarischen" Klang der Janitscharenmusik, um die Wirkung des Fremdländischen (Türkei, Orient) oder Kriegerischen zu erzeugen. Beispiele: W. A. Mozarts Oper „Die Entführung aus dem Serail" (1782); dessen Klaviersonate A-Dur KV 331 (1778), 4. Satz „alla turca"; J. Haydns Sinfonie G-Dur (Hob. I: 100, 1794), die sogenannte „Militärsinfonie".

**japanische Musik:** die japanische Musik ist durch das im wesentlichen pentatonische, auf der chinesischen Zwölftonleiter beruhende Tonsystem, freien Rhythmus, Mikrotonornamentik und Wertschätzung von spieltechnischen Nebengeräuschen gekennzeichnet. Sie ist primär als Einheit von Musik, Wort und Tanz zu sehen, umfaßt aber auch reine Instrumentalmusik und hat den größten Formenreichtum auf dem Gebiet der Vokalmusik entwickelt.

1. Periode (bis Ende des 6. Jahrhunderts): Archäologisch dokumentiert sind steinerne Kugelflöten und Bronzeglocken, Tonfiguren aus Hügelgräbern zeigen Tänzer, Zitherspieler und Trommler. Durch schriftliche Quellen des frühen 8. Jahrhunderts sind ferner Bambusflöten und ein größerer Liederschatz belegt. Auch Maultrommel und epischer Gesang der rezenten Ainukultur gelten als Zeugen der ältesten Periode.

2. Periode (7.–10. Jahrhundert): Zusammen mit dem Buddhismus kommt in mehreren Wellen chinesische, koreanische, indische, zentralasiatische u. a. Musik nach Japan. Sie wird am Kaiserhof von Berufsmusikern und Laien gepflegt. Durch Beschränkung auf zwei Stilrichtungen, Standardisierung des Orchesters und Ausbildung eines festen Repertoires geht daraus im 9. Jahrhundert die ↑ Gagaku hervor, ein nach Links-rechts-Schema organisiertes Musiksystem, in dem das chinesische Repertoire (Togaku) mit „links" und das koreanische (Koma-gaku) mit „rechts" gleichgesetzt ist. Die Gagaku-Arrangements von profaner Vokalmusik wie von Zeremonialmusik des Schintokults sind als Weiterentwicklungen eigenständiger Traditionen nur z. T. in dieses System integriert.

3. Periode (11.–16. Jahrhundert): Außerhalb des höfischen Bereichs reifen im Schutz der Klöster und unter der Schirmherrschaft des Schwertadels weitere Elemente der importierten Musikkultur heran. Der auf der indischen Hymnik beruhende buddhistische Gesang wird zu neuen, spezifisch japanischen Hymnen umgeformt. Dem buddhistischen Bereich verpflichtet ist auch die außerhöf. Variante der Biwa (↑ Pipa), die am Aufschwung der epischen Gesangstechnik und damit der großen Kriegshistorien in dieser Periode Anteil hat. Das Instrument wirkt als Vorläufer der beiden südjapanischen Formen Satsuma-biwa und Tschikusen-biwa bis in die Gegenwart nach. Heute noch unverändert lebendig ist aber das No-Spiel, das Ende des 14. Jahrhunderts – an Tanzpantomimen teils chinesischer, teils ursprünglicher Traditionen anknüpfend – geschaffen wird. Es spiegelt mit seinen zwei Sanduhrtrommeln, Rahmentrommel und Querflöte die Tradition ländlicher Instrumentalensembles wider, der Gesangsstil ist buddhistisch beeinflußt.

4. Periode (17. bis Mitte des 19. Jahrhunderts): Die Mitte des 16. Jahrhunderts von den Riukiuinseln eingeführte dreisaitige Spießlaute ↑ Samisen entwickelt sich zum Charakteristikum einer neuen, bürgerlichen Mu-

sikkultur. Sie führt in der Gesangstradition zur Entstehung zahlreicher epischer wie lyrischer Stilrichtungen. Auch die Rezitationskunst der Erzähler des Puppenspiels gelangt erst in der Verbindung mit der Samisen als „Gidajubuschi“ zur Vollendung. Darüber hinaus trägt die Samisen zur Entstehung der berühmten Kabuki-Tanzlieder mit ihren ausgedehnten instrumentalen Zwischenspielen bei. Der typischen Samisenmusik, festen Arrangements aus mehreren kurzen Liedern, ist auch die neue Kotomusik verpflichtet. Dabei handelt es sich um reine Instrumentalstücke für Koto allein oder um instrumental begleitete Lieder mit selbständigen, instrumentalen Zwischenspielen, die meist im Trio aus Koto, Samisen und einer leicht gebogenen Längsflöte gespielt werden.

5. Periode (seit Mitte des 19. Jahrhunderts): Mit der Öffnung Japans für westliche Einflüsse verliert die traditionelle Musik schnell an Bedeutung. Die heutigen Überreste bestehen aus Elementen durchaus verschiedenen Alters. Diese Tatsache ist v. a. dem japanischen Traditionsprinzip zu verdanken, das den Schüler genau auf das Vorbild des Lehrers festlegt und zur Folge hat, daß sich Neuerungen nicht innerhalb einer Tradition durchsetzen können, sondern zur Gründung anderer Schulen führen.

**Jazz** [dʒæz; englisch]: der Jazz ist aus der Berührung zweier unterschiedlicher Kulturen hervorgegangen: aus der europäisch-amerikanischen einerseits und der afrikanischen andererseits. Man bezeichnet ihn daher häufig auch als „afroamerikanische Musik“. Die Urheber des Jazz waren die Nachfahren der von den europäischen Kolonisatoren als Sklaven in die Südstaaten der USA verschleppten Afrikaner. Beraubt ihrer ursprünglichen Sprache und Kultur, hatten sie im Laufe des 19. Jahrhunderts eigenständige Musikgattungen zu entwickeln begonnen, die sowohl afrikanische als auch abendländische Elemente enthielten: die Spirituals (religiöse Gesänge), die Worksongs (rhythmische Arbeitslieder der Sklaven) und den Blues (weltliche Lieder). Der nach der Sklavenbefreiung einsetzende Zug der Neger in die Städte brachte die Neger zunehmend in Kontakt mit der europäischen Musik. Die von dieser auf die Frühformen des Jazz einwirkenden Einflüsse zeigten sich v. a. in der Übernahme einfacher melodischer und harmonischer Formeln, wie sie in der Marsch- und Tanzmusik jener Zeit üblich waren, sowie in der Verwendung des entsprechenden Instrumentariums. Von den Elementen des Jazz, die auf afrikanische Traditionen zurückweisen, ist besonders der Rhythmus zu nennen. Kennzeichnend für diesen sind eine starke Spannung und beständige Konfliktbildung zwischen den Akzenten, wie sie auch in den afrikanischen Trommelmusiken vorhanden ist.

Um die Jahrhundertwende verschmolzen schwarze Musiker die verschiedenartigen Einflüsse zum ersten vollausgebildeten Stil des Jazz, nach dem Ort seiner Entstehung *New-Orleans-Stil* genannt. Es war eine emphatische (eindringliche) Musik mit starker rhythmischer Akzentuierung, rauher Tonbildung und mehrstimmigen Improvisationen. Allmählich prägte sich eine Standardbesetzung der Jazzgruppen aus: Kornett oder Trompete, Klarinette und Posaune bildeten die Melodiegruppe; Klavier, Banjo oder Gitarre, Baß und Schlagzeug die Rhythmusgruppe. Der New-Orleans-Jazz war eine „schwarze“ Musik, seine wichtigsten Solisten waren der legendäre Kornettist Buddy Bolden, der Posaunist Kid Ory und der Pianist und Komponist Jelly Roll Morton. Sehr bald jedoch wurde diese „schwarze“ Musik durch weiße Musiker nachgeahmt, es entstand der *Dixieland-Jazz*, angeführt von der „Original Dixieland Jazz Band“. Mit dieser Gruppe von weißen Musikern begann ein Prozeß, der sich in der Geschichte des Jazz ständig wiederholte: Schwarze Musiker entwickelten einen Stil, weiße Musiker imitierten ihn, verflachten, glätteten ihn, entsprechend dem Geschmack des breiten Publikums, und

machten damit riesige Geschäfte, während die schwarzen Musiker leer ausgingen und wiederum einen neuen Stil entwickelten.
Anfang der 1920er Jahre begann mit der wachsenden Industrialisierung in den nördlichen Großstädten der USA ein anhaltender Strom von Negern aus den ländlichen Bezirken des Südens in diese Städte zu ziehen. Mit ihnen zogen, dem Laufe des Mississippi folgend, die New-Orleans-Musiker. Das neue Zentrum des Jazz wurde Chicago, wo in dieser Zeit so berühmte Musiker wie King Oliver, Louis Armstrong und Johnny Dodds arbeiteten. Auch hier entstand unter dem Einfluß und durch Imitation des „schwarzen" *New-Orleans-Jazz* ein neuer „weißer" Stil, der *Chicago-Jazz*, dessen bedeutendster Vertreter der Trompeter Bix Beiderbecke war: Die Gruppenimprovisation wurde weitgehend aufgegeben, Solisten traten stärker hervor, die Tonbildung wurde glatter und dem europäischen Klangideal zunehmend angepaßt.
Der Chicago-Jazz bildete das Bindeglied zwischen den sogenannten klassischen Jazzstilen und dem *Swing*. Dieser entstand Anfang der 1930er Jahre und war v. a. eine Angelegenheit der großen Orchester (Big Bands). Im Swingstil rückten die afrikanischen Elemente des Jazz weiter in den Hintergrund. Die Big Bands erforderten eine straffe musikalische Disziplin und ließen nur wenig Freiheit für spontane Improvisation. Diese besaßen lediglich die Starsolisten, die nun – ähnlich wie die Filmstars aus Hollywood – zu weltweiter Berühmtheit gelangten, darunter v. a. der Klarinettist und Orchesterleiter Benny Goodman, den man als den „King of swing" (König des Swing) feierte.
Die Entwicklung des modernen Jazz setzt um 1940 in New York ein. Der Saxophonist Charlie Parker, der Trompeter Dizzy Gillespie, der Pianist Thelonious Monk und andere farbige Musiker schufen als Reaktion auf den kommerzialisierten Swing eine neue Form des Musizierens mit erregend wirkenden, zerfetzten, ausbruchartigen Melodielinien und Rhythmen. Der neue Stil erhielt den lautmalenden Namen *Bebop*. Daneben entwickelte der Big-Band-Leiter Stan Kenton den *Progressive Jazz*, der sich der europäischen zeitgenössischen Musik annäherte, auf die Dauer aber unfruchtbar blieb. Im Laufe der 1950er Jahre bildeten sich in der Nachfolge des Bebop zwei sehr unterschiedliche Stilbereiche heraus: *Cool Jazz* und *Hardbop*. Der erstere, vorwiegend von weißen Musikern praktiziert, knüpfte an die harmonischen Errungenschaften des Bebop an, glättete aber dessen Rhythmik und Tonbildung zu einer verhaltenen Kühle des Ausdrucks und paßte sich teilweise der abendländischen Kunstmusik an. Der Hardbop hingegen betonte als „schwarzer" Gegenpol des Cool Jazz die Wurzeln des Jazz, indem er auf alte Formen der afroamerikanischen Volksmusik zurückgriff (Work-Song, Blues) und diese in die Gestaltungsprinzipien des Bebop einzuschmelzen versuchte.
Die geringe Tragfähigkeit von Cool Jazz und Hardbop führte um 1960 zu dem entscheidenden Bruch in der Entwicklung des Jazz. Im *Free Jazz* (freier Jazz) wurden fast alle herkömmlichen Gestaltungsprinzipien des Jazz aufgehoben: An Stelle der bis dahin gültigen Formgerüste trat die „offene Form"; die harmonischen Gesetzmäßigkeiten wurden verschleiert oder ignoriert, der den Rhythmus regelnde Grundschlag (beat) weitgehend aufgegeben, und die Tonbildung führte durch starke Geräuschanteile zu rein klanglichen Improvisationsverläufen. Seit 1965 begannen sich im Free Jazz drei auseinanderstrebende Entwicklungen abzuzeichnen: 1. der sogenannte Mainstream („Hauptstrom") des Free Jazz, der stark bluesbetont ist, 2. ein an die europäische Neue Musik anknüpfender Stil und 3. ein an außereuropäische Musikformen angelehnter Stil. – Seit Anfang der 1970er Jahre machen sich zunehmend Versuche einer Verschmelzung von Jazz und ↑Popmusik bemerkbar. Die wichtigsten Vertreter des Free Jazz sind die Saxophonisten John Coltrane, Ornette Coleman und

Archie Shepp sowie der Pianist Cecil Taylor. In jüngster Zeit kann man auch deutsche Jazzinterpreten zu den stilbildenden Musikern zählen, so den Posaunisten Albert Mangelsdorff, den Trompeter Manfred Schoof und den Saxophonisten Peter Brötzmann.
Der Jazz entstand im Zusammenwirken vieler Elemente und verbreitete sich über Rassenschranken und Nationalitäten hinweg. Er hat zahllose Erscheinungsformen der Musik – von der Tanzmusik der 1920er Jahre bis zur Beatmusik und Popmusik unserer Zeit – befruchtet und auch viele der in der europäischen Musiktradition stehenden Komponisten inspiriert. – Alle Jazzstile bestehen noch heute nebeneinander weiter.

**Jazzrock** ['dʒæsrɔk; englisch] (Rockjazz): ein Musikstil der 1970er Jahre, in dem versucht wird, Elemente des Jazz und der Rockmusik miteinander zu verschmelzen. Zu den bekanntesten Musikern des Jazzrock gehören Miles Davis, Chick Corea, John McLaughlin und die Gruppe Weather Report.

**Jeu parti** [ʒøpar'ti; französisch „geteiltes Spiel"]: Liedgattung der französischen Troubadours und Trouvères im 12. und 13. Jahrhundert. Das Jeu parti war ein Streitlied zwischen zwei Sängern, bei dem der erste zunächst eine Frage oder Behauptung vortrug, auf die der zweite entgegnete, wobei er sich weitgehend an Melodie, Form und Silbenzahl des ersten Vortrags anschloß. Inhalte waren Themen ritterlicher Minne.

**Jig** [dʒɪg; englisch]: englisches Tanzlied des 16. Jahrhunderts, Vorläufer der ↑Gigue; vom Ende des 16. Jahrhunderts bis ins frühe 18. Jahrhundert auch Bezeichnung für eine kurze, derbe Posse mit Gesang und Tanz als Zwischen- oder Nachspiel eines (auch geistlichen) Bühnenwerks, Vorläufer der ↑Balladopera.

**Jitterbug** ['dʒɪtəbʌg; englisch]: in den 1940er Jahren in den USA, nach 1945 auch in Europa populär gewordener nordamerikanischer Gesellschaftstanz. Er wurde mit improvisierten, oft wilden, akrobatischen Figuren zu Boogie-Woogie-Rhythmen, später zu Rock 'n' Roll getanzt. Um 1943 entstand als Abart der ↑Lindy-Hop. Als *Jive* wird eine entschärfte Form des Jitterbug heute auch in Tanzschulen gelehrt. Jitterbugs hießen auch die jugendlichen Fans dieses Tanzes.

**Jodeln** [alpenmundartliche Wortbildung aus dem Jodelruf „Jo"]: besonders im Alpengebiet, im Harz sowie in verschiedenen außereuropäischen Kulturen verbreitetes volkstümliches Singen auf Silbenketten ohne Wortbedeutung, in großen Intervallen und Akkordbrechungen (Dominantseptakkord, Nonenakkord), bei stetigem Wechsel von Brust- und Kopfstimme. Das Jodeln war ursprünglich wohl Verständigungsmittel der Hirten von Alm zu Alm, der Waldarbeiter usw. und wurde erst später zu einer volkstümlichen Musikform (der Begriff Jodeln ist erst am Ende des 18. Jahrhunderts belegt). Für den mehrstimmigen *Jodler* sind kanonartige Führungen und Stimmkreuzung charakteristisch.

**Jota** ['xɔta; spanisch]: ein meist schneller, gesungener spanischer Volkstanz im Dreiertakt mit hohen Anforderungen an körperliche Gewandtheit. Die aus der nordspanischen Provinz Aragón stammende Jota wird meist von Gitarren und Bandurrias sowie Kastagnetten begleitet. F. Liszt, M. I. Glinka, M. de Falla und I. Albéniz verwendeten die Jota in der Kunstmusik.

**Jubalflöte** (Tubalflöte): altes, klangstarkes Flötenregister der Orgel im 8-, 4-, 2- oder 1-Fuß.

**Jubilee** ['dʒu:bɪli:; englisch]: eine religiöse Gesangsform der afroamerikanischen Musik, dem Negro Spiritual und dem Gospelsong verwandt.

**Jubilus** [lateinisch] (Jubilatio, Neuma): eine aus der synagogalen Tradition in den frühchristlichen und Gregorianischen Gesang übernommene Form melismatischen Singens zum Ausdruck besonderer Freude. Dabei werden auf dem Schluß-A von „Alleluja" ohne weitere Textierung lange Notenketten vorgetragen.

**jüdische Musik:** die ersten Belege jüdischer Musik finden sich in der Bibel. Sie erscheint erstmals in der Schöpfungsgeschichte (1. Mose 4, 21), wo Jubal als Vater aller Leier- und Flötenspieler genannt wird. Zu diesen beiden Instrumentengattungen treten die heiligen Tierhörner des Widders. Diese drei Gattungen der Instrumente sind jeweils den drei Ständen zugeordnet, dem der Priester Horn und Trompete, dem der Leviten Leier und Harfe und dem des Laienvolkes die nichtliturgischen Volksinstrumente, die Flöten und Schalmeien. Zu diesem Instrumentarium kommen noch Schlagzeuge aus Bronze und Trommeln hinzu.

Im Tempel von Jerusalem hatte sich der Vollzug der Riten mit einem festgelegten Musikzeremoniell verbunden. Zur Regierungszeit Davids (um 1000 vor Christus) bestand eine feste Organisation der Tempelorchester und -chöre, die Berufsausbildung der Tempelmusiker erfolgte in einer eigenen Akademie. Nach dem Tode Salomos (926 vor Christus) zerfiel während des Niedergangs des Davidischen Königreichs die Musikergilde des Tempels. Musikalisch führte der Weg vom orchestralen Prunkstil zum einfachen, unbegleiteten Singen.

Nach dem Fall des alten Reiches (70 nach Christus) entwickelte die jüdische liturgische Monodie die Gesangstile von Psalmodie, Lectio und Hymnodik. Im Vortrag der Psalmen, der vornehmsten Beispiele hebräischer Lyrik, folgte die Melodielinie dem Parallelbau der Verse und verdichtete sich zu einer Psalmformel: Satzanfang, -mitte und -schluß erhalten ein Melisma, während die verbindenden inneren Satzteile auf einer Eintonlinie rezitiert werden.

Die gesungene Lectio (Bibelkantillation) kann durch ihre kunstgerechte Anpassung an den unregelmäßigen Satzbau der Prosabücher im Alten Testament als eine Ausweitung des formelhaften Psalmsingen angesehen werden. Die um 500 beginnende Systematisierung der Leseakzente ließ in der Praxis die Ausführung noch weitgehend frei, bis im 10. Jahrhundert eine definitive Festlegung erfolgte. Noch in den hebräischen Grammatiken von J. Reuchlin (1518) und S. Münster (1524) findet sich die Darstellung der Leseakzente mit musikalischen Notierungen.

Aus Psalmparaphrasen und Akklamationen entwickelten sich in den nachbiblischen Zeiten die Hymnodik und Gebetslyrik. Die Wortdeklamation ist akzentisch, die Melodien behielten ihren freirezitativischen Charakter bei, mindestens bis zum Einbruch der metrischen arabischen Lyrik im 10. Jahrhundert. Unter spanischem Einfluß erfolgte, besonders im 15. Jahrhundert, eine mehr liedmäßige Gestaltung der Melodien. Von ihnen hebt sich die neuere Gebetslyrik ab, deren stark ornamentale Melodien einen stimmbegabten und besonders ausgebildeten Kantor forderten. Blütezeiten dieser Kantoralmusik waren v. a. das 16. und 18. Jahrhundert. Seit der jüdischen Emanzipation um 1800 bewirkte die synagogale Reform eine Angleichung der Kantoralmusik an die europäische Kunstmusik mit Melodiebearbeitungen für Orgel und mehrstimmige Synagogenchöre.

In den Bemühungen um eine bessere Kenntnis der früheren Traditionen jüdischer Musik gewannen große Bedeutung die in jüngster Zeit angefertigten Tonaufnahmen mündlicher Orienttraditionen der einzelnen jüdischen Gemeinden wie auch derjenigen ihrer Gastvölker. Diese Aufnahmen finden sich in Jerusalem im Phonogramm-Archiv für jüdische und orientalische Musik sowie in der Phonothek der Hebräischen Universität. Sie geben vielfache Belege für lebendige Musizierpraktiken, die sich bisher z. T. nur in literarischen Quellen nachweisen ließen.

Die jüdische liturgische Monodie war von entscheidender Bedeutung für die Ausbildung des liturgischen Gesanges in der frühchristlichen Kirche, was sich noch heute am Gregorianischen Gesang nachweisen läßt.

**Jug-Band** [ˈdʒʌgbænd; von englisch jug „Krug“ und band „Gruppe“]: Bezeichnung für eine Instrumentalbesetzung der afroamerikanischen Folklore um 1900, in der tönerne Krüge als Resonatoren zum Hineinsingen rhythmischer Formeln verwendet wurden.

**Jugendmusik:** Bezeichnung für die aus der ↑Jugendmusikbewegung hervorgegangene Musizierpraxis sowie für die damit im Zusammenhang stehenden musikalischen Werke. Die Einbeziehung älterer Werke der Vokal- und Instrumentalmusik in dieses Musizieren führte schließlich auch zum Rückgriff auf ältere Instrumente (z. B. Blockflöte, Fidel), die in Nachfertigungen der Instrumentenindustrie angeboten oder vielfach auch im Selbstbau angefertigt wurden. Der Begriff Jugendmusik wird nicht auf die heute von Jugendlichen ausgeübte bzw. rezipierte Musik angewendet.

**Jugendmusikbewegung** (Singbewegung): musikalischer Zweig der allgemeinen Jugendbewegung seit der Zeit um 1900 im deutschen Sprachraum. Die Träger der Jugendbewegung suchten sich von der der Welt des Bürgertums und den Wertvorstellungen der Industriegesellschaft abzusetzen, indem sie ein neues Leben der „Einfachheit", „Wahrhaftigkeit" und „Natürlichkeit" proklamierten. Programmatische Bedeutung kam dabei der Pflege des Volksliedes und Volkstanzes zu. Die bedeutendste und bis heute lebendige Liedsammlung stellte dafür H. Breuer 1909 mit seinem „Zupfgeigenhansl" zusammen (Zupfgeige, auch Klampfe, svw. Gitarre). Die auch dem Wandern zugewandte, in Bünden (Gruppen) organisierte Gemeinschaft (1906 Gründung des „Altwandervogel") traf sich 1913 zum Freideutschen Jugendtag auf dem Hohen Meißner bei Kassel.
Hier erfolgte die Grundlegung der zukünftigen Arbeit. Führend wurden F. Jödes „Musikantengilde" mit ihren offenen Singstunden, der von W. Hensel geleitete „Finkensteiner Bund" mit regelmäßig abgehaltenen Singwochen (erstmals 1923 in Finkenstein bei Mährisch-Trübau) sowie die von G. Wynecken geführte Freie Schulgemeinde Wickersdorf unter dem musikalischen Leiter A. Halm. Über studentische Singkreise und Collegia musica ergaben sich weitreichende Auswirkungen auf die vokale und intrumentale Schulmusik, aber auch auf die Reformbestrebungen der evangelischen Kirchenmusik. Für die Erfolge der Jugendmusikbewegung war die Zusammenarbeit im „Arbeitskreis für Hausmusik" ebenso förderlich wie die Verbindung mit zeitgenössischen Komponisten (u. a. P. Hindemith), die vielfach von historischen Vorbildern ausgingen. Aus dieser Verbindung entstanden viele Werke der Sing- und Spielmusik, Lehrstücke und Schulopern. Nach 1933 stellte sich ein wesentlicher Teil der Jugendmusikbewegung in den Dienst der nationalsozialistischen Ideologie. Eine Neuorientierung erfolgte im „Arbeitskreis für Hausmusik" (1946) und in der „Musikantengilde" (1947/48) von F. Jöde. 1952 wurde eine Zusammenführung der früheren Bestrebungen erreicht, deren unterschiedliche Zielsetzungen bis heute nachwirken.

**Jump** [dʒʌmp; englisch „springen, hüpfen"] ↑Harlem-Jump.

**Jungle-style** [ˈdʒʌŋglstaɪl; englisch „Dschungelstil"]: im Jazz Bezeichnung für einen im Orchester Duke Ellingtons eingeführten Instrumentaleffekt, bei dem auf Blechblasinstrumenten mit Hilfe von Dämpfern Raubtierlaute nachgeahmt werden.

# K

**Kadenz** [von lateinisch cadere „fallen"]: eine Folge von Akkorden, die eine mehr oder weniger ausgeprägte Schlußwirkung besitzen und daher am Ende einer Komposition oder eines Abschnitts sowie an jeder Art von Zäsuren, Ruhepunkten o.ä. eintreten können. Diese Wirkung der Kadenz kann durch rhythmische und melodische Schlußwendungen (↑Klausel) verstärkt oder durch weiterführende Melodielinien überspielt und verwischt werden. – Im engeren Sinne ist der Begriff Kadenz gebunden an das Akkordsystem der ↑Harmonielehre und damit an eine ↑Tonika als Bezugspunkt. Ihre einfachsten und zugleich grundlegenden Formen entstehen aus der Verbindung der Tonika mit ihren beiden im Quintabstand benachbarten Akkorden: 1. die *authentische Kadenz* (V. Stufe – I. Stufe, bzw. Dominante – Tonika), 2. die *plagale Kadenz* (IV. Stufe – I. Stufe, bzw. Subdominante – Tonika), 3. die Verbindung beider als *vollständige* Kadenz, die alle Töne einer Tonart enthält und diese somit eindeutig umschreibt:

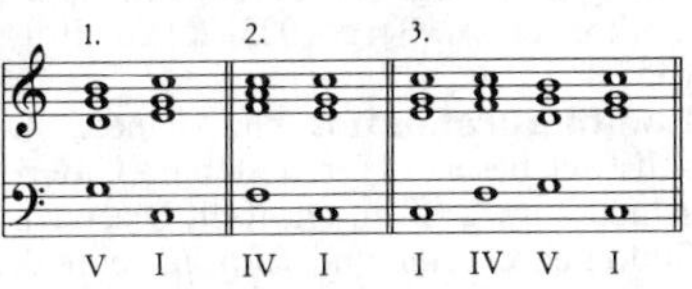


Diese Grundformen der Kadenz können vielfach erweitert und verändert werden (↑Ganzschluß, ↑Halbschluß, ↑Trugschluß, ↑Zwischendominanten), so daß auch komplizierteste harmonische Zusammenhänge im Sinne der ↑Funktionstheorie noch auf die Kadenz als Prinzip beziehbar bleiben.
Historisch ist die Kadenz als akkordische Schlußformel im Quintfall (V–I) erstmals im 15. Jahrhundert zu beobachten. Bis zum Ende des 16. Jahrhunderts bleibt sie jedoch als homophone Wendung die Ausnahme im überwiegend polyphonen, nicht kadenzierenden Liniengeflecht der Stimmen. Erst in der Musik des Barock, die durch den Generalbaß stärker auf eine akkordliche Grundlage gestellt ist, spielt die Kadenz eine zunehmend wichtigere Rolle. In der Musik der Klassik und Romantik wird die Kadenz zum umfassenden Ordnungsprinzip der harmonischen (dadurch teilweise auch der formalen) Struktur und bewahrt diese Grundbedeutung trotz zunehmender Differenzierung des Akkordgeschehens bis zum Ende des 19. Jahrhunderts. Erst mit der Lösung von tonal gebundener Musik und dem Übergang zur Neuen Musik des 20. Jahrhunderts verliert die Kadenz für die Theorie und Praxis des Komponierens jegliche Bedeutung. Gelegentlich wird im Sinne von Erinnerung und Parodie aus verändertem Klangkontext heraus auf sie verwiesen. Häufig ist ihre bewußte Vermeidung, Verfremdung, polytonale Überlagerung (Strawinski). Nur in der Unterhaltungsmusik, im Schlager und in gewisser Weise im Jazz ist das Prinzip der Kadenz weiterhin wirksam.
Kadenz nennt man auch die improvisierte oder komponierte, reich ausgezierte Schlußwendung der Sätze eines Solokonzerts. Sie wird vom Solisten allein ausgeführt und gibt ihm Gelegenheit, in Anlehnung an das jeweilige Werk seine Virtuosität zu entfalten. Bei Beethoven und zunehmend im 19. Jahrhundert zeigt sich die Tendenz der Komponisten, Kadenzen selbst zu schreiben und organisch in das Ganze des Werks einzufügen.

**Kaiserbaß:** eine Kontrabaßtuba (↑Tuba) mit besonders weiter Mensur und weitem Schallstück.

**Kakophonie** [von griechisch kakós „schlecht, übel" und phōnḗ „Klang"]: Mißklang von Tonfolgen oder Akkorden, als Bezeichnung seit etwa 1910 verwendet; auch gebraucht für schlechtklingende Silben- oder Wortfolgen in der Rede. Gegenbegriff ist Euphonie (griechisch „Wohlklang"). Auffällig ist es, daß in der europäischen Musikgeschichte Neuerungen, Ungewöhnliches eigentlich immer anfangs als „schlechtklingend" bezeichnet wurden; so galt im Mittelalter die Terz, heute Inbegriff des Wohlklingenden, als Dissonanz. Heute werden, auch in der populären Musik, komplizierte Harmonien unbefangen als schön genossen, die noch im 19. Jahrhundert als Ausdruck des Schrecklichen und Häßlichen galten.

**Kalkant** [von lateinisch calcare „mit den Füßen treten"]: bei der Orgel die Person, die den ↑Balg bedient.

**Kamangah** (Kamanğā) [arabisch kaman'dʒɑ:] ↑Kemantsche.

**Kamarinskaja** [russisch]: russisches Tanzlied mit scherzhaften oder satirischen Texten, meist im $^2/_4$-Takt und mit stark improvisatorischem Charakter. Im 19. Jahrhundert entstanden in der Art der Kamarinskaja Arbeiterlieder (Morosowskaja Kamarinskaja), im 2. Weltkrieg Lieder gegen den Nationalsozialismus (Nowaja Kamarinskaja).

**Kammerchor** [...ko:r]: kleiner gemischter ↑Chor, der sich vorwiegend kürzeren, anspruchsvollen A-cappella-Werken oder solchen mit geringstimmiger instrumentaler Begleitung widmet.

**Kammermusik:** die Instrumental- und Vokalmusik für kleine, solistische Besetzung im Unterschied etwa zur Orchester- und Chormusik. Zu ihr zählen Werke für Streicher-, Bläser- und gemischte Ensembles (etwa Streichtrio, -quartett, -quintett, Klaviertrio, -quartett, Hornquintett, Bläserserenade), ferner für klavierbegleitete Soloinstrumente (etwa Violin- oder Flötensonate) oder Gesang (Klavierlied). Der um 1600 in Italien geprägte Begriff („musica da camera") umfaßte ursprünglich alle für die höfische „Kammer" bestimmten weltlichen Musikarten in Abgrenzung zu Kirchen- und Opernmusik. Frühe Gattungen der Kammermusik waren das ↑Ricercar und die ↑Kanzone; die meistgepflegten Formen der Barockzeit waren die generalbaßbegleitete ↑Triosonate, die Solosonate (↑Sonate), das ↑Concerto grosso und das Solokonzert (↑Konzert). An ihre Stelle traten im 18. Jahrhundert die Kammermusik mit obligatem Klavier und das von Haydn, Mozart, später von Beethoven und Schubert auf einen gattungsstilistischen Höhepunkt geführte ↑Streichquartett. Die Kammermusik war bis Ende des 18. Jahrhunderts vorwiegend Gegenstand des privaten Musizierens von Künstlern und geübten Dilettanten im kleinen Kreis der Kenner und Liebhaber. Danach bewirkten die gesteigerten Anforderungen und die allgemeine Verbreiterung des Musiklebens, daß die Kammermusik von Berufsmusikern in die Konzertsäle eingeführt und im häuslichen Bereich von der weniger schwierigen Hausmusik abgelöst wurde. Hieraus ergab sich die Neigung zu größeren Ensembles (Sextett, Oktett, Nonett) und die klangliche Ausweitung ins Orchestrale. Die im 20. Jahrhundert erkennbare Bevorzugung des Kammerstils vor den Formen der großen Orchestermusik hatte eine neue Blüte der Kammermusik und die Pflege von Zwischengattungen wie Kammersinfonie (etwa Schönbergs op. 9, 1906) und Kammerkonzert (A. Berg, 1923–25) zur Folge.

**Kammerorchester:** ein kleines, oft solistisch besetztes Orchester, im Unterschied zum großen, chorisch besetzten Sinfonieorchester und zum ausschließlich solistisch besetzten Kammerensemble (Duo, Trio, Quartett, Quintett, Sextett, Septett, Oktett, Nonett).

**Kammerregister:** im ↑Kammerton (anstatt im Chorton) gestimmte Register der Orgel im 17. bis 19. Jahrhundert.

**Kammersänger:** von staatlichen oder städtischen Institutionen verliehener Titel an verdiente Sänger; entsprechend Kammersängerin, Kammermusiker.

**Kammersonate** (italienisch Sonata da camera) ↑Sonate, ↑Triosonate.

**Kammerton:** ein Ton, dessen ↑Frequenz national oder international festgelegt ist und der zum Stimmen von Klavieren, Orgeln und anderen festgestimmten Instrumenten verwendet wird. Die erste internationale Normierung aus dem Jahre 1885 war 435 Hz für den Ton $a^1$, heute gilt in Deutschland 440 Hz für das $a^1$, in Frankreich 432 Hz, in den USA bisweilen 450 Hz. Der Kammerton war ursprünglich der ↑Stimmton für die Kammermusik. Daneben gab es den Chorton, den Opernton und den Kornetton (den Stimmton der Stadtpfeifer und Feldtrompeter).

**Kanon** [von griechisch kanṓn „Maßstab, Regel"]: 1. in der griechischen Antike Bezeichnung für eine Leiste zum Messen von Proportionen schwingender Saiten, auch ↑Monochord genannt. – 2. in der byzantinischen Musik Bezeichnung für eine Hymnenform, die im 7./8. Jahrhundert aus dem ↑Kontakion hervorging. Der Kanon besteht aus 9 Oden, die inhaltlich auf die 9 biblischen Cantica zurückgehen. – 3. ein mehrstimmiges Musikstück, bei dem die Stimmen in einem bestimmten Abstand nacheinander einsetzend die gleiche Melodie vortragen. Die Anzahl der Stimmen liegt im allgemeinen zwischen zwei und sechs. Der Kanon endet entweder in einem freien, nicht-kanonischen Schlußteil aller Stimmen, oder jede Stimme beginnt nach dem Schluß der Kanonmelodie wieder von vorn (Kreis- oder Zirkelkanon mit beliebiger Wiederholung), wobei der Abschluß, für jede Stimme an einer anderen Stelle, auf Zeichen oder nach Vereinbarung erfolgt.

Seit der Mehrstimmigkeit des späten Mittelalters ist der Kanon, zunächst auch *fuga* genannt, eine verbreitete Kompositionsform strenger ↑Imitation (↑Caccia, ↑Chasse, ↑Fuge). Vor allem in der franko-flämischen Schule des 15. und 16. Jahrhunderts wurde er in kunstvollster Weise verwendet. Als Beispiele dafür seien genannt: Der Kanon, dessen spätere Stimmeneinsätze auf anderen Stufen der Tonleiter erfolgen (Kanon in der Sekunde, Kanon in der Terz usw.); der Kanon mit rhythmisch veränderten Stimmeneinsätzen (z. B. erste Stimme im Zweier-, zweite im Dreiermetrum); der Kanon mit rhythmisch vergrößerten (Augmentationskanon) oder verkleinerten Stimmeneinsätzen (Diminutionskanon); die zweite Stimme kann als ↑Krebs, ↑Umkehrung oder Spiegelbild (alle Noten auf den Kopf gestellt) der ersten auftreten; und schließlich können mehrere dieser Möglichkeiten kombiniert werden. Noch in J. S. Bachs Spätwerk („Kanonische Veränderungen über Vom Himmel hoch" für Orgel, 1746/47; „Musikalisches Opfer", 1747) wirken diese Kanonkünste der Niederländer nach. Seit der Wiener Klassik ist der Kanon vorwiegend im heiteren, geselligen Rahmen angesiedelt. Erst in der Jugendmusikbewegung wurde er als leicht zu realisierendes Gemeinschaftslied wieder verstärkt gepflegt. In verschiedenen Strömungen der Kunstmusik des 20. Jahrhunderts (evangelische Kirchenmusik, Paul Hindemith, 2. Wiener Schule um Arnold Schönberg) wurde der Kanon erneut unter dem Anspruch besonderer kompositorischer Kunstfertigkeit in größere Werkzusammenhänge integriert.

**Kantate** [von lateinisch und italienisch cantare „singen"]: Bezeichnung für eine ursprünglich solistische, später auch mit Duetten, Terzetten und Chorsätzen versehene mehrteilige Vokalkomposition mit instrumentaler Begleitung, eine der musikalischen Hauptformen des 17. und 18. Jahrhunderts. Aus den in der ↑Monodie verwirklichten Bestrebungen entstand die Kantate neben der Oper um 1600 in Italien (A. Grandi, „Cantade et arie", 1620–29) als generalbaßbegleitetes Sologesangstück mit lyrischen oder dramatischen Texten, die in Rezitativ und Arie abgehandelt wurden. Während hier das Hauptgewicht auf der weltlichen Kantate lag, wurde in Deutschland nach früher Nachahmung des italienischen Vorbilds (K. Kittel, „Arien und Kantaten", 1638) die Kantate im ausgehenden 17. Jahrhundert zu einer die Motette und das geistliche Konzert ablösenden Hauptform der evangelischen Kirchenmusik. Für alle Sonn- und Festtage des Kirchenjahres entstanden z. T. ganze Zyklen von Kantaten (u. a. 4 oder 5 vollständige Jahreszyklen von J. S. Bach, davon nur ein Teil erhalten). Als Texte wurden vorrangig das Bibelwort (Psalm-, Epistel-, Evangelienkantaten) und das Kirchenlied (bis zu den sogenannten Choralkantaten J. S. Bachs) herangezogen. Prosatexte und gereimte Strophen verbinden sich zu einem Aufbau, in dem ein Chorsatz dem Wechsel von Rezitativ und Arie vorangestellt ist und ein mehrstimmiger Choral den Abschluß bildet. Dem Niedergang der Form im ausgehenden 18. und im 19. Jahrhundert folgte eine aus den historisierenden Tendenzen des 20. Jahrhunderts hervorgegangene Wiederbelebung der Kirchenkantate (u. a. bei K. Marx, H. F. Micheelsen, W. Kraft, H. Distler) wie auch der vom Volkslied ausgehenden (u. a. H. Spitta, K. Thomas, C. Bresgen) oder politische Themen gestaltenden weltlichen Kantate (u. a. H. Eisler).

**Kantele** [finnisch] (estnisch kannel; lettisch kuokle; litauisch kankles): finnisches Volksinstrument; eine Zither in Flügelform mit 5, heute 30 Saiten, die mit den Fingern gezupft werden.

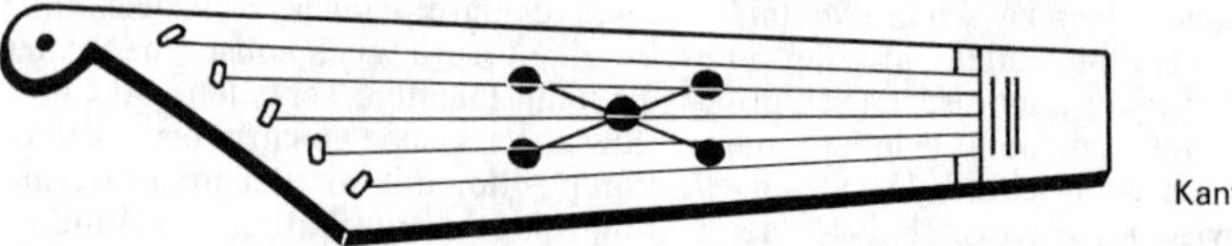

Kantele

**Kantilene** [lateinisch-italienisch]: sanglich geführte, lyrische Melodie in Vokal- und Instrumentalmusik, meist in getragenem Zeitmaß. Kantilene hieß auch seit Ende des 17. Jahrhunderts, im Anschluß an die Grundbedeutung von ↑Cantilena, ein Lied oder Gesang.

**Kantilenensatz:** eine von der Musikwissenschaft im Anschluß an den Begriff ↑Kantilene gebrauchte Bezeichnung für die im 14. und 15. Jahrhundert verbreitete Satzform der weltlichen Liedkunst, bei der eine gesungene Oberstimme (Cantus) von einem bis drei Instrumenten begleitet wird. Der in Frankreich (Guillaume de Machault) ausgebildete Kantilenensatz wurde noch im 14. Jahrhundert von Italien (Landini) übernommen und wurde am Ende des 15. Jahrhunderts von der tonal-harmonischen Satzanlage der Chanson verdrängt.

**Kantillation** [lateinisch]: Bezeichnung für den bei der Bibellesung in der Synagoge gebrauchten solistischen Sprechgesang. Seine modellartigen Singweisen sind von einem in der Tonhöhe gelegentlich wechselnden, häufig auch umspielten Rezitationston bestimmt, während Versanfang, -mitte und -ende melodische Auszierungen aufweisen. Aus der Kantillation gingen der Lektionston und die Psalmtöne der christlichen Liturgie hervor.

**Kantionalsatz:** Bezeichnung für die seit dem 16. Jahrhundert (C. Goudimels Psalmen von 1565) gebrauchte mehrstimmige Satzform von Kirchengesängen, bei der alle Stimmen im gleichen Rhythmus geführt werden und die Melodie im Gegensatz zur früheren Tenorpraxis in der Oberstimme liegt.

**Kantor** [von lateinisch cantor „Sänger"]: heute die Bezeichnung für einen Kirchenmusiker an größeren Kirchen. Im Mittelalter wurde das Wort Kantor häufig im abwertenden Sinne für den Nur-Sänger im Gegensatz zum gelehrten ↑Musicus gebraucht. Daneben trat jedoch bald der Titel Kantor für den leitenden Vorsänger einer Schola (↑Gregorianischer Gesang), für den Musiklehrer an Schulen und – seit dem 15. Jahrhundert – für den mit der neuen mehrstimmigen Musik vertrauten, oft selbst komponierenden Sänger an Dom- und Hofkapellen. Im protestantischen Bereich war der Kantor auch zu Schul- und Kirchendienst verpflichtet. Er leitete die ↑Kantorei und hatte neben der Verantwortung für die gesamte Kirchenmusik Aufgaben im städtischen

Musikleben zu erfüllen. Die hohe Wertschätzung für den Kantor ging allerdings bereits um die Zeit, als J. S. Bach Thomaskantor in Leipzig war, deutlich zurück.

**Kantorei** [lateinisch]: eine Sängervereinigung, die im Mittelalter hauptsächlich an den Kirchendienst gebunden war, im 15. und 16. Jahrhundert jedoch als Hofkantorei auch weltliche Aufgaben übernahm oder als Schulkantorei (z. B. die Thomasschule in Leipzig) das Musikleben der Städte wesentlich mitbestimmte. Heute sind Kantoreien meist kleinere kirchliche Laienchöre.

**Kanun** (Qānūn) [arabisch, von griechisch ↑Kanon]: eine vorderasiatische Brettzither mit trapezförmigem Schallkasten und 24–26 dreichörigen Saiten, die mit den Fingern oder dem Plektron gespielt werden.

**Kanzellen** [von lateinisch cancelli „Einzäunung, Schranken"]: bei der Orgel die den Wind an die Pfeifen weitergebenden Abteilungen der ↑Windlade. Unterschieden werden die *Tonkanzelle*, auf der alle zu einer Taste gehörenden Pfeifen stehen, und die *Registerkanzelle*, auf der alle Pfeifen eines Registers stehen. Bei der Hand- und der Mundharmonika heißen Kanzellen die Kanäle, die die Zungen enthalten.

**Kanzone** [von italienisch canzona „Lied"]: in der mehrstimmigen Musik des 15. und 16. Jahrhunderts ein kürzeres liedartiges Stück, das wesentlich von der gleichnamigen Gedichtform bestimmt ist und sich musikalisch an unterschiedliche, meist volkstümliche Formen wie ↑Frottola oder ↑Villanella anlehnt.

Im 16. und 17. Jahrhundert bezeichnete man mit Kanzone ein Instrumentalstück, das aus der gesungenen französischen ↑Chanson hervorging, zuerst in direkter Übertragung bereits vorhandener Chansons, später als Neukompositionen in ähnlichem Stil. Typisch für die Kanzone ist eine dem Sprachrhythmus entlehnte Melodieführung (häufig mit dem Anfangsmotiv 𝅗𝅥 ♩ ♩ ) sowie die Untergliederung in verschiedenartig gestaltete Teile (langsam-schnell, polyphon-homophon u. ä.). Ihre Imitationsabschnitte mit oft plastischer Thematik sind ein wichtiger Vorläufer der ↑Fuge. Mit deren Auftreten verschwindet die Gattung. Der Begriff Kanzone bezeichnet nun, etwa seit dem 18. Jahrhundert, ein vokales oder instrumentales lyrisches Musikstück.

**Kanzonette** [von italienisch canzonetta „Liedchen"]: im späten 16. und 17. Jahrhundert in Italien Bezeichnung für ein kurzes Chorlied, oft mit Tanzcharakter und nach der Strophenform aa b cc gebaut. Im 18. Jahrhundert werden einfachere Sololieder mit Klavierbegleitung mitunter Kanzonette genannt, später gelegentlich auch liedartige Instrumentalstücke.

**Kapelle** (von mittellateinisch capella „kleines Gotteshaus"]: bezeichnet zunächst den Betraum in Burgen und Schlössern sowie die bei Hofe dienenden Geistlichen *(Capellani)*; daran anknüpfend den Sängerchor in fürstlichen oder päpstlichen Diensten, dem die Ausführung anspruchsvoller Vokalmusik übertragen war. Sei dem 16. Jahrhundert wirkten in einer Kapelle Vokalisten und Instrumentalisten zusammen. In dem Maße, in dem sich die Instrumentalmusik mit eigenständigen Gattungen entfaltete, d. h. im Laufe des 17. Jahrhunderts, wurde mit dem Wort Kapelle zunehmend nur noch das ↑Orchester bezeichnet.

**Kapellmeister:** der Leiter einer ↑Kapelle. Wie deren Zusammensetzung sich wandelte, hatte auch der Kapellmeister unterschiedliche Aufgaben zu erfüllen, also ursprünglich nur Sänger, später Sänger und Instrumentalisten, schließlich seit dem 17./18. Jahrhundert vorwiegend ein rein instrumentales Ensemble musikalisch zu führen. Bis ins 19. Jahrhundert war Kapellmeister die Berufsbezeichnung einer angesehenen Musikerpersönlichkeit, die das Musikleben, etwa eines Hofes, entscheidend prägte, auch und v. a. durch die Aufführung eigener Kompositionen. Im 19. Jahrhundert sank der Begriff allmählich ab zu dem eines zweitrangigen Dirigenten. Heute bekleidet der Kapellmeister, z. B. an Opernhäusern, eine dem Chefdirigenten oder Generalmusikdirektor nachgeordnete Position.

**Kapodaster** ↑Capotasto.

**Kasatschok** [russisch]: ukrainischer Kosakentanz im $^{2}/_{4}$-Takt mit immer rascher werdendem Tempo und jeweils abgewandelter Wiederholung eines kurzen Themas; seit einigen Jahren auch im Westen populär.

**Kassation** [von italienisch cassatione „Entlassung"]: im 18. Jahrhundert häufige Bezeichnung für ein Werk in mehreren, locker aneinander gereihten Sätzen und für mehrere Instrumente, der Form und Besetzung nach jedoch nicht genau festgelegt. Die Kassation gehört wie das ↑Divertimento und die ↑Serenade, von denen sie eindeutig kaum unterschieden werden kann, zur gehobenen Unterhaltungsmusik jener Zeit und war vielfach für die Aufführung im Freien bestimmt.

**Kastagnetten** [kastan'jɛtən; von spanisch castañeta „kleine Kastanie" (nach der Ähnlichkeit der Form)] (spanisch castañulas): ein Rhythmusinstrument aus zwei muschelförmigen Hartholzschalen, die von einer um den Daumen oder Mittelfinger gelegten Schnur zusammengehalten und mit den übrigen Fingern gegeneinander geschlagen werden. Kastagnetten werden, meist paarweise, zu spanischen Tänzen gespielt.

**Kastrat** [lateinisch]: bereits als Kind kastrierter Sänger. Durch die Kastration (Entfernung der Hoden) wurde der Stimmbruch verhindert. Der durch die Lungenkraft und Brustresonanz des Erwachsenen verstärkte Knabensopran oder -alt der Kastraten ergab eine faszinierende Klangfärbung und ermöglichte große stimmliche Artistik. Von 1562 bis zu Beginn des 20. Jahrhunderts sangen Kastraten an der päpstlichen Kapelle, obwohl die katholische Kirche die Kastration 1587 verboten hatte. Größte Erfolge hatte die extreme Künstlichkeit der Kastratenstimme in der Oper des 18. Jahrhunderts, zumal der Opera seria; Senesino, Farinelli oder G. Caffarelli waren die berühmtesten Stars. Mit der Durchsetzung des antiaristokratischen, bürgerlichen Natürlichkeitsideals gegen Ende des 18. Jahrhunderts erlosch die Mode des Kastratengesangs.

**Kavatine** [von italienisch cavatina „kleine ↑Cavata"]: kürzeres solistisches Gesangsstück in Oper und Oratorium des 18./19. Jahrhunderts, aus der Cavata hervorgegangen. Die ein- oder zweiteilige Kavatine unterscheidet sich von der Arie durch einfacheren, liednahen Charakter; Wortwiederholungen und Koloraturen sind zurückgedrängt. Im 19. Jahrhundert hießen auch sangliche Instrumentalsätze Kavatine (z. B. der 5. Satz in Beethovens Streichqartett op. 130, 1825/26).

**Kehlkopf:** beim Menschen (wie bei lungenatmenden Wirbeltieren überhaupt) der oberste, von Knorpelstücken gestützte Teil der Luftröhre; das Knorpelgerüst kann beim Mann als Adamsapfel äußerlich sichtbar werden. Der Kehlkopf hat beim Zusammenwirken aller an der Bildung der ↑Stimme beteiligten Organe eine Schlüsselstellung. Der Kehldeckel schließt beim Schlukken die Luftröhre gegen die Speiseröhre ab. Die wechselnde Stellung und Spannung von Stimmbändern und -lippen wirkt auf die Öffnung der Stimmritze (Glottis), durch die der Luftstrom von der (bzw. zu der) Lunge gelenkt wird. Die periodische Unterbrechung des Stimmritzenverschlusses versetzt den Luftstrom in Schwingungen, die dann über das Ansatzrohr (obere Grenze der Stimmlippen, Mundhöhle bis zu Lippen und Nasenöffnungen) hörbar werden.

**Kemantsche** (Kemānče) [persisch] (arabisch kamangah): ein im Vorderen Orient und in Nordafrika verbreitetes Streichinstrument. Es hat einen langen Hals ohne Griffbrett, ein kleines, meist rundes Korpus mit einer Decke aus Haut oder Fell und 2–4 Saiten.

**Kenthorn** ↑Klappenhorn.

**Kesselpauke** ↑Pauke.

**Keyboards** ['ki:bɔ:dz; englisch „Tasteninstrumente"]: im Rock und Jazzrock Bezeichnung für die elektrisch verstärkten Klavierinstrumente, Orgeln und Synthesizer.

**Kielflügel** ↑Cembalo.

**Kin** [chinesisch]: eine schon in vorchristlicher Zeit bekannte chinesische Zither, deren 5–7 Saiten auf einem gewölbten Brett angeordnet sind und mit Plektron angerissen werden.

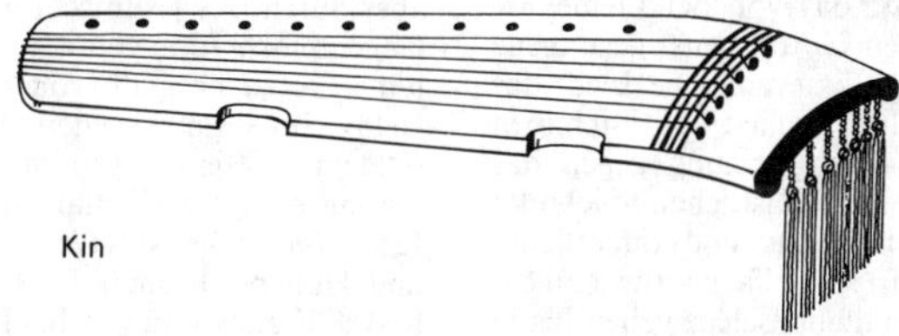

Kin

**Kinderlied:** von Kindern oder für Kinder gesungenes, textlich und musikalisch meist einfaches Lied. Die Grenze zum gesprochenen Kinderreim ist unscharf; häufig werden in den Gesang gesprochene Passagen (z. B. bei „Hoppe, hoppe Reiter") eingeschoben. Das Kinderlied ist überwiegend kurz (v. a. Vierzeiler) mit Reim oder Assonanz („Sumpf/plumps"). In seinem Bau ist es geprägt von sprachrhythmischen Mustern (meist in geradem Takt) und häufiger Wiederholung der Melodiezeile; oft beschränkt es sich auf Umspielung eines Zentraltons oder auf elementare Formeln (g a e). Der Tonraum der Sexte (etwa in der Höhe $c^1 - a^1$) wird meist nicht überschritten; Halbtonschritte sind selten, vier- und fünftönige (Pentatonik) Bildungen überwiegen. Das Kinderlied bewegt sich im Rahmen des von der jeweiligen Musikkultur gegebenen Tonsystems. Gerade im Kinderlied überleben aber oft sehr urtümliche Musik- und Brauchtumselemente: die Kinderfolklore bewahrt in verweltlichter Form etwa magische Zauber-, Orakel- und Segensformeln (z. B. in den Abzählversen, die oft ohne sinnhaltige Wörter auskommen) oder auch Heische- und Jahreszeitlieder. Der archaische Grundbestand des Kinderliedrepertoires wird durch jeweils neue Bestandteile ergänzt, die teils von Erwachsenen (Kinderkunstlied, oft mit mehreren Strophen; Volkslied), teils von Kindern geschaffen oder umgebildet sind. Ein Teil des Kinderliedrepertoires, z. T. gerade der archaische, wird wahrscheinlich von den Kindern selbst weitergegeben; auffällig ist neben der fragmentarischen, das Vorgegebene durch „Zersingen", „Umsingen" oder Funktionswandel stark verändernden Überlieferung die Dauerhaftigkeit und Stabilität mancher Grundmuster. Dabei ist zu beachten, daß die scharfe Abgrenzung der Kindheit und die Betonung ihrer Eigenwertigkeit gegenüber Jugend und Erwachsensein eine neuzeitliche Errungenschaft ist (besonders seit der Aufklärung). Zu den ältesten, auch in urtümlichen Gesellschaften verbreiteten Typen des Kinderlieds dürften daher die Gattungen gehören, die unmittelbar mit Pflege und Erziehung verbunden sind, so v. a. Wiegen- und Koselieder oder Lernreime. Kinderlieder sind überwiegend an Situationen, Tätigkeiten und Anlässe gebunden, wechseln aber oft ihre Funktion. Eine umfangreiche Gattung sind Rätsel-, Lehr- und Gesprächskinderlieder sowie Sprachscherze. Zahlreiche Kinderlieder gehören zu Spielen (Tanz, Reigen, Rollen-, Kampf-, Suchspiel), die oft auch aus der Erwachsenenwelt stammen. Zur Kinderfolklore zählen weiter Neck- und Spottverse; ferner Kinderlieder, die gängige Redensarten (oder auch Reklamesprüche) aktualitätsbezogen und oft mit obszönem Einschlag parodieren. Der Vergangenheit gehören in Europa Kinderarbeitslieder (Hütebubenruf, Beerenlied) an; ein verhältnismäßig neuartiger Typus sind Kinderlieder sozialkritischen oder politischen Inhalts (z.B. D. Süverkrüps „Baggerführer Willibald").

**King** [chinesisch]: ein altchinesisches Schlaginstrument, das aus 12–24 abgestimmten und mit Klöppeln angeschlagenen Klingsteinen besteht.

**Kịnnor** [hebräisch]: eine im Alten Testament erwähnte Leier, die zum Psalmengesang gespielt wurde. Als Instrument König Davids symbolisiert sie die Musik allgemein.

**Kirchenlied:** das von der Gemeinde im christlichen Gottesdienst gesungene strophische volkssprachliche Lied, das gelegentlich liturgische Funktion haben konnte. Seine Abgrenzung gegen das geistliche Lied (im geistlichen Spiel oder Brauchtum in Haus und öffentlicher Gemeinschaft) ist vielfach schwer zu bestimmen. Erhaltene Belege gehen bis in das 9. Jahrhundert (Freisinger „Petruslied") zurück und erweisen sich im früheren Mittelalter neben der eigenständigen Form der Leisen (↑Leise) vielfach als volkssprachliche Umdichtungen von lateinischen Hymnen und Sequenzen (noch stark ausgeprägt im 16. Jahrhundert). Die enge Verbindung zu den lateinischen Vorlagen zeigt sich etwa bei Kirchenliedern wie „Christ ist erstanden" (12. Jahrhundert, zu „Victimae paschali laudes") oder „Komm, heiliger Geist" (zu „Veni, sancte spiritus"). Lieder aus geistlichen Spielen fanden Verwendung als Kirchenlieder ebenso wie deutsch-lateinische Mischpoesien (z.B. „In dulci jubilo"), die mit ihrer Dreiklangsmelodik dem Volkslied nahestehen.

Große Bedeutung erlangte auch eine an die Klöster gebundene mystische Kirchenliedpoesie, die bis zum Anfang des 16. Jahrhunderts lebendig war. In der Reformation wurde, zunächst bei Th. Müntzer, dann v.a. bei M. Luther, das Kirchenlied zu einem Träger des neuen Glaubensgutes, das sich im Volk schnell verbreitete. Die Übernahme, Ausweitung und Umdichtung bereits bekannter Kirchenlieder stand neben einer sich verstärkenden Neuschöpfung, die in die Gesangbücher Eingang fand. Ein eigener Strang ging von den Genfer Psalmliedern (C. Marot und Th. Beza) aus, die im deutschsprachigen Bereich der evangelischen Kirchen von P. Schede Melissus (1572) und Lobwasser (1573) übernommen und für die katholischen Psalmlieder von Ulenberg (1582) maßgebend wurden. Das katholische Kirchenlied des 17. Jahrhunderts ist durch die auf mittelalterliche Leisen und Rufe stark zurückgreifenden Sammlungen von N. Beuttner und D. G. Corner, v.a. aber durch das jesuitische Liedgut der Gegenreformation geprägt (unter anderem „Trutznachtigall" von F. von Spee, 1648). Im evangelischen Kirchenlied setzt um 1600 eine mystische Verinnerlischung ein (Ph. Nicolai), die sich zur Jesusfrömmigkeit des Pietismus wendet, und Höhepunkte bei J. Heermann, J. Rist, J. Franck und v.a. bei P. Gerhardt erreicht. Im Musikalischen spiegelt sich diese Entwicklung im Übergang von zunächst schlichter Melodik zu einer nahezu ariosen Gestaltung. Für das Kirchenlied beider Konfessionen bedeutete sowohl die Aufklärung mit ihren nüchternen Aussagen als auch die Romantik einen Niedergang, dem die konfessionelle Singbewegung in der ersten Hälfte des 20. Jahrhunderts mit noch heute wirksamen Bemühungen und historisierenden Rückgriffen zu begegnen suchte. Nach den Einheitsgesangbüchern der evangelischen und der katholischen Kirche gehen neuere Bestrebungenen dahin, ein für alle christlichen Religionen verbindliches Kirchenliederrepertoire zu erstellen.

**Kirchenmusik:** die für den christlichen Gottesdienst bestimmte liturgische und außerliturgische Musik in ihrer Bindung an den Kirchenraum (im Unterschied zur geistlichen Musik). Sie bekundet sich in den Formen liturgischen Gesanges, des Kirchenlieds, vokaler und vokal-instrumentaler Mehrstimmigkeit wie auch reiner Instrumentalmusik (z.B. Orgelmusik).

Die nur in literarischen Zeugnissen faßbare Tradition der ↑frühchristlichen Musik war die Grundlage für die Gestaltung des Gregorianischen Gesanges, der um 600 eine verbindliche Neuordnung erhielt und seither in der katholischen Kirchenmusik eine unbestritten erstrangige Stellung einnimmt. An ihn gebunden waren (mit Ausnahme des Conductus) seit dem ausgehenden 10. Jahrhundert die Formen früher Mehrstimmigkeit, von denen Organum und Motette größte Bedeutung erlangten. Den musikalisch-technischen Neuerungen der Zeit um 1300 (↑Ars nova) stellte Papst Johannes XXII. 1324/25 die ↑Ars antiqua wie den Gregorianischen Gesang als verbindliche Kirchenmusik gegenüber. Nach der früheren mehrstimmigen Komposition einzelner Meßteile brachte das 14. Jahrhundert mit der dreistimmigen Messe von Tournai und der vierstimmigen von Guillaume de Machault die ersten bekannten vollständigen Kompositionen des Ordinarium missae, somit jene Form, die in der katholischen Kirchenmusik bis heute im Vordergrund steht. Für das 15. und 16. Jahrhundert blieben Messe und Motette die entscheidenden kirchenmusikalischen Formen. Mit J. Walters „Geystlichem gesangk Buchleyn" von 1524 und dessen Kompositionen über protestantische Kirchenliedmelodien begann die besonders für Deutschland bedeutende Tradition der evangelischen Kirchenmusik. In ihren wechselnden Formen und Stilen stand, parallel zum Gregorianischen Gesang der katholischen Kirche, das Kirchenlied im Vordergrund. Neben die bisher üblichen Formen traten im neuen monodischen Stil des 17. Jahrhunderts die Formen von Kantate, geistlichem Konzert, Oratorium und Passion. Während sie im katholischen Süden zum Gegenstand prächtiger Klangentfaltung einer zunehmend konzertanten und damit auch vordergründig ästhetisch geprägten Kirchenmusik wurden, stand im protestantischen Deutschland (H. Schütz, D. Buxtehude, J. S. Bach) wie auch in Frankreich (besonders bei M.-R. Delalande) eine bewußte Bindung an das Wort im Vordergrund. Das Vordringen rein musikalischer Elemente aus Oper und Instrumentalmusik kennzeichnet die Kirchenmusik des 18. Jahrhunderts und der Klassik ebenso wie die Werke des 19. Jahrhunderts, in denen (wie etwa in Bruckners Kirchenmusik) das Orchester einen beherrschenden Part einnahm. Die Reaktion auf solche „Veräußerlichung" der Kirchenmusik war ein – zudem noch von der aufkommenden Musikwissenschaft geförderter – Rückgriff auf „gültige" historische Vorbilder. Ihnen schlossen sich viele Neuschöpfungen mit zeitgenössischen Kompositionstechniken und -mitteln an. Von der Besinnung auf die liturgische Aufgabe der Kirchenmusik ist das Schaffen unserer Zeit gleichermaßen in der katholischen (H. Schroeder, A. Heiller) wie in der evangelischen (J. N. David, E. Pepping, H. Distler) Kirchenmusik bestimmt. Die Einführung von Jazz, elektronischen Mitteln, Beat und Pop in den Kirchenraum muß im Zusammenhang einer nach neuen Wegen suchenden Kirchenmusik gesehen werden, die von der allgemeinen Situation der Musik nicht zu trennen ist.

**Kirchensonate** (italienisch sonata da chiesa) ↑Sonate, ↑Triosonate.

**Kirchentonarten** (Kirchentöne; lateinisch modi, toni): die acht mittelalterlichen Tonskalen mit Oktavumfang, die (mit Ausnahme der Erniedrigung von h zu b, um das hartklingende Intervall f–h zu vermeiden) weder erhöhte noch erniedrigte Stufen verwenden. Die ursprünglichen 8 Kirchentonarten entsprachen mit ihrer paarweisen Zusammengehörigkeit von 4 ursprünglichen *(authentischen)* und 4 abgeleiteten *(plagalen)* Tonfolgen dem byzantinischen ↑Oktoechos. Ihre Bezeichnung erfolgte entweder mit griechischen Namen oder mit Zahlen. Die authentischen Kirchentonarten erhielten ungerade Zahlen (1., 3., 5., 7. Kirchenton) und umfassen den Tonraum vom Grundton bis zu seiner Oktave. Die plagalen Kirchentonarten wurden mit geraden Zahlen bezeichnet und erhielten beim griechischen Namen den Zusatz *hypo* (griechisch „unter, darunter"), weil die entsprechenden Tonleitern die Oktave umfassen, die eine Quarte *unter* dem Grundton einsetzt:

| Zählung | Name | Umfang | Grundton |
|---|---|---|---|
| 1. | dorisch | d–$d^1$ | d |
| 2. | hypodorisch | A–a | d |
| 3. | phrygisch | e–$e^1$ | e |
| 4. | hypophrygisch | H–h | e |
| 5. | lydisch | f–$f^1$ | f |
| 6. | hypolydisch | c–$c^1$ | f |
| 7. | mixolydisch | g–$g^1$ | g |
| 8. | hypomixolydisch | d–$d^1$ | g |

Die einer Kirchentonart zugehörigen Melodien bewegen sich in der Regel in dem so bezeichneten Tonraum, entscheidend ist jedoch der Grundton (*finalis*, lateinisch „Schlußton“). Eine Melodie mit dem Umfang d–$d^1$ gehört zum 1. Modus, wenn der Grund- oder Schlußton d ist, sie gehört zum 8. Modus beim Schluß- oder Grundton g.
Dieses für das Mittelalter weitgehend ausreichende theoretische System entsprach seit dem 15. Jahrhundert nicht mehr umfassend der Musikpraxis, was zur Einführung vier weiterer Kirchentonarten führte. Diese Erweiterung wurde gültig definiert bei dem Theoretiker H. Glarean in seinem „Dodekachordon“ (gedruckt 1547, entstanden um 1519–1539), bis auch diese neue Tonordnung (in der Praxis teilweise schon seit dem ausgehenden 16. Jahrhundert) durch das bis in das 20. Jahrhundert gültige Dur-Moll-System abgelöst wurde. Die vier zusätzlichen Kirchentonarten sind:

| Zählung | Name | Umfang | Grundton |
|---|---|---|---|
| 9. | äolisch | a–$a^1$ | a |
| 10. | hypoäolisch | e–$e^1$ | a |
| 11. | ionisch | c–$c^1$ | c |
| 12. | hypoionisch | g–$g^1$ | c |

Ein vom Grundton h ausgehender lokrischer Kirchenton gewann wegen des hartklingenden Intervalls f–h (Tritonus) keine praktische Bedeutung.
Das teilweise noch bis in das 18. Jahrhundert gültige System der Kirchentonarten wurde in den historisierenden Bestrebungen des 19. und in den aus der Jugendmusikbewegung hervorgegangenen Kompositionen des 20. Jahrhunderts als bewußter Anschluß an den „alten Stil“ wieder neu verwendet.

**Kịthara** [griechisch]: ein seit dem 7. Jahrhundert vor Christus nachweisbares Saiteninstrument der griechischen und römischen Antike. Die zu den ↑Leiern zählende Kithara wurde offenbar nicht eindeutig von der ↑Lyra unterschieden, doch gilt die Bezeichnung Kithara wohl hauptsächlich dem siebensaitigen, meist mit Plektron gespielten Instrument, dessen Jocharme unmittelbar in den hölzernen Schallkörper übergingen. Als bevorzugtes Instrument der Virtuosen erhielt die Kithara später 11–12 Saiten.

**Klampfe:** umgangssprachlich für ↑Gitarre.

**Klang:** nach DIN 1320 die Bezeichnung der Empfindung, die durch phasengleiche Sinusschwingungen hervorgerufen wird, deren ↑Frequenzen alle ganzzahlige Vielfache einer bestimmten Grundfrequenz sind. Musiker bezeichnen den Klang meist einfach als ↑Ton (↑Oberton). Unter Klang verstehen sie in der Regel den ↑Klangcharakter oder die ↑Klangfarbe eines Musikinstruments, oder noch komplexere musikalische Eigenschaften einer Musikgruppe, einer Wiedergabeeinrichtung, eines Raumes. – ↑auch Sound.

**Klangcharakter:** hängt bei Musikinstrumenten im wesentlichen von folgenden Faktoren ab: 1. den Geräuschen beim Einschwingvorgang (Anblasen, Anzupfen, Anstreichen usw.), 2. dem Einschwingen der ↑Obertöne, 3. der ↑Klangfarbe und dem ↑Formanten des stationären Klangs, 4. den Geräuschkomponenten während des stationären Klangs, 5. den Intensitätsschwankungen von Grundton und Obertönen während des stationären Klangs und 6. der Art des Abklingens. Daher bleibt der Versuch, den Klangcharakter von Musikinstrumenten synthetisch (z. B. mittels ↑Synthesizer) nachzumachen, meist sehr unbefriedigend.

**Klangfarbe:** spielen zwei Musikinstrumente einen Ton gleicher Tonhöhe, Dauer und Lautstärke, so können sich die beiden Tonempfindungen noch in einer weiteren Dimension, der der Klangfarbe, voneinander unterscheiden. Die Klangfarbe bestimmt wesentlich den ↑Klangcharakter von Instrumenten oder der menschlichen Stimme. Klangfarbenunterschiede sind darauf zurückzuführen, daß sich Schwingungen gleicher Frequenz in ihrer Form unterscheiden können. Töne unterschiedlicher Klangfarbe ergeben auf dem ↑Oszillographen unterschiedliche Schwingungsbilder (Amplitude y, Zeit t):

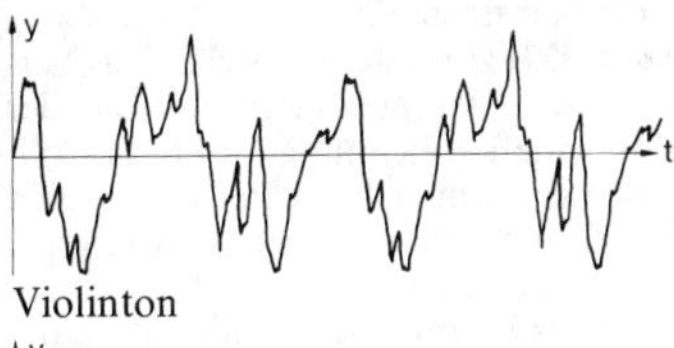


Die ↑Fourier-Analyse ergibt für Töne unterschiedlicher Klangfarbe eine unterschiedliche Verteilung der Obertöne und deren Intensität.

**Klangfarbenkomposition:** eine Komposition, in der dem Parameter der ↑Klangfarbe eine die anderen Parameter wesentlich überragende Bedeutung zukommt. In einer exemplarischen Klangfarbenkomposition würde der „melodische" Eindruck ausschließlich von den Helligkeitsgraden, der „harmonische" von den Dichtegraden und der „rhythmische" von der zeitlichen Abfolge der Klangfarben herrühren. Als man mit elektronischen Mitteln in das ↑Spektrum der Klänge bewußt und gemäß strukturellen Vorstellungen eingreifen konnte, erhielt die Idee der Klangfarbenkomposition einen ungeheuren Auftrieb. Der ↑Synthesizer und ein neuer „meditativer" Trend haben „Klangfarbenmusik" auch im Bereich von Rock, Jazz und Pop heimisch werden lassen.

**Klangfarbenmelodie:** von A. Schönberg 1911 geprägter Begriff, der zum Ausdruck bringen soll, daß man mit Klangfarben nach denselben Gesetzen komponieren kann, wie sie für Tonhöhen gelten. Diese ästhetische Forderung hat später in der elektronischen Musik zur Idee der ↑Klangfarbenkomposition geführt; dabei zeigte sich aber, daß der mitteleuropäische Hörer seine Tonhöhen- und somit Melodievorstellungen durch Abstraktion von der Klangfarbe gewinnt und daher der Terminus Klangfarbenmelodie ein Widerspruch in sich ist.

**Klangspektrum** ↑Spektrum.

**Klangvertretung:** nennt man die Erscheinung, daß ein und derselbe Ton unterschiedlichen Akkorden angehören kann, also je nachdem, welche Bedeutung der Ton in seinem musikalischen Zusammenhang besitzt, entsprechend unterschiedliche Akkorde „vertritt". In dreiklangsorientierter Musik, für die der Begriff Klangvertretung hauptsächlich von Bedeutung ist, kann ein Ton Grundton, Terz oder Quinte sein, und zwar in einem Dur- oder in einem Molldreiklang. So ergeben sich sechs Möglichkeiten der Klangvertretung, z. B. für den Ton c:

**Klappe:** bei Blasinstrumenten die mit kleinen Hebeln versehenen Verschlußdeckel der Tonlöcher. Zu unterscheiden sind offene Klappen, die erst durch Hebeldruck geschlossen werden, und geschlossene Klappen, die durch Hebeldruck geöffnet werden. Klappen werden angebracht, wenn die Finger die Tonlöcher nicht erreichen können oder die Zahl der Tonlöcher die der Finger übersteigt. Sie finden sich v. a. bei Holzblasinstrumenten (Flöte, Oboe, Klarinette, Fagott), selten bei Blechblasinstrumenten (↑ Klappenhorn).

**Klappenhorn:** Blechblasinstrument verschiedener Bauart (Waldhorn, Bügelhorn) mit Tonlöchern und Klappen. Ein zu den Bügelhörnern zählendes Klappenhorn mit 5–7 Klappen ist das Kenthorn, das von Herzog Eduard von Kent (* 1767, † 1820) um 1800 in die englische Armee eingeführt wurde. – ↑ auch Ophikleide.

**Klapper:** ein sehr altes und in vielen Arten über die ganze Erde verbreitetes Rhythmusinstrument. Es besteht aus zwei Teilen gleicher Bauart und gleichen Materials (Fruchtschalen, Knochen, Holz, Metall), die gegeneinander geschlagen werden (Gegenschlagidiophon). Zu den Klappern zählen ↑ Claves, ↑ Kastagnetten, ↑ Krotala und ↑ Scabellum.

**Klarinẹtte** [italienisch, von lateinisch clarus „klar, hell tönend"]: Holzblasinstrument mit einfachem Rohrblatt und zylindrischer Röhre (meist aus Grenadillholz). Es setzt sich zusammen aus Mundstück (Schnabel), Birne, Ober-, Unter-, Schallstück (Becher). Das Rohrblatt ist mit einer Metallzwinge an den schräg abgeflachten Schnabel geschraubt; beim nicht gespielten Instrument wird es durch eine Schutzkapsel geschützt. Beim Überblasen entstehen nur die ungeradzahligen Naturtöne, und zwar zunächst die Duodezime. Am gebräuchlichsten ist die B-Stimmung (Umfang e–$a^3$), daneben sind Instrumente in A- und C-Stimmung verbreitet. Ferner gibt es tiefere Klarinetten, so das ↑ Bassetthorn (Hauptstimmung F), die Baßklarinette (Hauptstimmung B; Umfang C/D–$f^2$; mit abgebogenem Schallstück und S-förmigem Metallrohr zwischen Schnabel und Tonröhre), die Kontrabaßklarinette (Hauptstimmung Es; Umfang $_1$F–$b^1$) sowie höhere Klarinetten in D und Es. – Die Klarinette, deren Vorläufer bis in vorchristliche Zeit zurückgehen, wurde nach 1700 vermutlich von J. Ch. Denner aus dem ↑ Chalumeau entwickelt. Die Klappenzahl wurde von 2 allmählich auf 13 erhöht (I. Müller, 1812). 1839 erhielt die Klarinette durch die Franzosen H. E. Klosé und L. A. Buffet den von Th. Boehm für die Querflöte erfundenen Klappenmechanismus, der damit zur Grundlage für das in Frankreich, England und Amerika gebräuchliche Klappensystem wurde. In Deutschland setzte sich nach 1900 das System O. Oehlers mit 22 Klappen und fünf Ringen durch. Die Klarinette gehört seit der Mitte des 18. Jahrhunderts zur Standardbesetzung des Orchesters und wurde daneben vielfach solistisch (Konzerte von W. A. Mozart, L. Spohr, C. M. von Weber) und kammermusikalisch (Klarinettenquintette von Mozart und Brahms) eingesetzt. Im Jazz ist sie ein bevorzugtes Melodieinstrument.

**Klạssik** [von lateinisch classicus „ersten Ranges, mustergültig"]: in der Kunst die Bezeichnung für etwas Vollendetes, in seiner Art Unerreichtes (ein Werk, die Phase einer Gattungsgeschichte, eine Epoche), das dadurch zugleich als Norm und Vorbild für Späteres dient. In der Musikgeschichte bezeichnet man damit v. a. die Stilepoche der *Wiener Klassik*, also die Musik Haydns, Mozarts und Beethovens, und zwar in Anlehnung an die *Weimarer Klassik* in der Literatur (Goethe, Schil-

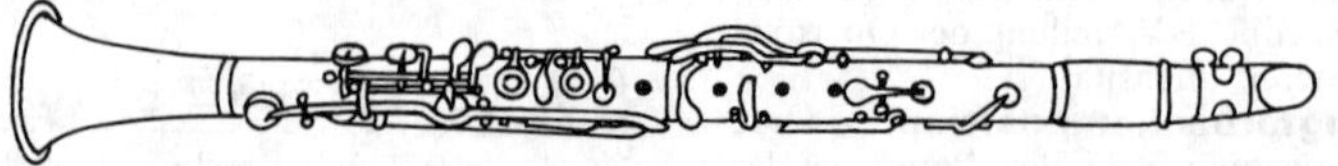

ler), die ihrerseits dem Geist der antiken griechischen Klassik besonders nahestand. Gelegentlich spricht man auch von *Altklassik* in bezug auf die Musik J. S. Bachs und seiner Zeit oder vom *klassischen* Palestrina-Stil (spätes 16. Jahrhundert) u. ä. Der Begriff Klassik wurde immer im Rückblick auf einen abgeschlossenen Zeitraum geprägt.

Die *Wiener Klassik* umfaßt als musikalische Stilperiode das vorwiegend auf Wien konzentrierte Schaffen Haydns, Mozarts und Beethovens zwischen etwa 1770 und 1827 (Todesjahr Beethovens). Der Begriff Klassik bezieht sich auf die Vollendung, das Mustergültige und die überragende musikgeschichtliche Bedeutung des von ihnen ausgeprägten Stils, dessen Eigenart mit Umschreibungen wie formale und inhaltliche Einheitlichkeit, Reinheit, Ausgewogenheit, Klarheit, Einfachheit und Universalität bedacht wird. Voraussetzung für die Entstehung der Wiener Klassik war die gesellschaftliche und geistige Dynamik der Übergangszeit zwischen Ancien régime und moderner bürgerlicher Gesellschaft, die sich in einem hochentwickelten, von Adel und Bürgertum gleichermaßen getragenen privaten und öffentlichen Musikleben in den europäischen Zentren (Paris, London, Wien, Mannheim, Mailand, Neapel), in der Ausbildung eines freien Künstlertums und eines breiteren, in der musikalischen Bildung sehr unterschiedlichen Publikums niederschlug.

In der als *Vorklassik* benannten Zwischenphase erfolgte der Bruch mit den als übersteigert empfundenen kompositorischen Techniken des Spätbarocks und die Hinwendung zu einer mit schlichteren Mitteln geschaffenen Musik der Gefälligkeit und des gefühlshaften Ausdrucks. Der Stilwandel war nicht die Leistung einer einzigen Schule oder eines einzigen Landes; an ihm hatten relativ unabhängig voneinander wirkende italienische, französische und deutsche Musiker Anteil, wie D. Scarlatti, G. B. Sammartini, B. Galuppi, G. B. Pergolesi, N. Jommelli, J. A. Hasse, J.-M. Leclair, L.-G. Guillemain, J. J. Quantz, C. Ph. E. und J. Ch. Bach, J. Ch. Wagenseil, J. Stamitz und J. Schobert. Sie trugen maßgeblich zur neuen Kunsthaltung und zur Ausbildung der Klavier- und Violinsonate, der Sinfonie und des Streichquartetts bei, die, zusammen mit den für die Frühzeit charakteristischen Formen Divertimento, Serenade und dem aus dem Barock übernommenen Solokonzert die instrumentalen Hauptgattungen der Wiener Klassik *(Hochklassik)* bildeten. Die Vokalmusik hingegen blieb der barocken Tradition stärker verhaftet, nicht nur in der Kirchenmusik, sondern auch in der Oper, wo sich die pathetisch überladene Opera seria lange neben den neuen, von realistischer Volkstümlichkeit getragenen Gattungen Opera buffa, Opéra comique und Singspiel hielt. Erst in Mozarts Meisteropern wurden die verschiedenen nationalen und gattungsstilistischen Ausformungen eingeschmolzen in einen vom Theatralischen her bestimmten und in den Dienst allgemein menschlicher Aussage gestellten Opernstil („Le nozze di Figaro“, 1786; „Zauberflöte“, 1791). Von demselben Humanitätsideal sind Haydns Oratorien „Die Schöpfung“ (1798) und „Die Jahreszeiten“ (1801) und Beethovens Oper „Fidelio“ (1805), seine „Missa solemnis“ (1819–23) und die 9. Sinfonie (1822–24) durchdrungen.

Bei aller Verfeinerung der musikalischen Mittel bleiben Einfachheit, Faßlichkeit und Allgemeinverständlichkeit ein Grundzug der Wiener Klassik. Die Norm des Satzes bildet die dem Volkslied und -tanz entnommene achttaktige Periode, die gleichwohl oft kunstvoll verdeckt wird und durch metrische Unregelmäßigkeiten und abgestufte Rhythmik belebt wird. Die grundlegende instrumentale Bauform ist die zyklisch eingebundene Sonatensatzform mit ihren kontrastierenden Themen, deren Entwicklung in thematischer Arbeit und Verteilung auf die verschiedenen Stimmen in ↑durchbrochener Arbeit und ↑obligatem Akkompagnement. Die vorklassische Einfachheit in der Harmonik und die Beschränkung auf wenige Tonarten sind in der Wiener Klassik abgelöst von einem kühnen Gebrauch von Chromatik, Dissonanz und Modulation. Gleichfalls als Folge des gesteigerten Ausdrucksbedürfnisses werden neue Möglichkeiten der dynamischen und klangfarblichen Nuancierung und der Besetzung (Vermehrung der Streicher im Orchester, charakteristischer Einsatz der Blasinstrumente) erschlossen.

**Klassizismus** [lateinisch]: zusammenfassender Begriff für Kunstäußerungen, die sich auf eine vergangene und als ↑Klassik angesehene Stilepoche beziehen. In der Dichtung, Architektur und bildenden Kunst ist damit stets eine Anlehnung an die Antike gemeint. In der Musik jedoch, wo ein solcher Rückbezug nicht möglich ist, hat der Begriff eine weit geringere Bedeutung. Er wird auf Kompositionen des 19. Jahrhunderts angewandt, die sich mit gewissen Zügen an ältere Vorbilder anlehnen. Das gilt z. B. für Instrumentalwerke Mendelssohn Bartholdys und Brahms' (dessen Musik man auch als *romantischen Klassizismus* charakterisiert), in denen Formprinzipien der Wiener Klassik weitergetragen werden, oder für Chorwerke des ↑Cäcilianismus, der die *klassische* Vokalpolyphonie Palestrinas aufgreift. Im 20. Jahrhundert, besonders im dritten und vierten Jahrzehnt, beziehen einige Komponisten ausdrücklich Stilmittel, Gattungsmerkmale oder ganze Werkteile aus älteren Stilepochen aus einer antiromantischen Haltung heraus in ihre Kompositionen ein (F. Busoni, P. Hindemith und v. a. I. Strawinski). Diese Tendenz wird als *Neoklassizismus* bezeichnet.

**Klausel** [von lateinisch clausula „Schlußformel"]: melodische Schlußwendung, zunächst im einstimmigen Gregorianischen Gesang, dann auch in der mehrstimmigen Musik bis etwa 1600, also solange die einzelnen Stimmen als melodisch eigenständig und den Gesetzen der ↑Kirchentonarten noch annähernd unterworfen waren. Entsprechend den typischen Schlußformeln jeder Stimme unterscheidet man Diskant- (Halbtonschritt aufwärts), Alt- (Tonwiederholung), Tenor- (Ganztonschritt abwärts) und Baßklausel (Quintsprung abwärts). Später regelt die ↑Kadenz als harmonische Schlußwendung auch die dazugehörigen melodischen Abläufe.

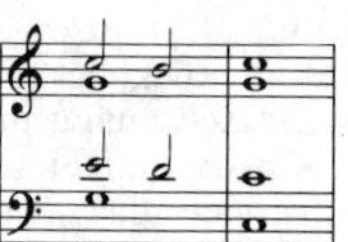

**Klaviatur** [von lateinisch clavis „Holzstück, Riegel, Schlüssel"] (Tastatur): heißt bei den Tasteninstrumenten (Orgel, Klavier, Cembalo, Klavichord) die Gesamtheit der Tasten eines ↑Manuals oder des ↑Pedals. Üblich ist die geteilte Anordnung der Tasten in einer diatonischen (C-Dur-) Reihe (Untertasten, beim Klavier meist weiß) und einer diese ergänzenden chromatischen Reihe (Obertasten, meist schwarz).

**Klavichord** (Clavichord) [von lateinisch ↑clavis „Schlüssel, später Taste" und chorda „Saite"]: ein im 14. Jahrhundert aus dem ↑Monochord entwikkeltes Tasteninstrument, dessen quer zur Tastatur verlaufende Saiten von Metallstiften *(Tangenten)* angeschlagen werden. Die auf dem hinteren Tastenende sitzenden Tangenten bleiben so lange in Kontakt mit der Saite, wie der Spieler die Taste niederdrückt. Die Saite schwingt nur zwischen Steg und Tangente, ihr anderer Teil wird durch einen Tuch- oder Filzstreifen am Schwingen gehindert. Die Tonhöhe hängt daher von der Anschlagstelle ab, so daß dieselbe, meist zweichörige Saite für verschiedene Tonhöhen (bis zu fünf) verwendet werden kann. Dabei wirkt die Tangente wie ein ↑Bund (gebundenes Klavichord). Seit dem 17. Jahrhundert gibt es Instrumente, bei denen jeder Taste ein Saitenchor zugeordnet ist (bundfreies Klavichord). Der zarte Ton des Instruments kann durch wechselnden Druck des Fingers auf den Tastenhebel zum Vibrieren gebracht werden (↑Bebung). Das Klavichord war besonders im 18. Jahrhundert in der Zeit der Empfindsamkeit beliebt.

**Klavicitherium** (Clavicytherium) [von lateinisch clavis „Schlüssel, Taste" und griechisch ↑Kithara]: ein vom 16. bis zum 18. Jahrhundert gebautes Cembalo mit aufrechtem Korpus und vertikal verlaufendem Saitenbezug.

**Klavier** [französisch, von lateinisch ↑Clavis]: ursprünglich gleichbedeutend mit ↑Klaviatur, später Sammelbezeichnung für ↑Tasteninstrumente (Orgel, Cembalo, Klavichord), im 18. Jahrhundert meist eingeengt auf das ↑Klavichord. Ab etwa 1800 wurde als Klavier das Instrument mit Hammermechanik (Hammerklavier) bezeichnet, das wegen der ihm eigenen Möglichkeit, laut und leise gespielt zu werden, auch *Fortepiano* oder *Pianoforte* (Kurzform *Piano*) genannt wurde. Seit der 2. Hälfte des 19. Jahrhunderts wird unter Klavier zumeist die vertikale Form des Hammerklaviers, das *Pianino*, verstanden, im Unterschied zur horizontalen Form, dem *Flügel*.

Die Hammermechanik des Klaviers (vergleiche die Darstellung auf der Seite 178), eine sogenannte Repetitionsmechanik, hat eine doppelte Auslösung. Am Tastenhebel ist die Pilote befestigt, die über das Hebeglied und die Stoßzunge den Hammer gegen die Saite führt. Bevor jedoch der Hammerkopf die Saite erreicht, gibt die bewegliche Stoßzunge ihren Angriffspunkt am Hammerstiel frei, sie „löst aus". Der Hammer steigt allein durch den erhaltenen Schwung weiter auf bis zum Schlag gegen die Saite und wird nach dem Rückprall vom Fänger festgehalten. Durch ein kompliziertes, durch Schrauben zu regulierendes Hebel- und Federsystem rückt die Stoßzunge wieder unter ihren Angriffspunkt am Hammerstiel; ohne große Fingerbewegung kann der Anschlag wiederholt („repetiert") werden. Die Dämpfung gibt beim Niederdrücken der Taste die Saite zum Schwingen frei und hindert sie beim Loslassen am Weiterschwingen. Durch das rechte Pedal kann die Dämpfung aller Saiten gleichzeitig aufgehoben werden. Der starke Zug der Metallsaiten (bis zu 20 000 kg) wird durch einen in einem Stück gegossenen Eisenrahmen aufgefangen. Im Baß sind für jeden Ton eine oder zwei dicke, mit Draht umsponnene Saiten vorhanden, für die höheren Töne je drei Saiten. Durch das linke Pedal (Pianopedal, Verschiebung) kann die Mechanik etwas verschoben werden, so daß der Hammer statt auf drei nur auf zwei Saiten trifft. Der Umfang des Flügels reicht von $_2A$ bis $c^5$. Unter den Saiten liegt der Resonanzboden, eine Holzplatte, die die Schwingungen der Saiten aufnimmt und abstrahlt. Die Saiten kreuzen sich über dem Resonanzboden; auf diese Weise können die schräg geführten Saiten länger sein, die besonders schwingungsfähige Mitte des Resonanzbodens wird besser ausgenutzt. Bei aufgehobener Dämpfung regen sich die übereinanderliegenden Saiten zu bestimmten Schwingungen an. – Neben dem Konzertflügel mit mehr als drei Meter Länge gibt es (in abnehmender Größe) den Salon-, den Stutz- und den Kleinflügel mit etwa 117–135 cm Länge. Ihr mit Beinen versehenes, waagrecht liegendes Gehäuse ist wegen der nach oben abnehmenden Saitenlängen flügelartig unsymmetrisch. Hohe, aufrechte Flügelformen des 18. und 19. Jahrhunderts waren der Pyramiden-, Lyra-, Giraffen- und Schrankflügel.

Das *Pianino* hat ein aufrechtes, rechteckiges Gehäuse, das knapp über dem Boden beginnt. Seine Hammermechanik hat wie die des Flügels eine Auslösung; ein Bändchen führt den Hammer in eine Position zur sofortigen Wiederholung des Anschlags zurück. Heute wird als Pianino gewöhnlich die Kleinform dieses Instruments (Höhe zwischen 1 m und 1,30 m) bezeichnet.

Eine Hammermechanik für ein besaitetes Tasteninstrument kannte schon H. Arnault von Zwolle († 1466). Bedeutend wurde die Mechanik von B. Cristofori (1709), eine bis heute allgemein übliche Stoßmechanik, bei der Stoßzungen die an einer Leiste befestigten Hämmerchen gegen die Saiten schleudern. Cristoforis Mechanik hatte eine einfache Auslösung, die zwar Repetition nur mit relativ großen Spielbewegungen erlaubte, aber

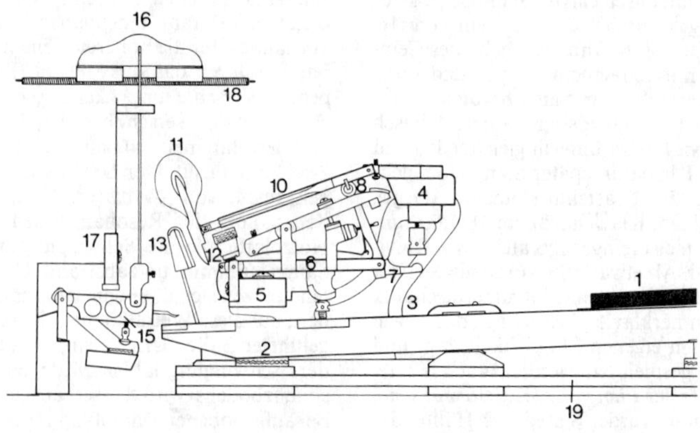


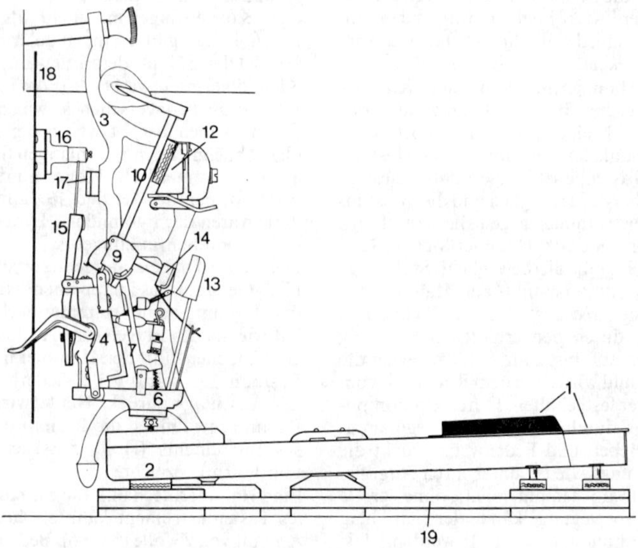


Klavier. Mechanik eines Flügels (oben) und eines Pianinos (unten).
1 Tasten, 2 Druckstoffstreifen, 3 Mechanikstütze, 4 Mechanikbalken, 5 Hebegliedleiste, 6 Hebeglied, 7 Stoßzunge, 8 Hammerrolle, 9 Hammernuß mit Leder- und Filzpolsterung, 10 Hammerstiel, 11 Hammerkopf mit Filzüberzug, 12 Hammerruheleiste, 13 Fänger mit Filzbezug, 14 Gegenfänger mit Lederbezug, 15 Dämpferarm, 16 Dämpfer, 17 Dämpferpralleiste mit Pralleistenfilz, 18 Saite, 19 Klaviaturboden

bereits einen kontrollierten, von Nebengeräuschen freien Anschlag ermöglichte. J. A. Stein entwickelte wahrscheinlich die „deutsche" oder „Wiener Mechanik" (um 1775), eine Prellmechanik mit Befestigung der Hämmerchen auf den Tastenhebeln. Die seit Ende des 18. Jahrhunderts in England gebaute „englische Mechanik", die der Konstruktion Cristoforis ähnelt, ermöglichte einen kräftigeren Anschlag. Die heutige Mechanik entwickelte S. Érard (Paris, vor 1822). 1825 wurde der erste volle Eisenrahmen gegossen, 1826 der Belag der Hammerköpfe mit Filz eingeführt, um 1830 kam der kreuzsaitige Bezug auf. Das erste Pianino mit ausgebildeter (fälschlich „französisch" genannter) Mechanik baute der Engländer R. Wornum (London, 1826). Ein beliebtes Kleinklavier des 18./19. Jahrhunderts war das tischartige Tafelklavier.

**Klavierauszug:** nennt man die Einrichtung einer vielstimmigen Komposition für die Wiedergabe am Klavier. Der Klavierauszug kam in der zweiten Hälfte des 18. Jahrhunderts auf, als die Orchestermusik immer reichere Formen ausbildete und zugleich die Weiterentwicklung des ↑Klaviers klanglich befriedigende Übertragungen möglich machte. Bedeutsam ist in erster Linie der Klavierauszug von Opern, Oratorien, Kantaten u. ä. zum Einstudieren der Gesangspartien am Klavier, ferner der Klavierauszug von Solokonzerten, um sie auch ohne Orchester begleiten zu können, schließlich der Klavierauszug von Sinfonien und anderen Orchesterwerken zum Studium und häuslichen Musizieren. Das Spiel nach dem Klavierauszug war vor der Erfindung der Schallplatte die einzige (und ist auch heute noch die beste) Möglichkeit, ein Werk gründlich kennenzulernen.

**Klaviermusik:** Musik für Tasteninstrumente (Klaviere im weiteren Sinne), wie Cembalo, Virginal, Klavichord, Pianoforte und, bis ins 17. Jahrhundert, auch für Orgel. Die frühesten Beispiele für Klaviermusik sind Übertragungen von Motetten, Liedern und Meßteilen sowie Tänze und Präludien in englischen, italienischen und deutschen Handschriften des 14./15. Jahrhunderts (wie dem „Buxheimer Orgelbuch", 1460–70). Die Vokalsätze sind darin nicht in ihrer ursprünglichen Form, sondern mit Verzierungen und Läufen aufgezeichnet. Die Tabulaturbücher der deutschen Orgelmeister des frühen 16. Jahrhunderts enthalten neben spielgerechten Umarbeitungen von Vokalmusik und Tänzen auch eigenständige Klavierstücke. Formen rein instrumentalen Charakters (Ricercar, in Spanien als Tiento, ferner Fantasie, Toccata, Kanzone, Capriccio, Variation) wurden von dem Spanier A. de Cabezón, den italienischen Organisten G. Cavazzoni, C. Merulo, A. und G. Gabrieli, G. Frescobaldi und den englischen Virginalisten Th. Tallis, W. Byrd, Th. Morley, J. Dowland, J. Bull und O. Gibbons ausgebildet. Eine bedeutende Orgelmusik schufen auch der Niederländer J. P. Sweelinck und seine deutschen Schüler J. Praetorius, S. Scheidt und H. Scheidemann. Die Klaviersuite und das Programmstück gehen auf die französischen Clavecinisten J. Champion de Chambonnières und F. Couperin und den Deutschen J. J. Froberger zurück. D. Scarlatti entwickelte formal und technisch die italienische Klaviersonate, die J. Kuhnau dann in die deutsche Klaviermusik einführte. G. F. Händel und J. S. Bach pflegten besonders die Suite und als erste das Orgel- und Klavier-(Cembalo-)Konzert. In Bachs exemplarischen Sammlungen „Inventionen und Sinfonien" (1720–23), „Klavierübung" (1731–42), „Wohltemperiertes Klavier" (1722–44) und „Kunst der Fuge" (1749/50) sind klavieristische Themengestaltung und Spieltechnik mit einzigartiger Formgebung verknüpft. C. Ph. E. Bach verschaffte der freien Fantasie und dem Rondo erhöhte Geltung; durch seine Konzerte und Sonaten und diejenigen J. Haydns und v. a. W. A. Mozarts wird der Rang der Klaviermusik als einer der repräsentativen Kompositionsbereiche der Vorklassik und der Wiener Klassik bis hin zur Romantik begründet. Beethovens Musik für das Hammerklavier zeichnet sich spieltechnisch durch Brillanz und Virtuosität, satztechnisch durch die Anwendung der ↑durchbrochenen Arbeit und des ↑obligaten Akkompagnements aus. Im 19. Jahrhundert wurden lyrische und bildhaft charakterisierende Kleinformen (Impromptu, Moment musical, Capriccio, Scherzo, Intermezzo, Lied ohne Worte, Charakterstück) von F. Schubert, F. Mendelssohn Bartholdy, R. Schumann und J. Brahms gepflegt, während F. Chopin und F. Liszt die virtuosen Genres (Konzertetüde, Prélude, Nocturne, Fantasie, Paraphrase, Tänze wie Mazurka und Polonaise) bevorzugten. Der Klavierstil Liszts wurde von F. Busoni, P. I. Tschaikowski, S. W. Rachmaninow und den französischen Impressionisten C. Debussy und M. Ravel fortentwickelt. Die Entwicklung der modernen Klaviermusik ist gekennzeichnet durch die starke Betonung des Rhythmischen, die Erweiterung der Klangfarben mittels neuer Techniken (wie direktes Anschlagen der Saiten und des Instrumentenkörpers, ↑Cluster, ↑präpariertes Klavier) und die Neigung zum Aufgehen des Klavierklangs im Orchesterklang. Bedeutende Werke für Klavier schrieben im 20. Jahrhundert A. N. Skrjabin, I. Strawinski, B. Bartók, P. Hindemith, Ch. Ives, H. Cowell, J. Cage, A. Schönberg, A. Berg, A. Webern, L. Nono, P. Boulez und K. Stockhausen.

**Klavizimbel** (italienisch clavicembalo) ↑Cembalo.

**Klirrfaktor** (Klirrgrad): ein Maß für die in einem Verstärker entstehenden, das Klangbild verfälschenden Obertöne der doppelten, dreifachen usw. Frequenz, die ursprünglich nicht vorhanden waren und auf Grund von harmonischen bzw. nichtlinearen Verzerrungen hinzukommen. Im einfachsten Fall wird aus einem Ton (reine Sinusschwingung) ein Klang (Grundton + Obertöne). Das Verhältnis der künstlich erzeugten Frequenzen zur Originalfrequenz wird in % angegeben.

**Knall:** ist die Empfindung, die ein kurzer akustischer Energiestoß hervorruft. Ein Knall hat keine Tonhöhe oder Klangfarbe, sondern nur eine Lautstärke.

**Kniegeige** ↑Viola da gamba.

**Kobsa** [russisch] (rumänisch cobză): eine im Moldaugebiet, in Rumänien und Ungarn verbreitete Kurzhalslaute mit 4–5 mehrchörigen, meist mit Plektron gespielten Saiten.

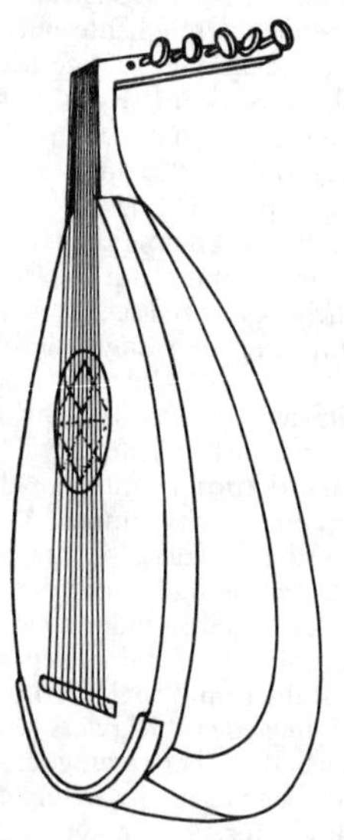

**Koda** (Coda) [italienisch „Schwanz"]: der Schlußteil von Kompositionen, wenn dieser als ein angehängtes, zusammenfassendes oder ausklingendes Glied nach einem gewissen Abschluß der Formdisposition empfunden wird. Eine Koda kann prinzipiell bei allen Formen auftreten, z. B. als freier Schlußteil von Tanz-, Lied-, Rondo- oder Variationsformen (seltener bei der ↑Fuge). Besondere Bedeutung erlangte die Koda in der ↑Sonatensatzform, v. a. seit Beethoven, der sie häufig zu einem eigenen (vierten) Formteil mit einem der ↑Durchführung vergleichbaren Gewicht ausweitet (Beispiel: 3. Sinfonie „Eroica", 1. Satz, 1804).

**Kolęda** [polnisch ko'lɛnda]: musikalisch soviel wie Weihnachtslied (Kolęda bezeichnet verschiedene Sachverhalte im Zusammenhang von Weihnachten); in der polnischen, tschechischen, slowakischen und bulgarischen Kultur volkstümlich. Die Koleda wird in der Kirche, im Hause oder als Glückwunsch-, Umzugs- und Heischelied gesungen. Anfänge reichen in die kirchliche Musik des frühen Mittelalters zurück. Im 18./19. Jahrhundert wurden die Koledy sentimentalisiert. Viele Koledamelodien gingen in die slawische Tanzmusik ein. Verwandt sind russisch-ukrainische Koljadka und rumänische ↑Colindă.

**Kollektivimprovisation** [lateinisch]: ↑Improvisation mehrerer Instrumentalisten gleichzeitig. Die Kollektivimprovisation kann sich entweder auf ein vorgegebenes harmonisch-metrisches Gerüst (wie im traditionellen Jazz) stützen oder auf der Basis spontanen Aufeinanderreagierens verlaufen (wie im Free Jazz).

**Kolo** [serbokroatisch „Rad"]: jugoslawischer, wahrscheinlich ursprünglich serbischer Nationaltanz im $^3/_4$-Takt. Er wird meist in ruhiger Bewegung getanzt, oft als Kettentanz oder mit Spielelementen und ist in zahlreichen lokalen Sonderformen verbreitet.

**Kolophonium** [griechisch, nach der antiken Stadt Kolophon (südlich vom heutigen İzmir)]: ein natürliches, hartes Harz, mit dem der ↑Bogen bestrichen wird, um die Reibung auf der Saite zu erhöhen.

**Koloratur** (italienisch coloratura) [von lateinisch colorare „färben"]: allgemein Verzierungen einer Gesangsstimme, speziell Verzierungen in der Opernarie. Die Koloratur steht meist am Ende einzelner Arienabschnitte und verwendet schnelle, weiträumige Läufe und Sprünge sowie Triller. Sie erfordert große stimmliche Virtuosität (Koloratursopran); bei Altarien erscheint sie selten. Bis zu Beginn des 19. Jahrhunderts wurde die v. a. in der italienischen Operntradition beliebte Koloratur teilweise improvisierend ausgestaltet. Sie diente vorwiegend der Darstellung sängerischer Kunst, aber auch als Mittel des dramatischen Ausdrucks. Berühmt ist z. B. die Koloraturarie der Königin der Nacht in Mozarts „Zauberflöte" (1791).

**kolorieren** [von lateinisch colorare „färben"]: musikwissenschaftliche Bezeichnung für die improvisierte oder kompositorische Technik der melodisch umspielenden und verzierenden Gestaltung einer vorgegebenen Melodie. Die als *Koloristen* bezeichneten deutschen Organisten des 16. Jahrhunderts (unter anderem A. Schlick, H. Buchner, E. N. Ammerbach) bearbeiteten auf diese Weise Lieder, Tänze und Vokalsätze für ihr Instrument.

**Kombinationen** [von lateinisch combinare „je zwei (bini) zusammenbringen"]: zu den Spielhilfen der Orgel gehörende kombinierte Registerzüge. Unterschieden werden feste Kombinationen, die aus fest ausgewählten, nicht veränderbaren Registergruppen bestehen, und freie Kombinationen, die der Spieler nach freier Wahl zusammenstellen und während des Spiels einschalten kann. Das Einschalten erfolgt jeweils mit Hilfe eines Hebels oder Knopfes.

**Kombinationstöne:** durch nichtlineare Verzerrungen im Ohr oder in elektroakustischen Übertragungsteilen (Mikrophon, Verstärker, Lautsprecher) können beim Zusammentreffen von zwei Sinusschwingungen mit den Frequenzen $f_1$ und $f_2$ weitere Schwingungen entstehen, deren Frequenzen sich nach der „Kombinations"-Formel

$$f = n \cdot f_1 + m \cdot f_2$$

$$(n\,,\, m = 0,\ \pm 1,\ \pm 2, ...)$$

berechnen lassen. Für $n = 0$ bzw. $m = 0$ erhält man die ↑Obertöne, für $n = 1$ und $m = -1$ den ↑Differenzton (falls $f_1 > f_2$).

Kombinationstöne entstehen oft erst ab einer bestimmten Lautstärke der Töne, da die meisten akustischen Übertragungssysteme (auch das Ohr) leise Töne wenig oder gar nicht verzerren. Die im Ohr entstehenden Kombinationstöne sind kein Schall, da sie nicht „in der Luft" liegen. Sie können aber auch nicht als „subjektive" Töne bezeichnet werden, da sie auf Grund mechanischer Eigenschaften des Innenohrs („objektiv") unabhängig von Bewußtseinsvorgängen entstehen.

Der Geiger G. Tartini machte als erster auf einige Kombinationstöne aufmerksam, die man beim Geigenspiel hört und – unbewußt – zur Orientierung beim Stimmen hinzuzieht. Da man diese Töne zwar hören, aber nicht mit den üblichen akustischen Methoden nachweisen konnte, wurde ihre Existenz lange Zeit angezweifelt.

**Komma** [griechisch]: die Musiktheorie kennt verschiedene Berechnungsverfahren für Intervalle, die voneinander und von der Praxis abweichen. Dabei auftretende, schon den Griechen bekannte Unterschiede nennt man Komma (↑Stimmung). Das *pythagoreische Komma* bezeichnet die Differenz zwischen dem Intervall ($f_1$), gebildet von 12 reinen Quinten, und dem 7 Oktaven umfassenden Intervall ($f_2$). Das Frequenzverhältnis berechnet sich nach $f_1 : f_2 = (^3/_2)^{12} : (^2/_1)^7 = 1{,}0136 : 1$ und beträgt 23,46 Cent (↑Cent).

In der gleichschwebenden Temperatur wird daher jede Quinte um $^1/_{12}$ von 23,46 Cent gleich 1,955 Cent verkleinert. – Das *syntonische* oder *didymische Komma* bezeichnet die Differenz zwischen großem ($f_1$) und kleinem ($f_2$) Ganzton, dem Unterschied von 2 Quinten bezogen auf die Oktave bzw. 2 Quarten + Terz bezogen auf die Oktave:

$$f_1 : f_2 = (^9/_8) : (^{10}/_9) = 81 : 80 = 1{,}0125 : 1 \text{ oder } 21{,}506 \text{ Cent.}$$

**Kommersbuch** [von lateinisch commercium „Handel, Verkehr, Gemeinschaft"]: Bezeichnung für eine Sammlung von Liedern, die bei dem v. a. von Studentenverbindungen abgehaltenen *Kommers* (sogenannten „Trinkabenden") gesungen werden. Das Repertoire enthält neben den bereits seit dem späten Mittelalter üblichen Studentenliedern v. a. Vaterlands-, Gesellschafts-, Liebes-, Volks- und Wanderlieder.

**Komplet** (Completorium, Completa) [von lateinisch complere „ausfüllen, vollenden"]: das Abend- und Schlußgebet im ↑Offizium der katholischen Kirche.

**Komposition** [von lateinisch compositio „Zusammensetzung"]: gedanklich konzipiertes und ausgearbeitetes, schriftlich festgehaltenes und auf Grund des Notentextes aufführbares und klanglich reproduzierbares Musikstück. Zwischen Komposition, sowohl als Vorgang wie als vergegenständlichtes Ergebnis kompositorischer Arbeit zu verstehen, und ↑Improvisation gibt es mehrere Zwischenstufen, etwa die schriftlose Überlieferung ausgearbeiteter Stücke.

Komposition im engeren Sinn gilt als eine besondere Errungenschaft der europäischen Musikgeschichte, die sich, nach Ansätzen in der einstimmigen Kunstmusik seit dem 9. Jahrhundert, mit der Mehrstimmigkeit seit dem 12. Jahrhundert entfaltet. Geschichtliche und soziokulturelle Grundlage für die Entstehung von Komposition ist die Erschütterung der ständischen Gesellschaft durch Aufkommen von Bürgertum, Warenwirtschaft und neuzeitlicher Stadt, das den Austausch und die Vermischung vorher streng gegeneinander abgegrenzter Musizierbereiche (Bauern-, Spielmanns-, Kirchenmusik) fördert. Komposition bringt als „Zusammensetzung" diese Bereiche in Verbindung. Sie hebt die Wechselwirkung von Spontaneität und Regelhaftigkeit auf eine höhere Stufe und beschleunigt Neuerungen der Musiksprache. Denn vorgegebene musikalische Regelsysteme und Modelle werden nun, als schriftlich festgehaltene, überschaubarer und handhabbarer; festhalten läßt sich auch die Abweichung von der Regel und die Schaffung neuer Regeln. Musikalische Tradition ist so nicht mehr nur starres Festhalten und Überliefern von Normen und Wertsystemen, sondern schließt selbst Veränderung in sich ein. Komposition verstärkt die Loslösung von unmittelbarer sozialer Gebrauchsbindung und ermöglicht die bewußte, subjektiv auswählende und filternde, zielgerichtete Verarbeitung verschiedenartiger politischer, kultureller, künstlerischer Erfahrungen. Der Komponist wird Subjekt des Komponierens, das sich im Verlauf der Musikgeschichte immer mehr als eigenständiger Beruf arbeitsteilig von der praktischen Musikausübung abspaltet, auch wenn Komponisten personell weiterhin musizierend tätig sind.

Das jeweilige Regelsystem für Komposition ist in Kompositionslehren (Kontrapunkt-, Harmonie-, Rhythmus-, Melodie-, Instrumentationslehre) festgelegt und theoretisch formuliert; prägend wirken aber weiter mündliche, handwerkliche Überlieferung und als musterhaft anerkannte Meisterwerke. Dabei hinkt nicht durchweg die Theorie der Praxis nach; nicht selten werden Neuerungen vor ihrer kompositorischen Verwirklichung erst einmal theoretisch entworfen; Theorie wirkt, hemmend oder fördernd, aktiv auf Komposition ein. – Komposition setzt sich mit dem jeweils gegebenen historischen System von musikalischem Material und Sprache auseinander. Dazu gehören Tonsystem und -ordnung, zeitlich-rhythmische Gliederung, Stimmführung und Akkordbildung, Tonsatz und Satztechnik, Differenzierungsmöglichkeiten von Besetzung, Klangfarbe, Tempo, Lautstärke, Artikulation und Vortragsweisen, Formmodelle u. Formungsprinzipien; der Komposition vorgegeben sind weiter Verfahren der Textbehandlung, Gattungen, der Stand von Notenschrift und Musikdenken sowie soziale Funktionen und Hörerbezüge der Musik. Komposition erfüllt dieses jeweils geltende Normensystem und bereichert und erweitert es zugleich. Dabei unterliegen die einzelnen hier erwähnten Elemente für sich selber wie in ihren Beziehungen untereinander ständigem historischem Wandel. Andererseits erscheinen einige – allerdings ziemlich abstrakt zu formulierende – Grundprinzipien und -verfahren von geschichtsübergreifender Allgemeingültigkeit. Komposition arbeitet mit Wiederholung und Veränderung, stellt ein Wechselverhältnis von Mannigfaltigkeit und Vereinheitlichung her; eine Komposition hat einen abgegrenzten Anfang und ein Ende, ist in sich gegliedert und besteht aus Teilen, die durch Ähnlichkeit oder Kontrast zusammenhängen; sie ist als Ganzes, als Gestalt überschaubar und faßlich; sie hat schließlich einen – nicht restlos verbal zu formulierenden, aber prinzipiell verstehbaren Sinngehalt. Komposition gipfelt in der Kategorie des in sich vollendeten, originalen, von seinem Urheber abgelösten „Werkes“; diese spielt seit der Renaissance eine wachsende Rolle in der europäischen Kunstmusik. Auch die Strömungen, die heute das geschlossene Werk in Frage stellen, setzen Komposition voraus.

Ein charakteristisches Merkmal der europäischen Musikgeschichte als Kompositionsgeschichte ist es, daß immer wieder bislang improvisierte, praktischem Gebrauch überlassene Momente des Musizierens (z. B. Verzierungenen; Tempo- und Lautstärkegrade) von Komposition ergriffen und festgelegt werden. In der elektronischen Musik erreicht dieser Prozeß insofern eine neue Stufe, als nun auch die elementaren Eigenschaften des Tons (Höhe, Dauer, Lautstärke, Klangfarbe) und die klangliche Realisation selbst rational durchorganisiert, „komponiert“ werden können. Für den gegenwärtigen Stand von Komposition entscheidend ist die bereits in der Entstehung von Komposition keimhaft angelegte Tendenz, daß Materialien, Musiksprachen, Regeln verschiedenster historischer, geographischer und sozialer Räume im Prinzip zugänglich, verfügbar und ergreifbar geworden sind.

**konkrete Musik** (französisch musique concrète): in den ersten Jahren der ↑elektronischen Musik gab es zwei sich bekämpfende ästhetische Richtungen: die Kölner Schule um Herbert Eimert vertrat die Ansicht, daß elektronisches Material abstrakt sein und nach strukturellen Gesichtspunkten zusammengesetzt werden müsse; die Pariser Schule um Pierre Schaeffer verwendete hingegen „konkretes“ Klangmaterial wie Straßengeräusche, Wassertropfen, Vogelgezwitscher usw. und setzte dies mittels Collagetechnik (↑Collage) zusammen. Heute ist der Streit der beiden Schulen und damit die terminologische Unterscheidung von rein elektronischer und konkreter Musik gegenstandslos.

**Konservatorium** [von lateinisch conservare „bewahren“]: war ursprünglich, und zwar zuerst im 16. Jahrhundert in Neapel, eine Erziehungs-(„Bewahr“-) Anstalt für musikalisch begabte Waisenkinder, erlangte jedoch allmählich die Bedeutung einer musikalischen Ausbildungsstätte überhaupt. Im 18. und 19. Jahrhundert wurden Konservatorien in vielen Städten Europas und der USA gegründet, z. B. das Pariser Conservatoire (1795), die Ordentliche Singschule in Berlin (1804, K. F. Zelter), das Leipziger Konservatorium (1843, F. Mendelssohn Bartholdy). Auch heute ist das Konservatorium ein privates, städtisches oder staatliches Lehrinstitut für alle Fachbereiche der Musik. Es vermittelt im allgemeinen sowohl musikalische Laien- wie Berufsausbildung und nimmt somit eine Mittelstellung ein zwischen den ↑Musikschulen und den rein berufsbildenden (staatlichen) ↑Musikhochschulen.

**Konsonanz** [von lateinisch consonantia „Zusammenklang“]: in tonaler Musik ein Klang (Intervall oder Akkord) mit Ruhe- und Entspannungscharakter, im Gegensatz zur auflösungsbedürftigen ↑Dissonanz. Die Töne konsonanter Klänge stehen zueinander in einfachen Schwingungszahlproportionen. Allerdings läßt sich das Konsonanzphänomen weder mathematisch noch physikalisch eindeutig erklären. Denn die Konsonanz ist keine feststehende Größe, sondern ein relativer Klangwertbegriff, zudem ihrem Grad nach mehrfach abgestuft und ohne klar bestimmbare Grenze zur Dissonanz (vergleiche dazu das Notenbeispiel). Das Konsonanzempfinden hat sich seit dem Beginn der abendländischen Mehrstimmigkeit stetig verändert. Im Mittelalter galten nur Oktave und Quinte als vollkommene Konsonanzen, Terzen und Sexten schon als auflösungsbedürftige unvollkommene Konsonanzen. Spätestens seit dem 16. Jahrhundert hingegen wurde der aus Terzen geschichtete Dreiklang als Inbegriff des Wohltönenden empfunden. Im 19. Jahrhundert erscheint die reine Konsonanz zunehmend in eine komplizierte, farbenreiche Harmonik eingebettet. Entsprechend schwächte sich die Reizwirkung einfacher dissonanter Akkorde immer mehr ab und machte sie zu relativ konsonanten (so wird z. B. der an sich dissonante Dominantseptakkord e–gis–h–d im dritten Takt des Vorspiels zu „Tristan und Isolde“ [1859] von R. Wagner als quasi konsonante Auflösung empfunden). Auch innerhalb eines Musikstücks kann der gleiche Klang je nach dem Zusammenhang unterschiedliche Konsonanzwirkung besitzen. Die rhythmische Stellung im Takt, die umgebenden Klänge und die harmonische Funktion spielen dabei eine entscheidende Rolle. Beispiel:

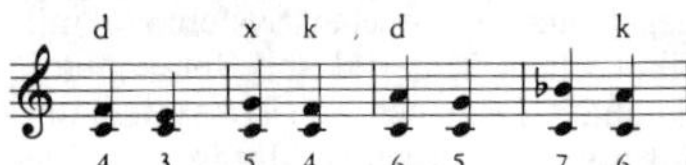


Die beiden Quarten (4) und die beiden Sexten (6) wirken jeweils einmal dissonant (d), einmal konsonant (k). Selbst die stark konsonante Quinte im zweiten Takt (x) wirkt der Auffassung nach wie eine Dissonanz. – Mit der Auflösung der ↑Tonalität zu Beginn des 20. Jahrhunderts verlieren Konsonanz und Dissonanz ihre wechselseitige Zuordnung und damit – jedenfalls in weiten Bereichen der Neuen Musik – als Begriffe überhaupt ihren Sinn für die Beschreibung von musikalischen Materialzusammenhängen.

**Kontakion** [griechisch]: Form der byzantinischen Hymnodie, noch heute in Messe und Offizium des griechischen Ritus. Das Kontakion, das bereits im 6. Jahrhundert seine Vollendung bei Romanos dem Meloden fand, ist formal der lateinischen Sequenz eng verwandt und dürfte mit dieser auf eine gemeinsame Wurzel zurückgehen.

**Kontertanz** (Kontratanz) ↑Contredanse.

**Kontinuo** (Kurzform von Basso continuo) ↑Generalbaß.

**Kontrabaß** (Baß, volkstümlich Baßgeige): das tiefste und größte (etwa 2 m) der Streichinstrumente; im ausgehenden 16. Jahrhundert in der Violenfamilie entwickelt, danach aber in Einzelheiten an den Violintypus angeglichen (Schnecke, bundloses Griffbrett, F-Löcher). Verbreitet ist die Gambenform mit flachem, oben abgeschrägtem Boden, breiten Zargen und spitz gegen den kurzen Hals zulaufenden Schultern; die Violinform hingegen ist selten. Normalerweise besitzt der Kontrabaß 4 Saiten im Quartabstand ($_1$E, $_1$A, D, G); er kommt auch mit 3 oder 5 Saiten vor. Notiert wird im Baßschlüssel eine Oktave höher als klingend. Das Instrument wird mit einem kurzen Stachel auf den Boden gestellt und im Stehen (auch auf erhöhten Sitzen) gespielt. Der Bogen wird entweder mit Untergriff oder (wie der Violoncellobogen) mit Obergriff geführt. – Ins Orchester gelangte der Kontrabaß um die Wende zum 18. Jahrhundert; zunächst verstärkte er oktavierend die Cellostimme. Seit der 2. Hälfte des 19. Jahrhunderts wird er auch selbständig eingesetzt. Der Kontrabaß wird ferner konzertant und in der Kammermusik (Schubert, „Forellenquintett") verwendet. Eine große Rolle spielt er im Jazz, wo er zur Markierung des Grundrhythmus (Schlagbaß) und der Harmoniefolge eingesetzt wird.

**Kontrafagott** ↑Fagott.

**Kontrafaktur** [von mittellateinisch contrafacere „nachahmen"]: Bezeichnung für die seit dem Mittelalter nachweisbare Übernahme und z. T. auch Bearbeitung beliebter, meist weltlicher Melodien für neue, meist geistliche Liedertexte (z. B. das Kirchenlied „O Welt, ich muß dich lassen" auf die Melodie des Liedes „Innsbruck, ich muß dich lassen").

**Kontrapunkt** [von lateinisch punctus contra punctum „Note gegen Note"]: wichtiger Bereich der Kompositionstechnik, für einige Epochen der abendländischen Mehrstimmigkeit sogar von zentraler Bedeutung und entsprechend ein vorrangiges Gebiet der Lehre vom musikalischen Satz. Im Unterschied zur ↑Harmonielehre zielen die Regeln des Kontrapunkts v. a. auf die melodisch sinnvolle Führung selbständiger Stimmen, allerdings unter Beachtung ihrer harmonischen Relationen. Der Kontrapunkt regelt sowohl den allgemeinen Melodieverlauf in seiner Linearität, seinem Ambitus und seinem rhythmischen Fluß, wie auch die einzelnen Intervallfortschreitungen, wobei neben der – möglichst unabhängigen – Einzelstimmführung besonders die Verwendung der ↑Dissonanz strengen Vorschriften unterworfen ist. Der Kontrapunkt als Lehrgegenstand beginnt stets als zweistimmiger Kontrapunkt. Dabei werden zu einer gegebenen Melodie zunächst sehr einfache, später komplizierter gebaute Gegenstimmen entworfen. Eine solche einzelne Gegenstimme wird auch selbst als Kontrapunkt bezeichnet. Besondere Kunst erfordert der doppelte oder der dreifache Kontrapunkt.

Die Kontrapunktlehre war im Mittelalter und der Renaissance Kernstück der Kompositionslehre überhaupt. Sie entwickelte sich aus improvisierten Erfindungsübungen einer zweiten zu einer gegebenen Stimme. Seit dem 14. Jahrhundert liegen feste Regeln vor (↑Discantus), die zunächst vom gleichen Rhythmus beider Stimmen (Note gegen Note) und vorwiegender Gegenbewegung in vollkommenen oder unvollkommenen ↑Konsonanzen ausgehen. Seit dem 15. Jahrhundert werden reichere rhythmische Figurierungen erlaubt und entsprechend der Dissonanzgebrauch in die Lehre einbezogen. Seine klassische Ausprägung erfuhr der Kontrapunkt im 16. Jahrhundert. Er ist die herrschende Grundlage der niederländischen Vokalpolyphonie und hat als *Palestrina-Stil* auch nach dessen Verfall in der Kompositionslehre weitergewirkt. Seit dem Frühbarock galt er allerdings als eine konservative Praxis, als *stile antico* (italienisch „alter Stil") gegenüber der modernen, an der Sprache orientierten Ausdruckskunst der ↑Monodie. Während J. S. Bach am Ende des

Barockzeitalters höchste kontrapunktische Kunst mit kühner, dissonanzreicher Harmonik noch einmal zu unerreichter Einheit verschmolz, traten nach 1750 die kontrapunktischen Kompositionsformen weitgehend in den Hintergrund. Dennoch zeigte sowohl die Musik der Wiener Klassik (↑durchbrochene Arbeit) wie die immer komplizierter und verästelter strukturierte Musik des späten 19. Jahrhunderts eine deutlich vom Kontrapunkt beeinflußte Tendenz zur Selbständigkeit der einzelnen Stimme, selbst im Verband des großen Orchesterklangs (J. Brahms, R. Wagner, G. Mahler). In der Musik des 20. Jahrhunderts spielt der Kontrapunkt v. a. als ein Mittel antiromantisch objektiver Kompositionsaussage, teils auch im direkten Rückgriff auf J. S. Bach, wieder eine gewichtige Rolle.

**Kontrasubjekt** (Gegensatz): in der ↑Fuge ein beibehaltener Kontrapunkt, also eine Melodielinie, die stets oder wenigstens häufig mit dem Fugenthema zusammen in einer anderen Stimme erscheint und zu diesem deutlich kontrastiert. Das Kontrasubjekt tritt erstmals auf beim Einsatz des ↑Comes und zwar als Weiterführung des vorangehenden ↑Dux.

**Kontratanz** ↑Contredanse.

**Kontratenor** ↑Contratenor.

**Konzert** [von kirchenlateinisch und italienisch concertare „zusammenwirken (von Stimmen oder Instrumenten)"] (italienisch concerto): 1. eine auf das Zusammenwirken gegensätzlicher Klanggruppen angelegte Komposition. Der Begriff kam mit der instrumentalen oder gemischt vokalinstrumentalen Mehrchörigkeit in Italien im 16. Jahrhundert auf und bezeichnete zunächst das Gegeneinanderspielen verschiedener Klangkörper wie Singstimmen – Instrumente, Chor–Solisten und Chor–Chor (so in den „Concerti" von A. und G. Gabrieli, 1587). Wegen des an sich konzertanten Verhältnisses von Sing- und Instrumentalstimme zum Basso continuo wurde bald auch das solistische Musizieren mit Generalbaß Concerto genannt („Cento concerti ecclesiastici" von L. Viadana, 1602; „Kleine geistliche Concerte" von H. Schütz, 1636, 1639). Aus der Übertragung des Concertoprinzips auf die Instrumentalgattungen Kanzone, Sonate und Sinfonia entstanden Ende des 17. Jahrhunderts das ↑Concerto grosso, bei dem eine kleine solistisch besetzte Streichergruppe (Concertino) einer chorisch besetzten Gruppe (Tutti, Ripieno) gegenübersteht, und das *Solokonzert* für ein einziges Soloinstrument und Orchester. A. Vivaldi (1712) schuf den für das Concerto grosso wie für das Solokonzert verbindlich werdenden Typus. Dieser besteht aus zwei schnellen, durch den Wechsel von Tuttiritornell und Solo- oder Concertinopartien gekennzeichneten Ecksätzen und einem getragenen Mittelsatz mit kantablem, akkordisch begleitetem Solo. Vivaldis Konzerttypus findet sich auch bei J. S. Bach in den „Brandenburgischen Konzerten" (1721) und in seinen Solo- und Doppelkonzerten für Klavier oder Violine. Solokonzerte wurden im Barock hauptsächlich für Violine (zuerst G. Torelli, 1698), ferner für Violoncello, Oboe, Flöte, Mandoline, Cembalo (zuerst J. S. Bach, 1727), Orgel (zuerst G. F. Händel, 1738) und auch andere Instrumente geschrieben.

In der ersten Hälfte des 18. Jahrhunderts übertrug v. a. G. Tartini (1726) die Sonatensatzform auf das Konzert, wobei die Tuttiritornelle des Eingangssatzes die Aufgabe der Themenexposition und -reprise und die Soloteile diejenige der Themenverarbeitung übernahmen. Tartinis Schüler P. Nardini und G. Pugnani sowie die französische Geigerschule (P. Gaviniès, G. B. Viotti, R. Kreutzer) setzten die Tradition des Violinkonzerts, J. Haydn und L. Boccherini die des Cellokonzerts, die Bachsöhne die des Klavierkonzerts fort. Während die gemischte Besetzungsweise des Concerto grosso nur vereinzelt in der ↑Symphonie concertante fortlebte, wurde das Solokonzert durch die Klavier- und die Violinkonzerte W. A. Mozarts und L. v. Beethovens eine Hauptgattung der Wiener Klassik. An sie knüpften R. Schumann

und J. Brahms an; daneben wurde im 19. Jahrhundert das Virtuosenkonzert für Klavier (J. N. Hummel, C. M. von Weber, I. Moscheles, F. Mendelssohn Bartholdy, F. Chopin, F. Liszt, P. I. Tschaikowski, S. W. Rachmaninow) und für Violine (N. Paganini, L. Spohr, H. Wieniawski, M. Bruch) besonders gepflegt. Im 20. Jahrhundert wurden bedeutende Konzerte für Violine von J. Sibelius, H. Pfitzner, K. Szymanowski, A. Berg, K. Penderecki, für Klavier von F. Busoni und M. Reger geschaffen; beide Instrumente wurden bedacht von A. Schönberg, I. Strawinski, B. Bartók, S. S. Prokofjew, P. Hindemith, A. Chatschaturjan, D. D. Schostakowitsch und H. W. Henze.
2. Konzert wird auch die Darbietung von Musikwerken im begrenzten Kreis von Haus, Kammer, Salon, Kirche, Akademie, Collegium musicum oder in jedermann gegen Entgelt offenstehenden Sälen genannt. Die ersten öffentlichen Konzerte wurden im letzten Drittel des 17. Jahrhunderts in London veranstaltet; im 18. und 19. Jahrhundert wurden sie in den großen Städten vielfach von eigens hierzu gegründeten Gesellschaften organisiert.

**Konzertante** ↑Sinfonia concertante.

**Konzertina** [italienisch]: ein Harmonikainstrument mit sechseckigem oder quadratischem Gehäuse. C. Wheatstone baute 1828 eine Konzertina als gleichtöniges, durchgehend chromatisches Instrument (gleichtönig: bei Zug und Druck erklingt der gleiche Ton). Die deutsche Konzertina baute erstmals C. F. Uhlig 1834; sie ist wechseltönig (bei Zug und Druck wechselt der Ton) und hat wie das ↑Bandoneon Einzeltöne auch im Baß (Umfang bis zu 128 Töne).

**Konzertmeister:** war im 17. bis 19. Jahrhundert der Leiter eines Instrumentalensembles. Heute bezeichnet man damit den ersten Geiger eines Orchesters, der Fingersatz und Strichart der Violinstimmen einheitlich regelt, die Solostellen in einem Orchesterstück übernimmt und gelegentlich den Dirigenten vertritt.

**Kopfhörer:** ein Gerät, das elektrische Schwingungen in mechanische umwandelt und entsprechend Schall abstrahlt. Die Schalleistung ist, da sich die abstrahlenden Teile direkt am Ohr befinden, gering; da im Unterschied zum ↑Lautsprecher die schwingenden Teile klein sind, treten nur geringe Verzerrungen und sonstige, beim Lautsprecher übliche Übertragungsprobleme auf. Das „Kopfhören" kann größere Klangillusionen, v. a. bei stereophonen Effekten, verschaffen (↑Raumakustik).

**Kopfstimme:** die hohe Lage der menschlichen Stimme, bei der die Schädelresonanz wesentlich ist und die Stimmlippen nur am mittleren Rand schwingen (↑Falsett). Die Kopfstimme dehnt den Stimmumfang aus (↑Bruststimme). Das ↑Jodeln beruht auf absichtlichem Umschlagen zwischen Brust- und Kopfstimme bei gleichzeitigem Glottisschlag (plötzliches Öffnen des Zwischenraums zwischen den Stimmlippen).

**Koppel** [von lateinisch copula „Bindemittel, Band, Seil"]: bei der Orgel eine mechanische, pneumatische oder elektrische Spielhilfe. Sie verbindet zwei Klaviaturen so miteinander, daß beim Spiel auf der einen Klaviatur gleichzeitig die Tasten der angekoppelten Klaviatur bewegt werden und deren Register mitklingen. Bei der Manualkoppel sind zwei Manuale, bei der Pedalkoppel ein Manual und das Pedal miteinander verbunden. Die Oktavkoppel verbindet die Tasten im oberen bzw. unteren Oktavabstand.

**koptische Musik:** die liturgische Musik der ägyptischen Christen. Sie stand zunächst in enger Bindung an die griechisch-byzantinische Tradition, hat aber wohl nach der Trennung der koptischen von der byzantinischen Kirche (451) auch altägyptische Melodieelemente aufgenommen. Von einzelnen Notierungsversuchen im Mittelalter abgesehen, wurden die Gesänge über Sängerschulen bis heute in mündlicher Überlieferung weitergegeben. Für den Klang der koptischen Musik ist der Gebrauch des ↑Sistrum typisch, das heute allerdings weitgehend vom Triangel verdrängt ist.

**Kornẹtt** [Kurzform von französisch cornet à pistons „kleines Horn mit Pumpventilen"] (Piston): Blechblasinstrument aus der Familie des ↑Horns. Äußerlich ähneln sich Kornett, ↑Flügelhorn und Trompete, in der Mensur jedoch liegt das Kornett zwischen der engeren Trompete und dem weiteren Flügelhorn. Der Röhrenverlauf ist überwiegend konisch, das Mundstück flach, becherförmig. Der Klang des Kornetts ist heller und weniger weich als der des Flügelhorns, jedoch nicht so schlank und strahlend wie der Trompetenklang. Bevorzugte Stimmung ist B (Umfang e–b$^2$), daneben kommen Stimmungen in C und A vor. Meist in Es stehen das höhere Cornettino (Pikkolokornett) und das tiefere Althorn. – Das Kornett entstand um 1830 durch Anbringung von Ventilen am Posthorn und wurde im 19. Jahrhundert in der Blasmusik und im französischen und italienischen Orchester verwendet. Bis um 1920 spielte es im Jazz eine große Rolle; in der Blasmusik findet es sich noch heute. – Als ↑Register der Orgel ist Kornett entweder eine Zungenstimme, die den Klang des Zink (Cornetto) nachahmt, oder eine ↑gemischte Stimme, die sich von der ↑Mixtur durch die Beigabe der Terz unterscheidet.

**Kọrpus** (Corpus) [lateinisch „Körper, Leib"]: bei Saiteninstrumenten der Resonanzkörper (ohne Hals), bei Blasinstrumenten die Schallröhre (ohne Mund- und Schallstück).

**Korrepeti̲tor** [von lateinisch con „zusammen" und repetere „wiederholen"]: der [Hilfs]kapellmeister an der Oper, der mit den Sängern deren Rollen einstudiert und sie dabei am Klavier begleitet.

**Kortholt** [niederdeutsch „Kurzholz"]: ein in mehreren Größen gebautes Holzblasinstrument des 17. Jahrhunderts, mit Doppelrohrblatt, Windkapsel und doppeltem Windkanal in dem zylindrischen Korpus.

**Ko̲to** [japanisch]: eine japanische Zither, deren 13 und mehr Saiten über ein gewölbtes Brett gespannt sind und mit Hilfe beweglicher Stege gestimmt werden. Die mit Plektron gespielte Koto geht auf das chinesische ↑Kin zurück und ist bereits im 5. Jahrhundert in Japan nachweisbar.

**Krakọwiak** [polnisch] (französisch cracovienne): Volkstanz aus der Krakauer Gegend in raschem $^2/_4$-Takt und synkopiertem Rhythmus, meist von einem kurzen Lied eingeleitet. Der seit dem 16. Jahrhundert bekannte Krakowiak erhielt seinen Namen erst um 1820; er gilt als polnischer Nationaltanz.

**Krebs** (lateinisch cancricans, permotum retrogradum; italienisch alla riversa, al rovescio): Bezeichnung für eine Melodie, die als rückläufige Bewegung aus einer anderen entsteht. Beispiel:

Der Krebs spielt in vorwiegend kontrapunktisch polyphoner Musik eine Rolle, so in den kunstvollen Sätzen der Niederländer (↑Kanon), in den Fugen J. S. Bachs sowie im 20. Jahrhundert innerhalb der ↑Zwölftontechnik als Variationsgestalt der ↑Reihe, bei A. Webern oft sogar als deren Bauprinzip selbst.

**Krebskanon:** ein ↑Kanon, bei dem die zweite Stimme als ↑Krebs der ersten abläuft (Beispiel: J. S. Bach, zweistimmiger „Canon cancricans" aus dem „Musikalischen Opfer", 1747).

**Kreuz:** Versetzungszeichen, das die Erhöhung eines Tones um einen Halbton

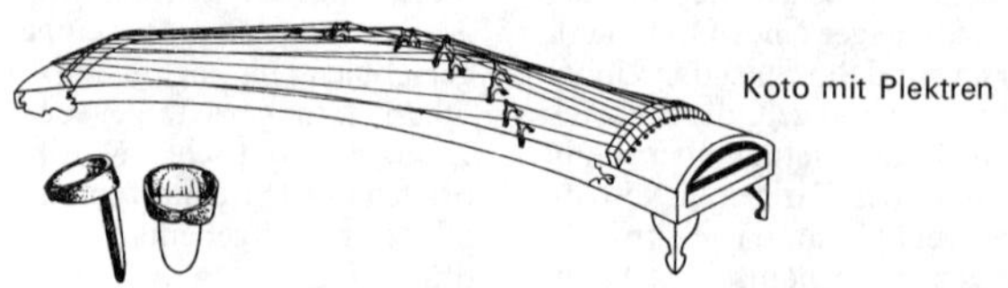

Koto mit Plektren

vorschreibt (durch Kreuz wird c zu cis, d zu dis usw.); Zeichen ♯. – ↑auch Doppelkreuz.

**Krjukị** [russisch „Haken“]: die Notenzeichen in der Notation des russischen Kirchengesangs, den Neumen der Choralnotation vergleichbar. Geschichtlich stehen die Krjuki in Verbindung mit den Notenzeichen der byzantinischen Notation.

**Krọtala** [griechisch] (lateinisch crotala): Rhythmusinstrument der griechischen Antike, meist paarweise gespielte Handklappern (↑Klapper) aus Rohr, Holz, Erz oder Ton, mit der die Tänzer und Tänzerinnen sich bei kultischen Tänzen selbst begleiteten.

**Krummbügel** ↑Stimmbögen.

**Krummhorn** (englisch und französisch cromorne): ein in mehreren Größen gebautes Holzblasinstrument des 16./17. Jahrhunderts, mit Doppelrohrblatt und Windkapsel, in der das Blatt frei schwingt. Das zylindrisch gebohrte Rohr ist am unteren Ende wie eine Krücke umgebogen. Es hat 6–8 Grifflöcher, Daumenloch sowie 1–2 Stimmlöcher zum Ausgleich der Intonation bei tiefen Tönen.

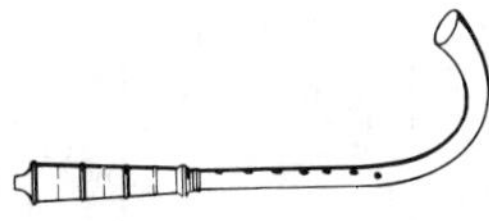

**Kuhreigen** (Kuhreihen; französisch ranz des vaches): eine urtümliche, in ihrem Ursprung magisch bestimmte Gesangsform der Hirten und Viehzüchter in den Alpenländern, v. a. in der Schweiz. Ein rufartiger Mittelteil, in dem die Namen der Tiere aufgezählt werden, ist von melismatischen Rahmenteilen umgeben (häufig auf das Wort loba „Kuh“).

**Kujawiak** [polnisch]: polnischer Tanz aus Kujawien (am linken Weichselufer) im $^3/_4$-Takt mit getragenem, oft verzögertem Tempo; eine langsame, nicht gesprungene Abart des Mazur (↑Mazurka).

**Kunstkopf:** ein Aufnahmesystem zur Erzeugung besonderer stereophoner Wirkungen. In einen künstlich nachgebildeten Kopf sind an der Stelle des Trommelfells je ein Mikrophon eingebaut. Die von diesen Mikrophonen aufgenommenen Signale werden nach eventueller Speicherung getrennt über die beiden Muscheln eines Kopfhörers abgestrahlt. Der Hörer hört also am Kopfhörer exakt die Signale, die an der Stelle des Kunstkopftrommelfells gehört worden wären. Durch dieses Aufnahme- und Wiedergabeverfahren wird eine hohe Illusionswirkung hervorgerufen; der Effekt ist daher für Hörspiele besonders geeignet. Gegenüber der üblichen Stereophonie berücksichtigt die Kunstkopfstereophonie sämtliche Faktoren, die für das ↑Richtungshören verantwortlich sind.

**Kunstlied:** im deutschen Sprachbereich Bezeichnung für dasjenige Lied, das, im Gegensatz zu ↑Volkslied und ↑Gesellschaftslied, den individuellen Kunstwillen seines Komponisten zum Ausdruck bringt und sich durch stilistische Komplexität und hohe Ansprüche an die Wiedergabe auszeichnet.

**Kurrẹnde** [von lateinisch currere „laufen“ oder von corradere „betteln“]: ein Chor aus bedürftigen Schülern, der in Straßen gegen Gaben geistliche Lieder sang. Die Kurrende als Möglichkeit, ärmeren Kindern den Schulbesuch zu ermöglichen, war v. a. im 16.–18. Jahrhundert im protestantischen Bereich verbreitet, existierte aber auch schon vorher an Kloster- und Stiftschulen. Kurrende nennen sich heute viele evangelische Jugendchöre.

**kurze Oktave:** bei Cembalo und Orgel des 16.–18. Jahrhunderts vorkommende, verkürzte tiefste (große) Oktave. Der kurzen Oktave fehlen die Töne Cis, Dis, Fis und Gis. Aus Raumersparnisgründen wurden die Tasten folgendermaßen angeordnet:

| | | D | | E | | B | | |
|---|---|---|---|---|---|---|---|---|
| C | F | | G | | A | | H | c |

**Kymbala** [griechisch] (lateinisch cymbala): in der griechisch-römischen Antike und im Mittelalter Bezeichnung für etwa handtellergroße, flache oder glockenförmige ↑Becken, die paarweise gegeneinander geschlagen wurden, auch für Gabelbecken, deren Teller am Ende zweier Gabeln saßen und beim Schütteln aufeinanderschlugen.

**Kyriale** [griechisch]: ein Auszug aus dem Graduale, benannt nach dem am Anfang stehenden Kyrie; er enthält v. a. die Gesänge des Ordinarium missae (daneben auch die Totenmesse, Exequien und die Toni communes missae). Ein offizielles Kyriale (romanum) der römischen Kirche erschien 1905 unter der Bezeichnung „Kyriale seu Ordinarium missae" (Ergänzungen 1961).

**Kyrie eleison** ['ky:ri-ɛ; griechisch „Herr, erbarme dich"]: der erste der fünf Teile des Ordinarium missae der römisch-katholischen Messe. Das Kyrie wird nach dem Introitus vom Chor gesungen (dreimal Kyrie, dreimal Christe eleison [Christus, erbarme dich], dreimal Kyrie). Das Kyrie war ursprünglich ein hellenistischer Huldigungsruf an einen Herrscher oder eine Gottheit und verdrängte um 500 in Rom die am Anfang der Messe üblichen Fürbitten. Melodien verzeichnet das Kyriale.

# L

**la:** die sechste der Solmisationssilben (↑Solmisation); in den romanischen Sprachen Bezeichnung für den Ton A.

**Labialpfeife** [von lateinisch labium „Lippe"] (Lippenpfeife): in der Orgel die häufigste Art der Pfeifen. Labialpfeifen haben in ihrem unteren Teil über dem *Fuß* einen schmalen *Aufschnitt* in der Pfeifenwand mit scharf abgekantetem *Labium* (Oberlabium und Unterlabium) und enthalten einen *Kern*, der nur eine schmale *Kernspalte* offenläßt. Die Luft strömt durch die Kernspalte, bricht sich an der Kante des Oberlabiums und bringt die Luftsäule im Pfeifenkörper zum Schwingen. Die Labialpfeifen sind aus Holz oder Metall und können am oberen Ende offen, halb oder ganz verschlossen (gedackt) sein. – ↑auch Lingualpfeife.

**Labium** ↑Labialpfeife.

**lacrimoso** [italienisch] ↑lagrimoso.

**Lage:** 1. bei Streich- und Zupfinstrumenten die Spiellage der linken Hand, d. h. der Abstand des ersten [Zeige]fingers vom Saitenende (Sattel). Bei der Geige greift der 1. Finger in der 1.Lage eine Sekunde auf der leeren Saite ab, in der 2. Lage eine Terz usw. Der Anfänger spielt zunächst nur in der 1. Lage, für anspruchsvollere Literatur ist jedoch die Benutzung höherer Lagen unerläßlich. – 2. in der Akkordlehre a) die Angabe, welcher Ton des Akkords in der höchsten Stimme liegt. Ist es z. B.

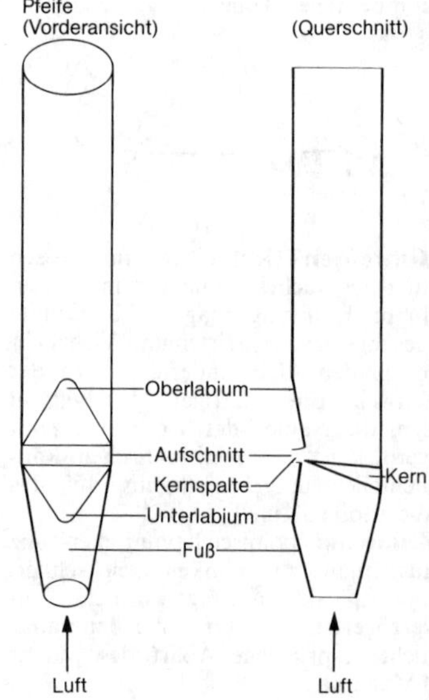

die Terz des Dreiklangs, spricht man von Terzlage, entsprechend von Quintlage und Oktavlage; b) im vierstimmigen Satz die Angabe des Stimmabstands zwischen Sopran, Alt und Tenor. Wenn zwischen diese drei Oberstimmen keine akkordeigenen Töne mehr hineinpassen, spricht man von *enger Lage*, umgekehrt von *weiter Lage*. Der Abstand zwischen Tenor und Baß spielt dabei keine Rolle.

3. ↑Stimmlage.

**Lagenstimme:** Bezeichnung für eine Stimme in älterer polyphoner Musik, die in ihrem Ambitus sich nicht nach einer der menschlichen ↑Stimmlagen richtet, sondern bestimmt wird durch ihr Abstandsverhältnis zum ↑Tenor als der vorgegebenen und den Satz regelnden Fundamentstimme.

**lagrimoso** (lagrimando, lacrimoso) [italienisch]: tränenvoll, traurig, klagend.

**Lai** [lɛ; altfranzösisch, von altirisch lôid, laid „Lied, Vers, Gedicht"]: eine der Hauptformen volkssprachlicher französischer Lyrik des Mittelalters, nachweisbar seit der Mitte des 12. Jahrhunderts, Spätblüte noch im 14. Jahrhundert bei Guillaume de Machault, J. Frissart und Christine de Pisan. Die Inhalte sind sowohl weltlich als auch geistlich; formal gleicht der Lai weitgehend der Sequenz mit dem Prinzip der fortschreitenden Repetition (AA BB CC usw.), wobei auch hier am Anfang und am Ende nicht wiederholte Versmelodien stehen können. Als deutsche Form des Lai wurde seit dem ausgehenden 12. Jahrhundert der ↑Leich gepflegt.

**Laisse** [lɛ:s; französisch]: Strophenform des altfranzösischen Heldenepos (↑Chanson de geste). Eine Laisse besteht aus einer wechselnden Anzahl isometrischer Verse, die durch Reim oder, so v. a. in den älteren Dichtungen, durch Assonanz verbunden werden. Gängige Versformen sind der Zehnsilbler, der Zwölfsilbler und (seltener) der Achtsilbler. Nur aus dem 13. Jahrhundert sind vollständige Laissenmelodien erhalten geblieben, und zwar die Lieder und Liedstrophen aus der Chante fable (Prosadichtung mit eingestreuten Liedern) „Aucassin et Nicolette".

**lamentabile** [italienisch] ↑lamentoso.

**Lamentation** [von lateinisch lamentatio „Klage"]: in den Trauermetten (↑Tenebrae; französisch Leçons de ténèbres) sind die Lektionen den Lamentationen Jeremiae (auch als Threni bezeichnet) entnommen; sie werden in einem eigenen Lektionston vorgetragen, einschließlich des am Anfang jedes Verses stehenden hebräischen Buchstabens. Jede Lektion schließt mit dem sogenannten Jerusalem-Vers. Die Lamentation wurde seit der Reformation auch in den evangelischen Gottesdienst übernommen. – Die frühen mehrstimmigen Lamentationen (gedruckt bei Petrucci, 1506) sind meist vierstimmig homophon gesetzt. Im Laufe des 16. Jahrhunderts nahm die Lamentation immer mehr motettische Satztechniken auf. Höhepunkte waren die Lamentationen von Palestrina. Seit dem 17. Jahrhundert lockerte sich die Bindung an den liturgischen Cantus firmus, die Lamentation näherte sich durch Betonung des Affektausdrucks dem ↑Lamento an. Berühmte Beispiele der Zeit sind die „Leçons de ténèbres" von F. Couperin, M.-R. Delalande und M.-A. Charpentier. Im 20. Jahrhundert griffen E. Křenek („Lamentatio Jeremiae Prophetae", 1941/42) und I. Strawinski („Threni", 1958) auf die Lamentation zurück.

**Lamento** [lateinisch-italienisch]: ausdrucksvolle Klagemusik. Das Lamento entwickelte sich durch spezielle musikalische Mittel wie Chaconne-Baß oder chromatischer Baßgang abwärts (Passus duriusculus) und Dissonanzenreichtum zu einem festen Typ, der besonders in der Oper des 17./18. Jahrhunderts verwendet wurde. Bekannt ist C. Monteverdis „Lamento d'Arianna" (1608). Seit dem 18. Jahrhundert heißt auch ein instrumentales Vor- oder Zwischenspiel mit Klagecharakter Lamento. – ↑auch Tombeau, ↑Plainte.

**lamentoso** (lamentabile) [italienisch]: wehklagend, traurig.

**Landino-Klausel:** eine Diskantklausel (↑Klausel), die bis zur Unterterz ausweicht, also z. B. die Schlußformel c–h–c folgendermaßen erweitert:

Sie ist bei Francesco Landini (Landino) besonders häufig anzutreffen.

**Ländler** [nach dem „Landl", einem Gebiet in Oberösterreich]: um 1800 aufgekommene Bezeichnung für österreichisch-bayerische Volkstänze in ruhigem $^{3}/_{4}$-Takt. Der Ländler besteht aus 2 (wiederholten) Teilen zu je 8 Takten. Mozart, Beethoven und Schubert verwendeten den Ländler in der Kunstmusik. Seit Anfang des 19. Jahrhunderts löste sich der schnellere Walzer vom Ländler. Es gibt viele regionale Sonderformen, u. a. in Tirol, Böhmen, Südmähren, Siebenbürgen; besonders bekannt sind der *Steirer*, der in Verbindung mit dem Schnaderhüpferl getanzt wird, und der bayerische *Schuhplattler*. Eine französische Nachbildung des Ländlers ist die *Tyrolienne*.

F. Schubert, „Ländler" op. 18, Nr. 1 (1823)

**Langaus:** eine Ausführung des ↑deutschen Tanzes. Das Paar durchtanzt in großen Schritten, sehr raschem Tempo und mit wenigen Drehungen mehrmals den Saal. Der Langaus ist eine Vorform des Walzers.

**Langleik** (Langeleik) [norwegisch]: volkstümliche norwegische Zither mit langem, schmalem, auch seitlich gebogenem Korpus, wenigen (1–2) über Bünde geführten Melodiesaiten und mehreren Resonanzsaiten, die zu den an beiden Enden angebrachten Wirbelkästen mit Schnecke verlaufen und im Dreiklang oder in Oktaven mit Quinte gestimmt sind. – ↑auch Hummel.

**languendo** [italienisch laŋgu'ɛndo] (languente): schmachtend, sehnend.

**largando** [italienisch]: langsamer werdend.

**larghetto** [lar'gɛto; italienisch, Verkleinerungsform von ↑largo]: eine Tempovorschrift für ein Zeitmaß, das weniger breit und fließender als largo ist. *Larghetto* bezeichnet einen musikalischen Satz in diesem Tempo.

**largo** [italienisch „breit"]: seit dem 17. Jahrhundert als Tempovorschrift verwendet für ein breites Zeitmaß, langsamer und gewichtiger als ↑adagio. *Largo* bezeichnet einen musikalischen Satz in diesem Tempo.

**Lassu** ['lɔʃʃu; ungarisch]: der langsame Einleitungstanz des ↑Csárdás.

**Laternenlieder:** Lieder, die von Kindern bei Laternenumzügen, v. a. am Martinstag (11. November) gesungen werden.

**Lauda** [lateinisch-italienisch]: ein vom 13. bis 17., zum Teil auch noch bis in das 20. Jahrhundert in Italien, v. a. in Umbrien und Florenz gepflegter geistlicher Lobgesang, der besonders von den Bruderschaften der Laudesi getragen wurde. Als frühestes Beispiel wird dem Bereich der Lauda der „Sonnenge-

Langleik

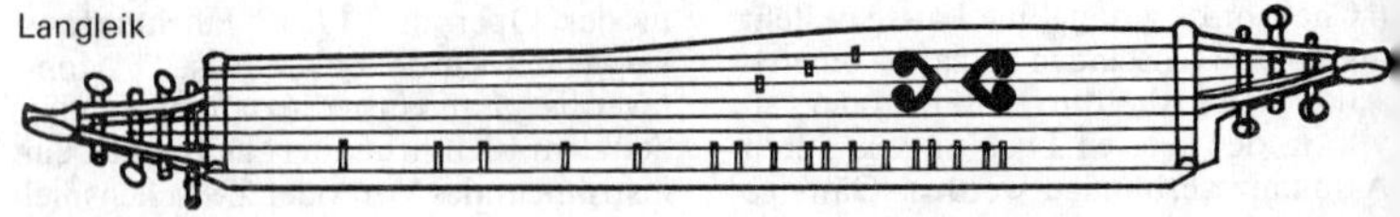

sang" des Franz von Assisi zugerechnet. Berühmtester Dichter von Lauden war Iacopone da Todi. Die formal der Ballata nahestehenden Texte sind überwiegend italienisch, aber auch lateinisch. Seit dem 13./14. Jahrhundert wurden die Lauden mit zum großen Teil noch heute erhaltenen einstimmigen Melodien versehen, erscheinen seit dem 15. Jahrhundert aber auch in mehrstimmigen, meist schlichten homophonen Sätzen.

**Lauda, Sion, salvatorem** [lateinisch „Preise, Sion, den Erlöser"]: die noch in der heutigen Liturgie erhaltene Sequenz zum Fronleichnamsfest, um 1263 von Thomas von Aquin geschaffen.

**Laudes** [lateinisch „Lobgesänge"]: das eigentliche Morgengebet im Offizium der römisch-katholischen Kirche und einer seiner ältesten Bestandteile. Heute werden die Laudes an die Matutin angeschlossen.

**Lauf:** Bezeichnung für eine schnelle, stufenweise auf- oder absteigende Folge von Tönen. Mit dem Begriff Lauf verbindet sich die Vorstellung von Fingerfertigkeit, aber auch von vorwiegend technisch brillanter und weniger ausdrucksvoller Melodiegestaltung.

**Launèddas** [lau'nɛddas; sardisch]: in Sardinien noch heute gebräuchliches Blasinstrument unbekannter Herkunft. Es besteht aus drei verschieden langen Schilfrohren. Das längste (Tumbu) hat keine Grifflöcher und bringt nur einen Ton, die beiden andern je fünf. Das Mundstück hat eine einfache aufschlagende Zunge. Man nimmt alle drei Mundstücke gleichzeitig in den Mund und spielt zweistimmig (in Terzen und Sexten) über dem Bordunton des Tumbu.

**Laute** [von arabisch al-ʿūd „das Holz", später „Instrument aus Holz"] (spanisch laúd; italienisch liuto): 1. im weiteren, instrumentenkundlichen Sinn jedes aus Hals und Resonanzkörper zusammengesetzte Saiteninstrument, bei dem die Saitenebene parallel zur Decke des Resonators liegt. Unterschieden werden Jochlauten (↑Leier) und Stiellauten (z. B. die Gitarre oder die Instrumente der Violinfamilie). – 2. im engeren Sinn ist die Laute ein Zupfinstrument mit einem aus dünnen Holzspänen zusammengesetzten Resonanzkörper in Form einer längs gehälfteten Birne, einem kurzen Hals und einem vom Hals abgeknickten Wirbelkasten. Das Griffbrett ist mit Bünden versehen, das Schalloch in der Decke mit einer Rosette verziert. Die Saiten sind unten an einem Querriegel befestigt, der zugleich

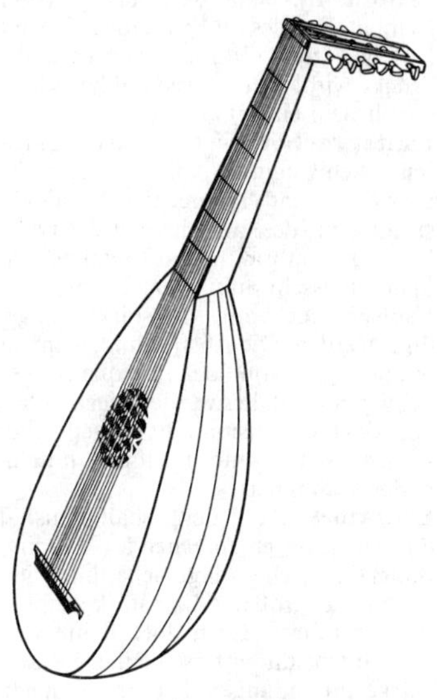

als Steg dient. Das Instrument entwickelte sich im 13./14. Jahrhundert in Spanien aus dem ↑Ud, der mit den Arabern im Hochmittelalter dorthin gelangt war. Es hatte zunächst vier Saiten in Quartstimmung und wurde bis um 1500 mit Plektron gespielt. Die Blütezeit der gleichermaßen zur Polyphonie wie zum Akkordspiel geeigneten Laute währte vom 16. bis ins 18. Jahrhundert. Sie wurde als Soloinstrument, im Ensemble sowie als Generalbaßinstrument (besonders die Baßinstrumente ↑Chitarrone und ↑Theorbe) verwendet. Die Normalstimmung war im 16. Jahrhundert A–d–g–h–$e^1$–$a^1$ oder G–c–f–a–$d^1$–$g^1$. Der Bezug war mit Ausnahme der höchsten Saite doppelt; die drei tiefsten

Chöre waren in Oktaven, die beiden höheren im Einklang gestimmt. Um 1640 verbreitete sich die von D. Gaultier eingeführte Stimmung A–d–f–a–$d^1$–$f^1$. Im 17. Jahrhundert hatte die Laute bis zu 11 Chöre. Nachdem das Lautenspiel im weiteren 18. und im 19. Jahrhundert seltener gepflegt wurde, erfuhr es im 20. Jahrhundert eine Wiederbelebung.

**Lautentabulatur** ↑Tabulatur.

**Lautenzug:** ein Registerzug beim Cembalo, bei dessen Betätigung eine mit Filz besetzte Leiste an die Saiten gedrückt wird. Der so gedämpfte Klang ähnelt dem einer Laute.

**Lautsprecher:** ein Gerät, das elektrische Schwingungen in mechanische umwandelt und entsprechend Schall abstrahlt. Im Idealfall schwingt die Lautsprechermembran proportional zu den Spannungsschwankungen, die dem Lautsprecher vom ↑Verstärker zugeführt werden. Die Abstrahlung ist nicht unabhängig von der Frequenz der Schwingung; daher werden meist unterschiedlich dimensionierte Lautsprecher (Hoch-, Mittel- und Tieftöner) miteinander kombiniert.

**Lautstärke:** die der Schallintensität (↑Intensität) entsprechende Empfindung. Obgleich größere Schallintensitäten auch zu größeren Lautstärkeempfindungen führen, rufen doch Töne gleicher Intensität unterschiedliche Lautstärkeempfindungen hervor, je nachdem wie hoch (↑Tonhöhe) sie sind. Diese gehörphysiologisch begründete Tatsache hat zur Einführung einer subjektiven Lautstärkeskala neben der objektiven Dezibelskala (↑Dezibel) geführt. Ein Schall besitzt eine Lautstärke von x Phon, wenn er gleichlaut wie ein Ton der Frequenz 1000 Hz von x Dezibel empfunden wird. Beispiele:

| | |
|---|---|
| 0 Phon | Hörschwelle |
| 20 Phon | Flüstern |
| 40 Phon | Unterhaltungssprache |
| 60 Phon | Lautes Sprechen |
| 80 Phon | U-Bahn |
| 100 Phon | Motorrad maximal |
| 120 Phon | Flugzeug in unmittelbarer Nähe |

**Leçon de ténèbres** [lɛ'sɔ̃ də tə'nɛ:br(ə); französisch] ↑Lamentation.

**leere Saite:** bei Saiteninstrumenten mit Griffbrett die ohne Fingeraufsatz (vom Steg bis zum Sattel) frei schwingende Saite, in der Notenschrift durch eine Null über der Note angezeigt.

**leg.:** Abk. für ↑**leg**ato.

**legato** (ligato) [italienisch „gebunden"], Abk. leg.: eine Vortragsbezeichnung, die besagt, daß die Töne ohne abzusetzen aneinander gebunden werden sollen; in der Notenschrift angezeigt durch einen Legatobogen (↑Bogen), Gegensatz ↑staccato; *legatissimo,* so gebunden wie möglich.

**Legende** [von lateinisch vita legenda „das vorzutragende Leben (eines Heiligen)"]: ursprünglich Bezeichnung für den mittelalterlichen Brauch der Vorlesung des Lebens eines Heiligen an dessen Jahrestag. Daraus entwickelte sich das Wort zum heute üblichen Begriff für die Darstellung einer heiligmäßigen, vorbildlichen Lebensgeschichte oder beispielhafter Geschehnisse daraus. Besonders im Mittelalter entstanden viel Legenden (u. a. das „Georgslied" und das „Petruslied"). Legenden heißen auch Kompositionen, denen entsprechende Stoffe zugrundeliegen. Sie traten besonders in der Romantik und in katholisierenden Strömungen des 19. Jahrhunderts auf (F. Liszt, Oratorium „Die Legende der heiligen Elisabeth", 1862); nicht selten finden sich auch Legenden unter der Gattung des Charakterstücks für Klavier.

**leggiero** [le'dʒe:ro; italienisch] (leggieramente): leicht, spielerisch, perlend.

**Lehrstück:** eine in den späten 1920er Jahren aufgekommene Gattung des musikalischen Theaters, die anhand von Modellsituationen Einsichten über gesellschaftliche Umstände vermitteln möchte. Bedeutende Lehrstücke schrieb B. Brecht („Badener Lehrstück vom Einverständnis", Musik von P. Hindemith, 1929; „Der Ja-Sager", Musik von K. Weill, 1930; „Die Maßnahme", Musik von H. Eisler, 1930).

**Leich** [mittelhochdeutsch „Gesang"]: eine seit dem ausgehenden 12. Jahrhundert gepflegte Großform des mittelhochdeutschen Liedes, die auf den französischen ↑Lai zurückgeht und über diesen formal der Sequenz verwandt ist. Die ältesten Leichs stammen von Heinrich von Rugge, Ulrich von Gutenburg und Walther von der Vogelweide.

**Leier** [von griechisch lýra (in gleicher Bedeutung)]: Oberbegriff für Musikinstrumente mit einem Resonanzkasten und zwei darauf stehenden Jocharmen, die oben durch einen als Saitenhalter dienenden Querbalken (Joch) verbunden sind. Die Saiten werden in der Regel gezupft, ohne daß der Spieler sie durch Abgreifen verkürzt. Zu den Leiern gehören ↑Barbiton, ↑Crwth, ↑Kinnor, ↑Kithara, ↑Lyra und ↑Phorminx.

**Leierkasten:** umgangssprachliche Bezeichnung für ↑Drehorgel. Der Name erklärt sich daher, daß die Drehorgel bei den Straßenmusikanten Nachfolgerin der ↑Drehleier war und sich für deren mechanische Tonerzeugung das Wort leiern (drehen) durchgesetzt hatte.

**Leise** (Leis) [gekürzt aus Kyrieleis (↑Kyrie eleison)]: Bezeichnung für geistliche Refrainlieder des Mittelalters, die v. a. im deutschen, aber auch im slawischen Sprachbereich verbreitet waren. Allgemein handelt es sich dabei um Strophenlieder, deren einzelne Strophen jeweils mit dem Ruf „Kyrieleis" abgeschlossen werden. Bekannteste Beispiele sind die Kirchenlieder „Christ ist erstanden" und „Nun bitten wir den heiligen Geist". Als ältestes Beispiel gilt das Freisinger Petruslied aus dem 9. Jahrhundert „Unsar trohtîn hât farsalt" (Unser Herr hat [dem heiligen Petrus die Macht] übertragen).

**leitereigen:** heißen Töne, die zur Tonleiter der Grundtonart gehören, nicht aber die durch chromatische Veränderung gebildeten Töne.

**Leitmotiv:** ein kurzes, charakteristisches Tongebilde, das in wortgebundener Musik (v. a. in der Oper) oder in programmatischer Instrumentalmusik häufiger wiederkehrt und einen bestimmten dramatisch-poetischen Sinngehalt besitzt, also z. B. eine Person, einen Gegenstand, eine Idee oder ein Gefühl symbolisiert. Das Leitmotiv ist von zentraler Bedeutung für das Werk R. Wagners, dessen Musikdramen als dichte Gewebe prägnanter melodischer, rhythmischer oder harmonischer Grundgestalten komponiert sind. Sie dienen Wagner (der den Begriff Leitmotiv selbst nicht verwendete) dazu, anstelle der herkömmlichen Nummernoper eine freie, ständig bewegte, sinfonisch-orchestrale Klangsprache zu entwikkeln, die das dramatische Geschehen illustriert, kommentiert und psychologisch vertieft. Ein Leitmotiv kann dabei mit anderen kombiniert, auch in sich verändert und dem Drama entsprechend weiterentwickelt werden. Die Leitmotivtechnik ist vorgebildet durch Erinnerungsmotive in Opern der Wiener Klassik (W. A. Mozart), der französischen Schule (A. E. M. Grétry, É. N. Méhul) und der deutschen Romantik (L. Spohr, E. T. A. Hoffmann, C. M. v. Weber, H. Marschner) sowie durch die ↑Idée fixe in der Programmmusik seit H. Berlioz. Das Leitmotiv spielt in der Oper nach Wagner weiterhin eine große Rolle (R. Strauss, C. Debussy, A. Berg). Auch in der ↑Filmmusik wird es vielfach benutzt, meist allerdings rein plakativ und ohne dramatisch-musikalische Entwicklungstendenz.

**Leitton:** ein Ton, der durch seine melodische oder harmonische Bedeutung zur Auflösung in einen anderen Ton strebt. Leitton und Zielton sind stets einen Halbtonschritt voneinander entfernt. Die Bewegungsrichtung ist steigend oder fallend. Der Leitton kann natürlich (zur Tonleiter gehörend) oder künstlich gebildet (durch chromatische Veränderung eines leitereigenen Tons, z. B. in C-Dur: f zu fis, das dann nach g strebt) sein. Der wichtigste Leitton ist der 7. Ton der Tonleiter, der sich zur 8. Stufe, dem Grundton, auflöst. Dieser Leitton ist zugleich die Terz der ↑Dominante, die ihrerseits als Strebeklang auf die ↑Tonika zielt. Seit dem Mittelalter bildet der Leitton eine der Grundbedingungen der Abschnitts- und Schlußbildung (↑Klausel, ↑Kadenz). Im 19. Jahrhundert verstärkte sich die Strebewirkung von Leittonklängen zunächst immer mehr, v. a. durch die Verwendung mehrerer Leittöne in einem Akkord. Doch wurden mit der Häufung solcher Klänge und der Leittöne in einem Klang die Auflösungstendenzen mehrdeutig und büßten ihre Richtungskraft ein. In der Neuen Musik des 20. Jahrhunderts schließlich hat der Leitton seinen klanglichen Sinn und seine konstitutive Bedeutung zur Stiftung von musikalischen Zusammenhängen weitgehend verloren.

**Leittonwechselklang:** heute nicht mehr sehr gebräuchlicher, von dem Musiktheoretiker H. Riemann geprägter Begriff, heute als Gegenklang (oder Gegenparallele) bezeichnet. Der Leittonwechselklang in C-Dur heißt z. B. e–g–h und wurde so benannt, weil in ihm der Grundton (c) durch den Leitton (h) ersetzt (ausgewechselt) ist.

**Lektion** (Lectio) [lateinisch „Lesung"]: die nach dem Beispiel der synagogalen Praxis in den christlichen Gottesdienst übernommene Schriftlesung, in der katholischen Liturgie sowohl in der Messe (Epistel, Evangelium) als auch im Offizium. Hauptsächliche Textquelle ist die Bibel; im Offizium werden auch Texte der Kirchenväter verwendet. Die musikalische Gestaltung der Lektion erfolgt im ↑Lektionston.

**Lektionston:** Bezeichnung für die musikalische Gestaltung der Lektionen (↑Lektion) im christlichen Gottesdienst. Dieser zur feierlichen Gestaltung in den musikalischen Bereich gehobene Leseton ist charakterisiert durch die Verwendung rezitativischer Formeln und die melodische Unterscheidung von Halb- und Ganzschlüssen.

**lentando** (lentato) [italienisch]: langsamer werdend, zögernd.

**lentement** [lãt'mã; französisch]: langsam.

**lento** [italienisch]: langsam, schleppend (zwischen largo und adagio).

**Leslie-Effekt** Ⓦz: entsteht, wenn Lautsprecher rotieren, so daß sich auf Grund des ↑Doppler-Effekts die Frequenzen periodisch verändern. Bei 12 bis 16 Umdrehungen pro Sekunde entsteht ein schwirrender Klang. Die elektronische Nachahmung des ursprünglich mechanischen Effekts ist nicht voll befriedigend (Schwebeklang, Tremulant).

**Lesson** [lɛsn; englisch „Aufgabe, Lehrstück"] (französisch leçon): im 17./18. Jahrhundert in England bzw. Frankreich gebrauchte Bezeichnung für Übungsstücke, besonders für Klavier; daneben auch Satzbezeichnung, z. B. für Stücke aus Suiten.

**Lesung** ↑Lektion.

**Letkiss** [Kurzform von finnisch letkajenkka „Reihenpolka"]: finnischer Gesellschaftstanz mit geselligen Elementen. Er steht in mäßig bewegtem $^4/_4$-Takt, ist musikalisch dem Rheinländer verwandt und wird als Kettentanz mit Hüpfschritten ausgeführt. Nach 1964 wurde er kurze Zeit Mode in Europa.

**l. H.:** Abk. für **l**inke **H**and (beim Spiel auf Tasteninstrumenten).

**Liber gradualis** [lateinisch]: Bezeichnung für das liturgische Buch mit den Gesängen der römisch-katholischen Messe, das ↑Graduale.

**Liber usualis** [lateinisch „dem Gebrauch dienendes Buch"]: ein erstmals 1895 von den Benediktinern von Solesmes zusammengestelltes, nicht offiziell liturgisches Buch, in dem Teile des Graduale und des Antiphonale zusammengestellt sind, dazu auch Gebete und Lesungen der Sonntage und besonderen Feiertage.

**Libretto** [italienisch „kleines Buch"]: Bezeichnung für das Textbuch von Opern, Operetten, Singspielen, Oratorien, Kantaten und für das Szenarium eines Balletts. Das Libretto hat weniger literarischen Ansprüchen zu genügen als vielmehr dem Musiker Gelegenheit zum Ausspielen musikalischer Ausdrucksmöglichkeiten zu bieten; bei einer Oper beispielsweise kann die Handlung ein bloßes Gerüst sein, das die Aneinanderreihung von Gefühlsergüssen ermöglicht. – Italienische Librettisten des 17. und 18. Jahrhunderts waren O. Rinuccini (Vertonungen von J. Peri, G. Caccini, C Monteverdi) A. Zeno, P. Metastasio, R. Calzabigi (Ch.

W. Gluck), C. Goldoni und L. da Ponte (W. A. Mozart). Bedeutende französische Operntexte verfaßten P. Perrin (für R. Cambert), J.-B. Molière und Ph. Quinault (beide für J.-B. Lully), später E. Scribe (für F. Auber, G. Meyerbeer, F. Halévy, G. Verdi). Texte für deutschsprachige Opern und Singspiele schrieben M. Opitz, G. Ph. Harsdörffer, E. Schikaneder („Die Zauberflöte" von W. A. Mozart), Ch. F. Weiße (für J. A. Hiller), Ch. M. Wieland (für A. Schweitzer) und Goethe. Seit R. Wagners eigenen Textdichtungen zu seinen Musikdramen hat sich der Grundsatz durchgesetzt, daß Musik und Sprache sich durchdringen; der auf eine dienende Funktion des Textes abhebende Begriff des Librettos ist damit problematisch geworden. Seither verfaßten viele Komponisten entweder ihre Texte (oft in enger Anlehnung an literarische Vorlagen) selber (P. Cornelius, L. Janáček, F. Busoni, H. Pfitzner, F. Schreker, A. Berg, P. Hindemith, C. Orff, E. Křenek, W. Egk, L. Dallapiccola, W. Zillig, G. von Einem, G. Klebe) oder sie gelangten in enger Zusammenarbeit mit einem Dichter zu einem literarisch vollgültigen Textbuch (R. Strauss – H. von Hofmannsthal, D. Milhaud – P. Claudel, H. W. Henze – I. Bachmann).

**Licenza** [li'tʃentsa; italienisch „Erlaubnis"]: in Opern des 17. und 18. Jahrhunderts ein Epilog, der sich huldigend an eine hohe Persönlichkeit im Publikum wendet; musikalisch bestand die Licenza meist aus Rezitativ und Arie (auch mit abschließendem Chor).

**Lichtorgel:** in Diskotheken und bei „light shows" werden bunte Scheinwerfer „im Rhythmus der Musik" gesteuert. Diese Steuerung übernimmt die Lichtorgel, ein elektronisches Gerät, das akustische Eingangssignale dazu verwendet, Lichtschalter ein- und auszuschalten. Die Lichtintensität ist im allgemeinen proportional zur Intensität des eingeführten akustischen Signals. Töne hoher, mittlerer und tiefer Lage sprechen verschiedene Lichtschalter und damit Scheinwerferfarben an. Es ist auch möglich, die Scheinwerfer an verschiedene Eingangskanäle der Lichtorgel zu koppeln, so daß beispielsweise der Schlagzeuger immer von gelbem, der Gitarrist von rotem, der Sänger von blauem Licht begleitet ist.

**Lichttonverfahren:** ein im früheren Tonfilm verwendetes Schallaufzeichnungsverfahren. Schallschwingungen werden in variable Schwärzung eines Filmstreifens umgesetzt; dieser Streifen bewegt sich im Strahlengang einer Lichtquelle, die auf eine Photozelle wirkt und dort eine der durchgelassenen Lichtintensität proportionale Wechselspannung erzeugt. Letztere wird nach Verstärkung durch einen Lautsprecher abgestrahlt.

**Liebesfuß:** bei Blasinstrumenten mit Rohrblatt ein birnenförmiges Schallstück mit kleiner Öffnung, das einen weichen, gedämpften Klang ergibt. Der Liebesfuß findet sich bei Instrumenten des 18. Jahrhunderts (Clarinetto d'amore, Fagotto d'amore, Oboe d'amore) und auch beim modernen ↑Englischhorn.

**Lied:** eine Kunstgattung, an der Sprache und Musik gleichermaßen und in enger Durchdringung Anteil haben. Als Gedicht ist das Lied zum Singen bestimmt, nach Form und Ausdruck am Gesang orientiert. Als Melodie zeigt das Lied seine Sprachnähe in der Einfachheit, Geschlossenheit und gleichmäßigen – oft periodischen – Gliederung der musikalischen Gestalt. Lied bezeichnet aber auch balladeske und im epischen Sprechgesang vorgetragene Dichtung (z. B. das Heldenlied). Als umgangsmäßig überlieferter Gesang gehört das ↑Volkslied mit seinen vielen Sonderformen (Arbeitslied, Soldatenlied usw.) allen Zeiten und Völkern an. Als Kunstlied treten in Europa deutliche Ansätze seit dem Mittelalter hervor, und zwar im Anschluß an die lateinischen Strophendichtungen ↑Hymnus und ↑Sequenz. ↑Troubadours und ↑Trouvères, ↑Minnesang und ↑Meistersang zeigen die reiche Entfaltung einstimmiger Liedkunst über mehrere Jahrhunderte. In der mehrstimmigen Musik wird liedhafte Gestaltung nach 1200 im ↑Con-

ductus und der Ars-antiqua-Motette (↑Motette) greifbar, im 14. Jahrhundert im nordfranzösischen ↑Diskantlied sowie in Formen der italienischen Trecento-Musik (↑Trecento).
Die Geschichte des deutschen mehrstimmigen Liedes beginnt nach Ansätzen bei Oswald von Wolkenstein mit den schlichten dreistimmigen Sätzen, aufgezeichnet in den ↑Liederhandschriften des 15. Jahrhunderts und wird fortgesetzt durch das kunstvollere ↑Tenorlied (H. Isaac, P. Hofhaimer, L. Senfl). Gegen Ende des 16. Jahrhunderts wird der Liedsatz unter italienischem Einfluß (↑Villanella, ↑Kanzonette) zunehmend durch Oberstimmenmelodik und Harmonik geprägt und führt u. a. zum instrumentalbegleiteten Sololied (z. B. Lautenlieder). Der Generalbaßsatz des 17. Jahrhunderts wurde auch für die Liedkomposition verbindlich, die sich nun unter dem Einfluß der ↑Monodie veränderte. Von barocken Dichtern (M. Opitz, P. Fleming, P. Gerhardt) angeregt, bildeten sich eine Reihe regionaler Schulen, darunter als bedeutendste Liedkomponisten H. Albert und A. Krieger. Doch trat das einfache Lied im Laufe des 17. Jahrhunderts mehr und mehr zurück und stand v. a. im 18. Jahrhundert im Schatten der Opernarie bzw. nahm selbst ariose Züge an. V. Rathgebers „Augsburger Tafel-Confect" (1733–46) und Sperontes' „Singende Muse an der Pleiße" (1736–45) sind hier erwähnenswert. Erst in der zweiten Hälfte des 18. Jahrhunderts kam es zu wesentlichen Neuansätzen durch die erste und namentlich die zweite Berliner Liederschule (↑Berliner Schule) (J. A. P. Schulz, J. F. Reichardt, C. F. Zelter). Einfachheit, Volkstümlichkeit und echter Gefühlsgehalt ihrer Kompositionen bereiteten den Boden für eine stärkere Schätzung des Liedes. Gleichzeitig wandelte sich die starre Generalbaßbegleitung zum selbständigeren Klaviersatz. Während für die Wiener Klassiker das Liedschaffen insgesamt am Rande lag, wurde das klavierbegleitete Kunstlied durch F. Schubert erstmals zu einer Vollendung und einem Reichtum an Gestaltungsmöglichkeiten geführt, die es seitdem zu einer der führenden musikalischen Gattungen werden ließ. Poetisch gehobene Deklamation der Singstimme, Nachzeichnung und eigenständige Deutung des Gedichts, v. a. auch durch einen stimmungsvoll charakterisierenden Klavierpart, sowie Fülle und Neuheit der verwendeten Formen vom einfachen Strophenlied bis zum durchkomponierten Lied sind die Kennzeichen der Liedkomposition im 19. Jahrhundert. Bedeutende Komponisten nach Schubert waren zunächst C. Loewe, R. Schumann und J. Brahms (der sich bewußt wieder der Einfachheit des Volkslieds näherte), zum Jahrhundertende hin H. Wolf (der die Textdeklamation und die interpretierende Bildhaftigkeit des Klaviersatzes aufs äußerste steigerte), H. Pfitzner, R. Strauss und G. Mahler, die beiden letzteren auch für die Gattung des Orchesterliedes. Auch in der ersten Hälfte des 20. Jahrhunderts entstanden noch eine Reihe bedeutender Lieder (A. Schönberg, A. Webern, P. Hindemith, H. Eisler u. a.).
Auf die Instrumentalmusik war das Liedprinzip seit dem 16. Jahrhundert vielfach von starkem Einfluß (↑Kanzone, ↑Aria, ↑Liedform) und hat namentlich im 19. Jahrhundert deutlich am Kunstlied orientierte Gattungen angeregt, besonders unter den ↑Charakterstücken für Klavier (↑Lied ohne Worte).

**Liederhandschriften** (Liederbücher): Bezeichnung für die Liedersammlungen, die von der Mitte des 14. Jahrhunderts bis um 1500 handschriftlich angelegt wurden. Sie enthalten Lieder des Minne- und Meistersangs, Volks- und Gesellschaftslieder, teils einstimmig, teils mehrstimmig gesetzt, und umfassen oft die Werke mehrerer als auch die einzelner Dichter. Bedeutende Liederhandschriften (mit Melodien) sind: die „Jenaer Liederhandschrift" (um 1350), die „Kleine Heidelberger Liederhandschrift" (nach 1400), die „Colmarer Liederhandschrift" (um 1460), das „Lochamer Liederbuch" (1452/53–1460), das „Schedelsche Liederbuch" (1460/62 bis 1466/67), das „Glogauer Liederbuch“ (um 1480). – ↑auch Cancionero, ↑Chansonnier.

**Liederkranz:** seit dem frühen 19. Jahrhundert Name vieler Männergesangvereine, v. a. im süddeutschen Raum, im Unterschied zur ↑Liedertafel von Anfang an auf Volkstümlichkeit ausgerichtet und jedem offenstehend.

**Liedermacher:** heißen Musiker, die Lieder mit aktuellem Text (↑Protestsong) selbst verfassen, komponieren, singen und begleiten. Bekannte Liedermacher sind R. Mey, W. Biermann, H. D. Hüsch, H. Wader, F. J. Degenhardt, D. Süverkrüp, W. Mossmann, Klaus der Geiger, K. Wecker.

**Lieder ohne Worte:** kurze, liedhafte Instrumentalstücke, hauptsächlich für Klavier, in dieser Form erstmals bei F. Mendelssohn Bartholdy (op. 19, 1830–32, und viele weitere). Lieder ohne Worte entstanden in direkter Anlehnung an das Kunstlied der Zeit, haben daher oft ein Vor- und Nachspiel als Umrahmung der eigentlichen Liedmelodie.

**Liederspiel:** kleines Theaterspiel mit gesprochenen Dialogen und volkstümlichen Liedern, im frühen 19. Jahrhundert in Deutschland beliebt (J. F. Reichardt).

**Liedertafel:** 1809 von C. F. Zelter gegründeter Männergesangverein mit beschränkter Mitgliederzahl, ein Zusammenschluß von Musikern und Dichtern, die teilweise auch der ↑Singakademie nahestanden. Die Berliner Liedertafel wurde zu einem wichtigen Ausgangspunkt des deutschen Männerchorwesens. Viele Männerchöre übernahmen den Namen Liedertafel, ließen jedoch bald den hohen Anspruch und die Exklusivität des Vorbilds fallen.

**Liederzyklus:** Zusammenfassung einer Reihe von Liedern zu einem sinnvoll geordneten Ganzen. Ein Liederzyklus kann eine durchlaufende Thematik oder Handlung besitzen (F. Schubert, „Die schöne Müllerin“, 1824), zusätzlich durch wiederkehrende Motive und Tonartenbeziehungen verknüpft sein (R. Schumann, „Frauenliebe und- leben“, 1840) oder auch nur eine lose Zusammenstellung von Gedichten des gleichen Autors darstellen, gelegentlich mit für den jeweiligen Zyklus charakteristischen, die Stilhaltung des Dichters musikalisch einfangenden Ausdrucksmitteln (H. Wolf, „Spanisches Liederbuch“ 1891; „Italienisches Liederbuch“, 1896; Mörike-, Eichendorff-, Goethe-Lieder).

**Liedform:** zusammenfassender Begriff für Formen des Liedes und vom Lied abgeleitete, meist kleinere und periodisch geschlossene Instrumentalformen. Man unterscheidet einteilige, zweiteilige (a b) und dreiteilige (hauptsächlich a b a) Liedform. Dabei werden häufig Teile wiederholt, auch z. B. in der Form |:a:|:b a:|. Die Liedform gehört zu den reihenden Formen mit klar abgegliederten, in sich gerundeten Teilen (im Gegensatz etwa zur ↑Sonatensatzform oder zur ↑Fuge). Außer von Liedern selbst ist sie der Formtypus fast aller instrumentaler Tänze des 17. und 18. Jahrhunderts (↑Suite). Eine Weitung und Differenzierung erfuhr die Liedform in der Wiener Klassik, zum einen durch die sogenannte zusammengesetzte Liedform, in der Großabschnitte selbst wieder in Liedform untergliedert sind, z. B.

| A | B | A |
|---|---|---|
| a b a | c d c | a b a, |

zum anderen durch Aufnahme von Elementen der Sonatensatzform (Tonartendisposition, durchführungsähnliche Technik). Beispiele hierfür bieten v. a. die langsamen Sätze in Sonaten und Sinfonien L. von Beethovens.

**ligato** [italienisch] ↑legato.

**Ligatur** [von lateinisch ligatura „Band“]: Bezeichnung für die Verbindung mehrerer Noten zu einer Notengruppe (eigentlich das dafür stehende Zeichen) in der ↑Modalnotation und in der ↑Mensuralnotation; in der heutigen Notenschrift das Binden zweier Noten gleicher Tonhöhe durch einen Haltebogen (↑Bogen).

**Lindy-Hop** [englisch]: eine Abart des ↑Jitterbug, ein akrobatischer Tanz, der um 1930 in den USA aufkam (er soll nach Charles Lindberghs Transatlantikflug benannt sein). Musikalische Grundlagen sind Boogie-Woogie und Rhythm and Blues.

**Lingualpfeife** [von lateinisch lingua „Zunge“] (Zungenpfeife): eine in der Orgel neben der ↑Labialpfeife verwendete Art der Pfeifen. Sie besitzt im Innern eine (meist aufschlagende) *Zunge* aus Metall, die auf einer in den *Kopf* eingelassenen *Kehle* (auch *Rinne*) liegt. Der Luftstrom wird durch die von ihm selbst in Schwingungen versetzte Zunge periodisch unterbrochen und tritt durch den trichterförmigen oder zylindrischen Schallbecher (*Aufsatz*) aus. Die Klangfarbe hängt ab von der Breite und Dicke der Zunge und der Form des Aufsatzes.

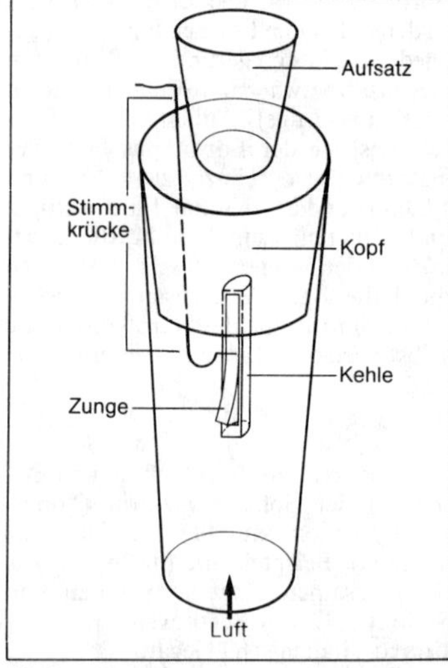


**Liniensystem:** ein System paralleler, waagrechter (von unten nach oben gezählter) Linien, auf und zwischen denen die Noten eingetragen werden. Die einfachste Form stellt die Bezugslinie der diastematisch notierten ↑Neumen dar; bei Hucbald sind die Linien als Abbildung mehrerer Saiten zu verstehen, in deren durch *t* (tonus, lateinisch „Ganzton“) und *s* (semitonium, lateinisch „Halbton“) bezeichnete Zwischenräume der Text eingetragen wird. Seit Guido von Arezzo sind Linien im Terzabstand gebräuchlich. Während die ↑Choralnotation mit 4 Linien und wechselnden ↑Schlüsseln auskam, setzte sich seit dem ausgehenden Mittelalter für die mehrstimmige Musik (Ausnahme ↑Tabulatur) das Fünfliniensystem durch mit (bis zu 5) Hilfslinien über und unter dem System.

**Lippenpfeife** ↑Labialpfeife.

**Liqueszens** [von lateinisch liquescens „fließend werdend“]: im Vortrag des Gregorianischen Chorals die Verschleifung bestimmter Laute (z. B. der Doppellaute), die in der Notation als ein mit der Hauptneume verbundener (Cephalicus, Epiphonus) oder hinzugefügter runder Haken dargestellt wird.

**Lira** [italienisch von griechisch lýra, ↑Lyra]: vom 15. bis 17. Jahrhundert eine auf die mittelalterliche ↑Fidel zurückgehende Familie von Streichinstrumenten mit vorderständigen Wirbeln und Bordunsaiten. Die *Lira da braccio* (Armlira) hatte in der Regel sieben in Oktaven und Quinten gestimmte Saiten, von denen zwei abgespreizt waren und nicht gegriffen wurden.

**l'istesso tempo** (lo stesso tempo) [italienisch „dasselbe Tempo“]: Spielanweisung, im gleichen Tempo weiterzuspielen, auch wenn Taktwechsel (vom geraden zum ungeraden Takt) vorliegt.

**Litanei** [von griechisch líssesthai „bitten, flehen“]: in der römisch-katholischen Liturgie ein Flehgebet oder -gesang aus aneinandergereihten Bitten oder Anrufungen des Vorbeters und gleichbleibenden Antworten der Gemeinde. Nach dem Vorbild der *Ektenie* des byzantinischen Gottesdienstes wurde die Litanei Ende des 5. Jahrhunderts in Rom aufgenommen und besonders bei Bittprozessionen verwendet. Seit ihren Anfängen im 7. Jahrhundert in Rom hatte die Allerheiligenlitanei bis heute liturgischen Charakter und wurde in die liturgischen Bücher aufgenommen. Vor ihrer endgültigen Fassung durch Pius V. (* 1504, † 1572) erfuhr sie häufig z. T. erhebliche Ausweitungen durch Einschübe, die auf besondere Lokalheilige oder lokale Belange Bezug nahmen. Von den darüber hinaus zahlreich verbreiteten Litaneien wurde 1601 von Clemens VIII. allein die *Lauretanische*

*Litanei* (bezeichnet nach dem Wallfahrtsort Loreto in der italienischen Provinz Ancona) für den öffentlichen und liturgischen Gebrauch gutgeheißen. Sie entstand in der 1. Hälfte des 16. Jahrhunderts und geht auf eine Muttergotteslitanei des 15. Jahrhunderts zurück. Bei den mehrstimmigen Litaneikompositionen seit dem 16. Jahrhundert stand v. a. die Lauretanische Litanei im Vordergrund. Für die evangelische Liturgie veröffentlichte M. Luther 1528 eine Litanei („latina litania correcta"), die bis heute Bestandteil der lutherischen Gottesdienstordnung ist (Evangelisches Kirchengesangbuch, Nr. 138).

**Lithophone** [von griechisch líthos „Stein" und phōnḗ „Klang"]: instrumentenkundliche Bezeichnung für ↑Idiophone aus Stein (nicht abgestimmte Steinklappern oder -rasseln primitiver Herkunft; abgestimmte Steinplattenspiele fernöstlicher Kulturen, ↑King).

**Liturgie** [von griechisch leiturgía „Dienst, Dienstleistung"]: in einem allgemeinen, umfassenden Sinn der durch festgelegte Riten oder durch einen Brauch geregelte gemeinschaftliche öffentliche Gottesdienst. In der römisch-katholischen Kirche wird die Liturgie vollzogen in der Feier der Messe und der Sakramente, in der Wortverkündigung und im Offizium (Stundengebet). Die lutherische Kirche baute ihre Liturgie weitgehend auf den Formen der mittelalterlichen Traditionen auf..

**liturgisches Drama** ↑geistliches Spiel.

**Lituus** [lateinisch]: bezeichnete ursprünglich den Krummstab der Auguren (römische Priester), später ein militärisches Signalinstrument der Römer, eine Trompete mit langem, engem und geradem Metallrohr, leicht konischem Schallbecher und Kesselmundstück. Im 16./17. Jahrhundert war Lituus eine Bezeichnung für das ↑Krummhorn, im 18. für den ↑Zink.

**Liuto** ['li̯uto; italienisch] ↑Laute.

**Live-Elektronik** ['laɪf...; englisch]: Sammelbezeichnung für ↑elektronische Musik, die unmittelbar im Konzertsaal „gespielt" und nicht zuvor im Tonstudio produziert und über Tonband reproduziert wird. Der ↑Synthesizer hat der Live-Elektronik zum Durchbruch verholfen. Popelektronik ist überwiegend Live-Elektronik.

**Lobetanz** ↑Kuhreigen.

**loco** [italienisch „an seinem Platz"]: nach vorangegangenem 8^va^ (↑all'ottava) der Hinweis, daß wieder ohne Oktavversetzung gespielt werden soll. Für Streichinstrumente der Hinweis, wieder in der normalen ↑Lage zu spielen (nach vorangegangenem Spiel auf einer bestimmten Saite, z. B. *sul G* oder *sul D)*.

**lokrisch** [griechisch]: nach dem griechischen Volksstamm der Lokrer benannte ↑Kirchentonart mit dem Grundton h; sie wird zwar in den antiken und mittelalterlichen Musiktraktaten erwähnt, fand aber praktisch wegen der Tritonusspannung f–h keine Verwendung.

**lombardischer Rhythmus:** eine rhythmische Figur, die v. a. im späten 17. und 18. Jahrhundert sehr verbreitet war und durch eine kürzere erste und längere zweite Note gekennzeichnet ist (♬. ♬. u. ä.). Der lombardische Rhythmus kommt nicht nur aufgeschrieben vor, er war auch eine beliebte Verzierungsanweisung zur rhythmischen Veränderung gleich lang notierter Töne. In schottischer, ungarischer und slawischer Volksmusik ist dieser Rhythmus ebenfalls häufig.

**Longa** [lateinisch „lange (Note)"]: Notenwert der ↑Mensuralnotation, bis zum 15. Jahrhundert mit dem Zeichen ▜, danach ⌐.

**Longway** ['lɔŋweɪ; englisch]: Reihentanz, bei dem sich die Paare in zwei Reihen gegenüberstehen; eine der zwei Grundformen des englischen ↑Countrydance.

**Loo-Jon** ['lu:jɔn; indianisch] ↑Lujon.

**lo stesso tempo** [italienisch] ↑l'istesso tempo.

**Loure** [lu:r; französisch]: 1. Bezeichnung für einen vom 13. bis ins 20. Jahrhundert in Frankreich gebräuchlichen Dudelsack. – 2. von der Spielweise des Instruments abgeleitet ist die Vortragsbezeichnung *louré* [lu:'re:; französisch

„geschleift, gebunden"], durch die der erste von zwei gleichlangen Tönen einen nachdrücklichen Akzent erhält. – 3. französischer Volkstanz in mäßigem $^6/_4$-Takt mit zweihebigem Auftakt. Er wurde seit 1690 Hoftanz, danach auch in Opern und Balletten beliebt. Von dort fand er Eingang in die französische Orchester- und die spätbarocke Solosuite. Als Charakterstück lebte die Loure bis um 1800 weiter.

**lugubre** [italienisch]: klagend, traurig.

**Lujon** (Loo-Jon) [indianisch]: ein neu entwickeltes Baßmetallophon, bestehend aus einem schmalen, hohen und oben offenen Schallkasten aus Holz, der in Resonanzräume aufgeteilt ist und über jedem Resonanzraum ein dünnes, quadratisches Metallplättchen besitzt. Das Lujon wird mit Schlegeln gespielt; sein Ton ist verhalten und wenig durchdringend.

**Lullaby** ['lʌləbaɪ; englisch, von to lull „einlullen"]: englische Bezeichnung für Wiegenlieder oder Refrains von solchen; Lullabies rechnen formal und entwicklungsgeschichtlich meist zu den ↑Carols; ihre Blütezeit war im 15. und 16. Jahrhundert.

**Lure** [nordisch]: ein zur Familie des Horns gehörendes, nordisches Blasinstrument (aus Bronze) der germanischen Vorzeit (13. bis 7. Jahrhundert vor Christus). Die Lure besteht aus einem leicht konischen, S-förmig gewundenen und gedrehten Rohr aus mehreren Teilen (Länge über 2 m), das mit einem Mundstück angeblasen wird und in einen flachen Zierteller ausläuft. Der Tonumfang reicht bis zum 12. Überblaseton. Luren wurden oft als symmetrische Paare gleicher Länge gefunden, was auf das Vorbild von Tierhörnern weist. Über die Spielweise dieser Kultinstrumente wurden zahlreiche Vermutungen angestellt, unter anderem, daß zwei oder mehr Luren derselben Stimmung wechselnd vier oder fünf Töne spielten, wodurch ein in sich bewegter Klang (wie beim Geläut von Kirchenglocken) entstand.

**lusingando** (lusingante) [italienisch]: schmeichelnd, spielerisch,

**lydisch** [griechisch]: nach dem griechischen Volksstamm der Lyder benannte ↑Kirchentonart mit dem Grundton f.

**Lyra** [griechisch]: 1. ein Musikinstrument der griechischen Antike, zur Familie der ↑Leier gehörend, im Unterschied zur ↑Kithara mit schalenförmigem Resonanzkörper. Dieser bestand ursprünglich aus einem Schildkrötenpanzer, der später durch Nachbildungen aus Holz ersetzt wurde. Die Jocharme waren geschwungen (zunächst vielleicht Tierhörner) oder auch gerade. Terpandros (7. Jahrhundert vor Christus) hat die Saitenzahl von fünf auf sieben erhöht; es gab aber auch (wohl nicht nur in der Frühzeit) dreisaitige Lyren. Seit 600 vor Christus ist das Spiel mit Plektron belegt. Die Lyra galt als Attribut der Dichter und Sänger. Allerdings wurde zwischen Lyra, Kithara und anderen Leiertypen nicht immer klar unterschieden. – 2. volkstümliches Streichinstrument in Griechenland, Bulgarien und Dalmatien, dessen Schallkörper die Form einer längs gehälftelten Birne hat und ohne einen Hals in die Wirbelplatte übergeht. Die über einen flachen Steg laufenden drei bis vier Saiten werden zum Teil gleichzeitig gespielt, eine davon oft als Bordun. – 3. in Militärkapellen ein Instrument (auch Glockenspiel oder Stahlspiel genannt) mit lyraförmigem Rahmen, in dem Stahlplatten lose angebracht sind; diese werden mit einem Hämmerchen angeschlagen. – 4. beim Flügel das Pedalgestell in Form einer Lyra.

**Lyraflügel:** ein im 19. Jahrhundert in Deutschland gebautes hohes, aufrechtes Klavier in Form einer ↑Lyra (mit geschwungenen Jocharmen).

**Lyragitarre:** eine im 19. Jahrhundert in Deutschland gebaute Gitarre in Form der ↑Kithara (mit geschwungenen Jocharmen), die besonders bei Frauen der gehobenen Gesellschaftsschichten beliebt war.

# M

**M** (m): Abk. 1. für **M**anual (in der Orgelmusik); 2. für ↑**m**ezzo.

**Machiche** (Maxixe) [ma'ʃiʃi; brasilianisch]: nach 1870 in Rio de Janeiro entstandener, von der Polka beeinflußter afroamerikanischer Tanz in bewegtem, synkopiertem $^2/_4$-Takt; um 1915 in Europa Modetanz.

**Machicotage** [maʃikɔ'ta:ʒ; französisch]: besondere Verzierungspraxis des Gregorianischen Chorals, seit Ende des 14. Jahrhunderts an der Kirche Notre-Dame in Paris gebräuchlich und bis gegen 1800 erhalten. 6 oder 7 Chorsänger *(machicots)* sangen Läufe, Verzierungen u. ä. zwischen den Noten des Chorals.

**Madrigal** [italienisch] (italienisch madrigale, madriale, mandriale): eine seit Anfang des 14. Jahrhunderts in Italien bezeugte volkssprachliche Gattung gesungener Lyrik. Im älteren Madrigal setzt sich die Strophe aus zwei oder drei Terzetten und einem oder zwei angeschlossenen Reimpaaren zusammen. Die Melodie zeigt zweiteiligen Aufbau mit einem entsprechend der Anzahl der Terzette wiederholten Teil und dem melodisch selbständigen, abschließenden Ritornell. Seit seinen Anfängen war das Madrigal mehrstimmig gesetzt; es erscheint in zwei- oder dreistimmigen Kompositionen, bei denen v. a. am Anfang und Ende der Verse die ausgeprägte Melismatik der Oberstimme hervortritt. Hauptvertreter sind Iacopo da Bologna (Mitte des 14. Jahrhunderts) und Francesco Landini (1325–97). Das Madrigal des 16. und 17. Jahrhunderts wurde besonders von flämischen Komponisten zur wichtigsten Gattung der weltlichen Vokalpolyphonie entwickelt. Es hat vier oder mehr Stimmen, strebt nach reicher harmonischer Ausgestaltung und weist starke tonmalerische Klangeffekte *(Madrigalismen)* auf. Aus einer thematisch zusammenhängenden Folge mehrerer Madrigale wurden die sogenannten *Madrigalkomödien* gebildet. Die verwendeten Texte stammten v. a. von F. Petrarca, P. Bembo, L. Ariosto, G. B. Guarini und T. Tasso.
Über die flämischen Komponisten A. Willaert, J. Arcadelt und Ph. Verdelot kam diese Madrigalkunst nach Italien, wo ihre Hauptmeister A. Gabrieli, C. de Rore, O. di Lasso, L. Marenzio, Don C. Gesualdo und C. Monteverdi wurden. Im 16. und 17. Jahrhundert fand das Madrigal reiche Pflege auch in Frankreich, Deutschland (J. Gallus, L. Lechner, H. L. Haßler, Ch. Demantius, H. Schütz) sowie in England (W. Byrd, Th. Morley). Im 20. Jahrhundert wurde die ursprünglich solistische Vokalmusik der Madrigale besonders in der Jugendmusikbewegung als Chormusik gepflegt (P. Hindemith, E. Pepping).

**Madrigalkomödie:** ein Theaterstück, das musikalisch aus einer Folge von ↑Madrigalen oder madrigalähnlichen Vokalsätzen besteht und das die typischen Figuren der Commedia dell'arte verwendet. Die Madrigalkomödie wurde in Oberitalien im späten 16. und im 17. Jahrhundert gepflegt; berühmt ist „L'Amfiparnaso" von O. Vecchi (aufgeführt 1594 in Modena).

**maestoso** [maɛs...; italienisch]: majestätisch; oft zusammen mit einer Tempovorschrift, z. B. allegro maestoso, lento maestoso.

**Maestro** [italienisch, von lateinisch magister „Lehrer, Leiter, Meister"]: in Italien inoffizieller Titel für Komponisten, Dirigenten, Lehrer an Konservatorien; seit dem 17. Jahrhundert als ehrende Anrede gebräuchlich.

**maggiore** [ma'dʒo:re; italienisch „größer, (mit der) größeren (Terz)"] (französisch majeur; englisch major): Bezeichnung für Dur, Durakkord, Durtonart; *Maggiore* zeigt den Durteil eines in einer Molltonart stehenden Stückes (Marsch, Tanz, Rondo u. ä.) an.

**Magnificat** [lateinisch Magnificat (anima mea Dominum) „(Meine Seele) rühmt (den Herrn)"]: urchristlicher Gesang, der im Neuen Testament Maria, der Mutter Jesu, zugeschrieben wird (Lukas 1, 46–55). Liturgische Verwendung fand er v. a. im Stundengebet der Vesper. Für die abendländische Musikgeschichte wurden seine mehrstimmigen Vertonungen bedeutsam (G. Dufay, O. di Lasso, Palestrina), manchmal zwischen einstimmigem Choral und mehrstimmigem Chorsatz wechselnd (Josquin Desprez, Adam von Fulda) oder zu Kantaten erweitert (J. S. Bach, W. A. Mozart).

**Mailänder Gesang** ↑Ambrosianischer Gesang.

**Mainstream** ['mɛɪnˌstriːm; englisch „Hauptstrom"]: im Jazz Bezeichnung für Musizierweisen innerhalb der Hauptentwicklungslinie Swing–Bebop–Hardbop, die keinem dieser drei Stilbereiche eindeutig zuzuordnen sind.

**Maîtrise** [mɛ'triːz; französisch]: Bezeichnung für die zwischen dem 11. und 14. Jahrhundert aus den französischen Kathedralschulen hervorgegangen Singschulen, in denen die bei Choral und Figuralmusik gebrauchten Sängerknaben ausgebildet wurden. Die den deutschen Kantoreien verwandten Maîtrisen wurden in der französischen Revolution aufgehoben.

**majeur** [ma'ʒøːr; französisch] ↑maggiore.

**major** ['mɛɪdʒə; englisch] ↑maggiore.

**Malagueña** [mala'gɛnja; spanisch]: 1. Tanzlied im Dreiertakt, dessen Melodie über einem ostinaten Baß- und Harmoniegerüst improvisiert wird; 2. in Südspanien verbreitetes, gefühlsbetontes Lied in freiem Rhythmus; 3. regionale Sonderform des ↑Fandango.

**Mambo** [kreolisch]: lateinamerikanischer Tanz afrokubanischer Herkunft in mäßig schnellem $^4/_4$-Takt. Er wurde um 1940 in Kuba aus der Rumba entwickelt, im afrokubanischen Jazz aufgegriffen und nach 1950 in Europa Modetanz, den dann der Cha-Cha-Cha ablöste.

**mancando** (mancante) [italienisch]: abnehmend, wie ↑calando.

**Mandola** [italienisch] (spanisch mandora): ein Zupfinstrument orientalischer Herkunft, seit dem 12. Jahrhundert in Europa bekannt. Die Mandola war der ↑Laute ähnlich, jedoch kleiner und flacher, und hatte einen weniger stark abgeknickten, gebogenen Wirbelkasten. Das Korpus lief zunächst unmittelbar in den Hals aus; erst im späten 16. Jahrhundert wurde der Hals stärker abgesetzt. Die Mandola hatte zunächst vier bis fünf Saiten und, vielleicht schon seit dem 14. Jahrhundert, auch Doppelsaiten („Chöre"). Die Stimmung war meist $c$–$g$–$c^1$–$g^1$, bei fünf Chören $c$–$g$–$d^1$–$g^1$–$c^2$ oder $c$–$f$–$c^1$–$f^1$–$c^2$. Im 16./17. Jahrhundert wurde die Mandola auch als *Quinterne*, *Pandurina* oder *Mandürchen* bezeichnet. *Mailändische Mandoline* oder *Mandurina* nannte man im 18. Jahrhundert eine Mandola mit sechs Saitenchören, später sechs einfachen Saiten in der Stimmung $g$–$h$–$e^1$–$a^1$–$d^2$–$g^2$ (oder $e^2$). Damals ging die Bezeichnung Mandola auf das Altinstrument der neapolitanischen ↑Mandoline über.

**Mandoline** [italienisch; Verkleinerungsform von ↑Mandola]: ein Zupfinstrument, wie die ↑Laute mit einem bauchigen, halb birnenförmigen Schallkörper, jedoch tiefer gewölbt und kleiner, mit einem kurzen Hals mit Bünden, einer schwach nach hinten geknickten Wirbelplatte und hinterständigen Schraubwirbeln. Die Decke ist unterhalb des Stegs etwas abgeschrägt und hat ein offenes Schalloch. Die vier Doppelsaiten aus Metall sind am unteren Rand des Schallkörpers befestigt und werden mit Plektron gezupft; gestimmt sind sie wie die Violine ($g$–$d^1$–$a^1$–$e^2$). Durch schnelles Hin- und Herbewegen des Plektrons über die Saiten entsteht der charakteristische Tremoloklang. – Die Herkunft dieses auch *neapolitanische Mandoline* genannten Instruments ist nicht geklärt; in der beschriebenen Form kam es um die Mitte des 17. Jahrhunderts in Italien auf. Abarten mit einer Zarge zwischen Boden und Decke sind die *portugiesische Mandoline* mit nur wenig gewölbtem Boden und die *deutsche Mandoline* mit flachem Boden. Eine veraltete Großform ist der ↑Mandolone. Die *Mailänder Mandoline* ist eine ↑Mandola.

**Mandolineneffekt** (Repeat, Wiederholungspercussion): besonderer Effekt auf der Elektronenorgel; solange die Taste gedrückt bleibt, wird ein Percussionston automatisch in rascher Abfolge wiederholt. Das Klangergebnis ähnelt dem Tremolo einer Mandoline.

**Mandolone** [italienisch]: im 18. Jahrhundert das Baßinstrument der neapolitanischen ↑Mandoline mit sieben bis acht Doppelsaiten; Stimmung F–(G–)A–d–g–h–e$^1$–a$^1$.

**Mandora** [spanisch] ↑Mandola.

**Manier** [von mittellateinisch maniera „Art, Gewohnheit"] (französisch manière; italienisch maniera): seit Ende des 17. Jahrhunderts Bezeichnung für die ↑Verzierungen in der Instrumentalmusik.

**Männerchor:** Vereinigung von im ↑Chor singenden Männern, in Deutschland seit dem 19. Jahrhundert sehr verbreitet. Die Standardbesetzung ist vierstimmig (1. Tenor, 2. Tenor, 1. Baß, 2. Baß). Auch ein Werk für Männerstimmen heißt Männerchor. In der Mehrstimmigkeit des hohen Mittelalters wurden normalerweise nur Männerstimmen eingesetzt. In der Vokalpolyphonie des 15. und 16. Jahrhunderts übernahmen Knaben die dazutretende höchste Stimme. Doch auch aus dieser Zeit gibt es eine Reihe von Kompositionen für Männerchor allein. Seit dem 17. Jahrhundert hat der Männerchor in der Oper seinen festen Platz (Soldaten, Priester, Bauern usw.). Im 18. Jahrhundert begegnen erstmals Männervereinigungen, die auch den Chorgesang pflegen. Doch erst im 19. Jahrhundert beginnt die Entwicklung und rasche Ausbreitung des Männerchorwesens heutiger Prägung, angeregt durch die ↑Liedertafel C. F. Zelters (1809) und H. G. Nägelis Männerchorvereinigung (↑Liederkranz). Kompositionen für Männerchor dieser Art schrieben F. Schubert, C. M. von Weber, C. Loewe, R. Schumann, F. Mendelssohn Bartholdy, J. Brahms und viele andere. Bekannt sind die zahllosen Liedsätze und Bearbeitungen F. Silchers. Auch in Chor-Orchesterwerken verschiedenster Art wird der Männerchor häufiger eingesetzt. Die Männerchöre im deutschsprachigen Raum repräsentieren insgesamt eine wichtige Form des Laiensingens, auch wenn ihre Mitgliederzahlen in neuerer Zeit stagnieren. Sie sind (seit 1862) im „Deutschen Sängerbund" zusammengeschlossen.

**Mannheimer Schule:** Bezeichnung für die am Hof des pfälzischen Kurfürsten Karl Theodor (* 1724, † 1799) wirkende Musiker- und Komponistengruppe, die entscheidende Elemente zur Ausbildung des Instrumentalstils der ↑Wiener Klassik beitrug. Ihre wichtigsten Vertreter waren J., C. und A. Stamitz, I. Holzbauer, F. X. Richter, A. Filtz, C. G. Toeschi, Ch. Cannabich, Abbé Vogler und F. Danzi. Bei der Übersiedlung des Kurfürsten nach München (1778) zog der größte Teil der Kapelle mit. Zu den wesentlichen Errungenschaften der Mannheimer Schule gehören kompositionstechnisch die endgültige Abkehr von der früheren Vorherrschaft des ↑Generalbasses zugunsten der melodieführenden Stimmen, die Giederung des melodisch-harmonischen Verlaufs in symmetrische Taktgruppen und der Ausbau des thematischen Dualismus (↑Sonatensatzform). Neu in der Orchesterbehandlung waren die selbständige Verwendung der Blasinstrumente, die Vorliebe für effektvolle Motivfiguren und für klangliche und dynamische Kontraste und Übergänge (berühmt das Mannheimer Crescendo) und eine bis dahin nicht gekannte Orchesterdisziplin.

**mano destra** [italienisch] (französisch main droite), Abk. m. d.: mit der rechten Hand [zu spielen].

**ma non troppo** (ma non tanto) [italienisch „aber nicht zu sehr"]: bedeutet bei Tempo- oder Vortragsanweisungen deren Abschwächung, z. B. *allegro, ma non troppo*, schnell, aber nicht zu sehr.

**mano sinistra** [italienisch] (französisch main gauche), Abk. m. s.: mit der linken Hand [zu spielen].

**Manual** [von lateinisch manualis „zur Hand gehörig"]: die mit den Händen zu spielende ↑Klaviatur der Tasteninstrumente im Unterschied zum ↑Pedal. Hammerklaviere (↑Klavier) haben gewöhnlich ein Manual, Cembali häufig zwei, Orgeln zwei bis vier, selten fünf oder mehr Manuale.

**Maqam** (Maqām) [arabisch „Ort, Standort"] (Mehrzahl Maqamat): in der arabisch-persischen Kunstmusik Bezeichnung für die im Mittelalter entwikkelte Lehre von der mündlichen Komposition oder der durch Regeln bestimmten Improvisation. Als Maqamat werden bezeichnet: 1. die 14 Grundtöne des altarabischen Tonbereichs im Anschluß an das griechische Tonsystem; 2. heute die Modalleitern auf einem dieser Grundtöne; 3. die Liedmodelle oder Tonfiguren, aus denen die Modalleitern abgeleitet sind. Die einstige Modellbedeutung des Maqam verliert sich heute zunehmend unter westlichem Einfluß, so daß Maqam gewöhnlich nur noch Tonleiter bedeutet.

**Maracas** [portugiesisch] (Rumbakugeln): Gefäßrasseln indianisch-mittelamerikanischer Herkunft, hohle Kalebassen (Kürbis) oder Holzkugeln (Durchmesser etwa 5–16 cm), die mit Stiel versehen und mit Samen-, Sandkörnern, Steinchen oder Schrot gefüllt sind.

Der Spieler hält in jeder Hand eine Maraca und schüttelt beide entweder abwechselnd in ruckartigen Schlägen oder abwechselnd tremoloartig. Maracas werden zur Begleitung lateinamerikanischer Tänze, bisweilen auch in der Konzertmusik verwendet.

**marc.**: Abk. für ↑**marc**ato.

**marcato** [italienisch], Abk. marc.: markiert, hervorgehoben, betont.

**Marching Band** ['mɑːtʃɪŋ 'bænd; englisch „Marschkapelle"]: im ↑New-Orleans-Jazz bezeichnet der Begriff Blasmusikgruppen, die insbesondere bei Umzügen (Paraden), Beerdigungen und Freiluftkonzerten eingesetzt werden.

**Marcia** ['martʃa; italienisch]: ↑Marsch; *Marcia funebre*, Trauermarsch; *alla marcia*, marschartig.

**Mariachi** [marr'ɪatʃɪ; spanisch]: Bezeichnung für eine volkstümliche mexikanische Straßenmusik. Mariachi-Bands sind in der Regel mit 2 Trompeten, 2 Violinen, Mandoline, mehreren Gitarren und Baßgitarre besetzt. Innerhalb der Tanzmusik wurde der Mariachi-Sound v. a. durch das Orchester von Herb Alpert popularisiert.

**Marianische Antiphonen:** die vier psalmlosen Antiphonen zum Lobe Marias, die wechselweise als Abschluß der Komplet (1568–1955 als Abschluß aller selbständigen Stundengottesdienste) gesungen werden. Es sind: „Alma Redemptoris Mater" (1. Adventssonntag bis Lichtmeß einschließlich), „Ave Regina caelorum" (Lichtmeß bis Ostern), „Regina caeli, laetare" (Osterzeit) und „Salve Regina" (übriges Kirchenjahr).

**Marimba** [afrikanisch-spanisch]: ein xylophonartiges Schlaginstrument mit Holzplatten verschiedener Größe und Stimmung, die auf einem Rahmen ruhen und unter denen sich in der Regel je ein Resonator befindet; die Platten werden mit Hämmerchen angeschlagen. Die Marimba ist ein altes afrikanisches Instrument, das mit den Negersklaven nach Mittelamerika kam und nach 1910 in den USA und in Europa in verbesserter Form nachgebaut wurde. Anstelle von Resonatoren aus Kürbis oder Holz wurden jetzt Metallröhren verwendet. Die Holzplatten wurden klaviaturartig in zwei Reihen angeordnet. Der Umfang des modernen, *Marimbaphon* genannten Instruments reicht von c bis $c^4$ oder $c^5$. Es wird in der Tanz- und Unterhaltungsmusik verwendet, seit etwa 1950 auch in der Konzertmusik.

**Marimbaphon** ↑Marimba.

**Marsch** [von französisch marcher „schreiten, marschieren"]: ein Musikstück, das durch gleichmäßige metrische Akzente, zumeist in geradem Takt, und einfachen Rhythmus den Gleichschritt einer Gruppe anregt und lenkt. So verschieden wie der jeweilige Anlaß ist auch der Charakter der Marschmusik: feierlich getragen (Trauermarsch, Priestermarsch), festlich beschwingt (Hochzeitsmarsch), optimistisch, kämpferisch, aggressiv (Soldaten- und Militärmarsch). – Schon die griechische Antike kannte vom Aulos begleitete marschartige Umzüge und, damit verwandt, den feierlichen Auftritt und Abgang des Chors in der Tragödie. Auch im Mittelalter wurden Prozessions- und Landknechtslieder gern mit Instrumenten (Trommeln, Pfeifen) verstärkt. Seit dem 16. und 17. Jahrhundert entwickelte sich, z. T. unter dem Einfluß der Janitscharen (↑Janitscharenmusik), eine regelrechte Militärmusik mit unterschiedlichen Formen und Typen in den europäischen Ländern (Preußische Märsche, Märsche der Französischen Revolution usw.). Der Marsch besteht gewöhnlich aus zwei Teilen zu je 8–16 Takten, oft ergänzt durch ein andersartiges Trio. In der Kunstmusik wird der Marsch vielfach verwendet, v. a. in der Oper (Mozart, „Die Zauberflöte", 1791; R. Wagner, „Lohengrin", 1848; „Götterdämmerung", 1874; „Parsifal", 1882) und im Ballett, aber auch in der Instrumentalmusik des Barock und der Klassik als Satz der Suite, der Kassation, der Serenade, des Divertimentos. F. Schubert schrieb Märsche für Klavier (vierhändig). Übertragen und stilisiert gibt es häufig in anderen Kompositionsgattungen Teile mit Marschcharakter (Beethoven, 3. Sinfonie „Eroica", 1804; Klaviersonate op. 26, 1801; Chopin, Klaviersonate op. 35, 1839; G. Mahler, 5. Sinfonie, 1901/02). In der Neuen Musik des 20. Jahrhunderts tritt der Marsch gelegentlich auch als Mittel der Parodie oder Groteske auf (z. B. in D. Schostakowitschs „Leningrader Sinfonie", 1942, zur Charakterisierung der deutschen Eroberungstruppen).

**martèlement** [martɛl'mã; französisch „hammerartig"]: beim Harfenspiel das mehrfach wiederholte, scharfe Anreißen eines Tones. In der Klaviermusik des 17./18. Jahrhunderts gleichbedeutend mit ↑Mordent.

**martellato** [italienisch] (französisch martelé): gehämmert, abgestoßen (↑staccato) und stark betont.

**Maschinenpauke:** eine ↑Pauke, bei der alle Stimmschrauben mit Hilfe einer Hauptschraube und eines Hebels oder einer Kurbel (Kurbel- oder Hebelpauke), eines Drehmechanismus (Drehpauke) oder einer Pedalvorrichtung (Pedalpauke) gleichzeitig gespannt werden; damit ist ein verhältnismäßig rasches Umstimmen der Pauke möglich.

**Masque** [ma:sk; englisch „Maske"]: im 17. Jahrhundert eine in England geläufige Bezeichnung für eine theatralische Form (dem französischen ↑Ballet de cour vergleichbar), in der sich Pantomime, Tanz, Musik, Bühneneffekte und Prachtausstattung zu einem großen höfischen Spektakel verbanden. Die Masque verdankt ihre Entstehung heimischen Traditionen des Mummenschanzes und den Maskenzügen der französischen und v. a. der italienischen Renaissance; ihre prachtvollste Entfaltung erlangte sie während der Herrschaft der Stuarts. Die Masque hatte ein festes Schema; sie bestand aus einem die Handlung erklärenden Prolog, dem von Musik begleiteten Auftritt der Maskierten (meist Mitglieder des Hofstaats), dem eigentlichen Spiel (mit Sprechdialogen, Lautenliedern, Chören und Tänzen) und einem sogenannten Haupttanz der Maskierten mit Partnern aus dem Publikum, auf den die Demaskierung und der Schlußtanz folgten. Bekanntester Dichter von Masques war Ben Jonson, Komponisten waren Th. Campian, J. Coperario, A. Ferrabosco, R. Johnson und H. Lawes. Die Masque gilt als ein Vorläufer der englischen Oper.

**Matutin** [von lateinisch matutinus „morgendlich"] (deutsch Mette): bis ins 11. Jahrhundert vorwiegend *vigiliae* (lateinisch „Nachtwache") genannt, einer der ältesten kanonischen Stundengottesdienste, der in der Nacht oder am frühen Morgen (heute vor den Laudes) gebetet werden muß. Als umfangreichste der Horen umfaßt die Matutin im allgemeinen als Einleitung das „Pater noster“, „Ave Maria“ und „Credo“, „Domine, labia mea aperies“, das Invitatorium („Deus, in adjutorium meum intende“) und einen Hymnus, im Hauptteil drei Nokturnen von je drei Psalmen und je drei Lektionen, und zum Abschluß das „Te Deum“. Ist die Matutin von den Laudes getrennt, folgt noch eine Oration mit „Pater noster“.

**Maultrommel** (Brummeisen): ein Musikinstrument (Zupfidiophon), bestehend aus einem Metallrahmen in annähernd ovaler Form (Durchmesser etwa 5 cm), der in eine Art länglichen Schnabel ausläuft. Eine am Rahmen befestigte Stahlzunge durchläuft das Oval und den Schnabel und bildet dann einen hochgebogenen Haken. Der Spieler nimmt den Schnabel aufrecht zwischen die Zähne und bringt die Stahlzunge durch Anzupfen mit dem Finger in

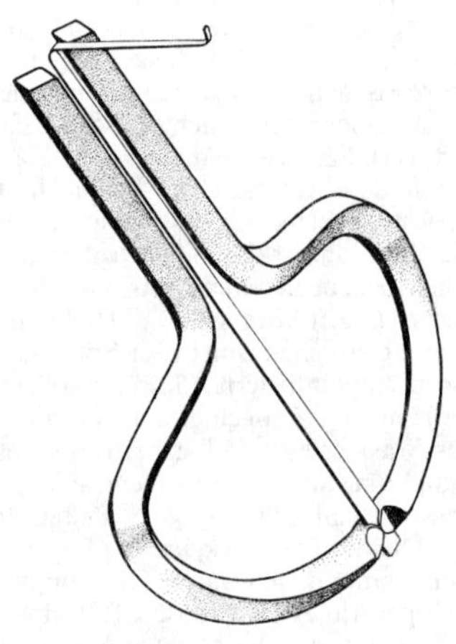

Schwingung. Die Mundhöhle bildet einen Resonanzraum, der durch Wechsel der Mundstellung verändert werden kann und so eine Tonbewegung ermöglicht. Auf der Maultrommel lassen sich einfache, sehr leise Melodien spielen. – Die Maultrommel ist asiatischer Herkunft; in Europa ist sie seit dem 14. Jahrhundert v. a. als Volksinstrument belegt. Um 1800 war sie zeitweise ein Virtuoseninstrument; danach wurde sie weitgehend durch die Mundharmonika verdrängt.

**Maxima** [lateinisch „größte (Note)“]: Notenwert der ↑Mensuralnotation, im 13. Jahrhundert als Duplex Longa (doppelte ↑Longa) bezeichnet; bis zum 15. Jahrhundert mit dem Zeichen danach geschrieben.

**Mazurka** [ma'zurka; polnisch „Masurentanz“] (Mazur, Mazurek, Masurka): zusammenfassende Bezeichnung für Stilisierung und Verschmelzung der polnischen Volkstänze ↑Kujawiak, Obertas, ↑Oberek und Mazur. Der *Mazur* ist ein

Spring- und Drehtanz in lebhaftem $^3/_4$-Takt; typisch sind punktierte Rhythmen, Akzente auf der (unbetonten) 2. oder 3. Taktzeit sowie der Abschluß ♩ 𝅗𝅥. Der Volkstanz Mazur stammt aus dem Weichselgebiet bei Warschau (Masowien). Er wurde um 1600 über Hof und Bürgertum polnischer Nationaltanz und verbreitete sich nach etwa 1750 als Gesellschaftstanz in Rußland, Deutschland, England und Frankreich. Die Mazurka wurde durch F. Chopin in die Kunstmusik eingeführt und v. a. von polnischen Komponisten bis ins 20. Jahrhundert oft verwendet.

**m. d.:** Abk. für ↑**m**ano **d**estra.

**Mechanik** [von griechisch mēchanikḗ (téchnē) „(die Kunst), Maschinen zu bauen“]: Teilgebiet der Physik; die Mechanik beschäftigt sich mit den Bewegungen, den sie verursachenden Kräften und mit der Zusammensetzung und dem Gleichgewicht von Kräften. Zu ihr gehört u. a. die physikalische ↑Akustik. – Mechanik wird bei Musikinstrumenten, besonders Klavierinstrumenten (Klavier, Cembalo, Orgel), derjenige Apparat genannt, der der Tonerzeugung dient.

**mechanische Musikinstrumente** (mechanische Musikwerke): mit einer mechanischen Antriebsvorrichtung ausgestattete Instrumente, die Musikstücke automatisch wiedergeben *(Musikautomaten)*. Sie werden entweder unmittelbar durch Menschenkraft (über Kurbeln oder Pedale) oder durch Gewicht, Federkraft und Elektromotor betrieben. – Die ältesten mechanischen Musikwerke sind wohl die seit dem 14. Jahrhundert in den Niederlanden bezeugten ↑Glockenspiele in Kirch- und Wachtürmen. Die Glocken werden von Hämmern angeschlagen, die durch eine drehbare Walze mit darauf befestigten Stiften (Stiftwalze) bewegt werden. Gleichfalls mit einer Stiftwalze arbeiten die seit dem 16. Jahrhundert bekannten automatischen Orgeln; zu ihnen gehören auch die ↑Flötenuhr und die ↑Drehorgel. Seit dem 18. Jahrhundert gibt es Spieldosen, deren Stiftwalze kleine Metallzungen anzupfen; an die Stelle der Walze traten um 1886 leicht auswechselbare Scheiben mit Löchern und Dornen. Im frühen 19. Jahrhundert entstand das ↑Orchestrion mit durchschlagenden Zungen. Musik für mechanische Musikwerke der genannten Arten schrieben auch bedeutende Komponisten wie H. L. Haßler, G. F. Händel, C. Ph. E. Bach, J. Haydn, W. A. Mozart und L. van Beethoven.

Für Tasteninstrumente gab es ab 1846 mit Dornen versehene Platten oder gelochte Kartonbänder, die die Tasten mechanisch betätigten. Ab 1880 gewann das pneumatische System besondere Bedeutung: Über eine mit Öffnungen in der Zahl der Töne des Klaviers versehene Leiste gleitet ein Papierband mit Löchern oder Schlitzen; diese ermöglichen den Zutritt von Druckluft im gewünschten Moment und bewirken so den Anschlag der Saiten und die Nuancen der Lautstärke. Dieses System wurde im „Welte-Mignon-Reproduktionsflügel“ (1904) und in der „Welte-Philharmonie-Orgel“ (1913) verwendet, die beide von bedeutenden Pianisten und Komponisten bespielt wurden (darunter von Debussy, Grieg, Mahler, R. Strauss, Reger, Busoni). Allerdings war bei bestimmten Instrumenten, so dem halbautomatischen Phonola, nur der Tonverlauf vorgeprägt, während die Feinheiten des Vortrags beim Abspielen mit Hilfe von Pedalen und Handhebeln reguliert wurden. Durch die ↑Schallplatte haben die mechanischen Musikinstrumente als Wiedergabegeräte ihre Bedeutung verloren.

**medesimo tempo** [italienisch] ↑l'istesso tempo.

**Mediante** [von lateinisch medius „in der Mitte liegend“]: bezeichnete ursprünglich nur den mittleren Ton des Tonikadreiklangs (in C-Dur e), dann auch den Dreiklang auf diesem Ton (e–g–h); heute ist Mediante vielfach die Bezeichnung für alle Dreiklänge, die zu einer Hauptfunktion in einem terzverwandten Verhältnis stehen. Medianten zum C-Dur-Dreiklang sind danach die acht Dur- und Molldreiklänge auf e, es, a und as. Ausweichungen in eine Mediante spielen schon seit Schubert, v. a. aber in der Hoch- und Spätromantik als Mittel überraschender Modulationen und genereller Ausweitung der Tonalität eine große Rolle.

**Mediatio** [lateinisch „Vermittlung“]: Bezeichnung für die Mittelkadenz (auch Mediante oder Pausa genannt) im modellartigen Melodiegerüst der Psalmtöne.

**Medley** ['mɛdlɪ; englisch „Gemisch“]: in der heutigen Popmusik soviel wie ↑Potpourri, d. h. eine Zusammenstellung von Teilen aus verschiedenen, ursprünglich nicht zusammengehörigen Stücken. Das Wort Medley bezeichnete seit dem 16. Jahrhundert in England und Schottland meist dreistimmige Kompositionen nach dem Potpourri-Prinzip; sie wurden in Verbindung mit Tanz und szenischen Elementen bei bäuerlichen, kirchlichen oder höfischen Festen verwendet. Die französische Entsprechung im 16. Jahrhundert heißt Fricassée.

**Mehrchörigkeit** [...kø...]: barocke Kompositionsart für mehrere, meist auch räumlich getrennte und verschiedenartig besetzte vokale, instrumentale oder gemischte Klanggruppen. Die Coro-spezzato-Technik (↑Coro spezzato) begegnet erstmals 1550 in den „Salmi spezzati" von A. Willaert, des Begründers der ↑venezianischen Schule. Sie war vorbereitet durch abschnittsweise Stimmaufteilungen in den vierstimmigen Motetten und Messen der Niederländer (besonders bei Josquin Desprez) und wurde räumlich angeregt durch die zwei gegenüberliegenden Orgelemporen der Markuskirche in Venedig. Mit der klangprächtigen, mehr flächig als polyphon angelegten Mehrchörigkeit als einer Hauptform des ↑Concerto setzt in Italien der Frühbarock ein. A. und G. Gabrieli steigern die Mehrchörigkeit bis zu großen vierchörigen Werken mit kontrastreich wechselnden (auch solistischen) Teilen und übertragen sie auf alle Kompositionsgattungen, auch auf die reine Instrumentalmusik (↑Sonate, ↑Sinfonia). In Deutschland schufen v. a. die Gabrieli-Schüler H. L. Haßler und H. Schütz („Psalmen Davids", 1619) mehrchörige Kompositionen. M. Praetorius beschreibt die Mehrchörigkeit ausführlich in seinem „Syntagma musicum" (Band 3, 1619). Dabei wird ersichtlich, daß die Aufführungspraxis hier besonders reiche und verschiedenartige Möglichkeiten, je nach den örtlich vorhandenen Bedingungen, zur Wahl stellt. Im 17. Jahrhundert drängt die aufkommende Monodie und der Generalbaß, an dessen Entstehung sie gleichwohl beteiligt war (↑Basso seguente), die Mehrchörigkeit nach und nach zurück. Sie bleibt dennoch als eine Grundmöglichkeit barocken Musizierens wirksam und prägt z. B. noch die doppelchörige Anlage in J. S. Bachs „Matthäuspassion" (1729) und achtstimmigen Motetten. Im 19. Jahrhundert wird Mehrchörigkeit an herausgehobenen Punkten größerer Werke als Mittel besonderer Steigerung und Klangentfaltung gelegentlich eingesetzt.

**Mehrstimmigkeit:** ist allgemein jede Art von Musik, in der, wenn auch nur zeitweise, zwei oder mehrere Töne zur gleichen Zeit erklingen. Diese Art der Mehrstimmigkeit ist in vielen Teilen der Welt und sicher bereits von frühen Kulturstufen an in mündlich überlieferter Form vorhanden gewesen. Sie ist im wesentlichen geschichtslos und prägt sich vorwiegend aus in den sogenannten primären Klangformen (zufälliges Zusammentönen, wie z. B. im Glockengeläut), in ↑Heterophonie, Ostinato- und Borduntechnik, Parallelgesang und einfachen, immer wiederkehrenden Motivnachahmungen. – Speziell ist mit Mehrstimmigkeit die in mehreren selbständigen Stimmen geführte und als aufgeschriebene Komposition tradierte europäische Kunstmusik gemeint, die sich als einzige in einer geschichtlichen Entwicklung zu einer Fülle unterschiedlichster Stilphasen entfaltet hat. Die Ursprünge der abendländischen Mehrstimmigkeit liegen wahrscheinlich an der Schwelle von der Spätantike zum frühen Mittelalter, wobei möglicherweise sowohl griechische wie germanische Einflüsse wirksam wurden. Eindeutig faßbar ist Mehrstimmigkeit erstmals in der frühen Organum-Lehre (↑Organum) des 9. Jahrhunderts. Bis um 1200 (↑Notre-Dame-Schule) bleibt das Organum das zentrale Feld ihrer Entwicklung. Weitere Formen der mittelalterlichen Mehrstimmigkeit, die zunächst nur die Ausnahme in einer weitgehend einstimmigen Musikpraxis bildet, sind ↑Conductus, ↑Discantus und ↑Motette. Der Begriff Mehrstimmigkeit faßt gleichermaßen ↑Homophonie und ↑Polyphonie in sich, obwohl letztere über Jahrhunderte hinweg den eigentlichen Kernbereich ihrer kunstvollen Durchbildung ausmacht.

**Meistersang:** die von den *Meistersingern* (bürgerliche, meist in Städten seßhafte Dichter-Handwerker) zunftmäßig betriebene Liedkunst des 15. und 16. Jahrhunderts, die aber ihre Anfänge auf die angeblich um 1315 von Heinrich von Meißen, genannt Frauenlob, in Mainz gegründete Meistersingerschule zurückführte und z. T. noch bis in das 19. Jahrhundert (bis 1839 in Ulm, bis 1875 in Memmigen) gepflegt wurde. Besondere Verehrung genossen die „vier gekrönten Meister" Frauenlob, Barthel Regenbogen, Konrad Marner und Heinrich von Mügeln. Bekannte Meistersinger sind im 15. Jahrhundert Muskatplüt, Michael Beheim, Hans Folz, im 16. v.a. Hans Sachs. In der Form der Lieder zeigt sich die Anlehnung an Minnesang und Spruchdichtung des Mittelalters. Mit der häufigen Verwendung geistlicher Stoffe betonen die Meistersinger ihre gelehrte Bildung und den Hang zum Lehrhaften und Erbaulichen. Die Meistersinger einer Stadt organisierten sich in der Vereinigung der „Singschule", eine Bezeichnung, die auch auf die einzelne Singveranstaltung angewendet wurde. In der Anfangszeit des Meistersangs durften die Dichter nur den *Tönen* (Melodie und Reimschema) der „zwölf alten Meister" (neben den „gekrönten" auch Walther von der Vogelweide und Wolfram von Eschenbach) neue Texte unterlegen. Nach der Reform des Meistersangs durch Hans Folz (gegen 1480) konnte nur derjenige ein Meister werden, der einen neuen Ton, d.h. Text und Melodie geschaffen hatte. Die hierarchische Ordnung ging vom einfachen Singer über den Dichter und den Meister zum Merker, der die Einhaltung der in der ↑Tabulatur niedergelegten Regeln zu überwachen hatte. Die Zentren des Meistersangs lagen v.a. in Süddeutschland und Südwestdeutschland, führende Orte waren Mainz und später Nürnberg (Hans Sachs). Weitere Schulen: Augsburg, Straßburg, Freiburg im Breisgau, Colmar, Ulm, Memmingen, Steyr, Iglau und Breslau.

**Melịsma** [griechisch mélisma „Gesang"]: Folge von mehreren Tönen, die auf nur eine Textsilbe gesungen werden. Melisma heißt daher allgemein die Verzierung einer Gesangslinie, z.B. die ↑Koloratur. Speziell wird der Begriff für das Singen mehrerer Töne auf eine Silbe in der mittelalterlichen Ein- und Mehrstimmigkeit gebraucht. Gegenbegriff ist Syllabik, bei der jeder Textsilbe je eine Note zugeordnet ist. – Melismatik ist besonders für orientalische Vokalmelodien charakteristisch. Von dort drang sie in die Volksmusik der iberischen Halbinsel und des Balkans ein, vermutlich auch über die frühchristliche Kultmusik in die geistliche und weltliche Musik des Mittelalters.

**Mellotro̱n:** ein Tasteninstrument, mit dem sich Orchestereffekte „spielen" lassen. Durch Tastendruck werden Tonbänder abgerufen, die mit beliebigen Klängen bespielt sein können.

**Melọdica** Ⓦⓩ [griechisch]: modernes, für Kinder entwickeltes Blasinstrument mit durchschlagenden Zungen, deren Schwingungen durch Tasten ausgelöst werden. Der Tonumfang beträgt bei der Melodica soprano $c^1$-$c^3$, bei der Melodica alto f–$f^2$.

**Melodi̱e** [von griechisch melọdía „Gesangsweise"]: eine Folge von Tönen, die als selbständiges, charakteristisches Gebilde auftritt, vorwiegend geschlossene Form zeigt und ihrem Tonbestand nach einer erkennbaren Ordnung angehört. Eine Melodie ist – auch in der Instrumentalmusik – ein singbarer, in sich ausgewogener Gestaltzug, der, v.a. dem unbefangenen Hörer, als ein Ganzes erscheint, das allerdings nach Motiven, Zeilen und Phrasen gegliedert sein kann. In außereuropäischer Musik ist eine Melodie oft nur in ihrem ungefähren Verlauf festgelegt, d.h. sie bewegt sich zwischen markierbaren Stütztönen relativ frei (diese Art der Melodievorstellung lassen noch die frühen ↑Neumen erkennen). Erst das Abendland hat den Einzelton als Element der Melodie gesehen und auch in der ↑Notenschrift um 1000 als einzelnen Punkt fixiert. Bau und Charakter einer Melodie sind in der europäischen Musik je nach Stil, Gattung, Funktion und Ausdrucksbereich außerordentlich verschieden. Doch ist ihre Nähe zum ↑Lied, zur gesungenen Sprache und damit eine gewisse Tendenz zur Symmetrie, zu Entsprechungen der Melodieteile (z.B. Vordersatz und Nachsatz einer ↑Periode), zu wiederkehrenden Rhythmen und Intervallen, zur Unterscheidung von Haupt- und Nebentönen sowie zu flexibler Abschnittbildung mit ↑Halbschlüssen und ↑Ganzschlüssen fast überall zu erkennen. Auch R. Wagners *unendliche Melodie* ist nicht gestaltlos, nur frei fließend an dramatisch gehobener Sprache orientiert. Melodik (die zu einem wesentlichen Teil Rhythmik mit umgreift) ist neben Harmonik ein Grundelement aller Komposition. Schon in der Mehrstimmigkeit des Mittelalters, spätestens jedoch seit dem 15. Jahrhundert, stehen melodische und harmonische Kräfte in einem stets wechselnden spannungsreichen Ausgleichsverhältnis, dessen Gewichtung eines der Hauptmerkmale unterschiedlicher Stile darstellt.

**Melodielehre:** die Lehre von den Bildungsgesetzen einer ↑Melodie. Anfangs- und Schlußbildung, das Gewicht von Haupt- und Nebentönen, rhythmische und harmonische Struktur u.a. sind hierbei zu beachten. Allgemeine Regeln dazu kennen außereuropäische Hochkulturen ebenso wie die Antike und das europäische Mittelalter. Eine ausgeführte Melodielehre begegnet erstmals bei J. Mattheson („Kern Melodischer Wissenschafft", 1737). Seitdem ist die Melodielehre Teil der Kompositionslehre überhaupt und wird vielfach im Rahmen der Kontrapunktlehre behandelt.

**Melodik** [griechisch]: ist ein Begriff, der analog zur ↑Harmonik geprägt wurde und das Ganze melodischer Erscheinungen bezeichnet, auch das Charakteristische vieler (ähnlicher) Melodien oder ein bestimmtes melodisches Prinzip. Im 19. Jahrhundert war Melodik zunächst gleichbedeutend mit ↑Melodielehre.

**Melodram** [griechisch]: Bezeichnung für die Verbindung von gesprochenem Wort und untermalender Begleitmusik. Die Melodramtechnik bestimmt ganz die nach ihr benannte Bühnengattung (↑Melodrama) und findet sich bisweilen auch in Opern zur Abhebung von den Gesangsszenen bei dramatischen Höhepunkten (Beethoven, „Fidelio", 1805, Kerkerszene; C. M. von Weber, „Der Freischütz", 1821, Wolfsschluchtszene). Außer der freien, die Sprechstimme überhaupt nicht oder nur rhythmisch (Weber, „Preziosa", 1821) festlegenden Form gibt es in moderner Musik das gebundene Melodram, bei dem neben dem Rhythmus die Tonhöhe und Ausspracheweise vom Komponisten vorgeschrieben werden (A. Schönberg, „Pierrot lunaire", 1912; A. Berg, „Wozzeck", 1925).

**Melodrama** [griechisch]: ein auf dem Prinzip des ↑Melodrams beruhendes musikalisches Bühnenwerk, entwickelt von J.-J. Rousseau („Pygmalion", 1770) und G. A. Benda („Medea", 1775), in der Romantik gepflegt als Konzertmelodrama, das heißt Gedichtrezitation zu Klavier- und Orchesterbegleitung (R. Schumann, „Balladen" op. 122, 1852). Das Melodrama findet sich vereinzelt auch im 20. Jahrhundert (A. Honegger, „Amphion", 1931; I. Strawinski, „Perséphone", 1934).

**Melody section** ['mɛlədɪ 'sɛktʃən; englisch „Melodiegruppe"]: in Tanz- und Jazzorchestern die Gruppe der melodieführenden Instrumente, meist Trompeten, Posaunen und Saxophone. – ↑auch Rhythm section.

**Melopöie** [von griechisch melopoiía „Vertonen von Liedern"]: in der griechischen Antike die Kunst, ein den Versvortrag hebendes „Melos" (d.h. eine dem Text angemessene kunstvolle Sprachmelodie) zu schaffen. Im 16. und 17. Jahrhundert wurde Melopöie v.a. als Bezeichnung für Kompositionslehre oder Kunst der Melodiebildung gebraucht.

**Melos** [griechisch „Lied, lyrisches Gedicht, Gesang"]: in der Musik Bezeichnung für das gesangliche Element einer Tonsprache, den Charakter der Melodiebildung; auch für Sprachklang bzw. Sprachmelodie verwendet.

**Membranophone** [von griechisch membrána „Pergament" und phōnḗ „Klang"]: in der ↑Instrumentenkunde Sammelbezeichnung für Instrumente, bei denen der Klang durch Schwingungen gespannter Membranen (Haut, Fell) erzeugt wird. Die Schwingungen werden durch Schlagen (↑Trommel, ↑Pauke), Reiben (↑Reibtrommel) oder Ansingen (↑Mirliton) angeregt.

**Ménestrel** [provenzalisch-französisch; von lateinisch ministerialis „im Dienst Stehender, Beamter"]: in der französischen Literatur des Mittelalters

Bezeichnung für den im Dienst eines Hofes stehenden Spielmann, seit dem 13. Jahrhundert auch für den Spielmann überhaupt. – ↑auch Minstrel.

**meno** [italienisch „weniger"]: wird in Zusammensetzungen mit Tempo- oder Vortragsanweisungen gebraucht, z. B. *meno mosso*, weniger bewegt; *meno forte*, weniger stark.

**Mensur** [von lateinisch mensura „Maß"]: 1. in der Mensuralmusik das Maß, das die Geltungsdauer der einzelnen Notenwerte untereinander bestimmt. – 2. im Musikinstrumentenbau Sammelbezeichnung für die Verhältnisse der Maße von ton- bzw. klangerzeugenden Elementen in Abhängigkeit von der Tonhöhe (z. B. bei Orgelpfeifen das Verhältnis von Länge und Weite der Pfeife).

**Mensuralmusik:** die in ↑Mensuralnotation aufgezeichnete mehrstimmige Musik des 13. bis 16. Jahrhunderts.

**Mensuralnotation** [lateinisch]: die im 13. Jahrhundert entstandene und bis zum ausgehenden 16. Jahrhundert gültige Notenschrift. Im Gegensatz zur ↑Choralnotation, in der nur die Tonhöhe festgelegt war, brachte sie auch eine eindeutige Bestimmung der einzelnen Notenwerte, was für die Aufzeichnung der mehrstimmigen Musik mit ihrer zunehmenden rhythmischen Differenzierung notwendig war. In der Möglichkeit, auch schwierige rhythmische Verhältnisse festzuhalten, unterscheidet sie sich von der ihr vorausgehenden ↑Modalnotation. Aus praktischen Gründen kam man gegen 1430 zur „weißen" Notierung der ursprünglich schwarzen Notenkörper.

Der Grundwert der Brevis wird durch die Taktvorzeichnungen O (dreizeitiges *tempus perfectum*) und C (zweizeitiges *tempus imperfectum*) als ungerad- oder geradtaktig bestimmt. Eine durchstrichene Taktvorzeichnung ⦶ (*tempus perfectum diminutum*) und ₵ (*tempus imperfectum diminutum*) zeigt eine Verminderung der Notenwerte auf die Hälfte an. Wertänderungen der Notenzeichen konnten daneben in verschiedener Weise angezeigt werden. Durch Rundung der quadratischen und rhombischen Notenformen, z. T. schon in Handschriften des 15. Jahrhunderts nachweisbar, ist unsere heutige Notenschrift entstanden.

| | Notenzeichen | Pausenzeichen |
|---|---|---|
| Maxima | | |
| Longa | | |
| Brevis | | |
| Semibrevis | | |
| Minima | | |
| Semiminima | | |
| Fusa | | |

**Mensurzeichen:** die in der ↑Mensuralnotation des 14. bis 16. Jahrhunderts verwendeten Zeichen für den rhythmischen Wert bzw. die vorgeschriebene rhythmische Unterteilung der Noten.

**Menuett** (französisch menuet) [von französisch menu pas „kleiner Schritt"]: französischer Paartanz in mäßig schnellem Dreiertakt. Das Menuett ist möglicherweise aus einem Volkstanz des Poitou entstanden und wurde nach 1650 unter Ludwig XIV. (* 1638, † 1715) Hoftanz. Das stark stilisierte, zeremonielle Menuett mit seinen kleinen, gemessenen Schritten und vielen Figuren verbreitete sich rasch über Europa und war zwischen 1700 und 1750 einer der vorherrschenden (vorwiegend, wenn auch nicht ausschließlich mit der höfischen Kultur verbundenen) Gesellschaftstänze. – In seinem musikalischen Aufbau bestand es zunächst aus zwei wiederholten achttaktigen Halbsätzen. Es begann volltaktig; häufig war die zweite Taktzeit betont. – Noch im 17. Jahrhundert wurde das Menuett in die Kunstmusik aufgenommen (z. B. in Opern und Ballette von J.-B. Lully) und wurde noch vor 1700 fester Bestandteil der ↑Suite. Die dreiteilige Anlage des Menuetts entstand aus dem schon von Lully verwendeten Verfahren, zwei Menuette so miteinander zu verbinden, daß das zweite oft nur dreistimmig gesetzt war und danach das erste Menuett wiederholt wurde. Neben Orchester- und Klaviersuiten, Concerti grossi und Ouvertüren enthalten auch Serenaden und Kassationen bis ins 19. Jahrhundert (Brahms) Menuettsätze. In die Sinfonie kam das

Menuett. J. S. Bach, „Notenbüchlein für Anna Magdalena Bach" (Nr. 4, BWV Anhang 114; 1725)

Menuett über die dreiteilige neapolitanische Opernsinfonia (A. Scarlatti), die mit einem Menuetteil im $^3/_8$-Takt schloß. Die Mannheimer und Wiener Vorklassiker verwendeten in ihren viersätzigen Sinfonien langsame Menuettsätze. Regelmäßig erscheint das Menuett in den viersätzigen Sinfonien Mozarts und Haydns, meist als 3. Satz; v. a. Haydn beschleunigte das Tempo und brachte scherzohafte Züge ein. Beethoven ersetzte in der „Eroica" (1804) das Menuett durch einen nicht mehr tanzartigen Scherzosatz; dies wurde (obgleich Beethoven auch danach noch gelegentlich Menuettsätze schrieb) für die Sinfonik im 19. Jahrhundert prägend. In der Musik des 19. und 20. Jahrhunderts lebte das Menuett v. a. als langsames *Tempo di minuetto* weiter. Menuettsätze blieben vereinzelt und haben überwiegend den Charakter einer stilisierten, historisierenden Rückerinnerung.

**Mersey-Beat** ['mə:zıbi:t; englisch]: Rockmusik, wie sie Ende der 1950er Jahre von den Gruppen der am Mersey River gelegenen Stadt Liverpool gespielt wurde, insbesondere die frühe Musik der Beatles.

**Mẹssa di voce** ['vo:tʃe; italienisch]: eine dynamische Gesangsverzierung, das allmähliche An- und Abschwellen eines Tones (vom Pianissimo zu Fortissimo und wieder zum Pianissimo).

**Mẹsse** [lateinisch missa; von Ite, missa est „Gehet hin, ihr seid entlassen"]: in der römischen Kirche Bezeichnung für die seit dem 5. Jahrhundert so genannte Eucharistiefeier, den Hauptgottesdienst. Musikalisch stehen im Vordergrund die Gesänge des Ordinarium missae (Kyrie, Gloria, Credo, Sanctus, Agnus Dei) und des Proprium missae (Introitus, Graduale mit Alleluja oder Tractus, Offertorium, Communio) in der Abfolge:

| Proprium | Ordinarium |
|---|---|
| Introitus | |
| | Kyrie |
| | Gloria |
| Graduale | |
| Alleluja (eventuell mit Sequenz) | |
| | Credo |
| Offertorium | |
| | Sanctus |
| | Agnus Dei |
| Communio | |

In der Musik wird allerdings die Bezeichnung Messe allgemein in eingeschränktem Sinn nur für die kompositorische Gestaltung des Ordinarium missae gebraucht. – Die frühe Mehrstimmigkeit seit dem dem 10. Jahrhundert ergriff neben Teilen des Propriums (v. a. Graduale und Alleluja) auch Ordinariumsteile. An die Stelle der bis ins 15. Jahrhundert vorherrschenden Vertonung einzelner Meßteile trat (seit dem 14. Jahrhundert) die Komposition des geschlossenen Ordinariums-Meßzyklus, so in den Messen von Tournai (1. Hälfte des 14. Jahrhunderts), Barcelona, Toulouse, Besançon (2. Hälfte des 14. Jahrhunderts) und der bedeutenden Messe von Guillaume de Machault (1364?). Mit den Werken von J. Dunstable und G. Dufay wurde der bis zum Barock gültige Typus der Messe festgelegt, in dem eine allen Teilen (vielfach als Cantus firmus) zugrundeliegende Choral- oder Chansonmelodie den Zyklus noch enger zusammenbindet. Einen Höhepunkt in der Komposition des Proprium missae bedeutet der „Choralis Constantinus" von H. Isaac (beendet Mitte des 16. Jahrhunderts von seinem

Schüler L. Senfl). Den klassischen Typus der A-cappella-Messe schuf im 16. Jahrhundert Palestrina. Mit dem Aufkommen der Monodie im ausgehenden 16. Jahrhundert tritt diese Messe im „alten Stil“ vor der vom Oratorium her beeinflußten konzertanten Gestaltung zurück. Entscheidend werden jetzt gesteigerter Affektausdruck sowie klangliche Ausweitung und Abwechslung unter Verwendung von Solisten (z. T. mit Soloinstrumenten), Chor und Orchester (z. B. in J. S. Bachs „h-Moll-Messe“, 1724–1747/49). Hier war die liturgische Bindung weitgehend gelöst, ebenso wie in den Werken der Vorklassik und Klassik (Haydn, Mozart), in denen Elemente des sinfonischen Stils und der Oper wirksam wurden und die Messe vielfach (z. B. Beethoven, „Missa solemnis“, 1819–23) aus der Kirche in den Konzertraum führten. Das 19. Jahrhundert steigerte die Kompositionen in der subjektiven Empfindung (F. Liszt, A. Bruckner), suchte aber gleichzeitig im ↑Cäcilianismus mit der Anlehnung an das klassische Vorbild Palestrinas die eigentliche Bestimmung der Messe wiederzugewinnen. Vor diesen Bestrebungen traten die konzertanten Messen zurück, doch verzichtete das 20. Jahrhundert (I. Strawinski, O. Messiaen, A. Heiller) nicht auf die Verwendung zeitgenössischer Kompositionstechniken. Neueste kirchliche Erlässe tolerieren die bisherigen Formen der Meßkomposition, formulieren aber als Ideal die Eingliederung der Musik in die Liturgie bis zu einer noch im Mittelalter bezeugten Beteiligung der Gemeinde.

**Metallophone** [von lateinisch metallum „Metall“ und griechisch phōnḗ „Klang“]: in der Instrumentenkunde Bezeichnung für die ↑Idiophone aus Metall (z. B. Becken, Celesta, Gong, Glocke), im engeren Sinne Bezeichnung für xylophonartige Metallstabspiele, die mit einem Hämmerchen angeschlagen werden.

**Metamusik** [von griechisch metá „zwischen, inmitten, nach, über...hinaus“]: eine Art von Musik, die sich den herkömmlichen Stil- und Gattungsbezeichnungen nicht unterordnen läßt. Der Begriff entstand 1974 im Zusammenhang mit dem Berliner „Metamusik-Festival“, bei dem musikalische Ausdrucksformen der unterschiedlichsten Kulturbereiche präsentiert wurden.

**Metrik** [von griechisch metrikḗ téchnē „Kunst des Messens“]: in bezug auf Dichtungen die Verslehre; in bezug auf Musik die Lehre vom ↑Metrum, also von den Zählzeiten sowie deren Gewichtsabstufung und Ordnung.

**Metronom** [griechisch]: Taktmesser; ein uhrenähnliches Gerät, mit dem das Tempo eines Musikstücks kontrolliert wird. Das Metronom enthält ein von Federkraft angetriebenes Pendel, dessen Schwingungsdauer (Anzahl der Schläge in der Minute) durch ein verschiebbares Laufgewicht eingestellt werden kann. Die Schläge sind durch ein regelmäßiges Ticken und, bei manchen Metronomen, zusätzlich durch ein Läuten in bestimmten Abständen (z. B. auf jedem 2., 3. oder 4. Schlag) hörbar. Das Metronom wurde 1816 von J. N. Mälzel (unter Benutzung vieler früherer Konstruktionen) entwickelt; an ihn erinnert die Abkürzung M. M. (Metronom Mälzel), die mit Notenwert und Zahl das vom Komponisten (zuerst L. van Beethoven, Sonate op. 106, 1817/18) oder Herausgeber festgelegte Zeitmaß angibt (z. B. M. M. ♩ = 120 bedeutet 120 Viertelschläge in der Minute).

**Metrum** [von griechisch métron „Maß“]: zunächst das Versmaß eines Gedichts, d. h. die regelmäßige Abstufung langer und kurzer bzw. schwerer und leichter Silben. Auf die Musik übertragen bedeutet Metrum die Maßeinheit mehrerer, zu einer Einheit zusammengeschlossener Zählzeiten und ihre Ordnung nach wiederkehrenden Abfolgen von betonten und unbetonten Schlägen. Grundlage einer solchen Ordnung ist der ↑Takt; deshalb kann der Begriff Metrum sinnvoll nur auf die taktgebundene Musik ab etwa 1600 angewendet werden. Doch bilden sich immer auch übergeordnete metrische Zusammenschlüsse, z. B. zu zwei, vier, acht oder noch mehr Takten (↑Periode). Ungeklärt ist die Frage, ob jedes Metrum prinzipiell auftaktig (leicht-schwer) zu verstehen ist oder ob die umgekehrte Gewichtung (schwer-leicht) ebenso grundlegende Gültigkeit besitzt. Zentraler Geltungsbereich des Metrumbegriffs ist die Musik des 18. und 19. Jahrhunderts. Doch neigt bereits das späte 19. Jahrhundert dazu, die metrischen Verhältnisse zu verschleiern. Dieser Prozeß wurde im 20. Jahrhundert teilweise weitergetrieben (A. Schönberg, A. Webern), teilweise gerade umgekehrt das Metrum in seiner elementaren Kraft besonders spürbar gemacht (I. Strawinski, B. Bartók). In der Musik nach 1950 gibt es vielfach kein Metrum mehr, sondern nur noch eine Zeitorientierung, z. B. nach Sekunden.

**Mette** ↑ Matutin.

**mẹzza voce** ['vo:tʃe; italienisch], Abk. m. v.: mit halber Stimme [singen].

**mẹzzo** [italienisch „halb, mittel"]: wird in Zusammensetzungen gebraucht, z. B. *mezzoforte*, Abk. mf, mittelstark; *mezzolegato*, halbgebunden; *mezzopiano*, Abk. mp., halbleise.

**Mẹzzosopran:** weibliche Stimmlage zwischen Sopran und Alt (Umfang etwa g–b$^2$).

**mf:** Abk. für **m**ezzo**f**orte (↑ forte, ↑ mezzo).

**mi:** die dritte der Solmisationssilben (↑ Solmisation); in den romanischen Sprachen Bezeichnung für den Ton E.

**Mikrophon** [von griechisch mikrós „klein" und phōné „Stimme, Laut"]: ein Gerät zur Umwandlung mechanischer Schwingungen in elektrische; im Idealfall erzeugt ein Mikrophon Spannungsschwankungen, die der Bewegung eines schwingenden Körpers oder den Schwankungen der Luftdichte proportional sind. Es gibt drei Arten: 1. Luftmikrophone, die auf Luftdruckschwankungen (↑ Schall im engeren Sinne), 2. Kontaktmikrophone, die auf schwingende Festkörper (sogenannter Körperschall) und 3. elektromagnetische Tonabnehmer, die auf schwingende Metallgegenstände (z. B. Stahlsaiten) ansprechen. Luftmikrophone geben ein akustisches Gesamtbild wieder, sind verzerrungsarm, erzeugen aber leicht Rückkopplungen und behindern die Musiker beim Spiel. Kontaktmikrophone nehmen nur auf, was das Instrument, an dem sie befestigt sind, erzeugt, greifen meist stark in das Klangbild ein, sind aber nicht anfällig für Rückkopplungen und behindern den Spieler nur unbedeutend. Elektromagnetische Tonabnehmer haben dieselben Vorzüge wie Kontaktmikrophone, sind aber billiger und robuster; sie werden fast ausschließlich bei E-Gitarren verwendet. *Richtmikrophone* sind Luftmikrophone, die nur auf Schall ansprechen, der aus einer bestimmten Richtung kommt. *Sondenmikrophone* sind Luftmikrophone, die nur den Schall an einer einzigen Stelle des Raums aufnehmen.

**Militärmusik:** Bezeichnung für alle Formen der Musik und Musikübung im militärischen Bereich. Heute ist damit v. a. Marschmusik gemeint. Die Verbindung von Kampf und Musik, meist in kultischen Formen, ist bei Natur- und Kulturvölkern weit verbreitet und z. B. in der Bibel und in antiken Schriften vielfach bezeugt. Überliefert sind in Europa seit dem späten Mittelalter ↑ Signale, Spielmannsmusik der Trommler und Pfeifer (bei den Landsknechten), Musik der Trompeter und Pauker (bei den Rittern, später bei den Reitertruppen). Seit dem 17. Jahrhundert entstanden Militärkapellen (↑ Janitscharenmusik), deren Musik zunehmend kunstvoller, vielfältiger und reicher instrumentiert war. Der Nachwuchs kam aus den Stadtpfeifereien. Für die Militärmusikmeister wurde 1874 eine gehobene Ausbildung an der Berliner Musikhochschule eingerichtet. Aus dem 19. Jahrhundert stammt die Zuordnung bestimmter Besetzungen zu einzelnen Heeresgruppen: ↑ Harmoniemusik (mit Schlagzeug) für die Infanterie, reine Blechmusik für Kavallerie, Artillerie (Trompeten) und Jäger (Waldhorn). Saxophone kamen ab 1935 für die Luftwaffe hinzu.

**Mimodram** (Mimodrama) [griechisch]: ein nur mit mimischen Mitteln, auch mit Musikbegleitung aufgeführtes Drama ohne Worte.

**mineur** [mi'nø:r; französisch] ↑minore.

**Minima** [lateinisch „kleinste (Note)"]: Notenwert der ↑Mensuralnotation, bis zum 15. Jahrhundert mit dem Zeichen ♦, danach ♦.

**Minimal music** [englisch 'mınıməl 'mju:zık]: der Bezeichnung Minimal art (für einen erstmals 1966 in New York präsentierten Zweig der bildenden Kunst, der mit einfachen, oft gereihten geometrischen Formen arbeitet) nachgebildeter Name für eine um 1965 entstandene amerikanische Musikrichtung, die auf ständiger Wiederholung und geringfügiger Variation kurzer und einfacher melodischer oder rhythmischer Grundmodelle basiert. Nachdem La M. Young seit etwa 1962 mit der Reduzierung seines musikalischen Materials auf wenige Elemente den Anfang gemacht hatte, wurden Ph. Glass, St. Reich und T. Riley die Hauptvertreter der Minimal music. Riley realisiert seine Kompositionen als Solist, indem er – auf der Bühne mittels entsprechender elektronischer Apparaturen, im Studio im Multiplayback – sich gleichsam zu einem Ensemble von Musikern multipliziert und dabei auch Improvisatorisches einfließen läßt („In C", 1964; „A rainbow in curved air", 1969). Glass und Reich dagegen konzipieren ihre Werke für Musikergruppen und unter Prämissen, die kaum Freiheiten erlauben; Glass verwendet regelmäßige arithmetische Fortschreitungen wie Addition oder Subtraktion („1+1", 1968), Reich verknüpft mit der Repetitionstechnik das Prinzip der Phasenverschiebung (das Grundmodell wird gleichzeitig sowohl im Originaltempo gespielt als auch verlangsamt), um die Aufmerksamkeit des Hörers auf dabei resultierende psychoakustische Nebenerscheinungen – Nebenmelodien, Raumeffekte, Ober- und Differenztöne – zu lenken („Come out" 1966; „Drumming" 1971).

**Mini-Moog** ↑Moog.

**Minnesang:** im eigentlichen Sinne die verschiedenen Formen mittelhochdeutscher Liebeslyrik; manchmal werden mit Minnesang auch alle Arten mittelhochdeutscher Lyrik bezeichnet, also auch Kreuzzugslyrik und politische, moralische, religiöse Spruchdichtung. Der Minnesang entwickelte sich seit der 2. Hälfte des 12. Jahrhunderts, wobei v. a. Anregungen von den provenzalischen Troubadours und den französischen Trouvères aufgenommen wurden. Er ist höfische Dichtung, begleitet die Entstehung einer höfisch-ritterlichen Kultur unter den Stauferkaisern. Als Gesellschaftsdichtung wurde er v. a. an kulturellen Zentren von den *Minnesängern* in der Regel selbst vorgetragen, z. B. bei Reichstagen, an Fürstenhöfen oder in Städten. Die 1. Phase des Minnesangs bildet der sogenannte „donauländische Minnesang" (etwa 1150–1170). Zu ihm zählen hauptsächlich an der Donau lokalisierte Dichter wie der von Kürenberg, der Burggraf von Regensburg, Dietmar von Aist. Formales Kennzeichen ihrer Lieder ist die Langzeile. Für die 2. Phase, den „hohen Minnesang", ist der höfische Frauendienst typisch. Er erscheint erstmals ausgeprägt bei den rheinischen, unter westlichem Einfluß stehenden Minnesängern um Friedrich von Hausen und Heinrich von Veldeke. Die Frau wird hier zu einem unerreichbaren Ideal stilisiert, dem sich der Ritter in hoffnungslosem Dienst ergibt. Für die Ausbildung dieses Frauenkultes werden neben romanisch-arabischen Einflüssen auch Einwirkungen der in der 2. Hälfte des 12. Jahrhunderts aufkommenden Marienverehrung vermutet. Diese Lyrik wendet sich nicht an eine individuelle Herrin. Diese ist vielmehr der Inbegriff des Weiblichen. Einer der prägenden Gedanken ist die Macht der Minne als Dienst, Zentralbegriffe sind „triuwe" (Treue) und „mâze" (maßvolle Bescheidenheit). Der Höhepunkt dieser Minnelyrik wird in der 3. Phase um 1190 mit den Liedern Reinmars des Alten und Heinrichs von Morungen erreicht. Walther von der Vogelweide stellt dann die ständische Hochstilisierung des Frauenbildes in Frage und preist wiederum die Frau als Partnerin in der Figur des „frouwelin" und in der „maget" (Mädchenlieder, Lieder der „niederen Minne"). Die Tagelieder

Wolframs von Eschenbach gipfeln dagegen im Preis der ehelichen Liebe. Die Abkehr dieser beiden Dichter vom Ritual der „hohen Minne" leitet zur letzten Phase des Minnesangs über, in der die bisher gültigen Ideale bei Neidhart (von Reuenthal) parodiert und persifliert werden. Im 14. Jahrhundert wurde mit dem Niedergang der höfischen Ritterkultur und dem Aufstieg der Städte der Minnesang weitgehend durch den Meistersang abgelöst. Zwischen den beiden Kunsttraditionen stehen Dichter wie Heinrich von Meißen (genannt Frauenlob) oder Heinrich von Mügeln; eine individuelle Sonderstellung nimmt der bisweilen als letzter Minnesänger bezeichnete Oswald von Wolkenstein ein. Überliefert ist der Minnesang hauptsächlich in Handschriften vom Ende des 13. Jahrhunderts und aus dem 14. Jahrhundert. Melodieaufzeichnungen zum Minnesang liegen erst seit dem 14. Jahrhundert vor, in größerer Zahl zu Texten von Neidhart (von Reuenthal), Hugo von Montfort und Oswald von Wolkenstein. Vor allem für die frühere Überlieferung wurde versucht, mit der Annahme von ↑Kontrafakturen zu Troubadour- und Trouvèreliedern verlorene Melodien wiederzugewinnen, wogegen die in den ↑Meistersang übernommenen „Töne" älterer Minnesänger (z. B. Walthers von der Vogelweide) wohl z. T. veränderte Fassungen darstellen.

**minore** [italienisch „kleiner, (mit der) kleineren (Terz)"] (französisch mineur; englisch minor): heißt svw. Moll, Mollakkord, Molltonart; *Minore* zeigt den Mollteil eines in einer Durtonart stehenden Stückes (Marsch, Tanz, Rondo u. ä.) an. – ↑auch maggiore.

**Minstrel** ['mınstrəl; englisch]: ursprünglich Bezeichnung für fahrende Musiker und Spielleute (↑auch Ménestrel). – In Nordamerika entwickelte sich um 1800 mit den sogenannten *Negro Minstrels* eine Art des Varietétheaters *(Minstrel-Show)*, in dem weiße Musiker und Artisten die Musik und den Tanz der Afroamerikaner nachahmten und parodierten.

**Mirliton** [mirli'tõ; französisch]: ein Membranophon, bestehend aus einer Röhre, die oben offen und unten mit einer Membran verschlossen ist. Wird die Membran durch Ansingen oder Hineinsprechen in Schwingung versetzt, erhält die Stimme des Ansingenden oder Sprechenden einen fremden, näselnden Klang. In einfachster Form besteht das Mirliton aus einer zwischen die Finger gespannten Membran; auch der mit Seidenpapier bespannte, angeblasene Kamm ist als Mirliton anzusehen.

**Mischpult:** da Mikrophone meist nur „Teilansichten" eines Klangbildes erzeugen, muß das Mischpult diese Teile wieder zu einem Ganzen zusammenfügen. Dabei kann es sich „passiv" verhalten, d. h. die Anteile gemäß ihren ursprünglichen Verhältnissen zusammenfügen. Beim sogenannten Abmischen im Tonstudio wird das Mischpult hingegen meist „aktiv" eingesetzt: die zusammenzufügenden Bestandteile werden in sich und gegeneinander verändert. In dieser Funktion wird es zu einem eigenen elektronischen Musikinstrument.

**Miserere** [lateinisch „erbarme dich"]: in der römisch-katholischen Kirche der liturgische Name von Psalm 51, benannt nach seinem Anfangswort. Schon im frühen Mittelalter fand das Miserere Eingang in das Offizium. Für die neuzeitliche Musikgeschichte bedeutsam wurden die mehrstimmigen Vertonungen für die Trauermetten der Sixtinischen Kapelle in Rom.

**Missa** [lateinisch] ↑Messe.

**Missale** [von lateinisch missa „Messe"]: in den lateinischen Liturgien das Buch mit den zeremoniellen Anweisungen, den Gebetstexten, Lesungen und Gesangstexten für die Feier der Messe (die Gesänge sind im Graduale enthalten). Erste Missalien, die die während des ganzen Kirchenjahres benötigten Meßtexte zusammenfaßten, sind das Missale von Bobbio (um 700) und das Stowe-Missale (um 800). Die wichtigsten Teile des Missale sind Proprium de tempore, Ordo missae und Canon missae, Proprium de Sanctis und Commune Sanctorum. Nach den Reformen des Konzils von Trient (1545–63) wurde

1570 von Papst Pius V. als offizielle Version das Missale Romanum fast allen katholischen Kirchen und Orden verbindlich vorgeschrieben. Es wurde abgelöst durch das seit 1969 in Teilstücken erschienene Missale von Papst Paul VI. Die deutschen Übersetzungen erscheinen seit 1970.

**misurato** [italienisch]: gemessen, streng im Takt.

**Mittelalter:** in der europäischen Geschichtsschreibung Bezeichnung für den Zeitraum zwischen Altertum und Neuzeit, wobei eine genauere zeitliche Begrenzung von Beginn und Ende des Mittelalters ebenso wenig möglich wie sinnvoll ist. Für die abendländische Musikgeschichte erscheint das Mittelalter insofern von entscheidender Bedeutung, als es mit der Schöpfung der Mehrstimmigkeit die Sonderstellung der europäischen Musiktradition gegenüber den Traditionen aller anderen Kulturkreise begründete.

Über die Schriften von Boethius, Cassiodor und Isidor von Sevilla übernahm das Mittelalter Grundzüge der antiken Musikanschauung und -praxis. Grundlegende Bedeutung hatte dabei die Lehre von der Zahl als Prinzip der Weltordnung, die sich in vollkommener Weise symbolhaft auch in der Ordnung der Musik spiegelt. In der praktischen Musikübung stand im Mittelpunkt die Pflege des ↑Gregorianischen Gesangs, dessen Repertoire noch während des gesamten Mittelalters weiter ausgebaut wurde und mit ↑Tropus und ↑Sequenz neue Formen gewann. Von ihnen gingen wesentliche Einflüsse auf die weitere Entwicklung der abendländischen Musik im liturgischen und geistlichen, später auch im weltlichen Bereich aus. Das in manchen Belegen schon früher bezeugte Singen in der Volkssprache gelangte seit dem 12. Jahrhundert in den Liedern der Troubadours und Trouvères, in Minnesang und Meistersang zu wachsender Blüte. Die Kunstmusik im heutigen Sinn nimmt ihren Anfang schon im 9. Jahrhundert mit den frühen Formen der Mehrstimmigkeit. Neben dem ↑Conductus steht hier das ↑Organum im Vordergrund, das in der sogenannten *Ars antiqua* mit den Schulen von Saint-Martial (Limoges) und Notre-Dame (Paris) zu seiner höchsten Blüte geführt wird. Aus dieser Mehrstimmigkeit wächst auch die ↑Motette heraus, die sich sehr schnell zur Hauptform der mehrstimmigen Musik entwikkelt und zunehmend das Organum verdrängt. Die *Ars nova* des 14. Jahrhunderts bringt eine bis ins Artifizielle getriebene Steigerung der kompositorischen Mittel, die in vollendeter Weise in den Werken von Guillaume de Machault (Messe, Motetten, Balladen, Rondeaux, Virelais) dokumentiert sind. Auch Italien erreicht im *Trecento* (Francesco Landini) einen überragenden Gipfel seiner Musikgeschichte. Italien wie auch das England der Zeit um 1400 bewirken mit starker Betonung von Terz und Sext einen neuen harmonischen Vollklang, der im 15. und beginnenden 16. Jahrhundert weiter ausgebaut wird und allgemein verbindliche Gültigkeit erlangt. In den Werken von Guillaume Dufay, bzw. in den Kompositionen der sogenannten *niederländischen Musik* (15./16. Jahrhundert) vollzieht sich ein Wandel der stilistischen Mittel, der das Ende dessen anzeigt, was man als Musik des Mittelalters bezeichnet. Dennoch wirken deren Elemente z. T. noch bis in das 16. Jahrhundert weiter. Mittelalterliches Gut der Musikanschauung wird darüber hinaus im Schrifttum über Musik noch in das 17. und z. T. – so v. a. in deutsch-protestantischen Musiklehren – bis ins 18. Jahrhundert weitergetragen. – ↑auch Musikgeschichte.

**Mittelstimmen:** die zwischen der höchsten [Ober-] und der tiefsten [Unter-]stimme gelegenen Stimmen eines mehrstimmigen Satzes.

**mixolydisch** [griechisch]: auf dem Grundton g stehende ↑Kirchentonart.

**Mixtur** [von lateinisch miscere „mischen"]: in der Orgel die am häufigsten gebrauchte ↑gemischte Stimme. Sie dient der Aufhellung des Grundtons durch Mischung mit höheren, einzelne Obertöne verstärkende Töne (meist Oktaven oder Quinten, seltener Terzen). Zu einer Taste gehört daher eine Reihe von Pfeifen (bis zum 16. Jahrhundert 18 und mehr, später 3–8 Pfeifen). Erklingen auf einer Taste z. B. drei Pfeifen, wird die Mixtur dreichörig oder dreifach genannt.

**M. M.:** Abk. für **M**etronom **M**älzel (↑Metronom).

**mod.:** Abk. für ↑**mod**erato.

**Modalnotation** [lateinisch]: musikalische Notenschrift des 12. und frühen 13. Jahrhunderts, die v. a. zur Aufzeichnung der mehrstimmigen Kompositionen der Notre-Dame-Schule Verwendung fand. Im Gegensatz zur rhythmisch freien Quadratnotation (↑Choralnotation), von der sie in ihren Notenformen ausgeht, dient die Modalnotation der Unterscheidung verschiedener dreizeitiger Rhythmen, der 6 *Modi:*

I:

II:

III:

IV:

V:

VI:

Wegen der Mehrdeutigkeit der Notenformen fehlt der Modalnotation die Klarheit der ↑Mensuralnotation, mit der ab etwa 1230 eine freiere und präzisere Darstellung des musikalischen Rhythmus möglich war.

**moderato** [italienisch], Abk. mod.: gemäßigt, mäßig; als Tempobezeichnung zu verstehen als *allegro moderato; Moderato* bezeichnet einen musikalischen Satz in diesem Tempo.

**Modern Jazz** [ˈmɔdən ˈdʒæz; englisch]: übergreifende Bezeichnung für die Stilbereiche des Jazz zwischen 1940 und 1960. Zum Modern Jazz zählen v. a. ↑Bebop, ↑Cool Jazz und ↑Hardbop.

**Modinha** [mɔˈðiɲa; portugiesisch „Modelied“]: eine im 18./19. Jahrhundert von portugiesischen Komponisten gepflegte arienartige Vokalkomposition; später auch ein v. a. in Brasilien verbreitetes Strophenlied mit Gitarre- oder Klavierbegleitung.

**Modul** [von lateinisch modulus „Maß, Maßstab“]: ein eigenständiger Baustein eines ↑Synthesizers, z. B. ein ↑Tongenerator, ↑Filter, ↑Envelope-Generator usw.; Moog-Synthesizer sind nach dem Baukastensystem aus derartigen Moduln zusammengesetzt.

**Modulation** [lateinisch modulatio „Grundmaß“]: der Übergang von einer Tonart in eine andere innerhalb funktional-harmonischer Musik. Ausgangs- und Zieltonart müssen eindeutig durch eine ↑Kadenz umschrieben sein (↑dagegen Ausweichung). Schematisch gesprochen gibt es drei Arten von Modulationen: 1. die diatonische Modulation (Umdeutung der Funktion eines Akkords, z. B. der Dominante von C-Dur [g–h–d] zur Subdominante von D-Dur); 2. die enharmonische Modulation (Umdeutung, im Sinne der ↑Enharmonik, von Tönen eines Akkords, z. B. h–d–**gis** in a-Moll zu h–d–**as** in c-Moll); 3. die chromatische Modulation (Liegenlassen eines zwei Akkorden gemeinsamen Tones und chromatische Weiterführung). Ein plötzlicher Tonartensprung (↑Rückung) gilt nicht als Modulation. Innerhalb ausgeführter Kompositionen sind Modulationen allerdings so vielgestaltig und so eng mit anderen musikalischen Bedingungen verknüpft, daß die gegebenen Einteilungen dafür nur einen Anhaltspunkt liefern.

**Modus** [lateinisch „Maß“]: im Bereich der mittelalterlichen Musikpraxis gebrauchte Bezeichnung für das „Maß“ in der Ordnung sowohl des Tonmaterials (↑Kirchentonarten) als auch des Rhythmus (↑Modalnotation) sowie des Tonabstands (Intervall). – In der ↑Mensuralnotation bedeutet *Modus maior* („größerer“ Modus) das Verhältnis von Maxima zu Longa, *Modus minor* („kleinerer“ Modus) das von Longa zu Brevis.

**Moll** [von lateinisch mollis „weich“]: Bezeichnung für das sogenannte „weiche“ oder „weibliche“ Tongeschlecht im Bereich der tonalen Musik. Gegenüber dem ↑Dur ist die Molltonart (ausgehend vom Grundton) grundsätzlich durch die kleine Terz bestimmt (z. B. in c-Moll c–es, dagegen in C-Dur c–e). Bereits vor Einführung des tonalen Dur-Moll-Systems gibt es das (vorzeichenlose) *natürliche Moll* auf dem Grundton a in der Form des äolischen Kirchentons (↑ Kirchentonarten). Die dafür charakteristische kleine Sexte (a–f) findet sich auch im *harmonischen Moll*, in dessen Tonleiter sich durch die Erhöhung der 7. Stufe zum Leitton eine übermäßige Sekunde zwischen der 6. und 7. Stufe ergibt (in a-Moll f–gis). Dieses unmelodische Intervall wird im aufsteigenden *melodischen Moll* durch die Erhöhung der 6. Stufe beseitigt (in a-Moll fis–gis), doch wird hier in der Praxis zur Abwärtsbewegung meist das natürliche (oder äolische) Moll verwendet. – ↑ auch Tonart.

**molto** (di molto) [italienisch „sehr, viel“]: wird in Zusammensetzungen mit Tempo- oder Vortragsanweisungen gebraucht, z. B. *molto allegro*, sehr schnell; *molto legato*, sehr (stark) gebunden.

**Moment musical** [mɔmãmyzi'kal; französisch]: kürzeres lyrisches ↑ Charakterstück ohne festgelegte Form, meist für Klavier. Die Bezeichnung Moment musical begegnet erstmals bei F. Schuberts sechs Klavierstücken op. 94 (D 780, 1828), stammt aber wahrscheinlich von dessen Wiener Verleger Leidesdorf.

**monaural** [lateinisch]: einkanalig (eigentlich einohrig). Bei monauraler Tonaufnahme bzw. -wiedergabe entfällt die auf binauralem Hören (↑ binaural) beruhende Richtungsempfindung. – ↑ auch monophon.

**Monochord** [...'kɔrt; von griechisch mónos „einzig“ und chordḗ „Saite“]: antikes und mittelalterliches Instrument zur Bestimmung der Intervalle anhand der Saitenteilung. Es besteht in der Regel aus einem länglichen Resonanzkasten, über den eine Saite gespannt ist; diese wird durch einen verschiebbaren Steg in zwei Abschnitte geteilt. Das Verhältnis der Saitenlängen von 1:2 ergibt die Oktave, das von 2:3 die Quinte, das von 3:4 die Quarte usw. Angeblich hat Pythagoras das Monochord erfunden. Es wurde vorwiegend als musiktheoretisches Demonstrationsmittel verwendet.

**Monodie** [von griechisch monōdía „Einzel-, Sologesang“]: in der altgriechischen Lyrik ein Sololied mit Instrumentalbegleitung, entsprechend auch in der Tragödie der Gesang eines einzelnen Schauspielers, begleitet von Aulos, Lyra oder Kithara, zur musikalischen Darstellung tiefsten Schmerzes (seltener höchster Freude) bestimmt.– Eine neue Art der Monodie entstand Ende des 16. Jahrhunderts in Italien, hauptsächlich im Kreise der Florentiner ↑ Camerata. Obwohl als Wiederbelebung antiken Gesangs gedacht, hat sie doch eine ganz andere, neuzeitlich harmonisch orientierte Struktur. Sie ist ein frei rhythmischer Sologesang mit ruhigen instrumentalen Stützakkorden im Sinne des ↑ Generalbasses, der mit der Monodie und teils durch sie entstand. Musik ist in der Monodie ganz dem Sinn- und Affektgehalt der Sprache untergeordnet, die Singstimme daher eher ein erregt deklamatorischer Sprechgesang, wofür sich die italienische Sprache besonders eignete. Der kontrapunktisch-polyphonen Musik ihrer Zeit standen die Monodisten, da sie dem Wort nicht gerecht werde, scharf ablehnend gegenüber. Die Monodie wurde in erster Linie geschaffen für die neue Gattung der ↑ Oper. Ihre wichtigsten Vertreter sind daher die Opernkomponisten G. Caccini, J. Peri und C. Monteverdi. Ebenso wichtig ist sie für die Ausbildung des Solomadrigals, der ↑ Kantate und des ↑ Oratoriums. Aus einerseits mehr rezitativischen und andererseits mehr ariosen Partien innerhalb des monodischen Gesangs entwikkelten sich allmählich die gegensätzlichen Formen ↑ Rezitativ und ↑ Arie.

**Monodrama** [von griechisch mónos „allein“]: ein Sprechdrama oder musikalisches Bühnenstück mit nur einem Darsteller, im 18. Jahrhundert in Form des Melodramas geschaffen. Das Monodrama „Erwartung“ von A. Schönberg (1909) ist eine einaktige Oper mit nur einer einzigen Gesangsrolle.

**monophon** [von griechisch monóphōnos „eintönig, einstimmig“]: heißt die einkanalige elektroakustische Tonaufnahme bzw. -wiedergabe *(Monophonie)*, im Gegensatz zur ↑Stereophonie und ↑Quadrophonie.

**Moog** [mu:g; englisch]: 1964 stellte Robert A. Moog den ersten funktionstüchtigen [Voll]synthesizer (↑Synthesizer) vor. Danach ist Moog heute die Markenbezeichnung für gewisse Synthesizer, wird aber umgangssprachlich auch oft als Synonym für Synthesizer verwendet. Charakteristisch für Moog-Studio-Synthesizer ist das Modul-System (↑Modul). Als *Mini-Moog* kommen heute kleine Synthesizer auf den Markt, die wie E-Orgeln gespielt werden können. Diese Synthesizer heißen *Poly-Moog*, wenn auf ihnen zwei- oder mehrstimmig gespielt werden kann.

**Mordent** [von italienisch mordente „Beißer"] (französisch mordant oder pincé): Verzierung aus der Gruppe der ↑Triller; er besteht in ein- oder mehrmaligem Wechsel zwischen Hauptnote und unterer Nebennote (kleine oder große Sekunde); Zeichen ⁓ bzw. ⁓⁓.

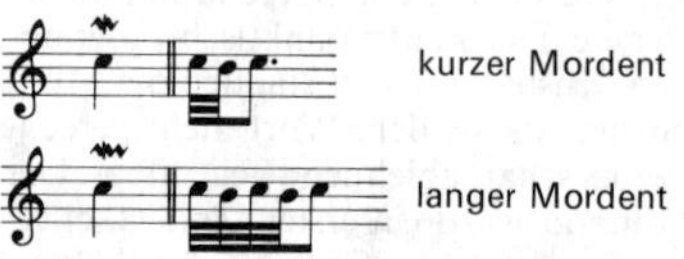


**morendo** [italienisch]: ersterbend, verhauchend, gleichzeitig an Lautstärke und Tempo abnehmend.

**Morisca** [von spanisch morisca „Maurin"] (italienisch moresca): ein vom 15.–17. Jahrhundert in ganz Europa verbreiteter, wahrscheinlich aus Spanien stammender pantomimischer Tanz, solistisch oder von mehreren Personen ausgeführt. Häufig sind Maskierung (geschwärztes Gesicht) oder Verkleidung (fast immer Schellen an den Füßen), nicht selten groteske Elemente oder Ausführung als Schwerttanz. Die Herkunft ist unklar; die Morisca wurde als Nachbild der spanischen Kämpfe gegen die Mauren oder als alter Fruchtbarkeitstanz gedeutet. Neben den zunächst geradtaktigen Melodien gibt es seit dem 17. Jahrhundert auch ungeradtaktige. – Seit dem 15. Jahrhundert heißen auch Balletteinlagen in Intermedien, Masques und Opern Morisca. – ↑auch Morris dance.

**Moritat:** eine Sonderform des Bänkelsangs, wurde also wie dieser als Lied mit vielen Strophen auf Jahrmärkten vor einer Bildertafel abgesungen. Der Inhalt einer Moritat war eine schauerliche oder rührselige Geschichte, der Schluß enthielt eine belehrende Moral. Für die umstrittene Worterklärung kommt in Frage: 1. lateinisch moritas („erbauliche Geschichte, Moralität"), 2. rotwelsch moores, jiddisch mora („Lärm, Schrecken"), 3. die Verballhornung von „Mordtat". Die Moritat bevorzugt formelhaft sentimentale Melodien in einfacher Harmonisierung.

**Morris dance** ['mɔrɪs 'dɑ:ns; englisch]: ein in seinen Frühformen mit der ↑Morisca verwandter englischer, ausschließlich von Männern ausgeführter Tanz, der von Einhandflöte und Trommel (pipe and tabor) begleitet wurde. Er hat regional sehr unterschiedliche Formen; sie umfassen prozessionsartige Umzüge, Tanz mit Spiel- und Theaterelementen, Schwerttanz und Tanz mit festgelegten Figuren nach Art des ↑Country-dance. Die überwiegend geradtaktigen Melodien stammen oft aus dem festländischen Morisca-Repertoire, sind aber auch, v. a. im 18./19. Jahrhundert, beliebten Liedern und Opern entnommen. Nach 1850 wurde der Morris dance wiederbelebt und von Morris-Gilden gepflegt.

**mosso** [italienisch]: bewegt, lebhaft; *più mosso*, lebhafter; *meno mosso*, weniger bewegt.

**Motette** [italienisch, von vulgärlateinisch muttum „Wort"]: eine der wichtigsten Gattungen mehrstimmiger Vokalmusik der abendländischen Musikgeschichte von ihren Anfängen im 13. Jahrhundert bis in die Gegenwart. Ihr Ursprung liegt in der nachträglichen (zuerst lateinischen, später französischen) Textierung von Discantus-Oberstimmen des Notre-Dame-Repertoires. Bereits im 13. Jahrhundert verselbständigte sich die Motette zur wichtigsten

Gattung der Ars antiqua (bedeutendste Handschriften in Montpellier und Bamberg) sowohl im weltlichen als auch im geistlichen Bereich. Auffallend in diesem Stadium ist die verschiedene Textierung der Stimmen (z.T. in verschiedenen Sprachen), die über einem in langen Notenwerten verlautenden Tenor geführt sind. Im 14. Jahrhundert war Frankreich das Zentrum der Motettenkomposition, doch war sie zur gleichen Zeit bereits auf dem ganzen Kontinent verbreitet. Eine bedeutende Erweiterung ihrer Kompositionsart erfuhr die Motette durch die von Philippe de Vitry ausgebildete Isorhythmie (↑isorhythmisch), die bei Guillaume de Machault ihren Höhepunkt hatte. Entscheidenden Anteil an der für das 15. und 16. Jahrhundert gültigen technischen Ausformung gewann G. Dufay. Italienische Komponisten schufen mit Motetten im ↑Kantilenensatz einen eigenen Zweig. Im ausgehenden 15. Jahrhundert vollzog sich die Bindung der Motette an die Kirchenmusik, die bis heute gültig geblieben ist. Maßgebende Motettenkomponisten des 16. Jahrhunderts waren Josquin Desprez, Palestrina und Lasso. Eigene Traditionen ergaben sich aus der deutschsprachigen protestantischen Kirchenliedmotette (J. Walter) und dem englischsprachigen ↑Anthem. Neben der Fortführung der traditionellen Formen brachte das 17. Jahrhundert die instrumentalbegleitete Solomotette (L. Viadana, „Cento concerti ecclesiastici", 1602, bis hin zu Mozarts „Exsultate, jubilate" KV 165, 1773) sowie aus der venezianischen Tradition die häufig ebenfalls instrumentalbegleitete mehrchörige Motette hervor (beide oft auch als „Concerti" bezeichnet). Diese große kompositorische Vielfalt beeinflußte in gleicher Weise die Ausbildung der Kantate wie auch die in einer eigenen Tradition verlaufende Entwicklung der Motette in Frankreich. Von den Motetten J. S. Bachs abgesehen, folgte die Gattung dem allgemeinen Niedergang der Kirchenmusik, blieb aber auch im 19. Jahrhundert (Schumann, Mendelssohn Bartholdy, Brahms, Bruckner, Reger) lebendig und fand im 20. Jahrhundert neues Interesse im Anschluß an die Vorbilder der Renaissance und des Barock (u.a. bei H. Distler, E. Pepping, J. N. David, K. Thomas, E. Křenek).

**Motetus** [lateinisch]: in der Motette des 13. Jahrhunderts Bezeichnung für die über dem Tenor (oder Cantus) geführte textierte Stimme (ursprünglich hieß sie ↑Duplum). Die Bezeichnung ist wahrscheinlich die Latinisierung von französisch motet „kurze Strophe" und wurde schon bald auf die ganze mehrstimmige Komposition, die „Motette", übertragen.

**Motiv** [von lateinisch movere (2. Partizip motum) „bewegen"]: kleinste sinnvolle Gestalteinheit musikalischer Komposition. Mehrere Motive schließen sich zu einem ↑Thema zusammen. Typisches Merkmal eines Motivs kann sein Rhythmus, seine melodische Gestalt, seine harmonische Struktur bzw. das Zusammentreffen aller dieser Elemente sein. Seit der Wiener Klassik spielt das Motiv und seine Verarbeitung, d.h. Veränderung, Aufspaltung und Kombination mit anderen Motiven (↑thematische Arbeit) eine zentrale Rolle für den entwickelnden Aufbau v.a. größerer Instrumentalwerke. Ähnliches leistet, in Verbindung mit dem dramatischen Gehalt, in der Oper seit R. Wagner das ↑Leitmotiv.

**moto** [italienisch]: Bewegung, Zeitmaß, z.B. *con moto*, mit Bewegung; *più moto*, mehr Bewegung, bewegter.

**Mouvement** ['muvmã; französisch]: die Bewegung, das Zeitmaß eines Satzes, auch der Satz eines zyklischen Werkes; beim Tanz die einfache Körperbewegung im Gegensatz zum Schritt (französisch *pas*).

**mozarabischer Gesang** [arabisch-spanisch]: die vom ↑Gregorianischen Gesang unterschiedene eigene Tradition des Kirchengesangs der altspanischen Christen. Er besaß wahrscheinlich schon im 6. Jahrhundert ein festgefügtes Repertoire, das unter Isidor von Sevilla im Konzil von Toledo (633) bestätigt wurde und auch nach der arabischen

Besetzung Spaniens (711) lebendig blieb. Die Melodien in den erhaltenen Handschriften können wegen der linienlosen Notierung in Neumen nicht entschlüsselt werden. Im 11. Jahrhundert wurde der mozarabische Gesang unter den Päpsten Gregor VII. (* um 1025, † 1100) und Urban II. (* um 1035, † 1199) durch den Gregorianischen Gesang verdrängt. Eine fragliche Tradition bildet die Neubelebung des mozarabischen Gesangs durch Jiménez de Cisneros (1500), heute noch gepflegt in der Corpus-Christi-Kapelle des Domes von Toledo. Mit seiner Verbindung römischer, griechischer und orientalischer Elemente beeinflußte der mozarabische Gesang den ↑gallikanischen Gesang.

**Multimedia** [von lateinisch multus „viel" und medium „das in der Mitte Befindliche"] (Mixed-media): Bezeichnung für Versuche seit den 1960er Jahren, die verschiedenen Kunstarten unter Einbeziehung der verschiedenen technischen (audiovisuellen) Medien (Film, Projektion, Lichtorgel, Tonband usw.) in Abfolge, aber auch simultan vorzustellen. Mit Multimediaveranstaltungen experimentierten z. B. F. Kriwet (Graphik und Dichtung) und D. Schönbach (kinetische Kunst und Musikcollage). *Happenings* ([Kunst]veranstaltungen, bei denen durch unerwartete, bis zum Schock reichende Aktionen Kritik an bestehenden [Kunst]formen geübt wird) oder *Environments* (Kunstformen, bei denen räumlich angeordnete Materialien den Betrachter zu aktiver Teilnahme anregen sollen) gehören gelegentlich in den Bereich der Multimedia. Gegen ein traditionelles Kunstverständnis, eine traditionelle Kunstdarstellung gerichtet, stellen die Multimediaveranstaltungen eine moderne Form des Gesamtkunstwerks dar, wobei der besondere Akzent nicht nur auf eine Aufhebung der Kunstgattungen, sondern auch auf eine Aufhebung der Diskrepanz von Leben und Kunst gelegt wird. Die Unterhaltungsindustrie (Popshows, Popfestivals u. ä.) setzt auf ihren Veranstaltungen erprobte Multimedia-Effekte gezielt ein.

**mp:** Abk. für **m**ezzo**p**iano (↑piano, ↑mezzo).

**m. s.:** Abk. für ↑**m**ano **s**inistra.

**Mundharmonika:** volkstümliches Musikinstrument mit durchschlagenden Zungen, die mit dem Mund angeblasen werden. Die Tonkanäle sind in ein schmales Hartholzbrett eingefräst, auf dessen beiden Seiten je eine Stimmplatte mit den Zungen befestigt ist. Zu jedem Tonkanal gehören beim sogenannten *Richter*-Modell (mit 10–12 Kanälen) zwei Zungen, von denen die eine auf Druck-, die andere auf Saugwind anspricht. Im Wechsel von Blasen und Saugen ergibt sich die diatonische Tonleiter. Bei gleichzeitigem Anblasen oder Ansaugen mehrerer Kanäle entstehen Terzakkorde, da jeweils nur jeder zweite Ton der Skala anspricht. Bei einstimmigem Melodiespiel werden die nicht benötigten Kanäle mit der Zunge abgedeckt; bei zweistimmigem Spiel wird mit zugespitztem Mund geblasen. Die gleichfalls diatonischen *Knittlinger*-Mundharmonikas sind Oktavinstrumente, bei denen jeder Ton durch zwei Zungen im Oktavabstand erzeugt wird. Bei der *Wiener* Mundharmonika (auch Tremolo-Mundharmonika) sind die beiden Zungen eines Tones auf ↑Schwebungen gestimmt. In chromatischen Mundharmonikas sind die Töne klaviaturartig angeordnet, oder es werden (wie bei der *Chromonica*) C- und Cis-Dur kombiniert und jeweils eine dieser Tonarten durch einen Schieber ausgeschaltet. Die Mundharmonika wird in verschiedenen Größen gebaut. Als ihr Erfinder gilt F. L. Buschmann (1821).

**Mundorgel:** asiatisches Musikinstrument, bestehend aus einer Windkammer mit Mundstück, in der zehn oder mehr Bambus- oder Holzröhren verschiedener Länge stehen. Oberhalb der Kammer befinden sich Grifflöcher und darüber in den Röhren durchschlagende Zungen aus Metall oder Rohr. Wird das Griffloch geschlossen, erklingt die betreffende Pfeife, und zwar sowohl bei Druck- als auch bei Saugwind. Gespielt werden lang ausgehaltene Akkorde (aus bis zu sechs Tönen) und auch

Melodien. – Die Mundorgel entstand in Laos (*Ken*) oder in China (*Scheng*) vor etwa 4000 Jahren. In Japan (*Scho*) wird sie in der zeremoniellen Hofmusik (↑Gagaku) verwendet, in Laos auch in der Volksmusik. In Europa spätestens seit dem 17. Jahrhundert bekannt, hat sie wahrscheinlich die Erfindung von Instrumenten mit durchschlagenden Zungen (↑Harmonika) mit angeregt.

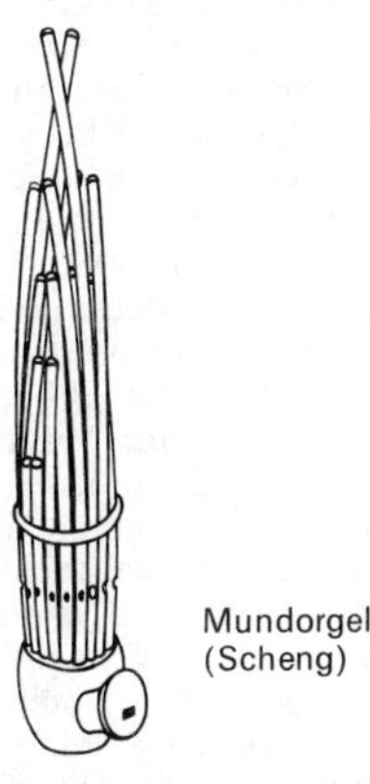

Mundorgel (Scheng)

**Mundstück:** der Teil der Blasinstrumente, der beim Spielen an oder zwischen die Lippen gesetzt wird. Bei Blechblasinstrumenten ist das Mundstück ein kleines Ansatzstück in Form eines Trichters (Waldhorn) oder eines Kessels (Trompete, Tuben). Bei den Klarinetten und der Blockflöte bildet der Schnabel das Mundstück, bei den Oboen das Doppelrohrblatt.

**Murciana** [mur'θi̯ana; spanisch]: in Südspanien (Murcia) verbreitetes Lied, ähnlich der ↑Malagueña, eine landschaftliche Sonderform des ↑Fandango.

**Murkys** (Murkybässe): oft abwertende deutsche Bezeichnung für eine einfache Baßbegleitung in fortlaufenden gebrochenen Oktaven, besonders im 18. Jahrhundert in Stücken für Tasteninstrumente, häufig als ↑Brillenbässe notiert. Auch kleine Stücke mit dieser Art Begleitung heißen Murky.

**Musette** [my'zɛt; französisch, von vulgärlateinisch musum „Maul"]: 1. im Frankreich des 17./18. Jahrhunderts ein ↑Dudelsack mit einem kleinen Schöpfbalg (↑Balg). Der Bordun besteht aus einer Büchse mit untereinander verbundenen Luftkanälen, die durch einen Schieber umstimmbar sind. Die zylindrische Spielpfeife mit Doppelrohrblatt wurde nach 1650 durch eine zweite, mit Klappen versehene kleinere Pfeife ergänzt, was einen Tonumfang von $f^1$–$d^3$ ergab. Im 18. Jahrhundert war die Musette neben der ↑Drehleier Modeinstrument für höfische Schäferspiele. – 2. alter Name für die windsacklose Schalmei (auch *Musette de Poitou* oder *Hautbois de Poitou*). – 3. ruhiger Tanz im $^2/_4$-, $^6/_8$- oder $^3/_4$-Takt; wahrscheinlich nach der Begleitung durch das gleichnamige Instrument benannt. Die Musette war zur Zeit Ludwigs XIV. und XV. beliebter Gesellschaftstanz und ging auch in die Kunstmusik ein. Aus der dreizeitigen Musette entwickelte sich der Musettewalzer (*Valse musette*); charakteristisches Begleitinstrument war seit Ende des 19. Jahrhunderts das Akkordeon.

**Musica** [lateinisch]: die Tonkunst, seit der römischen Antike eine der Artes liberales (↑Ars musica), die zunächst den mathematischen Disziplinen (Quadrivium) später (v. a. im Humanismus) den dem Wort zugeordneten Bereichen des ursprünglichen Triviums zugerechnet wurde. Unabhängig von dieser geistesgeschichtlichen Entwicklung blieb die Bedeutung von Musica als einer „mathematischen Wissenschaft" besonders im deutsch-protestantischen Umkreis

Musette. J. S. Bach, „Notenbüchlein für Anna Magdalena Bach" (Nr. 22, BWV Anhang 126; 1725)

bis in das 18. Jahrhundert erhalten. Diese auf die Zahl gegründete harmonische Ordnung ist auch das Fundament der von Boethius ausgehenden und für das Mittelalter verbindlichen Dreiteilung der Musica in *Musica mundana* (auch Musica coelestis), der Harmonie des Makrokosmos, d. h. vor allem der Sphären (↑Sphärenharmonie), aber auch der Elemente und Jahreszeiten, in *Musica humana*, der die Harmonie des Makrokosmos spiegelnde Mikrokosmos von Körper und Seele des Menschen und in *Musica instrumentalis*, der eigentlichen klingenden, sinnlich hörbaren Musik (der Instrumental- und Vokalmusik). – Um die Wende vom 17. zum 18. Jahrhundert zeigt sich der Bedeutungswandel vom bis dahin gültigen Musicabegriff zur neuzeitlichen Musik in der deutschen Sprache in der Betonungsänderung von Músic (lateinisch música), als einer der Artes liberales, zu Musík (französisch musique [my'zik]), als einer der schönen Künste.

**Musica ficta** (musica falsa) [lateinisch „falsche Musik"]: in der Musiktheorie des 13.–16. Jahrhunderts gebrauchte Bezeichnung für Töne, die im System der Hexachorde (↑Solmisation) nicht enthalten und nur mit Hilfe von Versetzungszeichen (♯ und ♭) zu erreichen waren. Die Musica ficta fand sowohl in der Vokal- als auch in der Instrumentalmusik Verwendung (die Orgelmusik verfügte bereits um 1300 über alle chromatischen Halbtöne).

**Musical** ['mju:zɪkəl; englisch, Kurzform für musical comedy „musikalische Komödie" oder musical play „musikalisches Spiel"]: eine musikalisch-theatralische Mischgattung aus Sprechstück, Operette, Revue und Varieté, bestehend aus Liedern, Songs, Tanz- und Unterhaltungsmusik, Jazzelementen und Ballett, die zu einer meist zweiaktigen Handlung zusammengefügt werden. Das Musical entwickelte sich nach 1900 aus amerikanischen und europäischen Formen des leichten Unterhaltungstheaters und der Show (Extravaganza, Burleske, Minstrel-Show, Operette) und fand seine Heimat am New Yorker Broadway. Musikalisch zu einem eigenen Stil gelangte es bei G. Gershwin („Lady be good", 1924; „Oh Kay", 1926; „Porgy and Bess", 1935), V. Youmans („No, no, Nanette", 1925), J. Kern („Show boat", 1927), C. Porter („Anything goes", 1934), R. Rodgers („The boys from Syracuse", 1938; „Oklahoma", 1943). Die Stücke behandeln eine gegenwartsnahe, dem Alltag des Publikums entnommene Thematik in realistischer Darstellung. Vielfach werden Stoffe aus der Weltliteratur aktualisiert. So geht die Handlung von C. Porters „Kiss me, Kate" (1948) auf Shakespeares „Der Widerspenstigen Zähmung", F. Loewes „My fair lady" (1956) auf Shaws „Pygmalion" und L. Bernsteins „West side story" (1957) auf Shakespeares „Romeo und Julia" zurück. Als Produkt des Showbusiness neigt das Musical zum Aufwendigen und Sensationellen und muß sich bei hohen Produktionskosten v. a. am Einspielgewinn ausrichten. Die künstlerische Linie wird daher mehr vom Produzenten oder Regisseur bestimmt, weniger vom Komponisten, Buchautor, Songtexter oder Choreographen, die alle am Zustandekommen eines Musicals beteiligt sind. Besonders erfolgreich waren nach dem 2. Weltkrieg die Musicals von R. Rodgers („Carousel", 1945; „South Pacific", 1949), I. Berlin („Annie get your gun", 1946), F. Loesser („Guys and dolls", 1950), J. Herman („Hello Dolly", 1964) und J. Bock („Fiddler on the roof", 1964, deutsch „Anatevka") und M. Hamlisch („A chorus line", 1975). Zum Typ des Rock-Musicals mit Elementen der Rockmusik gehören G. McDermots „Hair" (1968), A. Lloyd Webbers „Jesus Christ superstar" (1971), „Evita" (1978) u. „Cats" (1981).

**Musica plana** [lateinisch] ↑Cantus planus.

**Musica poetica** [lateinisch]: in der deutschen Musiklehre des 16.–18. Jahrhunderts Bezeichnung für die Kompositionslehre, gegenüber der *Musica theoretica*, der spekulativen Musiktheorie und der *Musica practica*, der Gesangslehre. Die Musica poetica brachte die Musik in Verbindung zur Rhetorik und damit zu den sprachgebundenen Disziplinen der Artes liberales (↑Ars musica). Neben der allgemeinen Kompositionslehre vermittelte sie v. a. die Lehre vom Ausdruck des Textes (↑Affektenlehre) und von den Figuren (↑Figurenlehre).

**Musica reservata** [lateinisch]: im 16./17. Jahrhundert gebrauchte Bezeichnung für einen Bereich musikalisch-poetischer Kompositionspraxis, dessen Verständnis nur den in die artistischen Geheimnisse eingeweihten Kennern zugänglich war.

**Musica sacra** [lateinisch „heilige Musik"]: Bezeichnung für die ↑Kirchenmusik.

**Musica viva** [lateinisch „lebende Musik"]: seit 1947 Name einer von K. A. Hartmann gegründeten Institution in München zur Pflege zeitgenössischer Musik, seither gebraucht für entsprechende musikalische Veranstaltungen.

**Musicus** [lateinisch]: seit dem Mittelalter der die ↑Ars musica beherrschende Musiker (im Gegensatz zum ↑Kantor). Außer den rein theoretischen Kenntnissen wurden vom Musicus zunehmend auch praktische Fähigkeiten gefordert; dies brachte im 15./16. Jahrhundert eine Gleichberechtigung von ausübendem bzw. schöpferischem Musiker und Musikgelehrtem. Der Komponist hieß im 16./17. Jahrhundert Musicus poeticus (↑Musica poetica). Seit dem 18. Jahrhundert verlagerte sich der Begriff mehr und mehr auf den praktischen Musiker; seit dem 19. Jahrhundert bezeichnet *Musikus* den bohèmehaften, sozial wenig angesehen, im 20. gar den „brotlosen" Musiker. – ↑auch Musikant.

**Musik** (lateinisch ↑Musica) [von griechisch mousikḗ [téchnē] „musische (Kunst)"]: in seiner umfassendsten Bedeutung bezeichnet das Wort Musik die absichtsvolle Organisation von Schallereignissen. Das akustische Material dieser Schallereignisse sind Töne (hervorgerufen durch periodische Schallschwingungen) und Geräusche (nichtperiodische Schallschwingungen). Die im Bereich des Hörbaren vorhandenen, als „hoch" oder „tief" unterschiedenen Töne und gegebenenfalls Geräusche werden in eine Ordnung gebracht, die einerseits einer gewissen Eigengesetzmäßigkeit unterliegt (die sich z. B. aus der Obertonreihe ergibt) oder durch äußere Gegebenheiten bestimmt wird (z. B. durch den Bau von Musikinstrumenten mit festen Stimmungen), andererseits einem historisch sich wandelnden Formungswillen unterliegt. Töne treten in ihrer Eigenschaft als Intervalle zueinander in Beziehung; die Intervallordnung schlägt sich nieder im Tonsystem (Pentatonik, Heptatonik, Dur, Moll). Neben der Höhe sind weitere Grundeigenschaften des Tons seine Dauer, Lautstärke und Klangfarbe. Aus der zeitlichen Aufeinanderfolge von Tönen und Geräuschen entsteht Rhythmus; aus der Aufeinanderfolge verschiedener Tonhöhen Melodie (Einstimmigkeit); aus dem gleichzeitigen Erklingen mehrerer Töne der Zusammenklang (Akkord, Heterophonie, Mehrstimmigkeit). Das Hervorbringen mit unterschiedlichen Schallwerkzeugen (Instrumente und Singstimme) bestimmt die Klangfarbe und unterscheidet die Musik in Vokal- und Instrumentalmusik. Sowohl den Tonabständen (Intervalle) und den aus ihnen gebildeten Zusammenklängen als auch den Tondauern (Rhythmus) liegen in der abendländischen Musik Zahlenproportionen zugrunde, die das rational-mathematische Fundament der Musik bestimmen und sie theoriefähig machen.

Die europäische Musikgeschichte manifestiert sich primär als Geschichte einzelner Musikwerke. Ein Werk beansprucht Individualität und Einzigartigkeit. Es repräsentiert den Kunstwillen seines Schöpfers (Komponist) und ist zugleich von zeitlichen und sozialen Gegebenheiten abhängig, die sich in der Wahl der Gattung, im Stil oder in der kompositorischen Problemstellung niederschlagen. Musikwerke sind in der Absicht geschaffen, aufgeführt und den Intentionen des Schöpfers entsprechend interpretiert zu werden. Die Art der Aufführung kann jedoch auch den intendierten Charakter eines Musikstückes in Frage stellen (wenn z. B. Sinfonien als

Ballettmusiken verwendet werden; umgekehrt wenn aus Hintergrundmusiken z. B. im Film selbständige Werke entstehen).

Die europäische Musikgeschichte und die außereuropäische Musik kennt jedoch auch Musik ohne Werkanspruch. Der Volksmusik z. B. fehlt der Charakter des Unverwechselbaren, Einmaligen. Durch Umsingen und Zersingen ändern sich ihre überlieferten Gebilde beständig. Auch bei der Improvisation liegt keine feste Form vor; sie besteht in dem einmaligen, unwiederholbaren und nicht auf schriftlicher Fixierung beruhenden bzw. auf sie zielenden Hervorbringen musikalischer Zusammenhänge. Der Improvisationscharakter beherrscht auch weitgehend die außereuropäische Musik. Indischer Raga und Tala und arabischer Maqam sind Modelle, auf deren Grundlage improvisiert wird. Solche Improvisationen sind in ihrer Ausdehnung unbestimmt, sie können beliebig unterbrochen und neu angefangen werden; sie stellen keine geschlossene Form dar. Die Art der Ausgestaltung der Modelle bleibt dem Ausführenden überlassen und ist demnach von dessen [Kunst]fertigkeit und augenblicklicher Stimmung abhängig. Problematisch ist der Werkcharakter auch für einige Richtungen in der modernen Musik, die improvisatorische und Zufallsmomente in die Komposition einplanen (Aleatorik, offene Form).

Musikwerke richten sich an Hörer und sind als Objekte sinnlich-ästhetischer Wahrnehmung konzipiert. Als Sinn- und Bedeutungsträger setzen sie das Verstehen des Rezipienten voraus. Stufen dieses Verstehens sind die Aufnahme des physikalischen Reizes der Tonhöhen, -dauern und Klangfarben, das Herstellen ihrer Beziehungen untereinander, sodann das Erkennen von Themen, Motiven, Perioden usw., das Erfassen von Formen und Gattungen. Das Verstehen musikalischer Zusammenhänge hängt einerseits von der Kenntnis der kompositionstechnischen, historischen und sozialen Bedingungen, unter denen das Musikwerk entstanden ist, andererseits von der intentionalen Einstellung des Hörers ab. Zu diesem erkenntnismäßigen (kognitiven) Erfassen von Musik tritt die Erfahrung ihres sinnlich-ästhetischen Erlebens, die eine subjektive, gefühlsmäßige Beziehung zu einem Musikstück herstellt. Gefühle wie beruhigend, aufregend usw. stellen sich über synästhetische Wahrnehmungen – die subjektiv erlebte Verschmelzung akustischer und nichtakustischer Sinneseindrücke beim Hören – ein. Dieses Phänomen wurde in verschiedenen Epochen unterschiedlich bewertet. Das führte dazu, daß Musik für bestimmte Gelegenheiten generell verboten oder zur Manipulation eingesetzt wurde.

Musik, lange Zeit eingebunden in Ritus und Kult, hat sich als eigenständige Kunst erst spät herausgebildet. Viele Kulturen kennen auch heute keinen eigenen Begriff für Musik, die sie nur in der Einheit etwa mit Tanz, Kult, Wortsprache fassen können. Auch der aus der griechischen Antike übernommene Begriff musikḗ bezeichnete zunächst die Einheit von Poesie, Tanz und Musik, aus der sich im 4. Jahrhundert durch Einengung des Begriffs die Tonkunst herauslöste. Ihre enge Beziehung zu Sprache und Tanz hat die Musik immer behalten. Im Laufe der abendländischen Musikgeschichte trat entweder ihr sprachliches oder ihr musikalisches Moment mehr hervor (auch Instrumentalmusik kann Sprachcharakter haben). Auf Pythagoras, dem die Entdeckung der Intervallproportionen zugeschrieben wird, geht die mathematisch-rationale Begründung der Musik zurück; auf Platon und Aristoteles, die sich mit ihrer ästhetischen Wirkung befaßten, die Frage nach ihrem Bedeuten. Aristoxenos, ein Schüler von Aristoteles, unterscheidet zwischen der theoretischen Musiklehre und der praktischen Musikausübung. Diese Gegenüberstellung von Wissenschaft und Kunst (im Mittelalter Scientia und Ars), von Vernunfterkenntnis und Sinneswahrnehmung charakterisiert bis heute abendländische Musik, wobei in einzelnen Epochen jeweils eine bestimmte Seite ihrer Erscheinung mehr im Vordergrund stand.

Vom Mittelalter bis in das 16./17. Jahrhundert war die Musikauffassung stark von der zahlhaften Ordnung der Musik geprägt. Als Ars musica gehörte sie zu den mathematischen Disziplinen der Septem artes liberales, zusammen mit Arithmetik, Geometrie und Astronomie. In der Renaissance wurde erstmals die Erfinderkraft des Künstlers (Ingenium) über die durch Übung zu erlangende handwerkliche Fertigkeit gestellt. In dieser Zeit kam die reine Instrumentalmusik auf, die ohne Zuhilfenahme von Sprache Sinnzusammenhänge vermitteln sollte. Die beherrschende Idee der Musikanschauung des 16.–18. Jahrhunderts war das (schon bei Platon und Aristoteles beschriebene) Nachahmungsprinzip. Die Musik wurde als Nachahmung der äußeren Natur und der inneren Natur des Menschen (Gefühle, Seelenzustände) verstanden. Als entsprechende musikalische Mittel wurden Tonmalerei und Affektdarstellung verwendet. Mit dem Aufkommen des Rationalismus im 17. Jahrhundert wechselte die Musik aus dem Bereich der Wissenschaften in den Bereich der „Künste". Der romantische Musikbegriff stellte das persönliche Erleben und Empfinden des Menschen in den Vordergrund. Das „Poetische" wurde nunmehr als Charakteristikum der Musik angesehen, d. h. Musik sollte das Kunsthafte, auf dem sie beruht, verbergen, um als ein Stück der Natur zu erscheinen. Seit dem Ende des 19. Jahrhunderts, mit dem Aufkommen der Musikgeschichtsforschung und mit dem Einsetzen der technischen Reproduzierbarkeit ist Musik verschiedenster historischer, sozialer und ethnischer Bereiche in einer Weise präsent, wie dies vorher nie der Fall war. Diese totale Verfügbarkeit ist einer der Gründe dafür, daß im 20. Jahrhundert die traditionellen Grenzen von Gattungen, Stilen und Sparten der Musik aufgehoben werden und musikalisches Denken auf außermusikalische Erscheinungen ausgedehnt wird (etwa im modernen Musiktheater, wo das Theatralische, z. B. Wort, Licht, Bewegung ähnlich wie Töne, Tondauern und Klangfarben behandelt werden).

**musikalische Graphik** (graphische Notation): ein von herkömmlicher Notenschrift insofern abweichendes Notationsverfahren für Musik, als es keine eindeutigen, auf Konvention und exakter Abmachung beruhende Interpretation der graphischen Zeichen erlaubt. Musikalische Graphik wird sowohl in der avantgardistischen Musik seit etwa 1960 (↑Aleatorik) als auch in neuer Musikpädagogik häufig verwendet. Die Möglichkeiten musikalischer Graphik umfassen: 1. die Aufzeichnung von ↑Clusters durch schwarze Balken u. a., die graphisch suggestiv, aber noch exakt entzifferbar sind, 2. konventionelle Notation, die durch unkonventionelle graphische Elemente angereichert und aufgebrochen wird, 3. ausschließlich unkonventionelle graphische Elemente, die eine – eventuell vom Komponisten durch verbale Anweisungen gelenkte – spontane musikalische Realisation auslösen sollen. Instrumentalisten spielen oft nicht direkt von dem graphisch notierten Text, sondern stellen sich im voraus eine exakt notierte Version her.

**Musikalität** [griechisch]: musikalische Begabung, umfaßt einen weitgefächerten Bereich unterschiedlicher Fähigkeiten, die sich teils gegenseitig bedingen, teils nur lose miteinander zusammenhängen. Dazu gehören allgemeine Fähigkeiten der Sinneswahrnehmung (Erkennen von Tonhöhen-, Tondauer- und Tonstärkeunterschieden), spezielle musikalische Fähigkeiten des Auffassens und Behaltens von Melodien, Rhythmen, Akkorden, Klangfarben usw. und schließlich, bei zunehmender Erfahrung, Fähigkeiten der stilistischen und ästhetischen Bewertung von Musikwerken. Für die Musikausübung treten ergänzend produktive Fähigkeiten der musikalischen Gestaltung sowie die Geschicklichkeit im Umgang mit einem Instrument hinzu. Musikalität ist demnach kein absoluter Maßwert, sondern ein vielfach abgestuftes Merkmalsfeld.

Jeder Mensch ist in einem gewissen Sinne musikalisch und kann seine Musikalität bis zu einem gewissen Grade entwickeln. Da Musikalität etwa zu gleichen Teilen durch Anlagen und durch Umwelteinfluß bedingt ist, setzt überdurchschnittliche Musikalität allerdings frühe musikalische Förderung voraus.

**Musikant** [griechisch]: ursprünglich (seit dem 16. Jahrhundert) die Bezeichnung für jeden Musiker (↑auch Musicus). Allmählich (seit dem 18. Jahrhundert) absinkend, meint der Begriff im 19. Jahrhundert nur noch den fahrenden Musiker und Gelegenheitsspieler. Die Jugendmusikbewegung nach 1900 verstand unter Musikant den ungekünstelten Laienmusiker in der Gemeinschaft. *Musikantentum (musikantisch)* bezeichnet heute allgemein die unmittelbare Spielfreude und Vitalität eines Musikers, auf der vielfach seine direkte Ausstrahlung beruht.

**Musikästhetik:** als Teil der allgemeinen Ästhestik ist Musikästhetik die Wissenschaft vom musikalisch Schönen, d. h. vom Wesen der Musik als Kunst sowie vom Zugang zu ihr im hörenden Erleben. Nach wichtigen musikphilosophischen Ansätzen der griechischen Antike (Musik als Zahlengesetzlichkeit, Musik als kosmisch harmonisches Ordnungsprinzip, Musik als Nachahmung, v. a. menschlicher Affekte), des Mittelalters, der Renaissance und des Barock (↑Affektenlehre) begann die eigentliche Musikästhetik im 18. Jahrhundert bei A. G. Baumgarten und erreichte ihren Höhepunkt in der ↑Romantik, im deutschen Idealismus, bei Schopenhauer und bei Nietzsche. Insofern jedoch die musikästhetischen Grundfragen stets aus dem jeweiligen philosophischen System heraus beantwortet wurden, stellt die Musikästhetik sich nur als Geschichte ihrer unterschiedlichen Entwürfe dar. Zudem fehlte vielen Philosophen die fachliche Qualifikation zur Beurteilung spezifisch musikalischer Probleme. Umgekehrt mangelt der von Musikern (J. Mattheson und J. J. Quantz im 18. Jahrhundert, E. Hanslick im 19. Jahrhundert) ausgehenden Musikästhetik oft der gesamtphilosophische Hintergrund. Dennoch erfüllt Musikästhetik insgesamt die Funktion, über fachbezogenes Interesse hinaus zum Denken anzuregen über die Musik als Phänomen dieser Welt und Teil der menschlichen Existenz. – Zwei gegensätzliche Denkrichtungen, die sich jedoch vielfach differenzieren und überschneiden, beherrschen einen großen Teil der Musikästhetik: 1. die Formalästhetik, die das Wesentliche der Musik in ihre eigenen Elemente und Strukturen verlegt und 2. die Inhalts- oder Ausdrucksästhetik, für die alles Musikalische eine Bedeutung, einen Gehalt, eine Aussage besitzt, die zu deuten und in übergeordnete Zusammenhänge zu bringen ist. Wesentliche musikästhetische Versuche des 20. Jahrhunderts gehen aus von der Phänomenologie (N. Hartmann), der Energetik, die die Musik als inneres Raum- und Kraftfeld begreift (E. Kurth), der ↑Musikpsychologie und der ↑Musiksoziologie (Th. W. Adorno). Doch wuchs allmählich die Skepsis gegenüber der Musikästhetik überhaupt, und die Äußerungen über Musik zogen sich überwiegend auf das gesichertere Gebiet der ↑Analyse zurück. Erst in neuester Zeit treten wieder Fragen nach Sinn und Bedeutung des Musikalischen (Hermeneutik) in den Vordergrund, auch wenn sie den verallgemeinernden Anspruch der Musikästhetik meiden.

**Musikautomaten** ↑mechanische Musikinstrumente.

**Musikbibliothek:** private oder öffentliche Sammlung von Musikalien und im allgemeinen auch von Schrifttum über Musik, im öffentlichen Bereich heute allgemein verbunden mit einer Sammlung von Tonträgern (↑Phonothek). Die öffentlichen Musikbibliotheken existieren sowohl als eigenständige Einrichtungen (auch als *Musikbüchereien* bezeichnet), aber auch als Teile einer alle Wissenbereiche umfassenden allgemeinen Bibliothek (hier als *Musikabteilung* oder *Musiksammlung*). Aufgabe der öffentlichen Musikbibliothek ist das

Sammeln, Katalogisieren und an Benutzer gerichtete Vermitteln der Sammlungsgegenstände. Die bedeutendsten Musikbibliotheken gingen aus ehemaligen Hofbibliotheken hervor, die heute allgemein in National-, Staats- oder Landesbibliotheken weitergeführt werden.

**Musikbogen:** primitives Musikinstrument aus der Gattung der ↑Zithern, bestehend aus einem elastischen, gebogenen Stab, der eine an beiden Enden befestigte Saite spannt. Zum Spiel wird die Saite mit einem Stäbchen geschlagen, gestrichen oder gezupft. Eine über Saite und Bogen gelegte Stimmschlinge oder das Abteilen der Saite mit den Fingern oder einem Stäbchen ermöglichen die Änderung der Tonhöhe. Als Resonator können die Mundhöhle oder ein ausgehöhlter Kürbis dienen. – Der Musikbogen war einst über die ganze Erde verbreitet; heute begegnet er noch in Südamerika, Zentral- und Südafrika, Asien und in der Südsee.

**Musikbox** [amerikanisch] (englisch jukebox): als Münzautomat (v. a. für Gaststätten) gebauter Plattenspieler mit einem Magazin von 30 bis 200 Single-Platten. Die Platten werden (nach Geldeinwurf) mit Hilfe einer meist als Tastatur ausgebildeten Wählvorrichtung ausgewählt und dann automatisch abgespielt.

**Musikdiktat:** ein Teilbereich der ↑Gehörbildung, besteht in der Niederschrift von Tonfolgen, Rhythmen, Akkorden (auch Funktionen) und polyphonen Linienzügen, die meist am Klavier mehrfach vorgespielt werden.

**Musikdirektor** (lateinisch Director musices), Abk. MD: ursprünglich Titel des leitenden Musikbeauftragten einer Stadt (z. B. J. S. Bach in Leipzig, G. Ph. Telemann in Hamburg), in seinen Aufgaben vergleichbar dem ↑Kapellmeister an einem Hof. Seit dem 19. Jahrhundert verliehen außer Städten auch Universitäten und Kirchen den Titel an den Leiter ihrer musikalischen Einrichtungen (Städtischer Musikdirektor, Universitätsmusikdirektor, Kirchenmusikdirektor). In größeren Städten erhält der Musikdirektor vielfach den Titel *Generalmusikdirektor* (Abk. GMD), so erstmals G. Spontini 1819 in Berlin.

**Musikdrama:** Bezeichnung für ein musikalisches Bühnenwerk, bei dem im Unterschied zur traditionellen Oper die Vorherrschaft des Gesangs aufgegeben und Singstimme wie Orchester allein in den Dienst des Ausdrucks eines inhaltlich und sprachlich dem Wortdrama nachgebildeten Textes gestellt werden. Konzipiert und verwirklicht wurde die Idee der geistigen Einheit von dichterischer und musikalischer Absicht durch R. Wagner (↑Gesamtkunstwerk). Obgleich Wagner selbst die Bezeichnung Musikdrama ablehnte, wird sie vorwiegend auf seine Werke angewandt.

**Musikethnologie** (Ethnomusikologie; musikalische Völkerkunde): befaßt sich mit der Musik nichteuropäischer Völker, und zwar sowohl der der sogenannten Naturvölker als auch der Hochkulturen. Damit ist sie primär Teilgebiet der Musikwissenschaft, steht aber in unmittelbarer Beziehung insbesondere zur Völkerkunde, Anthropologie, Soziologie, Völkerpsychologie, Religionswissenschaft und Linguistik. Diese Zusammenarbeit bestimmt ganz besonders die moderne Musikethnologie, die Musik als Teil der Gesamtkultur eines Volkes oder Stammes begreift. – Die um 1900 begründete „vergleichende Musikwissenschaft“ beschränkte sich weitgehend auf das Studium isolierter Elemente musikalischer Kulturen, wie Tonsysteme, Rhythmen, Instrumentarium und deren historische Einordnung. Demgegenüber zeichnet sich die moderne Musikethnologie dadurch aus, daß sie die Musik der Naturvölker und der außereuropäischen Hochkulturen zwar auch als etwas Gewordenes betrachtet und die geschichtliche Dimension nicht außer acht läßt, daß sie aber Spekulationen meidet, die nur auf musikalischen Details beruhen und nicht durch den Zusammenhang mit Religion, Kunst, Sprache, Soziologie und Wirtschaft abgestützt sind. Von der modernen Musikethnologie werden neben der jeweils traditionellen Musik in vermehrtem

Maße auch die Akkulturationsprozesse in Geschichte und Gegenwart studiert. Bei den schriftlosen Naturvölkern stützt sich die Forschung neben den in Feldarbeit erlangten allgemeinen kulturellen Fakten auf Tondokumente, die heute meist mit elektronischen Apparaturen exakt untersucht und nicht mehr dem Gehör nach transkribiert werden; bei den Hochkulturen werden – möglichst in Verbindung mit einheimischen Experten – auch die schriftlichen Aufzeichnungsweisen von Musik sowie die theoretischen Quellen erschlossen.

**Musikfilm:** ein Film, in dem die Musik nicht nur Untermalung ist (wie bei der ↑Filmmusik), sondern im Vordergrund der Bildhandlung steht (z. B. Filme mit singenden Schlagerstars). Als Musikfilm gilt auch die interpretierende Übertragung eines vorgegebenen, ursprünglich nicht für den Film geschriebenen Musikstücks in Bildabläufe (filmische „Visualisierung" der Musik).

**Musikgeschichte:** Bezeichnung sowohl für die innerhalb der Menschheitsgeschichte sich entfaltende musikalische Kultur als auch für die wissenschaftliche Erforschung und Darstellung dieser Entwicklung. Die folgenden Ausführungen gelten der Entwicklung der Musik selbst und geben eine knappe Übersicht über die Hauptepochen; die wichtigsten Komponisten sind im Register (S. 448 ff.) verzeichnet. Für die Musikgeschichte als Wissenschaft wird auf den Artikel ↑Musikgeschichtsschreibung verwiesen.

**I. Ursprung der Musik**

Die Anfänge der Musik sind unbekannt. In allen Hochkulturen findet sich der Mythos vom göttlichen Ursprung der Musik. Die griechische Mythologie beispielsweise leitet sie von Apollon, Dionysos oder Pan her. Daneben betrachteten die Griechen als historischen Erfinder der Musik den Philosophen Pythagoras (* 582, † um 496 vor Christus). Im mittelalterlichen Schrifttum wurden unter Berufung auf die Bibel (1. Mose IV, 21 und 22) auch Jubal und sein Halbbruder Thubal-Kain zu den Erfindern gezählt.

Neuere Entstehungstheorien aus dem späten 19. Jahrhundert führten die Musik auf die Nachahmung des geschlechtlichen Lockrufs bei Vögeln (Ch. R. Darwin), auf die Festlegung der Sprachmelodie, die sich bei gehobenem Sprechen ergibt (H. Spencer im Anschluß an J.-J. Rousseau und J. G. Herder) oder auf den Arbeitsrhythmus und Anfeuerungsrufe bei gemeinsamen Arbeiten (K. Bücher) zurück.

Die frühesten Zeugnisse sind Instrumentenfunde aus der Altsteinzeit sowie Bilddarstellungen und schriftliche Belege aus Mesopotamien aus dem späten 4. Jahrtausend vor Christus (↑Instrumente).

**II. Musik antiker Hochkulturen**

1. Mesopotamien (Sumer bis zur Eroberung durch Alexander den Großen, 4. Jahrtausend bis 331 vor Christus): Die sumerische und babylonisch-assyrische Musik kannte an Instrumenten bereits ↑Leier, Bogen- und Winkelharfe (↑Harfe), Langhalslaute (↑Laute), Trompete, einfache und doppelte Rohrflöte, Handtrommel und Pauke. Die Musiker waren beamtet; sie begleiteten den Kult, die Rezitation religiöser Texte und umrahmten Festmahl und Tanz. Orchesterartige Zusammenstellungen von Musikern sind durch Bilddarstellungen belegt.

2. Ägypten (Altes Reich bis zur Eroberung durch Alexander den Großen, um 2620 bis 332 vor Christus): Für die ↑ägyptische Musik belegen die Quellen ein reiches Musikgeschehen. Die in Mesopotamien bekannten Instrumente finden sich auch hier. Bereits im Alten Reich begegnet der Flötenvirtuose und Sänger Chufu-Anch, der erste namentlich bekannte Berufsmusiker überhaupt. Seit der 4. Dynastie (um 2570–2460) gab es die Scheidung zwischen magisch-kultischer und profaner Hofmusik.

3. Palästina (Nomadenzeit bis zur Zerstörung Jerusalems, um 1700 vor Christus bis 70 nach Christus): Die frühesten Quellen zur ↑jüdischen Musik finden sich in der Bibel. An Instrumenten sind dort gezupfte Saiteninstrumente (↑Kinnor, ↑Nebel), Rohrflöten (↑Ugab), Hörner (↑Schofar) und Trom-

peten (↑Chazozra) sowie Schlagzeuge aus Bronze und Handtrommeln genannt. Die Instrumente waren verschiedenen Ständen (Priester, Leviten, Laien) zugewiesen. Zur Regierungszeit Davids (um 1000 vor Christus) gab es ein zunftmäßig organisiertes und speziell ausgebildetes Berufsmusikertum für den Tempeldienst mit großen Orchestern und Chören. Nach dem Tode Salomos (926 vor Christus) zerfiel die Musikergilde des Tempels. Der orchestrale Prunkstil wurde allmählich durch das einfache, unbegleitete Singen (Kantillation) nach dem Vorbild des Davidischen Psalters ersetzt.

4. China (Shangdynastie bis Handynastie, 1766 vor Christus bis 220 nach Christus): Der Mythos führt die Erfindung der Musik auf den Sagenkaiser Huang Ti (2697–2597 vor Christus) zurück, der durch seinen Minister Ling-Lun den Grundton (Huang-chung) des Tonsystems feststellen ließ. Während der Shangdynastie (1766–1122 vor Christus) wurde auf diesem Grundton die pentatonische Tonleiter erstellt, deren fünf Töne wiederum die Grundtöne von fünf Tonarten bildeten. Später wurden diese fünf pentatonischen Modi auf die einzelnen Stufen der aus zwölf Halbtönen (Lü) bestehenden Skala übertragen, womit 60 Tonarten zur Verfügung standen.

In der Choudynastie (1122–249 vor Christus) wurde ein kaiserliches Musikministerium eingerichtet, das die Übereinstimmung der musikalischen Maßnormen mit den Zahlenverhältnissen des Universums überwachte. Bedeutendster Theoretiker war Konfuzius (* 551, † 479); auf ihn gehen das „Shiching" (Buch der Lieder) mit 300 Liedtexten ohne Melodien und das die musikalischen Zeremonien beschreibende „Li-chi" (Buch der Riten) zurück. Die Liedmelodien des Konfuzius sind weitgehend vergessen; einzelne jedoch werden noch heute gesungen. – Die Instrumente werden im „Li-chi" nach ihrem Material eingeteilt; erwähnt werden solche aus Metall (kleine Hand- und große Hängeglocken), Stein (Klingsteine), Fell (Trommeln), Kürbis (↑Mundorgel Sheng), Bambus (Pan-, Längs-, Querflöten), Holz (Holztrommel), Seide (Wölbbrettzither ↑Kin mit Saiten aus Seide) und Erde (Gefäßflöte).

Am Ende der Chouzeit drangen von Westen und Norden heptatonische Leitern und neue Musikinstrumente (die Querflöte Ti-tse und die Laute ↑Pipa) nach China ein. In der Handynastie (206 vor Christus bis 220 nach Christus) wurde die Zahl der Hofmusiker auf über 800 erhöht. Zu den zwei alten Abteilungen der kultischen und der profanen Hofmusik kamen je eine Musik für die Frauengemächer und für das Militär hinzu. Später geriet die chinesiche Musik verstärkt unter Fremdeinflüsse aus Turkestan, Indien und Tibet.

5. Indien (Frühwedische Zeit bis zur Islamisierung, um 1500 vor Christus bis um 1000 nach Christus): Als früheste Quelle der indischen Musik gilt das zweite der vier in Sanskritversen geschriebenen wedischen Bücher, das um 1000 vor Christus entstandene Buch „Samaweda" (der Weda der Gesänge), das dem Erlernen der Melodien und der Texte für den Sänger beim Opferritual diente. Das dem Theater gewidmete Buch „Natjaschastra" (Lehrbuch der Schauspielkunst), als dessen Verfasser Bharata gilt und dessen Kernteile auf das 1. Jahrhundert nach Christus datiert werden, enthält auch Abhandlungen über die sakrale und profane Kunstmusik. Demnach lag der Musikpraxis eine siebenstufige Tonleiter zugrunde, deren Tonabstände nach dem kleinen Maßintervall Schruti bestimmt wurden (22 Schruti ergeben eine Oktave). Es gab zwei Grundskalen mit verschiedenem Zentralton (Sagrama, Magrama); die je sieben Stufen der beiden Leitern sind Ausgangstöne für 14 Modalleitern (Murtschana). Sieben dieser Murtschana bildeten schließlich das Material für diejenigen Leitern (Dschati), die den verwendeten Melodietypen und dem darauf aufbauenden Raga-System (↑Raga) zugrundelagen.

An Instrumenten wurden gezupfte Saiteninstrumente (↑Wina, ↑Sitar, Sarod, die Bordunlaute Tambura), Quer- und

Längsflöten, Schalmeien, mehrere Arten von Trommeln und Glöckchen verwendet. Die Instrumente dienten v.a. der rhythmischen und melodischen Begleitung des stets einstimmigen solistischen Gesangs. Größere Instrumentalensembles kannte die alte indische Musik nicht.

6. Griechenland (Archaische Zeit bis zur Römischen Zeit, 8. bis 2. Jahrhundert vor Christus): Der früheste Beleg für die Musikpraxis der Griechen sind Bilddarstellungen mit der meist viersaitigen Leier. Sie wurde bei Reigentänzen und beim Vortrag des Epos verwendet. In Homers „Ilias“ und „Odyssee“ (zwischen 750 und 650 vor Christus) begegnen die ↑Kithara und die ↑Phorminx. Im 7. Jahrhundert wurden eine besondere Form der Kitharodie (Sologesang zur siebensaitigen Kithara; ↑Nomos) und der Aulodie (Sologesang zum ↑Aulos) begründet; daneben kamen die ↑Lyra und mit ihr die Lyrik (Gesang zur Lyra), der Chorgesang und die reine Instrumentalmusik (Kitharistik, Auletik) auf. Weitere Instrumente der griechischen Antike sind ↑Barbitos (lyraähnliches Saiteninstrument), Syrinx (↑Panflöte), ↑Krotala (Handklapper), ↑Scabellum (Fußklapper) und ↑Kymbala (Becken). Im attischen Drama der klassischen Zeit (5./4. Jahrhundert) wirkten der Chor und Instrumentalisten mit; die Chorlieder waren mit Tanz verbunden. Die Wortprägung „musikḗ“ (die „Musische“) umfaßt die Einheit von Musik, Poesie und Tanz.

Die durch Pythagoras begründete griechische Musiktheorie war zugleich mathematisch und philosophisch-mystisch bestimmt. Die Zahlenverhältnisse der Musik wurden als Abbild der Proportionen des Kosmos (↑Sphärenharmonie) verstanden und in ihrer Wirkung auf den Zustand des Staats und des Menschen erörtert. Platon und Aristoteles behandelten die Musik innerhalb ihrer Staatsphilosophie. Die nachfolgenden Theoretiker gingen entweder von den Maß- und Zahlenverhältnissen der Konsonanzen (Euklid) oder von der sinnlichen [Hör]erfahrung (Aristoxenos) aus. Grundlage des Tonsystems ist die absteigende Quart, das ↑Tetrachord. Aus zwei gleichgebauten Tetrachorden (bestehend aus zwei Ganztönen und einem Halbton), die durch einen Ganzton getrennt sind, entsteht die Oktave; wird sie oben und unten mit einem weiteren Tetrachord verbunden, ergibt sich das Gesamtsystem von zwei Oktaven. Je nach der Lage des Halbtons im Tetrachord wurden die Oktavgattungen dorisch (Halbton unten), phrygisch (Halbton in der Mitte) und lydisch (Halbton oben) unterschieden. Aus der abweichenden Ausfüllung des Tetrachords wurden drei Tongeschlechter abgeleitet; neben dem diatonischen Tongeschlecht mit dem Tetrachord aus zwei Ganztönen und einem Halbton gab es ein chromatisches (kleine Terz – Halbton – Halbton) und ein enharmonisches Tongeschlecht (große Terz – Viertelton – Viertelton).

7. Römisches Reich (Gründung der Republik bis Untergang Westroms, 470 vor Christus bis 476 nach Christus): Die römische Musik zeigt v.a. griechische, daneben etruskische Einflüsse. Auf die Etrusker gehen die Metallblasinstrumente ↑Tuba, ↑Lituus, ↑Cornu zurück, die, wie auch die ↑Bucina, v.a. im Heer gespielt wurden. Bedeutsam war die ↑Tibia, ein dem griechischen Aulos verwandtes Rohrblattinstrument, das bei pantomimischen Spielen geblasen wurde. Seit 240 vor Christus gelangten zunächst griechische Dramen in lateinischer Übersetzung und dann römische Komödien nach griechischem Vorbild (Dichter: T. M. Plautus) zur Aufführung; die Bühnenmusik oblag den Tibia spielenden Sklaven. Auch die solistische Gesangslyrik zur Kithara oder Lyra wurde durch die Römer übernommen (Catull, Horaz). Die zunehmende Zahl von Musikern aus den unterworfenen Ländern begründete ein hochstehendes Virtuosentum und eine reiche Pflege von Haus-, Tafel-, Tanz- und Theatermusik. Das Instrumentarium wurde v.a. um Schlaginstrumente erweitert (Tympanum, Kymbala, Krotala, Scabellum). Bei den großen Schauveran-

staltungen in den Amphitheatern wurden Massenchöre und riesige Bläserorchester, daneben auch die ↑Hydraulis, eingesetzt. Hochgestellte Personen betätigten sich musikalisch; so versuchte sich Kaiser Nero als Virtuose auf der Kithara.
Das spätantike lateinische Musikschrifttum (Augustinus, Boethius, Isidor von Sevilla) vermittelte dem Christentum das griechische Erbe. Besonders das Werk von Boethius („De institutione musicae", 5 Bücher um 500 nach Christus) wurde für die spätere mittelalterliche Musiklehre grundlegend.

**III. Musik des Abendlandes**

1. Mittelalter (etwa 4. bis 15. Jahrhundert)

*a) einstimmige geistliche Musik:*
Der frühchristliche Kirchengesang des Westens entwickelte sich spätestens im 4. Jahrhundert; Hauptarten waren das Singen von Psalmen und von neugedichteten Hymnen. Die Vortragsart war entweder antiphonal („wechselweise", das heißt im Wechsel von 2 Chören) oder responsorial („antwortend", das heißt im Wechsel von Vorsänger und Chor); eine instrumentale Begleitung gab es nicht. Die zahlreichen regionalen Eigenentwicklungen der Liturgie und ihrer Gesangsformen (römischer Gesang, ↑Ambrosianischer Gesang, ↑gallikanischer Gesang, ↑mozarabischer Gesang, keltischer Gesang) wurden in der Karolingerzeit einer Normierung unterworfen. Der vereinheitlichte Gesang wurde nach dem [Neu]gründer der römischen Schola cantorum („Sängerschule"), dem Papst Gregor I. (* 540, † 604), ↑Gregorianischer Gesang genannt. Nach römischem Vorbild wurden im 8. Jahrhundert in ganz Europa Sängerschulen eingerichtet; führend waren die Schulen von Metz, Tours und Sankt Gallen. Notiert wurde der Choral ab dem 8./9. Jahrhundert in ↑Neumen, bei denen es eine Vielzahl örtlicher Ausprägungen gab. Die Neumen bezeichneten nur die Richtung der Tonbewegung, nicht die Tonhöhe, so daß sie den Sängern nur als Gedächtnisstütze dienen konnten. Das Liniensystem mit Schlüssel schuf erst Guido von Arezzo (* um 992, † 1050). – Die Gregorianischen Melodien fügen sich in das System der acht ↑Kirchentonarten oder Modi, das im 9. Jahrhundert erstmals erstellt wurde (Alkuin, Aurelianus Reomensis, Odo von Cluny). Bei Guido von Arezzo begegnet erstmals das ↑Hexachord im Zusammenhang mit der Lehre von der ↑Solmisation.
Neben den Gregorianischen Choral traten im 9. und 10. Jahrhundert als geistliche Gattungen der ↑Tropus und die ↑Sequenz. Der Tropus konnte aus einem neugedichteten lateinischen Text zu einem vorhandenen oder neu erfundenen Choralmelisma oder auch einer rein melodischen Erweiterung des Chorals bestehen. Die Sequenz, der Texttropus auf das Jubilusmelisma (↑Jubilus) des ↑Alleluja, verselbständigte sich bald zu einer eigenen textlich-musikalischen Form, die besonders in den Klöstern Sankt Gallen, Reichenau (Bodensee) und Saint-Martial (bei Limoges) gepflegt wurde und bis ins 16. Jahrhundert in hoher Blüte stand. Aus den dialogischen Ausweitungen des Oster- und Weihnachtstropus entstand das ↑geistliche Spiel. Im 12. und 13. Jahrhundert kamen einstimmige geistliche Lieder in der Volkssprache auf, so in Italien die ↑Lauda, in Spanien die ↑Cantiga und in Deutschland die ↑Leise.

*b) einstimmige weltliche Musik:*
Im späten 11. Jahrhundert blühte eine weltliche, höfische Liedkunst auf, die zunächst in Südfrankreich von den ↑Troubadours, sodann in Nordfrankreich von den ↑Trouvères und in Deutschland von den Minnesängern (↑Minnesang) gepflegt wurde. Diese waren Dichtermusiker, die Text und Melodie der Lieder selbst erfanden und vortrugen, oft mit instrumentaler Begleitung (Verdoppelung und Auszierung der Liedmelodie) durch sich selbst oder durch Spielleute oder Jongleurs auf ↑Fidel, Harfe, Laute oder anderen Instrumenten. Die musikalischen Formen der Lieder lassen vier Haupttypen erkennen: Litaneitypus (epischer Versvortrag auf gleichbleibende Melodie; ↑Chanson

de geste, ↑Laisse, ↑Rotrouenge), Rondeltypus (Tanzliedform mit Refrain; ↑Rondeau, ↑Ballade, ↑Virelai), Sequenztypus (fortlaufend je zwei Verse mit gleichem Reim und gleicher Melodie; ↑Lai, instrumental als ↑Estampie) und Hymnentypus (durchkomponierte Vierzeiler; ↑Vers, bei Wiederholung der ersten Doppelzeile als ↑Kanzone). Vorherrschend war bei den Troubadours der Hymnentypus, bei den Trouvères die übrigen Typen; die Minnesänger übernahmen die Barform (↑Bar) der Kanzone und die Sequenzform des Lai (Leich). Die Liedtexte behandelten v.a. die Liebe, daneben politische oder moralische Themen und in volkstümlicheren Liedern den Jahreskreis (z.B. Mailied) und den Tanz. Typisierte Liedinhalte hatten die ↑Chanson, die ↑Aube (Alba), der ↑Descort, die ↑Pastourelle, die Lamentation (↑Planctus), das ↑Jeu parti, das ↑Sirventes und die ↑Tenzone.
Eine bürgerliche Fortsetzung fand der Minnesang vom späten 14. bis ins 16. Jahrhundert durch die Meistersinger (↑Meistersang), die sich in größeren Städten (so in Mainz, Colmar, Nürnberg, Straßburg, Freiburg im Breisgau, Ulm, Breslau, Prag) in zunftmäßig organisierten Singschulen zum wöchentlichen Sängerwettstreit trafen.
*c) mehrstimmige Musik:*
Die früheste Quelle für Mehrstimmigkeit bildet der Traktat „Musica Enchiriadis“, der im 9. Jahrhundert entstand und dessen Verfasser nicht bekannt ist. Darin wird das ↑Organum für die Stegreifausführung in der Kirche in zwei Arten gelehrt: beim Quintorganum wird der Gregorianische ↑Cantus firmus durchgehend parallel von einer zweiten [Organal]stimme im Abstand der Unterquint begleitet; beim Quartorganum treten die im Einklang einsetzenden Stimmen schrittweise auseinander, bis der Tonabstand der Quart erreicht wird, der dann parallel fortgesetzt wird. Größere Beweglichkeit der Organalstimme zeigt das „neuere Organum“ ab Ende des 11. Jahrhunderts; es kennt bereits Gegenbewegung und Kreuzung der Stimmen und den Wechsel von Klängen aus verschiedenen Intervallen. – Wenig später, zur Zeit der Schule von ↑Saint-Martial, wurde das improvisierte Organum vom komponierten abgelöst. Zwei Satzarten bildeten sich heraus: das Organum speciale mit rhythmisch freiem Melisma der Organalstimme über gedehnten Haltetönen des Cantus und der ↑Discantus im Note-gegen-Note-Satz.
Die zentralen Gattungen der nachfolgenden ↑Notre-Dame-Schule (1160/80–1230/50) und der Epoche der ↑Ars antiqua (etwa 1230–1320) waren außer dem Organum der ↑Conductus und die ↑Motette; daneben gab es den ↑Rondellus, den ↑Hoquetus und das ↑Rondeau. Das Organum der Notre-Dame-Zeit basiert auf der Gliederung des Chorals in Sinnabschnitte (Klauseln), die in verschiedener Weise (als Haltetonpartie, Discantus oder Copula, mit rhythmisierten Oberstimmen und Tenorhalteton) mehrstimmig bearbeitet wurden. Der Conductus war eine zunächst geistliche, später auch weltliche Liedgattung mit Strophentext, bei der auch die Ausgangsstimme neu komponiert wurde. Demgegenüber war die Motette an einen liturgischen Cantus firmus gebunden, der als Diskantklausel bearbeitet und dessen Oberstimme mit Text versehen wurde. Den Einschnitt zwischen Notre-Dame und Ars antiqua bildet der Übergang von der ↑Modalnotation mit ihrer schematisierten Rhythmik zur ↑Mensuralnotation, bei der die Notenwerte durch die Form der Note angezeigt werden.
Die Zeit der ↑Ars nova (etwa 1320–1380) brachte neben einer Verfeinerung des Mensuralsystems eine kunstvolle Gestaltung der Motette nach dem Prinzip der Isorhythmik (↑isorhythmisch); die Form der dreistimmigen, meist weltlichen Doppelmotette mit zwei verschieden texierten Oberstimmen wurde vorherrschend. Ferner bildete sich in den Refrainformen Ballade, Rondeau und Virelai der ↑Kantilenensatz (↑Diskantlied) aus. Damals setzte auch die mehrstimmige Vertonung der Ordinariumsteile der ↑Messe ein. In Oberitalien ent-

faltete sich im 14. Jahrhundert die weltliche Liedkunst des ↑Trecento mit ihren Gattungen ↑Madrigal, ↑Caccia und ↑Ballata.

2. Neuzeit (ab 15. Jahrhundert)

*a) Zeit der Vokalpolyphonie/Renaissance* (15. und 16. Jahrhundert):

Die mehrstimmige Vokalmusik stand im Mittelpunkt der Epochen der burgundischen Musik und der franko-flämischen Schule, die auch als ↑niederländische Musik zusammengefaßt werden. Hier wurden die Satzlehre des ↑Kontrapunkts und die Satztechnik der ↑Imitation ausgebildet; schrittweise wurde die melodisch-sangliche Angleichung der Stimmen im meist vierstimmigen Satz erreicht. Bevorzugte geistliche Gattungen waren Vertonungen der ↑Messe (v. a. die Teile des ↑Ordinariums, aber auch des Propriums) sowie des ↑Offiziums (mit Magnificat, Antiphonen, Hymnen) und die Motette. Die drei Hauptarten der Meßvertonung waren: 1. die Diskantmesse, bei der der Gregorianische Cantus firmus in der Ober-(Diskant-)Stimme „koloriert", also melodisch-rhythmisch verziert vorgetragen wird, 2. die Tenormesse mit ein und demselben Cantus firmus geistlicher oder weltlicher Herkunft im Tenor jedes Messenteils und 3. die Diskant-Tenor-Messe mit Cantus firmus im Tenor, der in der Oberstimme koloriert wird. Bei der Motette liegt zunächst noch stets ein Cantus firmus im Tenor. Später traten zunehmend Motetten wie auch Messen ohne Bindung an einen Cantus firmus auf. Im 16. Jahrhundert wurde besonders die Parodiemesse gepflegt, bei der bereits bestehende Tonsätze verarbeitet wurden. Als Höhepunkt der Vokalpolyphonie gilt der A-cappella-Stil Palestrinas, des Hauptvertreters der ↑römischen Schule. In der etwa gleichzeitigen ↑venezianischen Schule wurde die ↑Mehrchörigkeit und das auf der Nutzung des Klangkontrasts bei wechselnden Besetzungen der vokalen oder auch instrumentalen Chöre beruhende Prinzip des Konzertierens entwickelt. Die wichtigsten weltlichen Vokalgattungen waren im 15./16. Jahrhundert die französische ↑Chanson, das jüngere italienische ↑Madrigal, die ↑Frottola, die ↑Villanella, der spanische ↑Villancico, das in zahlreichen ↑Liederhandschriften gesammelte deutsche Lied, das ↑Tenorlied sowie das englische Ayre (↑Air). Gepflegt wurden diese Gattungen sowohl in aristokratischen als auch in bürgerlichen Kreisen. Zu ihrer weiten Verbreitung trug v. a. der neu aufgekommene ↑Notendruck bei.

An Instrumenten bevorzugte die Renaissance die vielfach zu Familien ausgebauten Blasinstrumente; zunehmende Wertschätzung genossen ferner die zum Akkordspiel geeigneten Instrumente. Ab der Mitte des 15. Jahrhunderts wird in Deutschland und bald danach in Italien eine bedeutsame Spielpraxis für Orgel und Laute greifbar. Die ersten Stücke waren in ↑Tabulatur gesetzte Vokalkompositionen. In der Orgel- und der Ensemblemusik wurde die venezianische Schule führend; sie entwickelte in ↑Toccata, ↑Ricercar, ↑Fantasie, ↑Kanzone, ↑Präludium und ↑Sonate eigenständige Instrumentalformen. Beliebt waren ferner instrumentale Tänze und Ostinatovariationen (↑Ostinato) über tanzartigen Baßmodellen wie ↑Passamezzo, ↑Romanesca, ↑Ruggiero, ↑Chaconne, ↑Passacaglia. Auch in Spanien gab es im 16. Jahrhundert eine bedeutsame Orgel- und Lautenmusik; bevorzugte Gattungen waren hier das ↑Tiento und die ↑Diferencia. Hauptinstrument der englischen Instrumentalmusik war das ↑Virginal, für das eine Vielzahl führender Komponisten (die ↑Virginalisten) schrieben.

Im 15. Jahrhundert entstand der ↑Gesellschaftstanz. Er übernahm die alte Form der Doppeltänze (reigenartiger, geschrittener Vortanz im geraden Takt – gesprungener ↑Nachtanz im ungeraden Takt), wie sie sich in den Kombinationen ↑Basse danse – ↑Saltarello, ↑Pavane – ↑Galliarde, ↑Passamezzo – Galliarde und den verschiedenen Formen des ↑Branle niederschlägt.

*b) Generalbaßzeit/Barock* (17. bis Mitte 18. Jahrhundert):

Die Zeit um 1600 gilt als musikgeschichtlicher Einschnitt, der im wesentlichen auf ein geändertes Verhältnis der Musik zur Sprache zurückgeht. Die Musik wurde fortan in den Dienst des Sprachausdrucks gestellt; hierzu wurden als Kernbereiche des ↑Barock die ↑Affektenlehre und die ↑Figurenlehre ausgebildet. Satztechnisch wurde in der ↑Seconda pratica das polyphone Prinzip der Gleichberechtigung der Stimmen durch die Herrschaft der melodieführenden Oberstimme und die Unterordnung der übrigen Stimmen abgelöst. An die Stelle der Kirchentöne trat das Dur-Moll-System. Der in der Florentiner ↑Camerata entwickelte harmonisch-akkordisch begleitete Sologesang, die ↑Monodie, und mit ihr der ↑Generalbaß als satztechnische Grundlage setzten sich durch und führten zu den vokalmusikalischen Gattungen ↑Oper, ↑Oratorium, ↑geistliches Konzert, ↑Kantate mit ihren Formen des ↑Rezitativs, der ↑Arie und des ↑Arioso. Die Oper hatte ihre unmittelbaren Vorläufer in Pastoraldrama, Maskerade (↑Masque), ↑Intermedium, ↑Madrigalkomödie und ↑Rappresentazione sacra der Renaissance. Begründet als höfische Kunstform mit mythologischen und geistlich-allegorischen Inhalten, wurde sie bald (zunächst in Venedig) ein wichtiger Bestandteil des bürgerlichen Musiklebens und nahm volkstümliche und komische Elemente auf. Später schieden sich in der ↑neapolitanischen Schule die ernste Opera seria mit ihrer charakteristischen Abfolge von Da-capo-Arie und Rezitativ und die heitere, formal freiere Opera buffa. Französisches Gegenstück hierzu waren die ↑Tragédie lyrique und die ↑Opéra-comique.

Der Einfluß der Monodie und des von den Venezianern entwickelten konzertierenden Prinzips prägte die neuen instrumentalmusikalischen Gattungen ↑Triosonate mit ihren Ausprägungen der Kirchen- und Kammersonate, des ↑Concerto grosso und ↑Konzerts. Aus der Abfolge von neu aufgekommenen Tänzen wie ↑Allemande, ↑Courante, ↑Sarabande, ↑Gigue entstand die ↑Suite für Orchester und für Cembalo, die bald auch tanzungebundene und programmmusikalische Sätze aufnahm.

*c) Vorklassik, Klassik, Romantik* (Mitte 18. bis 19. Jahrhundert):

Als Auswirkung tiefgreifender gesellschaftlicher Veränderungen trat neben die höfisch, städtisch oder kirchlich gebundene Musikkultur ein öffentliches Konzertleben, das die Komponisten in direkten Kontakt zu einem zahlenden Publikum brachte und sie als reisende Künstler vielfach international bekannt machte. Eine neue Ästhetik kam auf, die sich mit den Forderungen nach Natürlichkeit, Verständlichkeit und Gefälligkeit von der Neigung des Barock zu scharfen Kontrasten und kolossalen Steigerungen und von der Typik des Affektausdrucks abhob. Die Dichte und Strenge des spätbarocken Satzes wurde durch eine freiere, einfachere Schreibart abgelöst. Der ↑galante Stil und der ↑empfindsame Stil wurden v.a. von nord- und mitteldeutschen Komponisten und der in der Bachnachfolge stehenden ↑Berliner Schule kultiviert. Bei der ↑Mannheimer Schule und der ersten ↑Wiener Schule, die beide in süddeutsch-italienischen und volkstümlichen Traditionen wurzeln, kündigte sich mit der endgültigen Absage an barocke Techniken (wie der Verwendung des Generalbasses) bereits die Klassik an. Das im Kern aus einem Streicherensemble bestehende ↑Orchester wurde durch kontrastierende Bläserstimmen erweitert. Neue oder erneuerte orchestrale und kammermusikalische Formen setzten sich durch, zunächst in einer Übergangszeit Reihungsformen wie ↑Divertimento, ↑Serenade, ↑Kassation, sodann zyklische Formen wie ↑Sinfonie, Solokonzert (↑Konzert), ↑Streichquartett und ↑Sonate (v.a. für Klavier solo oder mit Violine), in denen die ↑Sonatensatzform und die Technik der ↑thematischen Arbeit ausgebildet wurden. Das als Ausdrucksform echter Volkstümlichkeit verstandene ↑Lied wurde verstärkt gepflegt.

Die Werke der Wiener Klassik, gekennzeichnet durch faßliche Melodik, differenzierte Rhythmik, symmetrische

Taktgruppenbildung, reiche Harmonik und abgestufte Klangverschmelzung, wurden mit ihrer Übereinstimmung von Gehalt und Ausdruck normgebend für die Folgezeit. Die klassischen Instrumentalgattungen behielten im ganzen 19. Jahrhundert ihre zentrale Bedeutung. Die für die ↑Romantik charakteristische Durchdringung der Musik mit außermusikalischen Momenten zeigte sich in den kleinen Formen des ↑Charakterstücks (meist für Klavier) und in der orchestralen Großform der ↑sinfonischen Dichtung. Das Bestreben, die musikalische Schilderungskraft für die ↑Programmusik und ↑Tonmalerei zu erhöhen, führte zur Verfeinerung der ↑Instrumentation, die besonders für das Opernorchester wichtig wurde. Die Oper blieb zusammen mit der gegen Ende des 19. Jahrhunderts zunehmend monumentalisierten Sinfonie die Zentralgattung bürgerlicher Repräsentation. Zu der französischen ↑Grand opéra, der deutschen komischen [Spiel]-oper, dem ↑Musikdrama, der Oper des italienischen ↑Belcanto und des ↑Verismo traten in den osteuropäischen Ländern eigenständige Richtungen von ausgeprägter nationaler Idiomatik. Schließlich brachte das 19. Jahrhundert eine Blüte hochstehender ↑Hausmusik und ↑Chormusik, während sich breite Kreise der ↑Unterhaltungsmusik und der ↑Operette zuwandten und die ↑Salonmusik das Ende aristokratischer Kultur verklärte.

*d) Musik des 20. Jahrhunderts:*
Teils in Fortsetzung, teils in Abkehr von Spätromantik und ↑Impressionismus mit ihrem übersteigerten Ausdrucksbedürfnis und der Vorliebe für ungewohnte Klänge und feinste Schattierungen brachte die ↑Neue Musik eine Vielzahl von Stilrichtungen wie ↑Expressionismus, ↑Futurismus, ↑Neoklassizismus. Verwendet wurden nun Techniken wie ↑atonale Musik, ↑Zwölftontechnik, ↑Vierteltonmusik, ↑Polytonalität, ↑Polyrhythmik, die teilweise von außereuropäischer Musik (wie dem Jazz) angeregt waren. Das moderne ↑Musiktheater wandte sich von der Wagnertradition ab und älteren Opernformen zu oder entwickelte zahlreiche Mischformen wie zum Beispiel das ↑epische Theater. Als ↑Gebrauchsmusik im Dienst der jugendlichen Musikerziehung oder der proletarischen Bewegung entstanden neue Arten der ↑Schuloper und das ↑Lehrstück.
Nach dem Zweiten Weltkrieg kamen Richtungen auf, die die Ausweitung des Klangpotentials (↑konkrete Musik), die völlige Determinierung und Durchkonstruktion (↑serielle Musik, ↑elektronische Musik) und deren gewollte Durchbrechung (↑Aleatorik) zum Ziel hatten oder neue musiktheatralische Formen (↑instrumentales Theater) erprobten. In der gegenwärtigen Phase der neuen Musik werden Tendenzen einer Rückwendung zu traditionellen Formen und zu expressiver Klangsprache sichtbar, für die sich das Schlagwort der ↑neuen Einfachheit einzubürgern beginnt.
Vor allem durch die Massenmedien vermittelt, haben sich im 20. Jahrhundert Musikarten durchgesetzt, die ohne den Anspruch hoher Kunst die musikalischen Bedürfnisse eines breiten Publikums befriedigen und vielfach einem elementaren Ausdruckswillen entspringen. Hierzu sind der ↑Schlager, das ↑Chanson, das ↑Musical, die kurzlebigen Neuerungen des ↑Gesellschaftstanzes, der ↑Jazz, die ↑Popmusik und die Rockmusik (↑Rock) zu zählen. Kritik an der Gesellschaft äußern die jüngsten ↑Protestsongs, die an Traditionen des ↑Arbeiterliedes anknüpfen. Auch die Folklorebewegung (↑Folklore) und die Hinwendung zu meditativer Musik lassen sich als Reaktion auf die gesellschaftlichen Zustände begreifen. Insgesamt zeichnet sich in der Musik der Gegenwart das Aufbrechen der starren Grenzen zwischen Kunstmusik einerseits und übriger, primär funktionaler Musik andererseits ab.

**Musikgeschichtsschreibung:** die wissenschaftlich-literarische Darstellung der Musikgeschichte, ein Teilbereich der ↑Musikwissenschaft. – Das spätantike (Pseudo-Plutarch) und mittelalterliche Schrifttum (z. B. Isidor von

Sevilla, „Etymologiae“, 20 Bücher, beendet 630; Guido von Arezzo, „Micrologus“, 1025/26) enthält vereinzelte Beispiele historischer Betrachtungsweise. Im Humanismus und in der Renaissance wird mit der Ausrichtung an antiken Vorbildern der Boden bereitet für das moderne Bewußtsein von Geschichte als einer Wiederentdeckung der musikalischen Vergangenheit mittels Sammeln und kritischer Auswertung der Quellen, wie es im 17. Jahrhundert ansatzweise in Arbeiten von M. Praetorius (1615–19), A. Kircher (1650), W. C. Printz (1690) und A. Bontempi (1695) zu beobachten ist. Die musikalischen Universalgeschichten des 18. Jahrhunderts (Ch.-H. de Blainville, 1767; J. B. de Laborde, 1780; Padre Martini, 1757–81; J. Hawkins, 1776; Ch. Burney, 1776–89; J. N. Forkel, 1788–1801) vertreten die aufklärerische Auffassung eines stufenweisen Fortschritts zur Vervollkommnung. Im 19. Jahrhundert dringt bei F. J. Fétis und R. G. Kiesewetter der Gedanke des organischen Wachstums und der Eigenwertigkeit jeder musikgeschichtlichen Epoche durch, dem A. W. Ambros noch die kulturhistorische Perspektive beifügt. Zugleich verlagert sich das Interesse im Gefolge historistischer Wiedererwekkungsbemühungen (Neuausgaben alter Musik und nationaler Denkmäler, Komponistengesamtausgaben) auf die Spezialforschung. Einen Schwerpunkt bildet die Musikerbiographie (G. Baini, „Palestrina“, 1828; O. Jahn, „Mozart“, 1856–59; F. Chrysander, „Händel“, 1858–67; A. W. Thayer, „Beethoven“, 1866–1908; Ph. Spitta, „Bach“, 1873–80). Das 20. Jahrhundert bringt ein neues Verständnis der Musikgeschichte als Problemgeschichte (H. Riemann), als Stilgeschichte (G. Adler, W. Fischer), als Formen- und Gattungsgeschichte (H. Kretzschmar, A. Schering, H. Leichtentritt, P. Bekker) und als Geistesgeschichte (E. Bücken, R. Haas, W. Gurlitt, H. Besseler, G. Reese, J. Chailley, P. H. Lang, M. Bukofzer, J. Handschin). Die neuere Forschung ist gekennzeichnet durch den Versuch, die in anderen Wissenschaftsbereichen wie Soziologie, Psychologie, Ethnologie erarbeiteten Methoden und Erkenntnisse für die Interpretation musikgeschichtlicher Phänomene zu nutzen und die Musikgeschichte als Teil eines universalen und gesamtgesellschaftlichen Prozesses neu zu begreifen.

**Musikhochschule:** staatliches Lehrinstitut für die musikalische Berufsausbildung (vergleiche dagegen ↑Konservatorium und ↑Musikschule) mit hauptsächlich folgenden Studienzielen: a) Orchestermusiker, Instrumentalsolist, Dirigent, Komponist, Opern- und Konzertsänger, Tänzer; b) Privatmusiklehrer und Lehrer an Musikschulen; c) Schulmusiker, Kirchenmusiker (diese Studiengänge gibt es nur an der Musikhochschule). – Eingangsvoraussetzung ist in jedem Fall eine bestandene Aufnahmeprüfung, ferner zu a) der Hauptschulabschluß, zu b) die sogenannte mittlere Reife, zu c) das Abitur. Die Studienabschlüsse sind zu a) hochschulinterne (gegebenenfalls Diplom-), zu b) und c) staatliche Prüfungen. Die erste so benannte Musikhochschule war die 1869 gegründete Königliche Hochschule für Musik in Berlin, deren erster Direktor J. Joachim. Heute gibt es in der Bundesrepublik Deutschland 16 Musikhochschulen, die nach und nach aus Konservatorien, Akademien u. ä. hervorgingen, und zwar in Berlin, Detmold (mit Dortmund und Münster), Essen (mit Duisburg), Frankfurt, Freiburg im Breisgau, Hamburg, Hannover, Heidelberg-Mannheim, Karlsruhe, Köln (mit Düsseldorf, Aachen und Wuppertal), Lübeck, München, Saarbrücken, Stuttgart, Trossingen und Würzburg; in der Deutschen Demokratischen Republik gibt es Musikhochschulen in Berlin, Dresden, Leipzig und Weimar.

**Musikinstrumente** ↑Instrumente.

**Musikkritik:** im weitesten Sinne jede reflektierende „kritische“ Beschäftigung mit musikalischen Erscheinungen; im Sinne einer institutionalisierten und öffentlichkeitswirksamen Reflexion musikalischer Praxis gibt es Musikkritik seit dem 18. Jahrhundert (1722 erste

Musikzeitschrift; 1788 erstes Feuilleton in der Tagespresse). Sie informiert – auch subjektiv Stellung nehmend – über Musikkultur, Ereignisse und Tendenzen, Werke, Publikationen, Interpreten und heute auch über Schallplatten.

**Musiklehre:** auch allgemeine Musiklehre genannt, ist die Bezeichnung für die Vermittlung von Grundkenntnissen im Bereich der Musik. Dazu gehören Notation, Intervall-, (einfache) Akkord- und Tonartenlehre, Anfänge der Formenlehre, der Musikgeschichte und der Akustik. Bei der Aufnahme eines Musikstudiums wird die Beherrschung der Musiklehre vorausgesetzt.

**Musikpädagogik:** Wissenschaft von der Erziehung im Bereich der Musik. Musikpädagogik ist eine schwer abgrenzbare Sammeldisziplin, die einerseits theoretische Ergebnisse u. a. der allgemeinen Pädagogik, der Jugend- und Entwicklungspsychologie, der Musikwissenschaft und der Musiksoziologie aufgreift, andererseits praktische Kenntnisse in der Musikübung und Musikpflege sowie Erfahrung in dem umfangreichen Feld der Musikerziehung verlangt. Die Geschichte der Musikpädagogik reicht weit in die antiken Hochkulturen zurück und hat v. a. von Griechenland (Platon) wesentliche Impulse empfangen. Viele Denker und Praktiker des Mittelalters und der Neuzeit haben musikpädagogische Fragestellungen erörtert. Im 19. Jahrhundert rückte sowohl die fachlich-künstlerische wie die allgemein humane und sozialpädagogische Komponente der Musikpädagogik immer stärker in den Vordergrund, basierend auf den Ideen Rousseaus, Goethes, Pestalozzis u. a. Das Schwergewicht der Musikpädagogik im 20. Jahrhundert liegt im Bereich der ↑Schulmusik. Zentrale Gedanken im Sinne der ↑musischen Erziehung gingen von der ↑Jugendmusikbewegung aus (F. Jöde), wurden jedoch nach 1950 von Th. W. Adorno scharf kritisiert und mit der Besinnung auf die gesellschaftliche Bedingtheit und kritische Funktion des Kunstwerks konfrontiert. Heute finden sich in der Musikpädagogik eine Vielzahl von Richtungen, die sich um Leitvorstellungen wie Kreativität, Chancengleichheit, kritische Wahrnehmungserziehung u. a. gruppieren lassen und die insgesamt den Erfordernissen einer akustisch überladenen Umwelt und der Pluralität heutiger musikalischer Produktion in U- und E-Musik Rechnung zu tragen suchen.

**Musikpsychologie:** Teildisziplin der systematischen Musikwissenschaft, die die psychischen Faktoren musikalischen Verhaltens untersucht. Die Musikpsychologie ist durch vielfältige Überschneidungen mit anderen Wissenschaften verbunden (Physik, Physiologie, Psychologie und Ästhetik) und sowohl in methodischer Hinsicht als auch in ihren Fragestellungen von diesen beeinflußt. – Hervorgegangen aus der musikalischen Akustik und Psychophysik des 19. Jahrhunderts, widmete sich die Musikpsychologie in ihrer Anfangsphase als Tonpsychologie v. a. den elementaren Erscheinungen musikalischer Wahrnehmung: dem Konsonanz-Dissonanz-Problem und den psychophysischen Grundeigenschaften musikalischer Klänge (Tonhöhe, Lautstärke und Klangfarbe). Unter dem Einfluß der Gestalt- und Ganzheitspsychologie wandte sich die Musikpsychologie komplexeren Phänomenen zu (absolutes Gehör, Musikalität, Typologie musikalischer Wahrnehmung usw.). Seit den 1930er Jahren verlagerte sich das Schwergewicht musikpsychologischer Arbeit in die USA, wo man die psychophysikalisch orientierte Forschung vorantrieb und sich der Untersuchung der emotionalen Wirkung von Musik zuwandte. Seit den 1960er Jahren untersucht die Musikpsychologie mit Methoden der Sprachforschung die Rezeption von Musik. In jüngster Zeit beginnt sich zunehmend ein sozialpsychologischer Ansatz durchzusetzen: neben psychischen werden in verstärktem Maße auch soziale Gesichtspunkte berücksichtigt. – Im Rahmen der Musikpädagogik befaßt sich die Musikpsychologie heute v. a. mit dem Problem der Meßbarkeit musikalischer Begabung in Form von Musikalitätstests sowie mit der Anwendung lernpsychologischer Erkenntnisse auf den Unterricht.

**Musikschule** (bis 1966 auch Jugend- oder Volksmusikschule): Institution für die musikalische Ausbildung von Kindern und Jugendlichen (teils auch erwachsenen Laien), die dort zu solidem Liebhabermusizieren befähigt und gegebenenfalls auf ein Musikstudium vorbereitet werden sollen. Die Ausbildung beginnt normalerweise im Alter von vier (musikalische Früherziehung) oder sechs Jahren (musikalische Grundausbildung) und durchläuft verschiedene Stufen. Nach etwa zwei Jahren verlagert sich das Schwergewicht auf den Instrumentalunterricht, der durch theoretische und praktische Kurse (Chor, Orchester, Gehörbildung) ergänzt werden kann. Die erste Volksmusikschule wurde 1925 durch F. Jöde in Berlin gegründet und war getragen von Gedanken der ↑Jugendmusikbewegung.

**Musiksoziologie:** Teildisziplin der Musikwissenschaft, die die Beziehungen zwischen Musik und Gesellschaft untersucht. Im Unterschied zu einer idealistischen Auffassung von Musikwissenschaft, die das Werk immanent (d.h. aus sich heraus) interpretiert, sich auf die Analyse der kompositionstechnischen Gegebenheiten konzentriert und der stilistischen Entwicklung eine weitgehende Eigengesetzlichkeit zumißt, geht es der Musiksoziologie darum, das soziale Umfeld des Musikschaffens und -rezipierens (↑Rezeption) zu erfassen und kausale Zusammenhänge zwischen gesellschaftlichen und musikalischen Phänomenen zu ermitteln. Die soziologische Interpretation von Musik erweist sich insofern als schwierig, als die von der Musik getragenen Bedeutungsgehalte nicht das Bild einer objektiven Realität vermitteln, sondern als die Vermittlung von etwas seinerseits Vermitteltem (Bewußtseinsinhalte, Emotionen, Ideologien) auftreten. Es sind daher nicht nur die sozioökonomischen Bedingungen, sondern deren Rückwirkungen auf die ideologische Sphäre zu berücksichtigen. Zu den wichtigsten Untersuchungsbereichen der Musiksoziologie gehören: 1. die soziale Rolle von Komponisten und Musikern, ihre Schichtenzugehörigkeit, ihre Organisationsformen und ihre Beziehungen zu anderen sozialen Gruppen und Institutionen, 2. die Rolle von Trägern und Institutionen der Vermittlung (Kritiker, Agenten, Verleger; Konzert- und Theaterleben, Massenmedien), 3. die Rolle des Publikums bei der Bildung von Geschmacksnormen, 4. die sozialen Funktionen von Musik und die damit verbundene Schichtenspezifik musikalischer Ausdrucksformen, 5. die Aufdekkung der sozialen Bedingtheit in den einzelnen musikalischen Gebilden. – Sozialgeschichtliche Betrachtungen finden sich bereits in der ↑Musikgeschichtsschreibung des 19. Jahrhunderts. Als Disziplin formierte sich die Musiksoziologie in den 1920er Jahren (M. Weber, P. Bekker u.a.). Herausragende Vertreter von teilweise divergierenden Richtungen der neueren Musiksoziologie sind K. Blaukopf, A. Silbermann und Th. W. Adorno.

**Musiktheater:** 1. im weitesten Sinne Bezeichnung für alle Verbindungen von Bühnendichtung und Musik, in einem sehr speziellen Sinne für eine dramatisch sinnvolle und darstellerisch glaubwürdige Darbietungsweise musikalisch-szenischer Werke, wie sie von zeitgenössischen Regisseuren (z.B. W. Felsenstein, G. Rennert, G. Friedrich) angestrebt wird.

2. Sammelbezeichnung für eine Vielfalt musikalisch-szenischer Gestaltungsweisen des 20. Jahrhunderts, die in der traditionellen Auffassung von ↑Oper nicht mehr aufgehen oder sich bewußt von ihr abkehren. Dabei richtet sich die Absage an die Oper zum einen gegen die weitgehende Unterwerfung der Musik unter den Zweck, den Textgehalt zu illustrieren und die dramatische Aktion verdeutlichend zu begleiten (wie im ↑Musikdrama), zum anderen gegen die Verselbständigung der Musik gegenüber einer dürftigen Handlung, die nur Anlässe für den Ausdruck von Emotionen und für die Entfaltung von Melo-

dien- und Klangseligkeit bietet (wie in der italienischen Oper des 19. Jahrhunderts). Das Bedürfnis nach einer sorgfältigen Stoff- und Textwahl zeigt sich in der häufigen Zusammenarbeit zwischen Dichtern und Komponisten (z. B. R. Strauss–H. von Hofmannsthal, P. Claudel–D. Milhaud, B. Brecht–K. Weill) und in der Vorliebe für Literaturdramen als Grundlage des ↑Librettos (z. B. G. Büchners „Woyzeck" bei A. Berg, O. Wildes „Salome" bei R. Strauss). Die Stoffwahl reicht von antiken Vorlagen (z. B. A. Honegger, „Antigone", 1927; I. Strawinski, „Oedipus rex", 1927; D. Milhaud, „Orestie", 1913–22) über romantische Sujets (z. B. P. Hindemith, „Cardillac", 1927) bis hin zum aktuellen Zeittheater (z. B. E. Křenek, „Jonny spielt auf", 1927; P. Hindemith, „Neues vom Tage", 1929). Während R. Strauss, H. Pfitzner, F. Schreker und andere in der Nachfolge Wagners dessen Verfahren der Durchkomposition und psychologisierenden Orchesterbehandlung verfeinerten, weshalb sie gattungsmäßig der Oper nahestehen, schlugen andere Komponisten ab etwa 1910 folgende neue Wege ein:

a) die stärkere Betonung des Eigenwerts der Musik durch die Verwendung neuer kompositionstechnischer Mittel und vorgegebener, instrumentalmusikalischer Formen (wie Variation, Rondo, Suite, Sonatensatzform; z. B. bei F. Busoni, „Doktor Faust"; A. Berg, „Wozzeck", beide 1925 uraufgeführt);

b) die Reduktion des musikalischen Dramas auf die komprimierten Formen der Kammeroper, der Opéra-minute und des Songsspiels (z. B. P. Hindemith, „Hin und zurück"; D. Milhaud, „Entführung der Europa", beide 1927; B. Brecht–K. Weill „Die Dreigroschenoper", 1928);

c) die Loslösung der Musik von der Bindung an den Text oder den dramatischen Ablauf, woraus sich die Hinwendung zur epischen Theaterform ergibt; bei ihr tritt neben oder anstelle des Gesangs das Sprechen eines Erzählers oder Darstellers; die Musik ist von der Handlung unabhängig und verknüpft das lockere Szenengefüge oder reflektiert den Szenengehalt (z. B. I. Strawinski, „Histoire du soldat", 1918; B. Brecht–K. Weill, „Aufstieg und Fall der Stadt Mahagonny", 1930). Andere Mischformen sind das szenische Oratorium (z. B. Milhaud, „Christophe Colomb", 1930; A. Honegger, „Johanna auf dem Scheiterhaufen", 1938) oder das szenische Konzert (z. B. C. Orff, „Trionfi", 1953);

d) der Rückgriff auf historische Operntypen wie der ↑Nummernoper oder der Opera buffa (z. B. I. Strawinski, „The rake's progress", 1951; H. W. Henze, „Der junge Lord", 1965).

Im Musiktheater seit dem Ende des 2. Weltkriegs wird die Tradition der Vertonung von erfolgreichen literarischen Dramen und von Dramatisierungen literarischer Stoffe bis in die jüngste Zeit fortgesetzt; für Werke dieses Genres, die musikalisch zumeist dem sinfonischen Musikdrama zugehören, hat sich die Bezeichnung *Literaturoper* eingebürgert. Zu ihren wichtigsten Vertretern zählen G. von Einem („Dantons Tod", 1947; „Der Prozeß", 1953; „Kabale und Liebe", 1976), P. Dessau („Das Verhör des Lukullus", 1951; „Puntila", 1966; „Leonce und Lena", 1979), W. Egk („Der Revisor", 1957; „Die Verlobung in San Domingo", 1963), G. Klebe („Die Räuber", 1957; „Das Mädchen aus Domrémy", 1976), W. Fortner („Die Bluthochzeit", 1957; „That time", 1977), B. Britten („A midsummer night's dream", 1960; „The death in Venice", 1973), H. W. Henze („Der Prinz von Homburg", 1960), B. A. Zimmermann („Die Soldaten", 1965), K. Penderecki („Die Teufel von Loudun", 1969; „Paradise lost", 1978) und A. Reimann („Lear", 1978). – Der Verzicht auf einen dramatischen Handlungszusammenhang ist ein Charakteristikum des avantgardistischen Musiktheaters der 60er und 70er Jahre. Es hat zum einen die Idee des Gesamtkunstwerks wiederaufgegriffen und sie zum Entwurf eines „totalen Theaters" oder einer Multimediakunst umgedeutet, bei dem die eingesetzten Kunstmittel nicht einem einheitlichen dramatischen Zweck unterstellt sind, sondern mit dem Ziel einer intensivierten sinnlichen Wahrnehmung und oft unter aktiver Beteiligung des Publikums collageartig zusammengebracht werden. Stücke dieser Art schrieben J. Cage („HPSCHD", 1967–69), H. Pousseur („Votre Faust", 1967) P. Schat („Het labyrinth", 1966) und D. Schönbach („Geschichte eines Feuers", 1969). Zum anderen wurden verschiedene Konzeptionen entwickelt, deren gemeinsames Prinzip die enge Koppelung von musikalisch-akustischen und aktionsmäßig-optischen Abläufen bildet. Zu diesem sogenannten „musikalischen Theater" werden Stükke gezählt, bei denen die affektiven und gestischen Momente klanglicher und stimmlicher Artikulationen visualisiert (z. B. G. Ligeti, „Aventures", 1962; „Nouvelles aventures", 1962–65; D. Schnebel, „Maulwerke", 1974), strukturelle Gegebenheiten der Musik auf szenische Aktionen ausgedehnt (z. B. K. Stockhausen, „Inori", 1974; „Harlekin", 1975) oder a priori vorhandene theatralische Momente des Musikmachens und -rezipierens in parodistischer Intention zum Gegenstand theatralischer Darbietung gemacht werden (Kagels instrumentales Theater: „Match", 1964; „Staatstheater", 1971; „Kantrimiusik", 1975). Daneben sind Werke zu nennen, deren eigenwillige Musikdramaturgie in den Dienst einer von moralischem oder gesellschaftskritischem Engagement geprägten Thematik gestellt wird, z. B. Henze, „Das Floß der Medusa" (1968), L. Nono, „Al gran sole carico d'amore" (1975), M. Kagel, „Die Erschöpfung der Welt" (1980) und „Aus Deutschland" (1981). In jüngster Zeit sind gewisse Tendenzen einer Rückbindung des musikalisch wie szenisch avancierten Musiktheaters an die Tradition der Oper zu beobachten, so z. B. bei G. Ligeti („Le grand macabre", 1978), W. Rihm („Jakob Lenz", 1979); ferner Ph. Glass („Satyagraha", 1980), K. Stockhausen („Licht", seit 1981), U. Zimmermann („Die wundersame Schustersfrau", 1982), L. Berio („Un Re in ascolto", 1984), O. Messiaen („Saint François d'Assise", 1984), L. Nono („Prometeo", 1984), H. Sutermeister („Le Roi Bérenger", 1985), U. Zimmermann („Die weiße Rose", 1985), H.-J. von Bose („Die Leiden des jungen Werthers", 1986) und W. Rihm („Hamletmaschine", 1987).

**Musiktheorie:** die gedankliche Durchdringung, begriffliche Ordnung und systematische Darstellung des Sachbereichs Musik. In den verschiedenen Epochen der Musikgeschichte traten für die Musiktheorie unterschiedliche Fragestellungen in den Vordergrund und wurden mit unterschiedlichen Methoden untersucht. Das frühe Mittelalter (Boethius) übernahm aus der griechischen Antike einen Musikbegriff, in dem geistiges Erfassen der Musik als Zahlengesetzlichkeit und weltordnendes Prinzip Vorrang hatte vor der musikalischen Praxis. Mit dem Aufkommen der ↑ Mehrstimmigkeit richtete sich jedoch der Blick zunehmend auf das Reale der Klangerscheinungen und ihrer Bildegesetze, auch wenn Musiktheorie als Ganzes in kosmische, d. h. jetzt christlich-religiöse Bezüge eingebettet blieb. Die handwerklich orientierte Musiktheorie umfaßte v. a. die Lehre von den ↑ Kirchentonarten und vom ↑ Kontrapunkt. Seit dem 16. Jahrhundert trat in der Musiktheorie die Beschäftigung mit akkordlichen Bildungen und Zusammenhängen im Sinne der sich konsolidierenden Dur-Moll-Tonalität stärker hervor (H. L. Glareanus, G. Zarlino). Dies mündete zunächst in eine Generalbaßlehre (↑ Generalbaß) und im 18. Jahrhundert in eine ↑ Harmonielehre (J.-Ph. Rameau), die im 19. Jahrhundert weiter ausgebaut wurde (↑ Funktionstheorie). Daneben wurde der Kontrapunkt der Palestrina-Zeit im historischen Rückgriff in Regeln gefaßt (J. J. Fux, 1725). Eine alle Teilbereiche, auch die Metrik (↑ Periode) umfassende Musiktheorie entwickelte H. Riemann. Gegenüber dessen Anspruch, damit alle Musik theoretisch erfassen zu können, setzte sich im 20. Jahrhundert die Erkenntnis durch, daß jede Stilepoche eine ihr gemäße Musiktheorie verlangt, die jeweils nur zeitlich und geographisch beschränkte Geltung hat. Für die Neue Musik des 20. Jahrhunderts gibt es keine einheitliche Musiktheorie (nur die Zwölftonmusik A. Schönbergs ist zu einer Art Lehre durchgebildet worden), dafür eine Fülle von Äußerungen der Komponisten über die theoretischen Grundlagen ihrer eigenen Werke (I. Strawinski, K. Stockhausen, P. Boulez u. a.). – Musiktheorie als Lehrfach umfaßt heute: allgemeine ↑Musiklehre, Harmonielehre, Kontrapunkt und ↑Formenlehre, daneben in Ansätzen die weit weniger systematisch durchgebildete Rhythmus- und ↑Melodielehre.

**Musiktherapie:** eine Methode der angewandten Psychologie, die darauf abzielt, die Einwirkungen von Musik und ihren Elementen (Melodie, Harmonie, Rhythmus) auf die Psyche als spannungslösende und kontaktbildende Heilmaßnahme einzusetzen. – Die Unheil abwehrenden und heilbringenden Kräfte der Musik spielten schon bei den Naturvölkern eine große Rolle und haben Geschichte, z. B. in Berichten des Alten Testaments (Heilung Sauls durch Davids Saitenspiel) und in der griechischen Antike (Kathartik), und erlangten in der Neuzeit zunehmend wissenschaftliche Fundierung. Heute sind an der Musiktherapie neben Medizin auch Psychologie, Physiologie, Heilpädagogik und Beschäftigungstherapie beteiligt. Behandelt werden funktionale, psychosomatische und zerebrale Störungen, Psychosen, Neurosen, Suchtkrankheiten, geistig zurückgebliebene und bewegungsbehinderte Menschen, v. a. Kinder. Die Behandlung erfolgt entweder in passiver (rezeptiver) Form, bei der das Musikhören im Mittelpunkt steht, oder in aktiver Form durch Ausübung von Musik. – Ausbildungsstätten bestehen u. a. in Aachen, Hamburg, Heidelberg und Herdecke.

**Musikunterricht:** Bezeichnung für jede Art praktischer und theoretischer Unterweisung vor und außerhalb des berufsausbildenden Musikstudiums. Hierzu gehört insbesondere der Musikunterricht an allgemeinbildenden Schulen, der private Musikunterricht zur Erlernung eines Instruments sowie das Unterrichtsangebot einer Musikschule. Musikunterricht war in allen Musikkulturen von größter Wichtigkeit zur Weitergabe von musikalischen Fertigkeiten und Kenntnissen an die folgenden Generationen. Ziele und Methoden des Musikunterrichts werden in der ↑Musikpädagogik reflektiert.

**Musikwerke** (auch Musikautomaten) ↑mechanische Musikinstrumente.

**Musikwissenschaft:** Gegenstand der Musikwissenschaft ist Musik in ihren vielfältigen, verschiedenartigen historischen, sozialen, ethnischen, nationalen Ausprägungen und Erscheinungen von den vorgeschichtlichen Anfängen bis zur Gegenwart; ferner die Musikkultur (die gesellschaftlichen Einrichtungen, Verhaltensweisen, Funktionen), in der und durch die Musik realisiert wird; schließlich die Beziehungen zwischen Musik, Musikkultur und jeweiliger Gesellschaft. – Musikwissenschaft untersucht dabei die Beschaffenheit der Musik selbst vom elementaren Ton bis zum hochorganisierten Kunstwerk; die Musizier- und Aufführungspraxis vom Gruppengesang in der Stammesgemeinschaft bis zu Sinfonieorchester und Popband; Funktion, Gebrauch und Wirkungen von Musik sowie Verhaltensweisen gegenüber Musik von Ritus und Zeremonie bis zum reinen ästhetischen Genuß in Oper und Konzert.

Anfänge der Wissenschaft von der Musik gehen auf die antike Musiktheorie (↑griechische Musik) zurück. Sie wurden im ↑Mittelalter aufgegriffen. Die ↑Ars musica wurde vom 12.–16. Jahrhundert an den Universitäten gelehrt und gehörte (mit Arithmetik, Geometrie, Astronomie) zum Quadrivium, dem mathematischen Teil der Septem artes liberales („Sieben freie Künste"); das Trivium, der spachbezogene Teil, umfaßte Grammatik, Rhetorik, Dialektik. – Zur Wissenschaft als Erfahrungswissenschaft im neuzeitlichen Sinn im Unterschied zu der religiös gebundenen, spekulativen mittelalterlichen Musiktheorie wurde die Musikwissenschaft v. a. als ↑Musikgeschichtsschreibung der Aufklärung; als organisierte Universitätsdisziplin etablierte sie sich dann in der 2. Hälfte des 19. Jahrhunderts.

Die innere Gliederung der Musikwissenschaft ist nicht unumstritten; in der Regel unterscheidet man als Hauptzweige die historische (Musikgeschichtsschreibung) und die systematische Musikwissenschaft sowie die ↑Musikethnologie (auch Ethnomusikologie, musikalische Völkerkunde). – Im Zentrum der *historischen Musikwissenschaft* steht traditionell die europäische Kunstmusik vom Mittelalter bis heute; Volks- oder Popmusik werden aber inzwischen ebenso als ihr Gegenstand begriffen. Ihre Hauptmethoden sind einerseits von der Philologie geprägt (Erschließung und Edition von Notentexten); sie werden durch Methoden der Geschichtswissenschaft ergänzt (Erschließung von archivalischen und biographischen Quellen, Untersuchung von Selbstzeugnissen, Briefen von Musikern und musikästhetischen und -theoretischen Äußerungen; ikonographische Studien an Bildquellen). Andererseits verwendet man für die Untersuchung von Musik als Kunst ein vielfältiges Instrumentarium der Struktur-, Form-, Stil- und Inhaltsanalyse; die traditionellen Verfahren der Kontrapunkt-, Harmonie-, Formenlehre u. ä. werden durch mathematisch-statistische, musiksoziologische und neuerdings v. a. semiotische (Semiotik als allgemeine Theorie der Zeichen bzw. Sprachsysteme) ergänzt. Zur historischen Musikwissenschaft zählen auch Instrumentenkunde sowie musikalische Volkskunde. Die Forschung wurde und wird unter verschiedenen Gesichtspunkten betrieben, etwa als Stil-, Gattungs-, Geistes-, Problem-, Sozial-, Struktur- oder Wirkungsgeschichte. Zur *systematischen Musikwissenschaft* rechnet man die musikalische Akustik (als Lehre von den Schallvorgängen ein Zweig der Physik), die Physiologie der Tonerzeugung und -wahrnehmung, die Ton- oder Hörpsychologie (die v. a. elementare Erscheinungen wie Intervall, Konsonanz, Dissonanz und ihre psychische Umsetzung erforscht; ↑Hören) sowie die ↑Musikpsychologie (die v. a. komplexere, etwa emotionale Wirkungen der Musik zum Gegenstand hat). Hier sind naturwissenschaftliche Methoden prägend, die aber zunehmend durch sozialwissenschaftliche ergänzt werden. Die ↑Musikästhetik versucht, Normen und Kriterien musikalischer Wertung, Qualität und Schönheit zu analysieren und zu systematisieren; die ↑Musiksoziologie untersucht das Geflecht der Zusammenhänge von Musik und Gesellschaft.

Obwohl sich die Dreigliederung der Musikwissenschaft auf Wissenschaftspraxis und -tradition berufen kann, breitet sich doch die Einsicht aus, daß Gegenstände und Methoden in den Teildisziplinen eher dem Grad als dem Wesen nach verschieden sind. Sieht man einmal von der Akustik ab, so unterliegt auch der Objektbereich der systematischen Musikwissenschaft wie der der Musikethnologie in verschiedenem Ausmaß dem historischen Wandel; und umgekehrt zielt auch die historische Musikwissenschaft darauf, Gesetzmäßigkeiten der geschichtlichen Entwicklung ausfindig zu machen.

**Musique concrète** [myzikkõ'krɛt; französisch] ↑konkrete Musik.

**musische Erziehung:** Kennwort für eine pädagogische Reformbewegung um und nach 1900, die die Entfaltung der schöpferischen Kräfte und künstlerischen Ausdrucksfähigkeiten von Kindern und Jugendlichen in den Mittelpunkt der Erziehung stellte und sich entsprechend gegen rationale und intellektualistische Lernziele und Lehrverfahren wendete. Von der Kunsterziehung ausgehend, hat die musische Erziehung auch den Musikunterricht nachhaltig beeinflußt, und zwar in Verbindung mit Gedanken der ↑Jugendmusikbewegung (F. Jöde). Singen und eigenes Musizieren stehen für die musische Erziehung ganz im Vordergrund auf Grund der Annahme einer gemeinschaftsbildenden und menschenformenden Kraft der Musik. Th. W. Adorno hat nach 1950 scharfe Kritik an der unkritischen und ideologisch verfestigten Tradierung solcher Ideale geübt angesichts der radikal veränderten Situation des Menschen in der verwalteten Welt. Dennoch gehören gewisse Prinzipien der musischen Erziehung, richtig verstanden und maßvoll gehandhabt, zum bleibenden Bestandteil musikerzieherischer Planung.

**muta** [lateinisch „verändere!"]: Spielanweisung für das Umstimmen oder Auswechseln eines Instruments (v. a. bei Pauken und Blasinstrumenten gebraucht).

**Mutation** [von lateinisch mutatio „Veränderung"]: 1. in der ↑Solmisation die Umdeutung eines Tones zum Zwekke des Übergangs in ein anderes ↑Hexachord. Beispiel:

2. (Mutierung) ↑Stimmbruch.

**m. v.:** Abk. für ↑mezza voce.

**Mysterienspiel:** ↑geistliches Spiel des Mittelalters, das in seinen Ursprüngen aus der kirchlichen Liturgie abzuleiten ist und dessen Handlung auf biblischen Erzählungen basiert. Das Mysterienspiel begegnet seit dem 14. Jahrhundert in Frankreich (französisch mystère) und England (englisch mystery play). Die Mysterienspiele waren vielfach extrem umfangreich, ihre Spieldauer betrug mitunter Tage und Wochen. In England gab es ganze Mysterienspielzyklen, z. B. den „York cycle" mit 48 erhaltenen Stücken.

**mystischer Akkord:** ein von A. Skrjabin erfundener und häufig angewendeter sechstöniger Akkord, der aus reinen, verminderten und übermäßigen Quarten gebildet ist (c–fis–b–$e^1$–$a^1$–$d^2$). Der mystische Akkord ist nicht mehr nach den Regeln der ↑Funktionstheorie erklärbar und zeigt (zusammen mit anderen von ihm entwickelten Akkorden), wie weit sich Skrjabin bereits von der romantischen Tonalität gelöst hat.

# N

**Nachahmung:** als Begriff der Satztechnik ist Nachahmung svw. ↑Imitation. – Als Begriff der Musikästhetik bezieht sich Nachahmung auf die Fähigkeit der Musik, Außermusikalisches durch gewisse Ähnlichkeiten in Tönen nachzubilden. Werden dabei äußere Vorgänge (Gewitter, Rauschen des Wassers, Glockengeläut usw.) nachgeahmt, spricht man von ↑Tonmalerei. Weit wichtiger, wenngleich stets auch umstritten, ist die Nachahmung innerer Vorgänge, Stimmungen, menschlicher Charaktere u. a. Die Zuordnung bestimmter Tonarten, Intervalle, Rhythmen usw. zu bestimmten Gefühlsäußerungen ist die Grundlage der barocken ↑Affektenlehre. Die Nachahmung spachlich-rhetorischer Figuren erörtert die ↑Figurenlehre des 16.–18. Jahrhunderts.

**Nachhall** ↑Hall.

**Nachsatz:** Bezeichnung für den zweiten Teil einer ↑Periode.

**Nachschlag:** eine Verzierung: 1. das Gegenteil des Vorschlags, wobei eine oder zwei Noten an eine vorausgehende, diese zeitlich verkürzend, angebunden werden:

2. der Abschluß eines ↑Trillers, wenn die untere Nebennote vor der Hauptnote berührt wird; Zeichen auch 𝆗, 𝆗, 𝆗.

Nachschlag als Abschluß eines Trillers

**Nachspiel** (lateinisch Postludium): entweder ein selbständiges abschließendes Instrumentalstück (z.B. für Orgel am Ende des Gottesdienstes, für Orchester am Ende eines Opernaktes) oder ein nahtlos angefügter instrumentaler Schlußteil von Vokalwerken (Arien, Chöre u.a.), von Bedeutung v.a. als Klaviernachspiel eines Liedes oder eines Liederzyklus' (R. Schumann, „Dichterliebe", „Frauenliebe und -leben", beide 1840).

**Nachtanz:** in der Tanzmusik vom Mittelalter bis ins 17. Jahrhundert der schnelle, ungeradtaktige Springtanz, der dem langsamen, geradtaktigen Schreittanz folgt. Vor- und Nachtanz haben oft den gleichen harmonischen und melodischen Bau. Aus dieser grundlegenden Tanzfolge entwickelte sich im 16. Jahrhundert die ↑Suite. Wichtig als Nachtanz waren Galliarde und Courante, ferner Saltarello (Italien), Tourdion (Frankreich), Alta danza (Spanien) sowie Hupfauf, Proportz, Sprung, Tripla (Deutschland).

**Nachtstück:** deutsche Übersetzung von ↑Notturno und ↑Nocturne. Klavierstücke mit diesem Titel schrieben u.a. R. Schumann (op. 23, 1839, angeregt durch E. T. A. Hoffmann), M. Reger und P. Hindemith.

**Nagelgeige:** ein Musikinstrument, das etwa Mitte des 18. bis Mitte des 19. Jahrhunderts in Gebrauch war. Es bestand aus etwa 24 oder mehr abgestimmten Eisenstiften, die auf einem halbkreisförmigen Resonanzkasten aus Holz angebracht waren und mit einem Bogen angestrichen wurden. Eine entwickeltere Form war das *Nagelklavier* (auch *Nagelharmonika* genannt), das mit einer Klaviatur und einem ständig rotierenden Band (das mit Hilfe eines Pedals angetrieben wurde) anstelle des Bogens versehen war; beim Niederdrücken der Tasten wurde das Band an den betreffenden Eisenstift gedrückt und brachte ihn zum Schwingen.

**Nagelharmonika** (Nagelklavier) ↑Nagelgeige.

**Nasat** [von niederländisch nazaat „Nachsatz"]: in alten Orgeln ein labiales Quintregister, gewöhnlich zu $2^2/_3$- oder $1^1/_3$-Fuß; von zartem, näselndem Klang.

**Nationalhymnen** [von griechisch hýmnos (↑Hymne)]: im Gefolge der Französischen Revolution seit der 1. Hälfte des 19. Jahrhunderts sich ausbreitende patriotische Gesänge mit (meist) populärer Melodie, die als Ausdruck des nationalen Selbstverständnisses gelten (und gesetzlichen Schutz genießen). Nationalhymnen werden bei feierlichen politischen und sportlichen Anlässen gespielt bzw. gesungen (bei Sportveranstaltungen allgemein bei der Siegerehrung, bei Fußball-Länderspielen schon vor dem Spiel); darüberhinaus gehört die Nationalhymne zum Protokoll (das sind die im diplomatischen Verkehr gebräuchlichen und eingehaltenen Formen); sie ist häufig durch Verfassung oder Gesetz festgelegt. Zu Nationalhymnen wurden religiöse Kampflieder des Mittelalters, Königshymnen, Freiheits- und Revolutionshymnen, patriotische Volkslieder, Militärmärsche, Stücke aus Bühnenwerken oder Neukompositionen erklärt.

**Naturhorn:** ein Horn ohne Klappen, Ventile, Tonlöcher oder Züge. Auf dem Naturhorn werden nur die ↑Naturtöne hervorgebracht.

**Naturtöne:** sind diejenigen Töne eines Blasinstruments, die ohne Verwendung von Klappen, Ventilen, Löchern oder Zügen erzeugt werden können. Die Naturtöne werden von den Eigenschwingungen der im Blasinstrument eingeschlossenen Luftsäule hervorgerufen. Welcher Naturton im speziellen Fall erklingt, hängt von der Art der Schwingungserregung ab. Der tiefste erklingende Ton ist der Grundton des Instruments, die weiteren Naturtöne entsprechen der Obertonreihe (↑Oberton).

**Naturtrompete:** eine Trompete, deren Röhre nicht durch Ventile, Züge u.a. verlängert werden kann und die daher nur die ↑Naturtöne hervorbringt, ähnlich dem ↑Naturhorn.

**neapolitanischer Sextakkord** (Neapolitaner): Bezeichnung für einen charakteristischen, subdominantisch wirkenden Akkord auf der vierten Stufe der Tonleiter, mit kleiner Terz und kleiner Sexte (in C-Dur oder c-Moll: f–as–des). Die Funktionstheorie erklärt den neapolitanischen Sextakkord als Mollsubdominante mit kleiner Sexte anstelle der Quinte; die Stufentheorie als erste Umkehrung der tiefalterierten II. Stufe (des–f–as). Der neapolitanische Sextakkord war in der Musik des 18. Jahrhunderts (v. a. in der neapolitanischen Schule) ein beliebtes Stilelement zur Erzielung einer plötzlichen (oft schmerzlichen) Ausdruckssteigerung. Er bildete auch weiterhin ein verbreitetes Mittel zur raschen Modulation in entfernte Tonarten.

**neapolitanische Schule:** nennt man eine Komponistengruppe, die etwa ab 1650 über 100 Jahre lang, von Neapel ausgehend, die Geschichte der ↑Oper maßgeblich bestimmte. Als ihr Begründer gilt F. Provenzale, ihr erster führender Meister war A. Scarlatti. Bestimmende Gattung war zunächst die ↑Opera seria mit ihren stark idealisierten Gestalten (Helden, Könige usw.) und ihrer festgefügten musikalischen Abfolge von Rezitativ (für die Handlung) und Da-capo-Arie (für die Zustandsschilderung), in der die neuen Gesangsvirtuosen (Primadonnen, Kastraten) ihre Kunst zeigen konnten, und ihrer stets dreiteiligen Sinfonia als Ouvertüre. Weitere wichtige Komponisten waren N. Porpora, L. Vinci, F. Feo, L. Leo, J. A. Hasse. In der Spätzeit suchten N. Jommelli und T. Traetta nach einer Ausweitung der starren Typik durch dramatische orchesterbegleitete „Accompagnato"-Rezitative und Zusammenschlüsse der Nummern zu größeren Szenen. Textdichter waren v. a. Zeno und Metastasio. Beeinflußt von der neapolitanischen Schule zeigen sich Händel, Gluck (der sie in seinen Reformopern zugleich überwand) und Mozart, in dessen klassische Opernsynthese sie als ein Element einging. Als zweite wichtige Gattung der neapolitanischen Schule entstand im 18. Jahrhundert aus den in die Opera seria eingeschobenen Intermezzi die volkstümlichere, heiter-burleske ↑Opera buffa. Sie erlangte Weltgeltung seit G. P. Pergolesis „La serva padrona" (1733). Weitere Meister waren N. Piccinni, G. Paisiello, D. Cimarosa. Mozarts italienische Meisteropern basieren in den Grundlinien noch auf diesem Typus.

**Nebel** (Nevel, Newel) [hebräisch]: hebräisches Saiteninstrument mit 10–12 Saiten, wahrscheinlich eine Bogenharfe. Das Nebel war ein wichtiges Tempelinstrument und wird im Alten Testament mehrfach erwähnt.

**Nebendominanten:** seltener gebrauchte Bezeichnung für ↑Zwischendominanten.

**Nebendreiklänge:** nennt man (im Gegensatz zu den *Hauptdreiklängen* auf der 1., 4. und 5. Stufe) die Dreiklänge auf allen anderen Stufen einer Dur- oder Molltonleiter. Es sind hauptsächlich Dur- oder Molldreiklänge (Parallelen, ↑Medianten), wie sie in der erweiterten ↑Kadenz auftreten. Einige sind unselbständige (verminderte oder übermäßige) Dreiklänge, die je nach dem Zusammenhang dominantisch oder subdominantisch zu deuten sind (z. B. der Dreiklang auf der 7. Stufe in C-Dur, h–d–f, als Dominantseptakkord ohne Grundton oder als Subdominantparallele mit Sexte anstelle Quinte).

**Nebennote** (Nebenton): die obere oder untere (kleine oder große) Sekunde eines Haupttons, der verziert wird (mit Triller, Mordent u. a.). Nebennoten sind auch harmonie- oder akkordfremde Töne, z. B. bei ↑Antizipation, ↑Durchgang, ↑Vorhalt, ↑Wechselnote.

**Nebentonart:** eine Tonart, die in einem Musikstück außer der Haupttonart eine gewisse Rolle spielt und meist zu dieser in einem charakteristisch [oft terz- oder quint]verwandten Verhältnis steht.

**Negro Spiritual** ['ni:groʊ 'spɪrɪtjʊəl; englisch]: geistlicher Gesang der Afroamerikaner. Der Begriff Spiritual wurde seit dem 18. Jahrhundert von angloamerikanischen Siedlern als Bezeichnung für Hymnengesänge und geistliche Lieder verwendet und von den als Sklaven in die USA verschleppten Afrikanern im Zuge ihrer Christianisierung übernommen. – Musikalisch bedeutet das Negro Spiritual eine Überlagerung abendländischer Gestaltungsprinzipien durch die emotionalen Merkmale und Ausdrucksmittel der afroamerikanischen Musik. Während seine formale und harmonische Struktur deutliche Bezüge zur europäischen geistlichen Musik und zur Volksmusik aufweist, ist sein Rhythmus sowie sein melodischer Duktus durch spezifisch afroamerikanische Elemente wie ↑Off-Beat und Blue notes (↑Blues) geprägt. – Die Texte der Negro Spirituals enthalten häufig Anspielungen auf die soziale Situation der Negersklaven im 18. und 19. Jahrhundert, wobei z. B. das „gelobte Land" der Bibel als Codewort für den Freiheit verheißenden Norden der USA diente. Wurde das Negro Spiritual ursprünglich überwiegend einstimmig mit rhythmischer Akzentuierung durch Fußstampfen und Händeklatschen dargeboten, so entwickelte sich im Laufe des 19. Jahrhunderts ein europäisierter, mehrstimmiger Typus, der mit Klavierbegleitung und zum Teil durch große Chöre aufgeführt wurde (z. B. die Fisk Jubilee Singers). – Zu den bekanntesten Interpreten von Negro Spirituals im 20. Jahrhundert gehören das Golden Gate Quartet, Sister Rosetta Tharpe und Mahalia Jackson.

**Neobarọck** [von griechisch néos „neu"]: bezeichnet eine Tendenz mancher Komponisten des 20. Jahrhunderts, Formen und Stilmittel des Barock, mehr oder weniger verändert, in ihre Werke zu übernehmen (Orgelwerke von J. N. David, Concerto grosso von E. Křenek, Fugen von P. Hindemith). Neobarock wird von ↑Neoklassizismus nicht immer eindeutig getrennt.

**Neoklassizịsmus** [von griechisch néos „neu"]: eine nach 1920 in Paris (I. Strawinski, J. Cocteau, Gruppe „Les Six") entstandene Bezeichnung für die Verwendung und Verarbeitung von Stilmerkmalen des 18. Jahrhunderts in Neuer Musik (↑Klassizismus, ↑Neobarock).

**neudeutsche Schule:** seit 1859 die selbstgewählte Bezeichnung für einen Komponistenkreis um F. Liszt (H. von Bülow, P. Cornelius, J. Raff), der sich durch Aufführungen und Schriften für die Werke von R. Wagner, H. Berlioz und F. Liszt einsetzte. Musikdrama und sinfonische Dichtung wurden wegen ihrer engen Verbindung von Poesie und Musik sowie wegen ihrer neuartigen Formgestaltungen von der neudeutschen Schule als „fortschrittlich" bezeichnet, während die Kompositionen von F. Mendelssohn Bartholdy, R. Schumann und J. Brahms als „konservativ" und klassische Formen nur weitertragend abgelehnt und bekämpft wurden.

**neue Einfachheit:** schlagwortartige Bezeichnung für Bestrebungen junger deutscher, nach 1945 geborener und um 1975 hervorgetretener Komponisten (Wolfgang Rihm, * 1952, u. a.), die auf ausdrucksvolle, breiter verständliche und faßliche Musik zielen und sich daher auch stark traditioneller musikalischer Sprachmittel bedienen.

**Neue Musi̱k:** zunächst eine vielbenutzte und daher wenig präzise Sammelbezeichnung für alle Strömungen der Kunstmusik im 20. Jahrhundert, wobei von Jahrzehnt zu Jahrzehnt v. a. die Produktion der jeweiligen Gegenwart gemeint war. – In einem speziellen Sinn ist Neue Musik die Musik der zweiten Wiener Schule (A. Schönberg, A. Berg, A. Webern) und ihres Umkreises, da sich deren Komponieren in betonter Weise als neu gegenüber der traditionellen Musik begreift. Das Neue der Neuen Musik ist nicht ihr ungewohnter, fremdartiger Klang, denn auch in früheren Epochen empfanden die Zeitgenossen die jeweils neuesten Kompositionen oft als eigenartig und unverständlich, sondern ihre neue Freiheit im Gebrauch der musikalischen Mittel. Während in der traditionellen Musik die musikalischen Elemente vorgeordnet (durch Tonart, Funktion, Takt, Periode, Form u. a.) und stets aufeinander bezogen waren, bedeutet für die Neue Musik jeder Kompositionsakt ein Einzelereignis, das nach allen Seiten offen ist und erst durch ein für jede Komposition neu zu entwerfendes Strukturgefüge gefunden werden muß. Dies gilt in besonderem Maße für die freie Atonalität (↑atonale Musik) zwischen etwa 1910 und 1920. Der Schritt A. Schönbergs zur ↑Zwölftontechnik als Versuch einer neuen Ordnung wird auf diesem Hintergrund besonders verständlich. Andererseits steht Neue Musik dennoch ganz innerhalb abendländischer Musiktradition, insofern seit dem Mittelalter die musikalische Entwicklung immer wieder von betonten Neuansätzen bestimmt gewesen ist (z. B. Ars nova, Monodie, Vorklassik, Romantik, Impressionismus). Immer ist dabei Altes abgelöst worden und teilweise verlorengegangen. Entsprechend wächst auch die Neue Musik Schritt für Schritt aus der Spätromantik heraus, was besonders am Frühwerk Schönbergs mit seiner Anknüpfung an die Harmonik, Klanglichkeit und Motivkunst R. Wagners, J. Brahms' und G. Mahlers deutlich wird. Mit Schönbergs Klavierstücken op. 11 (1909) und George-Liedern op. 15 (1908/09) ist die freie Atonalität erreicht, die höchste Ausdrucksintensität ermöglicht (↑Expressionismus) und zugleich jene neue individuelle Strukturgesetzlichkeit hervorbringt, die sich nur aus dem jeweiligen Werk selbst ableiten läßt. Schönberg war sich bewußt, mit solchen Kompositionen „alle Schranken einer vergangenen Ästhetik durchbrochen zu haben". Auf andere Weise gelangten um die gleiche Zeit weitere Komponisten zu einer neuen Tonsprache (u. a. I. Strawinski, P. Hindemith, B. Bartók). Die Stichworte ↑Polytonalität, ↑Bruitismus, Barbarismus, frei entfesselte Rhythmik, Mischung traditioneller Gattungen, Aufgreifen fremdartiger Elemente aus Folklore, Jazz und Unterhaltungsmusik kennzeichnen die unterschiedlichen Ziele, Mittel und Wege, während die kompositorischen Voraussetzungen und der Impuls zur Abrenzung gegenüber einer als beendet empfundenen Tradition überall weitgehend ähnlich waren.

Einen zweiten, vielleicht noch radikaleren Aufbruch bildet die Neue Musik nach 1950. Während die ↑serielle Musik noch an A. Webern anknüpft, zeigen ↑Aleatorik, ↑elektronische Musik, ↑konkrete Musik und alle weiteren Versuche mit ↑offenen Formen und Verfahren eine Abwendung vom Begriff der Komposition als Werkgebilde, eine Hinneigung zum Momentanen, Improvisierten, Unfixierten und Experimentellen, mit der das Neue und Einmalige gegenüber einer konzertfähigen Tradition aufs stärkste betont werden.

**neue Sachlichkeit:** Richtung der Musik zwischen 1924 und 1929 in Deutschland, die, wie die entsprechende literarische Strömung, auf „entideologisierte", „sachliche" Darstellung der technisch-industriell geprägten Welt zielte und sich an Idealen wie „Materialgerechtigkeit" orientierte. Sie wurde mit der Weltwirtschaftskrise von einer Rückwendung zur „Ideologie" abgelöst. Neusachliche Elemente finden sich in dieser Phase im Schaffen von A. Schönberg, B. Bartók, P. Hindemith, E. Křenek, K. Weill, H. Eisler.

**Neumen** [von griechisch neûma „Wink"]: Notenzeichen des Mittelalters, mit denen die einstimmigen Melodien, v. a. die der liturgischen Gesänge aufgezeichnet wurden. In der Geschichte der Notenschriften stehen sie zwischen den ↑Buchstabentonschriften der Antike und den aus den Neumen entwickelten Quadratnoten der ↑Choralnotation. In ihrer frühen Form bezeichnen sie weitgehend nur den allgemeinen Verlauf der Melodien und sind so mehr oder weniger nur Gedächtnisstützen bei der Ausführung der aus mündlicher Überlieferung bekannten Gesänge. Ein Pes (Podatus) oder eine Clivis (Flexa) bezeichnen nur ein auf- oder absteigendes Intervall, ohne daß sich bestimmen ließe, ob es sich dabei um eine Sekunde, Terz, Quarte, Quinte oder Sexte handelt. Im Vergleich mit späteren, klarer oder eindeutig zu bestimmender Notierungen derselben Melodien sind die Aufzeichnungen in Neumen dennoch von wesentlicher historischer Bedeutung. Auch der Rhythmus der Melodien

| | Neumen (Sankt Gallen) | Choral-notation (römisch) |
|---|---|---|
| Punctum | • (\) | ■ |
| Virga | | |
| Pes oder Podatus | | |
| Clivis oder Flexa | | |
| Climacus | | |
| Scandicus | | |
| Torculus | | |
| Porrectus | | |
| Oriscus | | ■ |
| Pressus | | |
| Salicus | | |
| Strophicus | ’’’ | ■■■ |
| Quilisma | | |
| Cephalicus | | |
| Epiphonus | | |

blieb in dieser Notierung unberücksichtigt. Dem für die Zeit selbst spürbaren Mangel versuchte man, durch Zusatzzeichen (u.a. durch die sogenannten „Romanus-Buchstaben") zu begegnen. Mit diastematischen Neumen (von griechisch diástēma „Intervall") wurden die Melodieverläufe von gedachten Linien ausgehend klarer festgelegt, bis mit der Einführung von ursprünglich ein oder zwei Linien (allgemein f und c$^1$, bezeichnet durch einen Tonbuchstaben am Anfang oder durch Rot- und Gelbfärbung) die Intervallverhältnisse eindeutig fixiert werden konnten. Die sogenannten *lateinischen Neumen* West- und Mitteleuropas, deren früheste Belege bis in das 9. Jahrhundert zurückreichen, dürften auf das Vorbild der schon im 8. Jahrhundert nachweisbaren *byzantinischen Neumen* zurückgehen. Diese entwickelten sich wahrscheinlich aus der ↑ekphonetischen Notation, die ihrerseits auf die prosodischen Zeichen des griechischen Alphabets zurückgeführt werden. Aus der lateinischen Neumenschrift ist im 12. Jahrhundert durch Verdickung der Zeichen die quadratische Choralnotation entstanden.

**Nevel** (Newel) [hebräisch] ↑Nebel.

**New-Orleans-Jazz** [nju: 'ɔ:lɪənz 'dʒæz; englisch]: Bezeichnung für die erste vollausgebildete Stilform des Jazz, die sich zu Ende des 19. Jahrhunderts in den Südstaaten der USA, speziell in New Orleans, entwickelte. Der New-Orleans-Jazz verdankt seine Entstehung einem Prozeß der Kulturübertragung (Akkulturation), in dessen Verlauf schwarze Musiker eine Verschmelzung von Elementen der afroamerikanischen Volksmusik (Blues, Worksong, Spiritual) mit solchen der euroamerikanischen Marsch-, Tanz- und Unterhaltungsmusik vollzogen.

Die charakteristische Besetzung einer New-Orleans-Band bestand aus drei melodietragenden Instrumenten (in der Regel Kornett, Klarinette und Posaune) und einer Rhythmusgruppe mit Banjo, Tuba und Schlagzeug. Erst später kam das Klavier als harmonisch-rhythmisches Begleitinstrument hinzu und die Tuba wurde durch den flexibleren Kontrabaß ersetzt. – Zu den typischen Gestaltungsprinzipien des New-Orleans-Jazz gehören Kollektivimprovisationen der Melodieinstrumente mit bestimmten Funktionszuweisungen für jeden Spieler: das Kornett als führendes Instrument (englisch lead instrument) spielt das Thema des Stückes; die Klarinette umspielt dieses, häufig in Akkordbrechungen und Achtelläufen; die Posaune bringt die harmonische Basis.

Der Beginn der New-Orleans-Epoche wird im allgemeinen mit dem Hervortreten des ersten bekannten Jazzmusikers, des legendären Kornettisten Buddy Bolden, um 1890 angesetzt. Der Höhepunkt des New-Orleans-Jazz fällt mit der Blütezeit der Stadt als Vergnügungszentrum des amerikanischen Südens um 1915 zusammen. Danach verlagerten sich – beeinflußt durch gesellschaftliche und wirtschaftliche Wandlungen – die Aktivitäten der New-Orleans-Musiker zunehmend in den Norden der USA, v.a. nach Chicago, wo unter der Leitung von King Oliver, Louis Armstrong und Jelly Roll Morton die wichtigsten Schallplattenaufnahmen des New-Orleans-Jazz entstanden. – Nachdem der New-Orleans-Jazz in den 1930er Jahren durch den Swing-Stil (↑Swing) fast völlig aus dem Musikleben verdrängt worden war, kam es seit den 40er Jahren und verstärkt seit den 50ern wiederholt zu sogenannten Revival-Bewegungen (auch *New-Orleans-Renaissance)*, in denen der New-Orleans-Jazz zunehmend popularisiert wurde, gleicheitig aber – wie z.B. im englischen ↑Traditional Jazz – erheblich an Substanz einbüßte.

**New Wave** ['nju: 'wɛɪv; englisch „neue Welle"]: Sammelbezeichnung für eine Mitte der 70er Jahre auftretende Strömung innerhalb der Rockmusik, z.T. vom Punkrock herkommend, ohne allerdings dessen Aggressivität zu übernehmen. Die Gruppenbesetzungen orientieren sich wieder mehr an der „klassischen" Beatmusik. Einen bedeutenden Einfluß hatte die New-Wave-Bewegung Ende der 70er Jahre speziell auf die deutschsprachige Rockszene. Ausgehend vom Underground entstanden v.a. in Berlin (West) quasi über Nacht unzählige Kleingruppen, deren Musik sich anfänglich fernab des kommerziellen Plattengeschäfts verbreitete, sich aber mittlerweile als *neue deutsche Welle* fest etablieren konnte. Von vereinzelten Vorläufern abgesehen (z.B. U. Lindenberg), gelang es dem deutschen Rock hiermit erstmalig, sich von dem Vorbild der englischen und amerikanischen Rockmusik zu lösen. V.a. durch originelle Texte wurde der deutsche Rock von seinem immer etwas hausbackenen Charakter befreit. Dabei wird vielfach in Mundart gesungen, was dem rhythmischen Drive und der latenten Blueshaftigkeit der Rockmusik mehr entgegenkommt als der spröde hochdeutsche Sprachduktus. Die phantasievollen Texte ebenso wie die auf den ersten Blick eigentümlichen, an Graffiti-Sprache erinnernden Namen der Gruppen (u.a. „BAP", „D.A.F.", „Spider Murphy Gang") stellen die neue deutsche Welle in die Nähe jugendlicher Protestformen Ende der 70er Jahre.

**niederländische Musik** (niederländische Schule): in der modernen Musikgeschichtsschreibung Bezeichnung für die Musik des 15. und 16. Jahrhunderts, die ursprünglich im territorialen Bereich der „Vereinigten Niederlande" vom Anfang des 19. Jahrhunderts beheimatet war. Ihr Umkreis ist durch die Beteiligung flämischer, wallonischer und nordfranzösischer Musiker sowie durch mehrere Kulturzentren gekennzeichnet. Die erste Epoche der niederländischen Musik ist mit dem burgundischen Hof Philipps des Guten (regierte 1419–67) und Karls des Kühnen (1467–77) verbunden und wird daher auch *burgundische Musik* genannt; ihre bedeutendsten Vertreter waren G. Dufay und G. Binchois (ersterer wirkte auch in Italien). Die Folgezeit, die Zeit der *frankoflämischen Schule* mit Zentren in Cambrai und Antwerpen, wurde in der Auseinandersetzung mit der italienischen und englischen Musik für ganz Europa maßgebend und bestimmte die Musikgeschichte bis in das ausgehende 16. Jahrhundert. Die niederländischen Musiker wurden an die führenden ausländischen Höfe gerufen; ihre Werke – mehrstimmige Messen, Motetten und weltliche Liedkompositionen – fanden zunächst in Handschriften, v.a. aber seit Aufkommen des Notendrucks (Anfang des 16. Jahrhunderts) weite Verbreitung. Bedeutendste Vertreter des oft als *Vokalpolyphonie* chrakterisierten Stils der Niederländer waren J. Ockeghem, Josquin Desprez, J. Obrecht, H. Isaac, L. Compère, P. de La Rue, A. Brumel, J. Mouton, N. Gombert, A. Willaert (Begründer der venezianischen Schule und Lehrer von A. Gabrieli und G. Zarlino), J. Clemens non Papa, C. de Rore, Ph. de Monte und J. de Kerle. Als Komponist und v.a. als Theoretiker wurde J. Tinctoris bekannt. Die klassische Ausprägung und Vollendung erfuhr die Vokalpolyphonie bei Orlando di Lasso und G. P. Palestrina, der selbst kein

Niederländer war und als Haupt der ↑römischen Schule gilt. Als letzter großer Niederländer gilt J. P. Sweelinck, dessen Ruhm v. a. auf seinen Orgelwerken beruht, die für die Musik des 17. Jahrhunderts große Bedeutung erlangten.

**Nocturne** [nɔk'tyrn; französisch „Nachtstück"]: kommt im 18. und 19. Jahrhundert als französische Bezeichnung für ↑Notturno vor. Hauptsächlich aber versteht man unter Nocturne seit dem 19. Jahrhundert einsätzige ↑Charakterstücke für Klavier mit ausdrucksvoller Melodie und träumerisch-elegischer Grundstimmung, wie sie erstmals J. Field (1814/35), dann F. Chopin komponierte. – ↑auch Nachtstück.

**Noël** [nɔ'ɛl; französisch, von lateinisch natalis (dies) „Geburtstag"]: seit dem 16. Jahrhundert bezeugtes französisches Weihnachtslied in Strophenform, gelegentlich mit Refrain, das zunächst auf liturgische Melodien, später auf Chansonmelodien gesungen wurde. Die Texte behandelten v. a. die Verkündigung an die Hirten. Im 17./18. Jahrhundert wurden von französischen Komponisten Noëls (als Variationen) für Klavier bearbeitet.

**Nọmos** [griechisch]: in der griechischen Musik Name altehrwürdiger poetisch-musikalischer Weisen für den Apollonkult. Wegen des göttlichen Ursprungs blieben sie unangetastet, wobei man in schriftloser Zeit jedoch nur am Gerüst unverändert festhielt und die Tonfolgen bei der Aufführung „variierte". Daher gilt Nomos heute als eine Art Melodietyp (wie ↑Maqam und ↑Raga). Nach solchem Vorbild geschaffene Weisen wurden zu Kithara oder Aulos gesungen (kitharodische, aulodische Nomoi) oder allein auf dem Aulos gespielt (auletischer Nomos).

**No̲ne** [von lateinisch nonus „der neunte"]: das Intervall im Abstand von 9 diatonischen Stufen, eine (große oder kleine) Sekunde über der Oktave.

**No̲nenakkord** [von lateinisch ↑None]: heißt ein Akkord, der aus vier Terzen aufgebaut ist und dessen Rahmenintervall die None bildet. In selbständiger Funktion tritt er v. a. als Dominant[sept]nonenakkord auf, mit großer oder kleiner None, z. B. in C-Dur: g–h–d–f–a (oder as). Ohne Grundton und mit kleiner None wird der Dominantnonenakkord als *verminderter Septakkord* bezeichnet.

**Nonẹtt** [italienisch, von lateinisch nonus „der neunte"]: Musikstück für neun Soloinstrumente (selten Singstimmen), häufig in der Besetzung 1. und 2. Violine, Viola, Violoncello (oder Kontrabaß), Flöte, Oboe, Klarinette, Fagott, Horn; auch Bezeichnung für die Gruppe der Ausführenden.

**Norma̲lton** ↑Stimmton.

**No̲ten** [von lateinisch nota „Zeichen"]: Zeichen zur schriftlichen Festlegung von Tönen. Die heutigen Noten gingen Ende des 16. Jahrhunderts aus den Zeichen der ↑Mensuralnotation hervor. Sie geben den rhythmischen Wert eines Tones an, während die Tonhöhe durch die Stellung im ↑Linien-

| Note | Pause |
|---|---|
| 𝅝 ganze Note | 𝄻 ganze Pause |
| 𝅗𝅥 halbe Note | 𝄼 halbe Pause |
| ♩ Viertelnote | 𝄽 Viertelpause |
| ♪ Achtelnote | 𝄾 Achtelpause |
| 𝅘𝅥𝅯 Sechzehntelnote | 𝄿 Sechzehntelpause |
| 𝅘𝅥𝅰 Zweiunddreißigstelnote | 𝅀 Zweiunddreißigstelpause |
| 𝅘𝅥𝅱 Vierundsechzigstelnote | 𝅁 Vierundsechzigstelpause |

system, durch ↑Schlüssel und ↑Vorzeichen bestimmt wird. Eine Note besteht aus Notenkopf, Notenhals und Fähnchen; jeder Note entspricht eine ↑Pause: In Neuausgaben älterer Musik wird gelegentlich die ↑Brevis □ als Doppeltaktnote gebraucht. Mehrere Achtel-, Sechzehntelnoten usw. können durch einen Balken (statt Fähnchen) miteinander verbunden werden: ♫ ♬ usw. Ein Punkt hinter der Note verlängert dieselbe um die Hälfte ihres Werts, zwei Punkte um drei Viertel. Reicht die Dauer einer Note über den Taktstrich hinaus, so wird dies durch Bindebogen angezeigt: ♩|♩, neuerdings auch ♩|. – ↑auch Notenschrift, ↑Tabulatur.

**Notendruck und Notenstich:** der Notendruck kam fast gleichzeitig mit dem Buchdruck im 15. Jahrhundert auf. Anfänglich wurden entweder nur das Liniensystem oder, mit Hilfe beweglicher Typen, die Noten gedruckt und der andere Teil von Hand nachgetragen. 1487 wurde erstmals ein Werk in dem einfacher zu handhabenden Blockdruck hergestellt, bei dem Noten und Linien reliefartig aus Holz herausgeschnitten werden *(Hochdruck)*. Bald danach entwickelte sich der Notendruck mit beweglichen Typen. Seine früheste Art war der Zweitypendruck, bei dem Noten und Linien in getrennten Verfahren gedruckt wurden. Der 1525 erfundene Eintypendruck vereinigt in einer Type Note und einen Teil des Liniensystems. J. G. I. Breitkopf verfeinerte 1755 durch die Entwicklung zerlegbarer Typen den Typendruck, der heute nur noch im Buchdruck (Gesang-, Liederbücher) eine Rolle spielt.

Der von S. Verovio († nach 1608) 1586 in Rom eingeführte *Notenstich* basiert im Unterschied zum Blockdruck auf dem *Tiefdruckprinzip*. Bei diesem seit dem 18. Jahrhundert geübten Verfahren wird das Notenbild in zwei Arbeitsgängen in eine Metallplatte (z. B. Kupfer, heute oft aus einer Blei-Zinn-Legierung bestehend) mit einem Stahlstempel eingeschlagen (unveränderliche Zeichen, Pausen, Notenköpfe, Schlüssel) oder mit einem Stichel eingestochen (veränderliche Zeichen, Notenhälse, Bögen, Taktstriche) und anschließend die geschwärzte Gravur auf Papier bzw. auf eine Zinkdruckplatte übertragen. Heute dient als Druckvorlage meist ein mit vorgefertigten Schablonen hergestelltes Notenbild, wobei die Schablonen durch Andrücken (Abreiben) in ein Liniensystem gebracht werden.

**Notenschlüssel** ↑Schlüssel.

**Notenschrift** (Notation): System von Zeichen zur schriftlichen Darstellung von Musik. Die Notenschrift dient einerseits der Festlegung musikalischer Vorstellungen zum Zwecke der Reproduzierbarkeit, andererseits der theoretischen Durchdringung des Tonmaterials. Die geschichtliche Entwicklung der ↑Komposition ist eng mit der Entwicklung der Notenschrift verbunden. Da die Notenschrift nur eine Versinnbildlichung des musikalischen Verlaufs wiedergibt, bleibt ein Teil des musikalisch Gemeinten der ↑Interpretation vorbehalten, für die v. a. bei älterer Musik die Kenntnis der ↑Aufführungspraxis wichtig ist.

Die abendländische Notenschrift geht auf die aus den ↑Neumen entwickelte ↑Choralnotation zurück, von der sie die Notierung im Liniensystem mit vorgezeichnetem Tonbuchstaben als Schlüssel und damit die Tonhöhenfestlegung übernahm. Die aus der ↑Modalnotation hervorgegangene ↑Mensuralnotation brachte Zeichen für die verschiedenen Notenwerte und die Taktvorzeichnung. Die zunächst partiturmäßig notierte mehrstimmige Musik wurde seit der Ars antiqua in einzelnen Stimmen, im 15./16. Jahrhundert in ↑Stimmbüchern notiert. In der ↑Tabulatur für Tasten- und Zupfinstrument werden Buchstaben, die seit der antiken ↑Buchstabentonschrift zur Aufzeichnung von Musik benutzt wurden, in Verbindung mit rhythmischen Wertzeichen verwendet, im ↑Generalbaß Zahlen in Verbindung mit Noten.

Die heutige Notenschrift gibt den rhythmischen Wert eines Tones durch die verschiedenen Formen der ↑Noten an (wobei der nächstkleinere Wert jeweils die halbe Länge hat; Duolen, Triolen, Quartolen usw. werden zusätzlich durch Zahlen gekennzeichnet), die Tonhöhe durch ihre Stellung im Liniensystem mit vorgesetztem ↑Schlüssel. Überschreitet der Tonraum den Umfang des Liniensystems, werden ↑Hilfslinien oder Oktavierungszeichen (↑all'ottava) hinzugesetzt. In der ↑Partitur sind mehrere Liniensysteme, durch eine ↑Akkolade verbunden, untereinander angeordnet. Durch ↑Vorzeichen können die Töne um ein oder zwei Halbtöne erhöht oder erniedrigt werden, was durch ↑Auflösungszeichen rückgängig gemacht wird. Takt- und Tempovorzeichnung (↑Takt, ↑Tempo) bestimmen Tondauer und metrisches Gewicht, seit dem 19. Jahrhundert präzisiert durch Metronomangaben, seit B. Bartók durch Angabe der Aufführungsdauer. Zusätzliche Angaben werden gemacht zu ↑Verzierungen, Vortrag (↑Vortragsbezeichnungen), ↑Dynamik, ↑Phrasierung und ↑Artikulation, oft werden dazu ↑Abbreviaturen benutzt. Das 19. Jahrhundert brachte eine ständige Komplizierung des Notenbildes; Anfang des 20. Jahrhunderts wurden neue Zeichen eingeführt, z. B. für Haupt- und Nebenstimme und Vierteltöne. Die musikalische Entwicklung seit etwa 1950 (↑serielle Musik, ↑elektronische Musik) stellt derart ungewohnte Anforderungen an die Notenschrift, daß viele Komponisten (wie P. Boulez, K. Stockhausen, G. Ligeti) eigene Schriften entwickelten. Eine allgemein anerkannte Norm konnte sich in diesem Bereich, dessen Extremfall die ↑musikalische Graphik darstellt, nicht herausbilden. Eine Neuerung der zum Mitlesen bestimmten Aufzeichung stellt die etwa seit dem 1970er Jahren zu einzelnen Musikwerken erschienene ↑Hörpartitur dar.

**Notes inégales** [nɔt ine'gal; französisch „ungleiche Noten"]: eine Vortragsmanier v. a. in der französischen Musik des 16.–18. Jahrhunderts, bei der eine Folge von gleichmäßig notierten Achteln oder Sechzehnteln inégal, d. h. punktiert (↑Punkt) ausgeführt wurden. Der Grad der Punktierung, d. h. die Wertverlängerung und -verkürzung der Noten sowie die Häufigkeit der Anwendung hing weitgehend vom Charakter des Stückes ab.

**Notre-Dame-Schule** [nɔtrə'dam; französisch]: zusammenfassende Bezeichnung für einen Kreis von Komponisten, der um 1160/80–1230/50 mit der Kathedrale Notre-Dame in Paris in Verbindung stand. Hauptmeister waren Leoninus und Perotinus Magnus, deren Schaffen sich im „Magnus liber organi de gradali et antiphonario" niederschlug, einer Sammlung mehrstimmiger Choralbearbeitungen (Organi) für das ganze Kirchenjahr. Bedeutend für die Notre-Dame-Schule ist die Erweiterung der mehrstimmigen Musik von der Dreistimmigkeit zur Vierstimmigkeit. Hauptgattungen waren das späte ↑Organum, der ↑Conductus und die frühe ↑Motette, die zur ↑Ars antiqua weiterleitete. Aufgezeichnet wurden die Kompositionen in der ↑Modalnotation.

**Notturno** [italienisch „Nachtstück"]: bezeichnet im 18. und 19. Jahrhundert, teilweise auch unter dem Namen ↑Nocturne, entweder ein mehrsätziges Instrumentalstück beliebiger Besetzung (verwandt mit ↑Divertimento, ↑Kassation und ↑Serenade), das zur Nachtzeit im Freien aufgeführt wurde oder wenigstens im Charakter an solche Aufführungen erinnern sollte (Kompositionen dieser Art gibt es u. a. von J. Haydn, W. A. Mozart); auch ein einsätziges, ständchenartiges Gesangstück mit oder ohne Instrumentalbegleitung, das in dieser Form z. B. in nächtlichen Opernszenen vorkommt.

**Novellette** [italienisch]: vorwiegend heiteres, instrumentales ↑Charakterstück mit mehreren, frei aneinandergereihten Themen. Obwohl R. Schumann als erster Komponist von Novelletten (für Klavier op. 21, 1838) die Verbindung zur (literarischen) Novelle verneinte (er bezog den Namen auf die englische Sängerin Clara Novello), trug die Novellette in der Folgezeit (bei N. Gade, A. Glasunow, F. Poulenc u. a.)

immer gerade jenen novellistischen, quasi erzählenden Charakter.

**Null** [italienisch, von lateinisch nullus „keiner"]: 1. in der Generalbaßschrift das Zeichen für ↑tasto solo. – 2. in der Notierung für Streichinstrumente bedeutet 0 die ↑leere Saite oder (über dem Fingersatz) das [natürliche] ↑Flageolett.

**Nummernoper:** eine Oper, die aus einer Folge in sich geschlossener, nur durch Rezitative verbundener Einzelstücke (z.B. Arien, Ensemblesätze, Chöre, Instrumentalstücke) besteht; im Unterschied zur durchkomponierten Oper, wie sie im 19. Jahrhundert aufkam. Die Opern Händels und Mozarts sind Nummernopern (bei Mozart mit Ansätzen zur Durchkomposition, ↑Finale), diejenigen Wagners, Verdis und R. Strauss' sind hingegen durchkomponiert.

**Nyckelharpa** [schwedisch] ↑Schlüsselfidel.

# O

**O-Antiphonen** (Antiphonae maiores, große Antiphonen): im Offizium der römischen Kirche die sieben mit „O" beginnenden Adventsantiphonen, die vom 17. bis 23. Dezember zum Magnificat der Vesper gesungen werden („O sapientia", „O Adonai", „O radix Jesse", „O clavis David", „O oriens", „O rex gentium", „O Emmanuel").

**Oberdominante:** auch Bezeichnung für die ↑Dominante, im Gegensatz zur Unterdominante, der ↑Subdominante.

**Oberek** [ɔ'bɛrɛk; polnisch] (Obertas): polnischer Drehtanz in rasantem $^3/_8$-Takt, rhythmisch der ↑Mazurka ähnlich. Der *Obertas* des 17.–19. Jahrhunderts ist ein durch Refrain gegliedertes Tanzlied und war ursprünglich die sehr schnell getanzte Wiederholung eines ↑Kujawiak. Der jüngere *Oberek* wird instrumental ausgeführt; durch noch gesteigertes Tempo verwischt sich der Mazurka-Rhythmus.

**Oberstimme** (erste Stimme): die höchste Stimme eines mehrstimmigen Satzes; in der älteren Musik wird die Oberstimme auch ↑Cantus genannt.

**Obẹrtas** [polnisch] ↑Oberek.

**Oberton:** die Sinustöne, in die sich ein beliebiger Ton nach der ↑Fourier-Analyse zerlegen läßt, werden auch Obertöne genannt. Sie sind von großer musikalischer Bedeutung: 1. Anzahl und Intensität der Obertöne sind wesentlich für die ↑Klangfarbe eines Tons verantwortlich. 2. Die Obertöne bilden eine Reihe *(Obertonreihe)*, die man auch dadurch erhalten kann, daß eine Saite in ganzzahlige Teile geteilt wird (↑Teiltöne).
3. In der Obertonreihe treten die wichtigsten ↑Intervalle in einer für die Harmonielehre bedeutsamen Reihenfolge auf. 4. Auf Blasinstrumenten erscheint die Obertonreihe als die Reihe der ↑Naturtöne (Töne, die ohne Zuhilfenahme von Klappen, Ventilen oder Zügen gespielt werden können). Wird terminologisch zwischen ↑Teilton und Oberton unterschieden, so wirkt sich

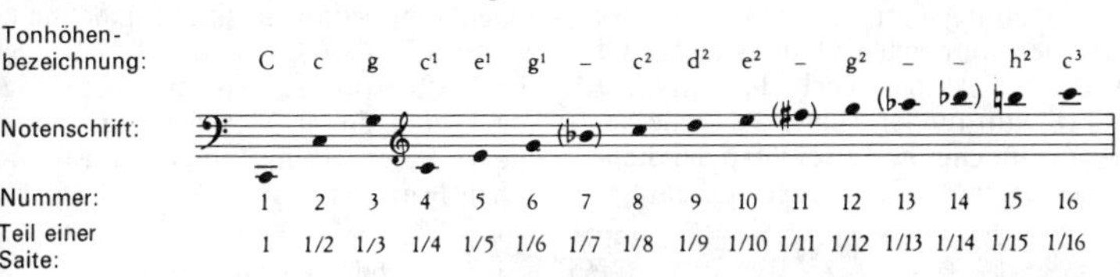


Beispiel der Obertonreihe des Tons C

das in der Numerierung aus: der Grundton wird als 1. Teilton und 0. Oberton, die Oktave als 2. Teilton und 1. Oberton usw. bezeichnet.

**Obertonreihe** ↑Oberton.

**obligat** [von italienisch obligato „verbindlich, notwendig"]: Bezeichnung für eine selbständig geführte, meist instrumentale Stimme, die bei der Wiedergabe nicht weggelassen werden darf. Die Praxis, obligate von begleitenden Ad-libitum-Stimmen (↑ad libitum), die auch weggelassen werden können, zu unterscheiden, spielt v. a. in der Musik des 18. Jahrhunderts mit ihrer viel freieren Aufführungspraxis eine Rolle, ferner in der Jugend- und Spielmusik des 20. Jahrhunderts.

**obligates Akkompagnement** [...paɲəˈmã; lateinisch-französisch]: eine Art der ↑Begleitung, bei der im Gegensatz zum ↑Generalbaß die Begleitstimmen als selbständige Stimmen (↑obligat) geführt sind, z. B. auch Melodieträger sein können und am motivisch-thematischen Geschehen teilnehmen (↑durchbrochene Arbeit). Das obligate Akkompagnement entstand ab der Mitte des 18. Jahrhunderts mit der Ausarbeitung des Klaviersatzes und zeigt sich voll durchgebildet in den Instrumentalwerken (Streichquartetten, Sinfonien) Haydns, Mozarts und Beethovens.

**Oboe** [von französisch hautbois „hohes, lautes Holz"]: ein im 17. Jahrhundert in Frankreich entstandenes Holzblasinstrument mit ↑Doppelrohrblatt (gegenschlagende Zungen, ↑Zunge) und dreiteiliger, konisch gebohrter Röhre aus Hartholz, die in eine kleine Stürze ausläuft. Im Unterschied zum ↑Pommer, dem seinerseits wieder aus der ↑Schalmei entwickelten Vorfahren der Oboe, wird hier das Blatt mit den Lippen gefaßt. Damit ist die Beeinflussung des sehr obertonreichen Oboenklangs und das ↑Überblasen möglich. Bis zum Ende des 18. Jahrhunderts hatte die Oboe sieben Grifflöcher und zwei Klappen; heute besitzt sie 16–22 Löcher und ein System von zahlreichen Lochklappen mit einer Mechanik aus Griffhebeln und Wellen. Der Tonumfang des modernen Instruments reicht von b bis $a^3$ ($c^4$). – Die Oboe gehört seit Lully zu den Orchesterinstrumenten. Konzerte für Oboe schrieben u. a. T. Albinoni, A. Vivaldi, G. F. Händel, W. A. Mozart, im 20. Jahrhundert R. Strauss, B. A. Zimmermann und B. Maderna.

Neben der Oboe als Sopraninstrument war die Altlage seit dem frühen 18. Jahrhundert durch die *Oboe d'amore* sowie die *Oboe da caccia* (aus ihr entwickelte sich das ↑Englischhorn) vertreten, die Baritonlage seit 1904 durch das ↑Heckelphon; das Baßinstrument der Oboenfamilie ist das ↑Fagott. Die tieferen Lagen der Oboen haben als Schallstück meist einen ↑Liebesfuß.

In der Orgel heißt Oboe eine Zungenstimme, meist im 8-Fuß, mit trichterförmigem Becher und offenem, teilgedecktem oder gedecktem Aufsatz.

**Octobasse** [...ˈbas; französisch]: ein 4 Meter hoher, dreisaitiger Riesenkontrabaß in der Unteroktave des Violoncellos, der vorübergehend im 19. Jahrhundert in Frankreich gebaut wurde.

**Ode** [von griechisch aideīn „singen"]: bezeichnet in der griechischen Antike das Singen und zugleich alle strophischen Dichtungen, die gesungen und musikalisch vorgetragen wurden. Solche antiken Verse wurden vereinzelt schon im Mittelalter, v. a. aber im Humanismus neu vertont (K. Celtis, um 1500), einstimmig und homophon mehrstimmig. Das wiederum gab die Anregung zur Neudichtung und Komposition neulateinischer und volkssprachlicher Oden mit geistlichem oder weltlichem Inhalt. Kennzeichnend für Odenkompositionen sind Einfachheit, strophische Gliederung und Beachtung des Textmetrums. Doch hat sich, gerade auf Grund dieser Merkmale, die Ode nie zu einer eigenständigen musikalischen Form entwickelt.

moderne Oboe

**Off-Beat** ['ɔfbi:t; englisch „weg vom Schlag“]: typisches rhythmisches Merkmal des Jazz. Off-Beat entsteht bei der Überlagerung eines durchlaufenden Grundrhythmus (Beat) durch melodisch-rhythmische Akzentmuster, die in geringen zeitlichen Verschiebungen gegen den Grundrhythmus gerichtet sind. Beim Hörer äußert sich die aus dem Gegeneinander von Beat und Off-Beat entstehende rhythmische Konfliktbildung als ein psychisch und körperlich erlebter Spannungszustand, den man auch ↑Swing nennt.

**offene Form:** wenn eine Komposition Interpretationen (Realisierungen) zuläßt, die unterschiedliche Formverläufe aufweisen, spricht man von einer offenen Form. Kompositionsprinzipien, die zu offenen Formen führen, sind: Teile sind gegeneinander austauschbar; Partien sind nicht genauer bestimmt (improvisatorische Freiräume); eine Aktionsform, nicht das Klangergebnis ist festgelegt; es gibt aleatorische Elemente (↑Aleatorik) usw. Offene Formen gibt es zwar gelegentlich schon in der älteren Musikgeschichte; von größerer Bedeutung in der mitteleuropäischen Musik wurden sie aber erst nach 1960. Bei den außereuropäischen und usuellen Praktiken musikalischer Improvisation handelt es sich nicht um offene Form im strengen Sinn, da hierbei das Ziel des Musizierens gar nicht die Realisierung einer komponierten „Form“ ist.

**offene Pfeife:** eine Orgelpfeife, deren oberes Ende offen ist, im Unterschied zur ↑gedackten Pfeife.

**Offertorium** [lateinisch „Darbringung, Opfer“]: in der katholischen Meßfeier der vierte Gesang des Proprium missae, gesungen zu Beginn der Gabenbereitung, in der Ostkirche vor 400, in Rom seit dem 5. Jahrhundert bezeugt. Ursprünglich war das Offertorium die Antiphon zu einem Psalm, der aber schon im Gregorianischen Antiphonar auf zwei oder drei Verse verkürzt und seit dem 13. Jahrhundert vielfach ganz weggelassen wurde.

**Offizium** [lateinisch „Dienst, Pflicht“] (lateinisch officium divinum [„heiliger Dienst“]; deutsch Stundengebet): das nach Tagzeiten geordnete Stundengebet der katholischen Kirche, das unter Verwendung von Psalmen, Hymnen, Lesungen, Antiphonen, Responsorien, Versikeln und Orationen sich zusammensetzt aus Matutin, Laudes, den vier sogenannten kleinen Horen Prim, Terz, Sext und Non sowie Vesper und Komplet. Das aus der synagogalen Praxis übernommene Gebet der Kirche zu bestimmten Tagesstunden findet sich bereits in der frühchristlichen Zeit und erfuhr seine für die folgenden Jahrhunderte gültige Festlegung in der von Benedikt von Nursia (* um 480, † 547) formulierten Mönchsregel. Veränderungen und Ausweitungen, die sich im Laufe des Mittelalters aus lokalen Praktiken ergeben hatten, führten im Anschluß an das Konzil von Trient 1568 zu einer neuen Vereinheitlichung des Offiziums durch Papst Pius V. Das 2. Vatikanische Konzil brachte mit einer Vereinfachung des Offiziums auch die Zulassung der Landessprache. Die Gesänge des Offiziums sind im Antiphonar enthalten.

**Okarina** [von italienisch ocarina „Gänschen“]: Gefäßflöte aus Ton oder Porzellan in der Form eines Gänseeis oder einer Rübe, mit einem Schnabel zum Anblasen und meist acht Grifflöchern. Der Klang ist sanft und dumpf. Die Okarina kam um 1860 in Italien auf; sie ist dort als Karnevalsinstrument und anderweitig v. a. als Kinderinstrument verbreitet.

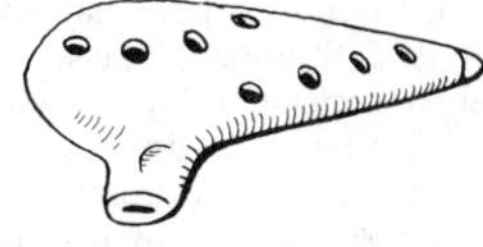

**Oktave** [von lateinisch octavus „der achte“]: nennt man das ↑Intervall, das ein [Grund]ton mit einem acht diatonische Stufen enfernt gelegenen Ton bildet (z. B. C–c). Die Saitenlängen zweier Töne im Abstand einer Oktave verhalten sich wie 2:1, die Schwingungszahlen wie 1:2. Die Oktave ist das erste Intervall der Obertonreihe (↑Oberton). Wie in vielen (nicht in allen) außereuropäischen Tonsystemen bildet die Oktave in der abendländischen Musik seit der griechischen Antike (↑Diapason) ein grundlegendes Gliederungsmerkmal des Tonraums. Zwei Töne im Oktavabstand werden als der Tonqualität nach gleich, nur der Tonhöhe nach als verschieden empfunden. Daher werden sie auch mit dem gleichen Buchstaben bezeichnet. Als ↑Konsonanz hat die Oktave den größten Verschmelzungsgrad, so daß eine Oktave mitunter gar nicht als aus zwei Tönen bestehend erkannt wird. Oktavverdopplung rechnet nicht zur ↑Mehrstimmigkeit. Oktavparallelen im mehrstimmigen Satz gelten als fehlerhaft. Die Oktave kann als reines, übermäßiges oder vermindertes Intervall auftreten.

Im weiteren Sinne nennt man Oktave auch alle Töne innerhalb dieses Intervallbereichs. So kann man den gesamten Tonraum in Höhenlagen gliedern: Subkontraoktave ($_2C$–$_2H$), Kontraoktave ($_1C$–$_1H$), große Oktave (C–H), kleine Oktave (c–h), eingestrichene Oktave ($c^1$–$h^1$), zweigestrichene Oktave ($c^2$–$h^2$), dreigestrichene Oktave ($c^3$–$h^3$), viergestrichene Oktave ($c^4$–$h^4$).

In der Orgel bezeichnet Oktave die Register der Prinzipale, die im Oktavabstand über diesen erklingen, also z. B. im 4-Fuß, 2-Fuß, 1-Fuß über dem Prinzipal 8-Fuß.

**Oktẹtt** [von lateinisch octo „acht"] (französisch octuor): ein Musikstück für 8 Soloinstrumente, selten Singstimmen (jedoch nicht das Doppelquartett mit zweimal je 4 Stimmen), meist in gemischter Streicher-Bläser-Besetzung; auch Bezeichnung für die Ausführenden. Berühmte Oktette komponierten Beethoven, Schubert, Mendelssohn Bartholdy und Strawinski.

**Oktoẹchos** [von griechisch oktṓ „acht" und ēchṓ „Schall, Ton"]: 1. Bezeichnung für ein liturgisches Buch der byzantinischen Kirche, das die veränderlichen Teile des sonn- und werktäglichen Gottesdienstes für die Zeit vom 1. Sonntag nach Pfingsten bis zum 4. Sonntag vor der Fastenzeit enthält. Diese wiederholen sich alle 8 Wochen in der gleichen Ordnung, wobei die Texte der ersten Woche im ersten Kirchenton, die der zweiten im zweiten usw., die der achten im achten Kirchenton gesungen werden. – 2. moderne Bezeichnung für das Tonartensystem des byzantinischen und des Gregorianischen Gesangs. Die in ihm zusammengefaßten Tonarten umfassen die 4 authentischen und 4 plagalen Leitern.

**Oldtime-Jazz** ['oʊldtaɪm 'dʒæz; englisch „Jazz aus der alten Zeit"]: übergreifende Bezeichnung für die älteren Stilbereiche des Jazz bis etwa 1930, insbesondere ↑New-Orleans-Jazz, ↑Dixieland-Jazz und ↑Chicago-Stil.

**Olifạnt** [altfranzösisch „Elefant, Elfenbein"]: ein aus einem Elefantenzahn gefertigtes Jagd- und Signalhorn des Mittelalters, das meist reich geschnitzt und von zwei Metallreifen mit Ösen (zur Aufhängung) umschlossen war. Das aus dem Orient nach Europa gekommene Instrument war dem Ritter vorbehalten. Ein Olifant, der zum Domschatz des Prager Sankt-Veits-Doms gehört, soll das in der Karlssage erwähnte Hifthorn des Helden Roland gewesen sein.

**ondeggiando** [ondɛ'dʒando; italienisch] (ondeggiamento): wogend; beim Spiel von Streichinstrumenten das An- und Abschwellen eines Tones, das durch Druckverstärkung oder -verminderung mit dem Bogen (ohne Strichwechsel) erzeugt wird; angezeigt durch eine Wellenlinie über bzw. unter den Noten.

**Ondes Martenot** [õdmartə'no; französisch) (Ondes musicales [französisch õdmyzi'kal]): ein nach dem Erfinder M. Martenot benanntes, 1928 in Paris gebautes elektronisches Tasteninstrument, dessen Töne durch Überlagerung zweier Frequenzen entstehen. Der Tonumfang beträgt sieben Oktaven. Das Instrument gestattet eine Nuancierung der Klangfarbe, aber nur ein einstimmiges Melodiespiel. Komponisten wie O. Messiaen, A. Jolivet, A. Honegger und D. Milhaud haben für Ondes Martenot geschrieben.

**Onestep** ['wʌnstɛp; englisch]: sehr rascher, marschartiger Gesellschaftstanz im $^{2}/_{4}$-, manchmal auch $^{6}/_{8}$-Takt. Er kam um 1910 aus den USA nach Europa und ist ein Vorläufer des ↑Foxtrott.

**op.:** Abk. für ↑Opus.

**Oper** (italienisch opera) [von lateinisch opus „Werk“]: musikalische Bühnengattung, bei der die Musik ihre vokalen und instrumentalen Ausdrucksmittel zur Mitgestaltung der dramatischen Aktion, der Charaktere und der Dialoge nutzt und sich nicht auf das einlagenartige Auflockern (wie in Singspiel, Liederspiel oder Bühnenmusik) oder das Untermalen (wie im Melodrama) eines Sprechstücks beschränkt.

1. Anfänge und italienische Oper im 17. Jahrhundert

Die Verbindung von Musik und szenischer Darstellung findet sich bereits in der griechischen Tragödie, den geistlichen und weltlichen Spielen des Mittelalters, den Intermedien, Tanzspielen, Masken- und Triumphzügen der Renaissance. Als unmittelbare Vorläufer der Oper gelten italienische Pastoralen mit Musikbegleitung (T. Tasso, „Aminta“, 1580; G. B. Guarini, „Il pastor fido“, 1590) und die Madrigalkomödien (O. Vecchi, „L'Amfiparnaso“, 1594). Die Oper entstand um 1600 aus den Versuchen der Florentiner ↑Camerata um die Adligen G. Bardi und I. Corsi, die in vermeintlicher Nachahmung antiker Vertonungsprinzipien entwickelte ↑Monodie auf ausgearbeitete Dramenstoffe anzuwenden. Erste Beispiele waren die mythologischen Stücke „Dafne“ von J. Peri (1598) und „Euridice“ von Peri (1600) und G. Caccini (1602), jeweils auf Texte von O. Rinuccini. Das bei den Florentinern vorherrschende generalbaßbegleitete Rezitativ („stile rappresentativo“) verzichtete im Dienste einer sprachnahen Textdeklamation auf freiere Melodie- und musikalisch eigenständige Formbildung und setzte nur vereinzelt dramatische oder kantable Akzente. – Die bald nach der Florentiner entstandene *römische Oper* (St. Landi, „Il Sant' Alessio“, 1632) bewegte sich in einem Bereich zwischen weltlicher Oper und geistlichem Oratorium. Sie bevorzugte moralisch-allegorische Stoffe und zeichnete sich durch szenischen Prunk, raffinierte Ausstattungseffekte und die Auflockerung des Rezitativs durch Sologesänge und prachtvolle Chöre aus. C. Monteverdi erhob im „Orfeo“ (1607) die psychologische Wortdeutung und musikalische Bildhaftigkeit mit Hilfe einer reichen Instrumentation, kühner Harmonik und ausdrucksvollen Deklamation sowie affektiven und tonmalerischen Tonfiguren zum Stilprinzip. Formal ergab sich eine größere Vielfalt an reinen Instrumentalsätzen, eine Ausweitung des Orchesterapparats und eine ausgeprägte Szenenbildung. Monteverdis Spätwerke („Il ritorno d'Ulisse in patria“, 1640; „L'incoronazione di Poppea“, 1642) sind stofflich und musikalisch vom Stil der ersten öffentlichen, nichthöfischen Oper, der *venezianischen Oper* (gegründet 1637) geprägt. Zur Verlagerung von der Mythologie auf Stoffe der antiken Sage oder Geschichte und dem Einflechten zeitbezogener Anspielungen und komischer Partien traten hier die Vertiefung des melodischen Ausdrucks, die Aufnahme geschlossener Gesangsformen (Strophenlied, zwei- und dreiteilige Arie, Duett) und die Ausweitung des Rezitativs zum Arioso und Accompagnato. Spätere Meister der venezianischen Oper waren F. Cavalli, P. A. Ziani, P. A. Cesti, G. Legrenzi, C. Pallavicino und A. Stradella.

2. Französische, deutsche und englische Oper im 17. und 18. Jahrhundert

Die Ausstrahlung der italienischen Oper auf den Pariser Hof führte in der zweiten Hälfte des 17. Jahrhunderts zur Entwicklung der ↑*Comédie-ballet*, einer von J.-B. Lully und Molière gemeinsam geschaffenen Verbindung von Komödie, Musik und Tanz, und zur ↑*Tragédie lyrique*. Sie erhielt in den Gemeinschaftsarbeiten Lullys und des Dichters Ph. Quinault („Cadmus et Hermione“, 1673; „Armide“, 1686) eine dem klassischen französischen Drama nachgebildete Form (fünf Akte mit Prolog, alexandrinischer Vers, Verzicht auf komische Partien) und wies musikalisch ein pathetisch-deklamatorisches Rezitativ mit eingefügten Liedsätzen und eine Fülle von Chören und ballettbegleitenden Instrumentalstücken auf. A. Campra und A. C. Destouches („L'Europe galante", 1697) weiteten die ursprünglich als Einlagen (Divertissements) der Tragédie lyrique bestimmten Tanz- und Gesangsauftritte zur selbständigen Prunkgattung des ↑*Opéra-ballet* aus; sie fand bei J.-Ph. Rameau („Les Indes galantes", 1735; „Les fêtes d'Hébé, 1739) ihren Höhepunkt. Rameaus gleichzeitige Versuche, die Tragédie lyrique durch eine reichere musikalische Gestaltung weiterzubilden („Castor et Pollux", 1737; „Zoroastre", 1749), blieben ohne nachhaltigen Erfolg. Die Gunst des Publikums hatte sich inzwischen der jungen ↑*Opéra-comique* zugewandt. An die ernste französische u. italienische Oper knüpfte Ch. W. Gluck an, der in seinen „Reformopern" („Orfeo ed Euridice", 1762; „Alceste", 1767) auf dramatische Wahrheit und Erhabenheit des Gefühls zielte. Nach der Französischen Revolution kam die sogenannte *Revolutions- und Schreckensoper* mit ihren musikalischen Schauergemälden und ihrer Rettungsthematik auf (J. F. Le Sueur, „La caverne", 1793; L. Cherubini, „Lodoïska", 1791). Ihre Wirkung ist noch in Beethovens „Fidelio" (1805–14) spürbar. An italienischen und französischen Vorbildern orientierten sich die frühe *deutsche* und *englische Oper.* Letztere fand ihre Meister in H. Purcell („Dido und Äneas", 1689) und G. F. Händel („Rodelinda", 1725; „Alcina", 1735). Ein bürgerliches Gegenstück zur pathetischen Solooper italienischer Abkunft bildete die ↑Ballad-opera. – Die deutsche Operngeschichte setzte mit „Dafne" von H. Schütz (1627) ein und erhielt wichtige Impulse durch den Aufenthalt italienischer Komponisten an den deutschen Höfen. Zentrum einer bürgerlichen Opernpflege war zwischen 1678 und 1738 die Hamburger Oper, deren wichtigste Komponisten J. S. Kusser und R. Keiser Elemente der deutschen Volksposse, der venezianischen Arienoper und der französischen Tanz- und Choroper in ihren Werken vereinigten. Spätere Bemühungen um eine deutsche Nationaloper (A. Schweitzer, I. Holzbauer) blieben ohne Nachhall.

3. Italienische Oper im 18. Jahrhundert

Um die Wende zum 18. Jahrhundert gab Venedig die Führung der italienischen Oper an die ↑neapolitanische Schule ab, deren Frühphase von F. Provenzale, A. Scarlatti, N. Porpora, L. Vinci und G. B. Pergolesi bestimmt wurde. Unter dem Einfluß der Textdichter A. Zeno und P. Metastasio, die von der französischen Tragödie das intrigengesteuerte Handlungsschema und die typisierte Menschendarstellung übernahmen, erstarrte die *Opera seria* zur Abfolge von cembalo- oder orchesterbegleitetem Rezitativ als Handlungsträger und solistischer Da-capo-Arie als Ort seelischer Selbstdarstellung. Aus den komischen Zwischenakteinlagen (Intermezzi) der ernsten Oper entstand die volkstümlich-heitere *Opera buffa,* die textlich der Tradition der Commedia dell'arte folgte. Musikalisch zeichnete sie sich durch liedhafte Melodik, freie Formgebung, bewegliche Motivik und Rhythmik, Parlandopassagen in den Arien und eine Vorliebe für Ensemblebildungen an den Aktschlüssen (Finali) aus. Trotz der Versuche späterer Vertreter der neapolitanischen Schule (J. A. Hasse, N. Jommelli, T. Traetta, G. Sarti, J. Ch. Bach), die Opera seria durch einen lebendigeren dramatischen Ausdruck und die Übernahme des empfindsamen, galanten Stils zu erneuern, setzte sich die frischere Kunst der Opera buffa durch. Ihr widmeten sich G. B. Pergolesi („La serva padrona", 1733), N. Piccinni, G. Paisiello, D. Cimarosa und der Venezianer B. Galuppi. Die Opera buffa wurde gleichermaßen Vorbild für die französische Opéra comique wie für das deutsche ↑*Singspiel.* – Mozart hat alle zu seiner Zeit lebendigen Opernformen von der Opera seria („Idomeneo", 1781) über die Opera buffa („La finta giardiniera", 1775) bis hin zum deutschen Singspiel („Entführung aus dem Serail", 1782) gepflegt, um in „Le nozze di Figaro" (1786), „Don Giovanni" (1787),

„Così fan tutte“ (1790) und in der „Zauberflöte“ (1791) jegliche gattungsbedingte Typik mit individueller Charakteristik zu durchdringen und Tragik und Heiterkeit in einzigartiger Weise zu verschmelzen.

4. Oper im 19. und frühen 20. Jahrhundert

Die deutsche *romantische Oper* (E. T. A. Hoffmann, „Undine“, 1816; H. Marschner, „Hans Heiling“, 1833; R. Schumann, „Genoveva“, 1850) krankte an einem Übergewicht des Lyrischen und Mangel an schlagkräftiger Dramatik. Einzig C. M. von Webers „Der Freischütz“ (1821) und A. Lortzings „Undine“ (1845) mit ihrem volkstümlich innigen Ton und ihrer treffenden Naturschilderung vermochten sich durchzusetzen. Ähnlich erfolgreich war die *komische Oper* des Biedermeier, zu der A. Lortzings „Zar und Zimmermann“ (1837), „Der Wildschütz“ (1842), „Der Waffenschmied“ (1846), O. Nicolais „Die lustigen Weiber von Windsor“ (1849) und P. Cornelius' „Der Barbier von Bagdad“ (1858) zu zählen sind.
In Frankreich bildete sich in der ersten Hälfte des 19. Jahrhunderts die *Grand opéra* heraus, die in G. Spontinis „Olimpie“ (1819), D. F. E. Aubers „Die Stumme von Portici“ (1828), G. A. Rossinis „Wilhelm Tell“ (1829), G. Meyerbeers „Die Hugenotten“ (1836) und H. Berlioz' „Die Trojaner“ (1855–58) grandiose Bühneneffekte entfaltete. Die Auflokkerung der Grand opéra mit Elementen der Opéra-comique führt zum ↑*Drame lyrique*, in dem sich lyrisch-sentimentaler Ausdruck mit hochdramatischen Wirkungen verband. Ihm gehörten Ch. Gounods „Faust“ (1859), G. Bizets „Carmen“ (1875) und Werke von A. Thomas, J. Massenet und C. Saint-Saëns an. – Die italienische Oper erlangte im 19. Jahrhundert erneut Weltgeltung durch G. A. Rossini („Il barbiere di Siviglia“, 1816), G. Donizetti („Lucia di Lammermoor“, 1835) und V. Bellini („Norma“, 1831). Ihre von der Opera buffa übernommene Technik der szenenartig gesteigerten Arie mit Rezitativeinschüben und die illustrierende Orchestersprache wurden in den Spätwerken G. Verdis („Aida“ 1871; „Otello“, 1887; „Falstaff“, 1893) virtuos in den Dienst der dramatisch-psychologisierenden Charakterisierung gestellt. – Die künstlerische Entwicklung R. Wagners begann im Stil der Grand opéra („Rienzi“, 1842) und der romantischen Oper („Der fliegende Holländer“, 1843; „Tannhäuser“, 1845; „Lohengrin“, 1850). In den sogenannten *Musikdramen* „Tristan und Isolde“ (1865), „Die Meistersinger von Nürnberg“ (1868), „Der Ring des Nibelungen“ (1874) und „Parsifal“ (1882) erstrebte Wagner die völlige Einheit von Wort und Ton; charakteristisch sind hier die Auflösung der Trennung von Rezitativ und geschlossener Gesangsform, die Leitmotivtechnik und der Einbezug der Singstimme in den harmonisch höchst differenzierten orchestralen Satz. – In den slawischen Ländern bildeten sich im 19. Jahrhundert eigene, das volkstümliche Melodiegut einschmelzende nationale Opernbewegungen heraus. Wichtigste Vertreter der *russischen Oper* sind M. J. Glinka, M. P. Mussorgski („Boris Godunow“, 1874), A. P. Borodin, N. A. Rimski-Korsakow und P. I. Tschaikowski („Eugen Onegin“, 1879; „Pique Dame“, 1890). Eine *tschechische Nationaloper* schufen B. Smetana („Die verkaufte Braut“, 1866), A. Dvořák („Rusalka“, 1901) und L. Janáček („Jenufa“, 1904). Unter dem Eindruck Wagners standen viele deutsche Komponisten an der Wende vom 19. zum 20. Jahrhundert; sich vom Epigonentum zu lösen vermochten R. Strauss, F. Schreker („Der ferne Klang“, 1912) und H. Pfitzner („Palestrina“, 1917). Strauss entwickelte in „Salome“ (1905) und „Elektra“ (1909) Wagners expressiven Stil und sinfonische Technik fort und nahm im „Rosenkavalier“ (1911), „Ariadne auf Naxos“ (1912) und „Arabella“ (1933) Traditionen der heiteren Oper wieder auf. Anderen, z. T. gegen Wagner gerichteten Strömungen gehören die veristischen Opern von R. Leoncavallo („Bajazzo“, 1892) und P. Mascagni („Cavalleria rusticana“, 1890) sowie G. Puccinis

„La Bohème" (1896), „Tosca" (1900), „Madame Butterfly" (1904) an, ferner C. Debussys vom französischen Symbolismus beeinflußte, impressionistische Oper „Pelléas et Mélisande" (1902).

Etwa seit dem Ersten Weltkrieg sieht sich die Oper als künstlerische Gattung in Frage gestellt. Die Bemühungen um eine Überwindung des Jahrhunderte gültigen Konzepts der Vorherrschaft des Dramas, das heißt der optimalen Ausnutzung musikalischer Mittel zum deutenden Ausdruck des Textes und der äußeren wie inneren Handlung, werden in dem vielschichtigen Begriff des ↑*Musiktheaters* zusammengefaßt.

**Opéra-ballet** [ɔperaba'lɛ; französisch]: eine französische Operngattung des späten 17. und der ersten Hälfte des 18. Jahrhunderts, bestehend aus zwei bis drei handlungsmäßig in sich geschlossenen Ballett- und Gesangsszenen (↑Entrée genannt), die durch eine Rahmenidee lose miteinander verbunden waren. Die Opéra-ballet hat viele Ähnlichkeiten mit dem gleichzeitigen ↑Ballet de cour. Komponisten waren A. Campra, A. C. Destouches und J.-Ph. Rameau. – ↑auch Oper.

**Opera buffa** [italienisch „komische Oper"]: im 18. Jahrhundert aus den komischen Intermezzi der ernsten Oper entstandene Operngattung vorwiegend heiter-komischen Charakters. Als eine der frühesten und bedeutendsten Opere buffe gilt G. B. Pergolesis „La serva padrona" (1733). – ↑auch Oper.

**Opéra-comique** [ɔperakɔ'mik; französisch „komische Oper"]: französische Form des Singspiels, ein auf die Pariser Vorstadtkomödien des 17. Jahrhunderts zurückgehendes Sprechstück mit liedhaften Musikeinlagen (↑Vaudeville). Sie erhielt im 18. Jahrhundert durch die Dichter Ch. S. Favart, M. J. Sedaine, J.-F. Marmontel und durch die Komponisten J.-J. Rousseau („Le devin du village", 1752), Ch. W. Gluck („Le cadi dupé", 1761; „La rencontre imprévue", 1764), E. R. Duni, F. A. Philidor, P. A. Monsigny und A. E. M. Grétry ein hohes Niveau. Unter dem Einfluß der italienischen Opera buffa wurde die Opéra-comique zum bürgerlichen Gegenstück der aristokratischen ↑Tragédie lyrique, von der sie sich durch die komischen, satirischen oder rührenden Stoffe mit aktuellen Bezügen, die Aufteilung der Handlung in gesprochenen Dialog und Gesangsnummern und eine bescheidenere kompositorische Ausarbeitung unterscheidet. Nach einer Wandlung der Opéra-comique zur sogenannten *„Revolutions- und Schreckensoper"* zwischen 1790 und 1810 knüpften F. A. Boieldieu („Die weiße Dame", 1825), D. F. E. Auber („Fra Diavolo", 1830), A. Ch. Adam („Der Postillon von Lonjumeau", 1836) und andere Komponisten an ihre volkstümlich leichte Form wieder an. Um 1850 wurde die Gattung von der Operette verdrängt.

**Opera seria** [italienisch „ernste Oper"]: eine gegen Ende des 17. Jahrhunderts aus der venezianischen Oper hervorgegangene Gattung der ernsten Oper, deren formale Ausprägung durch die Komponisten der ↑neapolitanischen Schule erfolgte. – ↑auch Oper.

**Operette** [von italienisch operetta „Werkchen"]: im 17. Jahrhundert Bezeichnung für kleine Oper, im 18. Jahrhundert speziell für deutsche Bearbeitungen italienischer Opere buffe oder französischer Opéras-comiques. Die Operette im heutigen Sinne ist ein heiteres Bühnenstück mit gesprochenem Dialog, Gesang und Tanz. Sie wurzelt in den genannten Operngattungen und wurde als typisch großstädtisch-populäre Musikform nach der Mitte des 19. Jahrhunderts in Paris von F. Hervé und J. Offenbach begründet. Offenbach versah seine Operetten („Orpheus in der Unterwelt", 1858; „Die schöne Helena", 1864) mit den gerade aktuellen Tänzen und den Formen der Oper (Ouvertüre, Arien, Ensembles, Chöre) und sicherte ihnen dank einer leichten, zündenden Musik und den Parodien auf die Gesellschaft seiner Zeit einen Welterfolg.

Vorbereitet durch die bodenständige Musikposse und die von J. Lanner und Johann Strauß (Vater) geschürte Walzerbegeisterung, kam bald danach die *Wiener Operette* auf. Sie war weniger zeitkritisch und im gemütvollen Volkston gehalten und fand ihre Meister in F. von Suppé („Die schöne Galathee", 1865; „Leichte Kavallerie", 1866), Johann Strauß (Sohn) („Die Fledermaus", 1874; „Eine Nacht in Venedig", 1883; „Der Zigeunerbaron", 1885; „Wiener Blut", 1899), K. Millöcker („Der Bettelstudent", 1882), C. Zeller („Der Vogelhändler", 1891) und R. Heuberger („Der Opernball", 1898). Am Anfang des 20. Jahrhunderts entstand eine neue Art der Wiener Operette, bei der das „Wienerische" noch betont und oft mit fremdländischem Kolorit bereichert wurde. Sie ist vertreten durch F. Léhar („Die lustige Witwe", 1905; „Der Graf von Luxemburg", 1909; „Land des Lächelns", 1929), L. Fall („Der fidele Bauer", 1907), O. Straus („Ein Walzertraum", 1907), G. Jarno („Die Försterchristel", 1907), O. Nedbal („Polenblut", 1913) und H. Berté („Das Dreimäderlhaus", 1916). In der Tradition der Wiener Operette stehen N. Dostal („Clivia", 1933), R. Stolz („Zwei Herzen im Dreivierteltakt", 1933) und E. Kálmán („Die Csárdásfürstin", 1915; „Gräfin Maritza", 1924).

Die mit P. Lincke („Frau Luna", 1899; „Berliner Luft", 1904) einsetzende *Berliner Operette* steht der Revue nahe und ist weniger sentimental als die Wiener Operette. Zur Berliner Operette zählen W. Kollos „Wie einst im Mai" (1913) und „Drei alte Schachteln" (1917), E. Künnekes „Der Vetter aus Dingsda" (1921), R. Benatzkys „Im weißen Rößl" (1930) und F. Raymonds „Maske in Blau" (1937).

Die Blütezeit der Operette ging mit dem Zweiten Weltkrieg zu Ende, obgleich auch danach noch zeitweilig erfolgreiche Operetten geschrieben wurden, so von E. Nick („Das Halsband der Königin", 1948), P. Burkhard („Das Feuerwerk", 1948) und R. Stolz („Kleiner Schwindel in Paris", 1956; „Frühjahrsparade", 1964). Das Erbe der Gattung hat das ↑Musical angetreten.

**Opernregie** [...re'ʒi:]: die künstlerische Gesamtleitung einer Operninszenierung von der Probe bis zur Aufführung. Zu den Aufgaben des Regisseurs gehören neben der Werkdeutung die Auswahl der Besetzung, die Überwachung der Einstudierung und Darstellung der Gesangsrollen, die Gestaltung der einzelnen Szenen und die Festlegung von Bühnenbild, Kostümen, Requisiten, Beleuchtung und ähnlichem. Früher wurde die Opernaufführung vom Komponisten oder Dirigenten vorbereitet und geleitet; der eigenständige Regisseur kam erst im 20. Jahrhundert auf. Bedeutende Opernregisseure waren oder sind Wieland Wagner, W. Felsenstein, O. F. Schuh, G. Rennert, G. Friedrich, O. Schenk und J.-P. Ponnelle.

**Opernton:** der ↑Stimmton, der bei Opernaufführungen benutzt wurde. Er mußte sich an der Singstimme orientieren und war örtlich und zeitlich unterschiedlich hoch; z. B. war der französische Opernton niedriger als der deutsche. Heute ist der ↑Kammerton mit 440 Hz verbindlich.

**Ophikleide** [griechisch]: ein im frühen 19. Jahrhundert in Frankreich aufgekommenes Klappenhorn in Alt-, Baß- und Kontrabaßlage mit 8–12 Klappen. Es wurde besonders in der Baßlage in den 1840er Jahren vorübergehend im Opern- und Militärorchester verwendet, bis es von der ↑Tuba verdrängt wurde.

**Opus** [lateinisch „Arbeit, Werk"] (französisch œuvre [œ:vr]), Abk. op.: seit dem Ende des 15. Jahrhunderts Bezeichnung für das musikalische Kunstwerk, das vom Komponisten verbindlich festgelegt ist und, schriftlich fixiert, auch unabhängig von ihm und außerhalb der Aufführungspraxis überliefert werden kann. Seit Beginn des 17. Jahrhunderts wird damit (in Verbindung mit einer Zahl) die chronologische Reihenfolge der Werke eines Komponisten in der Reihenfolge ihres Drucks bezeichnet. Seit Beethoven geben die meisten Komponisten selbst ihren Werken eine Opus-Zahl, verzichten allerdings oft bei Bühnenwerken einerseits und kleinen Werken andererseits darauf. Opus posthumum heißt das nachgelassene Werk. *Opusmusik* ist eine abwertende

Bezeichnung der Unterhaltungsmusikbranche für anspruchsvolle „ernste Musik" (↑E-Musik).

**Oration** [von lateinisch oratio „Rede, Gebet"]: liturgische Gebetsform der römisch-katholischen Kirche, in der der Priester das Gebet der Gemeinde zusammenfaßt, allgemein eingeleitet durch die Aufforderung Oremus („Lasset uns beten"). In Graduale und Antiphonale erscheinen die Orationen unter den modellartigen Weisen des Sprechgesangs.

**Oratorium** [von lateinisch orare „reden, bitten, beten"]: als musikalische Gattung die Vertonung eines auf mehrere Sänger verteilten, meist geistlichen Textes für eine nichtszenische Aufführung im außerkirchlichen Rahmen. Das Oratorium entstand im 17. Jahrhundert in Italien und wurde benannt nach dem ursprünglichen Aufführungsort und -anlaß, den in Betsälen (italienisch oratorio „geweihter Raum, Betsaal") abgehaltenen Andachtsübungen der römischen Bruderschaft des heiligen Filippo Neri. Es entwickelten sich zunächst zwei Arten, das volkssprachliche italienische Oratorium und das lateinische Oratorium. Vorbilder des lateinischen Oratoriums waren die bis ins Mittelalter zurückreichende dialogische Behandlung liturgischer Texte und die allegorische Darstellung christlicher Tugenden in der frühen Oper. Ab etwa 1640 schuf G. Carissimi die gültige Form, bei der ein Erzähler Träger der Handlung ist und vom Chor dramatisch wirkungsvoll begleitet wird; die Handlung beruht auf biblischen Texten.

Vorläufer des italienischen Oratoriums waren geistliche Lauden- und Madrigalwerke mit Erzähler; dieser Oratorientyp schloß sich formal der Oper an und zeichnete sich durch den Wechsel von rezitativischen und kantablen Solopartien und Chören aus. Vertreter waren im 17. Jahrhundert L. Rossi, B. Pasquini, M. Cazzati, G. B. Vitali, G. Legrenzi und G. B. Bononcini. An der Wende zum 18. Jahrhundert verwendeten die Komponisten der neapolitanischen Schule (A. Scarlatti, N. Porpora, L. Vinci, L. Leo) im Oratorium die gleichen Soloarien- und Rezitativformen wie in ihrer Oper. Ihr Schaffen strahlte aus nach Wien (J. J. Fux, A. Lotti, A. Caldara) und Dresden (J. A. Hasse). In der neapolitanischen Tradition steht auch G. F. Händel, der das Oratorium nach England brachte („Esther" 1732; „Messias", 1742). Die Entwicklung des italienischen Oratoriums fand ihren Abschluß in der 2. Hälfte des 18. Jahrhunderts in Werken von B. Galuppi, N. Piccinni, G. Paisiello, D. Cimarosa und A. Salieri.

Im protestanischen Norddeutschland entstand im 18. Jahrhundert ein deutschsprachiges Oratorium, das an das italienische Oratorium und an die deutsche ↑Passion und die Historia anknüpfte. Wichtigste Komponisten waren R. Keiser, J. Mattheson, G. Ph. Telemann und C. Ph. E. Bach. J. S. Bachs „Weihnachtsoratorium" (1734) besteht aus sechs Kirchenkantaten, in die Berichte aus dem Evangelium aufgenommen wurden. – Nach 1750 entstand unter dem Einfluß der Empfindsamkeit (↑empfindsamer Stil) ein mehr lyrisch-idyllischer, weniger dramatisch-berichtender Typus (z. B. C. H. Grauns „Der Tod Jesu", 1755). In J. Haydns Oratorien „Die Schöpfung" (1798) und „Die Jahreszeiten" (1801) gelangte die Entwicklung der Gattung an einen Höhepunkt, der auch von der reichen Produktion des 19. Jahrhunderts nicht mehr übertroffen wurde. Herausragend nach 1800 waren die Werke von F. Mendelssohn Bartholdy („Paulus", 1836; „Elias" 1846), H. Berlioz („Die Kindheit Christi", 1856) und F. Liszt („Die Legende von der heiligen Elisabeth", 1862; „Christus", 1867).

Auch die Musik des 20. Jahrhunderts verzeichnet eine Vielzahl weltlicher oder geistlicher Oratorien; genannt seien I. Strawinskis „Oedipus rex" (1927), P. Hindemiths „Das Unaufhörliche" (1931), A. Honeggers „Johanna auf dem Scheiterhaufen" (1935), E. Kreneks „Spiritus intelligentiae, sanctus" (1965) und K. Pendereckis „Dies irae" (1967).

**Orchester** [ɔr'kɛstər; von griechisch

orchḗstra „Tanzplatz"]: im antiken Griechenland ein runder Platz für Choraufführungen oder ein hufeisenförmiger vor der Theaterbühne. Auch im 17. und 18. Jahrhundert bedeutete Orchester zunächst den Raum vor der Bühne, dann erst die Instrumentalisten, die dort saßen, und zwar insofern sie als eine größere zusammengehörige Gruppe auftraten. Eine genaue Definition des Begriffs Orchester ist kaum möglich, besonders wenn man ihn auf außereuropäische Instrumentengruppen ausdehnt (z. B. das Gamelanorchester). In europäischer Musik wird unter Orchester zumeist ein Instrumentalensemble verstanden, das Instrumentengruppen, teils auch chorisch besetzt, zusammenfaßt und von einem Dirigenten geleitet wird. Das Orchester erlangte erstmals im 16. Jahrhundert Bedeutung, d. h. mit dem Aufkommen selbständiger Instrumentalmusik. Seitdem hat das Orchester vielfältige Wandlungen durchlaufen, in seiner Funktion, Größe und Zusammensetzung und v. a. in seinem Klangstil. So wird das frühbarocke Orchester von zahlreichen Generalbaßinstrumenten (z. B. Cembalo, Theorbe, Laute, Chitarrone), von Violen und unterschiedlichen Blasinstrumenten (z. B. Flöten, Hörner, Zinken und Trompeten) bestimmt, die alle frei nach den jeweiligen Gegebenheiten eingesetzt wurden. Im Spätbarock setzten sich gleichbleibende und geregelte Besetzungen durch, in denen jedoch die Bläser häufig noch überwogen. Das „klassische Orchester" Haydns und Mozarts umfaßt neben dem chorisch besetzten Streichquintett im Normalfall je zwei Flöten, Oboen, Fagotte und Hörner. Dazu treten in einigen Werken Klarinetten, Trompeten, Posaunen und Pauken. Im 19. Jahrhundert wird der Orchesterapparat zunehmend vergrößert; von dem späten Mozart-Orchester bis zum Ende des Jahrhunderts wird die Besetzungsstärke durch Vervielfachung der Bläser sowie durch Einführung neuer Instrumente mehr als verdoppelt. Damit geht häufig eine Teilung der Streichinstrumente einher. Höhepunkte differenzierter Anwendung solch gewaltiger Orchestermittel bilden die Werke R. Strauss' und G. Mahlers. Im 20. Jahrhundert zeigt sich als Reaktion hierauf die Tendenz zu kammermusikalischen Besetzungen (A. Schönberg, 1. Kammersinfonie op. 9, 1906; I. Strawinski, „Histoire du soldat", 1918) und zu immer wieder neuartiger, also nicht normierter Klangzusammenstellung. – Neben dem Sinfonieorchester seit der Mitte des 18. Jahrhunderts ist das Kammerorchester mit seiner kleinen Besetzung zu unterscheiden, im 19. Jahrhundert auch das Blasorchester im Bereich der Marsch- und Militärmusik, im 20. Jahrhundert ferner die großen und kleinen Unterhaltungsorchester sowie das Jazzorchester (↑Big Band), die alle jeweils eigene Entwicklungen in Besetzung und Klangstil durchlaufen.

**Orchestik** [ɔrˈçɛstɪk; griechisch]: Begriff der antiken griechischen Kunstlehre, der die Einheit von Tanz, Gebärde, Dichtung und Musik (Gesang) im lyrischen Drama bezeichnet.

**Orchestratio̲n** [ɔrkɛs...; griechisch] (Orchestrierung): 1. svw. ↑Instrumentation. – 2. die Ausarbeitung eines Klavier-, Gesangs- oder Kammermusikwerkes für Orchester, die entweder vom Komponisten selbst oder von einem anderenKomponisten (Bearbeiter) vorgenommen sein kann.

**Orchestrion** [ɔrˈçɛs...; griechisch]: 1. Bezeichnung für eine tragbare Konzertorgel mit vier Manualen und Pedal, die der Komponist Abbé Vogler um die Wende zum 19. Jahrhundert auf Reisen bekannt machte. – 2. ab 1850 Bezeichnung für größere ↑mechanische Musikinstrumente, teilweise mit Orgel-, Klavier- und Geigenwerk, die bis um 1920 gebaut wurden und heute noch auf Jahrmärkten zu hören sind.

**Ordina̲rium mi̲ssae** [mittellateinisch „das Regelmäßige der Messe"]: Bezeichnung für die in ihrem Text gleichbleibenden 5 Teile der katholischen Messe (Kyrie, Gloria, Credo, Sanctus, Agnus Dei). Die Gesänge des Ordinarium missae finden sich im ↑Graduale und im ↑Kyriale.

**Ordre** [ɔrdr; französisch „Ordnung, Reihe"]: in der französischen Musik um 1700, v. a. bei F. Couperin, Bezeichnung für ↑Suite.

**Organistrum** [lateinisch] ↑Drehleier.

**Organo pleno** [lateinisch] ↑volles Werk.

**Organum** [lateinisch, von griechisch órganon „Werkzeug, Hilfsmittel, Organ"]: in der mittelalterlichen Musik 1. die Bezeichnung für Musikinstrumente aller Art, besonders für die Orgel, auch für das menschliche Stimmorgan sowie für die Gruppe der Blasinstrumente („musica organica"). – 2. ein Kompositions- und Gattungsbegriff; er bezeichnet die für die europäische Kunstmusik entscheidende Entstehung und erste Phase der abendländischen ↑Mehrstimmigkeit (bis etwa 1200). – Das Organum erscheint zunächst als Lehre und Anweisung zur improvisierten Erfindung einer zweiten Stimme *(vox organalis)* zu einem gegebenen Cantus firmus *(vox principalis)*, am frühesten faßbar in dem anonymen Musiktraktat „Musica Enchiriadis" (spätes 9. Jahrhundert). Darin werden zwei Arten des Organums (beide auch ↑Diaphonia genannt) beschrieben: a) das parallele Quintorganum, bei dem die hinzugefügte Stimme stets im gleichen Abstand verläuft, also noch nicht eine selbständige Stimmführung aufweist; b) das Quartorganum, das aus dem Einklang bis zu den parallel verlaufenden Quarten geführt wird und zum Einklang zurückkehrt und damit den eigentlichen Keim gegliederter, echter Mehrstimmigkeit darstellt:

Nicht mehr als Improvisationsanweisung, sondern als komponierte Zweistimmigkeit trat das Organum seit dem Ende des 11. Jahrhunderts auf (in Handschriften aus Saint Martial de Limoges und Santiago de Compostela). Über einen Cantus firmus, der dem Gregorianischen Choral entstammt, wurde eine selbständig geführte Gegenstimme gesetzt, die bald immer mehr ausgeziert wurde und zu jedem Cantus-firmus-Ton freie Melismen bildete:

Höhepunkt und Abschluß dieser Entwicklung bilden die Organa der ↑Notre-Dame-Schule in Paris über die solistischen Teile von Alleluja- und Graduale-Responsorien. Hier entstanden (durch Leoninus vor 1200) erstmals ausgedehnte Kompositionen, gegliedert in rhythmisch freie Teile mit reichen Oberstimmenmelismen zu wenigen langen Cantus-firmus-Tönen (*Organum-* oder *Haltetonpartien*) und rhythmisch geregeltere Teile, in denen Oberstimme und Cantus firmus (syllabisch oder melismatisch textiert) in der Bewegung einander angeglichen sind *(Discantuspartien)*. In diesen trat allmählich ein modales [Dreier- bzw. Sechser]metrum hervor (↑Modalnotation). Perotinus Magnus verkürzte die melismatischen Organumpartien und ersetzte sie durch neue Discantuspartien („clausulae"). Vor allem aber weitete er erstmals in der abendländischen Musikgeschichte die Zweistimmigkeit zur Drei- und Vierstimmigkeit aus (Organa tripla und Organa quadrupla), wobei großflächig klangvolle Werke entstanden (reiche Instrumentenunterstützung ist anzunehmen, obgleich nicht notiert), in denen überall Modalrhythmik herrscht. Am Ausgang der Notre-Dame-Epoche wurden zunehmend Clausulae in den Oberstimmen mit neuem (metrischem) Text versehen; so entstand die ↑Motette.

**Orgel** [von lateinisch organum „Werkzeug, Instrument"]: ein zur Gruppe der ↑Aerophone gehörendes Tasteninstrument; sein Klang wird durch Labial- und Lingualpfeifen erzeugt, wobei den Pfeifen Wind mit gleichbleibendem Druck zugeführt wird. Dem Prinzip nach ist die Orgel eine Zusammenstellung von Blasinstrumenten in Form von Pfeifen, von denen jede nur einen Ton besitzt, so daß für das Melodiespiel mehrere Pfeifen nötig sind. Eine bestimmte Tonhöhe ist jedoch nicht nur mit einer, sondern mit mehreren Pfeifen vertreten, deren jede einem anderen Register von je eigenem Klangcharakter angehört. Der Spieler muß folglich zuerst ein bestimmtes Register einschalten, bevor er durch Tastendruck die betreffende Pfeife zum Erklingen bringt. Bei dem komplizierten Aufbau der Orgel sind drei Funktionseinheiten zu unterscheiden: das Regierwerk, das Windwerk und das Pfeifenwerk. Das *Regierwerk* ist in einem freistehenden, bei modernen, elektrisch betriebenen Orgeln oft von den übrigen Orgelteilen getrennt aufgestellten Spieltisch oder in einem (ins Orgeluntergehäuse eingebauten) Spielschrank zusammengefaßt. Von hier aus steuert der Spieler die Windvergabe an die einzelnen Pfeifen. Der *Spieltisch* enthält in der Regel mehrere (2–4, selten 5 und mehr) übereinander angeordnete Manualklaviaturen, ferner das Pedal, die Registerzüge und die Spielhilfen. Die Manuale sind jeweils mit eigenen Registern ausgestattet und ermöglichen so den Wechsel von Tonstärke und Klangfarbe. Die Register des mit hölzernen Fußtasten versehenen Pedals gehören den tiefen Tonlagen an. Die Registereinstellung erfolgte früher mit Hilfe von Zugstangen, heute dienen hierzu Druckknöpfe oder Hebelplättchen. Zu den Spielhilfen gehören die Koppeln, mit denen einzelne Klaviaturen oder Töne im Oktavabstand miteinander gekoppelt werden. In Spieltischen größerer Orgeln sind beliebige Registerzusammenstellungen programmierbar, die während des Spiels durch Knopfdruck abgerufen werden können. Mit den Tasten der Klaviaturen und den Registereinrichtungen sind die Spiel- und Tonventile der Windlade durch die *Traktur* verbunden. Zwei Arten von Trakturen sind hauptsächlich in Gebrauch: 1. die mechanische Traktur mit Übertragung der Spielimpulse durch feine Holzleisten („Abstrakten"), Winkel und Wellen; 2. die elektrische Traktur mit Übertragung durch Kontaktleisten, Kabel und Elektromagnete. Die zeitweilig verbreitete pneumatische Traktur mit Übertragung durch Winddruck in Röhren wird wegen technischer Unzulänglichkeit nicht mehr gebaut. Die Registerschleifen oder Registerventile werden mechanisch oder durch Elektromagnete bzw. Schleifenzugmotoren betätigt.

Das *Windwerk* besteht aus einem Gebläse, das den Winddruck elektrisch erzeugt; in früheren Zeiten wurde er mit Hilfe keilförmiger Blasebälge (Schöpfbälge) von einem Balgtreter (Kalkant) geliefert. Der Wind wird dann durch Windkanäle in den Magazinbalg geleitet, der für ausreichende Windmenge sorgt und den Winddruck konstant hält; von da gelangt er zu den Windladen. Die Windladen sind rechteckige, flache Holzkästen, auf denen in Längsrichtung nach Registern geordnet die Pfeifen stehen. Der Kasten ist in Kanzellen aufgeteilt; diese liegen bei der Tonkanzellenlade (auch Schleiflade genannt), die für alle Pfeifen einer Taste eine gemeinsame Kanzelle hat, in Querrichtung unter den Pfeifen. Wird der Registerzug betätigt, gibt eine Schleife, das ist eine bewegliche Holzleiste mit Löchern, den Weg zur Pfeife frei. Die andere Windladenart ist die Registerkanzellenlade (auch Kegellade ge-

Orgelspieltisch mit 3 Manualen und Pedal

Orgel in der Kirche der ehemaligen Benediktinerabtei Ebersmünster, gebaut von Andreas Silbermann (1730–32)

nannt), bei der alle Pfeifen eines Registers auf einer gemeinsamen Kanzelle in Längsrichtung stehen. Werden die Kegelventile dieser Kanzellen frei gegeben, strömt der Wind über Zuführungskanäle in die Pfeifen.

Das *Pfeifenwerk* gliedert sich in Register. Unter Register wird eine Pfeifenreihe verstanden, die durch gleichartigen Klangcharakter der Einzelpfeifen eine Einheit bildet und als Ganzes ein- und ausgeschaltet werden kann. Bei einer normalen Manualklaviatur von C bis $g^3$ besteht die Pfeifenreihe aus 56, bei einer Pedalklaviatur von C bis $f^1$ aus 30 Pfeifen. Die Zahl der Register beträgt gewöhnlich 30–50; ganz große Orgeln haben bis 200 Register. Die klangliche Eigenart eines Registers beruht auf der Zahl, der Verteilung und der Stärke der Obertöne, die einem Grundton beigegeben werden. Baulich hängt der Klangcharakter vom Material, von der Form und der Abmessung (Mensur) der Pfeifen ab. Als Material werden verschiedene Holzarten, Zinnlegierungen, Kupfer und andere Metalle, auch Ton und Porzellan verwendet. In der Bauform sind zunächst die beiden Familien der ↑Labialpfeifen (Lippenpfeifen) und ↑Lingualpfeifen (Zungenpfeifen), auch Rohrwerke genannt, zu unterscheiden. In beiden Familien treten innerhalb ihrer Grundform viele Veränderungen und Umgestaltungen auf. Bei der Lingualpfeife bestimmt die im Luftstrom vibrierende Zunge die Tonhöhe, während der Becher oder Aufsatz den Ton verstärkt und seinen Klangcharakter formt. Bei Labialpfeifen richtet sich die Tonhöhe nach der Länge des Pfeifenkörpers. Der Klangcharakter wird bestimmt durch das Verhältnis des Durchmessers des Pfeifenkörpers zur Länge (Weitenmensur: eng, mittel oder weit), durch die Bauweise (offen, gedeckt, zylindrisch, konisch), ferner durch die Labienmensur (schmales oder breites Labium) und die Aufschnitthöhe am Labium (Aufschnittmensur). – Die Registerbezeichnung gibt zwei Informationen: 1. Der Name des Registers (z. B. Holzprinzipal 8-Fuß) weist auf das verwendete Material und die Bauform hin (Prinzipal: zylindrisch offene Pfeife mittlerer Weitenmensur; Gedackt: zylindrisch gedackte Pfeife; Trompete: Zungenregister mit voller Becherlänge). 2. Die real erklingende Tonhöhe wird durch die beigefügte ↑Fußtonzahl (8-, 4-, $2^2/_3$-Fuß usw.; auch geschrieben 8′, 4′, $2^2/_3$′) ausgedrückt. Dabei bezeichnet 8-Fuß die Normallage, das heißt, dieses Register erklingt auf derselben Höhe wie der entsprechende Ton auf einem Klavier. Die zu den Grundregistern (Grundstimmen) hinzutretenden teiltonverstärkenden Register heißen Hilfsstimmen; einfache Hilfsstimmen (Aliquotstimmen) verstärken jeweils einen bestimmten Oberton, zusammengesetzte Hilfsstimmen (↑gemischte Stimmen) verstärken mehrere Obertöne einer Grundstimme.

Der Gesamtbestand an Registern einer Orgel wird in verschiedene, klanglich kontrastierende *Teilwerke* gegliedert, die eigentlich in sich geschlossene Orgeln mit eigener Klaviatur sind. Die Disposition gibt die Art der Register und ihre Verteilung auf die Werke an. Der Name dieser Teilwerke ergibt sich aus der Plazierung im Gesamtaufbau: Rückpositiv (in die Emporenbrüstung eingelassenes Teilwerk im Rücken des Spielers), Brustwerk (vor der Brust des Spielers gelegenes Teilwerk), Hauptwerk, Oberwerk, Seitenwerk, Kronwerk. Lediglich das Pedalwerk bezieht seine Benennung von der Spielweise mit der Pedalklaviatur. Meist werden die Teilwerke von eigenen Gehäusen umschlossen. Eine stufenlose Lautstärkeregelung ermöglicht das Schwellwerk; bei ihm sind die Pfeifen eines Manuals in einen Kasten eingebaut und an der Vorderseite durch Jalousien verschlossen, die sich mit Hilfe eines Schwelltritts vom Spieltisch aus öffnen und schließen lassen.

Die *Geschichte* der Orgel reicht bis ins 3. Jahrhundert vor Christus zurück. Damals gab es bereits ein orgelähnliches Instrument, bei dem der Winddruck durch Wasserverschluß reguliert wurde (↑Hydraulis). Später erfolgte der Übergang auf Bälge aus Tierhaut. Gesandte des byzantinischen Kaisers Konstantin V. Kopronymos brachten im Jahre 757 eine Orgel als Geschenk an den Hof Pippins III., 811 kam als Geschenk von Byzanz eine Orgel an den Hof Karls des Großen. Bald danach fand die Orgel Eingang in die Kirche; sie gehörte fortan zur Ausstattung großer Gotteshäuser. Das 14. und 15. Jahrhundert brachte wichtige Neuerungen: die Einführung der schmalen Orgeltasten, die Scheidung der Gesamtheit der zu einem Ton gehörenden Pfeifen in Register und die Aufteilung in Teilwerke. Neben der Großform entwickelten sich die Kleinformen *Portativ* (kleine tragbare Orgel), *Positiv* (kleine Standorgel mit wenigen Registern) und *Regal* (Kleinorgel mit nur einem Zungenregister von kurzer Becherlänge). Im 17. und 18. Jahrhundert erreichte der Orgelbau die Hochblüte an vielseitigen Klangmöglichkeiten. Im 19. Jahrhundert drohte der orgeleigene Klang durch die Nachahmung des Orchesterklangs verloren zu gehen. Rückgängig gemacht wurde diese Entwicklung durch die Besinnung auf die alten Bauprinzipien, die den Orgelbau des 20. Jahrhunderts kennzeichnet und durch die ↑Orgelbewegung ausgelöst wurde.

**Orgelbau:** seit dem 16./17. Jahrhundert hat der Orgelbau landschaftlich gebundene Orgeltypen und -schulen ausgeprägt. Wichtige Vertreter alter deutscher Orgellandschaften waren in Norddeutschland H. Scherer, G. Fritzsche und A. Schnitger, in Mitteldeutschland E. Compenius, A. und G. Silbermann und Z. Hildebrandt, in Süddeutschland J. Gabler, K. J. Riepp und J. N. Holzhay; führend im 19. Jahrhundert waren W. Sauer, F. Ladegast, E. F. Walcker und G. F. Steinmeyer, deren Firmen z. T. noch bestehen; neuere deutsche Orgelbaufirmen sind u. a. Beckerath, Hammer, Klais, Oberlinger, Rieger, Schuke, Weigle. Bedeutende ausländische Orgelbauer waren H. und N. Niehoff, G. G. Antegnati, R. und F. H. Clicquot, A. und F. Thierry, A. Cavaillé-Coll und J. Marcussen.

**Orgelbewegung:** Reformbestrebung Anfang des 20. Jahrhunderts zur Erneuerung des Orgelbaus nach Vorbildern aus der Zeit vor 1750. Die von A. Schweitzer und E. Rupp eingeleitete „Elsässische Orgelreform" stellte der am Orchesterklang orientierten „Fabrik-" oder „Orchesterorgel" des 19. Jahrhunderts die Werke der Straßburger Orgelbauerfamilie Silbermann aus dem 18. und von A. Cavaillé-Coll aus der Mitte des 19. Jahrhunderts entgegen. Als Grundzüge für den Orgelbau galten der Orgelbewegung: Disposition der Register nach dem Werkprinzip, d. h. Verteilung der Register auf geschlossene, untereinander kontrastierende Werke; Rückkehr zu der mechanischen Spieltraktur und der Tonkanzellenlade. Nach dem 1. Weltkrieg griff die Orgelbewegung auf Deutschland über. 1921 ließ der Musikforscher W. Gurlitt in Freiburg im Breisgau von O. Walcker eine sogenannte „Praetorius-Orgel" (nach einer Disposition von M. Praetorius, 1618) bauen; weitere Anregungen kamen von K. Straube, H. H. Jahnn und Ch. Mahrenholz. Seit den 1960er Jahren geht der historisierende Charakter der Orgel zurück; auch Errungenschaften des 19. Jahrhunderts werden berücksichtigt.

**Orgelchoral** [...ko...]: in der protestantischen Kirchenmusik (v.a. des 17. Jahrhunderts) eine besondere Form der ↑Choralbearbeitung. Dabei wird die Choralmelodie einmal Zeile für Zeile durchgeführt, meist so, daß sie in einer Stimme verbleibt. Der Orgelchoral bot besonders viele kompositorische Gestaltungsmöglichkeiten im jeweiligen Stil der Zeit.

**Orgelmesse:** Bezeichnung für eine bestimmte Form der musikalischen Messe, bei der jeweils ein mehrstimmiger Orgelsatz (Versett) anstelle eines vokalen Verses mit dem einstimmigen Choralgesang der Gemeinde abwechselt. Die Praxis der Orgelmesse ist seit dem Ende des 14. Jahrhunderts bekannt. Die meist choralgebundenen Orgelversetten stellen einen wichtigen Beitrag zur Geschichte der ↑Choralbearbeitung dar.

**Orgelmusik:** auf dem Pfeifenklavier (Orgel, Portativ, Positiv, Regal) gespielte bzw. zur Ausführung auf diesem Instrumententyp bestimmte Musik. Noch bis ins 18. Jahrhundert hinein wird bei Musik für Tasteninstrumente nicht scharf zwischen Musik für Pfeifen- und Saitenklaviere unterschieden, obwohl sich schon seit dem Spätmittelalter gewisse Differenzierungen nach Funktion, Gattungen und Satztechnik herausbilden. Die Geschichte der Orgelmusik bis ins 18. Jahrhundert gehört daher zur Geschichte der Klaviermusik im weiteren Sinne.

Die aus dem orientalischen Bereich kommende Orgel wird in Europa zuerst als weltliches Kammermusikinstrument verwendet, aber schon in der Karolingerzeit (9. Jahrhundert) auch in der Kirche. Erst das Aufkommen von Tasten im 14. Jahrhundert ermöglicht mehrstimmiges Spiel, das die klanglichtechnischen Qualitäten der Orgel ausschöpft und zugleich in Wechselwirkung mit dem Orgelbau vorantreibt. Eine wichtige Sammlung ist das „Buxheimer Orgelbuch" (1460–70); deutsche Komponisten wie A. Schlick und P. Hofhaimer und der Spanier A. de Cabezón (↑Tientos) entwickeln die Orgelmusik weiter. Die drei Hauptgattungen der Orgelmusik bis zum 15./16. Jahrhundert werden das aus dem Improvisieren hervorgegangene freie Präludieren (Praeambulum), Übertragungen (Intavolierungen von Vokalmusik) sowie ↑Choralbearbeitungen (↑Orgelchoral, ↑Orgelmesse); diese entspringen aus der Alternatimpraxis, der wechselweisen Ausführung von Choralversen durch einstimmigen Chor und mehrstimmiges Orgelspiel.

Seit etwa 1600 bildet sich satztechnisch gegenüber der sonstigen Klaviermusik differenzierte Orgelmusik heraus; zugleich entwickeln sich nationale Ausprägungen der liturgischen Orgelmusik, die im 17. Jahrhundert eine Hochblüte erreicht. Damit verstärkt sich, auch durch die räumliche Bindung der großen Orgel an die Kirche, die Bestimmtheit von Orgelmusik als gottesdienstliche oder mindestens geistliche Musik immer mehr. Die italienischen Organisten (A. und G. Gabrieli, C. Merulo, L. Rossi und der besonders bedeutende G. Frescobaldi) nutzen die satz-, spiel- und klangtechnischen Möglichkeiten ihrer noch einmanualigen Orgeln aus und entfalten aus der Vokalmusik abgeleitete instrumentale Formen wie Toccata, Ricercar, Canzona, Capriccio und Versett. Unter italienischem Einfluß steht die süddeutsche und österreichische Orgelmusik mit Zentren in Wien (J. J. Froberger) sowie Prag und Augsburg. Die französische Orgelmusik (J. Titelouze, G. G. Nivers, N. de Grigny, F. Couperin, L.-N. Clérambault) legt in Orgelmessen, Hymnen- und Magnificat-Bearbeitungen sowie freikomponierten Offertoires besonders Wert auf Klang- und Farbenpracht. Im mittel-

deutschen Raum bevorzugt man (J. Krieger, J. Pachelbel) Kirchenliedbearbeitung, Variation und Fughette. Die Organisten der norddeutschen Hansestädte (H. Scheidemann, F. Tunder, D. Buxtehude, V. Lübeck, N. Bruhns) erzielen durch mehrere Manuale und das Pedal prägnanten Klangwechsel zwischen den Teilwerken der Orgel und bauen neue Formen aus: den kolorierten Orgelchoral, die Choralfantasie und die großangelegte, Cantus-firmus-freie virtuose Orgeltoccata mit fugierten Partien. Die verschiedenen Stile, Gattungen und Formen gelangen in der Orgelmusik J. S. Bachs zu einer Synthese und einem letzten Höhepunkt.
Durch den Stilwandel um 1740 verliert die Orgelmusik an Bedeutung. Vor allem das Hammerklavier mit seiner Fähigkeit zu dynamischer Abschattierung übernimmt die Führung in der Klaviermusik, aus der die Orgelmusik im engeren Sinn nun endgültig ausdifferenziert ist. Erst nach 1830 entstehen im Zuge des Historismus wieder bedeutende, nun allerdings vereinzelte Orgelwerke; F. Mendelssohn Bartholdy, R. Schumann, J. Brahms orientieren sich an Bach; F. Liszt betont das Virtuose. In Frankreich schreibt C. Franck sinfonisch-orchestrale Orgelmusik, die in A. Guilmant, Ch.-M. Widor, L. Vierne und M. Dupré im 20. Jahrhundert eine Fortsetzung findet. In den höchst farbigen, klangschwelgerischen Werken O. Messiaens erreicht die Orgelmusik einen Höhepunkt. Im Werk M. Regers, der Bachsche Polyphonie und Wagnersche Harmonik verbindet, erlebt die deutsche Orgelmusik eine Nachblüte. Komponisten im Gefolge der ↑Orgelbewegung zielen nach 1918 auf verstärkte liturgische Bindung; ihnen stehen einzelne, nichtliturgische Werke etwa von P. Hindemith oder A. Schönberg gegenüber. Seit den 1960er Jahren entdeckt und benützt die Avantgarde (u. a. G. Ligeti) spezifische Klangfarbenqualitäten der Orgel neu.
Orgelmusik in anderem Sinn ist die Musik für die Wurlitzer- oder Kinoorgel, die v. a. in den 1920er Jahren als Orchestersatz zur Begleitung von Stummfilmen dient. Einige Bedeutung in der Unterhaltungsmusik seit den 1930er Jahren haben verschiedene elektronische Orgelinstrumente wie die Hammondorgel u. ä. (↑Elektronenorgel).

**Orgelpunkt:** lang ausgehaltener oder ständig wiederholter Ton, meist in der Baßstimme, über dem sich die übrigen Stimmen zwischen dem tonartlich gebundenen Ausgangs- und Schlußklang harmonisch frei bewegen und auch in entferntere Tonarten ausweichen können. Durch den Widerspruch zwischen harmonischem Stillstand und Vorwärtsdrängen dient er v. a. als spannungsschaffendes, steigerndes Mittel, oft in Verbindung mit anwachsender Lautstärke und Satzdichte, so z. B. am Anfang eines Werkes (J. S. Bach „Matthäuspassion“, 1729), am Ende der Durchführung eines Sonatensatzes vor Eintritt der Reprise oder am Ende eines Werks vor der abschließenden Kadenz. Seit der Spätromantik kann an die Stelle eines Einzeltons auch ein liegender Akkord treten. – Die Bezeichnung geht auf *organicus punctus* im mittelalterlichen ↑Organum zurück, das ist ein lang gehaltener Ton im Tenor, über dem sich die Oberstimme *(vox organalis)* frei bewegt.

**Orgeltabulatur** ↑Tabulatur.

**Oriscus** [lateinisch] ↑Neumen.

**Ornamente** [lateinisch] ↑Verzierungen.

**Ornamentinstrumente:** hießen im 17. Jahrhundert im Gegensatz zu den ↑Fundamentinstrumenten diejenigen Musikinstrumente, die die Oberstimme(n) (über dem Generalbaß) ausführten, also v. a. Streicher und Bläser.

**ossia** [italienisch „oder, auch“]: Hinweis auf eine abweichende Lesart oder eine erleichterte Fassung im Notentext.

**Osterspiel:** der älteste und für die Entwicklungsgeschichte des ↑geistlichen Spiels bedeutendste Typus des mittelalterlichen Dramas, der das österliche Heilsgeschehen in dramatischer Gestaltung vorführt. Es entstand aus dem schon im 10. Jahrhundert überlieferten Ostertropus (↑Tropus). Dessen Text ist dialogisch aufgebaut: Auf die Frage der Engel „Quem queritis in sepulchro, o Christicolae" (lateinisch „Wen suchet ihr in dem Grabe, ihr Kleingläubigen") folgt die Antwort der beiden Marien, die Verkündigung der Auferstehung und der Auftrag an die Frauen. Der Ostertropus war ursprünglich ein Teil des Introitus der Messe vom Ostersonntag; er wurde im 10. Jahrhundert in die Matutin des österlichen Offiziums übernommen und im Rahmen einer Osterfeier zur Grundlage einer dramatischen Gestaltung gemacht; diese wurde seit dem 12. Jahrhundert mit Erweiterungen versehen und trat damit aus dem Rahmen der Liturgie heraus. Die Tradition der Osterspiele bricht im 16. Jahrhundert ab. Mit seiner „Comedia de Christi resurrectione" (1956) knüpfte C. Orff an die frühere Überlieferung neu an.

**Ostinato** [italienisch, von lateinisch obstinatus „hartnäckig, beharrlich"]: kurze, ständig wiederholte Tonfolge oder rhythmische Figur (meist im Baß), die einen musikalischen Satz oder Abschnitt gliedert, während sich die übrigen Stimmen darüber frei entfalten. In außereuropäischer Musik kommen ostinate Techniken als Mittel usueller ↑Mehrstimmigkeit häufig vor. In der europäischen Kunstmusik sind sie seit dem 13. Jahrhundert überliefert (z. B. im englischen „Sommer-Kanon", um 1300), jedoch als improvisierte Begleitpraxis sicherlich schon früher vorhanden gewesen. In der Vokalpolyphonie des 15. und 16. Jahrhunderts gibt es nur wenige Beispiele für den Gebrauch des Ostinato (z. B. in Messen von Josquin Desprez). Weittragende Bedeutung gewinnt die Ostinatotechnik in der besonderen Form des *Basso ostinato* als fortgesetzte Wiederkehr eines Themas mit dem Aufkommen der selbständigen Instrumentalmusik im 16. Jahrhundert. Oft liegt Tanzformen (Folia, Bergamasca, Romanesca), ausgedehnten Variationen (Chaconne, Passacaglia) und Arien dieser Zeit ein Baßmodell als kurzes, prägnantes Thema von vier bis acht Takten oder als charakteristischer Gang (z. B. chromatisch bis zur Unterquart absteigend) zugrunde. Seitdem sind ostinate Bildungen fester Bestandteil der Kompositionstechnik auch großer Instrumental- und Vokalwerke, v. a. bei J. S. Bach und Händel sowie, daran anknüpfend, bei Brahms und Reger und noch im 20. Jahrhundert bei Bartók, Hindemith, Berg, Fortner.

**Oszillograph** [von lateinisch oscillatio „das Schaukeln" und griechisch gráphein „schreiben"]: Gerät, das die Schwingungsstruktur eines über Mikrophone aufgenommenen Schallereignisses sichtbar machen kann. Das Bild am Oszillographen entsteht dadurch, daß ein Lichtpunkt proportional zu der durch den Schall im Mikrophon induzierten elektrischen Spannung in vertikaler Richtung abgelenkt wird, während er zugleich in rascher Abfolge horizontal bewegt wird.

**ottava** [italienisch] ↑all'ottava.

**Ouvertüre** [uvɛr...; französisch; von lateinisch apertura „Eröffnung"]: instrumentales Einleitungsstück zu Bühnenwerken (Oper, Schauspiel, Ballett) und größeren Vokalkompositionen (Oratorium, Kantate), ferner im Barock gelegentlich der erste Satz von Suiten (Ouvertürensuite). Daneben gibt es seit dem 19. Jahrhundert die selbständige Konzertouvertüre. – Einleitungen zu Bühnenwerken gab es unter verschiedenen Bezeichnungen (Toccata, Sonata, Sinfonia) schon im 16. Jahrhundert. Doch erst um 1640 wurde in Frankreich erstmals der Begriff Ouvertüre für das Vorspiel zu einem Ballett verwendet. In der zweiten Hälfte des 17. Jahrhunderts erhielt die sogenannte *französische Ouvertüre* ihre feste Form: langsamer, gravitätischer erster Teil, meist in punktiertem Rhythmus; schneller, oft fugierter Mittelteil, dem wiederum ein langsamer, oft mit dem ersten thematisch verwandter Teil folgen kann. Ende des 17. Jahrhunderts entwickelte sich daneben die italienische Ouvertürenform der *neapolitanischen Opernsinfonia*, besonders durch A. Scarlatti, mit der Satzfolge schnell–langsam–schnell (Schlußsatz häufig mit Tanzcharakter), die eine wichtige Keimzelle der ↑Sinfonie bildet. In dieser Zeit entstand – losgelöst von Oper und Ballett – die Ouvertürensuite, eine instrumentale Tanzfolge mit Ouvertüre, die in der ersten Hälfte des 18. Jahrhunderts in Deutschland (Georg Muffat, G. Ph. Telemann, J. S. Bach, G. F. Händel) besonders verbreitet war. In der zweiten Hälfte des 18. Jahrhunderts wandelte sich die Ouvertüre sowohl formal, indem sie in ihrem schnellen Teil (dem eine langsame Einleitung vorausgehen konnte) die ↑Sonatensatzform übernahm, als auch inhaltlich, indem sie sich (seit Ch. W. Glucks Oper „Alceste", 1767) auf die kommende Handlung bezog. Von großer Wirkung in dieser Hinsicht sind die Verbindungen zwischen Ouvertüre und dramatischen Höhepunkten der Oper durch gleiche einprägsame Motive in W. A. Mozarts „Don Giovanni" (1787) und „Die Zauberflöte" (1791). Diese Entwicklung wurde von L. v. Beethoven (Leonoren-Ouvertüre Nr. 3, 1806) und C. M. von Weber („Der Freischütz", 1821) konsequent weitergeführt. Zugleich erwies sich die Sonatensatzform durch ihre Abrundung und dramatische Entspannung in der ↑Reprise als weniger geeignet für den Versuch, die Ouvertüre mit programmatischen Elementen auszustatten. Dementsprechend zeigen Beethovens Schauspielouvertüren zu „Coriolan" (1807) und „Egmont" (1810) starke individuelle Formprägungen. An diese Werke knüpften romantische Komponisten mit selbständigen, inhaltlich bestimmten Konzertouvertüren an (F. Mendelssohn Bartholdy, „Meeresstille und glückliche Fahrt", 1828, und „Die Hebriden", 1832; H. Berlioz, „Le roi Lear", 1831), die ihrerseits den Boden bereiteten für die einsätzige ↑sinfonische Dichtung. Daneben steht die „reine" Konzertouvertüre, die auf programmatische Vorlagen verzichtet (C. M. von Weber, „Jubelouvertüre", 1818; J. Brahms, „Akademische Festouvertüre", 1880, und „Tragische Ouvertüre", 1881). Im Bereich der komischen Oper entwickelte sich die Potpourri-Ouvertüre (G. Donizetti, „Die Favoritin", 1840), die die eingängigsten Melodien der Oper lediglich aneinanderreiht. Erneuert und verwandelt wurde die Ouvertüre durch R. Wagner, der die Einleitungen zu seinen Musikdramen ↑Vorspiel nannte, die auf die Grundstimmung des Dramas vorbereiten sollten. Im Gegensatz hierzu zeigt sich seit dem Ende des 19. Jahrhunderts eine Tendenz, die Ouvertüre auf wenige Takte zusammenzudrängen, die die Öffnung des Vorhangs begleiten (G. Verdi, „Otello", 1887, und „Falstaff", 1893; G. Puccini, „Tosca", 1900; R. Strauss, „Salome", 1905).

**Overdubbing** [oʊvəˈdʌbɪŋ; englisch]: Verfahren in der Studio-Aufnahme, bei dem die einzelnen Stimmen eines Stücks nacheinander auf getrennten Spuren aufgenommen werden; umgangssprachlich wird der Begriff oft mit ↑Playback gleichgesetzt.

# P

**p:** Abk. für ↑**p**iano.

**Padov̲ana** [italienisch, nach der Stadt Padua] (Paduana, Padoana): seit etwa 1600 soviel wie ↑Pavane. Von etwa 1550–1600 aber bezeichnet Padovana einen im Unterschied zur Pavane schnellen [Nach]tanz im Dreiertakt. Vor allem im deutschen Sprachgebrauch der Zeit werden die Bezeichnungen Padovana (bzw. Paduana, Padoana) und Pavane oft verwechselt.

**Palestri̲na-Stil:** der durch kontrapunktische Strenge, Ausgewogenheit in Stimmbewegung, Rhythmik und Dissonanzbehandlung und durch Wortverständlichkeit gekennzeichnete A-cappella-Stil, den der römische Komponist G. P. da Palestrina (* 1525, † 1594) in seinen kirchenmusikalischen Werken ausprägte. Der Palestrina-Stil gilt seit seiner Sanktionierung durch das Tridentiner Konzil (tagte 1545–63) als Vorbild der Kirchenmusik und seit der romantischen Palestrina-Erweckung im 19. Jahrhundert als Vollendung der Vokalpolyphonie.

**Pandero** [spanisch]: eine Schellentrommel, die in Spanien zur Begleitung von Volkstänzen gespielt und im Karneval zusammen mit der Reibtrommel Zambomba als Geräuschinstrument eingesetzt wird.

**Pandora** [griechisch]: eine große ↑Cister mit birnenförmigem Schallkörper und fünf bis sieben Saitenchören, die an einem Querriegel befestigt sind. Das Zupfinstrument wurde im 16. und 17. Jahrhundert v. a. im Generalbaßspiel verwendet.

**Panflöte** [nach dem griechischen Hirtengott Pan] (griechisch syrinx): ein Blasinstrument aus mehreren, meist

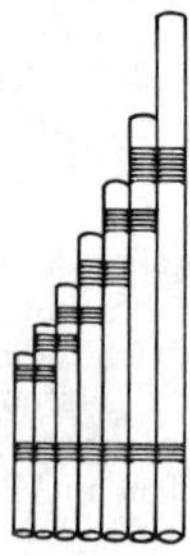

unten geschlossenen Röhren ohne Grifflöcher; der Spieler bläst in der Regel gegen die obere Kante, die meist glatt oder gekerbt ist. Die aneinander gebundenen oder geklebten Röhren werden meist in einer Ebene angeordnet, wobei sich die Reihenfolge häufig nach der Länge und damit nach der Tonhöhe richtet. Daneben kommt auch die Anordnung in zwei parallelen Reihen oder im Rund vor. Das Material der Röhren ist häufig Schilf, ferner Holz, Bambus, Metall, Ton oder Stein. Die Panflöte gehört zu den ältesten Instrumenten und war einst weltweit verbreitet. Sie wird einzeln (Hirteninstrument im alten Griechenland) oder im Ensemble mehrerer Panflöten gespielt (in Melanesien, Polynesien). Als Volksinstrument ist sie besonders in Italien und Rumänien beliebt.

**Pange, lingua** [lateinisch „Preise, Zunge"]: in der lateinischen Liturgie die Anfangsworte von über 70 mittelalterlichen Hymnen, die von dem Kreuzeshymnus des Venantius Fortunatus „Pange, lingua, gloriosi proelium certaminis" (Singe, Zunge, des erhabenen Gotteskampfes Waffengang; um 569) ausgehen. Dieser Hymnus der Kreuzverehrung wurde seit dem 9./10. Jahrhundert allgemein in das Offizium der Passionszeit aufgenommen. Das angeblich von Thomas von Aquin geschaffene „Pange, lingua, gloriosi corporis mysterium" (Preise, Zunge, das Geheimnis dieses Leibs voll Herrlichkeit) wird als Hymnus zu Vesper und Prozession des Fronleichnamsfestes verwendet. Seine Schlußstrophen („Tantum ergo" und „Genitori genitoque") werden als Gesang zum sakramentalen Segen gebraucht.

**Pantaleon** (Pantalon): ein vergrößertes ↑Hackbrett mit zwei Resonanzböden und beidseitigem Saitenbezug (Tonumfang bis $5^1/_2$ Oktaven). Es war auf der einen Seite mit Darm-, auf der anderen mit den schärfer tönenden Metallsaiten bezogen, so daß beim Umdrehen der Klang gewechselt werden konnte. Das Pantaleon ist nach seinem Erfinder Pantaleon Hebenstreit benannt, der es nach 1690 auf Reisen bekannt machte. Bis etwa 1750 war es ein Modeinstrument der aristokratischen Gesellschaft.

**Pantomime** [von griechisch pantómimos „alles nachahmend"]: Sonderform der darstellenden Kunst, bei der Handlung und/oder Charaktere ohne Gebrauch der Wortsprache ausschließlich durch Mimik (Mienenspiel), Gestik bzw. Gebärden sowie tänzerische Bewegung ausgedrückt werden. Maske, Kostüm, sparsame Requisiten sowie musikalische Begleitung sind möglich. Pantomime heißt auch der Ausübende dieser Kunst. – Die Pantomime, wie andere

Künste ursprünglich ein integraler Bestandteil urtümlicher Zeremonien und Riten, ist als selbständige Kunstform bereits 400 vor Christus in Griechenland nachweisbar, in hellenistischer Zeit auch in Kleinasien und Ägypten. Sie entwickelte sich einerseits aus kultischem und gymnastischem Tanz, andererseits aus dem Drama. Zu Chor- und Instrumentalbegleitung agierte – meist solistisch – ein Schauspieler mit Masken, oft eine Frau; daß der Darsteller weder sprach noch selber musizierte, unterscheidet die Pantomime vom Mimus. In Rom war die Pantomime als Tragödien- oder Komödienpantomime von etwa 20 vor Christus bis 500 nach Christus eine sehr beliebte Kunstgattung. Danach konnte sie sich dann zunächst nicht als selbständige Kunst halten. Sie überlebte aber als Bestandteil besonders der Vorführungen von Fahrenden (Akrobaten, Jongleure) sowie von volkstümlichen Theaterformen: so im mittelalterlichen Mysterienspiel, in der italienischen Commedia dell' arte (seit dem 16. Jahrhundert), im französischen Jahrmarktstheater (↑Vaudeville) oder in der Altwiener Volkskomödie. Hier ersetzte das stumme Spiel, oft in Verbindung mit Musik, das häufig von Zensurmaßnahmen verbotene Wort; zudem ist die optisch wahrnehmbare, drastische Pantomime bei Freiluftveranstaltungen effektiver.

Ein zweiter Entwicklungsstrang ist die Verwendung von musikbegleiteter Pantomime (meist mit allegorischen Themen) als Bestandteil der vom Italien der Renaissance ausgehenden Trionfi (festliche Umzüge) sowie der Intermedien bei höfischen Festen und in weltlichem und geistlichem Theater. In England und Frankreich entwickelte sich eine eigenständige, oft sozialkritische Form der Pantomime, meist mit Harlekin bzw. Pierrot im Mittelpunkt. Sie erreichte mit J.-B. Deburau im 19. Jahrhundert eine letzte Blüte. Elemente der Harlekin-Pantomime überleben in Zirkus (Pantomimenclown) und Varieté, ferner im Stummfilm (Ch. Chaplin) und Musikfilm (F. Astaire, G. Kelly). In der modernen, von É. Decroux und seinen Schülern (J.-L. Barrault, M. Marceau, S. Molcho) geprägten Pantomime spielt die Musik meist nur eine Nebenrolle. In der neueren Musik erscheint Pantomime als Titel eines Satzes (z. B. in Ravels „Daphnis und Chloé", 1912, oder A. Honeggers „Suite archaïque", 1951), als Opernszene (in Hindemiths „Cardillac", 1926, Neufassung 1952) oder als ganzes Werk (F. Schreker, „Der Geburtstag der Infantin", 1908).

**Pänultima** [lateinisch „vorletzter (Ton)"]: mittelalterliche Bezeichnung für den vorletzten Ton (vox) eines melodischen Abschnitts, z. B. einer Klausel im ↑Organum, der oft besonders ausgestaltet wurde, z. B. als Orgelpunkt (organicus punctus).

**Parallelbewegung:** nennt man die ↑Stimmführung in ↑Parallelen.

**Parallelen** [von griechisch parállēlos „nebeneinander stehend"]: Bezeichnung für die auf- oder absteigende Bewegung zweier oder mehrerer Stimmen in gleichen Intervallen, d. h. mit gleichem Abstand. In volkstümlicher Musik sind Parallelen häufig, mit dem frühen ↑Organum bilden sie sogar einen Ausgangspunkt für die entwickeltere Mehrstimmigkeit. Seit dem 14. Jahrhundert wurden mit Rücksicht auf das Satzprinzip selbständig geführter Stimmen Quinten- und Oktavenparallelen untersagt. Seit dem 17. Jahrhundert gelten im strengen Satz auch folgende Parallelen als fehlerhaft:

1: Akzentparallelen, 2: verdeckte Parallelen, 3: Gegenparallelen

Allerdings kommen diese Parallelen dennoch in freien Kompositionen vor. In der neueren Musik etwa seit dem ↑Impressionismus gilt das Parallelenverbot nicht mehr, teilweise werden Parallelen sogar als bewußtes (z. B. archaisierendes) Stilmittel eingesetzt.

**parallele Tonarten:** nennt man die zwei jeweils einander zugeordneten Dur- und Molltonarten, die gleiche Vorzeichen haben und deren Grundtöne eine kleine Terz voneinander entfernt liegen. Parallele Tonarten sind z. B. C-Dur und a-Moll, G-Dur und e-Moll usw.

**Parallelklang:** ein Dreiklang, der mit einem anderen eine große Terz gemeinsam hat und dessen Grundton eine kleine Terz tiefer bzw. höher steht. Stets ist der Parallelklang eines Durdreiklangs ein Molldreiklang und umgekehrt, z. B. sind a–c–e und c–e–g als Parallelklänge einander zugeordnet. In der ↑Funktionstheorie hat jede Hauptfunktion einen Parallelklang. So ist in C-Dur a–c–e die Tonikaparallele (Tp), d–f–a die Subdominantparallele (Sp) und e–g–h die Dominantparallele (Dp).

**Parameter** [von griechisch parametreĩn „an etwas messen“]: um 1950 aus der Mathematik übernommene Bezeichnung für die einzelnen Dimensionen des musikalischen Wahrnehmungsbereichs. Man unterscheidet primäre Parameter wie ↑Tonhöhe, ↑Lautstärke, Tondauer und Tonort und sekundäre Parameter, die erst durch eine spezielle Komposition definiert werden, wie z. B. Artikulation, Klangdichte, Gruppencharakteristik, Tonumfang, Klangfarbe usw. In der ↑seriellen Musik werden die musikalischen Parameter isoliert betrachtet und nach „Reihen“ geordnet. Die Vorstellung, daß jedem musikalischen Parameter eindeutig eine physikalische Größe zugeordnet werden kann, ist hörpsychologisch nicht haltbar: so hängt z. B. die Tonhöhenempfindung nicht allein von der Frequenz, sondern auch von der Klangfarbe, Tondauer, Schallintensität u. a. ab.

**Paraphonie** [von griechisch paraphōnía „Nebenklang“]: in der spätantiken und byzantinischen Musiklehre die „nebenklingenden“ Intervalle Quinte und Quarte gegenüber den antiphonen (griechisch „dagegentönend, [in der Oktave] entsprechend“) Intervallen Oktave und Doppeloktave. Man nimmt an, daß Paraphonie auch das Singen von Melodien in Quart- oder Quintparallelen bedeutet, ohne daß diese Praxis schon (wie im parallelen Quartorganum, ↑Organum) als bewußte Mehrstimmigkeit aufzufassen wäre. – *Paraphonistae* hießen seit dem 7./8. Jahrhundert 3 der 7 Sänger der römischen ↑Schola cantorum.

**Paraphrase** [von griechisch paráphrasis „Umschreibung“]: im 19. Jahrhundert aufkommende virtuose Konzertphantasie, die bekannte Melodien, etwa Lieder oder Opernarien, frei bearbeitet und neu zusammenfügt. Bedeutsam sind v. a. die Paraphrasen für Klavier F. Liszts, bekannt noch heute sein „Totentanz, Paraphrase über ‚Dies irae‘“ für Klavier und Orchester (1849 bis 1859).

**Parforcehorn** [par'fɔrs...]: ein großes, mehrfach gewundenes ↑Jagdhorn, das bei der Hetzjagd (Parforcejagd) benutzt und beim Spiel um die Schulter gelegt wird.

**Parlando** [italienisch „sprechend, im Sprechton“]: eine das rasche Sprechen nachahmende Vertonungs- und Vortragsweise. In Vokalmusik erscheint das Parlando in schnellem Tempo mit häufigen Wort- und Tonwiederholungen und erfordert rhythmisch genauen Vortrag mit leichter Tongebung. Vom Seccorezitativ (auch Recitativo parlante genannt) unterscheidet sich das Parlando dadurch, daß es nur in geschlossenen Stükken (Arie, Ensemble) vorkommt. Verwendet wurde das Parlando v. a. in der italienischen Opera buffa des 18. und 19. Jahrhunderts (Cimarosa, Rossini). Als besondere Form der Stilisierung natürlichen Sprechens erscheint es in – jeweils auch nationalsprachlich verschiedenen – Ausprägungen bei Mussorgski, Verdi und Puccini. – In der Instrumentalmusik fordert die Anweisung *parlando* (oder *parlante*) einen „sprechenden“, ausdrucksvollen Vortrag.

**Parodie** [von griechisch parōdía „Nebengesang, Beilied“]: in der Musik seit dem 15. Jahrhundert gebrauchte Bezeichnung für die Verwendung einer bestehenden Komposition in einem neuen Zusammenhang. Die Parodie ist wie ↑Kontrafaktur, ↑Paraphrase u. a. eine besondere Art der ↑Bearbeitung. So ist etwa die Parodiemesse des 15. und 16. Jahrhunderts durch die Übernahme einer (meist der Tenor), manchmal auch mehrerer Stimmen aus einer Chanson oder Motette gekennzeichnet (z. B. J. Ockeghems Messe „L'homme armé" oder J. Obrechts Messe „Adieu, mes amours"). Das vielfach mit Umtextierungen verbundene Parodieverfahren konnte sich in der Veränderung von Stimmenzahl, Satzstruktur, Rhythmik, Melodik und Harmonik zeigen und behielt seine Bedeutung bis in das 18. Jahrhundert. Eine große Rolle spielte es z. B. bei J. S. Bach mit der Wiederaufnahme früherer Werke in Neukompositionen. – Eine eigene Parodietradition kennzeichnete das Pariser Theaterleben v. a. des 18. Jahrhunderts mit satirisch-komischen Nachahmungen von Werken des ernsten Opernrepertoires (z. B. J.-B. Lullys „Phaéton" als „Le cocher maladroit" [deutsch „Der tölpelhafte Kutscher"]).

**Part** [lateinisch] (italienisch parte; französisch partie): Stimme, Stimmheft (vokal oder instrumental), Teil oder Satz eines Musikwerks. – ↑auch colla parte.

**Parte** [italienisch] ↑Part.

**Partialtöne:** svw. ↑Teiltöne.

**Particell** [parti'tʃɛl; von italienisch particella „Teilchen"]: Bezeichnung für eine auf wenigen Liniensystemen aufgezeichnete Kompositionsskizze, die als Vorlage für eine ↑Partitur dient.

**Partie** [lateinisch]: 1. im 17./18. Jahrhundert svw. ↑Suite (↑auch Partita). – 2. französische Bezeichnung für ↑Part. – 3. die Gesangsrolle z. B. in Oper und Operette.

**Partimento** [italienisch „Teilung"]: in der Musik des 17. und 18. Jahrhunderts Bezeichnung für eine schriftlich fixierte Baßstimme, zu der auf einem Tasteninstrument eine Melodie oder ein mehrstimmiger Satz improvisierend ausgeführt wurde.

**Partita** [italienisch]: seit dem späten 16. Jahrhundert in Italien und Deutschland Bezeichnung für einen Variationssatz, wobei die Mehrzahl *Partite* den Variationszyklus bezeichnete; seit der 2. Hälfte des 17. Jahrhunderts begegnet Partita auch in allgemeiner Bedeutung für Instrumentalstück oder für ↑Suite.

**Partitur** (italienisch partitura) [von lateinisch partiri „(ein)teilen"]: im Gegensatz zum ↑Particell die in allen Einzelheiten ausgearbeitete Aufzeichnung aller, auf jeweils eigenen Systemen notierten Stimmen eines Musikwerks, wobei diese so untereinandergesetzt werden, daß die rhythmisch-metrischen Verläufe der Stimmen im Takt in der graphischen Anordnung korrespondieren. Seit dem 18. Jahrhundert setzte sich von oben nach unten die folgende Gliederung in Instrumentengruppen durch (z. B. J. Brahms, 4. Sinfonie, 4. Satz): Holzbläser (Flöten, Oboen, Klarinetten, Fagotte), Blechbläser (Hörner, Trompeten, Posaunen), Schlagzeug, Streicher (Violinen, Viola, Violoncello, Kontrabaß). Bei Konzerten ist die Solostimme allgemein über der 1. Violine notiert. Als *Klavierpartitur* werden erweiterte Klavierauszüge bezeichnet, in denen der Orchesterpart im Klaviersatz zusammengefaßt und jede einzelne Vokalstimme in normaler Partiturordnung wiedergegeben ist (z. B. bei Chor- und Bühnenwerken). – Eigenes Lehrfach v. a. für Dirigenten ist das *Partiturspiel*, wobei ein Musikwerk aus der Partitur auf dem Klavier gespielt wird.

**Pas** [pa; französisch „Schritt"]: der Schritt; in der Ballettsprache meist in Zusammensetzungen gebraucht, z. B. *Pas de bourrée* für einen bestimmten Schritt, *Pas d'action* für eine dramatische Szene, *Pas de deux* für den Tanz zu zweit, die geschlossene Tanznummer für die Ballerina und den Ballerino.

**Paso doble** [spanisch „Doppelschritt"]: 1. aus einem spanischen Paartanz hervorgegangener Gesellschaftstanz in sehr lebhaftem $^2/_4$- oder $^3/_4$-Takt mit unkomplizierten Schritten; wurde nach 1945 Turniertanz. – 2. schneller Infanteriemarsch im $^6/_8$-Takt.

**Passacaglia** [passa'kaʎa; italienisch]: ursprünglich wahrscheinlich ein spanisches Gitarrenlied im Dreiertakt, bei Umzügen von Musikgruppen auf den Straßen verwendet. Seit Anfang des 17. Jahrhunderts erscheint die Passacaglia als langsamer Hoftanz im $^3/_4$-Takt. Sie ist als Variationskomposition über einem vier- oder achttaktigen, ständig

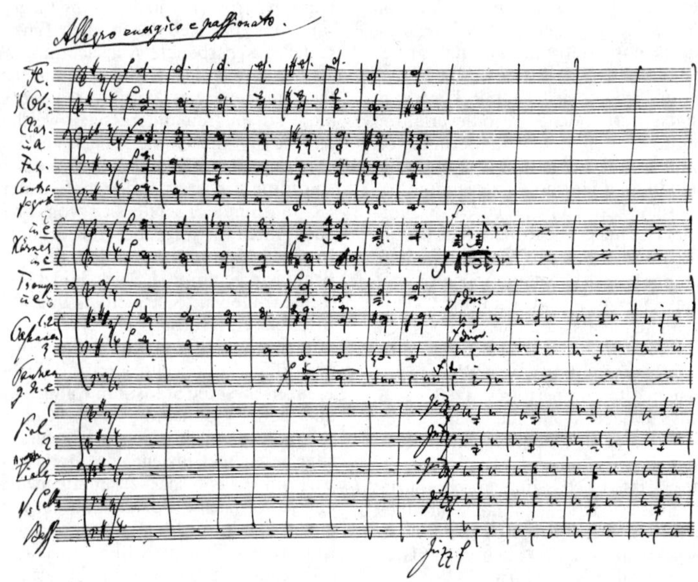


Partitur. J. Brahms, 4. Sinfonie e-Moll op. 98 (1884/85), Beginn des 4. Satzes (Autograph im Besitz der Zürcher Zentralbibliothek)

wiederkehrenden Baßmodell (↑Ostinato) angelegt. Im Unterschied zur verwandten ↑Chaconne bevorzugt die Passacaglia Molltonarten und langsamere Tempi. Die Passacaglia war seit Anfang des 17. Jahrhunderts beliebt für Vor-, Zwischen- und Nachspiele in Arien oder Tänzen; nach 1650 wurde sie zum eigenständigen, auch ausgedehnteren Instrumentalstück, so etwa bei J. Pachelbel, D. Buxtehude, J. S. Bach und G. F. Händel. Mit dem Stilwandel um die Mitte des 18. Jahrhunderts trat ihre Bedeutung zurück. Sie wurde aber im ausgehenden 19. Jahrhundert (J. Brahms, M. Reger) aufgegriffen und auch in der neueren Musik häufig verwendet (A. Schönberg, A. Webern, A. Berg, P. Hindemith).

**Passage** [pa'sa:ʒə; französisch „Gang“]: rasche, virtuose auf- oder absteigende Tonfolge, in Gestalt von Läufen (Tonleiterpassage) oder Akkordbrechungen (Akkordpassage). Sie erscheint häufig in solistischer Vokal- oder Instrumentalmusik, zumal in Gattungen mit virtuosem Charakter wie Toccata, Etüde bzw. Konzertetüde, Bravourstück. – Ausgangspunkt der Passage ist das *Passaggio*, eine entsprechende Form der Verzierung in den Gesangs- und Instrumentallehrbüchern seit etwa 1550.

**Passamẹzzo** [italienisch, vermutlich von pass'e mezzo „ein Schritt und ein halber“]: geradtaktiger italienischer Tanz des 16./17. Jahrhunderts, der langsameren ↑Pavane ähnlich. Seit etwa 1540 liegen dem Passamezzo ostinatoartige Satzmodelle zugrunde; zwei davon werden seit etwa 1600 vorherrschend: der *Passamezzo antico* in Moll (der ↑Folia verwandt), und der *Passamezzo moderno* in Dur. Der Passamezzo wurde oft mit dem ↑Saltarello als Nachtanz verbunden. Er findet sich als eigenständiges, zyklisches Werk sowie als Satz von Suiten bis ins 18. Jahrhundert.

**Passepied** [paspi'e:; französisch]: wahrscheinlich aus der Bretagne stammender schneller, rhythmisch unregelmäßiger Rundtanz im $^3/_4$- oder $^3/_8$-Takt. Er war von etwa 1550–1750 Hoftanz. In der ↑Suite steht er gelegentlich zwischen Sarabande und Gigue.

**Passion** [von lateinisch passio „das Leiden"]: die Leidensgeschichte Jesu Christi von seiner Gefangennahme bis zur Kreuzigung. Sie wird in der Liturgie der Karwoche an vier Tagen nach den Berichten der vier Evangelisten gelesen oder gesungen. Die besondere Weise des Choralvortrags der Passion besteht darin, daß der erzählende Text des Evangelisten, die Reden Christi, der Einzelpersonen (Soliloquenten) und Personengruppen (Turbae; lateinisch „das Volk") von verschiedenen Lektoren in jeweils eigener Tonlage gesungen werden. Frühe Beispiele für eine musikalische Ausgestaltung einzelner Textpartien der Passion gibt es bereits in der 2. Hälfte des 15. Jahrhunderts. Im 16. und 17. Jahrhundert bildete sich ein Typus mit geteilter Vortragsweise in einstimmiger Rezitation (Evangelist) und mehrstimmigem Choralsatz (übrige Partien) heraus, der wegen der kontrastierenden Stimmen- und Rollenzuweisung *responsoriale Passion* genannt wird (z.B. Passionen von O. di Lasso, 1575–85). Er fand auch Eingang in die deutsche evangelische Kirchenmusik (Passionen von J. Walter, um 1530; M. Vulpius, 1613; H. Schütz 1665/66). – Ein zweiter Typus mit durchgängig mehrstimmiger, motettischer Satzweise, die *durchkomponierte Passion*, begegnet in den Passionen von J.A. Burck (1568), L. Lechner (1594) und Ch. Demantius (1631).

Durch die Übernahme des neuen Generalbaßstils entstand im 17. Jahrhundert aus der responsorialen die *oratorische Passion*, bei der der Choralton entweder mit Basso continuo versehen (T. Selle, 1641–43) oder ganz aufgegeben wird zugunsten freier, mit Soloarien, Instrumentalsätzen oder Chören abwechselnder Rezitative (J. Theile, 1673). Zu Anfang des 18. Jahrhunderts wurde in den Passionsdichtungen (z.B. von B.H. Brockes, 1712) die wörtliche Bindung an den Bibeltext aufgegeben, was zu einer Verlagerung der Passion in den außerliturgischen Bereich des Oratoriums und zu einem Aufschwung dieser Gattung im norddeutschen Raum führte (R. Keiser, J. Mattheson, G. Ph. Telemann). Höhepunkte bilden die Passionen von J.S. Bach („Johannespassion", 1724; „Matthäuspassion", 1729). – Im 20. Jahrhundert griffen Komponisten auf die alten Formen der responsorialen und motettischen Passion zurück (K. Thomas, 1927; H. Distler, 1933; E. Pepping, 1951). Bedeutsam aus jüngerer Zeit ist die „Lukaspassion" von K. Penderecki (1966).

**passionato** [italienisch]: svw. ↑appassionato.

**Pasticcio** [pas'tɪtʃo; italienisch „Pastete, Mischmasch"]: eine im 18. und im beginnenden 19. Jahrhundert beliebte Zusammenstellung von Teilen aus verschiedenen Opern eines oder mehrerer Komponisten zu einem „neuen" Werk mit eigenem Titel und Libretto. Daneben ist Pasticcio auch Bezeichnung für ein neu komponiertes, jedoch in seinen Teilen von verschiedenen Komponisten geschaffenes Bühnen- oder Instrumentalwerk.

**Pastorale** [von lateinisch pastor „Hirt"]: vorwiegend heiter idyllische Operngattung, die an das Schäferspiel des Sprechtheaters anknüpft und seit den Anfängen der Operngeschichte (J. Peri, „Dafne", 1598, fragmentarisch erhalten), v.a. aber im 17. und 18. Jahrhundert verbreitet war. Pastorale Szenen finden sich auch später immer wieder, vollständige Opern dieses Genres seltener (R. Strauss, „Daphne", 1938). Auch in anderen Gattungen der Vokalmusik (Sololied, Arie, Chorlied, Madrigal, Kantate, sogar in der Messe) kommen Stücke pastoralen Inhalts und Charakters vor.

In der Instrumentalmusik begegnet die Pastorale seit dem späten 16. Jahrhundert, wahrscheinlich angeregt durch das weihnachtliche Musizieren der italienischen ↑Pifferari. In zahlreichen Weihnachts-Concerti (u.a. von A. Corelli,

P.A. Locatelli, F. Manfredini) finden sich Pastoralsätze mit wiegendem $^6/_8$-Takt, Terzenmelodik, Schalmeienklang und Bordunbegleitung (so auch in J.S. Bachs „Weihnachtsoratorium", 1734, und G. F. Händels „Messias", 1742). Seit dem späten 18. Jahrhundert gibt es Pastoralsinfonien und pastorale Einzelsätze. In diese Tradition, die sich bis ins 20. Jahrhundert hinein erhält (A. Honegger, R. Vaughan-Williams) und die in einem erweiterten Sinne der ↑Programmusik angehört, reiht sich auch L. van Beethovens „Sinfonia pastorale" op. 68 (1808) ein.

**Pastoreta** [provenzalisch] ↑Pastourelle.

**Pastourelle** [pastu'rɛl; französisch] (Pastoreta): weitverbreitete Form der spätmittelalterlichen Trouvèrelyrik; Thema ist der Versuch eines Ritters, eine bäuerliche Frau zu verführen. Charakteristisch ist eine dialogische Darstellungsweise. Nach Anfängen im 11. Jahrhundert liegt die Blütezeit der altfranzösischen, provenzalischen und mittelhochdeutschen Pastourelle im 13. Jahrhundert (Tannhäuser, Oswald von Wolkenstein). Die französische Pastourelle wird gelegentlich zum Singspiel ausgebaut; berühmt ist Adam de la Halles „Le jeu de Robin et de Marion" (1283).

**patetico** [italienisch] ↑pathétique.

**pathétique** [pate'tik; französisch] (italienisch patetico): erhaben, feierlich, leidenschaftlich im Ausdruck.

**Pauke** [von mittelhochdeutsch pûke] (italienisch timpano; französisch timbale): das wichtigste, zu den ↑Membranophonen gehörende Schlaginstrument des Orchesters. Die Pauke besteht aus einem halbkugelförmigen oder (heute meist) parabolischen Resonanzkörper („Kessel") aus Kupferblech und einer darübergespannten Membran („Fell") aus gegerbtem Kalbfell oder Kunststoff, die mit Schlegeln angeschlagen wird. In der Mitte des Kesselbodens befindet sich ein Schalloch (Durchmesser etwa 3 cm), das dem Druckausgleich und der Verminderung der Schalldämpfung dient. Das Fell ist am Fellwickelreifen befestigt; über diesem befindet sich der Felldruckreifen, der mit Hilfe von 6–8 Spannschrauben verstellt werden kann und so das Fell spannt oder entspannt. Bei der *Schraubenpauke* müssen die Schrauben einzeln mit der Hand gedreht werden. Die verschiedenen Arten der *Maschinenpauke* besitzen hingegen eine mechanische Einrichtung, durch die der Felldruckreifen an allen Ansatz-

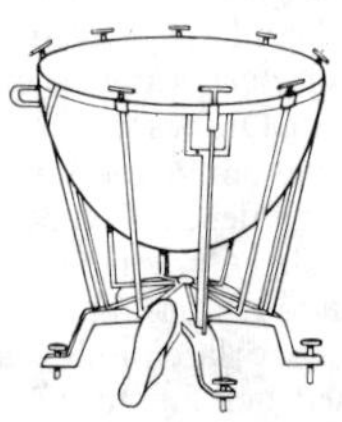

punkten gleichzeitig angegriffen wird; damit ist ein schnelles Umstimmen möglich. Maschinenpauken sind die *Drehpauke*, bei der der Kessel auf einer vertikalen Zentralspannschraube gedreht wird, und die *Kurbel-* oder *Hebelpauke*, bei der die langen Stimmschrauben zu einem zentralen Gewinde zusammengefaßt und durch eine Hauptschraube mittels Kurbel oder Hebel bewegt werden. In den großen Orchestern ist heute die *Pedalpauke* üblich, deren Stimmschrauben durch Pedaldruck bewegt werden; dem genauen Ein- und Nachstimmen dient eine mit der Hand zu betätigende Hauptstimmspindel.

Im Unterschied zur Trommel hat die Pauke eine feste Tonhöhe, die im Umfang von etwa einer Sexte verändert werden kann. Gebaut werden verschiedene Größen mit einem Felldurchmesser zwischen etwa 55 und 80 cm. Als tiefe Pauken gelten die *Baßpauke* in D und die *große Pauke* in G, als hohe die *kleine Pauke* in C und die *hohe Pauke* in A. Gewöhnlich wird die Pauke paarweise (eine hohe und eine tiefe; Normalpaar C- und G-Pauke) eingesetzt. Oft werden auch vier oder mehr Pauken zusammengestellt. – Der Paukenklang ist dunkel und etwas dumpf. Er ist durch die Wahl der Schlegel (Kopf nur aus Holz oder

mit Filz, Flanell oder Leder überzogen) und der Anschlagstelle auf dem Fell zu beeinflussen. Eine starke Abdämpfung wird durch Auflegen eines Tuchs erzielt. Eine charakteristische Spielmanier ist der ↑Wirbel. Auf der Pedalpauke ist ein ↑Glissando möglich.
Die Pauke ist asiatisch-orientalischer Herkunft, sie gelangte in kleiner Form durch die Kreuzzüge spätestens im 13. Jahrhundert nach Europa. Die große Form ist seit dem 15. Jahrhundert nachweisbar. Seit dem 17. Jahrhundert gewann sie steigende Bedeutung für die Orchestermusik. Die erhöhten Anforderungen führten im 19. Jahrhundert zur Erfindung der Kurbelpauke (1812) und der Pedalpauke (1872).

**Pause** [von griechisch paúein „aufhören machen, beenden"]: das vorübergehende Aussetzen einzelner oder aller Stimmen in einer Komposition. Die Pause wird durch eigene, den ↑Noten z.T. angeglichene [und ebenfalls Pause genannte] Zeichen angezeigt. Eine Pause kann sowohl zäsurbildende (↑auch Generalpause) als auch motivische Funktion haben. In der Choralnotation ist sie noch unbekannt; Pausenmessung gibt es erst seit der Mensuralnotation.

**Pavane** [französisch, von italienisch ↑Padovana]: aus Italien stammender, langsamer Schreittanz in geradem Takt. Die Pavane löste nach 1500 als zeremonieller Hoftanz die ↑Basse danse ab und war im 16./17. Jahrhundert in ganz Europa verbreitet. Um 1550 wurde das Tanzpaar Pavane-Saltarello abgelöst von der Folge Pavane-Galliarde. Gegen Ende des 16. Jahrhunderts war die Pavane eine der beliebtesten und kunstvollsten Instrumentalformen der englischen Virginalisten. Anfang des 17. Jahrhunderts war sie Einleitungssatz in deutschen Suitenkompositionen, dort oft als Paduana (↑Padovana) bezeichnet.

**Pavaniglia** [pava'niːʎa; italienisch]: italienisch-spanischer Schreittanz zwischen 1580 und 1660. Der Pavaniglia liegt häufig ein der ↑Folia ähnliches (meist achttaktiges) Baßmodell zugrunde; im Unterschied zur Folia ist sie aber immer geradtaktig.

**Pedal** [von lateinisch pes „Fuß"]: bei der *Orgel* ist das Pedal eine mit den Füßen zu bedienende Klaviatur aus großen hölzernen Tasten. Es besitzt wie auch jedes Manual eigene Pfeifen, die wegen der im Pedal zu spielenden Baßtöne meist den tiefen Tonlagen angehören (8- bis 32-Fuß, bisweilen auch 64-Fuß). Die Register des Pedals heben sich als klanglich einheitliches Pedalwerk von den übrigen Teilwerken der Orgel ab; seine langen Pfeifen umrahmen häufig das Hauptwerk turmartig an beiden Seiten (Pedaltürme). – Das Orgelpedal kam im 14. Jahrhundert auf und war zunächst ohne eigene Pfeifen an das Manual „angehängt", so daß zur Spielerleichterung ein Teil der Manualtasten auch mit den Füßen gespielt werden konnte.
Beim *Cembalo* und beim *Pianoforte* heißen Pedal einzelne Fußhebel, die der Tonstärke- oder Klangfarbenveränderung dienen. Das Pianoforte (↑Klavier) besitzt in der Regel zwei Pedale: ein *Fortepedal* zur Aufhebung der Dämpfung, das den Klang verstärkt und die Klangdauer verlängert, und ein *Pianopedal*, das die sogenannte Verschiebung, ein minimales Verrücken von Klaviatur und Mechanik, bewirkt, damit der Hammer je eine Saite des Saitenchors weniger trifft; dadurch entsteht ein gedämpfter und klangfarblich veränderter Klang. Bei Pianinos wird der Dämpfungseffekt ohne Klangfarbenände-

Pavane. J. Bull, „The spanish Paven" aus dem „Fitzwilliam Virginal Book" (1609–19)

rung durch Verkürzung des Anschlagswegs der Hammerköpfe erzielt. Häufig wird zusätzlich ein drittes, mittleres Pedal gebaut, das durch Einschieben eines Filzstreifens zwischen Saiten und Hämmer eine zusätzliche Dämpfung ermöglicht. – Beim Cembalo sind die Pedale Fußhebel zum Einschalten der Register. Die moderne *Harfe* besitzt sieben Pedale mit doppelter Schaltung zum Umstimmen (Erhöhung jeder Saite um zwei Halbtöne). – Bei der *Pauke* werden mit Hilfe des Pedals über ein zentrales Gewinde die Stimmschrauben betätigt, was ein schnelles Umstimmen während des Spiels gestattet. – Pedaltritte zum Einschalten der Dämpfung besitzen eine Reihe anderer Instrumente wie ↑Celesta, Orchesterglockenspiel und ↑Vibraphon.

**Pedalklavier** (Pedalflügel): besaitetes Tasteninstrument mit einer Pedalklaviatur, die eine eigene Besaitung besitzt; seit dem 15. Jahrhundert (Pedalklavichord) bekannt, war das bis ins 20. Jahrhundert gebaute Pedalklavier v. a. im 18. Jahrhundert als Übungsinstrument für Organisten verbreitet.

**Pelog** [javanisch]: in der javanischen und balinesischen Musik eine siebenstufige Materialtonleiter, aus der drei (fünfstufige) Gebrauchsleitern gebildet werden. Das Pelog bildet mit dem ↑Slendro die tonartliche Grundlage der Gamelanmusik (↑Gamelan) und ist in Varianten auch im übrigen Indonesien und bei den Arabern verbreitet.

**Pentatonik** [von griechisch pénte „fünf" und tónos „Ton"]: Tonsystem aus fünf Tönen, v. a. dasjenige, dessen Tonleiter keine Halbtöne enthält (anhemitonische Pentatonik), also z. B. aus den Tönen c–d–e–g–a oder deren Transposition besteht. Pentatonik ist bei fast allen Völkern bekannt und z. T. heute noch lebendig. Sie entstammt wahrscheinlich sehr alten Schichten der Musikübung und ist vielfach (so wohl auch im Abendland) als der Beginn ausgeprägter Tonordnungen anzusehen. Im deutschsprachigen Raum begegnet die Pentatonik am häufigsten im Kinderlied, hier neben zwei-, drei- und vierstufigen Melodiebildungen, die Elemente der Pentatonik enthalten und mindestens z. T. als vorpentatonisch angesehen werden können. In japanischer Musik ist neben anhemitonischer auch die hemitonische (Halbtöne enthaltende) Pentatonik bekannt (z. B. e–f–a–h–c).

**Percussion** [pəˈkʌʃn; englisch]: 1. Bezeichnung für die Schlaginstrumente im Jazz und in der Popmusik. Zu unterscheiden sind das Schlagzeug (mit der Standardausrüstung große Trommel, kleine Trommel, Hi-Hat, Becken und Tomtoms) von den Schlaginstrumenten afrikanischer und lateinamerikanischer Herkunft (Claves, Maracas, Congas, Agogo usw.). – 2. spezieller Effekt bei ↑Elektronenorgeln: beim Niederdrükken einer Taste klingt der Ton zunächst stark an und sodann relativ schnell ab. Man kann auf diese Weise das Spiel von Zupfinstrumenten nachahmen. Beim ↑Synthesizer lassen sich Percussion-Effekte durch geeignete Einstellung des ↑Envelope-Generators nach Belieben hervorbringen.

**Percustain** [pəkʌsˈtɛɪn; englisch]: ist die Kombination der Effekte ↑Percussion und ↑Sustain auf Elektronenorgeln: Der Klang beginnt wie „gezupft" oder „geschlagen" und klingt je nach Einstellung des Percustain-Reglers nach. Der Effekt eignet sich zur Nachahmung des Klavier- und Cembaloklangs.

**perdendo** (perdendosi) [italienisch]: abnehmend, allmählich schwächer, sehr leise werdend.

**perfekt** [von lateinisch perfectus „vollkommen"]: heißt in der ↑Mensuralnotation die Dreiteiligkeit (oder Dreizeitigkeit) einer Mensureinheit (↑Mensur) gegenüber der als ↑imperfekt geltenden Zweiteiligkeit (die Zahl Drei galt als die vollkommenste Zahl). Bis auf die Semiminima konnten alle Noten bzw. Mensureinheiten in perfekte und imperfekte eingeteilt werden. Dementsprechend hieß z. B. eine Longa, die in 3 Breven unterteilt wurde, Longa perfecta. Für die weitere Entwicklung bedeutsam wurde v. a. das Tempus, das Verhältnis von Brevis zu Semibrevis; *Tempus perfectum* entspricht einem Dreiertakt, z. B. $^3/_4$- oder $^9/_8$-Takt.

**Périgourdine** [perigur'din; französisch]: französischer Tanz (auch Tanzlied) aus der Landschaft Périgord in lebhaftem Dreiertakt, dem Passepied ähnlich.

**Periode** [von griechisch períodos „Herumgehen, regelmäßige Wiederkehr, grammatischer Satz"]: 1. aus der Stilistik und Rhetorik übernommener Begriff für eine sinnvoll gegliederte, in sich geschlossene melodische Linie. Im 18. Jahrhundert (H. Ch. Koch) noch recht allgemein und vielgestaltig gedacht, spezialisierte sich im 19. Jahrhundert (A. B. Marx) der Begriff auf ein achttaktiges melodisches Grundmodell, das symmetrisch (4 + 4) in ↑Vordersatz und ↑Nachsatz gegliedert ist und in der Mitte eine halbschlußartige Zäsur aufweist. In der Instrumentalmusik war die achttaktige Periode bereits lange Zeit in Tänzen und liedartigen Stücken selbstverständliches Gliederungselement, bevor sie sich mit den Anfängen der Wiener Klassik zu einem grundlegenden rhythmisch-melodischen Stilprinzip aller Instrumentalgattungen entwickelte. Bei Haydn, Mozart und Beethoven wird die Periode zwar vielfach als erwartetes, gewohntes Hörmodell vorausgesetzt, dann aber oft umgangen, verändert, abgekürzt usw. In diesem Sinne hat H. Riemann gegen Ende des 19. Jahrhunderts die achttaktige Periode als normatives Grundmodell des Melodiebaus überhaupt aufgefaßt und Abweichungen davon als Auslassung, Verschränkung (der letzte Takt einer Periode und der erste Takt der folgenden fallen zusammen), Einschaltung, Wiederholung von Takten u. ä. erklärt. Theoretiker des 20. Jahrhunderts (Th. Georgiades, E. Ratz) haben daneben die Bedeutung und Eigenständigkeit auch anderer, d. h. v. a. asymmetrischer Melodiebildungen hervorgehoben. – 2. Periode nennt man die Zeit, die für eine volle Schwingung eines schwingenden Systems erforderlich ist. Zwischen der Periode (oder Schwingungsdauer) T und der ↑Frequenz f besteht der Zusammenhang

$$T = 1\frac{1}{f}\ .$$

**Perkussionsinstrumente:** Bezeichnung für ↑Schlaginstrumente.

**Permutation** [von lateinisch permutatio „Vertauschung"]: in polyphoner Musik der Austausch und die wechselnde Kombination kontrapunktischer Elemente, die in verschiedenen Stimmen zugleich erklingen können. In der regelmäßigen Permutation verläuft der Wechsel nach einem gleichbleibenden Schema (↑Permutationsfuge), in der unregelmäßigen Permutation, wie sie v. a. mehrthematige Fugen zeigen, ist die Reihenfolge frei. – In der seriellen Musik bezeichnet Permutation das Vertauschen einzelner Elemente im Rahmen einer festen Ordnung, z. B. der Töne innerhalb einer gegebenen Reihe.

Vordersatz

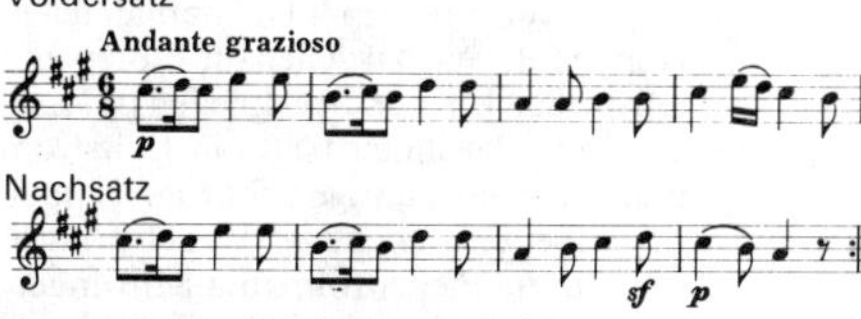


W. A. Mozart, Klaviersonate A-Dur (KV 331, 1778), 1. Satz

**Permutationsfuge:** Fuge mit regelmäßiger ↑Permutation, bei der die Kontrapunkte beibehalten werden und in gleicher Reihenfolge nach dem Thema wiederkehren. Beispiele finden sich v. a. in J. S. Bachs Vokalwerken, aber auch bei J. Haydn und W. A. Mozart („Jupiter-Sinfonie" [1788], Finale, Takt 369 bis 403).

**Perpetuum mobile** [lateinisch „das sich ständig Bewegende"]: im frühen 19. Jahrhundert aufkommende Bezeichnung für ein Instrumentalstück, das von Anfang bis Ende in gleichmäßig rascher Bewegung, v. a. in der Melodiestimme, verläuft und an die (physikalisch nicht mögliche) Maschine gleichen Namens erinnern soll. Beispiele gibt es u. a. von C. M. von Weber, F. Mendelssohn Bartholdy, N. Paganini und M. Reger.

**Pes** [lateinisch „Fuß"]: 1. (Podatus) ↑Neumen. – 2. in der mittelalterlichen englischen Musik Bezeichnung für eine meist instrumentale Fundamentalstimme, in der häufig eine kurze rhythmisch-melodische Formel wiederholt wird, z. B. im „Sommer-Kanon". – ↑auch Ostinato.

**pesante** [italienisch]: schwerfällig, wuchtig.

**pf:** Abk. für **p**oco **f**orte (italienisch „etwas stark") oder **p**iù **f**orte (italienisch „stärker"), ↑forte.

**Pfeife** [von lateinisch pipare „piepen"]: im engeren Sinne eine kleine, hoch- und scharf klingende Flöte. – Im weiteren Sinne ist Pfeife die instrumentenkundliche Bezeichnung für eine Schallquelle, bei der eine in einem röhrenförmigen Gehäuse (Pfeifenrohr) eingeschlossene Luftsäule zu Eigenschwingungen angeregt wird. Nach der Art der Schallerregung unterscheidet man zwei Formen: 1. ↑Labialpfeifen (Lippenpfeifen), zu denen die Flöten und ein großer Teil der Orgelpfeifen (↑Orgel) gehören. Bei ihnen trifft ein Luftstrom auf eine scharfkantige Schneide (Lippe); die dabei entstehenden Wirbel bringen die Luft im Pfeifenrohr zum Schwingen. Labialpfeifen kommen als offene (beide Röhrenenden offen) oder als ↑gedackte Pfeife (ein Ende geschlossen) vor. Der Grundton einer gedackten Pfeife ist um eine Oktave tiefer als der Grundton einer gleich langen offenen Pfeife; der Klang ist obertonärmer und daher dumpfer, näselnder als der einer offenen Pfeife. – 2. ↑Lingualpfeifen (Zungenpfeifen), zu denen der andere Teil der Orgelpfeifen und die Rohrblattinstrumente (Klarinette, Oboe, Fagott) zählen. Bei ihnen wird ein Luftstrom durch eine von ihm selbst in Schwingungen versetzte Metallzunge oder durch ein einfaches oder doppeltes Rohrblättchen periodisch unterbrochen. Stimmt die Eigenfrequenz der Zunge mit der Eigenfrequenz des eingeschlossenen Luftvolumens überein, so beginnt dieses stark zu schwingen; diese Schwingungen übertragen sich auf die Umgebung und pflanzen sich als Schallwellen fort. Im akustischen Sinne ist auch das Horn oder die Trompete eine Zungenpfeife, bei der die Lippen des Bläsers als Gegenschlag-(Polster-)Zungen wirken.

**Phantasie** ↑Fantasie.

**Phaser** ['fɛɪzə; englisch, eigentlich phaseshifter, englisch „Phasenverschieber"]: ein Effektgerät der Popmusik („Jet-Effekt", „Phasing-Effekt"). Der Phaser ist eine technische Variante des ↑Flangers und beruht auf folgendem physikalischen Effekt: Das Eingangssignal wird geringfügig verzögert (etwa durch ein Tonbandgerät); bei der Überlagerung von Eingangs- und verzögertem Signal kann es zur Auslöschung, Verstärkung oder zu ↑Schwebungen zwischen Teilschwingungen des Signals kommen. Gehört wird eine ständig variierende Klangfarbenänderung.

**Philharmonie** [von griechisch phileĩn „lieben" und harmonía „Ordnung (in der Musik)"]: Vereinigung von Musikern. Meist handelt es sich um große, sinfonische Orchester; einige der heute berühmten Orchester, z. B. die Berliner Philharmoniker (gegründet 1882) oder das London Philharmonic Orchestra (gegründet 1932) entstanden als genossenschaftliche Zusammenschlüsse der Musiker selbst. – Zahlreiche bürgerliche Konzertvereinigungen im 18. und besonders 19. Jahrhundert, die Konzertreihen und/oder Orchester organisatorisch und finanziell trugen, nannten sich *Philharmonische Gesellschaft*. Das *philharmonische Konzert* bezeichnet einen Konzerttyp mit hohem ästhetischem Anspruch und sozialem Prestige.

**Phon** [von griechisch phōnḗ „Laut, Ton"]: Maß zur Angabe der ↑Lautstärke.

**Phonascus** [griechisch phōnaskós „Gesanglehrer"]: in der griechischen und römischen Antike der Gesanglehrer, auch der Sänger oder Musiker (z. B. der Flötenspieler), der einem Redner oder für den Gesang den Ausgangston angab. Im frühen Christentum wurde die Bezeichnung für den Vorsänger (den ↑Praecentor bzw. den ↑Kantor) gebraucht. Bis ins 18. Jahrhundert Bezeichnung für den Kapellmeister.

**Phonogramm** [griechisch]: jede Aufzeichnung von Schallwellen (Sprache, Musik), z. B. auf Schallplatte oder Tonband.

**Phonola** ® [Kunstwort]: halbautomatisches Musikinstrument (Klavier oder Flügel), dessen Tonablauf auf einem (gestanzten) Band festgelegt ist, dessen Spielweise (Regulierung der Lautstärke und des Tempos) jedoch vom Spieler durch die Betätigung von Pedalen und Handhebeln bestimmt wird. – ↑auch mechanische Musikinstrumente.

**Phonothek** [griechisch]: Sammlung von Tonträgern (Walzen, Schallplatten, Tonbänder) mit Schallaufnahmen für Dokumentations- und Forschungszwecke. Die Phonotheken nehmen heute ähnliche Aufgaben wie die Nationalbibliotheken auf dem Gebiet des Schrifttums wahr. Bedeutende Phonotheken bestehen in Berlin (Deutsches Musikarchiv), Brüssel, London, Paris, Rom, Stockholm und Washington.

**Phorminx** [griechisch]: altgriechische ↑Leier, dem Namen nach seit Homer belegt. Auf Abbildungen seit dem 9. Jahrhundert vor Christus wird ihr Schallkörper meist sichel- oder annähernd halbkreisförmig dargestellt. Die drei bis fünf Saiten wurden mit oder ohne Plektron angerissen.

**Phrase** [von griechisch phrásis „das Sprechen, der Ausdruck"]: melodische Sinneinheit, die, analog zur Wortgruppe im Satz, mehrere Einzeltöne zusammenfaßt und organisch aufeinander bezieht. Phrasen sind, im Gegensatz zur ↑Periode, von unterschiedlicher Länge; sie können aus wenigen Tönen, aber auch aus mehreren verbundenen Motiven bestehen. Auch lassen sie sich oft nicht eindeutig voneinander abgrenzen. Daher sind unterschiedliche Auffassungen über die ↑Phrasierung einer Komposition möglich und gerechtfertigt.

**Phrasierung** [griechisch]: Gliederung einer Komposition nach (vorwiegend melodischen) Sinneinheiten (↑Phrasen), sowohl im klanglichen Vollzug wie im analytischen Verstehen. Phrasierung kann vom Komponisten nur unvollkommen bezeichnet werden (z. B. durch Bögen, Pausen, Betonungs- und andere Vortragszeichen). Sie ist oft bewußt mehrdeutig und mehrschichtig (Übereinanderlagerung unterschiedlich langer Phrasen) angelegt und bis zu einem gewissen Grade auf subjektive Deutung angewiesen. Das führt bei ein und derselben Komposition zu verschiedenen gleichberechtigten Auslegungen. Die theoretische Behandlung der Phrasierung hat H. Riemann (1884) im Blick auf die Instrumentalmusik der Wiener Klassik systematisch entwickelt. Seine Auffassung von der prinzipiellen Auftaktigkeit aller Phrasen ist jedoch stark umstritten. Von der Phrasierung ist die ↑Artikulation zu unterscheiden; in der Praxis durchdringen sich jedoch beide.

**phrygisch** [griechisch]: nach dem Volksstamm der Phryger benannte ↑Kirchentonart auf dem Grundton e.

**Physharmonika** [griechisch]: ein Tasteninstrument mit freischwingenden Zungen, das 1818 in Wien konstruiert wurde und eine Vorform des ↑Harmoniums darstellt.

**piacere** [pia'tʃɛ:re; italienisch] ↑a piacere.

**piacevole** [pia'tʃɛvole; italienisch]: gefällig, angenehm, lieblich.

**piangendo** [pian'dʒɛndo; italienisch]: weinend, klagend.

**Pianino** [italienisch]: Fachbezeichnung für das Hammerklavier mit aufrechtem Saitenbezug. In der Umgangssprache wird diese Art des ↑Klaviers oft schlechthin „Klavier" genannt und vom ↑Flügel unterschieden, während nur ganz kleine Formen als Pianino bezeichnet werden.

**pianissimo** [italienisch], Abk. pp: ↑piano.

**pianissimo piano** [italienisch], Abk. ppp: ↑piano.

**piano** [italienisch, von lateinisch planus „flach, eben"], Abk. p: leise, sanft, still (Gegensatz ↑forte); *pianissimo*, Abk. pp, sehr leise; *pianissimo piano*, Abk. ppp, so leise wie möglich; *mezzopiano*, Abk. mp, halbleise; *fortepiano*, Abk. fp, laut und sofort wieder leise.

**Piano:** Kurzform von ↑Pianoforte (↑Klavier).

**Pianoforte** [italienisch „leise-laut"]: ein ↑Klavier, dessen Saiten mit sogleich zurückfallenden Hämmerchen angeschlagen werden. Der Name besagt, daß das Instrument je nach Anschlag in verschiedenen Lautstärken gespielt werden kann.

**Pianola** [italienisch]: ein automatisches, pneumatisches Klavier (↑mechanische Musikinstrumente), das Musik nur in der vom Pianisten eingespielten Form wiedergibt, im Gegensatz zum ↑Phonola.

**Piatti** [italienisch] ↑Becken.

**Pibgorn** [englisch]: ein altes, in Wales beheimatetes Rohrblattinstrument, bestehend aus einer Röhre aus Holz oder Knochen mit sechs Grifflöchern und einem Daumenloch. An dem einen Ende der Röhre ist ein Anblastrichter, am anderen Ende ein Schallstück, beide aus Tierhorn, angebracht.

**Pibroch** ['pi:brɔx; englisch]: heißen in den schottischen Highlands Musikstükke für Dudelsack, die aus reich verzierten, in der Bewegung sich steigernden Variationen bestehen.

**Picardische Terz:** große [Dur]terz in Schlußdreiklängen von Stücken, die in Moll stehen. Die Bezeichnung kam im 18. Jahrhundert auf, als diese Schlußwendung, die auch J. S. Bach noch regelmäßig benutzte, von den Modernen als veraltet empfunden wurde. Der wohl ironische Bezug zur Picardie ist nicht einleuchtend.

**Piccolo** [italienisch „klein"] ↑Pikkolo, ↑Pikkoloflöte.

**pieno** [italienisch, von lateinisch plenus „voll"]: voll, vollstimmig; *a voce piena*, mit voller Stimme (Gegensatz ↑mezza voce); *coro pieno*, voller Chor; *organo pieno* (auch *organo pleno*), volles Werk der Orgel.

**pietoso** [pi-e...; italienisch]: teilnehmend, mitleidsvoll.

**Pifferari** [italienisch]: Hirten aus Kalabrien und den Abruzzen, die in der Adventszeit und am Weihnachtstag nach Rom kommen, um vor den Marienbildern mit Schalmei (↑Piffero), Sackpfeife (↑Zampogna) und Gesang zu musizieren und Gaben einzusammeln. Ihre Lieder und Weisen fanden Eingang in die Pastoralmusik.

**Piffero** [italienisch]: eine kleine italienische Diskantschalmei, wie sie von den ↑Pifferari geblasen wird.

**Pikkolo** (Piccolo) [italienisch „klein"]: früher bei manchen Instrumenten die Zusatzbezeichnung für den Vertreter der höchsten Tonlage, z. B. *Violino piccolo, Violoncello piccolo.* Heute ist Pikkolo die gebräuchliche Kurzbezeichnung für die ↑Pikkoloflöte.

**Pikkoloflöte:** die ↑Querflöte mit der höchsten Tonlage (Tonumfang $d^2$–$b^4$) in C oder Des. Sie ist enger mensuriert und um mehr als die Hälfte kleiner (Länge um 26 cm) als die große Flöte. Das Instrument ist seit dem Ende des 18. Jahrhunderts in Gebrauch; vorher verstand man unter *flauto piccolo* meist ein ↑Flageolett.

**pincé** [pɛ̃'se:; französisch]: 1. bei Streichinstrumenten svw. ↑pizzicato. – 2. in der Klaviermusik des 18. Jahrhunderts svw. ↑Mordent.

**Pipa** (chinesisch P'i-p'a): chinesische Laute mit leicht bauchigem Schallkörper, kurzem Hals, vier Saiten, Querrie-

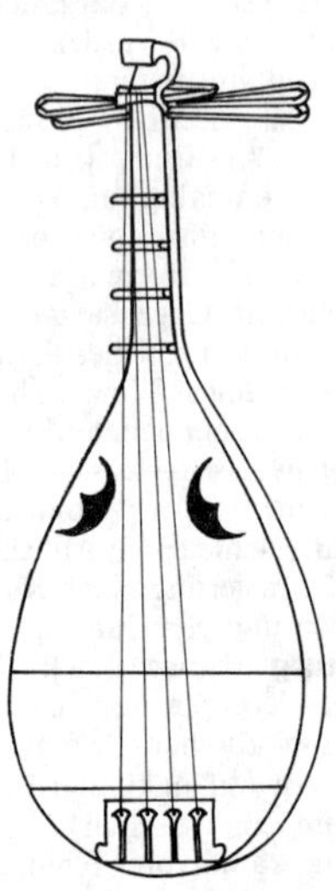

gel, langen, seitenständigen Wirbeln und zwölf Bünden. Der Wirbelkasten ist oft etwas abgewinkelt. Die Pipa wird meist mit einem hölzernen Plektron gespielt, wobei die Saiten gegen die Bünde schlagen. Die als *Biwa* nach Japan gekommene Pipa hat 4 Bünde auf dem Griffbrett.

**Pirouette** [piru'ɛtə; französisch]: 1. im Ballett und im Eiskunst- oder Rollschuhlauf die schnelle, wiederholte Drehung (Standwirbel) um die eigene Körperachse. – 2. in der Instrumentenkunde heißt Pirouette ein trichterförmiger Aufsatz (Lippenstütze) am oberen Ende der Röhre von alten Doppelrohrblattinstrumenten. Die Pirouette enthält das Anblasröhrchen mit dem aufgebundenen Doppelrohrblatt, das in der Mundhöhle frei schwingt.

**Piston** [pɪs'tõ:; französisch]: die französische Bezeichnung für das Pumpenventil an Blechblasinstrumenten; auch die Kurzbezeichnung für das ↑Kornett (französisch *cornet à pistons*).

**Pitch-to-Voltage-Converter** [pɪtʃ tə 'voltɪdʒ kən'və:tə; englisch „Umwandler von Tonhöhen in Spannungen"]: ein Modul des ↑Synthesizers, der es erlaubt, elektrische Spannung proportional zur Frequenz eines eingeführten Signals zu erzeugen. Diese Spannung kann zur Steuerung anderer Moduln verwendet werden. Musikalische Bedeutung: es lassen sich Klangfarben- oder dynamische Änderungen proportional zur Tonhöhe automatisch erzeugen.

**più** [pi'u:; italienisch]: mehr; *più forte*, stärker; *più allegro*, schneller.

**Piva** [italienisch]: 1. italienische Bezeichnung für Schalmei oder Dudelsack. 2. nach italienischen Tanzbüchern des 15. Jahrhunderts die schnellste Schrittfolge der Zeit (doppelt so rasch wie die ↑Basse danse). Im 16. Jahrhundert war die Piva dann ein sehr schneller Tanz im $^{12}/_{8}$-Takt, meist als Abschluß der Folge Pavane–Saltarello–Piva.

**pizzicato** [italienisch „gezupft"] (pincé), Abk. pizz.: Spielanweisung für Streicher, die Saiten mit den Fingern zu zupfen; aufgehoben durch ↑coll'arco.

**plagal** [griechisch]: werden seit dem 9. Jahrhundert die „abgeleiteten" Tonarten des 2., 4., 6. und 8. Kirchentons im Gegensatz zu den authentischen ↑Kirchentonarten genannt. – In der Harmonielehre heißt plagal die ↑Kadenz mit der Klangfolge Subdominante–Tonika.

**Plain-chant** [plɛ̃'ʃã; französisch] ↑Cantus planus.

**Plainte** [plɛ̃nt; französisch „Klage"]: im 17./18. Jahrhundert ähnlich wie ↑Lamento und ↑Tombeau Bezeichnung für Stücke von klagendem Charakter, v. a. in der Klavier- und Kammermusik französischer und deutscher Komponisten.

**Plaisanterie** [plɛzɑ̃'tri; französisch „Scherz, Spott"]: im 17. und 18. Jahrhundert Bezeichnung für Suitensätze leichten, scherzhaften Charakters.

**Planctus** [von lateinisch plangere „klagen, trauern"]: Gattung von Klageliedern, als Bezeichnung vereinzelt schon im Melodietitel früher Sequenzen verwendet (z. B. Planctus cygni; deutsch „Schwanenklage"), später v. a. bei Klageliedern über den Tod hochgestellter Persönlichkeiten.

**Plantation-Song** [plæn'tɛɪʃən 'sɔŋ; englisch]: Bezeichnung für die Arbeitslieder (↑Work-Song) der auf den Baumwollplantagen in den Südstaaten der USA arbeitenden Negersklaven.

**Platerspiel** (Platerpfeife) [von mittelhochdeutsch blātere „Blase"]: ein Blasinstrument mit doppeltem Rohrblatt und Windmagazin. Zwischen der geraden oder unten umgebogenen Spielröhre mit sechs Grifflöchern und dem Einblasröhrchen befindet sich ein kleiner Luftbehälter aus einer Tierblase. Das Platerspiel ist in Europa vom Hochmittelalter bis Anfang des 17. Jahrhunderts belegt.

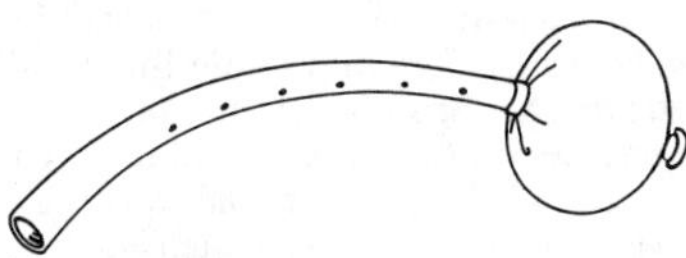

**Plattenspieler:** Abspielgerät für Schallplatten, mit dem die auf diesen gespeicherten Schallaufzeichnungen in Wechselspannungen umgewandelt werden, die dann mittels Verstärker und

Lautsprecher hörbar gemacht werden. Der Plattenspieler besteht aus dem von einem Elektromotor angetriebenen Laufwerk, das den Plattenteller antreibt, und dem über dem Plattenteller schwenkbaren bzw. neuerdings auch tangential geführten Tonarm mit einem elektrischen Tonabnehmer; dieser tastet mit seiner Abtastnadel die Rillen der auf dem Plattenteller liegenden Schallplatte ab.

Die heute üblichen *elektrischen Tonabnehmer* wandeln die mechanischen Schwingungen der Abtastnadel in unterschiedlicher Weise in elektrische Wechselspannungen um: Die aus Saphir oder Diamant gefertigte Abtastnadel ist im Tonabnehmersystem so gelagert, daß sie jedem schnellen Richtungswechsel der Rille fast widerstandslos folgen kann; aus diesem Grunde wird auch die Masse aller bewegten Teile so klein wie möglich gehalten. Die heute vorwiegend verwendeten *Stereosysteme* sind Zwillingssysteme: Die Information beider Kanäle (↑Stereophonie) wird von ein und derselben Nadel abgetastet und in einem Zwillingswandler decodiert, d. h. in den linken und rechten Kanal aufgespalten. Bei *piezoelektrischen Systemen* (auch als *Druckwandler* bezeichnet) werden durch die Nadelauslenkung zwei dünne Plättchen oder Stäbchen aus Seignettesalz (in sogenannten *Kristalltonabnehmern*) oder Keramik (in keramischen Systemen) auf Druck und Zug beansprucht, wobei an ihnen infolge des piezoelektrischen Effekts frequenzgleiche elektrische Spannungen auftreten. Nachteilig ist, daß hierzu Auflagegewichte von bis zu 4 g benötigt werden.–*Induktive Tonabnehmersysteme (Induktionswandler)* nutzen die Induktion elektrischer Spannungen in Spulen, die von einem variablen Magnetfluß durchsetzt *([elektro]magnetische Tonabnehmer)* oder in einem konstanten Magnetfeld bewegt werden *([elektro]dynamische Tonabnehmer)*. Bei magnetischen Tonabnehmersystemen sitzt ein winziger Magnet auf dem Nadelträger und folgt dessen Schwingungsbewegungen, wobei er (bei Stereophonie) in zwei um 90° gegeneinander versetzten Spulen elektrische Spannungen bzw. Ströme induziert, die der Schnelle der Nadelbewegung proportional sind. Bei dynamischen Tonabnehmersystemen schwingen zwei fest mit dem Nadelträger verbundene Spulen, die einen Winkel von 90° miteinander bilden, im kräftigen Magnetfeld eines Dauermagneten. – Bei *photoelektronischen Tonabnehmersystemen (photoelektronischen Wandlern)* wird ein von einem Lämpchen ausgehendes, von einem Spiegel parallelisiertes Licht in seiner Intensität durch zwei mit dem Nadelträger verbundene und dessen Bewegungen folgende Lichtspalte im Rhythmus der Schallspurmodulation verändert und ruft in einem dahinter befindlichen Phototransistor entsprechende elektrische Spannungen hervor. – Bei *Kondensatortonabnehmern* ändert der Nadelträger die Kapazität eines vorgespannten Kondensators im Rhythmus der Schallspurmodulation; die fließenden Ausgleichsströme erzeugen an einem Widerstand eine entsprechende Signalwechselspannung. *Elektrettonabnehmer* arbeiten dabei mit einer permanent vorhandenen Polarisationsspannung, die durch ausgerichtete elektrische Dipole in dünnen Elektretschichten verursacht wird. Die vom Tonabnehmer in elektrische Wechselspannungen umgewandelten Nadelschwingungen im Verstärker werden verstärkt und dann dem Lautsprecher[system] zugeführt.

Das *Laufwerk* versetzt meist über ein System von Gummireibrädern oder einen Antriebsriemen den Plattenteller und damit die Schallplatte möglichst geräuschlos und erschütterungsfrei in gleichmäßige Umdrehungen von vorgeschriebener Geschwindigkeit (heute meist 45 und $33^1/_3$ U/min). Neuerdings ist mit elektronischer Drehzahlregelung des Motors auch der direkte Antrieb des Plattentellers durch die Motorachse möglich. Außerdem gibt es Plattenspieler mit Linearantrieb (unter dem Plattenteller sind in einem Bogen Elektromagnete angeordnet, die den Plattenteller in Drehung versetzen).

Hochwertige Laufwerke haben meist einen schweren, ausgewuchteten *Plattenteller*, dessen Schwungmasse Antriebsschwankungen ausgleicht; insbesondere werden für Hi-Fi-Wiedergabe an das Laufwerk hohe Anforderungen an Gleichlauf und Rumpelfreiheit gestellt (unter Rumpeln versteht man alle von störenden mechanischen Vibrationen herrührenden, vom Tonabnehmersystem umgewandelten und sodann die Wiedergabe beeinträchtigenden Geräusche).
Aufgabe des möglichst leicht, aber dennoch weitgehend verwindungssteif gebauten und statisch ausbalancierten *Tonarms* ist es, den Tonabnehmer so über die Platte zu führen, daß an der Abtastnadel möglichst keine anderen Kräfte wirksam werden als die Auslenkkräfte der Schallrille. Die Abtastverzerrungen (durch den sogenannten Spurfehlwinkel), die auf die Unterschiedlichkeit der Führung beim Schneiden der Schallrillen (radiale Führung des Schneidstichels) und bei der Tonabnahme (Kreisbogenführung der Abtastnadel um das außerhalb des Plattentellers befindliche Tonarmlager) beruhen, werden durch eine genau berechnete Abwinkelung (Kröpfung) des Tonarms verringert. Hierdurch wird jedoch der Tonarm beim Abspielen stets etwas nach innen gezogen (sogenanntes *Skating*); die dadurch auftretende, die Abtastnadel stärker an die (bei Stereoplatten für den linken Kanal zuständige) Innenflanke der Rille drückende *Skating-Kraft* wird durch eine sogenannte Antiskatingvorrichtung neutralisiert. Damit das Tonabnehmersystem der Führung der Schallrille ungehindert folgen kann, muß die Tonarmlagerreibung möglichst gering sein, was durch Präzisionskugellager oder Edelsteinlager erreicht wird. Durch geringes Gewicht des Tonarms und eine möglichst große Nadelnachgiebigkeit kann dann außerdem die Auflagekraft der Abtastnadel sehr klein gehalten werden (heute meist nur wenige Pond). Winkelfehler und Skating werden bei dem tangential über die Schallplatte geführten Tonabnehmer verhindert, da sich die Abtastnadel bei diesem System nicht gegenüber der Schallrille verdreht, sondern den stets gleichen Winkel aufweist. Aufsetzen und Abheben des Tonarms erfolgen bei vielen Plattenspielern selbsttätig; ein *Tonarmlift* gestattet außerdem, die Abtastnadel an jeder beliebigen Stelle der Platte sanft aufzusetzen oder anzuheben. Das Abschalten erfolgt mechanisch oder auch optoelektronisch (der Tonarm muß dann keinen Druckpunkt überwinden). Für Digitalschallplatten wurden *Digitalplattenspieler* (Compact-Disc-Spieler, CD-Spieler) entwickelt, die die (digitalen) Musikinformationen v.a. mit Hilfe von optoelektronischen Tonabnehmersystemen abtasten (↑Schallplatte).

**Playback** [ˈplɛɪbæk; englisch]: Bezeichnung für verschiedene Trickverfahren bei der Herstellung und Reproduktion von Tonbandmusik, Gesang oder Instrumentalmusik. Beispiele: Zwei Instrumente werden getrennt auf Tonband aufgenommen und die Bandspuren nachträglich gemischt; ein Sänger täuscht Singen vor, während im Lautsprecher eine früher eingespielte Aufnahme erklingt; ein Solist spielt zu einem auf Tonband aufgenommenen Orchesterpart.

**Plẹktron** [griechisch] (lateinisch plectrum): ein Stäbchen oder Plättchen aus Holz, Elfenbein, Horn oder Metall, mit dem die Saiten von Zupfinstrumenten angerissen oder geschlagen werden.

**Plẹßhorn:** ein kleines, mehrfach gewundenes ↑Jagdhorn mit Lederumwicklung, benannt nach Herzog Hans Heinrich XI. von Pleß (* 1833, † 1907).

**Plịca** [lateinisch „Falte"]: in der ↑Modalnotation und frühen ↑Mensuralnotation eine auf- oder abwärtsgerichtete Ziernote, angezeigt durch einen kleinen Strich bei der Hauptnote.

**Pochette** [pɔˈʃɛtə; französisch „kleine Tasche"] (Taschengeige, Tanzmeistergeige): im 16. bis 18. Jahrhundert eine kleine Geige, die die Tanzmeister bei ihrem Unterricht verwendeten. Das schmale Instrument, bei dem nach Art des ↑Rebec Schallkörper und Hals ineinander übergingen, konnte leicht in die Rocktasche gesteckt werden.

**poco** [italienisch]: ein wenig, etwas; *poco forte*, ein wenig lauter; *poco allegro*, etwas schneller; *poco a poco*, nach und nach, allmählich.

**Podatus** [lateinisch] (Pes) ↑Neumen.

**politisches Lied:** Bezeichnung für gesungene aktuelle Texte, die Aspekte bestimmter gesellschaftlicher Verhältnisse oder politischer Ereignisse darstellen bzw. kommentieren. Sie entstehen meist in Krisen- oder Umbruchszeiten, besonders jedoch in den Auseinandersetzungen zwischen Herrschenden und Beherrschten, so z. B. zur Zeit der Bauernkriege (1524/25), in der Französischen Revolution (1789–99), während der Befreiungskriege (1813–15), zum Weberaufstand (1844), in der Revolution 1848/49. Seit der Entstehung des Kapitalismus im 19./20. Jahrhundert bekam das politische Lied durch die Länder und Nationen übergreifenden gesellschaftlichen Auseinandersetzungen internationalen Charakter: Es entstanden Lieder gegen Ausbeutung, Imperialismus, Faschismus (v. a. im Spanischen Bürgerkrieg 1936) sowie Antikriegslieder, Lieder gegen Rassendiskriminierung (besonders in den USA) und politisch-kulturelle Unterdrückung (z. B. Lieder der afrikanischen, nordirischen, baskischen oder palästinensischen Befreiungsbewegungen). In der heutigen Bundesrepublik Deutschland spiegeln die Lieder (u. a. gegen Kernkraftwerke, Einschränkung demokratischer Rechte, Aussperrung und Betriebsstillegungen) politisch-gesellschaftliche Gegenpositionen. – ↑auch Arbeiterlieder, ↑Frauenlieder, ↑Protestsong.

**Polka** [tschechisch]: ein um 1830 in Böhmen aufgekommener Paartanz in lebhaftem $^{2}/_{4}$-Takt

Rhythmus ♪ | ♫ ♫ | ♫ ♪

oder ♬ ♬ | ♫ ♩

Ähnlich sind auch ↑Krakowiak, ↑Ecossaise, ↑Schottisch und ↑Galopp. Die Polka wurde bald neben dem Walzer zum beliebtesten Gesellschaftstanz des 19. Jahrhunderts. Es bildeten sich mehrere modische Abarten, u. a. die Kreuzpolka und die Polka-Mazurka im $^{3}/_{4}$-Takt. Vor allem durch ihre Verwendung im Werk B. Smetanas wurde sie zum tschechischen Nationaltanz.

**Polo** [spanisch]: 1. andalusischer (südspanischer) Tanz mit Begleitung von Kastagnetten, Händeklatschen, Schuhklappern. – 2. andalusisches Tanzlied in mäßigem, synkopiertem $^{3}/_{8}$-Takt und in Moll, das v. a. bei Zigeunern verbreitet ist. Einem Gitarrenvorspiel *(Solida)* folgen gesungene Koloraturen und Rufe auf Silben wie „ay" oder „olé". Ein bekannter Polo findet sich in M. de Fallas „Siete canciones populares españolas" (um 1912).

**Polonaise** [pɔlɔˈnɛːzə; französisch „polnischer (Tanz)"] (polnisch polonez; italienisch polacca): 1. ruhiger, überwiegend geradtaktiger paarweiser Schreittanz polnischer Herkunft. Die Polonaise entstand als Volkstanz im 16. Jahrhundert, wurde auch als Hof- und Gesellschaftstanz gepflegt und ist heute noch im polnischen Brauchtum lebendig. Sie dient häufig (mit marschartiger Musik) als Eröffnung bzw. Umzug bei Tanzveranstaltungen und Geselligkeiten. – 2. Als vom Schreittanz abgeleitetes, nicht getanztes Instrumentalstück steht die Polonaise anfangs meist in geradem Takt. Der später daran angeschlossene dreizeitige Nachtanz verselbständigte sich Anfang des 18. Jahrhunderts zur eigentlichen Polonaise in mäßigem Tempo und $^{3}/_{4}$-Takt. Charakteristisch

ist der Rhythmus ♪♬ ♫ ♫

und die Schlußformel ♬♬ ♩ ♪ 𝄾

Diese instrumentale Polonaise entwickelte sich außerhalb Polens in Frankreich, Schweden und Deutschland und kehrte im 18. Jahrhundert wieder nach Polen zurück. Sie war im Barock beliebt (F. Couperin, J. S. Bach, G. Ph. Telemann), erreichte Ende des 18. Jahrhunderts eine Blüte (M. K. Ogiński; später

Beethoven, Schubert) und wurde von Chopin zu einem Höhepunkt geführt. Die Polenbegeisterung nach dem Aufstand von 1830/31 förderte ihre Verbreitung (Schumann, Liszt) im 19. Jahrhundert.

**Polska** [schwedisch]: schwedischer Volkstanz (auch Tanzlied) des 17.–19. Jahrhunderts im $^3/_4$-Takt, rhythmisch der Mazurka ähnlich. Die Polska wurde um 1600 in Schweden aus der in ganz Europa verbreiteten ↑Polonaise abgeleitet und war im 18. Jahrhundert auch Gesellschaftstanz.

**Polymetrik** [griechisch polymetría „Vielfalt des Maßes"]: Bezeichnung für das gleichzeitige Nebeneinander unterschiedlicher metrischer Bildungen, entweder noch gebunden an einen zugrundeliegenden Takt (so schon in der Wiener Klassik häufig) oder als simultane Geltung verschiedener Taktarten (so v. a. in der Musik des 20. Jahrhunderts). Polymetrik kann nicht immer eindeutig von ↑Polyrhythmik unterschieden werden.

**Polyphonie** [griechisch polyphōnía „Vielstimmigkeit"]: mehrstimmige Kompositionsweise, die im Gegensatz zur ↑Homophonie durch weitgehende Selbständigkeit und linear-kontrapunktischen Verlauf der Stimmen gekennzeichnet ist. Der melodische Eigenwert der Stimmen (unterschiedlich lange, sich überschneidende Phrasen, eigene Zäsurenbildung usw.) hat dabei den Vorrang vor der harmonischen Bindung, die in tonaler Musik jedoch durchgängig erhalten bleibt. Polyphonie in diesem Sinne ist am reinsten ausgeprägt in den Vokalwerken der franko-flämischen Schule mit dem Höhepunkt im 16. Jahrhundert bei O. di Lasso und Palestrina. Polyphones Denken (↑Kontrapunkt) setzt jedoch weitaus früher ein. Es beherrscht das Werden abendländischer ↑Mehrstimmigkeit von Anfang an und verwirklicht sich deutlich bereits in den Organa (↑Organum) der Notre-Dame-Epoche sowie in den (isorhythmischen) Motetten der Ars nova (Guillaume de Machault). Auch nach 1600 blieb das Ideal der Polyphonie neben und innerhalb der vom Generalbaß beherrschten Setzweise erhalten und tritt in den Werken J. S. Bachs noch einmal in Vollendung hervor. Hieran orientierte polyphone Setzweise bestimmt teilweise noch das ↑obligate Akkompagnement der Wiener Klassik sowie die kontrapunktisch bestimmte Richtung der Hoch- und Spätromantik (J. Brahms, M. Reger). Die Musik des 20. Jahrhunderts ist z. T. betont polyphon orientiert (P. Hindemith, A. Schönberg, A. Berg); der Gegensatz Polyphonie-Homophonie verliert jedoch mehr und mehr an Bedeutung, v. a. in atonalen Kompositionen (z. B. A. Weberns) und vollends in der ↑seriellen Musik sowie den meisten anderen Stilrichtungen der Moderne nach 1950.

**Polyrhythmik** [von griechisch polýs „viel" und rhythmós „Takt, Rhythmus"]: das gleichzeitige Erklingen unterschiedlicher Rhythmen. Sie setzt eine Mehrschichtigkeit des musikalischen Geschehens voraus und dient zugleich zur Artikulation solcher Mehrschichtigkeit. – Polyrhythmik findet sich bereits in hoch- und spätromantischer Musik deutlich ausgeprägt (J. Brahms, G. Mahler). Sie ist aber v. a. ein wichtiges Stilmittel der Neuen Musik des 20. Jahrhunderts, auch des Jazz. Ferner ist sie bestimmendes Merkmal einer Reihe außereuropäischer Musikstile.

**Polytonalität** [von griechisch polýs „viel" und tónos „Ton, Klang"]: in einem polytonalen Stück erklingen mehrere Tonarten zugleich; es gibt keine Grundtonart mehr (↑Tonalität). In spätromantischer Musik, in der auf engem Raum ↑Modulationen stattfanden, konnte es schon zu Überlagerungen zweier Tonarten kommen (R. Strauss, „Salome", 1905); systematisch haben aber erst Komponisten des 20. Jahrhunderts (Ravel, Strawinski, Milhaud usw.) diese Technik angewandt. Im konkreten Fall ist eine Abgrenzung gegenüber „frei atonaler" Musik nicht immer möglich.

**Pommer** (Bomhart, Bombart, Bombarde): ein Blasinstrument mit Doppelrohrblatt, bestehend aus einer geraden, leicht konisch gebohrten Holzröhre mit wenig ausladendem Schallstück, sechs bis sieben Grifflöchern und ein bis vier Klappen, die von einer fäßchenförmigen Schutzkapsel umgeben werden. Der Pommer ging um 1400 aus der ↑Schalmei hervor und entwickelte mehrere Stimmlagen, von denen der Diskant den Namen Schalmei beibehielt. Im 17. Jahrhundert wurden die scharf tönenden Pommern von ↑Oboe und ↑Fagott abgelöst.

**pomposo** [italienisch]: feierlich, prächtig.

**Ponticello** [pɔnti'tʃɛllo; italienisch]: der ↑Steg bei Saiteninstrumenten; *sul ponticello,* Anweisung für Streicher, den Bogen nahe am Steg aufzusetzen (zur Erzeugung eines harten Tons).

**Pontifikale** (Pontificale Romanum) [lateinisch]: liturgisches Buch, das die Ordnungen und die Texte der bischöflichen Amtshandlungen (außer der Messe) enthält.

**Popmusik:** 1. im weiteren Sinne im angloamerikanischen Bereich (heute v. a. durch Massenmedien) verbreitete, volkstümliche Musik (von englisch popular music „populäre Musik") mit einem Schwerpunkt in der kommerziellen Song- bzw. Schlagermusik (popular tunes) der Hollywood-Filmmusik und des ↑Musicals, die aber auch folklorenahe Formen wie z. B. ↑Country and western sowie weite Bereiche des Jazz einbegreift. Popmusik ist damit ein Sammelbegriff für eine besondere, angloamerikanisch geprägte Erscheinungsform der volkstümlichen Musik (oder Populärmusik), die sich v. a. in hochindustrialisierten Gesellschaften als Bereich zwischen ursprünglicher Volksmusik und Kunstmusik entfaltete.
2. Ausgehend von der Bedeutung des englischen Worts „pop" (Stoß, Knall) bezeichnete man in den 1960er Jahren eine neuartige, sich gegen die herkömmliche Popmusik abgrenzende und v. a. im deutschsprachigen Raum jugendspezifische Populärmusik als Popmusik. Ihr Kern war der (wiederum auf den amerikanischen Rock 'n' Roll zurückgreifende) britische ↑Beat, der auf Grund der intensiven Vermarktung durch die internationale Musikindustrie mit Gruppen wie „Beatles" und „Rolling Stones" verhältnismäßig lange (1963–69) wirkte. In ihr drückte sich ein gegen die Kultur und politische Ordnung der modernen Wohlstands- und Leistungsgesellschaft gerichteter Protest aus, der mehr musikalisch als etwa politisch „alternativ" war. Diese im Deutschen und Englischen als Popmusik bezeichnete Musik hieß in den USA „Rock"; sie wird heute meist zur Rockmusik gerechnet.
3. Nicht zuletzt durch die Beat-Welle als Bestandteil einer Sub- oder Teilkultur angeregt, veränderte sich in den 1960er Jahren der Begriff der Popmusik in zweierlei Richtung. Einmal wurde Popmusik, begrifflich enger gefaßt, in Anlehnung an ähnliche Erscheinungen in der bildenden Kunst (Popart) und in der Kultur (Design, Kleidung, Literatur) überhaupt als Teil einer neuartigen, durch Massenmedien vermittelten Kultur verstanden; diese sollte herkömmliche, konservative oder „elitäre" Normen und Werte außer Kraft setzen und die Grenzen zwischen Massen- und gehobener Kultur überwinden. Popmusik dieser Art, etwa von den amerikanischen Gruppen „Mothers of Invention", „Fugs" oder britischen wie „Beatles", „Yes" verfremdete Material aus Populär- und Kunstmusik. Auch diese Popmusik wird heute zum Rock gerechnet. – Nur scheinbar etwas ganz anderes ist die etwa gleichzeitig sich durchsetzende Erweiterung des Popmusik-Begriffs, in die nun alle Musik, auch Volks- oder Kunstmusik, einbezogen wurde, soweit sie kommerziell verwertbar war. Zu diesem Zweck wird eine gegebene Musik bearbeitet bzw. arrangiert, u. a. mit modischen Sounds, durchgehendem Beat und Synkopierungen, Reizdissonanzen, Baßanhebung und anderen elektroakustischen Manipulationen behandelt.
4. Für solche Ansätze einer Vermischung bislang eher getrennter Musizierbereiche, der entsprechende Bestrebungen in der avantgardistischen Kunstmusik entgegenkommen, hat sich

seit etwa Anfang der 1970er Jahre die Sammelbezeichnung „Rock[musik]“ weitgehend durchgesetzt, die auch jugendspezifische, „progressive“ Formen der Popmusik einbegreift, aber zwecks Aufwertung des Rock die durchschnittliche, gewöhnliche Popmusik ausschließt. Vom deutschen Sprachgebrauch ausgehend erscheint eine begriffliche Festlegung in folgender Richtung sinnvoll: Oberbegriff in Abgrenzung gegen Volks- und Kunstmusik ist *Populärmusik* (etwa bedeutungsgleich mit volkstümlicher Musik oder Unterhaltungsmusik); *Popmusik* ist Sammelbegriff für angloamerikanisch geprägte, international verbreitete Populärmusik im 20. Jahrhundert; *Rock[musik]* schließlich ist eine breite, v.a. auf afroamerikanische Musik zurückgehende Strömung innerhalb der Popmusik, die, ursprünglich nur angloamerikanisch, seit Anfang der 1970er Jahre sich internationalisiert bzw. nationale Sonderformen ausprägt (↑Rock).

**Porrectus** [lateinisch] ↑Neumen.

**Portamento** [italienisch; zu ergänzen: di voce „das Tragen des Tons, der Stimme“] (portar la voce): das gleitende Übergehen von einem Ton zu einem anderen, v.a. im Gesang, auch auf Streich- und Blasinstrumenten.

**Portativ** [von lateinisch portare „tragen“]: eine kleine tragbare Orgel, deren Klaviatur mit der rechten Hand gespielt wird, während die linke den Balg bedient. Das Portativ enthält 6 bis 28 Labialpfeifen, die meist in zwei Reihen der Größe nach angeordnet sind. Manchmal finden sich an einer Seite außen längere Bordunpfeifen. Alle Pfeifen haben gleiche Mensur, so daß die tiefen Töne heller klingen als die höheren. Das Portativ ist im Abendland seit dem 12. Jahrhundert als Ensembleinstrument nachweisbar und wurde u.a. in Prozessionen verwendet. Im 16./17. Jahrhundert wurde es vom ↑Positiv abgelöst.

**portato** [italienisch]: getragen, breit, aber ohne Bindung; notiert oder .

**Posaune** [von lateinisch ↑Bucina] (italienisch, französisch, englisch trombone]: Blechblasinstrument mit Kesselmundstück, bestehend aus zwei ineinander verschiebbaren Teilen: 1. dem U-förmig gebogenen Hauptrohr mit Stürze, zwei geraden, parallel verlaufenden und durch Querstangen (Brücken) verbundenen Innenrohren (Innenzüge) und Mundstück; 2. dem gleichfalls U-förmig gebogenen Außenzug, der über die beiden Innenzüge gesteckt wird. Das Rohr ist überwiegend zylindrisch und erweitert sich erst zur Stürze hin; die Mensur ist eng. Der bewegliche Außenzug ermöglicht dem Spieler eine kontinuierliche Verlängerung der Schallröhre und damit eine gleitende Veränderung der Tonhöhe (glissando, Portamento). Das Hinausschieben des Zuges ergibt eine Vertiefung um sechs Halbtöne (sechs „Positionen“ des Zuges). – Heute sind hauptsächlich in Gebrauch: *Tenorposaune* in B (Umfang $_1$E–$_1$B/E–d$^2$/f$^2$); *Tenorbaßposaune*, eine Tenorposaune, deren Stimmung durch ein Quartventil auf F gesenkt werden kann (Umfang $_1$Des/$_1$D–c$^2$/f$^2$); *Kontrabaßposaune* in F, bei der die Stimmung durch Ventile auf Es, C und As gesenkt werden kann (Umfang $_1$C–g$^1$/c$^2$); *Ventilposaunen* mit drei bis vier Spielventilen anstelle des Zuges in B und F. Seltener werden *Alt-* (Umfang $_1$H–F/H–a$^2$) und *Diskantposaunen* (Umfang f–b/c$^1$–b$^2$) verwendet.

Die Posaune ist wahrscheinlich aus der ↑Zugtrompete hervorgegangen; ein Vorläufer der Posaune wie auch der Trompete ist die mittelalterliche ↑Busine. Der U-förmige Zug wurde wohl im 2. Drittel des 15. Jahrhunderts in Burgund entwickelt. Im 16. Jahrhundert entstanden fünf Stimmlagen der Posaune (vom Diskant bis zum Kontrabaß). Im Orchester ist seit dem Ende des 18. Jahrhunderts ein Posaunentrio verschiedener Zusammensetzung üblich. Seit der Mitte des 19. Jahrhunderts wurden Posaunen mit weiterer Mensur und größerer Stürze gebaut. Im Jazz war die Posaune zunächst Baßinstrument, heute wird sie meist für Gegenmelodien oder Soloimprovisationen verwendet.

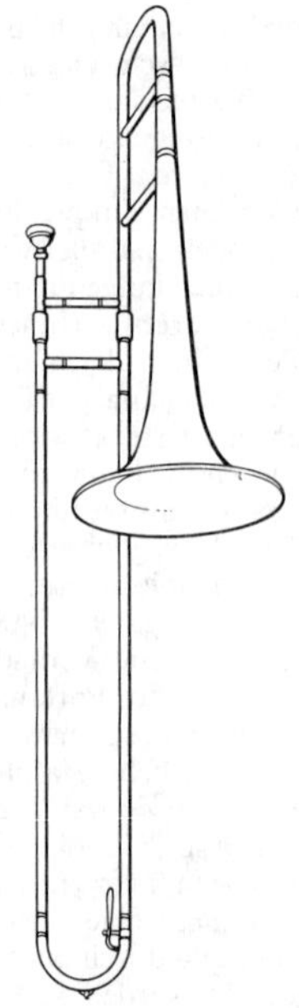

**Positiv** [von lateinisch ponere „stellen"]: eine kleine Orgel mit nur einem Manual (kein Pedal) und nur wenigen Registern (in der Regel nur ↑Labialpfeifen). Das Positiv ist im Unterschied zum noch kleineren ↑Portativ eine Standorgel. Zur Raumersparnis sind die Pfeifen v. a. in der Achtfuß- und Vierfußlage oft gedackt. Das Instrument tritt Anfang des 15. Jahrhunderts auf und wird dann bis zur Mitte des 18. Jahrhunderts sowie in jüngerer Zeit häufig gebaut. Es dient sowohl zur Ausführung des Generalbasses als auch als Soloinstrument in kleineren Räumen.

**Posthorn:** kleines rundes Blechblasinstrument mit weiter Stürze, ein Signalhorn, das seit dem 16. Jahrhundert die Postillione bliesen und heute das Wahrzeichen der Post ist. Das Posthorn ist der Vorläufer des ↑Kornetts.

**Postludium** [lateinisch „Nachspiel"]: in der evangelischen Kirchenmusik Bezeichnung für das Orgelstück zum Beschluß des Gottesdienstes. Auch abschließendes Stück einer mehrsätzigen Komposition (Liederzyklus, Suite). – ↑auch Präludium.

**Potpourri** [pɔpʊ'ri; französisch]: ein aus einer Reihe von beliebten, frei miteinander verbundenen Melodien zusammengesetztes Musikstück. Die ersten Belege finden sich im 18. Jahrhundert in Frankreich, von wo es sich schnell verbreitete. Seit dem beginnenden 19. Jahrhundert wurde das Potpourri eine bevorzugte Form der Unterhaltungsmusik. – ↑auch Quodlibet.

**poussé** [pu'se:; französisch]: Spielanweisung für Streichinstrumente für den ↑Aufstrich.

**pp:** Abk. für pianissimo (↑piano).

**ppp:** Abk. für pianissimo piano (↑piano).

**Praeambulum** [prɛ...; mittellateinisch „Vorspiel"]: besonders im 15./16. Jahrhundert in der Klavier- und Lautenmusik verwendete Bezeichnung für ↑Präludium.

**Praecentor** [prɛ...; lateinisch „Vorsänger"]: im Mittelalter svw. ↑Kantor, dann v. a. der Leiter von Schulchören sowie in protestantischen Gottesdiensten der Sänger, der den Gemeindegesang oder den Chor anführt.

**Praeludium** [prɛ...] ↑Präludium.

**Präfation** (Praefation) [lateinisch]: das feierliche Dankgebet in der Liturgie der römischen und mailändischen Messe, vom Priester am Anfang des Canon missae in formelhaftem Sprechgesang vorgetragen. Die bekannten Anfänge der Präfation reichen bis in das 3. Jahrhundert zurück.

**Pralltriller:** eine Verzierung, die im einmaligen Wechsel zwischen der Hauptnote und oberer großer (oder kleiner) Sekunde besteht; Zeichen 𝆗:

**Präludium** (Praeludium) [lateinisch „Vorspiel"] (Praeambulum; französisch prélude; italienisch preludio)]: instrumentales Einleitungsstück, das dazu dient, auf andere Instrumentalstücke (Fuge, Suite) oder vokale Kompositionen (Lied, Choral, Motette, Madrigal, Oper)

vorzubereiten. Das Präludium ist im 15. Jahrhundert aus dem improvisatorischen Ausprobieren der Möglichkeiten eines Instruments heraus entstanden, namentlich für Laute oder Tasteninstrument; später ist die Bezeichnung auch für Kompositionen zu mehreren Instrumenten belegt. Die Anlage ist stets frei, aus Akkorden, Laufwerk und imitatorischen Teilen zusammengesetzt. Ein fester Formtypus ist nicht vorhanden, daher sind die Grenzen zur ↑Fantasie, zur ↑Toccata, zum frühen ↑Ricercar und zur ↑Intrada kaum zu ziehen. J. S. Bach verband als erster konsequent das freie Präludium mit der streng gebauten ↑Fuge. Nach 1750 verschwand das Präludium in seiner bisherigen Funktion weitgehend. Im Rückgriff auf Bach erhielt es jedoch im 19. Jahrhundert, nun als selbständige Instrumentalkomposition, neue Bedeutung (F. Chopin, 24 „Préludes" op. 28, 1839; C. Debussy, A. N. Skrjabin u. a.).

**präpariertes Klavier** (englisch prepared piano): ein Klavier (meist ein Flügel), bei dem an bestimmten Saiten (oder auch an den Hammerköpfen) Materialien wie Nägel, Papierstücke, Holzstücke, Radiergummis usw. angebracht sind; beim Spielen erklingen dann bei bestimmten Tönen bestimmte Zusatzgeräusche. Stücke für präpariertes Klavier komponierte zuerst John Cage (seit 1938).

**precipitando** [pretʃipi'tando; italienisch]: plötzlich eilend, beschleunigend, hervorstürzend.

**Prélude** [pre'lyd; französisch]: französische Bezeichnung für ↑Präludium; begegnet in der Musik des Barock als Opernvorspiel (J.-B. Lully), seit dem frühen 19. Jahrhundert als vorspielartiges Charakterstück (F. Chopin, C. Debussy).

**Pressus** [lateinisch] ↑Neumen.

**prestissimo** [italienisch]: am schnellsten, so schnell wie möglich.

**presto** [italienisch „schnell"]: als Tempobezeichnung für ein schnelles Zeitmaß ist presto seit Beginn des 17. Jahrhunderts überliefert, seit dem Beginn des 18. Jahrhunderts wird es als schnelleres Zeitmaß von ↑allegro unterschieden. Durch Zusätze kann beschleunigt (*presto assai, presto molto*, sehr schnell) oder verlangsamt werden (*presto ma non tanto, presto ma non troppo*, nicht zu schnell); *prestissimo* bedeutet äußerst schnell. *Presto* bezeichnet einen musikalischen Satz in diesem Tempo.

**Primadonna** [italienisch]: seit dem 17. Jahrhundert Bezeichnung für die Sängerin der weiblichen Hauptrollen in der Oper.

**Prima pratica** [italienisch „erste Kompositionsart"] ↑Seconda pratica.

**Primarius** [lateinisch]: der führende bzw. erste Geiger, z. B. im Streichquartett. – ↑auch Primgeige.

**prima vista** (a prima vista) [italienisch „auf den ersten Blick]: „vom Blatt" spielen oder singen, d. h. ohne vorherige Probe bzw. Kenntnis der Noten.

**prima volta** [italienisch „das erste Mal"], Abk. I$^{ma}$, ⌈1.⌉: Hinweis am Schluß eines zu wiederholenden Abschnitts, daß nach der Wiederholung die mit *seconda volta* (II$^{da}$, ⌈2.⌉) bezeichnete Stelle zu spielen ist.

**Prime** [von lateinisch primus „der erste"]: heißt das ↑Intervall, das ein Ton mit einem auf gleicher Stufe gelegenen Ton bildet (z. B. c–c); deren Saitenlängen und Schwingungszahlen verhalten sich wie 1:1. Die Prime erscheint als Tonwiederholung oder als Einklang. Sie kann als reines, übermäßiges (c–cis) oder doppeltübermäßiges (ces–cis) Intervall auftreten.

**Primgeige:** die erste Geige im Streichquartett oder in einem anderen Kammermusikwerk; *Primgeiger*, der die erste Geige spielende Musiker. – ↑auch Primarius.

**Primo** [italienisch „der erste"]: beim vierhändigen Klavierspiel der Spieler des Diskantparts (der zweite Spieler: *Secondo*); *tempo primo* (Abk. I$^{mo}$), das erste Tempo, d. h. im Anfangstempo; *Primo uomo* im 17./18. Jahrhundert in Italien Bezeichnung für die erste männliche Gesangskraft (Tenor oder Kastrat).

**Prinzipal** [von lateinisch principalis „der erste"]: das Hauptregister der ↑Orgel, bestehend aus offenen ↑Labialpfeifen mittelweiter Mensur mit zylindrischem Rohrverlauf und kräftiger Intonation. Das Prinzipal kommt in allen Fußlagen vom 32- bis 1-Fuß vor. Sein Name bezog sich ursprünglich auf die Plazierung der Pfeifenreihe an vorderster Stelle (im ↑Prospekt) und erhielt später die Bedeutung von führendem Register.

**Privatmusikerziehung:** nennt man den Bereich musikalischer Unterweisung, der nicht in Schulen oder Instituten irgendwelcher Art stattfindet, sondern nach privater Abmachung bei einem selbstgewählten Lehrer. Es handelt sich vorwiegend um Einzelunterricht in einem Instrument oder in Gesang. Bereits in der Antike als Weitergabe instrumentalen Könnens von Bedeutung, war Privatmusikerziehung seit dem Mittelalter und bis ins 18. Jahrhundert hinein zunftgebundene Handwerkslehre. Mit dem Aufkommen der bürgerlichen Musikkultur und der verstärkten Pflege von ↑Hausmusik bildete sich allmählich der Stand des freien Musikerziehers. Seit dem 19. Jahrhundert stand hierbei der Klavierunterricht im Vordergrund. Seit dem 20. Jahrhundert erhielt die Privatmusikerziehung u. a. von der ↑Jugendmusikbewegung verstärkte Impulse. Nach dem Zweiten Weltkrieg, v. a. aber in den letzten zehn Jahren ist der Bedarf an privaten Musiklehrern stark gestiegen, obwohl die ↑Musikschulen inzwischen einen größeren Teil des Unterrichts abdecken.

**Programmusik:** zusammenfassende Bezeichnung für Instrumentalstücke, die einen außermusikalischen Inhalt erkennen lassen, der durch Überschriften, Erläuterungen oder Hinweise auf Gedichte, Bilder, Begebenheiten, Ideen oder Gestalten aus Dichtung, Sage oder Geschichte vom Komponisten deutlich gemacht, mitunter auch verschwiegen oder nur verschlüsselt angegeben wird. Vorläufer der Programmusik sind in der spätmitttelalterlichen ↑Caccia und in der Programmchanson des 16. Jahrhunderts (Nachahmung von Vogelgesang und Kriegslärm, z. B. bei C. Janequin) zu sehen. Im 17. und frühen 18. Jahrhundert finden sich, v. a. bei den englischen Virginalisten und den französischen Clavecinisten, zahlreiche Suitensätze und andere Einzelstücke, die sowohl äußere Vorgänge (Glocken, Naturerscheinungen u. ä.) als auch Gemütszustände und Personencharakterisierung zum Gegenstand haben. Berühmt sind die „Biblischen Historien" (1700) von J. Kuhnau und die Concerti über die „Vier Jahreszeiten" (1725) von A. Vivaldi. – Im späten 18. Jahrhundert wurden *Programmsinfonien* beliebt, die allerdings im wesentlichen außerhalb des Wiener klassischen Stils entstanden (z. B. zählen einige frühe Sinfonien J. Haydns dazu). Erst seit L. van Beethovens „Sinfonia pastorale" op. 68 (1808) wurde die Programmusik zu einer anspruchsvollen Gattung. Hieran anknüpfend schufen im 19. Jahrhundert H. Berlioz („Symphonie fantastique", 1830), F. Liszt und R. Strauss eine Reihe bedeutender programmatischer Werke (↑sinfonische Dichtung); diese bilden, von ihren Anhängern (↑neudeutsche Schule) als „fortschrittlich" gerühmt, von ihren Gegnern als „formlos" bekämpft, eine gleichwertige Stilrichtung neben der eher klassizistischen Kompositionshaltung um J. Brahms. F. Liszt propagierte auch in Kritiken und Aufsätzen – entgegen dem Ideal der ↑absoluten Musik – die Verbindung großer musikalischer Gestaltungen mit den tragenden Ideen abendländischer Literatur und Philosophie als das Zeitgemäße und Neue. Im 20. Jahrhundert verlor die Programmusik an Bedeutung und Ansehen. Während G. Mahlers Musik noch dem Konflikt zwischen verbindlich formulierbarer Aussage und reiner, absoluter Musik untersteht, während ähnlich auch das Frühwerk A. Schönbergs noch stark programmatische Züge trägt, überwiegt in der Musik nach 1920 die Suche nach innermusikalischen Ordnungsprinzipien. Erst in einigen Stilrichtungen nach 1950 (↑konkrete Musik) gewinnt Außermusikalisches erneut stärkeren Raum, ohne jedoch einen engeren Bezug zur traditionellen Programmusik erkennen zu lassen.

**Progressive Jazz** [prəˈgrɛsɪv ˈdʒæz; englisch]: Bezeichnung für einen Stilbereich des Jazz, der in der Mitte der 1940er Jahre an der Westküste der USA entwickelt wurde. Der Progressive Jazz ging v. a. aus der Zusammenarbeit des Orchesterleiters Stan Kenton mit dem Komponisten und Arrangeur Pete Rugulo hervor und stellte den Versuch einer Verschmelzung von Gestaltungsprinzipien des Jazz mit Kompositions- und Instrumentationstechniken der europäischen Musik nach 1900 dar. – Die Auswirkungen des Progressive Jazz auf die stilistische Weiterentwicklung des Jazz blieb unerheblich.

**Prolatio** [lateinisch]: in der ↑Mensuralnotation Bezeichnung für die Unterteilung der Semibrevis in drei (*Prolatio maior*, Zeichen ⊙ oder ⊂̇) bzw. zwei Minimen (*Prolatio minor*, Zeichen ○ oder ⊂).

**Prolog** [von griechisch prólogos „Vorrede, Vorspruch"]: in der Oper v. a. des 17. und 18. Jahrhunderts eine nach der Ouvertüre aufgeführte, in sich abgeschlossene Szene, meist ohne direkten Zusammenhang mit dem nachfolgenden Stück (z. B. in „L'Orfeo" von C. Monteverdi, 1607; „Alceste" von J.-B. Lully, 1674; „Platée" von J.-Ph. Rameau, 1745).

**Prolongement** [prolõʒəˈmã; französisch, von prolonger „verlängern"]: 1. beim Klavier ein Pedal, das die Dämpfung einzelner Töne oder Akkorde aufhebt, so daß sie beim Spiel anderer Töne fortklingen. Das Prolongement (auch Tonhaltungspedal genannt) wird häufig bei großen Flügeln als drittes, mittleres Pedal angebracht. – 2. beim Harmonium die Verankerung einzelner Tasten in herabgedrückter Stellung mittels Kniehebel oder Registerzug, um die Töne beliebig lange weiterklingen zu lassen.

**pronunziato** [italienisch]: deutlich markiert, hervorgehoben.

**Proportion** [von lateinisch proportio „das Verhältnis"]: seit der Antike gebrauchte Bezeichnung für das den Intervallen zugrunde liegende Zahlenverhältnis, das an Saitenlängen oder Schwingungszahlen meßbar ist (z. B. 2:1 für die Oktave, 3:2 für die Quinte, 4:3 für die Quarte). – In der ↑Mensuralnotation gibt eine Proportion eine Wertminderung oder -vergrößerung der Noten gegenüber ihrem Normalwert an.

**Proportz** [lateinisch, verkürzt aus proportio tripla, ↑Tripla]: Bezeichnung für den im Dreiertakt (Tripeltakt) stehenden ↑Nachtanz der geradtaktigen Schreittänze des 15. bis 17. Jahrhunderts.

**Proprium missae** [lateinisch „das Eigene, Veränderliche der Messe"]: in der Messe der katholischen Kirche die Gesamtheit der veränderlichen Teile (Introitus, Graduale, Alleluja bzw. Tractus, Offertorium, Communio) im Unterschied zu den feststehenden Teilen im Ordinarium missae. Für die verschiedenen Meßfeiern des Kirchenjahres wird unterschieden zwischen dem Proprium de tempore (Eigentexte der Sonn- und Werktage) und dem Proprium de Sanctis (Eigentexte bei Heiligenmessen).

**Prosodie** [von griechisch prosōdía „Zugesang, Nebengesang"]: umfaßt in der griechischen Antike die Elemente des Sprechvortrags, sowohl in melodischer Hinsicht (Tonhöhenbewegungen mit Hervorhebung der Akzente) als auch in rhythmischer (Unterscheidung der Silbendauer). Spätestens seit dem 2. Jahrhundert vor Christus war die Prosodie der Grammatik zugeordnet. Heute ist sie, als Hilfsdisziplin der Metrik, die Lehre von den Elementen einer Sprache, die die Versstruktur bestimmen (Quantität, Akzent, Tonhöhe und Wortgrenze).

**Prospekt** [von lateinisch prospectus „das Sichtbarsein"]: die oft künstlerisch gestaltete Schauseite der Orgel mit Pfeifen, die meist zum ↑Prinzipal gehören und oft verziert sind. Bisweilen enthält der Prospekt auch nichtklingende, zu rein dekorativen Zwecken aufgestellte Pfeifen.

**Protestsong** [lateinisch-englisch]: nach dem 2. Weltkrieg aus der Bürgerrechtsbewegung für die gesellschaftliche Gleichstellung der Schwarzen in den USA entstandenes ↑politisches Lied als

Mittel der Agitation und Solidarisierung. Der Protestsong knüpft an Liedtraditionen der Schwarzen (↑Blues, ↑Gospelsong) sowie an ↑Arbeiterlieder an und wurde zum weltweiten Ausdrucksmittel des gewaltlosen Widerstands während der Demonstrationswelle in den 1960er Jahren, in der Bundesrepublik Deutschland z. B. durch die „Ostermarschierer" (Atomwaffengegner) vertreten. Protestsongs werden in der Regel von einer Person verfaßt, komponiert, gesungen und begleitet. Aus den USA wurden besonders Lieder von Pete Seeger, T. Paxton, J. Baez, aus der Bundesrepublik die „Liedermacher" W. Biermann, F.-J. Degenhardt, H. D. Hüsch, P. Mossmann, D. Süverkrüp und H. Wader bekannt.

**Protus** [griechisch]: Bezeichnung für die erste (dorische) der vier authentischen ↑Kirchentonarten, so bis in das 9. Jahrhundert gebräuchlich.

**Psalmen** [von griechisch psalmós „zum Saitenspiel vorgetragenes Lied"], Abk. Ps.: die Sammlung der in das Alte Testament aufgenommenen 150 Lieder, die aus älteren, kleineren Psalmsammlungen zusammengetragen sind (so z. B. der „Davidpsalter" mit Ps. 3–41). Die Form der Psalmen ist einerseits durch das Metrum und andererseits durch den *Parallelismus membrorum* (Gleichlauf der Versglieder) gekennzeichnet; dieser besteht in der gedanklichen und sprachlichen Zusammengehörigkeit zweier Halbverse (z. B. Ps. 57: „Denn deine Güte ist, soweit der Himmel ist, – und deine Wahrheit, soweit die Wolken ziehen"). In der katholischen Liturgie sind die Psalmen ein Hauptbestandteil der Gesangstexte. Von liturgisch-musikalischen Formen abgesehen, in denen die den Psalmen entnommenen Texte mit mehr oder weniger reich verzierten Melodien versehen sind, erfolgt der Vortrag der Psalmen allgemein im gehobenen Sprechgesang der von den ↑Psalmtönen geregelten ↑Psalmodie.

In der mehrstimmigen Musik finden sich Vertonungen ganzer Psalmen erst seit dem 15. Jahrhundert, zunächst im schlichten homophonen Satz Note gegen Note (Italien) oder im Fauxbourdon-Satz (Frankreich). Die um 1500 einsetzende polyphone Verarbeitung *(Psalmmotetten)* fand in Josquin Desprez ihren großen, für die Folgezeit maßgebenden Meister. Im ausgehenden 16. Jahrhundert (z. B. bei G. Gabrieli) führt die Verwendung von Instrumenten zu den Psalmvertonungen im konzertierenden Stil *(Salmi concertati)*, vorbildlich vertreten u. a. bei C. Monteverdi; diese Art wurde von den deutschen Komponisten sowohl des katholischen als auch protestantischen Bereichs übernommen. Eine eigene Entwicklung nahm die Psalmkomposition des 17./18. Jahrhunderts in der französischen Musik; hier wurden die Psalmen Vers für Vers für Soli oder Chor mit Orchesterbegleitung gesetzt (sie tragen die Bezeichnung ↑Motette). Psalmvertonungen des 19. und 20. Jahrhunderts (z. B. von Schubert, Mendelssohn Bartholdy, Brahms, Reger, Strawinski, Schönberg) schließen sich stilistisch den jeweiligen Tendenzen der Kirchenmusik an.

**Psalmodie** [griechisch]: Bezeichnung für den Psalmenvortrag im gehobenen Sprechgesang der ↑Psalmtöne – von hier aus übertragen auch auf rezitativisches Singen allgemein, z. B. im Volksgesang – wie auch in Ausweitung für die aus ihm hervorgegangenen Formen des Gregorianischen Gesangs (v. a. Antiphon und Responsorium). Grundlage der Psalmodie in der christlichen Kirche ist die Praxis des synagogalen Psalmengesangs. Während die antiphonale Psalmodie durch den Wechselgesang von zwei (jeweils einstimmig singenden) Chören charakterisiert ist, stehen sich in der responsorialen Psalmodie der den Psalmtext vortragende Kantor und das mit einem Kehrvers antwortende Volk bzw. in seiner Vertretung die Schola gegenüber. Als „Psalmus (auch Cantus) in directum (oder directaneus)" wird die Psalmodie ohne antiphonale oder responsoriale Einschübe bezeichnet (ihm zuzurechnen ist der Tractus). Die Psalmodie des ↑Invitatorium weist heute als einzige noch den originären ständigen Wechsel im Vortrag von Antiphon und Psalmvers auf.

**Psalmtöne:** Bezeichnung für die dem System der ↑Kirchentonarten untergeordneten Melodiemodelle, die im Vortrag den jeweiligen Psalmtexten angepaßt werden. Für die Psalmtöne ist ein Gerüst melodischer Formeln charakteristisch, das aus einem gehobenen Leseton entstand und der zweiteiligen Anlage der Psalmverse folgt. Der Aufbau gliedert sich in: Initium („Eröffnung"), Tenor oder Tuba („Rezitationston"), Mediatio („Mittelkadenz"), wiederum Tenor und schließlich Finalis oder Terminatio („Schlußkadenz"). Letztere erfuhr in den ↑Differenzen eine besondere Ausgestaltung, um vom Rezitationston zum jeweiligen Anfangston der anschließend gesungenen Antiphon überzuleiten. Unter den Psalmtönen nimmt der ↑Tonus peregrinus eine Sonderstellung ein.

**Psalter** (Psalterium) [griechisch]: 1. das Buch der Psalmen im Alten Testament. – 2. im Mittelalter das liturgische Textbuch mit den Psalmen und entsprechenden Antiphonen zum Vortrag im Stundengebet (Offizium).

**Psalterium** [griechisch]: ein etwa vom 8. bis zum 17. Jahrhundert in Europa gebräuchliches Saiteninstrument vom Typ der ↑Zither, dessen (bis 30 und mehr) Saiten mit den Fingern oder einem Plektron gezupft wurden. Im Mittelalter und später war es vielfach mit dem Hackbrett identisch, dessen Saiten jedoch mit Klöppeln geschlagen werden. Im Unterschied zur neueren Zither hatte das Psalterium kein Griffbrett. Belegt sind dreieckige oder trapezförmige Psalterien und solche in sogenannter Schweinskopfform ( ); der halbe „Schweinskopf" ergab die Flügelform, die dann vom ↑Cembalo übernommen wurde.

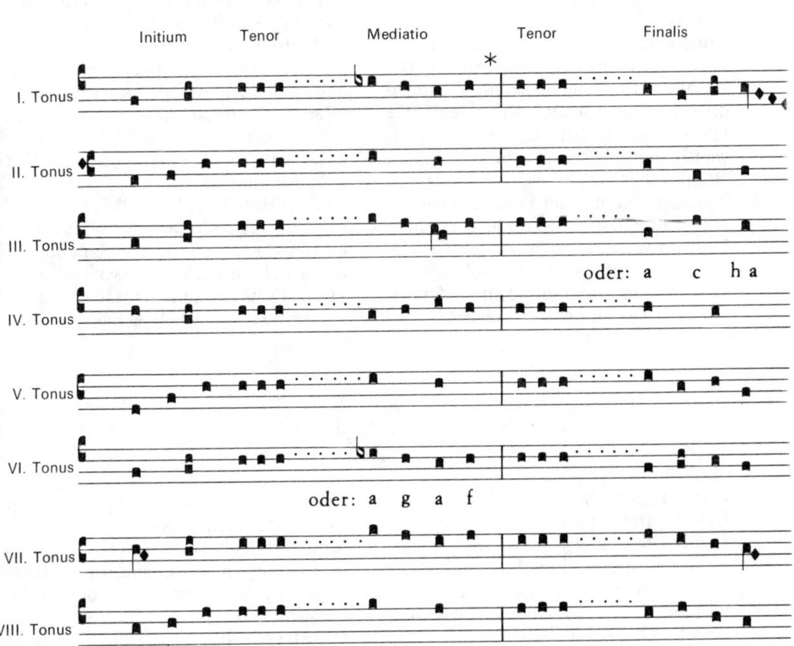

**Psychophysik:** untersucht den Zusammenhang zwischen physikalisch-akustischen Reizen und psychologisch-musikalischen Empfindungen. Sie ist der Ausgangspunkt der Hörpsychologie (↑Hören). – ↑auch Frequenz, ↑Tonhöhe, ↑Fourier-Analyse, ↑Klangfarbe, Schallintensität (↑Intensität), ↑Lautstärke.

**Punctus** (Punctum) [lateinisch „Strich, Punkt, kleiner Abschnitt einer Rede"]: in den ↑Neumen das Notenzeichen für den Einzelton (neben der Virga), daneben auch als Bezeichnung für Note schlechthin (punctus contra punctum, ↑Kontrapunkt); vereinzelt bedeutet punctus auch: musikalischer Abschnitt. In der Mensuralnotation wird das Zeichen • als *punctus augmentationis* (Verlängerungspunkt, ↑Punkt), als *punctus divisionis* (Trennungspunkt zur klaren Wertdeutung der Notenzeichen) und zur Angabe der ↑Prolatio maior verwendet.

**punctus contra punctum** [lateinisch „Note gegen Note"] ↑Kontrapunkt.

**Punkrock** ['pʌŋkrɔk; englisch]: bis 1977 eine (ursprünglich abwertende) Bezeichnung für Tendenzen und Gruppen des „psychedelischen" Rock (einfache Harmonik, großer technischer Aufwand). Seit 1977 setzt eine sogenannte „Punkwelle" ein; sie ist aber ihrer Bedeutung nach mit der Beatwelle, an deren Erfolg die Musikindustrie anzuknüpfen versucht, nicht zu vergleichen. Ausgangspunkt war ein hektisch-aggressiver, musikalisch recht einfacher, von den Texten her meist zynisch-resignativer Rock, mit dem jugendliche englische (dann auch amerikanische), vorwiegend noch halbprofessionelle Gruppen auf die wachsende wirtschaftliche und soziale Krise zu reagieren versuchten. Zum Punk gehört eine bewußt häßliche, sogar Selbstverstümmelungen einschließende Aufmachung der Musiker und Fans.

**Punkt** [von lateinisch ↑Punctus]: Zeichen der Notenschrift; ein Punkt hinter einer Note (oder Pause) verlängert dieselbe um die Hälfte ihres Wertes, zwei Punkte um drei Viertel; ein Punkt über oder unter einer Note bedeutet ↑staccato, in Verbindung mit einem Bogen ↑portato.

**punktieren:** heißt in der Bühnensprache: einen extrem hohen oder tiefen Ton einer Gesangspartie auf eine andere (in der Harmonik angepaßte) Tonhöhe versetzen. Die Bezeichnung *punktierter Rhythmus* bezieht sich auf den Verlängerungspunkt in der Notenschrift.

**punktuelle Musik:** Bezeichnung für ↑serielle Musik, in der jeder Ton „Schnittpunkt" mehrerer Reihen ist. Die Bezeichnung deutet auch darauf hin, daß dem Hörer die Musik wie eine Abfolge von einzeln wahrzunehmenden Punkten erscheint, die sich nicht zu (melodischen) Linien, Spannungsabläufen usw. zusammenfügen.

**Pyramidenflügel** (Pyramidenklavier): ein aufrecht stehendes Hammerklavier (↑Klavier), dessen Saitenbezug in einem hohen, gleichschenklig-dreieckigen Gehäuse untergebracht ist. Es wurde etwa 1740–1840 gebaut.

**Qanun** ↑Kanun.

**Quadratnotation** ↑Choralnotation.

**Quadrille** [ka'drıj; französisch]: nach der französischen Revolution um 1800 in Paris entstandene Form des ↑Contredanse. Die Quadrille wurde von mindestens 4 Paaren im Karree getanzt und bestand aus 6 suitenartig gereihten „Touren"; deren Musik (jeweils 32 Takte im $^2/_4$- oder $^6/_8$-Takt) war ein Potpourri aus beliebten Melodien. Im 19. Jahrhundert gab es dann viele Abarten der Quadrille.

**Quadrophonie** [lateinisch-griechisch] (Vierkanalstereophonie): eine vierkanalige Übertragungstechnik, durch die ein gegenüber der zweikanaligen (↑Stereophonie) erhöhtes Maß an Raumillusion erreicht werden soll. Neben die beiden Stereolautsprecher treten zwei im Rücken des Hörers angebrachte Lautsprecher, über die der von den Wänden des Aufnahmeraums reflektierte Schall wiedergegeben wird. So entsteht die Illusion, daß die Wand des Wiedergaberaums die akustischen Eigenschaften des Aufnahmeraums (Konzertsaal, Kirche usw.) hat. – In der elektronischen Musik gibt es vereinzelt Kompositionen für vier Wiedergabekanäle. Hierbei können Klangbewegungen simuliert werden, ohne daß eine Raumillusion entsteht.

**Quadrupelfuge:** eine ↑Fuge, in der vier unterschiedliche Themen zunächst nacheinander und dann miteinander durchgeführt werden, gelegentlich bis zu einer alle Themen kombinierenden Schlußsteigerung. Am berühmtesten ist die unvollendete Quadrupelfuge J.S. Bachs am Schluß seiner „Kunst der Fuge" (1749/50), in der u. a. sein Namensthema (b–a–c–h) mit dem Hauptthema des ganzen Werkes zusammen auftreten sollte.

**Quadrupelkonzert:** Instrumentalkonzert für vier (gleiche oder verschiedene) Soloinstrumente und Orchester.

**Quadruplum** [lateinisch]: die vierte und oberste Gegenstimme zum Cantus im vierstimmigen Organum, Discantus oder in der Motette.

**Quarte** [von lateinisch quartus „der vierte"]: heißt das ↑Intervall, das ein Ton mit einem vier diatonische Stufen entfernt gelegenen Ton bildet (z. B. c–f). Die Saitenlängen zweier Töne im Abstand einer Quarte verhalten sich wie 4:3, die Schwingungszahlen wie 3:4. Die Quarte kann als reines, vermindertes (c–fes) oder übermäßiges Intervall (c–fis; das ist der ↑Tritonus) auftreten. In Antike und Mittelalter wurde sie als vollkommene ↑Konsonanz angesehen, sie bildete als Rahmenintervall des ↑Tetrachords einen grundlegenden Bestandteil der Tonordnung. In der Harmonie- und Kontrapunktlehre fungiert die Quarte als ambivalentes Intervall: sie ist konsonant, wenn sie durch Unterquint oder -terz gestützt ist (a), dagegen dissonant in der Auflösungsfortschreitung zur Terz (b):

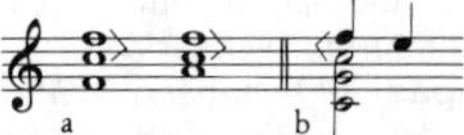


**Quartenakkord:** Akkord, der statt aus Terzen aus Quarten aufgebaut ist (z. B. d–g–c¹–f¹). Quartenakkorde unterschiedlicher Struktur (also auch aus verminderten und übermäßigen Quarten) kommen gelegentlich schon im 19. Jahrhundert vor, finden aber v. a. beim Übergang zur Neuen Musik in Abkehr von traditionellen tonalen Bezügen weite Verwendung, z. B. bei A. Schönberg (1. Kammersinfonie, op. 9, 1906), A. Berg, A. Webern, A. N. Skrjabin (↑mystischer Akkord), B. Bartók, I. Strawinski, P. Hindemith.

**Quartett** [lateinisch]: musikalische Komposition für vier Instrumental- oder Vokalstimmen, auch Bezeichnung für das diese Komposition ausführende Ensemble. Wegen der harmonischen Vollstimmigkeit und der Deutlichkeit seiner Faktur war das Quartett seit dem 15. Jahrhundert eine im vokalen und instrumentalen Bereich bevorzugte Besetzung (z. T. chorisch). Während das *Streichquartett* und das *Bläserquartett* in der Instrumentengattung festgelegt sind, zeigen alle anderen Bezeichnungen (z. B. Klavier-, Flöten-, Oboenquartett) eine gemischte Besetzung an. Ein Konzert mit vier Soloinstrumenten und Orchester wird als *Quadrupelkonzert* bezeichnet.

**Quartole** [lateinisch]: eine Folge von vier Noten, die für drei Noten gleicher Gestalt bei gleicher Zeitdauer eintreten, angezeigt durch eine Klammer und die Ziffer 4 über oder unter den Noten.

**Quartsextakkord:** Akkord aus drei Tönen, der außer dem tiefsten Ton dessen Quarte und Sexte enthält (Generalbaßbezeichnung: $^{6}_{4}$). Er wird in der Harmonielehre als die zweite ↑Umkehrung des Dreiklangs mit der Quinte im Baß erklärt (z. B. g–$c^1$–$e^1$, entstanden aus c–e–g). Im 18. und 19. Jahrhundert tritt der Quartsextakkord häufig als Vorhaltsakkord auf (e löst sich nach d, c nach h), der zur Dominante gehört (g ist dann Grundton) und deren Kadenzwirkung am Schluß eines Abschnitts verdeutlicht und verstärkt.

**Quempas** (Quempassingen): Singbrauch zur Zeit der Frühmette am ersten Weihnachtstag. Der Name geht zurück auf den Anfang des lateinischen Weihnachtshymnus *Quem pastores laudavere* (Den die Hirten gelobt haben). Darstellungen der Weihnachtsgeschichte werden mit wechselchörigen Gesängen in lateinisch-deutscher Mischpoesie begleitet. Eine verbreitete Sammlung von Weihnachtsliedern hat den Namen Quempas zum Titel.

**Querbalken:** der dicke Strich, der bei einer Gruppe von Achtelnoten und kürzeren Notenwerten die Notenhälse miteinander verbindet.

**Querflöte:** (italienisch flauto traverso; französisch flûte traversière): 1. im weiteren Sinne jede quer zur Körperachse gehaltene ↑Flöte, im Unterschied zur Lang- oder Längsflöte. – 2. im engeren Sinne ist Querflöte die im 17. Jahrhundert aus der Querpfeife entwickelte Flöte des modernen Orchesters, das beweglichste und virtuoseste der Holzblasinstrumente. Ihre Anblasevorrichtung besteht lediglich aus einem rechteckigen Loch mit abgerundeten Ecken, das die Wandung sowie darüber eine glatte Platte oder eine Art Wulst (Lippenstütze) durchdringt. Die Röhre ist dreiteilig und besteht aus Kopfstück mit Mundloch, Mittel- und Fußstück. Die Wandung des Kopfstücks verläuft parabolisch, die übrige Röhre ist zylindrisch. Die Bewegungen der Klappen und Hebel werden teilweise durch Längsachsen kombiniert. Am gebräuchlichsten ist die Querflöte in C (Tonumfang $c^1$ bis $d^4$); sie wird *große Flöte* genannt und ist etwa 60 cm lang. Die kleinste Querflöte ist die ↑*Pikkoloflöte.* Ferner gibt es die *Altflöte* in G und die *Baßflöte* in C.

Die Querflöte entstand im 17. Jahrhundert in Frankreich durch Umgestaltung der ↑Querpfeife. Das bisher einteilige, zylindrische Instrument wurde geteilt; das Mittel- und das Fußstück wurden jetzt konisch gebohrt, mit dem engeren Durchmesser zum Fuß hin. Hierdurch ergab sich ein hellerer Klang. Das Anbringen der dis-Klappe nach 1650 ermöglichte volle Chromatik. Ab 1760 wurden weitere Klappen hinzugefügt, die die verschiedenen Gabelgriffe überflüssig und damit den Klang ausgeglichener machten. 1847 konstruierte Th. Boehm die moderne Flöte (auch schon aus Silber) mit ihrem ausgefeilten Klappenmechanismus und ihrem starken Klang.

Die Querflöte hatte ihre Blütezeit im 18. Jahrhundert; damals entstand eine Vielzahl von Kammermusikwerken mit Querflöte und von Solokonzerten, so von A. Vivaldi, G. Ph. Telemann, J. A. Hasse, J. J. Quantz, C. Ph. E. und J. Ch. Bach, C. Stamitz, W. A. Mozart. Bedeutende Lehrwerke für Querflöte schrieben J. Hotteterre le Romain (1707) und J. J. Quantz (1752). Im 20. Jahrhundert schrieben Flötenkonzerte J. Ibert, A. Jolivet, G. Bialas, G. Petrassi, Werke für Flöte solo C. Debussy, E. Varèse, A. Honegger, P. Hindemith, B. A. Zimmermann und L. Berio.

**Querpfeife:** kleine, eng und konisch (bis zum 19. Jahrhundert zylindrisch) gebohrte Form der Querflöte mit sechs Grifflöchern. Das hoch und scharf klingende Instrument wird in der Militärmusik und bei Spielmannszügen gespielt und meist von der Trommel begleitet. Die Querpfeife (auch *Schweizerpfeife* genannt) ist schon im hohen Mittelalter nachgewiesen. Ab dem 15. Jahrhundert begegnet sie bei den dem Fußvolk voranziehenden Pfeifern und Trommlern. Sie ist Vorläuferin der im 17. Jahrhundert aufgekommenen, weiter gebohrten und größeren ↑Querflöte der Kunstmusik.

**Querriegel:** bei bestimmten Zupfinstrumenten (wie Gitarre, Laute, Chitarrone, Theorbe) eine quer zum Saitenverlauf auf die Decke geleimte Holzleiste, die als Saitenhalter dient.

**Querstand:** Bezeichnung für eine Folge zweier Akkorde, in denen nacheinander entweder ein Ton und seine chromatische Veränderung (a) oder ein Tritonusintervall (b) erscheint, jedoch (im Unterschied zur ↑Chromatik) in verschiedenen Stimmen:

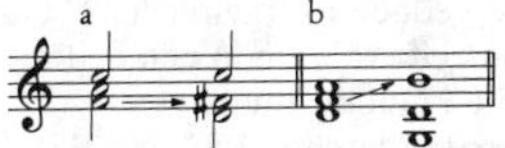


Im strengen Kontrapunkt verboten, wurde der Querstand bereits in der Musik des Barock bei bestimmten Affektfiguren (↑Figurenlehre) erlaubt, später, v. a. im 19. Jahrhundert, in seiner Reizwirkung immer häufiger und betonter ausgenutzt, meist um einen fremdartigen oder altertümlichen Klangeffekt zu erzielen. In der freitonalen oder atonalen Harmonik des 20. Jahrhunderts hat der Begriff Querstand keine Bedeutung mehr.

**Quickstep** ['kvɪkstɛp; englisch]: internationaler Standardtanz; schnelle Abart des ↑Foxtrott.

**quieto** [kvi...; italienisch]: ruhig.

**Quilisma** [mittellateinisch] ↑Neumen.

**Quintade** (Quintaden) [von mittellateinisch quintadenare ↑„quintieren"]: ein Gedacktregister der Orgel zu 16-, 8- und 4-Fuß mit zylindrischen Metallpfeifen von enger Mensur und niedrigem Aufschnitt; dadurch tritt im Klang die Duodezime charakteristisch hervor.

**Quinte:** [von lateinisch quintus „der fünfte"]: heißt das ↑Intervall, das ein Ton mit einem fünf diatonische Stufen

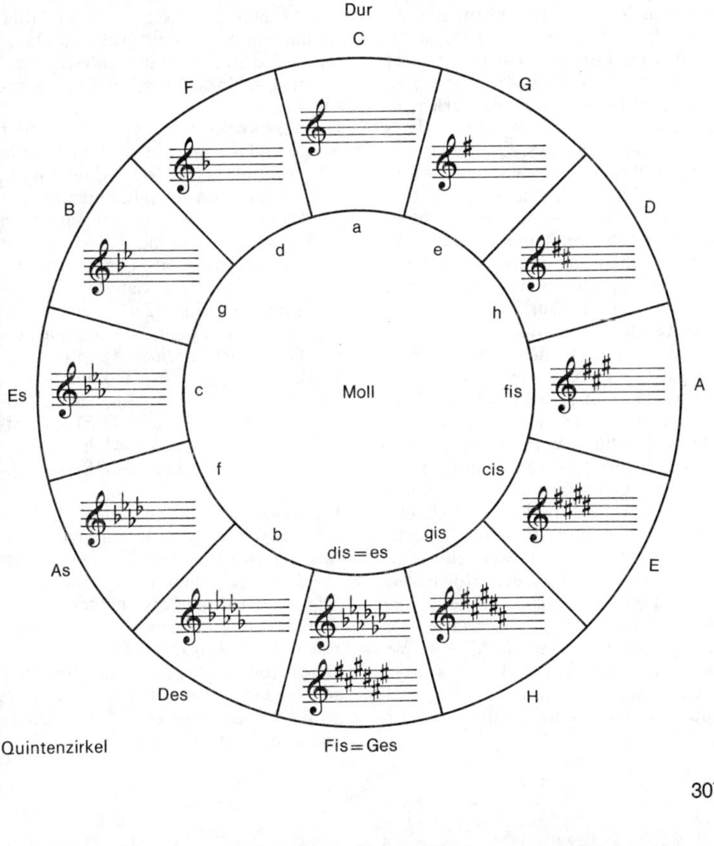

Dur
C
G
D
A
E
H
Fis = Ges
Des
As
Es
B
F
a
e
h
fis
cis
gis
dis = es
b
f
c
g
d
Moll

Quintenzirkel

entfernt gelegenen Ton bildet (z. B. c–g). Die Saitenlängen zweier Töne im Abstand einer Quinte verhalten sich wie 3:2, die Schwingungszahlen wie 2:3. Die Quinte kann als reines, vermindertes (c–ges) oder übermäßiges Intervall (c–gis) auftreten. Sie gilt im Abendland seit der Antike als vollkommene ↑Konsonanz, spielt jedoch auch in außereuropäischer Musik als Stütz- und Rahmenintervall melodisch freier Linien vielfach eine wichtige Rolle. In der kadenzorientierten (↑Kadenz) tonalen Musik, die sich im 15. Jahrhundert allmählich entwickelte und bis zum Ende des 19. Jahrhunderts im wesentlichen gültig blieb, hat die Quinte als Quintfortschreitung des Basses (Dominante – Tonika) ebenso wie als Rahmenintervall des ↑Dreiklangs grundlegende Bedeutung. Im ↑Quintenzirkel ist sie konstituierendes Intervall des temperierten Tonsystems.

**Quintenzirkel:** nennt man die in einem Kreis darstellbare Anordnung sämtlicher Dur- und Molltonarten des temperierten Tonsystems, deren Grundtöne jeweils eine Quinte voneinander entfernt liegen, wenn man sie fortschreitend nach zunehmenden Vorzeichen ordnet. Der Quintenzirkel schließt sich dort, wo zwei Tonarten durch enharmonische Verwechslung (↑Enharmonik) als klanglich gleich erscheinen (z. B. Ges-Dur und Fis-Dur).

**Quinterne** [lateinisch]: im 16./17. Jahrhundert in Deutschland Bezeichnung für ↑Mandola oder ↑Gitarre.

**Quintett** [lateinisch]: musikalische Komposition für fünf Instrumental- oder Vokalstimmen, auch Bezeichnung für das diese Komposition ausführende Ensemble. Gegenüber dem Streichquartett ist das *Streichquintett* durch eine Viola, ein Violoncello oder seltener durch einen Kontrabaß erweitert. Im *Bläserquintett* tritt zu den Holzblasinstrumenten des Bläserquartetts das Horn. Bezeichnungen wie *Klarinettenquintett* (W. A. Mozart, C. M. von Weber, J. Brahms, M. Reger) oder *Klavierquintett* (R. Schumann, J. Brahms, H. Pfitzner) zeigen eine gemischte Besetzung an.

**quintieren** [lateinisch]: 1. eine seit dem Mittelalter belegte und im Volkstum europäischer Randländer teilweise fortlebende Praxis, zu einer Grundstimme eine Gegenstimme in parallelen Quinten zu singen. – 2. bei Blasinstrumenten mit zylindrischer Bohrung (Klarinette, gedackte Orgelpfeifen [↑Quintade]) das Überblasen in den dritten Teilton (die ↑Duodezime).

**Quintole** [lateinisch]: eine Folge von fünf Noten, die für drei, vier oder sechs Noten gleicher Gestalt bei gleicher Zeitdauer eintreten, angezeigt durch eine Klammer und die Ziffer 5 über oder unter den Noten.

**Quinton** [kɛ̃'tõ:; französisch, von lateinisch quintus „der fünfte"]: ein im 17. und 18. Jahrhundert in Frankreich gebautes fünfsaitiges Streichinstrument, eine Mischform zwischen der Viola da gamba und der Violine. Auf dem Quinton wurde im fünfstimmigen Geigenensemble die fünfte (höchste) Stimme gespielt.

**Quintsextakkord:** ein Dur- oder Molldreiklang mit hinzugefügter Sexte (↑Sixte ajoutée), z. B. f–a–c–d oder f–as–c–d. Er hat zumeist subdominantische Funktion, gehört also in den genannten Fällen nach C-Dur oder c-Moll. Nur gelegentlich tritt er als Tonika auf (stereotyp, oft als Schlußklang, in der Unterhaltungsmusik). – Zu unterscheiden hiervon ist der Quintsextakkord als erste ↑Umkehrung eines ↑Septimenakkords, vorwiegend des Dominantseptakkords. So wird z. B. aus der Grundstellung g–h–d–f ($D^7$ in C-Dur) der Umkehrungs-Quintsextakkord h–d–f–g. – ↑auch Terzquartakkord, ↑Sekundakkord.

**Quintus** [lateinisch „der fünfte"] (Quinta vox): in Vokal- und Instrumentalkompositionen des 16. und 17. Jahrhunderts Bezeichnung für die fünfte Stimme, die oftmals erst später eingefügt wurde und deren Stimmlage nicht festgelegt war. – ↑auch Vagans.

**Quodlibet** [lateinisch „was beliebt"]: scherzhafte Form der Vokalmusik; es wird gebildet 1. durch das Zusammenfügen und damit den gleichzeitigen Vortrag von zwei oder mehr textierten [Lied]melodien oder Melodieteilen unter Beachtung kontrapunktischer Regeln (erste Belege in Motetten des 13. Jahrhunderts); oder 2. durch die Reihung solcher Melodien oder Melodieteile (vielfach aus dem Bereich des Volksliedes) mit ursprünglich nicht zusammengehörenden, mitunter gegensätzlichen und in der Verbindung humoristischen Texten. Die v. a. im 16.–18. Jahrhundert beliebte Form findet sich in mehreren gedruckten Sammlungen und wurde im 17./18. Jahrhundert vereinzelt auch in die Instrumentalmusik übernommen (z. B. C. Farina, „Capriccio stravagante", 1627; J. S. Bach, „Goldberg-Variationen", um 1742).

# R

**R:** Abk. für ↑**R**écit, ↑**R**ipieno, ↑**R**esponsorium (meist ℟).

**Rabab** (Rebab) [persisch-arabisch]: Bezeichnung für verschiedene arabische, im islamischen Bereich verbreitete Streichinstrumente; seit dem 10. Jahrhundert belegt als Instrument ohne Bünde, mit ein bis zwei einfachen oder doppelten Saiten in Quart- oder Quintstimmung. Die Rabab hat einen birnen-, kreis- oder trapezförmigen Schallkörper aus Holz mit Pergamentdecke und trägt am unteren Ende einen Stachel. Gespielt wird sie in Nordafrika, im Nahen Osten, in Indien und Java (dort zum ↑Gamelan gehörend). Von der Rabab stammt wahrscheinlich das europäische ↑Rebec ab.

**Race music** ['reɪsmjuːzɪk; englisch „Rassenmusik"]: während der 1920er und 30er Jahre von der Schallplattenindustrie in den USA verwendeter Begriff zur Bezeichnung für Teilbereiche der afroamerikanischen Musik, die vornehmlich auf die schwarze Bevölkerung als Konsumentengruppe abzielte und auf sogenannten *Race records* oder *Race labels* herausgebracht wurde.

**Rackett** (Rankett) [wahrscheinlich von mittelhochdeutsch ranc „Krümmung"] (Wurstfagott): ein Holzblasinstrument des 16. bis 18. Jahrhunderts mit doppeltem Rohrblatt, bestehend aus einem kleinen, büchsenartigen Holz- oder Elfenbeinzylinder, der längs mit sechs bis zehn Kanälen und außen mit vielen Tonlöchern (davon elf Grifflöcher) durchbohrt und oben und unten durch Deckel verschlossen ist. Die Kanäle sind miteinander verbunden, so daß ein vielfach geknickter Windkanal entsteht. Angeblasen wird das Rackett über eine ↑Pirouette oder direkt über ein kurzes oder ein einfach gewundenes Anblasröhrchen, dem das Rohrblatt aufgesteckt ist. Der Klang ist leise und näselnd. Das Rackett wurde in vier Stimmlagen gebaut und meist mit anderen Blasinstrumenten zusammen gespielt.

**Radleier** ↑Drehleier.

**Raga** [sanskritisch]: Melodiemodell in der ↑indischen Musik. Ursprünglich war Raga die Bezeichnung für die Stimmungsqualität von Haupttönen bestimmter Melodietypen; die Gefühlsqualität der einzelnen Töne war durch ihre Verwendung bei der Rezitation poetischer Texte im Theater geprägt. Etwa zwischen dem 9. und 13. Jahrhundert verlagerte sich das Hauptaugenmerk auf die Melodiegestalt im ganzen. Seitdem ist der Raga, dem arabischen ↑Maqam vergleichbar, charakterisiert durch die Auswahl bestimmter Leitertöne aus dem Vorrat der Materialleitern (18 Dschatis oder 72 Melakartas) sowie durch Zentralton, rhythmische und melodische Formeln (ähnlich ↑Modus). Das im 13.–17. Jahrhundert ausgebildete System unterscheidet männliche Ragas und weibliche Raginis; jedem Raga ist ein Gefühlsinhalt (Trauer, Freude usw.) zugeordnet, weiter Tages- und Jahreszeiten sowie Göttergestalten des Hinduismus. Der Musiker stellt zuerst improvisierend die wesentlichen Merkmale eines Raga in unbegleitetem Spiel vor (Alapa). Diesem bis zu einer Stunde lang dauernden Teil folgt, gesungen oder gespielt, in festem rhythmischem Schema (Tala) und mindestens von Trommeln begleitet, das mehrsätzige eigentliche Stück. Von den über 10000 bekanntgewordenen Ragas sind heute noch einige hundert in Gebrauch.

**Ragtime** ['rægtaım; englisch „zerrissener Takt"]: ein im letzten Drittel des 19. Jahrhunderts im Mittelwesten der USA entstandener afroamerikanischer Klaviermusikstil, der seinen Namen seiner besonderen Synkopations- und Phrasierungsweise verdankt. Der Ragtime gilt als einer der Vorläufer des ↑Jazz, dessen frühes Repertoire er entscheidend beeinflußte. – Um 1974 erlangte der Ragtime eine neue Beliebtheit, verursacht v. a. durch den Film „The Sting" (deutsch „Der Clou"). Als bedeutendster Komponist und Interpret des Ragtime gilt Scott Joplin (* 1886, † 1917), dessen „Maple Leaf Rag" zu den populärsten Stücken dieser Musik zählt.

**rall.:** Abk. für ↑**rall**entando.

**rallentando** (allentando) [italienisch], Abk. rall., rallent.: langsamer werdend.

**Rankett** ↑Rackett.

**Ranz des vaches** [rãde'vaʃ; französisch] ↑Kuhreigen.

**Rappresentazione sacra** (Sacra rappresentazione) [italienisch „geistliche Darstellung"]: das geistliche, nichtliturgische Spiel in italienischer Sprache des 15. und 16. Jahrhunderts. Die prunkvolle Schaustellung mit weltlichen Einschüben wurde v. a. in Florenz gepflegt; als Musik verwendete man den Gesang von Kanzonen und Lauden. Seit etwa 1550 ließ die Beliebtheit der Gattung nach. Sie wurde nur noch einmal wiederbelebt in E. de Cavalieris „Rappresentazione di anima e di corpo" (1600); dieses allegorische „Spiel von Seele und Körper" wirkte auf die Vorgeschichte des ↑Oratoriums ein.

**Rassel:** Bezeichnung für ↑Idiophone in Gefäß- (z. B. ↑Maracas), Reihen- (z. B. ↑Schellenbaum) oder Rahmenform (z. B. ↑Sistrum), bei denen die Tonerzeugung durch Schütteln erfolgt. Rasseln sind als kultische Geräte seit frühester Zeit bekannt. Heute begegnen sie als Instrumente v. a. der Tanzmusik und als Kinderspielzeug.

**Rastral** [lateinisch]: Gerät mit fünf Zinken, das beim Notenstechen zum Gravieren der Linien verwendet wird; auch Bezeichnung für eine fünfspurige Feder, mit der Notenlinien auf Papier gezogen werden können.

**Ratsche** (Knarre, Schnarre): ein Geräuschinstrument, bei dem an einer Achse, die zugleich als Handgriff dient, ein beweglicher Rahmen mit Zunge und ein feststehendes Zahnrad angebracht sind. Beim Schwenken schlägt die Zunge gegen die Radzähne, was ein knatterndes Geräusch ergibt. Die Ratsche ist ein altes Kultinstrument. Heute wird sie noch bei Fastnachts- und Karwochenbräuchen und als Kinderspielzeug verwendet. Gelegentlich begegnet sie auch im Orchester (z. B. in „Till Eulenspiegels lustige Streiche" [1895] von R. Strauss).

**Rätselkanon:** ein ↑Kanon, bei dem die Einsätze der nachfolgenden Stimmen (auch auf anderer Tonstufe und mit verändertem Rhythmus) erst über einen Rätselspruch entschlüsselt werden müssen; verbreitet in franko-flämischen Messen und Motetten des 15./16. Jahrhunderts. Der Rätselspruch kann mehr oder weniger eindeutig (z. B. „Vade retro, Satanas" für einen ↑Krebskanon) oder auch ganz unbestimmt lauten, wie noch in J. S. Bachs „Musikalischem Opfer" (1747): „quaerendo invenietis" (suchet, so werdet ihr finden).

**Ratsmusiker** (Stadtmusiker): Bezeichnung für ↑Stadtpfeifer an größeren Orten, die vom Rat der Stadt eingestellt und mit besonderen Pflichten und Rechten versehen wurden.

**Rauhigkeit:** wenn einzelne Töne, aus denen der Klang zusammengesetzt ist, gegeneinander so verstimmt sind, daß sich ↑Schwebungen ergeben, entsteht

Rauhigkeit von Tönen. Sie wird selten störend empfunden. Ein großes Orchester klingt wegen der Intonationsschwankungen der einzelnen Spieler auf natürliche Weise „rauh". Der oft als leblos empfundene Klang von „Präzisionskammerorchestern" ist auf das Fehlen dieser natürlichen Rauhigkeit zurückzuführen. – ↑auch Chorus-Effekt.

**Raumakustik:** befaßt sich mit dem Problem, wie eine „gute" Übertragung und Wiedergabe von Musik in Räumen erreicht werden kann. Dabei spielen so viele Faktoren eine Rolle, daß es bisher noch nicht gelungen ist, eindeutige „Rezepte" für Architekten zu entwickeln. Nicht zuletzt sind raumakustische Fragen auch subjektive Fragen.

Das Volumen des Raums beeinflußt seine Eigenschaften als ↑Resonanzkörper. Die Geometrie des Raums ist maßgebend für auftretende Echoeffekte, das Material von Wänden, Ausstattung usw. für die Halleigenschaften bzw. die Absorption von Schall. Auch Musiker und Hörer sind Gegebenheiten, die die Raumakustik beeinflussen. – Ein Raum ohne Hall (↑schalltoter Raum) wirkt als zu „trocken", ein Raum mit zu viel Verhallung schadet der Verständlichkeit. Da Reflexion, Absorption usw. meist frequenzabhängig sind, rufen Schwingungen unterschiedlicher Frequenz unterschiedliche Wirkungen hervor; hierdurch verändert sich die Klangfarbe von Tönen.

Die psychologische Bedeutung von Raum und Raumakustik ist durch die Wiedergabe von Musik mittels Kopfhörer, insbesondere im Falle der Kunstkopfstereophonie (↑Kunstkopf), deutlich geworden. Auch wenn sich auf einer Schallplatte die raumakustischen Eigenschaften des Aufnahmeraums (Studios) einfangen und über Kopfhörer wiedergeben lassen, so fehlt bei der Wiedergabe doch die Raumakustik des Wiedergaberaums. Der musikalische Eindruck von Kopfhörerwiedergabe bleibt daher hinter dem anderer, qualitativ vergleichbarer Wiedergabeverfahren zurück.

**Rauschen:** Bezeichnung für statistische Störungen der Signale in elektroakustischen Geräten, die durch die jeweiligen Bauelemente bzw. Übertragungsgeräte und Tonträger hervorgerufen werden. Der Unterdrückung dieses unerwünschten Rauschens (z. B. ↑Dolby-System) sind dadurch Grenzen gesetzt, daß auch Musikinstrumente und die menschliche Stimme ↑Geräusche erzeugen, die nicht ohne musikalischen Qualitätsverlust beseitigt werden können.

**Rauschpfeife** [von mittelhochdeutsch rusche „Binse, Schilfrohr"]: mittelalterliche Bezeichnung für ↑Rohrblattinstrumente allgemein; im 16. und 17. Jahrhundert für ein kräftig klingendes Blasinstrument mit doppeltem Rohrblatt, Windkapsel und meist zylindrischer Röhre. Bei der Orgel heißt Rauschpfeife oder *Rauschquinte* eine ↑gemischte Stimme in Quinten und Oktaven von mittelweiter Mensur.

**Rauschquinte** ↑Rauschpfeife.

**re:** die zweite der Solmisationssilben (↑Solmisation); in den romanischen Sprachen Bezeichnung für den Ton D.

**Rebab** ↑Rabab.

**Rebec** [rəˈbɛk; arabisch (lateinisch rubeba): kleines Streichinstrument mit einem Schallkörper in Form einer längs halbierten Birne oder eines Bootes, der sich ohne Absatz zum Wirbelkasten hin verjüngt. Das Rebec stammt wahrscheinlich von der arabischen ↑Rabab ab und kam etwa im 11. Jahrhundert nach Europa. Im 13. Jahrhundert wird es als Instrument mit zwei im Quintabstand gestimmten Saiten beschrieben. Im 16./17. Jahrhundert ist das bundlose, zwei- bis dreisaitige Rebec ein Tanzinstrument der Spielleute; ein Abkömmling ist die ↑Pochette.

**Rechteckschwingungen:** werden von speziellen Tongeneratoren, insbesondere in ↑Synthesizern erzeugt. Es sind ↑Schwingungen von rechteckigem Verlauf, wie die Abbildung zeigt.

Ein Rechteckschwingungs-Generator ist im Grunde ein schnell funktionierender Schalter, der auch als Impulsgenerator dienen kann. Ein rein mechanischer

„Schalter“ ist das einfache Rohrblattmundstück der Klarinette, das den Luftstrom, der ins Instrument eintritt, periodisch aus- und einschaltet. Die von der Klarinette erzeugte Schwingung ist näherungsweise eine Rechteckschwin-

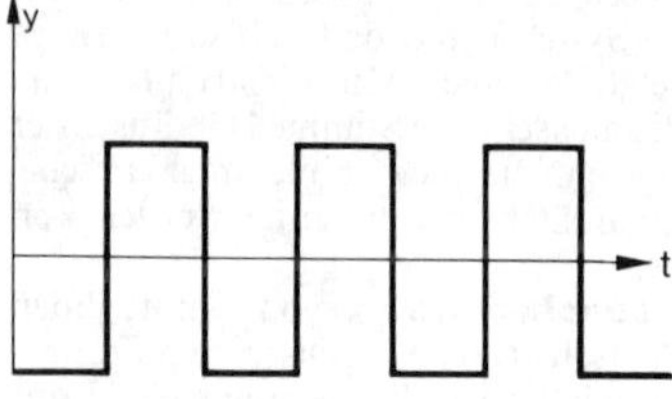


y = Amplitude, t = Zeit

gung. Im ↑Spektrum des von einer Rechteckschwingung erzeugten Tons fehlen alle geradzahligen Obertöne; er klingt daher etwas rauh und hart. – Rechteckschwingungen gehören neben ↑Sinusschwingungen, ↑Dreiecksschwingungen und ↑Sägezahnschwingungen zu den Grundschwingungen elektronischer Musik. Bei der Spannungssteuerung im Synthesizer dienen Rechteckschwingungen zur Herstellung von Intervallsprüngen.

**Récit** [re'si; französisch, von lateinisch recitare „laut vortragen“], Abk. R: zunächst im französischen Ballet de cour ein instrumentalbegleiteter Sologesang, bei dem im Gegensatz zum Air die Musik der Sprachdeklamation untergeordnet war, später allgemein für Sologesang auch für solistischen Instrumentalvortrag. – Seit dem 17. Jahrhundert Bezeichnung für das Soloklavier in der französischen Orgel.

**Recital** [rɪ'saɪtəl; englisch]: Konzerttyp, bei dem ein Musiker allein (oder ein Instrumentalsolist mit einem Begleiter) einen ganzen Abend bestreitet. Das wurde erstmals von F. Liszt 1840 in London gewagt, vorher waren bei einem Konzert mehrere Mitwirkende üblich. Recital heißt auch ein Konzert mit Werken ausschließlich eines einzigen Komponisten.

**Recitativo accompagnato** [retʃita'ti:vo akkompaɲ'ɲa:to; italienisch] ↑Accompagnato, ↑Rezitativ.

**Recitativo secco** [retʃita'ti:vo 'sekko; italienisch] ↑Secco, ↑Rezitativ.

**Recorder** [rɪ'kɔ:də; englisch]: englische Bezeichnung für die ↑Blockflöte.

**Reco-Reco** ↑Schraper.

**Reed section** ['ri:dsɛkʃən; englisch, von reed „Rohrblatt“]: im Jazz Bezeichnung für die Gruppe der Holzblasinstrumente einer ↑Big Band. In der Standardbesetzung besteht die Reed section aus je zwei Alt- und Tenorsaxophonen und einem Baritonsaxophon. Die Musiker der Reed section „doppeln“ in der Regel auf Klarinetten, Flöten oder Sopransaxophonen.

**Reflexion** [von lateinisch reflexio „das Zurückbeugen“]: treffen Schallwellen (↑Wellen) auf einen festen Körper, so werden sie teils absorbiert (↑Absorption), teils reflektiert. In einem Raum bestimmt die Reflexion an den Wänden und anderen Gegenständen den Grad der Verhallung (↑Hall) der Musik.

**Refrain** [rə'frɛ̃:; französisch, von lateinisch refringere „brechend zurückwerfen“] (Kehrreim): in strophischer Dichtung regelmäßig wiederkehrende Worte oder Zeilen, meist am Ende einer Strophe. Refrains sind in Volks-, Kinder- und Tanzliedern vieler Völker verbreitet (Einfallen des Chores nach dem Vorsänger), finden sich aber auch in der Kunstlyrik. Für die Liedgattungen des 12.–16. Jahrhunderts (↑Rondeau, ↑Virelai, ↑Ballade, ↑Villanella u. a.) ist der Refrain ein wesentliches, musikalisch gliederndes Element. Auch im Kunstlied des 19. Jahrhunderts sowie in liedartigen Szenen der Oper (Solo-Chor-Wechsel) und im Chanson, Song, Schlager tritt er häufig auf.

**Regal:** eine kleine Orgel, die im Unterschied zum ↑Positiv nur Pfeifen mit aufschlagenden Zungen besitzt. Das Regal besteht aus einem schmalen, mit einer Klaviatur versehenen Kasten, der die Windlade und die Pfeifen enthält. An der Hinterseite befinden sich zwei Keilbälge, die von einer zweiten Person betätigt werden. Das Instrument ist nachweisbar seit dem 11./12. Jahrhundert; besonders beliebt war es in der Kirchen-, Kammer- und Theatermusik des

16. und 17. Jahrhunderts. Wegen seines schnarrenden Tons wurde es im 18. Jahrhundert abgelehnt und starb aus. Eine besondere Form hatte das *Bibelregal*, das zusammengeklappt werden konnte und dann wie eine große Bibel aussah. Bei der Orgel heißt Regal ein kurzbecheriges Zungenregister.

**Regens chori** [lateinisch]: der Leiter des Chores in katholischen Seminaren, Stiften und ähnlichen Institutionen.

**Reggae** ['rɛgɛɪ; englisch]: seit der Mitte der 1960er Jahre allgemein übliche Bezeichnung für eine Stilrichtung innerhalb der Rockmusik, bei der Elemente der ursprünglich volkstümlichen Musik Jamaicas (z. B. Calypso oder Mento) mit Rhythm and Blues verbunden wurden, zuvor auch Ska genannt. Charakteristisch ist der eigentümliche, einerseits monoton, andererseits spannungsreich schwingend erscheinende Rhythmus des Reggae: der gleichmäßige Fundamentalrhythmus mit Betonung der schwachen Taktteile 2 und 4 in der Rhythmusgruppe (auch Bläser) wird durch einen zusätzlichen Beat auf jeder 3. Zählzeit in den Leadinstrumenten aufgebrochen. Anfänglich von England ausgehend ist der Reggae seit Mitte der 1970er Jahre v. a. in Europa eng verknüpft mit dem Namen B. Marleys, der dem zuvor eher kommerziell orientierten Reggae durch musikalische Ursprünglichkeit und sozialkritisches Engagement für die schwarze Bevölkerung Jamaicas entgegenzuwirken suchte.

**Regina caeli** (Regina coeli) ['tsɛ:li, 'tsøli; lateinisch „Königin des Himmels"]: eine der ↑Marianischen Antiphonen; während der Osterzeit auch Gebet zum Angelusläuten. Die Melodie des Regina caeli ist mit reichen Melismenbildungen ausgestattet.

**Register** [mittellateinisch]: heißen in Tasteninstrumenten die Gruppen *(Chöre)* von Klangerzeugern gleicher oder ähnlicher Klangfarbe und unterschiedlicher Tonhöhe. Für jede Taste der Klaviatur ist innerhalb eines Registers ein Klangerzeuger (bei Mixturregistern sind es mehrere) vorhanden. Besitzt beispielsweise ein Cembalo einen Klaviaturumfang von $4^1/_2$ Oktaven (54 Tasten) und vier Registern, so sind im Instrument vier Sätze von je 54 Saiten, insgesamt also 216 Saiten, vorhanden. Der Klangcharakter eines Registers ist durch seine Mensur, die Tonlage durch die Schwingungszahl seines tiefsten Tones festgelegt. Die aus dem Orgelbau stammende Bezeichnung der Tonlagen durch Angabe der Pfeifenlängen der jeweils tiefsten Töne in Fuß (ein Fuß hat etwa 30 cm; ↑Fußtonzahl) wurde auch für andere Instrumente übernommen. Die normale Tonlage hat das 8-Fuß-Register. In der ↑Orgel wird nach der Klangerzeugung zwischen Labial- und Lingualregistern unterschieden, beim Cembalo wird nur die Tonlage durch die Fußtonzahl angegeben. Register heißen bei besaiteten Tasteninstrumenten auch jene Vorrichtungen, die eine Änderung der Klangfarbe und Lautstärke eines Saitenchores bewirken (z. B. der Lautenzug beim Cembalo und der Fagottzug beim Pianoforte). – 2. bei der menschlichen Stimme die durch Brust- oder Kopfresonanz beim Singen der tieferen bzw. höheren Töne entstehende Färbung der Singstimme. Durch Stimmbildung wird ein klanglicher Ausgleich, die Beimischung von Brustresonanz im mittleren bis oberen, von Kopfresonanz bis in den tieferen Bereich angestrebt. Abrupter Wechsel vom Brust- ins Kopfregister erfolgt beim ↑Jodeln.

**Reibtrommel** (Brummtopf, Rummelpott): ein primitives Geräuschinstrument, bestehend aus einem Hohlgefäß (aus Metall, Ton, Schilf), das oben mit einer Membran verschlossen ist. Die Membran ist mit einem Stäbchen durchbohrt und gerät in Schwingung, wenn das Stäbchen mit nassen Fingern gerieben wird *(Stabreibtrommel)*. Anstelle des Stäbchens können mehrere Fäden oder Pferdehaare benutzt werden *(Fadenreibtrommel)*. Der sogenannte *Waldteufel* wird an einem Faden in der Luft geschwungen *(Schwungreibtrommel)*.

**Reihe:** in der ↑Zwölftontechnik eine Tonfolge, die jeden Ton der 12stufigen temperierten Skala einmal enthält. Eine jeweils neu gewählte Reihe (seltener mehrere) bildet für ein Werk oder einen geschlossenen Werkteil die verbindliche Strukturgrundlage. Sie regelt die Tonqualitäten, d. h. die Töne sind ihrem Namen nach festgelegt, können aber in beliebiger Oktavlage auftreten. Eine Tonfolge (z. B. d–f) kann entsprechend aufwärts (kleine Terz) oder abwärts (große Sext) gerichtet sein. Auch den Zusammenklang regelt die Reihe, insofern die Töne eines Akkords entweder Teile einer Reihe oder zusammentreffende Töne verschiedener Reihengestalten bilden. Rhythmik, Dynamik, Artikulation und Klangfarbe dagegen sind in der Zwölftontechnik frei wählbar, sie werden erst in der ↑seriellen Musik in die genau festgelegte Anordnung der Teile einbezogen. Jede Reihe hat vier Erscheinungsformen: die Original- oder Grundgestalt (G), deren Umkehrung (U), deren Krebs (K) und dessen Umkehrung (KU).

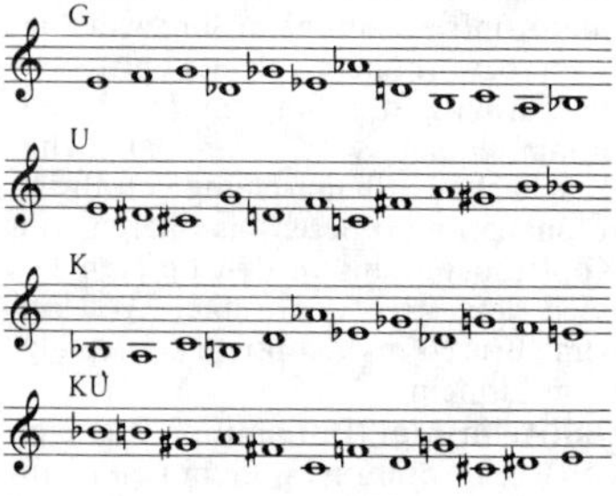


Reihe der „Suite für Klavier" op. 25 (1921–23) von A. Schönberg, der ersten vollständigen Zwölftonkomposition

Da jede Erscheinungsform auf elf verschiedene Tonstufen transponiert werden kann, ergeben sich insgesamt 48 mögliche Reihenformen. Während A. Schönberg, der die Reihentechnik um 1920 entwickelte, Reihen vorwiegend nach melodisch-motivischen und harmonischen Entfaltungsmöglichkeiten entwarf, prägte A. Webern ihnen häufig Symmetrien und Korrespondenzverhältnisse auf, die er dann nach Möglichkeit auf das ganze Werk projizierte. So stehen die Dreiergruppen der folgenden Reihe auch zueinander in den Verhältnissen von G, K, U und KU:

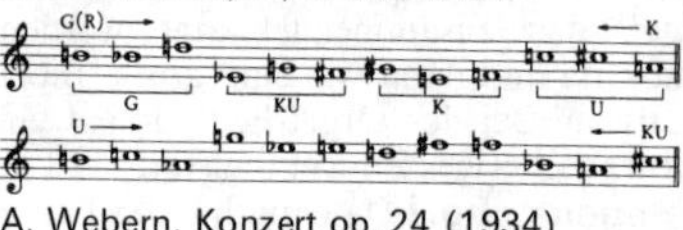


A. Webern, Konzert op. 24 (1934)

Ein Sonderfall der Reihenbildung ist die Allintervallreihe, in der alle zwölf innerhalb der Oktave möglichen Intervalle vorkommen.

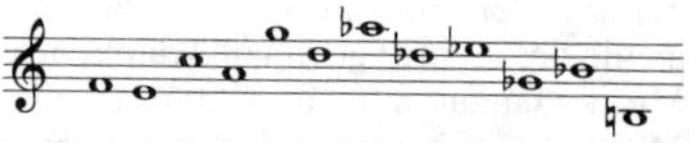

Symmetrisch-krebsgleiche Allintervallreihe der „Lyrischen Suite" (1926) von A. Berg

**reine Stimmung:** auf einem Klavier, das „rein" gestimmt ist, verhalten sich die Frequenzen von 3 Grunddreiklängen (etwa c–e–g, f–a–c und g–h–d) wie 4 : 5 : 6. Ein in einer Tonart (etwa C-Dur)

Frequenzverhältnisse von Dreiklangstönen

„rein" gestimmtes Klavier klingt in jeder anderen Tonart unrein, und zwar umso mehr, je weiter diese von der „reinen" Tonart entfernt ist. – Dieses Problem ist seit der Antike bekannt und in der Mitte des 18. Jahrhunderts durch einen Kompromiß gelöst worden (↑Temperatur), der notwendig geworden war, weil in Kompositionen immer mehr ↑Modulationen vorkamen. – ↑auch Stimmung.

**Réjouissance** [reʒui'sɑ̃:s; französisch]: in der ↑Suite des 17. und 18. Jahrhunderts ein scherzoartiger, heiterer Satz (z. B. bei Händel und J. S. Bach).

**relativ̲es Gehör:** die Fähigkeit, einzelne Töne in der Aufeinanderfolge (Intervalle) oder mehrere Töne im Zusammenklang (Harmonien) richtig unterscheiden und bezeichnen zu können. Das relative Gehör, das durch Übung geschult werden kann, ist für den Musiker von weit größerer Bedeutung als das ↑absolute Gehör.

**Renaissance** [rənɛ'sã:s; französisch „Wiedergeburt"]: als Renaissancemusik wird die Musik des 15. und 16. Jahrhunderts auf Grund ihrer Zugehörigkeit zur kulturgeschichtlichen Epoche der Renaissance bezeichnet. Die führenden Komponisten jener Zeit standen in der Tradition der ↑niederländischen Musik, die sie nach Italien verpflanzten (mit Ausstrahlung auch nach Deutschland) und deren Erbe von der ↑venezianischen Schule und der ↑römischen Schule fortgesetzt wurde. Humanistisches, am Vorbild der Antike ausgerichtetes Denken findet sich v. a. in der Musiktheorie jener Zeit (Tinctoris, Gaffori, Glareanus, Vicentino, Zarlino, V. Galilei). Es bereitete in seinen jüngeren Vertretern den Boden für die revolutionierenden Bemühungen der Florentiner ↑Camerata und für die Entstehung der ↑Monodie.

**Repercussa** [lateinisch]: Bezeichnung für den besonders in der Psalmodie und den Lektionen hervortretenden Rezitationston (Tenor, Tuba, Dominante), der in allen ↑Kirchentonarten über der Finalis liegt.

**Repercussio** [lateinisch]: 1. die bei einzelnen Neumen notwendige, dicht aufeinanderfolgende Tonwiederholung mit jeweils neuem Stimmstoß. – 2. in der Fuge der einmalige Durchgang des Themas durch alle Stimmen.

**repetierende Stimme** [von lateinisch repetere „wiederholen"]: bei der Orgel solche ↑gemischte Stimmen, die bei steigender Höhe in eine tiefere als die ursprüngliche Lage zurückspringen („repetieren"). Bei einer repetierenden Stimme läßt beispielsweise eine dreifache Mixtur, die auf der Taste C die Obertöne $c^1$, $g^1$, $c^2$ zum Klingen bringt, auf der Taste $c^1$ nicht entsprechend $c^3$, $g^3$, $c^4$, sondern $c^2$, $g^2$, $c^3$ klingen. Die Repetition ermöglicht es, den Bau kleinster Pfeifen für sehr hohe Töne zu umgehen, die in ihrer Tonhöhe ohnehin schwer zu unterscheiden sind.

**Repetitionsmechanik:** die Mechanik des modernen ↑Klaviers. Bei ihr fällt der Hammer nach dem Anschlag nicht in die Ausgangsstellung zurück, sondern wird vorher abgefangen und ist so wieder anschlagbereit, ohne daß die Taste ganz losgelassen wird. Damit ist ein schnelles Wiederholen von Tönen möglich.

**Replica** [italienisch]: die Wiederholung eines Stückes oder eines Abschnitts (auch in einer anderen Stimme), z. B. im Menuett; *senza replica*, ohne Wiederholung.

**Reprise** [französisch „das Wiederaufnehmen"]: die Wiederkehr eines Satzteiles innerhalb einer Komposition (z. B. in Arie, Rondo, Marsch); ursprünglich die Bezeichnung für das ↑Wiederholungszeichen. Besondere Bedeutung hat die Reprise in der ↑Sonatensatzform als deren dritter Formteil nach der ↑Durchführung. Die Themen der ↑Exposition werden in der Reprise wieder aufgegriffen, bleiben nun aber im Normalfall in der Tonika der Haupttonart. Durch solche Art der Wiederkehr bei gleichzeitiger Veränderung, die sich häufig auch auf Länge, Anordnung und Charakter der Themen erstreckt, bewirkt die Reprise eine formale Abrundung des ersten Satzes von Sonate, Sinfonie und Kammermusik v. a. der Wiener Klassik. In romantischer Instrumentalmusik dagegen zeigen sich Tendenzen zur Verschleierung des Repriseneinsatzes (J. Brahms, 4. Sinfonie, 1. Satz [1884/85]), zu starken Verkürzungen, Veränderungen oder gar zum Weglassen der Reprise (R. Schumann, 4. Sinfonie, 1. Satz [1851]).

**Requiem** [von lateinisch requies „Ruhe"]: Bezeichnung für die katholische Messe für Verstorbene (Seelenamt) nach dem Anfang des Introitus „Requiem aeternam dona eis, Domine ..." (Gib ihnen die ewige Ruhe, Herr ...). Das Requiem ist Bestandteil der ↑Exequien, es fehlen die üblichen Meßtexte und -riten freudigen Charakters (z. B. das Alleluja, das Gloria und Credo). Seit dem 11. Jahrhundert schließt das „Agnus Dei" mit „dona eis requiem", im 13. Jahrhundert wird die Sequenz „Dies irae" eingefügt. Erste mehrstimmige Kompositionen des Requiems datieren aus dem 15. Jahrhundert (J. Ockeghem; verschollen die Werke von G. Dufay und Josquin Desprez). Kompositionstechnisch entsprechen die Requiemvertonungen dem jeweiligen Zeitstil, so etwa die Werke von Palestrina, O. di Lasso, F. Cavalli, J. K. von Kerll, M.-A. Charpentier, A. Scarlatti, J. A. Hasse, M. Haydn, W. A. Mozart (unvollendet), L. Cherubini, J. Eybler, H. Berlioz, G. Verdi, C. Saint-Saëns, A. Dvořák, I. Pizzetti. Auf einer eigenen Zusammenstellung von Bibeltexten beruhen die „Musikalischen Exequien" (1636) von H. Schütz und das „Deutsche Requiem" (1866–68) von J. Brahms. Im 20. Jahrhundert ist die Gattung u. a. vertreten durch B. Brittens „War Requiem" (1961).

**Res facta** [lateinisch „ausgearbeitete Sache"]: in der spätmittelalterlichen Musiklehre verwendete Bezeichnung für den aufgeschriebenen im Gegensatz zum improvisierten kontrapunktischen Satz, daneben auch allgemein für mehrstimmige Musik *(Figuralmusik)* im Unterschied zum einstimmigen Choralgesang.

**Resonanz** [von lateinisch resonantia „Widerschall, Widerhall"]: wird ein schwingungsfähiges Gebilde (Saite, Luftsäule, Membran, Pendel usw.) angestoßen, so vollführt es Schwingungen einer bestimmten Frequenz, der sogenannten Eigenfrequenz. Erfolgt das Anstoßen periodisch mit eben dieser Eigenfrequenz, so wird die Schwingung so groß, daß das schwingungsfähige Gebilde zerstört (Brücken unter Marschtritten), oder die gesamte zugeführte Energie durch ↑Dämpfung absorbiert wird. Diesen Effekt nennt man Resonanz. Er ist in der Musik teils erwünscht (Verstärkung von Tönen bestimmter Frequenz), teils unerwünscht (Resonanzen eines Raumes, eines Musikinstruments usw.). Ein gutes Musikinstrument sollte möglichst keine Eigenresonanz haben, da es sonst bei gleichartiger Anregung in verschiedenen Tonlagen unterschiedlich laut klingt.

**Resonanzboden:** ein Bestandteil vieler Musikinstrumente, besonders von Saiteninstrumenten mit Tasten wie Klavier und Cembalo (Violine, Gitarre und andere Saiteninstrumente haben hingegen einen ↑Resonanzkörper). Wegen der kleinen Oberfläche der Saite erzeugen die von ihr an die Luft abgegebenen Schwingungen nur einen schwachen Ton. Dieser wird verstärkt, wenn die Saiten mit einem Resonanzboden gekoppelt werden, der die Schwingungen aufnimmt und flächig abstrahlt.

**Resonanzkörper:** ein Bestandteil vieler Musik-, insbesondere Saiteninstrumente ohne Tasten und Schlaginstrumente, ein Hohlkörper, in dem (wie beim ↑Resonanzboden anderer Instrumente) die Schwingungen des Tonerzeugers (z. B. einer Saite oder Membran) verstärkt werden. Da beispielsweise der Ton einer Violinsaite verhältnismäßig schwach ist, werden ihre Schwingungen über den Steg auf die Decke des Resonanzkörpers übertragen und durch den Stimmstock zum Boden weitergeleitet. Dadurch wird der Schall vom ganzen Resonanzkörper abgestrahlt und der Klang verstärkt. Zugleich bestimmen Gestalt und Material des Resonanzkörpers die Art des Klanges wesentlich mit. Durch ↑Schallöcher wird besonders die Resonanzfrequenz des eingeschlossenen Luftvolumens abgestrahlt.

**Resonanzsaiten** (Aliquotsaiten, Sympathiesaiten): Saiten, die nicht durch Streichen oder Zupfen, sondern nur durch Resonanz beim Streichen anderer Saiten (Spielsaiten) zum Mitklingen gebracht werden. Sie verändern die Klangfarbe eines Instruments. Resonanzsaiten haben z. B. das ↑Baryton und die ↑Viola d'amore. – Die Wirkung der Resonanzsaiten läßt sich am Klavier erproben. Bei aufgehobenem Dämpfer wirken sämtliche Saiten als mögliche Resonanzsaiten: Schlägt man eine tiefe Saite an, so versetzen die ↑Obertöne des erzeugten Tons entsprechende höhere Saiten in Resonanz.

**Resonator:** ein akustisches, mechanisches oder elektromagnetisches System, dessen einzelne Elemente auf eine gewünschte Eigenfrequenz abgestimmt sind, so daß bei Anregung der Resonator mit dieser Frequenz verstärkt zu schwingen beginnt.

**Responsorium** [mittellateinisch]: liturgischer Wechselgesang mit Kehrvers, im Gegensatz zur ↑Antiphon von einem die solistischen Partien (Versus) ausführenden Sänger und dem respondierenden Chor vorgetragen. Das aus dem Synagogalgesang übernommene Responsorium gehört zu den frühesten Gesangsformen der christlichen Kirche. Im „Psalmus responsorius" antwortete das Volk auf jeden Vers mit dem gleichbleibenden Refrain. In Messe und Stundengebet findet sich des Responsorium v. a. im Anschluß an die Lesungen, in der Messe in den Formen von Graduale und Alleluja (bzw. Tractus), im Stundengebet besonders vertreten in der Nokturn. Die Beschränkung auf einen einzigen solistischen Vers dürfte auf dessen ausgedehnte melismatische Gestaltung zurückzuführen sein.

**Restrictio** [lateinisch] ↑Engführung.

**Revival** [rɪ'vaɪvəl; englisch „Wiederbelebung"]: die auch als Dixieland Revival oder New-Orleans-Renaissance bezeichnete Wiederbelebung des traditionellen Jazz während der 1940er Jahre. Das Revival wurde initiiert durch Plattensammler und Jazzforscher, die gemeinsam mit der Schallplattenindustrie die Neuentdeckung und Reaktivierung zahlreicher in Vergessenheit geratener New-Orleans-Jazz-Veteranen betrieben. In Europa hatte das Revival die Gründung unzähliger Amateurgruppen im Dixieland-Stil zur Folge.

**Revue** [rə'vy:; französisch „Übersicht, Rückschau"]: Gattung des Unterhaltungstheaters. Die Revue verbindet Sprech-, Gesangs- und Tanznummern, Artistik sowie eine meist aufwendige Bühnenausstattung. Ohne eigentlichen dramatischen Zusammenhang, aber meist mit einer thematischen (manchmal satirischen) Rahmenidee reiht sie eine Folge von Bildern bzw. Nummern. – Die Revue, die Elemente verschiedener volkstümlicher Theatergattungen (etwa französisches Jahrmarktstheater, Singspiel, Feerie) aufgreift, blühte im Frankreich des Vormärz (1830–1848) als parodistisch-zeitkritische *Jahresrevue* (Revue de fin d'année) zumal im Pariser Théâtre de la Porte-Saint-Martin auf. Nach der Revolution von 1848 wandelte sie sich im 2. Kaiserreich (ab 1851) zum unpolitischen Amüsement; aus Café-chantant und Café-concert (Lokale mit szenischen, vokalen und instrumentalen Darbietungen) übernahm sie den Solovortrag von Diseuse und Chansonnier und den Typenkomiker. Die Revue nahm weiter Elemente aus englischer Music Hall und Varieté sowie aus der Operette auf und entwickelte sich in den 1880er Jahren zur *Ausstattungsrevue* (Revue à grand spectacle) in Häusern wie Folies-Bergère, Chat-Noir u. Moulin-Rouge. – Von Paris aus gelangte sie kurz vor 1900 in die europäischen und amerikanischen Großstädte. Zentrum der deutschsprachigen Revue war neben Wien auch Berlin; am bekanntesten wurden die bestenfalls oberflächlich-kritischen, oft sogar militaristischen Revuen des Metropoltheaters (seit 1898), für die u. a. V. Hollaender und P. Lincke komponierten („Donnerwetter-tadellos", 1908). Die Berliner Revuen im Großen Schauspielhaus, im Admiralspalast und in der Komischen Oper setzten in den 1920er Jahren diese Tradition, u. a. auch mit Mischtypen wie der *Revue-Operette*, fort. – Demgegenüber bildete sich die literarisch-politische, kritische *Kabarett-Revue* mit Librettisten wie M. Schiffer, Komponisten wie R. Nelson, M. Spoliansky („Es liegt in der Luft", 1928), F. Hollaender oder Regisseuren wie E. Piscator („Revue Roter Rummel", 1924; „Hoppla, wir leben!", 1927, mit E. Toller). – Die USA übernahmen den Typ der Ausstattungsrevue; prägend wurden die „Ziegfeld Follies" (ab 1907) des Managers F. Ziegfeld in New York, deren Hauptattraktion der Auftritt einer Girltruppe mit maschinell-präzisem Tanz war. Songs für die Revuen schrieben u. a. V. Herbert, R. Friml, J. Kern, I. Berlin und G. Gershwin. – Seit den 1930er Jahren verlor die Revue an Bedeutung. Elemente überleben aber in

Film und im Fernsehen (↑Show). Außerdem reaktivieren Bestrebungen des politischen Theaters besonders in Frankreich und der Bundesrepublik Deutschland immer wieder die dramaturgisch offene Form der Revue.

**Rezeption** [von lateinisch recipere „aufnehmen"]: seit der Mitte der 1960er Jahre verwendete allgemeine Bezeichnung für jede Art der kommunikativen Aneignung von Literatur, Kunst, Musik u. a. durch den *Rezipienten.* Die für den Vorgang der Rezeption wichtigen Fragen beziehen sich auf die Offenheit des Bedeutungs- und Sinnangebots eines Kunstwerks, das erst in der Verbindung mit dem Erwartungs-, Verständnis- und Bildungshorizont des Rezipienten konkretisiert wird. Die historisch geprägten Erwartungshaltungen werden durch die Rekonstruktion geschichtlicher Bewußtseinsformen und ihrer Bedingungen erforscht.

**Rezitativ** [von lateinisch recitare „vorlesen"]: Bezeichnung für den solistischen, instrumental begleiteten Sprechgesang, der die gesprochene Rede möglichst genau in die Musik zu übertragen sucht. Das Rezitativ entstand um 1600 als Spielart der ↑Monodie. Die frühe Oper bestand aus einem einfachen, streng der Textdeklamation folgenden und vom Generalbaß in ausgehaltenen Akkorden begleiteten Sprechgesang, der nur gelegentlich von Choreinschüben oder Ariososätzen unterbrochen wurde. Mit der ab 1640 in Oper und Kantate sich durchsetzenden Zuordnung der betrachtenden Textpartien zur Arie und der handlungstragenden oder erzählenden Partien zum Rezitativ entwickelte letzteres einen metrisch, formal und harmonisch freien Typus, das von einem oder mehreren Fundamentinstrumenten (z. B. dem Cembalo) begleitete *Recitativo secco.* Daneben gab es das *Recitativo accompagnato,* bei dem das Orchester begleitet und seine klanglichen Mittel zur Darstellung der Affekte und Schilderung von Stimmungen einsetzt. Noch bei W. A. Mozart bildet das Secco-Rezitativ das Bindeglied zwischen den Gesangsnummern, während das Accompagnato in dramatischer Steigerung großangelegten Arien vorangestellt wird. In der französischen Tragédie lyrique entstand im 17. Jahrhundert das *Récitatif,* das sich durch pathetische Deklamation, starke Affekthaltigkeit, häufigen Taktwechsel und häufiges Hinzuziehen des Orchesters auszeichnet. – Im 19. Jahrhundert wurde das orchesterbegleitete Rezitativ bei gleichzeitiger Auflösung der geschlossenen Gesangsformen besonders bei R. Wagner zum alleinigen Träger des Handlungsverlaufs; das Secco-Rezitativ verschwand. Im Musiktheater des 20. Jahrhunderts bewegt sich der vokale Ausdruck in wechselnden Zwischenbereichen zwischen Sprache und Gesang, für die die Bezeichnung Rezitativ nicht mehr zutrifft.

**rf.** (auch rfz.): Abk. für ↑**r**in**f**orzando.

**Rhapsodie** [griechisch]: seit Ende des 18. Jahrhunderts Bezeichnung für ein vokales oder instrumentales Musikstück von stark improvisatorischem Ausdruck. Seit dem 19. Jahrhundert dient die nun überwiegend instrumentale Rhapsodie dem Darstellen folkloristischer Züge (z. B. bei F. Liszt, J. Brahms, A. Dvořák, M. Ravel, G. Gershwin).

**Rheinländer** (Rheinische Polka, Bayerische Polka): um 1840 aufgekommener, variantenreicher deutscher Paartanz im $^{2}/_{4}$-Takt, hauptsächlich in offener Tanzhaltung getanzt; wahrscheinlich aus ↑Polka und ↑Schottisch entstanden.

**Rhythm and Blues** ['rɪðəm ənd 'blu:z; englisch]: Bezeichnung für einen in den 1940er und 50er Jahren entstandenen Stil der afroamerikanischen Populärmusik, der sowohl an den ↑Blues als auch an den ↑Jazz, besonders an den sogenannten Harlem-Jump, anknüpft. Musikalisch ist Rhythm and Blues gekennzeichnet durch einen stark akzentuierten Fundamentalrhythmus (↑Beat) und blueshafte Melodik. Wichtigste Vertreter des Rhythm and Blues sind Louis Jordan, Ray Charles und Earl Bostic.

**Rhythmik** [griechisch]: bezeichnet sowohl die Lehre vom ↑Rhythmus überhaupt als auch die spezielle rhythmische Technik, Anordnung oder Stilkomponente einer Komposition.

**rhythmische Erziehung** (Rhythmik): eine Form der Musik- und Bewegungserziehung, bei der Melodie, Rhythmus, Formverlauf, Dynamik und Ausdruck von Musik in Bewegung umgesetzt werden. Rhythmische Erziehung kann sich auch ganz von der Musik lösen und im Zusammenhang mit Bewegungsaktionen einer Gruppe pädagogisch wirksam werden. Die rhythmische Erziehung beruht auf einem ganzheitlichen, auch stark sozialpädagogisch orientierten Erziehungsprinzip; sie soll durch körperliche Schulung und Raumbeherrschung sowohl zu eigenschöpferischer Tätigkeit als auch zu sozialem Verhalten führen. Ihren Ausgang nahm sie von der seit den 1880er Jahren von É. Jaques-Dalcroze entwickelten rhythmischen Gymnastik.

**Rhythm section** ['rıðəm 'sɛkʃən; englisch]: im Jazz Bezeichnung für die Gruppe der Instrumente innerhalb des Ensembles, die den Grundrhythmus und z. T. gleichzeitig auch das harmonische Gerüst eines Stückes liefern. – Im traditionellen Jazz besteht die Rhythm section in der Regel aus Schlagzeug, Baß (oder Tuba), Gitarre (oder Banjo) und Klavier. Im modernen Jazz seit dem ↑Bebop ist die Rhythm section im allgemeinen auf Schlagzeug, Baß und Klavier reduziert. Hinzu treten bisweilen weitere Perkussionsinstrumente wie Bongos und Congas.

**Rhythmus** [von griechisch rhythmós „Takt, Rhythmus"]: grundlegendes musikalisches Strukturelement, von gleicher Bedeutsamkeit wie Melodie und Harmonie und mit beiden eng verflochten; er umfaßt die Ordnung, Gliederung und sinnfällige Gestaltung des zeitlichen Verlaufs von Klangereignissen. Trotz der im Rhythmischen angelegten Tendenz zur Wiederkehr von Gleichem oder Ähnlichem, darf der Rhythmus dennoch nicht mit ↑Metrum oder ↑Takt verwechselt werden, da gerade die lebendigen Unterschiede der Zeitverläufe die musikalische Vielfalt des Rhythmischen erst ermöglichen, die v. a. durch abgestufte Tondauern und Akzente, aber auch durch melodische Bewegungen, wechselnde Klänge und Klangfarben, Tempo- und Lautstärkeverschiebungen, Phrasierung und Artikulation in Erscheinung tritt.

Großer rhythmischer Reichtum kennzeichnet die Musik vieler außereuropäischer Kulturen, deren oft sehr differenzierte Ausdrucksformen dem europäischen Hörer nicht leicht verständlich werden. Rhythmus als umfassender Begriff, der, vom Musikalischen abgesehen, periodisch wiederkehrende Lebens- und Naturvorgänge umschließt, ist ein wichtiger Teil griechisch-antiken Denkens. Zugleich beginnt in der Antike rationales Messen der Töne nach Längen und Kürzen in geradzahligen Proportionen (1 : 2, 1 : 3 usw.). Um 1200 können erstmals auch in der ↑Notenschrift rhythmische Verhältnisse mehrstimmiger Musik angedeutet werden (in der ↑Modalnotation der ↑Notre-Dame-Schule). Doch erst die ↑Mensuralnotation vom 13. Jahrhundert an ermöglicht eindeutige und mehrfach abgestufte Festlegung der Tonlängen und schließlich die Entwicklung eines ausgebauten rhythmischen Systems in der ↑Ars nova. Entscheidend für die Rhythmik polyphoner Satzgestaltung wurde zunehmend das Verhältnis und die Zuordnung frei wechselnder Dauern zu einem festen Grundmaß, das sich zunächst als bloßer Auf- und Niederschlag, ab 1600 allmählich als der gegliederte ↑Takt konsolidierte. Einen Höhepunkt spannungsvollen Ausgleichs zwischen rhythmischer Freiheit und Taktgebundenheit bildete die Musik der Wiener Klassik. Im 19. Jahrhundert verlor sich diese Gebundenheit zunehmend wieder. Die Tendenz zu einem unabhängigen Rhythmus führte im späten 19. und frühen 20. Jahrhundert in manchen Kompositionen zu einer Art musikalischer Prosa (R. Wagner, R. Strauss, A. Schönberg). Bei anderen Komponisten trat umgekehrt ein motorischer Rhythmus häufig stark in den Vordergrund (I. Strawinski, P. Hindemith, C. Orff). Der

Rhythmus der neuen Musik nach 1950 ist zu äußerster, oft nicht mehr rational nachvollziehbarer Vielfalt entwickelt worden und hat den Bezug zu einer (z. B. auch dirigierbaren) Schlagzählzeit durchweg verlassen. In der Unterhaltungs-, Pop- und Rockmusik steht weniger der Rhythmus, als das stark betonte Metrum im Vordergrund (↑Beat). Im Jazz dagegen treten zum Grundschlag oft ganz freie und sich überlagernde Rhythmen (↑Swing).

**Rhythmusgerät** (Rhythm-Box, elektronisches Schlagzeug, Rhythmusautomat): elektronisches Gerät, das in Verbindung mit einer Elektronenorgel gängige Rhythmen zu erzeugen imstande ist. Die Rhythmen sind meist mit üblichen Schlagzeugklängen, bisweilen sogar mit standardisierten Harmoniefolgen versehen. Größere Ausführungen können auch Baßläufe (von Boogie-Woogie bis Latin Rock) und ähnliche Spielfiguren nachahmen.

**Ricercar** [ritʃer'kar; italienisch, von ricercare „suchen"]: Gattung der Instrumentalmusik zwischen etwa 1500 und 1750. Anfangs war das Ricercar in der Lautenmusik eine Art ↑Intonation, ein einleitendes, einstimmendes Vorspiel (↑auch Fantasie, ↑Tiento), das mit Spielfiguren und Akkordgriffen auf die Improvisationspraxis zurückgriff. Spätestens 1523 (M. A. Cavazzoni) in die Orgelmusik übernommen, verwendete es zunehmend die Technik der abschnittsweise durchimitierenden Motette. Es wahrte dabei den Charakter einer die Tonart festlegenden Intonation. Indem es oft nur ein einziges ↑Soggetto durchführte, wurde es zu einer Vorform der Fuge. Ein Höhe- und Endpunkt der Gattung ist das sechsstimmige Ricercar in J. S. Bachs „Musikalischem Opfer" (1742). Im 20. Jahrhundert wurde das Ricercar historisierend wieder aufgegriffen, u. a. von G. F. Malipiero, B. Martinů, I. Strawinski.

**Richtungshören:** das menschliche Gehör kann mit großer Genauigkeit erkennen, aus welcher (horizontalen) Richtung ein Schallereignis kommt. Dem (horizontalen) Richtungseindruck liegen zwei Informationen zugrunde: 1. der Zeitunterschied, mit dem der Schall an den beiden Ohren eintrifft und 2. der entsprechende Intensitätsunterschied. Die von beiden Ohren aufgenommenen, geringfügig unterschiedlichen Signale werden zwischen der „Olive" (erstes Verbindungsstück der beiden Gehörnerven) und dem Gehirn ausgewertet. Durch die „Schattenwirkung" des Kopfes entstehen zudem Klangfarbenunterschiede zwischen den beiden Schallsignalen; auch diese Unterschiede werden vom Gehör ausgewertet. Sie sind wahrscheinlich darüber hinaus für das Entfernungshören, das Vorn-Hinten-Hören und das Oben-Unten-Hören verantwortlich, das sich durch die Zeit- und Intensitätsunterschiede nicht erklären läßt. – Richtungshören ist eine lebensnotwendige Tätigkeit des Menschen. Es trägt auch zur musikalischen Orientierung bei. Dies hat seine Rückwirkungen auf die elektroakustische Übertragungstechnik (↑Stereophonie, ↑Quadrophonie, ↑Kunstkopf).

**ricochet** [rikɔ'ʃɛ; französisch „Abprall"]: eine Strichart, bei der im Springbogen (↑sautillé) mehrere Töne auf einen Strich genommen werden.

**Riff** [englisch]: im Jazz Bezeichnung für eine sich ständig wiederholende, rhythmisch prägnante Phrase, die melodisch so angelegt ist, daß sie ohne erhebliche Änderungen über einen wechselnden harmonischen Grund gelegt werden kann. Riffs werden v. a. in Big Bands oder bei ↑Jam-Sessions als Hintergrund für die improvisierenden Solisten eingesetzt und dienen der emotionalen Steigerung.

**Rigaudon** [rigo'dõ; französisch]: französischer Reihen- und Paartanz des 17./18. Jahrhunderts in lebhaftem $^2/_4$- oder $^4/_4$-Takt mit Auftakt, wohl provenzalischer Herkunft. Der Rigaudon ist der ↑Bourrée und ↑Gavotte verwandt; er besteht meist aus drei jeweils wiederholten Achttaktern, deren dritter sich im Charakter von den anderen abhebt. Als Hoftanz fand er Eingang in Ballett (J.-B. Lully, A. Campra, J.-Ph. Rameau) und Suite (hier häufig zwischen Sarabande und Gigue eingeschoben). In neuerer Zeit griffen ihn u. a. E. Grieg und M. Ravel auf.

**rigoroso** [italienisch]: genau, streng [im Takt].

**rinforzando** (rinforzato) [italienisch], Abk. rf, rfz, rinf.: stärker werdend, verstärkt.

**Ringklappen:** bei Holzblasinstrumenten über einzelnen Tonlöchern angebrachte Metallringe, die beim Decken der Löcher das Schließen anderer Löcher mittels Klappen bewirken.

**Ringmodulator:** eines der ältesten und eigentümlichsten Effektgeräte der ↑elektronischen Musik. Der Ringmodulator hat zwei Eingänge und einen Ausgang. Liegen an den Eingängen zwei Sinusschwingungen der Frequenzen $f_1$ und $f_2$, so kann am Ausgang die Sinusschwingung mit der Frequenz $f_1 + f_2$ (seltener $f_2 - f_1$) abgegriffen werden. Mit dem Ringmodulator lassen sich Klangspektren erzeugen, die bei keinem natürlichen Instrument vorkommen, weil sie unharmonisch sind. Beispiel: Am 1. Eingang des Ringmodulators liege eine Schwingung, die aus folgenden Teilschwingungen (↑Fourier-Analyse) zusammengesetzt ist:
100 Hz, 200 Hz, 300 Hz, 400 Hz usw.
Alle Frequenzen der Teilschwingungen sind ganzzahlige Vielfache der Grundschwingung von 100 Hz (↑Obertöne). Am 2. Eingang liege eine Sinusschwingung von der Frequenz 50 Hz.
Am Ausgang wird nun eine Schwingung mit Teilschwingungen von 150 Hz, 250 Hz, 350 Hz, 450 Hz usw. abgegriffen. Die Frequenzen dieser Teilschwingungen sind nicht mehr ganzzahlige Vielfache der Grundschwingung von 150 Hz. Das Spektrum ist „unharmonisch".
Werden durch den Ringmodulator zwei beliebige Schwingungen geschickt, so wird das Klangergebnis noch komplexer. Aus zwei Tönen mit *n* und *m* Obertönen entsteht ein Tongemisch mit $n \times m$ Teiltönen. Die Klangcharaktere der durch den Ringmodulator miteinander verbundenen Signale werden in einem neuen, unharmonisch-unheimlichen Klangbild aufgehoben. Da der Ringmodulator nur dann ein Signal abgibt, wenn beide Eingänge besetzt sind, werden auch die rhythmischen Strukturen der Eingangssignale miteinander verbunden. Die Verknüpfung eines gesprochenen Textes mit einem stationären Instrumentalklang führt zu einem sich im Sprachrhythmus bewegenden neuen Verfremdungsklang, in dem der ursprüngliche Instrumentalklang noch näherungsweise zu erkennen ist.

**rip.:** Abk. für ↑**Rip**ieno.

**Ripieno** [italienisch „voll"], Abk. R., rip.: im 17. und 18. Jahrhundert Bezeichnung für das volle Orchester (Tutti) und überhaupt alle mehrfach besetzten Stimmen, auch im Chor. Besonders im ↑Concerto grosso steht das Ripieno dem solistischen ↑Concertino gegenüber. *Ripienisten* sind entsprechend Orchestermusiker oder Sänger ohne solistische Aufgaben.

**Ripresa** [italienisch]: 1. italienische Bezeichnung für ↑Reprise, also ein wiederaufgenommener Teil eines Stückes, auch das ↑Wiederholungszeichen. – 2. in italienischen Gesangsformen v. a. des 14./15. Jahrhunderts der ↑Refrain. – 3. im Vor- und Frühstadium der ↑Suite bezeichnet Ripresa einen Satz im (meist schnellen) Dreiertakt, der melodisch-harmonisch genauso gestaltet ist wie der vorangehende langsame geradtaktige Satz und nur dessen Tempo und Mensur verändert. Eine solche Ripresa wurde zunächst nur improvisiert, später auch aufgeschrieben und so allmählich ein eigener Satztyp.

**risoluto** [italienisch]: entschlossen, energisch.

**rit.:** Abk. für ↑**rit**ardando und ↑**rit**enuto.

**ritardando** [italienisch], Abk. rit., ritard.: verzögernd, langsamer werdend.

**ritenuto** [italienisch], Abk. rit., riten.: zurückgehalten, zögernd.

**Ritornell** [von italienisch ritorno „Wiederkehr"]: 1. italienische Gedichtform volkstümlichen Ursprungs. Sie besteht aus einer beliebigen Zahl von Strophen zu je drei Zeilen, von denen jeweils zwei durch Reim oder Assonanz verbunden sind. – 2. in der Musik wird mit Ritornell ein (meist mehrfach) wiederkehrender Abschnitt bezeichnet. – In Liedformen des 13.–15. Jahrhunderts (Ballade, Madrigal) ist Ritornell der von den Strophen abgesetzte ↑Refrain; diese Bedeutung hat Ritornell auch im heutigen italienischen Sprachgebrauch. – In den Vokalformen des 17. und 18. Jahrhunderts (Madrigal, Arie, Lied) heißen die instrumentalen Rahmen- und Zwischenteile Ritornell; dabei ist das Ritornell meist eine instrumentale Vorwegnahme des folgenden Vokalteils. – In der frühen Oper (z. B. bei C. Monteverdi) heißen die eingeschobenen, selbständigen Instrumentalsätze Ritornell. – Im Instrumentalkonzert des 18. Jahrhunderts (↑Concerto grosso, ↑Konzert) heißen die Tutti-Abschnitte auch Ritornell.

**Rituale** [lateinisch]: liturgisches Buch der römisch-katholischen Kirche, das die Ordnungen und die Texte für Gottesdienste – außer der Messe – enthält (Weihen, Segnungen, Exorzismen, Prozessionen), die nicht dem Bischof vorbehalten sind. – ↑auch Agende, ↑Pontifikale.

**riverso** [italienisch „rückwärts"]: Anweisung für den Krebsgang (↑Krebs).

**Rivolgimento** [rivɔldʒiˈmɛnto; italienisch]: im doppelten ↑Kontrapunkt das Vertauschen (auch das Versetzen) der Stimmen.

**Rock** [rɔk; englisch] (Rockmusik): eine v. a. angloamerikanisch geprägte Art der Populärmusik (↑Popmusik), die sich mit der Rock-'n'-Roll-Welle Anfang der 1950er und der Beatwelle der 1960er Jahre entfaltete und heute als der wandlungs- und entwicklungsfähigste Bereich der internationalen Populärmusik gilt. Er verbindet sich seinerseits („Fusion") mit anderen Musikarten und -stilen, etwa dem Jazz (Jazzrock), der angloamerikanischen (Folk-Rock) oder lateinamerikanischen Folklore (Latin Rock), außereuropäischer Musik (Raga-Rock), Kunstmusik (Barockrock, Classic Rock) usw. – Die historisch erste Erscheinungsform ist der Rock 'n' Roll (englisch „wiegen und rollen"). Er geht hauptsächlich von einer musikindustriellen Verwertung bereits kommerzialisierter afroamerikanischer Populärmusik (↑Rhythm and Blues) aus und wird getragen von schwarzen (Ch. Berry) und weißen, oft vom Country and western herkommenden Musikern (B. Haley, Little Richard, E. Presley). Die Beziehungen zwischen „weißen" und „schwarzen" Musikarten, zwischen Country-music, Country and western, Rhythm and Blues, Soul usw. dürften durchlässiger sein als meist angenommen wird. – Seiner musikalischen Herkunft, Ausprägung, Darbietungsweise und v. a. jugendlichen Trägerschicht nach war der Rock 'n' Roll auch Protest gegen die verbreitete Populärmusik der USA und auch gegen die deutschen oder europäischen Schlager und Chansons. – Neue Impulse brachte um 1960 der britische ↑Beat. Er entstand im proletarischen Milieu v. a. von Liverpool und London unter Rückgriff auf Rock 'n' Roll, Rhythm and Blues und Blues. Den sogenannten Mersey-Beat entwickelten v. a. die „Beatles" rasch weiter. – Hier entfalteten sich jene sozialpsychologischen und musikalischen Merkmale sowie ökonomischen Mechanismen, die sich (in Abgrenzung gegen stärker traditionelle Bereiche der zeitgenössischen Unterhaltungsmusik) etwa so umschreiben lassen: Rock ist vorwiegend Musik von jungen Leuten und für Jugendliche. Ähnlich wie in der Folklore wird sie v. a. von Laien ohne akademische Musikausbildung gemacht und (anfangs) weitgehend ohne Notation weitergegeben. Dazu gehört u. a. auch die Verwendung von „Volksinstrumenten" in einem Grundtyp der Besetzung, bestehend aus zwei Sänger-Gitarristen, Baßgitarre und Schlagzeug; die Kombination von Gesang und E-Gitarre bleibt auch für höchstentwickelte Formen meist Besetzungsgrundlage (J. Hendrix, E. Clapton). Weiter sind (trotz Beibehaltung des Starprinzips seit dem Beat) Bands bzw. Combos, nicht Solisten bestimmend. Die Texte sind in der Regel (abgesehen von „psychedelischen", „meditativen" Richtungen) realitäts- und alltagsnäher, formal und inhaltlich vielfältiger als bei Schlagern. Die Darbietungsweise

(Bühnenshow, Gesangsstil) ist ausdrucksbetont, ekstatisch. Die federnde, swingende Rhythmik afroamerikanischer Vorbilder, im frühen Rock 'n' Roll noch spürbar, verwandelt sich weitgehend in hämmerndes Durchschlagen der Zählzeiten (oft mit gleichzeitigem Spiel der halben Zählzeit, also z. B. Viertel- plus Achtelschläge), besonders einfallslos-gefällig im Disco-Sound, bewußt einfach, aber aggressiv im Punkrock. Seit dem Beat werden Melodik und v. a. Harmonik durch modale (kirchentonale) Elemente bereichert (auch wenn sich viele Gruppen mit Bluesharmonik und -formschema begnügen). Die Formen werden ausgedehnter, oft bis zur Durchkomposition ganzer Langspielplatten („Konzeptalbum"); Improvisation ist häufig. Hervorstechende Verfahrensweise sind Collage und Montage (auch unter dem Einfluß avantgardistischer Kunstmusik), die Verarbeitung vielfältigsten musikalischen Materials. Sie sind v. a. für die Zeit seit Ende der 1960er Jahre bestimmend, als auch eine ganze Reihe von „Fusionen" zwischen Rock und andern Musikarten in den Vordergrund trat („Pink Floyd", „The Who", „Gentle Giant", „Yes", „Genesis"). Wesentlich ist schließlich die oft virtuose Verwendung elektroakustischer Mittel auch bei Live-Aufführungen, vom Verstärker über elektronische Instrumente bis zum Synthesizer.

Für die historische, von raschem Wandel, aber auch längeren „Wellen" geprägte Entwicklung des Rock erscheint ein (vereinfacht dargestellter) Mechanismus bestimmend: Von „unten" entstehende Strömungen mit „primitiver", noch direkter an regionale oder soziale Sonderbedingungen gebundener Musik werden von der Musikindustrie aufgegriffen. Im Rahmen kommerzieller Verwertung werden sie einerseits geglättet, ihres ursprünglichen Protestcharakters weitgehend entkleidet; andererseits werden sie komplizierter und kunstvoller, verfeinert (oder überfeinert). Es folgt eine Gegenentwicklung entweder durch einen Rückgriff (Revival; z. B. des Rock 'n' Roll nach 1970) bereits historisch gewordener Stile, oder durch neue Strömungen von unten. Innerhalb dieser Strömungen bestehen v. a. durch Lautstärke und rhythmische Behandlung des musikalischen Materials gekennzeichnete Ausdrucksweisen von „sweet" (süß)/„soft" (sanft) und „hot" (heiß)/„hard" (hart). Die Entwicklung vollzieht sich dabei allerdings nicht als Ablösung eines Stils durch einen anderen; typisch ist vielmehr ein Nebeneinander verschiedener Richtungen im Hauptstrom (Mainstream), innerhalb derer einige jeweils führend hervortreten – Ende der 70er Jahre v. a. „Punk" (↑Punkrock) und „Disco" (↑Disco-Sound), heute v. a. ↑Funk und ↑New Wave.

**Rohrblatt:** Vorrichtung zur Tonerzeugung bei bestimmten Blasinstrumenten. Eine oder zwei ↑Zungen aus Schilfrohr (Arundo Donax), die am Instrument auf- oder zusammengebunden sind, werden durch den Blasstrom in Schwingungen versetzt. Man unterscheidet das einfache Rohrblatt (die Zunge schlägt auf einen Rahmen auf, so bei Klarinette und Saxophon) und das doppelte Rohrblatt (die Zungen schlagen gegeneinander, so bei Oboe und Fagott).

**Rohrblattinstrumente:** Blasinstrumente mit ↑Rohrblatt. Mit konischer Röhre überblasen sie in die Oktave (wie die Oboe), mit zylindrischer Röhre in die Duodezime (wie die Klarinette).

**Röhrenglocken:** im modernen Orchester verwendetes Schlaginstrument, zunächst (um 1885) als Glockenersatz gebaut. Es besteht aus Metallröhren verschiedener Länge, die in einem Rahmen aufgehängt sind und mit Hämmerchen angeschlagen werden.

**Rohrflöte:** Orgelregister mit teilgedeckten Labialpfeifen. Der abschließende Deckel wird von einem Röhrchen durchdrungen, wodurch der Klang heller als bei ganz gedeckten Pfeifen ist.

**Rohrwerk:** die Gesamtheit der Zungenstimmen einer ↑Orgel.

**Rokoko** [von französisch rocaille „Geröll, Grotten-, Muschelwerk"]: Stilphase der bildenden Kunst und Literatur, die in der Spätzeit des Barock (etwa 1720) einsetzt und bis etwa 1760 reicht. Die gleichzeitige Musik bildet als ↑galanter Stil und ↑empfindsamer Stil die Zeit des Übergangs vom Barock zur Wiener Klassik (↑Wiener Schule, ↑Mannheimer Schule, ↑Berliner Schule). Die allgemeine künstlerische Tendenz der Zeit prägt sich auch musikalisch aus in kleinen Formen, gesanglichen Bildungen, empfindungsreicher Melodik und einfacher Harmonik, teilweise in reicher Verzierungstechnik bei einem insgesamt feinsinnigeren und differenzierteren Klangideal im Unterschied zum mehr großflächig ausgreifenden, jeden Affekt einheitlich präsentierenden Barockstil. Da jedoch die Musik dieser Zeit regional recht unterschiedliche Entwicklungen zeigt und zudem eine Reihe formal-stilistischer Neuansätze (↑Sinfonie, ↑Sonate, ↑Sonatensatzform) eine kompositionsgeschichtlich bedeutsame Rolle spielen, hat der Begriff „musikalisches Rokoko" nur einen bedingten, allgemeinen Orientierungswert.

**Romanesca** [italienisch]: im 16. und 17. Jahrhundert Name für instrumentale und vokale Stücke, denen ein bestimmtes, der ↑Folia und dem ↑Passamezzo antico verwandtes musikalisches Satzmodell zugrunde liegt. Merkmal dieses Modells ist eine Folge von Quartschritten im Baß.

**Romantik:** in der Musik wie in den anderen Künsten zum einen eine geistige Haltung und künstlerische Aussageweise, zum anderen eine Stilepoche, in der diese romantische Einstellung das musikalische Schaffen bestimmt. Als Stilepoche beginnt die Romantik in der Musik über zwei Jahrzehnte später als die literarische Romantik, von deren Ideen sie wesentlich geprägt und gefördert wurde. In der romantischen Dichtung (Wackenroder, Tieck, Novalis, E. T. A. Hoffmann) hat die Musik zentrale Bedeutung. Sie gilt als universale Kunst, sprachlos über aller Sprache stehend, magisch geheimnisvolle Botschaft einer höheren [Geister]welt, direktes Medium des menschlichen Innern, Symbol eines naturhaft klingenden Kosmos. Die um die gleiche Zeit sich vollendende Musik der Wiener Klassik wurde von der Dichtung und Ästhetik dementsprechend als Erfüllung der romantischen Kunstidee angesprochen (E. T. A. Hoffmann, Rezension der 5. Sinfonie von Beethoven).

Obwohl romantische Tendenzen bereits in der Musik des Sturm und Drang (C. Ph. E. Bachs Fantasien) und der Wiener Klassik (Mozarts späte Werke), namentlich aber in der Instrumentalmusik Beethovens seit der mittleren Schaffensperiode deutlich spürbar sind, entwikkelte sich doch eine der Dichtung vergleichbare Romantik der Musik erst seit den Liedern (u. a. „Erlkönig", 1815), späten Kammermusikwerken und letzten beiden Sinfonien F. Schuberts (8. Sinfonie h-Moll, 1822; 7. bzw. 9. Sinfonie C-Dur, 1828) sowie den Opern C. M. von Webers („Der Freischütz", 1820). Ihre reinste Ausprägung erfuhr sie ab etwa 1830 in den Liedern und Instrumentalwerken (v. a. den Klavierwerken) R. Schumanns und einigen seiner Zeitgenossen sowie – etwas später – in den Opern R. Wagners. Seitdem findet sich in der Musik ein neuer Klang, die Suche nach neuer, phantasievoller Formung als Ausdruck der Befreiung vom Hergebrachten und einer allgemeinen Poetisierung des Musikalischen. Der Gehalt überwiegt gegenüber der festen Form. Das Stimmungsvolle, das Überschwengliche und das Stille, das naturhaft Einfache und das Phantastische, das Altertümliche und das Fremde der Klänge und Tonbeziehungen werden als Aspekte einer farbenreichen Symbolik in den Kompositionen wirksam.

Die musikalische Romantik umgreift – im Unterschied zur Literatur und bildenden Kunst, die inzwischen zu anderen Stilphasen übergehen – einen besonders langen Zeitraum. Er reicht etwa vom zweiten Jahrzehnt des 19. Jahrhunderts (setzt also noch innerhalb der Spätklassik ein) bis ins 20. Jahrhundert, also bis zum Umbruch zur Neuen Musik um 1910. Allerdings deckt der Begriff Romantik die vielfältigen Stilerscheinungen des 19. Jahrhunderts keinesfalls vollständig ab, und nur annähernd kann man die sich oft überschneidenden Entwicklungen in vier Stilphasen untergliedern: 1. (Frühromantik) E. T. A. Hoffmann, L. Spohr, C. M. von Weber, H. Marschner, F. Schubert; 2. (Hochromantik) H. Berlioz, F. Mendelssohn Bartholdy, R. Schumann, F. Chopin, ferner F. Liszt und R. Wagner in ihrem früheren Schaffen bis etwa 1850; 3. (Spätromantik) F. Liszt, R. Wagner, A. Bruckner, J. Brahms, H. Wolf; 4. (Nachromantik) G. Mahler, R. Strauss, H. Pfitzner, M. Reger. Viele weitere Komponisten lassen sich in diese Untergliederung nicht ohne weiteres einordnen, so die großen Opernkomponisten Italiens (V. Bellini, G. Donizetti, G. Verdi) und Frankreichs (G. Meyerbeer, Ch. Gounod, G. Bizet) oder die bedeutenden Vertreter nationaler Stilentwicklungen v. a. in Rußland (M. P. Mussorgski, P. I. Tschaikowski), in der Tschechoslowakei (B. Smetana, A. Dvořák) und in Skandinavien (E. Grieg, J. Sibelius). Auch diese verdanken der Romantik entscheidende Impulse, finden jedoch zu je eigenen Formgebungen und Gehalten. Nur bedingt zur Romantik gehört schließlich der französische ↑Impressionismus.

Gewisse kompositorische Grundtendenzen rechtfertigen dennoch die Zusammenfassung zu einer Epoche. Romantische Musik zeigt insgesamt die reichste, freieste und farbigste Entfaltung der tonal gebundenen abendländischen Mehrstimmigkeit und ist insofern Höhepunkt und Ende einer Entwicklung, die über viele Stilphasen hinweg bis ins Mittelalter zurückreicht und im engeren Sinne die seit der vorklassischen Übergangszeit (seit etwa 1740) sich entfaltenden Tendenzen abschließt. Kennzeichnend dafür ist die stete Erweiterung und Differenzierung nahezu aller musikalischen Mittel und Elemente, vielfach bis an den Rand der Auflösung. Das gilt in erster Linie für die Harmonik. Entlegene Tonarten, überraschende Akkordverbindungen, starke Kontraste auf engem Raum oder unmerklich gleitende Übergänge, stete Komplizierung des Akkordaufbaus im Zusammenhang mit verschärfter Leittonspannung (Dominantisierung), Chromatisierung und Alteration kennzeichnen ein letztes Stadium funktionaler Harmonik, die spätestens seit R. Wagners „Tristan und Isolde“ (1859) zunehmend an Verbindlichkeit einbüßt, d. h. tonale Zentren verschleiert und in Frage stellt. Daneben ist es v. a. die Klanglichkeit und Instrumentation, die immer neue Wege geht, immer stärkere Farbreize aufspürt. Auch die Melodik erweitert sich zwischen den Extremen großer Bögen und kleinster Motivfetzen, der Rhythmus löst sich vielfach von der Bindung an die Taktschwerpunkte, die Dynamik erobert sich äußerste Spannbreiten und feinste Schattierungen. Schließlich wird die formale Gestaltung fließend und offen, traditionelle Formen werden verändert, erweitert oder mit neuem Inhalt präsentiert, besonders große Formkomplexe (Bruckners und Mahlers Sinfonien) und kleine, liedhaft einfache Gebilde (Charakterstücke u. ä.) markieren auch hier die weitauseinanderliegenden Pole. Dahinter steht durchweg außer dem rein musikalischen Interesse die Suche nach neuen, bildhaften, poetischen oder philosophischen Gehalten der Musik, und entsprechend treten neue musikalische Gattungen in den Vordergrund. Das Lied (F. Schubert, R. Schumann, J. Brahms, H. Wolf) erfährt in der Romantik seine Wandlung von einem Nebenzweig musikalischer Produktion zur tragenden lyrischen Vokalmusikgattung. Die Oper nimmt Stoffe aus Sage und Märchen auf und löst sich formal von der Nummernoper und den festen Gattungstypen des 18. Jahrhunderts. Sie findet im durchkomponierten Musikdrama R. Wagners ihre Vollendung, auch in Hinblick auf die lange vorher schon erhobene romantische Forderung nach Vereinigung aller Künste. Die ↑sinfonische Dichtung stellt sich gleichrangig neben die Sinfonie (↑neudeutsche Schule), ihr Ideengehalt bestimmt weitgehend den formalen Ablauf. Demgegenüber versuchen mehr klassizistisch eingestellte Komponisten

(Mendelssohn Bartholdy, Brahms, in gewisser Weise auch Bruckner), die traditionellen Instrumentalformen zu wahren, jedoch mit romantischem Geist neu zu füllen.
Mit der Romantik beginnt, wiederum angeregt von der Literatur, die Rückbesinnung auf die musikalische Vergangenheit. Geschichtlich frühere Epochen werden neu entdeckt und bilden Anregungen fürs eigene Komponieren. Die Beschäftigung mit J. S. Bach, dann mit Palestrina führt zur Wiederbelebung immer früherer Musikstile bis hin zum Mittelalter. Auch die Sammlung und Nachahmung von Volksliedern spielt zunehmend eine wichtige Rolle. Das Bewahren älterer Musik fällt zusammen mit dem Aufkommen des bürgerlichen Konzertbetriebs, der allmählich die Musik aller Zeiten allen Hörern zugänglich macht. Der neue Stand des Kritikers spiegelt solches Konzerterlebnis, wobei nur mitunter das geschriebene Wort Musikalisches adäquat deutet, so bei einigen Schriftsteller-Komponisten selbst (E. T. A. Hoffmann, Weber, Schumann, Berlioz, Wagner, Pfitzner). Mit den Ansprüchen des breiten Publikums entwickeln sich auch neue Formen eingängiger Kompositionen. Salonmusik und Virtuosentum werden beherrschend. Hohe („ernste“) und triviale („Unterhaltungs“-)Musik beginnen sich zu trennen. Auch in der Kunstmusik selbst bilden biedermeierliche Idylle, später sogar Parodie und Verzerrung Kontrasterscheinungen der großen, universalen romantischen Impulse.
Die Epoche der Romantik ist wie keine vor ihr erfüllt von Widersprüchen. Altes und Neues, Hohes und Niederes, Geheimnis und Banalität, höchstes Gelingen und schmähliches Scheitern, absolute Selbstgewißheit und tiefe Resignation (z.B. im Hinblick auf die Schwierigkeit, nach der Vollendung durch Beethoven noch bedeutende Instrumentalmusik zu schreiben), kommerzialisierte Öffentlichkeit und weltflüchtige Einsamkeit des Künstlers stehen oft nebeneinander und durchdringen sich. Dennoch hat die romantische Epoche als Ganzes die Weltgeltung der Musik, ihre Anerkennung als universales Medium künstlerischer Aussage begründet, u.a. gerade durch ihre bedingungslose Verehrung auch der Kompositionen der Wiener Klassik. Die Musik als „Tonkunst“ hat in der Romantik ihre bewegendsten und verführerischsten Möglichkeiten entfaltet, bis hin zu ekstatischen und visionären Klanggestalten, zugleich allerdings die in ihr selbst angelegten ästhetischen, psychologischen und materialen Widersprüchlichkeiten offenbart, so daß der totale Umschlag zur Neuen Musik des 20. Jahrhunderts als konsequente Folgerung aus der romantischer Musik innewohnenden Tendenz angesehen werden kann.

**Romanze** [romanisch]: episch-lyrische Gattung der spanischen Literatur, ein kurzes volkstümliches Erzähllied, das Stoffe der altspanischen Sage und Geschichte gestaltet. Seit dem Ende des 15. Jahrhunderts sind auch drei- bis vierstimmige Vertonungen von Romanzen überliefert, u.a. von J. del Encina und J. de Anchieta, aus dem 16. Jahrhundert als Sologesang mit Lautenbegleitung und als reine Lautenstücke. Die Form richtet sich nach dem Text (vorwiegend 16silbige Verse mit Mittelzäsur und Assonanzen). Die Romanze des 17. Jahrhunderts wird zur Refrainform und nähert sich dem ↑Villancico. In Frankreich waren Romanzen als volkstümliche Strophenlieder seit dem Ende des 18. Jahrhunderts beliebt (v.a. auch in der Oper). In Deutschland wurde die Romanze im 18. Jahrhundert durch J. G. Herders Übersetzungen bekannt und v.a. in der Romantik als balladenhafte Gedichtform vielfach benutzt. Die entsprechenden Vertonungen gehören überwiegend zur Gattung Lied. – In der Instrumentalmusik kommt die Romanze seit dem Ende des 18. Jahrhunderts als Satz in Orchesterwerken (F.-J. Gossec) sowie als Charakterstück für Klavier (R. Schumann) vor.

**römische Schule:** Bezeichnung für einen in Rom zwischen etwa 1550 und 1620 wirkenden Komponistenkreis, der in der Nachfolge der späten Niederländer einen in Melodik, Rhythmik und Harmonik ausgeglichenen und auf Textverständlichkeit achtenden Vokalstil pflegte (G. P. da Palestrina, G. M. Nanino, T. L. de Victoria, G. Allegri). Der A-cappella-Stil Palestrinas wurde Vorbild besonders für die katholische Kirchenmusik und erfuhr im 19. Jahrhundert eine bis heute nachwirkende Wiederbelebung.

**Rondeau** [rõ'do:; französisch] (Rondel): 1. ein vom 13. bis 15. Jahrhundert verbreitetes Rundtanz- oder Reigenlied mit Refrain, das wahrscheinlich im Wechsel von Vorsänger und Chor gesungen wurde. Dabei wurden zwei Melodiezeilen teils hintereinander, teils einzeln mehrmals benutzt und (im Normalfall) acht Textzeilen zugeordnet:

| | |
|---|---|
| Musik: | α β α α α β α β |
| Text: | A B a A a b A B |

Große Buchstaben bezeichnen die Zeilen des Refrains, kleine die Zeilen des Vorsängers, die sich entsprechend darauf reimen. Rondeaus wurden zusammen mit den verwendeten Refrainformen ↑Ballade und ↑Virelai besonders im höfischen Umkreis gepflegt. Das zunächst einstimmige und leicht improvisierbare Rondeau kam seit dem Ende des 13. Jahrhunderts auch in schlichter Dreistimmigkeit vor (Adam de la Halle). Im 14. Jahrhundert wurde es von der inzwischen entwickelten kunstvollen Mehrstimmigkeit aufgegriffen und als Form des dreistimmigen, solistisch vorgetragenen ↑Diskantliedes (↑auch Kantilenensatz) benutzt (Guillaume de Machault), das sich bis ins 15. Jahrhundert hinein erhielt (G. Dufay, G. Binchois). – 2. ↑Rondo.

**Rondel** [rõ'dɛl; französisch] ↑Rondeau.

**Rondẹllus** [mittellateinisch]: eine mehrstimmige mittelalterliche Kompositionsart, die in England seit dem 12. Jahrhundert belegt ist. Das Prinzip des Rondellus ist der Stimmtausch: abschnittweise wiederholen die zwei oder drei beteiligten Stimmen die gleiche Melodie, wie es z. B. der ↑Pes des englischen „Sommer-Kanons" (um 1300) zeigt.

Das Verfahren ist dem ↑Kanon ähnlich.

**Rọndo** [italienisch] (französisch rondeau): eine Reihungsform, die vorwiegend in der Instrumentalmusik, aber auch in Vokalwerken vorkommt. Das Rondo besteht aus einem einprägsamen, später mehrmals unverändert wiederkehrenden Anfangsteil (Refrain) und immer neuen eingeschobenen Zwischenteilen (Couplets). In dieser einfachen Form (schematisch: a b a c a d a ...) entstand das *Rondeau* in der französischen Clavecin- und Opernmusik (C. und F. Couperin, J.-Ph. Rameau) und war im 17. und 18. Jahrhundert v. a. in der ↑Suite sehr verbreitet. Die Couplets können zum Refrain kontrastieren, auch andere Tonarten berühren, oder aus ähnlichem Material gestaltet sein. C. Ph. E. Bach, der die Bezeichnung *Rondo* einführte, variiert auch den Refrain, verarbeitet dessen Motive weiter und gestaltet die Couplets teilweise frei und fantasieartig. In der Wiener Klassik zeigt sich das Rondo, oft als heiter belebter Schlußsatz benutzt, von der ↑Sonatensatzform beeinflußt. Das so entstehende *Sonatenrondo* behandelt das erste Couplet wie ein zweites Thema, das zunächst in der Dominante und am Schluß in der Tonika erscheint; das zweite (mittlere) Couplet ähnelt der ↑Durchführung, oft beschließt eine Koda den Satz:

| | | | | |
|---|---|---|---|---|
| | A B A | C | A B' A' | (A' oder ähnlich) |
| | T D T | modulierend | T T T | (T) |
| entspricht: | Exposition | Durchführung | Reprise | (Koda) |

Das Rondo kann auch als Einzelform auftreten (F. Schubert, F. Mendelssohn Bartholdy). Im Laufe des 19. Jahrhunderts verschwand das Rondo weitgehend aus Sonaten und Sinfonien, fand jedoch im 20. Jahrhundert unter neuen formalen Gesichtspunkten wieder stärkere Beachtung, u.a. bei G. Mahler, A. Schönberg und A. Berg.

**Rorantisten** (eigentlich Roratisten) [lateinisch]: vom polnischen König Sigismund ausschließlich zur Pflege der Kirchenmusik 1543 am Krakauer Hof gegründete Sängerkapelle, die bis 1872 bestand und v.a. die tägliche Votivmesse (Rorate) zu gestalten hatte.

**Rosalie** (Schusterfleck): spöttische Bezeichnung für die ein- oder mehrmalige Wiederholung einer um nur jeweils eine Stufe höher transponierten melodisch-harmonischen Phrase. – ↑auch Sequenz.

**Rosette** [französisch „Röschen"]: das runde, mit Schnitzwerk verzierte Schallloch im Resonanzboden oder in der Resonanzdecke von Zupfinstrumenten und besaiteten Tasteninstrumenten.

**Rota** [lateinisch „Rad"]: in der mittelalterlichen Musiktheorie gebrauchte Bezeichnung für eine Komposition in Kanontechnik (z.B. im englischen „Sommer-Kanon", um 1300).

**Rotrouenge** [rɔtru'ã:ʒ; französisch]: in der altfranzösischen Trouvèrekunst ein Strophenlied mit Refrain. Die auch im deutschen Minnesang nachgewiesene Rotrouenge war im 12. Jahrhundert eine der beliebtesten Formen des Gesellschaftsliedes; der Refrain wurde im Chor gesungen.

**Rotta** [keltisch-mittellateinisch]: mittelalterliche dreieckige Zither mit ein- oder beidseitigem Saitenbezug und bis 30 Saiten. Das Instrument wurde beim Spiel senkrecht gehalten wie die Harfe. Die Rotta ist bereits im 8. Jahrhundert bildlich belegt. Wahrscheinlich wurden im Mittelalter auch Zupf- oder Streichleiern als Rotta bezeichnet.

**Round** [raʊnd; englisch]: 1. im 16./17. Jahrhundert in England als gesellige Unterhaltung (↑Catch) beliebter schlichter, kurzer Rundgesang in Form eines ↑Zirkelkanons; vorher schon als ↑Rota bekannt. – 2. im 17. Jahrhundert auch Bezeichnung für einen Tanz, bei dem die Tänzer einen Kreis bilden.

**rubato** [italienisch] ↑Tempo rubato.

**Rubeba** (Rubebe) [lateinisch] ↑Rebec.

**Rückkopplung** (englisch feedback): ein musikalisch teils unerwünschter, teils bewußt herbeigeführter Effekt bei elektroakustischer Übertragung von Musik. Fällt der von einem Lautsprecher ausgestrahlte Schall auf das Mikrophon, das über einen Verstärker mit diesem Lautsprecher verbunden ist, so wird auch dieser Schall – neben dem primären Schall, den der Redner oder Musiker erzeugt hat – verstärkt und erneut über den Lautsprecher abgestrahlt.

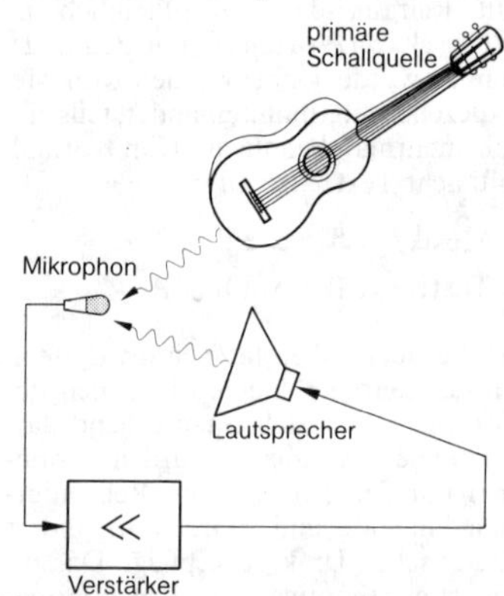


Bei geeigneter Verstärkung „schaukeln" sich auf diese Weise Töne bestimmter Frequenz auf. Es entstehen Pfeiftöne, die zur Zerstörung der Anlage führen können.

Der hier beschriebene Fall ist eine unkontrollierte Rückkopplung. Der Effekt des „Aufschaukelns" läßt sich dadurch unter Kontrolle bringen, daß der Verstärker kurz vor der Zerstörung der Anlage zurückgedreht wird (manuell oder automatisch). Bei geschickter Handhabung dieses Effekts kann zum Beispiel ein Gitarrenton, der ohne Rückkopplung nach einiger Zeit abklingen würde, beliebig lange „gehalten" werden. Jimi Hendrix hat als erster Musiker Rückkopplungseffekte dieser Art extensiv ausgenutzt.

Rückkopplung entsteht besonders leicht bei Luftmikrophonen, weniger bei

Kontaktmikrophonen und nur dann bei elektromagnetischen Tonabnehmern, wenn die Saiten einer Elektrogitarre frei schwingen können und vom Schall aus dem Lautsprecher erregt werden (↑auch Mikrophon).
Rückkopplung ist nicht nur ein musikalischer, sondern ein allgemein kybernetischer Begriff. So spricht man auch von Rückkopplung, wenn das Publikum einem Musiker durch Beifall mitteilt, daß ihm die Musik gefallen hat.
**Rückpositiv:** bei einer großen ↑Orgel das Teilwerk, dessen Pfeifen im Rücken des Organisten aufgestellt sind. Bei dreimanualigen Orgeln wird das Rückpositiv meist vom untersten Manual aus gespielt.
**Rückung:** plötzlicher Tonartwechsel, ohne vermittelnden Übergang und ohne Beschränkung auf Verwandtschaftsgrade zwischen den Tonarten; gilt nicht als ↑Modulation.
**Ruggiero** [rud'dʒɛːro; italienisch]: ein erstmals 1533 (bei D. Ortiz) belegtes musikalisches Satzmodell. Es besteht aus zwei harmonisch durch Halb- und Ganzschluß aufeinander bezogenen Viertaktern in Dur und in geradem Takt; die Baßführung ist weitgehend konstant, die Oberstimme variabel. Der Ruggiero diente v. a. zwischen 1600 und 1650 als Melodieschema für den improvisatorischen Vortrag gereimter Dichtung sowie als Grundlage instrumentaler Tanz- und Variationssätze. Er war außerdem ein volkstümlicher, grotesker Tanz, der in der Toskana und in Sizilien bis ins 19./20. Jahrhundert überlebte.
**Rührtrommel** (Landsknechtstrommel): eine um 1500 entstandene Trommel mit hoher Zarge (Höhe bis 75 cm) aus Holz oder Messing und beidseitiger Fellbespannung (Schlag- und Resonanzfell). Die Veränderung der Fellspannung erfolgt entweder durch Verschieben der Lederschleifen, die jeweils zwei Teile der zickzacklaufenden Spannleine zusammenfassen, oder, bei modernen Instrumenten, durch Spannschrauben. Rührtrommeln in verkleinerter Form sind die *Wirbel-*, *Rollier-* oder *Tenortrommel* und die *Basler Trommel.*
**Rumba** [kubanisch]: Sammelbezeichnung für eine formenreiche afrokubanische Tanzgattung. Die in mäßigem bis raschem geradem Takt stehende Rumba mit einer mehrschichtigen, synkopenreichen Rhythmik wird als offener Paartanz mit ausgeprägten Hüftbewegungen ausgeführt.

Um 1914 in New York eingeführt, verbreitete sich die Rumba seit etwa 1930 weltweit als Gesellschaftstanz. Aktuelle Formen in Kuba sind u. a. das städtische Tanzlied *guaguancó*, der ruhigere Paartanz *yambú* und der seltenere solistische Männertanz *columbia.* Abkömmlinge der Rumba sind u. a. ↑Carioca, ↑Cha-Cha-Cha, ↑Conga und ↑Mambo.
**Rummelpott** ↑Reibtrommel.
**Rute:** Reisigbündel zum Anschlagen der großen Trommel. Volksmusikanten auf dem Balkan verwenden Schlegel und Rute gleichzeitig. Die Rute fand über die Janitscharenmusik im 18. Jahrhundert Eingang ins Orchester. Sie wird heute meist durch den Stahlbesen ersetzt.

# S

**S:** Abk. für ↑Segno, ↑Sopran, ↑Subdominante.

**Sackbut** ['sækbʌt; englisch]: alte englische Bezeichnung für Posaune, von französisch ↑Saqueboute.

**Sackpfeife** ↑Dudelsack.

**Saeta** [spanisch]: volkstümlicher, unbegleiteter religiöser Klagegesang in Andalusien, hauptsächlich bei Karfreitagsprozessionen. Sänger oder Sängerin singen von Balkonen aus auf die Straße hinab; der Zug hält für die Zeit des Gesangs inne.

**Sägezahnschwingungen:** werden von speziellen Tongeneratoren, insbesondere in ↑Synthesizern erzeugt. Es sind ↑Schwingungen von sägezahnförmigem Verlauf:

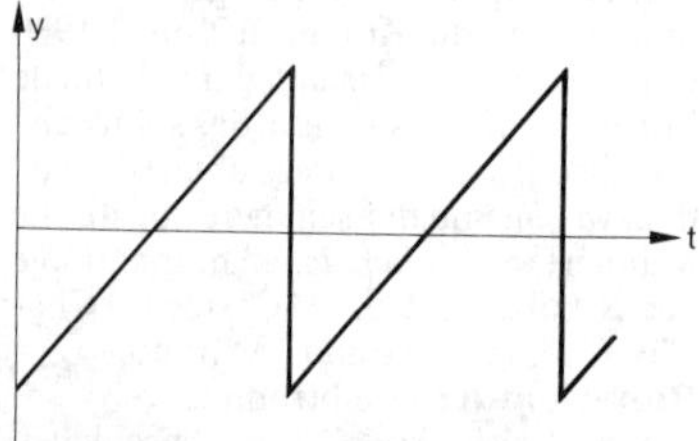

y = Amplitude, t = Zeit

Sägezahnschwingungen gehören neben ↑Sinusschwingungen, ↑Rechteckschwingungen und ↑Dreieckschwingungen zu den Grundschwingungen elektronischer Musik. Langsame Sägezahnschwingungen können gut zur ↑Spannungssteuerung verwendet werden, z. B. bei der Herstellung von Glissandoeffekten. Der von einer Sägezahnschwingung erzeugte Ton klingt voll, da in ihm alle Obertöne relativ stark vertreten sind.

**Sainete** [spanisch, eigentlich „Würze, Wohlgeschmack"]: im spanischen Barocktheater des 17. Jahrhunderts ursprünglich das heitere Nachspiel im Unterschied zum älteren, ebenfalls einaktigen und burlesken Zwischenspiel (Entremés). Wie dieses verselbständigte sich der Sainete und ersetzte im 18. Jahrhundert die Entremeses. Mit knappen, realistischen Alltagsskizzen, volkstümlichen Figuren, sprachlichem Witz, Musik und Tanz war der Sainete ein wichtiges, populäres Medium der Sozialkritik. Für die Musik am meisten verwendet wurde die ↑Seguidilla, weiter Vokalquartett sowie ein- oder mehrstimmiger Chor, alle in der Regel instrumentalbegleitet. Hauptvertreter im 17. Jahrhundert war L. Quiñones de Benavente, im 18. R. de la Cruz Cano y Olmedilla. Nach 1850 blühte der Sainete im ↑Género chico erneut auf; Elemente des Sainete gingen auch in die ↑Zarzuela über. In den 1920er Jahren wurde er durch Operette und Varieté verdrängt.

**Saint-Martial** [sɛ̃mar'sjal; französisch]: Benediktinerabtei in Limoges (Südfrankreich), 848 erbaut, 1792 zerstört. Die Abtei war vom Ende des 9. bis zum Beginn des 13. Jahrhunderts ein bedeutendes Zentrum der Musikkultur, das v. a. die Standeskunst der Kleriker pflegte. Die als Saint-Martial-Handschriften bekannten Dokumente wurden nur zum Teil in der Abtei selbst geschrieben. Sie gehören zu den wichtigen Zeugnissen der Überlieferung von Tropus, Sequenz, Conductus und früher Mehrstimmigkeit (v. a. das frühe, zweistimmige ↑Organum).

**Saite:** dünnes, fadenförmiges Gebilde aus Därmen, Seide, Stahl, Messing, Kupfer, Silber oder Kunststoff, das zwischen zwei festen Punkten gespannt und durch Streichen (↑Streichinstrumente wie Violine oder Drehleier), Schlagen (Klavier, Hackbrett), Zupfen (↑Zupfinstrumente wie Laute oder Gitarre), Anblasen (Äolsharfe) oder Mitklingen (↑Resonanzsaiten) in Schwingung versetzt wird. Der dabei erzeugte Ton ist in Höhe und Klangfarbe abhängig von Spannung, Länge, Stärke, Material der Saite und der Art des Resonators (↑Resonanzkörper, ↑Resonanzboden).

**Saiteninstrumente** (↑Chordophone): Instrumente, deren Ton durch die Schwingungen gespannter ↑Saiten entsteht.

**Salicus** [lateinisch] ↑Neumen.

**Salizional** [lateinisch]: ein Register der Orgel, bestehend aus engen, meist zylindrischen Labialpfeifen zu 8- und 4-Fuß, zu den ↑streichenden Stimmen gehörend.

**Salonmusik** [za'lõ:]: vorwiegend für Klavier zu zwei (oder vier) Händen oder auch für Gesang oder Violine mit Klavierbegleitung gesetzte Musik des 19. Jahrhunderts, die entweder für die kammer- bzw. hausmusikalische Unterhaltung exklusiver Gesellschaftskreise bestimmt war oder sich mit dem Anspruch solcher Exklusivität an ein breites bürgerliches Publikum wandte. Der Salon adliger und großbürgerlicher Gruppen, einer regelmäßigen Zusammenkunft von Künstlern, Schriftstellern, Politikern, Gelehrten, wurde seit Ende des 18. Jahrhunderts für die welt- und großstädtische Musikkultur (besonders in Paris, Wien, London) bedeutsam. Er hatte u. a. mäzenatische Funktion, prägte Musikgeschmack bzw. -moden und diente oft zur Vorbereitung öffentlicher Konzertauftritte von Reisevirtuosen. Für ihn schrieben zunächst u. a. J. K. Vaňhal, J. F. X. Sterkel, I. Pleyel, später F. Chopin und z. T. F. Liszt. Charakteristisch sind einerseits effektvolle Stücke mit Virtuosität und Brillanz, andererseits Stücke mit lyrisch-intimem, oft auch elegant-sentimentalem Ton (↑auch Charakterstück). Seit der Mitte des 19. Jahrhunderts wurde Salonmusik weitgehend mit Trivialmusik gleichgesetzt als Musik eher minderen strukturellen und inhaltlichen Rangs, die aber spieltechnisch oft einige Anforderungen stellte. Prototyp ist das „Gebet einer Jungfrau“ (von Tekla Bądarzewksa). Gleichzeitg schwoll die Produktion an, die nun auch auf bürgerlichen Massengebrauch zielte; Komponisten waren u. a. F. W. Kalkbrenner, F. Hünten, H. Herz, S. Thalberg, Th. Kullak. Typisch wurden neben „Originalkompositionen“ Bearbeitungen aller Art (Arrangements, Paraphrasen, vereinfachte Ausgaben, Potpourris bekannter [Opern]-melodien). Zudem drang Salonmusik, besonders seit den 1870er Jahren verstärkt in das Repertoire öffentlicher Musikdarbietung, zumal der Gaststättenkultur (Konzertcafé) ein (↑auch Salonorchester). Nach dem 1. Weltkrieg zerging ihre soziale Trägerschicht; sie erscheint heute altmodisch, spielt aber noch eine gewisse Rolle in der Musik gehobener Lokale und im Radioprogramm.

**Salonorchester** [za'lõ:]: Bezeichnung für eine standardisierte Ensemblebesetzung von Unterhaltungsmusik. Zu dem Grundbestand von Klavier, Violine I und II, Violoncello und/oder Kontrabaß sowie Schlagzeug („Wiener“ Besetzung) kommen bei der „Pariser“ Besetzung Flöte und Kornett, bei der „Berliner“ Flöte, Kornett, Viola, Klarinette und Posaune hinzu.

**Salpinx** [griechisch]: ein trompetenähnliches Signalinstrument der griechischen Antike, das im Krieg und Wettkampf verwendet wurde. Es bestand aus einer geraden, engen Metallröhre mit Schalltrichter und Kesselmundstück und hatte einen hohen, scharfen Klang.

**Salsa** [spanisch, verkürzt aus salsa picante „scharfe Soße“]: um 1975/76 international verbreitetes Modewort für rockorientierte lateinamerikanische Musik. Das Wort bezeichnet ursprünglich eine besonders engagierte Spielweise; es erscheint erstmals 1963 auf Platten als eine Art Gattungsbegriff. Im engeren Sinn ist Salsa die v. a. auf volkstümliche kubanische Tanzmusik der 1930er und 40er Jahre zurückgehende Musik der Puertoricaner in den Gettos von New York seit Anfang der 70er Jahre. In die Salsa gingen Elemente von Rumba und Rumba-Abarten wie Mambo, von afrokubanischem Jazz, mexikanischem Rancheras, puertoricanischer Jibaro-Musik, Bossa Nova, afroamerikanischem Soul und Latin Rock (C.

Santana) ein. Der entsprechende Modetanz (um 1977) ist der Latin Hustle. Die Salsa beeinflußte u.a. den Soul (S. Wonder) und den Jazzrock (Ch. Corea, H. Hancock).

**Saltarello** [von italienisch saltare „springen"]: lebhafter italienischer Springtanz im Dreiertakt. Er geht bis ins 14. Jahrhundert zurück, erhielt aber seine endgültige Gestalt im 15. Jahrhundert. Im 15./16. Jahrhundert war er ein weit verbreiteter Nachtanz zu ↑Basse danse, ↑Passamezzo, ↑Pavane. Von der sehr ähnlichen ↑Galliarde unterscheidet er sich nur durch etwas geringere Sprunghöhe und etwas rascheres Tempo. Als Volkstanz lebt er noch heute in Süditalien und Spanien; Mendelssohn Bartholdy verwendet ihn im Schlußsatz seiner 4., der „Italienischen Sinfonie" (1833).

Saltarello. Aus T. Susato, „Het derde musyck boexken" (1551)

**saltato** (saltando) [italienisch] ↑sautillé.

**Salterio tedesco** [italienisch]: italienische Bezeichnung für ↑Hackbrett.

**Salve regina** [lateinisch „sei gegrüßt, Königin"]: eine der ↑Marianischen Antiphonen, vielleicht eine Dichtung von Petrus de Compostela († um 1002), bereits am Anfang des 11. Jahrhunderts im Kloster Reichenau nachweisbar. Nach wechselnder Verwendung im Mittelalter fand das Salve regina seit dem 13. Jahrhundert seinen bis heute gültigen Platz als Schlußantiphon der Komplet (von Trinitatis bis zum Freitag vor dem 1. Adventssonntag). Seine große Beliebtheit dokumentiert sich in zahlreichen mehrstimmigen Vertonungen seit dem 15. Jahrhundert sowie in einer Reihe von Orgelbearbeitungen v.a. des 16. Jahrhunderts.

**Samba** [afrikanisch-portugiesisch]: formenreiche Gruppe brasilianischer Tänze in schnellem geradem Takt mit synkopiertem Rhythmus, z.B.

Der walzerähnliche Grundschritt mit leichtem Beugen und Strecken des belasteten Beins gibt der Sambabewegung einen wiegenden, eleganten Charakter. Die Samba geht auf afrikanische Tänze zurück. Sie wurde um 1917 zum Haupttanz des Karnevals in Rio de Janeiro. Die Sambalieder (Blütezeit etwa 1920–1940) haben häufig sozialkritischen Charakter und oft hohes literarisches Niveau. Um 1950 wurde die Samba in geglätteter Form Modetanz und gehört heute zum Welttanzprogramm. Eine der Abarten ist die Anfang der 1960er Jahre entwickelte, in Verbindung mit dem Cool Jazz international in Mode gekommene ↑Bossa Nova.

**Samisen** (Schamisen) [japanisch]: eine japanische Laute mit langem Hals und kleinem, annähernd quadratischem Resonanzkörper mit Holzzargen und Decke sowie Boden aus Leder. Die drei Saiten aus Seide oder Kunststoff sind an seitenständigen Wirbeln befestigt und werden mit einem großen, spatelförmigen Plektron geschlagen. Das Samisen wird von Geishas und im volkstümlichen Kabuki-Theater gespielt.

**Sanctus** [lateinisch „heilig"]: die sich an die Präfation der Messe anschließende Akklamation, der vierte (vorletzte) Teil des Ordinarium missae. Der erste Teil des Sanctus enthält das „Dreimalheilig" (Trishagion) der Seraphim (daher auch Hymnus Seraphicus) aus Jesaja 6, 3, während sich das Hosianna wie das Benedictus, qui venit an Matthäus 21, 9 und Psalm 118, 25f. anschließen. Der erste Teil des Sanctus ist bereits im 4. Jahrhundert nachweisbar; seine Verbindung mit dem Hosianna und Benedictus – wahrscheinlich späteren römischen Zutaten – erscheint schon im 7. Jahrhundert im sogenannten „Sacramentarium Gelasianum".

**Sansa** ↑Zanza.

**Santur** (Santir) [arabisch]: vorderorientalisches Hackbrett mit trapezförmigem Resonanzkörper, 18–25 vierfachen Saitenchören und horizontal angebrachten Wirbeln. Jeder Saitenchor hat seinen eigenen Steg. Gespielt wird das Santur mit breiten, gebogenen Schlegeln. Spätestens im 15. Jahrhundert entstanden, begegnet es heute in Iran, Armenien, Georgien, Griechenland und der Türkei.

**Saqueboute** [sak'but; französisch]: im 15. Jahrhundert Bezeichnung für die Posaune. Das Wort heißt eigentlich „zieh! (und) stoß!“ und nimmt Bezug auf die Zugvorrichtung des damals entstandenen Instruments.

**Sarabande** [spanisch-französisch] (spanisch zarabanda): wahrscheinlich aus Spanien stammender Tanz im Dreiertakt. Im 16./17. Jahrhundert war die Sarabande als lebhafter, erotischer Paartanz (Tanzlied) verbreitet. Sie wurde 1583 von der Inquisition verboten, aber dennoch 1618 am spanischen, und 1625 am französischen Hof eingeführt. In der Instrumental- und Ballettmusik herrschte bis nach 1650 die schnelle Art der Sarabande vor (zwei Teile mit zwei wiederholten Achttaktern); dann verlangsamte sich das Tempo. Nach England kam die Sarabande Anfang des 17. Jahrhunderts und behielt hier überwiegend die schnelle Form bei; in Italien und Deutschland bestanden bis etwa 1700 beide Formen nebeneinander. Besonders in der Instrumentalmusik wurde die Sarabande ein gravitätischer Tanz im $^3/_2$- oder $^3/_4$-Takt mit charakteristischer Betonung der 2. Zählzeit. Von 1650 bis 1750 war sie fester Bestandteil der ↑Suite. Besonders kunstvoll gestaltet ist die Sarabande im Klavierwerk J. S. Bachs. Im 19./20. Jahrhundert griffen sie u. a. D. F. E. Auber, E. Satie, C. Debussy und I. Strawinski wieder auf.

**Sarangi** [sanskritisch]: nordindisches Streichinstrument, mit Schallkörper und Hals aus einem einzigen Stück Holz und einer Hautdecke. Die Sarangi hat drei Darmsaiten mit seitenständigen Wirbeln, dazu gelegentlich eine Metallsaite und 11–15 Resonanzsaiten. Gespielt wird sie zum Tanz und im Theater.

**Sardana** [katalanisch]: katalanischer Reigentanz mit Vor- und Nachtanz und komplizierter Schrittfolge; häufig wechseln $^2/_4$- bzw. $^6/_8$-Takt und $^3/_4$-Takt. Die Musik der seit dem 16. Jahrhundert bekannten Sardana basiert auf katalanischen Volksliedern; es begleitet die Cobla-Kapelle (↑Cobla).

**Saron** [javanisch]: javanisches Stahlplattenspiel, bestehend aus 6–9 abgestimmten Metallplatten, die auf einem trogförmigen Resonator aus Holz liegen. Der Tonumfang beträgt meist eine Oktave. Sarons verschiedener Tonlagen bilden die wichtigste Instrumentengruppe im ↑Gamelan.

**Sarrusophon:** ein nach dem Konstrukteur, dem französischen Militärkapellmeister M. Sarrus (Patent 1856) benanntes Blasinstrument aus Metall mit doppeltem Rohrblatt, mittelweiter konischer Röhre, kurz ausladender Stürze und 18 Klappen. Das Sarrusophon wird in verschiedenen Größen gebaut und begegnet v. a. in französischen und italienischen Blasorchestern, als Kontrabaßinstrument auch im Orchester.

**Sarum use** ['sɛrəmju:z; englisch]: eine eigene Tradition der römischen Liturgie an der Kathedrale von Salisbury (Sarum), die sich spätestens seit dem 13. Jahrhundert ausbildete und in der Folgezeit für ganz England Bedeutung gewann. Viele Zeugnisse früher engli-

Sarabande. J. S. Bach, „Französische Suite“ Nr. 5 (BWV 816, 1722)

scher Mehrstimmigkeit gründen sich auf die hier gegebene melodische Tradition der Gregorianischen Gesänge.

**Sattel:** bei Saiteninstrumenten mit Griffbrett die an dessen oberem Ende angebrachte kleine, oft eingekerbte Querleiste, auf der die Saiten aufliegen. Die leere Saite schwingt vom Sattel bis zum ↑Steg.

**Satz:** heißt allgemein die musikalische Schreibweise (die Setzkunst, das Setzen) und deren fertiggestelltes Ergebnis, etwa die deutsche Entsprechung für „komponieren" (von lateinisch ponere „setzen") und „Komposition" (auch „Tonsatz"). In diesem Sinne spricht man unterscheidend z. B. vom Vokal- oder Instrumentalsatz, vom homophonen, kontrapunktischen, strengen, freien, figurierten Satz usw., um bestimmte Eigenheiten oder Bedingungen einer Komposition zu kennzeichnen. Entsprechend wird der handwerkliche Umgang mit dem Tonmaterial als Satztechnik (↑Satzlehre) bezeichnet. – Satz ist ferner ein selbständiger, abgeschlossener Teil einer mehrsätzigen Komposition, z. B. eines Streichquartetts, einer Sonate, Sinfonie, Suite oder Messe. Schließlich bezeichnet Satz in Anlehnung an die Sprache eine musikalische Sinneinheit, z. B. innerhalb der ↑Periode den Vorder- und Nachsatz. Ähnlich werden in der ↑Sonatensatzform erstes und zweites Thema auch Haupt- und Seitensatz genannt.

**Satzlehre:** die Lehre von der musikalischen Schreibweise. Satzlehre faßt als Oberbegriff Harmonie-, Kontrapunkt-, Melodie- und Rhythmuslehre zusammen und zielt im Gegensatz zur ↑Musiktheorie auf die handwerkliche praktische Beherrschung und Anwendung von Regeln und Techniken im Hinblick auf die Grundlagen des Komponierens; Satzlehre ist insofern eine notwendige erste Stufe der Kompositionslehre.

**sautillé** [soti'je; französisch] (italienisch saltato; deutsch Springbogen): bei Streichinstrumenten eine Strichart in schnellem Tempo, bei der der Bogen auf Grund seiner Elastizität springt und die Saite kurz anreißt. – ↑auch ricochet, ↑spiccato.

**Saxhorn:** ein nach seinem Konstrukteur, dem französischen Instrumentenbauer A. J. Sax (Patent 1845) benanntes mittelweit mensuriertes Blechblasinstrument aus der Familie der Bügelhörner. Das Saxhorn wird in mehreren Größen gebaut und v. a. in französischen Blasorchestern verwendet.

**Saxophon:** ein von dem französischen Instrumentenbauer A. J. Sax 1841 konstruiertes Blasinstrument aus Metall mit einfachem Rohrblatt, parabolischem Rohrverlauf, weiter Mensur und kurz ausladender Stürze. Das Klappensystem ähnelt dem der Oboe. Das Instrument überbläst im Gegensatz zur verwandten Klarinette in die Oktave. Es wird in verschiedenen Größen vom Sopranino bis zum Subkontrabaß in den Stimmungen Es, B, C und F gebaut; vorherrschend sind die B- und Es-Stimmung. Der Tonumfang beträgt etwa $2^1/_2$ Oktaven. Soloinstrumente sind v. a. das Sopran-, Alt-, Tenor und Baritonsaxophon. Vom Alt abwärts ist der Rohrbeginn abgewinkelt und das Schallstück aufwärts gebogen. Das Saxophon wurde zunächst in der Militärmusik verwendet und gelangte auch ins Orchester. Eine bedeutende Rolle spielt es seit etwa 1920 im Jazz.

**Saxtromba:** ein nach A. J. Sax benanntes Horn in Tubaform, dessen Mensur zwischen dem weiteren ↑Saxhorn und dem engeren Waldhorn steht. Die in verschiedenen Größen gebaute Saxtromba wurde v. a. in der französischen Militärmusik verwendet.

**Saz** [sɑz; türkisch]: türkische Langhalslaute mit (meist zwei bis drei) gezupften Saiten und kleinem Schallkörper, in verschiedenen Größen gebaut. Auch armenische, aserbaidschanische und jugoslawische Zupfinstrumente sowie indische Streichinstrumente werden Saz genannt.

**Scabellum** (Scabillum) [lateinisch] (griechisch krupala, krupeza): eine in der Antike verwendete Fußklapper, bestehend aus zwei an der Fersenseite miteinander verbundenen Holzplatten in Fußgröße, deren obere gegen die untere geschlagen wird. Das Scabellum wurde von einem Spieler zusammen mit dem Aulos zum mimischen Tanz auf der Bühne gespielt.

**Scandicus** [lateinisch] ↑Neumen.

**Scat** [skæt; englisch]: Bezeichnung für einen Gesangsstil des Jazz, bei dem anstelle von Wörtern sinnlose Silben verwendet werden (z. B. skábadábabibap). Bereits im ↑New-Orleans-Jazz (u. a. von Louis Armstrong) gepflegt, gelangte der Scatgesang v. a. im ↑Bebop zu großer Popularität; auch im Rock 'n' Roll verwendet.

**scemando** [ʃe'mando; italienisch]: abnehmend, schwächer werdend.

**Scena ed Aria** ['ʃena; italienisch] ↑Szene.

**Schall:** Bezeichnung für alle hörbaren Schwingungsvorgänge. Schwingungen, die sich als ↑Wellen ausbreiten und zum menschlichen Ohr gelangen, müssen bestimmte Bedingungen erfüllen, um gehört werden zu können (↑Hörfeld). Neben den sich in der Luft ausbreitenden Längswellen gibt es auch sogenannten „Körperschall", der sich in Festkörpern ausbreitet. Die Ausbreitungsgeschwindigkeit des Schalls beträgt bei einer Temperatur von 0° Celsius und normalem Luftdruck 331 m/s (Meter pro Sekunde). Die wichtigsten Arten des Schalls sind ↑Ton, ↑Klang, ↑Geräusch, ↑Knall.

**Schallanalyse:** die ↑Fourier-Analyse der Schallschwingungen.

**Schallbecher:** Oberbegriff für die klangverstärkenden und -färbenden, trichter- oder birnenförmigen Bestandteile von Musikinstrumenten, so für das erweiterte untere Rohrende (Schallstück, Schalltrichter) von Blasinstrumenten und für den ↑Aufsatz von Lingualpfeifen der Orgel. Der Schallbecher bei Blechblasinstrumenten heißt auch ↑Stürze, bei Holzblasinstrumenten kurz ↑Becher.

**Schalldruck:** breitet sich Schall aus, so finden an jeder Stelle des Raums periodische Schwankungen des Luftdrucks statt, die durch eine Schwingungsgleichung beschrieben werden können. Im Falle eines sich ausbreitenden Sinustons:

$$p = p_o + p_A \cdot \sin(2\pi f \cdot t)$$

p Gesamtluftdruck
$p_o$ Luftdruck ohne Schallwelle
$p_A$ maximale Luftdruckschwankung
f Frequenz

Das heißt: der Luftdruck schwankt in einem Punkt sinusförmig um den „Normaldruck" $p_o$ mit einer Amplitude $p_A$. Als Schalldruck wird entweder der sich zeitlich ändernde Druck p oder die Amplitude $p_A$ bezeichnet. Die Schwankungen ($p_A$) sind gegenüber dem normalen Luftdruck $p_o$ äußerst gering: der Mensch kann noch eine Luftdruckschwankung von 0,000 000 000 2 at ($p_o$ = 1 at) hören (↑Hörfeld). Zwischen der ↑Intensität des Schalls und dem Schalldruck $p_A$ besteht die Beziehung:

$$I = \frac{1}{2} \cdot \frac{p^2A}{\rho \cdot c}$$

I Intensität
ρ Luftdichte
c Schallgeschwindigkeit

**Schalleistung:** ist definiert als die von einem Schallsender abgestrahlte ↑Intensität pro Zeit:

$$\text{Schalleistung} = \frac{\text{Schallintensität}}{\text{Zeit}}$$

Die Einheit ist 1 Watt.

**Schallenergie:** wenn sich Schwingungen als Wellen im Raum ausbreiten, transportieren sie [Schall]energie. Energie ist notwendiger Träger der musikalischen Information, die in Gestalt der Schwingungsstruktur vorliegt. Musikinstrumente, elektroakustische Übertragungsanlagen und Räume, in denen musiziert wird, dienen wesentlich dem Zweck, Schallenergie günstig abzustrahlen, zu vergrößern oder zu erhalten.

Der durch einen Schall auf das Ohr ausgeübte Reiz ist umso größer, je größer die Schallenergie ist (↑Intensität; ↑auch Dezibel). Mit der Reizintensität steigt auch im allgemeinen die Empfindung der ↑Lautstärke. Charakteristisch für eine Schallquelle ist die pro Zeiteinheit abgegebene Schallenergie (die Schalleistung). Zum Beispiel:

| | |
|---|---|
| Unterhaltungssprache | ca. 0,000 007 Watt |
| Geige fortissimo | ca. 0,001 Watt |
| Trompete fortissimo | ca. 0,3 Watt |
| Pauke fortissimo | ca. 10 Watt |
| Großlautsprecher | ca. 100 Watt |

**Schallintensität** ↑Intensität.

**Schallöcher:** bei Saiteninstrumenten Öffnungen im Resonanzboden oder in der Decke, die deren Schwingungsform beeinflussen und zugleich eine Abstrahlung des eingeschlossenen Luftvolumens bewirken. Das Schalloch ist bei Zupfinstrumenten ein rundes, oft mit ↑Rosette versehenes Loch, bei Violen (Gamben) ein C-förmiger, bei Violinen ein f-förmiger Einschnitt in symmetrischer Anordnung beidseitig vom Steg.

**Schallplatte:** ein heute vorwiegend aus Kunststoff bestehender scheibenförmiger Tonträger von 17, 25 oder 30 cm Durchmesser und 1 bis 2 mm Dicke, auf dem beidseitig nicht löschbare Schallaufzeichnungen gespeichert sind, die mit Hilfe eines Plattenspielers wiedergegeben werden können. Die Schallaufzeichnungen sind dabei einer spiralförmig zum Mittelpunkt der Schallplatte hin verlaufenden Rille aufgeprägt. Man unterscheidet die heute nicht mehr hergestellten *Normalrillen-Schallplatten* aus Schellack und Füllstoffen, die mit einer Drehzahl von 78 U/min abgespielt werden, und die nur noch ein geringes Abtastrauschen beim Abspielen zeigenden *Mikrorillen-[schall]platten* aus Polyvinylchlorid, die mit einer Drehzahl von 33 ⅓ und 45 U/min, auch 16 ⅔ U/min, abgespielt werden. Mit 45 U/min abgespielte Schallplatten von 17 (neuerdings auch 30) cm Durchmesser und einem kurzen Musiktitel pro Plattenseite bezeichnet man als *Single-Schallplatten (Singles)*, solche mit mehreren Titeln bzw. längerer Spielzeit als *Extended-Play-Schallplatten* und solche mit 25 oder 30 cm Durchmesser, die mit 33 ⅓ oder 16 ⅔ U/min abgespielt werden, als *Langspielplatten* (Abk. LP von englisch long playing record).

Bei der *Schallplattenherstellung* werden zuerst die auf Magnetband gespeicherten Schallvorgänge auf eine mit Kunststofflack beschichtete Metallplatte übertragen, indem in einer besonderen Schneidanlage *(Plattenschneider)* ein im Rhythmus der aufgezeichneten Schallschwingungen mechanisch schwingender, keilförmig geschliffener Schneidstichel (aus Diamant oder Saphir) eine spiralförmige Rille in die Lackschicht der sich drehenden Metallplatte einritzt („schneidet"); von dieser *Originalplatte* stellt man nach oberflächiger Versilberung auf galvanoplastischem Wege aus Kupfer oder Nickel zunächst ein Negativ („Vater"), davon mehrere Positive („Mütter") und von diesen weitere Negative („Söhne"), her, die dann in einer dampfbeheizten Presse als Matrizen zum Pressen des als Granulat eingebrachten thermoplastischen Schallplattenmaterials dienen. Bei dem neuerdings auch angewandten *Direct-cut-Verfahren* werden die Schallschwingungen direkt, d.h. ohne den Weg über Magnetband und damit frei von klanglichen Manipulationen dem Plattenschneider zugeführt. Dadurch wird eine dem Originalklang entsprechende höhere Dynamik erreicht, die allerdings auch einen größeren Rillenabstand erfordert (auf einer LP kann dadurch nur ein kürzeres Programm als bisher aufgezeichnet werden). Zur Zeit (1979) wird mit digitalisierten Aufzeichnungsverfahren experimentiert, bei denen die akustischen Informationen in einzelne Schritte zerlegt (digitalisiert) werden, in elektrische Signale umgewandelt (kodiert) und in für dieses Verfahren eingerichteten Aufzeichnungs- und Wiedergabegeräten in Schallschwingungen zurückverwandelt (dekodiert) werden. Bei der Herstellung von *stereophonischen Schallplatten (Stereo[schall]platten)* werden die voneinander unabhängig aufgenommenen Schallsignale der beiden Kanäle vom Stichel gleichzeitig durch sich überlagernde Bewegungen in einem Winkel von +45° bzw. −45° gegenüber der Plattenoberfläche eingeschnitten; dadurch erreicht man neben der Stereowiedergabefähigkeit auch die Abspielbarkeit auf Plattenspielern mit Monotonabnehmern. Bei der Herstellung von *quadrophonischen Schallplatten (Quadrophonie[schall]platten, Vierkanalschallplatten)* werden vom Schneidstichel in jede Rillenflanke jeweils Summensignale zweier Quadrophoniekanäle eingeschnitten und die Differenzsignale einer zusätzlich überlagerten Trägerfrequenz von 30 kHZ aufmoduliert. Bei der Wiedergabe wird die dergestalt kodierte Vierkanalinformation auf einen Demodulator gegeben, wobei die Signale der vier Kanäle voneinander getrennt werden.

Eine Neuentwicklung sind die *Digitalschallplatten.* Bei der nur einseitig bespielten Kompaktschallplatte (englisch Copmpact Disc, Abk. CD) ist die Musikinformation in Form einer dichten Folge mikroskopisch kleiner Vertiefungen, sogenannter Pits, enthalten, die ebenfalls spiralig angeordnet sind, jedoch von innen nach außen verlaufen. Sie sind die „Bilder" digitaler Pulscode-Modulationssignale (PCM-Signale), in die die analogen akustischen Signale bei der Musikaufnahme umgewandelt werden. Diese PCM-Signale enthalten auch die Information für die Trennung der beiden Stereokanäle und eine Adresse, die den direkten Zugriff zu einem Musikstück auf der Schallplatte ermöglicht. Beim Abspielen werden die digitalen Signale mit Hilfe eines speziellen (optoelektronischen) Tonabnehmersystems, das die Pits berührungslos mit dem fokussierten Lichtstrahl eines Halbleiterlasers abtastet, gelesen und in einem Digital-Analog-Wandler in die üblichen Stereosignale umgewandelt, die dann nach Verstärkung im Lautsprecher hörbar werden. Die Vorteile dieses Systems beruhen v. a. auf einer erheblichen Verbesserung von Klangqualität, Dynamik und Rauschunterdrückung. Von diesen Digitalschallplatten sind herkömmliche, aber ebenso bezeichnete Schallplatten zu unterscheiden, bei denen lediglich die Tonaufnahme und die Zwischenspeicherung digital auf Magnetband erfolgt.

**Schallstärke:** Bezeichnung für Schallintensität (↑Intensität).

**Schallstück** (Schalltrichter) ↑Schallbecher.

**schalltoter Raum:** ein mit speziellen Materialien versehener Raum, in dem möglichst kein Schall reflektiert wird. Musik im schalltoten Raum klingt ungefähr wie im Freien, wo ebenfalls keine ↑Reflexion von Schall auftritt. Schalltote Räume finden beim Rundfunk (Hörspielproduktion) und in akustischen Forschungsinstituten Verwendung.

**Schalmei** (französisch ↑Chalumeau) [von griechisch kálamos „Halm"]: 1. in der Instrumentenkunde Oberbegriff für alle Blasinstrumente mit Rohrblatt. – 2. im engeren Sinne ein mittelalterliches, aus Arabien stammendes Blasinstrument mit doppeltem Rohrblatt, enger Mensur und sechs bis sieben Grifflöchern. Das Instrument wurde ursprünglich mit Windkapselansatz geblasen, das heißt, das Rohrblatt wurde nicht mit den Lippen gefaßt, sondern ganz in den Mund gesteckt, wobei die Mundhöhle als Luftbehälter diente. Aus der Schalmei entwickelte sich im 15./16. Jahrhundert die Familie der weiter mensurierten, mit Klappen versehenen Bomharte (↑Pommer), deren Diskantinstrument (nunmehr ohne Windkapselansatz) den Namen Schalmei beibehielt. Als Volksinstrument wird die scharf klingende Schalmei bis heute im Orient und auf dem Balkan gespielt. –

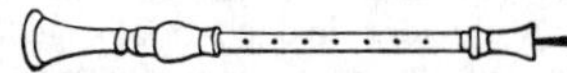

3. ein Register der Orgel mit durchschlagenden Zungen zu 8- oder 4-Fuß mit trichterförmigen Aufsätzen.

**Schamisen** ↑Samisen.

**Scharf:** ein Register der Orgel, von hohem, scharfem Klang, zu den ↑gemischten Stimmen gehörend.

**Schauspielmusik** ↑Bühnenmusik.

**Scheinkonsonanz:** ein konsonanter Klang, der durch seine Stellung im Zusammenhang eine Strebe- oder Auflösungstendenz erhält und somit in der Wirkung eher einer Dissonanz entspricht; z. B. der Dominant-Quartsextvorhalt, oder die übermäßige Sekunde (c–dis), die wie eine kleine Terz klingt, sich jedoch zur großen Terz (c–e) auflösen möchte.

**Scheitholz** (Scheitholt): eine in Deutschland vom Mittelalter bis ins 19. Jahrhundert gebräuchliche, einfache Zither, mit schmalem, länglichem Resonanzkasten und Bünden an einer Seite der Decke und einem oder mehreren Schallöchern; darüber sind ein bis vier Griffsaiten und einige Begleitsaiten mittels vorder- oder seitenständigen Wirbeln gespannt. Das Scheitholz wurde ohne Plektron gespielt; die Saiten wurden mit einem Stöckchen verkürzt. Verwandt mit diesem Volksinstrument sind die ↑Epinette des Vosges und die schwedische ↑Hummel.

**Schelle:** eine Gefäßrassel, meist eine kleine hohle, geschlitzte Blechkugel, in der ein oder mehrere Metallkügelchen oder Steinchen eingeschlossen sind. Größere Schellen kommen als Kuhschelle vor, kleinere am ↑Schellenbaum, an der ↑Schellentrommel und an der Narrentracht. Im Orchester werden bisweilen fünf bis zwanzig gemeinsam an einem Riemen oder Stab befestigte Schellen verwendet.

**Schellenbaum** (früher auch Halbmond oder Mohammedsfahne): ein v. a. in Militärkapellen gebrauchtes Rasselinstrument, eine Tragstange mit Querstangen, an denen Schellen, Glöckchen und Roßschweife hängen. An der Spitze der Stange befand sich früher ein Halbmond oder ein dach- oder kegelförmiger Aufsatz. Beim Schütteln entsteht ein helles Klingeln. Das Instrument entstand wohl aus der Standarte der türkischen Reitertruppen und gelangte über die ↑Janitscharenmusik in die europäische Militärmusik. Verwandt mit dem Schellenbaum ist die moderne ↑Lyra.

**Schellentrommel** (Tamburin; französisch tambour de basque; spanisch pandero): eine seit dem Mittelalter in Europa, besonders in Spanien verbreitete einfellige Rahmentrommel, bestehend aus einem Holz- oder Metallring als Zarge, auf den ein Fell genagelt oder durch Metallspannreifen mit Schrauben gespannt ist. In der Zarge befinden sich Schlitze, in denen jeweils zwei beckenartige Metallplättchen oder Schellen lose angebracht sind. Sie ergeben beim Schlagen des Fells oder beim Schütteln einen hellen Klang, der den dumpfen, trockenen Schlagton überdeckt. Das Instrument stammt aus Asien und ist kultischen Ursprungs. Im Mittelalter wurde es von Spielleuten und Gauklern gespielt. Später gelangte es auch ins Orchester.

**Scheng** [chinesisch] ↑Mundorgel.

**scherzando** [skɛr...; italienisch]: scherzend; oft in Verbindung mit Tempobezeichnungen verwendet (z. B. *Allegro scherzando*).

**Scherzo** ['skertso; italienisch]: 1. seit etwa 1600 Bezeichnung für ein weltliches, kanzonettenartiges Lied, dann auch für ein Instrumentalstück heiteren Charakters (z. B. J. S. Bach, Partita a-Moll, BWV 827, 6. Satz). – 2. ein rascher Satz im $^{3}/_{4}$-Takt mit Trio, der sich aus dem Menuett entwickelte, dessen Form übernahm und im Sonatenzyklus an der gleichen Stelle erschien. Scherzi begegnen erstmals in J. Haydns Streichquartetten op. 33 (1781). Beethoven führte diesen Satztyp zu bedeutender Ausprägung, indem er ihn mit höchst charakteristischen, z. T. burlesken oder unheimlichen Zügen ausstattete und ihn auch formal erweiterte. Hieran knüpfen die groß angelegten, rhythmisch akzentuierten Scherzo-Sätze mit volkstümlicher Triomelodik in den Sinfonien A. Bruckners und G. Mahlers (hier oft mit parodistisch verfremdendem Einschlag) an. Daneben kommen im 19. Jahrhundert selbständige (meist virtuose) Klavier- und Orchesterstücke mit der Be-

Scheitholz

zeichnung Scherzo vor (z. B. von F. Chopin).

**Schisma** ['ʃɪ...; griechisch schísma „Trennung"]: bezeichnet das Verhältnis von pythagoreischem ↑Komma zu syntonischem Komma, bzw. das Verhältnis von reiner großer Terz über der achten Quinte zur fünften Oberoktave; die Differenz entspricht 1,954 Cent. – *Diaschisma* heißt das Verhältnis von syntonischem Komma zum Schisma; es entspricht 19,55 Cent.

**Schlager:** seiner historischen Entstehung nach und auch heute noch Begriff für ein Musikstück, das Erfolg hat, das „einschlägt" (erstmals Wien um 1880). Schlager ist inzwischen auch eine Art Gattungsbegriff. Als – v. a. auch internationale – Entsprechung der Erfolgsbezeichnung verwendet man heute vorwiegend den Begriff „Hit", während man unter Schlager eher einen deutschsprachigen, liednahen Musiktyp der kommerziellen, industriellen musikalischen Massenunterhaltung versteht. – Schlager ist insofern das meist kurzlebige Erfolgslied mit einprägsamer Titelzeile, mehreren Strophen und – für die Wirkung entscheidendem – Refrain. Die musikalische Substanz hält im wesentlichen mit dem traditionellen Vorrat volkstümlicher Musik haus: Dreiklangs- und Sequenzmelodik; Beschränkung auf wenige Grundharmonien, die allerdings durch Reizdissonanzen bereichert werden; schematische Form aus der Vervielfachung von Zweitaktgruppen; marsch- und tanzgeprägte, stark von modischen Einflüssen bestimmte Rhythmik. Immer aufs neue werden folkloristische, „exotische" Elemente als zusätzlicher Reiz mitverarbeitet. Wesentlich ist die „Aufmachung" durch Arrangement, Aufnahmetechnik, jeweils aktuelle klangliche Einkleidung und persönliche Note des Vortrags; charakteristisch ist hier die Verschränkung von Standardisierung und Pseudoindividualisierung (↑Unterhaltungsmusik). – Den engen Kreis der recht konstanten Grundthemen (Liebe, Fern- und Heimweh, Glücksverlangen) teilt der Schlager weitgehend mit volkstümlicher Lyrik überhaupt, ist aber weit stärker als diese an Mode- und Zeitströmungen orientiert. Allerdings erlauben musikalisches Material, Formschema und Thematik durchaus auch anspruchsvolle, chansonartige Schlager etwa mit sozialkritischen Texten; neben sentimentalem Kitsch (↑Schnulze) oder infantil-zweideutigem Humor finden sich auch Witz oder Satire.

Die gegen Ende des 19. Jahrhunderts als Schlager bezeichnete Musik war v. a. (wie auch heute noch) Vokalmusik; oft aus Oper, Singspiel, Operette übernommene Lieder, Couplets, Chansons, Marsch- oder Tanzlieder, die als besonders eingängig und „zündend" sich gesondert verbreiteten und populär wurden. Ebenso entstanden auch eigenständige Musikstücke, die man „Schlager" nannte im Vorgriff darauf, daß sie populär werden sollten. Der Sache nach ist der Schlager älter; Vorläufer sind u. a. die verschiedenen Typen des volkstümlichen, städtischen Lieds wie ↑Gassenhauer, ↑Flugblattlieder, ↑Bänkelsang und entsprechende Formen in europäischen oder amerikanischen Nationalkulturen. – Einen Sprung in der Entwicklung brachte die seit etwa 1900 einsetzende Ausbreitung der Massenmedien Schallplatte, Radio, Tonfilm, Fernsehen und die entsprechende Verstärkung der industriell-kommerziellen Organisation der Musikproduktion. Seither verlagert sich die Verbreitung immer mehr von der „live"-Aufführung (etwa in Vergnügungsetablissements, durch Kapellen in Lokalen, Straßen- und Hofsänger) sowie durch Verkauf von Noten auf Verbreitung des technisch reproduzierten Klangs. – Dadurch wächst die Rolle der aufnahmetechnischen Zubereitung, des „Sounds" und des Starwesens. Ebenso verstärkt sich das Tempo der modischen Innovationen und die Intensität des internationalen Austauschs (in dem heute die angloamerikanische Musik dominiert). Der Popularität wird durch ein straffes, vielgliedriges Reklame- und Marketingsystem (Hitparaden in Hör- und Fernsehfunk, Popzeitschriften, Schlagerfestivals,

Fanclubs, Musikbox u.a.) nachgeholfen. Dies und die Allgegenwart im Alltag fördern die Verbreitung des Schlagers und intensivieren seine Wirkungen. Sie bestehen vorwiegend darin, daß die Welt, so wie sie ist, bestätigt wird oder jedenfalls erträglich gemacht wird; angeboten werden Scheinrealität, Trost und Gefühlsersatz. Sofern es eine Spezifik der sozialen Verbreitung gibt, und soweit die Abgrenzung des Schlagers gegen angloamerikanische Pop- und Rockmusik zutreffend ist, zielt er eher auf ältere als auf jüngere Hörer, und eher auf sozial und bildungsmäßig benachteiligte Schichten.

**Schlaginstrumente** (Perkussionsinstrumente): Musikinstrumente, deren Töne durch Anschlag entstehen. Der Schlag kann unmittelbar ausgeführt werden (Trommel) oder mittelbar z.B. durch Schütteln (Rassel) erfolgen. Zu den Schlaginstrumenten zählen die meisten der ↑Idiophone und ↑Membranophone, aber auch einige Chordophone (Hackbrett, Klavier). Unterschieden werden abgestimmte (Pauke, Glocke, Gong, Holz- und Metallstabspiele) und nicht abgestimmte Schlaginstrumente (Trommeln, Becken, Klappern, Rasseln, Schraper).

**Schlagzeug:** die in Instrumentalensembles neben den Streich- und Blasinstrumenten gebräuchlichen Schlaginstrumente, soweit sie nicht auch zu den Saiteninstrumenten gehören. Das Schlagzeug dient zur Erzeugung von Rhythmen und Geräuschen (Trommeln, Becken, Tamtam, Rasseln) und von bestimmten Tonhöhen, Melodien oder Klängen (Pauke, Gong, Röhrenglocken, Xylophon, Celesta, Vibraphon).

**Schlegel** (Schlägel): ein Holzstab (Länge meist 30–40 cm) mit abgerundetem Ende oder einem Kopf aus Schwamm, Filz, Kork, Leder oder Holz, mit dem die Schlaginstrumente angeschlagen werden. Bestimmte Schlegel haben eigene Namen, so die „Stöcke" der Trommel und die „Klöppel" des Hackbretts. Schlegel werden meist paarig und oft für dasselbe Instrument in verschiedener Ausführung verwendet.

**Schleifer** (französisch coulé): eine Verzierung, ein schneller ↑Vorschlag mit zwei oder drei stufenweise auf- oder absteigenden Tönen; früher Zeichen ⁓; heute meist in kleinen Noten ausgeschrieben.

**Schleiflade:** in der Orgel eine Art der ↑Windlade.

**Schlitztrommel:** ein hölzernes Aufschlagidiophon, meist aus einem ausgehöhlten Stück Baumstamm (Länge zwischen 50 cm und 10 m) mit längs verlaufendem Schlitz bestehend und mit Schlegeln angeschlagen. Die Ränder des Schlitzes sind oft verschieden dick, so daß verschiedene Töne erzeugt werden können. – Die Schlitztrommel ist in Afrika, Ostasien, Ozeanien, Mittel- und Südamerika verbreitet und wird für Signale und im Kult verwendet. Sie begegnet gelegentlich auch im modernen Orchester (so bei C. Orff).

**Schluß:** das ausdrücklich komponierte Ende einer Komposition, in seiner abrundenden Wirkung zu unterscheiden vom bloßen Aufhören, wie es bei statisch entwicklungsloser Musik außereuropäischer Kulturen, aber auch z.B. in (formelhaften) Kinderliedern vorkommt. Deutliches Schließen ist ein grundlegendes Kennzeichen abendländischer Komposition, das erst ein Werk als individuelles Gebilde möglich macht, es von anderen abhebt und, aufgeschrieben und so nur tradierbar, einer allgemeinen Musikgeschichte eingliedert. In der einstimmigen und mehrstimmigen Musik des Mittelalters werden Schlüsse primär von den melodischen Bewegungen der Einzelstimmen geprägt und in ↑Klauseln systematisiert. Im 15. und 16. Jahrhundert bildet sich allmählich das harmonische Schlußprinzip der ↑Kadenz heraus, das seit dem 17. Jahrhundert bis zum Ende der tonalen Musik herrschend bleibt. Demzufolge endet ein Stück auf betontem Taktteil (gegebenenfalls mit weiblicher Vorhaltsendung) in der Tonika (↑Ganzschluß), während unfestere Binnenschlüsse (↑Halbschluß, ↑Trugschluß) Zäsurbildung und Weiterführung zugleich ermöglichen. In der freitonalen und atonalen Musik des 20. Jahrhunderts wird Schlußbildung zunehmend problematisch und komplex (allein schon durch den Verlust der Tonika). In neuesten Stilrichtungen nach 1950 wird bewußtes Schließen vielfach ganz vermieden oder dem Zufall überlassen oder auch dem Interpreten anheimgestellt, der an einer beliebigen Stelle aufhören kann.

**Schlüssel** (Notenschlüssel): in der Notenschrift ein stilisierter Tonbuchstabe zu Beginn eines ↑Liniensystems, der die Tonhöhen bzw. die Tonrelationen zwischen den einzelnen Noten fixiert. Guido von Arezzo gilt als Erfinder des Schlüssels, der v. a. in den Formen C-Schlüssel, F-Schlüssel und G-Schlüssel gebraucht wurde und wird. Die heute üblichen Schlüssel sind v. a. der Violinschlüssel, der Baßschlüssel und der Altschlüssel.

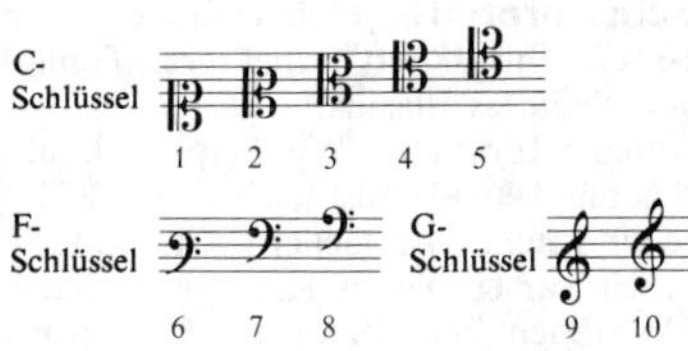


1 Sopran-, 2 Mezzosopran-, 3 Alt-, 4 Tenor-, 5 Baritonschlüssel; 6 Bariton-, 7 Baß-, 8 Subbaßschlüssel; 9 französischer Violin-, 10 Violinschlüssel

**Schlüsselfidel** (Schlüsselfiedel; schwedisch nyckelharpa, nyckelfiol): fidelähnliches Streichinstrument mit hebelartigen Tasten (Schlüssel, von ↑Clavis) am breiten Griffbrett und 1–2 Melodiesaiten, die durch Anschieben der Tasten verkürzt werden; hinzu kommen 2–3 Bordunsaiten und oft auch Resonanzsaiten. Die Schlüsselfidel ist seit dem späten Mittelalter in Dänemark und Schweden belegt. Vom 15. bis zum 17. Jahrhundert war sie in Deutschland als Volksinstrument gebräuchlich; in Schweden wird sie noch heute gespielt.

**Schnabel:** das Mundstück von Klarinette, Saxophon und Blockflöte (Schnabelflöte).

**Schnabelflöte:** Längsflöte mit schnabelförmigem Mundstück. Meist ist mit Schnabelflöte die ↑Blockflöte gemeint.

**Schnaderhüpfl** (Schnadahüpfl) [...pfəl; „Schnittertanz"]: volkstümliches, einstrophiges Scherz- und Spottlied in den deutschsprachigen Alpengebieten. Der Text – ein meist auf eine bekannte Melodie gesungener, gereimter Vierzeiler – wird oft improvisiert; seine komische Wirkung bezieht er häufig daraus, daß zwei Motive auf unerwartete Weise miteinander verknüpft werden. Die Melodien des wohl ursprünglich als Einleitung zum ↑Ländler gesungenen Schnaderhüpfls sind meist achttaktig, im $^3/_4$-Takt, und bewegen sich vorwiegend im Tonika-Dominant-Raum. Sie werden oft im Wechsel von Vorsänger und Chor gesungen und sind vielfach mit einem Jodler verknüpft. Ähnliche Lieder heißen in anderen Gebieten *Gsangln, Gstanzln* oder *Rundas;* verwandt sind norwegischer *Stev,* schwedischer *Låtar* und russischer *Tschastutschka.*

**Schnarre:** andere Bezeichnung für die ↑Ratsche.

**Schnarrsaite:** eine quer auf das Resonanzfell einer Trommel gespannte Saite (oft eine Drahtspirale), die beim Mitschwingen gegen das Fell schlägt und damit dem Trommelklang einen schnarrenden Charakter verleiht.

**Schnarrwerk:** ältere Bezeichnung für die Gesamtheit der Zungenstimmen der Orgel.

**Schneller:** eine Verzierung, ein ↑Vorschlag mit meist zwei stufenweise aufsteigenden Noten.

**Schnulze:** seit etwa 1950 verbreitete umgangssprachliche Bezeichnung für besonders tränen- und rührselige, seichte Produkte der Unterhaltungsindustrie; auf Theaterstücke, Filme und v. a. Schlager angewandt. Eine Zeitlang waren das Wort und Zusammensetzungen wie Schnulzenheini (Sänger sentimentaler Schlager) ausgesprochene Mode. Die Herkunft ist unklar; wahrscheinlich ist die Ableitung von niederdeutsch „snulten" (überschwenglich reden, gefühlvoll tun); „snulle" (lieb) sowie „schmalzen", „schluchzen" und „sülzen" dürften mit eingewirkt haben.

**Scho** [japanisch] ↑Mundorgel.

**Schofar** [hebräisch]: ein mundstückloses Signalhorn, meist aus einem Widderhorn gefertigt, das bei den Juden im Tempel und im Krieg verwendet wurde. Der Schofar wird häufig im Alten Testament erwähnt (so bei der Zerstörung der Mauern von Jericho, Josua 6, 4–20); er wird heute noch in der Synagoge geblasen.

**Schola cantorum** ['sço:la; lateinisch „Sängerschule"]: Bezeichnung für den seit dem 7. Jahrhundert nachweisbaren und bis in das 14. Jahrhundert bestehenden Sängerchor am päpstlichen Hof in Rom. Die Schola cantorum wurde vorbildlich für die frühen Kantoreien des Mittelalters. Die Bezeichnung wurde für die 1896 in Paris von V. d'Indy, F. A. Guilmant und Ch. Bordes gegründete Musikschule übernommen, die sich die Erneuerung der französischen Musik nach alten französischen Vorbildern zum Ziel setzte. 1933 gründete P. Sacher in Basel die Schola cantorum Basiliensis, ein Lehr- und Forschungsinstitut für alte Musik.

**Schottisch:** deutscher Paartanz in raschem $^2/_4$-Takt mit dem Rhythmus

Er entwickelte sich um 1800 aus der ↑Ecossaise durch Eindringen walzermäßigen Drehens. Nach 1840 wurde er in der Stadt durch die ↑Polka verdrängt, lebte aber auf dem Land bis nach 1900 weiter. – ↑auch Rheinländer.

**Schrammelmusik:** volkstümliche Wiener Heurigen-(Weinlokal-)Musik; benannt nach den Brüdern Johann (* 1850, † 1893) und Josef Schrammel (* 1852, † 1895), die 1877 ein Ensemble „d'Schrammeln" gründeten. Johann Schrammel schrieb etwa 150 Stücke für dieses Ensemble. Das Repertoire der Schrammelmusik besteht aus Walzern, Märschen, Potpourris, Bearbeitungen und (gespielten oder zur Schrammelmusik gesungenen) Liedern. Vortragsweise und Quartettbesetzung der „Schrammeln" mit 2 Geigen, Gitarre und Akkordeon (ursprünglich Klarinette) wurden für diese Art leichte Musik typisch. Heute ist die Besetzung als Trio (Geige, Gitarre, Akkordeon) oder Duo (Gitarre, Akkordeon) häufiger.

**Schraper:** zu den Schlaginstrumenten gehörende Geräuschinstrumente, bei denen über einen gezahnten, gekerbten oder mit Rinnen versehenen Körper mit Plättchen oder Stäbchen gestrichen (geschrapt) wird. Durch die rasche Folge von Anschlägen entsteht ein knatterndes oder kratziges Geräusch. Schraper sind die südamerikanischen Instrumente *Guiro* (Flaschenkürbis mit Rillen) und *Reco-Reco* (Holzkörper mit aufgesetztem oder eingeschnittenem Rillenband; beide mit Stäbchen angestrichen) sowie die ↑Ratsche (Zahnrad mit Plättchen). Schraper zählen zum ältesten Bestand der Musikinstrumente.

**Schreierpfeife** (Schryari): ein im 16./17. Jahrhundert in mehreren Tonlagen gebautes Blasinstrument mit doppeltem Rohrblatt, Windkapsel, konischer und am Mundstück breiterer Röhre und acht Grifflöchern. Charakteristisch war ein lauter Klang mit hohen Obertönen über dumpfem Grundton. Ähnlich klingt die gleichnamige ↑gemischte Stimme der Orgel (meist mit dreifacher Oktavmischung).

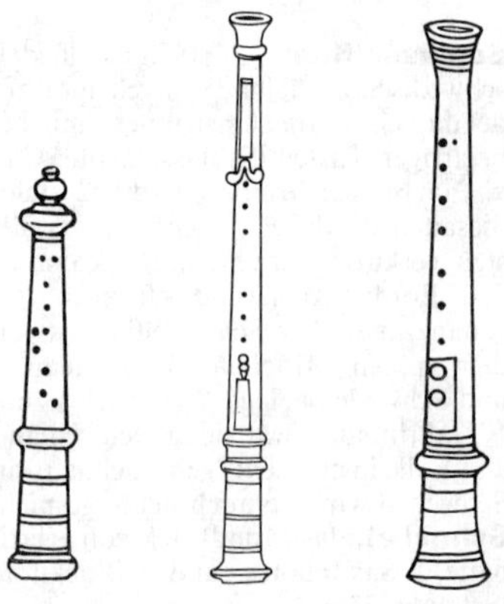

**Schreittanz:** vorwiegend geradtaktige mittelalterliche Tanzart mit Schrittbewegungen in langsamem Zeitmaß; meist als Vortanz mit einem nachfolgenden Springtanz (↑Nachtanz) zu einem Tanzpaar verbunden.
**Schryari** ['ʃri:ari] ↑Schreierpfeife.
**Schuhplattler:** derber Paarwerbetanz im $^3/_4$-Takt oder als Zwiefacher in Oberbayern und Tirol verbreitet. Die Burschen stampfen, springen, juchzen und klatschen mit den Händen auf Schenkel, Gesäß und Schuhsohlen („platteln"), während sich die Mädchen gleichmäßig drehen (kreiseln); anschließend tanzt man einen Ländler. Um 1900 wurde aus dem ursprünglichen Paartanz ein Gruppentanz, der heute stark tourismusorientiert ist.
**Schulmusik:** Bezeichnung für das Aufgabenfeld der Musikerzieher an allgemeinbildenden Schulen, insbesondere an Gymnasien, sowie für das Studienfach an Musikhochschulen, das hierzu ausbildet. Im weiteren Sinne bezeichnet Schulmusik den gesamten Bereich der Musikpraxis an Schulen und die wechselvolle Geschichte musikalischer Betätigung in (und in Verbindung mit) Schulen seit dem Mittelalter. Humanismus und Reformation, Rationalismus und Aufklärung sowie die verschiedenen Bildungsströmungen der folgenden Zeit haben auch der Schulmusik ständig neue Impulse gegeben, wobei die jeweiligen politischen und gesellschaftlichen Verhältnisse mit dem durch sie bedingten allgemeinen Erziehungsideal auf der einen Seite, Ästhetik und Geschichte der Musik auf der anderen Seite die Ziele und Methoden der Schulmusik auf unterschiedlichste Weise bestimmten. Seit der Reform L. Kestenbergs (1922–25) steht der Musikunterricht gleichrangig neben den übrigen Schulfächern, und die Schulmusikausbildung (achtsemestriges Studium, zusätzlich ein wissenschaftliches Beifach) vermittelt entsprechend hohe praktische, theoretische und didaktische Qualifikationen. Heute werden Standort und Aufgaben der Schulmusik vielfach diskutiert. Ihre Inhalte und Methoden haben sich – ähnlich wie die der Kunsterziehung – in den letzten zwei Jahrzehnten stark erweitert und verändert, etwa im Sinne allgemeiner Wahrnehmungserziehung, betonter Orientierung an den soziokulturellen Voraussetzungen der Schüler, verstärkter Reflexion aller akustischer Gegebenheiten der Umwelt, d. h. also auch im Sinne einer auditiven Kommunikation, die den engeren Kunstbereich Musik verläßt.
**Schuloper:** ein Bühnenwerk mit Musik, das zur Aufführung in der Schule und durch Schüler bestimmt ist. Der Anteil kann sich dabei von der Einlage (Lieder, Chöre, Tänze, Instrumentalstücke) in ein Sprechdrama bis zur Durchkomposition erstrecken. Vorläufer waren mittelalterliche und humanistische Schuldramen und die Moralstücke des deutsch-österreichischen Jesuitentheaters des 17./18. Jahrhunderts. Im Zuge der musikalischen Jugend- und der Laienspielbewegung entstanden um 1930 und nach 1950 eine Fülle von Schulopern, deren Ziel die gesellschaftliche Unterweisung (↑Lehrstück) oder das gestalterische Spiel mit Musik (Spielschuloper) ist. Schulopern schrieben im 20. Jahrhundert u. a. P. Hindemith, P. Höffer, K. Weill, A. von Beckerath, E. Werdin, C. Bresgen und B. Britten.
**Schusterfleck** ↑Rosalie.
**Schwebungen:** zwei ↑Sinusschwingungen mit eng benachbarten Frequenzen rufen nicht zwei getrennte [Sinus]-tonempfindungen, sondern eine einzige Tonempfindung hervor, deren Lautstärke periodisch schwankt („schwebt"). Haben die beiden Sinusschwingungen die Frequenzen $f_1$ und $f_2$, so hört man den zur Frequenz $\frac{f_1 + f_2}{2}$ gehörenden Sinuston, der mit der Frequenz $\Delta f = |f_1 - f_2|$ „schwebt". Schwebungen im Bereich $\Delta f = 10$ Hz werden als „Rauhigkeit" empfunden, bis zu $\Delta f = 8$ Hz als ↑Vibrato.
**Schwegel:** im Mittelalter allgemeine Bezeichnung für einfache Längs- und Querflöten, später speziell für die ↑Einhandflöte und die ↑Querpfeife.

Schwegel heißt in der Orgel ein Register mit offenen, meist zylindrischen Labialpfeifen von mittelweiter Mensur, meist zu 4-, 2- und 1-Fuß.

**Schweizerpfeife:** alte Bezeichnung für die ↑Querpfeife; in der Orgel ein Register mit zylindrischen offenen, überblasenden Labialpfeifen von enger Mensur und scharfem Ton.

**Schwellton** ↑Messa di voce.

**Schwellwerk:** die Gesamtheit derjenigen Register einer Orgel, die zwecks stufenloser Lautstärkeregulierung in einem Kasten mit Öffnungsmechanismus (wie dem ↑Jalousieschweller) aufgestellt sind.

**Schwerttanz** (Schwertertanz): seit der griechischen und römischen Antike bekannter, nach der „Germania" des Tacitus auch für die Germanen bezeugter Waffentanz der wehrfähigen jungen Männer; er gehörte zu Fruchtbarkeitskulten. Er wurde als Schau- und Geschicklichkeitstanz etwa an Neujahr, bei Maifesten oder an Fastnacht ausgeführt. Im Mittelalter war er meist Schautanz der Zünfte (z. B. der Nürnberger Messerschmiede). Im Böhmerwald, in Mähren, Siebenbürgen und im Karpatenraum überlebte er bis in jüngste Zeit. Elemente des Schwerttanzes finden sich auch in ↑Morisca und ↑Morris dance.

**Schwingung:** die zeitlich periodische Änderung von Zustandsgrößen eines bestimmten physikalischen Systems. Musikalisch bedeutsame Schwingungssysteme sind Membranen (↑Schlaginstrumente, ↑Lautsprecher, Trommelfell), Saiten (↑Saiteninstrumente), Luftsäulen (↑Aerophone), Platten (↑Chladni-Figuren) usw. Daneben spielen auch elektrische und elektromagnetische Schwingungen in der musikalischen Verstärkungs- und Übertragungstechnik eine Rolle.

Physikalisch betrachtet ist es Ziel des Musikmachens, das Innenohr des Hörers in bestimmte (↑Hörfeld) Schwingungen zu versetzen. In der Praxis gibt es sehr viele und oft komplizierte Möglichkeiten, dies Ziel zu erreichen. Zum Beispiel zeigt die Abbildung das Spiel einer ↑Elektrogitarre.

1. Die Hand des Spielers erregt die Gitarrensaite.

2. Die schwingende Gitarrensaite erregt den elektromagnetischen Tonabnehmer.

3. Die elektrischen Schwingungen, die vom Tonabnehmer erzeugt über den Verstärker (Amplifier) zum Lautsprecher gelangen, erregen die Lautsprechermembran.

4. Die schwingende Membran erregt die Luft, in der sich die Schwingungen als Schallwellen (↑Schall, ↑Welle) fortpflanzen.

5. Die Schallwellen erregen das Trommelfell. Die Trommelfellschwingungen werden zum Innenohr weitergeleitet.

Die mathematische Untersuchung der musikalisch bedeutsamen Schwingungen (↑Fourier-Analyse) führt zu mathematisch-physikalischen Größen wie ↑Frequenz, ↑Amplitude, ↑Spektrum, denen in erster Näherung gewisse musika-

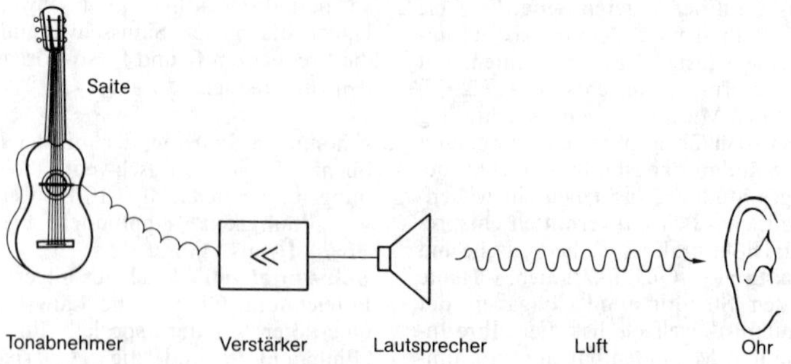

lische ↑Parameter wie Tonhöhe, Lautstärke, Klangfarbe usw. entsprechen. Da musikalisch bedeutsame Schwingungen sich sehr schnell abspielen und daher nicht visuell beobachtet (wenn auch oft als Vibration gespürt und entsprechend gesehen) werden können, ist die Veranschaulichung von Schwingungen am ↑Oszillographen von Bedeutung; hier wird das zeitliche Hintereinander als räumliches Nebeneinander dargestellt. Die Periodizität des Vorgangs kommt dadurch zum Ausdruck, daß sich ein bestimmtes Schwingungsbild in gleichen Abständen wiederholt.

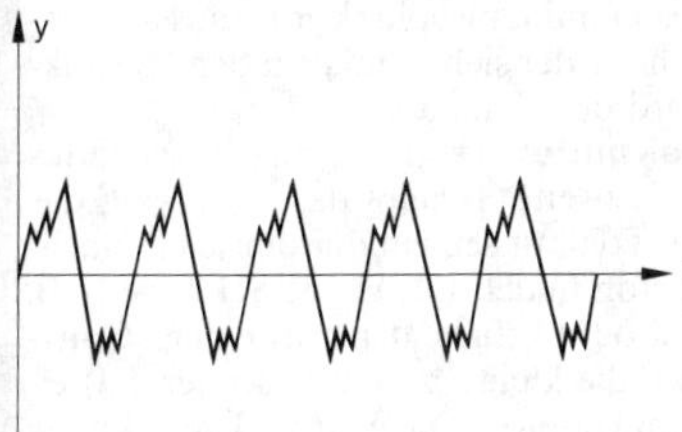


Veranschaulichung einer Saitenschwingung am Oszillographen: y bedeutet hierbei die Auslenkung des schwingenden Teils (z. B. der Saite) von der Ruhelage; t bedeutet die Zeit.

**Schwingungserreger:** bei einem Musikinstrument der Bogen (Streichinstrumente), ein Finger (Zupfinstrumente), ein Hammer (Hammerklavier), der Luftstrom (Blasinstrumente) usw. Die Art der Schwingungserregung ist für den Klangcharakter des Instruments von Bedeutung.

**Schwingungserzeuger:** jener Teil eines Musikinstruments, der primär schwingt: die Saite, die Membran, die Lippen, das Rohrblatt oder ein elektrischer Schwingkreis. Die primär erzeugten Schwingungen werden vom Instrumentenkörper abgestrahlt, z. T. zuvor verstärkt.

**Schwirrholz:** ein einfaches Aerophon, bestehend aus einem schmalen, linsenförmigen Holzbrettchen, an dessen einem Ende eine Schnur durch ein Loch gezogen ist. Wird es im Kreis geschwungen, dreht es sich um die eigene Achse und bewirkt einen schwirrenden Ton. Naturvölker Australiens, Neuguineas, Afrikas und Amerikas verwenden das Schwirrholz bei Fruchtbarkeits- und Initiationsriten und verstehen seinen Klang als Geisterstimme.

**sciolto** ['ʃɔlto; italienisch]: frei, ungebunden im Vortrag.

**Scordatụra** (Skordatur) [italienisch „Verstimmung"]: die von der üblichen Stimmung abweichende Umstimmung von Saiteninstrumenten (Laute, Gitarre, Violine), um besondere Klangfarben zu erzeugen oder schwierige Passagen und Akkorde zu erleichtern.

**Secco** ['zɛko; italienisch „trocken"]: Kurzform für das nur von Generalbaßinstrumenten (wie Cembalo oder Laute) begleitete *recitativo secco* (↑Rezitativ), im Unterschied zum orchesterbegleiteten Accompagnato *(recitativo accompagnato)*.

**Sechzehntelnote** (Sechzehntel): Zeichen 𝅘𝅥𝅯, ↑Noten.

**Sechzehntelpause:** Zeichen 𝄿, ↑Noten.

**Secọnda prạtica** [italienisch „zweite Kompositionsart"]: von C. Monteverdi geprägte Bezeichnung für die um 1600 moderne Art der Komposition, die von der Sprache ausgeht und die Musik ganz in den Dienst der Textdeklamation, des dichterischen Inhalts und der Gefühlsdarstellung stellt (↑Monodie). Monteverdi sieht sie als Gegenbegriff zur *Prima pratica*, dem strengen Kontrapunkt, in dessen polyphonem Gefüge das Wort unverständlich bleibe und in seiner Aussage nicht zur Geltung komme. Die Seconda pratica hat die musikalischen Möglichkeiten ausgeweitet und inhaltlich bereichert, da sie Abweichungen von den überkommenen kontrapunktischen Regeln (freie Dissonanzbehandlung, Chromatik, übermäßige und verminderte Intervalle) ausdrücklich zuläßt oder sogar fordert, wenn sie einer ausdrucksvollen Textdarstellung dienen (z. B. Monteverdis berühmtes „Lamento d'Arianna", 1608).

**secọnda vọlta** [italienisch „das zweite Mal"], Abk. $\text{II}^{\text{da}}$, ⌈2.⌉, ↑prima volta.

**Secondo** [italienisch „der zweite"]: beim vierhändigen Klavierspiel der Spieler des Baßparts, im Gegensatz zu ↑Primo.
**Seele:** Bezeichnung für den ↑Stimmstock der Streichinstrumente.
**Segno** ['zɛnjo; italienisch], Abk. S.: Zeichen 𝄋 oder ⊕, 𝄋. Anweisung in der Notenschrift, ein Musikstück vom Zeichen *dal segno)* an zu wiederholen oder bis zum Zeichen *(al segno)*, nicht bis zum Schluß zu spielen.
**segue** ['ze:gue; italienisch „es folgt"]: in der Notenschrift am Ende einer Seite oder eines Satzes der Hinweis, daß das Werk [auf der nächsten Seite] weitergeht; auch Hinweis auf gleichbleibende Begleitfiguren. – ↑auch simile.
**Seguidilla** [zegi'dılja, seɣi'ðiʎa; spanisch]: eine der verbreitetsten Formen in Dichtung und Musik Spaniens. Die Strophe besteht aus 7 Zeilen verschiedener Länge; Vers 1–4 bilden die Copla, Vers 5–7 den Estribillo (Refrain). Diese Seguidilla ist als Tanzlied in Bühnenwerken des 17./18. Jahrhunderts häufig (↑Sainete, ↑Tonadilla, ↑Zarzuela). – Die volkstümliche Seguidilla ist ein Tanzlied im Dreiertakt mit dem charakteristischen Kastagnettenrhythmus

Sie ging in die Klavier- und Gitarrenmusik ein (I. Albéniz, M. Glinka); besonders bekannt wurde die Seguidilla aus Bizets „Carmen" (1875).
**Seitenbewegung:** Begriff aus der Satzlehre, bezeichnet das Liegenbleiben einer Stimme, während eine andere auf- oder absteigt. In der Selbständigkeit der Stimmführung steht Seitenbewegung zwischen ↑Parallel- und ↑Gegenbewegung.
**Seitensatz:** Bezeichnung für das zweite Thema bzw. die zweite Themengruppe in der ↑Sonatensatzform. Der Seitensatz steht (im Normalfall) innerhalb der ↑Exposition in der Dominante oder, wenn das Stück in Moll steht, in der Tonikaparallele; bei der Wiederkehr innerhalb der ↑Reprise dann in der Haupttonart. In Sinfonien und Sonatensätzen des 19. Jahrhunderts steht der Seitensatz häufig auch in anderen, oft weit entfernten Tonarten. Gewicht und Charakter des Seitensatzes schwanken stark zwischen betontem Kontrast zum ↑Hauptsatz (so oft bei Beethoven) und dessen bloßer Wiederholung auf der neuen Stufe (J. Haydn, Sinfonie D-Dur, Nr. 104, 1795, 1. Satz).
**Seitenthema:** Bezeichnung für das zweite Thema eines Satzes in der ↑Sonatensatzform. – ↑auch Seitensatz.
**Sekundakkord** [lateinisch]: die dritte ↑Umkehrung des ↑Septimenakkords, bei der die Septime im Baß liegt. Besondere Bedeutung hat der Sekundakkord des Dominantseptakkords (in C-Dur f–g–h–d), der sich regulär in den ↑Sextakkord der Tonika auflöst.
**Sekunde:** [von lateinisch secundus „der zweite"]: heißt das ↑Intervall, das ein Ton mit seinem diatonischen Nachbarton bildet. Die große Sekunde (z. B. c–d oder e–fis) entspricht einem Ganzton, die kleine (z. B. c–des oder e–f) einem Halbton. Die übermäßige Sekunde (z. B. c–dis) klingt, enharmonisch umgedeutet, wie die kleine Terz (c–es), die verminderte Sekunde (z. B. h–ces) wie die Prime. In der Harmonie- und Kontrapunktlehre gilt die Sekunde als – zur Terz hin – auflösungsbedürftige Dissonanz.
**Sela** [hebräisch]: ein in den Text von Psalmen häufig eingefügtes Wort, wahrscheinlich eine Anweisung für den musikalischen oder gesprochenen Psalmenvortrag im Hinblick auf ein instrumentales Zwischenspiel oder einen Refrain.
**Selbstklinger:** deutsche Bezeichnung für ↑Idiophone.
**Semibrevis** [lateinisch „halbe ↑Brevis"]: Notenwert der ↑Mensuralnotation, bis zum 15. Jahrhundert mit dem Zeichen ◆, danach ◇.
**Semifusa** [lateinisch „halbe ↑Fusa"]: Notenwert der ↑Mensuralnotation (seit dem 15. Jahrhundert), Zeichen 𝆺.
**Semiminima** [lateinisch „halbe ↑Minima"]: Notenwert der ↑Mensuralnotation, bis zum 15. Jarhhundert mit dem Zeichen 𝆺 danach 𝆹 oder auch 𝆺.
**Semiseria** [italienisch „halbernst"]:

Kurzform von *Opera semiseria*, eine ↑Opera seria mit einzelnen buffonesken Szenen.

**Semitonium** [lateinisch] ↑Halbton.

**semplice** [...itʃə; italienisch]: einfach, schlicht, ohne Verzierungen.

**sempre** [italienisch]: immer; in Zusammensetzungen gebraucht, z. B. *sempre legato*, immer gebunden.

**sentimento** [italienisch]: Empfindung, Gefühl; *con sentimento*, mit Empfindung, mit Gefühl.

**senza** [italienisch]: ohne; *senza sordino*, ohne Dämpfer; *senza tempo*, ohne festes Zeitmaß.

**Septakkord** ↑Septimenakkord.

**Septett** [lateinisch]: Musikstück für sieben Instrumente (vorwiegend in der Mischung aus Bläsern und Streichern) oder Singstimmen; auch die Gruppe der Ausführenden eines solchen Stücks. Das bekannteste Instrumentalseptett schrieb L. van Beethoven (op. 20, 1799/1800). Vokalseptette finden sich u. a. als Aktfinali in Opern (z. B. am Ende des zweiten Akts von W. A. Mozarts Oper „Die Hochzeit des Figaro", 1786).

**Septime** [von lateinisch septimus „der siebente"]: das ↑Intervall, das ein Ton mit einem sieben diatonischen Stufen entfernt gelegenen Ton bildet. Man unterscheidet die große (z. B. c–h), die kleine (c–b), die übermäßige (c–his, klanglich gleich der Oktave) und die verminderte Septime (cis–b, klanglich gleich der großen Sexte). In der Harmonie- und Kontrapunktlehre gilt die Septime als auflösungsbedürftige Dissonanz. – Die sogenannte Naturseptime, die der siebente Naturton (↑Obertonreihe) erzeugt, ist etwas kleiner als die kleine Septime, d. h. in unserem Tonsystem nicht brauchbar.

**Septimenakkord** (Septakkord) [lateinisch]: Akkord aus vier Tönen, der außer dem Grundton dessen Terz, Quinte und Septime enthält. Er kommt in acht verschiedenen Gestalten vor, je nachdem seine Töne untereinander im Abstand kleiner oder großer Terzen stehen (z. B. c–e–g–h, c–e–g–b, c–es–g–b, c–es–ges–b usw.). Seine ↑Umkehrungen heißen: ↑Quintsextakkord, ↑Terzquartakkord und ↑Sekundakkord. Besondere Bedeutung für die klassisch-romantische Harmonik hat der Dominantseptakkord (in C-Dur g–h–d–f). Dagegen sind in barocker Musik die Septakkorde aller Stufen relativ gleichwertig und selbständig eingesetzt. Septakkordparallelen markieren v. a. im ↑Impressionismus die Loslösung von der funktionalen Tonalität.

**Septole** (Septimole) [lateinisch]: eine Folge von sieben Noten, die für vier, sechs oder acht Noten gleicher Gestalt bei gleicher Zeitdauer eintreten; angezeigt meist durch eine Klammer und die Ziffer 7.

**Sequenz** [von lateinisch sequentia „Folge"]: 1. Gattung liturgischer Chorgesänge, die im 9. Jahrhundert entstand und mit dem ↑Tropus von entscheidendem Einfluß auf Dichtungs- und Gesangformen des Mittelalters wurde (↑Lai, ↑Leich). Im Rahmen der Meßliturgie schloß sie sich an das Alleluja und dessen Schlußjubilus (↑Jubilus) an, wobei sie ursprünglich an den Anfang der Allelujamelodie anknüpfte. Nach heute geltender Meinung entstand die Sequenz aus der syllabischen Textierung (auf jede Note eine Silbe) bereits vorhandener Melismen in Nordfrankreich (auch Prosa genannt) und gelangte von dort nach Sankt Gallen, wo Notker Balbulus (* um 840, † 912) sie zur ersten Blüte führte. Während Anfangs- und Schlußstrophe allgemein eine einfache Anlage aufweisen, wurden die dazwischenliegenden Teile zu Doppelstrophen mit jeweils eigener Melodie zusammengefaßt, wobei in der Doppelstrophe die Melodie zweimal zu neuem Text erklang (Prinzip der fortschreitenden Repetition). Die beiden Teile der Doppelstrophe zeigten zunächst bei gleicher Silbenzahl wechselnde Betonung. Nach Einführung der Assonanz und später auch des Reims wurden schließlich auch der Rhythmus sowie die Strophenlängen der Doppelversikel einander angeglichen. Als Hauptvertreter dieser Sequenzen der zweiten Epoche gilt Adam von Sankt-Viktor (12.

Jahrhundert, tätig in Paris). Das im späten Mittelalter mehrere Tausend umfassende Sequenzrepertoire (vielfach in eigenen Handschriften, *Sequentiaren*, zusammengefaßt), das großenteils Stücke von nur lokaler Bedeutung enthielt, wurde durch das Konzil von Trient (1545 bis 1563) im „Missale Romanum" Pius' V. auf die Sequenzen zu Ostern („Victimae paschali laudes"), Pfingsten („Veni sancte spiritus"), Fronleichnam („Lauda Sion salvatorem") und zur Totenmesse („Dies irae") reduziert. Ihnen wurde 1727 das „Stabat mater dolorosa" zum Fest der Sieben Schmerzen Mariae hinzugefügt. Das vom 2. Vatikanischen Konzil 1970 beschlossene neue römische Meßbuch berücksichtigt nur noch die Sequenzen zu Ostern und Pfingsten. – 2. Bezeichnung für die auf- oder absteigende Wiederholung einer Tonfolge auf verschiedenen Tonstufen. Sie ist ein in der musikalischen Komposition allgemein angewandtes Satzelement, besonders in der Musik des Barock und der Klassik, wurde aber bereits im 18. Jahrhundert bei mißbräuchlicher Verwendung (zu häufige Wiederholung oder intervallgetreue Wiederholung ohne diatonische Verlegung der Halbtöne) mit Spottnamen (Rosalie, Schusterfleck, Vetter Michel) bedacht.

**Sequenzer** (Sequencer): ein Kleincomputer, der Tonfolgen (genauer gesagt Steuerspannungen) speichern und beliebig oft, gespreizt, gestaucht, beschleunigt, verlangsamt u. a. wiedergeben kann. Sequenzer werden meist als Teile größerer Synthesizer (↑Modul) verwendet.

**Serenade** (französisch sérénade; italienisch serenata) [von lateinisch serenus „heiter"]: gattungsmäßig nicht festgelegte Komposition ständchenhaften Charakters für kleinere instrumentale, vokale oder gemischte Besetzungen, oft mit Bläsern. Die Serenade gehört zur höfischen oder bürgerlichen Gesellschaftsmusik und dient je nach Anlaß als Huldigungs-, Freiluft-, Tafel-, Abend- oder Nachtmusik. Die Bezeichnung Serenade wurde im 18. Jahrhundert nicht streng von Divertimento, Kassation, Notturno unterschieden. Divertimento weist häufig auf kammermusikalische Besetzung (Einzelbesetzung), Serenade auf orchestrale Besetzung der Stimmen (mit Ausnahme der solistischen Bläserserenaden). Serenata und Serenade wurden im 18. Jahrhundert gleichbedeutend gebraucht. Heute bezeichnet man, um verschiedene Typen abzugrenzen, als *Serenade* vorwiegend Instrumentalkompositionen, als *Serenata* eine Festmusik mit Gesang und oft szenischer Aktion, wie sie unter verschiedenen Bezeichnungen (Serenata teatrale, Serenata drammatica, Azione teatrale u. a.) an den Höfen des 17. und 18. Jahrhunderts gepflegt wurden (u. a. von A. Stradella, G. F. Händel, J. A. Hasse, Ch. W. Gluck).

Die aus der Suite hervorgegangene Instrumentalserenade des 18. Jahrhunderts besteht aus einer lockeren Folge von oft fünf bis sieben Einzelsätzen, wie Variationen, Sonaten-, Konzert- und v. a. Tanzsätzen (Menuette), die häufig von einem Eingangs- und einem Schlußmarsch umrahmt sind. Serenaden schrieben österreichische, süddeutsche und böhmische Komponisten im Vorfeld der Wiener Klassik und besonders kunstvoll W. A. Mozart (z. B. „Serenata notturno" KV 239, 1776; „Haffner-Serenade" KV 250, 1776; „Posthorn-Serenade" KV 320, 1779; „Eine kleine Nachtmusik" KV 525, 1787). – Vereinzelt wurden schon im 16. Jahrhundert Vokalsätze (A. Striggio, O. Vecchi), im 17. Jahrhundert Suiten (H. I. Biber, J. J. Fux) Serenaden genannt. Im 19. Jahrhundert wurden oft ständchenhafte Lieder, auch innerhalb der Oper, als Serenaden bezeichnet. Instrumentalserenaden komponierten seit dem späten 18. Jahrhundert L. van Beethoven, J. Brahms, P. I. Tschaikowski, A. Dvořák, H. Wolf, M. Reger, A. Schönberg und I. Strawinski.

**Serenata** [italienisch] ↑Serenade.

**sereno** [italienisch]: heiter.

**Seria** [italienisch]: Kurzform von ↑Opera seria.

**serielle Musik** [von lateinisch series „Reihe"]: Kompositionstechnik und

Stilphase innerhalb der Neuen Musik seit etwa 1950, die darauf abzielt, alle musikalischen Strukturelemente (↑Parameter) eines Werkes nach vorher festgelegten [Reihen']gesetzmäßigkeiten (↑Reihe) zu ordnen, so daß, jedenfalls in serieller Musik strengster Art, der ↑punktuellen Musik, jeder Ton mit möglichst allen seinen Eigenschaften aus dem einmal gewählten rationalen Ordnungsprinzip notwendig sich ergibt. Allerdings kann die Reihentechnik, die A. Schönberg um 1920 zur Regelung von Tonhöhen- bzw. Intervallfolgen entwickelte, nicht ohne weiteres sinnvoll auf andere Parameter übertragen werden. So ist es problematisch, für Tondauern und Tonstärken oder gar für Klangfarben und Artikulationsarten Reihenelemente festzulegen, die eine der chromatischen (12stufigen) Tonleiter vergleichbare Skala ergeben. Anzahl und Stufenfolge solcher Elemente sowie deren Zuordnung zu den Elementen der übrigen Parameterreihen müssen willkürlich bestimmt werden, wie das folgende Beispiel zeigt, in welchem die Tondauern leicht vermehrt werden könnten, die Tonstärkegrade kaum noch unterscheidbar sind und die Anschlagsarten ohnehin nur zehn Stufen enthalten:

P. Boulez, „Structure I a" für zwei Klaviere (1952)

Die Frage der Ausführbarkeit serieller Musik ist somit ein fast unlösbares Problem, das nur im Rahmen der ↑elektronischen Musik entfällt. Daher entwickelte sich nach frühen radikalen Versuchen (Boulez, „Structure Ia"; K. Stockhausen, „Kontra-Punkte" für zehn Instrumente, 1953) eine großflächiger angelegte, sogenannte statistische serielle Kompositionstechnik, in der die Parameter von teils größeren Tongruppen (Tonmenge, Gruppendauer, Dichte, Umfang usw.) und deren übergeordneter Zusammenhang fixiert sind, das Detail jedoch freie Ausgestaltung zuläßt (Stockhausen, „Gruppen für drei Orchester", 1957).

Die ersten Versuche serieller Komponisten (Stockhausen, Boulez, H. Pousseur, L. Nono) wurden angeregt durch das Klavierstück „Mode de valeurs et d'intensités" (1949) von O. Messiaen, das jeder Tonhöhe eine bestimmte Dauer, Stärke und Anschlagsart zuordnet, ohne damit reihenmäßig zu verfahren. Geschichtlich jedoch ist serielle Musik die konsequente Weiterentwicklung der ↑Zwölftontechnik, insbesondere von deren strengster Ausprägung bei A. Webern, und somit im weiteren Sinne der Endpunkt einer etwa 200jährigen abendländischen Musikentwicklung, die sich als ein Prozeß stetig fortschreitender Durchorganisation des musikalischen Materials darstellt. Als Endpunkt zeigt sie zugleich einen krisenhaften Umschlag in ihr absolutes Gegenteil. Denn im hörbaren klanglichen Ergebnis ist total determinierte Musik von total undeterminierter nicht zu unterscheiden. Das ließ die streng serielle Phase rasch abklingen und förderte seit dem Ende der 1950er Jahre neuartige Kompositionsexperimente, die etwa dem Zufall (↑Aleatorik) oder dem spontanen Einfall der Interpreten breiten Raum gewähren.

**Serinette** [səri'nɛt; französisch, von serin „Kanarienvogel"]: ein im 18. Jahrhundert beliebtes kleines, Vogelstimmen nachahmendes mechanisches Flötenwerk, das mit künstlichen Vögeln in Vogelkäfigen eingebaut und auch zum Anlernen von Singvögeln benutzt wurde.

**Serpent** [lateinisch]: weitmensuriertes Horninstrument, bestehend aus einer schlangenförmig gewundenen und mit Leder umwickelten Holzröhre, die sich kontinuierlich erweitert (ohne Stürze), mit sechs Grifflöchern, einem abgebogenen Anblasrohr aus Metall und halbkugeligem Mundstück. Der Serpent wurde im späten 16. Jahrhundert aus dem ↑Zink entwickelt. Später erhielt er einige Klappen und wurde auch in Fagottform und aus Metall gebaut. Der Serpent wurde als Baßinstrument v.a. in der französischen Kirchenmusik und in der Militärmusik verwendet. An seine Stelle trat im 19. Jahrhundert die ↑Ophikleide.

**Service** ['sə:vɪs; englisch]: Bezeichnung für die feststehenden Teile des anglikanischen Hauptgottesdienstes, die bei der Reformation aus Messe und Offizium der katholischen Kirche übernommen wurden und – in mehrstimmigen Kompositionen – Teil des „Common Prayer Book" (Buch des gemeinsamen Gebets) sind.

**Sesquialtera** [lateinisch]: Bezeichnung für die Proportion 3:2. Sie wird verwendet 1. für die Quinte, deren beide Töne das Schwingungszahlverhältnis 3:2 aufweisen; 2. für einen Mensurwechsel in der ↑Mensuralnotation (Verkürzung der rhythmischen Werte im Verhältnis 3:2); 3. für eine ↑gemischte Stimme der Orgel meist aus Quinte und Dezime.

**Sextakkord** [lateinisch]: Akkord aus drei Tönen, der außer dem tiefsten Ton dessen Terz und Sexte enthält (Generalbaßbezeichnung 6, gelegentlich $\substack{6\\3}$). Er wird in der Harmonielehre als erste ↑Umkehrung des Dreiklangs mit der Terz im Baß erklärt (z.B. e–g–$c^1$, entstanden aus c–e–g).

**Sexte** [von lateinisch sextus „der sechste"]: das ↑Intervall, das ein Ton mit einem sechs diatonische Stufen entfernt gelegenen bildet. Man unterscheidet die große (z.B. c–a), die kleine (c–as), die übermäßige (c–ais, klanglich gleich der kleinen Septime) und die verminderte Sexte (cis–as, klanglich gleich der Quinte). Die Sexte galt, wie die Terz, in der frühen Mehrstimmigkeit als auflösungsbedürftige Dissonanz, dann (so noch im 15. Jahrhundert) als nur unvollkomene, z.B. nicht schlußfähige Konsonanz. Erst durch den englischen Einfluß und die Verwendung im ↑Fauxbourdon wurde die Sexte als selbständiges, wohlklingendes Intervall anerkannt.

**Sextett** [lateinisch]: Musikstück für sechs Instrumente (Streicher oder Bläser, seltener gemischt) oder Singstimmen; auch die Gruppe der Ausführenden eines solchen Stücks. Bekannte Streichsextette komponierten J. Brahms, A. Dvořák, M. Reger und A. Schönberg („Verklärte Nacht" op. 4, 1899). Das Vokalsextett findet sich häufig an Aktschlüssen in Opern (z.B. jeweils am Ende des zweiten Akts von W. A. Mozarts „Don Giovanni", 1787, und „Così fan tutte", 1790).

**Sextole** [lateinisch]: eine Folge von sechs Noten, die für vier Noten gleicher Gestalt bei gleicher Zeitdauer eintreten; angezeigt meist durch eine Klammer und die Ziffer 6.

**sf:** Abk. für ↑**sf**orzato.

**sforzato** (sforzando, forzato, forzando) [italienisch], Abk. sf, sfz bzw. fz: verstärkt, hervorgehoben; gilt nur für einen Ton oder einen Akkord.

**sfz:** Abk. für ↑**sf**orzato.

**Shake** [ʃɛɪk; englisch] ↑Triller.

**Shanty** ['ʃæntɪ; englisch] (englisch chanty ['tʃɑ:ntɪ]): im engeren Sinn das Arbeitslied der Seeleute zur Zeit der Segelschiffe, bei dem der Arbeitsvorgang (Ankerhieven, Segelheißen, Pumpen) Rhythmus und Tempo vorgab (↑auch Arbeitslied, ↑Work-Song); im weiteren Sinn das Seemannslied. Den oft improvisierten Solostrophen des *Shantyman* (Vorsänger) antwortet ein chorischer Refrain. Die meisten heute bekannten Shanties stammen aus dem 19. Jahrhundert und sind wegen der damaligen Vormachtstellung Englands englischsprachig. Die Themen kommen aus dem Lebens- und Erfahrungsbereich der Seeleute (z. B. Heim- und Fernweh, Hafenliebe, Gefahr und Rettung). In das Repertoire gingen auch angloamerikanische Lieder anderer Berufsgruppen ein. Bekannt sind u. a. „Blow the man down", „The Rio Grande", „The banks of Sacramento", „What shall we do with the drunken sailor". Thematik und Ton der Shanties (u. a. Begleitung durch „Schifferklavier", die Zieharmonika) leben im neueren Schlager weiter.

**sharp** [ʃɑ:p; englisch]: englische Bezeichnung für das ↑Kreuz; als Zusatz zum Tonbuchstaben bezeichnet sharp Tonnamen und Tonarten (z. B. G sharp [major oder minor] svw. Gis [-Dur oder -Moll]).

**Sheng** [ʃɛŋ; chinesisch]: svw. Scheng, ↑Mundorgel.

**Shimmy** [ˈʃɪmɪ; englisch „Hemdchen"]: Gesellschaftstanz aus den USA in schnellem Zweiertakt, Anfang der 1920er Modetanz. Der Shimmy ist dem ↑Foxtrott verwandt und u. a. vom Ragtime beeinflußt. Der Name wird von der Bewegung abgeleitet, die aussehe, als ob die Tänzer das Hemd abzuschütteln versuchten.

**Sho** [ʃo:; japanisch]: svw. Scho, ↑Mundorgel.

**Shout** [ʃaʊt; englisch „Ruf, Schrei"]: ein ausdrucksstarker, schreiartiger Gesangsstil der afroamerikanischen Musik (insbesondere ↑Blues und ↑Spiritual Song), der auch die instrumentale Tonbildung des Jazz beeinflußte.

**Show** [ʃoʊ; englisch]: eine v. a. auf Beeindruckung und Überwältigung durch äußeren Aufwand und technische Perfektion zielende Veranstaltung bzw. Darbietungsweise der kommerziellen Massenunterhaltung. Wie die ↑Revue, verwendet auch die Show Musik, Tanz, Artistik und Szenisch-Theatralisches. Ihre Elemente und Formen durchdringen alle möglichen Gattungen des Showbusineß, von der Eisrevue bis zum Musical. Besonders wichtig ist die Show einerseits für die Inszenierung von Pop- und Rockmusik (live wie massenmedial vermittelt), andererseits als sehr variable, oft musikzentrierte Form im Unterhaltungsfernsehen.

**Shuffle Rhythmus** [ʃʌfl; englisch „schlurfen"]: Bezeichnung für einen punktierten Begleitrhythmus im ↑Swing und im ↑Harlem-Jump.

**si:** die siebente der Solmisationssilben (↑Solmisation); in den romanischen Sprachen Bezeichnung für den Ton H.

**Siciliano** [...tʃi...; italienisch] (siciliana; französisch sicilienne): ein Vokal- oder Instrumentalstück des 17./18. Jahrhunderts in zunächst schnellem, ab 1700 langsamerem $^{6}/_{8}$- oder $^{12}/_{8}$-Takt, oft mit einer lyrischen Melodie in punktiertem Rhythmus, einer Begleitung aus gebrochenen Akkorden und in Moll stehend. Die Herkunft aus Sizilien ist nicht gesichert, doch weist der häufige Gebrauch des ↑neapolitanischen Sextakkords auf eine Verbindung zum sizilianischen Volksgesang hin. Der Siciliano begegnet zuerst als „Aria alla siciliana" in Opern und Kantaten (A. Scarlatti, G. F. Händel), im 18. Jahrhundert in der Klavier-, Kammer- und Orchestermusik (A. Corelli, Händel, J. S. Bach, G. B. Martini, W. F. Bach).

**Sicilienne** [sisiˈljɛn; französisch] ↑Siciliano.

**Sifflöte** [von französisch sifflet „kleine Flöte"]: ein Register der Orgel mit offenen, zylindrischen Labialpfeifen zu 1-, $1^{1}/_{3}$- oder 2-Fuß, von hellem, prägnantem Klang.

**Sight** [saɪt; englisch „Anblick"]: Lehre und Aufführungsweise improvisierter Mehrstimmigkeit in der englischen Musik des 15. Jahrhunderts (und möglicherweise früher). Nach einer aufgeschriebenen Cantus-firmus-Stimme *(Plainsong)* werden weitere, darüber liegende Stimmen im Note-gegen-Note-Satz nach festgelegten Regeln improvisiert. Dabei beginnt und schließt die zweite Stimme *(Mene)* in der Oberquinte, die dritte *(Treble)* in der Oktave, die vierte *(Quatreble)* in der Duodezime. Der leichteren Lesart – des „Anblicks" – wegen stellen sie sich jedoch vor, alle im Klangraum des Plainsong zu singen, d. h. sie ↑transponieren. Die auf wenige Möglichkeiten eingeschränkten Intervallfortschreitungen bewirken, daß dabei stets nur (vollkommene oder unvollkommene) Konsonanzen entstehen. Die auf der Sight-Lehre beruhende englische Singpraxis und die sich an sie anlehnende Komposition (J. Dunstable u. a.) hat den französischen ↑Fauxbourdon und darüber hinaus den neuen Klang der kontinentaleuropäischen Musik (Dur-Akkordik, häufige Terzen und Sexten) seit etwa 1430 stark beeinflußt.

**Signale** [lateinisch-französisch] (Signalmusik): zu kultischen, höfischen, militärischen (↑Militärmusik), weidmännischen (↑Jagdmusik) Zwecken meist auf Signalinstrumenten ausgeführte akustische Zeichen. Sie sind bei Natur- und Kulturvölkern gleichermaßen verbreitet. Seit dem Mittelalter gibt es besondere Signale für Fürsten und Städte, für die Post, im Jagd- und Militärwesen, z. B. für Marsch, Alarm, Wache, Flaggenparade sowie den ↑Zapfenstreich und den „Generalmarsch" zur staatlichen Repräsentation.

**Signalhorn:** ein trompetenähnliches, ventilloses Horn mit konischer Röhre. Auf ihm können fünf bis sieben Naturtöne geblasen werden. Verwendet wurde es im 18. und frühen 19. Jahrhundert beim Militär.

**Signalinstrumente:** Geräte zum Erzeugen von akustischen Signalen; dazu zählen bestimmte Trommeln (↑Schlitztrommel), Pfeifen, Hörner ohne Ventile (↑Posthorn, ↑Jagdhorn, ↑Signalhorn) und die Glocken.

**simile** [italienisch „ähnlich"]: in der Notenschrift bei ↑Abbreviaturen gebrauchter Hinweis, in gleicher Weise fortzufahren.

**Sinfonia** [italienisch; von griechisch symphōnía „Übereinstimmung, Zusammenklang"]: bezeichnet im Altertum und Mittelalter Musik allgemein, bestimmte Musikinstrumente sowie die vollkommenen ↑Konsonanzen. Im 16. und frühen 17. Jahrhundert wird Sinfonia als Titel für Werke verwendet, in denen neben dem Gesang auch Instrumente vorgesehen sind („Symphoniae sacrae" von G. Gabrieli, 1597–1615, und H. Schütz, 1629, 1647, 1650). Im Laufe des 17. Jahrhunderts gilt die Bezeichnung zunehmend für reine Instrumentalstücke verschiedenster Art und Besetzung und tritt synonym mit ↑Concerto auf. Daneben wird auch die ↑Ouvertüre zu Balletten, Kantaten, Oratorien und v. a. zu Opern Sinfonia genannt. Die Sinfonia der venezianischen Opernschule (F. Cavalli, P. A. Cesti) ist meist zweiteilig in der Art der französischen Ouvertüre (langsam-schnell). Die neapolitanische Opernsinfonia (u. a. A. Scarlatti, ab etwa 1680) ist dreiteilig mit einem raschen Anfangs-, einem ruhig gesanglichen Mittel- und einem tanzartigen Schlußteil. Dieser Typ löst sich um 1730 von seinen Bindungen an die Oper und leitet als selbständige Konzertsinfonia die Geschichte der ↑Sinfonie ein.

**Sinfonia concertante** [...tʃɛr...; italienisch] (konzertante Sinfonie, Konzertante; französisch symphonie concertante): Komposition für mehrere Soloinstrumente und Orchester, meist dreisätzig, verbreitet v. a. in der zweiten Hälfte des 18. Jahrhunderts. Entsprechende Werke des 19. Jahrhunderts hießen meist *Doppel-*, *Tripel-* oder *Quadrupelkonzert.* Vom ↑Concerto grosso, aus dem sie hervorging, unterscheidet sich die Sinfonia concertante durch ein ausgedehntes Orchestertutti am Beginn, durch die Anlage des Kopfsatzes in Sonatensatzform sowie durch Eigenständigkeit und Virtuosität der Solostimmen gegenüber dem Orchester. Sinfonie concertante schufen u. a. I. Holzbauer (wahrscheinlich als erster, um 1750), J. Haydn, J. Ch. Bach, K. Ditters von Dittersdorf, F.-J. Gossec, C. Stamitz, W. A. Mozart (mit einigen der bedeutendsten Werke der Gattung), I. Pleyel; im 20. Jahrhundert K. Szymanowski und F. Martin.

**Sinfonie** (Symphonie; italienisch sinfonia) [von griechisch symphōnía „Übereinstimmung Zusammenklang"]: im 18. Jahrhundert entstandene repräsentative Orchesterkomposition, eine der wichtigsten Gattungen der Instrumentalmusik, die (zusammen mit ↑Sonate und ↑Streichquartett) in ihrer Ausbreitung und wechselvollen Geschichte den Stilwandel rein instrumentaler Ausdrucksformen zentral repräsentiert (zur Bedeutung und früheren Verwendung des Begriffs bis ins 18. Jahrhundert ↑Sinfonia).

Die Sinfonie hat ihre Wurzel im Einleitungsstück *(Sinfonia)* der neapolitanischen Opera seria, das bereits dreiteilig (schnell-langsam-schnell) angelegt war. Die Sinfonia wird ab etwa 1730 auch als selbständiges Konzertstück verwendet und dabei zugleich erweitert und gründlicher durchgearbeitet. Der erste Satz steht durchweg in ↑Sonatensatzform (wenngleich zunächst oft nur andeutungsweise). An dritter Stelle vor dem Finale wird vielfach ein Menuett eingefügt (außer in Norddeutschland). Im neuen, effektvollen Orchestersatz (Mannheimer Manieren) erhalten die Bläser selbständige Aufgaben. An dieser Entwicklung sind v. a. Oberitalien (G. B. Sammartini u. a.), die ↑Wiener Schule, ↑Mannheimer Schule und Norddeutsche Schule (herausragend: C. Ph. E. Bach) sowie in London J. Ch. Bach beteiligt. Eng im Zusammenhang damit steht das Auftreten qualifizierter Orchestervereinigungen sowie die Intensivierung des – nun v. a. bürgerlichen – Konzertlebens (Concerts spirituels in Paris seit 1725).

Der eigentliche Schöpfer der klassischen Sinfonie ist J. Haydn, der die bestehenden Ansätze zusammenfaßte und die Gattung zu europäischem Rang erhob. Seine über 100 Sinfonien verteilen sich auf alle Schaffensperioden. Stets neuartig, überraschend in der Erfindung und von unmittelbarer (oft auch humorvoller) Wirkung, zeugen sie zugleich in ihrer Satztechnik, thematischen Arbeit, geistvollen Instrumentierung und klaren Formdisposition von höchster Meisterschaft. W. A. Mozart, dessen Jugendsinfonien bereits durch Themenfülle, Eleganz und Kantabilität in Erstaunen setzen, assimiliert allmählich auch Haydns durchgearbeiteten Satz und findet in seinen letzten Sinfonien zu einer vollendet tiefen und persönlichen Ausdruckssprache. Eine ungeheuere Wirkung auf die gesamte Musik des 19. Jahrhunderts hat das sinfonische Schaffen L. van Beethovens ausgeübt. Seine neun Sinfonien sind je ganz eigene, unverwechselbar individuelle Gestaltungen, die in jeder Hinsicht neue musikalische Bereiche erschließen (Größe und Prägnanz der Themen, Kühnheit der Harmonik, Dehnung der Form, Vitalität der rhythmischen Bildungen, Erweiterung des Orchesterapparats, zwingender thematischer Zusammenhang aller Partien, ↑durchbrochene Arbeit und ↑obligates Akkompagnement). Der erste Satz wird bei ihm zum Austragungsort großer musikalischer Ideen, teilweise mit programmatischen Bezügen („Eroica", 1804; „Pastorale", 1807/08), auch der langsame Satz dehnt sich zu bisher nicht gekannten Dimensionen, aus dem Menuett wird zumeist ein ↑Scherzo, das Finale erhält verstärktes Gewicht und erscheint teilweise als krönender Abschluß einer auch ethisch-ideellen Entwicklung (5. und 9. Sinfonie).

Die Sinfonik nach Beethoven steht unter dem Eindruck dieser scheinbar unerreichbaren Vollendung. Dennoch findet romantisches Weltgefühl und Klangerlebnis bereits bei F. Schubert (8. und 9. Sinfonie), verändert dann in den Sinfonien R. Schumanns und F. Mendelssohn Bartholdys gültigen Ausdruck, wobei ein poetischer Grundzug die strenge thematisch-formale Auseinandersetzung überwiegt, ohne diese Grundlage dennoch zu verlassen. Höchste sinfonische Kunst im klassischen Sinne vereinen die vier Sinfonien von J. Brahms mit romantischer Innigkeit und Stimmungsfärbung wie auch mit kraftvoller, mitunter trotzig aufbegehrender orchestraler Gestik. Der Variatonsreichtum seiner thematischen Ableitungen und die Dichte seines Instrumentalsatzes haben bis ins 20. Jahrhundert (A. Schönberg) ausgestrahlt. Daneben verläuft die von H. Berlioz („Symphonie fantastique", 1830) ausgehende Entwicklung einer programmatisch orientierten Sinfonie und ↑sinfonischen Dichtung, die über F. Liszt zu R. Strauss führt und literarisch-philosophischen Ideengehalt mit Neuartigkeit der Form und Instrumentation verbindet und verwirklicht. Zwischen beiden Richtungen stehen die neun Sinfonien A. Bruckners, die Beethoven, Schubert und R. Wagner entscheidende Impulse verdanken und sich zugleich in ihrer hymnisch selbstgewissen Frömmigkeit, Kraft und Weite als ganz eigene Bildungen darstellen. G. Mahlers zehn Sinfonien knüpfen teilweise an Bruckner an, erweitern den Umfang zu riesigen Dimensionen, verfeinern zugleich die Orchestersprache, beziehen Solo- und Chorstimmen mit ein und streben nach einer universalen, metaphysischen Aussage. Außerhalb Deutschlands und Österreichs traten in der zweiten Hälfte des 19. Jahrhunderts v.a. B. Smetana, A. Dvořák, A. P. Borodin, P. I. Tschaikowski, A. K. Glasunow, E. Grieg, J. Sibelius, C. Franck, C. Saint-Saëns und G. Bizet mit bedeutenden sinfonischen Werken hervor.

Sehr uneinheitlich ist das Bild der sinfonischen Musik des 20. Jahrhunderts, in der sich die verschiedensten Richtungen (Akademismus, Neoklassizismus, Neobarock, Spätexpressionismus u.a.) beobachten lassen, Während viele Komponisten (z.B. S. S. Prokofjew und D. D. Schostakowitsch, J. Sibelius) den überkommenen Sinfonietypus beibehalten, jedoch mit neuen Inhalten zu erfüllen suchen, bemühen sich andere um eine Erneuerung der Gattung durch die Pflege eines linear polyphonen Stils (P. Hindemith, J. N. David, K. A. Hartmann), durch kammermusikalische Besetzungen (A. Schönberg) oder durch Schaffung eines verkleinerten Werktypus (M. Reger, A. Webern, D. Milhaud). Insgesamt tritt die Sinfonie als repräsentative Gattung in der Musik nach 1950 zurück. Sie ist u.a. noch vertreten bei H. Eisler, H. W. Henze, L. Berio, L. Penderecki, W. Rihm, S. Matthus, M. Trojahn und wird annäherungsweise fortgeführt in Werken mit Titeln wie „Musik für Orchester", „Orchestersuite".

**Sinfonietta** [italienisch]: Bezeichnung für kleinere sinfonische Werke mit kleinerer Orchesterbesetzung oder verringerter Satzzahl (z.B. bei M. Reger, A. Roussel).

**sinfonische Dichtung:** um 1850 entstandene Gattung der orchestralen ↑Programmusik, die begrifflich erfaßbare Inhalte ins Medium der Musik überträgt. Die sinfonische Dichtung ging hervor aus der ebenfalls inhaltlich bestimmten Konzertouvertüre und der mehrsätzigen Programmsinfonie, für die schon L. van Beethovens 6. Sinfonie („Pastorale", 1807/08), v.a. aber H. Berlioz' „Symphonie fantastique" (1830) prägende Beispiele bilden. Die sinfonische Dichtung besteht meist aus einem (in Teile untergliederten) Satz oder aus mehreren selbständigen, aber aufeinander bezogenen Sätzen. Ihre musikalischen Mittel (Leitmotivik, charakteristische Motivverwandlung, differenzierte Instrumentation und neuartig ausdrucksvolle Harmonik) werden zu verschiedenartigster Darstellung eingesetzt, von konkreter Tonmalerei bis zu tiefer psychologischer und ideeller Gestaltung. Als Programm dienen Themen der Literatur oder Malerei, Begebenheiten, Gestalten oder Ideen der abendländischen Geistesgeschichte, Landschaftseindrücke oder persönliche Erfahrungen des Komponisten. Immer aber ist das Programm nur die Anregung zu einer eigenen poetischen Aussage der Musik; daher gibt es auch sinfonische Dichtungen ohne eindeutig nachvollziehbares oder mit einem erst nachträglich entstandenen Programm. Formal kann die sinfonische Dichtung frei gestaltet sein oder sich traditionellen Formen wie Sonatensatz-, Rondoform oder Variation annähern.

Schöpfer der sinfonischen Dichtung war F. Liszt, der die Bezeichnung 1854 für seine Ouvertüre „Tasso" (1849) verwendete und in der neuen Gattung eine Erneuerung der Musik durch deren enge Verknüpfung mit der Dichtung anstrebte (↑neudeutsche Schule). Von

Liszts 17 sinfonischen Dichtungen seien erwähnt: „Les Préludes" (1854), „Mazeppa" (1854), „Hamlet" (1858). Der nach Liszt bedeutendste Vertreter der Gattung, R. Strauss, schrieb zehn sinfonische Dichtungen (von ihm meist Tondichtungen genannt), darunter „Don Juan" (1889), „Tod und Verklärung" (1890), „Till Eulenspiegels lustige Streiche" (1895), „Also sprach Zarathustra" (1896), „Don Quixote" (1897), „Ein Heldenleben" (1899). Obwohl die sinfonische Dichtung bald nach ihrer Entstehung wegen ihrer außermusikalischen Sinngebung von den Verfechtern einer ↑absoluten Musik abgelehnt wurde, blieb sie als bedeutende Gattung bis ins 20. Jahrhundert hinein erhalten. Sinfonische Dichtungen schrieben u. a. B. Smetana („Mein Vaterland", 1874–79; darin „Die Moldau"), H. Wolf („Penthesilea", 1883–85), J. Sibelius („Finlandia", 1899/1900), A. Schönberg („Pelleas und Melisande", 1903), C. Debussy („La mer", 1903–05), M. Reger („Vier Tondichtungen nach A. Böcklin", 1913) und O. Respighi („Fontane di Roma", 1917; „Pini di Roma", 1924).

**Singakademie:** Vereinigung zur Pflege des Chorgesangs, die sich v. a. der Aufführung von Oratorien und größeren A-cappella-Werken für gemischten Chor widmet. 1791 gründete C. F. Fasch die Berliner Singakademie (zunächst als „Verein zur Pflege des höheren Chorgesangs"), die unter seinem Nachfolger C. F. Zelter u. a. Vokalwerke J. S. Bachs in kleinem Kreise bekannt machte und 1829 mit der öffentlichen Aufführung der „Matthäuspassion" (1729) unter F. Mendelssohn Bartholdy eine allgemeine Bach-Renaissance einleitete. Im Laufe des 19. Jahrhunderts entstanden in vielen Städten Singakademien, von denen besonders die Wiener Singakademie (gegründet 1858) große Bedeutung für das Wiener Konzertleben erlangte.

**Singbewegung:** Kern der ↑Jugendmusikbewegung, insofern diese von Anfang an auf die Pflege des Volkslieds, später auch des anspruchsvollen Chorgesangs (F. Jöde, W. Hensel) großen Wert legte.

**singende Säge:** eine als Effektinstrument verwendete große Säge aus Stahl, deren Sägeblatt zwischen den Knien gehalten und durch Streichen mit einem Bogen oder Anschlagen mit einem Klöppel zum Klingen gebracht wird. Der Ton ist hell und wimmernd; die Tonhöhe läßt sich durch Biegen des Blatts stufenlos verändern. Die singende Säge wurde im frühen 20. Jahrhundert in Zirkus und Varieté gespielt; gelegentlich wird sie auch im Orchester eingesetzt (bei A. Honegger, H. W. Henze).

**Single** [sɪŋgl; englisch, von lateinisch singulus „einzeln"]: kleine Schallplatte mit 17 cm Durchmesser, die meist mit 45 U/min (Umdrehungen pro Minute) abzuspielen ist. Sie enthält in der Regel auf jeder Seite nur ein Musikstück von etwa 3–4 Minuten Dauer. Mit ihrer geringen Dauer und ihrem relativ niedrigen Preis dient die Single vorwiegend der Verbreitung von Unterhaltungsmusik, zumal von Schlagern bzw. Hits.

**Singmesse:** eine ↑Messe, bei der die originalen liturgischen Gesänge durch Lieder ersetzt werden, die ihnen im Inhalt entsprechen. Die Singmesse kam im frühen 18. Jahrhundert auf und verbreitete sich im Zuge der Aufklärung und allgemeiner kirchenmusikalischer Reformen. Als ausgeführte Komposition für Chor und Orgel oder Orchester wird sie bei bedeutenden Komponisten zum deutschen Gegenstück lateinischer Meßkomposition. Singmessen schrieben u. a. I. Holzbauer, M. Haydn, F. Schubert („Deutsche Messe", 1826/27), R. Schumann, E. Pepping, H. Distler.

**Singschule** ↑Meistersang.

**Singspiel:** allgemein eine Komödie mit musikalischen Einlagen, insbesondere der deutschsprachige Typus des musikalischen Bühnenstücks mit gesprochenem Prosadialog. Aus volkstümlichen Sprechstücken meist heiteren Charakters mit Musik entwickelten sich im frühen 18. Jahrhundert als bürgerliches Gegenstück zur jeweils vorherrschenden Oper großen Stils die nationalen Gattungen der englischen ↑Balladopera, der französischen ↑Opéra comique und der italienischen ↑Opera buffa.

In Deutschland wurde das Singspiel um 1750 begründet; als eigentlicher Schöpfer gilt J. A. Hiller, der der Musik gegenüber dem Dialog einen großen Anteil einräumte und seine rührselig-idyllischen Texte oft der Opéra comique entlehnte (z. B. „Lottchen am Hofe", 1767). Singspiele schrieben ferner G. A. Benda, Ch. G. Neefe, J. F. Reichardt. – In Wien wurde 1778 das „National-Singspiel" mit J. Umlauffs „Bergknappen" eröffnet; wichtigste Komponisten waren hier K. Ditters von Dittersdorf („Doktor und Apotheker", 1786), F. Gaßmann und v. a. W. A. Mozart. Mozart führte mit der „Entführung aus dem Serail" (1782) und der „Zauberflöte" (1791) die Entwicklung des nunmehr vollends an den Stil der ↑Oper angeglichenen Singspiels auf einen Endpunkt und wurde so zum Leitbild der deutschen romantischen Oper (C. M. von Weber, H. Marschner) und der ↑Spieloper (A. Lortzing).

**Sinusschwingungen:** werden von speziellen Tongeneratoren (meist in elektronischen Instrumenten), von einer Stimmgabel und in Ausnahmefällen von anderen Musikinstrumenten erzeugt. Eine Sinusschwingung läßt sich durch die einfachste Schwingungsgleichung

$$y = A \cdot \sin(2\pi f t)$$

beschreiben (A ist die ↑Amplitude, f die ↑Frequenz der Schwingung; mit y kann der Ausschlag einer Saite, die Luftdichte am Trommelfell u. a. bezeichnet werden). Da sich alle ↑Schwingungen aus Sinusschwingungen zusammensetzen lassen (↑Fourier-Analyse), ist sie der elementare Baustein aller Schwingungen.

y = Amplitude, t = Zeit

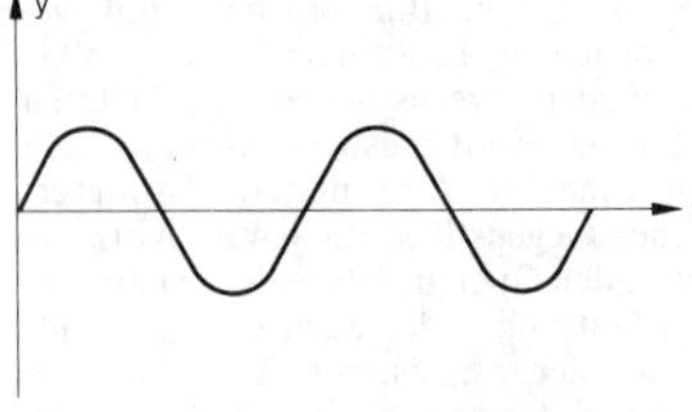


Der von einer Sinusschwingung erzeugte Ton (↑Sinuston) spielt in der elektronischen Musik eine besondere Rolle. Am ↑Oszillographen ergibt eine Sinusschwingung das in der Abbildung auf der Seite unten dargestellte Bild.

**Sinuston:** die durch eine ↑Sinusschwingung erzeugte Tonempfindung. Da sich jede Schwingung aus Sinusschwingungen zusammensetzen läßt (↑Fourier-Analyse) wird der Sinuston auch als der „einfachste Ton" (↑Ton) bezeichnet.

**Sirene** [griechisch; nach den gleichnamigen antiken Sagengestalten]: ein Schallgeber, bei dem der Schall durch die periodische Unterbrechung eines Luftstroms und die dadurch bewirkten Druckschwankungen hervorgerufen wird. Die einfachste Art ist die Lochsirene, bei der der Luftstrom durch eine rotierende Lochscheibe unterbrochen wird. Bei der Dampfsirene wird anstelle des Luftstroms ein Dampfstrom auf die Lochscheibe geblasen. Bei der Motorsirene drückt eine mit Schaufelkammern besetzte, von einem Elektromotor angetriebene Trommel die Luft durch eine andere, mit Löchern versehene feststehende Trommel. Die Sirene wird bevorzugt als Warninstrument verwendet; musikalisch eingesetzt wurde sie von P. Hindemith und E. Varèse.

**Sirtaki** [von griechisch syrtós „Rundtanz"]: griechischer Volkstanz, der langsam beginnt und immer schneller wird; er wird in Ketten- oder Kreisform getanzt. Durch M. Theodorakis' Filmmusik zu „Alexis Sorbas" (1964) wurde der Sirtaki nach 1965 international bekannt.

**Sirventes** [provenzalisch „Dienstlied"]: eine der Hauptgattungen der Troubadourlyrik. Das Sirventes war ursprünglich inhaltlich und formal nicht festgelegte, bezahlte Auftragsdichtung. Seit etwa 1150 wurde es als Rüge-, Kriegs- und Moralsirventes zu einer Form der satirischen Dichtung. Hauptvertreter waren Bertran de Born, Giraut de Borneil, Marcabru und Peire Cardenal.

**Sister** ↑Cister.

**Sistrum** [griechisch]: eine antike Rassel, bestehend aus einem mit Handgriff versehenen Metallrahmen, in dem entweder einige Metallstäbe lose eingelassen oder feststehende Stäbe mit losen Metallscheibchen angebracht sind. Beim Schütteln entsteht ein Klirren. Bereits um 2500 vor Christus in Mesopotamien nachgewiesen, verbreitete sich das Sistrum als Kultinstrument von Ägypten aus im griechisch-römischen Raum. In der koptischen Kirche, wo es bis ins 20. Jahrhundert in Gebrauch war, ist es heute vom Triangel abgelöst.

**Sitar** [persisch]: indische Langhalslaute mit einem birnenförmigen Schallkörper aus Holz oder Kürbis, dessen Decke mit kleinen Schallöchern versehen ist, und einem langen, flachen Hals mit 16–20 beweglichen Bünden. Der Sitar hat vier bis sieben Metallsaiten, von denen eine als Melodiesaite und die übrigen als Bordunsaiten mit Plektron gespielt werden; manche Instrumente haben zusätzlich Resonanzsaiten. Der Sitar ist persischen Ursprungs, taucht um 1300 auf und ist heute eines der wichtigsten Instrumente in Nordindien.

**Sixte ajoutée** [sikstaʒu'te:; französisch „hinzugefügte Sexte"]: seit J.-Ph. Rameau („Traité de l'harmonie", 1722) die Bezeichnung für die charakteristische dissonierende Sexte im ↑Quintsextakkord, auch Bezeichnung für diesen Akkord selbst.

**Sixtinische Kapelle** (lateinisch capella sixtina): nach dem vatikanischen Kapellgebäude gleichen Namens benanntes päpstliches Sängerkollegium. Seit dem 14. Jahrhundert nachweisbar, wurde sie im 15. und 16. Jahrhundert (bei bis zu 30 Mitgliedern) eine der führenden Pflegestätten der Vokalpolyphonie, der einige der berühmtesten Meister der Zeit selbst angehörten (Dufay, Josquin Desprez, Palestrina). Auch späterhin pflegte und bewahrte sie die Werke der Palestrinazeit und vermittelte so den spätniederländischen A-cappella-Stil als (v. a. kirchenmusikalisches) Kompositionsideal den folgenden Epochen, bis hin zu dessen historisierender Wiederbelebung (↑Cäcilianismus) und wissenschaftlicher Aufarbeitung im 19. Jahrhundert.

**Skalde** [von altnordisch skáld „Dichter"]: Bezeichnung für norwegische oder isländische Dichter des 9.–14. Jahrhunderts, die als Gefolgsleute oder fahrende Sänger an Fürstenhöfen lebten. Die *Skaldendichtung* ist neben „Edda" u. „Sagas" der dritte große Bereich altnordischer Dichtkunst. In ihrem Zentrum steht das Preislied, das meist die kunstvolle Form der Drapa (3 Strophen aus 4 zwölfsilbigen Langzeilen mit Stabreim, Binnenreim und Assonanz) aufweist. Daneben gibt es Spott- und Liebesdichtung. Die Sprache ist bilderreich und bewußt verrätselt. Seit Ende des 10. Jahrhunderts treten meist nur noch Isländer als Skalden auf.

**Skiffle** [skɪfl; englisch]: Bezeichnung für eine aus der amerikanischen Volksmusik abgeleitete volkstümliche Musik, die auf einfachen, z. T. selbstgebauten Instrumenten gespielt wird (Mundharmonika, Waschbrett, Teekistenbaß usw.). Skifflemusik ist besonders beliebt in England und in Norddeutschland, sie wird ausschließlich von Amateurmusikern gespielt.

**Skop** (Scop) [sko:p; altenglisch]: westgermanische Bezeichnung für den Hofdichter und berufsmäßigen Sänger von Helden- und Preisliedern; entspricht dem nordgermanischen ↑Skalden.

**Skordatur** ↑Scordatura.

**Slap-Baß-Technik** [slæp; von englisch slap „klatschen"]: eine v. a. im ↑Dixieland-Jazz gepflegte Baßspielweise, bei der der Spieler abwechselnd die Saiten zupft und mit der Hand auf das Griffbrett schlägt.

**slargando** (slentando) [italienisch]: breiter, langsamer werdend.

**Slendro** (Selendro) [javanisch]: Materialtonleiter in der Musik Javas und Balis, die die Oktave in 5 gleich große (isotonische, „gleichtönige") Stufen teilt; bildet mit ↑Pelog die Grundlage für die Gamelanmusik (↑Gamelan). – Neuerdings wird die Gleichheit der Leiterstufen bestritten. Vorläufig werden aber noch mit Slendro auch fünfstufige Leitern mit gleichem Intervallabstand überhaupt bezeichnet, wie sie u. a. auch in Gebieten Westafrikas vorkommen.

**slentando** [italienisch] ↑slargando.

**Slowfox** ['sloufɔks; englisch]: langsame Art des ↑Foxtrott; einer der internationalen Standardtänze.

**smorzando** [italienisch]: ersterbend, verlöschend.

**soave** [italienisch]: sanft, angenehm, lieblich.

**Soft Rock** [englisch]: relativ leiser und sanfter Rock im Gegensatz zum *Heavy Rock*, bei dem große Lautstärke ein bestimmendes, wesentliches Merkmal ist. Soft Rock ist kein Stilbegriff; man versteht darunter v. a. Folk-Rock, Country-Rock oder sogar zeitgenössischen Folksong.

**Soggetto** [sɔd'dʒetto; italienisch „Subjekt"]: Thema einer kontrapunktischen Komposition (z. B. Ricercar, Fantasie, Kanzone), besonders der ↑Fuge.

**Soggetto cavato** [sɔd'dʒetto; italienisch „Subjekt" und von cavare „herausnehmen, schöpfen"]: ein Thema, dessen Noten, in Tonbuchstaben oder Solmisationssilben gelesen, auf einen Ausspruch oder Namen verweisen, z. B. B–A–C–H (bei J. S. Bach selbst und später häufig) oder A–B–E–G–G (R. Schumann, op. 1, 1830).

**sol:** die fünfte der Solmisationssilben (↑Solmisation); in den romanischen Sprachen Bezeichnung für den Ton G.

**Soldatenlied:** das hauptsächlich von Soldaten gemeinschaftlich gesungene, spezifische oder das in den Militärbereich aus dem ↑Volkslied eingegangene Liedgut. Von der Funktion her unterscheidet man „Marsch"- und „Ruhelieder". Marschlieder sind häufig „verordnete" Lieder aus offiziellen Liederbüchern, die Kampfbereitschaft, Vaterlandsliebe oder auch einfach nur die Beine aktivieren sollen. Besonders hier finden sich oft ausgeprägte Kehrreime. Ruhelieder dagegen werden eher spontan gesungen; sentimentale Liebes- und Heimatlieder sowie Volkslieder bestimmen das Repertoire. – Im Soldatenlied spiegelt sich das Militärleben von der Musterung (Rekrutenlieder; ↑auch Verbunkos) bis zum Ausscheiden aus dem aktiven Dienst (Reservistenlieder), Kriegserlebnis und Trauer über die Trennung von der Familie. Neben Lobliedern auf das Soldatenleben stehen Klagelieder über die Kriegswirklichkeit, über Mißstände und schlechte Behandlung. Eine eigene, inhaltlich bestimmte Untergattung sind die Lieder von Deserteuren (besonders im 18. Jahrhundert, z. B. „Zu Straßburg auf der Schanz"); außerdem haben die einzelnen Truppengattungen eigene Lieder. – Vorgänger heutiger Soldatenlieder sind die frühneuzeitlichen Landsknechts- und Reiterlieder („Gott gnad dem großmechtigen keiser frumme, Maximilian!", 1518). Bekannte Soldatenlieder aus der Geschichte sind u. a. „Wilhelmus von Nassawe" (1626), „Prinz Eugen" (im $^5/_4$-Takt), „Marlbrouk s'en va-t-en guerre" (Anfang 18. Jahrhundert), „Lützows wilde verwegene Jagd" (Befreiungskriege). – Enge Beziehungen bestehen v. a. zu Marsch[lied] und patriotischem Lied; auch Choräle wurden verwendet („Hussitenchoral"). Das Soldatenlied ist vom jeweiligen historischen und nationalen Stil der volkstümlichen Musik geprägt, von vorherrschender Ideologie und Zweckbestimmung des Militärs. Trotz übergreifender funktioneller Ähnlichkeiten gibt es daher große inhaltliche und qualitative Unterschiede.

**Solfège** [sɔl'fɛ:ʒ; französisch] (italienisch solfeggio): meist virtuose Gesangsübungen auf Solmisationssilben, Vokale *(Vokalise)*, Tonnamen, die spätestens seit dem 18. Jahrhundert die Grundlage der Stimmausbildung des Sängers sind. Solfège bezeichnet daneben eine musikalische Elementarlehre (einschließlich Notation, Intervalle usw.), die auf der ↑Solmisation aufbaut und mit Gesangsübungen auf Solmisationssilben Stimme, Gehör und rhythmisches Empfinden schult.

**Solfeggio** [zɔl'fɛdʒo; italienisch] ↑Solfège.

**Soliloquenten** [von lateinisch solus „allein" und loqui „reden"]: die einzeln Redenden, in der ↑Passion Bezeichnung für die einzeln auftretenden Personen (außer dem Evangelisten und Christus), z. B. Petrus, Pilatus, im Gegensatz zur ↑Turba.

**Solist** [lateinisch]: der Einzelspieler oder Einzelsänger, der in der Oper, im Konzert und ähnlichen Veranstaltungen (mit oder ohne Chor- oder Instrumentalbegleitung) auftritt. – ↑auch Solo.

**Solmisation** [lateinisch]: System von Tonbezeichnungen unter Verwendung der Tonsilben ut (später do), re, mi, fa, sol, la, erstmals um 1025 von Guido von Arezzo beschrieben unter Bezugnahme auf den Johanneshymnus „*Ut* queant laxis *Re*sonare fibris ...“, dessen Melodiezeilen in aufsteigender Folge auf den Tönen von c bis a einsetzen. Dieser *Hexachordum naturale* genannten Sechstonskala folgten das auf f einsetzende *Hexachordum molle* (der Halbtonschritt mi–fa forderte das b molle [= b]) und das auf g einsetzende *Hexachordum durum* (mi–fa forderte das b durum [= h]). Durch Transpositionen nach oben und unten konnte der im Mittelalter benötigte Tonraum exakt bezeichnet werden:

| | | | | | | | |
|---|---|---|---|---|---|---|---|
| ee (= $e^2$) | | | | | | | la |
| dd (= $d^2$) | | | | | | la | sol |
| cc (= $c^2$) | | | | | | sol | fa |
| bb (= $b^1$ oder $h^1$) | | | | | | fa | mi |
| aa (= $a^1$) | | | | | la | mi | re |
| g (= $g^1$) | | | | | sol | re | ut (Hexachordum durum tertium) |
| f (= $f^1$) | | | | | fa | ut (Hexachordum molle secundum) | |
| e (= $e^1$) | | | | la | mi | | |
| d (= $d^1$) | | | la | sol | re | | |
| c (= $c^1$) | | | sol | fa | ut (Hexachordum naturale secundum) | | |
| b (= b oder h) | | | fa | mi | | | |
| a (= a) | | la | mi | re | | | |
| G (= g) | | sol | re | ut (Hexachordum durum secundum) | | | |
| F (= f) | | fa | ut (Hexachordum molle primum) | | | | |
| E (= e) | la | mi | | | | | |
| D (= d) | sol | re | | | | | |
| C (= c) | fa | ut (Hexachordum naturale primum) | | | | | |
| B (= H) | mi | | | | | | |
| A (= A) | re | | | | | | |
| Γ (= G) | ut (Hexachordum durum primum) | | | | | | |

Beim Übergang von einem Hexachord in ein anderes (Mutation) wurde durch eine aus der obigen Aufstellung ersichtliche Kombination von Tonsilben eine absolute Tonhöhe im System festgelegt (z. B. c = fa ut, $c^1$ = sol fa ut). Die Transposition dieses Systems auf andere Ausgangstöne wurde als Bereich der ↑Musica ficta gesehen. Schwierigkeiten, die sich beim Aufkommen des neuzeitlichen Dur-Moll-Systems ergaben, führten im 16. Jahrhundert zur Einführung der Tonsilbe si für h.

Die seit dem Mittelalter im Musikunterricht gebrauchte Solmisation erfuhr seit dem 16. Jahrhundert zahlreiche Veränderungen (z. B. ↑Bocedisation); sie wurde im 19. Jahrhundert in England mit der Tonic-solfa-Methode neu belebt. Auf dieser beruht die seit dem 20. Jahrhundert in der deutschen Musikpädagogik gebrauchte Tonika-do-Methode (↑Tonika-do), die die Solmisationssilben mit Handzeichen verbindet, um damit für die Schüler die gegebenen Verhältnisse zu verdeutlichen.

**Solo** [lateinisch]: solistisch (↑Solist)

auszuführende, meist technisch besonders anspruchsvolle Vokal- oder Instrumentalstimme mit oder ohne Begleitung; in übertragener Bedeutung auch Bezeichnung für ein nur von einem Solisten vorzutragendes Musikstück. Im Instrumentalkonzert, Concerto grosso u. a. stehen ein oder mehrere Instrumentalsolisten dem Orchester gegenüber, in großen Vokalwerken ein oder mehrere Vokalisten dem Chor (bzw. dem Orchester).

**Sonata da camera** [italienisch]: Kammersonate, ↑Sonate.

**Sonata da chiesa** [ki'e:za; italienisch]: Kirchensonate, ↑Sonate.

**Sonate** (italienisch sonata) [von lateinisch sonare „klingen"]: seit dem frühen 17. Jahrhundert Bezeichnung für eine meist mehrsätzige, zyklisch angelegte Instrumentalkomposition in kleiner oder solistischer Besetzung. Das Wort Sonata bezeichnete ursprünglich in der 2. Hälfte des 16. Jahrhunderts zur Unterscheidung von rein vokalen Kanzonen Stücke, die instrumentale Bearbeitungen oder stilistische Nachahmungen von Vokalsätzen darstellen (Canzona da sonar, Canzona sonata). Bedeutend für die Entwicklung der Gattung waren die mehrchörig angelegten Sonaten G. Gabrielis (1597 und 1615). Durch Umbildung der Kanzone zum monodischen Instrumentalstück und Stimmenverminderung entstanden die *Solosonate* für eine Melodiestimme (meist Violine) mit Generalbaßbegleitung (G. P. Cima, 1610; B. Marini, 1617) und die ↑*Triosonate* für zwei Melodieinstrumente und Generalbaß (zuerst S. Rossi, 1613); in Form und Besetzung bildeten sie die wichtigsten kammermusikalischen Gattungen bis ins 18. Jahrhundert. Nach ihrer Bestimmung wurden die *Kirchensonate* (Sonata da chiesa) und die höfische *Kammersonate* (Sonata da camera) unterschieden. Seit A. Corelli (12 Triosonaten op. 1, 1681) hatte die Kirchensonate vorwiegend vier motivisch und modulatorisch einheitlich gestaltete, tonartlich verwandte Sätze in der Folge langsam-schnell-langsam-schnell, wobei die langsamen Sätze imitatorisch oder homophon und die schnellen fugiert angelegt waren. Die Kammersonate war meist dreisätzig (schnell-langsam-schnell) und bestand aus einem präludienartigen Eingangssatz und nachfolgenden Tanzsätzen. Ende des 17. Jahrhunderts vermischten sich beide Typen, wobei jedoch das Vorbild der Kirchensonate bestimmend blieb für die Komponisten des späten 17. und frühen 18. Jahrhunderts: in Italien G. B. Bononcini, E. F. Dall'Abaco, A. Vivaldi, F. Geminiani, F. M. Veracini, G. Tartini, P. A. Locatelli, in England H. Purcell, in Frankreich F. Couperin, J.-M. Leclair und in Deutschland H. I. F. Biber, G. Ph. Telemann, G. F. Händel, G. Muffat, J. J. Quantz. Die Kirchensonate wurde durch J. S. Bach von der Triobesetzung auf ein Melodieinstrument (Violine, Viola da gamba, Querflöte) und einen obligaten Klavierpart mit solistischer Continuostimme oder auf Solovioline übertragen. Die Klaviersonate fand ihre wichtigsten Vertreter in J. Kuhnau, D. Scarlatti, B. Galuppi, G. Ch. Wagenseil, G. M. Monn, W. F., C. Ph. E. und J. Ch. Bach, J. Schobert, D. Cimarosa, M. Clementi und I. Pleyel.

Die Klavier- und die Violinsonate der Wiener Klassik (J. Haydn, W. A. Mozart, L. van Beethoven) sind gekennzeichnet durch thematische Arbeit, einen klaren periodischen und modulatorischen Aufbau, Gliederung des Zentralsatzes in Exposition, Durchführung und Reprise (↑Sonatensatzform) und in der Regel Dreisätzigkeit. In Mozarts Violinsonaten entwickelt sich die Violinstimme von einer reinen Begleitstimme zum gleichberechtigten Partner des Klaviers. Beethovens großangelegte Sonaten weisen drei, vier oder zwei Sätze auf, die thematisch aufeinander bezogen sind. Die Formprinzipien der klassischen Sonate behielten für die nachfolgenden Komponisten des 19. Jahrhunderts ihre Gültigkeit (C. M. von Weber, F. Schubert, R. Schumann, F. Mendelssohn Bartholdy, F. Chopin, F. Liszt, C. Franck, J. Brahms). Im 20. Jahrhundert verlor der Begriff Sonate durch die Anwendung neuer kompositorischer Prinzipien an Bedeutung; die nicht seltene Bezeichnung Sonate bei Werken der Neuen Musik (B. Bartók, I. Strawinski, A. Berg, P. Hindemith, P. Boulez, H. W. Henze) beruht entweder auf einem Rückgriff auf die historisch gewordene Form oder auf einer Gleichsetzung der Sonate mit einem instrumentalen Spielstück.

**Sonatensatzform** (Sonatensatz, Sonatenform, Sonatenhauptsatzform): Bezeichnung für das Formmodell v. a. des ersten Satzes von Sonaten, Sinfonien und Kammermusikwerken seit der zweiten Hälfte des 18. Jahrhunderts, das sich schematisch folgendermaßen darstellen läßt:

| | |
|---|---|
| Exposition: | 1. Thema in der Tonika<br>Überleitung, modulierend |
| | 2. Thema, in Dur-Sätzen in der Dominante,<br>in Mollsätzen in der Tonikaparallele<br>Schlußgruppe, ebenfalls in der Dominante<br>bzw. in der Tonikaparallele |
| Durchführung: | Verarbeitung der Themen mit Modulationen<br>in entfernte Tonarten |
| Reprise: | 1. Thema in der Tonika<br>Überleitung, gegenüber der Exposition meist verändert<br>2. Thema in der Tonika<br>Schlußgruppe in der Tonika |
| (Koda): | (gegebenenfalls mit erneuter<br>thematischer Verarbeitung) |

Der Bereich des 1. Themas (oder der ersten Themengruppe) wird auch als *Hauptsatz*, der des 2. Themas als *Seitensatz*, die Schlußgruppe als *Epilog* oder dritte Themengruppe bezeichnet. Am Beginn kann eine langsame Einleitung vorangehen; die Koda ist sehr unterschiedlich gestaltet und entfällt gelegentlich auch ganz.

Die Sonatensatzform wurde als Muster- und Regelfall von der ↑Formenlehre des 19. Jahrhunderts im Rückblick auf die Werke der Wiener Klassik entwickelt. Die kompositorische Praxis hingegen weicht auf vielfältigste Weise von ihr ab. Bis zu Haydn und Mozart ist ihre Form noch nicht voll ausgebildet, bei Beethoven wird sie bereits charakteristisch abgewandelt, erweitert und immer wieder neu gewichtet. In der Romantik wird sie teils als verpflichtende Norm, teils als problematische Schablone, teils als Anstoß zu neuen Formversuchen angesehen, teils auch bewußt umgangen, z. B. durch Bevorzugung kleiner, liedartiger Formen, die auch zu Zyklen zusammengestellt werden (R. Schumann, F. Chopin). Jedoch auch der Riesenbau spätromantischer Sinfonik (J. Brahms, A. Bruckner, G. Mahler) erwächst noch aus ihrer Formidee. In der ersten Hälfte des 20. Jahrhunderts gibt es Versuche, die Sonatensatzform, losgelöst von ihrer tonalen Bindung, erneut zu durchdenken (A. Schönberg, A. Webern, A. Berg, B. Bartók).

**Sonatine** [italienisch]: im 17. und frühen 18. Jahrhundert gleichbedeutend mit Sonate; nach 1750 Bezeichnung für eine kleinere, gewöhnlich nur drei Sätze umfassende, leicht spielbare Sonate mit Sonatenaufbau, aber oft verkürzter Durchführung, meist für Klavier oder Violine.

**Song** [englisch]: 1. allgemein nach dem angloamerikanischen Sprachgebrauch svw. wie Lied (etwa Folksong,

Gospelsong, Protestsong usw.). – 2. spezieller ist Song eine dem neueren ↑Chanson und ↑Couplet verwandte Liedgattung. Formal kennzeichnend ist der Aufbau aus [Vor]strophe (englisch Verse) und Refrain, inhaltlich der meist sozialkritische und/oder satirische Gehalt. Musikalisch werden Elemente des Music-Hall-, Kabarett- und Varietélieds, von Bänkelsang und Moritat, Schlager und andern volkstümlichen Liedtypen sowie von Jazz und zeitgenössischer Tanzmusik verwendet. Dieser Song wurde nach dem 1. Weltkrieg v. a. in den Agitpropgruppen der deutschen Arbeiterbewegung entwickelt. Er wurde dann besonders durch B. Brecht und Komponisten wie K. Weill, H. Eisler oder P. Dessau zur Hauptform in epischem Musiktheater wie sozialistischem Kampf- und Massenlied.

**sopra** [italienisch; von lateinisch supra „oben“]: Anweisung beim Klavierspiel, mit gekreuzten Händen zu spielen bzw. Hinweis für die obenliegende Hand. – Gegensatz ↑sotto.

**Sopran** [lateinisch] (italienisch soprano; lateinisch superius, suprema vox): Stimmlagenbezeichnung für die höchste der menschlichen Singstimmen, von Frauen, Knaben, früher auch von Falsettisten oder Kastraten gesungen (Umfang $c^1$–$a^2$, bei Berufssängern a–$c^3$, $f^3$). Die Bühnenpraxis unterscheidet den lyrischen Sopran, den jugendlich-dramatischen Sopran, den hochdramatischen Sopran, den Koloratursopran, den Mezzosopran und die Soubrette. – Die Bezeichnung Sopran setzte sich in der Komposition seit dem 17./18. Jahrhundert durch, davor hieß die oberste Stimme Cantus, Discantus (↑Diskant), Superius u. a., französisch auch Dessus, englisch Treble. – Bei Instrumentenfamilien ist Sopran die Bezeichnung für die höchsten Vertreter, z. B. Sopranblockflöte.

**Sopranschlüssel** (Diskantschlüssel): der C-Schlüssel auf der 1. Notenlinie, früher für die Sopranlage schlechthin verwendet; v. a. in der Instrumentalmusik im Laufe des 17. Jahrhunderts vom ↑Violinschlüssel verdrängt, blieb der Sopranschlüssel für Vokalstimmen in Partituren bis ins 20. Jahrhundert gebräuchlich.

**Sordino** [italienisch] ↑Dämpfer.

**Sordun** [lateinisch]: ein selteneres Blasinstrument des späten 16. und 17. Jahrhunderts mit doppeltem Rohrblatt und einer zylindrischen Röhre, die (ähnlich dem ↑Kortholt) in ein Holzkorpus in zwei- oder dreifacher Führung gebohrt ist und in ein kleines seitliches Loch endet. Der Klang ist gedämpft. Der Sordun wurde in mehreren Größen gebaut; die größeren Instrumente besaßen ein gebogenes Anblasröhrchen und einzelne Klappen. Noch im 17. Jahrhundert wurde der Sordun vom verwandten Fagott verdrängt.

**sospirando** (sospirante) [italienisch]: seufzend.

**sostenuto** [italienisch], Abk. sost.: gehalten, getragen; bei Tempobezeichnungen zur Angabe der Verbreiterung des Zeitmaßes (z. B. *andante sostenuto*).

**sotto** [italienisch „unten“]: Anweisung beim Klavierspiel, mit gekreuzten Händen zu spielen bzw. Hinweis für die unten liegende Hand. – Gegensatz ↑sopra.

**sotto voce** [ˈvoːtʃe; italienisch „unter der Stimme“], Abk. s. v.: mit „halber“, leiser Stimme, mit gedämpftem Ton bzw. Ausdruck.

**Soubrette** [zu...; französisch „verschmitztes Mädchen, Zofe“]: weibliches Rollenfach für Sopran in Oper, Operette und Singspiel, meist muntere, oft komische Mädchenrolle (z. B. Susanne in Mozarts „Hochzeit des Figaro“, 1786, oder Zerbinetta in R. Strauss' „Ariadne auf Naxos“, 1912–16).

**Soul** [soʊl; englisch „Seele“]: wurde als musikalischer Begriff erstmals im Jazz der 1950er Jahre verwendet und bezeichnete eine Stilform des ↑Hardbop, die an frühe Formen der afroamerikanischen Musik anknüpfte, insbesondere ↑Gospelsong und ↑Work-Song. Bedeutende Musiker des Soul-Jazz waren u. a. Julian Adderly, Bobby Timmons und Ramsey Lewis. – Mitte der 1960er Jahre wurde der Begriff in die schwarze Populärmusik übernommen und bezeichnete dort eine Variante des späten ↑Rhythm and Blues. Hervorragende Interpreten dieser Art von Soul sind Aretha Franklin, James Brown und Wilson Picket.

**Sound** [saʊnd; englisch „Klang"]: im Jazz und in der Rockmusik Bezeichnung für die jeweils charakteristische Klangfarbe eines Instrumentalisten, einer Gruppe oder eines Stilbereichs. Während der individuelle Sound eines Musikers v. a. durch Tonbildung, Artikulation, Wahl des Instrumentes (Blattstärke, Mundstück usw.) bestimmt wird, wird der typische Sound einer Gruppe oder eines Stils v. a. durch die Instrumentation und elektroakustische Zubereitung geprägt.

**Sousaphon** [zuza...]: ein von dem amerikanischen Komponisten J. Ph. Sousa angeregtes und nach ihm benanntes Blechblasinstrument, eine Baßtuba mit kreisförmig gewundenem Rohr, das der Spieler um den Oberkörper trägt, und mit breit auslaufender, in der Richtung verstellbarer Stürze. Das Sousaphon wurde erstmals 1908 gebaut und wird v. a. in der amerikanischen Militärmusik verwendet.

**Souterliedekens** ['sɔu̯tərli:dəkəns; niederländisch]: 1540 in Antwerpen erschienene Sammlung der 150 Psalmen (mittelniederländisch souter „Psalm"), die erste vollständige gereimte Psalmenübersetzung überhaupt. Den Psalmen sind 158 überwiegend holländische Volksliedmelodien unterlegt; da auch die Anfangszeilen der weltlichen Liedtexte mitvermerkt sind, ist die Sammlung eine wichtige Quelle für das ältere Volkslied. Die Souterliedekens wurden in der evangelisch-reformierten geistlichen Musik weit verbreitet (mindestens 33 Auflagen) und schon 1556/57 von Clemens non Papa dreistimmig bearbeitet.

**Spannungssteuerung** (englisch voltage control): während auch auf der größten Elektronenorgel alle elektronischen Teile (Filter, Tongeneratoren, Rhythmusautomatik usw.) vom Spieler einzeln bedient werden, können die ↑Moduln eines ↑Synthesizers sich gegenseitig „bedienen" (steuern). Jeder Modul eines Synthesizers kann von Hand (manuell) oder durch eine elektrische Spannung, die ein anderer Modul erzeugt hat, eingestellt werden. Diesen Vorgang nennt man Spannungssteuerung. Er ist letztlich für die Klangvielfalt des Synthesizers verantwortlich. Das Prinzip soll folgendes Beispiel verdeutlichen: Ein Tongenerator (TG) erzeugt eine Schwingung, deren Frequenz durch die Spannung, die ein Rechteckgenerator (RG) erzeugt, gesteuert wird.

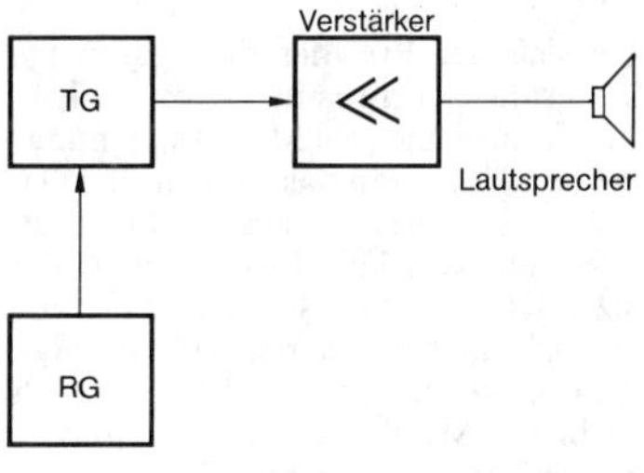


Spannung, die der RG erzeugt:

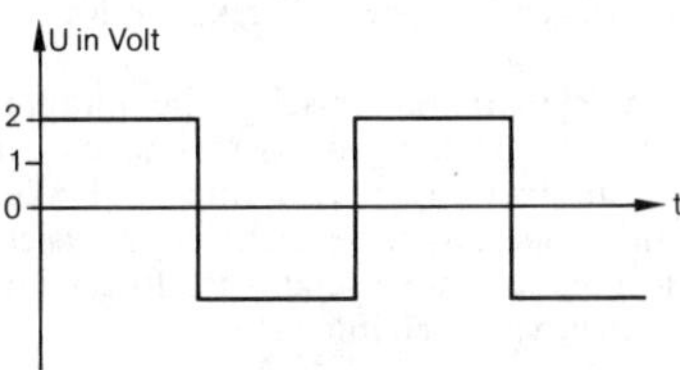


Schwingungen, die der spannungsgesteuerte TG erzeugt:

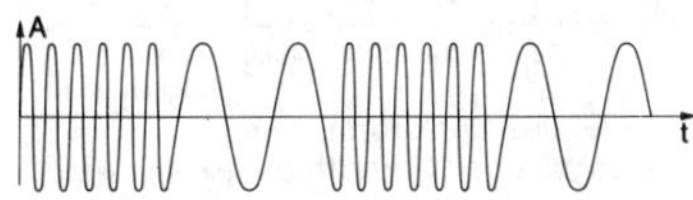


In herkömmlicher Notenschrift ist das Ergebnis:

Wird die Amplitude der Rechteckschwingung vergrößert, so vergrößert sich die Steuerspannung und damit das „Intervall" am TG:

Wird die Frequenz der Rechteckschwingung vergrößert, so beschleunigt sich der „Intervallwechsel" am TG:

Da sich der RG, der die Spannungssteuerung vornimmt, selbst wieder durch einen anderen Modul spannungssteuern läßt, kann das Ergebnis am TG äußerst komplex werden. Es kommt daher häufig vor, daß Musiker am Synthesizer Klangergebnisse hervorrufen, die sie nicht mehr „beherrschen"; der Synthesizer spielt den Musiker und nicht mehr der Musiker den Synthesizer.

**spartieren** [italienisch]: aus (geschriebenen oder gedruckten) Einzelstimmen eine ↑Partitur zusammensetzen; v. a. bei älteren, nur in Stimmbüchern vorhandenen Werken erforderlich.

**Spektrum** [lateinisch]: die (graphische) Darstellung des Ergebnisses der ↑Fourier-Analyse. Die Intensität aller Sinustöne, aus denen sich der analysierte Ton zusammensetzt, wird folgendermaßen veranschaulicht:

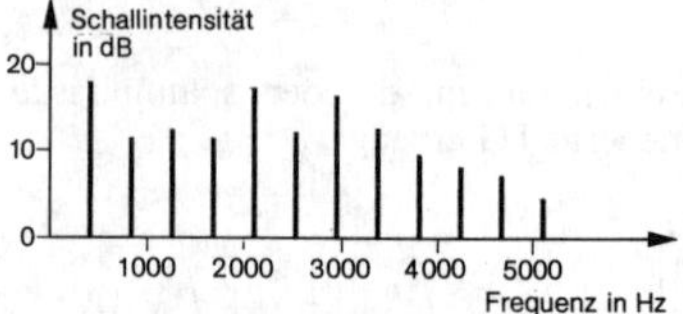


Beispiel des Spektrums eines Geigentons der Grundfrequenz 440 Hz

Bei geeigneter statistischer Interpretation der Intensitätsachse können auch ↑Geräusche veranschaulicht werden.

**Sphärenharmonie** [griechisch]: die in Zahlenverhältnissen ausdrückbare Entsprechung von Bewegungen und

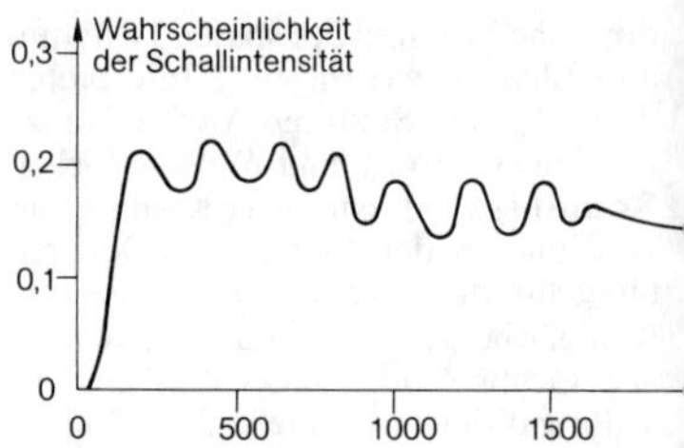


Beispiel des Spektrums einer kleinen Trommel

Entfernungen der Himmelskörper (Mond, Sonne, Planeten, Fixsterne) und von Grundlagen des Tonsystems (Zahlenproportionen der Intervalle). Die Sphärenharmonie war im mittelalterlichen Musiksystem der zentrale Bereich der Musica mundana (↑Musica). Die Vorstellung von einer Entsprechung von Welt- und Tonsystem geht auf die älteren Pythagoräer (u. a. Archytas von Tarent) zurück, wurde von Platon und Aristoteles übernommen und ging durch Boethius in die mittelalterliche Musiktheorie ein. Die Frage nach der Hörbarkeit der *Sphärenmusik* wurde mit der erneuten Beschäftigung mit Aristoteles im 13. Jahrhundert wieder aufgegriffen. Mit einer – nicht zuletzt im Aufblühen der städtisch-bürgerlichen Kultur begründeten – verstärkt empirischen Orientierung von Philosophie und Musiktheorie (Johannes de Grocheo, Adam von Fulda) verlor die Vorstellung von der Sphärenharmonie ihre musiktheoretische Bedeutung, blieb aber als Denkform (z. B. bei J. Kepler; thematisiert in P. Hindemiths Oper „Die Harmonie der Welt", 1957) bis in die Barockzeit erhalten.

**spiccato** [italienisch]: bei Streichinstrumenten eine Strichart, bei der jeder Ton deutlich abgesetzt mit einem neuen Bogenstrich gespielt wird; in schnellem Tempo in ↑sautillé übergehend.

**Spiegelfuge:** eine ↑Fuge, bei der der gesamte Satz umkehrbar ist. Dabei werden alle Aufwärts- zu Abwärtsbewegungen, die tiefste Stimme zur höchsten usw. (z. B. J. S. Bach, „Kunst der Fuge", 1749/50, Contrapunctus 16, 17, 18).

**Spiegelkanon** (eigentlich Spiegelkrebskanon): ein Kanon, bei dem die zweite Stimme die Noten der ersten rückwärts und in ↑Umkehrung („gespiegelt“) vorträgt, gelegentlich so notiert, daß sich die Ausführenden gegenübersitzen und das Notenblatt zwischen sich legen können.

**Spieldose:** ein mechanisches Musikinstrument, bei dem die Töne durch das Anzupfen von Metallzungen mittels Stiften entstehen. Die Stifte sitzen auf einer rotierenden Metallscheibe oder Walze. Die ersten Spieldosen wurden 1770 in der Schweiz gebaut. - Oft ist die Spieldose mit einer Uhr versehen und heißt dann *Spieluhr.*

**Spielleute:** 1. Mehrzahl von ↑Spielmann. – 2. Trommler und Pfeifer in der ↑Militärmusik. In älterer Zeit sehr kleine Gruppen, wurden sie später zu *Spielmannszügen* zusammengefaßt, die (auch in vielen nichtmilitärischen Vereinigungen verbreitet) sich z. B. bei Umzügen mit dem reicher besetzten Musikkorps abwechseln. Sie werden angeführt vom *Tambourmajor* mit dem *Tambourstock.*

**Spielmann:** fahrender Sänger des Mittelalters, der keinem bestimmten Stand angehörend, als Recht- und Ehrloser seinen Lebensunterhalt durch Späße, Kunststücke und musikalische Darbietungen (auch Lieder, Balladen u. a.) bestritt. Nur teilweise übernahmen Spielleute auch gehobenere und geachtetere Aufgaben (z. B. als Gefährten eines adeligen Dichtersängers, eines Troubadours oder Trouvère). Gelegentlich konnten sie seit dem Spätmittelalter durch feste Anstellung in die Zunft der ↑Stadtpfeifer aufgenommen werden.

**Spielmusik:** eine im Zuge der ↑Jugendmusikbewegung nach dem 1. Weltkrieg aufgekommene Art der Instrumentalkomposition mit inhaltlich und spieltechnisch meist bescheidenem Anspruch (↑auch Gebrauchsmusik). Sie zielt nicht zuletzt auf Laienmusizieren, richtet sich gegen die ausdrucksbetonte spätromantische Musik und orientiert sich an unproblematischen, „musikantischen“ Typen der Barockmusik. Spielmusik schrieben u. a. A. Knab, P. Hindemith, H. Distler, J. Rohwer.

**Spieloper:** Bezeichnung für die deutschsprachige komische Oper des 19. Jahrhunderts mit singspielhaften Sujets und gesprochenen Dialogen (A. Lortzing, O. Nicolai). – Eine Art der ↑Schuloper ist die Spielschuloper.

**Spieluhr:** eine Uhr, die neben oder anstelle des Schlagwerks ein mechanisches Musikwerk aufweist, so z. B. die ↑Spieldose.

**Spinẹtt** [italienisch, vielleicht nach dem venezianischen Erfinder G. Spinetti (um 1500) oder von lateinisch spina „Dorn“]: Bezeichnung für mehrere Kleinformen von Kielinstrumenten (die Saiten werden mit einem Kiel angerissen), bei denen die Saiten im Gegensatz zum ↑Cembalo spitzwinklig zur Klaviatur angeordnet sind. Außerdem verfügt das Spinett in der Regel nur über eine Saite je Taste, also nur über ein Register. Im heutigen Sprachgebrauch besteht die Tendenz, die Bezeichnung Spinett für die nicht rechteckigen Formen in Anspruch zu nehmen, die Bezeichnung ↑Virginal dagegen für die rechteckigen. – Die klassische Form des Spinetts, wie sie im 16. und 17. Jahrhundert in Italien gebaut wurde, war ein unregelmäßiges, 5- oder 6seitiges Trapezoid mit vorspringender Klaviatur (Umfang C–$c^3$ oder $f^3$). In Flandern gab es um 1600 ein rechteckiges Instrument mit der Anrißstelle nahe am Steg und hellem Klang sowie ein anderes mit dem Anriß weiter entfernt vom Steg und dunklerem Ton. Ende des 17. Jahrhunderts bürgerte sich in England die Form des Querflügels für das Spinett ein.

**Spiritual Song** ['spɪrɪtjʊəl 'sɔŋ; englisch]: geistliches Lied. Im Unterschied zu ↑Negro Spiritual wird der Begriff meist für die Hymnen und Gesänge der weißen Amerikaner verwendet.

**spirituoso** [italienisch]: feurig.

**Spitzflöte:** Register der Orgel mit konischen offenen Labialpfeifen zu 8-, 4- oder 2-Fuß, von hellem Klang.

**Spitzharfe** (Harfenett): eine aufrechte, auf beiden Seiten des Resonanzbodens mit Saiten bezogene Zither in Harfen-

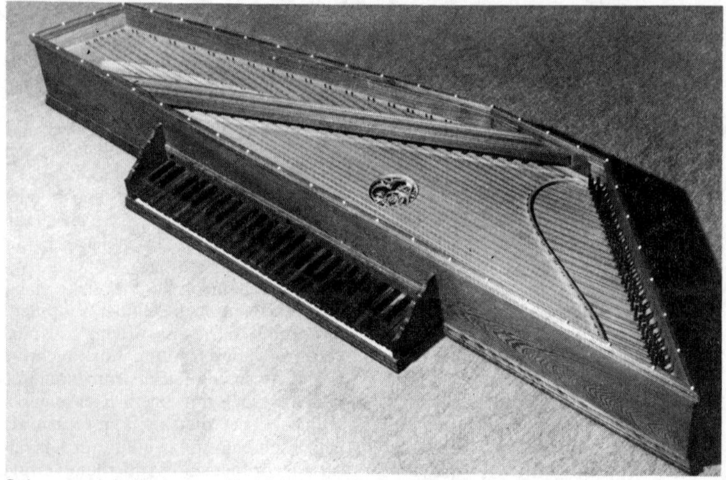

Spinett nach italienischem Vorbild um 1600 aus der Sammlung F. Neumeyer, Bad Krozingen

form. Sie war im 17./18. Jahrhundert besonders in Deutschland beliebt, entweder als größeres, auf dem Boden stehendes Instrument oder häufiger als Tisch- oder Schoßinstrument.

**Sprechgesang:** Art vokaler Deklamation, die sich zwischen Sprechen und Singen bewegt und besonders im gebundenen ↑Melodram verwendet wird. Der Sprechgesang wurde zuerst von A. Schönberg in seinem „Pierrot lunaire" (1911) so bezeichnet und erfordert hier eine strikte Einhaltung der rhythmischen Werte und den Gebrauch eines die unterschiedlichen Tonhöhen verbindenden Glissando.

**Springbogen** ↑sautillé, ↑ricochet.

**Springer** ↑Docke.

**Springlade:** alte Form der ↑Windlade bei der Orgel.

**Springtanz** ↑Nachtanz.

**Square dance** ['skwɛə 'dɑ:ns; englisch]: eine der Hauptarten des nordamerikanischen Volkstanzes, wahrscheinlich aus ↑Country-dance und ↑Quadrille entwickelt. Vier Paare stehen sich im Quadrat („square") gegenüber und führen nach Anweisungen eines Ansagers („caller") gemeinsam verschiedene Figuren aus. Begleitinstrumente sind meist Geige, Akkordeon, Gitarre und Banjo.

**Stabat mater** (Stabat mater dolorosa) [lateinisch „es stand die schmerzensreiche Mutter"]: nach den Anfangsworten benannte Sequenz über das Mitleiden Marias am Kreuz Jesu, vermutlich zwischen dem 12. und 14. Jahrhundert entstanden. Seit Einführung des Festes der Sieben Schmerzen Mariä (1727) in der katholischen Kirche wurde das Stabat mater zum entsprechenden Fest in das Missale als Sequenz, in das Brevier als Hymnus aufgenommen. Die große Beliebtheit des Stabat mater führte zu zahlreichen Umdichtungen des lateinischen Textes in deutschen Kirchenliedern sowie zu vielen mehrstimmigen Kompositionen, u.a. von Palestrina, Pergolesi, J. Haydn, A. Dvořák und G. Verdi.

**Stabreim:** besondere Form der Alliteration (gleicher Anlaut mehrerer aufeinanderfolgender Wörter) in der germanischen Dichtung. Er beruht auf dem Gleichklang im Anlaut von betonten, bedeutungstragenden Haupt- und Zeitwörtern und ist Lautreim, im Unterschied zum Endreim, der meist Silbenreim ist. Alle Vokale können untereinander staben; Konsonanten dagegen nur bei gleichem Laut. Außerdem reimen meist die Konsonantengruppen sk, sp und st nur untereinander. Der Stabreim kommt in Kurz- und Langzeilen vor, die zwei (höchstens drei) Stäbe tragen. Er ist in der altenglischen („Beowulf"), altnordischen („Edda") und altsächsischen („Heliand") Dichtung verbreitet (8. und 9. Jahrhundert) und erscheint vereinzelt auch in der althochdeutschen Dichtung („Hildebrandslied"). Die Durchsetzung des Endreims seit dem 9. Jahrhundert verdrängte den Stabreim aus der europäischen Dichtung. Er lebt aber in festen Fügungen der Alltagssprache weiter („bei *W*ind und *W*etter"; „*H*aus und *H*of"). R. Wagner verwendete ihn (z. B. in der „Walküre" – „*W*interstürme *w*ichen dem *W*onnemond ..."), um die unregelmäßigen Akzentabstände seiner musikalischen Prosa zu begründen und poetisch zu rechtfertigen.

**stacc.:** Abk. für ↑**staccato**.

**staccato** [italienisch], Abk. stacc.: abgestoßen, d. h. die Töne sollen deutlich voneinander getrennt werden; angezeigt durch einen Punkt (oder Keil) über bzw. unter der Note. – Gegensatz ↑legato.

**Stachel:** bei Violoncello, Kontrabaß und Kontrafagott ein Eisenstift, auf den das Instrument beim Spielen gestellt wird.

**Stadtpfeifer:** seit dem 14. Jahrhundert nachweisbare Bezeichnung für Instrumentalmusiker im städtischen Dienst, zunächst in Reichsstädten, später auch in kleineren Orten zu Vereinigungen zusammengefaßt. Nach dem Vorbild mittelalterlicher Musikerzünfte organisiert, breiteten sich Stadtpfeifereien v. a. seit dem 16. Jahrhundert aus. Sie besaßen das Vorrecht (und die Pflicht), bei öffentlichen und privaten Anlässen (z. B. Hochzeiten) aufzuspielen. Die Ausbildung ihres musikalischen Nachwuchses war in einer dem Handwerk angeglichenen Ordnung (Lehrling, Geselle, Meister) geregelt. Jeder Stadtpfeifer mußte mehrere Instrumente beherrschen. Mit dem Aufkommen des bürgerlichen Konzertbetriebs und den erhöhten Anforderungen der Instrumentalmusik seit der Mitte des 18. Jahrhunderts war der Stadtpfeifer jedoch dem spezialisierten Musiker neueren Typs zunehmend unterlegen. Immerhin bestanden Stadtpfeifereien bis ins 20. Jahrhundert hinein als Ausbildungsstätten für Militär- und sogar für Orchestermusiker.

**Stagione** [sta'dʒoːnə; italienisch]: die Spielzeit italienischer Operntheater; auch Bezeichnung für das Ensemble, das für eine begrenzte Spielzeit zusammengestellt wird.

**Stahlspiel:** ein Metallophon, aus einer Reihe abgestimmter, xylophonartig angeordneter Stahlstäbe bestehend, die auf Holzleisten aufliegen und mit Schlegel angeschlagen werden. Der Klang ist hell und durchdringend.

**Standard** [englisch]: im engeren Sinn ein Musiktitel, der fester Bestandteil im Repertoire einer Jazzband oder der Bands eines Jazzstils ist und immer wieder als Grundlage der Improvisationen dient; im weiteren Sinn häufig interpretierter Jazz- oder Popmusiktitel, der gewissermaßen auf dem halben Weg zwischen ↑Hit und ↑Evergreen steht.

**Standardtänze:** im Sinn einer Mindestnorm für Tanzschulen und z. T. auch Tanzturniere sind das die Gesellschaftstänze Wiener Walzer und langsamer Walzer, Tango, Slowfox (bzw. Blues), Quickstep. Das 1963 vom „Internationalen Rat für Tanzsport" festgelegte „Welttanzprogramm" umfaßt diese Tänze sowie die „lateinamerikanischen" Gesellschaftstänze Rumba, Samba, Paso doble, Cha-Cha-Cha und Jive.

**Ständchen:** ein Musikstück, das zu Ehren einer Person (ursprünglich der Geliebten) z. B. vor deren Haus dargebracht wird. Besetzung, Form und Dauer eines Ständchens sind nicht festgelegt. Die Bezeichnung existiert seit Anfang des 17. Jahrhunderts; seit dem 19. Jahrhundert kommt sie als Überschrift zu Liedern, mehrstimmigen Gesängen und Instrumentalstücken vor. Auch in der Oper sind Ständchenszenen häufig und beliebt. – ↑auch Aubade, ↑Notturno, ↑Serenade.

**Ständelied:** mit bestimmten Berufsständen verbundenes und von diesen gepflegtes Lied, z. B. Bauern-, Soldaten-, Landsknechts-, Studenten- und Handwerkslied.

**Stantipes** [lateinisch] ↑Estampie.

**Steg:** bei Saiteninstrumenten eine Leiste oder kleine Platte aus Holz, auf der die Saite aufliegt. Der Steg begrenzt an einem Ende den schwingenden Teil der Saite und überträgt deren Schwingungen auf den Resonanzkörper oder -boden. Bei den Instrumenten der Violinfamilie ist der Steg ein lose auf die Decke gesetztes, kunstvoll geschnitztes Plättchen, bei Tasteninstrumenten eine auf den Resonanzboden geleimte, gekrümmte Leiste. Bei Laute und Gitarre ist der ↑Querriegel zugleich Steg und Saitenhalter.

**Steinspiele** ↑Lithophone.

**stentando** (stentato) [italienisch]: zögernd, schleppend.

**Stereophonie** [griechisch]: eine zweikanalige Übertragungstechnik, durch die ein gegenüber der einkanaligen Übertragung höheres Maß an Transparenz, Plastizität und klanglicher Differenziertheit erreicht wird. Für die „raumbezogene" Stereophonie werden bei der Aufnahme mindestens zwei (im allgemeinen aber weit mehr) Mikrophone aufgestellt; die hierdurch erfaßten paarigen Signale werden getrennt gespeichert und über Lautsprecher wiedergegeben. Der Klang erscheint dann im Wiedergaberaum verteilt und ruft oft einen Klangeindruck hervor, der differenzierter als derjenige im Konzertsaal ist (z. B. kommt ein Oboensolo nicht nur „von links", sondern ist auch näher, präsenter). Das Ideal einer perfekten Illusion verfolgt die Kunstkopfstereophonie (↑Kunstkopf). Die in der Popmusik geläufige *Pan-Pot-Technik* verteilt ein einziges akustisches Signal auf zwei Wiedergabekanäle und läßt es – scheinbar – räumlich wandern, indem die beiden Kanäle wechselnd verstärkt werden.

**Sticheron** [griechisch]: in der byzantinischen Liturgie ein – meist syllabischer – Hymnus (↑Troparion), der zwischen die Verse eines Psalms oder eines andern biblischen Texts eingeschoben wird. Die verschiedenen Stichera (Mehrzahl von Sticheron) sind in einer eigenen Sammlung, dem *Sticherarion*, zusammengefaßt in der Abfolge: Stichera der kalendarisch feststehenden Feste, der beweglichen Feste, Oktoechos.

**Stil** [von lateinisch stilus „Stiel, Griffel, Schreibart"]: die jeweils besondere Art und Weise der Formung und Gestaltung, in der Haltungen, Verhalten, Vorstellungen von sozialen Gruppen oder Individuen erscheinen (z. B. „Lebensstil"). Hauptsächlich angewandt wird der Stilbegriff in den verschiedenen Kunstarten. Er bezeichnet dort typische, wiederkehrende, relativ gleichbleibende und allgemeine Merkmale der Art und Weise, wie das künstlerische Material ausgewählt und behandelt wird und Gedanken, Inhalte formuliert werden. Man kann von Werk-, Persönlichkeits- oder Individual-, Gruppen-, Gattungs-, Epochen-, Regional- und Nationalstil sprechen; besonders in der Musik können damit auch charakteristische Merkmale von Satztechniken bezeichnet werden (strenger oder freier, monodischer, konzertierender, homophoner oder polyphoner Stil). Wie auf vergegenständlichte Kunstwerke, so kann der Begriff auch auf die Darbietungsweise angewandt werden (Vortragsstil). Je weiter der Bereich dessen ist, was unter einem Stilbegriff – der stets auf Einheit, Normen, Regelhaftigkeiten zielt – erfaßt wird, desto vager wird er. Das tritt besonders bei den Begriffen Nationalstil (der die historische Dimension und die sozial vermittelte Schichtung der Musikkultur vernachlässigt) und Epochenstil (der die nicht homogene Schichtung der Musikkultur, die gleichzeitige Existenz verschieden alter Traditionen und die Ungleichzeitigkeit in der Entwicklung verschiedener Kunstarten übersieht) hervor.

In der Musik begegnet der Begriff, der auf Traditionen der antiken Rhetorik zurückgeht, erstmals um 1600 in Italien. Bis etwa 1800 wird er im wesentlichen nur zur Unterscheidung von meist deutlich getrennten Arten, Techniken und

Aufgaben der Komposition benutzt. Auslösend wirkt die Gegenüberstellung des älteren, kontrapunktischen *stile antico* und des neuen, sprach- und ausdrucksbetonten *stile moderno* (↑Monodie), der im generalbaßbegleiteten Sologesang *(stile recitativo)* v. a. die Anfänge der neuzeitlichen ↑Oper *(stile rappresentativo)* prägt. In der Barockzeit bildet sich eine Reihe von Stilkategorien heraus, die sich aber oft von der musikalischen Praxis entfernen (A. Kircher, „Musurgia universalis“, 1650). Nach 1700 setzt sich die empirisch begründete Unterscheidung v. a. von Kirchen-, Kammer-, und Theaterstil (J. Mattheson, 1740) durch; ferner die von nationalen Stilen – zumal die zwischen „welschem“ (italienischem) und „frantzösischem“ Stil, die im deutschen „vermischten Geschmack“ (Quantz, 1752) eine Synthese finden sollen. Auf antike Vorbilder geht die Unterscheidung von hohem, mittlerem und niederem Stil zurück. Mit der v. a. durch die Wiener Klassik durchgesetzten wachsenden Subjektivierung der Musiksprache und Individualisierung der Werke verlieren die festgefügten Stilregeln und -grenzen ihre Kraft, werden aber erst im 20. Jahrhundert praktisch fast bedeutungslos. Im 19. Jahrhundert entwickelt sich neben dem älteren v. a. an satztechnischen Merkmalen orientierten und von Funktion bzw. Gattung her bestimmten, weiterhin gültigen Stilbegriff ein neuer. Er bildet sich infolge der historischen Musikbetrachtung und im Anschluß an die Periodisierungsversuche der Kunstgeschichte und grenzt v. a. die musikgeschichtlichen Zeitabschnitte (Epochen), die weiter nach Gattungs- und Personalstilen differenziert werden, voneinander ab. Die daraus resultierende „Stilgeschichte“ ist heute trotz ihrer häufigen Anwendung nicht unumstritten. Denn teils widersprechen die Zeitstile den geläufigen Epocheneinteilungen – z. B. ist der Stil der niederländischen Vokalpolyphonie fast mehr mittelalterliche als Renaissancemusik; teils sind die Epochenbegriffe nur von denen der bildenden Kunst oder Literatur übernommen (Barock, Romantik, Impressionismus) oder es gibt keine eigentliche Entsprechung zwischen Musik und anderen Künsten (Naturalismus). Neuere Versuche zielen v. a. darauf, spezifisch musikalische Stilbegriffe einzuführen (H. Riemann, „Generalbaßzeitalter“ für das 17. Jahrhundert). In gewissem Grad gültig bleibt der Stilbegriff für Zeitabschnitte und Bereiche der Musikkultur, die relativ geschlossene Merkmale und Normen aufweisen (z. B. der Palestrinastil des späten 16. Jahrhunderts). – Trotz aller Kritik ist aber der Stilbegriff nicht zu verwerfen; denn sonst treten an die Stelle von Epochenbestimmungen bloße chronologische Abgrenzungen (1907–1918 statt musikalischer „Expressionismus“). Außerdem gibt es, gerade weil in der heutigen Kunstmusik keine verbindlichen Stilkriterien mehr gelten, das Spiel mit Stilen und Stilmustern (Neoklassizismus). Es dürfte darauf ankommen, die Reichweite (und Grenzen) des jeweils mit einem Stilbegriff Gemeinten genau zu bestimmen und die oft nur intuitiv-vorgreifend erfaßte Einheitlichkeit von Erscheinungen (auch z. B. von Material, Techniken, Vortragsweise geprägte Stile innerhalb der Volks- oder Populärmusik) präzisierend aufzuschlüsseln und zu begründen.

**Stimmbänder:** ein Teil des ↑Kehlkopfs. Die Länge der Stimmbänder bestimmt den möglichen Tonumfang der Stimme (↑Stimmlagen), ihre Spannung bestimmt die Tonhöhe der Sprach- und Musiklaute. Die Stimmbänder sind bei der Bildung von Vokalen die eigentliche Schallquelle, während sie bei der Bildung von stimmlosen Konsonanten oder beim Flüstern nicht beteiligt sind.

**Stimmbildung:** systematische Schulung aller Nerven- und Muskelfunktionen im Atmungs-, Kehlkopf- und Mundbereich zur Erzielung einer klangschönen, tragfähigen und belastbaren Stimme. Sie gehört zur Berufsausbildung von Sängern, Schauspielern, Chorleitern, Rednern und Lehrern. In einfacher Form mit Kindern und Laien fördert sie richtiges, ökonomisches Sprechen und Singen, unverkrampftes

Atmen und damit insgesamt freiere, reichere Ausdrucks- und Äußerungsmöglichkeiten. Bei schweren, auch psychisch belastenden Stimmfehlern kann sie therapeutisch notwendig werden.

**Stimmbögen** (Krummbügel): U-förmig oder kreisrund gebogene Rohrstükke, mit denen die Schallröhre von Naturhörnern und -trompeten verlängert und damit die Stimmung verändert werden konnte.

**Stimmbruch** (Mutation, Mutierung, Stimmwechsel): das Tieferwerden (um etwa eine Oktave) der Stimmlage in der Pubertät beim männlichen Geschlecht; wird hervorgerufen durch das Wachstum des Kehlkopfs und die dadurch bedingte Verlängerung der Stimmbänder.

**Stimmbücher:** handschriftliche oder gedruckte Bücher, in denen jeweils eine Stimme einer bzw. mehrerer mehrstimmiger Kompositionen aufgezeichnet ist. Stimmbücher kamen im späten 15. Jahrhundert für weltliche und nichtliturgisch-geistliche Musik in Gebrauch und sind neben dem ↑Chorbuch bis zum Aufkommen des Partiturdrucks Ende des 16. Jahrhunderts die wichtigste Notationsart mehrstimmiger Musik. Nach 1700 als *Stimmen* bezeichnet, blieben die Stimmbücher teilweise bis ins 18. Jahrhundert die einzigen Ausgaben von Ensemblemusik. – ↑auch spartieren.

**Stimme:** Lautäußerung bei Menschen und Tieren mit bestimmtem Klangcharakter und Signalwert zur Verständigung v.a. unter Artgenossen. Bei der menschlichen Stimme versetzt durchströmende Luft die Stimmbänder im Kehlkopf in Schwingungen, die durch Resonanzhöhlen in Kopf und Brust verstärkt werden. Die Tonhöhe kann durch unterschiedliches Spannen der Stimmbänder, die Klangfarbe durch unterschiedliche Form und Größe der Resonanzhöhlen (↑Bruststimme, ↑Kopfstimme, ↑Falsett) verändert werden. Die Tonhöhenbereiche der menschlichen Stimme bezeichnet man als Stimmlagen (↑Sopran, ↑Alt, ↑Tenor, ↑Bariton, ↑Baß), die v.a. durch unterschiedliche Resonanzeffekte bewirkte Klangfarbe als ↑Register.

Von der Stimme als Gesang ging die Bezeichnung über auf den Teil eines mehrstimmigen Werkes, den ein Musiker (Sänger, dann auch Instrumentalist) auszuführen hat. Nach Art u. Funktion solcher Stimmen haben sie im Laufe der Zeit zahlreiche Sonderbezeichnungen erhalten. Auch im satztechnischen Sinne spielen Unterscheidungen wie Haupt- und Neben-, Ober-, Mittel- und Unter-, Zusatz- und Füllstimme eine charakterisierende Rolle. – Bei Streichinstrumenten wird der ↑Stimmstock (die „Seele“) auch Stimme genannt, bei der Orgel eine Gruppe gleichklingender Pfeifen (↑Register).

**Stimmer:** Bezeichnung für die Bordunpfeife beim ↑Dudelsack.

**Stimmfächer:** in der Opernpraxis Bezeichnung für die nach ihrer Eignung für ein bestimmtes Rollenfach eingeteilten Stimmgattungen, z.B. Koloratursopran, Soubrette, Heldentenor.

**Stimmführung:** das Fortschreiten der Einzelstimmen in einer mehrstimmigen Komposition. Seit dem frühen Mittelalter bis in unsere Zeit ist die Stimmführung im Sinne eines logischen Verlaufs und der geltenden harmonischen Zusammenhänge bestimmten Regeln unterworfen, die sich allerdings in den verschiedenen Stilen vielfach ändern. Die klassische Ausprägung streng geregelter Stimmführung findet sich im Palestrinastil, den der ↑Kontrapunkt in seiner bis heute gelehrten Form bewahrt.

**Stimmgabel:** Gerät zur Bestimmung einer Tonhöhe, besonders des ↑Kammertons. Die Stimmgabel hat die Form einer Gabel mit zwei Zinken in länglicher U-Form. Beim Anschlag schwingen die Zinken gegensinnig und ergeben einen klaren, obertonarmen Ton. Die Tonhöhe hängt ab von der schwingenden Länge und Masse der Zinken; gefordert ist eine Genauigkeit von $\pm$ 0,5 Hz.

**Stimmgattung** ↑Stimmlage.

**Stimmhorn:** Werkzeug des Orgelbauers, in Form eines hohlen Horns, mit dem der obere Rand kleiner Labialpfeifen erweitert oder verengt werden kann, um die Stimmung zu korrigieren.

**Stimmkreuzung:** in der Satzlehre eine Art der ↑Stimmführung, bei der eine zunächst oder normalerweise tiefere Stimme streckenweise über einer sonst höher gelegenen verläuft. In der Harmonielehre mit ihrem abstrakt vierstimmigen Satz ist Stimmkreuzung nicht erlaubt, im Kontrapunkt dagegen wird sie oft angewandt, ebenso in der freien Komposition, sei es zur Vermeidung fehlerhafter Stimmfortschreitung, sei es zur Erzielung besonderer klanglicher Effekte.

**Stimmkrücke:** Vorrichtung zum Stimmen von Lingualpfeifen der Orgel, ein verschiebbarer Draht, der die Zunge festhält. Beim Verschieben wird die schwingende Länge der Zunge verändert.

**Stimmlage:** die nach ihrem Tonhöhenumfang unterschiedenen Bereiche der menschlichen Singstimme, eingeteilt in Sopran (Umfang [a] $c^1$–$a^2$ [$c^3$, $f^3$]), Mezzosopran (g–$g^2$ [$b^2$]), Alt (a–$e^2$ [$f^2$, $c^3$]), Tenor (c–$a^1$ [$c^2$]), Bariton (A–$e^1$ [$g^1$]) und Baß (E–$d^1$ [$f^1$]). Für die *Stimmgattung* sind außer der Stimmlage bzw. deren Umfang auch die Klangfarbe und Stimmstärke maßgeblich.

**Stimmlippen** ↑Kehlkopf.

**Stimmritze** ↑Kehlkopf.

**Stimmschlüssel:** ein Werkzeug zum Stimmen von Saiteninstrumenten, deren Wirbel keinen Griff haben (z. B. Klavier, Harfe, Zither).

**Stimmstock:** bei Streichinstrumenten ein Stäbchen im Innern des Resonanzkörpers, das die Schwingungen von der Decke zum Boden überträgt (auch „Seele“ genannt); bei besaiteten Tasteninstrumenten (Cembalo, Klavier) dasjenige Bauteil, in das die Stimmwirbel eingeschraubt sind.

**Stimmtausch:** in der mehrstimmigen Musik seit dem Mittelalter verwendete Kompositionstechnik, bei der die gleichzeitig erklingenden melodischen Abschnitte von zwei oder mehr Stimmen gleicher Lage untereinander ausgetauscht werden, z. B. im ↑Rondellus; im weiteren Sinn besteht Stimmtausch auch im ↑Kanon und im doppelten ↑Kontrapunkt.

**Stimmton** (Normalton; englisch standard pitch; französisch diapason): Bezeichnung für den durch eine bestimmte Frequenz (Schwingungszahl) definierten Ton, nach dem Instrumente eingestimmt werden. Der örtlich und zeitlich und nach Gattungen (Opern-, Kammer-, Chor- oder Kapell-, Kornetton) stark differierende Stimmton konnte erst durch die Erfindung der Stimmgabel vereinheitlicht werden. Nach der Festlegung des ↑Kammertons auf die Frequenz von 440 Hz wurde dieser als Stimmton international verbindlich, doch kennt die Praxis weiterhin mehr oder weniger starke Abweichungen. Der Kenntnis des Stimmtons und seiner geschichtlichen Gegebenheiten ist von Bedeutung u. a. für den Instrumentenbau und für die ↑Aufführungspraxis.

**Stimmung:** die theoretische und praktische Festlegung der absoluten Stimmung und der relativen Tonhöhe.

Die Stimmung von Instrumenten und der auf ihnen gespielten Musik hängt zunächst von der absoluten Tonhöhe ab, die heute im allgemeinen durch die Frequenz des ↑Kammertons (↑Stimmton) $a^1$ festgelegt ist. Darüber hinaus hängt die Stimmung vom System der von einem Instrument spielbaren und durch ein Musikstück geforderten Tonhöhenverhältnisse, den relativen Tonhöhen, ab. Dieses System der relativen Tonhöhen ist von der absoluten Tonhöhe unabhängig und legt lediglich die Menge aller möglichen musikalischen ↑Intervalle fest. Die Stimmung der meisten Blasinstrumente (Ausnahme u. a. Posaune) und der gestimmten Schlaginstrumente wird überwiegend durch den Instrumentenbau bestimmt und kann nur geringfügig vom Spieler beeinflußt werden. Saiteninstrumente können vor jedem Spiel (z. B. Gitarre, Violine) oder in größeren Zeitabständen (z. B. Klavier, Harfe) gestimmt werden. Welche Stimmung vom Instrumentenbauer, Stimmer oder Spieler angestrebt und bei der Wiedergabe von Musik aktualisiert wird, hängt letztlich von dem Tonsystem ab, auf dem die zu spielende Musik beruht. Die abendländische Musik ist durch einen nicht auflösbaren Widerspruch zwischen mathematisch möglichst einfachen Stimmungen/Tonsystemen, die musikpraktische Beschränkungen mit sich bringen, und mathematisch komplizierten Stimmungen/Tonsystemen, die musikalisch praktikabel sind, gekennzeichnet. Die beiden Extreme sind die ↑*reine Stimmung* und die *temperierte Stimmung* (↑Temperatur). Die Pythagoras zugeschriebene *pythagoreische Stimmung* gewinnt die 12 Intervalle der Oktave durch Aneinanderreihung von 12 reinen Quinten und Reduzierung auf eine Oktave. Dabei ergibt sich infolge des pythagoreischen ↑Kommas eine geringfügige Abweichung gegenüber dem Ausgangston. Während im Bereich der tonalen Musik des Abendlands die temperierte Stimmung als der bestmögliche Kompromiß angesehen werden muß, ist sie die notwendige Voraussetzung der ↑atonalen Musik. Die ↑Zwölftontechnik kann beispielsweise nur in temperierter Stimmung realisiert werden. In der ↑elektronischen Musik werden neue temperierte Stimmungen ausprobiert, z. B. feinere Unterteilungen der Oktave oder gleichmäßige Unterteilungen beliebiger Intervalle (z. B. die Unterteilung von zwei Oktaven plus Terz [gemäß dem Frequenzverhältnis 1 : 5] in 25 gleiche Intervalle in K. Stockhausens „Studie II", 1954). In ↑Klangfarbenkompositionen gibt es dann keine Stimmungsprobleme mehr.

Das heute bekannteste Beispiel für den Umstand, daß das Problem der musikalischen Stimmung für verschiedene Musikkulturen unterschiedliche Bedeutung hat, ist die *Blue note* der afroamerikanischen Musik. Sie ist unverzichtbarer Bestandteil der Musikpraxis, obgleich sie nicht als Tonhöhe aus einer festen Stimmung ableitbar ist. – Darüber hinaus ist sie ein Beispiel für den Zusammenhang von musikalischer Stimmung und der von Musik beim Menschen ausgelösten „Stimmung", der immer wieder von der Musiktheorie behandelt wurde (↑auch Tonartencharakter).

**Stimmwechsel** ↑Stimmbruch.

**Stimmzug:** ausziehbarer Röhrenteil an Blechblasinstrumenten (Trompete, Waldhorn, Posaune) zur Korrektur der Stimmung.

**Stockflöte:** eine in einen Spazierstock eingebaute Flöte. Sie war besonders im frühen 19. Jahrhundert beliebt als Blockflöte mit Klappen *(Czakan).*

**Stollen:** Bezeichnung der Meistersinger für einen der beiden Teile, die den Aufgesang der Stollenstrophe bilden (↑Bar); er besteht aus zwei (auch drei oder mehr) gereimten Versen und wird in gleicher Form und mit gleicher Melodie wiederholt *(Gegenstollen);* beide Stollen sind durch Kreuzreim verbunden.

**Stomp** [stɔmp; amerikanisch „stampfen"]: im 19. Jahrhundert Bezeichnung für einen afroamerikanischen Tanz, bedeutet Stomp später ein typisches Gestaltungsmittel des traditionellen Jazz, bei welchem dem melodischen Ablauf ein konstantes rhythmisches Muster zugrundegelegt wird.

**Stopfen:** beim Waldhorn das Einführen der rechten Hand in die Stürze zum Verändern der Tonhöhe (Erhöhung um etwa einen Halbton). Die Stopftechnik war v. a. vor der Entwicklung der ↑Ventile wichtig, da sie chromatische Töne möglich machte.

**Stop time** ['stɔp 'taɪm; englisch]: rhythmisches Gestaltungsmittel des traditionellen Jazz, bei dem lediglich einzelne Taktwerte (in der Regel die Eins) von der gesamten Gruppe synchron akzentuiert und die Pausen durch den improvisierenden Solisten überbrückt werden.

**Strathspey** ['stræθspɪː; englisch]: schottischer Volkstanz in langsamem $^{4}/_{4}$-Takt; charakteristisch sind große Intervallsprünge, punktierte Achtelbewegung und die Synkope des *Scotch snap* (♪♩.). Die Bezeichnung ist abgeleitet vom Flußtal (strath) des Spey.

**Street-Band** ['striːt 'bænd; englisch „Straßenkapelle"]: Bezeichnung für ↑Marching Band.

**Streichbogen** ↑Bogen.

**streichende Stimmen:** Bezeichnung für bestimmte Orgelregister mit eng mensurierten Labialpfeifen, deren Klang an Streichinstrumente erinnert, z. B. das ↑Salizional oder das Geigenprinzipal.

**Streichinstrumente:** Musikinstrumente, die mit einem ↑Bogen angestrichen werden. Sie stammen wahrscheinlich aus Mittelasien und breiteten sich ab dem 10. Jahrhundert zunehmend in Europa aus. Mit der Violinfamilie bilden sie bis heute den Grundbestand des europäischen Orchesters. Die Instrumentenkunde rechnet auch die mit einem Kurbelrad angestrichene ↑Drehleier und die mit einem Reibstab angestrichene ↑Reibtrommel zu den Streichinstrumenten.

**Streichquartett:** kammermusikalisches Ensemble aus zwei Violinen, Viola und Violoncello sowie eine Komposition für diese Besetzung; auch Bezeichnung für die Gesamtheit der Streicher im Orchester. Die Gattung Streichquartett gilt als die anspruchsvollste Form klassischer Instrumentalmusik, sowohl wegen der auf die Vierstimmigkeit und den homogenen Streicherklang gegründeten Ausdrucks- und Mitteilungsfähigkeit als auch wegen der Teilhabe aller Instrumente am charakteristischen Wechsel von solistischem Hervortreten und gegenseitiger Unterordnung.

Das Streichquartett löste nach der Mitte des 18. Jahrhunderts die bislang führende Gattung der Kammermusik, die ↑Triosonate, ab. Vorläufer im vierstimmigen Streicherspiel waren seit Ende des 17. Jahrhunderts aufkommende Sätze für einfache oder mehrfache Besetzung (A. Scarlatti, G. B. Sammartini, G. B. Pergolesi, G. M. Monn, A. Filtz). Als Begründer der Gattung gilt J. Haydn, dessen erste 12 Streichquartette (entstanden vor 1759) noch dem fünfsätzigen Divertimento nahestanden, bevor in den nachfolgenden Quartetten und v. a. in den sechs Quartetten op. 33 (1781) mit ihrer individualisierten Satz- und Themencharakteristik, motivischen Arbeit und polyphonen Ausweitung der Homophonie die klassische Ausformung erreicht wurde. Eine Differenzierung des Haydnschen Quartettsatzes erfolgte in den Streichquartetten W. A. Mozarts und L. van Beethovens. Beethovens späte Quartette kennzeichnet eine souveräne Lösung von formalen Bindungen zugunsten eines in seiner Tiefe und Unmittelbarkeit einzigartigen persönlichen Ausdrucks.

Neben den Klassikern wirkten in Wien zahlreiche andere Streichquartettkomponisten, wie G. Ch. Wagenseil, F. Gaßmann, J. G. Albrechtsberger, K. Ditters von Dittersdorf. In Paris wurde neben dem auf Stimmengleichheit beruhenden *Quatuor concertant* oder *dialogué* besonders das *Quatuor brillant* mit virtuoser 1. Violine gepflegt. Quartettkomponisten der 2. Hälfte des 18. und des frühen 19. Jahrhunderts waren außer den genannten F. Richter, C. F. Abel, F.-J. Gossec, J. Ch. Bach, L. Boccherini, A. Stamitz, G. B. Viotti und I. Pleyel.

Die Auseinandersetzung mit dem Vorbild Beethovens kennzeichnet das Streichquartettschaffen seiner Nachfolger. Sie prägt die Werke F. Schuberts, F. Mendelssohn Bartholdys, R. Schumanns, J. Brahms' und M. Regers und vielfach auch diejenigen der ost- und nordeuropäischen Komponisten A. P. Borodin, P. I. Tschaikowski, B. Smetana, A. Dvořák, L. Janáček, E. Grieg und J. Sibelius. Bei C. Debussy und M. Ravel ist der Schematismus des Sonatensatzes mit impressionistischer Koloristik erfüllt. Höchste Ausdrucksintensität und ein Wille zu neuer Formgebung kennzeichnet die Streichquartette B. Bartóks, und A. Schönbergs, A. Weberns und A. Bergs. Im weiteren 20. Jahrhundert wurde die Tradition des Streichquartetts fortgeführt, so von Z. Kodály, G. F. Malipiero, S. S. Prokofjew, D. Milhaud, P. Hindemith, E. Křenek, D. D. Schostakowitsch, W. Fortner, G. Ligeti, P. Boulez, H. W. Henze, H. Pousseur und K. Penderecki.

**Streichquintett** ↑Quintett.

**Streichzither:** ein im 19. Jahrhundert beliebtes zitherartiges Streichinstrument, mit einem herzförmigen Resonanzkörper und einem Griffbrett mit Bünden und 3–4 mit Bogen angestrichenen Stahlsaiten. Gespielt wurde die

Streichzither in Schoßhaltung (daher auch *Schoßgeige* genannt).

**strepitoso** (strepituoso) [italienisch]: lärmend, geräuschvoll, glänzend, rauschend.

**Stretta** (Stretto) [italienisch]: 1. in der Fuge die ↑Engführung. – 2. der meist in beschleunigtem Tempo ausgeführte Schlußabschnitt einer Arie (↑Cabaletta) oder eines Opernfinales; besonders bei italienischen Komponisten häufig angewandtes, effektvolles Steigerungsmittel. Seit Beethovens 5. Sinfonie (1804–08) hat auch die ↑Coda von Schlußsätzen manchmal Strettacharakter.

**stretto** [italienisch]: gedrängt, eilig, lebhaft.

**Stricharten:** bei Streichinstrumenten die verschiedenen Arten der Führung des ↑Bogens.

**Stride piano** ['straɪd pɪ'ænoʊ; englisch]: im traditionellen Jazz Bezeichnung für einen Klavierstil, bei dem man in der linken Hand regelmäßig zwischen Baßton und Akkord abwechselt.

**string.:** Abk. für ↑**string**endo.

**stringendo** [strɪn'dʒɛndo; italienisch], Abk. string.: allmählich schneller werdend.

**Stringensemble** ['strɪŋ ã'sã:bəl; von englisch string „Saite" und französisch ensemble, eigentlich „zusammen, zugleich"]: ein spezielles elektronisches Tasteninstrument, das den Klang von Streichinstrumenten und Streichorchestern nachzuahmen verspricht. Es wird meist in Verbindung mit einer Elektronenorgel oder einem Synthesizer verwendet. – ↑auch elektronische Musikinstrumente.

**strisciando** [strɪ'ʃando; italienisch]: schleifend, wie ↑glissando gleitend.

**Strohfidel** (Strohfiedel): volkstümliche, vom 16. bis 19. Jahrhundert gebräuchliche Bezeichnung für das ↑Xylophon. Sie bezieht sich auf die früher verwendete Strohunterlage der Stäbe.

**Strophe** [von griechisch strophḗ „Wendung"]: Zusammenfassung von Versen oder Langzeilen zu einer metrischen Einheit, die selbständig (strophisches Gedicht) sein kann oder mit anderen Strophen eine Strophenreihe, einen Zyklus oder ein Gedicht bilden kann. Die außerordentlich vielfältigen Strophenformen, die in der Geschichte der Dichtung aufgetreten sind, gehen musikalisch fast immer einher mit der Wiederkehr der gleichen Melodie zum Text der neuen Strophen *(Strophenlied)*. Dies ist namentlich im Volkslied der Fall, während das Kunstlied seit dem 19. Jahrhundert die Strophenmelodie häufig auch verändert *(variiertes Strophenlied)* oder sogar – im Dienste fortlaufender Textausdeutung – die Strophengliederung überhaupt nicht beachtet *(durchkomponiertes Lied)*.

**Strophicus** [griechisch-lateinisch] ↑Neumen.

**Stufe:** Bezeichnung für den Ort der Töne innerhalb einer Tonleiter; z. B. in C-Dur ist c die 1. Stufe, d die 2. Stufe usw. Die Stufen können auch alteriert werden; in C-Dur z. B. ist cis die erhöhte 1. Stufe, ges die erniedrigte 5. Stufe usw. Die Anzahl der Stufen zwischen den Tönen bestimmt die Intervallbezeichnung (Prime, Sekunde usw.). – ↑auch Stufenbezeichnung.

**Stufenbezeichnung** (Stufentheorie): die Symbolisierung der Akkorde auf den einzelnen Stufen der Tonleiter durch römische Ziffern, auch mit Zusatzziffern für ↑Umkehrungen, Septakkorde, Alterationen usw., Beispiele in C-Dur:

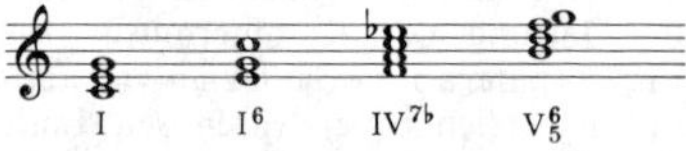


Die Stufenbezeichnung entstand zu Anfang des 19. Jahrhunderts und ging unmittelbar aus der Generalbaßbezeichnung (↑Generalbaß) hervor. Sie hat gegenüber der (späteren) ↑Funktionstheorie den Vorteil wertneutraler, prinzipiell auf alle Musikstücke anwendbarer Akkordsymbolik, dagegen den Nachteil, innerhalb dominantisch tonaler Musik (etwa 1700–1900) die Akkordzusammenhänge, die Abhängigkeit von einer zentralen Tonika, die gegenseitige Vertretungsfunktion und die tonale Herkunft unvollständiger Klänge nicht erkennen zu lassen.

**Sturm und Drang:** der Bezeichnung und der Sache nach vorwiegend eine literarische Bewegung, läßt sich dennoch auf deutliche Parallelerscheinungen in der Musik der gleichen Zeit (etwa 1760–1780) anwenden. Starkes individuelles Ausdrucksbedürfnis, Abkehr von der Gefälligkeit des ↑galanten Stils und Steigerung der Gefühlsbetontheit des ↑empfindsamen Stils äußern sich in raumgreifender Melodik, kühner Harmonik (Molltonarten, Spannungsakkorde), prägnanter Rhythmik, starken Gegensätzen der Dynamik und Instrumentation und teilweise freien Formverläufen. Das Bild ist jedoch keinesfalls einheitlich, da etwa die effektvoll klare Orchestersprache der ↑Mannheimer Schule ebenso wie die hochsubjektiven Klavierfantasien C. Ph. E. Bachs und dessen ausdrucksstarke Sinfonien Wesensmerkmale des musikalischen Sturm und Drang enthalten. Wie in der Literatur (Herder, der junge Goethe, Schillers erste Dramen) ist der Durchgang durch die experimentierfreudige, expressive Geniephase des Sturm und Drang eine tragende Voraussetzung für die Gültigkeit und Universalität der Werke der unmittelbar folgenden Wiener Klassik. Dementsprechend tragen viele Kompositionen W. A. Mozarts und J. Haydns aus der Zeit um und nach 1770 deutliche Züge einer solchen vor- oder frühklassischen Sturm-und-Drang-Haltung.

**Stürze:** Bezeichnung für den ↑Schallbecher (Schalltrichter, Schallstück) von Blechblasinstrumenten, im Unterschied zum ↑Becher der Holzblasinstrumente.

**suave** [italienisch]: lieblich, angenehm.

**Subdominante** [von lateinisch sub „unter" und dominans „herrschend"] (Unterdominante): in der Harmonielehre die vierte Stufe einer Tonleiter (die Unterquinte) als Grundton eines Dreiklangs (in C-Dur f–a–c), der neben ↑Tonika und ↑Dominante die dritte Hauptfunktion in der tonalen Harmonik im Sinne der ↑Funktionstheorie darstellt (↑auch Kadenz, ↑Quintsextakkord). Die Subdominante ist reich an Varianten (Dur- und Molldreiklang, ↑Sixte ajoutée, ↑neapolitanischer Sextakkord). Ihre Bevorzugung (z. B. in bestimmten Bereichen romantischer Musik) läßt altertümliche, beruhigtere, abgedunkeltere Wirkungen entstehen gegenüber der aktiveren, klareren oder hochgespannten Strebigkeit der Dominante.

**subito** [italienisch]: schnell, plötzlich, sofort anschließend.

**Subjekt** [von lateinisch subjectum „das Zugrundeliegende"]: Bezeichnung für das Thema einer ↑Fuge oder (wie ↑Soggetto) anderer, früher liegender kontrapunktischer Kompositionen; seit dem 16. Jahrhundert in Italien belegt. – ↑auch Kontrasubjekt.

**Subkontraoktave:** Bezeichnung für den Tonraum $_2$C–$_2$H. – ↑auch Tonsystem.

**Subsemitonium modi** [lateinisch]: in der Musiklehre des 15.–18. Jahrhunderts Bezeichnung für den ↑Leitton, den Halbton unter der ↑Finalis.

**Succentor** [lateinisch]: in der hierarchischen Ordnung des Mittelalters der im kirchlichen Kapitel dem Kantor unterstellte Musiker, der für die Ausführung der ein- und mehrstimmigen Gesänge im Gottesdienst verantwortlich war.

**Suite** ['svi:tə; französisch „Folge"]: eine mehrteilige Komposition, bestehend aus einer Folge von in sich geschlossenen, nur lose, etwa durch gleiche Tonart oder motivische Verwandtschaft verbundenen Tänzen, tanzartigen oder sonstigen Sätzen. Die Kombination mehrerer Tänze oder von verschiedenen Ausführungsweisen desselben Tanztypus als langsamer Schreittanz im Vierertakt und schneller Springtanz im Dreiertakt (↑Basse danse) begegnet bereits im Mittelalter. Die französischen Tanzbücher des 16. Jahrhunderts, in denen das Wort Suite zuerst auftaucht, enthalten entweder gleichartige Einzeltänze (↑Branle), die der Spieler nach Belieben zusammenstellte, oder durch Umrhythmisierung und Variation geschaffene Tanzpaare wie Pavane-Gaillarde, Pavane-Saltarello, Basse danse-Tourdion, letzteres oft noch durch eine eingefügte Recoupe oder Ripresa erweitert. In deutschen Lautenbüchern kommt die Gruppierung Tanz-Hupfauf vor, in italienischen Pavana-Saltarello-Piva oder Passamezzo-Gagliarda-Padoana.

In Oper und Ballett entfaltete sich im 17. Jahrhundert die *Orchestersuite* (H. Purcell, J.-B. Lully, J.-Ph. Rameau). Die deutsche Orchestersuite kannte sowohl die lose, beliebig veränderbare Reihung von Einzeltänzen und tanzfreien Stükken (H. L. Haßler, M. Praetorius, M. Franck, S. Scheidt) als auch die in der Abfolge der Tänze feststehende, durch gleiche Thematik verknüpfte *Variationensuite* (P. Peuerl, J. H. Schein). Die Nachahmung der Tanzformen des französischen Balletts führte zu der nach dem Eingangssatz, einer französischen Ouvertüre, benannten *Ouvertürensuite*, wie sie sich bei G. Muffat, J. J. Fux, G. Ph. Telemann, G. F. Händel („Wassermusik", 1715–17, „Feuerwerksmusik", 1749) und bei J. S. Bach (vier „Ouvertüren", BWV 1066–1069, 1720–30) findet.

Die kammermusikalisch besetzte Suite entwickelte sich im Rahmen der Sonata da camera (A. Corelli, F. Couperin) und in Form der *Lautensuite* (D. Gaultier) und der *Klaviersuite* (Chambonnières, Couperin, Rameau). Seit Chambonnières gehören Allemande, Courante, Sarabande und Gigue zum Kernbestand (oft durch Doubles vermehrt), den die Nachfolger um weitere Tanztypen und tanzfreie, oft programmatisch betitelte Stücke erweiterten. Dasselbe, im Einzelfall erweiterte Grundgerüst findet sich in der deutschen Klaviersuite (J. J. Froberger, J. Ph. Krieger, J. Pachelbel, J. Kuhnau) und noch bei J. S. Bach („Französische Suiten" und „Englische Suiten" für Klavier, auch in den Cello- und Violinsuiten oder -partiten), dessen Werke zugleich Höhepunkt und Abschluß der Gattung Suite bilden.

In der 2. Hälfte des 18. Jahrhunderts wurde die Suite von anderen Reihungsformen (↑Divertimento, ↑Kassation, ↑Serenade) abgelöst. Sie lebte wieder auf im späten 19. und frühen 20. Jahrhundert in barockisierenden Nachahmungen (E. Griegs „Aus Holbergs Zeit", 1884/85), in programmusikalischen Zyklen (M. P. Mussorgskis „Bilder einer Ausstellung", 1874) und in Zusammenstellungen von Schauspiel- (G. Bizets „Arlésienne-Suite", 1872; Griegs „Peer-Gynt-Suiten", 1888 und 1891) oder Ballettmusiken (P. I. Tschaikowskis „Nußknacker-Suite", 1892; I. Strawinskis „Pulcinella-Suite", 1922) oder von losen Tanzfolgen (B. Bartók, P. Hindemith).

**suivez** [sɥi've; französisch „folgt!"] svw. ↑colla parte.

**sulla tastiera** [italienisch]: Spielanweisung für Streicher, die Saiten nahe am Griffbrett zu streichen. – ↑auch flautando.

**sul ponticello** [...'tʃɛlo; italienisch] ↑Ponticello.

**Summationston:** Bezeichnung für den durch Summationsschwingung entstehenden ↑Kombinationston, im Gegensatz zum ↑Differenzton.

**Surf** ['sə:f; englisch]: kurzlebige ↑Soft-Rock-Mode einiger Gruppen („The Surftones", „Beach Boys") an der amerikanischen Westküste um 1962–64; die Texte beziehen sich oft auf das Surfing (Wellenreiten).

**Sustain** [səs'tɛɪn; englisch]: Nachklingeffekt auf Elektronenorgeln. Im Unterschied zum Halleffekt (↑Hall) schwingt beim Sustain der elektronische Schwingungserzeuger selbst nach. Am Synthesizer ist der Sustain-Effekt am Envelope-Generator nach Belieben einstellbar. – ↑auch Delay.

**svegliato** [svɛl'ja:to; italienisch]: munter, frisch, kühn.

**Swamp-Rock** ['sʊɔmp 'rɔk; englisch] ↑Cajun-Musik.

**Sweet music** [swi:t 'mju:zɪk; englisch „süße Musik"]: in den USA von den 1920er bis zu den 1940er Jahren Bezeichnung für eine sentimentale Art der Tanzmusik; wurde häufig als Gegenbegriff zum „Hot Jazz" verwendet.

**Swing** [englisch „schwingen"]: 1. Bezeichnung für eine rhythmische Qualität des ↑Jazz, die durch die Spannung zwischen Fundamentalrhythmus (↑Beat) und melodisch-rhythmischen Akzenten

(↑Off-Beat) sowie durch Überlagerungen verschiedener Rhythmen (Polyrhythmik) entsteht. Swing, als eine psychisch und körperlich erlebte rhythmische Konfliktbildung, galt lange als das wesentliche Kriterium für den Jazzcharakter eines Interpreten oder einer Gruppe. Seit dem Aufkommen des ↑Free Jazz in den 1960er Jahren wird der Begriff Swing zunehmend durch jenen der Energie abgelöst. – 2. Bezeichnung für einen Stilbereich des Jazz. Der Swing entstand zu Anfang der 1930er Jahre parallel zur Ausbreitung der Musikindustrie und war in seinen publikumswirksamsten Ausprägungen v. a. eine Angelegenheit der großen Orchester (↑Big Band). – Während der Swingepoche, die bis Mitte der 1940er Jahre anhielt, vollzog sich die sogenannte „zweite Akkulturation" des Jazz in der Weise, daß seine afroamerikanischen Elemente zunehmend in den Hintergrund gedrängt und europäische Klangvorstellungen vorherrschend wurden. An die Stelle von improvisatorischer Freiheit, die nur noch wenigen Starsolisten vorbehalten blieb, trat die straffe Disziplin des orchestralen Satzspiels. Zu den bedeutendsten Orchestern der Swingepoche gehörten jene von Fletcher Henderson, Duke Ellington, Count Basie, Jimmy Lunceford, Benny Goodman und Artie Shaw. – Heute wird Swing v. a. von Tanzorchestern gespielt.

**Syllabik** [griechisch] ↑Melisma.

**Symbol** [von griechisch sýmbolon „Kennzeichen, Zeichen"]: wahrnehmbares Zeichen oder Sinnbild, das stellvertretend für etwas nicht Wahrnehmbares steht; in der Musik ein akustisches Gebilde, das auf etwas nicht Hörbares hinweist, etwas Außermusikalisches „bedeutet". Musikhören neigt immer dazu, sich symbolisch zu verstehen, nach einem Sinn zu fragen, die Töne zu deuten. Die meisten außereuropäischen Kulturen kennen Musik überhaupt nur als (zumeist magisch-religiöses) Symbol. Auch die europäische Kunstmusik zeigt vielgestaltige Versuche, Komponiertes als Abbild des Himmels, des Menschen und der Welt zu verstehen und musikalische Details mit Zahlen-, Bild- oder Affektbezügen auszustatten. Allerdings kann fast immer erst die hinzutretende Sprache (Text, Überschrift, Programm) die genaue Bedeutung des Symbols erschließen. Hierin liegt eine wesentliche Schwierigkeit des Begriffs Symbol in der Musik. Die musikalischen Elemente (Töne, Klänge, Rhythmen usw.) sind einerseits zu konkret und die Sache selbst, um als bloßes Zeichen (wie etwa ein Wort oder eine Figur) auf einen Sinngehalt zu verweisen; sie sind andererseits begrifflich zu wenig fixierbar, um einen eindeutigen symbolischen Bezug zu ermöglichen. Erst die romantische Ästhetik hat auch das Unbestimmte der „reinen" Instrumentalmusik als symbolischen Ausdruck ihrer unirdischen Herkunft verstanden. Seitdem hat es verschiedene, auch streng wissenschaftliche, Ansätze gegeben, den Symbolgehalt des Musikalischen deutlicher zu fassen. In der Komposition und Musikästhetik des 20. Jahrhunderts spielt die Frage nach dem Symbol in der Musik nur noch eine untergeordnete Rolle.

**Symmetrie** [von griechisch symmetría „Regelmäßigkeit, Ebenmaß"]: allgemein harmonisch sich entsprechende Anordnung, Spiegelungsgleichheit. In der Musik als einer Zeitkunst ist der Begriff Symmetrie nur bedingt anwendbar. Symmetrie im engeren Sinn entsteht durch Spiegelung um eine „waagerechte" Achse, z. B. innerhalb eines Akkordes, dessen Töne gleich weit von einem Zentralton entfernt sind (z. B. c–[e]–gis, c–f–[g]–a–d), oder wenn eine Melodie u. ihre ↑Umkehrung gleichzeitig erklingen. Weniger sinnfällig ist die Symmetrie bei der Spiegelung um eine „senkrechte" Achse (↑Krebs), da hier mit der Umkehr des Zeitverlaufs eine ganz neue Melodielinie entsteht. Dennoch wurden die genannten Symmetriemöglichkeiten in der franko-flämischen Musik des 15. und 16. Jahrhunderts, im Spätbarock (J. S. Bach) und in der ↑Zwölftontechnik (↑Reihe) vielfach angewandt. – Von weit größerer Bedeutung ist Symmetrie in einem allgemeineren, dem Optischen nur angenäherten Sinne, nämlich zur Kennzeichnung von periodischen Gebilden, deren paarige Teile gleich lang und rhythmisch ähnlich, jedoch im Sinne von Frage und Antwort, Aufstieg und Abstieg, Spannung und Lösung melodisch und harmonisch gegenläufig gebaut sind. Dieses Grundprinzip vieler Lied- und Tanzmelodien wurde in der Musik der Wiener Klassik zu einem zentralen Bauelement instrumentaler Themenbildung; es hat viel zur „Verständlichkeit" der Werke dieser Zeit beigetragen.

**Symphonic Jazz** [sɪmˈfɔnik ˈdʒæz; englisch „sinfonischer Jazz"]: Bezeichnung für eine mit Jazzelementen durchsetzte Stilform der amerikanischen Unterhaltungsmusik der 1920er und 1930er Jahre. – Zu den bekanntesten Interpreten des Symphonic Jazz gehörte der Orchesterleiter Paul Whiteman.

**Symphonie** ↑Sinfonie.

**Symphonie concertante** [sɛ̃fɔnikɔ̃sɛrˈtɑ̃:t; französisch] ↑Sinfonia concertante.

**Synästhesie** [griechisch]: die [Mit]-erregung eines Sinnesorgans durch einen nichtspezifischen Reiz; z. B. subjektives Wahrnehmen optischer Erscheinungen (Farben) bei akustischer und mechanischer Reizwirkung. – ↑auch Farbenhören.

**Synkope** [von griechisch synkopḗ „das Verkürzen durch Ausstoßen"]: eine rhythmische Verschiebung gegenüber der regulären Taktordnung, d. h. die Bindung eines unbetonten an den folgenden betonten Taktwert, über die Taktgrenze hinweg (♩ | ♩) oder innerhalb des Taktes (♩ 𝅗𝅥 ♩ = ♩ ♩ ♩ ♩). Allerdings ist nicht jede solcher Bindungen eine Synkope (↑Hemiole). In der Ars nova aufgekommen und benannt, unterliegt die Synkope im klassischen Kontrapunkt (Palestrinastil) festen Satzregeln. Sie beginnt konsonant auf unbetonter Zeit (k), wird auf betonter Zeit dissonant (d) und löst sich stufenweise abwärts in die nächste Konsonanz (k):

Seit der zweiten Hälfte des 18. Jahrhunderts werden Synkopen außer als (wie oben) strenger oder freier ↑Vorhalt auch als freie Taktverschiebung und Vorwegnahme der schweren durch eine leichte Zeit angewendet, z. B.

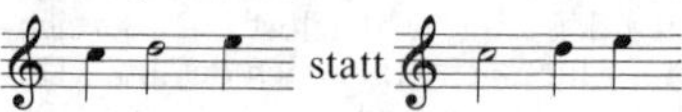


Synkopenwirkung haben entsprechende Fälle wie |𝄽 ♩ 𝄽 ♩| und |♩ ♩ ♩ ♩|.

Anders als in der metrisch freien modernen Musik spielen Synkopen und Synkopenphänomene im Jazz eine vielseitige Rolle (u. a. als ↑Off-Beat; ↑auch Ragtime); Jazz kann jedoch nicht einfach mit synkopierter Musik gleichgesetzt werden.

**Synthesizer** [ˈsɪnθɪsaɪzə; englisch]: ein elektronisches Musikinstrument, bestehend aus einer variablen Kombination aufeinander abgestimmter elektronischer Geräte (↑Moduln), insbesondere: 1. Generatoren (Ton-, Rausch- und Impulsgeneratoren); 2. Klangformer und -modulatoren (↑Envelope-Generator, ↑Filter, Hallgerät [↑Hall], ↑Ringmodulator); 3. Zusatzgerät wie Zufallsgenerator, Manual, ↑Sequenzer usw. – Jeder Modul kann von Hand oder durch die elektrische Spannung, die ein anderer Modul abgibt, gesteuert werden (↑Spannungssteuerung); zudem können Steuerspannungen von außen (Mikrophon, Tonbandgerät) eingeführt werden.

Die Spannungssteuerung bedeutet in der musikalischen Praxis, daß musikalische Parameter aufeinander „einwirken" können. Dabei kann es durch mehrfache Rückwirkung schnell zu unübersehbar komplexen Klangabläufen kommen, die der Musiker kaum mehr bewußt regulieren kann. Dem „Spiel" auf dem Synthesizer haftet daher oft etwas zufällig Spielerisches an. Da die meisten Moduln periodische Abläu-

fe erzeugen, überwiegen beim Synthesizerspiel ostinate Klangfolgen.
Obgleich es zum Wesensmerkmal des Synthesizers gehört, daß alle Moduln frei miteinander kombinierbar sind, sind heute zum Gebrauch in Popmusikgruppen sogenannte „Synthesizer" auf dem Markt, die im wesentlichen vorprogrammierte Kombinationen von Moduln besitzen und sich von ↑Elektroklavieren nicht wesentlich unterscheiden.

**Syrinx** [griechisch]: griechische Bezeichnung für die antike ↑Panflöte.

**syrischer Kirchengesang:** die Gesangstradition der christlichen Kirche in Syrien mit ihrem Hauptzentrum in Antiochia, die ihre Blütezeit vom 3.–7. Jahrhundert hatte. Bedeutsam wurde der syrische Kirchengesang durch seine Mittlerstellung zwischen der synagogalen Praxis in Palästina und den Traditionen von Byzanz und Armenien, für die abendländische Choraltradition v. a. durch seinen starken Einfluß auf die frühmittelalterliche Praxis in Italien und Südfrankreich. Von besonderem Gewicht sind dabei die im Vordergrund stehenden nichtbiblischen Kirchendichtungen, als deren größter Vertreter Ephräm der Syrer (* um 306, † 378) bekannt ist, der mit seinen silbenzählend-akzentuierenden Hymnen den als Bischof in Mailand wirkenden Kirchenvater Ambrosius (* 339, † 397) beeinflußte. Der Einfluß erstreckt sich weiter auf den großen byzantinischen Hymnendichter Romanos (5./6. Jahrhundert), für den ebenfalls syrische Herkunft angenommen wird. Auf syrisches Vorbild dürfte auch die von Ambrosius 394 in Mailand eingeführte Praxis des responsorialen und antiphonalen Wechselgesangs zurückgehen. Dem Patriarchen Severos von Antiochia (* 465 † 538) wird die Sammlung des auf den 8 Tönen gegründeten ↑Oktoechos zugeschrieben. Die für den Westen bedeutsame Tradition des syrischen Kirchengesangs brach mit der Eroberung des Landes durch die muslimischen Araber (634–640) ab, unter deren Omaijadenkalifen 661 Damaskus zur Hauptstadt ihres Reiches erklärt wurde.

**Szene** [von griechisch skēnḗ]: im antiken griechischen Theater die Bühnenwand (Skene), vor der die Schauspieler auftraten; später Bezeichnung für die Theaterbühne allgemein sowie für den Unterabschnitt des Dramas oder der Oper, der durch das Auf- und Abtreten einer oder mehrerer Personen begrenzt ist (Auftritt). – Die „Szene und Arie" (italienisch *Scena ed Aria)* ist eine Vokalkomposition aus rezitativischen, ariosen oder liedhaften Teilen und einem abschließenden, oft virtuosen Gesangsstück. In der italienischen Gesangsoper (G. Verdi) bildet sie eine fünfteilige Steigerungsform, an der mehrere Sänger beteiligt sind, bestehend aus Rezitativ, Kavatine (lyrisch-empfindsamer Ariateil), Zwischenteil, Cabaletta (rhythmisch prägnanter Strettaabschluß der Aria) und Koda.

# T

**T:** Abk. für ↑Tenor (bei mehrstimmigen Musikwerken), ↑Tempo (z.B. T. I$^{0}$ oder T. 1$^{mo}$ für tempo primo), ↑Tonika.

**Tabula compositoria** [lateinisch „Komponiertafel"] (Lösch-Tabell): eine Tafel aus Schiefer oder lederüberzogenem Holz mit eingeritzten Notenlinien; auf ihr konnten mehrstimmige Kompositionen aufgezeichnet und wieder gelöscht werden, deren Einzelstimmen dann in Chor- oder Stimmbücher übertragen wurden. Der Gebrauch dieser Art partiturähnlicher Notation ist vom Ende des 15. bis zum Anfang des 17. Jahrhunderts (regional auch noch später) belegt; Ähnliches dürfte aber schon seit dem 13. Jahrhundert für die Aufzeichnung komplizierter mehrstimmiger Musik gebräuchlich gewesen sein.

**Tabulatur** [von lateinisch tabula „Tafel"]: 1. eine Griffschrift im Unterschied zur Tonschrift; vom 14.–18. Jahrhundert die Notierung von Musik für mehrstimmige solistische Instrumente (Orgel, Cembalo, Laute; gelegentlich auch für Harfe und Viola); für volkstümliche Instrumente wie Gitarre, Zither, Akkordeon, Ukulele noch heute gebräuchlich. Statt der Noten werden primär Buchstaben, Ziffern und andere Zeichen (auch kombiniert mit Noten) in verschiedenen Systemen verwendet. Tabulaturen für Holzblasinstrumente (in der Art von Grifftabellen) dienen vorwiegend didaktischen Zwecken. Daneben bezeichnet Tabulatur bis ins 18. Jahrhundert auch die Übertragung von mensural notierter, mehrstimmiger Musik in ein Klavier- oder Partitursystem (Intavolierung).

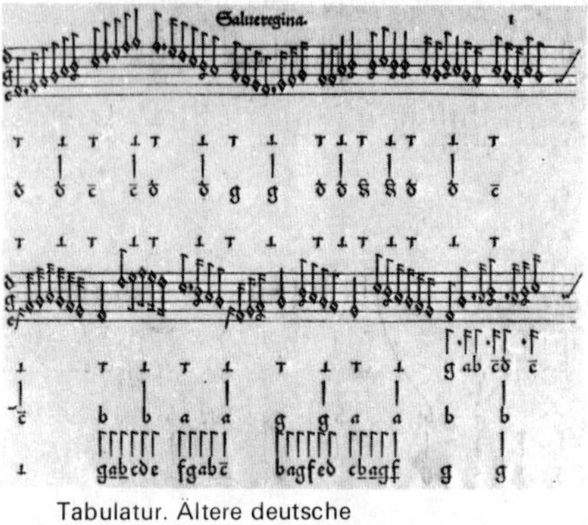

Tabulatur. Ältere deutsche Orgeltabulatur aus Arnolt Schlicks „Tabulaturen etlicher lobgesang und lidlein ...", Mainz 1512

Die zwei Hauptformen der Tabulatur im engeren Sinn sind die *Orgel-* oder *Klavierpartitur* und die *Lautentabulatur.* In der „älteren" deutschen Orgeltabulatur (1325–1525) wird die Oberstimme in Mensuralnotation notiert, die Unterstimmen in Buchstaben, deren Tondauern in Zeichen, die aus der Mensuralnotation abgeleitet sind. In der „neueren" deutschen Orgeltabulatur (etwa 1550–1700) sind alle Stimmen mit Buchstaben bezeichnet. Die spanische Orgeltabulatur verwendet statt der Buchstaben Ziffern; die italienische und die französische benutzen Mensuralnoten in zwei Systemen mit unterschiedlicher Anzahl von Linien.

Die Lautentabulatur bezeichnet als Griffschrift die Kreuzungsstellen von Saiten und Bünden; die Tondauer wird nicht angegeben; festgelegt wird nur, auf welche Taktzeit ein Ton zu zupfen ist. Zusatzzeichen geben Ornamentik und Fingersatz an. Die spanische und die italienische Lautentabulatur (16. Jahrhundert) bezeichnen die Bünde mit Ziffern in einem System von sechs Linien; die tiefste Linie entspricht meist der höchsten Saite, gemäß der Spielhaltung. In der französischen (fünflinigen) Lautentabulatur (16.–18. Jahrhundert) dagegen entspricht der höchsten Saite die oberste Linie; statt der Ziffern verwendet sie Buchstaben. Die altertümliche deutsche Lautentabulatur (16. Jahrhundert) gibt für jede einzelne Kreuzungsstelle ein besonderes Zeichen an. – Die praktische französische Lautentabulatur trug mit zur weiten Verbreitung der Laute als Liebhaberinstrument bei. – 2. das Normenbuch des Meistersangs, in dem die Regeln für die Herstellung und Bewertung der Meistersingerlieder verbindlich festgelegt war.

**tacet** [lateinisch „(es) schweigt"], Abk. tac.: Hinweis in der Instrumentalmusik oder Vokalmusik: die Stimme pausiert in diesem Satz bzw. für den Rest.

**Tafelklavier:** ein Hammerklavier (Klavier) in Tischform, mit waagrechtem Resonanzboden und quer zu den Tastenhebeln verlaufenden Saiten. Es wurde von etwa 1750 bis 1850 gebaut und dann vom Pianino verdrängt.

**Tafelmusik:** die während der Mahlzeit aufgeführte Musik sowie das sie vortragende Ensemble. Das Mahl, besonders das festliche an adeligen Höfen, war bis ins 18. Jahrhundert einer der Hauptanlässe des Musizierens. Verwendet wurden instrumentale (Suiten, Divertimenti, Ouvertüren, Sonaten) oder vokale Gattungen (Lieder, Quodlibets, Kantaten). Tafelmusiken schrieben beispielsweise J. H. Schein („Banchetto musicale", 1617), M.-R. Delalande („Symphonies pour les soupers du roy", 1703 ff.), G. Ph. Telemann („Musique de table", 1733) und V. Rathgeber („Ohren-vergnügendes und Gemüth-ergötzendes Tafel-Confect", 1733–46).

**Tagelied:** in der mittelhochdeutschen Lyrik ein meist dreistrophiges Lied, das den Abschied zweier Liebender (meist als Wechselrede gestaltet) nach einer Liebesnacht darstellt. Eine wichtige Sonderform ist das *[Nacht]wächterlied,* das als dritte Person einen zum Aufbruch drängenden Vertrauten einführt. Wiederkehrende Motive sind Sonnenaufgang, Ostwind, Vogelgesang, Horn des Wächters, Abschiedsklage. Tagelieder schrieben u. a. Heinrich von Morungen, Wolfram von Eschenbach, Walther von der Vogelweide, Ulrich von Liechtenstein, später Oswald von Wolkenstein. Von diesem wie vom Mönch von Salzburg sind ein- und mehrstimmige Kompositionen erhalten. Der Typ des Tagelieds wurde im geistlichen Lied als Mahnruf an die Gemeinde (z. B. „Wachet auf, ruft uns die Stimme", Ph. Nicolai, 1599) und im Volkslied – mit verändertem Milieu – übernommen. R. Wagner greift mit Brangänes Warnruf im II. Akt des „Tristan" (1859) auf das Tagelied zurück.

**Tailgate** ['teɪlgeɪt; englisch]: Bezeichnung für eine Posaunenspielweise des ↑New-Orleans-Jazz, die besonders durch Glissandoeffekte gekennzeichnet ist. – Die Bezeichnung geht auf die Praxis zurück, den Posaunisten einer Band bei Umzügen auf die hintere Ladeklappe *(tail gate)* eines Fuhrwerkes *(bandwagon)* zu plazieren, damit er ungehindert den Zug seines Instruments betätigen konnte.

**Taille** [tɑ:j; französisch]: vom 16. bis 18. Jahrhundert französische Bezeichnung für den ↑Tenor in der Vokal- und Instrumentalmusik.

**Takes** [teɪks; englisch „Aufnahmen"]: bei Studioaufnahmen (z. B. Platteneinspielungen) die verschiedenen Versionen eines Stücks, das – unter Umständen auch abschnittsweise – so lange aufgenommen wird, bis die gewünschte Interpretation erreicht ist. Oft schneidet man die Endfassung eines Stücks auch aus den besten Stellen verschiedener Takes zusammen. Das auch bei Klassikaufnahmen verwendete, technischer Perfektion dienende Verfahren wird bei Popaufnahmen oft mit dem ↑Overdubbing gekoppelt. – Im internen Sprachgebrauch europäischer Plattenfirmen und Rundfunksender nennt man auch die Musikbeispiele innerhalb einer Wort-Musik-Sendung oder die einzelnen Stücke auf einer Langspielplattenseite Takes.

**Takt** [von lateinisch tactus „das Berühren, der Gefühlssinn, der Schlag"]: musikalisches Maß- und Bezugssystem, das (etwa seit dem Frühbarock) die Betonungsabstufung und zeitliche Ordnung der Töne regelt und insofern nicht nur den ↑Rhythmus grundlegend bestimmt, sondern auch mit dem melodischen und harmonischen Geschehen in engstem Wechselverhältnis steht. Der Takt schließt Zählzeiten oder Schläge (↑Dirigieren) zu übergeordneten Einheiten zusammen, indem er gleich lange Maßwerte (z. B. ♩♩♩♩) unterschiedlich gewichtet oder akzentuiert (♩♩♩♩). Das Hauptgewicht fällt stets auf den Taktanfang, d. h. auf die erste Zählzeit; der Taktstrich ist insofern ein Betonungszeichen. Mehr als dreizeitige Takte bilden außerdem Nebenakzente. Die Taktart wird am Beginn eines Stücks durch einen Bruch angegeben. Der Nenner gibt die Einheiten an, in denen gezählt werden soll (Achtel, Viertel, Halbe usw.), der Zähler die Anzahl solcher Einheiten in einem Takt. Von den zahlreichen möglichen Taktarten sind nur wenige gebräuchlich. Man unterscheidet gerade Taktarten:

($\frac{2}{8}$, $\frac{2}{4}$, $\frac{4}{4}$ (=C), $\frac{2}{2}$ (=₵; ↑alla breve),

ungerade Taktarten:

($\frac{3}{8}$, $\frac{3}{4}$, $\frac{3}{2}$, $\frac{9}{8}$)

und zusammengesetzte Taktarten,

z. B.  $\frac{6}{8}$ (♪♪♪ ♪♪♪)

Bei sehr raschem Tempo wird häufig nur noch die Eins jeden Taktes als Schlagwert empfunden (und auch dirigiert). Mehrere Takte können dann zu übergeordneten metrischen Einheiten zusammengefaßt sein (↑Metrum), so etwa im *ritmo di tre battute* zu Dreitaktgruppen (L. van Beethoven, 9. Sinfonie [1822–24], 2. Satz, Takt 177 ff.). Umgekehrt werden in sehr langsamem Tempo die Zählschläge oft noch unterteilt („eins und zwei und ..." usw.). Unregelmäßige Bildungen wie Fünfer- oder Siebenertakte bestehen meist aus einer Kombination ungerader und gerader Takte. Sie kommen in klassisch-romantischer Musik selten vor, sind jedoch seit dem Ende des 19. Jahrhunderts aus der Volksmusik v. a. des slawischen Raums zunehmend in die Kunstmusik gelangt. Die Notierung fremdartiger Rhythmen führt dabei vielfach zu einer Sprengung des herkömmlichen Taktbegriffs (z. B. $\frac{4+2+3}{8}$ „Alla bulgarese" in B. Bartóks 5. Streichquartett, 1934).

Antike und Mittelalter kannten den Takt noch nicht, da die antike Quantitätsrhythmik von Längen-, nicht von Betonungsunterschieden ausging. In der Mensuralmusik des Spätmittelalters und der Renaissance regelt der *Tactus* als zweiteilige Ab- und Aufbewegung der Hand die auf ihn bezogenen Mensuren. Als gleichmäßiger Pulsschlag *(integer valor)* bewirkt er eine ruhig fließende, nicht nach Betonungen differenzierte Musikpraxis. Zusammen mit der Dur-Moll-Tonalität begann sich um 1600 der Akzentstufentakt unter dem Einfluß der Betonungsrhythmik damaliger Tänze und deren Symmetrien herauszubilden. Gleichzeitig kam der Begriff ↑Tempo auf. Dennoch wurde bis in die Bach-Zeit nach alter Weise der zweiteilige Tactus geschlagen. Nicht an den Takt gebunden war teilweise die ↑Fantasie. Bei den Wiener Klassikern stellt der Takt einen eigenständigen Faktor der Komposition dar und wird zum tragenden Untergrund zunehmend komplizierterer rhythmischer Bewegungen. Entsprechend treten ↑Auftakt, Abtakt, Taktmotiv, achttaktige ↑Periode mit Verkürzungen und Erweiterungen in den Vordergrund. Die romantische Musik mit ihren poetisch stimmungshaften Tendenzen löste sich wieder stärker von den Bindungen an den Takt; freie Akzentsetzung (H. Berlioz) und Taktwechsel häuften sich (R. Wagner). Teilweise reduzierte sich der Takt zum bloß konventionellen Notierungsmittel, über welchem eine Art musikalischer Prosa sich frei entfaltete (R. Strauss, C. Debussy u. a.). Im 20. Jahrhundert werden flexible Arten der Rhythmusnotierung bevorzugt, z. B. mit sorgfältiger Anpassung der Taktvorzeichnung an wechselnde Bewegungsarten (A. Schönberg, A. Webern, I. Strawinski, P. Boulez) oder mit freier Taktstrichsetzung bei im übrigen noch traditioneller Notation

(Ch. Ives, O. Messiaen). Auch die musikalische Graphik kennt noch orientierende Unterteilungsstriche (K. Stockhausen u. a.), die zumeist Zeitabschnitte, z. B. einer Sekundenskala markieren.

**Taktstrich:** der senkrechte Strich, der das ↑Liniensystem oder die ↑Akkolade durchzieht; er diente zunächst v. a. der besseren Übersicht, zeigt aber auch die Taktschwerpunkte (↑Takt) an.

**Talea** [lateinisch]: rhythmisches Gliederungsmodell für den ↑Tenor einer isorhythmischen Motette (↑isorhythmisch). Die rhythmische Abfolge einer Talea kehrt in den folgenden in gleicher Weise wieder, jedoch meist auf anderen Tonhöhen, da die zugrundeliegende Choralmelodie (↑Color) normalerweise nicht mit einer Talea endet. Beispiel: Choralausschnitt:

rhythmisches Modell:

isorhythmischer Tenor:

**Tambour** [tã'bu:r; französisch]: französische Bezeichnung für alle Arten von Trommeln, z. B. *Tambour de basque*, Schellentrommel; *Tambour roulant*, Rührtrommel.

**Tambourin** [tãbu'rɛ; französisch]: 1. eine seit dem 15. Jahrhundert bekannte längliche zylindrische Trommel, die mit zwei Fellen bespannt ist; sie wird v. a. in der Provence zusammen mit dem Galoubet (↑Einhandflöte) gespielt. – 2. *Tambourin à cordes* (auch *Tambourin du Béarn* oder *de Gascogne*) heißt eine Art Zither, deren in Quinten gestimmte Saiten mit Plektron angerissen werden; sie wird in Südfrankreich ebenfalls mit dem Galoubet gespielt. – 3. Tambourin heißt auch ein im 18. Jahrhundert verbreiteter provenzalischer Tanz im lebhaften $^2/_4$-Takt, der von der gleichnamigen Trommel und vom Galoubet begleitet wurde.

**Tamburin** [von französisch ↑Tambour]: deutsche Bezeichnung für die ↑Schellentrommel (französisch *Tambour de basque*).

**Tamburo** [italienisch]: italienische Bezeichnung für verschiedene Arten der Trommel, zum Beispiel *Tamburo militare*, kleine Trommel; *Tamburo rullante*, Rührtrommel; *Tamburo basco*, Schellentrommel.

**Tamtam** [Hindi]: ein aus Ostasien stammender ↑Gong mit unbestimmter Tonhöhe, der auch im europäischen Orchester verwendet wird. Das Tamtam besteht aus einer runden, leicht gewölbten Scheibe aus Bronze (Durchmesser 40–150 cm) mit schmalem, umgebogenem Rand. Der Klang ist dröhnend und lang anhaltend.

**Tanbur** ['tanbu:r; arabisch] (Tambur, Tambura): orientalische Langhalslaute mit kleinem, bauchigem Resonanzkörper, wenigen dünnen Metallsaiten und zahlreichen Bünden. Die Wirbel sind von vorne und seitlich in den Hals eingelassen. – Langhalslauten sind im Orient seit dem 2. Jahrtausend vor Christus bekannt. Im antiken Griechenland (hier Pandura genannt) und in Rom wurden sie als fremdländische Instrumente angesehen. Im 13. Jahrhundert tauchte der Tanbur in Europa auf; bei J. Tinctoris (1468) erscheint er als Volksinstrument. Ein Abkömmling ist der ↑Colascione. Heute ist der Tanbur von Südosteuropa bis zum mittleren Orient, in Nordafrika und im Kaukasus verbreitet; in der indischen Musik wird er als Bordununinstrument verwendet.

**Tangente** [von lateinisch tangens „berührend"]: bei besaiteten Tasteninstrumenten ein Stift aus Metall oder Holz, der die Saite abteilt (↑Drehleier), sie anschlägt (↑Tangentenflügel) oder beides bewirkt (↑Klavichord).

**Tangentenflügel** (Tangentenklavier): eine im 18. und frühen 19. Jahrhundert gebaute Zwischenform von Cembalo und Hammerklavier, bei der die Saiten durch Holzstäbchen (Tangenten) angeschlagen werden. Der dem Cembalo ähnliche Klang kann durch einen zwischen Saiten und Tangenten geschobenen Lederstreifen zu einem dem Klavier ähnlichen Klang verändert werden.

**Tango** [spanisch]: lateinamerikanischer Tanz in geradem Takt ($^2/_4$ oder $^4/_8$) und sykopiertem Rhythmus, der sich um 1890 in Argentinien aus Elementen der ↑Habanera entwickelte; charakteristisch wurden sentimental-erotische Texte mit Musik meist in Moll *(Tango argentino)*. In dieser Form wurde der Tango um 1910 in Europa Gesellschaftstanz und zählt heute zu den Standardtänzen. Der neuere *Tango milonga* hat ein etwas rascheres Tempo; charakteristisch ist der abrupte Stillstand der Tänzer während des Tanzes. – In der Kunstmusik verwendet wurde er u. a. von I. Albéniz, I. Strawinski, P. Hindemith, E. Křenek.

**Tantum ergo sacramentum** [lateinisch „ein so großes Sakrament“]: Anfangsworte der fünften Strophe des dem Thomas von Aquin zugeschriebenen Hymnus „Pange lingua“, die zusammen mit der sechsten Strophe („Genitori genitoque“) seit dem 15. Jahrhundert in der katholischen Liturgie zur Aussetzung des Allerheiligsten gesungen wird.

**Tanz:** rhythmisch geregelte Körperbewegung zu Musik- oder Geräuschbegleitung, im übertragenen Sinne auch die zum Tanz erklingende Musik oder deren vom Tanz gelöste Stilisierung in instrumentaler (Instrumentaltanz) oder vokaler Form (Tanzlied). – Der Tanz war ursprünglich in Form von Fruchtbarkeits-, Toten-, Initiations-, Waffen-, Jagd-, Licht- oder Feuertänzen Bestandteil von Magie und Kult; in vielen Hochkulturen wurde er auf überirdische Ursprünge zurückgeführt. Kultische und gesellige Tänze gab es in Altägypten und Mesopotamien. In der griechischen Antike wurden der Reigen, der Einzel- und der chorische Tanz gepflegt. Der Tanz bildete mit Musik und Dichtung eine Einheit. Judentum und frühes Christentum kannten den sakralen Tanz, den die Kirche jedoch im frühen Mittelalter wegen seiner Weltlichkeit ebenso ablehnte wie die in kirchlicher Sicht entarteten Tänze der Spielleute, Gaukler und des Volkes.

Im hohen Mittelalter wurde an den Höfen der gruppenweise getanzte Reigen und der ihm oft vorangestellte Einzelpaartanz gepflegt. Der musikalische Vortrag durch den Spielmann bestand in der improvisierten Auszierung einer Gerüststimme oder deren Umspielung durch mehrere Instrumente. Bereits die frühesten Aufzeichnungen von Tanzmusik im 13./14. Jahrhundert belegen die paarweise Verknüpfung eines geradtaktigen mit einem ungeradtaktigen Tanz, die sich dann im Gesellschaftstanz des 15./16. Jahrhunderts in der Aufeinanderfolge von langsamem Schreittanz (Basse danse, Passamezzo, Pavane) und schnellem, gesprungenem Nachtanz (Saltarello, Tourdion, Galliarde) durchsetzte.

Mit der Scheidung von ↑Volkstanz und höfisch-aristokratischem ↑Gesellschaftstanz seit dem 15. Jahrhundert entwickelte letzterer eine Vielfalt von Paartänzen, so neben Pavane, Galliarde und Passamezzo die Allemande oder den deutschen Tanz, die französische Courante und die spanische Sarabande und Chaconne. Ein beliebter Reigen war der französische Branle. In Italien und Frankreich entstanden wichtige Tanzbücher, die den Grund für die Herausbildung einer akademischen Tanzkunst legten (G. Ebreo, 1463; M. F. Caroso, 1581; C. Negri, 1602; Th. Arbeau, 1588). Um die Wende zum 17. Jahrhundert entstanden bedeutende Sammlungen mehrstimmiger Tanzlieder (G. G. Gastoldi, 1591; H. L. Haßler, 1601); gleichzeitig wurde der Zusammenschluß mehrstimmiger Tanzsätze zu ↑Suiten in der Lauten-, Cembalo- und Orchestermusik üblich. Als wichtiger Bestandteil der Feste an Fürstenhöfen erhielten im 17. Jahrhundert der Gesellschaftstanz, der nunmehr den in Kolonnen ausgeführten Einzelpaartanz bevorzugte, und, am französischen Hof, das ↑Ballet de cour größte Bedeutung. Viele der neuen, in den Hoftanz, die Suite und die Oper J.-B. Lullys und J.-Ph. Rameaus eingehenden Tänze entstammten dem Volkstanz, so Gavotte, Bourrée, Rigaudon, Passepied und Gigue. Zum wichtigsten höfischen Tanz wurde das ungeradtaktige Menuett, das erst in der 2. Hälfte des 18. Jahrhunderts von den verschiedenen Arten der Contredanse verdrängt wurde. Der englische Country-dance wurde auf dem Kontinent zur Contredanse française (Cotillon, Quadrille), zum Kontertanz und zur Anglaise umgestaltet. In Mode kamen im späten 18. und frühen 19. Jahrhundert Tänze wie Ländler, Walzer, Polka, Mazurka, Rheinländer, Galopp und die Gruppentänze Polonaise, Ecossaise und Française. Diese Gesellschaftstänze wurden zum großen Teil auch in der Kunstmusik heimisch, wie auch die stilisierten Volkstänze Csárdás, Krakowiak, Furiant, Bolero, Tarantella und Fandango. Weltweite Verbreitung erlangte der Walzer, der noch heute als schneller Wiener Walzer und langsamer Walzer zu den Standardtänzen zählt. Charakteristisch für den Gesellschaftstanz nach 1900 ist die Vorherrschaft von nord- und lateinamerikanischen Tänzen und das gänzliche Zurückdrängen des Gruppentanzes durch den Einzelpaartanz. Neben die im ↑Tanzsport bevorzugten Standardtänze und lateinamerikanischen Tänze trat eine Vielzahl von oft nur kurzlebigen Tänzen wie Onestep, Charleston, Shimmy, Black-Bottom, Bebop, Blues, Boogie-Woogie, Rock 'n' Roll, Mambo, Calypso, Madison, Twist, Bossanova, Letkiss und viele andere.

Im 20. Jahrhundert trat auf dem Gebiet des Kunsttanzes neben den klassischen Tanz (↑Ballett) der Ausdruckstanz (auch freier Tanz), der als eigenständiger, von musikalischen Bindungen und akademischer Positionslehre befreiter Ausdrucksträger verstanden wurde. Wegweisend wirkten hier I. Duncan, R. von Laban und M. Wigman. In Form des amerikanischen Modern dance (u. a. R. Saint-Denis, T. Shawn und M. Graham) hat der Ausdruckstanz das moderne Ballett entscheidend geprägt.

**Tanzlied:** Gattungsbezeichnung für lyrische oder erzählende Lieder, die im Hoch- und Spätmittelalter zum Tanz gesungen wurden; dazu gehören [strophische] Refrainlieder (↑Ballade, ↑Ballata, ↑Carol, ↑Rondeau, ↑Virelai) und auch der [nichtstrophische] ↑Leich (Tanzleich).

**Tanzmeistergeige** ↑Pochette.

**Tanzsport** (Turniertanz): die wettkampfmäßig betriebene sportlich-künstlerische Art des ↑Gesellschaftstanzes. Der Tanzsport entwickelte sich Anfang des 20. Jahrhunderts. Turniertänzer müssen neben hervorragenden Bewegungsfertigkeiten ein hohes Maß an musikalischem Einfühlungsvermögen und gestalterisches Talent besitzen. Bei den Amateuren gibt es im Turnier neun, bei den Berufstänzern zehn verschiedene Tänze zu absolvieren. Bewertet werden Takt und Grundrhythmus, Körperlinien, Bewegungsablauf, rhythmische Gestaltung und Fußarbeit. Zu den Turniertänzen gehören die fünf Standardtänze langsamer Walzer, Tango, Slowfox, Wiener Walzer, Quickstep und die vier lateinamerikanischen Tänze Rumba, Samba, Cha-Cha-Cha, Pasodoble; die Berufstänzer tanzen zusätzlich den Jive.

**Tar** [persisch]: eine persisch-kaukasische Langhalslaute, dem arabischen ↑Tanbur ähnlich.

**Tarantella** [italienisch]: süditalienischer Volkstanz (Paartanz) in schnellem $^6/_8$- (auch $^{12}/_8$- oder $^3/_8$-)Takt, der von Tamburin und Kastagnetten begleitet wird; bei unregelmäßigem Wechsel von Dur und Moll herrscht Mollmelodik vor. Die Tarantella wurde besonders im 19. Jahrhundert für virtuose Klavierstücke verwendet (Weber, Chopin, Liszt, St. Heller); als Gesangsstück bei Auber und Rossini. Sie ist auch heute in der Unterhaltungsmusik häufig. – Ihr Name wird mit dem (seit dem 15. Jahrhundert beschriebenen) in der Gegend von Tarent auftretenden Tarantismus, einer Art Veitstanz, in Verbindung gebracht.

**tardando** [italienisch]: zögernd, langsamer werdend.

**Tasteninstrumente:** Gruppe von Musikinstrumenten, deren gemeinsames Merkmal die Auslösung von Tönen durch hebelartig ausgebildete Manual- oder Pedaltasten ist; die Gesamtheit der Tasten heißt ↑Klaviatur (Tastatur). Bei ↑Cembalo, ↑Klavichord und ↑Klavier sind die Tasten sowohl Steuer- als auch Übertragungsglieder bei der Umwandlung der vom Spieler aufgewendeten mechanischen Energie in Schallenergie; bei ↑elektronischen Musikinstrumenten, ↑Orgel und ↑Harmonium dienen die Tasten nur zur Steuerung anderweitig zugeführter Energie.

**tasto solo** [italienisch], Abk. t.s.: in der Generalbaßschrift die Anweisung, die Baßstimme allein, d. h. ohne Akkorde zu spielen. Zeichen ↑Null.

**Tedesca** [italienisch; eigentlich danza tedesca „deutscher Tanz"]: italienische Bezeichnung für die ↑Allemande, den ↑deutschen Tanz und den ↑Ländler.

**Te Deum** (Te Deum laudamus) [lateinisch „Dich, Gott, loben wir"] (Ambrosianischer Lobgesang): Hymnus der katholischen Kirche. Der heutige Text ist seit dem ausgehenden 7. Jahrhundert überliefert. Als liturgischer Gesang bildet das Te Deum seit dem 5. Jahrhundert im monastischen und römischen Offizium den Abschluß der Matutin und ist bis heute der bevorzugte Dankhymnus bei feierlichen liturgischen Handlungen.

**Teiltöne** (Partialtöne): Bezeichnung für ↑Obertöne; sie ist darauf zurückzuführen, daß Obertöne durch ganzzahlige Teilung einer Saite oder Luftsäule erzeugt werden können.

**Tempelblöcke:** ein Schlaginstrument, bestehend aus mehreren (meist 4–5) an einem Ständer befestigten hohlen Holzkugeln mit länglichem Schlitz, die mit Schlegeln angeschlagen werden. Die von den verschiedenen Größen der Kugeln abhängige Tonhöhe ist annähernd bestimmbar. Tempelblöcke werden im Tanz- und Unterhaltungsorchester und auch in der Neuen Musik verwendet.

**Temperatur** [von lateinisch temperatura „gehörige Mischung"] (temperierte Stimmung, ↑Stimmung): das Bedürfnis, auf Tasten- und Lauteninstrumenten mehr als nur eine Tonart einigermaßen erträglich spielen zu können, hat seit dem 16. Jahrhundert zu Experimenten geführt, die das Ziel hatten, die wichtigsten Intervalle etwas unrein, aber dafür alle gleich zu stimmen. Erst im 18. Jahrhundert hat sich dann die heute gebräuchliche „gleichmäßig temperierte" Stimmung durchgesetzt, die auf einer physikalisch „gleichmäßigen" Zwölfteilung der reinen Oktave beruht. In dieser Stimmung ist die Abweichung der Intervalle von den reinen (durch ganzzahlige Verhältnisse der Frequenzen der zugehörigen Töne definierten) Intervalle so gering, daß man sich daran gewöhnt hat, sie nicht mehr zu hören. Auf temperiert gestimmten Instrumenten lassen sich alle Tonarten spielen, beliebige Modulationen und enharmonische Verwechslungen ausführen, und das moderne Ohr findet solches erträglich (J. S. Bachs Komposition „Das wohltemperierte Klavier", 1722–44, hat dies mit musikalischen Mitteln bewiesen).

In einigen außereuropäischen Kulturen hat man weitere temperierte Systeme verwendet, die nicht von unserer Zwölfteilung ausgehen. Die Manuale von Synthesizern lassen sich in der Regel ebenfalls auf beliebige temperierte Systeme einstellen (pitch-stretch).

Bei einer Normierung des Tons $a^1$ auf die Frequenz von 440 Hz haben die Töne der temperierten C-Dur-Tonleiter folgende Frequenzen:

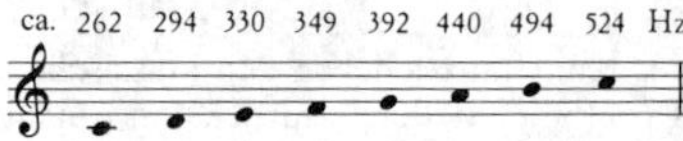


Das Frequenzverhältnis der einen temperierten Halbton konstituierenden Töne beträgt etwa

$$1{,}0595 = \sqrt[12]{2}$$

(im Beispiel $\sqrt[12]{2} \approx 349:330 \approx 524:494$).

**Tempo** [italienisch; von lateinisch tempus „Zeit"]: die Geschwindigkeit bzw. der Geschwindigkeitsgrad musikalischer Vorgänge. Notenwerte und aus ihnen gebildete Rhythmen sind nur relativ zueinander in ihrem Zeitwert bestimmt. Erst durch das Tempo werden sie auf absolute, objektiv meßbare Zeitdauern und -relationen festgelegt. Bei nicht takt- oder mensurengebundener Musik ist der Tempoeindruck oft unmittelbar abhängig von der Dichte einander folgender Schallereignisse. Für die antike Quantitätsrhythmik bezeugt (z.B. vierzeitig: –́–́ langsam, ⏑⏑ ⏑⏑ rasch), findet sich diese Tempoauffassung besonders in der experimentellen Musik des 20. Jahrhunderts (konkrete Musik, serielle, elektronische und graphisch notierte Musik). Im engeren Sinn ist Tempo das für die neuzeitliche Musik charakteristische „Zeitmaß" oder die „Bewegung", d.h. die eigens festzulegende Geschwindigkeit einer Komposition. Für den Tempoeindruck maßgebend ist hier nicht so sehr die Dichte der Tongebungen, sondern die zugleich vom ↑Takt abhängige Dichte der Zählzeiten bzw. Schlagbewegungen beim Dirigieren. Als mittleres Tempo gelten etwa 60–80 Zähl- bzw. Schlagzeiten pro Minute, was im Prinzip der normalen Pulsfrequenz entspricht. Manchmal ergibt sich das gemeinte Tempo schon aus der Art des Notenbildes (bei älterer Musik aus Taktart, Gattung und satztechnischer Anlage), maßgebend sind jedoch die meist hinzugefügten Tempobezeichnungen, deren Bedeutung im Laufe der Zeit beträchtlich schwanken können, sowie die Hinweise auf den Charakter des Vortrags. Zu den langsamen Tempi gehören ↑largo, ↑adagio, ↑grave, ↑lento, zu den mittleren ↑andante, ↑moderato, zu den schnellen ↑allegro, ↑vivace und ↑presto. Häufig wird weiter differenziert, z.B. ↑andantino, ↑allegretto, auch mit Ausdrücken der Steigerung (molto, assai, con brio) oder Abschwächung (meno, ma non troppo). Eine Beschleunigung des Tempos fordern ↑accelerando, ↑stringendo, eine Verlangsamung ↑ritardando, ↑ritenuto, die Rückkehr zum alten Zeitmaß ↑a tempo, tempo primo, das Beibehalten des Tempos bei Taktwechsel ↑l'istesso tempo (entweder Viertel = Viertel oder Takt = Takt). Das ↑Metronom erlaubt die genaue Festlegung des Tempos, z.B. M. M. ♩ = 88 bedeutet, daß die Viertelnote $\frac{1}{88}$ Minute dauert (M. M. = Metronom Mälzel). Im 20. Jahrhundert findet sich auch die Angabe der Aufführungsdauer eines Abschnitts, Satzes oder Werkes. Aus älteren Epochen sind Hinweise nur spärlich erhalten. Große Bedeutung kam in der Antike dem Tempo (griechisch agōgḗ) als Ausdruck unterschiedlicher innerer (moralischer) Haltungen zu. Die Entfaltung der Mehrstimmigkeit brachte im Rahmen der ↑Mensuralnotation und ihrer praktischen Anwendung Differenzierungen im Bereich des Tempos mit sich (unter *tempus* verstand man das proportionale Verhältnis der Notenwerte Brevis zu Semibrevis). Doch sind raschere oder langsamere Bewegungen immer nur in Relation zum mittleren Zeitmaß des (mit dem Pulsschlag verglichenen) *integer valor* zu verstehen. Gleichzeitig mit dem Aufkommen des neuzeitlichen Taktbegriffs um 1600, machte sich, von Italien ausgehend, die Tendenz bemerkbar, das aus der Verbindung von Taktvorzeichnung und Notenwerten nicht mehr klar zu ersehende Tempo mit Hilfe besonderer Tempobezeichnungen festzulegen. Die Kompositionsgattungen waren in der Regel an bestimmte Tempotypen gebunden, zumal die Tänze des 17./18. Jahrhunderts. Solche Tempotypen konnten ihrerseits als Vorbild dienen (Tempo di gavotta, Tempo di minuetto). Seit der Wiener Klassik gewann das Tempo selbständige Bedeutung und rückte damit in den Vordergrund kompositorischer Herausarbeitung unverwechselbarer individueller Charaktere. Trotz der von L. van Beethoven an bezeugten authentischen Metronomangaben stellt sich die Frage des richtigen Tempos für den nachschaffenden Interpreten auf Grund der veränderten Bedingungen stets von neuem (Hörgewohnheiten Raumakustik, Größe des Ensembles, Spielweise, Klangcharakter und -volumen der Instrumente). Wesenszüge der musikalischen Romantik spiegeln sich in der virtuosen Steigerung der Tempi und in der Neigung zu beweglicher Tempogestaltung mit häufigen und fließenden Übergängen. Im 20. Jahrhundert finden sich, den unterschiedlichen Kompositionsrichtungen entsprechend, extreme Gegensätze in der Tempobehandlung, vom maschinell inspirierten (A. Honegger) und motorischen Tempo (I. Strawinski, B. Bartók, P. Hindemith) über mehr traditionelle Arten bis hin zum oben genannten Tempobegriff der experimentellen Musik.

**Tempo rubato** [italienisch „gestohlener Zeitwert"] (verkürzt rubato): bewußt ungleichmäßige, verzögernde oder beschleunigende Ausführung gleich notierter rhythmischer Werte im Dienste eines lebendig ausdrucksvollen Vortrags. Das *gebundene* Tempo rubato des 17./18. Jahrhunderts fordert Ungleichmäßigkeit der Hauptstimme bei streng durchgehaltener Grundbewegung (in der Begleitung). Das *freie* Tempo rubato des 19./20. Jahrhunderts (etwa wie ↑Agogik) ist ein Schwanken des Tempos selbst. Es ist, wo nicht ausdrücklich vorgeschrieben, nur mit Vorsicht und nur bei bestimmten Kompositionen und Komponisten anwendbar.

**Tempus** [lateinisch „Zeit"]: in der ↑Mensuralnotation zunächst die übliche Zählzeit, der Zeitwert einer ↑Brevis. Seit dem Anfang des 14. Jahrhunderts (↑Ars nova), als die Brevis sowohl in drei als auch in zwei Semibreven aufgeteilt werden konnte, regelt das Tempus das Verhältnis Brevis/Semibrevis. Ist es dreizeitig, spricht man von *Tempus perfectum* (Zeichen ○), ist es zweizeitig, von *Tempus imperfectum* (Zeichen C).

**Tenebrae** [lateinisch „Finsternis"]: seit dem 12. Jahrhundert übliche Bezeichnung für Matutin und Laudes am Gründonnerstag, Karfreitag und -samstag. Die Bezeichnung geht auf den schon im 8. Jahrhundert nachweisbaren Brauch zurück, im Laufe dieser Stundengebete nach und nach sämtliche Kerzen zu löschen. Die Lesungen der 1. Nokturn an den genannten drei Tagen sind den Lamentationen Jeremiae entnommen. Bedeutend sind die am Anfang des 18. Jahrhunderts u.a. von M.-R. Delalande, M.-A. Charpentier und F. Couperin komponierten „Leçons de ténèbres".

**teneramente** [italienisch]: zart, schmeichelnd.

**Tenor** [von lateinisch tenere „halten"]: 1. Tenor heißt im Mittelalter der beim psalmodischen Vortrag besonders hervortretende Rezitationston (↑auch Repercussa, ↑Tuba), der mit der ↑Finalis den tonalen Charakter einer Gregorianischen Choralmelodie (↑Kirchentonarten) festlegt. – 2. in der mehrstimmigen Musik des 13. bis 16. Jahrhunderts die den Cantus firmus tragende Stimme, zunächst als tiefste Stimme, zu der im 14. Jahrhundert der ↑Contratenor hinzutrat; seit 1450 aufgeteilt in Contratenor altus (↑Alt) und Contratenor bassus (↑Baß). – 3. Tenor (von italienisch tenore) ist seit dem 15. Jahrhundert Stimmlagenbezeichnung für die hohe Männerstimme (Umfang c–a$^1$, bei Berufssängern bis c$^2$). In der Bühnenpraxis werden unterschieden der lyrische Tenor, jugendliche Heldentenor, schwere Heldentenor und der Tenorbuffo. – Bei Instrumentenfamilien Bezeichnung für die der Tenorstimme entsprechende Mittellage.

**Tenora:** eine spanische Tenorschalmei mit starkem näselndem Klang.

**Tenorgeige** ↑Viola tenore.

**Tenorhorn:** ein zur Familie der Bügelhörner gehörendes Blechblasinstrument in Tenorlage, in B- (Umfang E–b$^1$), seltener C-Stimmung, gewöhnlich mit drei Ventilen. Das Tenorhorn wird in Tuba-, Trompeten- oder Helikonform gebaut.

**Tenorlied:** deutsche Liedform des 15./16. Jahrhunderts, vorwiegend vierstimmig, bei der die Liedmelodie im Tenor liegt. Die übrigen, meist beweglicheren und instrumental gedachten Stimmen figurieren oft ebenfalls Teile der Liedmelodie. Von diesem Typus des instrumental begleiteten Sololiedes entwickelte sich das Tenorlied durch Angleichung aller Stimmen zum A-cappella-Chorlied. Hauptkomponisten waren H. Finck, H. Isaac und L. Senfl.

**Tenorschlüssel:** der C-Schlüssel auf der 4. Notenlinie (↑Schlüssel).

**Tenortuba** ↑Bariton.

**tenuto** [italienisch], Abk. ten.: Anweisung, die Töne ihrem vollen Wert entsprechend auszuhalten.

**Tenzone** [provenzalisch]: provenzalisches Streitgedicht mit mehreren Strophen ohne feste Form, das auf bekannte Melodien vorgetragen wurde. Diskutiert wurde zwischen zwei Dichtern über einen beliebigen Gegenstand. – ↑auch Jeu parti.

**Terrassendynamik:** der plötzliche und stufenweise Wechsel von Stärkegraden, meist zusammen mit einem Wechsel der Instrumentation (↑Tutti – ↑Concertino im ↑Concerto grosso) oder des ↑Registers (in der Cembalo- und Orgelmusik). Terrassendynamik herrscht weitgehend in der Barockmusik, stufenloses An- und Abschwellen tritt seit der Vorklassik in den Vordergrund.

**Tertian** (Terzian) [lateinisch]: in der Orgel eine ↑gemischte Stimme, meist zweichörig, zu $1\,^3/_5$- oder $1\,^1/_3$-Fuß; wurde v. a. vom Barock bis zur Romantik gebaut.

**Terz** [von lateinisch tertius „der dritte"]: das ↑Intervall, das ein Ton mit einem drei diatonische Stufen entfernt gelegenen bildet. Man unterscheidet die große (c–e), die kleine (c–es), die übermäßige (c–eis, klanglich gleich der Quarte) und die verminderte Terz (cis–es, klanglich gleich der großen Sekunde). Die Terz galt bis ins späte Mittelalter als auflösungsbedürftige und nicht schlußfähige unvollkommene Konsonanz. Erst seit dem 15. Jahrhundert (v. a. durch den Einfluß englischer Musik) wurde sie als selbständig und wohlklingend anerkannt. Seitdem ist sie als bestimmendes Intervall des ↑Dreiklangs für die Dur-Moll-Tonalität und die Terzenschichtung ihrer Akkordik von zentraler Bedeutung. Die klassisch-romantische Melodik ist in starkem Maße terzorientiert, auch einfache zweite Stimmen zu Volksliedern verlaufen oft in Terzen. Entsprechend wird dann in der Neuen Musik des 20. Jahrhunderts aus einer Gegenposition zum dominantisch tonalen Denken heraus die Terz vielfach bewußt vermieden.

**Terzett** [lateinisch]: seit dem 19. Jahrhundert Bezeichnung für eine Komposition für drei solistische Singstimmen mit oder ohne Begleitung, v. a. in Oper, Operette, Oratorium. – ↑auch Trio, ↑Tricinium.

**Terzian** ↑Tertian.

**Terzquartakkord:** die zweite ↑Umkehrung des ↑Septimenakkords, wobei die Quinte im Baß liegt. Besondere Bedeutung in der klassisch-romantischen Musik hat der Terzquartakkord des Dominantseptakkords (in C-Dur d–f–g–h).

**Testo** [italienisch]: im italienischen Oratorium die Bezeichnung für die erzählende Partie, auch für den Vortragenden, gleichbedeutend mit dem Evangelisten in der Passion.

**Testudo** [lateinisch]: bei den Römern svw. ↑Lyra, im 15.–17. Jahrhundert svw. ↑Laute.

**Tetrachord** [...'kɔrt; von griechisch tetráchordos „Vierton (Folge)"]: Anordnung von vier aufeinander folgenden Tönen im Rahmen einer Quarte. Das Tetrachord ist der Grundbaustein der ↑griechischen Musik. Je nach der Anordnung der beiden Töne innerhalb des festehenden Rahmenintervalls gehört das Tetrachord zur ↑Diatonik (von oben nach unten: Ganzton-Ganzton-Halbton; Ganzton-Halbton-Ganzton; Halbton-Ganzton-Ganzton), zur ↑Chromatik (kleine Terz-Halbton-Halbton) oder zur ↑Enharmonik (große Terz-Viertelton-Viertelton). Das Tetrachord wird in der mittelalterlichen Musiktheorie erwähnt, spielt aber gegenüber der ↑Solmisation auf Grundlage des ↑Hexachords keine Rolle.

**Thema** [griechisch „das Gesetzte"]: ein prägnanter musikalischer Gedanke, der als tragender Formteil eines Stücks wesentlich auf Wiederkehr, Bearbeitung, Verarbeitung hin angelegt ist, gegebenenfalls auch auf Gegenüberstellung oder Kombination mit weiteren Themen. Die Gestalt (Umfang, Bauweise, Sinnfälligkeit) und die Funktion eines Themas hängen von Gattung, Form, Kompositionsstil und kompositorischer Absicht ab. So gehen die Themenbegriffe z. B. von Fuge, Sonatensatzform und Variationswerken weit auseinander. In der frühen Neuzeit entstanden und erstmals so benannt, hat das Thema in der aufblühenden Instrumentalmusik unterschiedliche Ausprägungen erfahren, hauptsächlich nach drei Richtungen: 1. Der Typus des von Einzelstimmen nacheinander vorgetragenen Themas, vorbereitet in der Vokalpolyphonie des 15./16. Jahrhunderts durch das Prinzip der ↑Imitation und vermittelt durch Kanzone, Ricercar, Fantasia, findet sich im ↑Subjekt von ↑Fuge und ↑Fugato und umfaßt meist nur wenige Takte. – 2. Die ↑Variation des 16./17. Jahrhunderts kennt neben dem Typus des Ostinatothemas (↑Ostinato) auch den des Liedthemas (Virginalisten, J. P. Sweelinck, S. Scheidt). Variationswerke der Folgezeit beruhen u. a. auf Tanz-, Marsch-. Liedsätzen und Arien sowie auf frei erfundenen Themen. – 3. In der klassisch-romantischen ↑Sonatensatzform ist stets ein markantes Hauptthema bestimmend, dem in der Regel ein zweites (nicht selten noch ein drittes) andersartiges gegenübertritt. Das Thema selbst, nicht immer klar begrenzt, besteht meist aus mehreren gegeneinander abgesetzten Gliedern (↑Motiv), die zumal im Bereich der Wiener Klassik an eine harmonisch-metrische Ordnung (↑Metrum, ↑Periode) gebunden sind. Motiv, Vorbereitung des Themas, Ableitung der Themen von einer Grundgestalt (beides schon bei L. van Beethoven, in der Romantik immer stärker ausgeprägt), poetische Bedeutung der Themen (H. Berlioz, R. Schumann, F. Liszt), Vermehrung des thematischen Materials (J. Brahms, A. Bruckner, G. Mahler; als Fülle thematischer Einfälle auch für W. A. Mozart schon charakteristisch), Verschleierung und schließlich Preisgabe des Themas (A. Schönberg, „Sechs kleine Klavierstücke" op. 19, 1911) kennzeichnen die weitere Entwicklung.

**thematische Arbeit:** Zerlegung eines Themas in selbständige, für sich weiterverarbeitete Glieder. In A. Vivaldis und v. a. J. S. Bachs Konzerten u. a. bereits erprobt, wird sie seit J. Haydns Streichquartetten op. 33 (1781) zum bevorzugten Kompositionsprinzip der Wiener Klassik, das L. van Beethoven zur Vollendung führt, J. Brahms und G. Mahler aufs neue stärkstens verdichten und als Technik ständiger Motivvariation an die zweite Wiener Schule um A. Schönberg vermitteln.

**Theorbe** (Tiorba) [italienisch]: eine Baßlaute mit Spielsaiten und Bordunsaiten. Die Bordune, die nur angezupft, nicht gegriffen werden, sind in einem

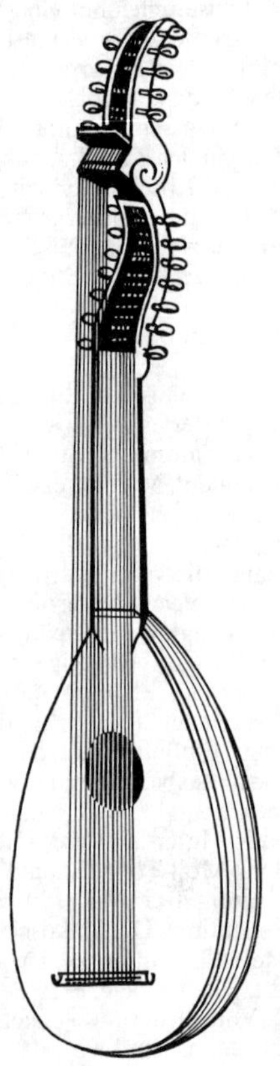

zweiten Wirbelkasten oberhalb des ersten angebracht. Der Unterschied zum verwandten ↑Chitarrone besteht in dem kürzeren, seitlich versetzten und geschweiften Hals. Die Stimmung der acht Bordune ist diatonisch von ₁D–D, die der Griffsaiten E F G c f a d g. Die Theorbe wurde hauptsächlich als Generalbaßinstrument verwendet, seltener als Soloinstrument, da der lange Hals virtuoses Spiel erschwert. Sie wurde gegen Ende des 16. Jahrhunderts entwikkelt und kam im 18. Jahrhundert außer Gebrauch.

**Thesis** ↑Arsis-Thesis.

**Third stream** ['θəːd 'striːm; englisch „dritter Strom"]: Bezeichnung für eine um 1960 entstandene musikalische Stilrichtung, in der Gestaltungsmittel der abendländischen Neuen Musik mit Elementen des zeitgenössischen Jazz konfrontiert wurden. Der Begriff geht auf den amerikanischen Komponisten Gunther Schuller zurück, der – neben Pavel Blatny und Werner Heider – zugleich der bedeutendste Vertreter dieser Musik ist.

**Thorough-bass** ['θʌrəbæs; englisch]: englische Bezeichnung für ↑Generalbaß.

**Threni** [lateinisch, von griechisch thrēnos „Wehklagen"]: in der lateinischen Bibelübersetzung Bezeichnung für die Lamentationen Jeremiae.

**Threnos** [griechisch thrēnos „Wehklagen"]: Gattung des antiken griechischen Chorliedes; ursprünglich die dichterische Totenklage in der Tragödie, dann die chorischen Klagegedichte z. B. des Simonides von Keos (*um 556, †um 467), der als Begründer des kunstmäßig ausgebildeten Threnos gilt, oder Pindars. In diesen Gedichten, die beim Begräbnis oder Totenmahl vorgetragen wurden, wird die Klage um den Verstorbenen mit dem Lobpreis seiner Tugenden verbunden.

**Tibia** [lateinisch]: ursprünglich eine altrömische Knochenflöte, später die lateinische Bezeichnung für den ↑Aulos. In der Orgel z. B. Bezeichnung einzelner Flötenregister, *Tibia silvestris* ↑Waldflöte.

**Tiento** [spanisch]: spanisches Instrumentalstück des 16. Jahrhunderts, dem ↑Ricercar entsprechend. Erscheint als Stück präludierenden Charakters für Vihuela bei L. Milan (1535), mit imitierendem Stil für Orgel bei A. de Cabezón (1557, 1578).

**Timbales** [spanisch]: aus Mittelamerika stammendes, auf einem Ständer befestigtes Trommelpaar (einfellige Trommeln von unterschiedlichem Durchmesser mit Metallzargen), das besonders in der Schlagzeuggruppe von Tanzorchestern eine Rolle spielt.

**Timbre** ['tɛ̃ːbrə; französisch]: 1. charakteristische Klangfarbe eines Instruments oder besonders einer menschlichen [Sing]stimme. – 2. eine mit neuen Texten versehene, bereits vorher vorhandene Melodie.

**Timpano** [italienisch]: italienische Bezeichnung für ↑Pauke.

**Tin Pan Alley** ['tɪn 'pæn 'ælɪ; englisch „Blechpfannenallee"]: Bezeichnung für die 28. Straße in Manhattan, New York, in der zu Anfang dieses Jahrhunderts zahlreiche Verleger von Populärmusik ihren Sitz hatten; im übertragenen Sinn auch Bezeichnung für die von diesen abhängige Musikindustrie. Die Entstehung des Begriffes wird auf den blechernen Klang der Klaviere zurückgeführt, auf denen in den Verlagshäusern die neuesten Schlager vorgestellt wurden.

**Tintinnabula** [lateinisch]: im Mittelalter Bezeichnung für abgestimmte Glöckchen oder Schellen bzw. für Glokkenspiel; z. T. bedeutungsgleich mit ↑Cymbala.

**Tirade** [französisch] (italienisch tirata): eine Verzierung, bei der zwei Melodietöne (meist im Oktavabstand) durch einen diatonischen Lauf auf- oder abwärts miteinander verbunden werden; besonders verwendet in der französischen Ouvertüre.

**tirando** (tirato) [italienisch] (französisch tiré): Hinweis für den ↑Abstrich des Bogens bei Streichinstrumenten.

**Tirata** [italienisch] ↑Tirade.

**tiré** [ti're; französisch „gezogen"]: Spielanweisung bei Streichinstrumenten für den ↑Abstrich.

**Toccata** (Tokkata) [von italienisch toccare „schlagen, berühren"]: seit dem 16. Jahrhundert Bezeichnung für ein zunächst frei präludierendes, aus Akkorden und Läufen gemischtes Stück für Tasteninstrumente, das als Vorspiel (zu einer Fuge, einer Motette; oder liturgisch im Gottesdienst) diente und auch aufgeschrieben noch die Nähe zur Improvisation zeigt (freie Tempi, Pausen, unterschiedliche Teile). Im 17. (G. Frescobaldi) und 18. Jahrhundert reifte die Toccata zu einem großen, anspruchsvollen Stück (Höhepunkt bei J. S. Bach, z. B. Dorische Toccata, BWV 538), dessen Teile abwechselnd von frei schweifender, virtuoser Spielfreude und vom strengen fugierten Satz bestimmt sind. Im 19. Jahrhundert rückte die Toccata (nun für Klavier) in die Nähe der Etüde (z. B. R. Schumann, op. 7, 1832; C. Debussy, 1901), wurde aber von M. Reger im barocken Sinn für Orgel spätromantisch erneuert.

Vom späten 14. bis ins 17. Jahrhundert hinein wird die Bezeichnung Toccata auch für ein festlich fanfarenartiges Stück für Pauken und Bläser verwendet (z. B. C. Monteverdi, Einleitung zur Oper „Orfeo", 1607).

**Tombeau** [tõ'bo; französisch „Grabmal"]: in der französischen Musik des 16./17. Jahrhunderts zum Gedächtnis an Künstler (oder Fürsten) komponiertes Instrumentalstück (v. a. für Laute oder Klavier), u. a. von L. Couperin und J. J. Froberger (↑auch Lamento); im 20. Jahrhundert unter dem Titel „Hommage à ..." z. B. von C. Debussy, P. Dukas, M. Ravel, P. Boulez wieder aufgegriffen.

**Tomtom** (Tom-Tom; Jazzpauke): eine in den 1920er Jahren aus China eingeführte Trommel, ursprünglich mit leicht gewölbtem Holzkorpus und zwei aufgenagelten Fellen, in der modernen Bauart mit einem zylindrischen Korpus aus Sperrholz, ein- oder beidseitigem Fellbezug und Spannschrauben. Tomtoms werden in mehreren Größen an Ständern montiert oder als Tomtom-Spiel (6–13 Tomtoms) auf einem Gestell angebracht und mit Trommelstöcken oder Paukenschlegeln angeschlagen. Sie werden in der Jazz- und Tanzmusik und auch im modernen Orchester verwendet.

**Ton** [von griechisch tónos „Spannung, Ton, Klang"]: in der abendländischen Musik die elementare Einheit des musikalischen Materials. Tonempfindungen werden durch physikalische Reize (↑Schwingung) hervorgerufen. Diese Empfindung muß einheitlich, für den Hörer unzerlegbar sein. DIN 1320 (DIN = Abk. für Deutsche Industrie Norm) bezeichnet daher nur den ↑Sinuston als Ton. Diese Bezeichnung hat sich jedoch bei Musikern nicht durchgesetzt, da auch eine nicht-sinusförmige, von einem Musikinstrument erzeugte Schwingung eine einheitliche Tonempfindung hervorruft.

Im Unterschied zu anderen einheitlichen Schallempfindungen ist die Tonempfindung in der abendländischen Musik mit der Eigenschaft der ↑Tonhöhe behaftet. Schallempfindungen, denen keine Tonhöhe zugeordnet werden kann (↑Geräusch, ↑Knall), werden im strengen Sprachgebrauch nicht als Ton bezeichnet. – ↑auch Parameter.

**Tonadilla** [tona'dılja; spanisch]: im 17./18. Jahrhundert dem italienischen Intermezzo (↑Intermedium) entsprechende spanische Form der Zwischenaktunterhaltung für Soli, Chor und Orchester, meist von komisch-satirischem Charakter.

**Tonalität** [griechisch-lateinisch]: im weiteren Sinn jegliche Beziehung zwischen Tönen, Klängen und Akkorden; im engeren Sinn – gültig für die Musik des 17.–19. Jahrhunderts – die Bezogenheit von Tönen und Akkorden auf ein Zentrum sowie ihre Funktion und Rangordnung innerhalb dieses Bezugssystems, das den musikalischen Zusammenhang garantiert (↑Funktionstheorie). Tonalität in diesem Sinn beruht im Gegensatz zu den ↑Kirchentonarten einerseits auf einer Melodik, die ↑Dur und ↑Moll verpflichtet ist, andererseits prägt sie sich harmonisch durch Akkordfolgen aus: Die Dreiklänge der ↑Tonika, ↑Subdominante und ↑Dominante gelten als sogenannte Hauptfunktionen einer Tonart, denen sich die anderen Akkorde unterordnen; die Tonika fungiert dabei als übergeordnetes tonales Zentrum, auf das alle harmonischen Ereignisse als Mittelpunkt bezogen sind (↑ auch Kadenz). In der tonalen Harmonik werden Intervalle und Akkorde als konsonant (↑ Konsonanz) und dissonant (↑ Dissonanz) qualifiziert; sogenannte charakteristische, die Tonart signalisierende Dissonanzen sind die hinzugefügte große Sexte (↑ Sixte ajoutée) der Subdominante und die kleine Septime der Dominante (↑ Dominantseptakkord). Die neue Musik entdeckte Bi- und Polytonalität als die Gleichzeitigkeit zweier bzw. mehrerer Tonarten, die übereinander ablaufen. Der Begriff „erweiterte Tonalität" ist ein Sammelbegriff für eine Musik, die nicht mehr tonartlich gebunden ist, aber auch nicht atonal zu nennen ist. Übergangsstufen zur Atonalität sind nach A. Schönberg „schwebende Tonalität" (Schwanken zwischen zwei oder mehr Tonarten) und „aufgehobene Tonalität" (Verlust eindeutiger tonaler Bezüge). Die ↑ atonale Musik sieht Töne, Intervalle und Akkordbildungen als gleichrangig an; sie sind weder auf ein tonales Zentrum bezogen, noch qualitativ unterschieden.

**Tonar** [lateinisch]: Bezeichnung für die Zusammenstellung der liturgischen Gregorianischen Gesänge, geordnet nach ihrer Zugehörigkeit zu den Kirchentonarten, innerhalb dieser vielfach nach den Differenzen der Psalmtöne. Der Gebrauch von Tonaren liegt hauptsächlich in der Zeit vom 9. bis 12., doch treten sie, v. a. als Kurztonare, noch bis in das 15. Jahrhundert auf.

**Tonart:** die Bestimmung des ↑ Tongeschlechts als ↑ Dur und ↑ Moll auf einer bestimmten Tonstufe, z. B. C-Dur und a-Moll. Die Tonart prägt sich einerseits aus in der ↑ Tonleiter, andererseits wird sie in der Musik vom 17. bis 19. Jahrhundert durch die ↑ Kadenz eindeutig festgelegt. Die ↑ Kirchentonarten, deren Skalen sich durch die wechselnde Lage der Halbtöne voneinander unterschieden, wurden im 17. Jahrhundert durch Dur und Moll verdrängt. Jede Tonleiter in Dur zeigt den Aufbau aus zwei gleichgebauten Viertonfolgen mit dem Halbtonschritt jeweils zwischen 3. und 4. sowie 7. und 8. Stufe, z. B.:

c d e f | g a h c.

Mollskalen haben ihren Halbton stets zwischen 2. und 3. Stufe, z. B.

a h c d e f g a (natürliches Moll);

außerdem wird neben der 7. Stufe (harmonisches Moll) häufig auch die 6. Stufe erhöht (melodisches Moll). Bestimmend für Dur ist die große Terz eines Dreiklangs (z. B. c e g), für Moll die kleine Terz (a c e). Grundskalen sind C-Dur und a-Moll. Aus der Transposition der beiden Grundskalen auf andere Ausgangstöne ergeben sich mit 12 Dur- und 12 Molltonarten die 24 Tonarten des temperierten Systems (↑ Temperatur); entsprechende Vorzeichnung (♯ und ♭) bewirkt jeweils den identischen Aufbau aus Ganz- und Halbtönen. Von C ausgehend folgen in Dur die Kreuztonarten im Abstand einer Quinte aufwärts (G D A E H Fis), die B-Tonarten abwärts (F B Es As Des Ges). Entsprechendes gilt für die Molltonarten von a aus (aufwärts: e h fis cis gis dis; abwärts: d g c f b es). Fis- und Ges-Dur bzw. dis- und es-Moll unterscheiden sich im temperierten System zwar in der Schreibweise, nicht aber dem Klang nach (↑ Enharmonik); auf Grund dieser klanglichen Identität lassen sich die Tonarten als sogenannter ↑ Quintenzirkel in einem geschlossenen Kreis darstellen. Moll- und Durtonarten mit denselben Vorzeichen heißen Paralleltonarten; der Grundton der parallelen Molltonarten liegt eine kleine Terz unter dem der Durtonarten (z. B. ist e-Moll die parallele Molltonart zu G-Dur). Quintverwandt (bzw. terzverwandt) heißen Tonarten, deren Grundtöne zueinander im Verhältnis einer Quinte (bzw. Terz) stehen. Den Tonarten wird häufig ein bestimmter ↑ Tonartencharakter zugeschrieben; ↑ atonale Musik ist nicht mehr auf eine Tonart bezogen.

**Tonartencharakter:** die Vorstellung,

## Tonart

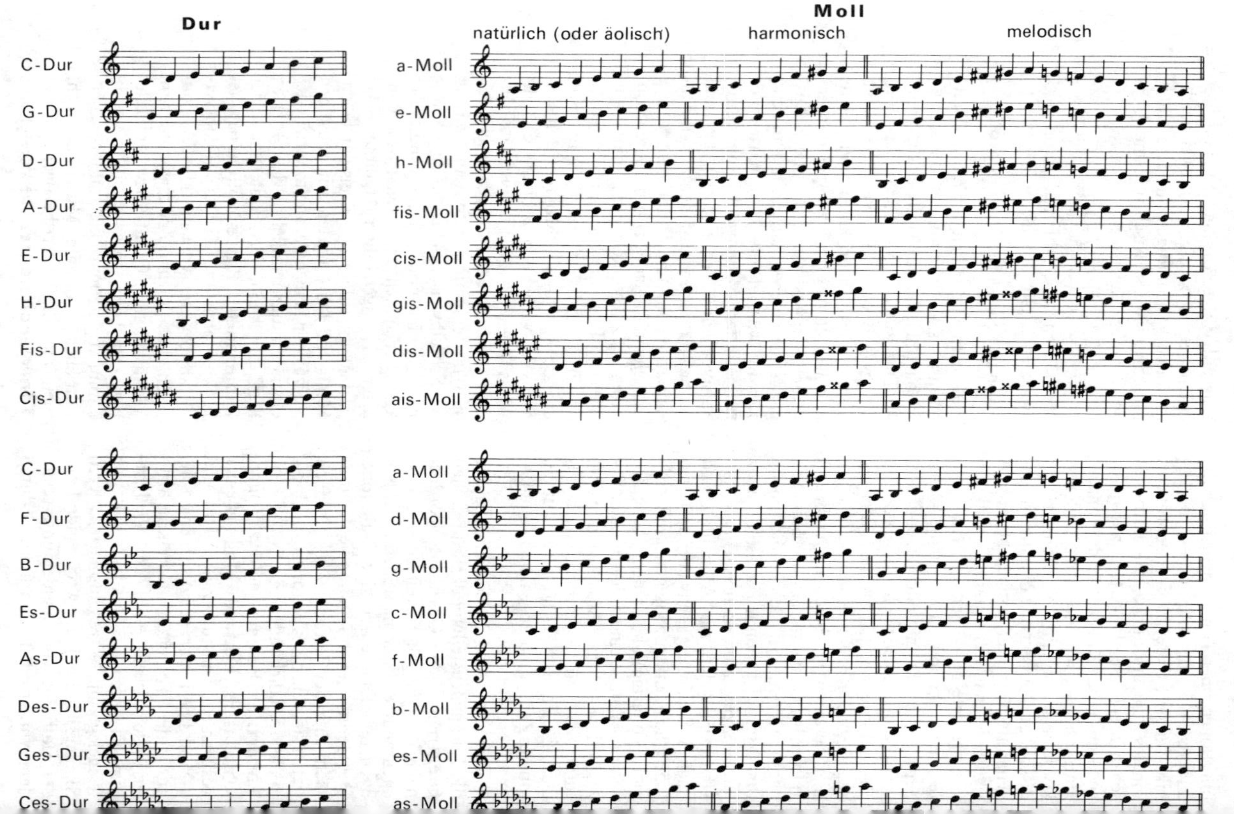

Dur
Moll
natürlich (oder äolisch)
harmonisch
melodisch
C-Dur
a-Moll
G-Dur
e-Moll
D-Dur
h-Moll
A-Dur
fis-Moll
E-Dur
cis-Moll
H-Dur
gis-Moll
Fis-Dur
dis-Moll
Cis-Dur
ais-Moll
C-Dur
a-Moll
F-Dur
d-Moll
B-Dur
g-Moll
Es-Dur
c-Moll
As-Dur
f-Moll
Des-Dur
b-Moll
Ges-Dur
es-Moll
Ces-Dur
as-Moll

daß den ↑Tonarten ein bestimmter Charakter eigen ist, der zugleich eine Wirkung auf den Hörer verbürgt, reicht bis in die Antike (Platon) zurück. Seit dem 16. Jahrhundert werden ↑Dur und ↑Moll als Gegensatz von hell-heiter und dunkel-traurig empfunden. Im 18. Jahrhundert wurde der unterschiedliche Stimmungsgehalt der Tonarten auf die nicht gleichschwebende Temperatur (↑Stimmung) zurückgeführt. Wichtiger noch erscheint der Rückbezug auf die ↑Kirchentonarten, die als Abstraktionen aus jeweils verschiedenen Melodiemodellen entstanden sind und die durch Instrumentenstimmung vermittelte Zuordnung bestimmter Tonarten zu bestimmten Instrumenten, die Funktion und Satzweise mitbedingen, sowie die modellhafte Prägung durch bestimmte Komponisten oder Werke. So stehen bei einigen Komponisten Tonarten für bestimmte Ausdrucksbereiche (z. B. c-Moll als „tragische" Tonart bei L. van Beethoven); viele bedeutende Werke sind z. B. an d-Moll gebunden (J. S. Bachs „Kunst der Fuge", 1749/50; W. A. Mozarts „Requiem", 1791). Es scheint jedoch fragwürdig, Tonartencharaktere als Merkmal von tonaler Musik (↑Tonalität) aufzufassen und schematisch darzustellen.

**Tonband** (Magnettonband): das wichtigste Mittel zur Speicherung von Musik, ein dünnes, oft viele hundert Meter langes Kunststoffband, das mit einer magnetisierbaren Schicht versehen ist. Der Aufnahmekopf des Tonbandgeräts besorgt eine spezifische Magnetisierung, die im Wiedergabekopf Schwingungen zu induzieren vermag, die denjenigen der Aufnahme entsprechen. Die normale Breite der Tonbänder beträgt 6,25 mm, daneben gibt es für Bandkassetten 3,81 mm breite und für Spezialzwecke 12,65 mm und 25,4 mm breite Bänder. – Qualitativ hochwertige Bänder sind besonders rauscharm *(low noise)* und hoch aussteuerbar *(high output)*.
Tonbänder werden überwiegend unbespielt gekauft, obleich der Anteil der verkauften bespielten Bändern seit Entwicklung von Tonbandkassetten im Steigen begriffen ist. Die Entwicklung des Rundfunks, der Studiotechnik, der elektronischen Musik und des heutigen Musikmarktes ist ohne das Tonband nicht zu denken.

**Tonbandgerät** (Bandaufnahmegerät), Gerät zur magnetischen Schallaufzeichnung und -wiedergabe mit Hilfe eines Tonbands. Bei der Aufnahme werden die Schallereignisse (Sprache, Musik u. a.) vom Mikrophon in elektrische Spannungs- bzw. Stromschwankungen umgewandelt und diese über einen Verstärker dem Magnetkopf zugeführt.

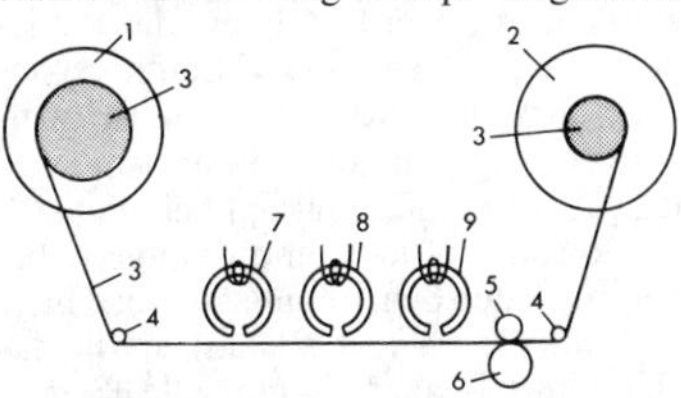

Tonbandgerät. Schematische Darstellung des Magnetkopfteils mit Bandlauf (1 Abwickelteller, 2 Aufwickelteller, 3 Tonband, 4 Umlenkbolzen, 5 Tonwelle, 6 Gummiandruckrolle, 7 Löschkopf, 8 Aufnahmekopf, 9 Wiedergabekopf)

Zwischen den Polen dieses *Aufnahme-*, *Aufzeichnungs-* oder *Sprechkopfes* entsteht im 0,01 mm breiten Kopfspalt ein starkes magnetisches Wechselfeld, das im Rhythmus der tonfrequenten Stromschwankungen das vorbeilaufende Tonband verschieden stark magnetisiert und so die Abfolge von Schallereignissen in Form einer Magnetspur aufzeichnet. Bevor das vom Abwickelteller kommende Tonband den Aufnahmekopf erreicht, wird es zunächst an einem als *Löschkopf* bezeichneten Magnetkopf vorbeigeführt, der in der Stellung „Wiedergabe" unwirksam ist, in der Stellung „Aufnahme" hingegen das Band durch ein Hochfrequenzfeld entmagnetisiert, unabhängig davon, ob es bespielt war oder nicht. Das Hochfrequenzfeld wird dabei durch denselben hochfrequenten Wechselstrom eines Hochfrequenzgenerators erzeugt (Frequenz 40 bis 120 kHz), der im Aufnahmekopf eine zusätzliche Hochfrequenzvormagnetisierung des Bandes zur Verbesserung der Aufzeichnungs- und Wiedergabequalität (insbesondere eine rausch- und verzerrungsfreie Wiedergabe) bewirkt. Bei der Wiedergabe wird das bespielte Tonband über einen als *Wiedergabe-* oder *Hörkopf* bezeichneten Magnetkopf geführt (in Heimtonbandgeräten sind Aufnahme- und Wiedergabekopf meist zu einem sogenannten *Kombikopf* vereint), in dessen Wicklung es auf Grund seiner Magnetisierung durch Änderung der dort herrschenden magnetischen Feldstärke entsprechende Wechselspannungen induziert; diese werden über den Wiedergabeverstärker dem Lautsprecher zugeführt und dort in Schallschwingungen umgewandelt. Hinter dem Wiedergabe- bzw. Kombikopf befindet sich die von einem Elektromotor angetriebene, mit einer Schwungmasse versehene *Tonrolle* (*Tonwelle*, Capstan), an die das Band mittels einer Gummirolle (Gegencapstan) angepreßt wird und die den mit konstanter Geschwindigkeit erfolgenden Bandtransport vom Ab- zum Aufwickelteller bewirkt; kleine Bandgeschwindigkeiten haben den Vorteil größerer Speicherkapazität und längerer Spieldauer, während große Bandgeschwindigkeiten die Aufnahme und Wiedergabe höherer Töne gestatten, den Frequenzgang gleichmäßiger machen und die Dynamik (v.a. in den Höhen) verbessern. – *Heimtonbandgeräte* werden gewöhnlich durch einen einzigen Elektromotor angetrieben, der über Gummiriemen und/oder Reibräder die Tonrolle und die Bandwickelteller bewegt; die Bandgeschwindigkeit ist auf die Normwerte 19,05 cm/s, 9,53 cm/s und 4,75 cm/s (auch 2,4 cm/s für Sprachaufnahmen, insbesondere Diktate) einstellbar. Sie erlauben eine Halb- oder Viertelspuraufzeichnung (zwei oder vier Tonspuren auf dem Band) oder, bei Vorhandensein von Stereomagnetköpfen, eine Zweispur-Stereoaufzeichnung. *Studiobandgeräte* haben meist zwei weitere Elektromotoren für den Antrieb der Spulenteller (kürzere Umspulzeiten); ihre Bandgeschwindigkeit ist auf die Normwerte 19,05 cm/s und 38,1 cm/s einstellbar (große Rundfunkstudiomaschinen werden mit 76,2 cm/s und 152,4 cm/s betrieben). Sie sind für Vollspur-, Stereo- und unabhängigen Zweispurbetrieb mit Pilottonaufzeichnung verwendbar. Die wahlweise batterie- oder netzbetriebenen *Kassettenrekorder* verwenden zur Aufzeichnung in Kunststoffkassetten konfektionierte Tonbänder (Breite 3,2 mm; Bandgeschwindigkeit 4,75 cm/s). Sie sind häufig mit einem Rundfunkgerät kombiniert.

**Tonbezeichnung:** der Name der einzelnen Töne im Zusammenhang eines ↑Tonsystems. In ihrer ältesten Form findet sie sich in der ↑Buchstabentonschrift, deren mittelalterliche Verwendung der ersten Buchstaben des Alphabets (↑A, ↑B, [↑H], ↑C, ↑D, ↑E, ↑F, ↑G) in den Ländern des germanischen Sprachgebietes bis heute gültig geblieben ist. Dagegen setzten sich in den Ländern romanischer Sprache (Frankreich, Italien, Spanien) die aus der ↑Solmisation übernommenen Tonbezeichnungen durch (ut [do], re, mi, fa, sol, la, si). Erst mit der Festlegung des Kammertons auf eine international verbindliche Frequenz sind die Tonbezeichnungen an eine bestimmte Tonhöhe gebunden.

**Tonbuchstaben:** die zur ↑Tonbezeichnung verwendeten Buchstaben des Alphabets. – ↑auch Buchstabentonschrift.

**Toncharakter** ↑Tonigkeit.

**Tondichtung:** Musik, die durch außermusikalische Vorstellungen, Gegenstände, Themen oder Stoffe angeregt ist, diese zu gestalten und entsprechende Eindrücke beim Hörer hervorzurufen sucht. Häufig handelt es sich um bereits literarisch gestaltete Themen oder dichterische Texte, die der Musik zugrundegelegt werden. Die Idee von Musik als Tondichtung ist für weite Bereiche der Musik des 19. Jahrhunderts eine prägende ästhetische Vorstellung; am deutlichsten wird sie in der v.a. von Liszt entwickelten Gattung der sinfonischen Dichtung. Abgezielt ist damit auf Musik mit „poetischem“ Gehalt, die mit Ideen, Geist und Leben der Zeit in Verbindung steht und mehr ist als kunstvolles Formen-, Klang- und Tonspiel; diese komponiert der „Tonsetzer", jene der „Tondichter".

**Tongemisch:** in der ↑elektronischen Musik die Bezeichnung für eine beliebige Zusammensetzung von ↑Sinustönen.

**Tongenerator:** Gerät, das periodische Spannungsschwankungen erzeugt. Die Form (Sinus, Dreieck, Sägezahn, Rechteck), die Amplitude und die Frequenz dieser elektrischen Schwingungen können verändert werden. Der Tongenerator ist neben dem Impuls- und Rauschgenerator der wichtigste Modul eines Synthesizers und das Herzstück elektronischer Musikinstrumente. – Strenggenommen erzeugt der Tongenerator keine Töne, sondern Schwingungen. Die entsprechenden Töne werden vom Gehör „erzeugt".

**Tongeschlecht:** die charakteristische, jeweils durch eine bestimmte Abfolge von Intervallschritten festgelegte Gestalt von ↑Tonleitern eines ↑Tonsystems. In der ↑griechischen Musik werden die Tongeschlechter (griechisch génos) ↑Diatonik, ↑Chromatik und ↑Enharmonik unterschieden. Im Mittelalter galten *cantus durus* und *cantus mollis* als Tongeschlechter. Seit dem 16./17. Jahrhundert bildeten sich aus den ↑Kirchentonarten die Tongeschlechter ↑Dur (aus dem ionischen Kirchenton) und ↑Moll (aus dem äolischen Kirchenton) heraus.

**Tonhöhe:** eine im Rahmen vieler (aber nicht aller) Musikkulturen fundamentale Eigenschaft des Tons; sie läßt sich durch Abstraktion von anderen Toneigenschaften wie Dauer, Lautstärke oder Klangfarbe als „lineare" (d.h. gleichmäßig ansteigende) oder „zyklische" (d.h. ähnlich wiederkehrende [↑Tonigkeit]) Veränderung eines Tons wahrnehmen. Dabei werden klangfarblich „hellere" Töne als „höher" empfunden. „Höhe" ist demnach eine relativ willkürliche, metaphorische Bezeichnung. Die Notenschrift legt diese Bezeichnung nahe, sie ist jedoch, wie andere Sprachen oder Ausdrucksweisen zeigen, nicht selbstverständlich (statt „hoch" findet man Bezeichnungen wie „scharf", „spitz" oder „hell").
Nur periodischen Schallereignissen kann intersubjektiv die Eigenschaft „Tonhöhe" zugeordnet werden. Je größer die ↑Frequenz einer Schwingung ist, umso höher ist die entsprechende Tonempfindung. Näherungsweise gilt das Gesetz: Gleichen Tonhöhenschritten (↑Intervallen) entsprechen gleiche Verhältnisse der Frequenzen. z.B.:

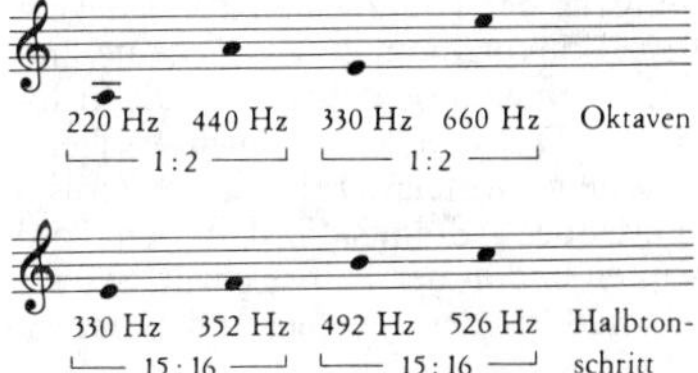


Genauere Untersuchungen haben ergeben, daß die Tonhöhenempfindung außer von der Frequenz auch noch von der Schallintensität und der Dauer des Schallereignisses abhängt.

**Toni communes** [lateinisch]: Bezeichnung für die in Offizium und Messe gebrauchten Melodieformeln, mit denen die im gehobenen Sprechgesang gestalteten Teile der Liturgie vorgetragen werden.

**Tonic-solfa** [englisch]: in der ersten Hälfte des 19. Jahrhunderts in England entwickelte und in den Unterricht eingeführte Methode für den Schulgesang. Dabei wurden weitgehend die Tonbezeichnungen aus der ↑Solmisation übernommen: do, re (Ganzton), mi (große Terz), fa (Quarte), so (Quinte), la (große Sexte), ti (große Septime). Die Methode sollte bei den von Handzeichen begleiteten Intervallübungen der besseren Entwicklung des tonalen Vorstellungsvermögens dienen. Bei Erhöhung oder Erniedrigung der Töne um einen Halbton werden die Vokale verändert, so bei Erhöhung in de, re, my, fe, se, le, ty, bei Erniedrigung in du, ra, ma, fu, sa, la, ta. Das System wurde in Deutschland um 1900 als Tonika-do-Methode übernommen. – ↑auch Eitzsches Tonwort.

**Tonigkeit** (Tonqualität, Toncharakter, Chroma): im Gegensatz zum „linearen“ Aspekt der ↑Tonhöhe, d. h. dem gleichmäßigen Anstieg der Tonhöhenempfindung mit zunehmender Frequenz des Schallreizes, bezeichnet Tonigkeit den „zyklischen“ Aspekt, d. h. die Wiederkehr relativ ähnlicher Tonhöhenempfindungen bei den Frequenzverhältnissen 1:2:4:8 usw. der Schallreize. Die psychologische Begründung des der Tonigkeit zugrundeliegenden Oktavphänomens ist bis heute umstritten; eindeutig dagegen ist die historische: Das Oktavphänomen erscheint seit dem Mittelalter in den Solmisationssilben (↑Solmisation), in den Tonnamen und in der Notenschrift. Seither ist es Basis der tonalen und atonalen Musik.

**Tonika** [griechisch-lateinisch]: der Grundton (I. Stufe) einer Tonart, die von ihm ihren Namen erhält (z. B. C-Dur, d-Moll). Der Tonika-Dreiklang (in C-Dur c–e–g) ist in tonalen Kompositionen Ausgangs- und Bezugspunkt des harmonischen Geschehens. Die ↑Funktionstheorie bezeichnet ihn daher als erste der drei Hauptfunktionen, der die beiden anderen (↑Dominante, ↑Subdominante) quintverwandt zugeordnet sind (↑Kadenz). Dem entspricht musikpsychologisch der Charakter der Ruhe und Entspannung der Tonika (gegenüber der Bewegung und Spannung der Dominante), die daher bis zum Ende tonaler Musik (um 1910) notwendig immer an Schlüssen auftritt. Am Beginn eines Stückes dagegen wird die Tonika im 19. Jahrhundert zunehmend hinausgezögert oder verschleiert.

**Tonika-do:** das um 1900 von A. Hundoegger (*1858, †1927) in den deutschen Musikunterricht (mit leichten Veränderungen) übernommene englische Tonic-solfa-System. Es arbeitet mit leicht singbaren, deutlich voneinander unterschiedenen Tonbuchstaben für die Tonleiter (do re mi fa so la ti do), die relativ zu verstehen sind, d. h. in jeder Tonart mit „do“ als Grundton beginnen. Dazu kommen sinnfällige Handzeichen für jede Tonstufe, die im Anfangsunterricht das Verständnis der Tonordnung und Intervalle erleichtern und daher im Musikunterricht der Grundschule breite Verwendung fanden.

**Tonkunst:** bereits im 17. Jahrhundert gebrauchte Bezeichnung für „Musik“, die sich jedoch nicht allgemein durchsetzen konnte und im heutigen Sprachgebrauch als veraltet empfunden wird.

**Tonleiter:** stufenweise in jeweils bestimmten Intervallabständen angeordnete Abfolge von Tönen innerhalb eines ↑Tonsystems. Sie wird durch Rahmentöne begrenzt (meist die Oktave) und ist in der Regel jenseits dieser Grenze wiederhol- bzw. transponierbar. Die *Materialtonleiter* faßt den Gesamtumfang des Tonvorrats innerhalb eines kulturspezifischen Tonsystems zusammen. Die *Gebrauchstonleiter* ist die transponierbare, geordnete Intervallfolge innerhalb eines Tonsystems, die etwa als Auswahl aus der Materialtonleiter einem Stück zugrundeliegt. Die *Instrumentaltonleiter* umfaßt die Tonfolgen, die sich aus der unveränderbaren Stimmung mancher Instrumente ergeben. – Die Tonleitern sind nachträglich aus den in der Musizierpraxis verwendeten Melodien abgeleitet. Sie bilden wichtige, die musikalische Erfindung, Musikvorstellung und Hörgewohnheiten ordnende und begrenzende Denkformen. – In der Musikgeschichte und in den verschiedenen Kulturen gibt es eine große Vielfalt von Tonleitertypen (↑Pentatonik, ↑Maqam, ↑Pelog, ↑Raga, ↑Slendro). Wichtigste Bestimmungsmerkmale sind Zahl, Abstand und Abfolge der Tonstufen. – In der abendländischen Musik stehen seit dem Mittelalter diatonische (↑Diatonik) Skalen im Vordergrund, so bereits im System der ↑Hexachorde (↑auch Solmisation) und der ↑Kirchentonarten. Aus letzteren entwickelten sich die beiden heute gebräuchlichen Tonleitern ↑Dur und ↑Moll (↑auch Tongeschlecht). Sie sind auf alle 12 Stufen transponierbar, in die im gleichschwebend temperierten System die Oktave geteilt wird (Erweiterung auf 24 Stufen in der ↑Vierteltonmusik). Weitere Tonleiterformen sind die

↑Zigeunertonleiter und die beiden Leitern ohne Wechsel der Intervallabstände, die chromatische Tonleiter (als Reihung von Halbtönen, ↑Chromatik) und die ↑Ganztonleiter (als Reihung von Ganztönen). – ↑auch Tonart.

**Tonmalerei:** die Nachahmung von hör- oder sichtbaren Erscheinungen und Vorgängen aus der Umwelt. Grundlage ist eine bildhafte Ähnlichkeit zwischen dem realen Sachverhalt und seiner musikalischen Nachbildung, vermittelt etwa über Klangeindruck oder Bewegungsempfindung, die aber durch die Regeln und Gewohnheiten des jeweiligen musiksprachlichen Zeichensystems gefiltert ist. Gegenstand der Tonmalerei sind u. a.: Gewitter (Blitz, Donner), Sturm, Waldesrauschen, Wasserplätschern, Sonnenaufgang; Tierstimmen (Vogelgesang, Fröschequaken); Arbeitsprozesse (Hämmern, Pfähleinrammen), Maschinen (Dampfmaschine, Lokomotive, Flugzeug) und Bewegungen (Schlitten-, Bahnfahrt); Jagd und Schlacht (Signale, Schüsse); Bewegungsvorgänge wie Fallen, Steigen, Verfolgen, Fliehen; ferner auch seelische Bewegungen oder Zustände (Schrecken, Freude, Trauer). Neben Nachahmung von Schall oder räumlicher Bewegung verwendet die Tonmalerei auch traditionelle Assoziationen von Instrumenten und Realitätsbereichen, z. B. Dudelsack, Schalmei (Oboe) und Flöte für die pastorale Idylle, Horn für Wald und Jagd, Trompete für Macht und Krieg. Elemente der Tonmalerei, deren Entsprechung in der Wortsprache lautnachahmende (onomatopoetische) Wörter sind, finden sich bereits in den Anfängen der Musikentwicklung. In der Regel tritt allmählich ihr ursprünglicher Bild- und Ausdruckswert zurück, und sie werden zu musikalischem Material. Tonmalerei im engeren Sinn tritt in der europäischen Musik seit dem ausgehenden Mittelalter hervor, etwa in Gattungen wie ↑Caccia und ↑Battaglia. Bedeutsam ist sie auch für die barocken Figuren (↑Figurenlehre). Ein wichtiges Verfahren wird sie in der ↑Programmusik; in gegenstands- und stoffgebundener Musik, zumal in Oper oder Filmmusik, lebt sie auch heute weiter.

**Tonsignet:** ein musikalisches Firmen- oder Warenzeichen, eine Tonfolge zur Kenntlichmachung von Rundfunkstationen oder die akustische Komponente eines Werbespots. Die Bedeutung des oft tonmalerischen Signets muß durch den jeweiligen Zusammenhang klar definiert sein (Grenzfälle: Signal eines Feuerwehrautos oder eine Nationalhymne). Tonsignets sind urheberrechtlich geschützt; sie unterliegen zudem den Gesetzen des Markenschutzes.

**Tonsystem:** der musikalisch verwendete Tonvorrat einer Kultur oder Epoche, der nach bestimmten Prinzipien (Intervallaufbau, Melodiestruktur, akustische Stimmung) geordnet ist. Grundlage jedes Tonsystems ist die ↑Tonleiter, die als begrenzte Gebrauchsleiter aus dem zusammengefaßten Gesamtbestand von Tönen (Materialtonleiter) ausgewählt wird. Das antike Tonsystem beruhte auf Viertonfolgen (↑Tetrachord), nach deren innerer Struktur das ↑Tongeschlecht als ↑Diatonik, ↑Chromatik und ↑Enharmonik bestimmt wurde; zwei Tetrachorde bildeten eine Tonleiter (Oktavgattung). Das mittelalterliche Tonsystem übernahm die griechischen Oktavgattungen und (mit abweichender Zuordnung) deren Namen (↑Kirchentonarten); die antiken Tetrachorde wurden durch das Denken in ↑Hexachorden (Sechstonfolgen mit dem Halbton in der Mitte) erweitert. In der Dur-Moll-Tonalität des 17.–19. Jahrhunderts bilden die 12 Halbtöne der chromatischen Skala den verfügbaren Tonbestand. Andere Oktaveinteilungen zeigen z. B. das indonesische Tonsystem, das von fünf- (↑Slendro) und siebenstufigen (↑Pelog) Leitern ausgeht, oder die ↑Ganztonleiter, die die Oktave in 6 temperierte (↑Temperatur) Ganztöne teilt. Die dur-moll-tonale Halbtonskala wird durch Erhöhung bzw. Erniedrigung aller Töne der zugrundeliegenden siebenstufigen diatonischen Skala gewonnen, die in Ganz- und Halbtönen fortschreitet. Das fünftönige Tonsystem der halbtonlosen ↑Pentatonik, auf dem Melodien v. a. primitiver Kulturen beruhen, ist demgegenüber aus Ganztönen und Terzen aufgebaut. Für die Ausbreitung des dur-moll-tonalen Tonsystems war die Verwendung der gleichschwebenden Temperatur für die ↑Stimmung von Instrumenten etwa seit 1700 von großer Bedeutung (z. B. J. S. Bachs „Wohltemperiertes Klavier", 1722–1744). Weitergehende, akustisch reinere Teilungen konnten sich nicht durchsetzen.

**Tonus** [lateinisch, von griechisch tónos „das Spannen"]: Bezeichnung für den Ganzton; auch für Tonart (z. B. *tónoi* oder *harmoníai* in der griechischen Musik; *tonus lydius* in den mittelalterlichen Kirchentonarten).

**Tonus peregrinus** [lateinisch „Pilgerton"]: Bezeichnung für einen seit dem frühen Mittelalter bekannten, aber wohl erst seit dem 14. Jahrhundert so genannten Psalmton, der mit wechselnder Finalis und wechselndem Tenor (Tuba) nicht in das feste System der ↑Psalmtöne eingeordnet werden kann. Sein Name kommt vielleicht von dem sogenannten Pilgerpsalm „In exitu Israel" (Psalm 114, Als Israel zog aus Ägypten), der im Tonus peregrinus gesungen wird.

**Tonwort** ↑Eitzsches Tonwort.

**Torculus** [lateinisch] ↑Neumen.

**tosto** [italienisch]: hurtig, heiter.

**Totentanz** (französisch danse macabre): seit dem 16. Jahrhundert im Anschluß an bildliche oder literarische Darstellungen komponierte Stücke, meist mehrteilig auf verschiedene Begebenheiten bezogen. Bekannt sind v. a. der „Totentanz, Paraphrase über Dies irae" (1849, 1859) für Klavier und Orchester von F. Liszt und die sinfonische Dichtung „La danse macabre" (1874) von C. Saint-Saëns.

**Tourdion** [turd'jõ; französisch]: Hoftanz in schnellem $^{6}/_{8}$-Takt, Nachtanz der ↑Basse danse, im 16. Jahrhundert in Frankreich, Italien und Spanien verbreitet; er ist der ↑Galliarde ähnlich,

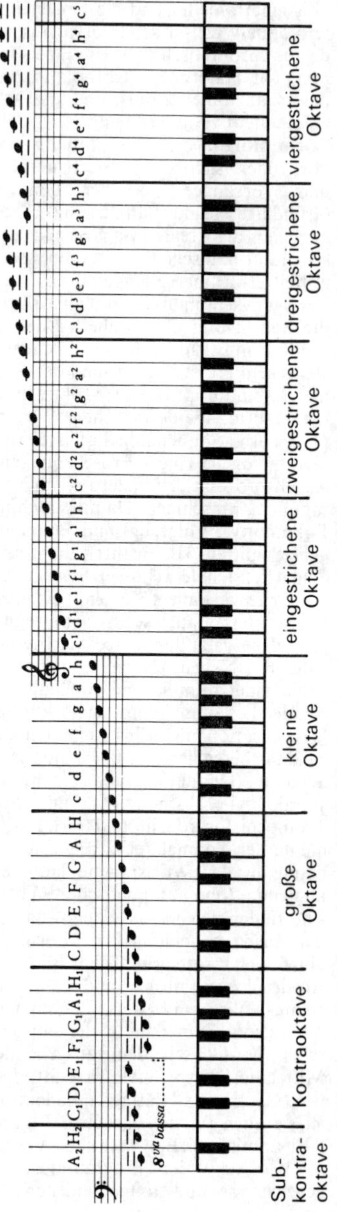


Tonsystem. Tonbezeichnungen und Oktavbezirke, dargestellt in Notenschrift und bezogen auf die Tasten des Klaviers

wird aber als Schreittanz ohne deren Sprünge ausgeführt. Als Tanz verschwand er mit der Basse danse, überlebte aber in der Kunstmusik bis Ende des 17. Jahrhunderts.

**tr:** Abk. für ↑Triller.

**Tractulus** [lateinisch] ↑Neumen.

**Tractus** [lateinisch]: einer der Gesänge des Proprium missae, der seit dem 6./7. Jahrhundert in der Fastenzeit, im Requiem und in Messen mit Bußcharakter das Alleluja nach dem Graduale ersetzt. In den Tractus des Graduale Romanum werden vorwiegend Psalm- und Liedtexte aus dem Alten Testament verwendet.

**Traditional Jazz** [trəˈdɪʃənəl ˈdʒæz; englisch „traditioneller Jazz"]: übergreifende Bezeichnung für die älteren Jazzstile New-Orleans-Jazz, Dixieland-Jazz und Chicago-Stil.

**Tragédie lyrique** [französisch traʒediliˈrik]: die französische Form der höfischen Oper des 17./18. Jahrhunderts, die Elemente der klassischen französischen Tragödie, des ↑Ballet de cour, der ↑Comédie-ballet und der italienischen Oper vereinigt. Die Tragédie lyrique besteht aus Prolog und fünf Akten und verwendet mythologisch-heroische Stoffe. Sie ist musikalisch durch das Récitatif (↑Rezitativ) geprägt, das in Rhythmus und Intonation der pathetischen Deklamation des Sprechdramas folgt. Dazu treten vokale Airs, Duos, Trios, große Chorsätze und als Instrumentalformen Ouvertüren, Sinfonien, Tanzsätze (für Balletteinlagen). Die Tragédie lyrique wurde begründet von J.-B. Lully („Cadmus et Hermione", 1673) und von J.-Ph. Rameau musikalisch bereichert („Castor et Pollux", 1737; „Zoroastre", 1749). Wichtigster Textdichter war Ph. Quinault (* 1635, † 1688).

**Traktur** [lateinisch]: bei der Orgel die Verbindung zwischen den Tasten und den Spiel- oder Tonventilen. Die mechanische Traktur, bei der Holzleisten (Abstrakten), Winkel und Wellen für die Übertragung der Spielimpulse sorgen, erlaubt eine gewisse Beeinflussung der Einschwingungsvorgänge, indem der Organist die Geschwindigkeit des Tastenniederdrucks regulieren kann. Die modernere pneumatische Traktur arbeitet mit Winddruck in Röhren. Seit Anfang des 20. Jahrhunderts sind elektrische Trakturen in Gebrauch.

**tranquillo** [italienisch]: ruhig.

**Transkription** [von lateinisch trans „hinüber" und scribere „schreiben"]: die Bearbeitung eines Musikstücks für eine andere Besetzung als die ursprünglich vorgeschriebene; besonders von F. Liszt gebrauchte Bezeichnung für seine fantasieartigen Bearbeitungen von Schubert-Liedern für Klavier (↑Paraphrase). In der Editionstechnik ist Transkription die Übertragung älterer Notenaufzeichnungen in heutige Notationsweise; in der Musikethnologie die Übertragung von Tonbandaufzeichnungen in Notenschrift.

**transponieren** [lateinisch]: das Versetzen eines Musikstücks in eine andere Tonart (vom Blatt oder schriftlich), unter Beibehaltung von Intervallfolge, Rhythmus und Metrum. Transponiert wird z. B., um ein Sololied den verschiedenen Stimmlagen von Sängern anzupassen oder einen Chorsatz bequemer ausführbar zu machen. Auf ↑transponierenden Instrumenten liest (und greift) man andere Töne als erklingen.

**transponierende Instrumente:** Blasinstrumente, die in der ↑Partitur in anderer Tonhöhe notiert werden als sie erklingen. Dabei wird die Naturskala des Instruments, z. B. der Klarinette in A oder der Trompete in B, als C-Dur notiert. Diese Transposition bedeutet eine Erleichterung für den Spieler, der verschiedene Vertreter der gleichen Instrumentengattung spielt; transponierende Instrumente dieser Art sind ferner Englischhorn, Waldhorn, Kornett, Flügelhorn. Daneben gibt es Oktavtranspositionen, die sich aus der Absicht erklären, Hilfslinien in der Notenschrift zu vermeiden; z. B. wird die Pikkoloflöte eine Oktave tiefer notiert als sie klingt, der Kontrabaß eine Oktave höher. Oktavtransposition kann zu der von der Stimmung bedingten Transposition hinzutreten, so bei den tiefen Saxophonen.

**trascinando** [traʃi'nando; italienisch]: schleppend, zögernd.

**Trautonium** [neulateinisch, nach dem deutschen Ingenieur und Akustiker F. Trautwein, *1889, † 1956]: eines der ersten und historisch wichtigsten ↑elektronischen Musikinstrumente: Ein Kippgenerator erzeugt eine obertonreiche Kippschwingung, deren Grundfrequenz und Stärke mit Hilfe eines als Potentiometer wirkenden Bandmanuals verändert werden kann; dazu wird das ausgespannte Metallband des Manuals an beliebiger Stelle und mit unterschiedlichem Druck gegen die darunter befindliche Widerstandsschiene gedrückt. Der Obertongehalt kann durch Filter und Verzerrer beeinflußt werden. Dieses Verfahren ermöglicht eine breite Klangfarbenpalette, die seit 1952 durch Untertöne bereichert wird (Mixturtrautonium mit Frequenzteilern). In seiner am weitesten entwickelten Form hat das Trautonium zwei Manuale, so daß zwei voneinander unabhängige Stimmen gespielt werden können. – Das Trautonium wurde vor 1930 von F. Trautwein konstruiert.

**Traversflöte:** svw. ↑Querflöte.

**Trecento** [tre'tʃɛnto; italienisch „vierzehntes Jahrhundert"]: zusammenfassende Bezeichnung für die italienische, im wesentlichen weltliche, volkssprachliche, mehrstimmige Musik zwischen etwa 1330 und 1420. Sie entfaltete sich v. a. als solistische Liedkunst für aristokratische und großbürgerliche Geselligkeit. Drei Phasen lassen sich unterscheiden.

1. Bis etwa 1350 waren die oberitalienischen Stadtstaaten Mailand, Verona und die Universitätsstadt Padua die Zentren. Neben der bereits existierenden, noch einstimmigen ↑Ballata entstanden hier die neuen Gattungen ↑Madrigal und ↑Caccia. Komponisten waren u. a. Giovanni da Cascia, Piero da Firenze, Iacopo da Bologna, Gherardello und Donato de Florentia. Kennzeichnend sind eine besondere Notationsweise im Sechsliniensystem sowie der stark improvisatorische, aber kunstvoll den Text ausdeutende 2- oder 3stimmige Satz mit melismenreichen Oberstimmen und ebenfalls vokal konzipierter (auch instrumental ausgeführter) Unterstimme.

2. Nach 1350 verlagerte sich das Zentrum auf Mittelitalien mit Florenz und der Toskana. Bei Francesco Landini, dem bedeutendsten Komponisten des Trecento, liegt der Schwerpunkt auf der Ballata; der 3stimmige Satz wird häufig. Durch den Kulturaustausch mit Frankreich, vermittelt durch Beziehungen zum päpstlichen Hof in Avignon (Rückkehr nach Rom 1377) und durch die französische Herrschaft über italienische Gebiete (Genua, Neapel) verstärkte sich der Einfluß der kunstvollen französischen Musik; er erscheint in der Notation, häufiger Wahl französischer Texte, Aufgreifen von ↑Kantilenensatz und Motettentechnik sowie Hervortreten geistlicher Mehrstimmigkeit.

3. Komponisten der Spätphase (etwa 1390–1420) sind Paulus de Florentia, Bartolino da Padua, Philippus und Antonello de Caserta. Sie streben teils nach bewußter Vereinfachung, teils nach noch gesteigerter Kunstfertigkeit nach französischem Vorbild. Über J. Ciconia wirkte die Trecento-Musik auf Komponisten ein, die wie er vorübergehend in Italien waren, so u. a. auf G. Dufay, der die neue Harmonik und die Bestimmung der Unterstimme als Harmonieträger des Satzes an die niederländische Schule weitergab. In Italien selbst wurde die Trecento-Tradition nicht fortgeführt.

**Tredezime** [lateinisch]: das Intervall im Abstand von 13 diatonischen Tonstufen (Oktave und Sexte).

**trem.:** Abk. für ↑**trem**olando.

**tremolando** [italienisch], Abk. trem.: zitternd, bebend, mit ↑Tremolo.

**Tremolo** [italienisch]: das schnelle Wiederholen eines Tones, ausgeführt z. B. auf Streichinstrumenten durch raschen, gleichmäßigen Bogenwechsel, bei Blasinstrumenten mit ↑Flatterzunge, bei Schlaginstrumenten als Wirbel, auf dem Klavier auch in Oktaven oder Akkorden. Das Tremolo wurde seit dem frühen 17. Jahrhundert z. B. in der Oper zur dramatischen Steigerung angewandt. – Beim Gesang bedeutet Tremolo Intensitätsschwankungen der Stimme ohne Tonhöhenveränderung.

**Tremulant** [lateinisch]: Vorrichtung am Windkanal der Orgel, die Druckschwankungen bewirkt und dadurch den Ton in ein gleichmäßiges Beben versetzt.

**Triangel** [lateinisch]: idiophones Schlaginstrument in der Form eines Stahlstabs, der zu einem gleichseitigen, an einer Ecke offenen Dreieck gebogen ist und mit einem geraden Metallstab angeschlagen wird (in Einzelschlägen oder als Wirbel). Die Schenkellänge beträgt 15 bis 30 cm. Das Triangel wird an einer der geschlossenen Ecken mit einer Schlinge aufgehängt, die in der Hand gehalten oder an einem Ständer befestigt wird. Der in der Höhe nicht bestimmbare Ton ist hell und äußerst durchdringend (höchste Obertonfrequenz aller Orchesterinstrumente). Das Triangel ist seit dem 14. Jahrhundert in Europa bekannt und gelangte im 18. Jahrhundert in das Orchester.

**Trichter** [von gleichbedeutend lateinisch traiectorium]: Bezeichnung für den ↑Schallbecher (Schalltrichter, Stürze) bei Blechblasinstrumenten und für den trichterförmigen ↑Aufsatz bei Lingualpfeifen der Orgel.

**Tricinium** [lateinisch]: im 16. und beginnenden 17. Jahrhundert ein dreistimmiger, meist kontrapunktischer Satz für gemischt vokal-instrumentale oder für rein instrumentale Ausführung. Tricinium als Titel von Werkreihen einzelner Komponisten oder von Sammelwerken kennzeichnet dabei die von der 4stimmigen Norm abweichende 3stimmige Setzweise (Tricinien erschienen zuerst 1542 bei G. Rhau). Diese 3stimmigen Sätze verschiedenster Gattungen dienten einerseits Lehrzwecken, andererseits dem geselligen Musizieren im kleinen Kreis.

**Triller,** Abk. t, tr: eine Verzierung, die in raschem, mehrmaligem Wechsel zwischen einer Hauptnote und ihrer oberen Nebennote (große oder kleine Sekunde) besteht; Zeichen 𝆖, 𝆖, +. Der Triller kann verschieden ausgeführt werden. Bis zum Anfang des 19. Jahrhunderts setzt er mit der oberen Nebennote ein, jedoch nicht, wenn diese schon vorher aufgetreten ist. Seit J. N. Hummels „Klavierschule" (1828) beginnt der Triller allgemein auf der Hauptnote. Der Triller kann mit gleichmäßigen Trillerschlägen ausgeführt werden oder, langsam beginnend, im Tempo gesteigert werden. Er kann mit einem sogenannten Anlauf, z. B. einem ↑Vorschlag oder einem ↑Doppelschlag beginnen und mit einem ↑Nachschlag oder einer ↑Antizipation enden. Allgemein hängen Tempo und Länge des Trillers von der Dauer der Note und vom Charakter und Tempo des jeweiligen Stückes ab. Seine heutige Form wird aus der Verzierung der ↑Kadenz abgeleitet. Dem Triller verwandte Verzierungen sind u. a. ↑Pralltriller, ↑Mordent, ↑Vibrato, ↑Tremolo. Ein *Doppeltriller* wird von zwei Stimmen gleichzeitig ausgeführt; eine *Trillerkette* besteht aus der Aneinanderreihung mehrerer Triller.

Triller. Beginn auf der oberen Nebennote

Triller mit Nachschlag. Beginn auf der Hauptnote

**Trio** [lateinisch-italienisch]: Komposition für drei Stimmen, seit dem 19. Jahrhundert (in Unterscheidung vom vokalen ↑Terzett) häufig eingeengt auf das dreistimmige solistische Instrumentalstück und das entsprechende Ensemble der Ausführenden (*Streichtrio, Bläsertrio, Klaviertrio* [besetzt mit Klavier, Violine und Violoncello]). In der französischen Oper des 17. Jahrhunderts wurden dreistimmige Bläserepisoden Trios genannt, die als Kontrast in den vorherrschenden fünfstimmigen Streichersatz eingeschoben wurden. Ähnlich war in der ↑Suite das Trio der geringstimmige, den Bläsern vorbehaltene Kontrastsatz zum vollstimmigen vorangehenden (und wiederholten)

Tanzsatz. Da im 18. Jahrhundert v. a. Menuett und Trio gekoppelt auftraten, entstand der Formbegriff Trio (als Mittelteil vor der Wiederholung des Menuetts), der über die Stimmenzahl nichts mehr aussagt, sich jedoch häufig durch andere Besetzung (z. B. Bläser), Tonart und Charakter vom Menuett abhebt. J. S. Bach wandte die Bezeichnung Orgeltrio auf Stücke an, in denen die Satzart der Triosonate auf die Orgel mit zwei Manualen und Pedal übertragen wurde. Aus der Erweiterung der Klavier-Solosonate durch Streichinstrumente entstand in der zweiten Hälfte des 18. Jahrhunderts das Klaviertrio (F. X. Richter, J. Haydn, J. Ch. Bach, J. Schobert), bei dem auch später das Klavier eine führende Rolle behält, obwohl die Streichinstrumente zunehmend gleichrangig beteiligt werden (W. A. Mozart, L. van Beethoven, F. Schubert, R. Schumann, F. Mendelssohn Bartholdy, J. Brahms, M. Reger). Das Streichtrio geht (durch Stimmenreduzierung) aus dem Quartettsatz der Divertimenti hervor, in deren Tradition die Trios von Haydn, Mozart, Beethoven und Schubert noch stehen. Die übliche Besetzung des Streichtrios bilden Violine, Viola und Violoncello. Es wurde bis ins 20. Jahrhundert hinein gepflegt (A. Schönberg, A. Webern, P. Hindemith, J. N. David, J. Françaix u. a.).

**Triole** [lateinisch]: eine Folge von drei Noten, die für zwei (seltener vier) Noten gleicher Gestalt bei gleicher Zeitdauer

eintreten, angezeigt durch eine Klammer (kann bei Achtel-, Sechzehntelnoten usw. entfallen) und die Ziffer 3 unter oder über den Noten.

**Triosonate:** Komposition für zwei gleichberechtigte Melodieinstrumente in Sopranlage (vorwiegend Violinen, auch Zinken, Flöten, Oboen) mit Generalbaßbegleitung (Orgel oder Cembalo, häufig ergänzt durch ein Streich- oder Blasinstrument in Baßlage, z. B. Gambe, Fagott). Die Triosonate war im Barock die meistgepflegte Gattung der kirchlichen und weltlichen Instrumentalmusik. Sie entstand, wie die ↑Sonate überhaupt, zu Beginn des 17. Jahrhunderts in Italien; als frühestes Beispiel gilt eine kanzonenartige „Sonata a tre" (1610) von G. P. Cima. Wegweisend wirkten ferner S. Rossi (1613 die erste Triosonate für zwei Violinen und Generalbaß), B. Marini, G. Frescobaldi und T. Merula. Die Triosonate verbreitete sich schnell, auch in Deutschland und England. Nach 1650 setzte sich die Unterscheidung zwischen der meist viersätzigen *Kirchentriosonate* und der auf Tanzformen zurückgreifenden, dreisätzigen *Kammertriosonate* durch. Ihre Ausprägung erfuhren diese Typen durch G. B. Vitali, G. Torelli und v. a. durch A. Corelli. Corelli wurde Vorbild für T. Albinoni, E. F. Dall'Abaco, A. Vivaldi, Ph. Krieger, J. J. Fux, F. Couperin, C. Tessarini und P. A. Locatelli. Im 18. Jahrhundert vollzog sich auch in der Triosonate der Umschwung vom barocken zum frühklassischen Stil, erkennbar am Nebeneinander von polyphoner und galant-homophoner Satzweise und an Ansätzen zu thematischer Arbeit; die Scheidung von Kirchen- und Kammertriosonate verlor an Bedeutung. Die Triosonaten G. B. Pergolesis, G. Tartinis, B. Galuppis, N. Jommellis und v. a. G. B. Sammartinis weisen mit ihrer volkstümlich-liedhaften Melodik, ihrer klaren Harmonik und sonatensatzähnlichen Anlage auf die klassische Instrumentalmusik voraus.

Seit der Mitte des 18. Jahrhunderts gab die Triosonate ihre führende Rolle an das Streichquartett und die Kammermusik mit obligatem Klavier ab. Während bei den Komponisten der Mannheimer Schule der Übergang von der Triosonate zum Streichtrio bereits vollzogen war (J. Stamitz, 1751), pflegten die letzten Vertreter der Gattung (P. Nardini, G. Pugnani, L. Boccherini) den absoluten Vorrang der Oberstimmen, der den noch einbezogenen Generalbaß entbehrlich erscheinen läßt. Das Verschwinden des Generalbasses aus der kompositorischen Praxis bedeutete das Ende der Triosonate.

**Tripelfuge:** eine ↑Fuge, in der drei unterschiedliche Themen zunächst nacheinander, dann höhepunktartig auch zusammen durchgeführt werden (z. B. J. S. Bach, „Kunst der Fuge", 1749/50, Contrapunctus 8 und 11).

**Tripelkonzert:** Instrumentalkonzert für drei (gleiche oder verschiedene) Soloinstrumente und Orchester (z. B. von J. S. Bach für Querflöte, Violine und Cembalo, BWV 1044; von L. van Beethoven für Klavier, Violine und Violoncello, op. 56). – ↑auch Sinfonia concertante.

**Tripeltakt:** der dreiteilige, d. h. drei Hauptzählzeiten enthaltende ungerade Takt, z. B. $^3/_1$, $^3/_2$, $^3/_4$, $^3/_8$, $^9/_8$, $^9/_{16}$, während $^6/_4$, $^6/_8$, $^{12}/_8$ als sechsteilige Takte mit zwei Hauptzählzeiten zu den geraden Takten rechnen. – ↑auch Takt.

**Tripla** (Proportio tripla) [lateinisch]: das Verhältnis 3:1. In der Lehre von den Intervallproportionen die Duodezime. In der ↑Mensuralnotation des 15./16. Jahrhunderts bedeutet die Anweisung Tripla (als Ziffer 3 hinter dem Mensurzeichen) eine Verdreifachung des Tempos in Bezug auf das Ausgangstempo. Die Tripla war die häufigste metrische Proportion und galt daher als Proportion schlechthin. Tripla (bzw. die entsprechende deutsche Bezeichnung *Proportz*) bezeichnet auch den meist schnelleren dreizeitigen (tripeltaktigen) ↑Nachtanz eines Tanzpaars.

**Triplum** [lateinisch]: die zum Cantus hinzugefügte dritte Stimme (über dem ↑Duplum) in Organum, Discantus oder Motette. – ↑auch Quadruplum.

**Tristan-Akkord:** leitmotivisch bestimmender Akkord in R. Wagners Oper „Tristan und Isolde" (1859), der in der Form f–h–dis$^1$–gis$^1$ sogleich im zweiten Takt des Vorspiels erklingt. Er kann funktional von a-Moll her als Doppeldominante auf der tiefalterierten Quinte (mit freiem Sextvorhalt gis) erklärt werden, doch sind auch andere (z. B. subdominantische) Deutungen möglich. Seine Mehrdeutigkeit bei stärkster Strebewirkung (der sonst dissonante Dominantseptakkord in Takt 3 wirkt nach ihm als Auflösung!), seine vielen unterschiedlichen Weiterführungen im Laufe der Oper sowie seine Einbettung in einen hochgespannten chromatischen Alterationsstil machen den Tristan-Akkord zum Zentralisations- und Krisenpunkt romantischer Harmonik, die seitdem an Bindekraft und eindeutiger Beziehung zu einer herrschenden Tonika mehr und mehr verliert bis hin zum endgültigen Umschlag in die freie Atonalität um 1910.

**Tritonus** [griechisch]: das Intervall aus drei Ganztönen (z. B. in C-Dur f–h), die übermäßige Quarte (klanglich gleich der verminderten Quinte). Der Tritonusschritt wurde als dissonantes Intervall seit der mittelalterlichen ↑Solmisation („Mi contra fa, diabolus in musica" [Mi gegen fa, der Teufel in der Musik]) im Melodieverlauf vermieden. Im Zusammenklang war er als ↑Querstand im strengen Kontrapunkt verboten; in der Funktionsharmonik ist er u. a. Bestandteil des Dominantseptakkords und des verminderten Septakkords (z. B. c-es-fis-a). Die Verwendung des Tritonus als Stimmschritt oder Zusammenklang wurde vom 16. bis zum 19. Jahrhundert weitgehend in den Dienst der Textausdeutung gestellt, z. B. zur Charakterisierung von Sünde, Klage, Tod, des Unheimlichen und Bösartigen. In der freien und reihengebundenen Atonalität (↑Zwölftontechnik), in der die Konsonanz-Dissonanz-Beziehung der Intervalle aufgehoben ist, gewinnt der Tritonus als Halbierung der Oktave für Symmetriebildungen von Klängen und Reihen eine neue Bedeutung.

**Tromba** [italienisch]: italienische Bezeichnung für ↑Trompete. *Tromba marina* ist eine andere Bezeichnung für ↑Trumscheit.

**Trombone** [italienisch]: italienische, französische und englische Bezeichnung für ↑Posaune.

**Trommel:** Sammelbezeichnung für ↑Membranophone, die als Schlaginstrumente benutzt werden. Zu unterscheiden sind ein- und zweifellige Trommeln (letztere haben je eine Membran, die über die Öffnungen eines Resonators gespannt ist), ferner Trommeln mit oder ohne Resonator und der Form nach z. B. Rahmen-, Walzen-, Faß-, Bechertrommeln. Auch einige unmittelbar angeschlagene ↑Idiophone werden als Trommeln bezeichnet (↑Schlitztrommel, ↑Holzblock). Für die meisten Trommeln ist unmittelbarer Anschlag charakteristisch. Für den Anschlag werden entweder verschiedene Teile der Hände (Finger, flache Hand, Ballen, Knöchel) oder ↑Schlegel verschiedenster Art verwendet. Vom Anschlagmittel und von der Anschlagstelle hängt der Klang ähnlich stark ab wie vom Instrument selbst. Vorwiegend mit Schlegeln gespielt werden kleine und große Trommel, ↑Rührtrommel, ↑Tambourin, ↑Tomtom. Mit den Fingern oder den Händen werden ↑Schellentrommel, ↑Bongo und ↑Conga gespielt.

Die Form der *kleinen Trommel* ist zylindrisch; die Höhe beträgt 16–18 cm, beim Jazz 8–14 cm. Der Durchmesser der Felle liegt bei 35 cm. Das obere Fell (Schlagfell) wird in der Regel in der Mitte angeschlagen. Das untere Fell (Resonanzfell) schwingt mit, v. a. durch Vermittlung der Luft im Inneren. Es wird durch quer darüber gespannte ↑Schnarrsaiten geteilt, die den geräuschhaften Charakter des Instruments verstärken. Die Felle sind auf Fellwickelreifen gezogen und werden durch Schrauben, die auf den Felldruckreifen wirken, gespannt. Die Maße der im übrigen ähnlich gebauten *großen Trommel* sind: Höhe 15–76 cm, Durchmesser der Felle 36 bis 100 cm. Im Jazz wird die große Trommel mit einer Fußmaschine angeschlagen.

Trommeln gehören zu den frühen Instrumenten der Menschheit. Bei den Naturvölkern stehen sie fast ausschließlich im Dienst von Magie und Kult. Viele Abbildungen verschiedener Trommeln sind z. B. aus dem alten Ägypten erhalten. Seit dem frühen Mittelalter erscheinen ein- und zweifellige Trommeln in weiten Teilen Europas. Nach 1700 gelangte die große Trommel über die ↑Janitscharenmusik in das Orchester. Vorläufer der kleinen Trommel war die ↑Rührtrommel der Landsknechte, aus der im 19. Jahrhundert durch Verringerung der Zargenhöhe die Militärtrommel und nach 1900 durch eine weitere Höhenverringerung die heutige Form entstand.

**Trommelbässe:** svw. ↑Murkys.

**Trompe** [trõ:p; französisch „Trompete“]: im 11.–13. Jahrhundert ein gerades Horn aus Metall mit konischer Röhre ohne Stürze, das als Signalinstrument bei der Jagd, im Krieg und im Turnier geblasen wurde.

**Trompete** [französisch]: in der Instrumentenkunde Sammelname für Blasinstrumente mit Kesselmundstück und überwiegend zylindrischer Röhre; somit ist die Trompete ein Typ des ↑Horns. – Im engeren Sinn ist die Trompete ein Blechblasinstrument enger Mensur mit einfach länglich gewundener Röhre (meist aus Messing oder Neusilber), die anfangs zylindrisch, dann konisch verläuft und in einer mittelbreit ausladenden Stürze endet, mit Kesselmundstück und drei Ventilen („Ventilmaschine“). Bei den Ventilen handelt es sich gewöhnlich um Zylinderventile; bei der enger mensurierten Jazztrompete und den Trompeten französischer und amerikanischer Orchester sind Pump-(Périnet-)Ventile üblich. – Standardinstrument ist die Trompete in B (Umfang e bis etwa $c^3$; höhere Töne erreicht die Jazztrompete durch ein flaches, enges Mundstück). Die Notation ist transponierend (↑transponierende Instrumente) oder dem Klang entsprechend. Viele B-Trompeten können nach A und C umgestimmt werden. Gebräuchlich sind ferner Trompeten in C (über B), in F und Es (unter B). Als „kleine Trompeten“ werden die höher als die C-Trompete klingenden Instrumente bezeichnet (D-, Es-, F-Trompeten). Für die heutige Wiedergabe der hohen Trompetenpartien des Barock gibt es sehr kurze Ventiltrompeten (in hoch B), sogenannte Bachtrompeten;

für den gleichen Zweck werden aber auch lange Naturtrompeten in der Art des Barock gebaut. Zu den heute hergestellten Trompeten zählen ferner Baßtrompeten (in Es, C, B), ↑Aida-Trompete und ↑Fanfare.
Trompetenartige Instrumente traten schon in der Antike auf. Spätestens seit dem 13. Jahrhundert war in Europa die ↑Busine verbreitet, eine Trompete mit gestrecktem Rohr. Seit dem 14. Jahrhundert ist – wohl in Zusammenhang mit einer Verlängerung des Rohrs – die Form eines flachen S belegt, seit dem 15. Jahrhundert die länglich gewundene Form (Bügelform); damals entstand auch die ↑Zugtrompete, auf der Tonschritte geblasen werden konnten. Im 16. Jahrhundert begann man, auch auf der gewöhnlichen Naturtrompete Melodien zu spielen; die Kunst des Überblasens wurde in jene hohe Tonlage hinein entwickelt, in der die Überblastöne eine Tonleiter ergeben (↑Clarino). Um auch unabhängig hiervon Tonschritte spielen zu können, wurden am Ende des 18. Jahrhunderts die halbmondförmig gebogene Stopftrompete (erlaubt Einführen der Hand zwecks Tonerhöhung) und die Klappentrompete eingeführt. Um 1820 erhielt die Trompete Ventile und wurde damit voll melodiefähig. – Die Trompete wurde im Mittelalter von fahrenden Spielleuten geblasen; eine wichtige Rolle spielten die seßhaften, bei höfischen und militärischen Anlässen eingesetzten Hof- und Feldtrompeter. Im 17. Jahrhundert gelangte die Trompete ins [Opern]orchester. Konzertante Werke für Trompete schrieben im 18. Jahrhundert G. Torelli, A. Vivaldi, J. Haydn, im 20. Jahrhundert P. Hindemith, A. Jolivet und B. A. Zimmermann.

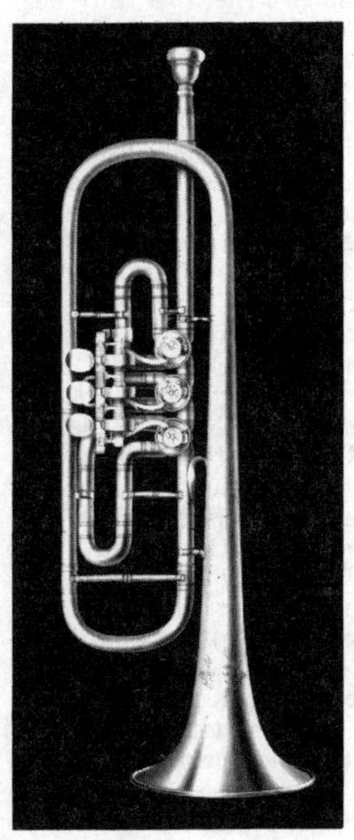

**Trompetengeige:** Bezeichnung für ↑Trumscheit.

**Troparion** [griechisch]: im byzantinischen Kirchengesang Bezeichnung für ein einstrophiges Lied, das sich in abschließender Gebetsform auf das Tagesfest des gefeierten Ereignisses oder Heiligen bezieht.

**troppo** [italienisch]: zu viel, zu sehr; in Zusammensetzungen verwendet, z. B. *presto ma non troppo,* nicht zu schnell.

**Tropus** [von griechisch trópos „Wendung, Weise"]: 1. aus der antiken Tradition in die mittelalterliche Musiklehre übernommene Bezeichnung, die mit Kirchentonart (auch Modus oder Tonus) gleichbedeutend ist. - 2. in der Liturgie des Mittelalters die textliche (Textierung von Melismen) oder textliche und musikalische Erweiterung eines liturgischen Gesanges durch vorangestellte, eingeschaltete oder angehängte Zusätze. Diese Erweiterungen finden sich sowohl beim Ordinarium missae als auch beim Proprium missae sowie bei Antiphonen und Responsorien des Offiziums (besonders 3., 6. und 9. Responsorium der Matutin). Als Eigenform des Tropus gilt, wenigstens in ihren Anfängen, die ↑Sequenz. Die Entstehung des Tropus wird in der 1. Hälfte des 9. Jahrhunderts in westfränkischen Klöstern angenommen. Ein Zentrum seiner Pflege war ↑Saint-Martial in Limoges. Noch im selben Jahrhundert gelangte er nach Sankt Gallen, von wo aus er sich, v. a. mit Neuschöpfungen von Tutilo, im gesamten deutschsprachigen Gebiet ausbreitete. Nach ursprünglich kürzeren Texteinschüben gewannen v. a. die vorangestellten und angehängten Tropen eine zunehmende Ausdehnung und wurden schließlich mit der Einführung von Versmaß und Reim ein eigener Zweig mittelalterlicher Dichtung. Diente der Tropus zunächst dazu, die liturgischen Gesänge in ihrer Aussage deutlicher an den jeweiligen Festgedanken zu binden, so führte er bald ein Eigenleben und überwucherte die ursprüngliche Liturgie. Während die Tropen zum Proprium missae im 12./13. Jahrhundert wieder außer Gebrauch kamen, erhielten sich die anderen teilweise bis in das 16. Jahrhundert und wurden schließlich vom Konzil von Trient (1545–63) verboten. Einige Kyriemelodien sind noch heute nach ihren früheren Tropen benannt (z. B. „Kyrie fons bonitatis", „Kyrie cunctipotens genitor deus"). Die besondere geschichtliche Bedeutung des Tropus liegt darin, daß er zum Ausgangspunkt mehrerer dichterischer und musikalischer Formen des Mittelalters wurde. Eine von ihnen ist das ↑geistliche Spiel und damit das Drama des Mittelalters, das mit dem dialogisierenden Ostertropus „Quem queritis in sepulchro" im ↑Osterspiel seinen Anfang nahm.

**Troubadours** [truba'du:r; französisch „Erfinder (von Versen)"] (provenzalisch trobadors): provenzalische Dichter-Komponisten des 12. und 13. Jahrhunderts; ihre einstimmigen Lieder, die sie selbst vortrugen oder von bediensteten ↑Ménestrels oder Jongleurs (svw. Fahrende) singen ließen, sind die ersten volkssprachlichen Kunstlieder in Europa. Die Sprache ist die südfranzösische Langue d'oc (auch Occitanisch; nach dem provenzalischen Bejahungswort oc) im Unterschied zur französischen Langue d'oïl der ↑Trouvères. Verbreitet war die Troubadourkunst in den Grafschaften Poitou, Toulouse, im Herzogtum Aquitanien und im Gebiet der heutigen Provence. – Überliefert sind Texte von rund 450 namentlich bekannten und zahlreichen anonymen Troubadours. Von den über 260 erhaltenen Melodien sind 26 anonym, die übrigen sind mit den Namen von 44 Troubadours verbunden. Die Lieder sind ein wichtiger Zweig der weltlichen einstimmigen Musik des Mittelalters; sie wurden allgemein instrumental begleitet. Abgesehen von einzelnen Stücken in Dur ist die Tonalität von den Kirchentonarten bestimmt. – Ihrer sozialen Herkunft nach kamen die Troubadours v. a. aus dem Ministerialenstand, aber auch aus Hochadel, Klerus, Bürgertum und Unterschicht. Sie entwickelten eine aristokratische Formkunst, in deren Zentrum, ähnlich wie im deutschen ↑Minnesang, eine stilisierte und konventionalisierte Frauenverehrung stand. Vorherrschende Gattung war die Canso, die Kanzone, bestehend aus 5 oder 6 Strophen mit Aufgesang und 1–3 abschließenden Kurzstrophen. Zu der Vielfalt der Gattungen gehören weiter u. a. ↑Sirventes, ↑Tenzone, ↑Descort, Partimen oder Joc parti (↑Jeu parti), Planh (↑Planctus), Tagelied (↑Aube), Pastoreta (↑Pastourelle), dazu die Tanzlieder Dansa, Retroencha (↑Rotrouenge) und Estampida (↑Estampie). Als ältester Troubadour gilt Wilhelm IX., Herzog von Aquitanien. In der zweiten Generation folgten u. a. Jaufré Rudel und Marcabru, in der dritten Bernart de Ventadour, in der vierten Bertran de Born, Peire Vidal, Gaucelm Faidit, Arnaut Daniel und Folquet de Marseille; im 13. Jahrhundert dann Peire Cardenal und als einer der letzten Guiraut Riquier de Narbonne. Gegen Ende des 13. Jahrhunderts ging die Troubadourkunst auf Bürger und Studenten über, vergleichbar dem Übergang des ↑Minnesangs in ↑Meistersang.

**Trouvères** [tru:'vɛ:r; französisch „Erfinder (von Versen)"]: französische Dichter-Komponisten des 12. und 13. Jahrhunderts; ihre Kunst entwickelte sich nach 1250 v. a. unter dem Einfluß der ↑Troubadours, deren nordfranzösische Entsprechung sie sind. Sprache ist die Langue d'oïl. Zentren waren die

Höfe der Champagne, von Blois, Flandern und die Stadt Arras. In Thematik, Gattungen und Formen herrscht weitgehend Übereinstimmung mit der Troubadourkunst; weiter spielen v. a. Tanzlieder mit Refrain (↑Rondeau, ↑Ballade, ↑Virelai) eine Rolle, die aus einer höfisch überformten einheimischen volkstümlichen Tradition herkommen. Besonders im 13. Jahrhundert tritt das volkstümliche Element auch in der Musik stark hervor. Hauptvertreter sind Chrétien de Troyes, Conon de Béthune, Gace Brulé, Blondel de Nesle, Thibaut IV de Champagne, Adam de la Halle.

**Trugschluß:** eine harmonische Folge (↑Kadenz), bei der nach der Dominante nicht die zu erwartende Tonika eintritt, sondern ein anderer Akkord, der zumeist mit der Tonika verwandt ist. Die hauptsächliche Form ist der Trugschluß zur VI. Stufe (Tonikaparallele in Dur, Tonikagegenklang in Moll), wobei der Baß einen Sekundschritt aufwärts steigt und die Terz aus Stimmführungsgründen sehr häufig verdoppelt wird. Der Trugschluß war schon in der Musik des Barock und der Klassik ein beliebtes Mittel harmonischer Ausweitung und Überraschung. Während dort jedoch meist eine reguläre Kadenz auf den Trugschluß folgte, verselbständigte sich in der Musik der Romantik vielfach die neu erreichte Tonart, was zu farbenreichen Modulationen und Erweiterungen der Tonalität führte.

**Trumscheit** (Trompetengeige, Marientrompete, Tromba marina): ein Streichinstrument des 12. bis 19. Jahrhunderts, mit langem schmalem, sich nach oben verjüngendem Schallkörper, der häufig dreieckigen, im 17. bis 19. Jahrhundert auch bauchigen Querschnitt aufweist; er ist unten offen und nicht selten mannshoch und länger. Das Trumscheit hat nur eine Saite, die im Flageolett zwischen Sattel und abgreifender Hand angestrichen wird. Sie ruht auf dem einen Fuß eines Stegs, dessen anderer, unbelasteter Fuß beim Anstreichen periodisch auf die Decke schlägt. Der so entstehende Ton ist trompetenähnlich. – Im Mittelalter gewöhnlich als Monochord bezeichnet, war das Trumscheit u. a. ein Spielmannsinstrument und wurde auch gerne in Nonnenklöstern gespielt, vereinzelt noch bis ins 19. Jahrhundert.

**Tuba** [lateinisch]: 1. bei den Römern die der griechischen ↑Salpinx entsprechende gerade Heerestrompete. – 2. ein zur Familie der Bügelhörner gehörendes Blechblasinstrument in Baßlage,

von weiter Mensur, mit drei bis fünf Ventilen; es wurde in länglich gewundener Form seit 1830 in verschiedenen Größen gebaut und löste die ↑Ophikleide ab. Das in ovalen Windungen gebogene Rohr verläuft zunächst konisch, dann zylindrisch und schließlich wieder stark konisch. Die wenig ausladende Stürze steht in Spielhaltung nach oben, das Mundstück ist becherförmig. Fol-

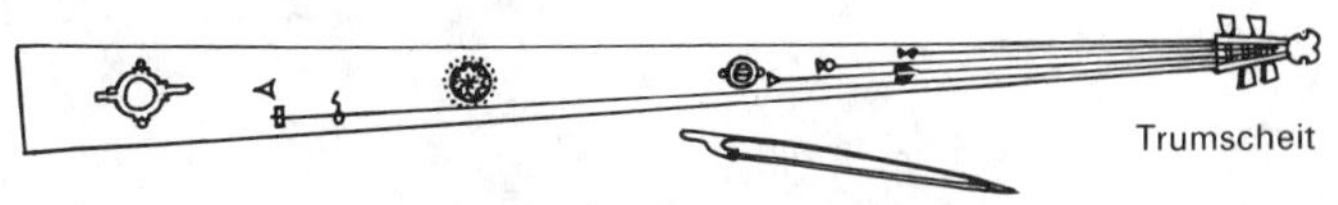

Trumscheit

gende Größen werden gebaut: Baßtuba (Orchestertuba) in F (Umfang $_1$Des-f[1] [a[1]]), Baßtuba in Es (in der Blasmusik verwendet), Doppeltuba (Verbindung von Baß- und Kontrabaßtuba) in F/C und F/B, Kontrabaßtuba in C oder B. Zu den Tuben rechnen auch ↑Bariton, ↑Helikon, ↑Sousaphon, ↑Kaiserbaß und ↑Wagnertuba. – 3. Zungenregister der Orgel zu 16-, 8- und 4-Fuß, auch 32-Fuß im Pedal. – 4. in der ↑Psalmodie der Rezitationston (↑Psalmtöne); heute meist als ↑Tenor bezeichnet.

**Tubalflöte** ↑Jubalflöte.

**Tupan:** auf dem Balkan verbreitete zweifellige, zylindrische große Trommel, die mit Trommelstock und Rute angeschlagen wird. Der Tupan wird mit dem ↑Zurna zum Tanz gespielt.

**Turbae** [lateinisch]: in Oratorien, Passionen und geistlichen Schauspielen die in die Handlung eingreifenden dramatischen Chöre (der Jünger, Juden, Soldaten), die den Einzelpersonen (↑Soliloquenten) gegenübertreten.

**turco** [italienisch]: türkisch, in der Art der ↑Janitscharenmusik.

**Turmmusik:** Musikstücke, die zum ↑Abblasen vom Turm herab bestimmt waren. Turmmusiken entstanden v. a. im 16. und 17. Jahrhundert (J. Wannenmacher, J. Ch. Pezel, G. Reiche).

**Tusch:** von einem Orchester (Militär- oder Unterhaltungsorchester) oder auf dem Klavier ausgeführtes Signal (meist ein mehrmals wiederholter gebrochener Akkord), das eine Person, eine Rede, ein Ereignis u. a., oft mit Hochrufen begleitet, ankündigt oder ehrt.

**Tutti** [italienisch „alle"]: das volle Orchester oder der ganze Chor, im Gegensatz zum ↑Solo oder kleinen Ensemble; oft gleichbedeutend mit ↑Ripieno.

**Twist** [englisch]: Modetanz aus den USA in geradem Takt, der gegen Ende der 1950er Jahre nach Europa kam; er wird mit geringem Partnerbezug und heftiger Körperbewegung (Hüftdrehungen) getanzt; musikalisch ist er eine Kommerzialisierung des ↑Rhythm and Blues.

**Two beat** ['tu: bi:t; englisch „Zweischlag"]: Bezeichnung für eine Art des Fundamentalrhythmus im frühen Jazz, bei dem der 1. und 3. Schlag eines $^4/_4$-Taktes durch tieflagige Instrumente (Baß, Tuba, große Trommel) akzentuiert werden, während die anderen Instrumente der Rhythmusgruppe alle 4 Schläge betonen.

**Twostep** ['tu:stɛp; englisch „Zweischritt"]: aus den USA um 1900 nach Europa gekommener Gesellschaftstanz in sehr schnellem Zweiertakt mit vereinfachten Polkaschritten; wurde um 1912 endgültig vom ↑Onestep verdrängt.

**Txistu** ['tʃistu; spanisch]: baskische Schnabelflöte mit 3 Grifflöchern. Ein einziger Spieler spielt mit der einen Hand das Txistu und schlägt mit der anderen eine Trommel. Das Txistu dient zur Begleitung von Tanzliedern in der baskischen Volksmusik (↑Zortzico).

**Tympanum** [griechisch-lateinisch]: in der griechischen Antike eine einseitig bespannte Handtrommel mit gewölbtem Resonanzkörper, die ursprünglich kultisch verwendet wurde. Im Mittelalter war Tympanum eine Bezeichnung für ein- oder zweiseitig bespannte Trommelinstrumente, seit der Renaissance für die Heerpauke.

**Tyrolienne** [tiroli'ɛn; französisch]: französische Abart des ↑Ländlers, die im 19. Jahrhundert als volkstümlicher Rundtanz aufkam, Rhythmus:

3/4 ♩ ♩ ♪. ♬ .

In der Kunstmusik verwendet u. a. von Rossini („Wilhelm Tell", 1829, III. Akt).

# U

**Überblasen:** auf Blasinstrumenten das Anblasen eines höheren Teiltons statt des Grundtons, das sich durch die Verstärkung des Luftdrucks oder der Lippenspannung ergibt. Bei oktavierenden Instrumenten (wie der Flöte) entsteht beim Überblasen der 1. Oberton (Oktave), bei quintierenden (wie der Klarinette) der 2. Oberton (Duodezime). Dem leichteren Überblasen dient bei Instrumenten mit Grifflöchern oft ein Überblasloch in der Nähe des Mundstücks. Die Töne zwischen den Obertönen werden mit Hilfe von Grifflöchern oder Ventilen erzeugt.

**übermäßig:** Bezeichnung für Intervalle, die um einen chromatischen Halbton größer sind als reine (z. B. c–fis oder ces–f statt der reinen Quarte c–f) oder große (z. B. c–eis statt der großen Terz c–e). In der ↑Umkehrung werden übermäßige Intervalle zu verminderten. Der *übermäßige Dreiklang* (z. B. c–e–gis), mit der übermäßigen Quinte als Rahmenintervall, setzt sich aus zwei großen Terzen zusammen.

**Überschlagen:** 1. bei Blasinstrumenten und Orgelpfeifen das Erklingen eines höheren Teiltons anstelle des eigentlich beabsichtigten (↑Überblasen); bei Singstimmen das Umschlagen in ein anderes Register, z. B. beim Jodeln. – 2. beim Klavierspiel, neben dem Überschlagen der Finger, das Übergreifen einer Hand über die in gleicher Lage weiterspielende andere oder das abwechselnde Übergreifen beider Hände beim Passagen und Arpeggienspiel.

**Ud** ('ūd) [arabisch „Holz"]: eine arabische Kurzhalslaute persischen Ursprungs, die als Vorläufer der abendländischen ↑Laute gilt. Der Ud besaß im arabischen Mittelalter (7.–13. Jahrhundert) Bünde und 4–5 in Quarten gestimmte Saiten; in der Neuzeit hat er 4–7 Saitenpaare, einen Knickhals und ist meist bundfrei. Im Mittelalter auch zur Demonstration des Tonsystems verwendet, gilt der Ud bis heute als vornehmstes Virtuoseninstrument der arabischen Musik.

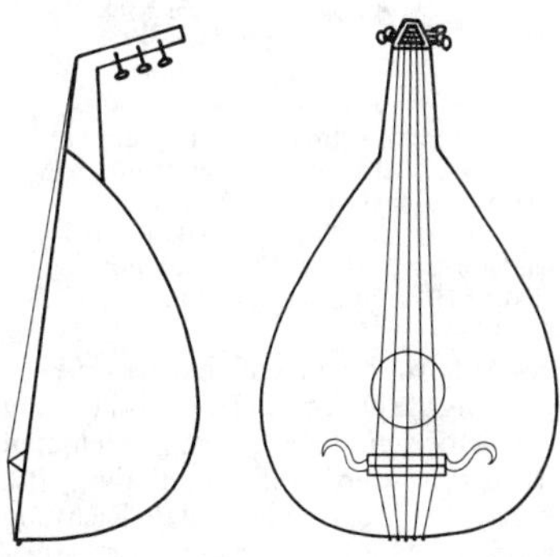

**Ugab** [hebräisch]: ein nichtkultisches Blasinstrument der Juden, möglicherweise eine Art Rohrflöte. Das Instrument wird in der Bibel erwähnt.

**Ukulele** [polynesisch]: kleine Gitarre mit vier Stahlsaiten (Stimmung der Konzertukulele $h^1$ $fis^1$ $d^1$ $a^1$), die mit einem Spielplättchen angeschlagen werden. Der Klang liegt zwischen dem von Zither und Gitarre. Das Ukulele ist seit den 1920er Jahren besonders in der amerikanischen und europäischen Tanzmusik in Gebrauch.

**Umkehrung:** das Vertauschen von Tönen und Stimmverläufen im Richtungssinn „oben-unten". Ein Intervall wird umgekehrt, indem ein Ton in die obere oder untere Oktave versetzt wird; dabei wird die Sekunde zur Septime, die Terz zur Sexte, die Quarte zur Quinte usw. Bei der Umkehrung von Akkorden wird ein anderer Ton als der Grundton zum Baßton. Die Umkehrungen des Dur- bzw. Molldreiklangs sind der

↑Sextakkord und der ↑Quartsextakkord; die Umkehrungen des ↑Septimenakkords sind der ↑Quintsextakkord, der ↑Terzquartakkord und der ↑Sekundakkord. Die harmonische Funktion ei-

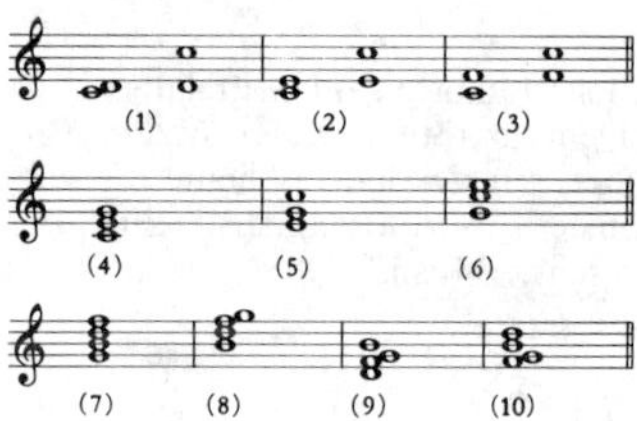


Umkehrung der Sekunde (1), Terz (2), Quarte (2); Umkehrung des Durdreiklangs (4) als Sextakkord (5), Quartsextakkord (6); des Septimenakkords (7) als Quintsextakkord (8), Terzquartakkord (9) und Sekundakkord (10)

nes Akkords bleibt auch bei dessen Umkehrung die gleiche. Bei der Umkehrung von Motiven, Themen oder Melodien (Inversion) werden die Intervallschritte in die jeweils entgegengesetzte Richtung geführt. – Die Umkehrung in der Horizontalen nennt man ↑Krebs. Der Krebs kann seinerseits (vertikal) umgekehrt werden. Bei rhythmischen Gestalten sind Umkehrung und Krebs identisch. Umkehrungsverfahren (auch auf alle Stimmen eines Satzes ausgedehnt) erscheinen v. a. in ↑Kanon und ↑Fuge, sind aber auch in thematisch-motivischer Arbeit gebräuchlich. In der ↑Zwölftontechnik bildet die Umkehrung eine der vier Erscheinungsformen der ↑Reihe.

**U-Musik:** Abk. für „Unterhaltungsmusik"; im Sprachgebrauch von Rundfunk, Tonträgerindustrie und musikalischen Verwertungsgesellschaften als Gegensatz zu ↑E-Musik („ernste Musik") verwendete Bezeichnung.

**una corda** [italienisch] ↑Corda.

**Undezime** [lateinisch]: das Intervall im Abstand von 11 diatonischen Tonstufen (Oktave und Quarte).

**unendliche Melodie:** von R. Wagner geprägter Ausdruck zur Kennzeichnung seiner eigenen Melodik, besonders in den Musikdramen seit dem „Ring des

Ukulele

Nibelungen" (1854–74). Die unendliche Melodie vermeidet liedhafte Geschlossenheit. Dem sprachlich-dramatischen Fluß folgend, entwickelt sie immer neue, ineinandergreifende Linienenergien, welche die Perioden und Strophen (die selbst oft unregelmäßig gebaut sind) verketten, Zäsuren überbrücken, metrisch gebundene und freie [Prosa]deklamation unmerklich aneinanderschließen. Die unendliche Melodie fordert und bedingt eine ebenfalls ständig weitertreibende Harmonik mit reicher Anwendung von Umdeutungen (↑Enharmonik, ↑Trugschluß), Rückungen und Modulationen.

**Union pipe** ['ju:njən 'paɪp; englisch]: eine in Irland und Schottland als Hausinstrument gespielte, entwickeltere Form des Dudelsacks mit kleinem Blasebalg (ähnlich der ↑Musette), einer eng mensurierten Melodiepfeife mit doppeltem Rohrblatt und drei Bordunpfeifen. Alle Pfeifen haben Klappen. Auf der Union pipe können wegen ihres großen Tonumfangs (2 Oktaven) und ihrer Beweglichkeit schwierigere Melodien geblasen werden.

**Unisono** [italienisch]: das Fortschreiten mehrerer Stimmen im ↑Einklang, in der Notation gefordert durch *all'unisono;* das Unisono ist im strengen Satz verboten; es wird jedoch als besonderer Effekt an Knotenpunkten der Komposition, etwa bei der Themenaufstellung oder am Schluß, verwendet.

**Unterdominante** ↑Subdominante.

**Unterhaltungsmusik:** im weiteren Sinne die in jeder Zeit und Kultur vorkommende Musik, die nicht religiös-kultischen, festlich-repräsentativen, militärischen, didaktischen oder im Zusammenhang mit Produktion und Arbeit stehenden Zwecken dient. Sie ist daher von Funktionsart und -weise her alltagsnah, stellt in Gestalt und Gehalt keine allzuhohen Ansprüche und wird überwiegend zu Geselligkeit, Vergnügen, Erholung gebraucht. Im engeren Sinn ist Unterhaltungsmusik eine im Lauf des 19. Jahrhunderts mit der Industrialisierung und Durchkapitalisierung der Gesellschaft v. a. in Europa und Nordamerika entstandene, sich immer stärker zu einem eigenständigen musikkulturellen System im Gegensatz zur „ernsten" oder „klassischen" Musik entfaltende und ausbreitende Musik. Andere Bezeichnungen für diese Musik mit jeweils etwas anderer Akzentuierung sind „leichte", „triviale", „niedere", „populäre" oder „Pop"-Musik. Im deutschen Sprachgebrauch ist aber der Begriff „Unterhaltungsmusik" der mit dem weitesten Begriffsinhalt und der gebräuchlichste. Ihm wird im Sprachgebrauch von musikalischen Verwertungsgesellschaften (GEMA), Rundfunk und Tonträgerindustrie die „Ernste" Musik (↑U-Musik) gegenübergestellt. Diese Unterscheidung drückt eine grundlegende Spaltung der heutigen Musikkultur aus, in der „Kunst" und „Unterhaltung", anspruchsvolle und anspruchslose Musik bis zum Gegensatz auseinandergetreten sind und im wesentlichen getrennte Musizierbereiche darstellen. Unterhaltungsmusik kann als eine Art Volksmusik unter den Bedingungen des industriellen Zeitalters gelten. – Obwohl sie primär eine Musik für die anwachsenden – städtischen – Massen (Kleinbürger, Arbeiter, Angestellte) ist, läßt sie sich keiner einzelnen Sozialgruppe ausschließlich zuordnen; das unterscheidet sie wiederum von traditioneller Volksmusik, die im wesentlichen von den Unterklassen (v. a. Bauern) getragen wird. Je nach Situations- und Wirkungskontext hört heute praktisch jeder u. a. auch Unterhaltungsmusik, ob er will oder nicht – dafür sorgt die Allgegenwart der technisch reproduzierten und verbreiteten Musik (↑auch Schlager). Vorherrschend ist eine Rezeptionsweise, die Musik als Begleit- und Hintergrunderscheinung bei anderen Tätigkeiten, eher zerstreut als konzentriert, wahrnimmt; Unterhaltungsmusik ist Musik, bei der man sich unbefangen unterhält, während sie selbst gar nicht sehr unterhaltsam zu sein braucht. Ihre Wirkungen umfassen Vergnügen und Entspannung, „vorgestanzten" Gefühlsausdruck und Trost über die Misere des Alltags, Anregung zum Dösen und Träumen und Ablenkung von der Realität. – Zur Unterhaltungsmusik zählen volkstümliche Lieder aller Art wie Chanson, Song, Schlager, Tanzmusik, Marsch, Salonmusik, Operette und Musical, Jazz, schließlich neuere Beat-, Pop- und Rockmusik. Dabei werden Volksmusik bzw. Folklore meist ausgegrenzt; die Zugehörigkeit von Jazz oder Musical ist oft umstritten. Soweit es für diese außerordentlich große Arten- und Gattungsvielfalt überhaupt allgemeine musikalische Kriterien gibt, ist weniger bloße Einfachheit und Primitivität als vielmehr die Verschränkung von Simplizität und Raffinesse, von „Standardisierung" und „Pseudoindividualisierung" (Th. W. Adorno), von Masche und stückspezifischem Trick charakteristisch; vertrautes Material und gewohnte Musiksprache werden mit je aktuellen, modischen Reizen versetzt – Idealfall ist das Paradox des „guten alten Nochniedagewesenen" (G.Anders). Typisch sind weiter das Vorherrschen kleiner Formen und die Dominanz des Sounds, der klanglich-technischen Zubereitung. Was zählt, ist v.a. der kommerzielle Erfolg, das Einschlagen des Hits. – Der Prozeß einer wachsenden Polarisierung von U- und E-Musik beginnt mit der Spezialisierung von Komponisten, Interpreten und Aufführungsorten nur auf Unterhaltungsmusik (v.a. in den Weltstädten Wien, Paris, London um 1830). Er erscheint vorläufig als nicht umkehrbar, zumal die Massenmedien überwiegend die Verbreitung von Unterhaltungsmusik fördern. Dennoch gibt es ständige Wechselwirkungen zwischen U- und E-Musik (in beiden Richtungen), und es ist sicher, daß diese grobe Zweiteilung der Struktur und Entwicklung der Musikkultur nicht voll gerecht wird. Problematisch ist nicht nur, daß der Begriff übermäßig weit ist, sondern auch sein abwertender Charakter, der die Einsicht in wirkliche qualitative Unterschiede zwischen einzelnen Musikarten oder -stücken eher verhindert.

**Untersatz:** ein Register der Orgel, meist gedackt, zu 32- oder 16-Fuß, oft im Pedal.

**Unterstimme:** die tiefste Stimme eines mehrstimmigen Satzes; sie kann sich je nach der Besetzung (z.B. mit Kinderchor) oder Abfolge verschiedener Klanggruppen innerhalb einer Komposition, auch relativ hoch über der Baßlage bewegen.

**Urheberrecht:** regelt die Rechtsverhältnisse an geistigen Schöpfungen; hierzu zählen Werke der Literatur, Musik, Tanzkunst, bildenden Kunst einschließlich Baukunst, Photographie und Filmkunst sowie wissenschaftliche und technische Darstellungen. Das Urheberrecht umfaßt 1. die persönlichen Beziehungen des Urhebers zu seinem Werk (Urheberpersönlichkeitsrecht); hierzu gehört das Recht auf Nennung seines Namens und auf Abwehr jeglicher Entstellung; 2. das Recht auf Nutzung des Werks (Verwertungsrecht); hierzu gehört das Recht der Vervielfältigung, Verbreitung, Aufführung, Bearbeitung, Übersetzung und der Übertragung auf Tonträger. Das Urheberrecht ist vererblich; die Schutzfrist endet mit Ablauf von 70 Jahren nach dem Tod des Urhebers. Die Verwertungsrechte können einem Verleger oder einer Verwertungsgesellschaft übertragen werden; eine solche Verwertungsgesellschaft, die die musikalischen Aufführungs-, Sende- und Vervielfältigungsrechte treuhänderisch verwaltet, ist in der Bundesrepublik Deutschland die ↑GEMA. Geschützt ist nur die öffentliche Verwendung; jede öffentliche Aufführung eines geschützten Musikwerks ist genehmigungspflichtig. Im privaten Bereich dürfen geschützte Werke ohne Zustimmung des Urhebers aufgeführt oder zum persönlichen Gebrauch vervielfältigt oder überspielt werden; für solche Überspielungen zahlen die Hersteller der Aufzeichnungsgeräte von vornherein eine Gebühr an den Urheber. – Entwickelt hat sich der Urheberrechtsgedanke v.a. im 18. Jahrhundert. In Deutschland wurden die ersten Gesetze 1834 und 1871 erlassen; das geltende Urheberrecht stützt sich in der Bundesrepublik auf das Urheberrechtsgesetz von 1965 und seine Novellierung von 1972 sowie auf das Welturheberrechtsabkommen von 1952 und die sogenannte Berner Übereinkunft von 1886 (in der revidierten Stockholmer Fassung von 1967).

**Urtext:** die Fassung des Notentextes eines Werkes, wie er vom Komponisten geschaffen oder beabsichtigt wurde. Die *Urtextausgabe* kann auf die eindeutig überlieferte, gültige Handschrift (Autograph) oder auf den Erstdruck zurückgreifen; meist ist aber ein wissenschaftlicher, textkritischer Vergleich verschiedener Quellen (Autograph, Erstdruck, vom Komponisten redigierte Druckausgaben, Korrekturabzüge, Skizzen, Tagebuchnotizen, Briefe) erforderlich. Urtextausgaben sind Denkmäler- und Gesamtausgaben sowie Ausgaben für den praktischen Gebrauch, die den Urtext zugrundelegen und Zusätze des Herausgebers kenntlich machen.

**ut:** die erste der Solmisationssilben (↑Solmisation); im Französischen Bezeichnung für den Ton C, im Spanischen und Italienischen wurde anstelle des ut im 17. Jahrhundert ↑do eingeführt.

# V

**Vagans** [lateinisch „wandernd“]: im späten 15. und 16. Jahrhundert ähnlich wie ↑Quintus Bezeichnung für eine Stimme, die den strengen vierstimmigen Satz zur Fünfstimmigkeit erweitert. Sie hat innerhalb des vierstimmigen Satzgerüstes keinen festen Platz, kommt aber am häufigsten als zweiter Tenor vor.

**variable Metren:** von B. Blacher eingeführte Bezeichnung für planvoll angelegte Taktwechsel, die für die Struktur eines Stücks bestimmend sind. Sie werden nach mathematischen Regeln gebildet, z. B. nach einer arithmetischen Reihe ($\frac{2}{8}, \frac{3}{8}, \frac{4}{8} \dots \frac{9}{8}, \frac{8}{8}, \frac{7}{8} \dots \frac{2}{8}$). Variable Metren verwendeten auch K. A. Hartmann und H. W. Henze.

**Variante** [lateinisch]: allgemein svw. abweichende Lesart derselben Stelle in einem literarischen oder musikalischen Text. Speziell 1. die im Unterschied zur eigentlichen ↑Variation nur in geringfügigen Einzelheiten abweichende Version eines Themas, Motivs usw. innerhalb eines Werks, bedeutsam besonders bei G. Mahler und in der Schönberg-Schule. – 2. von H. Riemann in die Musiktheorie eingeführte Bezeichnung für den Wechsel von Dur nach Moll (oder von Moll nach Dur) im Tonikadreiklang, der durch Veränderung der Terz (klein statt groß oder umgekehrt) zustande kommt.

**Variation** [von lateinisch variatio „Veränderung“]: ist in einem allgemeinen Sinne jede abwandelnde Veränderung eines gegebenen musikalischen Gebildes in seiner melodischen, klanglichen oder rhythmischen Erscheinung. Insofern ist Variation ein Grundprinzip des Komponierens und Improvisierens überhaupt. – Als spezielle Technik hat Variation viele Satzweisen und Formtypen der abendländischen Musik beeinflußt und hervorgebracht, wobei folgende Arten unterschieden werden können:

1. die *melodische Variation*, bei der eine Melodie durch Verzierungen, andere Rhythmisierung, Takt- oder Tonartwechsel, Motivveränderung oder -abspaltung bearbeitet oder umgewandelt wird. Sie findet sich im Gregorianischen Choral, im geistlichen und weltlichen Lied des Mittelalters, in Conductus, Organum und Motette, in instrumentalen Liedsatzbearbeitungen und [Parodie]messen des 15./16. Jahrhunderts, im Barock in der Da-capo-Arie, im Concerto, in musikalisch-rhetorischen Steigerungsfiguren und v. a. in der unerschöpflichen Themenumwandlung J. S. Bachs, im 18. Jahrhundert in den Reprisen der Sonatensatzform und des Rondos. Sie liegt auch der thematischen Arbeit und der Leitmotivik zugrunde.

2. die *kontrapunktische Variation*, bei der zu einer mehrfach unverändert wiederholten Stimme (Cantus firmus) oder zu einem gleichbleibenden Thema (Subjekt) jeweils neue, kontrapunktierende Stimmen gesetzt werden. Sie begegnet in den zyklischen Messen der Niederländer, in Choralvorspielen und -bearbeitungen der Orgelmusik des 17. Jahrhunderts, ferner in imitatorischen Formen wie Kanon und Fuge.

3. die als *Reihungsform* gestaltete Variation, bei der ein meist kurzes, prägnantes Modell in immer neuer Gestalt wiederholt wird. Hierzu gehören im 16./17. Jahrhundert die Ostinatovariationen über einer als Gerüst konstant bleibenden Baßmelodie (Romanesca, Passamezzo, Ruggiero, Passacaglia, Chaconne, Folia, Ground). Stets gleiche Melodie, aber wechselnde Tanzrhythmen zeigt die Variationssuite; diminuierte Wiederholung eines im übrigen unveränderten Satzes ergibt das Double. – Die Variationsreihe des 18. und 19. Jahrhunderts geht von einer bekannten oder erfundenen Melodievorlage aus,

die in jeder Variation stärker verändert wird (auch mit Wechsel des Tempos und Tongeschlechts). Sie kann als Satz einer Sonate, Sinfonie oder Kammermusik oder als selbständiges Stück auftreten (C. Ph. E. Bach, J. Haydn, W. A. Mozart, L. van Beethoven, F. Schubert).

4. die *freie Variation (Charaktervariation)*, bei der aus einem Thema immer neue, charakteristisch unterschiedene Gestalten hervorgehen, teils bis zur völligen Umkehrung seines Grundcharakters und vielfach unter bloßer Beibehaltung bezeichnender Harmoniefolgen (L. van Beethoven, Diabelli-Variationen op. 120, 1819–23; J. Brahms, Händel-Variationen op. 24, 1861; M. Reger, Hiller-Variationen op. 100, 1907, Mozart-Variationen op. 132, 1914). Die freieste hieraus entspringende Form ist die Fantasievariation, in der nur noch einzelne Thementeile aufgegriffen und in einer lockeren, poetisch begründeten Folge von Charakterstücken verarbeitet werden (R. Schumann, Carnaval op. 9, 1834/35).

In der Musik des 20. Jahrhunderts wird die Variation als zyklische Reihungsform weiter gepflegt (R. Strauss, A. Schönberg, I. Strawinski, A. Webern, A. Berg, P. Hindemith); sie bildet darüber hinaus als umfassendes Kompositionsprinzip die Grundlage der Reihenkomposition (↑Zwölftontechnik, ↑serielle Musik).

**Varsovienne** [varzoviˈɛn; französisch]: nach der Stadt Warschau benannte Abart der ↑Mazurka, wahrscheinlich französischen Ursprungs. Sie steht in langsamem $^3/_4$-Takt; charakteristisch ist, daß auf dem ersten Viertel jedes zweiten Takts die Tanzbewegung stehenbleibt.

**Vaudeville** [vodəˈviːl; französisch]: ursprünglich populäre Lieder sowie Liedeinlagen in den Stegreifstücken der italienischen Komödianten in Paris (seit etwa 1640), dann auch Bezeichnung der Stücke und schließlich das Theater selbst. Das Vaudeville war zwischen etwa 1700 und 1750 die Hauptform des französischen Singspiels, v. a. als Zeitkritik und Satire auf dem Pariser Jahrmarktstheater (Théâtre de la foire) gepflegt. Um 1765 wurde es von der Opéra comique weitgehend verdrängt, da man nun statt einer Zusammenstellung vorhandener populärer Lieder die Neukomposition für das jeweilige Stück bevorzugte. Die Vaudeville-Komödie hielt sich aber in Frankreich bis ins späte 19. Jahrhundert. – Vaudeville hießen auch die in der Opéra comique am Schluß üblichen strophischen Rundgesänge auf populäre Melodien; das wurde u. a. von Mozart im Singspiel „Die Entführung aus dem Serail" (1782) übernommen. – Vaudeville war schließlich in den USA seit 1865 eine Gattung und zugleich eine Institution des unterhaltenden Musiktheaters mit Musik, Tanz, Akrobatik und Zirkusnummern.

**veloce** [italienisch veˈloːtʃe]: schnell, geläufig.

**venezianische Schule:** Bezeichnung für eine Gruppe von Kapellmeistern und Organisten, die zwischen 1530 und 1620 in Venedig wirkten und in ihren Kompositionen wichtige Formen der Barockmusik ausprägten. Begründer war A. Willaert; weitere Vertreter waren C. de Rore, G. Zarlino, C. Monteverdi, C. Merulo, A. und G. Gabrieli. Sie pflegten die Gattungen Motette, Liedkanzone, Orgeltoccata und -ricercar, Sonate und Sinfonie und entwickelten, durch die räumlichen Bedingungen der Markuskirche begünstigt, die vokalinstrumental gemischte oder rein instrumentale Mehrchörigkeit. Der Stil der venezianischen Schule ist durch gesteigerte Chromatik und großflächige, kontrastreiche Klangwirkungen gekennzeichnet.

**Veni creator spiritus** [lateinisch „Komm, Schöpfer Geist"]: liturgischer Vesperhymnus der Pfingstzeit, zugeschrieben Hrabanus Maurus (* um 780, † 856), dem Erzbischof von Mainz; bereits in Handschriften des 9. Jahrhunderts nachgewiesen. In Nachdichtungen war der Hymnus die Grundlage für zahlreiche deutschsprachige Pfingstlieder, u. a. für Luthers „Komm, Gott Schöpfer, Heiliger Geist".

**Veni sancte spiritus** [lateinisch, „Komm, heiliger Geist"]: die Pfingstsequenz der römischen Liturgie, zugeschrieben dem Erzbischof von Canterbury Stephen Langton (* um 1150, † 1228). Mit seiner 1570 erfolgten verbindlichen Einführung in die Pfingstliturgie der katholischen Kirche verdrängte das Veni sancte spiritus die besonders im deutschsprachigen Bereich verbreitete Pfingstsequenz „Sancti spiritus adsit nobis gratia" (Die Gnade des Heiligen Geistes sei bei uns) des Notker Balbulus (* um 840, † 912) von Sankt Gallen.

**Ventil:** Vorrichtung an Orgeln und Blechblasinstrumenten zur Steuerung des Luftstroms. Bei der Orgel regulieren durch den Orgelwind selbst oder durch einen Hebelmechanismus bewegte Ventile den Luftstrom; Fang-, Saug- oder Schöpfventile führen ihn zum Balg, Kropfventile zu den Windkanälen, durch die Klaviatur geöffnete Spielventile zu den Pfeifen. – Bei den Blechblasinstrumenten machen Ventile die chromatischen Töne spielbar. Absteigende Ventile verlängern durch Einschaltung von Zusatzbögen die Schallröhre und vertiefen den Ton; aufsteigende Ventile schalten Teile der Röhre aus und erhöhen den Ton; Umschalt- oder Stellventile verändern die Gesamtstimmung des Instruments. Pump- oder Kolbenventile (Pistons genannt; seit 1814) und Dreh- oder Zylinderventile sind heute nebeneinander gebräuchlich.

**Ventilhorn:** Bezeichnung für das heute übliche Waldhorn mit Ventilen.

**Verbunkos** ['vɛrbuŋkoʃ; ungarisch, von deutsch „Werbung"]: volkstümlicher ungarischer Typ der Instrumentalmusik. Er ist aus der etwa seit Mitte des 18. Jahrhunderts bei der Anwerbung von Rekruten für das österreichische Heer gespielten Tanzmusik entstanden. Er wurde hauptsächlich von Kapellen ungarischer Zigeuner gespielt und auch im Ausland verbreitet. Charakteristisch sind lebhafter gerader Takt, improvisatorisches Spiel, reiche Figuration, häufige Punktierungen, Synkopen und Triolen sowie stufenweise Temposteigerung. Der Verbunkos gilt als typisch ungarische Musik. Seit den 1830er Jahren ging er im ↑ Csárdás auf.

**Verdeckung:** im streng physiologischen Sinn der Effekt, daß ein bestimmter Ton oder Klang auch bei bewußter Anstrengung nicht mehr hörbar ist, wenn ein anderer Ton oder Klang ertönt. Durch die Existenz des „verdekkenden" Tons wird die Hörschwelle (↑ Hörfeld) des Hörers für den „verdeckten" Ton heraufgesetzt. – Der physiologische Verdeckungseffekt ist vom psychologischen zu unterscheiden, der darin besteht, daß der Hörer einen Ton zwar in einem konkreten Fall nicht gehört hat, ihn aber theoretisch hätte hören können. Während der physiologische Verdeckungseffekt seine Ursache im Innenohr hat, rührt der psychologische von bestimmten Leistungen des Gehirns her.

**Verdopplung:** das gleichzeitige Erklingen desselben Tons (oder einer seiner Oktavversetzungen) in zwei oder mehreren Stimmen. Im vierstimmigen Satz der Harmonielehre wird normalerweise der Grundton, in zweiter Linie die Quint und nur ausnahmsweise die Terz verdoppelt (z. B. bei stufenweiser Gegenbewegung in zwei Stimmen). Leittöne und dissonierende Töne dürfen nicht verdoppelt werden. Verdopplung von Tonfolgen ergäbe Einklangsparallelen, die verboten sind. Dazu zählt nicht das ↑ Unisono. Überhaupt gelten alle diese Regeln nur bedingt oder gar nicht im freien Satz, im vielstimmigen Orchestersatz, im vollgriffigen Klavierstil usw.

**vergleichende Musikwissenschaft** ↑ Musikethnologie.

**Vergrößerung** ↑ Augmentation.

**Verismo** [von italienisch vero „wahr, echt"]: ein seit 1890 in Italien aufgekommener Opernstil, der sich an das naturalistische Drama anlehnte und der romantischen Oper mit ihren historischen, idealisierten und mythischen Gestaltungen (R. Wagner) eine zeitnahe, sozialkritische und menschlich leidenschaftliche Bühnendramatik entgegenstellen wollte. Die ersten veristischen

Opern sind „Cavalleria rusticana" (1890) von P. Mascagni und „Der Bajazzo" (1892) von R. Leoncavallo; danach ist der Verismo hauptsächlich durch F. Cilea, U. Giordano, F. Alfano, mit manchen Szenen auch G. Puccini, in Deutschland durch E. d'Albert, L. Blech und E. Wolf-Ferrari, in Frankreich durch A. Bruneau und G. Charpentier vertreten. Problematisch am Verismo ist die Tatsache, daß der Bühnengesang der Oper niemals wirklich realistisch sein kann. Hinzu kommt eine Tendenz veristischer Komponisten zu vereinfachender, oberflächlicher Zeichnung leidenschaftlicher Charaktere, die allerdings oft prägnante, mitreißende musikalische Wirkungen hervorbringt.

**Verkleinerung** ↑Diminution.

**vermindert:** um einen chromatischen Halbton kleiner als reine (z. B. c-fes statt c-f) oder kleine (z. B. e-ges statt e-g) Intervalle. Die ↑Umkehrung verminderter Intervalle ergibt übermäßige Intervalle (↑übermäßig).

**verminderter Dreiklang:** Dreiklang aus zwei kleinen Terzen mit der verminderten Quinte als Rahmenintervall (z. B. h-d-f). Er ist dissonant und kann daher keine selbständige Funktion bilden. Er tritt hauptsächlich auf als Teil des Dominantseptakkords (bei dem der Grundton fehlt), in seiner ersten ↑Umkehrung auch als Subdominante in Moll mit Sexte statt Quinte (d-f-h statt d-f-a).

**verminderter Septakkord:** Vierklang aus drei übereinander geschichteten kleinen Terzen (z. B. h-d-f-as). Er ist funktionsharmonisch ein verkürzter (d. h. grundtonloser) Dominantseptnonakkord mit kleiner None. Durch enharmonische Umdeutung eines oder mehrerer seiner Akkordtöne (z. B. h-d-f-gis [statt as]) läßt sich mit ihm leicht und rasch in entfernte Tonarten modulieren.

**Verrillons** [vɛri'jɔ̃; französisch]: einfache Art des ↑Glasspiels mit wassergefüllten Trinkgläsern.

**Vers** [von lateinisch versus „Umwendung, Zeile"]: rhythmisch-metrische Einheit einer Dichtung in gebundener Rede, durch Zeilenende gekennzeichnet und oft durch Endreim abgeschlossen. Mehrere Verse bilden eine ↑Strophe. Die Bedeutung von Vers = Strophe entstammt der Kirchensprache.

**Verschiebung:** beim Klavier eine mit dem ↑Pedal bewirkte Verrückung der Mechanik zur Abwandlung des Klangs.

**Verschränkung:** Bezeichnung für das Ineinandergreifen zweier musikalischer Phrasen (↑Perioden), wobei der Schluß der ersten zugleich Beginn der neuen Phrase ist; besonders häufig in der Musik der Wiener Klassik.

**Versẹtt** [von italienisch versetto „kurzer Vers"]: kurzer Orgelsatz, der beim liturgischen Wechselgesang statt eines gesungenen Verses eingeschaltet wird. Diese Art der Ausführung läßt sich bereits im 15. Jahrhundert nachweisen, fand aber ihre größte Verbreitung im 16. bis 18. Jahrhundert, im deutschen wie im romanischen Sprachgebiet. Die Kompositionen beruhten ursprünglich auf dem von ihnen ausgefüllten melodischen Abschnitt (Choralbearbeitung), finden sich aber seit dem ausgehenden 16. Jahrhundert zunehmend auch als freie, fugenartige Sätze ohne Cantus firmus.

**Versetzungszeichen:** die Zeichen Kreuz und B, die die Erhöhung oder Erniedrigung um einen oder zwei Halbtöne oder die Aufhebung derselben innerhalb eines Musikstücks anzeigen. – ↑auch Vorzeichen.

**Versịkel** [lateinisch]: in der katholischen und protestantischen Liturgie Bezeichnung für einen kurzen überleitenden [Psalm]vers. Eher in der Bedeutung von „Strophe" wird die Bezeichnung Versikel in der ↑Sequenz benutzt (dort v. a. *Doppelversikel*, Doppelstrophe).

**Vers mesurés** [vɛrməzy're; französisch „gemessene Verse"]: in der französischen Poesie des ausgehenden 16. Jahrhunderts von J. A. de Baïf angeregte reimlose Versgestaltung mit der (antikem Beispiel folgenden) Unterscheidung von Längen (betonte Silben) und Kürzen (unbetonte Silben). Diese rhythmische Gestaltung wurde von den Komponisten übernommen, u. a. von O. di Lasso. Die musikalische Bühnenkunst Frankreichs im 17. und beginnenden 18. Jahrhundert, die einen Anschluß an die griechische Antike suchte, ist v.a. im Rezitativ von den Vers mesurés beeinflußt.

**Verstärker:** ein elektronisches Gerät, das die von Mikrophon, elektronischem Musikinstrument u.a. kommenden elektrischen Signale verstärkt, so daß sich nach ihrer anschließend im Lautsprecher erfolgenden Rückwandlung in Schall eine entsprechend erhöhte Schallintensität ergibt.

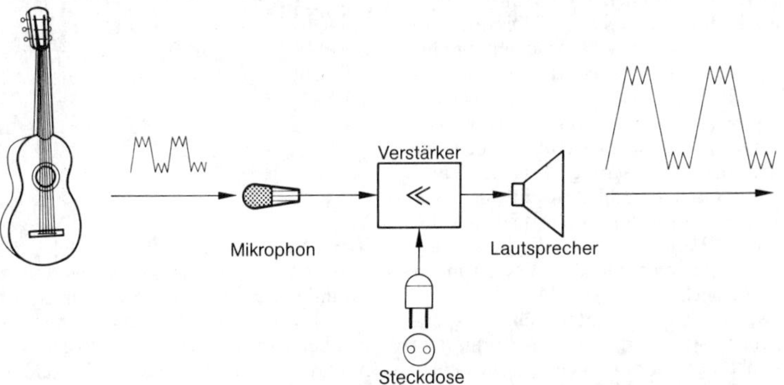


Ideale Verstärker verändern lediglich die Amplitude der elektrischen Signale, nicht aber deren Frequenz.

**Versus** [lateinisch]: im Mittelalter in vielfacher Bedeutung verwendeter Begriff, der zunächst v.a. im Bereich der Liturgie für einen als Gebets- oder Gesangstext verwendeten Vers aus der Bibel gebraucht wurde (so z.B. Versus des Graduale, Alleluja, Tractus, der Offiziumsresponsorien). In frühmittelalterlichen liturgischen Büchern werden mitunter auch die Antiphonen der Psalmen als Versus bezeichnet. Bereits um 900 erfolgte eine Ausweitung der Bedeutung von Versus auf eine liturgische (z.B. Hymnus) oder geistliche Dichtung (Tropus, Conductus, liturgisches Drama).

**verte!** [lateinisch]: wende um!

**Verzerrer:** elektroakustische Geräte, die die Schwingungsform eingegebener Signale verändern. Im Unterschied zu ↑Filtern, ↑Ringmodulatoren usw., in denen derartige Veränderungen „kontrolliert" ablaufen, nützt der Verzerrer Effekte, die bei elektroakustischer Übertragung eigentlich unerwünscht sind (↑High-Fidelity, ↑Klirrfaktor), zur Klangveränderung aus. In der Pop-Elektronik werden folgende Verzerrer häufig verwendet: *Booster*, eine übersteuerte Eingangsstufe des Verstärkers; *Fuzz* fügt charakteristische Obertöne (oft die einer Rechteckschwingung) hinzu. Da jede beliebige Verstärkeranlage bei Übersteuerung verzerrt, können sich Popgruppen Verzerrer auch sparen.

**Verzierungen** (Ornamente, Manieren, Auszierungen, Koloraturen; französisch agréments, ornements; italienisch fioriture; englisch graces, ornaments): die Ausschmückung und rhythmische Veränderung von Melodien, meist durch besondere Zeichen oder kleinere Noten angedeutet. Ausgangspunkt der Verzierungspraxis ist die improvisatorische Gesangs- und Spielpraxis, die bei Wahrung des melodischen Grundgerüsts einzelne Töne umspielt und so die Musik klang- und kunstreicher macht. Strukturelle Ähnlichkeiten mit den Verzierungen haben u.a. ↑Melisma und ↑Figuration. – In der europäischen Musikgeschichte verfestigten sich allmählich einzelne, formelhafte Typen von Verzierungen, die dann besonders von den französischen Hofmusikern des 17. und 18. Jahrhunderts normiert und systematisiert wurden. – System, Bezeichnung und Ausführung der Verzierungen wechseln aber je nach Land, Stil und Instrument. Zeitgenössische Lehrbücher versuchten, mit Verzierungstabellen und Kompositionen mit ausgeschriebenen, als Muster dienenden Verzierungen die wachsende Komplizierung und Verfeinerung aufzufangen. F. Couperin notierte immer mehr Verzierungszeichen; J. S. Bach schrieb besonders in späterer Zeit die Verzierungen aus. Quantz (1752) unterschied dann die Verzierungen als „wesentliche Manieren" von den auf die mittelalterliche Diminutionstechnik (↑Diminution) zurückgehenden „willkürlichen" Veränderungen (↑kolorieren). Das Ausschreiben der Verzierungen setzte sich mit der Wiener Klassik durch; die Verzierungen wurden auf wenige Typen der Gruppen ↑Vorschlag, ↑Triller und ↑Doppelschlag reduziert. Für die stilgerechte Ausführung von Musik des 17. und 18. Jahrhunderts ist die Beachtung der Formenvielfalt der Verzierungen unerläßlich.

**Vesper** [von lateinisch vespera „Abend"]: liturgischer Abendgottesdienst der katholischen Kirche, einer der ältesten und wichtigsten Teile des kirchlichen Stundengebets. Die aus Hymnus, Psalmen, biblischer Lesung und Fürbittgebet zusammengesetze Vesper hielt sich kontinuierlich im Stundengebet der Mönche und des Klerus, aber auch im „Evening Prayer" der anglikanischen Kirche. Auch die evangelische Kirche kennt die Vesper als Gemeindegottesdienst. Berühmte Vertonungen der Vesper sind die Marienvesper von C. Monteverdi (1610) sowie Mozarts Vespern KV 321 (1779) und KV 339 (1781).

**Vibraphon** [lateinisch-griechisch]: ein in den 1920er Jahren entwickeltes Metallstabspiel mit klaviaturmäßig angeordneten Platten aus Leichtmetall (Tonumfang f–f³), die mit Schlegeln angeschlagen werden. Die Klangplatten liegen auf einem Dämpferfilzstreifen auf, der durch ein Pedal absenkbar ist. Unter den Platten befinden sich unten verschlossene, abgestimmte Röhren als Resonatoren, in deren oberen Enden auf gemeinsamen Wellen angebrachte Drehklappen durch einen Elektromotor mit regelbarer Drehzahl angetrieben werden. Sie bewirken das fälschlich Vibrato (besser Tremolo) genannte An- und Abschwellen der Resonanz. Das Vibraphon wurde zunächst v. a. im Jazz verwendet, später auch in der Neuen Musik.

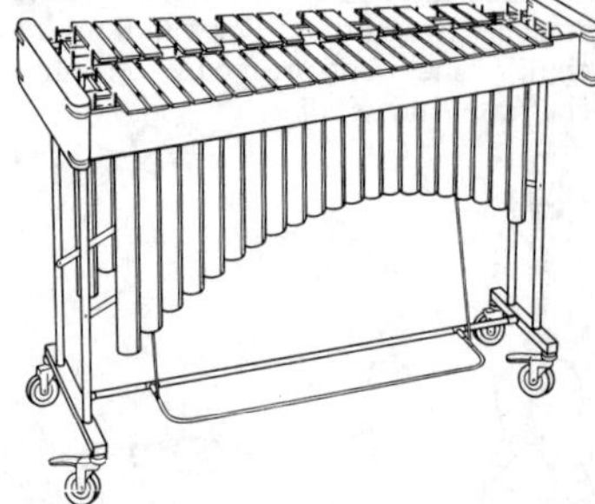

**Vibrato** [lateinisch-italienisch]: rasche Wiederholung von geringen Tonhöhenschwankungen bei Singstimmen, Blasinstrumenten und hauptsächlich bei Streich- und Zupfinstrumenten mit Griffbrett (auf dem Klavichord ↑Bebung), oft mit Tremolo verwechselt. Als besondere Verzierung bereits im Barock in verschiedenen Formen (gleichmäßig langsam, rasch, beschleunigt oder verlangsamt) gebräuchlich; erst seit den 1920er Jahren als allgemeines, ausdrucksverstärkendes Mittel bei normaler Tonerzeugung üblich. Elektronische Instrumente fügen ihren meist recht starren Tönen oft ein künstliches Vibrato hinzu.

**Victimae paschali laudes** [pas'ça:li; lateinisch „(bringt) dem österlichen Opfer Lobgesänge (dar)"]; die Ostersequenz der römischen Liturgie, die mindestens in ihrem Text um 1040 von Wipo von Burgund, einem Kaplan Kaiser Konrads II., geschaffen wurde. Von ihrer liturgischen Verwendung an den Tagen der Osterwoche abgesehen, gewann diese Sequenz v. a. mit ihrem dialogisierenden Teil eine besondere Bedeutung in der Ausbildung des mittelalterlichen Osterspiels.

**vide!** [lateinisch]: siehe! – wird z. B. in Partituren als Hinweis gebraucht, daß ein Sprung (eine Auslassung) gemacht werden soll oder kann; dabei steht *vi-* zu Beginn, *de* am Ende der zu überspringenden Stelle.

**Viella** [französisch]: französische Bezeichnung für die ↑Fidel.

**Vielle** [vjɛl; französisch]: französische Bezeichnung für die ↑Drehleier.

**Viertelnote** (Viertel): Zeichen ♩, ↑Noten.

**Viertelpause:** Zeichen 𝄽, ↑Noten.

**Vierteltonmusik:** Musik, die unter Verwendung von Vierteltönen komponiert wird, d. h. unter Verwendung eines 24stufigen temperierten Tonsystems, das durch Halbierung der üblichen 12stufigen Einteilung der Oktave entsteht. Erstmals erscheint sie bei J. H. Foulds (1898) in einem Streichquartett. In den 1890er Jahren wurden dann auch Vierteltonklaviere und -flügel gebaut. Auf klangliche Bereicherung zielten R. H. Stein, W. von Moellendorf und J. Mager mit Vierteltonmusik zwischen 1906 und 1917; auf Bereicherung der melodisch-linearen Möglichkeiten theoretisch F. Busoni (1907), praktisch A. Hába (seit 1919; 1930 Oper „Die Mutter“, nach Gorki). Mit Vierteltonmusik befaßten sich nach 1920 u. a. G. N. Rimski-Korsakow, I. Wyschnegradsky, J. Carillo Trujillo; gelegentlich verwendet wurde sie u. a. bei B. Bartók, A. Berg, L. Nono. Als selbständige Musikart konnte sie sich wegen der etwas schematisch-mechanischen Grundlegung und der Schranken von Hörgewohnheit und -fähigkeit nicht durchsetzen.

**Vierundsechzigstelnote** (Vierundsechzigstel): Zeichen 𝅘𝅥𝅲, ↑Noten.

**Vierundsechzigstelpause:** Zeichen 𝅀, ↑Noten.

**vigoroso** [italienisch]: energisch, lebhaft, kräftig.

**Vihuela** [viu'e:la; spanisch]: seit dem 13. Jahrhundert in Spanien Bezeichnung für Saiteninstrumente mit abgesetztem Hals und einem Korpus mit Zargen. Das Instrument wurde (zunächst mit Federkiel) gezupft oder gestrichen, später trat die *Vihuela de mano* („Hand-Vihuela“) in den Vordergrund, die unmittelbar mit den Fingern gezupft wurde. Sie glich der Gitarre, hatte aber mit fünf bis sieben Doppelchören mehr Saiten als diese. Die Vihuela de mano spielte eine führende Rolle in der spanischen Instrumentalmusik des 16./17. Jahrhunderts.

**Villancico** [biʎan'θiko; spanisch, von mittellateinisch villanus „Bauer“]: eine seit Ende des 15. Jahrhunderts bekannte spanische Liedform mit Refrain. Der Villancico war volkssprachig, mit weltlichem Inhalt und meist drei- oder vierstimmig homophon gesetzt. Neben der mehrstimmigen Form gab es den Villancico auch als Sololied mit Vihuelabegleitung und auch mit geistlichen Texten. – Im 17. Jahrhundert bezeichnete Villancico bei hohen kirchlichen Festen aufgeführte Kantaten, die mit einem mehrstimmigen Chorsatz beginnen, der am Schluß wiederholt wird. – Villancico bezeichnet heute im Spanischen ein volkstümliches Weihnachtslied.

**Villanelle** (Villanella) [lateinisch-italienisch]: im 16. Jahrhundert in Italien (Neapel) aufgekommene mehrstimmige Liedform. Die Texte beschreiben meist bäuerlich-ländliches Leben. Die Textform bestand häufig in einer achtzeiligen Strophe mit dem Reimschema ab ab ab cc, seit dem frühen 17. Jahrhundert erweitert durch eine jedem Verspaar angehängte Refrainzeile. Der zunächst dreistimmige, homophone Satz zeichnet sich durch volksliedhafte Melodik, einfache Harmonik und parallele Intervallführung (Quinten) als Nachahmung volksliedhaften Singens aus. Bald wurde der Satz jedoch an das Madrigal angeglichen (z. B. in den vierstimmigen Villanellen von A. Willaert, 1545), was Ende des 16. Jahrhunderts zur Herausbildung der ↑Kanzonette führte. In Deutschland war die Villanelle u. a. bei J. Regnart, L. Lechner, H. L. Haßler und J. H. Schein vertreten.

**Villotta** [von italienisch villano „Bauer“]: im 16. Jahrhundert in Norditalien (Venedig) aufgekommenes mehrstimmiges Tanzlied.

**Vina** ↑Wina.

**Viola** [altprovenzalisch-italienisch]: 1. in den romanischen Sprachen mittelalterliche Bezeichnung für Streichinstrument; daraus abgeleitet Sammelname für die abendländischen Streichinstrumente, die seit dem 16. Jahrhundert im wesentlichen zwei nach der Spielhaltung unterschiedenen Familien angehören: die mit Kniehaltung gespielten Instrumente der Viola-da-gamba-Familie (kurz Gambenfamilie, ↑Viola da gamba) und die in Armhaltung gespielten der Viola-da-braccio-Familie (kurz Violinfamilie, ↑Viola da braccio). Die Violen sind den im 16. Jahrhundert in Italien verbreiteten Liren verwandt (Form des Korpus, Stimmung in Quinten). – 2. heute bezeichnet Viola (Abkürzung Va) ohne Zusatz speziell das Altinstrument der Violinfamilie (gemeinsprachlich deutsch Bratsche, in Frankreich „alto"), wie die Violine viersaitig, in Quinten gestimmt (c g $d^1$ $a^1$), eine Quinte unter der Violine und eine Oktave über dem Violoncello stehend, mit einer Korpuslänge von 40–42,5 cm und einer Zargenhöhe von 3,8 cm. Durch den für die tiefe Lage zu kleinen Resonanzkörper entsteht der für die Viola typische gedeckte Klang, bei schlechten Instrumenten stark näselnd, bei guten jedoch reizvoll samtartig. Der Widerspruch zwischen Armhaltung und Größe des Korpus hatte ständig konstruktive Experimente zur Folge: Im 17. Jahrhundert baute man die besonders große ↑Viola tenore zur Ausführung der wichtigen tieferen Mittelstimmen, im 18. Jahrhundert genügten kleinere, bequemere Instrumente (Länge 38 cm) für die lediglich klangfüllende Funktion der Bratsche. Gleichzeitig versuchte man, durch eine fünfte Saite ($e^2$) den obersten Klangbereich der Violine dazuzugewinnen (wie bei der ↑Viola alta). – Die Viola gelangte im 17. Jahrhundert ins Orchester. Konzertant wurde sie eingesetzt von G. Ph. Telemann, C. Stamitz, K. Ditters von Dittersdorf, W. A. Mozart, A. Reicha, I. Pleyel, P. Hindemith und B. Bartók.

**Viola alta** [italienisch]: eine von H. Ritter (* 1849, † 1926) konstruierte Altvioline mit der Stimmung c g $d^1$ $a^1$ (später noch um $e^2$ erweitert), die sich von der normalen ↑Viola durch ein größeres Korpus unterscheidet. Das von Ritter konstruierte Tenorinstrument der Violinfamilie war die *Viola tenore* (Stimmung G d a $e^1$; Instrument doppelt so groß wie die Violine), das Baßinstrument die *Viola bassa* (C G d a; doppelt so groß wie die Viola alta).

**Viola bassa** ↑Viola alta.

**Viola bastarda** [italienisch]: im 16. und 17. Jahrhundert ein sechssaitiges Streichinstrument der Viola-da-gamba-Familie in Tenor-Baß-Lage, das in seinen verschiedenen Stimmungen wohl anfangs der Lira ähnlich war (Quinten und Quarten), später der Viola da gamba (Quarten und eine Terz in der Mitte).

**Viola da braccio** ['bratʃɔ; italienisch „Armgeige"]: Sammelname für die Streichinstrumente der Violinfamilie, speziell Bezeichnung für das Altinstrument ↑Viola (deutsch gemeinsprachlich Bratsche). Die Viola-da-braccio-Instrumente werden auf dem Arm gehalten und mit Obergriff-Bogenhaltung gespielt.

**Viola da gamba** [italienisch „Beingeige"] (Kniegeige; Gambe): im 16.–18. Jahrhundert Bezeichnung für die verbreitete Familie von Streichinstrumenten, die auf die Beine gestützt und mit untergriffiger Bogenhaltung gespielt werden. Die ältesten erhaltenen Instrumente vom Anfang des 16. Jahrhunderts zeigen teilweise noch an ↑Fidel und ↑Rebec erinnernde Umrisse. Die Normalform des Korpus hat abfallende Schultern (wie teilweise heute noch der Kontrabaß), hohe Zargen, Decke und Boden ohne Randüberstand, flachen, zum Hals hin abgeschrägten Boden und meist C-förmige Schallöcher. Die sechs Darmsaiten sind in Quarten mit einer Terz in der Mitte gestimmt, das Griffbrett trägt sieben Bünde im Abstand von chromatischen Halbtönen. Speziell bezeichnet Viola da gamba (Gambe) das Instrument in Tenor-Baß-Lage mit der Stimmung D G c e a $d^1$. Zur Familie gehören ferner eine Diskant-(Stimmung

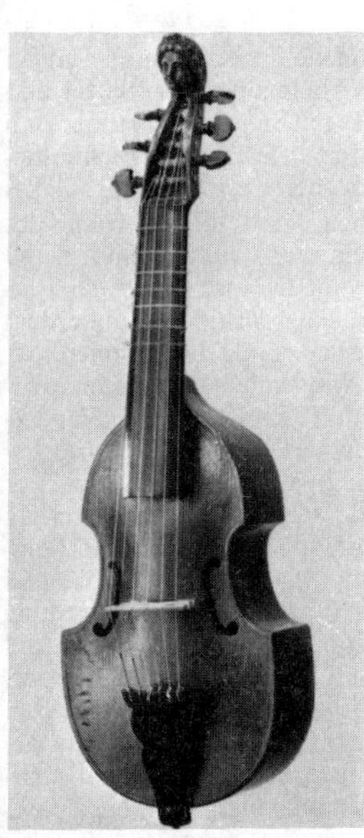

d g $c^1$ $e^1$ $a^1$ $d^2$), Alt- und Tenor-Viola da gamba (beide gleiche Stimmung A d g h $e^1$ $a^1$). – Im 16./17. Jahrhundert war die Viola da gamba das wichtigste Streichinstrument der Ensemblemusik; bis ins 18. Jahrhundert war sie ein bedeutendes Soloinstrument, für das unter anderen M. Marais, (ein berühmter Gambist), C. F. Abel, G. Ph. Telemann, G. F. Händel und J. S. Bach komponierten.

**Viola d'amore** [italienisch „Liebesgeige"]: im Barock beliebtes, silbern klingendes Instrument der Viola-da-gamba-Familie in Altlage, von etwa gleicher Größe wie die ↑Viola (Bratsche), mit fünf bis sieben Saiten aus Darm oder Messing und sieben bis vierzehn unter dem Griffbrett verlaufenden, metallenen Resonanzsaiten. Die Stimmung der Griffsaiten ist variabel (oft in Dur- oder Mollakkorden, Viola-da-gamba-Stimmung oder violinmäßig in Quinten). Das Instrument ist bundlos und wird in Armhaltung gespielt.

**Viola da spalla** [italienisch „Schultergeige"]: um 1700 Tenor-Baß-Instrument der Viola-da-braccio-Familie mit vier bis sechs Saiten (Stimmung C G d a). Sie wurde wie die ↑Viola pomposa mit einem Tragband auf der Schulter befestigt.

**Viola pomposa** [italienisch]: im 18. Jahrhundert fünfsaitige Viola da braccio in Tenor-Baß-Lage (Stimmung C G d a $e^1$), die auf dem Arm gehalten und zusätzlich mit einem über die Schulter gelegten Tragband befestigt wurde.

**Viola tenore** [italienisch]: im 17./18. Jahrhundert Tenorinstrument der Viola-da-braccio-Familie, mit gleicher Stimmung wie das Altinstrument (c g $d^1$ $a^1$), aber mit größerem Korpus. Die Viola tenore H. Ritters (↑Viola alta) liegt eine Oktave unter der Violine und hat deren doppelte Größe.

**violento** [italienisch]: heftig, gewaltsam, stürmisch.

**Violetta** [italienisch „kleine Viola"]: im 16. Jahrhundert Bezeichnung für verschiedene Instrumente der Viola-da-gamba und der Viola-da-braccio-Familie; im 18. Jahrhundert allgemeine Bezeichnung für Viola (Bratsche).

**Violine** [italienisch, Verkleinerungsform von ↑Viola] (gemeinsprachlich Geige), Abk. V: das Diskantinstrument der modernen Streichinstrumente vom Viola-da-braccio-Typus, das mit ↑Viola, ↑Violoncello und ↑Kontrabaß eine Familie bildet. Die Form der Violine, die Elemente der ↑Fidel, des ↑Rebec und der ↑Lira in sich vereinigt, stand spätestens um 1560 fest. Ihre grundsätzliche Konstruktion hat sich seit dem 17. Jahrhundert bis auf einige Maßnahmen zur Vergrößerung des Klangvolumens nicht verändert. – Die Violine besteht aus einem in der Mitte eingebuchteten Resonanzkörper, dem angesetzten Hals mit bündelosem Griffbrett (aus Ebenholz) und dem in die Schnecke auslaufenden Wirbelkasten mit seitlichen Stimmwirbeln. Der Resonanzkörper setzt sich zusammen aus zwei leichtgewölbten Platten, der Decke mit zwei *f*-förmigen Schallöchern aus Fichtenholz und dem Boden aus Ahornholz sowie den verbindenden Zargen (ebenfalls Ahorn). Fast immer ist die Decke, meist auch der Boden aus zwei Teilen in Längsrichtung verleimt. Wölbung und seitlicher Randüberstand von Dekke und Boden erhöhen die Druckfestigkeit des Resonanzkörpers. Der Lack beeinflußt die klanglichen Eigenschaften und schützt das Instrument vor Feuchtigkeit. Die vier in Quinten gestimmten Saiten (g $d^1$ $a^1$ $e^2$) aus Darm oder heute häufiger aus Stahl oder metallumsponnenem Kunststoff laufen von den Wirbeln über den Sattel und den zweifüßigen Steg aus Hartholz zum an der Zarge befestigten Saitenhalter. Der Stimmstock, ein 3–5 mm dickes Holzstäbchen, wird in der Nähe des rechten Stegfußes zwischen Boden und Decke gestellt. Dadurch wird ein Einsinken der Decke verhindert; außerdem bildet das obere Ende des Stimmstocks auf der schwingenden Decke einen ruhenden Punkt, dessen feinste Verrükkung bereits Änderungen des Klangcharakters des Instruments bewirkt. Der unterhalb der tiefsten Saite leicht schräg verlaufende Baßbalken erhöht die Tragfähigkeit und Spannung der Decke und sorgt auch für eine gute Verbreitung der tief-frequenten Schwingungen auf der ganzen Deckenfläche. Die Tonerzeugung erfolgt durch Streichen der Saiten mit einem in Obergriffhaltung geführten ↑Bogen; seltener werden die Saiten auch gezupft (pizzicato).

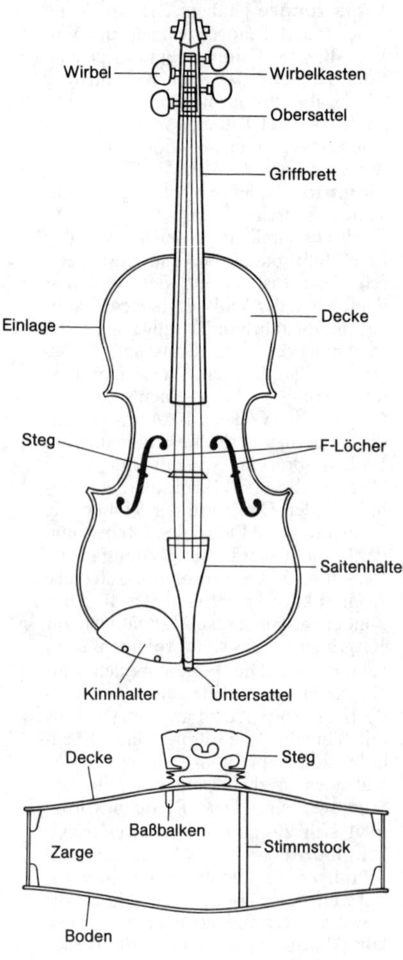


Der *Geigenbau* hat vom 16.–18. Jahrhundert einige berühmte Schulen hervorgebracht, so die Schule von Brescia (Gasparo da Salò), Cremona (A. Amati, A. Stradivari, G. A. Guarnerius) und die Tiroler (J. Stainer) und Mittenwalder Schule (M. Klotz); ihre Instrumente wurden später vielfach kopiert.

**Violinmusik:** als früheste gedruckte Violinmusik gelten die fünfstimmigen Streichersätze des Pariser „Balet comique de la Reine“ (1582). 1610 erschien die erste Violinsonate (G. P. Cima); in der begleiteten Solo- und der Triosonate war die Violine das vorherrschende Instrument. Den ersten kompositorischen und spieltechnischen Höhepunkt bildeten A. Corellis Violinsonaten op. 5 (1700), die für viele italienische (G. B. Vitali, F. M. Veracini, E. F. Dall'Abaco, A. Vivaldi, F. Geminiani) und deutsche Komponisten (G. Ph. Telemann, G. F. Händel, J. S. Bach) beispielgebend waren. Aus dem Concerto mit solistischer Violine entstand das von Vivaldi (1711) ausgeprägte Violinkonzert; in der Nachfolge Vivaldis stehen auch die Konzerte J. S. Bachs. Virtuose Bogen- und Grifftechnik kennzeichnen die Sonaten und Konzerte G. Tartinis, P. A. Locatellis und P. Nardinis, dessen kantabler Stil für die Violinkonzerte W. A. Mozarts bedeutsam wurde. – In Frankreich lebte das Violinspiel durch das Wirken J.-B. Lullys auf, der das Hoforchester ab 1656 zu bewunderter Disziplin heranzog. Weitgehend in der italienischen Tradition stand die französische Violinmusik des 18. Jahrhunderts (J. B. Senallié J.-M. Leclair, P. Gaviniès), neben der begleiteten Solosonate und der Triosonate wurde hier die virtuose Caprice für Violine solo gepflegt. – In Deutschland traten bereits in der 2. Hälfte des 17. Jahrhunderts bedeutende Violinvirtuosen und -komponisten hervor (J. H. Schmelzer, Th. Baltzar, H. I. F. Biber, J. J. Walther, J. P. Westhoff). Sie widmeten sich der virtuosen, durch reiches Doppelgriff- und Akkordspiel gekennzeichneten Solosonate, die in J. S. Bachs sechs Sonaten und Partiten (1720, darin die berühmte Chaconne) gipfelt. – In Paris und London schufen in der 2. Hälfte des 18. Jahrhunderts J. Schobert, J. Ch. Bach und der junge Mozart Klaviersonaten mit begleitender Violine, aus denen sich die klassische Violinsonate mit vollgültigem Violinpart entwickelte (Mozart, L. van Beethoven). Im späten 18. und um 19. Jahrhundert schrieben G. B. Viotti, R. Kreutzer, P. Rode und v. a. N. Paganini, ferner L. Spohr, Ch. A. de Bériot, H. Vieuxtemps und H. Wieniawski Konzerte und Capricen von höchsten technischen Ansprüchen. Nunmehr widmeten sich auch Komponisten, die keine Geiger waren, dem Violinkonzert, so Beethoven, F. Mendelssohn Bartholdy, J. Brahms, M. Bruch, P. I. Tschaikowski und A. Dvořák; Sonaten schrieben F. Schubert, C. M. von Weber, R. Schumann, J. Brahms und C. Franck. Wichtige Beiträge zur konzertanten Violinmusik leisteten im 20. Jahrhundert J. Sibelius, A. K. Glasunow, H. Pfitzner, M. Reger, A. Schönberg, B. Bartók, I. Strawinski, A. Berg, S. S. Prokofjew, P. Hindemith, A. I. Chatschaturjan, D. D. Schostakowitsch, H. W. Henze und K. Penderecki; Bartók, Hindemith und Reger hinterließen auch Werke für Violine solo.

**Violino** [italienisch] Violine; *Violino primo*, erste Geige; *Violino secondo*, zweite Geige.

**Violino piccolo** [italienisch „kleine Violine“]: im 17./18. Jahrhundert eine kleine Violine, deren Stimmung um eine Terz oder Quart höher lag als die der Violine (daher auch Terz- oder Quartgeige genannt).

**Violinschlüssel:** der G-Schlüssel auf der zweiten Notenlinie; der früher auch gebrauchte *französische Violinschlüssel* ist ein G-Schlüssel auf der ersten Notenlinie.

**Violon** [vjɔ'lõ; französisch]: die französische Bezeichnung für Violine, im 18. Jahrhundert in Deutschland auch Bezeichnung für den Kontrabaß (↑ Violone).

**Violoncello** [...'tʃɛlo; italienisch, Verkleinerungsform von ↑ Violone], (deutsche Kurzform Cello), Abk. Vc.: das Tenor-Baß-Instrument der Violinfamilie (↑ Viola da braccio) mit der Stimmung C G d a, das wegen seiner Größe zwischen den Knien gehalten wird (der Gebrauch des Stachels wurde erst um 1860 üblich). Neben dem Violoncello gab es im 16./17. Jahrhundert ein weiteres Baßinstrument der Violinfamilie mit etwas größerem Korpus und der Stimmung $_1$B F c g. In Italien wurde es um die Mitte des 17. Jahrhunderts verdrängt, blieb aber in Frankreich als *basse de violon* bis Anfang des 18. Jahrhunderts vorherrschend. Die klassische Mensur des Violoncellos fand A. Stradivari um 1710 mit 75–65 cm Korpuslänge und 11,5 cm Zargenhöhe. Sonderformen des Violoncellos im 18. Jahrhundert sind die ↑ Viola da spalla und das von J. S. Bach verwendete fünfsaitige *Violoncello piccolo* (C G d a e$^1$) mit geringer Zargenhöhe (8 cm), das sich von der ↑ Viola pomposa nur durch die Spielhaltung unterscheidet. – Konzerte für Violoncello schrieben A. Vivaldi, L. Boccherini, J. Haydn, R. Schumann, A. Dvořák, P. Hindemith, D. D. Schostakowitsch, B. A. Zimmermann, K. Penderecki und G. Ligeti; Werke für Violoncello solo J. S. Bach, M. Reger, P. Hindemith, H. W. Henze und B. A. Zimmermann.

**Violone** [italienisch „große Viola"]: im 16. und 17. Jahrhundert Bezeichnung für die Baßinstrumente der Violinfamilie (↑Violoncello) oder auch der Viola-da-gamba-Familie (Baß-Viola-da-gamba). Seit dem 18. Jahrhundert ist Violone allgemeine Bezeichnung für die in ihrer Stimmung unter dem normalen Baßinstrument liegenden, großen Instrumente (↑Kontrabaß).

**Virelai** [vir'lɛ; französisch] (Chanson baladée): französische Liedform des 13. bis 15. Jahrhunderts, eine der zahlreichen Erscheinungsformen des ↑Tanzlieds mit Refrain. Das Virelai beginnt mit einem vierzeiligen (später auch nur einzeiligen) Refrain; es folgt eine dreiteilige Strophe, deren 3. Teil dem Refrain formal und musikalisch entspricht, Schema:

| | | | | | |
|---|---|---|---|---|---|
| Text: | ABBA | cd | cd | abba | ABBA |
| Musik: | α | β | β | α | α |

Meist folgen dann zwei weitere auf diese Weise gebaute Strophen. Vers- und Reimformen sind frei. Ein Virelai aus nur einer Strophe heißt *Bergerette.* Das Virelai begegnet einstimmig (Guillaume de Machault) oder im ↑Kantilenensatz (ähnlich ↑Ballade und ↑Rondeau). Die bedeutendsten Verfasser von Virelais waren im 14. und 15. Jahrhundert Machault, J. Froissart, E. Deschamps und Christine de Pisan.

**Virga** [lateinisch] ↑Neumen.

**Virginal** [von lateinisch virga „Stab"]: Kleinform der Kielinstrumente, im heutigen Sprachgebrauch die im Gegensatz zum Spinett rechteckige Form. Für das Virginal wurde im 16./17. Jahrhundert in England eine bedeutende Literatur geschaffen (↑Virginalbuch, ↑Virginalisten).

**Virginalbuch:** Sammlung von Virginalmusik. Berühmte Handschriften sind „The Mulliner Book" (1553–70), „My Ladye Nevells Booke" (1591) und das „Fitzwilliam Virginal Book (1609–19); erste gedruckte Sammlungen waren „Parthenia, or The Maydenhead of the first musicke that ever was printed for the Virginalls" (1612/13) und „Parthenia In-Violata, or Mayden-Musicke for the Virginalls and Bass-Viol" (um 1624/25). Das Virginalbuch enthält neben Intavolierungen von Vokalwerken, Präludien, Fantasien, Tänzen, programmusikalischen Stücken hauptsächlich Variationen über Ostinatobässe (↑Ground) und über bekannte Lieder.

**Virginalisten** [lateinisch-englisch]: englische Komponisten der Elisabethanischen Zeit, die hauptsächlich Werke für ↑Virginal schrieben, meist aber auch Organisten und Vokalkomponisten waren. Dazu zählen u. a. J. Bull, W. Byrd, G. und R. Farnaby, O. Gibbons, Th. Morley, J. Mundy, P. Philips.

**Virtuose** [lateinisch-italienisch]: im 16./17. Jahrhundert in Italien Bezeichnung für einen bedeutenden Künstler oder Gelehrten; im frühen 18. Jahrhundert verengte sich die Bedeutung in Deutschland auf eine Bezeichnung für bedeutende Musiker. Seit etwa 1740 war Virtuose mit weiterer Bedeutungsverengung nur noch Bezeichnung für einen besonders qualifizierten ausübenden Musiker, hauptsächlich für den aus dem Orchester hervortretenden Solisten. Etwa gleichzeitig setzt eine Aufspaltung in eine negative und positive Bewertung ein. Einmal gilt der Virtuose als der ideale nachschaffende Musiker, der, technisch und geistig souverän, Gehalt und Gestalt des Werks vollkommen und lebendig interpretiert. Vorherrschend wird aber die Bezeichnung Virtuose als Begriff für einen (ausübenden) Musiker (auch Dirigent, „Pultvirtuose"), der spieltechnische Fertigkeiten als solche ohne Rücksicht auf die ästhetische Qualität des Gespielten in den Vordergrund rückt. In der tatsächlichen musikgeschichtlichen Entwicklung wirken Entfaltung von Virtuosität und von satztechnischem und klanglichem Reichtum zusammen.

**Vitalismus** [von lateinisch vita „Leben"]: eine gelegentlich (zuerst von S. Borris) vorgeschlagene Bezeichnung für die Musik zwischen 1934–1945, mit der gewisse Tendenzen zu Vereinfachung, neuer Bindung und lebensvoller Kraft nach dem Ende des ↑Expressionismus charakterisiert werden sollten. An Stilmitteln werden in diesem Zusammenhang eine gefestigtere Melodik und (wenngleich freie) Tonalität, rhythmische Intensität und polyphone Schreibweise genannt. Der Begriff bleibt dennoch problematisch, zum einen, weil der Anschluß an den philosophischen Neuvitalismus des frühen 20. Jahrhunderts nur lose erscheint, zum anderen, weil die Werke dieser Zeit von A. Schönberg, P. Hindemith, B. Bartók, I. Strawinski, C. Orff, H. Distler u. a. so stark voneinander verschieden sind, daß die Zusammenfassung unter gemeinsame Merkmale nur eine vereinfachende Orientierung bietet.

**vite** [vit; französisch] (vitement): schnell, rasch.

**vivace** [vi'va:tʃe; italienisch]: lebhaft, schnell; *vivacissimo*, sehr schnell.

**vivo** [italienisch]: lebhaft.

**Vocalise** ↑Vokalise.

**Voce** [vo:tʃe; italienisch]: Singstimme; *Voce alta*, hohe (auch laute) Stimme; *Voce bassa*, tiefe (auch leise) Stimme; ↑auch colla voce, ↑mezza voce, ↑sotto voce.

**Voces aequales** [ɛ...; lateinisch „gleiche Stimmen"]: in der Chormusik des 16.–19. Jahrhunderts die Besetzung entweder mit Männer- oder Frauen- bzw. Kinderstimmen.

**Vocoder** ['voʊkoʊdə; englisch, Kurzwort aus englisch **voice coder**]: ein Gerät zur künstlichen Spracherzeugung. Im Musik-Vocoder ist dabei die Sprachverständlichkeit meist nicht sonderlich wichtig, sondern vielmehr die Sprachähnlichkeit des erzeugten Klangs. Oft wird der Vocoder dazu verwendet, natürliche Sprache in künstliche umzuwandeln, d. h. zu modulieren. In Kombination mit einem Synthesizer kann der Vocoder als Generator bestimmter Klänge (Vokale; ↑auch Formant), Geräusche (Zischlaute) und Impulse (Explosivlaute) eingesetzt werden.

**Voix mixte** ['vwa 'mikst; französisch „gemischte Stimme"]: das Mittelregister der menschlichen Singstimme, bei dem es darauf ankommt, daß ein möglichst guter Ausgleich zwischen Brust- und Kopfresonanz herrscht, was besonders bei Männerstimmen für einen zarten, weichen Klang in den hohen Lagen wichtig ist.

**Vokalise** [lateinisch-französisch]: Gesangsübung auf Vokale oder Silben; in neuerer Musik (seit C. Debussy, „Trois nocturnes" für Orchester, 1899, 3. Satz „Sirènes" mit Frauenchor-Vokalise) auch kompositorisch verwendet. – ↑auch Scat.

**Vokalmusik:** die von Singstimmen solistisch oder chorisch, ein- oder mehrstimmig, mit oder ohne Begleitung von Instrumenten ausgeführte Musik. Sie ist im Unterschied zur ↑Instrumentalmusik stets an Sprache gebunden. Im Laufe ihrer Geschichte wurde sie einerseits mehr von sprech- und prosaähnlichem Deklamieren, andererseits mehr von ausgreifender Entfaltung des Singens geprägt. Bereits im Choral mit seinen syllabischen (↑Accentus) und melismatischen (↑Concentus) Teilen ist diese Gegensätzlichkeit vorhanden. Mit dem Aufkommen der Mehrstimmigkeit im 9. Jahrhundert nahm die Vokalmusik zunehmend instrumentalen Charakter an. In der „klassischen" Vokalpolyphonie Palestrinas mit ihrer teilweise rein vokalen Ausführung und ihrer im Blick auf den musikalischen Satz vollkommenen Ausgewogenheit des sanglichen und klanglichen Moments erreichte sie ihren Höhepunkt. Das um 1600 aufkommende Concerto-Prinzip setzte die eigentliche Trennung von Vokal- und Instrumentalstil durch. Vokalmusik konnte nun instrumental konzipiert (wie z. B. bei J. S. Bach) und Instrumentalmusik stark vom Kantablen (wie z. B. in der Wiener Klassik) beeinflußt sein. Erst in der elektronischen Musik, in der jedes Klangmaterial in gleicher Weise elektronisch verarbeitet werden kann, ist der Gegensatz von vokal und instrumental aufgehoben.

**Volkslied:** Liedgut der Unterklassen (Bauern, Handwerker, Arbeiter), das im wesentlichen den allgemeinen Entstehungs-, Gebrauchs-, Verbreitungs- und

Überlieferungsbedingungen der ↑ Volksmusik unterliegt. Schon durch die nationalsprachlichen Texte, aber auch durch spezifische, durch Tradition und Sprache geprägte musikalische Wendungen hat das Volkslied trotz internationaler Gleichheit vieler Themen und Motive und Ähnlichkeit von Formungsprinzipien einen stark nationalen Charakter. J. G. Herder sah in den Volksliedern „die bedeutendsten Grundgesänge einer Nation", in denen natur- und vernunftgemäße ethische und ästhetische Werte eine allgemeinverbindliche Gestalt angenommen hätten. Herder prägte 1773 als Lehnübersetzung des englischen „popular song" die Bezeichnung „Volkslied" als Sammelbegriff, der sich, verbunden mit einer Höherbewertung, gegenüber älteren Bezeichnungen wie vulgaris cantio, rusticum carmen, Bauernlied, Gassenhauser, Straßenlied, Reuterliedlein u. ä. durchsetzte. – Die romantische Auffassung von der anonym-kollektiven Produktion durch einen schöpferischen Volksgeist ist heute widerlegt. Entscheidend ist nicht die Kollektivität der Produktion – viele Lieder haben einen namentlich bekannten Verfasser –, sondern die der Verbreitung, die mit einer aktiven Aneignung, Überlieferung und Umformung (Umsingen, Zersingen) einhergeht. Auf diese Weise „volksläufig" wurden zahlreiche ursprüngliche Kunstlieder, u. a. „Der Mond ist aufgegangen" (M. Claudius), „Ich weiß nicht, was soll es bedeuten" (H. Heine). Gleiches vollzieht sich aber auch beim städtischen Volkslied, etwa beim Gassenhauer, oder beim Arbeiterlied (während Arbeiterhymnen wie z. B. die „Internationale" dadurch charakterisiert sind, daß Text und Melodie nicht verändert werden). Auch schlagerartige Musik (v. a. Typen des Stimmungs-, Trink-, Karnevalslieds) kann folklorisiert werden, etwa durch spontan entstehende Umtextierungen oft parodistischer Art. Die romantische Verklärung des Volkslieds prägte die großen Liedersammlungen des 19. Jahrhunderts, angefangen mit A. von Arnims und C. Brentanos „Des Knaben Wunderhorn" (1806–08). Die Zensur der Sammler schied sowohl derb-erotische wie politisch-realitätsbezogene Lieder als „unanständig" aus. Ein verengtes und gerade in Deutschland konservativ-ideologisch aufgeladenes Bild bestimmte auch die Volksliedpflege in Schule, Kirchen und Vereinen sowie die Wiederbelebung in der musikalischen Jugendbewegung („Wandervogel") nach 1900. Hauptsächlich seit 1945 aber weitet sich, auch in Auseinandersetzung mit internationalen Ausprägungen von Volkslied und Volksliedforschung der Blick, der die wirkliche Fülle von Themen und Inhalten, textlichen und musikalischen Mitteln sowie Trägerschichten erfaßt. – In den letzten Jahren zeichnet sich eine u. a. durch die angloamerikanische Folksong-Bewegung und die Aneignung der internationalen Folklore vermittelte Renaissance des deutschen Volkslieds ab, die auch bisher vernachlässigte rebellisch-demokratische Traditionen wieder zum Vorschein bringt. – ↑ auch politisches Lied.

**Volksmusik:** vokal (↑ Volkslied) und/oder instrumental (↑ Volkstanz) ausgeführte Musik, die aus der Kultur der Unterklassen (Bauern, Handwerker, Arbeiter) heraus entstanden ist und noch entsteht und in Gebrauch, Inhalt und Form deren Interessen und Bedürfnisse ausdrückt. Sie wird in der Regel von Laien ausgeführt und ist meist nicht schriftlich fixiert. Die mündliche Überlieferung und die auf gehörsmäßiger Nachahmung beruhende Vermittlung bedingen willkürlich oder unwillkürlich vorgenommene Veränderungen der Musik, weiter feststehende Formeln wie z. B. Spielfiguren zum leichteren Erlernen und Spielen von Instrumenten oder melodische Floskeln, die den (oft improvisatorischen) Gesangsvortrag stützen. Verwendet werden sowohl einfache wie komplizierte Instrumente, darunter auch spezifische Volksmusikinstrumente wie Fidel, Drehleier, Dudelsack, Banjo, Akkordeon. Beim Spielen und Singen finden sich auch Ansätze zu einem Berufsmusikstand, so z. B. bei den Fahrenden des europäischen Mittelalters und anderen, meist als Wandermusikanten solistisch oder in Ensembles auftretenden Volksmusikern; sie vermitteln u.a. den Austausch zwischen verschiedenen Musizierbereichen. – Wie sich Volksmusik durch ihren spezifischen Überlieferungsprozeß historisch und in der geographischen Ausbreitung wandelt, so auch durch Einflüsse aus der Kunstmusik. Umgekehrt wird in einem ständigen Austausch- und Aneignungsprozeß v.a. seit dem europäischen Mittelalter volksmusikalisches Material in der Kunstmusik verarbeitet, obwohl Volksmusik (v.a. Volkslieder) bewußt und in größerem Maße erst seit dem späten 18. Jahrhundert gesammelt und wissenschaftlich erforscht wird. Das wurde u.a. für die Entstehung der „nationalen Schulen" in der europäischen Musik im 19. Jahrhundert und v.a. in Lateinamerika und den USA im 20. Jahrhundert bedeutsam. Die schriftliche Aufzeichnung von Volksmusik, die bewußte, oft restaurative Volksmusikpflege in Schule und Kirche, v.a. aber die veränderten Lebensbedingungen, denen folkloristische Traditionen zum Opfer fielen, haben die lebendige volksmusikalische Kultur empfindlich beeinträchtigt. Sie überlebt zum einen in noch nicht völlig durchindustrialisierten Gebieten; zum anderen wird sie von vereinsmäßig organisierten Laiengruppen (Blasmusik, Trachtenkapellen, Gesangvereine) weiterhin ausgeübt, wobei allerdings die Folklorisierung fast ganz fehlt. Drittens schließlich breitet sich, durch die Möglichkeiten der technischen Reproduktion mit den Massenmedien sprunghaft verstärkt, eine von professionellen Musikern gespielte kommerzialisierte Volksmusik aus, die in Gehalt und Gestalt, Produktions- und Rezeptionsweise Volksmusik im eigentlichen Sinn nicht mehr ist. Als Gegenbewegung hierzu sind die Bemühungen junger Volksmusikgruppen zu verstehen, die, politisch oder sozial engagiert, alte Musiktraditionen wieder aufleben lassen und sie (oft als Ausdruck eines neuen, prononzierten Regionalismus) mit zeitbezogenen Inhalten füllen.

**Volkstanz:** Gesamtheit der Tänze, die, ähnlich wie das ↑Volkslied, aus der Kultur der Unterklassen (primär Bauern, dann auch städtische Unterschichten) heraus entstanden sind, in Gebrauch, Form und Inhalt mit deren Leben verbunden sind und durch vorwiegend schriftlose Tradition überliefert, umgeformt und weiterentwickelt werden. Die in einem Land als besonders typisch geltenden und allgemein verbreiteten Tänze werden auch als *Nationaltänze* bezeichnet (z.B. Csárdás, Mazurka), regional gebundene Tänze gelegentlich als *Heimattänze* (z.B. Schuhplattler). Der Begriff Volkstanz (das Wort selbst wurde erst im 18. Jahrhundert geprägt) wird hauptsächlich für Tänze des Volkes seit dem Ausgang des Mittelalters in Europa (spätestens seit dem 15./16. Jahrhundert) gebraucht. In dieser Zeit entwikkelte sich, ausgehend von der höfisch-aristokratischen Kultur zumal Italiens, der ↑Gesellschaftstanz mit eigener, vom Volkstanz sich abgrenzender Prägung. Auch von urtümlichen Kult- und Ritualtänzen ist der Volkstanz abzugrenzen, obgleich sehr archaische Elemente im Volkstanz überleben können, v.a. in den aufs Brauchtum bezogenen Tänzen (z.B. Tanz um den Maibaum, ↑Morris dance, ↑Schwerttanz); im wesentlichen dient er der Geselligkeit, dem Vergnügen oder der Liebeswerbung. Bezeichnend ist es, daß Schritte, Abläufe und Musik oft nur in Umrissen festgelegt sind und dem Prinzip einer Improvisation über Formeln und Modelle folgen; genaue Festlegungen gehören einer späten Stufe an.

Wie die Volkstänze immer wieder erneuernd auf Hof- und Gesellschaftstanz einwirkten (z.B. Bourrée, Passepied, Gavotte, Country-dance) so wurden seit dem späten 19. Jahrhundert v.a. Volkstänze aus den ehemaligen Kolonialgebieten Latein- und Nordamerika in das Repertoire des Gesellschaftstanzes übernommen. Ebenso werden Volkstänze oft in der Kunstmusik verarbeitet (z.B. Farandole, Furiant, Jota), v.a., wenn nationales oder regionales Kolorit vermittelt werden soll. Umgekehrt überleben Tänze, die als veraltet aus dem Repertoire der Gesellschaftstänze ausgeschieden werden, oft noch als Volkstänze (z. B. Française, Mazurka, Polka, Rheinländer, Schottisch). – Da die Ausbildung und Entwicklung des Volkstanzes an eine agrarisch geprägte Gesellschaftsordnung mit relativ stabilen Traditionen gebunden zu sein scheint, ist seine Existenz in einer technisch-industriellen Zivilisation mit der Beschleunigung kultureller Wandlungsprozesse und der Intensivierung des internationalen Austausches von Kultur und Musik stark gefährdet. Er überlebt daher v. a. in süd- und südosteuropäischen Ländern (z. B. Sardana in Katalonien, Kolo in Jugoslawien, Sirtos bzw. Sirtaki in Griechenland). Doch halten sich Volks- bzw. volkstümliche Tänze auch in Städten Lateinamerikas oder in einigen Gebieten der USA. Eine weitere Form des Überlebens ist die bewußte Pflege des Volkstanzes, sei es als Bewahrung von Traditionen, als Geselligkeit oder als Touristenattraktion.

**volles Werk** (lateinisch organo pleno): in der Orgelmusik des Barocks Bezeichnung für eine Plenum-Registrierung, d. h. im allgemeinen für die Gesamtheit der Prinzipalregister und der Mixturen.

**Vọlta** [italienisch „Mal, Umdrehung"] (französisch volte): 1. aus der Provence stammender höfischer Paartanz in schnellem Dreiertakt, in der 2. Hälfte des 16. Jahrhunderts bis Anfang des 17. Jahrhunderts sehr verbreitet. Die Volta gehörte in England schon vor 1600 zum festen Bestand des Tanzunterrichts. Charakteristisch sind heftige Sprünge und Drehungen bei engem Kontakt der Partner. – 2. ↑prima volta.

**vọlti su̲bito** [italienisch], Abk. v. s.: in der Notenschrift svw. wende [das Notenblatt] schnell um!

**Voluntary** ['vɔləntərɪ; englisch „freiwillig"]: in der englischen Musik seit dem 16. Jahrhundert Bezeichnung für eine Orgelkomposition oder -improvisation, die als Vor- oder Nachspiel im Gottesdienst gespielt wird; auch allgemein eine Komposition ohne Cantus firmus in der Nähe von ↑Fantasie oder anderen improvisationsartigen Stücken.

**Vorausnahme** ↑Antizipation.

**Vordersatz:** Bezeichnung für den ersten Teil einer ↑Periode. Regulär ist der Vordersatz, ebenso wie der ↑Nachsatz, vier Takte lang und endet in einer halbschlußartigen Zäsur, häufig (aber durchaus nicht immer) auf der Dominante.

**Vorhalt** (italienisch appogiatura): im mehrstimmigen Satz harmoniefremder, dissonanter Ton auf betontem Taktteil anstelle des akkordeigenen Tons bzw. die verzögerte Auflösung in diesen Ton (hauptsächlich durch einen kleinen oder großen Sekundschritt). Der Vorhalt kann in einer oder in mehreren Stimmen gleichzeitig erscheinen (z. B. als auffassungsdissonanter Dominantquartsextakkord auf betontem Taktteil). Beim *vorbereiteten* (gebundenen) Vorhalt wird der Vorhaltston aus dem vorausgehenden Akkord übergebunden; beim *halbfreien* Vorhalt ist der Vorhaltston in einer anderen Stimme des vorausgehenden Tons schon enthalten; beim *freien* Vorhalt ist er nicht im vorausgehenden Akkord enthalten. Zusätzliche Verzögerung durch Einfügung weiterer Töne zwischen Vorhalt und Auflösung ist möglich.

vorbereiteter (a), freier (b) und halbfreier Vorhalt (c)

**Vorschlag** (italienisch appogiatura): eine Verzierung, die aus dem Einschub von einem oder mehreren Tönen zwischen zwei Melodietönen besteht und meist von der Unter- oder Obersekunde zur Hauptnote geführt wird. Der *lange Vorschlag*, dargestellt durch eine kleine Note vor der Hauptnote, verkürzt diese um die Hälfte ihres Werts, bei punktierten Noten um $^2/_3$, oder ersetzt diese ganz. Der lange Vorschlag wird gewöhnlich „auf den Schlag“ und meist von der Obersekunde ausgeführt. Er wird als ein zum Baß dissonierender Vorhalt aufgefaßt. Der *kurze Vorschlag*, dargestellt durch eine kleine, an Hals und Fähnchen durchstrichene Note, kann auf den Schlag (Verkürzung der Hauptnote) oder (seit etwa 1850 meist) „vor dem Schlag“ (Verkürzung der vorangehenden Note) ausgeführt werden. Er dient der Akzentuierung der Hauptnote. Besondere Formen des Vorschlags sind der Doppelvorschlag (oder Anschlag), bestehend aus zwei Vorschlagsnoten, und der ↑Schleifer. – ↑auch Nachschlag.

langer Vorschlag

kurzer Vorschlag

**Vorspiel:** die instrumentale Einleitung eines nachfolgenden Musikstücks, die vorbereiten und einstimmen soll (↑auch Präludium); im engeren Sinn die Orchestereinleitung zu R. Wagners Musikdramen (seit „Lohengrin“, 1850), die musikalisch eng mit der folgenden Handlung verknüpft ist und nicht, wie die ↑Ouvertüre, als in sich abgeschlossenes Musikstück auftritt.

**Vortanz:** der langsame, geradtaktige Schreittanz, der bei Tanzpaaren des 15.–17. Jahrhunderts dem schnellen, ungeradtaktigen Springtanz (Nachtanz) vorausgeht. Häufige Vortänze waren u.a. Allemande, Basse danse, Passamezzo, Pavane.

**Vortrag:** spezifische Art und Weise, in der ein Stück Musik ausgeführt wird. Er ist Teil der ↑Aufführungspraxis und unterliegt kulturell, historisch, national wechselnden Stilidealen (z. B. ↑Belcanto, ↑Hot intonation) und ist weiter von Gattung, Aufführungsbedingungen sowie Persönlichkeit des Ausübenden abhängig. Vortrag im engeren Sinn setzt ein individualisiertes Werk (Opus) voraus. Ansätze zu einer Vortragskunst mit festen (durch Tradition und Ausbildung oder in Lehrbüchern überlieferten) Regeln v.a. für die Gesangskunst seit der Renaissance setzen besonders mit dem Stilwandel um 1600 und der Entfaltung der Oper ein; „sprechenden“, ausdrucksvollen Vortrag zumal beim Instrumentalspiel fordern dann die Vortragslehren nach 1750 in Empfindsamkeit und Klassik. Angemessener Vortrag verwirklicht, notwendig subjektiv (↑Interpretation), Autorenabsicht, Affekt- und Ausdrucksgehalt, Geist und Struktur des Werks in dessen klangsinnlichen Erscheinung.

**Vortragsbezeichnungen:** den Notentext (↑Noten, ↑Notenschrift) durch verbale Anweisungen oder besondere Zeichen ergänzende Angaben, die Ausdrucksgehalt, Tempo, Dynamik, syntaktische Gliederung (↑Artikulation, ↑Phrasierung), Spieltechnik näher bestimmen und charakterisieren. – Sie entstanden seit dem frühen 17. Jahrhundert zuerst in Italien für Tempo- oder Lautstärkewechsel innerhalb von Stücken. In Frankreich entfaltete sich seit etwa 1650 ein System von Vortragsbezeichnungen v.a. für den Affektgehalt. Beides wurde in Deutschland übernommen, aber auch – besonders seit etwa 1790 – oft durch deutsche Bezeichnungen ergänzt oder ersetzt. Seit etwa 1750 werden mit dem Übergang zur Klassik die von den Vortragsbezeichnungen geforderten typisierten Affekte und Charaktere immer mehr subjektiviert; während diese bisher z. T. der Aufführungspraxis überlassen waren, werden sie nun im Tonsatz selber verstärkt kompositorisch ausgeformt.

**Vorzeichen** (Versetzungszeichen, Akzidentien): Zusatzzeichen vor den ↑Noten, die die chromatische Veränderung eines Tons oder die Aufhebung derselben anzeigen. Das Kreuz (♯) erhöht um einen Halbton, das Doppelkreuz (×) um zwei Halbtöne; B (♭) erniedrigt um einen Halbton, Doppel-B (𝄫) um zwei Halbtöne; das Auflösungszeichen (♮) hebt bisherige Erhöhung oder Erniedrigung auf. Die drei Hauptvorzeichen (♯, ♭, ♮) entstanden aus den verschiedenen Schreibungen des Tonbuchstaben ↑B. Erst seit dem 17. Jahrhundert werden in der Notenschrift alle Vorzeichen notiert. Die gleichschwebende Temperatur und damit die Verwendbarkeit des Quintenzirkels seit etwa 1700 erforderte die Vorzeichen Doppelkreuz und Doppel-B. Seit der Einführung des Taktstrichs (nach 1700) gilt jedes Vorzeichen nur für den Takt und den Oktavraum, in dem es steht. Seit dem 18. Jahrhundert wurde die Vorzeichensetzung durch die Tonartvorzeichnung vereinfacht; die für eine Tonart maßgeblichen chromatischen Veränderungen werden durch entsprechende Vorzeichen zu Beginn jedes Liniensystems vorweggenommen.

**Vọx** [lateinisch]: lateinische Bezeichnung für die menschliche Stimme, auch für den Einzelton einer Tonfolge oder für eine Stimme im mehrstimmigen Satz. Bei der Orgel bezeichnet Vox verschiedene Register: *Vox angelica* (Engelsstimme), ein flötenartiges Zungenregister zu 4- oder 2-Fuß; *Vox coelestis* (himmlische Stimme), ein Labialregister zu 8- oder 4-Fuß von schwebendem Klang; *Vox humana* (menschliche Stimme), ein Zungenregister zu 8-Fuß von näselndem Klang.

**vuo̲ta** [italienisch „leer“]: Spielanweisung für Streicher, die ↑leere Saite zu benutzen.

**Wa̲gnertuba** (Waldhorntuba): eine engmensurierte Tuba mit Waldhornmundstück und vier Ventilen, Grundstimmung in B (Umfang $_{1}$E–b$^{2}$) und F (Umfang $_{1}$Es–f$^{2}$). Als Baßergänzung des Hörnerchors auf Anregung R. Wagners gebaut, wurde sie im „Ring des Nibelungen“ (1854–74) und danach auch von A. Bruckner und R. Strauss eingesetzt.

**Wah-Wah-Effekt** [lautmalerisch]: wird ein Ton durch einen Verstärker geschickt, der einen bestimmten Frequenzbereich verstärkt, so erhält der Ton eine Vokalfärbung (↑Formant). Das Wah-Wah-Pedal ist ein solcher Verstärker, bei dem die Lage des Frequenzbereichs, in dem verstärkt wird, durch Pedaldruck verschoben werden kann. Bei rhythmischer Betätigung des Pedals entsteht der Wah-Wah-Effekt, den man auch als Klangfarbenvibrato bezeichnet hat. In der Popmusik ist der Wah-Wah-Effekt um 1970 sehr beliebt gewesen (Jimi Hendrix, Eric Clapton).

**Waldflöte:** ein Register der Orgel mit meist konischen Labialpfeifen zu 4- oder 2-Fuß, von weichem Metallflötenklang.

**Waldhorn** (Horn): Blechblasinstrument mit kreisförmig gewundenem, stark konischem Rohr, trichterförmigem Mundstück, ausladender Stürze und drei Zylinderventilen, auch mit zusätzlichem Stopfventil zum Ausgleich der Tonerhöhung beim Stopfen. Der Klang ist weich und warm. – Mehrfach

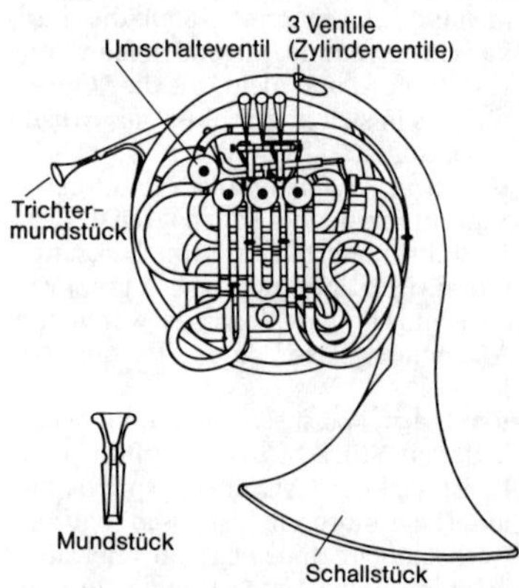


kreisförmig gewundene Hörner sind in Europa spätestens seit dem 14. Jahrhundert bekannt. Um 1650 entwickelte sich in Frankreich ein klanglich noch stark der Trompete ähnliches Naturhorn (französisch *trompe de chasse* oder *cor de chasse*), das von J.-B. Lully in das Opernorchester übernommen wurde. Durch das Einsetzen von ↑Stimmbögen (seit etwa 1715) konnte das Instrument tiefer gestimmt werden. Mit Hilfe der um die Mitte des 18. Jahrhunderts erfundenen Stopftechnik (Einführen der Hand in das Schallstück) wurde der Ton jeweils um einen Halbton erhöht. 1753 wurde das ↑Inventionshorn erfunden, bei dem die Stimmbögen in die Mitte der Rohrwindungen verlegt sind. Spätestens seit dem Anbringen von Ventilen (Ventilhorn) verfügt das Waldhorn über die vollständige chromatische Skala. Heute wird hauptsächlich das Doppelhorn in B/F (mit Umschaltventil) oder das Horn in F (Umfang $_1$B–f$^2$) verwendet. – Das Waldhorn wird außer im Orchester und in der Blasmusik auch solistisch eingesetzt; Konzerte für Waldhorn schrieben A. Vivaldi, G. Ph. Telemann, J. Haydn, W. A. Mozart, C. M. von Weber, R. Strauss, P. Hindemith und G. Schuller.

**Waldhorntuba** ↑Wagnertuba.

**Waldteufel** ↑Reibtrommel.

**Walze:** in der Orgel eine mit den Füßen zu bedienende Vorrichtung, die die Register ihrer Lautstärke entsprechend nacheinander zu- oder abschaltet und dadurch ein Crescendo oder Decrescendo ermöglicht.

**Walzer:** Paartanz im $^3/_4$-Takt, der um 1770 im österreichisch-süddeutschen Raum aus ↑Ländler und ↑Deutschem Tanz entstand; mittelbare Vorformen sind seit dem Mittelalter bekannte, meist gestampfte oder gehüpfte volkstümliche Drehtänze. Gegen den Widerstand von Hof und Adel setzte sich der Walzer als „niederer" Tanz im Zug der bürgerlichen Emanzipationsbewegung und der Französischen Revolution seit etwa 1790 zuerst in Wien und seit dem Wiener Kongreß (1815) auch international durch. Er wurde zum führenden Gesellschaftstanz des 19. Jahrhunderts und gehört zu den Standardtänzen. – Die ersten Walzer waren kurz (sie bestanden hauptsächlich aus z. T. mehrfach wiederholten Achttaktern), wurden aber bald zu längeren Walzerfolgen zusammengestellt (J. N. Hummel, 1808). Als Konzert- und als Gebrauchsmusik dienten Walzer von Beethoven („Mödlinger Tänze", 1819) oder von Schubert. Aus der ursprünglichen Einheit von Tanz- bzw. Gebrauchs- und Konzertwalzer entwickelten sich dann ausschließlich als Kunstmusik gemeinte, stilisierte Walzer (Chopin, Liszt, Brahms); ferner wurden Walzer oft in Wiener Operetten, z. T. in Opern und Sinfonien verarbeitet. Modellhaft wirkte C. M. von Webers Konzertrondo für Klavier „Aufforderung zum Tanz" (1819), ein Walzerzyklus mit langsamer Einleitung und Koda. Zu dieser Formerweiterung griffen auch seit den 1820er Jahren J. Lanner und J. Strauß Vater und Sohn, die sich mit ihren Kapellen und als Komponisten auf Tanzmusik spezialisierten. Charakteristisch wurde die Form aus Einleitung, Kette von 5 Walzern und Koda mit thematischen Rückgriffen, das gegenüber dem Ländler raschere Tempo und die leichte Vorwegnahme der zweiten Zählzeit. – Neben dem *Wiener Walzer* entstand der französische Walzer (meist aus drei sich im Tempo steigernden Teilen), der langsame ↑Boston (in den USA) und der *Langsame Walzer* (oder English Waltz), der in den 1920er Jahren Modetanz wurde.

**Washboard** ['wɔʃbɔ:d; englisch „Waschbrett"]: in der Skiffle-Musik (↑Skiffle) wird das Waschbrett als Rhythmusinstrument eingesetzt, indem es durch Fingerhüte gerieben oder geschlagen wird.

**Wasserorgel** ↑Hydraulis.

**Wechseldominante** (Doppeldominante): die ↑Dominante der Dominante (z. B. in C-Dur d–fis–a), eine Sonderform der ↑Zwischendominante; Zeichen: Ɖ.

**Wechselgesang:** Bezeichnung für die Ausführung von Gesängen im Wechsel zwischen verschieden besetzten Gruppen, z. B. von Vorsänger und Chor, Solisten und Chor, Chor und Orgel. – ↑auch alternatim, ↑Antiphon, ↑Responsorium.

**Wechselnote:** Bezeichnung für die obere oder untere (dissonante) Nebennote eines Akkord- oder Melodietons, die auf unbetonter Zählzeit auf den Ausgangston folgt und zu ihm zurückkehrt.

**Weihnachtslieder:** Lieder, die brauchmäßig an die Weihnachtszeit gebunden sind. Sie sind seit dem 11./12. Jahrhundert v. a. als Krippen- und Hirtenlieder bezeugt und wurden, wie auch die Ansinge- und Sternsingelieder, oft den ↑Weihnachtsspielen entnommen. Die Kurrenden und Lateinschulen verbreiteten die seit dem 14. Jahrhundert überlieferten, aus lateinischen Hymnen gewonnenen Weihnachtslieder in deutsch-lateinischer Mischpoesie, wie z. B. „In dulci jubilo, nun singet und seid froh". Die gebräuchlichsten Weihnachtslieder stammen aus dem 18. und 19. Jahrhundert, u. a. „Stille Nacht, heilige Nacht", „O du fröhliche, o du selige", „Alle Jahre wieder", „Ihr Kinderlein kommet". – ↑auch Carol, ↑Noël, ↑Villancico.

**Weihnachtsspiel:** Gattung der im Mittelalter aufgekommenen ↑geistlichen Spiele, ursprünglich – wie das frühere ↑Osterspiel – noch in liturgischer Bindung, allgemein herausgewachsen aus dialogisierenden Tropen wie z. B. dem „Hodie cantandus est nobis puer" (Laßt uns heute unserem Kinde singen) des Sankt Galler Mönchs Tutilo (* um 850, † 913 ?). Die große Beliebtheit der Weihnachtsspiele führte zu einem zunehmenden Einbruch volkstümlicher und volkssprachlicher Elemente und zur Umwandlung des Weihnachtsspiels zum Krippenspiel. Mit angeschlossenen Hirten- und Dreikönigsspielen wurde die Gattung später noch ausgeweitet. Von den zahlreichen Liedern der Weihnachtsspiele sind heute noch das „Joseph, lieber Joseph mein" (Resonet in laudibus) und das gemischtsprachige „In dulci jubilo" allgemein verbreitet. Zum Bereich der Weihnachtsspiele gehört auch das sogenannte ↑Quempassingen.

**Weise:** allgemein Bezeichnung für Melodie, Lied; im Meistersang wird dagegen der Text, bzw. der Vers als Weise, die Melodie als Ton bezeichnet.

**weißes Rauschen:** Grenzfall des ↑farbigen Rauschens, bei dem der Frequenzbereich den ganzen Hörbereich (↑Hörfeld) umfaßt. Der Höreindruck gleicht dem eines stimmlosen „sch".

**weite Lage** ↑Lage.

**Welle:** Schwingungen breiten sich in Form von Wellen im Raum aus. Als mechanische Wellen benötigen die Schallwellen dabei materielle Träger, z. B. Luft, Flüssigkeiten oder Festkörper. Eine Welle transportiert zwar Energie (↑Schallenergie), aber keine Materie. Bei Schallwellen sind es periodische Dichteschwankungen der Materie, die sich im Raum mit Schallgeschwindigkeit (↑Schall) ausbreiten.

**Werksmusik:** im organisatorischen Rahmen eines Industriebetriebs fungierende Chöre oder Instrumentalgruppen (Werkschor, -kapelle, Berg[manns]kapelle) aus musizierenden Betriebsangehörigen; in Deutschland v. a. nach 1860 verbreitet, heute in der Bedeutung stark zurückgegangen. Im Unterschied zu ↑Arbeitslied und ↑Arbeitsmusik erscheint Werksmusik hauptsächlich außerhalb der Arbeit, z. B. bei repräsentativen Anlässen (bei Betriebsfesten u. a., auch bei öffentlichen Veranstaltungen). Das Repertoire reicht, je nach Besetzung und Leistungsfähigkeit vom Volkslied über Blasmusik bis zur sinfonischen Musik.

**West-Coast-Jazz** ['wɛst 'koʊst 'dʒæz; englisch]: Bezeichnung für einen Stilbereich des Jazz, der um die Mitte der 1950er Jahre an der Westküste der USA entstand. Der West-Coast-Jazz wurde v. a. von weißen Musikern gespielt, die als Studiomusiker in der Filmindustrie arbeiteten. – Abgesehen von bestimmten Arrangiertechniken prägte der West-Coast-Jazz keine eigenständigen musikalischen Gestaltungsprinzipien und Ausdrucksmittel aus, sondern blieb weitgehend dem ↑Cool Jazz verbunden. Nach einer kurzen Phase der Popularität wurde der West-Coast-Jazz zu Anfang der 1960er Jahre bedeutungslos und blieb ohne Konsequenzen für die weitere Entwicklung des Jazz. – Zu den bekanntesten Vertretern des West-Coast-Jazz gehören Shorty Rogers, Bob Cooper, Bud Shank, Shelly Manne und Jimmy Giuffre.

**Wiederholungszeichen:** in der Notenschrift die Zeichen ‖: :‖ (↑auch Abbreviaturen), die die Wiederholung eines Abschnitts verlangen. Sie stehen am Anfang (außer am Beginn eines Musikstücks) und am Ende des zu wiederholenden Teils.

**Wiener Klassik** ↑Klassik.

**Wiener Schule:** 1. Gruppe von Komponisten, die im zweiten Drittel des 18. Jahrhunderts (zusammen mit der ↑Mannheimer Schule) als Wegbereiter der Wiener Klassik auftraten. Ihre wichtigsten Vertreter waren M. G. Monn und G. Ch. Wagenseil. Sonate und Sinfonie (diese bereits viersätzig mit Menuett) der Wiener Schule sind bestimmt von kleingliedriger, liedartiger Thematik (↑galanter Stil, ↑Periode), motivischen Elementen der Opera buffa und häufigem Affektwechsel (Abkehr vom barocken Einheitsablauf). Innerhalb der Sonatensatzform sind das zweite Thema und die Durchführung zunehmend deutlich ausgeprägt. J. Haydns Weg zur Vollendung des Wiener klassischen Stils wächst unmittelbar aus den Ansätzen der Wiener Schule hervor. – 2. *Zweite Wiener Schule* Bezeichnung für A. Schönberg und dessen Schülerkreis. Schönberg selbst ist ihr geistiger Mittelpunkt, als Komponist und als Lehrer in gleicher Weise für ihr musikalisches Denken bestimmend. Die Bezeichnung verweist programmatisch auf die Wiener Klassik. Schönberg und sein Schülerkreis wollten damit dokumentieren, in welchem Traditionszusammenhang sie ihr kompositorisches Schaffen sahen. Zugleich ist die Bezeichnung auch als Reaktion auf die Widerstände zu verstehen, denen die neue Musik insbesondere dieser Art begegnete. Die musikalisch-kompositorische Bedeutung der Wiener Schule besteht darin, daß sie einerseits die Harmonik der Musik des ausgehenden 19. Jahrhunderts gleichsam zu Ende gedacht hat (z. B. Schönberg, Kammersinfonie op. 9, 1906) und daß sie andererseits aus dieser Endsituation heraus die Grundlagen zur Ausbildung der Neuen Musik fand (ab etwa 1907/08). Nach einer Phase der sogenannten freien Atonalität entwickelte Schönberg um 1920 – im Anschluß an die motivisch-thematische Arbeit in der Musik Haydns, Mozarts und Beethovens und deren variativ immer dichter gestaltete, konsequente Fortsetzung bei J. Brahms und G. Mahler – die ↑Zwölftontechnik. Trotz der beherrschenden Gestalt Schönbergs sind die Werke der Komponisten der Wiener Schule (A. Webern, A. Berg, E. Wellesz, E. Stein, zeitweise H. Eisler) stilistisch deutlich voneinander unterschieden. Gemeinsam ist den Werken indessen die Stimmigkeit und Logik des kompositorischen Gefüges sowie eine äußerst intensive Ausdrucksgestik. Zunächst nur wenig bekannt und anerkannt, während der Zeit des Nationalsozialismus in Deutschland totgeschwiegen, erwies sich die Wiener Schule nach 1945 in ihrer Nachwirkung v. a. auf die jungen Komponisten (K. Stockhausen, P. Boulez, L. Nono u. a.) als die wichtigste und am konsequentesten ausgeprägte Stilrichtung innerhalb der Neuen Musik.

**Wina** (Vina) [sanskritisch]: ursprünglich sanskritische Bezeichnung für Saiteninstrumente allgemein; später für eine Röhrenzither mit zunächst einer Saite und zwei an den Röhrenenden angebrachten Kalebasse. Die moderne Wina hat vier Melodie- und drei Bordunsaiten, stegartige Bünde und seitenständige Wirbel. In der im Unterschied zur nordindischen entwickelteren südindischen Form sind die beiden Kalebassen durch ein bauchiges Holzkorpus und eine kleinere Zierkugel ersetzt. Die Saiten sind in Quinten und Quarten gestimmt und werden mit den Fingernägeln oder einem Plektron gezupft.

**Windharfe** ↑Äolsharfe.

**Windkapsel:** bei alten Rohrblattinstrumenten (Kortholt, Krummhorn, Schalmei) und tiefen Blockflöten eine hölzerne Kapsel, die das frei schwingende Rohrblatt oder die Kernspalte um-

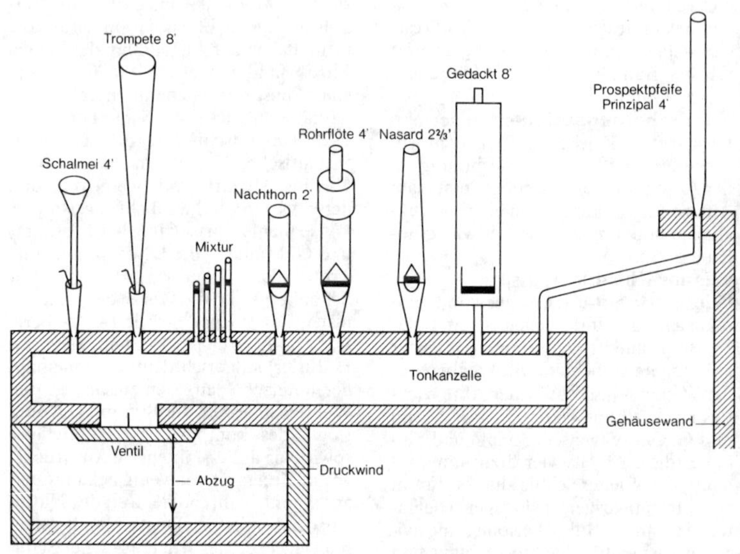


schließt und durch eine kleine Öffnung angeblasen wird.

**Windlade:** bei der Orgel die Kästen, in denen die Zufuhr der Druckluft (Wind) zu den Pfeifen erfolgt. Gebaut werden verschiedene Arten von Windladen. Die *Schleiflade* (auch Tonkanzellenlade) ist unterteilt in Kanzellen, von denen jede einem bestimmten Ton zugeordnet ist. Bei Betätigung der Taste öffnet sich ein Ventil; damit gelangt Druckluft von der Windkammer in die Kanzelle. Die Stellung der Schleife, einer beweglichen Leiste mit Öffnungen, entscheidet darüber, ob die Pfeife eines Registers erklingt. Die *Springlade* hat statt der Schleifen Ventile unter den Pfeifenfüßen. Bei der *Kegellade* (auch Registerkanzellenlade) stehen alle Pfeifen eines Registers auf der gleichen Kanzelle, die sich bei Betätigung des betreffenden Registerzugs mit Druckluft füllt; wird die Taste niedergedrückt, geben Kegelventile den Weg zu den Pfeifen frei.

**Wirbel:** 1. bei den Saiteninstrumenten Bezeichnung für die drehbaren Pflöcke, Stifte oder Schrauben, um die das Ende der Saiten gewickelt ist und mit deren Hilfe die Saiten gestimmt werden. Die Wirbel können in einem Wirbelkasten (wie bei der Violine), in einer Wirbelplatte oder einem -brett (Gitarre) oder in einem Stimmstock (Klavier) befestigt sein. Je nach dem, ob sie von vorn, von hinten oder von der Seite in den Wirbelträger eingelassen sind, werden sie als *vorderständig* (Fidel), *hinterständig* (Gitarre) oder *seitenständig* (Violine) bezeichnet. – 2. bei der Pauke und der Trommel heißt Wirbel der wiederholte, schnelle Wechsel der Schlegel; notiert wird diese Schlagart als Tremolo oder Triller.

**Wirbeltrommel** ↑Rührtrommel.

**Work-Song** ['wə:ksɔŋ; englisch]: Arbeitslied, insbesondere jenes der afrikanischen Sklaven in Nordamerika. – Der Work-Song wird entweder als einstimmiges Chorlied oder im Wechselgesang von Vorsänger und Antwortchor gesungen, wobei sein Grundrhythmus den Arbeitsbewegungen der Sänger entspricht.

# X Y

**Xylomarimba** (Xylorimba): ein dem Marimbaphon (↑Marimba) verwandtes ↑Xylophon mit zweireihiger, klaviaturmäßiger Tastenanordnung und Resonanzröhren; der Tonumfang ($c^1$–$c^5$) ist größer als der des ähnlich gebauten Orchesterxylophons. Die Schlegel haben kugelförmige Hartholzköpfe.

**Xylophon** [von griechisch xýlon „Holz“ und phōnḗ „Stimme“]: ein Holzstabspiel, dessen rechteckige, mit Schnüren verbundene Holzstäbe verschiedener Länge in vier ineinander verschränkten Reihen trapezförmig angeordnet sind und auf gebündeltem Stroh oder Holzstäben ruhen. Sie werden mit zwei löffelartigen Holzschlegeln angeschlagen; der Tonumfang beträgt etwas über drei Oktaven chromatisch. Dieses auch ↑Strohfidel oder ↑hölzern Gelächter genannte Instrument war in den Alpenländern ein beliebtes Volksinstrument und gelangte im 19. Jahrhundert ins Orchester; es wurde auch von Artisten in der Unterhaltungsmusik gespielt. – Beim modernen Orchesterxylophon sind die Stäbe (Tonumfang $c^2$–$c^5$) meist zweireihig in Klaviaturanordnung auf einem Gestell angebracht und mit darunter hängenden Resonanzröhren versehen. Im Orff-Schulwerk finden sich ein- und zweireihige Xylophone mit Kastenresonatoren.

**Yün-Lo** [chinesisch] ↑Gong.

# Z

**Zamba** ['samba; spanisch]: argentinisches Tanzlied in langsamem Tempo und mit regelmäßigem Wechsel von $^6/_8$- und $^3/_4$-Metrum.

**Zambacueca** [sambaku'ɛka; spanisch]: Nationaltanz und -lied in Chile in raschem Tempo und mit Wechsel von $^6/_8$- und $^3/_4$-Takt. Daraus abgeleitet sind die argentinischen Tänze ↑Zamba und ↑Cueca.

**Zampogna** [tsam'pɔnja; italienisch]: süditalienische Sackpfeife mit je zwei mit Doppelrohrblatt versehenen Melodie- und Bordunpfeifen. Die Zampogna ist ein Hirteninstrument, das von den *Zampognari* (Zampognabläser) häufig zusammen mit einer Schalmei (Piffero, geblasen von den ↑Pifferari) gespielt wird.

**Zamr** ['tsamər; arabisch] ↑Zurna.

**Zanza** ['zanza; arabisch] (Sansa, Mbira): afrikanisches Zupfidiophon; auf einem meist rechteckigen Holzbrett oder einem hölzernen Kasten sind 3 bis über 20 Zungen aus Eisen, Bambus oder Holz (Rotang) angebracht, die mit den Fingern gezupft werden. Die Zungen laufen über einen Steg und sind penta- oder heptatonisch gestimmt. Zur Klangverstärkung sind oft zusätzliche Resonatoren (meist Kalebassen) angebracht. Die Zanza ist in Afrika mit verschiedenen Namen und Formen weit verbreitet; sie gilt als junges Instrument und kam mit den Negersklaven auch nach Mittel- und Südamerika. Wegen ihres schwachen Klangs wird sie meist solistisch eingesetzt. Auf Grund ihrer rhythmisch präzisen Ansprache und der Fähigkeit zu mehrstimmigem Spiel ist sie, ähnlich wie Xylophon, Harfe, Zither, ein beliebtes Instrument afrikanischer Musik.

**Zapateado** [θapate'aðo; spanisch]: von Frauen ausgeführter spanischer Solotanz im schnellen $^6/_8$-Takt; auch mit Gesang und Gitarrenbegleitung. Händeklatschen und Schlagen auf die Schuhsohlen (↑Schuhplattler) unterstreichen den synkopischen Rhythmus.

**Zapfenstreich:** ursprünglich ein musikalisches Signal, auf das hin in Soldatenlagern die Schankfässer (mit einem Zapfen) verschlossen wurden und die Soldaten sich in die Quartiere begeben mußten (heute noch Bezeichnung für das Ende der Ausgehzeit); ein Trommelsignal (später Signalhornruf) bei der Infanterie, eine Fanfare (Retraite) bei der Kavallerie, im 17. Jahrhundert zu einem kleinen Marsch erweitert. 1813 wurde auf Befehl Friedrich Wilhelms III. von Preußen ein geistliches Lied zum stillen Gebet (nach russischem Vorbild) eingeführt. Als *Großer Zapfenstreich* gelangte erstmals 1838 in Berlin unter W. F. Wieprecht eine Zusammenfassung der Zapfenstreiche aller Heeresgattungen zur Aufführung. Der Große Zapfenstreich besteht aus: Locken zum Zapfenstreich – Zapfenstreich – Retraite (Zapfenstreich der Kavallerie) – Zeichen zum Gebet – Gebet (üblich: „Ich bete an die Macht der Liebe" von D. S. Bortnjanski) – Abschlagen nach dem Gebet – Ruf nach dem Gebet – Nationalhymne. Neben dem preußischen Zapfenstreich gab es eine bayerische und eine sächsische Version. Großer Zapfenstreich ist auch Bezeichnung für die Ausführenden (Spielleute und Musikkorps) sowie für ein Militärkonzert, wobei dem Zapfenstreich eine Serenade vorangeht.

**Zarge:** Bezeichnung für die Seitenwände vieler Musikinstrumente, z. B. von Violininstrumenten, Trommeln und Gitarre.

**Zarzuela** [θarθu'ɛla; spanisch]: singspielartige Gattung des spanischen Theaters mit Wechsel zwischen Gesang (Solo, Chor) und gesprochenem Dialog. Ursprünglich war die Zarzuela eine Sonderform des höfischen Festspiels („fiesta") mit mythologischen und heroischen Stoffen. Librettisten im 17./18. Jahrhundert waren u. a. Calderón de la Barca, Komponisten A. Rodríguez de Hita oder L. Boccherini. Im 18. Jahrhundert durch die italienische Oper verdrängt, erlebte die Zarzuela seit etwa 1850 einen erneuten Aufschwung (durch R. J. M. Hernando und E. Arrieta y Corera). Die ursprünglich zweiaktige Form wurde nun zur dreiaktigen Zarzuela grande erweitert. Stilistisch und inhaltlich näherte sich die Zarzuela dem volkstümlichen einaktigen ↑Género chico. Musikalisch wurde die spanische Folklore grundlegend (mit Komponisten wie F. Pedrell, I. Albéniz, A. Vives).

**Zäsur** [von lateinisch caesura „Schnitt"]: in der antiken Verslehre ein Einschnitt innerhalb eines Versfußes, in der deutschen jeder Gliederungseinschnitt in einem Vers. In der Musik dienen Zäsuren zur Gliederung syntaktischer und semantischer Einheiten verschiedener Größenordnung (Motiv, Thema, Periode, Abschnitt). Mittel sind hauptsächlich Pause, aber auch Fermate, Phrasierung, Harmonik, Satztechnik, Dynamik, Instrumentation u. a. Zäsuren können in allen Stimmen gleichzeitig oder nur in einzelnen Stimmen auftreten, hervorgehoben oder (z. B. durch ↑Verschränkung) auch überspielt werden. Besonders stark wirkt jähes Abbrechen, wie es etwa für Beethovens Spätstil charakteristisch ist; an Höhepunkten von Opernszenen dient es, etwa als Generalpause, als dramatisches Steigerungsmittel.

**Ziehharmonika** ↑Handharmonika.

**Zigeuner-Jazz:** der Begriff kam in den 1960er Jahren als Bezeichnung für eine Variante des ↑Swing auf, die v. a. von deutschen Zigeunern gespielt wird. Der Zigeuner-Jazz lehnt sich sehr eng an die Musik des großen französischen Zigeunergitarristen Django Reinhardt (* 1910, † 1953) an.

**Zigeunermusik:** die hauptsächlich von professionellen, oft wandernden Zigeunermusikanten gespielte Musik. Sie ist in Repertoire, Stil, Instrumentarium und Vortragsweise wesentlich von der Musik der jeweiligen Gastländer geprägt; Entsprechendes gilt auch für die eigentliche Volksmusik der Zigeuner. – Besonders bekannt ist die ungarische Zigeunermusik (Vor der Entdeckung der ungarischen Bauernmusik um 1900 wurden „ungarische" Musik und „Zigeunermusik" weitgehend gleichgesetzt). Sie geht von ↑Verbunkos und ↑Csárdás aus und ist eine volkstümliche städtische Musik; ihre Wurzeln hat sie in der Musik der Zigeunermusikanten an ungarischen Höfen seit dem Spätmittelalter. Die Ensembles bestehen aus Geige, Klarinette, Violoncello oder Baß und Zimbal (Hackbrett). Charakteristisch ist ein hoher Anteil der Improvisation und eine entsprechende Formelhaftigkeit des Materials. Diese Art der Zigeunermusik wurde in „Ungarischen Rhapsodien", Tänzen usw. besonders bei Liszt, Brahms und beim frühen Bartók verwendet. – Neben verschiedenen Arten von Zigeunermusik auf dem Balkan, in der Türkei und in Rußland ist ein weiteres Zentrum Andalusien (Südspanien). Die wesentlich vokalen Stilarten des (Cante) Jondo und (Cante) Flamenco beziehen spanische und orientalisch-maurische Traditionen ein. Als Begleitinstrument dient hauptsächlich die Gitarre; häufig ist die Verbindung mit Tanz. Verarbeitet wurde diese Zigeunermusik u. a. von P. de Sarasate, M. de Falla und M. Ravel.

**Zigeunertonleiter:** in Teilen Mittel- und Südosteuropas in der Volksmusik verbreitete siebenstufige Leiter; sie ist durch zwei übermäßige Sekundschritte und Gleichheit der jeweils zweiten Viertongruppe in der Dur- und Mollform gekennzeichnet:

c des e f/g as h $c^1$; c d es fis/g as h $c^1$;

sie wurde um 1800 durch den ↑Verbunkos bekannt und gilt seit Beginn des 19. Jahrhunderts als „typisch ungarisch", obgleich sie auch in der südslawischen Volksmusik verbreitet ist.

**Zimbal** (Cimbal) [griechisch-lateinisch]: svw. Cimbalon, ↑Hackbrett.

**Zimbel** (Zymbel, Cimbel, Cymbalum) [griechisch-lateinisch]: in der Orgel eine bis in die Barockzeit beliebte hochliegende, gemischte (oktav-, quint-, terz- oder auch septhaltige) Stimme.

**Zimbeln** ↑Crotales.

**Zimbelstern:** ein mechanisches Register der barocken Orgel, ein sichtbar am Prospekt angebrachter Stern, der mit kleinen hellklingenden Schellen besetzt ist und durch den Orgelwind gedreht wird.

**zingarese:** svw. ↑alla zingarese.

**Zink:** ein Horninstrument aus Holz oder Elfenbein, mit außen meist 6–8-kantiger Schallröhre, 6 Grifflöchern und angesetztem oder in die Röhre eingedrehtem Mundstück. Je nach der Form unterscheidet man zwei Typen. Der *krumme Zink* hat eine gebogene, bei tiefen Lagen leicht S-förmige Röhre, die der Länge nach aus zwei ausgestochenen Hälften zusammengesetzt und mit dunklem Leder umwickelt ist (daher auch schwarzer Zink genannt). Dieses Instrument gibt es in Diskant-, Alt-, Tenor- und (bisweilen) Baßlage. Der aus dem krummen Zink entwickelte ↑Serpent ist als das eigentliche Baßinstrument der Zinkenfamilie anzusehen. Der *gerade Zink* hat eine gerade Röhre; wegen seines sanften, stillen Tons wurde er auch stiller Zink und daneben (zur Unterscheidung vom schwarzen Zink) weißer Zink genannt. Ihn gibt es in Diskant- und Altlage. – Der Zink war im 16. und 17. Jahrhundert sehr verbreitet; er war das Instrument der Stadtpfeifer und wurde beim ↑Abblasen, in der Kirchen- und auch in der Kammermusik verwendet.

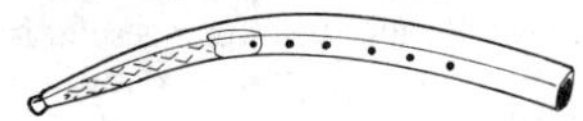

**Zirkelkanon** ↑Kanon.

**Zither** [von griechisch kithára, ↑Kithara] (früher auch Cither, Zitter): 1. in der Instrumentenkunde Sammelbegriff für einfache Chordophone, deren Merkmal im Unterschied zu den zusammengesetzten Chordophonen (Lauten, Harfen) die konstruktive Unabhängigkeit des Tonerzeugungsapparats von einem Resonanzkörper ist, z. B. *Stabzither* (↑Musikbogen), *Wölbbrettzither* (↑Koto), *Brettzither*, darunter besonders die *Kastenzither* (Psalterium, Hackbrett, besaitete Tasteninstrumente, Konzertzither). – 2. die heute gespielte Konzertzither ist ein Zupfinstrument mit kastenförmigem, an einer Seite ausgebuchtetem Korpus. Gegenüber der Buchtung liegt das Griffbrett mit 29 Bünden. Von den 42 Saiten sind die fünf Griffbrettsaiten auf $a^1$ $a^1$ $d^1$ g c gestimmt. Sie werden mit einem Metallring am Daumen der rechten Hand angeschlagen. Daneben verlaufen die mit den Fingern gezupften Freisaiten, die in Begleit-, Baß- und Kontrabaßsaiten unterteilt werden und in Quinten und Quarten gestimmt sind. – Die Konzertzither entwickelte sich aus dem mittelalterlichen ↑Scheitholz. Seit dem 15. Jahrhundert entstand in den Ostalpen die im Tremolo gespielte *Kratzzither*, nach 1750 dann die *Schlagzither* als sogenannte Mittenwalder Zither (beidseitig ausgebaucht) und Salzburger Zither (einseitig ausgebaucht). Zu Beginn des 19. Jahrhunderts erlebte das Zitherspiel einen großen Aufschwung; bis heute ist die Zither charakteristisches Instrument der süddeutsch-älplerischen Volks- und Salonmusik. Die moderne Griffsaitenstimmung wurde 1838, die Konzertzither 1862 eingeführt.

**Zoppa** [italienisch]: italienischer Tanz im $^6/_8$-Takt und synkopiertem Rhythmus am Taktbeginn.

**Zortzico** [θɔrˈθiko; spanisch]: baskisches Tanzlied und Nationaltanz in lebhaftem $^5/_8$- (auch $^5/_4$-)Takt, der aus $^3/_8$- und $^2/_8$-Rhythmen zusammengesetzt ist. Begleitinstrumente sind Txistu und Tamboril.

**Zufallsgenerator** (Random Generator): ein meist in Verbindung mit Synthesizern verwendetes elektronisches Gerät, das Spannungsimpulse abgibt, deren Größe „zufällig" im Sinne der Statistik verteilt sind. Wird mit dem Zufallsgenerator ein ↑Tongerator spannungsgesteuert, so entsteht eine Tonfolge, deren Tonhöhen statistisch zufällig verteilt sind. Der Zufallsgenerator eignet sich daher zur Herstellung aleatorischer Musik (↑Aleatorik) und wird auch im Zusammenhang mit ↑Computermusik verwendet.

**Zugtrompete:** im 15. Jahrhundert aufgekommene Trompete mit einem beweglichen, ausziehbaren Rohrteil zwischen Röhre und Mundstück, so daß die Stimmung während des Spiels verändert und auch eine chromatische Skala gespielt werden konnte. Die Zugtrompete, die als Vorläufer der Posaune gilt, begegnet noch im 18. Jahrhundert, so bei J. S. Bach (als *Tromba da tirarsi*).

**Zukunftsmusik:** nach 1850 geprägter, polemisch gegen R. Wagners Musik gerichteter Begriff; er wurde von Wagners Schrift „Das Kunstwerk der Zukunft" (1850) abgeleitet. Darin forderte Wagner eine utopische Einheit aller Künste im musikalischen Theater. Die Anhänger Wagners (u. a. F. Liszt) versuchten zuerst den Begriff positiv zu verwenden; nach 1860 setzte sich für diese Richtung die Bezeichnung ↑neudeutsche Schule durch.

**Zunft:** auch im Bereich der Musik eine seit der frühesten Zeit (z. B. bei den synagogalen Tempelsängern und -musi-

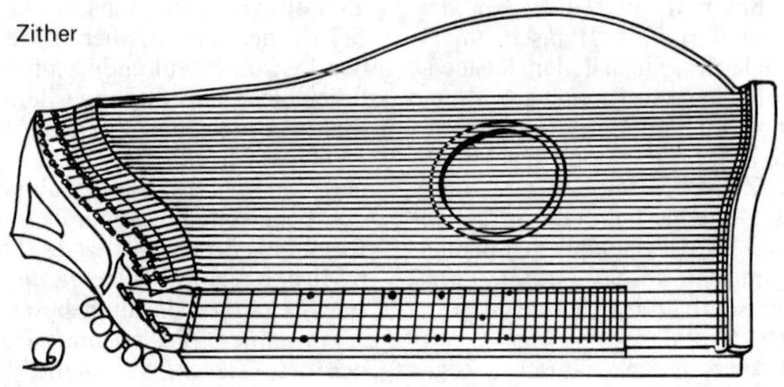
Zither

kern) belegte Organisation, in der die berufsmäßigen Musiker unter der Voraussetzung einer vorgeschriebenen Ausbildung zusammengefaßt sind. Unter dem Einfluß römischer Gesetzgebung waren die weltlichen Musiker des Mittelalters weitgehend dem rechtlosen Stand der Fahrenden zugeordnet. Aus ihrer Bindung an geistliche oder weltliche Herren, aber auch im Stadtdienst (Stadtpfeifer) errangen sie zunehmende Anerkennung und schließlich die Gleichstellung mit anderen Berufsgenossenschaften. Reste des früheren musikalischen Zunftwesens spiegeln sich noch heute in verschiedenen Organisationen der Musikerverbände.

**Zunge:** bei Instrumenten ein dünnes Plättchen aus Schilfrohr oder Metall, das im Luftstrom schwingt und ihn periodisch unterbricht. Je nach dem, ob die Zunge gegen einen Rahmen schlägt oder durch ihn hindurch schwingt, spricht man von *aufschlagenden* Zungen (Instrumente mit einfachem Rohrblatt: Klarinette, Saxophon) und von *durchschlagenden* Zungen (Harmonium, Hand-, Mundharmonika); bei *Gegenschlagzungen* schlagen zwei Zungen gegeneinander (Doppelrohrblattinstrumente: Oboe, Fagott). Die Zunge der ↑Lingualpfeife der Orgel ist meist aufschlagend.

**Zungenpfeife** ↑Lingualpfeife.

**Zungenstoß:** bei Blasinstrumenten eine Technik des Anblasens, bei der die Zunge bestimmte Silbenbewegungen ausführt (z.B. bei der Querflöte ti oder tiri, bei der Trompete dik-ke).

**Zupfinstrumente:** zu den ↑Chordophonen oder ↑Idiophonen rechnende Gruppe von Musikinstrumenten, deren Töne durch Anreißen des primär schwingenden Materials entstehen. Dabei sind die Grenzen zwischen Zupfen und Schlagen oft schwer zu ziehen (z.B. spricht man bei der Laute von „Schlagen"). Zur Eigenart des Zupftons gehört es, daß er nicht beliebig verlängert werden kann. Zu den Zupfinstrumenten zählen ↑Harfe, ↑Laute, ↑Leier, ↑Maultrommel, ↑Spieldose, ↑Zanza, ↑Zither.

**Zurna** (türkisch-arabisch] (arabisch auch mizmar, zamr; chinesisch so-na): eine im islamischen Kulturraum verbreitete Schalmei, mit oben zylindrischem, unten stark konischem Rohr, 6–8 Grifflöchern und einigen Schalllöchern, Lippenstütze und Windkapsel. Der laut klingende Zurna wird von Volksmusikanten zusammen mit einer großen Trommel (↑Tupan oder Davul) gespielt.

**zweigestrichen:** Bezeichnung für den Tonraum $c^2$–$h^2$, die zweigestrichene Oktave (auch geschrieben c″–h″). – ↑auch Tonsystem.

**Zweiunddreißigstelnote:** (Zweiunddreißigstel): Zeichen 𝅘𝅥𝅰, ↑Noten.

**Zweiunddreißigstelpause:** Zeichen 𝄿, ↑Noten.

**Zwerchpfeife:** Bezeichnung für die ↑Querpfeife.

**Zwiefacher** (Zwiefaltiger): Sammelbezeichnung für Volkstänze aus Bayern und Österreich mit (charakteristischem) häufigem Wechsel von geradem und ungeradem Takt, der sich aus der Zusammenstellung von Zweischrittfolgen (Dreher) und Dreischrittfolgen (Walzer oder Ländler) ergibt.

**Zwischenaktsmusik** ↑Bühnenmusik.

**Zwischendominante** (eingeschobene Dominante): in der funktionalen Harmonielehre Bezeichnung für dominantische Funktionen (also auch Dominantsept- und -nonenakkorde), die sich nicht auf die Tonika beziehen, sondern auf irgendeinen anderen Akkord im Bereich der gleichen Tonart. So ist z.B. in C-Dur e–gis–h die Zwischendominante zur Tonikaparallele a-Moll. Auch wenn sich dabei vollständige Zwischenkadenzen in andere Tonarten ergeben, wird (im Gegensatz zur ↑Modulation) das tonale Zentrum nicht verlassen. Die häufigste Art der Zwischendominante ist die Doppel- oder Wechseldominante.

**Zwischenspiel:** allgemein jede Art von verbindender Musik, z.B. zwischen den Akten einer Oper (↑Intermedium), zwischen liturgischen Teilen des Gottesdienstes oder einzelnen Choralstrophen

(↑Interludium) u. ä. In der ↑Fuge nennt man Zwischenspiel die lockerer und meist geringstimmiger geführte Partie zwischen zwei ↑Durchführungen des Themas, die entweder motivisch frei gestaltet oder aus dem Material des Themas entwickelt werden kann.

**Zwölftontechnik** (Dodekaphonie): Bezeichnung für die von A. Schönberg seit 1921 entwickelte „Methode der Komposition mit zwölf nur aufeinander bezogenen Tönen". Schönberg betrachtete die Zwölftontechnik als logische Konsequenz jener Entwicklung zur ↑Neuen Musik, die um 1908 mit der freien Atonalität (↑atonale Musik) be- oder im Krebs der Umkehrung (KU). Da jede Erscheinungsform der Reihe elfmal transponierbar ist (nämlich auf allen zwölf Tonstufen beginnen kann), stehen einer Reihenkomposition insgesamt 48 Reihengestalten zur Verfügung. Durchweg wird jedoch nur ein kleiner Teil dieser Reihengestalten für eine Komposition herangezogen. So benutzt Schönberg in seiner Suite für Klavier op. 25 (1921–25) die vier möglichen Erscheinungsformen der Reihe sowie deren Tritonustranspositionen, d. h. nur insgesamt acht Reihengestalten
Die Funktion einer Reihe ist es, innerhalb einer Komposition Zusammen-

Die vier möglichen Reihengestalten aus A. Schönbergs Suite für Klavier op. 25

Verwendung der einzelnen Töne der Grundreihe in A. Schönbergs Suite für Klavier op. 25

gann. Grundlage und Ausgangspunkt der Zwölftontechnik ist eine ↑Reihe, ein frei gewähltes melodisches Gebilde, das alle zwölf Töne der temperierten Skala je einmal enthält, wobei nur die Tonqualitäten (sozusagen die Notennamen, nicht deren Oktavlage) festgelegt werden. Einer in der Zwölftontechnik geschriebenen Komposition liegt grundsätzlich eine einzige Zwölftonreihe zugrunde. Diese Reihe wird indessen nicht unverändert beibehalten (das begegnet nur in den frühen Zwölftonkompositionen Schönbergs, z. B. op. 23, Nr. 5, 1920–23); sie kann vielmehr in vier verschiedenen Erscheinungsformen auftreten: in ihrer Original- oder Grundgestalt (G), in der Umkehrung (U), im Krebs (K) hang und Einheitlichkeit zu stiften. Deshalb werden sämtliche Tonkonstellationen einer Komposition (seien es Themen, Motive oder Klänge) aus einer Reihe bzw. deren unterschiedlichen Erscheinungsformen oder Transpositionen abgeleitet. Die Reihe ist also nicht nur für die horizontalen Melodielinien, sondern auch für die vertikalen Klangbildungen verantwortlich. Die Vorstellung, Melodie und Klang (Horizontale und Vertikale) als identisch aufeinander zu beziehen, begründet Schönberg mit der Einheit des musikalischen Raumes. „Der zwei- oder mehrdimensionale Raum, in dem musikalische Gedanken dargestellt werden, ist eine Einheit. Obwohl die Elemente dieser Gedanken dem Auge und Ohr einzeln und unabhängig voneinander erscheinen, enthüllen sie ihre wahre Bedeutung nur durch ihr Zusammenwirken" (Schönberg, „Komposition mit zwölf Tönen", in: „Stil und Gedanke", 1950, S. 77). In Schönbergs Suite für Klavier op. 25 (Intermezzo) werden die Töne 1 bis 4 der Grundreihe zu einer ostinaten Klangkette zusammengefaßt, während die Töne 5 bis 8 und 9 bis 12 der Reihe als melodisch kontrapunktierende Linien eingefügt sind.

Die kombinatorischen Möglichkeiten der Zwölftontechnik sind nahezu unbegrenzt; darum läßt sich ein allgemein verbindliches System von Regeln kaum aufstellen; die Regeln ergeben sich je aus der Besonderheit der Komposition. Komposition und Reihe stehen in einem wechselseitigen Abhängigkeitsverhältnis; so wie die Komposition aus der Reihe hervorgeht, so bestimmt die Idee der Komposition das Gefüge der Reihe. „Die Grundreihe funktioniert in der Art eines Motivs. Das erklärt, warum für jedes Stück von neuem eine Grundreihe erfunden werden muß" (Schönberg, S. 76). Auf Grund ihrer reichen und vielfältigen Anwendungsmöglichkeiten vermochte sich die Zwölftontechnik seit den 1920er Jahren bei den verschiedensten Komponisten (u. a. A. Webern, A. Berg, H. Eisler, E. Křenek, W. Fortner, I. Strawinski) auf ganz unterschiedliche Weise weiterzubilden. Besonders dicht und streng durchkonstruiert ist sie bei Webern, dessen meist symmetrische Reihen auch die Form, Klanggestaltung und Instrumentation des ganzen Werkes weitgehend bestimmen. Diese Entwicklung wurde in der folgenden Komponistengeneration aufgegriffen und führte zu Beginn der 1950er Jahre zur Ausbildung der ↑seriellen Musik.

Unabhängig von Schönberg entwickelte J. M. Hauer seit 1918 eine Zwölftontechnik, deren Grundlage nicht Reihen, sondern Tropen darstellen, das sind Tongruppen oder Wendungen, die nach einem panchromatischen Prinzip strukturiert sind. Jede Trope besteht aus zwei Sechstonhälften, die weniger die Harmonik und Melodik, sondern mehr den Tonvorrat und damit den gesamten Tonsatz regulieren. Nach Hauers an der Tastatur des Klaviers entwickelten Zwölftonschrift erhält man 44 Tropen.

# In der Notenschrift gebräuchliche Abkürzungen

|  |  |
|---|---|
| A | Alt |
| accel. | accelerando |
| ad lib. | ad libitum |
| arp. | arpeggio |
| a t. | a tempo |
| B | Baß |
| B. c. | Basso continuo |
| C | Cantus |
| c. a. | coll'arco |
| c. d. | colla destra |
| c. f. | cantus firmus |
| C. f. | Cantus firmus |
| cresc. | crescendo |
| c. s. | colla sinistra |
| dal S. | dal segno |
| d. c. | da capo |
| decr., decresc. | decrescendo |
| dim., dimin. | diminuendo |
| div. | divisi |
| f | forte |
| Fag. | Fagott |
| ff | fortissimo |
| fff | forte fortissimo |
| Fl. | Flöte |
| fp | fortepiano |
| fz | forzato |
| gliss. | glissando |
| G. P. | Generalpause |
| Hr. | Horn |
| Kb. | Kontrabaß |
| Kl. | Klavier |
| Klar. | Klarinette |
| leg. | legato |
| l. H. | linke Hand |
| M | Manual |
| marc. | marcato |
| m. d. | mano destra |
| mf | mezzoforte |
| M. M. | Metronom Mälzel |
| mp | mezzopiano |
| mod. | moderato |
| m. v. | mezza voce |
| Ob. | Oboe |
| op. | Opus |
| p | piano |
| Ped. | Pedal |
| pizz. | pizzicato |
| Pos. | Posaune |
| pp | pianissimo |
| ppp | pianissimo piano |
| R | Récit |
| | Ripieno |
| rall., rallent. | rallentando |
| rf, rfz, rinf. | rinforzando |
| r. H. | rechte Hand |
| rip. | Ripieno |
| rit., ritard. | ritardando |
| rit., riten. | ritenuto |
| S | Segno |
| | Sopran |
| seg. | segue |
| sf, sfz | sforzato |
| sost. | sostenuto |
| spicc. | spiccato |
| stacc. | staccato |
| string. | stringendo |
| T | tempo |
| | Tenor |
| tac. | tacet |
| ten. | tenuto |
| tr | triller |
| trem. | tremulando |
| Trp. | Trompete |
| t. s. | tasto solo |
| V | Violine |
| Va | Viola |
| Vc | Violoncello |
| v. s. | volti subito |

## Transponierende und nichttransponierende Instrumente

| Instrument | nicht-transp. | transp. | Differenz Klang – Notation (kl. = kleines, gr. = großes Intervall) |
|---|---|---|---|
| Pikkoloflöte in C | | × | erklingt 1 Oktave höher als notiert |
| in Des | | × | erklingt kl. None höher als notiert |
| Große Flöte | × | | |
| Oboe | × | | |
| Englisch Horn | | × | erklingt Quinte tiefer als notiert |
| Klarinette in C | × | | |
| in B | | × | erklingt gr. Sekunde tiefer als notiert |
| in A | | × | erklingt kl. Terz tiefer als notiert |
| Kleine K. in Es | | × | erklingt kl. Terz höher als notiert |
| Baßklarinette in B | | × | erklingt gr. None tiefer als notiert |
| Saxophon, Sopran-S. in B | | × | erklingt gr. Sekunde tiefer als notiert |
| Alt-S. in Es | | × | erklingt gr. Sexte tiefer als notiert |
| Tenor-S. in B | | × | erklingt gr. None tiefer als notiert |
| Bariton-S. in Es | | × | erklingt 1 Oktave und gr. Sexte tiefer als notiert |
| Baß-S. in B | | × | erklingt 2 Oktaven und gr. Sekunde tiefer als notiert |
| Fagott | × | | |
| Kontrafagott | | × | erklingt 1 Oktave tiefer als notiert |
| Horn (Wald-H.) in F | | × | erklingt Quinte tiefer als notiert |
| Trompete in C | × | | |
| in F | | × | erklingt Quinte tiefer als notiert |
| in B | | × | erklingt gr. Sekunde tiefer als notiert |
| Tenorhorn in B | | × | erklingt gr. None tiefer als notiert |
| Posaune | × | | |
| Baßtuba in F, in Es | × | | |
| Kontrabaßtuba in B | × | | |
| Pauke | × | | |
| Glockenspiel | | × | erklingt 2 Oktaven höher als notiert |
| Klaviatur-G. | | × | erklingt 1 Oktave höher als notiert |
| Xylophon (Orchester-X.) | | × | erklingt 1 Oktave höher als notiert |
| Celesta | | × | erklingt 1 Oktave höher als notiert |
| Gitarre | | × | erklingt 1 Oktave tiefer als notiert |
| Harfe | × | | |
| Violine | × | | |
| Viola | × | | |
| Violoncello | × | | |
| Kontrabaß | | × | erklingt 1 Oktave tiefer als notiert |

# Literatur

**Enzyklopädien und Lexika**

Brockhaus-Riemann-Musiklexikon. Herausgegeben von C. Dahlhaus und H. H. Eggebrecht. Wiesbaden und Mainz 1978–79. 2 Bände.

Dictionnaire de la Musique. Herausgegeben von M. Honegger. Paris 1970–76. 4 Bände.

Dizionario Enciclopedico Universale della Musica e dei Musicisti. Herausgegeben von A. Basso. Turin 1983 ff.

Eimert, H. und Humpert, H. U.: Das Lexikon der elektronischen Musik. Regensburg $^{2}$1977.

Das Große Lexikon der Musik. Herausgegeben von M. Honegger und G. Massenkeil. Freiburg im Breisgau 1978–82. 8 Bände.

Michels, U.: dtv-Atlas zur Musik. Kassel und München $^{3-10}$1986. 2 Bände. Die Musik in Geschichte und Gegenwart. Allgemeine Enzyklopädie der Musik. Herausgegeben von F. Blume. Kassel 1949–68. 14 Bände. 2 Supplementbände 1973–79.

The New Grove Dictionary of Music and Musicians. 6. Auflage. Herausgegeben von St. Sadie. London 1980. 20 Bände.

Pipers Enzyklopädie des Musiktheaters. Herausgegeben von C. Dahlhaus. München 1986 ff.

Riemann Musiklexikon. 12. Auflage. Herausgegeben von W. Gurlitt (Personenteil), H. H. Eggebrecht (Sachteil) und C. Dahlhaus (Ergänzungsbände). Mainz 1959–75. 5 Bände.

Schneider, O.: Tanz-Lexikon. Mainz 1985.

Seeger, H.: Musiklexikon. Leipzig 1966. 2 Bände.

**Musikgeschichte**

Geschichte der katholischen Kirchenmusik. Herausgegeben von K. G. Fellerer. Kassel 1972–76. 2 Bände.

Geschichte der Musik. Herausgegeben von A. Robertson und D. Stevens. Deutsche Übersetzung München 1964–68.

Geschichte der Musiktheorie. Herausgegeben von F. Zaminer. Darmstadt 1984 ff.

Handbuch der Musikgeschichte. Herausgegeben von G. Adler. Berlin $^{2}$1930. 2 Bände. Nachdruck München $^{5}$1985. 3 Bände.

Handbuch der Musikwissenschaft. Herausgegeben von E. Bücken. Potsdam 1927–34. 10 Bände. Nachdruck Laaber 1979.

Handschin, J.: Musikgeschichte im Überblick. Wilhelmshaven $^{4}$1982.

Hughes, D. G.: A History of European Music. New York 1974.

Kleine Handbücher der Musikgeschichte nach Gattungen. Herausgegeben von H. Kretzschmar. Leipzig 1905–25. 14 Bände.

Musikgeschichte in Bildern. Begründet von H. Besseler und M. Schneider. Leipzig 1961 ff.

Neues Handbuch der Musikwissenschaft. Herausgegeben von C. Dahlhaus. Wiesbaden und Laaber. 1980 ff.

The New Oxford History of Music. London 1954 ff.

Salmen, G. und W.: Musiker im Porträt. Von den Anfängen bis in unsere Zeit. München 1982–84. 5 Bände.

Seidel, W.: Werk und Werkbegriff in der Musikgeschichte. Darmstadt 1987.

Wörner, K. H.: Geschichte der Musik. Göttingen $^{7}$1980.

**Musiklehre und Analyse**
Abraham, L. U.: Harmonielehre. Laaber $^{2-3}$1984. 2 Bände.
Abraham, L. U. und Dahlhaus, C.: Melodielehre. Köln $^{2}$1982.
Apel, W.: Die Notation der polyphonen Musik (900–1600). Deutsche Übersetzung Leipzig $^{3}$1981.
Apfel, E.: Geschichte der Kompositionslehre. Von den Anfängen um 800 bis gegen 1700. Wilhelmshaven 1981. 3 Bände.
Beck, H.: Methoden der Werkanalyse in Musikgeschichte und Gegenwart. Wilhelmshaven $^{3}$1981.
Dahlhaus, C.: Analyse und Werturteil. Mainz 1970.
Erpf, H.: Form und Struktur in der Musik. Mainz 1967.
Grabner, H.: Allgemeine Musiklehre. Kassel $^{16}$1986.
Grabner, H.: Handbuch der funktionellen Harmonielehre. Regensburg $^{7}$1974.
Husmann, H.: Einführung in die Musikwissenschaft. Wilhelmshaven $^{3}$1980.
Jeppesen, K.: Kontrapunkt. Lehrbuch der klassischen Vokalpolyphonie. Deutsche Übersetzung Wiesbaden $^{10}$1980.
Jungbluth, A.: Jazz Harmonielehre. Mainz 1981.
Kolneder, W.: Schule des Generalbaßspieles. Teil I: Die Instrumentalmusik. Teil II: Die Vokalmusik. Wilhelmshaven 1983–85. 2 Bände.
Kurth, E.: Grundlagen des linearen Kontrapunkts. Bern $^{5}$1956.
Leichtentritt, H.: Musikalische Formenlehre. Wiesbaden $^{11}$1979.
Lemacher, H. und Schroeder, H.: Formenlehre der Musik. Köln $^{5}$1975.
Maler, W.: Beitrag zur durmolltonalen Harmonielehre. München und Leipzig $^{7-13}$1984. 2 Bände.
Marx, A. B.: Die Lehre von der musikalischen Komposition. Leipzig 1837–47. 4 Bände.
Motte, D. de la: Harmonielehre. München $^{5}$1985.
Motte, D. de la: Kontrapunkt. München $^{2}$1985.
Motte, D. de la: Musikalische Analyse. Kassel und München $^{4}$1981.
Ratz, E.: Einführung in die musikalische Formenlehre. Wien $^{3}$1973.
Sachs, K.-J.: Der Contrapunctus im 14. und 15. Jh. Wiesbaden 1974.
Stockmeier, W.: Musikalische Formprinzipien. Köln $^{4}$1980.
Tobel, R. von: Die Formenwelt der klassischen Instrumentalmusik. Bern und Leipzig 1935.
Wolf, E.: Die Musikausbildung. Wiesbaden $^{4-7}$1983–85. 3 Bände.
Wolf, J.: Handbuch der Notationskunde. Leipzig 1913–19. 2 Bände. Nachdruck Hildesheim und Wiesbaden 1963.

**Epochen und Gattungen**
Abert, A. A.: Die Oper. Von den Anfängen bis zum Beginn des 19. Jahrhunderts. Köln 1953.
Abert, H.: Die Musikanschauung des Mittelalters und ihre Grundlagen. Halle 1905. Nachdruck Tutzing 1964.
Anthony, J. R.: French Baroque Music from Beaujoyeulx to Rameau. London 1973.
Apel, W.: Geschichte der Orgel- und Klaviermusik bis 1700. Kassel 1967.
Bernsdorff-Engelbrecht, Ch.: Geschichte der evangelischen Kirchenmusik. Wilhelmshaven 1980. 2 Bände.
Besseler, H.: Bourdon und Fauxbourdon. Leipzig $^{2}$1974.
Besseler, H.: Die Musik des Mittelalters und der Renaissance. Potsdam 1931–34. Nachdruck Laaber 1979.
Blankenburg, W.: Kirche und Musik. Göttingen 1979.

Blume, F.: Geschichte der evangelischen Kirchenmusik. Kassel ²1965.
Boetticher, W.: Einführung in die musikalische Romantik. Wilhelmshaven 1983.
Braun, W.: Die Musik des 17. Jahrhunderts. Wiesbaden und Laaber 1981.
Bücken, E.: Die Musik des Rokokos und der Klassik. Potsdam 1927. Nachdruck Laaber 1979.
Bukofzer, M. F.: Music in the Baroque Era. New York 1947.
Dahlhaus, C.: Die Musik des 19. Jahrhunderts. Wiesbaden und Laaber ²1988.
Dahlhaus, C.: Zwischen Romantik und Moderne. München 1974.
Dammann, R.: Der Musikbegriff im deutschen Barock. Köln ²1984.
Der deutsche Meistersang. Herausgegeben von B. Nagel. Darmstadt 1967.
Der deutsche Minnesang. Herausgegeben von H. Fromm. Darmstadt ¹⁻⁵1972–85. 2 Bände.
Eggebrecht, H. H.: Versuch über die Wiener Klassik. Die Tanzszene in Mozarts „Don Giovanni". Wiesbaden 1972.
Einstein, A.: The Italian Madrigal. Princeton, New York 1949. 3 Bände.
Einstein, A.: Die Romantik in der Musik. Deutsche Übersetzung München 1950.
Engel, H.: Das Instrumentalkonzert. Leipzig 1932. Revidierte Neuausgabe Wiesbaden 1971–74. 2 Bände.
Engel, H.: Das mehrstimmige Lied des 16. Jahrhunderts in Italien, Frankreich und England. Köln 1952.
Epochen der Musikgeschichte in Einzeldarstellungen. Herausgegeben von F. Blume. Kassel und München ⁵1983.
Frotscher, G.: Aufführungspraxis alter Musik. Wilhelmshaven ⁶1984.
Frotscher, G.: Geschichte des Orgelspiels und der Orgelkomposition. Berlin ³1966, 2 Bände und Beispielband.
Gattungen der Musik in Einzeldarstellungen. Herausgegeben von W. Arlt u. a. Bern und München 1973 ff.
Georgiades, Th.: Musik und Sprache. Berlin u. a. ²1984.
Gerlach, H.: 50 sowjetische Komponisten der Gegenwart. Leipzig und Dresden 1984.
Goslich, S.: Die deutsche romantische Oper. Tutzing 1975.
Haas, R.: Aufführungspraxis der Musik. Potsdam 1931–32. Nachdruck Laaber 1979.
Haas, R.: Die Musik des Barocks. Potsdam 1928. Nachdruck Laaber 1979.
Heister, H. W.: Das Konzert. Theorie einer Kulturform. Wilhelmshaven 1983. 2 Bände.
Kloiber, R.: Handbuch der klassischen und romantischen Symphonie. Wiesbaden ³1980.
Kloiber, R.: Handbuch der Oper. Neu bearbeitet von W. Konold. Kassel und München 1985.
Kloiber, R.: Handbuch der symphonischen Dichtung. Wiesbaden ²1980.
Leichtentritt, H.: Geschichte der Motette. Leipzig 1908. Nachdruck Hildesheim 1967.
Meyer, E. H.: Musik der Renaissance, Aufklärung, Klassik. Leipzig ²1979.
Mies, P.: Das Konzert im 19. Jahrhundert. Bonn 1972.
Motte-Haber, H. de la und Emons, H.: Filmmusik. Eine systematische Beschreibung. München 1980.
Müller-Blattau, J.: Geschichte der Fuge. Kassel ³1963.
Die Musik des 18. Jahrhunderts. Herausgegeben von C. Dahlhaus. Laaber 1985.
Musikalische Gattungen in Einzeldarstellungen. Herausgegeben von P. Gülke. Kassel und München 1981–85. 2 Bände.

Das Musikwerk. Eine Beispielsammlung zur Musikgeschichte. Herausgegeben von K. G. Fellerer. Köln 1951–81. 48 Bände.
Reese, G.: Music in the Middle Ages. New York 1940.
Reidemeister, P.: Historische Aufführungspraxis. Darmstadt 1988.
Rummenhöller, P.: Die musikalische Vorklassik. Kassel und München 1983.
Sachs, C.: Eine Weltgeschichte des Tanzes. Berlin 1933. Nachdruck Wiesbaden 1976.
Scharnagl, A.: Einführung in die katholische Kirchenmusik. Wilhelmshaven 1980.
Schering, A.: Aufführungspraxis alter Musik. Leipzig 1931. Nachdruck Wilhelmshaven $^{3}$1985.
Schering, A.: Geschichte des Instrumentalkonzerts. Leipzig $^{2}$1927. Nachdruck Hildesheim $^{2}$1972.
Schering, A.: Geschichte der Musik in Beispielen. Leipzig 1931. Nachdruck Wiesbaden $^{2}$1959.
Wagner, P.: Einführung in die gregorianischen Melodien. Leipzig $^{1-3}$1911–21. 3 Bände. Nachdruck Hildesheim 1970.
Winter, P.: Der mehrchörige Stil. Frankfurt am Main 1964.
Wolff, H. Ch.: Die Musik der alten Niederländer. Leipzig 1956.
K. Wolters: Handbuch der Klavierliteratur. Bd. 1: Klaviermusik zu zwei Händen. Zürich $^{3}$1985.

**Neue Musik**

Adorno, Th. W.: Musikalische Schriften. Teil 1: Klangfiguren. Teil 2: Quasi una fantasia. Frankfurt am Main. Neuauflage 1978.
Adorno, Th. W.: Nervenpunkte der neuen Musik. Reinbek 1969.
Adorno, Th. W.: Dissonanzen. Göttingen $^{6}$1982.
Boulez, P.: Werkstatt-Texte. Deutsche Übersetzung Berlin 1972.
Boulez, P.: Musikdenken heute. Deutsche Übersetzung Mainz $^{2}$1968.
Dahlhaus, C.: Schönberg und andere. Gesammelte Aufsätze zur Neuen Musik. Mainz 1978.
Danuser, H.: Die Musik des 20. Jahrhunderts. Laaber 1984.
Darmstädter Beiträge zur neuen Musik. Begründet von W. Steinecke u. a. Mainz 1958 ff.
Dibelius, U.: Moderne Musik I: 1945–65. II: 1965–85. München 1984–88. 2 Bände.
Gieseler, W. u. a.: Instrumentation in der Musik des 20. Jahrhunderts. Celle 1985.
Gieseler, W.: Komposition im 20. Jahrhundert. Celle 1975.
Gradenwitz, P.: Wege zur Musik der Zeit. Neuausgabe Wilhelmshaven 1974.
Henze, H. W.: Musik und Politik. Schriften und Gespräche 1955–1984. München 1985.
Kagel, M.: Tamtam. Monologe und Dialoge zur Musik. Herausgegeben von F. Schmidt. München 1975.
Karkoschka, E.: Das Schriftbild der Neuen Musik. Celle $^{3}$1984.
Křenek, E.: Über neue Musik. Wien 1937. Nachdruck Darmstadt 1977.
Nono, L.: Texte. Herausgegeben von J. Stenzl. Zürich 1975.
Ringger, R. K.: Von Debussy bis Henze. München 1986.
Rufer, J.: Die Komposition mit zwölf Tönen. Kassel $^{2}$1966.
Schnebel, D.: Denkbare Musik. Schriften 1952–72. Köln 1972.
Schönberg, A.: Stil und Gedanke. Deutsche Übersetzung herausgegeben von I. Vojtěch. Frankfurt am Main 1976.
Schmidt, Ch. M.: Brennpunkte der neuen Musik. Köln 1977.
Stephan, R.: Neue Musik. Göttingen $^{3}$1973.

Stockhausen, K.: Texte [zur Musik]. Köln 1963–78. 4 Bände.
Stuckenschmidt, H. H.: Neue Musik. Frankfurt am Main Neuausgabe 1981.
Vogt, H.: Neue Musik seit 1945. Stuttgart ³1982.
Webern, A.: Wege zur neuen Musik. Herausgegeben von W. Reich. Wien Neuauflage 1963.

**Musikästhetik/Semiotik und Semantik der Musik**

Adorno, Th. W.: Philosophie der Neuen Musik. Frankfurt am Main. ²1983.
Dahlhaus, C.: Klassische und romantische Musikästhetik. Laaber 1988.
Dahlhaus, C.: Musikästhetik. Laaber ⁴1986.
Eggebrecht, H. H.: Musikalisches Denken. Aufsätze zur Theorie und Ästhetik der Musik. Wilhelmshaven ²1985.
Georgiades, Th.: Nennen und Erklingen. Göttingen 1985.
Karbusicky, V.: Grundriß der musikalischen Semantik. Darmstadt 1986.
Lissa, Z.: Neue Aufsätze zur Musikästhetik. Wilhelmshaven 1975.
Musik – Zur Sprache gebracht. Musikästhetische Texte aus drei Jahrhunderten. Herausgegeben von C. Dahlhaus und M. Zimmermann. München und Kassel 1984.
Neue Aspekte der musikalischen Ästhetik I: Zwischen den Kulturen. II: Die Zeichen. III: Lehrgänge. Herausgegeben von H. W. Henze. Frankfurt am Main 1979–86. 3 Bände.
Schneider, R.: Semiotik der Musik. München 1980.
Schumacher, G.: Einführung in die Musikästhetik. Wilhelmshaven 1975.
Systematische Musikwissenschaft. Herausgegeben von C. Dahlhaus und H. de la Motte-Haber. Wiesbaden und Laaber 1982.

**Musiksoziologie**

Adorno, Th. W.: Einleitung in die Musiksoziologie. Frankfurt am Main ⁵1984.
Blaukopf, K.: Musik im Wandel der Gesellschaft. Grundzüge einer Musiksoziologie. Kassel und München Neuauflage 1984.
Kaden, Ch.: Musiksoziologie. Wilhelmshaven 1984.
Karbusicky, V.: Empirische Musiksoziologie. Wiesbaden 1975.
Kneif, T.: Musiksoziologie. Köln ²1975.
Rummenhöller, P.: Einführung in die Musiksoziologie. Wilhelmshaven 1978.
Silbermann, A.: Empirische Kunstsoziologie. Stuttgart 1973.

**Musikpsychologie/Musiktherapie**

Albersheim, G.: Zur Musikpsychologie. Wilhelmshaven ³1983.
Alvin, J.: Musiktherapie. Kassel und München 1983.
Benenzon, R. O.: Einführung in die Musiktherapie. München 1983.
Farnsworth, P. R.: Sozialpsychologie der Musik. Stuttgart 1976.
Motte-Haber, H. de la: Handbuch der Musikpsychologie. Laaber 1985.
Musikpsychologie. Ein Handbuch. Herausgegeben von H. Bruhn, R. Oerter und H. Rösing. München 1985.
Reinecke, H.-P.: Experimentelle Beiträge zur Psychologie des musikalischen Hörens. Hamburg 1964.
Révész, G.: Einführung in die Musikpsychologie. Bern ²1972.
Schwabe, Ch.: Regulative Musiktherapie. Stuttgart 1987.

**Musikpädagogik**

Abel-Struth, S.: Grundriß der Musikpädagogik. Mainz 1984.
Gieseler, W.: Grundriß der Musikdidaktik. Ratingen 1973.

Handbuch der Musikpädagogik. Herausgegeben von H. Ch. Schmidt. Kassel 1986–88. 5 Bände.
Musikpädagogik. Forschung und Lehre. Herausgegeben von S. Abel-Struth. Mainz 1970ff.

**Antike Hochkulturen, außereuropäische Musik**

Abert, H.: Die Lehre vom Ethos in der griechischen Musik. Leipzig 1899. Nachdruck Tutzing [2]1968.
Außereuropäische Musik in Einzeldarstellungen. Herausgegeben von J. Kuckertz. Kassel und München 1980.
Bose, F.: Musikalische Völkerkunde. Zürich 1953.
Daniélou, A.: Einführung in die indische Musik. Wilhelmshaven [2]1982.
Georgiades, Th.: Musik und Rhythmus bei den Griechen. Hamburg 1958.
Husmann, H.: Grundlagen der antiken und orientalischen Musikkultur. Berlin 1961.
Kuckertz, J.: Form und Melodiebildung der karnatischen Musik Südindiens. Wiesbaden 1970. 2 Bände.
Neubecker, A.: Altgriechische Musik. Darmstadt 1977.
Nketia, J. H. Kwabena: Die Musik Afrikas. Deutsche Übersetzung Wilhelmshaven 1979.
Oesch, H. u. a.: Außereuropäische Musik. Teil 1 und 2. Laaber 1984–87. 2 Bände.
Reinhard, K. und U.: Die Musik der Türkei. Wilhelmshaven 1984. 2 Bände.
Touma, H. H.: Die Musik der Araber. Wilhelmshaven 1975.
Wille, G.: Einführung in das römische Musikleben. Darmstadt 1977.

**Populäre Musik**

Avantgarde, Jazz, Pop. Tendenzen zwischen Tonalität und Atonalität. Herausgegeben von R. Brinkmann. Mainz 1978.
Batel, G. und Salbert, D.: Synthesizermusik und Live-Elektronik. Wolfenbüttel 1985.
Berendt, J. E.: Das große Jazzbuch. Von New Orleans bis Jazz Rock. Frankfurt am Main [5]1987.
Bohländer, C. und Holler, K. H.: Reclams Jazzführer. Stuttgart [2]1977.
Braun, H.: Einführung in die musikalische Volkskunde. Darmstadt 1985.
Carles, Ph. und Comolli, J.-L.: Free Jazz, Black Power. Deutsche Übersetzung Frankfurt am Main 1974. Nachdruck Hofheim 1980.
Dauer, A. M.: Der Jazz. Seine Ursprünge und seine Entwicklung. Eisenach und Kassel [3]1977.
Döpfner, M. O. C. und Garms, Th.: Neue Deutsche Welle. Kunst oder Mode? Frankfurt am Main 1984.
Hartwich-Wiechell, D.: Pop-Musik. Köln 1974.
Jost, E.: Europa Jazz. 1960–1980. Frankfurt am Main 1987.
Jost, E.: Free Jazz. Stilkritische Untersuchungen zum Jazz der sechziger Jahre. Mainz 1975.
Kayser, D.: Schlager. Das Lied als Ware. Stuttgart [2]1976.
Klusen, E.: Volkslied. Fund und Erfindung. Köln 1969.
Kneif, T.: Einführung in die Rockmusik. Wilhelmshaven [2]1981.
Kuhnke, K. u. a.: Geschichte der Pop-Musik. Band 1 (bis 1947). Bremen [2]1977.
Logan, N. und Woffinden, B.: The Illustrated New Musical Express Encyclopedia of Rock. London 1976.
Mezger, W.: Schlager. Tübingen 1975.
Oetke, H.: Der deutsche Volkstanz. Berlin 1982.

Rockmusik. Herausgegeben von W. Sandner. Mainz 1977.
Schlager in Deutschland. Herausgegeben von S. Helms. Wiesbaden 1972.
Schmidt-Joos, S. und Graves, B.: Rock-Lexikon. Reinbek 1987. 2 Bände.
Sonderhoff, J. und Weck, P.: Musical. Braunschweig 1986.
Suppan, W.: Volkslied. Seine Sammlung und Erforschung. Stuttgart [2]1978.
Wicker, P.: Rockmusik. Leipzig 1987.
Ziegenrücker, W. und Wicker, P.: Sachlexikon Popular Musik. Pop, Rock, Jazz, Folk. Mainz 1987.
Zimmer, J.: Popmusik. Gießen 1974.

**Instrumentenkunde**
Behn, F.: Musikleben im Altertum und frühen Mittelalter. Stuttgart 1954.
Bragard, R. und Hen, F. J. de: Musikinstrumente aus zwei Jahrtausenden. Deutsche Übersetzung. Stuttgart 1968.
Buchner, A.: Musikinstrumente im Wandel der Zeiten. Prag [2]1956.
Enders, B.: Lexikon Musik-Elektronik. Mainz 1985.
Enders, B.: Die Klangwelt des Musiksynthesizers. München 1985.
Jüttemann, H.: Mechanische Musikinstrumente. Frankfurt am Main 1987.
Kunitz, H.: Die Instrumentation. Ein Hand- und Lehrbuch. Leipzig [1-4]1960-83. 13 Teile.
Kunitz, H.: Instrumentenbrevier. Wiesbaden [3]1975.
Marcuse, S.: Musical Instruments. A Comprehensive Dictionary. New York 1975.
Munrow, D.: Musikinstrumente des Mittelalters und der Renaissance. Deutsche Übersetzung. Celle 1980.
Musikinstrumente in Einzeldarstellungen. Band 1: Streichinstrumente. Herausgegeben von E. Stockmann. Band 2: Blasinstrumente. Herausgegeben von D. Krikkeberg. Kassel und München 1981-82.
Musikinstrumente. Die Geschichte ihrer Entwicklung und ihrer Formen. Herausgegeben von A. Baines. Deutsche Übersetzung. Neuausgabe München 1982.
Pape, W.: Instrumentenhandbuch. Streich-, Zupf-, Blas- und Schlaginstrumente in Tabellenform. Köln [2]1976.
Peinkofer, K. und Tannigel, F.: Handbuch des Schlagzeugs. Mainz [2]1981.
The New Grove Dictionary of Musical Instruments. Herausgegeben von St. Sadie. London 1985. 3 Bände.
Sachs, C.: Geist und Werden der Musikinstrumente. Berlin 1928. Nachdruck Hilversum 1965.
Sachs, C.: Real-Lexikon der Musikinstrumente. Berlin 1913. Nachdruck Hildesheim und New York 1972.
Sachs, C.: The History of Musical Instruments. New York 1968.
Sachs, C.: Handbuch der Musikinstrumentenkunde. Leipzig [2]1930. Nachdruck Wiesbaden [2]1971.
Stauder, W.: Einführung in die Instrumentenkunde. Wilhelmshaven [2]1977.
Stauder, W.: Alte Musikinstrumente in ihrer vieltausendjährigen Entwicklung und Geschichte. Braunschweig 1973.
Valentin, E.: Handbuch der Musikinstrumentenkunde. Regensburg [7]1980.

**Akustik**
Borucki, H.: Einführung in die Akustik. Mannheim [2]1980.
Meyer, J.: Akustik und musikalische Aufführungspraxis. Frankfurt am Main [2]1980.
Reallexikon der Akustik. Herausgegeben von M. M. Rieländer. Frankfurt am Main 1982.
Stauder, W.: Einführung in die Akustik. Wilhelmshaven [2]1980.

## Musikgeschichtlicher Überblick seit Christi Geburt

Die Abkürzungen sind, wie folgt, aufzulösen: B = Ballett, O = Oper, Op = Operette; op. = Opus, KV = Köchelverzeichnis. * = geboren, † = gestorben, Jh. = Jahrhundert. – Jahreszahlen in Klammern bedeuten: genaues Datum ist nicht bekannt. Bei Werktiteln ist das Datum der Vollendung oder (bei Opern und Balletten) der Uraufführung angegeben.

(70) Anfänge des frühchristlichen Kirchengesangs (ausgehend vom jüdischen Synagogalgesang)

(280) Papyrus von Oxyrhynchos mit Aufzeichnung eines christlichen Hymnus

378 † Ephräm der Syrer (syrischer Kirchengesang)

(380) Ambrosius von Mailand führt den (syrischen) Hymnengesang in die abendländische Kirche ein (u. a. „Deus creator omnium", „Veni redemptor gentium"); Namengeber für den Ambrosianischen Gesang

387 Augustinus, „De musica" (bis 389; behandelt Musik als Abbild der Welt sowie metrische und rhythmische Probleme)

(500) Boethius, „De institutione musicae" (Überlieferung der antiken Musiktheorie an das Mittelalter)

(540) Cassiodor, „Institutiones divinarum et saecularium litterarum" (behandelt die Musik im Anschluß an griechische Autoren des 4. Jh.)

(560) Romanos der Melode, byzantinischer Hymnendichter (u. a. Akathistos-Hymnus)

(600) Gregor I. gründet oder reorganisiert die päpstliche Schola cantorum und führt eine Liturgiereform durch; Namengeber für den Gregorianischen Gesang

(625) Isidor von Sevilla, „Etymologiarum sive originum libri XX" (tradiert Augustinus und Cassiodor und beschreibt den liturgischen Gesang)

757 Konstantin V. Kopronymus, Kaiser von Byzanz, sendet eine Orgel an König Pippin III.

(800) Karl der Große bewirkt durch die Zentralisierung seines Reiches die Ausbreitung des Gregorianischen Gesangs (allmähliches Aussterben des gallikanischen und mozarabischen Gesangs)

(825) Entstehung des Tropus

(860) Aurelianus Reomensis, „Musica disciplina" (Lehre von den Kirchentonarten)

(865) Notger Balbulus (* um 840) verfaßt als einer der ersten Sequenzen

(900) „Musica Enchiriadis" (behandelt das parallele Quinten- und das Quartenorganum; Anfang der kunstmäßigen Mehrstimmigkeit)

930 † Hucbald von Saint-Amand; „De harmonica institutione" (Verknüpfung antiker Musiktheorie mit der Choralpraxis)

(980) Bericht von einer Orgel in Winchester mit 400 Pfeifen

(1020) Guido von Arezzo, „Prologus in Antiphonario" (darin Beschreibung von Notenschrift mit Linien im Terzabstand)

| | |
|---|---|
| (1026–32) | Guido von Arezzo, „Micrologus“ (Erfindung der Solmisation) |
| (1050) | „Winchester-Tropar“ (früheste Aufzeichnung mehrstimmiger Musik für den praktischen Gebrauch) |
| 1054 | † Hermannus contractus; „Opuscula musica“ (Elementarlehre) |
| (1080) | Beginn der Troubadour-Kunst (Wilhelm IX. von Aquitanien, erster Troubadour) |
| (1100) | Saint-Martial-Handschriften, der spätere „Codex Calixtinus“ und die Anfang des 13. Jh. geschriebene „Cambridger Liedersammlung“ (1stimmige Versus, neues Organum, 2stimmig, und Vorform der Motette); Johannes Affligemensis, „De musica cum tonario“ (behandelt u. a. die Lehre vom Organum) |
| 1125/30 | * Bernart de Ventadour (Troubadour) |
| (1150) | Beginn des Minnesangs (der von Kürenberg, Dietmar von Aist) |
| 1160/80 | Beginn der Schule von Notre-Dame (bis 1230/50; Organum, Discantus, Conductus, Motette) |
| (1163–82) | Leoninus, „Magnus liber organi de gradali et antiphonario“ (2stimmige Organa und Discantus) |
| (1165) | * Perotinus Magnus (erweitert die Zweistimmigkeit zur Drei- und Vierstimmigkeit; Organa, Conductus) |
| (1170) | * Walther von der Vogelweide. – Beginn der Trouvère-Kunst (Chrétien de Troyes) |
| (1177) | † Adam von Sankt Viktor (Sequenzen) |
| (1195) | † Bernart de Ventadour |
| (1200) | * Tannhäuser |
| 1220 | † Perotinus Magnus |
| (1230) | † Walther von der Vogelweide. – Beginn der Ars antiqua (bis 1320; Motette, Conductus, Hoquetus, Rondeau) |
| (1240) | * Adam de la Halle (Motetten, Rondeaux). – Johannes de Garlandia, „De mensurabili musica“ (dokumentiert den Übergang von der Modalnotation zur Mensuralnotation) |
| (1250) | * Petrus de Cruce (Motetten). – Beginn der „Großen Heidelberger Liederhandschrift“ (bis 1300) |
| 1250/60 | * Heinrich von Meißen, genannt Frauenlob |
| (1266) | † Tannhäuser |
| (1280) | Franco von Köln, „Ars cantus mensurabilis“ (Systematisierung der Mensuralnotation; bedeutende theoretische Quelle der Ars antiqua) |
| 1283 | Adam de la Halle, Liederspiel „Jeu de Robin et de Marion“ |
| (1287) | † Adam de la Halle |
| 1291 | * Philippe de Vitry (Motetten) |
| (1300) | * Guillaume de Machault (Motetten, Balladen, Rondeaux, Virelais, Lais). – W. Odington, „De speculatione musicae“ (wichtige Quelle für die englische Musik des 14. Jh. sowie für die Anerkennung der Terz als Konsonanz); Johannes de Grocheo, „De musica“ (behandelt Musikleben und -formen der Zeit); wichtige Handschriften der Ars antiqua befinden sich in Bamberg, Burgos, Montpellier und Turin; Aufzeichnung des „Sommer-Kanons“ |
| (1316) | „Roman de Fauvel“, Handschrift mit Musikeinlagen (wichtige Quelle der Ars nova) |
| 1317/18 | Marchettus von Padua, „Lucidarium in arte musicae planae“ (behandelt die Definition und Klassifikation der Musik, die Tonarten, Konsonanzen und Dissonanzen) |

| | |
|---|---|
| 1318 | † Heinrich von Meißen, genannt Frauenlob |
| (1320) | Beginn der Trecento-Musik in Italien (bis 1420; Ballata, Madrigal, Caccia) |
| 1321 | Johannes de Muris, „Notitia artis musicae" (Unterscheidung von Musica theorica und Musica practica) |
| 1321–26 | Marchettus von Padua, „Pomerium in arte musicae mensuratae" (beschreibt die Notation der italienischen Musik des 14. Jh.) |
| 1322/23 | Philippe de Vitry, „Ars nova" (befaßt sich mit Problemen einer neuen Notation); Beginn der Ars nova als Epoche (bis 1377; isorhythmische Motette, Ballade, Rondeau, Virelai) |
| 1321–24 | Jacobus von Lüttich, „Speculum musicae" (verteidigt die Ars antiqua) |
| (1325) | Entstehung der „Messe de Tournay" (frühe Vertonung eines geschlossenen Ordinariums-Meßzyklus) |
| (1335) | * F. Landini (Ballate, Madrigale); * J. Ciconia (Motetten, Ballate) |
| (1350) | Entstehung der „Jenaer Liederhandschrift"; Beendigung der „Worcester-Fragmente" (wichtige Quelle zur mittelalterlichen englischen Musik) |
| 1361 | † Philippe de Vitry. – F. Landini wird in Venedig zum „poeta laureatus" gekrönt |
| 1364 | Guillaume de Machault, Messe (4stimmig) |
| 1369 | F. Landini wird Organist an San Lorenzo in Florenz |
| 1377 | † Guillaume de Machault; Beginn der Ars subtilior (bis 1400; weitere Verfeinerung der rhythmischen Notationsweise) |
| (1380) | * J. Dunstable |
| (1390) | Entstehung der „Mondsee-Wiener Liederhandschrift" (v. a. Lieder des Mönchs von Salzburg) |
| 1397 | † F. Landini |
| (1400) | * G. Dufay; * G. Binchois. – Entstehung der „Kleinen Heidelberger Liederhandschrift" |
| 1410/15 | * C. Paumann |
| 1411 | † J. Ciconia |
| 1416 | Domenico da Piacenza, „De la arte di ballare e danzare" (Tanzbuch) |
| 1419 | Beginn der niederländischen Schule (Regierungsantritt Philipps des Guten) |
| (1420) | Ende der Trecento-Kunst in Italien (Quelle: Squarcialupi-Kodex). – G. Dufay geht nach Italien |
| (1425) | * J. Ockeghem |
| 1428 | G. Dufay wird Mitglied der päpstlichen Kapelle in Rom |
| (1435) | * J. Tinctoris |
| 1436 | G. Dufay, Motette „Super rosarum flores" zur Einweihung des Doms von Florenz |
| (1440) | * Josquin Desprez. – Beendigung des „Old Hall Manuskripts" (frühe Quelle englischer Mehrstimmigkeit) |
| 1445 | † Oswald von Wolkenstein |
| 1448 | Einweihung der Orgel des Doms von Florenz durch A. Squarcialupi |
| (1450) | * H. Isaac; * J. Obrecht |
| 1451 | G. Dufay geht nach Cambrai (um diese Zeit entstehen „Missa Se la face ay pale", „Missa L'homme armé") |
| 1452 | C. Paumann, „Fundamentum organisandi" (Kompositions- und Spielanleitung für Organisten) |

| | |
|---|---|
| 1452/53 | Beginn des „Lochamer Liederbuchs“ |
| 1453 | † J. Dunstable |
| 1460 | † G. Binchois. – Entstehung der „Colmarer Liederhandschrift“ und des „Buxheimer Orgelbuchs“ (umfangreichste Quelle für Klaviermusik des 15. Jh.) |
| 1460/62 | Entstehung des „Schedelschen Liederbuchs“ |
| 1463 | Guglielmo Ebreo da Pesaro, „De pratica seu arte tripudii vulgare opusculum“ (Tanzbuch) |
| 1473 | † C. Paumann |
| 1473/74 | J. Tinctoris, „Terminorum musicae diffinitorium“ (erstes europäisches Musiklexikon) |
| 1474 | † G. Dufay |
| 1476 | „Missale Romanum“, gedruckt in Rom bei U. Hahn (frühester Notendruck mit beweglichen Typen; zweifacher Typendruck) |
| (1480) | Entstehung des „Glogauer Liederbuchs“ |
| 1480/90 | * A. Willaert |
| 1483 | * M. Luther |
| 1486 | Josquin Desprez wird päpstlicher Kapellsänger in Rom |
| (1486) | * L. Senfl |
| 1490 | P. Hofhaimer wird Organist der Hofkapelle Maximilians I. |
| (1490) | * N. Gombert |
| 1494 | * H. Sachs. – J. Obrecht wird Kapellmeister an der Kathedrale in Antwerpen (hierfür komponiert er u. a. die „Missa Maria zart“ und „Missa Sub tuum praesidium“) |
| 1495 | † J. Ockeghem; Josquin Desprez, „Nymphes des bois (La déploration de Johan. Okeghem)“ |
| 1496 | F. Gaffori, „Practica musicae“ (musiktheoretisches Werk) |
| 1498 | O. Petrucci erhält ein Privileg für den Druck von Mensuralnoten (doppelter und dreifacher Typendruck) |
| 1501 | O. Petrucci, „Harmonice Musices Odhecaton“ (4 Stimmhefte mit Instrumentalchansons von Josquin Desprez, J. Obrecht, A. Busnois, L. Compère, A. Agricola u. a.) |
| 1502 | „Missae Josquin“, gedruckt bei O. Petrucci (u. a. „Missa L'homme armé“ und „Missa Pange lingua“) |
| 1503 | P. de la Rue, „Missae“, gedruckt bei O. Petrucci |
| 1504 | O. Petrucci, 1. Buch „Frottole“ |
| 1505 | † J. Obrecht |
| (1506) | H. Isaac, „Missa carminum“ (darin ein Satz des berühmten „Innsbruck ich muß dich lassen“) |
| 1507 | O. Petrucci, 1. Lautentabulatur |
| (1510) | * A. Gabrieli |
| (1511) | † J. Tinctoris |
| 1511 | A. Schlick, „Spiegel der Orgelmacher und Organisten“; S. Virdung, „Musica getutscht“ (Instrumentenlehrbuch) |
| 1512 | E. Öglin, Liederbuch (mit Sätzen von Hofhaimer, Isaac, Senfl u. a.) |
| 1515 | H. Judenkünig, 1. Lautentabulatur (2. Buch 1523) |
| 1516 | P. Aron, „Libri tres de institutione harmonica“ (musiktheoretisches Werk) |
| 1517 | * G. Zarlino; † H. Isaac |
| 1521 | † Josquin Desprez; * Ph. de Monte |
| 1523 | L. Senfl wird Mitglied (Hofkomponist) der Münchner Hofkapelle. – P. Aron, „Il toscanello in musica“ (musiktheoretisches |

Werk); M. A. Cavazzoni, „Recerchari, motetti, canzoni (für Orgel)

1524 M. Luther und J. Walter, „Geystlich gesangk Buchleyn" (4–5stimmige Kirchenlieder)

1525 Erfindung des einfachen Typendrucks für Noten

1525/26 * G. P. da Palestrina

1526 M. Luther, „Deutsche Messe und Ordnung des Gottesdienstes"

1527 † H. Finck

1528 A. Willaert wird Kapellmeister an San Marco in Venedig (Beginn der venezianischen Schule). – M. Agricola, „Musica instrumentalis deudsch" (Lehrbuch der Instrumentenkunde); P. Attaingnant, „Chansons nouvelles en quatre parties"

1529 Das Klug'sche Gesangbuch („Geistliche Lieder"; darin M. Luthers „Ein feste Burg ist unser Gott")

1531 Gesangbuch der Böhmischen Brüder („Ein New Gesengbuchlen")

1532 * Orlando di Lasso. – H. Gerle, „Musica Teusch" (1. Lautentabulatur)

1534 H. Ott, „121 newe Lieder" (4–5stimmig, von Arnold von Bruck, L. Senfl, W. Breitengraser)

1535 Ch. Egenolff, Sammlung 4stimmiger „Gassenhawerlin und Reutterliedlin"; Ph. Verdelot, 1. Buch Madrigale

1536 H. Finck, „Schöne außerlesne Lieder" (postum); Lautentabulaturen von Francesco da Milano („Intavolatura di liuto"), L. de Milán („Libro de música de vihuela de mano") und H. Neusidler („Ein newgeordent künstlich Lautenbuch")

1537 M. Vehe, „New Gesangbüchlin geystlicher Lieder" (ältestes katholisches Gesangbuch); C. Janequin, „Les chansons de la guerre"; H. Ott, „Novum et insignie opus musicum" (Motettensammlung)

1538 G. Rhau, „Symphoniae jucundae" (Motettensammlung)

1539 G. Forster, „Ein Außzug guter alter und neuer teutscher Liedlein" (4–5stimmig; 5. Teil 1556); N. Gombert, 1. Buch Motetten; Josquin Desprez, „Missa Pange lingua" (in H. Ott, „Missae XIII")

1540 „Souterliedekens" (ins Niederländische übertragene, gereimte Übersetzung der 150 Psalmen mit unterlegten Volksliedmelodien)

1541 C. Festa, 1. Buch Madrigale

1542 C. de Rore, 1. Buch Madrigale

1542/43 † L. Senfl

1543 G. Cavazzoni, „Intavolatura d'organo"

1544 G. Rhau, „Newe Deutsche geistliche Gesänge für die gemeinen Schulen" (mehrstimmige Kirchenlieder); H. Ott, „115 guter newer Liedlein"

1545 Das Babst'sche Gesangbuch mit einer Vorrede von M. Luther

1546 † M. Luther; C. Othmayr, „Epithaphium D. Martini Lutheri"

1547 C. de Rore wird Hofkapellmeister in Ferrara. – H. L. Glareanus, „Dodekachordon" (musiktheoretisches Werk sowie Quelle für zeitgenössische Kompositionen)

1550 H. Isaac, „Choralis Constantinus" (3. Teil 1555; Motetten); A. Willaert, „Salmi spezzati" (8stimmig)

(1550) Beginn der römischen Schule (Hauptvertreter G. P. da Palestrina)

1551 C. Goudimel, 1. Buch 4stimmiger Psalmen auf Texte von C. Marot; T. Susato, „Het derde musyck boexken“ (4stimmige Tänze); A. Willaert, „Fantasie, recercari, contrapunti a tre voci“

1552 A. P. Coclico, „Musica reservata“ (Motettensammlung) und „Compendium musices“ (Elementarlehre)

1553 D. Ortiz, „Tratado de glosas“ (Gambenschule)

1554 G. P. da Palestrina, 1. Buch Messen; Ph. de Monte, 1. Buch Madrigale

1554/57 * G. Gabrieli

1555 Palestrina wird Kapellmeister an San Giovanni in Laterano. – O. di Lasso, 1. Buch Madrigale (5stimmig); N. Vicentino, „L'antica musica ridotta alla moderna prattica“ (Lehrwerk mit Beschreibung des Archicembalos)

(1556) † N. Gombert

1556 O. di Lasso wird Tenorist (1564 Kapellmeister) am Münchner Hof; 1. Buch Motetten (5–6stimmig). – Clemens non Papa, „Souterliedekens“ (3stimmige Vertonung der Volkslieder-Ausgabe von 1540)

1557 C. Merulo wird Organist an San Marco in Venedig

1558 G. Zarlino, „Le istitutioni harmoniche“ (musiktheoretisches Werk)

(1558) † C. Janequin

1559 A. Willaert, „Musica nova“ (Motetten und Madrigale)

1561 G. P. da Palestrina wird Kapellmeister an Santa Maria Maggiore in Rom

1562 † A. Willaert; * J. P. Sweelinck

(1563) G. P. da Palestrina, 1. Buch 4stimmiger Motetten

1564 * H. L. Haßler

1565 G. Zarlino wird Kapellmeister an San Marco in Venedig. – A. Gabrieli, „Sacrae cantiones“ (5stimmig); T. de Santa Maria, „Libro llamado, arte de teñar fantasía“ (Lehrbuch des Klavierspiels)

1567 * C. Monteverdi. – Gründung der Académie de poésie et de Musique in Paris durch J.-A. de Baïf. – G. P. da Palestrina, 2. Buch Messen (darin die „Missa Papae Marcelli“); O. di Lasso, „Newe teütsche Liedlein“ (5stimmig)

1569 Palestrina, 1. Buch 5–8stimmiger Motetten

1571 Palestrina wird Kapellmeister an der Peterskirche in Rom. – E. N. Ammerbach, „Orgel- oder Instrument Tabulatur“

1572/73 * M. Praetorius

1573 A. Lobwasser, „Der Psalter ... Davids, in deutsche Reime ... gebracht“ (mit 4stimmigen Sätzen von C. Goudimel)

1573 O. di Lasso, „Patrocinium musices“ I (bis 1589 7 Bände Messen, Motetten)

1576 † H. Sachs. – J. Regnart, „Kurtzweilige teutsche Lieder“ I (3stimmig)

1577 F. de Salinas, „De musica liberi septem“ (musiktheoretisches Werk)

1580 J. P. Sweelinck wird Organist in Amsterdam. – L. Marenzio, 1. Buch Madrigale

1581 L. de Beaulieu und J. Salmon, „Ballet comique de la Reine“; V. Galilei, „Dialogo della musica antica e della moderna“ (musiktheoretisches Werk); M. F. Caroso, „Il ballerino“ Tanzbuch)

1583 † G. Frescobaldi. – A. Gabrieli, „Psalmi Davidici" (6stimmig); C. Monteverdi, „Madrigali spirituali"

1584 O. di Lasso, „Psalmi Davidis poenitentiales" (komponiert um 1565)

1585 * H. Schütz

1586 † A. Gabrieli

1587 A. und G. Gabrieli, „Concerti" (6–16stimmig)

1588 G. P. da Palestrina, Lamentationen (4stimmig)

1594 † O. di Lasso; † G. P. da Palestrina. – O. Vecchi, Madrigalkomödie „L'Amfiparnaso"

1597 G. Gabrieli, „Symphoniae sacrae" I (6–16stimmig)

1598 J. Peri, O „Dafne" (Florenz; größtenteils verloren)

1599 † L. Marenzio

1600 J. Peri, O „Euridice" (Florenz); E. de' Cavalieri, geistliches Drama „Rappresentazione di anima e di corpo"

1601 G. Caccini, „Le nuove musice" (Sologesänge mit Generalbaß); H. L. Haßler „Lustgarten neuer teutscher Gesäng" (Lieder und Tänze) und „Sacri concentus" (4–12stimmige Motetten)

1602 L. Viadana, „Cento concerti ecclesiastici" (für ein oder mehrere Singstimmen und Generalbaß); G. Caccini, O „Euridice" (Florenz); C. Negri, „Le gratie d'amore" (Tanzbuch)

1603 † Ph. de Monte. – M. Franck, „Newe Pavanen, Galliarden und Intraden" (4–6stimmig)

1605 M. Praetorius, 1. Band der „Musae Sioniae" (Motetten, Choralbearbeitungen, Vokalkonzerte)

1607 C. Monteverdi, O „Orfeo" (Mantua); M. da Gagliano, O „Dafne" (Mantua)

1608 G. Frescobaldi wird Organist an Sankt Peter in Rom. – C. Monteverdi, O „L'Arianna" (Mantua; nur das „Lamento d'Arianna" erhalten)

1609 H. Schütz bei G. Gabrieli in Venedig

1611 „Parthenia" (gedruckte Ausgabe englischer Virginalmusik von O. Gibbons, J. Bull, W. Byrd u. a.); P. Peuerl, „Newe Padouan, Intrada, Däntz und Galliarda" (Orchestersuiten)

1612 † G. Gabrieli; † H. L. Haßler. – M. Praetorius, „Terpsichore" (Sammlung von Tänzen)

1613 Monteverdi wird Kapellmeister an San Marco in Venedig

1614 „Editio Medicaea" (neue Ausgabe der Gesänge des Graduale)

1615 G. Gabrieli, „Canzoni e sonate" (3–22stimmig) und „Symphoniae sacrae" II (6–19stimmig erscheinen postum); M. Praetorius, „Syntagma musicum" (3. Teil 1619; musiktheoretisches Werk)

1616 J. H. Schein Thomaskantor in Leipzig

1617 H. Schütz wird Hofkapellmeister in Dresden. – J. H. Schein, „Banchetto musicale" (Orchestersuiten); B. Marini, „Affetti musicali" (u. a. eine der ersten Solosonaten für Violine)

1618 J. H. Schein, „Opella nova" (geistliche Konzerte mit Generalbaß)

1619 H. Schütz, „Psalmen Davids" op. 2 (mehrchörig); St. Landi, O „La morte d'Orfeo" (Venedig)

1620 Beendigung des „Fitzwilliam Virginal Book" (Sammlung englischer Klaviermusik u. a. von W. Byrd, J. Bull, G. Farnaby, Th. Morley)

1621 † J. P. Sweelinck; † M. Praetorius. – J. H. Schein, „Musica boscareccia" (deutsche Lieder mit oder ohne Generalbaß)

| | |
|---|---|
| 1622 | S. Rossi, „Varie sonate, sinfonie, gagliarde, brandi e corrente" (für 2 Violinen und Generalbaß) |
| 1623 | H. Schütz, „Historia von der fröhlichen und siegreichen Auferstehung" op. 3 |
| 1624 | C. Monteverdi, O „Il combattimento di Trancredi e Clorinda" (Venedig); S. Scheidt, „Tabulatura nova" (Orgelwerke); H. Schütz, „Cantiones acrae" (4stimmig) |
| 1627 | H. Schütz, O „Dafne" (Torgau; verloren); J. H. Schein „Cantional oder Gesangbuch Augsburgischer Confession" (4–6stimmige Gesänge) |
| 1629 | H. Schütz, „Symphoniae sacrae" (1–3stimmige [Vokal]konzerte) |
| 1632 | * J.-B. Lully. – St. Landi, O „Il Sant' Alessio" (Rom) |
| 1636 | H. Schütz, „Musikalische Exequien" op. 7; M. Mersenne, „Harmonie universelle" (musiktheoretisches Werk) |
| 1637 | Erste ständige, öffentliche Opernbühne in Venedig |
| 1638 | H. Albert, 1. Teil „Arien" (Lieder mit Generalbaß); C. Monteverdi, „Madrigali guerrieri ed amorosi" (mit programmatischer Vorrede über den „stile concitato") |
| 1639 | F. Cavalli, O „Le nozze di Teti e di Peleo" (Venedig) |
| 1641 | J. J. Froberger wird Hoforganist in Wien |
| 1642 | C. Monteverdi, O „L'incoronazione di Poppea" (Venedig) |
| 1643 | † C. Monteverdi; † G. Frescobaldi |
| 1644 | S. Th. Staden, Singspiel „Seelewig" |
| 1645 | H. Schütz, „Die 7 Worthe Jesu am Kreuze" |
| 1648 | H. Schütz, „Geistliche Chormusik" op. 11 |
| 1649 | F. Cavalli, O „Giasone"; M. A. Cesti, O „L' Orontea" (beide in Venedig) |
| 1650 | H. Schütz, „Symphoniae sacrae" (3. Teil); S. Scheidt, „Tabulatur-Buch" (Orgelchoräle); G. Carissimi, Oratorium „Jephta"; A. Kircher, „Musurgia universalis" (musiktheoretisches Werk); R. Descartes, „Compendium musicae" (Musiktraktat) |
| 1653 | G.-B. Lully wird Hofkomponist in Paris |
| (1655) | D. Gaultier, „Rhétorique des dieux" (Lautenstücke) |
| 1657 | A. Krieger, „Arien" (mit Instrumenten) |
| 1659 | R. Cambert, O „La pastorale" (Issy bei Paris); Ch. Simpson, „The division-violist" (Gambenlehre) |
| 1660 | F. Cavalli, O „Serse" (1654) in Paris aufgeführt mit Balletteinlagen von J.-B. Lully |
| 1661 | M. A. Cesti, O „La Dori" (Venedig) |
| 1662 | Gründung der Académie de danse in Paris. – F. Cavalli, O „Ercole amante" (Paris) |
| 1664 | H. Schütz „Historia der ... Geburth ... Jesu Christi" |
| 1665 | H. Schütz „Johannespassion" und „Matthäuspassion" |
| 1667 | † J. J. Froberger. – M. A. Cesti, O „Il pomo d'oro" (Wien) |
| 1668 | * F. Couperin |
| 1670 | J.-B. Lully, Comédie-ballet „Le bourgeois gentilhomme" (Chambord); J. Ch. de Chambonnières, „Pièces de clavecin" |
| 1671 | Eröffnung der Académie royale de musique (Opernhaus) in Paris mit „Pomone" von R. Cambert |
| 1672 | † Heinrich Schütz; Begräbnismotette von Ch. Bernhard, „Cantabiles mihi erant iustificationes tuae" |
| 1673 | J.-B. Lully, O (Tragédie lyrique) „Cadmus et Hermione" (Paris); |

D. Buxtehudes 1. Abendmusik in Lübeck („Die Hochzeit des Lammes“)

1675 J.-B. Lully, O „Thésée“ (Saint-Germain-en-Laye)

1678 Eröffnung der Oper am Gänsemarkt in Hamburg mit J. Theiles „Adam und Eva“

1679 H. Purcell wird Organist an Westminster Abbey in London

1681 * G. Ph. Telemann. – J.-B. Lully, B „Le triomphe de l'Amour“ (Saint-Germain-en-Laye); A. Corelli, Triosonaten op. 1

1683 * J.-Ph. Rameau

1685 * G. F. Händel; * J. S. Bach; * D. Scarlatti

1686 J.-B. Lully, O „Armide et Renaud“ (Paris)

1687 † J.-B.Lully

1689 H. Purcell, O „Dido and Aeneas“ (London); P. Collasse, O „Thétis et Pélée“ (Paris)

1690 G. Muffat „Apparatus musico-organisticus“ (Orgelwerke)

1694 T. Albinoni, „Sonate a 3“ op. 1

1695 † H. Purcell. – Georg Muffat 1. Teil „Florilegium“ (Orchesterouvertüren; 2. Teil 1698); J. C. F. Fischer „Le journal du printemps“ (Orchesterwerke)

1696 J. Kuhnau, „Frische Clavier-Früchte oder Sieben Sonaten“; J. C. F. Fischer, „Pièces de clavessin“ op. 2

1697 A. Campra und A. C. Destouches, Opéra-ballet „L'Europe galante“ (Paris); A. Scarlatti, O „La caduta dei Decemviri“ (Neapel); A. Werckmeister, „Hypomnemata musica“ (Berechnung der gleichschwebenden Temperatur)

1698 G. Torelli, „Concerti musicali“ op. 6 (Violinkonzerte)

1699 * J. A. Hasse

1700 J. Kuhnau, „Biblische Historien“ (für Klavier); A. Corelli, 12 Violinsonaten op. 5; T. Albinoni, „Sinfonie e concerti a 5“ op. 2; R. A. Feuillet, „Chorégraphie“ (Tanzbuch)

1701 A. C. Destouches, O „Omphale“ (Paris)

1702 J. C. F. Fischer, „Ariadne musica“ (Präludien und Fugen durch alle Tonarten)

1703 J. S. Bach wird Hofmusiker in Weimar und noch im gleichen Jahr Organist in Arnstadt; G. F. Händel geht nach Hamburg

1705 G. F. Händel, O „Almira“ (Hamburg)

1706 J.-Ph. Rameau, „Pièces de clavecin“

1707 J. S. Bach wird Organist in Mühlhausen

1708 J. S. Bach wird Hofmusiker in Weimar; J. G. Walther, „Praecepta der Musicalischen Composition“

1709 G. Torelli, „Concerti grossi“ op. 8; G. F. Händel, O „Agrippina“ (Venedig)

1710 G. F. Händel wird Kapellmeister in Hannover. – A. Campra, Opéra-ballet „Les fêtes Vénitiennes“ (Paris)

1711 G. F. Händel, O „Rinaldo“ (London); A. Vivaldi, „L'estro armonico“ op. 3 (12 Solokonzerte für verschiedene Instrumente)

1712 G. F. Händel läßt sich in London nieder; O „Il pastor fido“

1713 G. F. Händel, „Utrecht Te Deum and Jubilate“; F. Couperin, 1. Buch der „Pièces de clavecin“

1714 * Ch. W. Gluck; * C. Ph. E. Bach; * N. Jomelli

1717 J. S. Bach wird Hofkapellmeister in Köthen; „Orgel-Büchlein“. – G. F. Händel, „Wassermusik“; F. Couperin, „L'art de toucher le clavecin“

1720 G. F. Händel, O „Radamisto“ (London) und erstes englisches Oratorium „Esther“

1721 J. S. Bach, 6 „Brandenburgische Konzerte“; P. Locatelli, „XII Concerti grossi“ op. 1; A. Scarlatti, O „Griselda“ (Rom)

1722 J. S. Bach, „Das wohltemperierte Klavier“ I; J.-Ph. Rameau, „Traité de l'harmonie“ (Lehrwerk)

1723 J. S. Bach wird Thomaskantor und Musikdirektor in Leipzig. – J. J. Fux, O „Costanza e fortezza“ (Prag)

1724 J. S. Bach, „Johannespassion“

1725 † A. Scarlatti. – Gründung der Concerts spirituels in Paris. – A. Vivaldi, 12 Violinkonzerte op. 8 (darin „Le quattro stagioni“); J. J. Fux, Lehrbuch „Gradus ad Parnassum“

1728 J. Gay und J. Ch. Pepusch, „The beggar's opera“ (London)

1729 J. S. Bach, „Matthäuspassion“

1731 J. A. Hasse wird Hofkapellmeister in Dresden; J. S. Bach, „Klavierübung“ I (6 Partiten)

1732 * J. Haydn. – J. G. Walther „Musikalisches Lexikon“ (erstes Musiklexikon in deutscher Sprache)

1733 † F. Couperin. – J.-Ph. Rameau, O (Tragédie lyrique) „Hippolyte et Aricie“ (Paris); G. B. Pergolesi, Intermezzo „La serva padrona“ (Neapel); G. F. Händel, Oratorium „Deborah“

1734 J. S. Bach, „Weihnachtsoratorium“; G. Tartini, Violinsonaten op. 1; J.-Ph. Rameau, Opéra-ballet „Les Indes galantes“ (Paris)

1735 J. S. Bach, „Klavierübung“ II („Italienisches Konzert“ und h-Moll-Ouvertüre); G. F. Händel, O „Alcina“ (London)

1736 † Pergolesi. – Sperontes, „Singende Muse an der Pleisse“ (Liedsammlung)

1737 D. Scarlatti, 30 „Essercizi per gravicembalo“ (Klaviersonaten); J.-Ph. Rameau, O (Tragédie lyrique) „Castor et Pollux“ (Paris)

1738 G. F. Händel, O „Serse“ (darin das bekannte „Largo“; London)

1739 J. S. Bach „Klavierübung“ III; G. F. Händel, Oratorien „Saul“ und „Israel in Ägypten“, 12 „Concerti grossi“ op. 6; J. Mattheson, Lehrwerk „Der Vollkommene Capellmeister“

1740 C. H. Graun wird Hofkapellmeister Friedrichs II.

1741 C. Ph. E. Bach wird Kammercembalist Friedrichs II. – Ch. W. Gluck, O „Artaserse“ (Mailand); G. F. Händel, O „Deidamia“ (London)

1742 G. F. Händel, Oratorium „Messias“ (darin das bekannte „Halleluja“); C. H. Graun, O „Cäsar und Cleopatra“ (Berlin); J. S. Bach, „Klavierübung“ IV („Goldberg-Variationen“)

1743 G. F. Händel, „Dettinger Te Deum“

1744 J. S. Bach, „Wohltemperiertes Klavier“ II

1745 J. Stamitz wird Konzertmeister in Mannheim. – J. A. Hasse, O „Arminio“ (Dresden)

1747 G. F. Händel, Oratorium „Judas Makkabäus“; J. S. Bach, „Musikalisches Opfer“ und „h-Moll-Messe“

1750 † J. S. Bach; „Kunst der Fuge“

1752 Aufführung von G. B. Pergolesis „La serva padrona“ in Paris löst den Buffonistenstreit aus. – G. F. Händel, Oratorium „Jephta“; J. J. Quantz, „Versuch einer Anweisung die Flöte traversiere zu spielen“; J. Riepel, „Anfangsgründe zur musikalischen Setzkunst“

1753 C. Ph. E. Bach, „Versuch über die wahre Art das Clavier zu spielen“ (2. Teil 1762)

1755 C. H. Graun, Passionskantate „Der Tod Jesu“; J. Haydn, 1. Streichquartett

1756 * W. A. Mozart. – L. Mozart, „Versuch einer gründlichen Violinschule“

1757 † J. Stamitz

1759 † G. F. Händel. – J. Haydn, 1. Sinfonie D-Dur

(1760) G. B. Sammartini, „Sonate notturne“ op. 7

1761 J. Haydn wird Kapellmeister in Eisenstadt

1762 Ch. W. Gluck, O „Orfeo ed Euridice“ (Wien)

1764 † J.-Ph. Rameau; Bach-Abel-Konzerte in London; Mozarts Reise nach London; Sinfonien KV 16 und KV 19

1766 J. A. Hiller, Singspiel „Der Teufel ist los“

1767 Ch. W. Gluck, O „Alceste“ (Wien); J. A. Hiller, Singspiel „Lottchen am Hofe“ (Leipzig); W. A. Mozart, O „La finta semplice“ (Salzburg)

1768 W. A. Mozart, Singspiel „Bastien und Bastienne“ (Wien)

1770 * L. van Beethoven. – Ch. W. Gluck, O „Paride ed Elena“ (Wien); W. A. Mozart, 1. Streichquartett KV 80

1771 J. A. Hasse, O „Ruggiero“ (Mailand)

1773 M. Clementi, „Six Sonatas for the Harpsichord or Piano Forte“ op. 1; W. A. Mozart, Sinfonie g-Moll KV 183; G. B. Martini, „Saggio fondamentale pratico di contrappunto“ (Lehrwerk; 2. Teil 1775)

1774 Ch. W. Gluck, O „Iphigénie en Aulide“ (Paris)

1775 J. F. Reichardt wird Kapellmeister am preußischen Hof. – G. A. Benda, Singspiel „Der Dorfjahrmarkt“ (Gotha); W. A. Mozart, O „La finta giardiniera“ (München)

1776 I. Holzbauer, O „Günther von Schwarzburg“ (Mannheim)

1777 Ch. W. Gluck, O „Armide“ (Paris)

1778 I. Umlauff, „Die Bergknappen“ zur Eröffnung des Deutschen National-Singspiels in Wien

1779 Ch. W. Gluck, O „Iphigénie en Tauride“ (Paris)

1781 W. A. Mozarts Bruch mit dem Erzbischof von Salzburg und Übersiedlung nach Wien. – J. Haydn, 6 Streichquartette („Russische“) op. 33

1782 W. A. Mozart, Singspiel „Die Entführung aus dem Serail“ (Wien); Sinfonie D-Dur („Haffner“) KV 385; H. Ch. Koch, „Versuch einer Anleitung zur Komposition (3. Teil 1793)

1783 † J. A. Hasse. – W. A. Mozart, Sinfonie C-Dur („Linzer“) KV 425

1784 A. E. M. Grétry, O „Richard Cœur-de-Lion“ (Paris)

1785 W. A. Mozart, 6 Streichquartette (J. Haydn gewidmet) KV 387, 421, 428, 458, 464, 465 (komponiert seit 1782)

1786 * C. M. von Weber. – C. Ditters von Dittersdorf, Singspiel „Doktor und Apotheker“ (Wien); W. A. Mozart, O „Le nozze di Figaro“ (Wien); Sinfonie D-Dur („Prager“) KV 504

1787 † Ch. W. Gluck. – W. A. Mozart, O „Don Giovanni“ (Prag); Serenade „Eine kleine Nachtmusik“ KV 525

1788 † C. Ph. E. Bach. – W. A. Mozart, Sinfonien E-Dur KV 543, g-Moll KV 550, C-Dur („Jupiter“) KV 551; J. Haydn, „Oxford“-Sinfonie G-Dur

1790 J. Haydns erste Reise nach London. – W. A. Mozart, O „Così fan tutte“ (Wien); „Preußische“-Quartette KV 575, 589, 590 (begonnen 1789)

1791 † W. A. Mozart; Singspiel „Die Zauberflöte“ (Wien); Requiem. – J. Haydn, Sinfonie G-Dur „mit dem Paukenschlag“; Sinfonie c-Moll

1792 L. van Beethoven geht nach Wien. – J. Haydns zweite Reise nach London

1795 L. van Beethoven, 3 Klaviertrios op. 1; J. Haydn, Sinfonie Es-Dur „mit dem Paukenwirbel“

1797 * F. Schubert. – J. Haydn, „Kaiserquartett“ op. 76,3

1798 J. Haydn, Oratorium „Die Schöpfung“

1799 L. van Beethoven, „Sonate pathétique“ op. 13

1800 L. van Beethoven, 1. Sinfonie C-Dur op. 21

1801 J. Haydn, Oratorium „Die Jahreszeiten“

1802 L. van Beethovens „Heiligenstädter Testament“. – J. N. Forkel, „Ueber J. S. Bachs Leben, Kunst und Kunstwerke“

1803 * H. Berlioz

1804 L. van Beethoven, 3. Sinfonie Es-Dur („Eroica“) op. 55; „Waldstein-Sonate“ op. 53

1805 L. van Beethoven, O „Fidelio“ (Wien); Klaviersonate „Appassionata“ op. 57

1806 L. van Beethoven, Klavierkonzert G-Dur op. 58; 3 „Rasumowski“-Quartette op. 59; Violinkonzert D-Dur op. 61

1807 G. Spontini, O „La vestale“ (Paris)

1808 L. van Beethoven, 5. Sinfonie c-Moll op. 67; 6. Sinfonie F-Dur („Pastorale“) op. 68

1809 † J. Haydn; * F. Mendelssohn Bartholdy. – C. F. Zelter gründet die Berliner „Liedertafel“. – L. van Beethoven, Klavierkonzert Es-Dur op. 73

1810 * F. Chopin; * R. Schumann

1811 * F. Liszt

1813 * R. Wagner; * G. Verdi

1814 L. van Beethoven, O „Fidelio“ (3. Fassung; Wien); F. Schubert, Klavierlied „Gretchen am Spinnrade“

1815 F. Schubert, Klavierlied „Erlkönig“

1816 E. T. A. Hoffmann, O „Undine“ (Berlin); G. Rossini, O „Der Barbier von Sevilla“ (Rom); L. Spohr, O „Faust“ (Prag); 8. Violinkonzert a-Moll op. 47 „in Form einer Gesangsszene“

1817 M. Clementi, „Gradus ad Parnassum“ für Klavier

1818 A. Reicha, „Cours de composition musicale“

1819 F. Schubert, „Forellen“-Quintett A-Dur; C. M. von Weber, „Aufforderung zum Tanz“ für Klavier

1821 C. M. von Weber, O „Der Freischütz“ (Berlin)

1822 L. van Beethoven, Klaviersonate c-Moll op. 111; F. Schubert, 7. (bisher 8.) Sinfonie h-Moll („Unvollendete); „Wandererfantasie“ für Klavier

1823 L. van Beethoven, „Missa solemnis“ op. 123; C. M. von Weber, O „Euryanthe“ (Wien)

1824 * A. Bruckner. – L. van Beethoven, 9. Sinfonie d-Moll op. 125 (mit dem Schlußchor aus Schillers Ode „An die Freude“); F. Schubert, Streichquartett d-Moll „Der Tod und das Mädchen“; Liederzyklus „Die schöne Müllerin"; C. Loewe, Balladen op. 1 (darin „Erlkönig")

1825 L. van Beethoven, Streichquartette op. 127 und 132; F. A. Boieldieu; O „Die weiße Dame" (Paris)

1826 † C. M. von Weber; O „Oberon" (London). – L. van Beethoven, Streichquartette op. 130, 131 und 135

1827 † L. van Beethoven. – F. Schubert, Liederzyklus „Winterreise"

1828 † F. Schubert; „Schwanengesang", Lieder nach L. Rellstab und H. Heine (postum). – D. F. E. Auber, O „Die Stumme von Portici" (Paris)

1829 Wiederaufführung der „Matthäuspassion" von J. S. Bach durch F. Mendelssohn Bartholdy. – G. Rossini, O „Wilhelm Tell" (Paris)

1830 D. F. E. Auber, O „Fra Diavolo" (Paris); H. Berlioz, „Symphonie fantastique"; F. Mendelssohn Bartholdy, 5. Sinfonie („Reformations-Symphonie") D-Dur op. 107

1831 V. Bellini, O „Die Nachtwandlerin" und „Norma" (beide Mailand); G. Meyerbeer, O „Robert der Teufel" (Paris); F. Chopin, 5 Mazurkas op. 7

1833 * J. Brahms. – H. Marschner, O „Hans Heiling" (Berlin); F. Mendelssohn Bartholdy, 4. Sinfonie („Italienische") A-Dur op. 90; F. Chopin, 3 Nocturnes op. 9

1835 F. Mendelssohn Bartholdy wird Leiter der Gewandhauskonzerte in Leipzig. – G. Donizetti, O „Lucia di Lammermoor" (Neapel); J. F. E. Halévy, O „Die Jüdin" (Paris); R. Schumann, Klaviersonate fis-Moll op. 11; F. Chopin, 2 Walzer op. 69

1836 M. I. Glinka, O „Ivan Susanin" (Petersburg); F. Mendelssohn Bartholdy, Oratorium „Paulus"; G. Meyerbeer, O „Die Hugenotten" (Paris)

1837 A. Lortzing, O „Zar und Zimmermann" (Leipzig); A. B. Marx „Die Lehre von der musikalischen Komposition" (4. Band 1847)

1838 * M. Bruch. – H. Berlioz, O „Benvenuto Cellini" (Paris); R. Schumann, Klavierwerke „Kinderszenen" op. 15 und „Kreisleriana" op. 16

1839 F. Chopin, 24 Préludes op. 28 und Sonate b-Moll op. 35 für Klavier

1840 R. Schumann, Liederzyklen „Liederkreis", „Frauenliebe und Leben", „Dichterliebe"

1841 R. Schumann, 1. Sinfonie („Frühlingssinfonie") B-Dur op. 38; A. Ch. Adam, B „Giselle" (Paris)

1842 M. I. Glinka, O „Ruslan und Ludmilla" (Petersburg); A. Lortzing, O „Der Wildschütz" (Leipzig); R. Wagner, O „Rienzi" (Dresden); F. Mendelssohn Bartholdy, 3. Sinfonie („Schottische") a-Moll op. 56

1843 Donizetti, O „Don Pasquale" (Paris); R. Wagner, O „Der fliegende Holländer" (Dresden)

1844 F. Chopin, Sonate h-Moll op. 58; H. Berlioz, „Traité d'instrumentation et d'orchestration moderne"

1845 R. Wagner, O „Tannhäuser" (Dresden); A. Lortzing, O „Undine" (Magdeburg); R. Schumann, Klavierkonzert a-Moll op. 54; F. Mendelssohn Bartholdy, „Lieder ohne Worte" für Klavier

1846 H. Berlioz, dramatische Legende „La damnation de Faust";

A. Lortzing, O „Der Waffenschmied“ (Wien); F. Mendelssohn Bartholdy, Oratorium „Elias“ (Birmingham)

1847 † F. Mendelssohn Bartholdy. – G. Verdi, O „Macbeth“ (Florenz); F. von Flotow, O „Martha“ (Wien)

1848 R. Schumann, „Album für die Jugend“ op. 68 für Klavier

1849 † F. Chopin. – A. Bruckner, Requiem d-Moll; F. Liszt, „Totentanz“ für Klavier und Orchester; sinfonische Dichtung „Tasso“; O. Nicolai, O „Die lustigen Weiber von Windsor“ (Berlin)

1850 R. Wagner, O „Lohengrin“ (Weimar); R. Schumann, 3. Sinfonie („Rheinische“) Es-Dur op. 97

1851 G. Verdi, O „Rigoletto“ (Venedig); R. Schumann, 4. Sinfonie d-Moll op. 120 (1. Fassung 1841); R. Wagner, Schrift „Oper und Drama“

1853 G. Verdi, O „Der Troubadour“ (Rom) und „La Traviata“ (Venedig)

1854 F. Liszt, sinfonische Dichtung „Les préludes“

1856 † R. Schumann. – A. S. Dargomyschski, O „Russalka“ (Petersburg)

1857 F. Liszt, „Faust“-Sinfonie

1858 P. Cornelius, O „Der Barbier von Bagdad“ (Weimar); J. Offenbach, Op „Orpheus in der Unterwelt“ (Paris)

1859 G. Verdi, O „Ein Maskenball“ (Rom); Ch. Gounod, O „Faust“ (Paris)

1860 * G. Mahler

1861 F. Liszt, „Mephisto-Walzer“ für Orchester

1862 * C. Debussy; Brahms geht nach Wien. – F. Liszt, Oratorium „Legende von der heiligen Elisabeth“

1863 H. Berlioz, O „Die Trojaner in Karthago“ (Paris)

1864 * R. Strauss

1865 * J. Sibelius. – R. Wagner, O „Tristan und Isolde“ (München); J. Meyerbeer, O „Die Afrikanerin“ (Paris); F. von Suppè, Op „Die schöne Galathee“

1866 B. Smetana, O „Die verkaufte Braut“ (Prag); A. Thomas, O „Mignon“ (Paris); F. von Suppè, Op „Leichte Kavallerie“

1867 Ch. Gounod, O „Roméo et Juliette“ (Paris); J. Strauß (Sohn) „An der schönen blauen Donau“(Walzer)

1868 R. Wagner, O „Die Meistersinger von Nürnberg“ (München); J. Brahms, „Ein Deutsches Requiem“ op. 45; A. Bruckner, 1. Sinfonie c-Moll; M. Bruch, 1. Violinkonzert g-Moll; M. A. Balakirew, Klavierfantasie „Islamej“

1869 † H. Berlioz

1870 L. Delibes, B „Coppélia“ (Paris)

1871 G. Verdi, O „Aida“ (Kairo)

1872 R. Wagner geht nach Bayreuth. – A. S. Dargomyschski, O „Der steinerne Gast“ (Petersburg)

1874 * A. Schönberg. – M. P. Mussorgski, O „Boris Godunow“ (Petersburg); „Bilder einer Ausstellung“ für Klavier; B. Smetana, sinfonische Dichtung „Die Moldau“

1875 † G. Bizet; O „Carmen“ (Paris). – E. Grieg, Musik zu Ibsens „Peer Gynt“

1876 R. Wagner, O-Tetralogie „Der Ring des Nibelungen“ (Bayreuth); A. Bruckner, 5. Sinfonie B-Dur

| | |
|---|---|
| 1877 | C. Saint-Saën, O „Samson und Dalila" (Weimar); J. Brahms, 1. Sinfonie c-Moll op. 68; M. P. Mussorgski, „Lieder und Tänze des Todes"; P. I. Tschaikowski, B „Schwanensee" (Moskau) |
| 1878 | J. Brahms, Violinkonzert D-Dur op. 77; P. I. Tschaikowski, Violinkonzert D-Dur |
| 1879 | P. I. Tschaikowski, O „Eugen Onegin" (Moskau) |
| 1880 | P. I. Tschaikowski, „Capriccio italien" für Orchester |
| 1881 | * B. Bartók. – J. Offenbach, O „Hoffmanns Erzählungen" (Paris); J. Brahms, Klavierkonzert B-Dur op. 83 |
| 1882 | * I. Strawinski. – R. Wagner, O „Parsifal" (Bayreuth); A. Glasunow, 1. Sinfonie („Slawische") E-Dur op. 5; K. Millöcker, Op „Der Bettelstudent" |
| 1883 | † R. Wagner; * A. Webern. – A. Bruckner, 7. Sinfonie E-Dur |
| 1884 | J. Massenet, O „Manon" (Paris) |
| 1885 | * A. Berg. – J. Brahms, 4. Sinfonie e-Moll op. 98; C. Franck, „Prélude, choral et fugue" für Klavier; P. I. Tschaikowski, „Manfred"-Sinfonie; A. K. Glasunow, sinfonische Dichtung „Stenka Rasin"; J. Strauß, Op „Der Zigeunerbaron" |
| 1886 | † F. Liszt. – C. Saint-Saëns, Sinfonie c-Moll (dem Andenken Liszts) |
| 1887 | G. Verdi, O „Otello" (Mailand); R. Strauss, sinfonische Dichtung „Aus Italien"; N. A. Rimski-Korsakow, „Capriccio espagnol" für Orchester |
| 1888 | R. Strauss, sinfonische Dichtungen „Macbeth" und „Don Juan"; N. A. Rimski-Korsakow, „Scheherazade" für Orchester; P. I. Tschaikowski, 5. Sinfonie e-Moll; J. Brahms, Chorwerk „Fest- und Gedenksprüche"; H. Wolf, Klavierlieder „Gedichte von Eduard Mörike" |
| 1889 | R. Strauss, sinfonische Dichtung „Tod und Verklärung"; G. Mahler, 1. Sinfonie D-Dur |
| 1890 | A. P. Borodin, O „Fürst Igor" (Petersburg); P. Mascagni, O „Cavalleria rusticana" (Rom); P. I. Tschaikowski, O „Pique Dame" und B „Dornröschen" (beide Petersburg); C. Debussy, „Suite bergamasque" für Klavier |
| (1890) | New-Orleans-Jazz, Dixieland-Jazz |
| 1891 | A. Dvořák, „Dumky"-Trio für Klavier; H. Wolf, „Spanisches Liederbuch" |
| 1892 | R. Leoncavallo, O „Der Bajazzo" (Mailand) |
| 1893 | † Ch. Gounod; † P. I. Tschaikowski; 6. Sinfonie h-Moll („Pathétique"); S. W. Rachmaninow, Klaviertrio d-Moll op. 9 „dem Andenken eines großen Künstlers" (Tschaikowski). – G. Verdi, O „Falstaff" (Mailand); G. Puccini, O „Manon Lescaut" (Turin); A. Dvořák, 9. Sinfonie „Aus der Neuen Welt" e-Moll |
| 1894 | C. Debussy, „Prélude à l'après-midi d'un faune" für Orchester |
| 1895 | * C. Orff; * P. Hindemith. – H. Pfitzner, O „Der arme Heinrich" (Mainz); R. Strauss, sinfonische Dichtung „Till Eulenspiegels lustige Streiche" |
| 1896 | † A. Bruckner (9. Sinfonie unvollendet). – G. Puccini, O „La Bohème" (Turin); U. Giordano, O „Andrea Chenier" (Mailand); H. Wolf, O „Der Corregidor" (Mannheim) und „Italienisches Liederbuch"; R. Strauss, sinfonische Dichtung „Also sprach Zarathustra"; J. Brahms, „Vier ernste Gesänge" op. 121; C. Debussy, „Pour le piano" |

| | |
|---|---|
| 1897 | † J. Brahms. – R. Strauss, sinfonische Dichtung „Don Quixote“ |
| 1898 | N. A. Rimski-Korsakow, O „Sadko“ (Moskau) |
| 1899 | A. Schönberg, Streichsextett „Verklärte Nacht“; G. Mahler, Lieder aus „Des Knaben Wunderhorn“ |
| 1900 | G. Puccini, O „Tosca“ (Rom); A. Dvořák, O „Rusalka“ (Prag); G. Mahler, 4. Sinfonie G-Dur (mit Sopransolo); J. Sibelius, sinfonische Dichtung „Finlandia“; M. Reger, „Phantasie und Fuge über B–A–C–H“ op. 46 für Orgel |
| 1901 | † G. Verdi. – S. W. Rachmaninow, 2. Klavierkonzert c-Moll op. 18 |
| 1902 | C. Debussy, O „Pelléas et Mélisande“ (Paris); H. Riemann, „Große Kompositionslehre“ (3. Teil 1913) |
| 1903 | † H. Wolf. – E. d'Albert, O „Tiefland“ (Prag); R. Strauss, sinfonische Dichtung „Sinfonia domestica“; C. Debussy, „Estampes“ für Klavier; V. d'Indy, „Cours de composition musicale“ (4. Teil postum 1950) |
| 1904 | † A. Dvořák. – L. Janáček, O „Jenufa“ (Brünn); G. Puccini, O „Madame Butterfly“ (Mailand); F. Busoni, Klavierkonzert op. 39 (mit Schlußchor); M. Reger, „Variationen und Fuge über ein Thema von Beethoven“ op. 86 für Klavier; G. Mahler, „Kindertotenlieder“ |
| 1905 | R. Strauss, O „Salome“ (Dresden); C. Debussy, „La mer“ für Orchester; F. Lehár, Op „Die lustige Witwe“; A. Schönberg, 1. Streichquartett d-Moll op. 7 |
| 1906 | A. Schönberg, 1. „Kammersymphonie“ op. 9 |
| 1907 | † E. Grieg. – G. Mahler, 8. Sinfonie Es-Dur („Sinfonie der Tausend“); M. Reger, „Variationen und Fuge über ein Thema von Hiller“ op. 100 für Orchester; A. N. Skrjabin, sinfonische Dichtung „Le poème de l'extase“; O. Straus, Op „Ein Walzertraum“; F. Busoni, „Entwurf einer Ästhetik der Tonkunst“ |
| 1908 | G. Mahler, Sinfonie „Das Lied von der Erde“; A. Schönberg, 2. Streichquartett op. 10; A. Webern, „George-Lieder“ op. 3 |
| 1909 | A. Schönberg, „Drei kleine Klavierstücke“ op. 11; A. Webern, „George-Lieder“ op. 4 |
| 1910 | I. Strawinski, B „Feuervogel“ (Paris); G. Mahler, 9. Sinfonie D-Dur; A. N. Skrjabin, sinfonische Dichtung „Prométhée; F. B. Pratella, „Musica futurista – Manifesto tecnico“ |
| 1911 | R. Strauss, O „Der Rosenkavalier“ (Dresden); M. Ravel, O „L'heure espagnole“ (Paris); I. Strawinski, B „Petruschka“ (Paris); A. Schönberg, „Harmonielehre“ |
| 1912 | R. Strauss, O „Ariadne auf Naxos“ (Stuttgart); F. Schreker, O „Der ferne Klang“ (Frankfurt am Main); A. Schönberg, „Pierrot lunaire“ für Sprecher und Instrumente |
| 1913 | A. Schönberg, „Gurrelieder“ (für Chor und Orchester) und Drama mit Musik „Die glückliche Hand“; I. Strawinski, B „Le sacre du printemps“ (Paris) |
| 1915 | R. Strauss, „Eine Alpensinfonie“ |
| 1916 | B. Bartók, B „Der holzgeschnitzte Prinz“ (Budapest); O. Respighi, sinfonische Dichtung „Le fontane di Roma“ |
| 1917 | H. Pfitzner, O „Palestrina“ (München); |
| 1918 | † C. Debussy. – I. Strawinski, „Die Geschichte vom Soldaten“ (Lausanne) |
| 1919 | R. Strauss, O „Frau ohne Schatten“ (Wien); M. de Falla, B „Der Dreispitz“ (London); A. Berg, Klaviersonate op. 1 |

1920 † M. Bruch. – I. Strawinski, B „Pulcinella“ (Paris); M. Ravel „La valse“ für Orchester
(1920) Jazz: Chicago-Stil
1921 Donaueschinger Musiktage begründet
1923 B. Bartók, „Tanz-Suite“ für Orchester; A. Schönberg, „Suite“ für Klavier op. 25
1925 A. Berg, O „Wozzeck“ (Berlin)
1926 A. Berg, „Lyrische Suite“ für Streichquartett
1927 K. Weill, O „Aufstieg und Fall der Stadt Mahagonny“ (Baden-Baden)
1928 K. Weill, „Dreigroschenoper“ (Berlin); I. Strawinski, B „Apollon musagète“ (Washington und Paris); M. Ravel, B „Boléro“ (Paris); A. Webern, Sinfonie op. 2; B. Bartók, Streichquartett Nr. 4
(1930) Jazz: Swing
1933 R. Strauss, O „Arabella“ (Dresden)
1934 E. Pepping, „Spandauer Chorbuch“ (bis 1941); A. Webern, „Konzert“ op. 24
1935 † A. Berg. – R. Strauss, O „Die schweigsame Frau“ (Dresden); G. Gershwin, O „Porgy and Bess“ (Boston); A. Berg, Violinkonzert
1936 B. Bartók, „Musik für Saiteninstrumente“
1937 I. Strawinski, B „Jeu de cartes“ (New York); P. Hindemith, „Unterweisung im Tonsatz“ (3. Band 1970)
1938 B. W. Assafjew, B „Der Gefangene aus dem Kaukasus“ (Leningrad); P. Hindemith, O „Mathis der Maler“ (Zürich); J. Cage, Musik für präpariertes Klavier „Bacchanale“
(1940) Jazz: Dixieland-Revival. – Rhythm and Blues; Country and Western
1941 D. D. Schostakowitsch, „Leningrader“-Sinfonie
1942 A. I. Chatschaturjan, B „Gajaneh“ (mit dem „Säbeltanz“; Perm); I. Strawinski, „Musikalische Poetik“
1945 † B. Bartók; † A. Webern. – B. Britten, O „Peter Grimes“ (London)
1946 Darmstädter Ferienkurse begründet
1948 O. Messiaen „Turangalîla-Symphonie“
1949 † R. Strauss. – O. Messiaen, „Mode de valeurs et d'intensités“ für Klavier
1950 Wiedereröffnung der Donaueschinger Musiktage. – O. Messiaen, „Messe de Pentecôte“ für Orgel
(1950) Jazz: Cool-Jazz und Hardbop. – Rock 'n' Roll
1951 † A. Schönberg
1952 P. Boulez, „Structure Ia“ für 2 Klaviere
1953 B. Blacher, „Abstrakte Oper Nr. 1“ (Mannheim); K. Stockhausen „Kontra-Punkte“ für 10 Instrumente
1954 A. Schönberg, O „Moses und Aron“ (konzertant; Hamburg); P. Boulez, „Le marteau sans maître“ für Alt und 6 Instrumente
1956 H. W. Henze, O „König Hirsch“ (Berlin); K. Stockhausen, „Gesang der Jünglinge“ (elektronische Musik); E. Křenek, Oratorium „Spiritus intelligentiae, sanctus“ für Singstimmen und elektronische Klänge; A. I. Chatschaturjan, B „Spartakus“ (Leningrad); L. Nono, „Il canto sospeso“ für Soli, Chor und Orchester; I. Strawinski, „Canticum sacrum“(Chorwerk)

1957 K. Stockhausen, „Gruppen für drei Orchester"; W. Egk, O „Der Revisor" (Schwetzingen)

1960 B. Britten, O „A midsummer night's dream" (Aldeburgh); O. Messiaen, „Chronochromie" für Orchester

(1960) Free Jazz. – Beat

1961 R. Haubenstock-Ramati, „Mobile für Shakespeare" für Stimme und 6 Spieler; G. Ligeti, „Atmosphères" für Orchester

1962 W. Fortner, O „In seinem Garten liebt Don Perlimplin Belisa" (Schwetzingen); P. Boulez, „Pli selon pli" für Singstimme und Orchester; B. Britten, „War requiem"; K. A. Hartmann, 8. Sinfonie; G. Ligeti, „Aventures" für Stimmen und 7 Instrumente

1963 † P. Hindemith, Messe. – W. Lutosławski, „Trois poèmes d'Henri Michaux"

1964 M. Kagel, „Match" für 3 Spieler; W. Lutosławski, Streichquartett

1965 B. A. Zimmermann, O „Die Soldaten" (Köln); H. W. Henze, O „Der junge Lord" (Berlin); K. Penderecki, „Lukaspassion"; J. Cage, „Rozart mix" für Tonband; G. Ligeti, „Nouvelles Aventures" für Stimmen und 7 Instrumente

(1965) Soul

1967 S. Matthus, O „Der letzte Schuß" (Berlin); K. Stockhausen, „Hymnen", elektronische und konkrete Musik

1968 B. Britten, O „The prodigal son" (Aldeburgh); H. W. Henze, Oratorium „Das Floß der Medusa"; K. Stockhausen, „Kurzwellen" für 6 Spieler

1969 K. Penderecki, O „Die Teufel von Loudun" (Hamburg); L. Berio „Sinfonia"; I. Yun, O „Träume" (Nürnberg), I. Xenakis, „Persephassa" für 6 Schlagzeuger

1970 I. Yun, O „Geliebte Füchsin" (Kiel); H. W. Henze, Rezital „El Cimarrón"; K. Stockhausen, „Mantra" für 2 Pianisten; H. Holliger, „Pneuma" für Bläser

1971 † I. Strawinski. – B. Britten, Fernsehoper „Owen Wingrave"; M. Kagel, Anti-Oper „Staatstheater" (Hamburg); I. Yun, O „Geisterliebe" (Kiel); H. W. Henze, Show „Der langwierige Weg in die Wohnung der Natascha Ungeheuer"; K. Stockhausen, „Trans" für Orchester

1972 W. Fortner, O „Elisabeth Tudor" (Berlin); I. Yun, O „Sim Tjon" (München); M. Kagel, „Variationen ohne Fuge" für Orchester

1973 B. Britten, O „Death in Venice" (Aldeburgh); M. Kagel, „Zweimannorchester"; K. Huber, O „Jot oder Wann kommt der Herr zurück" (Berlin); J. Cage, „Etcetera" für Orchester; E. Křenek, „Statisch und ekstatisch" für Orchester

1974 D. Schnebel, „Maulwerke" für Artikulationsorgane und Reproduktionsgeräte; K. Stockhausen, „Inori" für 2 Solisten und Orchester

1975 G. Klebe, O „Ein wahrer Held" (Zürich); L. Nono, szenische Aktion „Al gran sole carico d'amore" (Mailand); H. Holliger, „Atembogen" für Orchester; W. Rihm, „Sub-Kontur" für Orchester

(1975) Disco-Sound; Funk; Punkrock; New Wave

1976 G. Klebe, O „Das Mädchen von Domrémy" (Stuttgart); J. Cage, „Renga with Apartment house 1776"; W. Rihm, Violinkonzert „Lichtzwang"

| | |
|---|---|
| 1977 | G. Ligeti, O „Le Grand Macabre“ (Stockholm); W. Rihm, O „Faust und Yorick“ (Mannheim); K. Stockhausen, „Sirius“ (elektronische Musik, Stimmen und Instrumente) |
| 1978 | A. Reimann, O „Lear“ (München); K. Penderecki, Sacra rappresentazione „Das verlorene Paradies“; K. Serocki, „Pianophonie“ |
| 1979 | W. Rihm, O „Jakob Lenz“ (Hamburg) |
| 1980 | H. W. Henze, O „Pollicino“ (Montepulciano); G. Klebe, O „Der jüngste Tag“ (Mannheim); Ph. Glass, O „Satyagraha“ (Rotterdam); M. Kagel, szenische Illusion „Die Erschöpfung der Welt“ (Stuttgart); D. Schnebel, „Körper-Sprache“, Organkomposition für 3–9 Ausführende, und „Wagner-Idyll“ für Stimme und Kammerensemble; I. Xenakis, „Ais“ für Schlagzeug, Bariton und Orchester |
| (1980) | Jazz: Bebop-Revival; Rock-Jazz |
| 1981 | K. Stockhausen, O „Donnerstag“ aus „Licht“ (Mailand); M. Kagel, Lieder-Oper „Aus Deutschland“ (Berlin) und „Zehn Märsche um den Sieg zu verfehlen“; K. Huber, Vokalwerk „Erniedrigt – geknechtet – verlassen – verachtet“; P. Boulez, „Réponse“ für Orchester; E. Křenek, 8. Streichquartett |
| 1982 | † C. Orff. – L. Berio, O „La vera storia“ (Mailand); U. Zimmermann, O „Die wundersame Schustersfrau“ (Schwetzingen); W. Rihm, B „Tutuguri“ (Berlin); M. Kagel, Radio Phantasie „RRRRRRR...“ und „Fürst Igor, Strawinsky“ für Baß und 6 Instrumente; L. Nono, „Quando stanno morendo..., Diario Polacco Nr. 2“ für Stimmen, Instrumente und Live-Elektronik; I. Xenakis, „Pour la paix“ für Tonband |
| 1983 | † W. Egk. – H. W. Henze, O „Die englische Katze“ (Schwetzingen); M. Kagel, „Der mündliche Verrat – Ein Musikepos über den Teufel“ (Paris); W. Lutosławski, 3. Sinfonie; K. Penderecki, „Lux aeterna“ für Soli, Chor und Orchester; D. Schnebel, szenische Kantate „Jowaegerli“; H. Zender, „Dialog mit Haydn“ für 3 Orchestergruppen |
| 1984 | L. Berio, O „Un re in ascolto“ (Salzburg); Ph. Glass, O „Echnaton“ (Stuttgart); O. Messiaen, O „Saint François d'Assise“ (Paris); L. Nono, musikdramatisches Werk „Prometeo“ (Venedig); K. Stockhausen, O „Samstag“ aus „Licht“ (Mailand); K. Penderecki, „Polnisches Requiem“; St. Reich, „The desert music“ für Chor und Orchester |
| 1985 | H. Sutermeister, O „Le roi Béranger“ (München); H. Holliger, „Scardanelli-Zyklus“ für Instrumente, Chor, Orchester und Tonband; H. W. Henze, 7. Sinfonie; M. Kagel, „Sankt Bach Passion“; U. Zimmermann, O „Die weiße Rose“ (Hamburg) |
| 1986 | V. D. Kirchner, O „Belshazar“ (München); L. Nono, „Risonanze erranti“ für Mezzosopran, Instrumente und Live-Elektronik; H.-J. von Bose, O „Die Leiden des jungen Werthers“ (Schwetzingen); A. Reimann, O „Troades“ (München); K. Penderecki, O „Die schwarze Maske“ (Salzburg); G. Ligeti, „Konzert für Klavier und Orchester |
| 1987 | † W. Fortner. – W. Rihm, O „Hamletmaschine“ (Mannheim), O „Oedipus“ (Berlin); J. Cage, O „Europeras I & II“ (Frankfurt am Main); J. Tal, O „Turm“ (Berlin) |
| 1988 | K. Stockhausen, O „Montag“ aus „Licht“ (Köln/Mailand) |

# Register

## C

**D**

## E



## F



## G

## H

## I



## J

## K



## L

## N



## O

**T**

**Y**



**Z**

## Bildquellenverzeichnis

Gebr. Alexander, Mainz. – Bärenreiter Verlag, Kassel. – Bibliographisches Institut, Mannheim. – Bildarchiv Preußischer Kulturbesitz, Berlin (West). – Bundespostmuseum, Frankfurt am Main. – H. G. Fladt, Ludwigshafen am Rhein. – Keysersche Verlagsbuchhandlung, München, aus: Gerigk, Fachwörterbuch der Musik. – Johannes Klais Orgelbau, Bonn. – E. Manthey, Neuenburg. – Sammlung historischer Tasteninstrumente Fritz Neumeyer, Bad Krozingen. – Süddeutscher Verlag–Bilderdienst, München Verlag–Bilderdienst, München. – Zentralbibliothek, Zürich.

Die DUDEN-Bibliothek für Schüler

# die **Schülerduden**

**Rechtschreibung und Wortkunde**
Ein Nachschlagewerk und Arbeitsbuch zur alten und neuen Rechtschreibung und zum Wortschatz mit rund 17 000 Stichwörtern. Alle neuen Schreibungen sind rot hervorgehoben.
384 Seiten.

**Wortgeschichte**
Warum heißt der Maulwurf Maulwurf? Hier findet sich die Antwort. Über 10 000 Stichwörter, zahlreiche Abbildungen und Tabellen.
491 Seiten.

**Bedeutungswörterbuch**
Welche Bedeutungen können zum Beispiel „Experiment" und „explodieren" haben, und wie werden die Wörter korrekt verwendet?
461 Seiten.

**Die richtige Wortwahl**
„Gehen, laufen, schreiten, wandeln, marschieren,schleichen": der Weg zum stilistisch sicheren Ausdruck.
553 Seiten mit 14 000 Wörtern und Wendungen.

**Grammatik**
Eine Sprachlehre mit Übungen und Lösungen, speziell für den Deutschunterricht entwickelt. 509 Seiten.

**Fremdwörterbuch**
Wie schreibt man „relaxed", und was bedeutet dieses Wort eigentlich? Fremdwörter begegnen uns in Schule und Ausbildung. Und da ist es wichtig, sie sicher im Griff zu haben.
Rund 20 000 Fremdwörter auf 480 Seiten.

**Lateinisch – Deutsch**
Wortschatz und Grammatik für den modernen Lateinunterricht in der Neufassung des „Taschen-Heinichen". 30 000 Stichwörter auf 465 Seiten.

**Die Literatur**
Absurdes Theater, Naturalismus, Einakter: Dieses Sachlexikon definiert die zentralen Begriffe der Literatur. Rund 2 000 Stichwörter, ein tabellarischer Abriss der abendländischen Literatur, zahlreiche Abbildungen und ein Personenregister.
512 Seiten.

**Die Kunst**
Von der Gotik bis zum Graffito: die wichtigsten Epochen und Stilrichtungen in Text und Bild. Rund 3 000 Stichwörter, 96 Farbtafeln, zahlreiche Abbildungen, Register. 528 Seiten.

**Die Musik**
Was ist „Farbenhören", was „weißes Rauschen"? Rund 2 500 Stichwörter, Notenbeispiele, 250 Bilder und Zeichnungen, Literaturverzeichnis, Register.
488 Seiten.

**Die Religionen**
Von alten Naturreligionen bis zu modernen Sekten. Ursprung und Geschichte aller Religionen. Rund 4 000 Stichwörter, 200 Abbildungen, Literaturverzeichnis, Register. 464 Seiten.

**Die Philosophie**
Scholastik, Logik, Metaphysik: Einblick in Modelle und Schulen der Philosophie. Rund 1 100 Stichwörter, Literaturverzeichnis, Register, Übersicht.
492 Seiten.

**Die Psychologie**
Das Grundwissen der Psychologie in über 3 500 Stichwortartikeln. Kurzbiographien zu den wichtigsten im Text genannten Personen. Behandelt werden unter anderem Themen wie: die Dominanz der neuen Medien, Essstörungen und Medienpsychologie. Auch die Weiterentwicklungen in einzelnen Teilbereichen der Psychologie wurden berücksichtigt. 468 Seiten.

**Die Pädagogik**
Schule, Ausbildung und Erziehung. Rund 3 000 Stichwörter machen Pädagogik anschaulich. Zahlreiche Abbildungen, Tabellen, Diagramme, Literaturhinweise, Register.
419 Seiten.

**Die Mathematik I**
„Mathe" leicht verständlich für die Sekundarstufe I. Über 1000 meist zweifarbige Abbildungen, zahlreiche Beispiele, Register.
539 Seiten.

Die DUDEN-Bibliothek für Schüler

# die **Schülerduden**

**Die Mathematik II**
Höhere Mathematik auf einen einfachen Nenner gebracht. Sekundarstufe II. Über 500 meist zweifarbige Abbildungen, zahlreiche Beispiele, Register.
478 Seiten.

**Informatik**
Dieses Fachlexikon für die Schule vermittelt ein fachliches Fundament in der Informatik. Rund 600 Abbildungen, zahlreiche Programmbeispiele, Register.
560 Seiten.

**Die Astronomie**
Supernova, rote Riesen, schwarzes Loch: die Welt der Astronomie in einem Band. Rund 2 000 Stichwörter, 200 Abbildungen, zahlreiche Tabellen und Übersichten, Literaturverzeichnis.
418 Seiten.

**Physik**
Methoden, Begriffe und Ergebnisse werden präzise und leicht verständlich erklärt. Über 2 000 alphabetisch geordnete Sachstichwörter mit rund 450 Abbildungen, Übersichten und einem Register.
496 Seiten.

**Die Chemie**
Von Ammoniak bis Zucker werden Stoffe, Reaktionen und Gesetze auf eine Formel gebracht. Rund 1800 Stichwörter, 900 meist zweifarbige Abbildungen und chemische Formeln.
444 Seiten.

**Die Ökologie**
Biotop, Nahrungsnetz, Ozonloch: Dieser Band informiert über alles, was das Thema „Mensch und Umwelt" angeht. Rund 2 800 Stichwörter, 16 Farbtafeln und zahlreiche Abbildungen.
368 Seiten.

**Die Biologie**
Mit den neuesten Forschungsergebnissen auf Gebieten wie Ökologie, Molekularbiologie, Molekulargenetik, Immunbiologie und Biotechnik. Die rund 2 500 alphabetisch geordneten Artikel berücksichtigen auch die Lehrpläne der Leistungskurse Biologie.
489 Seiten.

**Sexualität**
Die Vielfältigkeit der Sexualität. Mit Themen wie Pubertät und Erwachsenwerden, erste Liebe, Umgang miteinander, Empfängnisverhütung, Mutterschaft und Vaterschaft, Aids, sowie einer Liste von Beratungsstellen. Rund 2 000 Stichwörter mit über 100 meist farbigen Abbildungen im Text. 396 Seiten.

**Die Tiere**
Vom Blauwal bis zum Wimpertierchen: die Welt der Tiere als sinnvolle Ergänzung zum Band „Die Biologie". Rund 4 000 Stichwörter, 32 mehrfarbige Schautafeln. 392 Seiten.

**Die Pflanzen**
Vom Gänseblümchen bis zum Mammutbaum. Rund 5 000 Stichwörter, 168 Farbfotos auf 32 ganzseitigen Schautafeln. 436 Seiten.

**Die Geographie**
Von der Geomorphologie zur Sozialgeographie: das aktuelle Fachlexikon für den Geographieunterricht. Rund 1 800 Stichwörter, 120 Abbildungen.
468 Seiten.

**Die Wirtschaft**
„ABC-Analyse", „Breakeven-Point", „Jointventure": das Lexikon des wirtschaftlichen Lebens. Für Schule und Beruf. Rund 2 500 Stichwörter, zahlreiche Diagramme und Abbildungen.
428 Seiten.

**Politik und Gesellschaft**
Von ABC-Staaten bis zur Zweitstimme: Sachbegriffe der Gemeinschaftskunde zuverlässig und griffbereit in einem Band. Rund 2 300 Stichwörter, 120 Abbildungen, Literaturverzeichnis.
460 Seiten.

**Die Geschichte**
Dieses Fachlexikon vergegenwärtigt Daten, Fakten und Zusammenhänge der Geschichte. Rund 2 400 Stichwörter, 155 Abbildungen, Literaturverzeichnis, Personen- und Sachregister.
540 Seiten.

# DUDEN Band 1-12

**DUDEN Band 1:**
**Die deutsche Rechtschreibung**

Das Standardwerk zu allen Fragen der Rechtschreibung. Auf der Grundlage der neuen amtlichen Rechtschreibregeln. Dieser Band enthält alle neuen Regeln und alle neuen Schreibungen. Eine vergleichende Gegenüberstellung der wichtigsten Wörter in alter und neuer Schreibung dient dem schnellen Einstieg in die neue Rechtschreibung. Der Text des amtlichen Regelwerkes ist im Anhang abgedruckt.
910 Seiten.

**DUDEN Band 2:**
**Das Stilwörterbuch**

Ist eine „heiße Scheibe" das Gegenteil einer „kalten Platte"? Bewirbt man sich „für" oder „um" etwas? Kann ein Land „im technologischen Abseits stehen"? Das DUDEN-Stilwörterbuch stellt die Verwendung der Wörter im Satz umfassend dar und zeigt die vielfältigen Ausdrucksmöglichkeiten der deutschen Sprache.
864 Seiten.

**DUDEN Band 3:**
**Das Bildwörterbuch**

Wörter und vor allem Termini aus den Fachsprachen lassen sich oft nur mit einem Bild erklären. Deshalb geht dieser DUDEN konsequent den Weg, das Wort durch das Bild zu beschreiben. Um diese Erklärungen zu vertiefen, werden dabei Bildtafeln und Wortlisten – nach Sachgebieten gegliedert – einander gegenübergestellt.
784 Seiten.

**DUDEN Band 4:**
**Die Grammatik**

Die DUDEN-Grammatik ist die vollständige Beschreibung der deutschen Gegenwartssprache. Von den Grundeinheiten Wort und Satz ausgehend, stellt sie alle sprachlichen Erscheinungen wissenschaftlich exakt und übersichtlich dar, z. B. die Laute, die Formen der Wörter, die Wortbildung und den Bau der Sätze. Die Grammatik von DUDEN ist umfassend, zuverlässig und klar – im besten Sinne des Wortes eine moderne Grammatik. 864 Seiten.

**DUDEN Band 5:**
**Das Fremdwörterbuch**

Ein unentbehrliches Nachschlagewerk für jeden, der wissen will, was Fremdwörter bedeuten und wie sie korrekt benutzt werden. Es enthält den aktuellen Fremdwortschatz unserer Zeit, so auch Neuwörter wie „Grunge" und „mobben". Rund 50 000 Fremdwörter nach den neuen amtlichen Rechtschreibregeln. Mit mehr als 400 000 Angaben zu Bedeutung, Aussprache, Herkunft, Grammatik, Schreibvarianten und Worttrennungen. 864 Seiten.

**DUDEN Band 6:**
**Das Aussprachewörterbuch**

„Myelomalazie, Probabilismus, Ysselmeer" ... Sind Sie auch bei der Aussprache des einen oder anderen Wortes ins Stocken geraten? Der 6. Band der DUDEN-Reihe enthält die Norm der deutschen Standardaussprache. In internationaler Lautschrift gibt er zuverlässig Auskunft über Betonung und Aussprache von mehr als 130 000 Wörtern und Namen. Mit seiner umfassenden Einführung ist dieser DUDEN unentbehrlich in der Sprecherziehung und im Deutschunterricht und eine wertvolle Hilfe für alle, die viel in der Öffentlichkeit sprechen müssen.
799 Seiten.

**DUDEN Band 7:**
**Das Herkunftswörterbuch**

Wussten Sie schon, dass das Wort „Laune" auf das lateinische Wort „luna" („Mond") zurückgeht und dass „Sülze, Selters, Soße, Salami, Salat, Salpeter" alle mit „Salz" zusammenhängen? Dieses etymologische Wörterbuch erklärt ausführlich, woher ein Wort stammt und was es ursprünglich bedeutete.
844 Seiten.

**DUDEN Band 8:**
**Die sinn- und sachverwandten Wörter**

„Interessant, anregend, ansprechend, spannend, fesselnd, reizvoll, entzückend ...": Dieser DUDEN ist ein Wortwahlwörterbuch, in dem sinn- und sachverwandte Wörter in Gruppen zusammengestellt sind. Es hilft all denen, die den passenden Ausdruck suchen oder denen das Wort für eine bestimmte Sache gerade nicht einfällt. Mit rund 82 000 Wörtern und Wendungen, Angaben zur Stilschicht und Hinweisen zur Bedeutung ist dieses Synonymwörterbuch unentbehrlich für alle, die ihren Wortschatz erweitern und ihre Texte lebendig gestalten wollen. 801 Seiten.

**DUDEN Band 9:**
**Richtiges und gutes Deutsch**

Schreibt man „italienischer" oder„Italienischer Salat"? Heißt es „Die Indizien, auf Grund deren ..." oder „Die Indizien, auf Grund derer sie verurteilt wurde, reichen nicht aus"? Ob neue Rechtschreibung, Stil oder Grammatik: Dieser DUDEN gibt Sicherheit in allen sprachlichen Zweifelsfällen. Darüber hinaus enthält er eine Fülle nützlicher Hinweise, etwa zum Gebrauch von Fremdwörtern oder zum Verfassen eines Bewerbungsschreibens. Ein unentbehrliches Nachschlagewerk für alle, die richtiges und gutes Deutsch schreiben wollen. 803 Seiten.

**DUDEN Band 10:**
**Das Bedeutungswörterbuch**

Dieses moderne Lernwörterbuch ist wichtig für den Spracherwerb und fördert den schöpferischen Umgang mit der deutschen Sprache. Auf einem Grundwortschatz von rund 16 000 Wörtern aufbauend, bietet der Band einen Aufbauwortschatz mit 75 000 sinn- und sachverwandten Wörtern und Wortzusammensetzungen. Außerdem enthält er die produktiven Wortbildungsmittel der deutschen Sprache. Mit Anwendungsbeispielen und Abbildungen.
797 Seiten.

**DUDEN Band 11:**
**Redewendungen und sprichwörtliche Redensarten**

Mit diesem Band der DUDEN-Reihe kann Ihnen so schnell niemand mehr ein X für ein U vormachen. Denn dieses Wörterbuch enthält die geläufigen Redewendungen der deutschen Sprache wie „auf Draht sein", „kalter Kaffee", „bei Nacht und Nebel" oder „seinem Affen Zucker geben". Alle Einträge werden in ihrer Bedeutung, Herkunft und Anwendung genau und leicht verständlich erklärt. Wer Sprache kreativ einsetzen will oder muss, findet in diesem Band treffende und bildhafte Redewendungen, „wie sie im Buche stehen". Mehr als 10 000 feste Wendungen, Redensarten und Sprichwörter.
864 Seiten.

**DUDEN Band 12:**
**Zitate und Aussprüche**

Wie oft grübeln wir darüber nach, von wem ein bestimmtes Zitat oder ein bestimmter Ausspruch stammt? Wer sagte „... denn bei uns liegen Sie richtig"? Wer rief „O Herr, er will mich fressen!", und woher stammt eigentlich die Erkenntnis „Der nächste Winter kommt bestimmt"? Vom „Klassiker" bis zum modernen Zitat aus Film, Fernsehen oder Werbung: Der 12. Band der DUDEN-Reihe verrät die Herkunft und erläutert den aktuellen Gebrauch der im Deutschen geläufigen Zitate. Darüber hinaus enthält er eine Sammlung geistreicher Aussprüche, Bonmots und Aphorismen, mit denen sich eine festliche Rede ebenso ausschmücken lässt wie ein Referat, ein Diskussionsbeitrag oder Ähnliches.
832 Seiten.